구약의 기독론

구약의 기독론

CHRISTOLOGY OF THE OLD TESTAMENT

크리스챤
다이제스트

CHRISTOLOGY OF THE OLD TESTAMENT

By

E.W. Hengstenberg

Foreword by

Walter C. Kaiser, Jr.

KREGEL PUBLICATIONS

GRAND RAPIDS, MICHIGAN 49501

차례

추천사 ·· 11
서문 ·· 15

총론

제1장 예비적 고찰 ··· 21
제2장 히브리인들 사이의 메시야 예언의 역사 ·············· 39
  1. 모세 오경의 메시야 예언 ·· 39
    A. 창세기 ·· 39
      1. 원복음(protoevanglium), 혹은 복음에
        대한 최초의 공포 / 41
      2. 창세기 9:26, 27 / 56
      3. 족장들에게 주신 약속들 / 59
      4. 창세기 49:10 / 61
    B. 모세오경의 나머지 책들 가운데 나타나는 메시야 예언들 ······ 68
      1. 민수기 24:17-19 / 69
      2. 신명기 18:15-18 / 73
  2. 메시야 시편 ··· 78
    A. 메시야의 영광을 찬양하며 또한 그의 통치를 지상적인
      신정정치를 통해서 묘사하는 시편 ·························· 80
      1. 시편 제2편 / 81
      2. 시편 제45편 / 91

    3. 시편 제72편 / 100
    4. 시편 제110편 / 106
   B. 고난 당하는 메시야를 묘사하는 시편들 ················· 113
    1. 시편 제16편 / 117
    2. 시편 제22편 / 125
    3. 시편 제40편 / 140
  3. 선지서에 나타난 메시야 예언들 ······················· 144
   A. 웃시야, 요담, 아하스, 히스기야 시대의 선지자들
     (주전 811-699년) / 147
   B. 바벨론 포로 당시의 선지자들 / 150
   C. 바벨론 포로기 이후의 선지자들 / 152
제3장 예언의 본질 ··· 155

이사야서의 메시야 예언

서론적 고찰 ··· 187
1. 이사야 2-4장 ·· 193
2. 이사야 7장 ·· 211
3. 이사야 9:1-7 ·· 247
4. 이사야 11,12장 ·· 266
5. 이사야 40-66장에 관한 예비적 개관 ················ 287
6. 이사야 40,41장의 내용 ···································· 291
7. 이사야 42:1-9 ··· 294
8. 이사야 49:1-9 ··· 307
9. 이사야 50:4-11 ··· 318
10. 이사야 52:13-15 ··· 324
11. 이사야 53장 ·· 330

스가랴 선지자

예비적 고찰 371
제1장 376
제2장 385
제3장 388
제4장 399
제5장 403
제6장 407
제7,8장 421
제9장 424
제10장 448
제11장 463
제12장 495
제13장 515

다니엘서의 칠십 이레

9:24-27의 개관 561
   1. 다니엘 9:24 / 565
   2. 다니엘 9:25 / 574
   3. 다니엘 9:26 / 582
   4. 다니엘 9:27 / 586
칠십 이레의 시발점 602
종착점의 연대기적 산정 615
시발점으로부터 종착점까지의 시간적 거리에 관하여 예언과
  그 성취가 일치함 618
마지막 이레와 그 절반 635
비 메시야적 해석자들 643

선지자 호세아

예비적 고찰 ·· 649
1-3장 ·· 655
1:1-2:1 ·· 666
2:2-23 ·· 692
제3장 ·· 722

선지자 요엘

예비적 고찰 ·· 737
1:1-2:18 ··· 742
2:23 ·· 743
2:28-32 ·· 746

선지자 아모스

예비적 고찰 ·· 763
제9장 ·· 767

선지자 미가

예비적 고찰 ·· 795
제1,2장 ·· 796
3:1~4:8 ·· 806
4:9-14 ··· 814
제5장 ·· 821

선지자 학개

예비적 고찰 ···································· 843
2:6-9 ·· 846

선지자 말라기

예비적 고찰 ···································· 863
2:17-3:6 ······································ 865
3:13-4:6 ······································ 885

선지자 예레미야

예비적 고찰 ···································· 903
3:14-17 ······································· 914
23:1-8 ·· 929
31:31-40 ····································· 946
33:14-26 ····································· 972

선지자 에스겔

예비적 고찰 ···································· 989
11:14-21 ····································· 992
17:22-24 ····································· 1002
21:25-27 ····································· 1007
34:23-31 ····································· 1012
36:22-32 ····································· 1017
37:22-28 ····································· 1026

추천사

　　가장 위대한 정통주의의 수호자 가운데 한 분인 에른스트 빌헬름 헹스텐베르크(Ernst Wilhelm Hengstenberg: 1802-1869)가 세상을 떠난지 이제 한 세기가 지났다. 이 분은 그의 시대나 오늘 우리 시대의 다른 많은 사람들보다도, 진지한 기독교적 체험과 성경에 대한 철저한 학문적 능력이 멋지게 어우러진 조화의 극치를 이루었다. 그가 남긴 마지막 말들 가운데 "경건이 없이는 정통이 없으며, 정통이 없이는 경건이 있을 수 없다"는 말이 지금도 남아 있다.

　　이 독일 루터교 성경 학자요 편집자인 그는 그 말로써 자신의 생애와 사역을 분명히 정리한 것이다. 에른스트 헹스텐베르크는 프뢴덴베르크(Fröndenberg)에서 출생했는데, 그곳은 그의 선조들이 대대로 살면서 14세기 이래로 정치와 교회의 역사에 큰 족적을 남긴 곳이었다. 그는 처음에는 건강이 나쁜데다 불구의 몸이어서 극심한 활동의 제약을 받았다. 그는 일곱 살이 되어서야 비로소 책을 읽을 수 있도록 허락을 받았는데, 일단 책을 읽게 되자 책에 빠져서 매일 아침 다섯시나 여섯시부터 저녁 여덟시까지 중간에 세시간 정도만 쉬고 계속 책을 읽었다.

　　그의 아버지는 그에게 고전에 대한 교육을 시켰는데, 그 효과가 그가 17세 되던 때에 나타나기 시작했다. 당시 그는 라틴어로 된 아우렐리우스 빅토르(Aurelius Victor)의 책을 독일어로 번역하여 한 출판사에 원고를 팔았는데 그 출판사에서는 번역자가 겨우 십대의 소년이라는 사실을 알지 못했다. 또한 20세가 되기 전 그는 아리스토텔레스(Aristotle)의 「형이상학」(*Metaphysics*)도 완역했을 정도였다.

　　예수 그리스도에 대한 믿음을 갖기 전부터, 그의 재능과 열정과 판단들은 그의 연구하는 주제들과 읽는 책들을 통해서 이미 형성되어 가고 있었다. 구약 및 셈족 언어학에 대한 그의 특별한 관심은 그가 법학 박사 학위를 위해 제출한 학위 논문에서 그대로 드러난다. 그것은 바로 아랍인 작가 암룰케이시 모알라카(Amrulkeisi Moallakah)의 저작을 라틴어로 번역하고 주(註)를 단 것이었다. 이와 마찬가지로 정통 신학을 향한 그의 관심과 열정은, 당시 독일을 휩쓸면서 이미 신학의 신기원을 이룩한 것으로 평가받고 있던 슐라이어마허(Schleiermacher)의 「신앙론」(*Glaubenslehre*)이라는 새로운 저서에 대한 그의 진솔한 반응에서 잘 드러난다. 그는 슐라이어마허의 깊은 통찰을 인정하면서도 그의 논지의 얄팍함에 조금도 영향을 받지 않았다. 그는 말하기를, "나는 현재의 나의 모습 그대로 남아 있지 않을 것이다. 만일 내가 현재의 모습 그대로 남아 있다면, 나는 절대로 신학자가 되지 말아야 할 것이다. 그러나 그 사람에게는 절대로 나 자신을 기대지 않을 것이다"라고 했다.

그는 본(Bonn)에서 행한 셈족 언어에 대한 그의 학문적 업적이 인정을 받아서 바젤 선교 대학(Basel Missionary College)의 근동 어학부의 강사로 추천을 받게 된다. 그는 거기서 회심을 경험하게 되어서 본에서 "경건한 진주들을 찾는" 동안에는 찾지 못했던 그야말로 "가장 값진 진주를 찾게" 되었다.

그 동안 그는 튀빙겐대학교에서 신학 박사(Doctor of Divinity) 학위를 취득했었고, 26세 때에는 베를린대학교의 신학 교수가 되었다. 이러한 영예가 주어지기 바로 1년 전인 1827년 그는 루터교 신학의 정통성을 수호하기 위하여 「복음주의 교회 신문」(*Evangelische-Kirchen Zeitung*)이라는 격주간 잡지를 창간하였고, 그후 42년간 그 잡지의 편집자로 주요 기고자로 활동하였다. 이 잡지는 온갖 형태의 합리주의와 이단들을 지칠줄 모르는 정열로 반박하였을 뿐 아니라, 동시에 정통 신앙에서 간과되어온 진리들을 두려움없이 드러내고 문제를 제기했다.

그러나 헹스텐베르크의 진정한 영향력은 그의 저작들을 통해서 발휘되었고, 그 가운데서도 가장 중요하고 영향력 있고 뛰어난 저작은 바로 「구약의 기독론」(*The Christology of the Old Testament*)이다. 이 책에서 독자들은 주석가요 언어학자인 헹스텐베르크를 만나게 될 것이요, 또한 엠마오 도상의 제자들이 미련하고 마음이 더디어서(눅 24:25-27) 깨닫지 못했던 것을 구약 성경에서 찾아낸 헌신적인 그리스도인으로서의 면모도 환히 볼 수 있을 것이다. 그리스도를 구약 성경 계시의 중심으로 인정하고 있으며 바로 여기에 이 책의 위대함과 탁월함이 있는 것이다. 이 책은 언어학과 주석학적 도구들을 탁월하게 활용하고 있는 것으로서 그 속에 들어 있는 자료의 풍부함은 거의 모든 사람들에게 큰 기쁨을 줄 것이다. 이 책이 지금까지 남아서 크게 도움을 주고 있다는 사실 그 자체가 이 책의 고유한 가치를 실증하고도 남음이 있는 것이다.

「구약의 기독론」은 헹스텐베르크가 베를린대학교의 정교수가 되던 해인 1828년에 세상에 나타나기 시작하여, 1835년에 완성을 보았다. 제2판은 1854-1857년에 출간되었다. 현재의 축소판은 여호와의 사자에 대한 논의와 사무엘하 7장 본문에 대한 중요한 논의만 빠졌을뿐, 그 이외에 본래의 4권으로 된 원본의 모든 중요한 구절들은 다 그대로 보존하고 있다. 아놀드(T.K. Arnold)가 편집한 이 축약본은 거의 매 구절마다 원본에서 다룬 분량의 거의 절반 가량으로 원본의 사상을 놀랍게 축약시켜 놓았다.

이 외에도 헹스텐베르크가 저술한 것들이 많은데, 그것에 대해 간략하게 살펴보는 것이 좋을 것이다. 그가 쓴 몇편의 학문적 논문들이 모아져서 1831-39년에 「구약 서론에 관한 논고」(*Contributions Toward the Introduction to the Old Testament*)라는 독일어 책명이 붙여져 출간되었다. 1847년과 1848년에는 이 논문들이 분리되어 영어로 출간되었는데, 「모세오경의 순수성에 대한 논고」(*Dissertations on the Genuineness of the Pentateuch*)와 「다니엘서의 순수성과 스가랴서의 순전성에 대한 논고」 (*Dissertations on the Genuineness and the Integrity of Zechariah*) 가 그것이다. 현재도 유명하고 많은 인정을 받고 있는 그의 「시편 주석」 (*Commentary on the Psalms*)은 1842-1845년에 출간되었고 제2판은 1849-1852년에 출간되었다(영역판은 1844-1848년 출간).

헹스텐베르크 자신이 그의 최고의 작품으로 인정받기를 희망했던 작품은 결국 막달라 마리아의 회심에 대한 해석과 "그녀가 참으로 사랑했기 때문이었다"라는 문구로 인해서 그에게 가장 큰 아픔을 준 작품이 되고 말았다. 그것은 바로 「요한복음 강해」(*The Gospel of John Expounded*, 1861-1863)였다. 이 책의 영역본은 1865년에 출간되었다.

그의 다른 역작들로는, 「에스겔서의 예언 강해」(*The Prophecies of Ezekiel Expounded*, 1867-1868), 「전도서 주석 및 아가서, 이사야서에 관한 논고」(*A Commentary on Ecclesiastes with Treatises on Song of Solomon, Isaiah*, 영역본 1869), 「발람과 그의 예언」(*Baalam and His Prophecies*, 1842), 「계시록 주석」(*Commentary on Revelation*)과 그의 유작인 「욥기」(*The Book of Job*), 「구약의 하나님 나라의 역사」(*The History of the Kingdom of God in the Old Testament*) 등이 있다.

헹스텐베르크가 그 이후의 세대에 남긴 유산은 참으로 놀라우며, 자신이 발견한 구약의 중심 인물에 대한 그의 찬양은 참으로 탁월한 것이다. 그의 뒤를 잇는 영적 후손들도 그의 길을 따라서 우리의 위대하신 하나님과 구주 예수 그리스도의 영광을 드러내기를 바랄 뿐이다.

월터 카이저(Walter C. Kaiser, Jr.)

서문

오래 전부터 나는 영국에서 소위 예언 연구를 시행하고 있는 자세가 성직자에게 치욕이요, 교회에게는 큰 해악이 되고 있다고 여겨왔다. 교회의 의식들로 구체화되는 건전하고 진지하며 깊고 순수하면서도 겸손한 지혜와, 또한 확신컨대 진정한 십자가의 도가 결부되어있는 그런 지혜를 제쳐놓고, 그 대신 거칠기 이를데 없고 피상적이며 감상적인 신학을 그 자리에 놓고자 하는 시도가 계속 위협을 가해오고 있는 것이다. 흐트러질대로 흐트러진 논리 전개, 아니 그저 논리 전개의 형식을 닮기만 했을 뿐 아무 것도 아닌 그런 논의, 너무나도 경솔한 유비(analogy), 그리고 뜻밖에 나타나는 우연의 일치 등 ⋯ 이런 것들이 서로 경쟁적으로 많은 것들을 자랑하고 호기심을 자아내지만 ⋯ 이것들이 이제 거대한 구조물들을 세우기에 충분한 기초가 된다고 생각되고 있으며, 모두가 그 멋지게 보이는 모습과 균형잡힌 구성들을 통해서 많은 이들을 속일 수 있다고 확신하며, 또한 몇 년 이내에 그런 일이 일어나 영원히 계속되리라고 확신하고 있는 실정이다.

나는 헹스텐베르크 박사의 기독론을 처음 대하고서 이것이야말로 하나님의 말씀 가운데 예언서 부분을 다루는 기존의 부패한 방식을 올바로 교정시켜주기에 아주 적절하다고 생각했다. 이 책에서 우리는 확실한 원리들을 기초로 한 연구 패턴을 접하게 된다. 즉, 본문의 철자 하나 하나에 대해 지극히 성실하며 근면하면서도 세심한 탐구와, 성경의 유비를 하나의 중요한 해석의 법칙으로 만들고자 하는 정직한 노력, 그리고 본문이 전달하고자 하는 의미를 본문 속에서 배우고자 하는 열정이 한데 어우러진 그런 원리들이 바로 그것이다. 저자의 경건한 자세가 매 페이지마다 드러나고 있으며, 내가 판단하기에 그가 세운 예언서 해석의 원리들이 대체로 건전한 것으로 믿어진다. 그 원리들은 패트릭 감독(Bishop Patrick)과 커드워스(Cudworth)의 친구요 우리 고향 사람인 존 스미스(John Smith)가 그의 "정선 강좌"(Select Discourses)에서 전개시킨 것과 거의 같은 것으로서, 이 원리들에 대해서 헹스텐베르크 박사는 모두가 그 자신의 책임이라고 시인한 바 있다.

나는 이 책에서 이런 원리들을 제시하며 또한 그런 원리로부터 야기되는 여러 결과들을 신중하게 다루고 있는 중요한 장("예언의 본질에 관하여")을 독자들에게 진지하게 추천하고 싶다. 왜냐하면 만일 이런 원리가 예언서 해석의 올바른 열쇠가 된다면, 다른 어떠한 것들로써도 예언서의 비밀들을 해결할 수가 없을 것이 분명하며 … 그 원리들이 최소한 예언서 전부를 적절히 이해할 수 있는 길을 활짝 열어줄 것이(물론 불완전할 수밖에 없겠지만) 분명하기 때문이다.

이 책을 읽음에 있어서 영어로 읽는 독자들은(한국어도 마찬가지이다. —역주) 간혹 잘 이해할 수 없는 일들이 독일어로 진술되어 있음을 상기해야 할 때도 있을 것이다. 그저 단순히 전통적인 신앙만으로는 그 방면에 지식을 갖춘 계층을 대상으로 씌어진 내용을 완전히 파악할 수가 없는 것이다. 그는 미심쩍은 문제들로 보이는 그런 것들을 확실히 증명하느라 여기저기서 큰 노력을 기울인다. 그러나 그런 유의 논의들은 주로 이 책의 전반부에서 나타난다. 후반부로 가면 저자는 더 큰 확신을 가지고 논지를 전개해가며, 변증적인 태도를 취하는 현상이 많이 감소된다. 더 나아가서 그는 자신이 앞서서 가졌던 의혹들이 근거가 없는 것임을 깨닫고 그것들을 과감히 제거해버리기도 한다.

특히, 이 책에서 그는 여러 가지 의심쩍은 점들 때문에 발람의 예언이 메시야를 가리킨다는 것을 부정하고 있는데, 그것을 후에 뒤집고 있다. 발람의 역사에 관한 다른 책에서 그는 모압 사람들과 '셋'(=소동)의 자손들에 대해 승리를 거두었다는 언급을 볼 때에 메시야에 관한 내용이 주된 것도 아니요 절대적인 것도 아니라는 사실이 입증되지만, 그럼에도 불구하고 예를 들어서 다윗이 실제로 모압 사람들을 정복한 것이라든가, 이스라엘 왕이 다른 이방의 나라들에 대해 승리를 거둔 사실들은 아무리 크게 보아도 장차 올 이스라엘의 왕의 통치 아래서 완전히 성취될 일들(그의 통치는 일시적인 것이 아니요 영원한 것이다)의 예표(types)요 전조(preludes)에 불과한 것이라고 주장하는 것이다. 이스라엘 왕권에 대한 발람의 예언들은 너무나도 영광스러운 것이므로 연약한 인간이 완전히 성취시킨 것으로만 보기가 어렵다고 보는 것이다.

현재의 축약본에 들인 나의 노력은 그저 영역본을 축약시키고 간혹 잘못된 번역을 수정한 것이 전부이다. 원본은 학문적인 강좌들의 골자를 이루는 것으로서 세권의 8절판으로 되어 있으며, 또한 현재 영국의 히브리어 지식의 상태로 볼 때에, 원본 그대로는 많은 독자들이 도저히 읽어갈 수가 없는 상태다. 나는 구약의 원어를 알지 못하면서도 진지하게 말씀을 추구하는 그런 이들을 위하여 원본을 편집하되, 그러면서도 히브리어 학자들로 하여금 원본을 소장하고 싶은 마음을 불러일으킬 만큼 충분한 문법적 언어학적 논의들을 보존시키며, 또한 모든 독자들로 하여금 이 책을 읽은 결과 성경의 원 본문을 세심하고도 조심스럽게 살펴보았다는 사실을 확신하도록 만들어주는데 최선의 노력을 기울였다.

영역본은 미국에서 류엘 케이스 박사(Dr. Reuel Keith)에 의해서 만들어졌는데, 와일리 퍼트남(Messrs. Wiley and Putnam), 미국 서점들에서 손쉽게 구할 수 있을 것이다.

이 책의 독일어 원본은 번역하기가 아주 힘든 것이었다. 영국과 미국의 신학도들은 그렇게도 애쓴 케이스 박사의 노고에 감사한 마음을 느껴야 마땅할 것이다. 제2판에서 그는 필체가 상당히 유려해지도록 애를 썼으며, 여기저기 자신이 원 저자의 뜻을 오해한 것들을 교정하기도 했다. 그러나 전반적으로 볼 때에 그의 번역본은 아주 믿을 만하다. 그러나 내가 영역본을 처음부터 끝까지 독일어 원본과 일일이 대조했다는 것은 아니다. 다만 옆에 독일어 원본을 비치해놓고서 영역본의 의미가 불분명할 때에는 언제나 대조했다.

케이스 박사의 영역본의 한 가지 오류를 지적한다면, 독일어 관용어법으로는 미래의 의미를 갖는데도 형태가 현재형으로 되어 있다고 해서 문자적으로 그대로 현재 시제로 번역해놓은 경우가 눈에 띄는데, 이것은 지나친 문자적 번역이라 아니할 수 없다. 나는 이 책 편집 작업이 상당 부분 진행된 다음에야 비로소 이 사실을 발견했는데, 독자들에게 참으로 미안한 마음을 금할 길 없다. 영어식 어법에서는 거의 나타나지 않지만, 독일어의 경우는 아주 비근하게 나타나는 현상이므로, 이것을 문자 그대로 번역하면 원문의 의미를 부정확하게 오도하게 되는 결과를 낳고 마는 것이다. 독자들께서는 이 점을 염두에 두고서 영역판에서 간혹 미래 시제가 와야 할 때에 현재 시제가 사용된다고 해도 의아해하는 일이 없기를 부탁드린다.

결론적으로, 이 책이 우리들 사이에 거룩한 예언의 구조와 해석에 대해서 더 깊고, 더 참된 견해들을 갖도록 격려하는 효과를 내기를(반드시 그래야 하리라고 생각되지만) 진심으로 바랄 뿐이다.

토머스 K. 아놀드

총 론

제1장
예비적 고찰

1. 타락한 이후에도 인간은 신적 형상의 흔적을 희미하게 간직하고 있어서 자신의 본래의 복된 상태에 대해서 희미하게나마 의식하며 또한 그것을 되찾으려는 진지한 욕망이 있기는 하지만, 그러나 그 자체만으로는 그의 존재의 큰 목적, 곧 그의 창조주와의 연합을 이루기에는 충분하지 못했다. 그것은 그저 그로 하여금 위로부터 오는 도움을 받아들일 수 있도록 해주는 그런 가치밖에는 없는 것이었다. 그것으로 말미암아 인간이 하나님께로 돌아갈 수 있는 가능성은 있으나, 그것 자체가 그렇게 돌아가게 하는 충족한 동인(動因: cause)이 될 수는 없다.

타락한 인간 자신은 하나님과의 잃어버린 친교(communion)를 다시 획득할 수 있는 능력도, 애초에 이 친교를 이룩할 능력도 없는 존재이므로, 이 타락한 인간의 회복을 위하여 하나님이 개입하셔야 할 필요가 있었다는 사실은 경험과 관찰을 통해서 분명히 드러난다. 곧, 인간은 선(善)을 혐오하며 악으로 기울 뿐 아니라 그 자신의 힘으로는 하나님의 거룩하심과 공의로우심의 요구들을 이루기가 불가능하다는 사실이다. 그러나 하나님이 개입하시는 그런 방법에 대해서는 경험이 없이는 아무 것도 확실히 알 수가 없다. 인간의 구원을 위해서 과연 하나님이 계획을 세우시고 실천하셨는가를 확실히 알기 전에는 하나님이 세우신 계획과 방법들이 정확히 어떤 것들인가를 사색적으로 추론하고 생각할 수 없듯이, 하나님의 계획과 방법이 소개된 다음에도 과연 그 방법만이 가능하고 필수적이었고 또한 하나님의 본성에 뿌리를 둔 것이었느냐 하는 문제를 선험적인(a priori) 논증들로써 증명할 수도 없는 것이다.

오히려 우리는 그 방법이 필연적이었다는 것을 그것이 채택되어 사용되었다는 바로 그 사실에서 배우게 된다. 하나님은 불필요하거나 그 자신의 본성에 뿌리를 두지 않은 그런 일을 행하시는 분이 아니기 때문이다. 성경은 거기에 계시되어 있는 방법이 필연적인 것임을 가르치고 있으며, 또한 오로지 그 방법만이 가능하다는 사실을 말씀하고 있는데, 우리는 바로 성경에서 그 사실을 배우게 된다. 또한 부분적으로 우리 자신의 경험들에서도 그 점을 배우게 된다. 왜냐하면 하나님이 제공하신 구원의 수단을 우리 스스로가 더 충만히 적용시킬수록, 이 수단들이, 오로지 이 수단들만이, 우리 영혼의 질병들을 효과적으로 치유시킬 수 있음을 더욱 깊이 느끼게 될 것(인간의 이성을 통해서가 아니라 성령의 증거하심을 통해서)이기 때문이다.

2. 그러면 왜 영원 전부터 보내시기로 작정된 그 신적인 구속주(Divine Redeemer)요 회복주(Restorer)께서 인간이 타락하자마자 곧바로 보냄을 받지 않으셨을까? 왜 중병에 걸린 인류가 사천년이라는 오랜 세월 동안 자신들을 치유시키려고 갖은 헛수고를 다 기울인 후에야 비로소 홀로 치유의 능력이 있으신 그 신적인 의원(the divine Physician)께서 보내심을 받으셨을까? 이런 질문은 인간의 지혜로는 도무지 깨달을 수 없는 깊은 질문이요, 또한 이생에 있어서는 그저 단편적인 부분밖에는 답변할 수 없는 것이요, 심지어 하나님의 강한 손에 겸손히 의지한다 할지라도 우리를 거룩하게 하는데 필요한 만큼의 빛밖에는 얻을 수가 없는 그런 질문인 것이다.

그 분의 강림의 시기가 그렇게 늦었다는 사실로부터 우리로서 확실히 결론내릴 수 있는 것은 다음과 같은 것밖에는 없다. 곧, 이미 성취한 것과 또한 후에 성취할 것을 성취하기 위해서는 그 강림의 시기가 그보다 단 한 순간이라도 빠를 수가 없었다는 것이다. 그러나, 인간이 배도(背道)를 저지른 때로부터 구속주가 강림하시기까지의 기간 동안 타락한 인간의 본성과 상태가 어떠했느냐 하는 것과 또한 하나님께서 그를 향하여 어떤 경륜을 가지셨는가 하는 것을 고려해보면, 구속주의 강림이 지연된 이유가 인류에게 있음을 상당한 개연성을 가지고 파악할 수가 있다.

하나님께서는 그 아들의 강림을 위한 길이 완전히 예비되어야 비로소 그를 세상에 보낼 수가 있으셨다. 길을 예비한다는 것은 다름이 아니라, 하나님의 도우심이 베풀어질 때에 그것을 받아들일 수 있는 그런 상태를 일부의 사람들 사이에 창출해내는 것이었다. 왜냐하면 인간은 하나님께로 돌아갈 때에 하나님께 내어놓을만한 좋은 것이 아무 것도 없고 그저 하나님께로부터 모든 것을 받아야 할 처지이지만, 그러나 그가 그것들을 받을 수 있기 위해서는 그런 것을 받을 능력(a capacity of receiving)이 그에게 있어야 하기 때문이다. 하나님께서 이방 민족들로 하여금 그의 은혜를 받을 능력을 갖도록 예비하신 방법은 유대인들을 예비시키신 방법과는 매우 달랐다.

3. 이방 민족들은 모두가 스스로 내어버려둔 상태에 있었다. 하나님은 그들의 본성 전체를 중독시키는 놀라운 능력을 발휘했었던 큰 질병을 견디셨다. 그리하여 그 의원께서 오실 때에 그들이 자기들이 처한 상태에 대해 스스로를 속이지 않도록 하셨다. 타락한 인간의 근본적인 악은 바로 교만이다. 즉, 자신이 타락하기 이전에 하나님과 가졌던 교제의 결과로서만 누렸던 그 힘과 유익을 자신이 아직도 가지고 있다고 느끼는 것이다. 그러나 교만으로 하여금 스스로 그 능력을 시험해보도록 내버려두는 것만큼 그 자신의 나약함을 절감케 하고 외부의 도움을 구하도록 만드는데 효과가 있는 것은 없다. 메시야가 강림하실 때에 가서는 이미 이방 세계의 가장 탁월한 사람들에 의해서 이러한 시험이 완전히 시행되었었다.

이들은 이미 자기들의 방식에 스스로 지칠 대로 지쳐 있었고, 정도는 경우에 따라서 다르지만 자기들의 방식이 아무 것도 확실한 것을 보장해주지 못한다는 것을 배웠다. 인간이 창안해낸 그들의 종교들은 그 영향력을 잃어버렸고, 한때 그 종교들의 망상이 구도자들의 눈을 멀게 했으나 그것도 이미 사라져버린 상태였다. 아무리 새롭게 치장해도 그 옛날에 가졌던 권위를 회복시키지 못했다. 오직 참된 종교만이 그 자체 속에 영원한 갱신(perpetual renovation)의 원리를 지니고 있는 것이다.

철학자들이 스스로 만들어낸 체계들은 이미 그 과정을 다 거쳐서 지나갔다: 하나의 체계 뒤에 그것을 보충하는 다른 체계가 나오는 식의 과정을 거치다가 결국 마지막에는 그 체계가 너무나 많아지자, 사람들은 그 체계들과 모든 인간적인 학문의 진실성에 대해 회의를 갖게 되고, 그리하여 무의식적으로나마 더 확실성이 높은 것을 염원하게 되었다. 사람들은 모든 인간적인 위대함과 영광이 불안정됨을 보았다. 한 개인이나 한 민족이 아무리 큰 명성을 날린다 해도 그것이 곧 사라져 버린다는 것을 알았고, 심지어 수천년 동안 가장 높임을 받고 토대가 확실히 서 있는 것처럼 보이던 것이라도 하루 아침에 완전히 전복되어 버린다는 것을 알았다. 그들은 헬라나 로마 제국이 그 내외의 반동자들에 의해서 조각 조각 찢어진 것을 보았던 것이다.

그리하여 사람들의 마음 속에 무언가 확실한 안식처를 얻고자 하는, 시대의 폭풍 속에서 안전한 포구를 찾고자 하는, 순수하고도 본능적인 욕구가 일어나게 되었다. 발전과 부패의 과정을 통해 계속 교체되는 그런 것이 아닌, 자체 속에 스스로를 파괴시키는 씨앗을 갖고 있지 않은 그런 영원한 것을 찾는 노력이 일어나게 된 것이다. 뿐만 아니라 도덕적인 관점에서 보더라도, 역사가 인간의 교만한 꿈들을 사라지게 하는 방향으로 흘러가는 경우가 얼마나 많으며, 인간 자신이 또한 그 역사의 빛을 완전히 회피해버리지 않았는가!

과거에 악(惡)이 겉에 입고 있었던 그 매력적인 의복이 이제는 벗겨져 버렸고, 그 본래의 추악한 모습이 완전히 드러나 버렸다. 가면을 쓰고 있었던 덕목(德目)들의 그 가면이 완전히 벗겨져 버린 것이다. 그리하여 무어라 말로 설명할 수 없는 불안이 생겨났다. 높은 곳의 손길로 이 본성적 부패의 사슬에서 구원되기를, 모든 것을 장악하고 있는 사악함의 그 엄청한 소용돌이에서 벗어나 해방되기를 염원하게 된 것이다. 이론적으로 실제적으로 무언가 안정된 것을 찾고, 죄와 악에서 해방되기를 바라는 이러한 염원은 바로 예수 그리스도의 복음의 선포를 통해서 확실히 의식되었고, 완전한 만족을 얻었다.

4. 앞에서 이미 언급했거니와, 구속주의 강림을 위해서 유대인들을 준비시킨 방법은 이것과는 다른 것이었다. 그들에 있어서는 직접적인 영향력을 통하여 준비시키는 방법이 시행되었다. 그것은 우선 사자(使者:

messenger)를 보내는 방법이었고, 그리하여 그 사자를 보내신 분에 대한 지식이 완전히 사라지지 않도록 하는 것이었다. 그러나 이는 직접적인 신적 개입을 요하는 것이었다. 인간은 홀로 내버려두면 감각이 없는 우상 숭배에 빠질 위험이 너무나 많기 때문이다. 그리하여 하나님은 구세주가 나타나실 그 백성의 조상 아브라함을 그의 동족으로부터 분리시키셨고, 그의 연약함에까지 자신을 낮추심으로써 그를 점차 하나님 자신에게까지 높이셨다.

그 후에도 하나님은 비단 족장 아브라함의 직계 후손뿐 아니라 그에게서 비롯된 모든 백성에 대해서도 동일한 과정을 따르셨다. 그들에 대해서 하나님은 그들의 왕과 특별한 관계를 유지하게 하신 것이다. 하나님은 온갖 제도들을 세우시고 그 자신을 그들의 중심으로 만드셨다. 곧, 그들의 감각에 영향을 주기에 알맞는 그런 방식으로 그들을 하나님 자신에게로 묶어두고, 그들의 역사의 모든 사건들에서 명백하게 드러나는 그런 가시적인 형벌의 법을 통해서 그들의 충성을 확실하게 하셨다. 그 법에 따라서 그들이 신실한 헌신으로 하나님을 섬기면 그들이 번영으로 보상을 받으며, 하나님을 배반하고 불신하면 환난으로 형벌을 내리셨던 것이다.

하나님은 그의 임재를 나타내는 눈에 보이는 표적을 통해서, 그리고 놀라운 역사를 많이 행하심으로써, 그들의 신앙을 강건케 하셨다. 하나님은 그 자신의 권위와 능력을 덧입은 새로운 사자들을 계속해서 보내심으로써 그의 뜻을 그들에게 알리시고, 가르치시고, 경계하시고 위협하셨다. 더 나아가서 율법을 공포하신 것도 엄밀한 의미에서 구속주의 오심을 준비하는 것이었다. 사실상 타락한 인간이라 할지라도 그 마음에 도덕법(the moral law)이 새겨져 있어서 그의 부패한 본성을 고상하게 해준다. 그러나 그렇다 할지라도 인간에게는 그의 죄악된 경향을 이 법에 굴복시킬 살아 있는 원리가 없다. 그 도덕법은 죽었고, 인간의 죄악된 성질들이 완전히 살아 움직이는 것이다. 죄에 대한 사랑과 양심 사이의 갈등을 도무지 견딜 수가 없을 정도이다.

그러므로 인간은 자기의 능력으로는 죄에 대한 사랑을 억눌러서 진정한 마음의 평안을 확보할 수가 없음을 알고서, 오히려 양심의 소리를 억누름으로써 거짓된 평안을 얻으려 하는 것이다. 이를 이루기 위해서 인간은 하나님의 속성들과 그의 거룩한 법의 요구들의 표준을 자기의 낮은 상태까지 낮추어버리는 것이다. 히브리 사람들로 하여금 이러한 과정을 따르지 못하도록, 하나님은 그들에게 그의 법을 외적으로 계시하신 것이다. 하나님의 뜻과 인간의 뜻 사이의 이러한 대립은 너무나도 분명해서 도무지 감출 수가 없게 되었고, 평안은 그 비슷한 모양이라도 유지할 수가 없게 되었다. 그러므로 참 평안을 찾는 것이 필요하게 된 것이다. '율법으로 죄를 알게 됨이다.' 진정으로 죄에 대해 알게 되면, 또한 죄로부터 자유를 얻기를 바라는 욕망이 또한 있게 된다. 바꾸어 말하면, 구속의 필요성에 대한 느낌이 있게 되는 것이다.

5. 그러나 하나님께서 그의 지혜와 거룩하심 가운데서 인간의 타락이 있은 후 수많은 세월이 지난 다음에 인간을 구속하기로 작정하셨으나, 인간이 타락한 직후 그는 첫 범죄에서 구속하는 그 위대한 구원이 미래에 성취될 것을 선포하기를 기뻐하셨다.

6. 이 원 계시에 대한 지식은 심지어 이방 민족들 사이에서도 완전히 잃어버린 바 된 것은 아니었다. 한편으로 인류가 그 원시적 상태에 있어서는 행복했었다는 사상이 고대 세계 전체에 두루 퍼져 있어서 심지어 볼테르(Voltaire)마저도 "인간의 타락이야말로 고대의 거의 모든 민족들 사이에 통용된 신학의 기초가 된다"고 고백할 수밖에 없었고, 또한 다른 한편으로 우리는 인류의 회복의 시기에 대한 확실한 소망들이 사람들에게 있었던 것을 보게 된다. 특히 페르시아 사람들의 사상에 이런 점이 잘 드러난다. 이들의 종교는 신에 대해 더 값어치 있는 관념을 가지고 있다는지 미래의 삶을 더욱 고상하게 묘사한다는지 하는 점에서 고대의 다른 민족들의 종교들과 좀 구별되는 것이었다.

페르시아 사람들은 현세는 오르무즈(Ormuzd)와 아리만(Ahriman)의 두 왕국들 사이의 갈등이 계속되는 시기로 보았고(그리하여 우리가 보듯이 세상에 육체적 도덕적 선과 악이 이상스럽게 뒤섞여 있는 것이다), 현세가 지나면 아리만이 완전히 멸망해버리는 회복의 시기가 이어질 것으로 기대했다. 그 때에 사람들은 죄에서 정결케 되며, 영광을 얻은 이 땅에서 완전한 행복과 평화의 삶을 누리게 될 것이라고 보았다.

플루타르크(Plutarch)에 이 주제와 관련한 중요한 구절이 나타난다: "가장 순결한 빛에서 태어난 오르무즈와 어둠에서 태어난 아리만이 서로 싸운다. 그러나 예정된 때가 반드시 올 것이요, 그 때가 되면 이 땅을 기근과 질병으로 가득 채웠던 아리만이 완전히 멸망하게 될 것이다. 땅은 부드러워지며 원 상태를 회복하게 될 것이다. 모든 사람들이 행복을 누리며 한 가지 언어를 말하게 되며 동일한 삶의 방식과 동일한 정치적 상태로 연합될 것이다. 그러나 테오폼푸스(Theopompus)는 말하기를, 마기(Magi)의 가르침에 따르면 이 두 신들은 차례로 삼천년 동안 승리를 얻고 다시 정복당하게 되며, 그 이후의 삼천년 동안은 서로 싸우며 하나가 다른 하나가 이룩한 모든 것을 뒤엎어버리게 된다. 그러나 결국에 가서는 낮은 세계의 신 아리만은 완전히 사라져 없어질 것이다. 그 때에 사람들은 행복을 누리게 되며, 영양을 보충할 필요도 없게 되며, 어두운 그림자가 사라져 버리게 된다고 했다."

그리고 이와 비슷하게 젠드(Zend) 책들과 분데헤쉬(Bundehesch)에서도 세계가 일만 이천년 동안 존재한 후 땅이 회복되고 인류가 행복을 누릴 것을 이야기한다. "그 때에는 밤도, 추위도, 뜨거운 열풍도, 부패도 없으며 죽음에 대한 공포도 없고, 데우스(Dews. 악령들)로 인한 악도 없을 것이다. 그 때에 그 야망에 넘치는 악령이 그를 높이지도 못할 것이다."

그러나 만일 그저 이런 구절들만 있다면, 이러한 사람들의 기대가 한낱 인간에게서 비롯된 것이라고 볼 수도 있을 것이다. 그러나 다른 여러 가지 경우에서 인간의 힘과 권위를 뛰어넘는 한 인물의 출현을 말하는 것을 보게 된다. 먼저 여기서 샤리스타니(Schahristani)의 한 구절을 소개한다. "조로아스터(Zoroaster)는 젠다베스타서(Zendavesta 書)에서 말하기를, 마지막 때에 오샨더베가(Oschanderbega) 즉 세계의 사람이란 이름을 가진 한 사람이 나타날 것이라고 한다. 그는 세계를 신앙과 의로 장식할 것이다. 그의 때에 페티아르크(Peetiarch)도 함께 나타나서 이십 년동안 그의 왕국에 크게 해를 끼칠 것이다. 그 이후에 오시더베가(Osiderbega)가 세계의 거민들에게 자신의 모습을 드러내어서 의를 증진시키고 불법을 없애며 옛날의 질서를 회복시킬 것이다. 왕들이 그에게 순종하며 그의 모든 일들이 번창할 것이다. 그는 참된 종교에 승리를 줄 것이다. 그의 때에는 안식과 평화가 가득차며 모든 불화가 없어지며 모든 슬픔이 사라질 것이다." 그러므로 여기서 우리는 오샨더베가와 오시더베가라는 두 인물이 회복의 때에 하나로 연합되는 것을 보게 되는 것이다.

7. 이와 비슷한 것으로서 우리는 타베니어(Tavernier)가 페르시아의 한 제사장에게서 받은 진술로 그의 여행기(Travels)에 언급되어 있는 내용을 들 수 있다. 이 진술에 따르면, 그 회복은 신비하게 태어난 세 인물들에 의해서 이루어진다고 한다. 그 가운데 마지막에 속하는 세노이에토티우스(Sennoiethotius)가 가장 두드러지는 인물로서, 그가 모든 사람을 회심시킨다. 그의 밑에서 모든 사람의 부활과 심판이 일어날 것이다. 그 때에 어둠의 왕국이 완전히 무너지고, 언덕들이 낮아질 것이다. 그리고 젠다베스타와 분데헤쉬에서도 삼중적인 인물(a threefold person)을 발견할 수 있다. 그 세 선지자들의 이름은 오셰더바미(Oshederbami), 오셰더마(Oschedermah), 그리고 소시오쉬(Sosiosch)인데, 그들은 아주 놀라운 방식으로 조로아스터에게서 직접 유래한다.

마지막 때에 땅이 질병과 광풍, 기근, 전쟁 등 온갖 종류의 악으로 가득차 있을 때에 오셰더바미와 오셰더마가 먼저 위대한 초자연적 권능을 갖고 나타나 인류의 상당 부분을 회심시킨다. 그리고 마지막에 세 인물 가운데 가장 위대한 소시오쉬가 나타난다. 그의 역사를 통해서 부활이 일어난다. 그는 산 자와 죽은 자를 심판하며 이 땅에 새 영광을 주며 눈물의 세계에서 악의 씨앗을 제거할 것이다. "파리스(Paris)는 물론 그녀가 꾸민 모든 음모는 샘에서, 곧 칸세(Kanse)의 물에서 태어난 승리의 영웅 소시오쉬에 의해서, 그리고 땅에서 올라온 오셰더바미와 오셰더마에 의해서, 완전히 무너질 것이다."

"그 후에 소시오쉬는 황소와 흰 홈(hom)에게서 나온 것으로 죽은 자에게 생명을 회복시킬 것이다. 소시오쉬는 이 액체를 모든 사람들에게 주어 마시게 하며, 사람들은 위대해지며 썩지 않는 몸이 된다. 위대한 자나 소인이나 관계없이 모든 죽은 자는 그것을 마시고 다시 살아난다. 그리고 마지막으로 의로운 심판자 오르무즈의 명령을 받아 소시오쉬는 높은 자리에서 모든 사람들에게 그들의 행위에 따라서 보상한다. 순결한 자의 거처할 곳은 찬란한 고로트만(Gorotmann)이 될 것이다. 오르무즈가 몸소 그들의 몸을 그의 존전에까지 높이 들어 올릴 것이다."

여기서 오직 하나에 속하는 것을 세 인물로 구분한 것만을 삭제해버리면 (이는 후기 유대인들과 사마리아인들 사이에 널리 받아들여졌던 두 메시야의 개념과 유사하다), 우리는 이들의 기대가 구약 성경의 예언 및 그 성취와 일치한다는 사실을 직감하지 않을 수 없을 것이며, 따라서 그들의 기대가 인간적인데서 기원한 것이라는 생각을 버리게 될 것이다. 헬라인들에게는 그런 기대들이 훨씬 적게 나타나며 그것도 부정확하고, 그저 대체적인 것들일 뿐이다. 그러나, 그렇다고 해서 헬라인들이 이러한 소망에 대해서는 전혀 문외한이며 그저 고대의 황금기의 전통만을 가지고 있을 뿐이라는 식의 주장을 해서는 안된다. 헤시오드(Hesiod)는 더 좋은 때가 돌아올 것을 기대했다:

"오오 내가 이 다섯째 시대가 시작되기 전에
죽었던지, 아니면 그 이후에 태어났더라면 좋았을 것을!
이 시대는 철의 시대이니:-
그러나 인류의 이전 시대들을
요베(Jove, 제우스)가 무너뜨렸으니, 이 시대도 무너질 것이로다."

이러한 기대로 말미암아 훗날 플라톤 철학자나 스토아 철학자들 사이에 세상의 '위대한 해', 혹은 하늘의 별과 행성의 위치는 동일하나 만물이 그 본래의 상태로 돌아가는 그 시기에 대한 가르침이 나타나게 되었다. 로마인들에게서는 이보다 더 확실한 기대들이 있었던 것 같으나, 자세히 살펴보면 그들의 기대들이 원래의 계시에서 비롯되었다는 것이 상당히 의심스러워진다.

다음의 두 가지 유명한 구절, 곧 수에토니우스(Suetonius)와 타키투스(Tacitus)의 구절에서도 이에 대한 증거는 나타나지 않는다: "동방 세계 전역에는 오래 전부터 언제나 널리 퍼져 내려온 하나의 사고가 있으니, 곧 그 때에 유대로부터 한 민족이 나와서 최고의 권력을 차지하게 된다는 것이었다." "바로 그 때에 동방이 강성해진다는 것이 옛날 제사장들의 책들 속에 담겨 있다는 생각이 많은 사람들 사이에 퍼져 있다."

최근 카이저(Kaiser)가 주장했듯이 이 구절에 나타나는 대로 로마인들 사이에 성행하고 있었다는 그 메시야에 대한 관념이 동방에서, 그리고 시빌린 서(the Sibylline books)에서, 유래된 것은 사실이다. 카이저는 그의 주장을 입증하기 위해서 먼저 "동방 세계 전역에 오래 전부터 언제나 널리 퍼져 내려온 하나의 사고"라는 표현에 호소하며, 두번째로 "옛날 제사장들의 책들 속에 담겨 있다"라는 표현에 호소하였다. 그러나 이러한 관념들이 유대적 기원을 가지고 있다는 사실은 너무도 명백하며, 또한 요세푸스(Josephus)도 이를 확증해주는데, 이러한 표현들이 절대로 이 점을 배제하지 않고 있다는 점이다.

사실상 바벨론 포로기 이후 인근에 널리 퍼진 유대인들은 대체로 자기들의 종교적 사상을 그대로 가지고 있었으며, 특히 메시야와 관련한 소망을 가지고 있었을 것이다. 메시야 사상은 그들을 통하여 유대 지방의 경계 너머에까지 알려졌고 그들은 이를 굳게 간직했던 것이다. 또한 이러한 메시야에 대한 기대들을 처음으로 시빌(Sibyls)들에게 전수하여 그들로 하여금 진짜 시빌린 예언들(the true Sibylline prophecies)이 유실된 이후 가짜 예언들을 하게 한 것은 기독교인들이 아니라 그들보다 전에 있었던 유대인들이었다.

8. (1)로마인들의 시빌린 서(書)들 가운데 메시야 예언이 존재한다는 것을 입증해주는 또 다른 중요한 증언이 있는데, 이는 버질(Virgil)이 폴리오 총독(consul Pollio)을 기리기 위해 쓴 네번째 전원시의 한 구절이다. 이 시에서 버질은 다음과 같이 선언한다:

"이제 그 쿠매 사람의 노래(the Cumaean song)에 나오는 그 마지막 시대가 도래했도다."

곧, 폴리오의 총독 재위 기간 동안 그 기대하던 아기가 탄생하며 그 황금 시대가 돌아올 것임을 선포하는 것이다. 그러나, (1) 과연 버질이 정말로 쿠매 사람의 시빌의 예언을 가리키느냐 하는 것이 매우 불확실하다. 보에클러(Boecler), 파브리키우스(Fabricius), 에크하르트(Eckhard) 등은 이것이 헤시오드(Hesiod)의 시를 가리킨다고 보았다. 그는 쿠매(Cumae) 출생이므로 그의 시를 가리켜 쿠매 사람의 것(Cumaean)으로도 불렀을 가능성이 얼마든지 있는 것이다. 어쩌면 버질은 의도적으로 쿠매 사람의 노래라고 지칭함으로써 헤시오드도 시빌처럼 미래의 때에 대해 예언했었다는 것을 나타내려 했을지도 모른다. 이러한 가설―버질이 헤시오드를 가리킨 것이라는―은 그들의 비유적 표현들이 서로 매우 유사하다는 점에 의해서 다시 한번 확인된다. 버질은 다가올 황금 시대를 묘사했으며, 헤시오드는 과거에 있는 황금 시대를 묘사하였다. 그리고 헤시오드가 과거의 그 시대가 다시 돌아올 것을 기대했기 때문에, 이 점이 훨씬 강하게 제기된다.

9. (2) 그러나 버질이 비록 쿠매 사람들의 시빌을 가리켰다손 치더라도 그는 그 옛날의 순수한 시빌린 예언들을 염두에 둘 수가 없었을 것이다. 그 예언들은 이미 오래 전에 그 수도(首都)에서 불타 없어지고 말았기 때문이다. 버질의 시대에 시빌린 예언들이라는 이름으로 전해져 내려온 기록들은 엄청난 가짜들이었다. 미래의 회복에 대한 유대인의 기대들이 로마인의 옷을 입어서 시빌의 것으로 여겨졌을 가능성이 얼마든지 있는 것이다. 그러나 사실 이런 가설도 불필요하다. 왜냐하면 버질의 전원시에는 황금 시대의 회복 이상의 기대는 나타나지 않기 때문이다. 그러한 정도는 헬라인에게서도 볼 수 있는 것이다.

10. 그러나 이제 히브리 사람들에게로 관심을 돌리면, 전혀 다른 양상이 나타난다. 이방 민족들에게서는 그저 행복한 미래에 대한 모호하고도 왜곡된 기대 이상의 것을 기대할 수가 없었다. 그들의 소망은 일찍이 인류에게 부여된 이 주제에 관한 계시들로 말미암아 생긴 것들이므로, 그 계시들을 받은 사람들의 성격과 상태 때문에 그 소망들은 불확실하고 그저 일반적일 수밖에 없었다. 그리고 더 나아가서 이 계시들은 시간이 흐름에 따라서 크게 부패할 수밖에 없었다. 이방 민족들은 스스로 내어버려둔 처지에 있어서 위

로부터 그 이후의 계시를 받지 못했으므로 그들의 감정이 그 계시와 맞지 않았기 때문이었다.

그러나 히브리 사람들에 있어서는 이 소망들이 신정 정치의 전 체계와 가장 밀접한 관련 속에서 나타나게 되었다. 처음의 예언들이 기록됨으로써 온갖 부패의 과정에서 보호를 받을 수 있었다. 또한 자주 새로운 계시들이 주어짐으로써 백성들의 기대가 계속해서 살아 있게 되었으며 더욱 더 확실하게 되었다. 그리하여 장차 오실 구속주에 대한 교의가, 심지어 부분적으로 오해가 있을 때에라도, 모든 신정적(神政的) 기대의 핵심을 이루었다. 또한 그것이 성취되는 시기가 아주 멀리 있다 하더라도 그들의 소망은 약화되지 않았다(구약의 백성들은 신약의 그리스도인들이 그리스도의 재림을 기다리는 것과 똑같이 어둠속에서 그의 초림을 기다렸다). 히브리 사람들에게 내린 구속주의 강림에 대한 예언들은 신적 권위를 가졌고, 오직 그들만이 우리에게 인간적인 첨삭이 개입되지 않은 순수한 예언을 전수해주었기 때문에, 그 예언들만을 가리켜 메시야 예언들이라고 부르는 것이 너무도 적절한 것이다.

이제 이 예언들이 신정정치 하에서 이루어간 여러 가지 목적들을 생각해 보기로 한다. 이는 정말로 필요한 과제다. 왜냐하면 구약 성경에 참된 메시야 예언들이 존재한다는 사실에 대해서 무턱대고 반대하는 경우가 가끔씩 나타나기 때문이다. 곧, 그렇게 오래된 예언들은 분명 무용지물일 것이고, 따라서 하나님께도 합당치 못한 것이라는 식의 생각이다.

11. (1) 만일 그들의 생각들이 당시에 대해서만 한정되어 있었더라면, 언약 백성들은 지극히 편협되고 이기적으로 되어버릴 위험이 있었을 것이다. 그런 정신 상태는 불가불 지극히 해로운 결과들을 낳았을 것이며, 무가치하며 하나님을 욕되게 하는 사상을 갖게 되었을 것이다. 하나님의 전능하심이나 그의 사랑을 제한시키며, 자기들의 탁월함을 자랑하는 악한 생각이 그들에게 가득찼을 것이다. 왜냐하면 하나님이 이방인들보다 자기들을 선호하신 것이 마치 영원한 하나님의 경륜인 것으로 생각하여, 오로지 자기들이 본성적으로 우월한 자격을 갖추었으므로 다른 백성들보다도 하나님의 사랑을 받을만한 가치가 있었기 때문이라고 생각했기 때문이다. 그러므로 이러한 오류

를 방지하기 위해서는, 수단은 어디까지나 수단으로 그쳐야 하며, 또한 그들을 택하신 예비적인 역사를 넘어서서 장차 이루어야 할 그 위대한 목적에 모든 생각을 집중시켜야 하는 것이었다.

그리하여 신정 정치가 세워지기 전부터, 그리고 그 이후에도 계속적으로, 이스라엘과 갖는 하나님의 특별한 관계는 그저 일시적인 것일 뿐이며 장차 위대한 구원자가 나타나면 유대인뿐 아니라 이방인까지 포함해서 이 땅의 모든 민족들이 그의 왕국에 들어갈 것이라는 사실을 선언하신 것이다. 그런 명백한 예언을 주셨음에도 불구하고, 유대인들 가운데 큰 부류가 그들의 세속적인 사고로 말미암아 눈이 어두워져서 하나님이 자기 민족을 특별히 대하신다는 가장 해로운 믿음을 고집하고 말았다는 사실을 볼 때에, 과연 하나님께서 그렇게 하실 필요가 있었다는 것이 분명히 드러난다. 만일 그런 예언들이 없었더라면, 참된 경건한 백성들마저도 그런 크나큰 오류에서 자신들을 보존하기가 얼마나 어려웠겠는가!

12. (2) 메시야에 대한 약속은 그 백성들로 하여금 재난의 때에 주를 향하여 충성을 다하도록 하는 하나의 수단이었다. 선지자들의 위로의 선포들은 바로 위대하신 회복주요 신정 왕국을 번영케 하시는 주이신 하나님께로 말미암은 것이었다. 예를 들어서, 이사야는 이스라엘이 앗수르에게 완전히 멸망할 것이라는 두려움을 갖는 것이 얼마나 합당치 못한 태도인가를 보여주면서, 메시야가 나올 그 백성은 결코 완전히 멸망할 수가 없다는 사실을 확언하고 있다(사 7:14). 예레미야(렘 23:6)와 에스겔(겔 34:23)도 좌절한 그 백성들에게 장차 올 위대한 왕에 대해 예언하고 있다. 선지자들이 때때로 더 가까운 미래에 일어날 좀 덜 중요한 기쁨의 사건들을 말씀하기도 하지만, 그러나 그들은 언제나 모든 축복 가운데 가장 위대하며 다른 모든 것들의 보장이 되는 메시야의 강림이라는 주제로 돌아갔던 것이다.

메시야 예언들은 온 백성들과 관련된 것으로서, 심지어 그 백성들이 그 예언에 사용된 비유적인 표현들을 잘못 이해하여 그릇된 생각을 가질 때에라도, 반드시 성취될 것이었다. 그리하여 자기들의 잘못으로 세상적인 시각으로 메시야를 기다리는데 빠진 이들이라 할지라도 외형적인 충성의 모습은 지니게 되었던 것이다. 이것이 별로 대수롭지 않은 문제가 아니다. 외형적인 신정 정치가 계속되는 것이 그리스도의 출현에 필수적인 것이었기 때문이다. 말하자면, 낟알이 껍질을 통해서 보호를 받은 것이다.

13. (3) 메시야 예언은 순전한 경건과 하나님을 향한 참된 헌신을 증진시키는 수단이었다. 선지자들은 경건한 자들과 불경건한 자들을 구분하고 있다. 그들은, 메시야께서 경건한 자들에게는 풍성한 축복을 내리시지만 불경건한 자들은 의의 형벌로 멸망케 하실 것이라고 선포한다. 이러한 상급과 형벌을 생생하게 제시하는 것만큼 경건한 자들에게 인내의 동기를 강하게 부여하고, 악한 자들에게 회심의 동기를 부여할 수 있는 것이 또 있겠는가(비교. 사 2-4장, 말 3:19)?

14. (4) 더 나아가서 구약 성경에는 하나님의 긍휼하심으로 말미암는 죄의 용서를 선포하는 복음이 율법과 함께 나타난다. 우리의 죄를 지셨듯이 스스로 그 백성의 죄를 지셨던 주님께서 이사야 53장에 기록된 것과 같은 그런 예언을 통해서 구원의 조건을 제시하셨을 때에, 그들은—이미 그들 가운데서 율법이 그 목적을 성취했었다—과연 용서를 얻을 수 있다는 소망으로 얼마나 위로를 얻었겠는가.

15. (5) 그러나 예언의 주된 목적은 그리스도를 위하여 길을 예비함으로써 그가 오실 때에 그 예언을 그 성취된 것과 비교함으로써 그를 알아보도록 하기 위함이었다. 이것이 얼마나 필요했느냐 하는 것은 이처럼 예비했음에도 불구하고 그 백성들의 큰 부분이 메시야를 알아보지 못했다는 사실에서 잘 나타난다. 그러나 그것은 세상적인 생각으로 말미암아 예언을 그 성취된 것과 편견이 없이 비교할 수 없게 된 그런 사람들에게만 나타난 현상이었다. 만일 메시야가 그의 강림 이전에 특정적으로 묘사되지 않았더라면, 심지어 영적인 사고를 가진 사람들도 그를 알아보기가 참으로 어려웠을 것이다. 이런 점에서 메시야 예언들의 중요성은 그리스도와 그 사도들의 증언에서 명백히 드러난다.

그리스도는 그의 신적 사명의 외적인 증거들을 받을 수 있는 조건이 되는 그런 마음의 성향이 그 자신을 아는 지식에 필수적임을 선언하시며(요 7:17), 또한 유대인의 불신앙이 바로 그러한 성향이 없기 때문이라고 단정하신다(요 5:44). 그러나 그리스도는 또한 예언의 증거가 그 자체로서 충분한 것으로 말씀하며, 또한 유대인들이 그 예언을 있는 그대로 올바로 인정하지 않은 사실에 대해서 책망하신다(요 5:39-47). 그는 하나님 자신이 세례 요한을 통해서 약속하신 메시야로 지칭하신 분이다(요 1:19-41). 그리고 그 스스로도 자신이 그런 존재임을 선언하셨다(요 4:25,26; 마 26:63,64; 11:3 등). 그리고 예언과 그 성취가 서로 일치하는 것이 우연히 그렇게 된 것으로 생각하지 않도록 하기 위해서 그는 거듭 거듭 '예언은 반드시 이루어져야 한다'는 사실을 말씀하셨다(눅 24:25,44; 마 26:54).

마 5:17에서 그는 자신이 보내심을 받은 목적이 바로 예언들을 성취시키기 위함임을 말씀하신다. 예언과 그 성취가 일치해야 한다는 것이 얼마나 중요한지는 그리스도께서 마지막으로 예루살렘에 입성하실 때에 모든 상황을 자신에 관한 예언과 조화를 이루도록 맞추셨다는 사실(마 21:1; 요 12:12)에서 잘 배울 수 있다. 예수께서 그리스도라는 사실은 사도들의 선포—유대인을 향한 선포든, 이방인을 향한 선포든—가운데 중요한 부분을 차지하는 것이었다(행 10:43; 고전 15:3; 고후 1:20).

16. 그러므로 구약 시대에 행해진 이 예언들의 중요성은 의심의 여지가 없는 것이다. 그러나 과연 그 예언들이 기독교 교회에게도 여전히 중요할까 하는 의문이 일어나게 된다.

17. (1) 여기서 먼저 구약 성경에 정말로 순수한 메시야 예언이 존재하느냐 하는 의문이 일게 된다. 슐라이어마허(Schleiermacher)는 이를 부인하면서, 구약 성경에는 그저 이교도들에서도 볼 수 있는 그런 구속에 대한 불확실한 열망과 필요에 대한 감정 표현들이 있을 뿐이라고 보며, 그 반대의 주장은 입증할 수가 없다고 주장한다. 그러나 이러한 주장은 앞으로 충분히 반박될 것이다. 여기서는 다만 그 메시야 예언이 참이냐 거짓이냐 하는 것이

그리스도와 그의 사도들의 권위을 세우고 무너뜨리는 중요한 문제라는 사실을 말하는 것으로 그치려 한다. 그리스도와 그의 사도들이 성경에 순수한 예언들이 있다고 믿었다는 사실은 이미 언급한 여러 구절들에서, 또한 앞으로도 계속 인용될 수많은 구절들에서, 분명히 드러나는 것이다.

18. (2) 뿐만 아니라, 사건과 그에 대한 예언이 정확히 상응한다는 것이 별로 중요한 문제가 아니라는 주장도 똑같이 그리스도와 사도들의 권위를 무너뜨리는 결과를 낳는다. 만일 그것이 별 중요한 것이 아니라면, 그리스도의 생애의 지극히 사소한 상황까지도 그것이 예언의 성취라는 사실임을 보여주는 이유가 어디에 있는가? 무엇때문에 그리스도께서 부활하신 후 사도들에게 그의 고난과 죽음을 다룬 구약 성경의 구절들을 설명하셨겠는가? 마지막 예루살렘 입성 시에 모든 상황을 조정하셔서 예언이 정확히 성취되도록 하신 이유가 무엇이겠는가?

그와 같은 일치가 그 시대에 중요했다면, 우리의 시대에도 결코 덜 중요한 것일 수가 없다. 사도들이 유대인을 대할 때나 이방인을 대할 때에 똑같이 그 사실을 선포했기 때문이다. 기독교 국가들의 백성들의 대부분은 그리스도께서 강림하셨을 때에 이방인과 동일한 상태에 있었다. 그리스도를 알지 못하지만 처음으로 그를 알게 되어야만 했다. 사실상 메시야 예언만으로는 유대인들에게나 그들에게나 그런 결과를 낼 수가 없었다. 또한 기독교의 진리의 외적인 결정적 증거들이 모두 합쳐져서 제시된다 하더라도 그 증거들이 주고자 하는 인상을 마음이 받아들이지 않는 한 그것들이 믿음을 만들어내지 못하는 것이다. 그러나 마음이 열려서 이 증거를 받아들이게 되면, 예언이 정확히 성취되었다는 사실이 아주 복된 영향력을 발휘하게 된다. 이 점은 역사를 통해서 너무도 분명히 입증되기 때문에 도무지 부인할 수가 없다. 사람들이 이사야 53장을 읽음으로써 구주께로 처음 이끌림을 받은 사례가 얼마나 많은가! 얼마나 많은 제자들이 신앙을 갖기 시작하는 과정에서 이와 유사한 예언들을 통해서 강한 믿음을 갖게 되었던가!

19. (3) 이러한 예언들이 비단 그리스도인의 삶을 막 시작하는 사람들에게만 가치가 있는 것은 아니다. 더 진전된 믿음을 가진 이들에게도 그에

못지 않게 유익을 준다. 그 어느 누구도 하나님 자신이 하사하신 믿음을 강화시키는 수단들을 무시해도 괜찮을 만큼 강하고 시종여일한 믿음을 소유한 사람은 없다. 그리스도인이 구속주와 더 친밀하게 영적으로 연합되어 있을수록 그 수단들을 무시하는 오류에 빠지는 일이 적어지는 것이다. 믿음이 진전되어 있을수록 자신의 구원을 위해 하나님이 제정하신 것들을 그 모든 관계 속에서 깨닫고 또한 하나님의 지혜로 합당하게 세우신 계획을 따라가기를 더욱 더 진지하게 바라게 되는 것이다. 여기에는 아무 것도 중요치 않은 것이 없다. 아무리 사소한 흔적이라도 의미를 지니고 있다. 왜냐하면 그것이 전체와 관련을 맺고 있기 때문이다. 모든 것이 서로 관계를 맺고 있다. 완성과 성취가 그것에 대한 준비에 빛을 던져주듯이, 준비도 그 완성에 빛을 비추어주는 것이다.

20. 마지막으로, 슐라이어마허가 한 걸음 더 나아가서, 유대교가 신뢰성이 훨씬 약하기 때문에 기독교에 대한 강한 신앙을 유대교에 기댈 수가 없다고 주장했을 때에, 슈통;델(Steudel)이 이에 대해 적절히 답변했다. 곧, 우리는 예언들 그 자체만을 생각해서 거기에 기대는 것이 아니라 그 예언을 그 성취와 비교하여 그 결과로 나타난 증거에 기대는 것이라고 하였다. 게다가 구약의 믿음이 더 약하며 신약의 믿음이 더 강하다는 관념도 인정할 수가 없다. 그리스도와 사도들의 말씀을 진실로 믿는 사람이라면 그들이 그렇게도 분명하고도 확정적으로 증거하는 구약 성경의 신적 권위를 반드시 인정할 것이기 때문이다.

21. 히브리인들 사이에 대개의 메시야 예언이 진전되어간 발자취를 추적해보면, 다윗의 치세가 그 역사에서 매우 중요한 시기라는 것을 깨닫게 될 것이다. 사실 이 예언은 사람이 만들어낸 것이 아니라, 구약 시대에 장차 올 구속주를 영화롭게 하신 성령의 영감으로 된 것이다. 그러나 앞으로 보게 되겠지만, 그 예언을 제시한 방식은 불가피하게 비유적일 수밖에 없었다. 그러므로 선지자들의 자료에 역사가 첨가되어 그들의 비유적인 예언들의 의미가 드러나기 전에는 메시야가 완전히 깨달아질 수가 없었다. 초기의 신정 정치

는 메시야를 완전히 파악할 수 있을 만큼 충분한 기초를 제공하지 못했다. 그러므로 메시야의 성격과 직분들(offices)은 다윗의 시대에 처음으로 완전히 드러났다. 메시야가 그의 자손 가운데 나올 것이 약속된 것이다. 가시적으로 드러난 당시의 신정 정치가 메시야의 왕국을 제시하는 자료들을 제공했듯이, 그 신정 정치의 전형적인 우두머리(다윗)가 그 원형(antitype), 곧 메시야 왕국의 우두머리(메시야)의 영광을 드러내는 모델로서 역할을 했던 것이다.

제 2 장
히브리인들 사이의 메시야 예언의 역사

1. 모세 오경의 메시야 예언

A. 창세기

22. 창세기를 구성하는 역사의 기간 동안 개개인의 신자들에게 그들의 유익을 위해 부여되었을 그런 계시들을 논의에서 제외시키고, 이 책에 기록된 메시야 예언들을 살펴보면, 그 예언들을 더욱 더 정확하고 분명하게 인지할 수가 있게 된다.

23. 타락 이후 즉시 주어진 메시야의 약속은 첫번째이니 만큼 가장 막연하다. 무시무시한 위협이 거기에 나타나나 동시에 위로를 주는 약속이 든든히 서 있다. 즉, 죄의 다스림과 그 결과로 나타난 악들이 영구히 계속되지 않을 것이며, 여인의 후손이 어느 날 그들의 정복자를 꺽고 승리를 거두리라는 약속이 그것이다. 여기서 승리 그 자체만을 제외하고는 아무 것도 분명한 것이 없다. 그 승리가 어떤 식으로 이루어질 것인지, 여인의 후손 가운데 어떤 특별한 재능을 가진 자들에 의해서 이루어질 것인지, 아니면 그 후손 가운데 한 개인에 의해서 이루어질 것인지 도무지 알 수가 없다.

24. 죄악된 세상이 멸망된 후, 노아와 그의 세 아들만이 남았을 때에, 그 막연한 약속이 좀더 구체화된다. 즉, 셈의 후손을 통해서 구원이 성취되

리라는 것이다.

25. 그 후 그 예언이 더욱 분명해진다. 하나님께서는 아브라함이라는 한 개인을 부패한 대중으로부터 분리하시고, 그를 그의 계시들의 보관자로 삼으시고, 하나님의 목적에 따라서 그 이외의 모든 사람들을 제외하고 오직 그의 자손들만이 그 영광을 유업으로 얻을 것이라고 구체적으로 말씀하셨고, 그리하여 그를 통하여 구원을 위한 길을 예비하기 시작하신 것이다. 셈의 후손에서 먼저 아브라함의 가족을 선택하시고, 그 다음에는 이삭의 가족을, 그리고 마지막으로 야곱의 가족을 선택하셔서 그들을 통해서 약속된 구원이 진행되어가는 것이다. 그러나 이와 같은 분명한 선언도 그 이후에 주어진 것과, 그리고 그 약속의 성취와, 비교하면 여전히 매우 불확실한 것이다. 정말이지, 그들에게는 축복이 예언된 것이지, 그 축복을 주는 주체가 되시는 분이 예언된 것은 아니었다. 구원이 땅의 나머지 사람 전체에 퍼지는 것이 과연 한 개인을 통해서 되는 것인지, 아니면 족장의 후손 전체를 통해서 되는 것인지는 여전히 불확실한 채로 남아 있는 것이다. 더욱이 이 축복이 주어지는 방법도 분명히 계시되지 않은 상태였다.

26. 이러한 희미한 상태는 창세기 49:10의 마지막 메시야 예언을 통해서 부분적으로 제거되었다. 이미 일어난 일을 볼 때에 야곱의 열 두 아들들 가운데 누구가 온 세상을 구원하는 근원이 될 것인가 하는 것이 결정되지 않은 채로 그대로 있지는 않을 것이라는 기대가 생겼고, 족장 야곱은 죽기 직전 예언의 영을 입어서 그와 그의 조상들에게 주어진 약속들을 그 아들들에게 전달해줄 때에, 과연 어느 아들이 나머지 아들들보다 더 중요한지를 잊지 않고 말씀했다. 그 약속을 이룰 자로 유다가 선택되었지만, 여전히 메시야 예언은 한계를 가진 상태였다. 그러나 예상과는 달리 그 이전의 것보다는 훨씬 분명한 약속이 주어진 것이다. 여기서 처음으로 메시야의 인격(Person)이 나타나며, 그의 왕국의 본질이 명확히 제시된다. 그는 평화로운 왕이요 이 땅의 모든 민족들을 그의 온유한 홀 밑에서 연합시키는 분으로 제시되는 것이다.

27. 이러한 예비적 고찰을 토대로 하여 이제 개별적인 구절들을 살펴보기로 하자.

1. 원복음(Protoevanglium), 혹은 복음에 대한 최초의 공포

28. 인류의 타락으로 인하여 메시야의 사역이 필요하게 되었고, 따라서 그에 관한 최초의 희미한 선포가 그 사건 이후 즉시 이루어졌다. 그 선포는 유혹한 자에 대한 형벌을 선고하는 문장 속에 나타나 있는데(창 3:14,15), 그 유혹하는 자가 과연 누구냐를 확실히 알기 전에는 그 의미를 올바로 깨달을 수가 없다.

29. 먼저 의심할 여지가 없는 사실은 진짜 뱀이 그 유혹에 가담했다는 점이다. 그러므로 그 뱀을 악령을 지칭하는 하나의 상징으로만 보는 자들의 견해는 배격되어야 한다. 뱀을 그렇게 해석하게 되면, 결국 이 부분의 역사 기술 전체를 풍유적인 해석 방식(allegorical mode of interpretation)으로 이해하여야 일관성이 있게 된다. 그러나 동일한 역사적 기사에서 어떤 때는 풍유적 혹은 상징적 해석법을 취하고, 또 어떤 때는 단순한 문자적 해석법을 취할 자유가 우리에게 없는 것이다. 이 전체 기사를 풍유적으로 해석하는 것에 대해서 많은 반대 증거들이 있다.

예를 들면, 그 이후로 한 쌍의 인간에 대한 역사가 계속되는데, 이들이 여기서도 활동하는 것으로 나타나고 있다는 점, 에덴 동산에 대한 정확한 지리적 묘사가 나타난다는 점, 이 기사에서 인간에게 형벌로 주어진 그 상태가 실제로 존재한다는 점, 저자가 역사가 아닌 풍유적 이야기를 쓰고자 하는 의도를 가졌다는 암시나 흔적이 전혀 나타나지 않는다는 점, 신약 성경 가운데 타락 기사가 언급된 구절들이 한결같이 그것을 진짜 역사로 기술한다는 점(고후 11:3; 딤전 2:13,14; 롬 5:12), 풍유적 해석법을 주장하는 자들이 그 구절의 의도하는 진리를 드러냄에 있어서 불확실한 견해와 변덕을 보인다는 점—만일 저자가 풍유적 의도를 갖고 기록했다면 그 풍유를 통해서 드러내고자 하는 진리가 또한 명백하게 혹은 쉽게 발견되어야 옳지 않은가!—등이 그

것이다.

30. 진짜 뱀이 그 사건에 결부되었다는 점은 성경의 말씀을 통해서("들 짐승 중에 뱀이 가장 간교하더라", 창 3:1)뿐 아니라, 그에게 내려진 형벌에 서도 분명히 나타난다. 그 형벌은 뱀에게 합당한 형벌이었다. 이 마지막의 논거들 또한 사단이 단지 뱀의 모양을 쓰고 나타난 것뿐이라는 다른 사람들 의 견해를 반박할 수 있는 근거가 된다.

31. 그러나 하와가 본 것이 진짜 뱀이었다는 것은 분명하지만, 그럼에 도 불구하고 뱀이 주된 유혹자가 아니었고, 그저 도구에 불과했다는 것이 또 한 분명하다. 하와가 알지 못하는 악령(an evil Spirit)이 뱀을 도구로 이용 했던 것이다. 이렇게 보는 데는 몇 가지 이유가 있다: (1) 저자가 의도적으 로 인류의 어버이—이들은 그 사건을 눈에 보이는 대로만 판단할 수밖에 없 었다—에게서 자손 대대로 전해 내려온 그대로의 역사를 기록했고, 눈에 보 이지 않는 그 유혹의 주체를 지적해주는 말씀을 하지 않았지만, 생각이 있는 독자들로 하여금 그에 대해 알 수 있도록 하려는 의도를 가지고 있었음이 그 부분의 기술 전체의 성격에서 잘 드러난다.

동시에, 수많은 대중들로 하여금 겉으로 나타난 정황만을 보게 하고 그 원인에 대해서는 아무런 언급도 하지 않은 데는 그럴만한 충분한 이유가 있 었다. 그 원인을 알아버리면 동방의 다른 민족들 가운데 그렇게도 만연되어 있는 그런 파괴적인 미신이 쉽사리 일어날지도 모르기 때문이었다. 이 기사 에서 관심을 가질 만한 특이한 사실은 그 뱀이 말을 하며 대체로 이성적 존 재의 모든 증표를 나타내 보인다는 점이다. 하와에게는 이것이 놀라운 일이 아니었다. 그녀는 동물의 본성에 대해 거의 접해보지 않았었고, 동물이 사람 과 다른 점이나, 하나님이 동물과는 달리 사람에게만 주신 능력들이 어떤 것 들이냐 하는데 대해서 거의 알지 못하는 상태였기 때문에, 뱀이 말을 한다는 것에서 잘해야 그저 무언가 더 고상한 눈에 보이지 않는 능력을 가진 동인 (動因)이 작용하지 않느냐 하는 희미한 의심밖에는 갖지 못했을 것이다.

그러나 후대의 독자 가운데 생각이 있는 사람은 이 보이지 않는 원인에 대해서 어느 정도 지식을 갖게 될 것이다. 본문에 확실히 드러나 있는 사실 (보통 뱀의 능력을 넘어서는 어떤 것이 여기에 나타난다는 점)을, 하나의 개연성(다른 전거〔典據〕들에서 모든 악의 근원이라고 지목받고 있는 존재가 악이 최초로 세상에 들어오는 바로 이 사건에도 능동적으로 개입하고 있을 것이라는 개연성)과 연관지어봄으로써 그런 지식을 갖게 되는 것이다.

사실 아버바넬(Aberbanel) 이후, 르 클레르(Le Clerc), 아이히호른 (Eichhorn), 되더라인(Doderlein), 다테(Dathe), 레스(Less), 그리고 특히 가블러(Gabler) 등은 하와와 뱀의 대화의 기사를 유명한 하나의 동양적 표현(Orientalism)으로 설명해야 옳다는 사실을 입증하려고 노력했다. 동양적 표현으로는 심지어 생명이 없는 대상물도 의인화되어 말하는 것으로 소개되기도 한다는 것이다. 그들은 주장하기를, 그 뱀이 아무 일도 없이 그 열매를 먹는 것을 보고서 하와의 마음에 여러 가지 생각이 떠올랐고, 하나님의 금지 명령에 대하여 일말의 의심이 일게 되었으며, 그 의심이 열매를 먹고자 하는 욕심과 함께 동양 사람들의 창조적 재능을 통해서 뱀과 하와 사이의 대화의 형태로 표현되었다고 한다.

그러나 이런 주장은 다음과 같은 근거에서 합당치 않다: 이 해석법은 오로지 시(詩)에만 나타나는 그런 것을 역사적인 기사에 대입시킨다; 이 해석법은 건전한 해석의 모든 법칙을 무시하고 전적으로 변덕스런 느낌에 모든 근거를 두어서, 기사의 한 부분은 문자적으로 이해하고, 다른 부분은 풍유적으로 이해하는 우를 범하고 있다; 구약 성경의 기록 가운데 이 해석법을 유지시킬 만한 비슷한 경우가 전혀 나타나지 않는다. 심지어 발람의 역사의 경우에도 문자적 해석을 거부할 만한 타당한 이유가 나타나지 않는다; 이 해석법의 근거는 뱀과 하와 사이에 문자 그대로 대화가 이루어졌다는 사실이 도무지 터무니없다는 생각 이외에 아무 것도 없다.

그러나 이런 근거는 뱀이 악령의 대리자였다는 것을 생각하게 되면 그 순간 사라지고 만다. 그 이외에도, 표면적으로 나타난 뱀이라는 존재 뒤에 진짜 유혹의 주체가 숨어 있었다고 보게 하는 많은 근거들이 있다. 3:1의 선언은 이런 시각에서 새롭게 주의를 끌기에 충분하며, 또한 뱀에게 내려진 저주 자체도 겉으로 드러나는 뱀이라는 대리자에게 내려진 것임은 물론 더 높은 의미에서 눈에 보이지 않는 그 유혹의 주체에게 내려진 것임이 분명히 드러나는 것이다.

32. (2) 또한 페르시아 사람들의 성전(聖典)에 보존되어 있는 우리의 첫 어버이의 타락에 관한 한 전승(tradition)에서도 하나의 논증을 끌어낼 수 있다. 젠다베스타(Zendavesta)에 따르면, 인류의 어버이 메쉬아(Meschia)와 메쉬아네(Meschianeh)는 순결하고 선한 신에 의해서 창조함을 받았고, 겸손하며 법의 요구에 복종하며 생각과 말과 행동에 순결한 상태에 있는 한 복을 받도록 되어 있었다고 한다. 그러나 그들은 ‘처음부터 속이는 일만 일삼는 잔악한 아리만(Ahriman)’에게 속임을 당하여 신으로부터 멀어지고, 열매를 먹음으로써 그들의 받을 복을 상실하고 말았다. 그 동일한 책에 따르면 아리만은 하늘로부터 땅으로 임하는데 뱀의 형태를 지녔다고 한다. 그리고 그 구별된 악령이 두(Dhu)라는 뱀으로 불리고 있다.

33. (3) 또한 유대인들 사이에도 사단이 우리의 첫 어버이를 유혹하는 일에 관련되었다는 전승이 있다. 지혜서(the book of Wisdom)는 “마귀(Devil)의 투기로 인하여 사망이 세상에 들어왔다”고 기록하고 있다. 후대 유대의 기록인 삼마엘(Sammael)에서는 악령의 우두머리가 (뱀의 형태로 하와를 유혹했기 때문에) 옛뱀(old serpent), 혹은 그저 뱀(serpent)으로 불리고 있다

34. (4) 그러나 이 사건에서 사단의 대리자가 개입되었다는 사실을 입증하는 확실한 증거는 신약 성경의 증언이다. 계 12:9에서는 그 악령의 우두머리가 ‘옛 뱀 곧 마귀라고도 하고 사단이라고 하는 자’로 불리고 있다. 바울도 타락의 기사 그 자체의 예를 따라서 “뱀이 그 간계로 이와를 미혹케 한 것 같이”(고후 11:3)라고 말함으로써 그 유혹의 진짜 주체를 숨겨두고 겉으로 드러난 것만을 말씀하기는 하지만, 그러나 “평강의 하나님께서 속히 사단을 너희 발 아래서 상하게 하시리라”는 롬 16:20의 말씀(이는 창 3:15을 두고 하는 말씀임이 분명하다)을 볼 때에 그는 그 유혹의 주체를 알고 있었음

이 분명하다.

마지막으로, 고대와 현대의 대부분의 해석자들과 함께, 그리스도 자신께서 사단을 '처음부터 살인한 자'로 부르셨는데 이는 사단이 죄로 말미암아 세상에 사망을 가져온 사실을 가리킨다고 보아야 한다. 물론 처음 알렉산드리아의 시릴(Cyril of Alexandria)을 비롯해서 니취(Nitzsch)와 뤼케(Lücke) 등이, 주께서 여기서 가인이 저지른 살인 사건을 지칭하셨다는 주장을 하기도 한다. 그러나 우리의 주장의 근거는 다음과 같다: '처음부터'라는 어구는 계시록이나 유대의 기록들에 언급된 병행 구절들에서와 같이 가장 철저한 의미로 이해하여야 한다; 그리스도께서 사단을 '살인한 자'로 부르셨을 때에 인류의 첫 어버이의 타락을 염두에 두셨다는 사실이 지혜서 2:24에서 인용한 구절을 통해서 드러난다.

또한 톨룩(Tholuck)도 경건치 못한 자들을 "아담과 그 모든 자손들을 살해한 옛뱀의 자식들"이라고 지칭하는 소하르 카다쉬(Sohar Chadasch)를 근거로 제시한 바 있다. 예수의 말씀의 의도는 분명히 사단이 인류의 조상에게 행한 도덕적인 살인(간접적인 의미에서 육체적인 살인이라고까지 할 수 있다)을 지칭하는 것이었음이 분명하다. 인류의 타락에 사단의 대리자가 개입되었다는 사실을 믿어 의심치 않고 있던 당시의 청중들로서는 예수의 말씀을 그런 의미로 밖에는 이해할 수가 없었다. 사단이 가인을 미혹해서 살인을 저지르게 했다는 관념(모세의 기사에 이에 대한 언급이 전혀 나타나지 않는다)이 당시에 일반적으로 받아들여지던 것이 아니었는데, 그리스도께서 그렇게 모호하고도 부정확한 표현으로 그것을 가르치셨을리가 있겠는가?

가인이 저지른 살인이 사단에게서 비롯된 것임을 요일 3:12이 언급하고 있다는 주장도 있는 것이 사실이다. 그러나 그곳의 언급은 분명히 명시되어 있을 뿐 아니라 그 살인의 이유가 그 앞에 언급된 사실에서 분명히 드러난다. 마지막으로, 그리스도께서 인류의 타락을 말씀하신 것이라는 것이 다음의 사실에서 확인된다. 즉, 사단이 저지른 살인이 인류의 시조 아담과 하와를 유혹하는 데서 나타난 그의 거짓말하는 성격과 가장 밀접하게 연관되어 나타난다는 사실이다. 가인의 살인 행위를 가리키는 것으로 보는 주장이 아무리 강해도 지금까지 열거한 논증을 무너뜨릴 수는 없을 것이다.

그 주장에 의하면, 그리스도께서는 유대인들에게서 나타난 엄밀하고도 문자적인 의미의 살인적 성향과 진리를 싫어하는 자세를 책망하신 것이고 그리하여 그들을 마귀의 자식들이라 부르셨다고 한다. 그리하여 결국 이런 식의 생각을 정당화하기 위해서는 사단이 반드시 문자적 의미의 살인자가 되어야만 했던 것이다. 이런 식으로 보면 아담의 타락 사건에 나타나는 사단은 그저 영적인 의미의 살인자일 뿐으로 보게 되며, 바로 이것을 당연시하는 데 잘못이 있는 것이다. 그러나 사단은 가장 엄밀한 의미에서, 그리고 가장 문자적인 의미에서 살인자였음에 틀림이 없다. 왜냐하면 사단의 궤계로 인하여 아담의 범죄 행위가 발생했고, 그 때문에 영생(immortality)을 잃어버렸기 때문이다. 그러므로 예수의 말씀이 인류의 타락 사건을 지칭한다는 주장이 그저 말장난에 불과하다는 주장은 전혀 근거가 없는 것이다.

35. (5) 마지막으로, 신약 성경의 증언에 또 한 가지 상당히 무게 있는 한 가지 근거를 덧붙이는 것이 좋을 것이다. 이것은 한(Hahn)이 제시한 것이기도 한데, 곧 첫째 아담의 역사와 둘째 아담의 역사 사이의 공통점에서 이끌어낸 것이다. 그리스도께서 이 세상의 주관자인 사단에게 시험을 받으시고 그 시험을 이기심으로써 세상을 주관하는 사단의 통치권을 박탈하셨듯이, 아담 또한 동일한 시험자인 사단에게 공격을 당하였고 그것에 넘어감으로써 사단의 통치권을 확립시켜주었다는 것이다.

36. 그러나 우리가 얻은 연구의 결과를 활용하기 전에, 먼저 사단의 대리자가 인류의 타락 사건에 개입되었다는 사실에 대해 논란을 벌여온 근거가 무엇이었는지를 살펴보아야 할 것이다. 이에 대해 **반대해온 주요 근거**는, 물론 앞에서 살펴보았듯이 불충분한 근거들이지만, 다음과 같다:

37. (1) "저자는 타락의 역사를 말하면서, 또한 하와가 당한 속임수에 대해 언급하면서, 뱀을 지면의 모든 짐승 가운데 가장 간교하다고 한다. 만일 저자가 어떤 초자연적인 존재를 염두에 두었었다면 이런 말은 하지 않았을 것이다. 마귀는 가장 미련한 짐승이라도 능히 사용할 수 있었을 것이기

때문이다."—이에 대해 우리는, 저자는 당시의 상황을 아담과 하와가 본 대로 묘사하는 것이라고 답하고자 한다. 그들은 눈에 보이지 않는 동인(動因)에 대해서는 무지했기 때문에 뱀이 하는 행동을 보고 그것을 간교하다고 묘사한 것이다. 모세가 이 사실을 진술한 것은 더 지성적인 독자들로 하여금 이 문제에 대해 올바른 해답을 갖게 하도록 하기 위한 것이었다.

38. (2) "마귀가 뱀을 통해서 말할 수는 없었다, 왜냐하면 뱀에게는 말할 수 있는 기관이 없었기 때문이다."—여기서 우리는 칼빈의 말을 인용하여 답변하고자 한다: "짐승이 하나님의 명령에 따라서 말을 했다는 것이 의심스럽다면, 사람 역시 하나님이 말할 수 있는 능력을 혀에 주시지 않으셨다면 과연 어떻게 말할 수 있었겠는가? 사람의 혀의 놀림이 없이도 정교한 소리들이 공중에 형성되어 그리스도의 영광을 찬송한다고 복음이 선포하고 있는데, 이는 육신적인 합리적 사고로 볼 때에는 짐승들의 입에서 그런 찬양이 나왔다는 것보다도 더 믿기 어려운 일이다. 그렇다면 이 문제에 대해서도 성미가 까다로운 불신자들은 자기들이 정당하게 공격하고 있다고 밖에는 생각하지 않을 것이 아닌가?" 뱀의 입에서 말이 나왔다는 사실은 영혼이 육체에 영향을 끼친다는 사실만큼이나 얼마든지 생각할 수 있는 것이다.

39. (3) "강력한 한 영이 인류의 어버이를 유혹하여 배도의 길로 이끌어 가도록 허락을 받았는데, 이 사실을 하나님의 선하심과 지혜와 어떻게 조화시킬 수 있겠는가? 하나님은 자신이 허락하셔서 생겨날 그 타락을 미리 보셨을 것이 아닌가? 그런데도 이 마귀의 속임수를 허락하셨단 말인가? 이런 일을 어떻게 정당화할 수 있겠는가?"—어떤 일이든 그것이 하나님께서 행하신 일이라는 확신과 충분한 근거가 있을 때에는 우리의 근시안적인 이성의 무능력으로 인하여 그 과정을 정당화시키지 못한다 해서 그로 인해서 우리의 확신이 무너지게 해서는 안되는 것이다. '갈고리로 리워야단을 끄집어 낼 수 있는가?' 그러나 이 경우에 있어서 하나님과 인간 사이의 무한한 거리가 있다는 것에만 호소하고 그냥 있어서는 안된다. 왜냐하면 여기서 우리는 최소한 하나님의 섭리의 경륜을 정당화시킬 수 있는 근거는 갖고 있기 때문이다.

그러나 옛날 경건한 이들의 견해를 따르게 되면, 하나님의 섭리의 경륜을 정당하게 볼 수가 없어진다. 그들은 하나님의 형상을 지나치게 고귀하게 여긴 나머지 아담이 최고의 지혜와 거룩성을 **실제로** 지니고 있었다고 보았던 것이다. 그러나 이 견해는 모세가 전해주는 것과는 반대되는 것이다. 사람이 하나님의 형상대로 지음받았다는 것은 오히려 그가 지혜와 거룩성의 **가능성**(capacity)을 가졌음을 뜻하는 것이다. 더욱이 창세기의 기사는 아담의 상태가 어린 아이의 상태와 유사했다는 것을 보여준다. 이러한 무의식적인 순결함을 지닌 낮은 상태가 하나님을 향한 지적인 경건과 헌신의 상태로 바뀌어져야 했으며, 또한 그런 변화를 가져오기 위해서는 시험(probation)이 반드시 필요했던 것이다.

이 목적을 위해서 하나님은 아담에게 명령을 주셨고, 동시에 그 명령을 어기도록 유혹하기를 허락하신 것이다. 사람이 그 시련을 견뎠더라면, 그는 그 고통스러운 채찍을 맞는 과정이 없이 한 걸음 더 전진했을 것이고, 한 걸음 더 성장했을 것이다. 하나님으로서는 사람의 불순종을 미리 보셨음에도 불구하고 그 때문에 그를 유혹에서 보호하시도록 마음이 바뀌시지 않으셨다. 사람이 기왕에 선을 유지하며 인내하지 못할 바에는, 그의 죄의 결과들을 당하며 고통 속에서 완전하게 되도록 인도함을 받는 것이, 과거의 불완전한 상태 그대로 남아 있는 것보다 그를 위해서 훨씬 더 나았던 것이다. 우리는 타락을 구속과 따로 떼어서 생각해서는 안된다.

타락을 미리 보신 하나님께서는 이미 그 자신이 지정하신 구원의 방법으로 그 타락의 결과들을 도말하실 뿐 아니라 그로 말미암아 사람을 완전한 상태로 이끌어가시도록 계획하신 것이다. 사람이 그 유혹하는 자를 강하게 물리쳤더라면 그 완전한 상태에 도달하게 되었을 것이다. 그 완전한 상태는 그가 창조함을 받았을 때에 이미 소유한 것이 아니었고, 시험이 없이 거저 얻어질 수 있는 것도 아니었다.

40. (4) "저주는 오로지 이성이 없는 짐승, 곧 뱀에게만 주어졌다."—유혹을 한 것이 뱀밖에는 다른 것이 알려져 있지 않았기 때문에 저주는 당연히 먼저 뱀에게 주어지는 것이 마땅했다. 사람에게 죄에 대해 혐오하도록 하기

위해서는 죄를 일으킨 그 장본인을 처벌하는 것이 마땅했던 것이다. 그러나 그렇다고 해서 그 저주가 **이중적으로** 주어졌다는 사실을 배제하는 것은 아니다. 그리고 사단이 그 유혹에 개입되었다는 것을 아는 순간 그런 이중적인 저주의 사실이 분명히 드러나는 것이다.

41. (5) "악령이 인간의 타락 사건에 개입되었다는 것은 성경 저자의 견해일 수가 없다. 바벨론 포로기까지 구약 성경 전체에서 그런 악령의 흔적을 찾아볼 수 없기 때문이다. 사단이라는 관념은 갈대아 사람들에게서 빌려온 것이다. 그리고 그들의 예를 따라서 유대인들이 그를 아담을 유혹한 장본인으로 만든 것이다."―그러나 바벨론 포로기 **이전**에 사단에 관한 교의가 유대인들 가운데 퍼져 있었다는 사실은 욥기에서도 분명히 드러난다. 비평가들 중에서도 욥기의 저작 연대를 바벨론 포로기만큼 늦은 시기로 잡는 사람은 거의 없다. 사실상 최근 바움가르텐-크루시우스(Baumgarten-Crusius)는, 욥기에 나타난 사단은 구약 성경 후기의 책들 속에 나오는 사단과는 다른 것으로서 오히려 선하고 순결한 천사로서 정보를 제공하고 항소를 맡는 직책으로서 법무장관 같은 그런 존재였음을 주장하기는 했다. 이를 입증하기 위해서 그는 주장하기를, 욥기 저자는 그를 하나님의 아들들 가운데 하나로 본다는 것과, 또한 그의 직책상 추악함이 나타난다고 해서 그 본성까지도 그럴 것이라는 식으로 유추해서는 안된다는 것을 주장했다.

그러나, 사단이라는 낱말의 새로운 어원을 제시했으나 그것은 문법적으로 정당한 것이 될 수가 없다는 것을 굳이 언급하지 않더라도, 이 가설은 그것을 지지할 아무런 근거가 없다. 욥기 저자는 사단이 하나님의 보좌 앞에 나타나는 장면을 기술하면서 시(詩)적인 표현을 사용하고 있다. 저자는 이 장면이 문자 그대로 이루어진 상황이라든가, 여호와께서 한 사람을 사단에게 맡겨서 그 사람의 덕성의 순수함을 확인하는 일이 필요했을 것이라는 것을 나타내려는 의도를 가지고 본문을 기술한 것이 아니었다. 사단이 천사들과 함께 하나님 앞에 나타났다고 했는데, 어떤 사람들은 여기서 저자가 사단을 선한 천사들 가운데 하나로 취급하고 있는 것이라고 보지만, 우리는 그렇게 생각해서는 안된다.

사단은 이 장면에서도 그의 본성에—간교와 증오와 질투가 가득찬 그 본성에—충실한 것이다. 뿐만 아니라 모세 오경에서 악령의 존재를 가르치지 않는다는 주장도 결코 사실이 아니다. 아사셀을 위하여 염소를 광야로 내어 보내는 의식이 있는데(레 16:8), 여기의 아사셀이 바로 사단을 지목하는 것이라고 보는 사람들이 있는데, 이들의 견해야말로 문맥상 합당한 것이다. 그러나 바움가르텐-크루시우스는 다일링(Deyling)의 예를 따라서 이를 정면으로 반박한다. 곧, 악령에게 제물을 드린다는 것이 이 속죄 의식의 의미와 앞뒤가 맞지 않을 뿐 아니라 모세가 가르친 종교 체계 전체와 모순되는 것이라는 것이다. 그러나, 그 염소가 아사셀에게 희생 제물로 드려졌다고 생각할 근거는 전혀 없다. 이런 점에서 볼 때에, 그 염소는 다른 염소와 마찬가지로 여호와를 위하여 성별된 것이다(10절과 비교하라).

그것을 광야로 보낸 것은 단지 하나의 상징적인 행위였다. 이 행위로 말미암아 흑암의 왕국과 그 우두머리가 제거되었고(renounced), 그가 백성들이나 개인들을 미혹시켜서 그들을 종으로 삼고, 그들로 하여금 짓게 한 그 죄들을 다시 그에게로 되돌려 보내는 것을 상징하는 것이었으며, 또한 그 행위는 그 백성들을 용서하시는 하나님이 결코 악의 권세에 영향을 받지 않으신다는 진리를 드러내는 것이었다. 모세가 흑암의 왕국에 관해서는 거의 말하지 않으며, 말한다 해도 아주 모호해서 지적 능력이 있는 사람들밖에는 그 의미를 깨달을 수가 없는 것이 사실이다. 그러나 그가 그렇게 한데는, 이미 앞에서 살펴본 바와 같이, 그만한 이유가 있다. 그는 다른 교의들에 관해서도 비슷하게 다루는 것을 볼 수 있다. 예를 들면, 영생(immortality)의 교의에 대해서도 그저 간략한 힌트 정도만을 주고 지나치는데, 이는 그것에 대해 앎으로써 유익이 될만한 사람들만이 알 수 있도록 그렇게 한 것이다.

히브리인들이 사단에 관한 관념을 갈대아인들에게서 빌려왔다는 가설에 대해서 우리는 관련 본문을 제시할 뿐 아니라, 페르시아인들의 아리만과 히브리인들의 사단은 전혀 서로 다른 존재라는 사실을 주장하고자 한다. 페르시아인들의 아리만은 근본적인 악의 원리(the fundamental principle of evil)로서 선(善)의 원리와 동일하게 영원하며, 또한 권능이 완전히 같지는 않다 할지라도 선의 원리와 끈질기게 오랜 싸움을 벌일 정도로 거의 비슷한 권능을 소유한 존재이다. 그러나 히브리인들의 사단은 전적으로 여호와께 복속되어 있는 존재로서 그의 허락이 없이는 아무에게도 해를 끼칠 수 없고 아무도 악으로 미혹시킬 수 없는 것이다.

42. 지금까지 (1) 인류 최초의 미혹 사건에 진짜 뱀이 개입되었다는 사실과, (2) 그 뱀은 실제의 미혹자인 사단의 도구에 불과했다는 점이 충분히 입증됐다. 그래서 미혹자에게 내려진 저주에 이중적인 의미를 부여할 필요성이 제기된 것이다. 그 저주는 첫째는 도구로 등장한 뱀에게 주어졌다(그렇지 않았다면 인류의 시조 아담과 하와는 그 저주를 도저히 인지할 수 없었을 것이다). 그러나 그 저주의 주요 의도는 바로 실제의 미혹자인 사단을 저주하는데 있었다. 사단이야말로 그 형벌과 저주에 합당한 일을 실제로 행한 장본인이었기 때문이다. 그러므로 이제는 이런 원리를 가지고서 본문을 해석하는 일을 진행하기로 하자. "네가 이렇게 하였으니 네가 모든 육축과 들의 모든 짐승보다 더욱 저주를 받아 배로 다니고 종신토록 흙을 먹을지니라"(창 3:14).

43. 이 말씀이 뱀과 관련해서 주어진 것이라는 점에 대해서는 그 의미에 대해서 두 가지 견해가 있다. 어떤 이들은 타락 사건 이후 뱀의 본성에 변화가 일어났다고 생각하고, 또 어떤 이들은 뱀이 타락 사건 이후에도 본성에 변화가 없었다고 보며 다만 타락 사건 이전에 본성으로 가지고 있던 것이 그 사건 이후에는 저주가 되었을 따름이라고 주장한다. 여기서 전자의 견해가 훨씬 더 문맥에 합당하며, 교의적 사고의 영향이 아니었다면 후자의 견해는 생각조차 하지 않았을 것이다. 그러나 후자의 견해를 갖게끔 한 난제는 사실상 별 중요한 것이 아니다. 사단이 인간을 유혹하는데 사용할 도구로 아주 매혹적인 대상을 선택했을 것이라는 생각은 그 자체로서도 얼마든지 개연성이 있고, 또한 사단의 일상적인 행태로 보아서도 가능하다고 볼 수 있다. 저자의 안목으로 볼 때에 인간의 타락 사건은 인간 자신의 전 구성 체계를 어지럽혔음은 물론(창 3:17) 그 사악하고도 저주받은 영향력을 자연계 전체로 퍼뜨렸다. 타락 사건 이전에는 짐승의 세계 전체가 인간의 무죄함과 완전

한 평화의 형상을 닮고 있었고, 서로 죽고 죽이는 법칙이 아직 그들 사이에 적용되지 않았었다(창 1:30). 이 점을 볼 때에, 인간을 유혹시킨 사건에 이용된 도구인 뱀이 그 타락의 결과를 아주 극심하게 당하게 되었다고 보는 일이 무엇이 어렵단 말인가?

44. 그렇다면, 이 말씀들은 뱀으로 하여금 타락의 결과인 그 추악한 형태를 취하게 함으로써 죄의 극한 혐오성을 스스로 나타내 보이도록 한 것이다. 뱀은 사실상 흑암의 왕국과 그 우두머리이며 그를 도구로 사용한 사단을 대표하는 역할을 하고 있는 것이다. 그러나 여기서 우리는 다음과 같은 반대 의견을 대하게 된다. 곧, 뱀에게 저주를 한다는 것은 우스꽝스러운 것이라는 것이다. 권세가 더 높은 존재에 그저 잘못 이용된 것밖에는 없는데 어떻게 그 불쌍한 짐승에게 책임을 묻느냐는 것이다.

이에 대해서 우리는 오래 전에 칼빈이 말한 것을 인용하는 것으로 만족할 수 있을 것이다: "이성이 없는 짐승이 다른 존재의 협잡에 이용된 것으로 형벌을 받는다는 것이 불합리하다고 생각하는 사람이 있다면, 뱀을 저주하는 데에는 합당한 이유가 있다고 분명히 답할 수 있다. 뱀은 본래 인간의 유익(good)을 위하여 창조되었는데, 그것이 인간을 파멸로 이끄는 역할을 한 것이다. 이런 보복의 행위를 통해서 하나님은 자신이 인간의 구원에 얼마나 높은 가치를 두고 계시는가를 입증하시기를 원하셨다. 마치 아버지가, 그의 아들이 살해 당했을 때에 그 아들을 죽인 칼을 저주하는 것과 마찬가지이다."

뱀에 대한 저주는 부당한 것이 아니요, 타락 사건으로 인하여 피조 세계 전체에 드리워진 고통의 상태요(롬 8:20 참조), 이는 잘못된 일에 사용된 짐승을 그 범죄를 저지른 죄인과 함께 불에 태우는 모세 시대의 관행이나 혹은 짐승들을 제단에 가져가서 속죄 제물로 죽이는 예와도 무관하지 않다.

45. 이제 이 구절을 미혹의 실제 범인인 그 영적 존재와 관련지어 보면, 이 구절은 다음과 같이 선포한다: 극한 경멸과 수치와 굴욕이 너를 제압할지니라. 칼멧(Calmet)은 말하기를, "이 인류의 원수는 수치와 치욕을 안고 배로 기게 되었다."

46. 사단은 인간을 미혹시킴으로써 자기의 왕국과 권세를 크게 확장시킬 수 있을 것으로 믿었다. 그러나 타락 사건을 구속과 연관시켜 보시는 하나님은 이런 사단의 계획을 전혀 다른 시각에서 보신 것이다. 먼지와 재를 먹는 것은 다른 곳에서는 가장 극한 굴욕과 슬픔을 상징하는 행위로 나타난다.

47. 15절. "내가 너로 여자와 원수가 되게 하고 너의 후손도 여자의 후손과 원수가 되게 하리니 여자의 후손은 네 머리를 상하게 할 것이요 너는 그의 발꿈치를 상하게 할 것이니라."

48. 뱀과 관련해서 이 구절은, '너의 후손은 여자의 후손에게 치료할 수 있는 상처를 입힐 것이나, 여자의 후손은 네 후손에게 치료가 불가능한 상처를 입힐 것이니라' 라는 의미를 지닌다. 머리를 상하면 뱀은 죽고 만다. 그러나 몸의 다른 부위에 난 상처는 치명적인 것이 아니다. 그리고 뱀이 상처를 내는 부위도 발꿈치로서 거의 해가 없는 곳이다.

49. 인류의 시조에게는 하나님의 저주에 대해서 이런 정도로만 깨달았을 것이다. 그러나 그들의 이해가 불완전한 것이긴 했어도, 그 이해를 통해서 그들은 강한 위안과 함께 죄에 대해 혐오하는 마음이 생겼을 것이다. 그들은 뱀을 그 비극을 일으킨 유일한 존재로 여겼다. 그렇다면, 그들을 속아넘긴 그 뱀이(그들은 눈에 보이지 않은 더 높은 권세에 대해서 무지하므로 뱀을 최고로 혐오했을 것이다) 그 승리를 영구히 누리는 것이 아니라 패배를 당하고 후손이 끊어지고 만다는 확신이 그들에게 얼마나 큰 위로가 되었겠는가! 그들이 혹은 그 후손들이, 훗날 뱀의 자연적인 능력을 잘 알게 되면서 눈에 보이는 미혹자와 눈에 보이지 않는 미혹자를 구분할 수 있게 되었을 때에는 이런 확신이 훨씬 더 큰 위로를 주었을 것이다.

50. 그 이후로 뱀과 인류 사이에 적개심이 존재해오고 있다는 사실을 볼 때에 하나님의 저주의 사실성을 우리 자신의 경험으로도 입증할 수가 있

다. 사람이 뱀을 혐오하는 것은 자연스러운 일이다.

51. 이 저주의 주된 의미에 관해서 초기의 기독교 해석자들은 대개 사단의 머리를 상하게 할 여인의 후손은 바로 메시야를 직접적으로 가리키는 것이라고 생각하고 있다. 그러나 이에 대해서는 다음과 같은 반대가 있을 수 있다. 즉, 여인의 후손을 어느 특정한 개인으로 이해하는 데에는 언어에 무리가 따른다는 것이다. 게다가 뱀의 후손은 복수로 이해해서 사단의 영적 자식들로, 흑암의 왕국의 머리와 구성원으로, 신약 성경에서 '뱀들,' '독사의 자식들,' '마귀의 자식들' 등으로 지칭되는 그런 존재들로 이해할 수밖에 없기 때문에 문제는 더 커진다. 이런 어려움을 피하기 위해서는 여인의 후손을 일반적인 의미로 이해하여야 한다. 이런 점을 감안하면, 이 구절은 다음과 같은 뜻이라 할 수 있다: '그래, 사실이다. 네가 이제 그 여인에게 심각한 상처를 입혔고, 네 후손도 계속해서 그 여인의 후손을 공격할 것이다. 그러나 네가 아무리 악을 행해도, 너와 네 후손은 인류에게 치료할 수 있는 가벼운 상처만을 입힐 것이다. 그러나 그 여인의 후손들이 언젠가는 너를 이기고 너로 하여금 너 자신의 약함을 처절하게 느끼게 해줄 것이다.'

52. 이 해석에 따르면, 이 구절이 원복음(교회가 이런 명칭을 부여했음)이라는 명칭을 갖는 것이 합당하다. 그러나 여전히 빛의 왕국이 흑암의 왕국에 대해 미래에 승리를 거둘 것이라는 사실이 그저 일반적인 표현으로 선언되고 있는 것이다. 이 싸움의 지도자이며 그 백성들에게 그 싸움을 지속할 수 있는 모든 힘을 공급하시는 구속주의 존재는 여기서는 아직 드러나지 않고 있는 것이다. 인류의 시초부터 그보다 더 깊은 것이 계시되리라고 기대해서도 안될 것이다. 점진적인 전개와 발전이 자연의 왕국에서는 물론 은혜의 왕국에서도 그대로 나타나는 것이다. 이 예언은 아시아의 다른 민족들의 전승과 상당히 일치하는 부분이 있다. 그 사람들은 최초의 계시만을 아주 희미한 상태로 소유하고 있다. 그러나 히브리인들에게는 새로운 계시들이 계속해서 더 밝은 빛을 던져주었고, 구속주의 영광스러운 이미지를 더욱 완전하게 드러내주었던 것이다.

53. 이제 원복음이 이 구절에 존재한다는 것을 반대하며 지금까지의 해석을 거부하는 견해들을 간략하게 검토하기로 하자:

54. (1) "그리스도와 사도들이 구약 성경의 수많은 구절들을 예수와 관련지으면서 어째서 이 구절은 그렇게 이용하지 않는가? 모든 구절들 가운데 가장 중요하고 주목을 끌만한 가치가 가장 많은 구절이었을텐데 … . 그 구절에 대한 언급이 어째서 별로 나타나지 않는가?"—이에 대한 답변은 간단하다. 신약의 저자들은 이 예언을 예수님에 관한 것으로 확실히 인정하지 않았다. 왜냐하면 이 본문은 그렇게 볼만큼 확실한 것이 아니기 때문이다. 이 본문에는 메시야 개인에 대해서는 직접적인 언급이 없기 때문이다. 그러므로 신약의 저자들로서는 그보다 더 분명한 여러 구절들을 인용하는 것이 자연스러운 일이었다. 그러나 신약 성경이 이 구절에 대해서 간접적인 언급조차 없다는 것은 사실이 아니다. 로마서 가운데 이미 언급한 곳을 보라. 그러나 그리스도와 그의 사도들이 여기서 원복음(우리가 생각하는 의미에서의)을 발견했다는 사실은 그들이 사단이 타락 사건에 개입되었다고 믿었음을 보여주는 신약의 구절들에서 충분히 입증된다.

55. (2) "뱀의 후손은 악한 사람들이나 타락한 천사들을 가리킨다고 보기가 어렵다. 이들이 어떤 의미에서 마귀의 후손들이라 불릴 수 있단 말인가? 악한 사람들은 논의 대상이 되지 않는다. 그들은 하와의 후손에 속하며 따라서 그들과 대적하는 입장에 처할 수 없기 때문이다."—이에 대한 답변으로 우리는 아버지와 아들 사이의 본성적인 관계가 영적 관계로 전이되는 것보다도 성경에 일상적으로 나타나는 것은 없다는 점을 말씀하고자 한다. 바로 이 창세기에서 경건한 사람들을 가리켜 하나님의 아들들이라고 부르고 있다. 선지 학교 생도들도 그 아들들이라는 이름을 지니고 있다. 그러므로 이러한 영적 관계를 사단에 대해 적용시키는 일이 이상스러운 일이 아니며, 이는 신약 성경에서 불경건한 자들을 가리켜 앞에서 본대로 뱀, 독사의 자식들, 마귀의 자식들 등의 명칭으로 부르는 점에서도 잘 드러난다. 또한 이미 인용한 바 있는 소하르의 구절에서는 이들이 '옛 뱀의 자식들'이라고 불리고

있다. 위의 반대 진술의 후반부에 속하는 논증도 성립할 수가 없다. 왜냐하면 그 논증이 불경건한 사람들이 뱀의 후손에 속할 수 없다는 것을 결코 입증하지 못하기 때문이다. 뱀의 후손이란 용어는 그들에게만 한정된 것이 아니라, 사단에 속한 모든 존재들을 다 포괄하는 것이다.

56. (3) "그런 식의 복음 선포에 대해서 인류의 첫 조상은 전혀 인지하지 못했다. 그들은 구속주의 필요성도 느끼지 못했고 구속주를 지명하는 그런 계획에 대해서 전혀 아는 바가 없었기 때문이다."—이 주장은 창세기 기사 자체의 진술과 모순을 일으킨다. 아담과 하와가 금지된 그 실과를 먹은 후 깊은 죄책감에 사로잡혔다는 사실이 분명히 기사의 증거로 드러나기 때문이다. 그들은 죄악된 욕망과 양심의 작용으로 깊은 수치심을 느꼈고, 하나님에 대해서도 조금 전까지만 해도 사랑이 가득한 교제를 즐겼는데, 이제는 엄청난 두려움에 싸이게 된 것이다. 이러한 죄책감은 하나님이 땅을 향해 쏟으신 저주가 실행되기 시작하고, 사람이 낙원에서 내어쫓김을 당하면서 더욱 증폭되었을 것이다. 예전에는 그에게 복종하던 자연 만물이 이제는 그들을 대적하는 상태가 되었다. 그의 연약한 육체는 타락의 순간부터 죽어가기 시작했다. 특히 그 가슴에 불안과 동요가 계속 남아 있어서 그의 죄책을 상기시켰다. 그러나 자신의 죄책을 깨닫고 느끼면서 그는 동시에 구속의 필요성을 느꼈을 것이고, 그리하여 그는 장차 흑암의 왕국에 대해 승리를 거두리라는 약속을 환영할 준비를 갖추게 되었을 것이다. 이 약속은 아담과 하와에게만 중요했던 것이 아니라, 그 후손 모두에게 중요한 것이다. 미래의 영광스런 구속에 대한 기대는 이교도 백성들 사이에서도 존재해온 것으로서, 인류의 조상들에게 주어진 비슷한 약속의 예언의 잔향들(echoes)에 다름이 없는 것이다.

2. 창세기 9:26,27

영어 역본	헹스텐베르크의 사역(私譯)
57. 셈의 주 하나님은 찬송받으실지로다	셈의 하나님 여호와께서 찬송을 받으실지

로다 …

하나님이 야벳을 창대케 하시며, 그가 　　　　하나님이 야벳을 창대케 하시기를 원하며,
셈의 장막에 거하리로다. 　　　　　　　　그가 셈의 장막에 거하기를 원하노라.

58. 이 구절은 노아가 그의 두 아들 셈과 야벳에게 행한 축복을 다루고 있다. 26절의 "셈의 하나님 여호와께서 찬송을 받으실지로다"라는 말씀부터 벌써 셈의 후손 가운데 참된 신앙이 보존되고 있었음을 말씀해준다 하겠다. 이와 같은 족장의 말씀은 단순히 그 자신의 소원을 표현한 것이 아니라, 미래에 대한 예언이라고도 할 수 있다. 족장 노아는 그의 아들 셈에게 다가올 번영을 바라보고서 그것이 너무도 크기 때문에 그냥 직접적인 말로 그에게 선언하지 않고, 그 일에 대해서 하나님을 찬양하고 있다. 왜냐하면 하나님이 그 일을 이루실 것이기 때문이다.

59. 셈의 번영이 과연 어떤 것이냐 하는 것이 두 가지로 나타나 있다. (1) 하나님을 엘로힘이라는 이름으로 부르지 않고(엘로힘은 하나님이 세상과 맺으시는 일반적인 관계를 표현하는 것이다), 그의 계시와 인간의 구속을 위한 그의 계획들을 암시하는 여호와라는 이름으로 부른다는 점. (2) 여호와를 '셈의 하나님'으로 부른다는 점. 이리하여, 하나님이 셈의 후손들과 전적으로 특별한 관계를 유지하시며, 그들에게 그 자신의 뜻을 계시하시며, 그들을 물질적이고도 영적인 하나님의 축복들을 함께 나누어받을 자들로 삼으시리라는 뜻이 드러나고 있다.

60. 27절은 더욱 진전된 말씀을 하고 있다. 이 절의 직접적인 목표는 단순히 야벳의 축복을 선언하는데 있다. 그러나 동시에 이 절에는 셈에게 예정된 더 큰 축복이 포함되어 있고, 그리하여 앞 절에 그에 관해서 기록된 선언을 완결시켜주는 역할을 한다. "하나님이 야벳을 창대케 하시기를 원하며, 그가 셈의 장막에 거하기를 원하노라." 그러나 이 부분에 대해서 여러 가지 상이한 해석들이 있기 때문에, 우리도 이미 시작한 기조대로 이 구절의 분명한 의미를 밝혀야 할 것이다.

61. 이 축복의 의미에 대해서 견해의 차이가 나타난다. 많은 해석자들은 이 구절을 문자적으로 이해하거나, 최소한 문자적 의미를 주된 뜻으로 본다. 이들은 말하기를, 이 구절은 야벳의 후손이 언젠가는 셈의 후손에게 속한 땅을 소유하게 되고 그리하여 자기들 것으로 만들 것을 예언한 것이라고 한다. 이들은 이 구절을 발람의 예언(민 24:24)과 비교하면서 — 발람의 예언에 따르면 야벳의 후손 가운데 하나인 깃딤이 앗수르와 에벨을 억압할 것이라고 한다 — 이것이 헬라인과 로마인들이 팔레스타인을 정복함으로써 성취되었다고 본다. 그러나 이 해석은 도저히 받아들일 수가 없다. 보카르트(Bochart) 자신도 야벳의 축복은 셈의 축복을 보충하는 정도의 것으로 본다. 그렇다면 과연 어떻게 노아가 야벳을 높이고 형제들 가운데 가장 높이 인정을 받고 있는 셈에게 악한 일을 예언함으로써 셈에게 행해진 약속들의 가치를 현저하게 저하시키는 일을 행할 수가 있을까?

62. 그러므로 우리는 비유적인 해석을 취해야 한다. 곧, 야벳이 셈의 장막에 거한다는 말은 셈의 후손 가운데 참된 신앙이 보존될 것인데, 그 신앙이 야벳의 후손들에게 전해지고 그들이 하나님을 진실로 예배하는 무리들 가운데 끼게 된다는 뜻으로 보는 것이다.

63. 이 부분을 비유적으로 해석하게 되면 그것이 성경의 여러 다른 곳의 표현들과 아주 잘 어울리는 것을 보게 된다. 스가랴서의 '유다의 장막'(12:7)과 말라기서의 '야곱의 장막'(2:12)은 모두 신정정치(theocracy)를 지칭한다. 누가복음의 '영원한 처소로' 영접한다는 표현(16:9)은 곧, 영원한 하나님 나라로 영접한다는 것을 의미한다. 이 해석은 또한 아브라함과 이삭과 야곱의 약속들과 비교해 보아도 분명히 확증할 수 있다. 즉, 족장들의 자손들을 통해서 모든 족속들이 복을 받게 되리라고 거기에 예언되어 있듯이, 여기서는 셈의 후손들 가운데 세워질 신앙의 모든 것들이 후에 야벳의 후손들에게까지 확장될 것이 예언되고 있는 것이다. 단 한 가지 이 해석에 대한 반박으로서 머서(Mercer) 등은 함의 후손들 가운데서도 셈의 후손들에게서 기원한 구원에 참여하는 자들이 있다는 주장을 한다. 그러나 이 구절에

서는 함 자신이 지은 범죄에 대해 심판을 선언하며 그가 장차 당할 어려움을 예언할 뿐이지 그의 후손에 대해서 예언하고 있는 것은 아니다. 반면에 셈과 야벳에 대해서는 오직 후손들의 일만이 예언되고 있는 것이다.

3. 족장들에게 주신 약속들

64. 여기서 먼저 살펴보고자 하는 약속은 아브라함이 그의 본토로부터 가나안을 향해 이주하기 전에 그에게 주어진 약속이다. 창 12:3에서는, "땅의 모든 가문(families)이 너를 인하여 복을 얻을 것이니라"라고 말씀한다. 똑같은 약속이 창 18:18에서 반복되는데, 거기서는 다만 '가문' 대신 '민족'(nations)이라는 표현이 사용될 뿐이다. 22:18에서는 아브라함이 그의 아들 이삭을 바치라는 명령에 기꺼이 순종한 것에 대한 상급으로 이 약속이 반복되고 있다. 거기서는 '너로 인하여'라는 표현 대신 '네 씨로 말미암아'라는 확정적인 표현이 나타나고 있다. 26:4에서는 동일한 약속이 이삭에게 확인된다. 28:4에서는 그 약속이 야곱에게 전해진다. 처음 두 구절에서는 '너로 인하여'라고 되어 있는 반면에, 나중의 두 구절에서는 '네 씨로 말미암아'로 나타났었는데, 여기서는 '너와 네 자손을 인하여'라는 표현이 쓰여지는데, 이는 곧, '너를 인하여, 즉 네 씨로 인하여'라는 의미라 할 수 있다.

65. 족장들에게 주어진 이 약속들의 부인할 수 없는 의미는 바로 그들의 후손들을 통해서 구원이 이 땅의 모든 민족들에게 전해질 것이라는 것이다. 그러나 이 복의 본질이 과연 무엇이냐 하는 문제는 상세하게 밝히고 있지 않다. 그러나, 이 구절에 나타난 확실한 암시를 통해서 족장들은 물질적인 복은 오직 그것들이 영적 축복으로 이어질 때에만 복이 되며, 또한 참된 영적 신앙은 반드시 인간의 외적 조건을 좋게 만든다는 식으로 생각했을 것이 틀림없다. 족장들은 자기들에게 주어진 그 약속이 단순히 물질적인 복을 가리킨다고 생각했을 수가 없다. 왜냐하면 그들로서는 그들의 후손들이 이방 족속들에게 그런 물질적인 복을 전해주리라고는 생각할 수가 없었기 때문이다. 더 나아가서, 이 땅의 모든 민족들이 그들을 통해서 물질적인 복들을 받

게 될 것이라면, 그들의 후손들이 적지 않은 이방 민족들을 굴복시킴으로써 그들에게 물질적인 재난을 초래하게 하리라는 약속(참조. 창 15:16)은 어찌 되는가? 마지막으로, 그 복의 목적이(족장들과 그 후손들에게 부분적으로는 주어졌고 부분적으로는 약속되었는데) 참된 신앙에 대한 지식과 실천을 북돋기 위한 것이었고, 그리고 그 복이 바로 그것을 조건으로 해서 주어졌으므로 (참조. 창 17:1; 18:17-19; 22:16-18; 26:5), 족장들은 그들의 후손들이 이방 족속들에게 이 참된 신앙의 놀라운 특권들을 전함으로써 그들에게 복의 근원이 될 것이라고 믿었을 것이다.

66. 이 정도는 그들로서도 이 약속의 언어를 통해서 쉽게 알아차릴 수 있었다. 그러나 이 복이 이방인들에게 어떤 방식(mode)으로 전달되느냐 하는 문제에 대해서는 아무런 정보가 주어지지 않았다. 그러므로 이 미스테리를 좀더 확실히 전개하기 위해서는 하나님으로부터 더 구체적인 계시가 주어져야만 했다. 그 구체적인 계시가 아브라함에게 주어졌다는 사실은, 물론 그에 관한 역사에서는 어느 곳에서도 명확하게 언급되어 있지 않지만, 그가 하나님과 함께 그렇게 가까운 교제를 누렸다는 점(창 18:17)으로 미루어 얼마든지 추정할 수 있거니와, 무엇보다도 우리 주님 자신의 증언을 통해서 분명히 드러나는 것이다("너희 조상 아브라함은 나의 때 볼 것을 즐거워하다가 보고 기뻐하였느니라" 요 8:56). 주님은 아브라함이 주님이 미래에 나타나실 것을 선지자적인 안목으로 바라보고 기뻐하였음을 말씀하고 있는 것이다.

67. 우리가 지금까지 살피고 있는 이 예언은 신약 성경에서 자주 인용되는 것으로서 메시야의 시대에 성취되는 것으로 나타나고 있다(행 3:25; 롬 4:13-16; 갈 3:8,16). 갈 3:16은 이 점과 관련해서 문제를 제기한다. 사도 바울이 거기서 '씨'가 단수라는 점(이 낱말은 집합적 의미로 쓰이는 경우가 많다)을 특별히 강조하면서, 이방 민족에게 복을 전하게 될 아브라함의 씨는 다름 아닌 그리스도를 가리키는 것이라는 점을 그것으로 입증하려 하기 때문이다. 그러나 이런 문제점은 다음과 같은 사실을 보면 금방 해소될 수 있다. 즉, 사도 바울은 자신의 그런 해석이 반드시 필연적인 해석이라고 주장하지

는 않으며(그의 히브리어 지식으로 미루어서 결코 그럴 수 없으며 또한 롬 4:13에서는 다른 해석을 보이고 있다), 다만 그렇게 볼 수 있다는 하나의 가능성을 주장하고 있을 따름이라는 것이다.

이러한 성취는 이방 백성이 아브라함의 후손 전체를 통해서 복을 받는 것이 아니라 그들 가운데 특정한 한 인물을 통해서 복을 받게 된다는 사실을 보여주며, 또한 사도 바울은 주께서는 그 약속을 하실 때에 그 자신이 이루실 그 성취까지도 이미 염두에 두셨고, 그리하여 의도적으로, 족장들이 자연적으로 생각하였을 그런 포괄적인 의미 이외에 그 성취를 통해서 드러나게 될 좀더 제한적인 의미까지도 갖는 그런 표현을 사용하셨다는 사실에 주의를 환기시키고 있는 것이다. 그런 동기로 이런 표현이 사용되었을 수 있다는 것을 과연 그 누가 합리적으로 부인할 수 있겠는가? 우리는 원복음에서도 이와 유사한 경우를 보았었다. 그 구절에서도 옛 해석자들은 그 구절이 직접적으로 그리고 유일하게 메시야라는 인물을 가리킨다고 보는 오류를 범했던 것이다.

4. 창세기 49:10

68. 우리는 여기서 49장이 야곱의 축복을 순수하게 보전하고 있다는 사실을 분명히 전제해두어야 하겠다. 이를 반대하는 주요 해석들은 주로 교리적인 이유로 반대하므로, 도저히 받아들일 수가 없다. 그들이 이 구절이 야곱의 축복을 순수하게 보전하고 있지 못하다고 보는 이유는 거기에 미래의 일들이 함께 언급되어 있다는데 있다. 야곱으로서는 도저히 정상적으로는 그런 일에 대해서 지식을 가질 수가 없었을 것이므로, 그 구절에 나타난 내용은 순수한 것이 아니라는 것이다. 그 구절에 그런 미래의 일에 대한 언급이 나타난다는 사실은 부인할 수가 없다. 물론 미래에 대한 야곱의 예언 가운데 얼마간은 인간적으로도 이해할 수 있는 점이 있으나(순수성을 반대하는 자들이 임의로 제시한 여러 표현들 가운데 몇 가지는 반드시 배격해야 한다), 그래도 많은 예언들이 자연적인 인간의 능력으로 되었다고 보기에는 너무도 구체적이고 명확하며 또한 역사적으로 너무도 정확히 성취된다.

우리가 창세기 전체의 역사적 진실성을 부인하여 우리 스스로 헤어날 수 없는 어려움에 빠지고 또한 신약 성경의 권위마저도 무시해버릴 마음이 없다면, 우리는 반드시 야곱이 그의 아버지 이삭과 조부 아브라함과 마찬가지로 하나님으로부터 직접적인 계시를 받았음을 인정할 수밖에 없다. 그렇다면, 이 구절의 경우에도 그랬었을 것이라고 보지 못할 이유가 어디에 있는가? 특히 야곱에게 보여진 이 마지막 계시에서 하나님이 그의 뜻을 보여주실 만한 목적이 있음을 쉽게 인지할 수 있으니, 우리는 이 구절이 과연 하나님의 계시로 말미암은 것임을 인정해야 한다. 나머지 반대 논증들은 모두가 그 논증을 만들어낸 사람들의 견해가 순전히 교리적인데 근거를 두고 있다는 사실을 은폐하려는 목적으로 행해진 것들이다.

그렇게 고상하고 활력이 넘치며 비유적인 표현이 풍성한 시적(詩的) 언어가 무덤에 들어가기 직전에 와 있는 고령의 노인에게서 나왔을 수가 없다는 점을 생각하면, 하나님께서 야곱을 도우셔서 그의 연약한 육체의 영향력에서 그의 영혼이 자유를 입게 되었다는 사실을 언급할 필요조차 없을 것이다. 여기서는 그저 야곱의 축복이 높은 시적 성격을 지니고 있지 않으며 또한 예술적 완벽성도 없다는 점을 지적하며, 또 다른 한편으로는 시(詩)를 예술적 능력의 표현으로 대개 인식하고 있는 오늘날 현대 사회의 현상을 가지고 야곱의 축복을 판단해서는 안되며, 오히려 머나먼 고대의 세계로 거슬러 올라가서 상상과 공상이 주류를 이루어 시를 자연의 산물로 인식하며 또한 정신 활동의 대상들이 이미 자동적으로 시적이며 비유적인 표현을 입고서 나타나던 당시의 상황을 염두에 두지 않으면 안된다는 점을 지적하는 것으로 족할 것이다. 고대 아라비아 시의 역사를 살펴보면 이 점에 대해 더 분명한 사실들을 발견할 수 있을 것이다. 마호멧 이전 시대의 아라비아의 시인들은 즉석에서 지은 장문(長文)의 시를 읊곤 했다. 시인 레비드(Lebid)는 157세나 살았는데, 그는 죽는 자리에서도 시를 지었다. 그리고 시인 하렛(Hareth)은 오늘날도 남아있는 그의 즉흥시 모알라카(Moalakah)를 읊을 당시 이미 135세나 되었었다.

69. 야곱이 약속한 축복이 어떻게 해서 모세에게까지 글자 한자 한자

그대로(verbatim) 전수될 수가 있었느냐 하는 문제에 대해 회의를 갖는 주장들이 있으나, 이 역시 거의 문제가 되지 않는다. 아라비아 시의 역사가 또한 이 점에 대해서 최상의 반증을 제공해주기 때문이다. 아라비아 사람들에게 글을 쓰는 기술이 소개된 것은 마호멧 시대 약간 전의 일이다. 그 전에는 그들의 가장 긴 장문의 시들이—어떤 것은 백여 절 이상 되는 것도 있다—순전히 구전(口傳)에 의해서 보전되었고, 현재까지 남아있는 것들을 살펴보면 구전된 것이 얼마나 신빙성이 있는지를 그 내용으로 확실히 볼 수가 있다. 글이 발명되기 이전에는 기억력이 오늘날보다도 훨씬 강력했다는 주장도 가끔씩 제기되기도 한다.

70. 그렇다면 야곱의 자손들이 인류의 시조에 관한 비교적 짧은 표현들을 그대로 전수하기란 아주 손쉬운 일이었을 것이다. 더욱이 그 표현들이 매우 중요한 것이었으므로 그것들을 그대로 보전시켜서 자손 대대로 신실하게 전수시키는 일에 아주 강력한 동기 부여가 있었을 것이다. 사람의 수명이 그렇게 길었으므로 그 전승이 모세에게 전수되기까지 거친 손도 그리 많지는 않았을 것이다. 그리고 사실, 모세가 그 전승을 문자로 기록되어 있는 상태로 전수받지 않았다고 과연 누가 확실히 이야기할 수 있겠는가?

71. 성경의 이 부분의 순수성에 대해서 이처럼 간략하게 언급하고 넘어가지 않고 여기서 조금이라도 더 깊은 논증을 하려면 본 논의의 목적에서 너무 많이 벗어나게 되고 만다. 사실 이 부분이 야곱이 아닌 후대의 어떤 저자의 작품이라고 보기에는 모든 것이 너무 자연스럽고, 야곱이 처했던 정황과 너무나도 정확히 일치하는 것이다. 특히 18절에서는 갑자기 야곱이 자신의 복된 죽음이 곧 일어나게 해달라고 하나님께 외치며 간구한다. 만일 후대의 저자가 기록했다면, 그는 이미 일어난 사건들과 훨씬 더 어울리는 말을 야곱의 입을 통해서 했을 것이며, 또한 각 지파의 현재의 상태와 정확히 부합되는 그런 말을 기록했을 것이다.

그런데, 예를 들어서 아셀, 납달리, 갓 그리고 베냐민에 대해 말씀한 내용을 보면 아무런 특징도 없이 그저 무미건조하기 이를데 없다! 여기서 야곱이 그처럼 조금 암시만 했다고 보는 것이 개연성이 충분하지 않은가? 그는 육체적으로 매우 약한 상태에 있었으므로 하나님께서 그에게 주신 것만을 표현하고 그렇게 간단히 말을 마칠 수밖에 없었을 것이다. 만일 저자가 모세 이후의 사람이었다면, 그는 레위 지파의 조상인 레위를 끌어내리려는 목적으로 그렇게 한 것이 아닌 한 레위가 받은 축복에 대해 그런 식으로 이야기할 수는 없었을 것이다. 또한 그 저자가 다윗과 같은 시대 사람이었더라도 레위에 대해서 그런 식으로 이야기했을 수가 없다. 왜냐하면 그 당시 레위 자손들은 모세에 의해서 아주 높여진 상태에 있어서 아주 특별한 대우를 받는 그런 상태에 있었기 때문이다.

72. 그러므로, 여기의 축복들이 죽음을 맞는 야곱의 말씀이라는 것이 분명하다면, 우리로서는 거기서 메시야 시대에 대한 간접적인 언급을 찾을 수 있을 것으로 기대하는 것이 자연스럽다. 맨 처음 그의 조상들에게 주어졌고 그 후에 야곱 자신에게 전해진 그 약속들은 두 가지로 정리할 수 있다. 첫째는 그들이 수적으로 번성하게 되어 가나안 땅에 정착하리라는 것이며, 둘째는 그들을 통해서 복이 모든 족속들에게로 전해지리라는 것이다. 그렇다면 야곱이 이 약속들을 아들들에게 전할 때에 그 첫째 약속에서 멈추었다고 생각할 수가 있겠는가? 즉, 그 자손들이 그 약속의 땅을 소유하게 될 것을 영적으로 미리 보고서 그들이 받게 될 그 거처들과 그들의 역사의 여러 상황들을 묘사하면서, 그보다 훨씬 더 중요한 둘째 약속을 염두에 두지 않았다고 생각할 수가 있겠는가? 과거 아브라함과 이삭의 아들들 가운데서 그러했듯이, 이제 야곱의 아들들 가운데서도, 하나님의 뜻을 따라 이 약속을 받을 한 특정한 개인이 지정되었다고 보는 것이 훨씬 더 자연스럽지 않은가?

73. 이러한 추측의 개연성은 전승이 일관성 있게 이를 지지한다는 사실로 더욱 강화된다. 고대 유대인 저작자들은 비록 그 의미에 대해서는 의견이 다르지만 이 예언의 주제가 메시야와 관련된 것이라는데 의견의 일치를 보고 있다. 이 점은 메시야 예언이라는 사실이 얼마나 확실하며 그 전승이 얼마나 오래된 것인지를 잘 보여준다. 사마리아 사람들도 이 구절을 메시야 예언으

로 보았다. 그들 중 몇몇은 사실 2인의 메시야관(한 메시야는 이미 임했고, 다른 한 메시야는 아직 오지 않았다는)을 주장하며, 이 구절이 이미 임한 메시야를 가리킨다고 보면서 참된 메시야와의 관련성을 부인한다. 그러나 이것은 아무 것도 입증해주지 못한다. 왜냐하면 2인의 메시야관은 사마리아 사람들 가운데 근래에 생긴 것이므로 이 구절을 참된 메시야를 가리키는 것으로 보는 견해가 오랜 과거에는 일반적으로 받아들여졌다고 보는 것이 개연성이 높다.

74. 마지막으로, 기독교 교회에서는 메시야적 해석이 가장 초기부터(저스틴 마터에게서도 이런 언급이 나타난다) 일반적으로 받아들여졌다. 그로티우스(Grotius) 자신도 이 구절을 메시야적으로 해석하고 있다. 이 해석을 반대한 유일한 사람은 르 클레르(Le Clerc)밖에는 없다. 이처럼 메시야 해석이 거의 만장일치로 받아들여진다는 이러한 사실은 이 원리를 채택하는 것이 정당한 것임을 말해주며, 더 타당성 있는 논증을 통해서 이 해석의 잘못된 점이 입증되기 전에는 메시야 해석을 결코 거부해서는 안된다는 점을 보여준다. 그렇게 되기까지는 이 해석이 다른 해석들보다도 우선해야 하는 것이다.

75. 그러면 먼저 메시야 해석의 당위성(justness)를 점검해보기로 하자. 모든 문제는 "실로"(Shiloh)라는 낱말에 어떤 의미를 부여하느냐에 달려 있다. 이 낱말에 대한 해석 가운데 모든 사람들이 동의하는 것은 이 낱말을 평화를 주는 자(pacifier), 혹은 화평케 하는 자(peacemaker)의 뜻으로 보는 해석이다. 얀(Jahn)은 이런 형태의 명사는 어떤 행위를 하는 자를 가리키지 않는다고 하며 반대의 의견을 제시한다. 이 점을 인정한다면, 우리로서는 본래 이 낱말이 안식이라는 추상적인 뜻을 가졌었다고 밖에는 생각할 수가 없다(실로가 장소의 이름으로 쓰이고 있다는 사실이 이를 뒷받침해준다). 그러나 여기서는 추상적인 뜻을 지닌 명사가 구체적인 뜻으로 사용되고 있는 것이다(사실 이런 현상은 다른 경우에도 수없이 나타난다). 화평케 하는 자라는 이름보다도 히브리 민족의 메시야 대망 사상과 잘 들어맞는 이름은 없다.

그리고 안식과 평화를 뜻하는 낱말들에 히브리 사람들이 부여한 좀더 포괄적인 의미를 취하면, 구원을 베푸는 자라는 의미도 이 낱말의 의미 속에 포함된다. 평화가 메시야 시대의 일반적인 성격 가운데 하나인 동시에, 메시야 자신이 평화의 왕이라는 이름을 가지시며, 여기 실로라는 낱말도 이 본문에서 동일한 의미를 지닌 것으로 보인다.

76. 이렇게 해서 실로라는 낱말의 의미를 밝혔으므로, 이제는 이 절 전체를 번역해보기로 한다: "홀이 유다를 떠나지 아니하며 법을 주신 분(the lawgiver)이 그 발 사이에서 떠나지 아니하시기를 화평케 하는 자가 오시기까지 하리니, 그에게 민족들이 복종하리로다."

77. 대부분의 해석자들에 따르면, 이 본문의 의미는, 곧 유다 지파가 메시야가 오시기까지 자체의 정부를 가진 한 백성의 상태를 끊임없이 유지할 것이지만 메시야가 오시면 그 통치권을 잃게 될 것인데, 이는 그리스도께서 오신 직후 예루살렘의 패망으로써 성취되었다는 것이다.

78. 그러나 우리는 다음과 같은 것이 이 본문의 참된 의미라고 믿는다: 유다는 지파로서 끊임없이 존재할 것이며 그 탁월함으로 잃지 않을 것이며, 결국 그들 가운데서 나오실 위대한 구속자를 통해서 더 높은 존귀와 영광을 받게 될 것이며, 그 구속자에 대하여 유대인뿐 아니라 이 땅의 모든 민족들이 복종하게 될 것이다.

79. 이러한 해석은 우선 언어학적 난점이 전혀 없다. 여기서 "… 까지"는 "… 이후에도"를 뜻하는 경우가 자주 있으므로, 여기서 "족장 야곱은 세속적인 홀에 대해서 말하고 있는데 반해서 이 세상에서 메시야에게 주어진 홀과 왕국은 영적이며 신비적인 것이다"라는 다일링(Deyling)의 반대 견해는 근거가 없는 것이다. 구약 성경에서 메시야의 왕국은 신정정치와 반(反)하는 위치에 있는 것이 아니라, 신정정치의 계속으로 나타나고 있다. 이사야서에 의하면 평화의 왕은 다윗의 왕위에 앉아서 다윗의 왕국을 영원토록 이

어가는 것으로 나타나며(사 9:6), 또한 아모스서에서는 다윗의 무너진 장막이 메시야로 말미암아 재건된다고 한다(암 9:11). 따라서 여기서도 유다에게서 나올 구속자가 지금까지는 단일 백성에게만 국한되었던 그의 통치를 전 민족들에게로 확대하는 자로 나타나고 있는 것이다.

80. 일반적으로 받아들여지고 있는 해석을 제쳐두고 위의 해석을 취하게 되는 결정적인 요인은, 곧 이 부분을 그 통상적인 해석에 따라서 유다 지파의 통치권이 미래에 종결될 것을 예언하는 것이라고 보면, 그 나머지 부분에서 나타나는 기쁨에 넘치는 어조와 이 부분이 서로 전혀 어울리지 않는다는 점이다. 게다가 유다가 미래에 배척당할 것을 미리 선언하기에는 너무나 이른 것 같다. 따라서 다른 확실한 근거로 그런 해석의 정당성을 입증하기 전에는 그것은 받아들일 수가 없다. 그리고 마지막으로, 이 해석은 야곱이 메시야에 대한 약속을 불확정적인 상태 그대로 내어버려두었다고 전제하고 있으나, 다른 예들과 비교해보면 야곱의 메시야 약속이 좀더 구체화되어서 그의 자손 가운데 한 사람으로 집약된다고 생각할 수 있다.

81. 이제 이 예언의 성취에 주목해보기로 하자. 두 가지가 예언되고 있다. 첫째는 유다 지파가 구속자가 나타나기까지 자체의 정부를 갖춘 한 백성으로서 끊임없이 존재한다는 것이다. 여기서 우리가 염두에 두어야 할 것은, 이 예언이 메시야가 오시기 이전의 유다 지파의 영속적인 상태(permanent condition)를 말씀하고 있다는 사실이다. 그러므로 일시적으로 유다 민족이 민족으로서의 존재를 잃어버린 때가 있었다고 해서—예를 들면, 바벨론 포로기 동안(그 때에도 자주(自主) 민족으로서 스스로 통치자가 있었다는 유대인의 전승들은 믿을 것이 없다)—이 예언의 진실성이 무너지는 것은 결코 아니다.

이 점을 염두에 두면, 우리는 역사가 이 예언을 참으로 놀랍게 입증하고 있음을 보게 될 것이다. 열 지파는 포로로 끌려가서 한 민족으로서 존재하지 못했으나, 유다 지파는 돌아와서 메시야가 임하기까지 민족으로서의 존재를 유지했다. 이 때에 다른 지파들은 이미 오래 전에 지파로서의 존재를 상실한 상태에 있었던 것이다. 여기서 한 걸음 더 나아가서, 이 구절이 실로의 강림 때까지 유다 지파가 존속하리라는 것만이 아니라, 유다 지파가 다른 지파 위에서 탁월성을 발휘할 것임을 의미하는 것으로 본다면(이는 사실 적절한 근거는 없다), 이 경우에도 역사가 놀랍게 그 성취를 입증해준다. 광야에서 방황하던 기간 동안, 그리고 그후 사사 시대에도, 이 지파는 탁월성을 유지했다. 그 이후 다윗 가문의 등장으로 유다 지파는 왕권을 획득하게 된다. 왕국의 분열 이후에, 유다 지파는 왕도(王都)요 성전이 위치한 예루살렘을 소유하는 특권을 누린다. 그리고 포로에서 돌아온 이후에는 그 지파의 이름이 온 민족의 이름이 된다. 게다가 세속적이고 영적인 문제들을 결정하는 고위의 결정 기관이 그 영토 내에 세워진다. 심지어 로마의 통치 밑에서도 상당한 권력을 유지하게 된다.

그리고 둘째로, 메시야를 통해서 유다 지파가 그 통치권을 여러 민족들에게로 확장시킨다는 것이 예언되었다. 이 예언의 성취는 마 1:1-16에서 볼 수 있다. 요한 계시록 5장에서 그리스도를 "유다 지파의 사자"(5절)라고 부르는 것은 바로 이 예언을 두고 하는 말이다.

B.모세오경의 나머지 책들 가운데 나타나는 메시야 예언들

82. 모세오경의 나머지 네권의 책에서는 메시야에 관한 예언이 창세기에서만큼 그렇게 자주 나타나지는 않는다. 창세기에서 미래를 향한 전망을 열어놓고, 그리하여 길을 예비한 다음, 이제 신정적 제도를 확고히 세운 모세는 선지자들로 하여금 그 예비적인 제도와 그 후에 뒤따르는 최종적이고도 완전한 제도 사이의 연관성을 명확히 발견하고 또한 입증하도록 하는 법을 제공함으로써 메시야의 오심을 실제적으로 대비할 수 있게 되었다. 백성들로서는 메시야에 대한 소망을 올바로 갖고 그 소망의 영향력을 발휘하기 위해서는 **그들 스스로** 이 제도에 담긴 정신에 따라서 **사는** 것이 필수적이었다. 그리고 그들의 생각이 그 제도들로부터 지나치게 멀리 떠나지 말아야 했다.

83. 흔히 메시야와 관련된 것으로 인정되는 첫번째 구절은 발람의 예언 가운데 속한 것이다.

1. 민수기 24:17-19

<table>
<tr><td>영어 역본</td><td>헹스텐베르크의 사역(私譯)</td></tr>
<tr><td>84. "내가 그를 볼 것이나 지금은 아니며, 내가 그를 바라볼 것이나 당장은 아니로다. 한 별이 야곱에게서 나오며 한 홀이 이스라엘에게서 일어나서 모압의 모퉁이들을 칠 것이요 셋의 모든 자녀들을 파할 것이로다. 에돔은 그의 원수들의 소유가 될 것이요 세일도 소유가 될 것이며 이스라엘은 용감히 행할 것이로다. 야곱에게서 통치권을 가진 자가 임하여 그 성읍에 남아 있는 자를 멸할 것이로다."</td><td>"내가 그를 보나 지금은 아니며, 내가 그를 바라보나 당장은 아니로다. 한 별이 야곱에게서 나오며, 한 홀이 이스라엘에게서 일어나도다. 그는 모압의 변경들을 치며, 셋의 모든 아들들을 파하며, 에돔은 소유가 될 것이요 세일도 그의 원수들의 소유가 될 것이로다. 야곱에게서 다스리는 자가 나와서 그 성읍의 마지막 남은 자를 멸할 것이로다."</td></tr>
</table>

85. 장차 이스라엘 가운데서 일어나서 원수들, 곧 모압 사람들과 에돔 사람들에게 큰 승리를 거두게 될 한 위대한 통치자가 여기서 선지자의 영적인 눈에 비쳐지고 있다. 유대인들은 일찍부터 이 통치자를 원칙적으로 메시야로 이해했으며, 제2차적인 의미로서 다윗을 가리키는 것으로 이해해왔다. 이런 해석이 유대인들 가운데 얼마나 널리 퍼져 있었느냐 하는 것은 아드리안 시대에 나타난 저 유명한 사이비 메시야(pseudo-Messiah)가 바르 코크바(Bar-Chochba), 즉 별의 아들이라는 성(姓)을 취했던 정황에서 분명히 볼 수가 있다. 사실 이런 해석은 유대인들에게서 기독교인들에게로 전수되었다. 예루살렘의 시릴(Cyril of Jerusalem)은 율리안(Julian)에 반대하여 이 해석을 변호했다. 주로 이 예언이 오로지 메시야만을 가리킨다고 보든지, 아니면 일차적으로 다윗을 가리키는 것으로 보든지 둘 중의 하나를 택할 수밖에 없었다. 그러나 이후에는 다윗 자신과 그가 거둔 승리들이 그리스도와 그의 영적 승리들을 예표하며, 선지자는 여기서 특히 그 점을 염두에 두고 있는 것으로 보게 된 것이다.

86. 여기서 통치자가 표면적으로 저급한 의미에서는 다윗을 가리키며, 보다 높은 의미에서는 그리스도를 가리킨다는 해석은 그 자체로 보면 전혀 반대할 이유가 없다. 그렇게 보면, 여기서 선지자는 다윗도, 한 개인으로서의 그리스도도 아닌 이스라엘 백성 가운데서 후일 일어나게 될 왕의 가문 전체를 인격화시켜서 표현하고 있는 셈이다. 그리고 이 예언의 성취를 생각할 때에도 우리는 과연 이 예언의 어떤 부분이 이 왕의 가문의 일원 중 누구에 관한 것인지를 결정해야 한다.

다윗에게 한 약속이 그의 가문 전체와 관련된 것이므로, 그 약속의 성취를 생각할 때에 어떤 부분이 솔로몬에게서 성취되며, 어떤 부분이 그 신정정치의 다른 왕들에게서 성취되며, 또한 어떤 부분이 그리스도에게서 성취되는지를 판단할 수 있도록 해주는 것이다. 그러나 이러한 가정에 대해 본질적으로 반대의 근거가 없다는 것만으로는 충분치 않다. 적극적인 논증들을 통해서 그 가정을 확립시키는 것이 반드시 필요하다. 그런데, 이런 가정을 확립시켜줄 수 있는 충분한 설득력을 지닌 논증들을 확보하기가 어려운 것이 현실인 것 같다.

87. (1) 사실상 전승을 근거로 한 논증이 이 가정을 뒷받침해주기는 한다. 그러나 이런 논증이 그 자체만으로 결정적인 것은 결코 아니므로, 여기서는 다음과 같은 사실 때문에 그 논증이 거의 완전히 힘을 잃어버리고 만다. 곧, 이 구절이 메시야에 관한 유대인들의 세속적인 기대들을 잘 채워주고 있다는 사실이 그것이다. 이 구절에 대한 메시야적 해석들을 모두 합쳐놓아도, 이사야 53장에 나타난 메시야에 대한 고대의 증언 단 하나보다도 그 무게가 덜 나가는 것이다.

88. (2) 신약 성경에서도 증거를 찾아낼 수가 없다. 구속자의 탄생을 선언한 그 큰 별에 대한 기사를 거론한 예는 있다. 그러나 이 구절의 예언과 그 별의 기사는 전혀 공통점이 없다. 구약의 예언이 예수에게서 성취되었음을 여러 가지로 보여주는 마태조차도 이 점에 대해서 완전히 침묵하고 있다. 게다가 발람은 문자적인 의미의 별을 뜻한 것이 아니었고, '별'이란 낱말을

비유적인 뜻으로 사용했던 것이다. 사실 모든 민족들이 다 위대한 통치자를 '별'로 표현하는 것이 상례가 아닌가?

89. (3) 이 구절을 어떤 의미로든 그리스도에게 적용시키는 것이 본문의 내용 그 자체에서도 불가능하다. 이 예언은 다윗에게서 완전히 성취되고 있다. 다윗은 수많은 모압 사람들을 멸절시켰고, 그 나머지 백성들을 속국민으로 만들었다. 그는 "모압을 쳐서 저희로 땅에 엎드리게 하고 줄을 재어 그 두 줄 길이의 사람은 죽이고 한 줄 길이의 사람은 살리니 모압 사람이 다윗의 종이 되어 조공을 바쳤다"(삼하 8:2). 여기서 역사적 성취가 이 예언에 사용된 언어와, 최소한 의미상으로는, 아주 흡사하게 묘사되고 있는 것을 볼 수 있다(참조. 시 60:8. "모압은 내 목욕통이라 에돔에는 내 신을 던지리라"). 그는 또한 에돔 사람들을 무찔렀고(삼하 9:14) 주변의 모든 민족들을 다 정복했다(삼하 8:11,12).

90. 그러나 이 구절을 메시야적으로 해석하는 사람들이 제시하는 본문 내용상의 증거들을 그냥 지나쳐서는 안된다. 그들의 주요 논지는 '셋의 모든 아들들을 파하며'라는 문구에서 취한 것이다. 그들은 주장하기를, 모든 인류가 아담의 아들 셋에게서 나왔기 때문에 여기의 '셋의 아들들'이란 인류 전체를 가리킨다고 한다. 이 견해가 옳다면, 이 예언에 다윗과 어울리지 않는 점이 최소한 한 가지는 있는 것이 분명해진다. 그러나 이 논지에 대해서 미카엘리스(Michaelis)는 다음과 같이 잘 답변하고 있다: 사람들을 부를 때에 그들의 **첫째**와 **마지막째** 공통 조상의 이름을 따서 아담의 자손 혹은 노아의 후손 등으로 부르는 것으로 족하지, 아담과 노아 사이에 오는 여덟 사람의 족장들의 이름을 각기 따서 부르게 되면 아주 이상해지고 만다.

게다가, 본문의 문맥이 이런 해석을 허용하지 않는다. 발람은 먼저 17절에서 모압에 대해 이야기하고 18절에서는 에돔에 대해 말씀하는데, 이 두 절 사이에서 갑자기 온 인류 전체를 예언의 주제로 삼는단 말인가? 더욱이 에돔과 세일이 함께 언급되고 있다는 점을 통해서도 우리는 '셋의 아들들'이 거의(전적으로 그런 것은 아니지만) 모압과 동일하다고 생각하게 된다. 우리는 여기 나타난 '셋'을 인명(人名)이 아니라 '소동'을 뜻하는 보통 명사로 보는 페르슈이어(Vershuir)의 견해가 합당하다고 본다. 모압 사람들이나 그 주변의 민족들은 언제나 쉬지 않고 전쟁을 일으키는 족속들로서 '소동의 아들들'이라 부르는 것이 아주 타당하다 하겠다. 또한 발람의 설교와 연관지어 생각하기도 하는데, 그렇게 되면 훨씬 더 중요한 사실을 생각하게 된다고 보기도 한다. 그러나 이것은, 발람이 세번째 절에서도 똑같이 장황하게 이야기하면서도 그 다음에 이스라엘의 세속적인 번영 이상에 대해서는 아무런 선언도 하지 않는다는 점을 잊고 있는 것이다.

마지막으로, 발람이 모압 왕에게 선포한 내용에 대해서 매우 강조하는 나머지, 여기서 그가 모압 백성들에게 '후일에' 될 일을 미리 예언하고 있다고 보는 경우도 있다. 이를 주장하는 자들은 이 표현이 메시야의 시대를 가리키는 것으로 밖에는 이해할 수가 없다고 본다. 사실상 후대의 선지자들도 이 표현을 그런 의미로 사용한다. 그러나 동시에, 발람의 시대와 같은 초기에는 이 표현이 불확정적인 의미로 단순히 '앞날에, 다가올 미래에'라는 뜻으로 사용되었다는 것 또한 분명한 사실이다(신 4:30; 창 49장).

91. 그러므로 이 예언을 메시야를 가리키는 것으로 보는 주장은 충분한 근거가 없다. 오히려 그런 주장에 대한 반대 논증이 매우 강하다. 메시야로 말미암아 하나님 나라의 범위와 영광이 증진된다는 사상이 초기의 신정정치에서 빌려온 이미지, 즉 사람들을 정복해서 그 나라에 복속시킨다는 이미지를 통해서 표현되는 경우가 있는 것은 사실이다(시 110:3). 그러나 그럴 때에라도 문맥을 살펴보면 언제나 그 표현이 비유적이라는 점을 깨닫게 된다. 그런데 지금 여기의 본문의 경우는 그렇지 못하다. 오히려 그런 사상은 14절에서 나타나는 것 같다: "내가 이 백성이 후일에 당신의 백성에게 어떻게 할 것을 당신에게 고하리이다." 여기서 발람은 그 왕에게 번영이 아니라 불행을 선언하고 있는 것이다.

그러나 여러 주석가들의 견해들처럼 이 예언을 백성들의 회심이 아니라 그리스도의 원수들의 파멸에 관한 것으로 보게 되면(시 2, 110편의 경우처럼) 이런 난점은 없어질 것이다. 그러나 이런 견해 역시 다음과 같은 점에서 확실한 근거가 있다고 보기가 어렵다. 곧, 선지자들은 메시야 왕국의 원수들을 신정국(神政國) 이스라엘을 대적하는 특정한 이방 민족의 이름을 사용해서 거명하는 것이 상례라는 사실이다. 그러나, 발람이 모압 왕을 대면해서 그의 백성들에게 미래에 임할 일들을 말씀했다는 정황으로 볼 때에, 여기 나타나는 모압 족속에 대한 언급은 비유적인 의미가 아닌 것이다.

더 나아가서, 다른 곳에서는 메시야가 그의 원수들을 심판하는 철저한 심판자로 나타나고 있기는 하지만 메시야가 반드시 심판자로만 나타나는 것이 아니고 그의 권위에 복종하는 자들에게는 복을 주시는 분이기도 한데, 이상의 주장은 이 점을 완전히 간과해버린 것이다. 발람이 여기서 묘사하고 있는 인물은 족장들에게 주어진 약속대로 모든 족속들에게 복을 전하며 또한 (창 49장에 나타나는 대로) 민족들에게 복종을 받는 평화의 왕이신 그 인물과는 동일 인물일 수가 없는 것이다.

2. 신명기 18:15-18

92. "네 하나님 여호와께서 너의 중 네 형제 중에서 나와 같은 선지자 하나를 너를 위하여 일으키시리니 너희는 그를 들을지니라. 이것이 곧 네가 총회의 날에 호렙 산에서 너의 하나님 여호와께 구한 것이라. 곧, 네가 말하기를, 나로 다시는 나의 하나님 여호와의 음성을 듣지 않게 하시고 다시는 이 큰 불을 보지 않게 하소서 두렵건대 내가 죽을까 하나이다 하매, 여호와께서 내게 이르시되 그들의 말이 옳도다. 내가 그들의 형제 중에 너와 같은 선지자 하나를 그들을 위하여 일으키고 내 말을 그 입에 두리니 내가 그에게 명하는 것을 그가 무리에게 다 고하리라."

93. 여기서 먼저 이 예언이 그리스도를 가리키는 것이라는 논증들을 살펴보기로 하자. (1) 이 논증은 전승이 지지하고 있다. 후기 유대인 해석자들은 사실 이 논증을 포기했다. 그러나 그 때에 그들이 그렇게 한 것은 순전히 논쟁 때문이었다. 그 이전의 유대인들은 이 본문을 메시야적으로 해석하는 것이 상례였다는 것이 만족스럽게 입증되고 있다. 신약 성경이 이 점에 대해서 충분한 증거들을 제시해주고 있다. 베드로와 스데반이 이 구절을 인용하는 방식을 볼 때에 당시에 이 구절이 보통 메시야를 가리키는 것으로 인식되

었다는 사실을 알 수 있다. 그들은 그 구절이 메시야를 가리킨다는 점을 구 태여 입증하려 하지 않고, 오히려 그 사실이 이미 보편적으로 인정되고 있다 고 여겼다. 빌립은 나다나엘에게 "모세가 율법에 기록 … 한 그이를 우리가 만났으니 요셉의 아들 나사렛 예수니라"라고 말했는데(요 1:15), 그때에 그 는 특히 이 구절을 염두에 두었을 개연성이 높다.

요 6:14에서는 5천명을 먹이신 일에 대해서 백성들이 놀라서 다음과 같 이 외친다: "이는 참으로 세상에 오실 그 선지자라." 그러므로, 메시야적 해 석은 그저 몇몇 학식있는 사람들만의 해석이 아니라, 백성 전체가 지지하고 있던 해석이었다. 이 메시야적 해석은 사마리아 사람들 사이에서도 널리 퍼 져 있었다. 사마리아의 여인은 말하기를, "메시야, 곧 그리스도라 하는 이가 오실 줄을 내가 아노니 그가 오시면 모든 것을 우리에게 고하시리이다"라고 하였다(요 4:25). 사마리아 사람들은 모세 오경만을 받아들였으므로, 여기서 메시야에 대해 표현된 사상(메시야를 하나님이 보내실 탁월한 스승으로 보는 것)은 다른 어느 곳도 아닌 바로 이 구절에서 비롯된 것이다. 사마리아 여인 의 마지막 말은 18절의 예언과 문자 그대로 거의 일치하고 있다: "내가 그에 게 명하는 것을 그가 무리에게 다 고하리라."

94. (2) 이 예언이 메시야를 가리키는 것이라는 사실은 신약 성경에서 확실하게 증거되고 있다. 어떤 이들의 주장대로 그리스도께서 모세가 자신에 대해서 기록했다고 말씀하실 때에(요 5:46) 특별히 이 구절을 염두에 두셨다 는 것은 상당히 개연성이 있다. 예수님의 그 말씀은 모세 오경 가운데서 모 세가 단순히 말씀 전달자로 나타나는 부분보다는 오히려 그가 어떤 일을 행 하는 자로 나타나는 그런 부분을 염두에 둔 것이기 때문이다. 그리고 유대인 들은 창세기 49장의 예언(영광 가운데 있는 메시야를 묘사하는)보다도 바로 이 예언을 메시야에게서 성취되는 것으로 보았기가 쉽다. 더욱이 예수께서는 제자들에게 모세오경 가운데 그에 관한 예언들을 설명하기까지 하셨다(눅 24:44).

베드로는 이 구절을 그리스도에 대한 가장 결정적인 증거 구절로 제시하 는데(행 3:22,23), 그리스도께서도 이를 그렇게 보지 않으셨을리가 없는 것이다. 이 구절을 인용하는 태도로 볼 때에, 베드로는 모세가 그리스도에 대해서 그저 여러 선지자들 중에 한 사람 정도로 말씀하였다고 생각하지 않았음이 분명하다. 그는 분명히 말하기를, 모세와 그 이후의 선지자들이 '이 날들'(한글 개역 성경은 '이 때'로 변역하고 있다—역주)을 가리켜 말씀한 것이라고 한다. 또한 그는 '그 선지자'라는 단수형 명사를 사용했는데, 이 역시 집합적인 의미의 단수형이 아니라 특정한 선지자 한 개인을 가리키는 말임이 분명한 것이다.

사도행전 7:36에서 스데반도 이 구절이 그리스도를 가리키는 것으로 말씀하고 있으나, 그의 발언 자체만으로는 결정적인 증거가 될 수는 없다. 왜냐하면 스데반의 권위가 사도들의 권위와 똑같은 무게를 지닐 수가 없기 때문이다. 그러나 우리는 하늘로부터 소리가 나서 그리스도를 인증하는 마 17:5의 기사("이는 내 사랑하는 아들이요 내 기뻐하는 자니 너희는 저의 말을 들으라")를 간과해서는 안된다. 이 하늘의 소리의 전반부는 이사야 42장의 메시야 예언에서 취한 것이요, 후반부는 바로 지금 우리가 논의하는 이 구절에서 취한 것이다. 이런 정황으로 볼 때에 이 구절의 의미는 너무도 분명한 것이다.

95. (3) 이 구절이 메시야와 관련이 있다는 증거가 이 구절 자체에서도 드러난다. 모세가, 적어도 원칙상으로는, 여러 선지자들의 집단이 아니라 선지자 한 개인을 지목하려 했다는 사실이 여기서 드러난다. 즉, 여기서 사용된 히브리어 낱말은 언제나 단수형으로 쓰이며 또한 단수 접미어와 함께 사용되는데 반해서, 집합 명사들의 경우는 단수형과 복수형이 혼용되는 것이 상례라는 사실이다. 이런 내적 논증이 얼마나 강한가 하는 것은 이 구절의 메시야적 해석을 반대하는 해석자들 가운데 적지 않은 이들이 할 수 없이 이 구절을 몇몇 특정한 개인과 관련짓는 것만 보아도 잘 알 수 있다. 더 나아가서 이 낱말은 집합 명사로 쓰이는 경우가 전혀 없을 뿐 아니라 선지자들을 그런 식으로 언급하는 경우도 일체 없는 것이다.

메시야에 관한 가르침은 이미 백성들 사이에 널리 퍼져 있었다. 그렇다면 그 백성들은 특정한 한 개인을 언급하는 그 약속을 그들이 기대하던 메시야와 관련해서 이해할 수밖에 더 있겠는가? 뿐만 아니라 '나와 같은', '너와 같은' 등의 말은 다른 어떤 해석보다도 메시야적 해석과 가장 잘 들어맞는다. 여기서 ' … 와 같은'이라는 표현은 유사성을 뜻하는데, 이를 그 예언을 전달하는 실제의 낱말과 관련한 유사성에만 한정시킨다 해도(이 유사성을 모든 구체적인 사항에 다 적용시키는 옛 해석자들의 잘못을 피해서), 집합적인 의미의 선지자들 전체를 이 구절의 주제로 만드는데 여전히 어려움이 있는 것이다.

여기서 나타내는 유사성이란 (18절에 따르면) 곧 중보자라는 직분(office)상의 유사성을 가리킨다. 이스라엘 사람들이 하나님의 위엄에 대한 두려움을 견딜 수 없기 때문에 하나님께서 지금까지 모세를 통해서 하셨듯이 미래에는 한 중보자를 통해서 그들과 의사 소통을 하실 것이라는 것이다. 이는 물론 어떤 의미에서는 모든 선지자 전체에도 해당이 될 수 있겠지만, 그러나 오직 그리스도에게서만 그 의미가 확실히 성취되는 것이다. 모세가 옛 언약의 중보자였듯이, 그리스도는 새 언약의 **한 중보자**이신 것이다.

96. 그러나, 물론 이 예언을 오로지 그리스도 한 개인에게만 관련시키는 것을 반대하는 듯한 논증들도 몇 가지가 있다. (1) 문맥상의 연결성. 이는 두 가지이다. 15절에서 모세는 자신의 이름으로 약속을 발설한다. 여기서는 앞에서 나온 그 약속을 지칭하는 것이다. 모세는 우상을 섬기는 이방인들이 인간의 지식의 경계를 넘어서는 영역을 추구하기 위해서 사용하는 그런 수단들을 일체 쓰지 말라고 이스라엘 백성에게 금지시켰었다. 그의 말씀은 결국 이런 의미이다: '너희는 그렇게 하지 말라. 이방인들이 이런 불법한 수단들을 통해 구하는데도 얻지 못하는 바로 그것을 하나님께서 너희에게 부어 주실 것임이라'.

이 경우 이스라엘 백성에게 메시야를 상기시키는 것은 전적으로 합당한 일일뿐 아니라(그의 말씀은 하나님의 가장 완전한 계시로서 더 높은 지식을 향한 욕망을 가장 잘 만족시켜주므로), 만일 옛 경륜(the old dispensation)을 이룬 모세가 백성들로 하여금 새 경륜(the new one)에 대해서는 주목하도록 하지 않고(그렇게 할 수 있는 아주 적절한 기회가 있었음에도 불구하고) 그저 임시적이고 저급한 내용에 대해서만 주목하도록 했다면, 그것이야말로 정말 이상한 일이었을 것이다. 그러나 정반대로, 그가 바로 눈 앞에 있는 현세적 사실에 대해서 전혀 관심이 없이 그저 멀리 있는 메시야에 대해서만 관심을 가졌다면 그것도 똑같이 이상스러운 일이었을 것이다.

만일 모세가 참 선지자와 거짓 선지자의 특징적인 표징에 대해서 분명히 말씀하고는, 당시의 백성들에게 줄 말씀은 그냥 지나치고서 갑자기 머나먼 미래의 시기에 이루어질 계시를 말씀했다면 얼마나 이상스러운 일이겠는가? ─그 약속은 18절에서 문맥상 남다른 의미를 갖는다. 15절에서 모세는 그 약속을 자기 자신의 말로 전했었다. 그런데 그 다음 절부터는, 그 약속에 더 높은 권위를 부여하기 위해서 자신이 그 약속을 하나님께로부터 언제 받았으며 어떤 식으로 받았는지를 부연해서 설명한다. 그 약속은 모세 자신이 시내 산에서 전해받은 것이다. 거기서 하나님은 율법을 공포하시는 중에 그 백성과 직접적으로 의사소통을 하셨었는데, 이는 그들로 하여금 모세의 중보자적 역할에 대해 강한 신뢰를 갖게 하며, 또한 그 이외의 다른 어떤 신적 의사소통의 방법을 바라는 것이 어리석은 일이라는 점을 확실히 보여주시기 위함이었다.

그러나 백성들은 하나님의 그 무시무시한 위엄 앞에서 너무나 놀란 나머지 제발 직접 말씀하지 마시고 과거에 그렇게 하셨던 것처럼 중보자를 통해서 말씀해 달라고 기도했었다(참조. 출 20장). 하나님은 그 간구를 들으시고 모세에게 말씀하시기를, "그들의 말이 옳도다. 내가 그들의 형제 중에 너와 같은 선지자 하나를 그들을 위하여 일으키고 내 말을 그 입에 두리니 내가 그에게 명하는 것을 그가 무리에게 다 고하리라"라고 하신 것이다. 그러므로 우리는 이 약속이 그리스도의 오심에 대한 신적 계시로서 합당하다고 생각지 않을 수 없다. 곧, 하나님과 인간 사이의 중보자로서 그의 신격을 감추시고 그의 신성을 사람들 가까이에 있는 인간의 형태 속에 담으신 그리스도이신 것이다. 그러나 동시에 우리는 이 약속이 그리스도보다 앞서 나타날 보다 저급한 사자(使者. messenger)들을 뜻하는 것이기도 하다는 점을 잊어서는 안된다.

97. (2) 그러나 메시야 개인만을 독자적으로 지칭한다는 견해는 20절 이하의 말씀과 전혀 조화를 이루지 못하는 것 같다. 거기에는 거짓 선지자의 증표가 나타나 있다. 만일 앞에 나타난 내용이 참 선지자들과 관련된 것이라면, 이 구절과 사고의 일관성있는 연결성을 찾기가 매우 어려워진다.

98. 그러면 모세가 분명히 메시야를 염두에 두었으면서도 또한 이 예언이 일반적인 선지자들과 관련된 것이라는 이 두 가지 사실이 서로 어떻게 조화를 이룰 수 있겠는가? 가장 자연스러운 것은 다음과 같은 식으로 보는 것이다. 모세는 여기서 그리스도를 말씀한다. 그러나 단순히 그리스도께서 눈에 보이도록 나타나는 것만이 아니라 그가 나타나기 전에 눈에 보이지 않는 상태에서 영향력을 행사한 것(그리스도의 영이 선지자들을 통해서 말씀하셨다는 베드로의 말씀처럼〔벧전 1:11〕)을 함께 가리키는 것이었다. 모세는 여기서 하나의 집단으로서의 선지자들(그리스도께서도 결국 이 부류에 속한다)에 대해 말씀하는 것이 아니다. 칼빈을 비롯한 주석가들도 이를 지지한다. 그러나 모세는 전체의 선지자 군(prophetic order)이 그리스도 안에서 인격화된 것으로 보았다. 그러므로 이 구절이 다른 선지자들을 가리키기도 하는 것이다. 그러나 개인으로서의 선지자가 아니라, 다만 그들이 영향을 받은 그 영(that Spirit)과의 관계 속에 있는 선지자들을 가리킨다. 곧, 그들의 사상은 그리스도 안에서 비롯된 것이었다. 왜냐하면 그들은 그저 그리스도의 기관들(organs)에 불과했기 때문이다. 그들을 존재케 한 것이 바로 그리스도의 영이었던 것이다.

2. 메시야 시편

99. 야곱이 죽은 이후 다윗의 치세까지 메시야 예언은 별로 확대되지 않았을 뿐 아니라, 더 구체적인 진전도 없었다. 다윗 이전까지는 메시야가 나올 지파만 지정되었었는데, 다윗 시대에 와서는 그 지파에 속한 특정한 가문이 지정되었다. 이는 나단 선지자가 다윗에게 전한 예언을 통해서 이루어

졌다. 이 때에 다윗은 무명의 존재에서 최고의 존귀의 자리에 올라서 그의 대적들에 대하여 승리를 거두어 감사의 마음이 가득차서 하나님을 위하여 영구한 성전을 세우기로 작정했었다(삼하 7:11-16). 그 당시까지는 성전이 없었고 이동식 장막이 있을 뿐이었다. 몇몇 주석가들은 이 예언을 **오로지** 메시야에 대해서만 말씀하는 것으로 잘못 이해해왔다. 그러나 이 예언을 그처럼 메시야에게만 적용시키기에는 솔로몬이나 기타 다윗의 직계 후손에게만 적용되는 요소들이 너무나도 많은 것이다.

예를 들면, 다윗의 자손이 하나님을 위하여 성전을 세운다는 언급이 있는데(삼하 7:13), 다윗 자신이 성전을 세우려는 소망을 가졌다는 바로 앞의 진술과 연관지어 볼 때에 그 성전은 솔로몬이 세우게 될 지상의 성전을 가리키는 것으로 밖에는 이해할 수가 없다. 15절에 의하면 다윗의 자손들이 악을 행하면 하나님이 그들을 완전히 버리지 않으시고 부드럽게 채찍질하실 것이라고 하는데, 이 역시 다윗의 죄악된 후손을 가리키는 것임이 분명하다. 더욱이 다윗 자신은 이 예언을 우선적으로 솔로몬에 관한 것으로 말씀했으며 (대상 22:9) 솔로몬 역시 그렇게 이해한 것이 분명하다(왕상 5:5,8,17; 대하 6:7).

그러나 반대로, 그로티우스 등의 견해처럼 그 예언이 오로지 솔로몬이나 솔로몬 이후의 다윗 가문의 왕들만을 가리킨다고 보는 위험을 감수할 수도 없다. 위대한 구속주가 유다 지파에서 나올 것이라는 약속을 다윗이 몰랐을 리가 없다는 점을 생각하면, "네 집과 네 나라가 네 앞에서 영원히 보전되고 네 위가 영원히 견고하리라"라는 말씀 가운데서 그는 그의 아들 솔로몬이나 그의 직계 후손을 통해서 성취될 수 있는 것보다 훨씬 더한 그 무엇을 보았을 것이 틀림없다. 이 땅의 모든 것들이 그렇듯이 그들의 위(位)도 언젠가는 종말을 맞을 것이기 때문이다.

100. 다윗이 그 점을 보았다는 사실은 그 예언을 전해듣고서 가슴이 벅차오르는 강한 느낌을 받았다는 사실에서 분명히 드러난다(삼하 7:18). 이 예언을 올바로 보는 견해는 어거스틴처럼 이를 이중적으로 적용시키는 것이다. 곧, 먼저 솔로몬과 그의 후계자들에게 적용시키며, 또한 그리스도에게도

적용시키는 것이다. 선지자의 말씀에서는 온 가문과 민족 전체를 한 개인으로 보는 것이 다반사로 나타난다. 그러므로 그 가문과 민족의 서로 다른 구성원들에게 일어날 일들이 모두 그 개인에게 일어나는 것으로 묘사되는 것이다(예컨대, 창 49장의 야곱의 축복을 보라).

지금 이 구절에서도 마찬가지이다. 이 예언에 나타나는 많은 것들이 다윗의 육신적인 후손에게만 적용되는데, 성전을 세우리라는 약속이나 가벼운 채찍 등이 여기에 속한다. 반면에 왕위가 영원하리라는 약속처럼 메시야에게만 해당되는 부분도 있다. 그리고 마지막으로, '나는 그 아비가 되고 그는 내 아들이 되리니'라는 약속처럼 솔로몬과 그의 후손들에게서 부분적으로 성취되나 그리스도에게서 완전히 성취되는 부분도 있다.

101. 이렇게 해서 이 부분의 해석에 대해서 아주 중요한 진전이 이루어진 셈이다. 선지자들은 이 약속에 의지해서 메시야가 다윗에게서 나올 것을 선포했으며, 또한 다윗 자신을 비롯하여 시편을 기록한 여러 경건한 사람들은 하나님의 영의 인도함을 받아 이 약속의 더욱 깊은 의미를 이해하게 되고 이 약속의 대상인 그리스도에 대해서 더 깊은 조명을 받았던 것이다.

102. 메시야 시편으로 바르게 간주되는 시편들은 두 종류로 나뉘어질 수 있다:

A. 메시야의 영광을 찬양하며 또한 그의 통치를 지상적인 신정정치를 통해서 묘사하는 시편

103. 이 시편들은 서로 공통점이 많으며 또한 그 동일한 주제를 다루고 있음이 분명히 나타나기 때문에, 그 가운데 어느 하나가 메시야적 성격을 지니고 있다는 것이 밝혀지면 나머지 시편들의 그런 성격도 자동적으로 밝혀지게 된다. 이 시편들에 나타나는 메시야 예언들을 초기의 것들과 비교해보면 아주 중요한 차이가 나타난다는 것을 즉시 발견하게 된다. 초기의 것들은 더 간결하며 암시(allusion)의 성격이 더 짙으나, 이제는 기초가 이미 세워졌으

므로 예언들이 완전한 묘사의 형태를 취하고 있는 것이다. 다윗에게 메시야는 한 왕으로, 그의 왕위를 계승할 후계자로 선언되었다. 그러므로 다윗 자신의 사고 가운데서는, 그리고 다른 시편 기자들의 사고 가운데서는, 이스라엘 신정정치의 지상적인 우두머리가 미래에 오실 그 찬란한 왕을 묘사하는 토대(substratum)가 되는 것이다.

1. 시편 제 2편

104. 이 시편의 저자는 표제에 나타나 있지 않다. 그러나 전승(이 시편이 다윗의 시편 가운데 들어 있다는 사실로 확실히 드러나는데)이나, 다윗 시대의 사건들이 이 시편의 내용의 근간을 이룬다는 점, 다윗의 시편으로 인정되는 다른 시편들(특히 110편)과의 유사성, 그리고 신약 성경의 증거(행 4:25) 등, 모든 사실로 볼 때에 이 시편의 저자가 다윗이라는 사실이 충분히 입증된다. 이 시편의 내용은 다음과 같다.

시편 기자는 예언적 환상 가운데 수많은 열방 민족들이 그들의 왕과 함께 하나님과 그의 기름부으신 자, 곧 그들의 정당한 군주(sovereign)에 대항하여 미친듯이 반역을 일으키는 광경을 본다(1-3절). 시편 기자는 곧바로 이 땅의 거친 소란의 상황으로부터 눈을 돌려서 하늘의 높은 보좌에 좌정해 계신 하나님을 바라보고서 선포하기를, 하나님이 그 무력한 반역을 즉시 진압하실 것이라고 한다(4-5절). 그리고 이어서 그는 여호와께서 이미 그의 기름부으신 자를 왕으로 세우셨으므로 그의 권위에 반항하는 것은 모두 전능하신 하나님 자신에게 행하는 것과 같은 것으로서 아무런 결실이 없을 것이라고 선언하시는 여호와의 음성을 듣는다(6절). 그리고 나서 곧바로 시편 기자는 또 다른 음성을 듣는다. 곧 기름부음 받은 자의 음성으로서 여호와께서 이 땅의 모든 백성을 자신의 소유로 주셨으므로 그의 합법적인 통치에 반항하는 모든 자들에게 극형을 내릴 권한과 능력이 자신에게 있다고 선포하는 것이다 (7-9절). 이제 시편 기자는 마치 열방의 왕들이 지금 그 앞에 있기라도 한 것처럼 그들에게 말씀한다. 곧, 아들을 멸시하는 자들에게 임할 그 무서운 복수가 머지 않아 그들의 머리 위에 쏟아질 것이므로, 원수들에게는 무섭게 징벌하시나 친구들에게는 긍휼을 베푸시는 그들의 왕, 하나님의 아들께 겸손하게 부복하여 용서를 구하라고 권면하는 것이다(10-12절).

105. 우리가 보기에 이 시편은 다른 여러 선지자들의 예언들처럼 극적인 성격을 지니고 있다. 다른 인물들(시편 기자 자신, 반역 행위를 벌이는 왕들, 여호와, 그의 아들이자 기름부음 받은 자 등)이 하나씩 줄이어 등장하여 말씀하고 행동한다. 이때에 등장 인물이 바뀐다는 언급이 전혀 나타나 있지 않다.

106. 이제 다음과 같은 의문이 일어난다. 곧, '기름 부음 받은 자'와 '하나님의 아들'이란 과연 누구를 가리키는가? 하는 것이다. 이것이 메시야를 가리키는 것이라는 사실이 모든 논증을 통해서 대체로 드러나고 있으며, 이를 통해서 그가 구약 성경의 모든 구절의 주제임을 보게 되는 것이다.

107. (1) 전승의 증언. 고대의 유대인들이 이 시편이 메시야를 예언하는 것임을 보편적으로 인정했다는 것은 의심할 여지가 없는 사실로서, 심지어 이 시편이 메시야를 가리킨다는 것을 부정하는 최근의 학자들도 이구동성으로 인정하는 사실이다. 대제사장은 예수님에게 그가 그리스도, 곧 하나님의 아들이냐고 물었는데(마 26:63), 여기서 그는 유대인들이 기다리던 구속자의 두 가지 칭호를 빌려서 말씀한 것이다. 또한 나다나엘은 그리스도에게 이 시편을 들어서 이렇게 말씀했다: "당신은 하나님의 아들이시요 당신은 이스라엘의 임금이로소이다"(요 1:49). 고대의 유대인의 기록에도 이 시편을 메시야적으로 해석한 여러 문구들이 나타난다. 심지어 킴치(Kimchi)와 야르치(Jarchi)도 그들의 선조들이 이 시편을 주로 그렇게 이해했음을 인정하며, 특히 야르치는 자신이 선조들의 이해를 취하지 않고 이 시편을 다윗이 이단자들을 반박하는 내용으로 보는 이유들을 솔직하게 제시한다. 그는 기독교인들의 논증들을 반박하고 부정하기 위해서 그렇게 했던 것이다. 기독교인들은 메시야가 아버지로부터 영원히 나셨음(his eternal generation from the Father)을 입증하려 했는데, 그 이후의 유대인들은 이런 사상의 근거를

없애기 위해서 이 시편을 다른 주제를 다루는 것으로 보는 것이 가장 좋다고 여겼던 것이다.

108. **(2) 신약 성경이 메시야적 해석을 지지함.** 사도행전 4:25-26에서 사도들이 모두 이 시편의 첫절을 인용하고서 그것을 그리스도를 가리키는 것으로 말씀한다. 아몬(Ammon)이 엑커만(Eckermann)의 뒤를 이어서, 사도들이 구약 성경의 말씀을 취해서 하나님께 기도를 드리면 그들의 마음을 더욱 간절하게 표현할 수 있다는 그런 생각으로 이 구절을 사용한 것이라고 주장한 것은 사실이다. 그러나 이 견해가 그릇된 것이라는 것은 쉽게 입증되고도 남는다. '주의 종 우리 조상 다윗의 입을 의탁하사 성령으로 말씀하시기를'이라고 한 사도들의 인용의 형식 자체가 사도들이 이 시편 자체가 그리스도에 대한 직접적인 예언을 포함하고 있다는 것을 믿었음을 입증해준다. 다른 경우에서도 보면 메시야 예언이 시편에서 인용될 때에는 그 인용하는 원 자료와 관련된 신적인 계시가 함께 언급되는 것이 보통이다(예컨대, 마 22:43; 행 2:30,31).

이에 대해서 우리는, 사도들이 전승을 통해서 전해져 내려온 메시야적 해석을 찾았으며 또한 그들의 권위로 그 해석을 확인했다고 덧붙일 수 있을 것이다. 바울은 이 시편의 7절을 인용하면서 그것을 그리스도의 부활과 관련해서 설명한다. 이것이 그저 어렴풋한 하나의 암시만이 아니라는 것은 바울이 이 구절과 다른 구절들을, 선조들에게 주어진 약속이 그리스도의 부활로써 성취되었음을 확증해주는 증거로 제시한다는 사실에서 분명히 드러난다. 히 1:5; 5:7에서는 이 구절이 그리스도께서 모든 천사들보다도 존귀하게 될 증거로 인용되고 있다. 그리고 히 5장에서는 하나님이 이 구절의 말씀을 그에게 말씀하셨다고 기록하고 있다(5절).

109. **(3) 이 시편 자체에서도 메시야 해석을 지지하는 확실한 증거가 나타남.** 이 시편의 내용은 이 땅의 왕에게는 도무지 어울리지 않고 오로지 메시야에게만 해당되는 그런 특질들을 지니고 있다. 첫째로, 여기 기름부음 받은 왕은 인간 그 이상의 본성을 지닌 존재로 나타나고 있다. 우선 "너는

내 아들이라 오늘날 내가 너를 낳았도다"라는 7절의 내용을 보자. 여기서 우리는 하나님의 아들이라는 명칭은 추상적인 것으로서 이것으로부터는 아무런 결론도 이끌어낼 수가 없다고 보는 오늘날의 비평가들의 견해를 인정하지 않을 수가 없다. 왜냐하면 신정국가의 지상적인 통치자들에게도 이 명칭이 자주 붙여지기 때문이다. 그러나 이 경우에도 이 하나님의 아들이라는 명칭은 하나님이 낳았다는 관념(of generation)보다는 오히려 하나님을 대신하며 그에게 복종한다는 관념(of representation and subordination)을 담고 있다. 곧, 아버지와 아들 간의 자연적인 관계가 아니라 그들의 도덕적인 관계가 하나님과 그의 지상적인 대리자 사이의 관계에 옮겨진 것이다. 이 경우 하나님의 아들이라는 호칭은 '하나님의 종'과 전적으로 같은 의미인 것이다.

그러나 이 본문에서는 하나님의 아들이라는 호칭을 좀 다른 의미로 보아서 진짜 아들을 뜻하는 것으로 보아야 한다. 왜냐하면 "오늘날 내가 너를 낳았도다"라는 병행구의 진술이 뒤따라 나타나기 때문이다. 사람들은 때때로 이 말씀이 성자가 성부로부터 영원토록 나셨다는 사실을 입증하는 것으로 생각해왔다. 오늘날이라는 낱말을 영원(eternity)을 지칭하는 것으로, 곧 과거도 미래도 없으며 따라서 현재라는 이미지로 그 의미를 완전히 표현할 수 있는 그런 상태를 가리키는 것으로 본 것이다. 그리하여 교부들 가운데도 아타나시우스와 어거스틴은 다음과 같이 말씀한다: "영원 속에는 그 어떠한 것도 마치 존재하다가 사라진 것처럼 과거에 속하는 것은 없으며 또한 아직 존재하지 않는 것처럼 미래에 속하는 것도 없다. 오직 현재뿐이다. 왜냐하면 영원한 것은 무엇이든지 항상 존재하기 때문이다."

그러나 이런 해석은 타당성이 없다(고대에는 테오도렛(Theodoret)이, 보다 근대에는 칼빈이 이를 반대하고 있다). 왜냐하면 시편 기자들은 현재로써 영원을 나타낸 일이 결코 없기 때문이다(물론 후대의 신학자들이나 철학자들은 그렇게 하기도 했지만). 그러나 동시에, 이 구절을 지상의 통치자들에게만 적용되는 것으로 보기 위해서 '얄라드'라는 동사를 입양하다(to adopt), 혹은 아들로 삼다(to make a son)로 번역함으로써 대리와 복종의 의미를 부여하는 많은 오늘날의 해석자들의 주장도 마찬가지로 전혀 근거가 없는 것이다. 오히려 우리는 그 낱말을 선언적 의미로 이해하여야 한다. 성경의 어법에 있어서는 어떤 사람이나 사물의 기존의 상태가 알려질 때에 그 사람이나 사물이 '… 이 된다'는 식으로 표현하는 것이 이상한 일이 아니다 (참조. 롬 1:4).

여기서 '낳았다'는 말을 선언적 의미로 이해하면, 곧 낳았음을 선언한다는 뜻인 것이다. '오늘날 내가 너를 낳았다'는, 곧 '내가 너를 낳았음을 오늘날 내가 선언하였다'는 의미인 것이다. 그렇다면 이는 '네가 나의 아들임을 내가 선언하였다'와 동일한 의미이다. 그리하여 렘 2:27에서도 '너는 나의 아비라'와 '너는 나를 낳았다'가 동일한 의미로 사용되고 있는 것이다. 그러나 이런 이해는 오직 아들이라는 낱말이 문자적으로 사용될 때에만 가능하며, 그저 도덕적인 의미로 사용될 때에는 해당되지 않는다. 그러므로 본문에 나타난 병행 구문의 전후 관계상 '너는 내 아들이라'라는 문구는 문자적인 의미로 이해하여야 마땅한 것이다.

그런데 지상의 왕들을 하나님의 아들들이라 부르는 것은 문자적인 의미가 아니라 단순히 비유적인 의미에서 그렇게 부르는 것이라는 사실은 해석자들이 대개 인정하는 문제다. '낳다'가 비유적인 의미로 '아들로 삼는다'는 뜻으로 나타난 예는 한 군데도 없다. 고전 4:15("그리스도 예수 안에서 복음으로써 내가 너희를 낳았음이라")에서도 성령의 교통하심을 통해서 육체적인 생산과 유사하게 실제로 낳은 사실을 가리키는 것이다. 게다가 12절에서는 '그 아들'이라는 표현을 사용함으로써 유일무이한 특별한 아들임을 시사하고 있다. 그리고 시 45:7; 100:5과 비교하면 여기서 사용되고 있는 어법이 문자적인 의미에서 하나님의 아들이신 그분을 지칭한다는 것이 분명히 드러나게 된다.

그 외에도, 초인간적 성격을 지닌 존재임을 시사하는 다른 특질들이 또 나타난다: 특히 12절을 보라. 거기서는 반역자들에게 그들의 왕께서 곧 진노를 발하실 것이므로 겸손과 경외심으로 그에게 굴복하라고 권하고 있다. 그러면서 말하기를, 그를 의지하는 자들에게는 그가 복을 내릴 것이라고 말씀한다. 여기서 진노가 지상적인 왕이 발하는 것이 아니라면, 왕께 긍휼하심을 구하고 그의 보호하심을 의지하라는 권고는 더더욱 지상적인 왕을 두고 하는 말이 아니다. 성경 기자들은 언제나 이스라엘 백성에게, 연약한 인생을 의지하지 말고 권능의 하나님을 의뢰하고 그만을 의지하라고 권면하였다.

이 구절과 이 시편의 비메시야적 성격을 서로 조화시키기가 매우 힘들다는 사실은 오래 전에 아벤에스라(Abenezra)도 인지한 바 있다. 그는 이런 난제를 해결하기 위해서 이 구절에 와서 갑작스럽게 주제가 바뀌고 있다고 보았다. 곧, '그 아들에게 입맞추라. 그렇지 아니하면 그가, 곧 여호와가 진노를 발하시리라'로 본문을 번역하고 있는 것이다(한글 개역도 이를 따르고 있다―역자주). 그러나 이런 해석은 전적으로 임의적인 것이라고 할 수밖에 없다. 문맥 속에 예외적인 사실을 인정하여야 할만한 타당한 이유가 없는 한, 대명사는 바로 그 앞에 나오는 명사를 지칭하는 것으로 보아야 한다. 여기서는 아들이 바로 그 명사이며 또한 여기서 앞에서 언급한 예외적인 상황을 정당화시킬 만한 이유를 찾을 수가 없다. 뿐만 아니라, 9절에서는 그가 철장(鐵杖)으로 열방들을 깨뜨릴 것이라고 말씀한다.

110. 더 나아가서 이 땅의 백성들과 왕들은 여호와와 그가 세우신 왕의 멍에를 벗으려 하고 있다. 땅의 이끝에서 저끝까지 그들은 여호와께서 그에게 소유로 주신 것이다(8절). 아무리 엉뚱한 발상을 한다 할지라도 이 선언들을 신정국가의 지상적인 통치자에 관한 것으로 만들 수는 없다. 오히려 이 선언들은 땅끝까지 이르는 모든 열방들을 그 범위에 포함시키는 메시야의 왕국을 묘사하는 것이다.

111. 또한 지상적인 왕으로 보는 견해는, 여호와의 기름부은 아들을 대적하는 반란이 여호와 자신을 대적하는 반란으로 묘사되고 있다는 사실은 물론, 그 아들에게 겸손과 존경의 마음으로 굴복하라고 열방들에게 권면하고 있다는 사실과도 일치하지 않는다. 만일 여기 묘사되는 원수들이 신정국가의 전복을 꾀한 자들이었다면 사정은 전혀 달라졌을 것이다. 그러나 원수들은 그저 이 왕의 멍에에서 벗어나기만을 꾀했을 뿐 다른 일을 목적하지 않았으며, 그리고 그런 일을 목적한 것이 (그 왕이 지상적인 왕이라면) 어떻게 여호와 자신을 대적해서 반란을 일으킨 것이 되겠는가? 그것은 도무지 불가능한 일이다.

112. 마지막으로, 비메시야적 해석이 전적으로 임의적인 것이라는 점은 그 해석을 지지하는 자들 간에 이 시편의 주제와 배경에 대해서 전혀 의견의 일치를 보지 못한다는 사실에서 잘 드러난다. 이 해석이 그 타당성을 어느 정도라도 유지하려면 최소한 이 시편이 다윗이나 솔로몬 중 어느 한 사람에 관한 것임을 입증해야만 한다. 그러나 이 가능성마저도 헨슬러(Hensler)를 비롯해서 로젠밀러(Rosenmüller)와 데 베테(De Wette) 등이 쉽사리 반박할 수 없는 강력한 논증을 통해서 이의를 제기하고 있다.

유대인 해석자들의 견해를 따라서 이 시편을 다윗이 블레셋 사람들이 쳐들어올 때에 자신에 관해서 지은 것으로 보는 견해가 있으나 다음과 같은 사실들을 볼 때에 그것은 잘못된 것이다. 첫째로, 시온산을 '거룩한'이라는 형용사로 묘사하고 있는데, 이런 예는 블레셋 전쟁 이후 성막이 그 위에 세워진 이후에 가서야 비로소 되어진 것이다. 둘째로, 여기서 백성들과 왕들이 그들이 전부터 오랜 동안 억눌려 있었던 멍에에서 벗어나려고 했다는 점이다. 그러나 블레셋 사람들이나 다른 어느 이방 민족들도 그 당시에 이스라엘에 예속되어 있지 않았다.

또한 이 시편이 이스보셋과의 싸움, 또는 압살롬의 반역 사건을 가리킨다는 가설에 대해서도 반대 증거가 나타난다. 곧, 이 시편이 이방의 (foreign) 대적들을 말씀하고 있으며, 또한 한 사람이 아니라 여러 왕들을 그 백성과 함께 말씀하고 있다는 사실이다. 또한 다른 어떤 이들이 주장하듯이 이 시편이 삼하 8장의 전쟁과 관련된 것일 가능성도 거의 없다. 왜냐하면 그 당시 다윗은 자기 휘하에 들어왔다가 그의 권위를 배반하고 반역한 백성들과 싸운 것이 아니었기 때문이다. 이런 여러가지 이유들에도 불구하고 이 시편을 다윗의 것으로 보려하는 사람이 있다면, 그는 다윗의 역사 가운데 어느 시점에서도 이 시편의 상황과 일치하는 점이 나타나지 않는다는 사실을 인정해야 할 것이다. 다윗의 생애의 기사가 비교적 완전하게 기술되어 있다는 점을 생각할 때에 우리는 사실상 그가 이 시편의 주제가 아니라고 고백할 수밖에 없는 것이다.

이 시편이 솔로몬과 관련되었을 가능성은 더욱 없다. 왜냐하면 그의 통치 기간 동안 내내 평화가 있었다는 기록(왕상 4:5; 대상 22:9)을 볼 때에 그의 권위에 대해서 여기에 언급된 그런 저항이 있었을 수가 없음이 분명하기 때문이다. 그러므로 이 시편이 다윗이나 솔로몬에 관한 것일 수가 없다면, 남는 것은 메시야적 해석을 취하는 것밖에는 없다. 그렇게 할 마음은 전혀 없지만 그래도 이 시편의 표현들을 지나치게 엄격하게 해석해서는 안된다는(궁정의 시인은 아첨하기 위해서 스스로 과장된 표현을 쓰기 마련이므로)데 베테의 견해를 인정한다 하더라도, 그래도 이 아첨꾼이 후대의 어느 왕에 대한 언사를 사용할 수는 없었을 것이다. 만일 그렇다면 이 시인의 과장된 언어들은 현재를 묘사할 때가 아니라 오로지 미래의 약속에서만 나타나야 옳을 것이다. 그러나 온 세상의 백성들과 왕들이 이 왕의 소유물로 약속되었을 뿐 아니라, 그들이 이미 그의 통치 아래 굴복한 상태에 있는 것으로 묘사하고 있는 것이다. 메시야 해석을 거부하는 자들은, 역사에 호소함으로써 이러한 역사적 사실의 존재를, 아니면 최소한 가능성만이라도 입증할 수 있어야 한다. 그러나 데 베테가 이 주제에 대해서 사실에 근거한 것이 아닌 단순한 추측으로 일관했던 것을 보면, 도무지 그 점을 입증할 수가 없는 것이 분명한 것이다.

113. 메시야 해석에 대한 이런 근거들이 너무도 분명하기 때문에 심지어 아이히호른, 베르톨트(Bertholdt), 로젠뮐러 등 교리적 입장이 메시야 해석을 반대하는 쪽으로 심하게 왜곡된 자들도 결국 메시야 해석을 지지하는 쪽으로 결단을 내리지 않을 수 없었다. 이제는 메시야 해석을 반대하는 이들의 몇 가지 논증들을 간략하게 반박하는 것만 남았다.

114. (1) "기독교 교리에 따르면 메시야는 철로 된 홀을 손에 쥔 열방 민족들의 정복자가 아니다. 그의 왕국은 이 세상에 속한 것이 아니기 때문이다"(데 베테)—이런 반대 논증을 반박하기 위해서 구태여 어거스틴이나 테오도렛(Theodoreth)의 설명처럼 9절을 은유적으로 이해하여 죄인을 멸망시키는 것이 아니라 죄를 멸망시키는 것으로 볼 필요는 없다. 이런 비유적인 묘사가 나타나는 예가 전혀 없는 것은 아니지만, 여기서는 문맥상 결코 그렇게 보아서는 안된다. 이렇게 볼 때에 이 시편은 심각한 심판을 말씀하고 있

다. 만일 그들이 완고하게 그의 합법적인 권위에 대항해서 반역을 고집한다면 심판을 면할 수 없다는 것이다. 그러나 동시에 회개하고 다시 그의 권위에 굴복하면 용서할 것을 약속하고 있다.

　이는 결코 구약이나 신약의 메시야관에 배치되는 것이 아니다. 구약에서는 메시야에 대해서 다음과 같이 말씀하고 있다: "그 입의 막대기로 세상을 치며 입술의 기운으로 악인을 죽일 것이라"(사 11:4); "저가 압박하는 자를 꺽으리로다"(시 72:4); "주께서 열방 중에 판단하여 시체로 가득하게 하시고 여러 나라의 머리를 쳐서 파하시리로다"(시 110:6). 신약에서는 그리스도에 대해서 그가 종의 모습으로 오셨을 때에는 아무도 심판하지 않으셨으나, 후에 영광 중에 임하실 때에는 그의 원수들을 심판하실 것이라고 말씀한다(마 24장 등). 하나님 나라의 원수들에 대한 마지막 큰 심판의 전조(前兆)로서 나타난 세상적인 심판들에 대해서도 그것이 그리스도께서 하신 것으로 묘사되고 있다. 그는 예루살렘의 멸망까지도 말씀하고 있는 것이다(마 10:22). 여기서 기독교적인 메시야관에 모순을 일으키는 점을 어떻게 찾을지 생각하기가 어렵다. 신약(기독교적 메시야관이 여기서 비롯된 것이다)이 그리스도께서 그의 원수들에게 가하실 형벌을 바로 이 시편의 언어들을 사용해서 말씀하고 있기 때문이다(계 2:27; 12:5; 19:15). 메시야 해석에 대한 이런 반대 논증은 전적으로 그리스도의 초림과 재림을 구분하지 않고 초림 때에만 해당되는 특수한 사실을 일반화시켜서 이해하는데서 일어난 것이다.

115. (2) "메시야는 지금까지 정복되지 않은 상태에 있던 열방들을 정복하여 자신의 휘하에 둔다. 그러나 이 시편에서는 이미 그의 휘하에 있는 자들이 그에 대항하여 반역을 일으키고 있다. 또한 그런 표현이 성취되는 것도 보기가 어렵다. 한동안 스스로 예수의 교리를 대적한다고 스스로 선포했던 국가들이 있었다. 그러나 그의 종교를 받아들인 다음 다시 반역하여 그 종교를 무너뜨리려 했던 국가가 어디에 있는가?"(데 베테와 헨슬러)—이 반대 논증의 첫부분은, 선지자들이 다가올 사건들을 바라볼 때에는 그 영감된 선지자가 서 있는 위치에 따라서 모든 것이 달라진다는 사실로써 충분히 반박할 수 있을 것이다. 그는 자신을 현재의 위치에 놓아서 미래를 바라보든

가, 아니면 가까운 미래에 자신을 놓고서 좀더 먼 미래를 바라보기도 한다. 예를 들면, 이사야는 사 39장에서 그리스도의 고난과 영화(榮化)의 사이에 자신의 위치를 정하고서, 그의 고난은 과거의 사건으로 보며, 그의 영화는 미래의 사건으로 보는 것이다. 여기서도 선지자는 메시야가 이미 나타나서 여러 민족들을 그의 권위에 굴복시킨 시점에 자신을 위치시킨다. 그는 그 민족들이 그들의 합법적인 군주를 대적하여 반역을 일으키는 것을 바라보면서, 그들의 노력이 허사가 될 것이며 아버지께서 아들에게 새로운 영광을 계속 부여하시며 그를 경멸하는 자들을 멸망케 하실 것임을 예언하고 있는 것이다.

물론 다윗에게 초자연적인 예시 능력이 있었다고 보지는 않지만 그가 미래에 메시야를 대적하여 백성들과 왕들이 반역을 꾀할 것을 예언했다고 보더라도 하등 이상할 것이 없다. 그는 인류의 부패성에 대해서 충분한 경험이 있었으므로, 그의 먼 후손이 나타날 때에 모두가 기쁨으로 그에게 굴복하지 않을 것이며 또한 그의 권위에 순종하지도 않을 것임을 예상하고도 남았다. 이 논증의 후반부에 대한 반대 논증을 위해서는 지난 세기의 역사를 거론하고자 한다. 현재의 상황을 거론해서 그 논증을 반박할 수 없도록 되면 얼마나 좋을까! 그리스도인이라는 이름을 지니고서도 얼마든지 그리스도에 대해 반역할 수 있는 것이다. 우리에게도 이를 입증하는 실례가 얼마든지 있다.

116. (3) "활력이 넘치고 점진적으로 진행되는 묘사라든지 원수들에 대한 생생한 묘사 등, 이 시편의 전반적인 성격을 볼 때에 이 시의 목표는 국지적이며(local) 그 주제는 현재를 다룬 것으로 결론을 내리게 된다"(헤르더〔Herder〕와 묄러〔Möller〕)—이 논증이 공정하다면 이것으로 메시야에 관한 모든 예언이 묵살되고 말 것이다. 그러나 예언들은 이상(vision) 가운데 주어지기 때문에 그 안의 모든 것들은 필연적으로 현재의 것으로 나타날 수밖에 없으며, 묘사가 언제나 활기에 넘치며 극적인 성격이 허다하게 나타나지 않을 수가 없는 것이다.

2. 시편 45편

117. 간략한 서언이 있은 다음, 이 거룩한 시인은, 모습이 아름다우며 말씀이 온유하며 의와 용기가 충만한 영광스런 한 왕을 찬양한다(2-5절). 그는 자신의 영구한 나라(거기서 그는 최상의 아름다움과 위엄으로 나타나고 있다)에서 그의 탁월한 공적에 대한 상급으로 한없는 기쁨과 존귀를 누린다(6-8절). 이런 찬란한 영광은 열왕의 딸들인 그의 부인들로 인해서 한층 고조되며, 특히 그의 오른 편에 서서 오빌의 금으로 장식한 한 부인이 그의 영광을 더욱 높인다. 시편 기자는 그 왕후에게 모든 애정으로, 그리고 모든 다른 것을 희생하고서 그녀의 주(主)요 왕이신 그에게 전적으로 헌신하라고 권면한다. 그렇게 해서 그녀는 그의 각별한 사랑을 받을 것이다(9-12절). 시인은 이어서 다른 처녀들과 함께 왕에게 인도함을 받는 신부의 아름다움을 묘사한다(13-15절). 마지막으로 왕에게 시선을 돌려서 그에게 탁월한 자손들이 있어 그가 그들로 하여금 온 땅을 다스리게 할 것이라고 약속하며, 또한 동시에 자신의 시가 미래에 가서 열방 중에서 왕의 영광을 높이는데 공헌하기를 바라는 시인 자신의 소망을 표현하고 있다(16-17절).

118. 우리는 다음과 같은 이유로 이 시편을 메시야에 관한 것으로 보지 않을 수 없다:

119. (1) 전통적으로 내려온 증거. 고대 유대인의 기록 가운데 여러 구절들에서 이 시를 메시야에 관한 시로 설명하고 있다. 아벤에스라나 킴치(Kimchi) 등 후기 유대인 주석가들도 전통에 따라서 이 시편을 동일하게 보고 있다. 이러한 전통은 그보다 훨씬 이전 시대에까지 거슬러 올라간다. 만일 이 시가 한 이스라엘 왕의 결혼을 찬양하는 일종의 신부 찬양시(bridal ode)였거나, 혹은 한 페르시아 왕의 존귀를 아첨하는 찬양시였다면, 시편 편집자들이 이 시를 시편 속에 집어넣었을 리가 없다. 이러한 반대 논리는 이 시가 한 페르시아 왕을 대상으로 한 것이라고 보는 어떤 사람들의 견해의 부당성을 잘 보여준다 하겠다. 만일 이 시의 주제가 다윗이나 솔로몬 등 이스

라엘 왕이었다면 다음과 같은 논리가 어느 정도 개연성 있게 주장될 수 있을 것이다. 곧, 시편을 집성한 편집자들이 살던 시대에는 이 시의 올바른 해석이 소실되어 있었으므로 편집자들 나름대로 신비한 해석을—이 해석은 잘못된 것이기는 하지만 당시에 이미 보편적으로 받아들여지고 있었다—붙여서 하나님을 예배하는 목적에 사용되도록 했다는 것이다.

그러나 주제가 페르시아 왕이라면, 그 왕은 유대인과 페르시아인이 서로 빈번한 교류를 하기 시작한 이후, 즉 바벨론 포로기 이후에 살던 사람이어야 한다. 그렇게 되면, 시편 집성자들은 이 시의 저자와 거의 동시대 사람들일 수밖에 없으며, 그들은 단순히 한 인간을 찬양하는 시를, 그리고 앞으로 보게 되겠지만 신성모독적인 표현들을 담고 있는 시를, 다 알면서도 하나님을 찬양하는 시편 속에 집어넣은 큰 죄를 지은 사람들이 되고 만다. 그러나 유대인들이 특히 바벨론 포로 기간 동안 불행을 당함으로써 큰 배움을 얻고난 이후에는 하나님의 영광을 가릴 수 있는 일들을 피하기 위해 얼마나 신중했는가 하는 것을 아는 사람들은 이런 논리를 받아들일 수 없다. 바로 이 시기에 유대인들의 민족적인 자부심과 자기 백성에게 속하지 않은 모든 것에 대한 증오와 경멸이 얼마나 강했는가를 우리는 잘 알고 있는 것이다.

120. (2) 신약도 메시아적 해석을 지지한다. 히브리서 기자는 이 시편을 인용하여 그리스도께서 천사들보다 더 높이 올려지셨음을 입증하고 있다(1:8,9). 이는 단순한 간접적인 암시가 아니다. 왜냐하면 비메시아적 해석에 따르면, 히브리서 저자의 논지는 완전히 그 힘을 잃어버리며, 그의 이야기 전체가 무용지물이 되고 말기 때문이다.

121. (3) 시 자체의 내증도 마찬가지로 강하다. 여기서 우리는 이 시편의 순서를 따라서 오로지 메시아에게만 적용할 수 있는 그런 특질들을 찾아낼 것이다. 서문('고라 자손의 마스길, 사랑의 노래, 영장으로 소산님에 맞춘 것')에서도 두 가지 논지를 이끌어낼 수가 있다. 이 시가 세상의 군왕에 관한 것이라면 어떻게 그것이 고라 자손의 것으로서 하나님을 섬기는데 사용되었다고 일컬어질 수가 있었겠는가? 솔로몬에게 바쳐진 결혼 축가나 혹은

페르시아 왕을 찬양하는 한 아첨꾼의 찬양시가 어떻게 공공 예배시에 사용될 수 있었으며, 어떻게 성소에서 읽혀질 수 있었겠는가? 슈타크(Stark)는 이러한 강한 반대 논증을 생각하고서, 아무런 근거도 없이 이 서문의 순수성을 부인하기에 이른다.

122. 2,3절에는 이 시를 비유적으로 이해하여야 한다는 암시들이 나타나고 있다. 데 베테 등은 "왕은 인생보다 아름다워"라는 2절의 말씀을 왕 개인의 아름다움을 가리키는 것으로 본다. 고대에는 외적인 용모의 아름다움을 아주 높게 여겼던 것이다. 그러나 "그러므로 하나님이 왕에게 영영히 복을 주시도다"라는 선언을 볼 때에 이 시편 기자가 왕의 외적인 용모가 아니라 그의 높은 도덕적 완전성을 묘사하는 하나의 이미지로 사용하고 있다는 것을 분명히 알 수 있다. 외적인 아름다운 용모가 하나님이 복을 주시는 근거가 될 수는 없기 때문이다.

3절에서는 왕에게 칼을 허리에 차라고 말씀하면서 동시에 '왕의 영화와 위엄'이라고 설명을 붙임으로써 여기서 은유적인 언어가 사용되고 있음을 강하게 시사하고 있는 것이다. 지상의 왕이 칼을 허리에 참으로써 얻는 효과를 이 신적인 왕은 영화와 위엄으로써 얻는다. 그리하여 그는 사람이 사용하는 어떠한 수단도 사용하지 않고서 그의 대적들을 무찌를 것이다. 이사야의 표현도 이와 아주 유사하다: "(그가) 그 입의 막대기로 세상을 치며 입술의 기운으로 악인을 죽일 것이라." 곧, 세상의 왕들이 형벌의 무기들을 사용해서 행하는 것을 그는 오직 그의 말씀만으로 행하실 것이라는 것이다.

4절에서도 동일한 특징이 나타난다. 곧, 시인이 찬양하고 있는 이 왕은 온유함과 진리와 의를 확고히 세우며 높일 것이라고 하는데, 이것은 그가 싸우는 싸움이 육체의 무기로 싸우는 그런 싸움이 아니라는 사실을 시사하는 것이다. 또한 이런 특징은 메시야와 관련해서는 물론 다른 어떤 주제와 관련해서도 문자적으로 취급할 수가 없다. 메시야에 대해서 이사야는 "공의로 그 허리띠를 삼으며 성실로 몸의 띠를 삼으리라"라고 말씀하고 있는 것이다.

5절에서는 왕을 여러 나라들을 정복한 용맹스런 전사(戰士)로 묘사하고 있는데, 이는 전쟁에 참여한 일이 없는 솔로몬과는 전혀 맞아 떨어지지 않으며, 오히려 메시야와 아주 잘 어울린다. 메시야도 때때로 아주 강력한 승리의 전사의 이미지로 묘사되는 것이다(사 53:12; 시 110:5 등). 그러나 메시야적 해석을 뒷받침하는 가장 강력한 증거는 6절에서 나타난다. 거기서는 왕이 하나님으로 일컬어지고 있는 것이다.

비메시야적 해석을 주장하는 이들은 여기서 여러 가지 무리한 시도를 한다. 몇몇 사람들은 여기의 엘로힘을 호격(vocative)이 아니라 소유격(genitive)으로 보려한다. 이런 해석이 얼마나 부자연스러우며 하는 수 없이 억지로 취한 해석이냐 하는 것은 고대의 번역자들 가운데 어느 누구도(특히 이들 가운데 유대인들은 교리적 편견이 있었을리가 없다) 이런 해석을 생각조차 하지 않았다는 사실에서 분명히 드러난다. 모두가 이를 호격으로 번역하고 있는 것이다.

더욱 근거를 찾을 수 없는 것은 엘로힘을 주격으로 취급하는 사람들의 다음과 같은 번역이다: "왕의 보좌는 영원토록 하나님이시니이다"; 즉, 하나님이 왕의 보좌를 영원토록 유지시키실 것이라는 뜻이다. 이런 해석은 언어상의 용례에 있어서도 지지를 받지 못하며, 또한 병행 구절에서 분명히 나타나는 바와 같이 '영영하다'는 하나님이 아니라 왕의 나라를 묘사하는 것이다. 엘로힘이 호격 이외에 다른 어떠한 격으로도 이해할 수 없다는 사실로써 우리는 여러 반대자들 가운데 한 부류의 공격을 물리치고도 남음이 있다. 그러나 그 반대자들 가운데서 어떤 이들은 이 점을 인정하면서도, 엘로힘이라는 명칭이 사사나 왕들에게도 붙여질 수 있다고 주장한다. 그러나 이런 해석은 다음과 같은 반대 논증들을 통해서 반박할 수가 있다.

(1) 우리는 엘로힘이 사람들의 통치권(magistracy)을 가리키는 의미로 사용되기도 한다는 점을 완전히 부인하지는 않는다. 그러나 통치자 개인을 가리켜 엘로힘이라고 한 경우는 한번도 없고, 다만 언제나 하나님의 통치를 대변하는 것으로서의 통치권만이 엘로힘으로 지칭된다. 신정정치를 행하는 통치자 개인이 그 칭호로 불리는 일이 없다면 혼인을 축하하는 자리에 있는 왕이 그 칭호로 불릴 가능성은 더욱 없다. 그리고 페르시아 왕이 엘로힘으로 불릴 가능성은 더더욱 없다. 그는 신정국가의 지도자가 아니므로 '하나님의 아들'로 불릴 수도 없는 자인 것이다.

(2) 여기의 엘로힘을 왕으로 이해하기가 어려운 가장 두드러진 이유는 고라 자손의 시편에서는 여호와 대신 엘로힘이 거의 유일한 하나님의 이름으로 사용되고 있다는 사실이다. 더욱이 시편 2편과 110편에서 오직 하나님에게만 속한 이름과 속성과 행동들을 메시야에게 적용시키고 있는 것을 생각하면, 주저함없이 여기의 엘로힘을 그 본래의 자연스런 의미 그대로 이해하여 메시야를 이 시의 주제로 인정하게 될 것이다.

같은 절에서 그의 보좌가 영원하리라는 약속이 있는 점으로 볼 때에도 역시 이 시의 주제가 메시야임을 인정하게 된다. '영영하며' 그 자체는 제한적인 의미를 가질 수도 있으나, 문맥상으로 보나 엘로힘과 연결된 점으로 보나, 병행 구절들(삼하 7장, 시 89편 등)과 비교해보나 여기서는 그렇지 않다는 점이 분명하다.

7절에서도 또다시 시의 주제가 하나님으로 나타난다. 데 베테는 '엘로힘'을 주격으로 보며 '왕의 하나님'이라고 반복해서 언급하고 있는 것은 하나님이 왕에게 특별히 은혜로우심을 시사하는 것이라고 본다. 그러나 앞절에서 엘로힘이 호격으로 나타나며 말씀의 대상으로 나타나는 것을 볼 때에 여기서도 다른 해석이 있을 수 없다.

이 구절을 비유적인 의미로 해석해야 하는 한 가지 중요한 근거가 10절에 나타나고 있다: "딸이여 듣고 생각하고 귀를 기울일지어다." 딸이라는 명사가 일국의 왕비에게 붙이기에 얼마나 부적절한가 하는 것은 몇몇 비메시야적 해석자들이 딸을 다른 낱말로 바꾸려고 시도하는 데서 잘 드러난다. 멘델스존(Mendelssohn)은, '왕비여(princess) 듣고 귀를 기울이소서'라고 번역한다. 이런 표현이 모욕적이며 동방의 풍습과 어울리지 않는다는 사실은 되더라인(Doderlein)이 충분히 보여준 바 있다. 선생들은 자기 제자들을 가리킬 때에 아들이라는 호칭을 사용한다. 그러나 시인이 바로의 딸이나 페르시아의 공주를 자기의 제자로 취급했다면, 그는 십중팔구 호감을 얻지 못하게 된다.

그러나 메시야적 해석을 받아들이면 이런 모든 난제가 사라지게 된다. 히브리 시인과 선지자들은 땅이나 민족, 혹은 성읍들을 젊은 여인이나 기혼녀로 인격화해서 부르는 예가 많다(예컨대, 사 4:4. '시온의 딸들'). 다른 곳에서 실례를 찾을 필요도 없이 당장 이 시의 12절에 '두로의 딸들'이라는 표현이 나타나는데, 이는 두로를 가리키는 것이다. 여기서도 마찬가지로 시편 기자는 언약 백성을 인격화하여 신부로 묘사하면서, 그녀가 온갖 장식을 한 채로 아름다운 왕에게 인도되며, 자신이 사랑했던 모든 것을 왕을 위하여 버리고서 그의 총애를 받을 것이라고 말씀하는 것이다.

이러한 비유적인 묘사에 대해서 놀랄 필요는 없다. 왜냐하면 구약과 신약 모두에서 하나님 혹은 그리스도와 그의 백성간의 관계를 묘사하는 데 이와 동일한 이미지가 자주 사용되기 때문이다. 솔로몬의 아가 전체를 통틀어서 하나님이 사랑하는 자로, 그리고 이스라엘 백성이 사랑받는 자로 혹은 신부로 묘사되는 것을 보게 된다. 이사야는 말씀하기를, "너를 지으신 자는 네 남편이시라. 그 이름은 만군의 여호와시며 네 구속자는 이스라엘의 거룩한 자시라. 온 세상의 하나님이라 칭함을 받으실 것이며"라고 한다(54:5). 62:5에서 그는 말하기를, "마치 청년이 처녀와 결혼함 같이 네 아들들이 너를 취하겠고 신랑이 신부를 기뻐함 같이 네 하나님이 너를 기뻐하시리라"라고 한다. 그리고 하나님이 이스라엘 백성에 대하여 거부의 선언을 하고 있는 50:1도 이혼서라는 표현을 써서 말씀하고 있다.

신약에서도 역시 그리스도께서 자신을 신랑으로 부른다(마 9:13). 요한은 자신은 신랑의 친구에 불과하며 그리스도께서 신랑이 되셔서 신부를 소유하실 것을 말씀한다(요 3:29).

비유적인 해석의 필요성은 14절에서도 나타난다: "수 놓은 옷을 입은 저가 왕께로 인도함을 받으며 시종하는 동무 처녀들도 왕께로 이끌려 갈 것이라." 이 처녀들은 9절에서 열왕의 딸들로 불리는 자들과 동일인이다. 이 점을 볼 때에 이들이 그저 단순히 신부의 시종이나 몸종이라고 생각해서는 안된다는 것이 명백해진다. 더욱이 "동무 처녀들도 왕께로 이끌려 갈 것이라"라는 표현은 신부뿐만 아니라 이 처녀들도 마찬가지로 왕과 사랑으로 연합될 것임을 보여준다. 이 시를 결혼 축가 정도로 보는 이들에게 이는 심각한 난제일 수밖에 없다. 동시에 아내를 하나 이상 취하는 예는 관습과 전혀 어울리지 않기 때문이다.

그러나 메시야적 해석은 이런 난제를 한꺼번에 제거해준다. 메시야적 해석을 취할 경우, 왕비보다 계급이 낮지만 그녀와 함께 왕과 연합하게 되는 그 동무들은 이방 민족들을 가리킨다. 이스라엘 백성은 고대의 하나님의 언약 백성으로서 이들에 비해서 외형적인 특별한 지위를 누리지만, 선지자들과 시편 기자들의 예언에 따르면, 메시야 왕국에서 이방 민족과 동등한 몫의 복을 누리게 될 것이다. 이와 매우 유사한 비유적인 묘사가 아 6:8,9에도 나타난다: "왕후가 육십이요 비빈이 팔십이요 시녀가 무수하되 나의 비둘기, 나의 완전한 자는 하나 뿐이로구나."

그러므로 우리는 다른 메시야 시편들에서 단순하게 묘사되고 있는 것을 여기서 평범한 비유적인 표현들을 통해서 배우고 있는 것이다. 여기의 표현들은 다음의 묘사와 동일한 의미라는 것을 알아야 한다: "저가 바다에서부터 바다까지와 강에서부터 땅 끝까지 다스리리니"(시 72:8).

16절에서는 왕이 그의 아들들을 온 땅의 군왕들로 삼을 것이라고 말씀한다. '온 땅의'(over all the earth)라는 표현은 우리가 제시한 의미밖에는 없으며 '온 땅에서'(in all the land)로 번역될 수 없다는 점은 데 베테 자신도 인정하고 있다. 그는 또한 이 말이 페르시아 왕에게 한 말이라면 그것은 극심한 아첨 이상 아무 것도 아니라고 말한다. 이 시가 페르시아 왕에 대한 것이라는 가설에 대한 여러 논증이 이미 있으나, 우리는 이 시편이 데 베테가 이스라엘 왕에 관한 것이라고 설명한 72편과 매우 유사하다는 점을 그 논증에 덧붙일 수 있을 것이다.

메시야적 해석은 지극히 자연스러울뿐 아니라 아주 잘 어울리는 의미로 이해하도록 해준다. 시인은 그 자신이 살고 있는 그 시대의 상황에서 비유적인 묘사를 빌려온 것이다. 솔로몬은 팔레스타인을 12 부분으로 분할했었으며(왕상 4:7), 다윗은 이미 그 아들들을 그 자신의 휘하에 있는 분봉왕들로 세웠던 것 같다. 그리고 르호보암도 역시 그렇게 했다(대하 11:23). 신정국가의 지상적인 통치차들이 팔레스타인 경내의 그들의 왕국을 분할하여 그 아들들로 다스리게 했듯이, 메시야도 온 땅에 이르는 그의 더욱 넓은 통치 영역을 그의 자손들 가운데 분할할 것이다. 그러나 그 자손들을 생기게 하는 그 연합의 성격상, 이 자손들은 육신적인 자녀가 아니라 영적 자녀가 될 것이다(참조.사 53:10).

마지막으로, 만민이 그를 찬양하리라는 17절의 예언은 이 땅의 왕보다는 메시야에게 적용시키는 것이 더욱 어울린다.

123. 이 시의 메시야적 성격을 보여주는 긍정적인 증거들을 제시했으므로, 이제는 메시야 해석을 반대하는 남은 논리를 제거하는 일이 남아 있다. 그런 반대 논리는 주로 파울루스(Paulus)에게서 나온 것들이다:

124. (1) "히브리 저작자들에게서 은유적인 묘사들이 자주 나타나는 것이 사실이나 좋은 저작자라면 그렇게까지 심하게 알레고리를 사용하지는 않을 것이다."—그러나 이에 대해서 우리는 비단 '아가서'를 예로 들지 않더라도 실제적인 예를 수없이 들 수 있다. 그 가운데서 우리는 바벨론의 멸망을 알레고리적으로 묘사하는 예나(사 47장. 거기서는 바벨론이 의인화되어 아주 부유하고 세련된 여인으로 묘사된다. 그 여인이 남편을 잃고서 극심한 불행으로 인하여 완전히 무너져버리는 것으로 묘사되고 있다), 에스겔서 16장과 23장에 나타나는 유사한 묘사들(거기서는 아주 세세한 부분까지 비유적인 묘사가 이루어진다), 그리고 호세아서 1장부터 3장까지 이르는 비유적인 진술들을 예로 들어도 족할 것이다. 우리는 이 시편 기자의 경우 비유적인 묘사를 아주 절제하고 있다는 것을 고백할 수밖에 없다.

125. (2) "시편 기자는 메시야를 묘사하는데 유다의 군왕들의 모든 화려한 모습을 빌려서 묘사할 수 있었을텐데도 아주 조잡한 표현을 사용하고 있으며, 메시야에게 속하지도 않은 그런 옷을 입히고 있다. 유대인의 메시야 왕국이 동방의 온갖 찬란한 의상으로 치장하고 여러 시종들과 동무들의 수행을 받는 신부로서 그에게 인도될 수는 있다. 그러나 메시야에게는 이스라엘 백성이라는 한 신부, 한 아내 밖에는 없는 것이다."—이런 반대 논리가 무슨 뜻인지 생각하기가 어렵다. 구약의 선지자나 거룩한 시인들이 그들의 메시야를 유대인들만의 메시야로만 생각했다는 것을 인정해야 한다는 뜻인가? 그렇다면, 이는 시편에서 인용한 여러 구절들로써 이미 충분히 반박되었다. 그러나 메시야 왕국이 유대인뿐 아니라 이방인들까지도 포용할 것을 기대할 경

우, 유대 백성이 메시야의 신부로 인격화될 수 있다는 것을 인정한다면, 이 방 민족들이 똑같은 방식으로 인격화될 수 없는 이유가 어디에 있는가? 특히 계급이 낮은 여러 비빈들이 왕비 한 사람의 옆에 나란히 서 있는 동방의 궁 궐의 상황을 이용해서 그런 식으로 알레고리화 해서 묘사하고 있다고 생각하 지 못할 근거가 어디에 있는가? 이스라엘 백성에게 이런 유의 외형적인 특별 성을 부여함에 있어서 시편 기자는 지혜롭게도 구약 전체를 통틀어서 두드러 지게 나타나는 메시야 왕국에 대한 표현 양식을 따르고 있는 것이다. 구약에 서는 유대 백성들이 언제나 본류(original stock)로 취급되며, 이방 민족들 은 본류에 접붙여진 존재로서 다소 열등한 관계를 유지하는 것으로 나타나는 데, 이런 사상은 후일 그리스도와 사도들도 확인하고 있다(롬 11장).

126. (3) "'그러하면 왕이 너의 아름다움을 사모하실지라'와 같은 표현 들은 거룩한 성경 기자들이 사용하기에는 부적절하며 아주 이례적인 표현들 이다."—그렇다면 우리는 하나님이 그의 백성들에 대하여 가지시는 즐거움을 신랑이 신부에 대하여 갖는 기쁨에 비교하는 이사야의 묘사도 똑같이 부적절 하다고 해야 옳다. 또는 교회를 흠도 티도 없어서 그 높으신 신랑의 완전한 사랑을 받아 누리는 신부로 보는 사도 바울의 묘사도 부적절한 것으로 보아 야 옳을 것이다. 다른 구절에 대한 이야기는 차치하고라도, 이 구절들이 그 리고 있는 육체적인 아름다움은 사실상 영적 아름다움을 가리키는 것이 아닌 가?

127. (4) "이 메시야의 신부가 어떻게 자기 백성을 잊을 것인가? 신부 자신이 어째서 이 백성의 인격화란 말인가?"—그러나 이 묘사가 비유적이며 또한 언약 백성이 신부로 인격화되고 있다면, 그들이 그 높으신 왕과 연합한 다음 그 왕만을 사랑하며 과거에 있던 모든 연(緣)을 제거하고 그 왕만을 사 랑하여야 한다는 사상 역시 직설적 표현이 아니라 신랑과 신부의 관계라는 비유적인 묘사라고 해야 마땅하지 않겠는가? "그러므로 남자가 부모를 떠나 … "라는 창 2:24의 구절이 시편 기자에게 아름다운 근본 원리를 제공해주었 다. 그는 또한 창 12:1도 염두에 두었던 듯하다: "여호와께서 아브람에게 이

르시되 너는 너의 본토 친척 아비 집을 떠나라.”

128. (5) “다른 모든 이방 민족은 제쳐두고 어떻게 해서 두로만 언급되고 있는가?”—메시야적 해석을 취하면 이 점을 생각할 필요가 없다. 그러나 고대 세계의 도시들 가운데 가장 풍요로운 도시인 두로가 지극히 풍요로운 민족 전체를 대표하는 하나의 제유법적 표현으로써 사용되고 있다고 보더라도, 그 자체로서는 전혀 반대할 이유가 없다. 뿐만 아니라 이런 이해는 ‘백성 중 부한 자’(이는 모든 민족 가운데 가장 부요한 민족을 가리킨다)라는 표현을 통해서 확증된다. 구약에서 개별화(individualize), 즉 한 가지 이름을 언급함으로써 어느 일부분이 아니라 전체를 나타내는 표현 방식보다 더 빈번하게 나타나는 비유법은 없을 것이다. 시 72:10에 똑같은 병행 구절이 나타나고 있다: “다시스와 섬의 왕들이 공세를 바치며 스바와 시바 왕들이 예물을 드리리로다.” 또한 사 60:6은, “스바의 사람들은 다 금과 유향을 가지고 와서 여호와의 찬송을 전파할 것이며”라고 기록하고 있다. 이 두 구절에서는 다시스, 스바, 시바 등이 이방 민족 가운데 가장 부요한 민족들을 지칭하듯이, 여기 본문에서는 두로가 그 역할을 하고 있는 것이다.

129. 그러므로 메시야적 해석은 충분히 그 정당성이 입증되고 있다. 여기서 한 가지만 더 말한다면, 우리는 묘사를 완성시키기 위해서 그저 보충적으로 덧붙여진 표현들에 대해서 일일이 문자적인 의미를 찾으려는 그런 충동에 대해서 경각심을 가져야 한다는 것이다. 그러므로 7절과 8절에서는 하나님께서 메시야에게 최상의 영예와 영광을 주실 것이라는 사상 이외의 것을 찾으려 해서는 안된다. 그 사상을 동방의 궁궐의 찬란한 모습에서 빌려온 이미지를 사용해서 묘사하는 것뿐이다. 마찬가지로 왕비에 대한 묘사 역시, 단순히 언약 백성이 진실한 사랑으로 그들의 주요 왕이신 그분께 헌신하면 최고의 풍성한 복과 큰 영광이 그들에게 주어질 것임을 의미하는 것일 뿐이다.

3. 시편 72편

130. 논지—45편과 마찬가지로 이 시편도, 높고 고귀한 한 왕을 찬양하고 있다. 그 왕은 의를 행하며 불쌍하고 억눌린 자들을 긍휼히 여겨서 그들을 보호한다. 그의 통치 아래서 나라 전체에 평화가 깃들며 그가 보여준 의의 결과로 풍성한 복이 임한다. 이 복들은 이 땅의 훌륭한 왕들이 주는 그런 복과는 다르다. 그 왕들이 주는 복은 잠시동안 있다가 왕이 죽으면 사라져 버리는 그런 것이지만, 그가 주시는 복은 영원하며, 따라서 그의 신복들이 그에게 드리는 감사와 존경도 영원하다. 그의 왕국은 팔레스타인의 경계에 국한되지 않으며, 온 땅 전체까지 이른다. 모든 열방은—심지어 가장 강력한 민족이나 가장 야만적인 민족이나, 그리고 가장 멀리 있는 민족까지라도—그 앞에 엎드려 순종할 것이다. 그의 팔의 힘으로 정복을 당했기 때문이 아니라, 오직 그의 의의 영향을 받아 자유로이 그를 섬기기로 정한 것이다. 이 땅의 모든 민족이 그의 씨를 인하여 복을 받으리라는 아브라함에게 하신 그 위대한 약속이 그를 통해서 성취될 것이다.

131. 이 시를 메시야를 가리키는 것으로 보아야 할 필연적인 이유가 무엇인지에 대해서 살펴보기로 하자.

132. (1) 전통의 분명한 증언. 칼데니우스 번역본(Chaldee paraphrast)은 첫절을 다음과 같이 번역하고 있다: "오 하나님이여 당신의 판단력을 메시야 왕에게 주시며 당신의 의를 다윗 왕의 아들에게 주옵소서." 쇠트겐(Schöttgen)은 과거의 유대인 저작자들의 기록들을 수없이 수집하였고, 야르치(Jarchi)는 고대 사람들이 이 시편 전체를 메시야에 관한 것으로 해석했음을 분명히 증거하고 있다.

133. (2) 여기서 특별히 병행 구절들의 증거가 매우 강하다. 이 시편 자체에서 그 이전의 메시야 예언에서 빌려온 가장 확실한 언급이 나타나는 한편, 그보다 후기의 예언에서는 이 시편의 메시야 예언에 관한 말씀에서 취한 표현을 사용하여 메시야 왕국을 묘사한다. 예를 들어서, "사람들이 그로 인하여 복을 받으리니 열방이 다 그를 복되다 하리로다"라는 17절의 말씀은 아

브라함에게 주신 약속을 암시하는 것임이 너무도 분명하다. 그리고 스가랴서에서는 메시야 왕국의 확장이 이 시의 8절에서 취한 언어로 묘사되고 있다: "그의 정권은 바다에서 바다까지 이르고 강에서 땅 끝까지 이르리라"(9:10).

134. (3) 이 시편에는 메시야에게 어울리지 않는 내용이 전혀 없으며 그 여러 특질들은 전혀 다른 주제에 속할 수가 없는 것들이다. 데 베테는 아예 첫 절부터 메시야 해석에 대한 반대 논리를 편다. 하나님께서 왕에게 의를 주시기를 구하는 기도는 (그의 주장에 따르면) 메시야 해석과 일치하지 않는다. 메시야는 그 자신이 이미 가장 의로운 자이기 때문이다. 이에 대해서 우리는, 여기서 말씀하는 의는 일반적인 의가 아니라 하나님이 소유하신 의이며, 하나님이 세상을 다스릴 때에 실행하시는 의이며, 왕은 그의 왕국을 통치함에 있어서 그 의를 절실히 필요로 하는 것이다. 이런 반대 논리가 빈약하다는 사실은 이사야 11장(여기서 메시야는 왕직에 임하여 통치를 시작하기 전에 하나님으로부터 모든 필요한 자질들을 부여받는다)과 42:1(여기서 메시야는 먼저 하나님의 영을 받으며 그런 다음 이방 가운데 공의를 세운다)에서 분명히 드러난다.

이 예언의 성취를 보더라도, 그리스도께서는 그의 신성으로는 그 자신이 모든 완전성을 소유하고 계시지만, 그의 인성으로는 그의 직분을 수행할 수 있는 필요한 자질들을 성령으로 말미암아 부여받으신 것이다. 왕이라는 호칭은 시편의 다른 구절들뿐 아니라 렘 33:17 ("이스라엘 집 위(位)에 앉을 사람이 다윗에게 영영히 끊어지지 아니할 것이라"), 또한 겔 37:24("내 종 다윗이 그들의 왕이 되리니")을 보더라도 정당한 것임이 분명히 드러난다. 왕의 아들이라는 호칭은 다윗의 아들인 메시야에게 속하는 것이요, 다른 곳에서는 이와 유사한 비유적인 표현으로서 다윗의 싹이라는 호칭도 사용된다.

2절과 4절에 나타나는 왕의 성격, 즉 공의로 다스리며 무고하게 억압을 당하는 자들에 대해 특별한 관심을 기울이는 점(이는 통치자의 가장 탁월한 덕목 가운데 하나이다) 등은 메시야 예언 가운데 매우 자주 나타나는 것들이다: "공의로 빈핍한 자를 심판하며 정직으로 세상의 겸손한 자를 판단할 것이며"(사 11:4). 3절에 따르면, 의가 편만하여 그 결과로 평강이 그의 왕국에 가득할 것이라고 하는데, 이 역시 메시야 시대의 특징적인 표적으로 자주 언급되는 것이다. "그 정사와 평강의 더함이 무궁할 것이라"(사 9:7). 사 11:9에서는 여호와의 지식(본문에 나타나는 의와 마찬가지로)이 메시야 왕국의 특징인 평강의 원인으로 언급된다.

5절은 우리의 해석에 대한 강력한 증거를 제공해준다: "저희가 해가 있을 동안에 당신을 두려워하며 달이 있을 동안에 대대로 그리하리로다." 만일 이 말씀이 하나님을 대상으로 하는 것이라고 생각하면 이 구절의 증거는 크게 약화될 것이다. 그러나 미카엘리스(Michaelis)가 잘 간파한 대로, 지독한 아첨꾼이 아니라면 솔로몬에 대해서 그런 선언을 할 수 없었을 것이다. 왜냐하면 이 세상의 어떠한 왕도 영원히 다스릴 수 없을 뿐더러 그의 백성으로 하여금 해와 달이 존재하는 만큼 오랜 기간 동안 하나님을 경외하도록 할 수가 없기 때문이다. 그러나 대부분의 해석자들의 견해를 따라서, 여기서 시편 기자가 그 왕을 향하여 직접 말씀하고 있다고 보는 데는 그만한 이유가 있다.

그로티우스(Grotius)는 그런 언사가 사람에 대해서도 사용될 수 있다는 것을 입증하기 위해서 이것을 오비드(Ovid)의 구절과 비교한다: "아라투스는 해와 달처럼 항상 있을 것이다"(cum sole et luna semper Aratus erit). 그러나 거기서는 다른 사람의 기억 속에서 영원히 살아있을 것을 이야기하는 것이다. 그러나 여기서는 이 절은 물론 7절과 17절을 비교할 때에 반대로 그 자신이 살아있는 그런 분에 대해서 찬양하고 있는 것이다. 이 땅의 왕으로서는 도무지 영구한 통치를 한다는 것이 불가능하며, 따라서 이는 메시야의 필수적인 특징 가운데 하나로 보아야 마땅한 것이다. 이사야 9:5에서는 그를 가리켜 영존하시는 아버지라고 하며, 또한 6절에서는 그가 그의 왕국을 자금 이후 영원토록 보존할 것을 말씀한다.

6절에는 새로이 깎아놓은 초장에 부드럽게 내려서 베어놓은 풀을 촉촉히 적셔주는 비의 이미지(가뭄이 들어 태양이 작열하면 뿌리를 비롯한 모든 것이 말라 죽고 말 것이다)가 나타나는데 이 역시 메시야를 묘사하는 것으로서 아주 탁월한 표현이라 하겠다. 다윗은 그가 지은 마지막 시(삼하 23:4)에서 그 자신에게 주어진 메시야에 관한 약속에 대하여 깊은 감회를 가지고 이야기하면서, 이와 동일한 이미지를 사용해서 그의 통치의 복들을 묘사하는데 이는 분명히 메시야를 두고 하는 말이다. 왜냐하면 다윗은 그의 위대한 자손을 단순히 어느 한 백성의 군주가 아니라 온 인류의 주(主)로서 찬양하고 있기 때문이다.

7절에는 메시야의 통치의 특징적인 표지들인 의와 평강과 끝없는 통치 기간 등이 나타난다. 8절에서는 이 탁월한 군주의 통치가 전 세계로 확대된다. "저가 바다에서부터 바다까지와 강에서부터 땅끝까지 다스리리니." 이는 지상의 신정정치의 경계를 말씀하는 구절들을 강하게 암시하고 있다: "내가 너의 지경을 홍해에서부터 블레셋 바다(지중해)까지, 광야에서부터 하수(유브라데 강)까지 정하고 그 땅의 거민을 네 손에 붙이리니"(출 23:31); "너희의 경계는 곧 광야에서부터 레바논까지와 유브라데 하수라 하는 하수에서 서해(지중해)까지라"(신 11:24). 시편 기자는 이 경계들 가운데 두 가지를 취하고서 그것들과 짝을 이루는 경계 대신에 그보다 더욱 넓은 경계와 짝을 맞춤으로써 결국 경계를 땅끝과 같도록 만들고 있는 것이다.

9절부터 11절까지 사용된 동사들은 메시야 해석이 정확함을 입증하는 강력한 증거를 제공해준다. 첫째로, 전체의 한 부분으로서 몇몇 먼 민족들이 (그들 가운데 어떤 민족은 야만적이며 또 어떤 민족은 부요하며 국력이 강하다) 왕에게 스스로 굴복하여 경배하는 것으로 거명된다. 그 다음으로는 여기에 실례로 언급된 백성들만 그에게 복종할 것으로 생각하지 않도록 하기 위해, "만왕이 그 앞에 부복하며 열방이 다 그를 섬기리로다"라고 덧붙이고 있다. 비메시야적 해석자들은 이 시가 열왕기상 10장에서 성취된다는 것을 입증하려고 한다. 곧, 스바 여왕 등이 솔로몬에게 와서 경배한 것이 이 구절의 성취라는 것이다. 물론 이 시편 기자가 그 장면을 염두에 두었다는 것을 부인하지는 않으나, 그럼에도 불구하고 그 사건이 본문의 예언의 성취는 결코 될 수 없는 것이다. 본문의 내용은 솔로몬에 해당되는 것으로 보기에는 도가 넘친다. 실제로 솔로몬과는 전혀 관계가 없었던 몇몇 백성들이 거명되기도 하며, 모든 제한적인 표현 다음에 언제나 '모든'이라는 말이 따라붙어서 제한성을 완전히 제거하고 있는 것이다.

더욱이 여기서 말씀하는 예물(10절)은 데레저(Dereser)가 잘못 생각했던 것처럼 사람들이 솔로몬에게 바친 그런 우정의 표현이 아니다. 오히려 그 예물들은 복종과 굴복, 그리고 존경의 표시였던 것이다. 이 모든 열방에 대해서 이 왕은 통치를 베풀 것이며, 그들은 그를 가장 깊은 겸손으로 섬길 것이다. 이를 메시야에게 적용시키면 모든 문제가 제거된다. 그렇게 보면, 예물을 가져온다는 것은 충성과 존경을 나타내는 비유적인 표현에 불과한 것이다. 이는 마치 15절에서 구원받은 자들이 구원자에게 감사와 찬양을 돌리는 것을 스바의 금을 그에게 드리는 것으로 비유적으로 표현하고 있는 것과 마찬가지다.

12절 이하에서 묘사되고 있는 것과 같은 왕의 통치 방식은 이 땅의 왕에게는 전혀 어울리지 않으며 오로지 메시야에게만 잘 들어맞는다. 그는 이 땅의 정복자들처럼 그의 팔의 권력으로 승리를 거두지 않는다. 오히려 그의 놀라운 속성을 통해서, 그의 의와 사랑을 통해서 사람들의 마음을 얻고 그들로 하여금 그에게 기꺼이 굴복하게 만드는 것이다.

15절에 관해서는 먼저 올바른 해석을 해야만 한다. 이 구절은 다음과 같이 번역할 수 있다: "그가 살아서 저에게 스바의 금을 드리며 저를 위하여 항상 기도하고 날마다 찬양하리로다." 이 구절의 주어는 시종일관 '궁핍한 자'이며, '살다'는 다른 곳에서 늘상 그렇게 보듯이 '생명을 보존하다'의 의미로 본다. 가장 고귀한 것으로 일컬어지는 스바의 금을 드리는 행위는 구속받은 자가 그들의 구속자에게 드리는 감사와 헌신의 자세를 묘사하는 것이다. 그런데 여기서 이 표현의 비유적 성격을 간과하면 한 가지 문제가 야기된다. 곧, 가난한 자에게 무슨 금이 있어서 그를 구원한 왕에게 금을 드려서 감사를 표할 수 있겠느냐는 것이다. '저를 위하여 기도하며'라는 표현(이는 성실한 신하들이 그들의 왕을 위해서 행하는 도고에서 빌어온 것이므로 이미 비유적 성격을 띤다)은 메시야와 잘 어울린다. 곧, 메시야의 백성들의 감사와 사랑의 마음이 메시야의 영광과 그의 왕국의 계속적인 확장을 위한 기도로 표현되는 것이다.

135. 16절은 다음과 같이 번역할 수 있다: "그 땅에는 곡식이 한 주먹만큼 밖에는 없으나 산꼭대기에는 그 열매가 레바논 같이 흔들리리라." 즉,

이 왕이 통치하기 전에는 곡식이 너무 귀해서 씨앗으로 쓸 곡식이 한 주먹만큼 밖에는 없었으나, 이 적은 것이 복을 받아서 곡식이 가장 없는 산꼭대기에서조차도 추수한 곡식이 마치 저 높은 레바논의 나무가 흔들리듯 바람에 흔들릴 것이라는 뜻이다. 메시야 왕국의 지극히 풍성한 복들이 참으로 멋진 이미지로 묘사되고 있는 것이다. 이 절의 후반부의 "성으로부터 사람들이 땅의 풀처럼 번창하리라"라는 표현에서는 메시야가 세울 하나님의 새 왕국의 번성함이 거대한 인구를 나타내는 은유법으로 묘사되고 있는데, 이는 솔로몬 치세 때의 지상적인 신정정치의 상태에 대한 기록에서 취한 것이다: "유다와 이스라엘의 인구가 바닷가의 모래 같이 많게 되었다"(왕상 4:20).

17절에서 우리는 루터의 번역을 취한다: "그의 이름이 그 후손 가운데서 해와 같이 장구하리로다." 만일 가장 고상한 의미에서 이 예언이 오직 메시야에게서 성취되는 것이라면, 이 절의 후반부는 더욱 더 메시야에게서 성취되는 것이다: "사람들이 그를 통하여 스스로 복받은 자로 여길 것이요, 열방이 다 그를 찬양하리로다." 지상적인 신정정치에 속한 탁월한 지도자에 대해서는 팔레스타인의 좁은 경계 내에서 그저 약간 기억되지만, 이 높으신 왕에 대해서는 온 땅의 모든 백성들이 그의 그칠줄 모르는 은혜로 인하여 끝없는 찬양과 영광을 돌릴 것이다.

4. 시편 110편

136. 논지—이 시편에서는 한 위대한 왕을 찬양한다. 하나님은 그를 높이 올리사 보좌에 함께 앉히셨고, 그의 왕국이 널리 확장되며 무수한 적들이 대적하나 결국 그들 모두가 그의 통치를 받을 것을 약속하셨다. 그의 주위에는 수많은 군사들이 있는데, 그들은 스스로 기쁘게 그를 위하여 헌신하며 거룩한 의복을 입고서 전쟁터로 나아간다. 그는 그저 왕으로서의 위엄만을 누리는 것이 아니라, 하나님의 불변하신 작정에 따라서, 멜기세덱이 과거에 누렸던 것과 같이 제사장으로서의 권위를 함께 누린다. 그리고 그것도 그저 잠깐 동안만이 아니라 영구히 제사장직을 지니는 것이다. 그의 위엄에 굴복하지 않는 자는 아무리 권세가 크다 할지라도 "그의 노하시는 날에 쳐서 파함을

당하리로다.” 그는 지칠줄 모르는 열정으로 그의 왕국을 창대케 하는데 전력을 기울인다.

137. 이 시편에 대한 메시야적 해석의 근거는 구약의 어느 예언의 경우보다도 강력한 것이며, 따라서 이 시편은 앞에서 다룬 세 시편들에 대한 우리의 해석을 확인해준다. 그러므로 이런 유의 시편의 메시야적 성격이 확실해지면 나머지 시편들의 메시야적 성격도 따라서 확실해지는 것이 분명하다. 특히 이 시편과 제2편의 상호 유사성은 너무도 분명히 드러난다. 이 시편에 대한 메시야적 해석의 논거는 다음과 같다.

138. (1) 전통이 증거해줌. 마 22:41-46에서 잘 나타나듯이 그리스도 당시에 메시야적 해석이 주류를 이루었다. 그리스도께서는 이 시편이 메시야를 지칭하는 것을 당연한 것으로 받아들였으며, 바리새인들도 이 점에 대해서 의문을 제기하지 않았다. 만일 당시 이 시편에 대해서 여러 가지 다양한 해석들이 있었다면, 바리새인들은 스스로 궁지에서 빠져나오기 위해서라도 그리스도의 해석에 대해 의문을 제기했었을 것이다. 그리스도께서 오신 직후 그리스도인들이 메시야의 신성을 입증하는 가장 강력한 증거를 이 시편에서 이끌어내자, 유대인들의 논쟁적인 편견들이 자기들이 전통적으로 지지해오던 견해를 압도하게까지 되었던 것이 사실이다. 저스틴 마터(Justin Martyr)와 터툴리안(Tertullian)은 히스기야를 이 시편의 주제로 삼는 해석에 대해서 언급하며, 크리소스톰(Chrysostom)은 이 시편에 대해서 여러 가지 다양한 해석이 있음을 말씀한다. 아브라함에서 스룹바벨, 그리고 유대 민족에 이르기까지 해석이 구구했다. 그러나 시편 자체의 내증의 무게나 전통의 권위를 따라서 많은 과거의 유대인들은 메시야적 해석을 견지했다.

139. (2) 신약에 나타난 증거. 역시 다른 어느 경우보다도 더욱 확실하다. 따라서 그리스도와 사도의 권위를 전적으로 거부하지 않는 모든 해석자들은 다른 본문들에 대해서는 메시야적 해석을 지지하지 않는 경우가 있으나, 이 시편에 대해서만은 모두가 메시야적 해석을 취하고 있다. 그리스도께

서는 다윗이 하나님의 영에 감동하심을 받아 미래를 바라보면서 이 시편을
썼다고 선포하셨고(마 22:44; 막 12:36; 눅 20:42), 이 시편이 분명히 메시
야를 지칭한다고 보시면서, 그 자신의 인간을 초월하는 위엄과 신성(神性)을
인정하지 않는 당시 유대인들의 생각이 잘못된 것임을 바로 이 시편을 통해
서 입증하셨다. 베드로도 성령이 임한 직후의 설교에서 이 시편이 그리스도
를 지칭하는 것임을 말씀했다(행 2:35,36). 이 외에도 많은 증거들이 있다.

140. (3) 그러면, 이제 외적 증언에서 취한 결과가 어느 정도나 내적 증
거에 의해서 확증되는지를 살펴보기로 하자. 첫째, 이 시편이 다윗의 저작임
을 언급하고 있는 표제가 메시야적 해석을 확증해준다. 왜냐하면 만일 다윗
이 저자라면, 그 자신을 포함한 다른 어느 누구도 아닌 오직 메시야만이 이
시편의 주제가 될 수 있기 때문이다. 다윗이 과연 어떤 사람을 향하여 계속
해서 내 주라고 부를 수 있었겠는가? 메시야적 해석은 1절의 "너는 내 우편
에 앉으라"라는 말씀을 통해서도 입증된다. 이 표현은 비유적인 것이다. 세
상의 왕들은 솔로몬이 밧세바에게 행했듯이(왕상 19장) 특별히 존귀하게 여
기는 사람에 대해서 그 오른편에 앉히는 영예를 주었고, 함께 전국을 다스리
는 자를 오른편에 앉혔다. 그래서 살로메는 그리스도께서 지상 왕국을 건설
하실 것을 기대하고서 그의 두 아들 야고보와 요한을 주께서 그의 오른편과
왼편에 앉혀주시기를 구했던 것이다(마 20:21). 그러나 하나님의 오른편에
앉는다는 것이 완전한 신적 위엄을 표현하는 것은 아니다. 그리고 메시야적
해석에 따르면, 신약 전체에서 나타나듯이 이 표현은 그리스도의 신성(그리
스도는 아버지와 동등한 위엄을 지닌다)을 가리키는 것이 아니라, 그의 인성
을 가리키는 것이다. 즉, 그리스도께서 인간으로서 구속 사역을 완수하시고
그에 대한 상급으로 하나님의 다스림에 함께 동참하셨음을 말씀하는 것이다.
그러나 여전히 이런 어투는 하나님의 영광과 통치에 참여하셨음을 암시하고
있다. 이는 결코 이 땅의 왕들에 대한 말씀이 아니다. 그들은 하나님의 종들
로서 하나님의 권위에 의해서 다스리는 자들이요, 결코 하나님과 함께 다스
리는 자들이 아닌 것이다.

141. 메시야적 해석을 반대하는 자들은 3절의 '거룩한 옷을 입고'라는 표현으로 인해서 크게 당황하게 된다. 데 베테는 두 가지 방법을 써서 이같은 난점을 피하려 한다. 첫째로, 그는 군사들이 거룩한 의복을 입은 것처럼 보이는 것은 출정(出征)하기에 앞서서 거행되는 종교 의식과 각종 제사 때문이라고 가정하는 것이다. 그러나 그 스스로가 그런 일이 행해졌다는 증거가 없다고 고백했을 뿐 아니라, 그런 예가 존재했을 가능성이 거의 없다. 전쟁에 나가기 전에 그런 종교 행사들이 행해졌다손치더라도, 그 행사에서 군사들이 거룩한 의복을 입었다고 생각할 수는 없다. 왜냐하면 거룩한 의복은 오직 제사장들만이 입었기 때문이다. 둘째, 데 베테는 이것이 전쟁을 위해서 무기를 갖추는 장면을 그린 것이라고 가정하는데 이는 더욱 더 신빙성이 없다. 그러나 이를 메시야적으로 해석하면 모든 난제가 완전히 사라진다.

메시야적 해석을 취하면, 이 표현은 이 시편에서 묘사하는 싸움과 이 땅의 전쟁과의 차이점을 드러내기 위한 것이 된다. 이 싸움의 지도자는 왕인 동시에 제사장이다. 그러므로 그가 전쟁에 이끌고 나가는 백성들은 바로 제사장의 군대요, 피로 얼룩진 군사의 옷이 아니라 거룩한 옷을 입은 자들이다. 피로 얼룩진 군사의 옷은 메시야께서 나타나실 때에 전쟁의 모든 무기들과 함께 불살라질 것이다(사 9:4). 메시야의 왕국은 그 이전의 신정왕국처럼 인간의 무기들로써 세운 그런 왕국이 아니기 때문이다.

4절이 이 해석에 대해서 강력한 증거를 제공해준다. 거기서 하나님은 이 왕이, 왕직과 제사장직을 동시에 지닌 멜기세덱의 반차를 좇아 영원한 제사장이 될 것이라고 맹세하신다. 이 선언은 모든 것이 이전의 상태와는 완전히 변할 것임을 시사한다. 왜냐하면, 모세의 법에 따르면 옛 언약이 존속하는 동안 제사장직은 오직 레위의 자손에게만 한정된 것이었다. 하나님이 이 규례를 얼마나 확실하게 지켜오셨는가 하는 것은 고라, 다단, 아비람, 또한 성전에서 분향함으로써 제사장직의 권한을 침범했다가 문둥병에 걸려 죽은 웃시야왕 등의 일이 잘 보여준다. 그런데 여기 여호와의 선언이 아주 엄숙하게 이루어지고 있어서('여호와는 맹세하고'라고 하면서 '변치 아니하시리라'라고 덧붙임으로써 의미를 훨씬 강화시키고 있다), 우리는 무언가 기존의 상태와는 확연하게 다른 아주 이례적인 일이 있을 것을 기대하게 되는 것이다.

또한 완전한 의미에서 제사장이었던 멜기세덱과 비교하고 있는 점도 진정한 완전한 제사장직과 기존의 질서와는 완전히 뒤바뀐 질서를 말씀하고 있음을 보여준다. 여기서 왕에게 약속되고 있는 제사장직은 아론의 제사장직과는 확연히 대조를 이루는 것이다. 시편 72편에서와 마찬가지로 여기서도 메시야적 해석이 스가랴 선지자에 의해서 확증되고 있다. 그는 이 시편을 지칭하여 선언하기를, 메시야가 '그의 보좌에 앉은 제사장이 될 것'이며 또한 위엄과 제사장의 위엄을 한 몸에 지니며 그 두 직분의 고귀함과 특별한 성격을 드러내게 될 것이라고 한다(슥 6:12 이하).

142. 5절에서는 왕이 하나님에게만 사용되며 어떠한 피조물에 대해서도 사용된 일이 없는 아도나이(주)라는 이름을 받고 있다. 메시야적 해석을 반대하는 이들은 세 가지 방법으로 이러한 난점을 피하려 한다. 곧, 증거를 확인해보지도 않고 아도나이가 사람에 대해서도 사용될 수 있다고 주장하든지, 혹은 본문을 임의대로 바꾸어버리든지, 아니면 데 베테의 견해처럼 여호와가 아니라 왕에 대해서 이야기하는 것으로 보는 것이다. 그렇게 해서 '당신의 우편에 계신 주'라는 표현을 '주께서 당신의 지지자이시다'의 뜻으로 만들어 버리는 것이다.

그러나 이런 해석은 그릇된 것이다. 그 이유는 다음과 같다: (1) 어떤 이의 우편에 있다는 표현이 그 사람을 지지한다는 뜻을 담고 있다는 것을 부인할 수는 없다. 그러나 여기서는 그런 뜻일 수가 없다. 시편 기자가 그렇게 짧은 시 속에서 한번은 문자적인 뜻으로 그 표현을 사용하고, 또 한번은 비유적인 뜻으로 사용했다고 생각할 수가 없기 때문이다. 이 시편 앞에서는 왕이 여호와의 우편에 있다고 말하고, 여기서는 여호와께서 왕의 우편에 계시다고 말씀하는 것이다. (2) 7절의 "길가의 시냇물을 마시고 인하여 그 머리를 드시리로다"라는 표현이 여호와를 가리키는 것으로 보는 데레저(Dereser)의 해석에 찬동할 사람은 거의 없을 것이다. 데 베테는 여기서 '아주 자연스럽게, 그리고 늘상 그렇게 하듯이 인칭을 바꾸는 일'이 일어났다고 보는데, 이런 견해가 데레저의 해석이 불가함을 잘 보여주고 있다. 그러나 아무리 인칭을 바꾸는 일이 관례적으로 일어난다 해도, 여기서는 그것이 자연스럽게 보이지는 않는다. 왜냐하면 5절과 6절에서 지칠줄 모르는 힘으로 백성들과 그 왕들을 무찌르는 그 동일한 군사가 7절에서는 파죽지세로 그 원수들의 무리의 남은 자들을 쫓는 것이 분명하기 때문이다.

데 베테는 7절이 여호와를 가리키는 것이 아니라고 보는 이유들을 제시하고 있다. 그는 다음과 같이 말한다:

(1) "여기서 왕이 아니라 여호와에 대해서 말씀하고 있다는 것은 앞뒤가 맞지 않는다. 여호와에 대해서는 이미 앞에서 말씀한 바 있다." 그러나 시편 2편과 이 시편에 공통적으로 나타나는 극적인 성격을 고려하면, 구체적으로 어떤 점이 앞뒤가 맞지 않는지를 가려내기가 쉽지 않다. 데 베테는 시편 72:5의 경우에도 왕에 대해서 말씀한다고 주장하는데, 그 시편 전체에서 다른 곳에서는 왕에 대한 언급이 전혀 없으며 언제나 3인칭으로만 말씀하며, 바로 그 앞에 여호와에 대한 직접적인 말씀이 있는데도 그렇게 주장한바 있다. 말씀하는 대상을 바꾸는 일은 너무도 흔히 있기 때문에 예를 들 필요조차 없다.

(2) "그 외에도, 여호와의 우편에 좌정한(즉, 안식의 상태에 있는) 왕이 전쟁을 벌이고 있다는 것은 도무지 생각할 수조차 없다." 이러한 반대는 "네 원수로 네 발등상 되게 하기까지 너는 내 우편에 앉으라"라는 말씀을 오해한 데서 생긴 것이다. 이 말씀의 의미는, 강력한 원수들이 무수히 너를 대적하여 일어나겠지만 나는 너로 나의 통치의 동반자가 되게 할 것이며, 결국 너는 내가 주는 권능으로 그들을 완전히 정복할 것이라는 것이다. 우편에 앉는다는 것이 무활동의 상태를 시사하는 것이 아니라는 점은 7절에서 분명히 드러난다. 7절에서는 왕이 무수한 무리들의 머리에 나타나는데, 데 베테는 이를 다음과 같이 번역한다: "네 백성이 즐거이 너를 따라 싸움에 나가도다." 또한 그는 6절에 대해서(그는 이 절 역시 왕을 가리키는 것으로 본다) 그 자신의 해석과 정면으로 상충되는 발언을 하고 있다: "시인은 자신을 싸움의 현장에 몰입시켜서 그 왕을 전쟁에서 승리한 군사로 아주 생생하게 묘사하고 있다."

(3) "'그 노하시는 날'이라는 표현이 여호와에게 더 잘 맞는다."—이 시편을 이 땅의 왕을 가리키는 것으로 보면 이 발언은 아주 합당하다 할 수 있

다. 그러나 이 시편의 주제가 높이 오르신 여호와의 섭정왕(co-regent) 메시야라면, 이 발언은 아주 그릇된 것이다. 메시야에 대해서는 시편 2:9에서도 "네가 철장으로 저희를 깨뜨림이여 질그릇같이 부수리라"라고 말씀하며, 12절에서는 "그의 진노가 급하심이라 그를 의지하는 자는 다 복이 있도다"라고 한다.

143. 이토록 강력한 이유들을 근거로 해서 기독교 교회는 언제나 메시야적 해석을 견지해온 것이다.

144. 이 해석을 거부하는 자들은, 그리스도와 그의 사도들의 권위나 본문의 내적 증거를 무시하는 그들의 행위를 최소한 비슷한 이유를 통해서 정당화시켜야 마땅할 것이다. 그러나 그들은 그저 지나가면서 힐끗 언급하기를, 이 시편에 묘사된 전쟁의 왕의 이미지는 그리스도와는 어울리는 점이 거의 없다고 한다. 그러나 여기서 우리는 다음과 같이 응답하고자 한다:

(1) 우리는 시편에 묘사된 인물과 그 인물이 묘사하는 존재를 아주 조심스럽게 구분해야 하며, 또한 이 위대한 초인간적인 왕을 묘사하는 특질들이 대개 신정국가의 지상적인 왕의 특질들에서 취한 것이라는 사실도 무시해서는 안된다. 그러므로 "여호와께서 시온에서부터 주의 권능의 홀을 내어 보내시리니"라는 표현을 일상적인 의미로 보면, 너의 통치 때에 하나님이 지금까지 팔레스타인에 국한된 신정국가의 경계를 크게 넓히실 것이라는 뜻이다. 2절에서는 그리스도께서 그의 방백들과 종들을 통해서 세상에 대해서 얻으시는 영적 승리가 대개 그렇듯이 전쟁에서 승리를 거두는 이미지로 묘사되는 것이다. 왕은 무수한 무리들의 앞에 나타나시며, 즐겁게 그의 임무를 다하신다. 그러나 동시에 "거룩한 옷을 입고"라는 말은 이 표현의 비유적 성격을 시사해준다. 4절에서 6절까지는 그 왕이 그의 원수들에게 가하시는 형벌이 이 땅의 정복자가 패한 원수들에게 가하는 처참한 형벌을 통해서 묘사되고 있다.

(2) 그러나, 이 시편의 묘사의 비유적 성격을 제거하고 보더라도 이 왕이 아주 심각한 심판자요 원수에게 보복하는 자로 나타나는 것이 사실이다.

그러나 시편 기자가 취한 관점을 생각하면 그러한 묘사가 그 성취와 불일치되는 점이 전혀 없다는 것을 알게 된다. 여기서 묘사하는 것은 비하(卑下)의 상태에 있는 메시야(Messiah in his humiliation)가 아니라, 영광 가운데 있는 메시야이다. 여기서 시편 기자는 시편 2편과 마찬가지로, 메시야가 그의 사역을 마치고 난 후 하나님에 의해서 높임을 받으셔서 그의 다스림에 참여하며, 그의 원수들을 무찌르는 권능을 부여받은 상태에 있는 그 시기의 상태를 묘사하고 있는 것이다.

145. 이 시편의 저작 시기에 대해서 팜(Palm)과 문팅게(Muntinghe)는 시편 2편과 거의 비슷한 시기에 씌어진 것으로 보는데, 이는 전혀 근거가 없는 것은 아니다. 이 두 시편에서 왕을 대적해서 일어나는 무수한 원수들이 쉽게 무너지고 제거된다. 파레우(Pareau)는 제사장의 위엄과 왕의 위엄을 메시야라는 한 인물에게서 연합시키고 있는 것은 다윗의 때에, 언약궤를 옮겨온 때에(삼하 6:12-19), 곧 다윗 자신이 어느 정도 제사장의 기능을 행했던 그 당시에 되어진 것이 분명하다고 보는데, 이는 사실과 일치하지 않는다. 다윗은 이 당시 그의 메시야적 소망과 예언들의 토대를 확증할 하나님의 약속을 아직 받지 않은 상태에 있었기 때문이다.

B. 고난 당하는 메시야를 묘사하는 시편들

146. 이미 검토한 시편들에서 메시야는 이 땅의 열방들이 복종하는 신적이며 영광스러운 왕으로 나타나며, 또한 옛 언약의 제사장들보다도 훨씬 높고 훨씬 찬란하며, 따라서 백성의 죄를 실질적으로 대속하는 **제사장**으로 묘사되었다. 그러나 지금까지 살펴본 시편들에서는 메시야가 왕으로서 그의 광범위한 통치 영역을 이루는 방법과, 제사장으로서 그의 대속의 사역을 이루는 구체적인 방법에 대해서는 침묵을 지켰다. 저자들은 그를 이미 승귀하여 영광 가운데 높이 계신 분으로 묘사한 것이다.—그러나 또 다른 부류의 시편들에서는 영광에 들어가기 이전에 대속을 위하여 치르신 메시야의 고난들이 예언적 이상의 주요 대상이 되고 있다. 고난 당하는 메시야에 관한 구

약적 관념을 다루는 장에서 좀더 확실히 보게 될 것이므로, 이 점 때문에 놀랄 필요는 없다. 심지어 시편 2, 110편 등에서도 무수한 원수들이 메시야를 대적하는 모습이 그려져 있다. 다윗을 비롯한 구약의 참된 성도들은 사람의 부패와 악독함을 너무도 깊이 경험한 바 있어서 그들 자신의 삶의 고난과 똑같은 것이 메시야의 삶에도 있을 것으로 기대할 수 있었다. 그러므로 그들은 이 문제에 대한 하나님의 계시를 받을 준비가 잘 되어 있었던 것이다.

147. 이 부류에 속하는 시편으로서는 특히 16, 22, 40편을 들 수 있다. 이 시편들의 특징은 그 주제가 메시야이며 또한 메시야 자신이 말씀하는 것으로 나타난다는 점이다. 반면에 앞에서 다룬 시편들의 경우는 3인칭을 써서 메시야에 관해서 진술하는 것이 통례였다. 이 시편들을 메시야를 지칭하는 것으로 보는 해석자들은 두 가지 부류로 나뉘어진다.

148. (1) 다수의 해석자들은 시편 기자가 고난당하는 메시야의 상황과 정서를 자기 자신의 것으로 만들어서 그 스스로 메시야의 입장에서 말씀하는 것이라고 본다. 이런 해석은 그 자체로서는 반대할 것이 없다. 어떤 유의 시든지 사람들을 그런 방식으로 소개하는 것이 너무도 흔하게 나타나고 있을 뿐 아니라, 예언적 시의 경우는 이것이 더욱 자연스럽기까지 하다. 왜냐하면 모든 일이 마치 현존하는 것처럼 나타나는 예언적 이상의 본질 자체가 시의 묘사 내용에 극적인 성격을 부여해주기 때문이다. 예를 들면, 시편 2편에서 시편 기자는 어떤 경우는 자기 자신의 입장에서 말씀하며, 또 어떤 경우는 여호와의 입장에서, 그리고 마지막에는 그 승귀하신 왕의 입장에서 말씀하는데, 그 때마다 말씀하는 것이 누구인지를 확실히 밝히지 않고 그냥 말씀하는 것이다. 또한 시편 110편에서는 여호와께서 말씀하시는 것으로 묘사된다. 선지자들은 때로는 자기 자신의 입장에서, 때로는 여호와의 입장에서 말씀하며, 그리고는 갑자기 다른 주제에 대해서 말씀하기도 하는 것이다.

149. (2) 칼빈과 그로티우스(Grotius) 이후, 어떤 해석자들은 이 시편들이 이중적인 의미를 지니고 있다고 본다. 즉, 문자적이며 낮은 의미에서는

그 시편들의 주제가 저자 자신이며, 또한 그렇게 해석하면 거기에서 말씀하는 모든 것이 자연스럽고도 일관성 있게 의미가 통한다. 그러나 성령께서 저자들의 마음에 역사하셔서 저자들이 진술한 많은 것들이 상징적 의미에서는 그들 자신에게 적용되지만, 문자적이며 완전한 의미에서 메시야의 역사 속에서 성취되었다고 보는 것이다. 그들은 이러한 해석 방법의 근거를 마련키 위해서 구약 전반에 나타나는 전형적인 성격(구약의 인물들과 사건들이 신약의 교회를 희미하게 나타내며 미리 보여주는 것이라는 점)을 들며, 또한 특히 다윗의 고난과 영광이 메시야의 모형이라는 점에 호소한다. 그들은 일상 생활에서 사람이 당시에 스스로 완전히 이해하지 못하는 말을 하는 경우가 자주 있는데, 후에 가서 그 말씀의 중요한 의미가 그에게 밝혀지기도 한다는 사실에 주의를 환기시킨다.

150. 어떻게 해서 이런 해석 방법이 일어나게 되었는지 그 원인들은 쉽게 파악할 수가 있다. 이런 부류의 시편들에는 그리스도의 역사에서만 성취되는 특별한 묘사들이 나타나는 반면에, 메시야보다는 고난당하는 경건한 이스라엘 사람에게 더 잘 어울리는 그런 포괄적인 묘사들이 함께 나타난다. 이런 점 때문에 여러 해석자들은 그 시편들의 처음부터 끝까지 오직 메시야가 말씀한다고 보는 견해를 포기하게 되었다. 그러나 그들은 진리에 대해 관심을 기울이고 있으므로 그 시편들 속에 메시야에 대한 특별한 언급들이 담겨 있다는 점을 부인할 수가 없었고, 또한 신약에 나타난 증거를 철저히 신뢰하므로 합리주의자들처럼 메시야 해석을 전면적으로 거부할 수도 없었다. 그리하여 그들은 중간적인 입장을 찾게 된 것이다.

151. 그러나 이러한 해석법을 거부해야 한다고 특별히 언급할 필요는 없다. 왜냐하면 그런 입장을 취할 수밖에 없도록 만든 여러 가지 난제들이 다른 방법으로 제거되기 때문이다. 다음 두 가지 점들을 고려하면 그런 난제들을 제거할 수가 있다(최소한 필자는 그렇게 믿는다). (1) 비하의 상태 속에 계신 그리스도는 죄를 제외한 모든 점에서 우리와 같으셨다. 우리들처럼 그도 하나님을 신뢰하셨고, 슬피 우셨고, 책망하셨고, 기도하셨다. 그러므로

그리스도에 대해서 말씀한 많은 내용들이 좀더 일반적으로 적용될 수 있는 것이다. (2) 메시야를 화자(話者)로 간주하면 시편 기자의 역할이 완전히 사라져 버린다는 식의 생각을 당연한 것으로 받아들였는데, 이것은 부당한 것이다. 여기서 메시야 자신이 말씀하는 자로 등장하느냐, 아니면 3인칭을 써서 그에 대해서 말씀하느냐 하는 것은 전혀 문제가 되지 않는다. 왜냐하면 시편 기자들은 그들 자신의 의식의 영역을 넘는 데까지 쉽사리 나아가기 때문이다. 고난당하는 메시야가 화자(話者)로 등장하는 시편들의 경우, 시편 기자들은 메시야의 극심한 고난에 대해서 일반적인 인상을 마음에 받을 뿐 아니라, 메시야에게만 독특하게 나타나며, 따라서 다른 사람에게는 해당되지 않는 그런 특별한 특징들을 계시로 받는 것이다.

이런 일반적인 인상을 묘사할 때에는 그들 마음 속에 이미 존재하고 있는 관념들을 바탕으로 삼는다. 영광 가운데 계신 메시야를 묘사할 때에 이 땅의 위대한 왕의 이미지가 그 묘사의 골격을 이루었던 것처럼, 여기서도 그들 자신이나 혹은 다른 사람이 체험한 고통당하는 경건한 사람의 일반적인 이미지가 그들의 마음 속에 떠올라 그것이 고난당하는 메시야에 대한 묘사의 바탕을 이루게 되는 것이다. 또한, 영광 가운데 계신 메시야를 묘사하는 시편의 저자들과 마찬가지로, 이 시편들의 저자들도 그 이미지에 오직 메시야에게만 적용되는 특징들을 붙인다. 이렇게 해서 모든 것이 명확해졌다. 그러므로 우리는 이 시편들의 인간적인 특질들을 무시해버린 옛날의 해석자들처럼 있지도 않은 메시야에 대한 특별한 언급을 찾느라 애를 쓸 필요도 없고, 최근의 해석자들처럼, 내용 자체의 증거로 보나 신약의 명확한 선언을 보나 본문 속에 분명히 존재하는 메시야에 대한 특별한 언급들을 부정할 필요도 없는 것이다.

152. 그러므로 이 두번째 해석법을 정당화시킬 수 있는 필연성은 존재하지 않는다. 오히려 그 반대로 몇 가지 심각한 반대 논증들에 부딪힐 뿐이다. (1) 가장 비중있는 반대 논증은 이 시편들에는, 어떤 의미로 보아도 다윗이나 구약의 그 어떤 다른 경건한 고통당하는 자에게도 적용할 수 없는 그런 특수한 특질들이 나타난다는 점이다. 그러므로 이 해석법은 합리주의자들

의 해석법과 동일한 문제점을 노정시킨다. (2) 게다가 이 해석법은 신약 성경에서 이 시편들을 보는 시각과 도저히 일치하지 않는다. 신약에서는 그 시편들을 오직 메시야에 대한 것으로만 설명하면서 거기에 어떤 이중적인 의미가 있다는 식의 암시를 전혀 하지 않는 것이다. 심지어 신약은 시편 16편의 경우 메시야를 제외한 다른 언급 대상을 분명히 한 마디로 부인하기까지 한다. (3) 시편 16편은(40편과 마찬가지로) 이 해석법이 이런 부류의 모든 시편에 얼마나 맞지 않는지를 잘 보여준다. 만일 이 시편을 메시야에 관한 것으로 보면, 그 내용 전체가 메시야에 관한 것이며, 구약의 다른 고통당하는 성도에 관한 것이 전혀 없는 것이다. 16편에는 그의 부활에 관한 내용이, 그리고 40편에서는 그의 속죄의 죽음이 묘사된다. 그러나 합리주의자들은 16편은 큰 위험에서 구원받는 것만을 말씀하며, 40편은 하나님의 계명에 순종하려는 의지를 말씀하는 것으로 보는데, 이들의 견해를 취하면, 그 모든 내용은 다윗이나 고통당하는 경건한 사람들에게만 적용되며, 결국 메시야에 대해 적용할 이유가 전혀 남지 않게 되고 만다.

1. 시편 16편

153. 논지—이 시편의 내용들은 다음과 같다. 화자(話者)는, 하나님이 그의 하나님이시며, 그의 최고 선(善)이시라는 확신을 근거로 하나님께 도움을 구한다(1, 2절). 그는 여호와를 경배하는 신실한 성도들과 어울리기를 즐겨하나 하나님이 아닌 다른 것에서 행복을 찾는 그런 사람들과는 함께 하기를 피한다(3, 4절). 그는 하나님과의 친밀한 관계로 인해서 스스로 기뻐하며 이러한 복을 얻게 된 사실에 대하여 감사를 표한다. 하나님과의 친밀한 관계야말로 세상의 어떤 좋은 것보다도 더 좋은 것이다(5-7절). 하나님과의 관계를 신뢰하는 그는 결코 마음이 흔들릴 이유가 없다. 오히려 가까운 장래에 죽음을 앞두고 있는 지금에도 그는 여호와께서 영원토록 그를 떠나지 않으시며 죽음을 통해서 그에게 복과 영광의 새로운 생명을 주실 것을 확신하고서 위로와 기쁨을 얻는다(8-11절).

154. 8절 마지막까지 이 시편은 일반적인 성격을 띤다. 이 시편이 메시야를 가리킨다는 것을 부인하는 이들이나 인정하는 이들이나 모두 이 시편의 의미에 대해서는 대체로 의견의 일치를 보고 있다. 그러나 9절에 가서는 해석의 차이가 나타난다. 메시야적 해석은 여기서 메시야가 자신의 부활과 영화(榮化)에 대한 소망을 표현하고 있다고 본다. 그렇다면 10절의 뜻은 다음과 같을 것이다: '주께서 내 영혼을 스올에 버리지 아니하시며, 주의 거룩한 자로 썩음을 당하지 않게 하시리라.'

155. 이 시편을 메시야에 관한 것으로 보는 이유들은 다음과 같다: (1) 지금까지 가장 중요한 증거는 신약에서 나타나는 것이다. 이 본문의 경우와 같은 그런 완전한 증거는 다른 어느 곳에서도 찾아볼 수 없다. 따라서 사도들과 심지어 그리스도 자신에게 임한 하나님의 조명하심의 사실성 여부가 바로 이 시편의 메시야적 성격의 유무에 따라 좌우된다. 하나님은 그들에게 이런 조명하심을 약속하셨으며, 또한 그와 관련한 구약 본문을 해석할 때에 그들은 하나님의 인도하심을 따랐기 때문이다. 베드로는 성령 강림 직후에 행한 설교에서 이 그리스도 시편이 오로지 그리스도에게만 해당되는 것임을 설명하고 있다. 곧, 그는 이 시편이 다윗에 관한 것이 아님을 말씀하면서, 어째서 이 시편이 다윗이 자기 자신에 대해 말씀한 것일 수가 없는지 그 이유들을 제시하고 있다(행 2:25-31).

바울 역시 이 시편을 그리스도에 관한 것으로 볼 뿐 아니라, 이것이 다윗에 관한 내용이라는 견해를 반박하기까지 한다(행 13:35-37). 사도들이 여기서 편의상 그렇게 말하는 것이 아니라는 점은(그런 식의 논리는 증거가 없을 뿐 아니라 사도에게 결코 합당한 것이 아니라는 점을 구태여 밝히지 않더라도), 당시 이 시편을 메시야에 관한 것으로 보는 이해가 아주 이상한 것으로 받아들여졌고, 이를 다윗에 관한 것으로 보는 견해가 팽배해 있었으므로, 사도들이 다윗으로 보는 견해를 반박하고 메시야적 해석의 당위성을 입증할 필요성이 있었다는 사실에서 분명히 드러난다. 사도들이 여기서 선포하고자 했던 것은 시편 기자의 소망이 그리스도에게서 처음 성취되었고 입증되었다는 완전하고도 전포괄적이며 깊이있는 진실 이외에 아무 것도 아니라는

데 베테의 주장은 사도들의 권위를 세우지 못한다. 왜냐하면 합리주의자들의 해석에 의하면 시편 기자의 역사에서 완전히 성취되지 않고 남아있는 요소가 전혀 없으며, 따라서 사도들은 이 다윗에 관한 이 시편에 대한 정확한 문자적 해석을 반대할 이유가 있을 수 없었기 때문이다.

미카엘리스(Michaelis)는 다음과 같이 적절히 논평하고 있다: "이 시편의 문자적 의미에 대한 르 클레르 등의 주장이 올바른 것이라면, 베드로는 다음과 같은 말을 들어 마땅할 것이다: '당신은 솔직담백한 체하면서 무식한 무리들을 기만하는 사기꾼입니다. 당신은 이 시편이 죽은 자들로부터 부활하는 것을 말씀하며 다른 해석은 전혀 합당치 않은 것처럼 말하지만, 사실 이 시편을 문자 그대로 이해하면 이것은 이생의 큰 위험에서 구원받는 것을 가리키는 것뿐입니다. 이 시편의 저자인 다윗은 그런 위험에 빠진 일이 여러 번 있었지 않습니까?'"

메시야적 해석을 변호하는 몇몇 사람들은 또한 사도들의 증언 이외에 그리스도 자신의 증언도 있다고 생각해왔는데, 아주 근거가 없지 않다. 그리스도께서는 부활하신 후 제자들에게 구약에서 그 자신에 관하여 예언한 것들을 설명해주셨으므로, 제자들이 그렇게 중요하게 취급했고 그렇게 강한 확신으로 전혀 의심의 여지가 없이 증언하고 있는 이 본문이야말로 그리스도께서 해석해주신 구약의 여러 본문들 가운데 하나일 것이라고 생각할 수 있는 것이다. 그리고 그리스도의 부활에 대해서는 구약 선지서에서도 예언하고 있으므로, 그리스도께서 가장 자연스럽게 지적했을 본문이 바로 이 시편 말고 무엇이겠는가?

(2) 그러므로, 혹시 우리가 이 시편을 메시야적으로 해석할 때에 내용상 난점들이 일어난다고 믿는다 할지라도, 우리는 그리스도인 해석자로서 신약의 저자들이 실수를 저질렀다고 보기보다는 오히려 우리 자신의 무식을 탓해야 마땅할 것이다. 그러나 메시야적 해석이 난제를 만들어낸다는 것은 결코 사실이 아니다. 메시야적 해석은 결코 언어의 법칙을 위반하면서까지 억지로 끼어맞추는 식의 해석이 아니다. 물론 과거의 해석자들이(특히 미카엘리스가) 메시야 해석에 대한 여러 가지 근거가 불충분한 이유들을 제시했었고, 또한 최근의 해석자들이 이 시편의 메시야적 성격을 제쳐두는데 사용한 방법

론이 언어학적으로 정당화될 수 있다는 점은 인정하여야 한다.

그러나 그럼에도 불구하고, 편견이 없는 비평가들은 누구나 이 시편의 마지막 세 절을 메시야적으로 해석하며, 이 세 절이야말로 메시야에 대한 가장 최초의 가장 자연스러운 언급이며, 또한 교리적 견해들의 영향이 없었더라면 이것이 보편적으로 받아들여졌을 것임을 인정한다는 점도 지적해야 할 것이다. 사실 고대에는 이 세 절 속에 부활에 대한 소망이 아닌 다른 어떤 것이 내포되어 있다는 사실을 아무도 생각하지 않았었던 것으로 나타난다. 바울과 베드로는 이 점을 이미 확정적으로 받아들여진 진실로서 전제하면서 확신을 갖고 말씀하는데, 이는 그들이 청중들에게서 그 본문이 부활이 아니라 큰 위험에서 구원받는 것을 가리킬 뿐이라는 식의 반대 논리가 제기되리라는 예상을 전혀 하지 않았음을 보여준다. 또한 당시 사람들이 '내 육체도 안전히 거하리니'라는 말씀을 썩지 않는 것(incorruptibility)으로 밖에는 설명할 수가 없다고 믿었다는 사실은 이 본문을 근거로 만들어진 유대인의 우화(寓話)를 통해서 잘 입증되고 있다. 그 우화에서 다윗의 육체는 썩지 않았다고 말하고 있다.

156. 또 한 가지 반드시 인정해야 할 것은, 이 메시야 예언의 진정한 의미는 그것이 성취되기 전에는 올바로 이해하기가 어려웠다는 점이다. 이 점은 그리스도 당시에 이 시편이 일반적으로 다윗에 대한 것으로 이해되었다는 사실에서 잘 드러난다. 그렇지만 예언을 주의깊게 연구하는 자들에게는 여전히 이 시편을 올바로 이해할 수 있는 가능성이 열려 있었다. 이사야 53장을 보고서 하나님의 종이 우리를 위하여 죽은 후에 최고의 영광 가운데로 올림을 받게 되며 영원한 생명을 누리게 되리라는 것을 깨달은 사람이나, 혹은 시편 22편을 통해서 메시야가 고난을 받고 영광 가운데 들어간다는 사실을 잘 알게 된 사람이나, 혹은 동시에 시편에 나타나는 화자(話者)가 반드시 그 시편의 주제가 되는 것은 아니라는 점을 간파한 사람은 이 시편에서 다윗이 아니라 메시야가 여기서 화자로 등장해서 그 자신의 부활을 예언하고 있다는 결론에 쉽게 도달할 수 있을 것이다.

또한 구약에 속하는 사람들은 그 누구도 이런 지식을 갖지 못했다는 것을 인정하더라도, 그래도 우리들로서는(예언들이 성취된 사실을 가지고 그 예언들을 훨씬 더 광범위하게 비교해볼 수 있는 처지에 있는 우리들) 구태여 신약의 증거가 없다고 하더라도 메시야적 해석이 최소한 가장 설득력 있는 해석임을 분명히 인정하게 되는 것이다. 이 시편 가운데 시편 기자의 단순한 인간적 지식의 범주를 넘어서는 내용들이 있다는 메시야적 해석의 관점에 대해서 편견을 가질 필요는 없을 것이다. 왜냐하면 베드로가 분명히 밝히기를, 다윗이 여기서 선지자로서(즉, 하나님의 계시를 받아서) 그리스도의 부활을 미리 보았다고 하기 때문이다(행 2:30).

157. 그러면 이제 메시야적 해석을 반대하는 견해들을 반박하기로 한다:

158. (1) "3절에서 화자가 그 땅, 즉 팔레스타인에서 하나님을 경배하는 경건한 자들을 찾는 내용이 나오는데, 이것은 메시야가 아니라 사울의 앞에서 도피하여 블레셋 사람들 가운데 거할 수밖에 없는 처지에 있던 다윗에게 잘 어울린다."—먼저 이 어려운 구절에 대해서 설명하는 것이 좋을 것이다. 과거에는 많은 사람들이 기존의 본문을 해석하다가 절망에 빠지기도 하고 때로는 갖가지 추측을 동원하여 본문을 여러 가지로 수정하기도 했으나, 최근의 해석자들은 이 본문의 순수성을 인정해왔다. 3절에 대한 우리의 해석은 다음과 같다: '나 스스로 땅에 있는 성도들과 고귀한 자들과 함께 하니, 내 모든 기쁨이 저희에게 있도다'(joining myself to the holy ones who are on the earth, and the excellent, all my delight is in them). 얀(Jahn)의 반대 논리는 '땅(earth)에 있는'을 '그 지역(land, 즉, 팔레스타인)에 있는'으로 번역하는 데서 나온 것이다. 그러나 '땅에 있는 성도들,' 또는 '땅의 성도들'이란 표현은 용언법적(冗言法. pleonatic)인 어구로서 그저 '성도들', '거룩한 자들'을 뜻하는 것이다. 그러나 이 단어 자체에 특별한 강조를 두고 있다는 의견을 고집한다면, 그 단어를 사용한 것이 '땅에 있는 성도(거룩한 자)들'을 천사들과 구분하기 위해서 그렇게 한 것이라고 해석해야 마땅하다. '거룩한 자들'이라는 호칭이 천사들을 지칭하는 이름으로

많이 나타나기 때문이다.

159. (2) "4절도 이 시편을 다윗에 관한 것으로 보기를 지지해준다. 거기 나타나는 우상 숭배에 대한 혐오는 메시야에게는 어울리지 않는다. 메시야의 주된 원수는 우상 숭배자들이 아니라 유대인들이었기 때문이다. 그러나 다윗은 이방의 블레셋 사람들 가운데 거하는 동안 우상 숭배에 대한 강력한 유혹을 받았을 것이며, 또한 어쨌든 우상 숭배자들로부터 많은 고통을 받았을 것이므로, 이 본문은 그에게 잘 어울리는 것이다."—그러나, 이 해석을 주장하는 자들의 생각대로 우상 숭배가 사실상 이 절에만 특별히 등장하는 주제라는 것을 인정한다 하더라도, 메시야적 해석을 뒤집을만한 증거가 전혀 나타나지 않는다. 냅(Knapp)의 말처럼 이 절의 화자가 우상 숭배의 유혹을 받았다는 것이나, 얀의 생각처럼 우상숭배자가 화자의 원수였다는 것은 본문 자체에서 추론된 것이 아니다. 오히려 화자는 3절에서 자신이 하나님을 경배하는 경건한 자들과 교제를 나눈다는 점을 말씀했던 것처럼, 여기서는 자신이 우상 숭배자들과는 완전히 분리된 상태에 있음을 선언하고 있는 것으로 보아야 한다. 이렇게 보면, 우상 숭배자들은 참되신 하나님을 멸시하는 당시의 모든 사람들의 대표격으로 언급되었을 것이다. 이는 일부분을 들어서 전체를 나타내는 관용적인 용법(이것의 예는 수를 셀 수 없을 만큼 많다)과도 잘 어울리는 것이다. 그러나 여기서 우상 숭배를 언급하고 있다는 가정은 전적으로 잘못된 해석에 의존한 것일 개연성이 가장 높다. 이 구절은 '다른 (신들)에게 급히 달려가는 자들의 우상들이 많다'가 아니라, '다른 곳으로 급히 달려가는 자들의 고통이 많다'로 번역해야 한다. 다른 곳이 '다른 신들'과 동일한 의미라는 주장(데 베테는 이를 주장한다)은 아무런 근거가 없다. 이 표현은 하나님을 떠나서 우리 자신의 능력이나 다른 피조물이나 혹은 우상 등 다른 것을 신뢰하는 것을 의미한다.

또한 "나는 저희가 드리는 피의 전제를 붓지 아니하리라"라는 말씀에서도 여기서 우상 숭배자에 대해서 말씀하고 있다는 증거를 찾아낼 수가 없다. 가장 탁월한 해석자들은, 이 말씀을 문자적으로 이해해서 포도주 대신 피를 사용하여 전제를 드리거나 또는 포도주와 피를 섞어 드리는 이방 사람들의 관습을 가리키는 것으로 보아서는 안되며, 오히려 비유적인 뜻으로 이해해야 한다는데 의견의 일치를 보고 있다. '피의 전제'—이는 마치 하나님이 자신이 제정하신 대로 포도주로 드리지 않고 피로 드리는 전제를 혐오하시듯이, 하나님이 그만큼 혐오하시는 것들을 뜻한다. 그러나 하나님이 그토록 미워하시는 것은 비단 우상 숭배자들의 예물만이 아니다. 신정국가에 속해 있는 외형적 모습만이 있는 사람들의 예물, 즉 그저 이기적인 동기로 드리며 진정한 하나님을 향한 마음이 없이 드리는 그런 예물을 똑같이 혐오하시는 것이다. 그러므로 이 말씀의 의미는 다음과 같다: '나는 악인의 희생들을 혐오하나니 그것들은 하나님이 싫어하시는 것들이라.' 그러므로 특별히 우상 숭배를 거론하고 있는 흔적을 찾아볼 수 없는 것이다.

160. (3) "10절에 나타나는 '주의 거룩한 자들'이라는 복수형이 메시야적 해석에 합당하지 않다. 사실, 난외주에서는 이것 대신 단수형을 써서 '주의 거룩한 자'로 읽고 있으며, 또한 아주 많은 중요한 사본들이 이를 지지하고 있다. 그러나 본문에 나타난 복수형이 더 뜻이 통하지 않으며 따라서 이를 취하는 것이 본문 선택의 원리에 더 맞는다. 〔필사자가 자기가 갖고 있는 사본에서 뜻이 잘 통하는 표현을 찾고서도 그것을 더 난해한 표현으로 바꾸어 기록하는 예는 없을 것이기 때문이다.〕 그러나, 이를 취하면 이 부분의 주제가 메시야에게만 해당되는 부활이 될 수가 없으며, 오히려 시편 기자 자신뿐 아니라 다른 모든 경건한 자에게까지 해당되는 위험으로부터의 구원을 주제로 보는 것이 합당해진다."—그러나 난외주에 나타나 있는 것이 오히려 진짜 본문인 것이 분명하다. 수많은 사본들과 가장 권위있는 사본들이 단수형을 지지할 뿐 아니라, 이것이 더 시기적으로 이른 증거를 갖고 있다. 단수형은 모든 옛 번역본들에서 나타나며, 사도 베드로와 바울에게서도 확인되고 있다. 그들은 이 시편을 근거로 그리스도의 부활을 증명하면서 자신들이 제시하는 증거가 확실하다는 강한 확신을 갖고서, 결국 본문을 '주의 거룩한 자들'이라고 읽는 예가 당시에 존재하지 않았음을 분명히 보여주고 있다. 만일 본문을 그런 식으로 읽는 예가 당시에 있었다면 그들의 논증은 여지없이 무너지고 말았을 것이다.

그리고 그들의 증거를 듣고도 유대인들이 침묵을 지켰다는 사실도 이 점을 확인해주고 있다. 이러한 사실은 참으로 충격적인 것이어서, 심지어 '거룩한 자들'이라고 읽기를 변호하는 학자들조차도 여기의 복수형이 실제로 단수의 뜻을 가지며 복수의 뜻을 갖지 않는다는 점을 전제한 상태에서 복수형을 지지하는 논리를 펴는 실정이다. 다른 본문의 경우나 이 본문의 경우나 마찬가지로 더 뜻이 통하지 않는 복수형을 취하는 것이 옳다는 식의 논리는 그저 외양적으로만 그럴듯해 보일 뿐이다. 이런 식의 비평 원칙을 주장하면서 비중있는 외적 증거들을 완전히 무시해버리는 것은 지극히 불합리한 것이기 때문이다.

그 외에도, 이 원칙이 권위를 발휘하는 것은 전적으로 주변 상황에 달려 있다. 그러나 여기서는 그 원칙을 적용할 수 없는 정반대의 상황이 나타나고 있다. 복수형은 유대인들에게 크게 환영받았을 것이다. 왜냐하면 그것으로 이 시편의 메시야적 해석을 반박할 수 있으며, 그렇게 되면 사도들의 논증 때문에 그렇게 당황하지 않아도 되었을 것이기 때문이다. 만일 복수형이 애초에 우연히 본문에 끼어들게 되었거나(그런 일은 쉽게 일어날 수 있다) 아니면 그리스도인들의 논리에 대항하기 위한 열심으로 아예 본문을 그렇게 바꾸어서 읽게 되었다면, 후대의 필사자들은 당연히 유대인들이 지지하는 견해를 따라서 본문을 읽었을 것이다. 그럼에도 불구하고 그런 식으로 읽은 경우가 상대적으로 아주 적은 것은 외적 증거가 단수형을 지지하는 쪽으로 압도적으로 기울어 있기 때문에 그렇게 된 것이다.

161. (6) "이 시편은 56, 57, 59편과 스타일이나 표현이나 정서가 아주 일치하는데(이 시편들은 똑같이 서두에 믹담이라는 표제를 달고 있으며, 내증 및 외증으로 볼 때에 다윗이 사울에게 쫓겨다니는 동안 기록된 것으로 나타난다), 이 사실로 볼 때에 반드시 이 시편을 다윗에 관한 것으로 또한 그의 생애 중 동일한 상황을 반영하는 것으로 볼 수밖에 없다."—그러나 데 베테마저도 여기서 주장하는 그런 유사점을 발견할 수가 없다고 진술하고 있음을 주목해야 한다. 사실 누구나 이 시편들을 조심스럽게 비교해보면 그의 진술에 전적으로 동의하게 될 것이다. 그러나 만일 유사성이 발견된다 해도 그

것은 그리 큰 일이 아니다. 우리가 서론적으로 살펴본 바에 따르면, 유사성이 있다 해도 그것이 메시야에 관한 것이라는 사실을 부정하는 구실이 되지는 못한다.

162. (7) "이 해석은 메시야에 대한 유대인의 모든 관념과 모순을 일으킨다. 그들은 메시야를 영웅으로, 정복자로, 용맹스런 왕으로 기대하며, 그들은 고난 당하는 메시야에 대해서는 전혀 아는 바가 없다."—이러한 반대 논리에 대한 반박은 구약에 나타난 고난 당하는 메시야를 다루는 장을 참조하면 될 것이다.

163. (8) "유대인들은 포코케(Pococke)가 인용한 마이모니데스(Maimonides)의 한 구절에 나타나는 것 같은 그런 메시야의 부활을 전혀 기대하지 않았다."—이는 로젠뮐러의 주장이다. 그러나 혹시 이 주장이 옳다 해도 그것이 메시야 해석을 반대하는 증거를 제시해주지는 못한다. 왜냐하면 유대인들이 반대한다고 해서 그들이 반대하는 특정한 교의가 구약에 전혀 나타나지 않는다고 보는 추론은 성립이 되지 않기 때문이다. 유대인들은 부활의 성취를 접하지 못했을 뿐 아니라 여러 가지 편견들로 눈이 가리워진 상태에 있었으므로, 구약에서 부활 교의를 보지 못했던 것이다. 그러나 위의 주장은 전적으로 잘못된 것이다. 철학자 마이모니데스의 별로 중요치 않은 증언보다도 쇠트겐(Schöttgen)이 소하르(Sohar)와 탈무드(Talmud), 그리고 얄쿳 쉬모니(Jalkut Shimoni)에서 취한 구절들이 훨씬 더 가치가 있는 것이다.

2. 시편 22편

164. 논지—이 시편은 1-21절과 22-31절의 두 부분으로 구성되어 있다. 하나님을 경배하는 자가 극심한 괴로움 가운데서 하나님께 자신의 고통을 탄원한다. 그는 하나님께서 그의 경건한 열조들을 그들의 어려움 가운데서 언제나 구원해주셨었으므로, 만일 하나님께서 그가 모든 백성에게 경멸을

당하며 원수들에게서 통렬한 조롱과 멸시를 받는 엄청난 고통을 당하고 있는 이 때에 그를 그냥 내버려두신다면, 하나님의 역사하심에 일관성이 없다는 점을 상기시킨다(1-7절). 그는 그가 날 때부터 그토록 부드러운 사랑으로 그를 보호해주신 하나님께 이제 그를 버리지 마시기를 기도한다(8-11절). 그러나 비참한 감정이 아직 너무도 강해서 도저히 극복할 수가 없을 지경이다. 그의 기도를 들으셨다는 내적인 확신으로도 아직 위로를 얻지 못하는 것이다. 그리하여 그는 자신의 감정을 토로하며 여전히 심화되는 자신의 비참한 상태를 생각하며 비통해한다. 그는 피에 굶주린 수많은 대적들에게 에워싸여 있다. 극도의 고통으로 인해서 그는 완전히 기력을 잃어버렸고 목이 말라서 고통스러워 한다. 원수들이 그의 손과 발을 찔렀고, 온 몸이 고통 가운데 헤매고 있다. 그가 괴로워 하는 광경을 바라보면서 악의에 가득찬 원수들은 기뻐 어쩔 줄을 모른다. 그들은 그의 옷을 나누어 가지며 그의 속옷을 제비를 뽑아 나눈다(12-18절). 이런 탄원들이 반복되고난 다음 그의 기도가 반복되며, 하나님께서 그의 기도를 들으시리라는 확신이 뒤따른다 (19-21절).

165. 후반부에서 화자는 약속받은 구원에 대해서, 그리고 그의 구원으로 인하여 나타나는 결과들에 대해 감사를 드린다. 그는 괴로움에서 벗어나서 하나님의 선하심을 찬양하며 이스라엘 사람들에게 하나님을 찬양하며 그를 신뢰하라고 권면한다(22-24절). 더욱 중요한 것은 그가 자신의 서원에 따라서 여호와께 희생을 드리는 잔치를 벌일 것이라는 점이다. 이 잔치는 전혀 새로운 것이 될 것이다. 그저 가난한 자들이 거기에 참여하는 것으로 그치지 않고, 풍요를 누리는 부자들도 가장 가난한 자들과 함께 그 잔치에 초대될 것이다. 부자들이 보기에 지나치게 초라하지 않는 잔치가 될 것이며, 그렇다고 해서 지극히 가난한 자들이 그 비참한 처지로 인해서 잔치에서 제외되지도 않을 것이다. 그리고 하나님을 믿는 이스라엘 백성들이 무수히 이 잔치에 참여할 것은 물론, 그 경건한 예배자가 구원받는 일을 계기로 이방 사람들이 땅의 이 끝에서 저 끝까지 하나님께 돌아와서 그 잔치에 참여할 것이다. 그로부터 그 예배자는 온 세상에서 주(主)로, 또한 왕으로 인정받게 될 것이다. 이 잔치에서 주어지는 양식은 잠시 있다가 썩어버려서 그저 순간적으로

감사를 느끼고 마는 그런 것이 아니다. 그것은 신령하며 영구한 양식이다 (25-29절). 이 기억에 남을 잔치의 결과는 그저 그 당시에만 국한되지 않는다. 전에는 이스라엘만이 여호와의 백성이었으나, 그 때로부터 여호와께 자신을 구별하여 드린 이방 백성들이 그의 백성 가운데 계수될 것이다. 그의 종을 구원하신 하나님의 긍휼하심을 자손 대대로 기쁨이 넘치는 감사함으로 찬양할 것이다(30-31절).

166. 해석자들은 이 시편에 대해서 세 가지 다른 견해들을 취하고 있다. (1) 현대 유대인들과 합리주의자들의 견해. 이들은 메시야적 해석에 대해서 반대한다는 점에 대해서만 서로 의견의 일치를 보고 있으며, 그 외의 문제에 대해서는 서로 간에 상당한 이견들이 있다. 이들 가운데 많은 사람들은 서두에서 다윗이 저자로 거명된다는 사실에 근거해서 이 시편을 다윗에 관한 것으로 본다. 그러나 이 시편이 다윗의 생애 가운데 어느 시기의 상황을 묘사하는 것이냐 하는 문제에 대해서는 의견이 상당히 분분하다. 어떤 이들은 이 시편이 사울의 박해를 받을 당시를 묘사한다고 보며, 어떤 이들은 다윗이 압살롬에게서 쫓겨다닐 때를 가리킨다고 주장하며, 또 어떤 이들은 아람과의 전쟁 당시를 묘사한다고 믿기도 한다. 그러나, 이 부류에 속하는 해석자 가운데는 이 시편이 다윗의 생애의 어떤 부분과도 어울리는 점이 없다고 보고 유대 역사상 다른 인물을 찾으려는 사람도 있다(얀은 이 시편을 히스기야에 관한 것으로 본다). 그리고 마지막으로, 어떤 이들은 이 시편을 메시야 이외에 다른 어떠한 역사적 인물에 관한 것으로도 보기가 어렵다는 점을 인정하면서, 이 시편이 어떤 상황을 의인화시켜서 묘사한 것이라고 추정하기도 한다.

167. (2) 두번째 부류의 해석자들은 이 시편 가운데 오직 다윗만을 가리키는 것들이 많이 있으며 동시에 오직 그리스도에게만 해당되는 부분이 있다고 생각한다. 그들은 이 두 가지 면을 다음과 같은 가정을 통해서 조화시키고 있다: 다윗 자신이 고통을 당한 사람으로서 사울에게서 박해를 받을 무렵, 혹은 압살롬이 반역을 일으켰을 무렵에 이 시편을 썼다. 그러나 성령의

인도하심으로 말미암아 그는, 보다 저급한 의미에서 혹은 비유적 의미에서는 그 자신에게 적용되지만 문자적인 완전한 의미에서 메시야의 역사를 통해서 성취될 그런 많은 사실들을 기록했다.

168. (3) 마지막으로, 지금까지 가장 많은 수의 해석자들은 오직 메시야가 이 시편의 주제라고 본다. 이 해석은 과거 유대인들 가운데 일부가 취했었고, 기독교 교회에서 언제나 가장 주류를 이루어온 해석이라 하겠다.

169. 여러 증거의 무게로 볼 때에 우리는 마지막 해석을 취할 수밖에 없다. 이 해석의 주요 근거들은 다음과 같다:

170. (1) 전통의 증거가 이를 지지한다. 데 베테는 유대인들이 한번도 이 시편을 고난 당하는 메시야에 관한 것으로 이해한 일이 없다고 주장한다. 그러나 그의 주장이 사실무근이라는 점은 미카엘리스와 쇠트겐이 유대인 저작자들의 저작에서 이끌어낸 명백한 증언을 통해서 충분히 입증될 수 있다. 이러한 증언들이 더 결정적인 해결점을 준다. 왜냐하면 유대인들은 스스로 고난당하는 메시야의 개념을 반대하기도 하며, 또한 메시야적 해석을 따를 경우 그것이 예수 그리스도의 역사와 아주 일치하므로 그것으로 인해서 그들이 당황하게 되기 때문에, 이 시편을 다른 방식으로 해명하는데 혈안이 되어 있었을 것이 분명하기 때문이다. 그러므로, 이 해석이 유대인들에게서 전적으로 완전히 거부되지 않았던 이유는 유대인의 교리적 관심사가 전통의 권위에 눌려버렸다고 추정하는 것 이외에 다른 것으로는 설명이 되지 않는다.

171. (2) 그 다음으로 신약의 증거가 이 해석을 지지한다. 그리스도께서 십자가 상에서 이 시편의 첫머리를 말씀하셨다는 것은 그 자체로서는 결정적인 증거가 되지 못한다. 왜냐하면 그리스도께서 그저 자신의 처지를 그 말씀에 빗대어 말씀하신 것일 수도 있기 때문이다. 그러나 이 증거에 대해서 주의를 기울일 만한 가치는 있다. 그러나 요 19:24와 히 2:11,12에 나타난 인용문이 그저 넌지시 빗대어 말씀한 것밖에 아니라고 보는 견해가 있는데,

이 견해만큼 부자연스러운 것도 없을 것이다.

172. (3) 지금까지 제시된 것 가운데 가장 결정적인 증거는 이 시편 자체에서 이끌어낸 것이다. 여기에는 다윗의 역사나 혹은 메시야를 제외한 다른 어떤 인물의 역사에서 도무지 찾아볼 수 없는 특질들이 무수히 나타난다. 구체적인 사항들에 대해서 다루기 전에 여기서는 먼저 일반적인 점을 말씀하는 것이 좋을 것이다. 후프나겔(Hufnagel)과 로젠뮐러 등 메시야적 해석을 반대하는 자들은, 서로 연관이 잘 되지 않으면서 메시야에게만 잘 어울리는 특질들을 고려함으로써 문제를 쉽게 만들고자 했다. 그러나 그 특질들이 서로 잘 연결되지 않는다는 점이 여기서 특별히 중요하다. 왜냐하면 예수님의 역사에 문자적으로 그렇게 잘 들어맞는 모든 상황들이 다른 사람의 생애에도 똑같이 정확하게 들어맞을 수 있다고 보는 것은 교리적 편견을 갖지 않고는 도무지 생각할 수가 없는 일이기 때문이다. 손과 발을 찌른 사실 등 그 자체로서는 그리스도에게만 독특한 것이 아니라 가끔씩 다른 사람에게서도 반복되어 일어날 수 있는 그런 사실들이 의미를 지니는 것은 바로 이 때문이다.

여기서 메시야의 주된 특질들을 제시해보기로 하자. 7절에서는 "나를 보는 자는 다 비웃으며 입술을 비쭉이고 머리를 흔들며 말한다"고 기록하고 있다. 그런데 마태복음에는 "지나가는 자들은 자기 머리를 흔들며 예수를 모욕하여"라고 기록되어 있다(27:39). 8절에서는 조롱하는 자들이 말하기를 "저가 여호와께 의탁하니 구원하실 걸 저를 기뻐하시니 건지실 걸 한다"고 하는데, 마태복음에서는 그들이 "저가 하나님을 신뢰하니 하나님이 저를 기뻐하시면 이제 구원하실지라"고 말한 것으로 되어 있다(27:43). 이 두 구절들이 이렇게 문자적으로 서로 일치하는 것이 우연이라고 말할 수는 없다. 미카엘리스는 다음과 같이 아주 적절한 논평을 하고 있다: "이들〔조롱하는 자들〕은 이 시편의 성격을 잘 알지 못하면서 그 시편의 구절들을 인용하여 말하고 있는데(성경을 아주 잘 아는 사람들이 습관적으로 그렇게 하듯이), 이는 이 시편의 언어가 그들의 정서와 일치하기 때문이었다. 그런데 그들이 몸소 이 시편의 예언들을 성취시키고 있으니 얼마나 불행한 일인가."

그러나 그리스도를 능욕한 그 사람들이 이 시편과는 전혀 상관이 없이 그런 말을 했다고 생각하더라도, 그들의 말이 이 시편과 일치한다는 사실의 놀라움이 감소되지 않을 것이다. 또한 분명한 사실은 그 사람들이 뱉어낸 많은 말들 가운데 마태가 유독 이 말들을 선택하여 기록하고 있는 것은 예언과 그 성취가 그렇게 잘 들어맞는다는 사실을 지적하기 위함이었다는 점이다. 또한 마태가 나머지 주변 상황을 기록하면서도 독자들로 하여금 구약의 가장 놀라운 예언들이 그리스도의 고난 사건을 통해서 완전히 성취되었다는 확신을 갖도록 그런 의도로 본문을 기록했다는 점도 의심의 여지가 없다. 그러므로 이 시편에서 인용한 분명한 구절들이 그저 넌지시 빗대어 말한 것에 지나지 않는다는 주장이 더욱 그릇된 것이라는 것이 이로써 입증되는 것이다.

14, 15절에는 다음과 같이 기록되어 있다: "나는 물같이 쏟아졌으며 내 모든 뼈는 어그러졌으며 내 마음은 촛밀 같아서 내 속에서 녹았으며 내 힘이 말라 질그릇 조각 같고 내 혀가 잇틀에 붙었나이다 주께서 또 나를 사망의 진토에 두셨나이다." 이 말씀들은 말로 표현할 수 없는 그리스도의 십자가의 고뇌와 고통을 통해서 문자 그대로 성취되었다. 극심한 갈증이 있는 상태를 묘사하고 있는 "내 혀가 잇틀에 붙었나이다"라는 표현은 요한의 다음과 같은 명확한 언급으로 정확히 성취되고 있다: "예수께서 … 성경으로 응하게 하려 하사 가라사대 내가 목마르다 하시니."

그러나 가장 두드러지는 점은, 언어학적으로 충분한 논증을 통해서 입증되는 것은 16절의 "악한 무리가 나를 둘러 내 수족을 찔렀나이다"라는 어구뿐이라는 점이다. 그러나 이 말씀은 메시야 이외의 다른 인물(물론 다윗도 포함해서)을 가리킬 수가 없다. 왜냐하면 게제니우스(Gesenius)의 말처럼 "사람들이 원수의 몸을 찌르는 예는 있었으나 그 수족을 찌르는 일은 없었기 때문이다." 이 어구는 오로지 그리스도를 가리키는 것이다. 그는 손과 발에 못이 박혀 십자가에 달리는 고통을 당하신 것이다.

173. 그러나 여기에 또 하나의 난제가 있다. 교회는 가장 초기부터 그리스도께서 손에 못이 박히셨을 뿐 아니라 발도 못이 박혀서 십자가에 달리셨다는 것을 의심의 여지가 없는 사실로 받아들여왔는데, 파울루스(Paulus)

가 다테(Dathe)의 예를 들면서 사실은 그렇지 않았었다고 주장하려 한 것이다. 그 이후 로젠밀러, 쿠이뇔(Kuinöl), 프리체(Fritsche) 등은 그의 논리를 검증할 생각도 하지 않고 그의 주장을 그대로 수용하였다. 그러나 이들의 주장은 쉽게 반박할 수 있는 것으로서, 이들이 너무도 분명하게 성취된 이 시편의 메시야 예언의 성격을 제거하고자 하는 의도와 교리적인 편견을 갖고 있었음을 드러내 보여주는 것이다. 여기서 그들의 주장을 완전하게 검토할 수는 없고, 다만 그 주장을 반박할 수 있는 정도만 간단히 언급하고자 한다. 첫째로, 발은 못박히지 않았다는 주장은 일고의 가치도 없는 것임을 알게 된다. 왜냐하면 발을 줄로 묶었다고 기록한 구절은 실제로 아무 것도 입증하지 못하기 때문이다. 손도 함께 묶였으나 그 상태에서 다시 못이 박혔던 것이다. 오히려 반대로 발에 못을 박는 일이 실제로 있었음을 가장 확실한 역사적 증언이 입증해주고 있다.

174. 그러므로 그리스도께서 십자가 형을 당하시면서 손은 물론 발도 못이 박혔다는 것이 분명해졌다. 이 사실은 그리스도의 발에 못이 박힌 사실을 언급하는 교부들의 수많은 문헌에서 발에 못을 박는 것을 이례적으로 언급하지 않고 언제나 십자가형의 필수적인 절차로 말하고 있다는 점에서도 확증된다. 혹시 십자가 형벌에서 발에 못을 박는 것이 보통이라는 점이 입증 불가능한 사실이라 할지라도, 그리스도께서 십자가에 달리실 때에는 발에 못이 박혔다는 다른 증거가 있다. 교부들 가운데 저스틴은, "그들은 그리스도를 십자가에 매어달면서 그의 손과 발을 못으로 찔러 박았다"라고 말하고 있다. 그러나 여기서는 그들의 증언은 다루지 않기로 한다. 왜냐하면 그들의 증언은 그럴듯한 논리로 반박되기 십상이기 때문이다. 파울루스는 실제로 이 시편을 그리스도의 십자가 형벌 사건과 연관지음으로써 그리스도께서 발에 못이 박혔다는 생각이 일어나게 되었다고 보고 있다.

우리가 제시하려는 것은 눅 24:39의 증거이다: "내 손과 발을 보고 나인줄 알라." 파울루스는 이 증언을 아주 교묘하게 피해간다. 그러나 그의 논지는 결코 만족스러운 것이 못된다. 그는 그리스도께서 제자들에게 자신의 손과 발을 보여주신 것이 그곳에 못자국이 있기 때문이 아니라, 다만 그 자신의 몸을 적나라하게 보여주심으로써 그가 살과 뼈를 소유하고 있음을 볼 수 있도록 제자들에게 기회를 주려 하신 것이라고 해명한다.

그러나 요한복음 20:27에서는 그리스도께서 도마에게 자신의 손과 옆구리의 상처를 보여주심으로써 자신이 십자가에 달리신 그리스도이심을 증명해 보이셨다. 누가복음의 구절도 제자들이 먼저 그의 손과 발에 있는 상처를 보고서 그가 과연 십자가에 달리신 주님이신 것을 알았고, 그리고 나서 그곳들을 만져보고서 그가 유령이 아니라 육체를 가지신 분이심을 깨닫게 되었다는 것을 보여주고 있는 것이다.

파울루스는 또한 요한복음에서는 그리스도께서 그의 손과 옆구리를 보여주셨다고 했고 발을 보여주셨다는 언급은 없다고 하며 반대 논리를 편다. 그러나 그의 논리를 그대로 따른다면 눅 24:39에서 주님께서는 그의 손과 발의 상처를 보여주셨다고 하셨으니 그의 옆구리의 상처는 전혀 존재하지 않았던 것으로 보아야 마땅할 것이다. 사실은 그리스도께서 자신이 원하시는 대로 지적하신 것뿐이다. 어떤 때에는 이 곳의 상처를 보여주셨고, 또 어떤 때에는 저 곳의 상처를 보여주셔서 자신을 증명해보이신 것이다. 한번에 그 모든 상처를 한꺼번에 다 보여주고 지적했으리라고 보는 것은 정말로 얄팍한 논리일 뿐이다.

쿠이닐 등은 이 구절의 강력한 증언을 다른 방식으로 피해가려 한다. 그들은 주장하기를, 그리스도께서는 십자가에 달리실 때에 받은 상처가 손과 발에 나 있어서 그것들을 보여주려 하셨다고 한다. 그러나 발에 난 상처는 못에 박힌 상처가 아니라 발을 묶은 끈 때문에 난 상처라는 것이다. 그러나 그렇다면 옆구리에 난 상처가 그리스도 자신을 증명할 수 있는 훨씬 더 강력한 증거가 될 터인데 어째서 주님께서는 그 상처를 더 자주 말씀하지 않으셨을까 하는 의문을 풀 길이 없어진다. 발에 남은, 끈으로 묶은 상처로는 주님의 정체를 분명히 증명할 수가 없었던 것이다.

175. 이처럼 온갖 반대 논리들이 만들어지고 제시되었지만, 16절이 그리스도의 십자가의 죽으심을 가리키는 것이라는 것이 이상의 논증을 통해서 충분히 확인되었을 것이다. 후프나겔과 그 이후의 로젠뮐러 등은 시편 기자

가 만일 그리스도의 십자가의 고난을 예언하려는 의도를 갖고 있었다면 이보다 훨씬 상세하고 정확하게 묘사했을 것이라는 식의 이상한 반대 논리를 펴지만, 그런 논리는 답변할 가치도 없는 것들이다. 왜냐하면 최소한 이 시편의 묘사에는 메시야가 아닌 다른 사람이 당한 고난과는 완전히 일치하지 않는 그런 독특한 요소들—14,15,17절을 보라—이 있기 때문이며, 또한 예언이 역사와 같은 수준으로 명확하며 정황묘사가 확실해야 한다고 하는 것도 터무니없는 주장이기 때문이다.

176. 그러면 이제는 그리스도를 이 시편의 주제로 지적해주는 그런 독특한 요소들에 대해서 주목하는 목적이 어디에 있는가를 생각하기로 하자. 18절에서는, "내 겉옷을 나누며 속옷을 제비뽑나이다"라고 말씀한다. 그런데 요 19:23-23에서는 다음과 같이 진술한다: "군병들이 예수를 십자가에 못박고 그의 옷을 취하여 네 깃에 나눠 각각 한 깃씩 얻고 속옷도 취하니 이 속옷은 호지 아니하고 위에서부터 통으로 짠 것이라. 군병들이 서로 말하되 이것을 찢지 말고 누가 얻나 제비뽑자 하니 이는 성경에 저희가 내 옷을 나누고 내 옷을 제비뽑나이다 한 것을 응하게 하려 함이러라. 군병들은 이런 일을 하고."
로젠뮐러와 얀은 시편의 말씀은 단순히 목적만을 시사하는 것이라고 본다. 마치 시편 기자의 말씀이 '저희가 나의 파멸에 대해 이미 확신하고 있어서 저희가 나의 옷을 저희들끼리 나눌 방법을 정한다'는 뜻인 것처럼 보는 것이다. 이런 견해는 이 구절의 내용을 문자적으로 볼 경우 다윗의 생애에서 이 구절의 내용과 일치하는 점을 찾기가 어렵기 때문에 생겨난 것임이 분명하다. 그러나, 이런 점을 인정할 수 있다 하더라도, 그리스도의 역사에서 문자적으로 성취되는 여러 가지 요소들과 이 시편의 내용을 연관지어보면 그 견해가 그릇된 것임이 명백한 것이다.

177. 이제 이 시편의 후반부를 다룰 차례가 되었다. 이 가운데 25절부터 29절까지의 부분에 대해서는 메시야적 해석이 강한 지지를 받고 있다. 여기서는 **비유적인 묘사법**이 사용되고 있다. 유대인들은 큰 어려움이 있을 때

에 서원을 행하는 것이 관습처럼 되어 있고, 그리고 서원을 행할 때에는 주로 감사제를 함께 드렸다. 이 제물 가운데 기름 부위는 제단에서 불살랐고, 나머지 가운데 제사장에게 드릴 부위를 잘라낸 다음, 남은 부분을 의식적인 식사를 통해서 나누어 먹었는데, 그 때에 제물을 드리는 자는 우거하는 자나 과부나 고아 혹은 가난한 자들을 초대해서 함께 먹으면서 그들에게도 번영과 기쁨을 함께 나누도록 했다. 그러므로 여기서 고난 당하는 자의 구원을 통해서 다른 이들에게까지 흘러가는 것으로 묘사된 복들은 그 고난 당하는 자가 준비한 큰 의식적 잔치의 이미지를 통해서 그려지고 있는데, 그 잔치에는 경건한 이스라엘 사람이 참석하는 것은 물론 참되신 하나님께로 회심하여 돌아온 모든 이방인들까지도 땅끝에서부터 참석하게 될 것으로 묘사되고 있다. 이 모든 것이 메시야와 관련된 것이라는 것은 분명하다.

구약에서 이방인들의 회심에 대한 소망은 언제나 메시야의 시대와 연관되며 또한 메시야 시대의 독특한 특징의 하나로 나타나는 것이다. 이 구절과 아주 유사한 것으로 이사야 42, 49, 53장을 들 수 있는데, 거기서 선지자는 하나님의 종을 이방인들을 회심시키고 그들에게 복을 주는 자로 묘사한다. "나라는 여호와의 것이요 여호와는 열방의 주재심이로다"(28절)는 말씀과 정확히 일치하는 말씀들이 예언서들의 메시야 예언들 가운데 나타난다. 오바댜는 "나라가 여호와께 속하리라"고 말씀하며(21절), 스가랴는 "여호와께서 천하의 왕이 되시리니 그 날에는 여호와께서 홀로 하나이실 것이요 그 이름이 홀로 하나이실 것이라"고 말씀하고 있다(14:9).

27절은 족장에게 하신 약속을 기억하게 하며 그 약속이 성취되었음을 선언하는 것이다. 이 구절에 대해서 메시야적 해석을 거부하는 자들은 큰 난제에 부딪힌다. 그들 가운데 멘델스존과 후프나겔 등은 25절부터 29절까지의 미래형 동사들을 전부 기원의 의미를 지니는 것으로 이해하여 난제를 피하려 한다. 그러나 이에 대하여 헹슬러가 이미 잘 반박하고 있듯이, 여기서 화자가 그저 자신의 소망을 말하고 있다손 치더라도 아무 것도 얻을 것이 없다. 왜냐하면 아무런 가망성도 없고 전혀 불가능한 일을 소망할 사람은 아무도 없기 때문이다.

178. 지금까지 이 시편이 메시야에 관한 것임을 입증하는 여러 가지 논리를 전개했거니와, 이제는 여러 가지로 제시된 비메시야적 해석들이 각기 어째서 합당치 않은지를 살펴보고자 한다. 다윗을 이 시편의 주제로 제시하는 해석에 대해서는 다음과 같이 응답할 수 있다: (1) 다윗은 이 시편에 묘사된 것과 같은 그런 고난을 당한 일이 없다. 파울루스가 이 시편의 배경이라고 지목한 아람과의 전쟁에서 다윗은 시종일관 승리를 거두었다. 또한 압살롬의 반역 당시는 거의 개연성이 없다. 이 시편에서는 고난 당하는 당사자가 홀로 모든 사람들로부터 멸시를 당하며 돕는 자들에게서 완전히 버림을 당하며 피에 굶주린 원수들의 폭력 앞에 완전히 자신을 포기하며 죽기까지 한다. 그러나 압살롬의 반역 당시 다윗에게는 수많은 용감한 군사들이 있었고 생명의 위협을 받지는 않았다. 사울에게 핍박을 당할 때에도 다윗은 여기에 묘사된 정도의 극심한 고난과 위험에 처하지는 않았었다.

(2) 고난에 대한 이러한 묘사 가운데 많은 부분이 다윗과 일치하지 않을 뿐 아니라, 여러 가지 구체적인 묘사들 가운데 다윗이 고난 당하던 그 시대나 그 사건을 시사해주는 내용이 전혀 없다. "정황 묘사가 이보다 덜 나타나는 다른 시편들의 경우에는 그것들이 사울에게서 피할 때에 씌어진 것인지 혹은 압살롬에게서 피할 때에 씌어진 것인지를 구분할 수가 있는 경우가 많다. 그러나 이 시편의 경우는 구체적인 묘사들이 풍부하게 나타나는데도 그 가운데서 다윗의 고난의 역사와 연결시킬 만한 것이 단 하나도 없다"(미카엘리스).

(3) 다윗의 고난은 동족에게서 당한 고난이었다. 그러므로 구원에 대한 기억도 팔레스타인 경내에 국한되었을 것이 분명하다. 그런데 어떻게 사울의 핍박 때나 압살롬의 반역 때에 다윗에게 임한 구원이 이방인에게까지 감동을 줄 수 있었겠는가? 과거에도 하나님께서 이방 사람들의 눈 앞에서 이스라엘 역사에 그렇게 많은 이적적인 일들 베푸셨으나 그 일들이 이방인들 사이에서 구체적인 반응을 일으킨 일이 없는데, 다윗의 고난과 구원이 그런 결과를 일으킬 수 있으리라고 어떻게 기대할 수 있었겠는가?

179. 히스기야를 이 시편의 주제로 보는 얀의 가설은 그저 쉽게 이리

저리 제시하는 여러 가지 가설과 똑같이 별로 개연성이 없다. 몇 가지 대체적인 사실들이 맞아떨어진다는데 만족해서 나머지 요소들은 무시해버리거나 그저 억지 해석을 붙이는 그런 식의 가설들보다 나을 것이 하나도 없다. 우선 이 시편의 서문부터가 이 가설을 반박하고 있다. 이 서문은 다윗이 저자임을 분명히 밝히고 있기 때문이다. 얀은 이 가설을 따를 경우 25절 이하의 내용의 의미가 아주 잘 살아난다고 주장한다. 하나님께서 히스기야를 보호하신 것이 이방 백성들에게 큰 감동을 주어서 그들 가운데 많은 민족들이 예루살렘으로 와서 여호와께 예물을 드린 일이 있기 때문이다(대하 32:23). 그러나 그렇다고 해서 그 이방 백성들이 이스라엘의 하나님을 유일한 참 하나님으로 그를 경배한 것은 결코 아니었다. 그들은 다만 자기들의 다신론적 사고에 따라서 이스라엘의 하나님도 여러 신들 가운데 하나로 인정해서 그 신의 환심을 사보려는 생각을 했고, 그에 따라서 행동했을 뿐이었다. 그러나 이 시편에서 말씀하는 바는 그것과는 분명히 다르다. 여기서는 이방 백성들이 구원받은 그 사람의 번영과 기쁨을 함께 나눌 뿐 아니라, 그가 구원받은 사실이 온 세상의 모든 백성들에게 영구한 영향력을 발휘하며 가장 유익한 변화를 일으킨다. 그들 모두가 한 나라로 연합되며 유일하신 하나님의 통치 아래서 하나의 권속이 되는 것이다.

180. 유대 백성들을 이 시편의 주제로 보는 해석은 이사야 53장을 유대 백성들에 대한 것으로 보는 견해를 반박할 때에 사용되는 반대 논리의 대부분을 그대로 적용해서 반박할 수 있다(사 53장을 다루는 곳을 참조할 것). 그 해석이 불합리한 이유는 이 시편에는 한 개인을 가리키는 증표들이 많으며, 또한 의인화(personification)가 이루어졌다고 볼만한 흔적이 전혀 나타나지 않는다는데 있다. 반대로 고난 받는 당사자의 어머니가 언급되며 혀, 잇틀, 손과 발, 뼈와 의복 등이 고난 받는 자의 것으로 언급되고 있다. 6절에서는 그가 불경건한 자들과 구분되며, 22절에서는 형제와 구분되고 있다. 그러나 이 해석에 대한 가장 결정적인 반대 증거는 이 시편의 주제가 무죄한 상태로 고통 받는 자라는 점이다. 그의 고통은 그의 백성과 형제의 복지를 증진시키기 위한 것인 반면에, 유대 백성들이 당하는 고통은 당할 만해서 당

하는 것이요, 하나님을 배반한 결과로 당한 고통이며, 선지자들과 시편 기자들이 그렇게 진술하고 있는 것이다.

181. 이 시편이, 낮은 의미에서는 다윗을 가리키며, 높은 의미에서는 그리스도를 가리킨다는 의견은 다음 두 가지 가정을 전제로 한 것이다: (1) 이 시편의 내용이 다윗의 역사에서 전적으로 성취되었음을 입증할 수 있다. (2) 그 내용 가운데 그리스도를 가리키는 것으로 볼 수 없는 부분이 많이 있다. 전자의 가정이 그릇된 것이라는 점은 이미 충분히 입증되었다. 그리고 후자의 가정도 마찬가지로 그릇된 것이라는 점은 메시야적 해석을 반대하는 논리를 반박하면서 밝혀질 것이다. 이제 그 논리를 반박하기로 하자:

182. (1) "가장 일관성이 없어 보이는 점은 고난 그 자체가 아니라 고난으로부터 구원을 얻는 것이 참되신 하나님에 대한 예배를 불러일으키는 것으로 묘사되고 있다는 점이다. 그리스도께서는 자발적으로 당하신 그의 고난을 통해서 하나님 나라를 세우셨다. 결과적으로 이 시편 기자는 그리스도의 가장 중요한 구속 사역을 가르친 것이 아니라 오도(誤導)하고 있는 것이다. 그렇다면, 기독교적 메시야의 개념이 나타나지도 않는 시편을 메시야적으로 해석하는 것이 그리스도인들에게 무슨 소용이 있겠는가?"—이는 데 베테의 주장이다. 그러나 신약에서도 우리는 바로 이와 똑같은 방식의 묘사들을 찾아볼 수 있다. 그리스도께서 그의 부활이 아니라 그의 능욕 당하심으로, 영화(榮化)가 아니라 그의 죽으심으로 우리를 구속하는 일을 이루신 것이 분명하지만, 그럼에도 불구하고 그의 부활과 영화가 인류 구원의 원인으로써 언급되고 있는 사실을 수많은 구절들이 증거해주고 있다. 왜냐하면 부활과 영화가 없었다면 그리스도의 능욕과 죽으심의 의미가 감추어진 상태에 있을 수밖에 없었기 때문이다.

이사야서 53장에서는 사람들이 메시야가 당하는 엄청난 능욕을 보고서 그가 그 자신의 죄 때문에 하나님께 매를 맞는 것이라고 결론을 내리다가, 그가 영광으로 높이 올리시는 것을 보고서야 비로소 그가 그들의 허물 때문에 능욕을 당하셨다는 것을 알게 된다. 이 시편은 그의 고난이 계속 진행되는 동안 사람들이 그를 향하여 보인 조롱과 멸시를 묘사하고 있다. 그러나 그의 고난이 끝나고 그가 구원을 받을 때에야 비로소 인류에 대한 그의 영향력이, 복으로 가득한 그 놀라운 상태가 시작되는 것이다. 시편 기자가 과연 구원 사역이 완성되기 전에 메시야가 당한 고난의 효과를 확실히 보았느냐 하는 문제는 정확히 말할 수가 없다. 그러나 분명한 사실은 이 시편에 기독교적 메시야관과 모순되는 요소가 전혀 나타나지 않는다는 점이다.

183. (2) "이 시편에서 고난 당하는 자가 애통하며 부르짖는 말은 메시야에게는 전혀 가당치 않은 것들이다. 그리스도는 그렇게 하나님께 생명을 연장시켜 달라거나 원수들의 손에서 그를 보호해 달라고 구하지 않았다. 오히려 그는 죽음을 그의 삶의 필연적인 한 부분으로 받아들였다."―그러나 여기서 중요한 것은 우리 그리스도에 대한 이미지를 우리 임의대로 만들어내지 말고 신약에 나타나는 대로의 이미지를 찾아서 그것을 통해서 우리의 생각을 세워야 한다는 점이다. 그렇게 하면 여기에 묘사된 고난 당하는 자의 애통하며 부르짖는 것들이 그리스도에게 가당치 않은 것이 아니라는 사실을 깨닫게 될 것이다. "그는 육체에 계실 때에 자기를 죽음에서 능히 구원하실 이에게 심한 통곡과 눈물로 간구와 소원을 올렸다"(히 5:7). 그는 십자가에 달리시기 전 겟세마네 동산에서 제자들에게 말씀하기를, "내 마음이 심히 고민하여 죽게 되었다"고 하셨고 이어서 아버지께 기도하시기를, "만일 할만 하시거든 이 잔을 내게서 지나가게 하옵소서"라고 하셨다(마 26:38-39).

그러나 이것만이 아니다. 그리스도께서는 온 세상의 죄의 짐을 지실 때에 십자가에서 바로 이 시편의 첫 말씀들을 인용하여 말씀하셨다. 이 말씀들이야말로 가장 강한 애통을 표현한 것이 아니고 무엇인가? 원수들의 손에서와 죽음에서 구원해 달라는 기도도 문제가 전혀 없다. 왜냐하면 그리스도께서 인간으로서 실제로 바로 이 기도를 하나님께 드렸고, 그가 부활하심으로써 이 기도가 완전히 이루어졌기 때문이다.

184. (3) "고난 당하는 자는 그의 조상들이 경험했던 그런 구원을 소망하고 있다. 이 점은 그리스도가 아니라 고통 가운데 있는 일반 이스라엘 백

성들에게 잘 어울린다.”—이 논리에 대해서는 이미 이런 유의 시편을 다룬 서론 부분에서 이미 답변한 바 있다.

185. (4) “예수는 칼에서 구원해 달라고 기도할 것으로 예언된 일이 없다.”—그러나 슥 13:7에서와 같이 여기서도 칼(劍)은 격렬한 죽음을 지칭하는 비유적인 표현이다. 이를 문자적으로 해석하기를 고집하는 것은 마치 ‘개의 힘,’ ‘사자의 입,’ ‘들소의 뿔’ 등의 표현을 문자적으로 해석해야 한다고 주장하는 것과 다를 바가 없다.

186. (5) “예수는 이 시편의 주제에 나타나는 것처럼 그의 목숨을 보존해 달라고 하며 서원을 한 일이 없다.”—그러나 이 부분을 문자적으로 이해하여야 한다면 전체를 그렇게 문자적으로 보아야 마땅할 것이다. 그렇다면 여기서 고난 당하는 자는 스스로 문자 그대로 유대인과 이방인, 부자와 가난한 자들을 포함하여 이 세상의 모든 거민들이 참석하여 그를 통해서 참되신 하나님을 알고 경배하게 되는 그런 큰 잔치를 배설하지 않을 수 없다는 허무맹랑한 가정을 취할 수밖에 없을 것이다.

187. (6) “이 시편에 나타나는 고난 당하는 자는 아직 그의 원수의 손에 있는 것은 아니고 다만 임박한 위험에 처해 있을 뿐이다.”—그러나 이 시편의 내용을 보면 이 가정이 잘못된 것임이 금방 드러난다. 11절에서 말씀하기를, “나를 멀리하지 마옵소서 환난이 가깝고 도울 자 없나이다”라고 했는데, 여기서 가깝다는 표현은 아벤에스라가 오래 전에 말한 대로 ‘멀리’라는 표현과 대조시키고자 하는 의도로 사용된 것이므로, 여기서 화자(話者)가 그저 장차 다가올 환난을 예상하고 있는 것뿐이라고 볼 수는 없다. 나머지 구절들에서는 고난 당하는 자가 실제로 피에 굶주린 원수들에 둘러싸여 있는 것으로 묘사되고 있다. 그러나 이 표현들로써는 사실상 그가 이미 그들의 손아귀에 있는지 아니면 그럴 것을 두려워하는 상황에 있는지를 분명히 알 수는 없다. 그러나 다른 구절들을 볼 때에 그가 이미 원수들의 손아귀에 있는 것이 분명하다. 그의 손과 발이 찔렸고 그의 의복이 나뉘어진 상태라면 그가 이미

원수들의 손에 있는 것이 너무도 분명한 것이다. 그러나 그 구절이 그가 아직 원수의 손에 있는 것이 아니라는 것을 입증해준다손 치더라도, 그 구절은 이 시편의 시야를 한층 넓혀주는 것밖에 다른 역할을 하지 않는다. 즉, 이 시편이 그리스도께서 십자가에 달리기 이전의 상황과 달리는 동안의 상황을 모두 묘사하고 있음을 보여주는 것이 되는 것이다.

188. (7) "고난 당하는 자의 애통은 예수께서 십자가에서 죽음의 고뇌를 견딘 것보다 더 오랜 시간동안 계속된다."—그러나 십자가에 달리는 것은 그리스도의 고난의 시작이 아니라 절정일 뿐이다. 히브리서에서 인용한 구절이(5:7) 고난 당하는 자의 애통과 그리스도의 애통이 전적으로 동일한 것임을 확실히 보여주고 있다.

189. 그 외에 이 시편에 대한 메시야적 해석을 반대하는 다른 논리는 없다. 우리는 다음의 테오도렛(Theodoreth)의 말을 인용함으로써 결론으로 삼고자 한다: "유대인들의 어리석음이 안타깝다. 하나님의 말씀을 그렇게 계속해서 읽으면서도 그 속에서 빛나는 진리를 보지 못하고 이 시편을 다윗에 대해서 말씀한 것으로 생각하니 말이다. 이것들 가운데 아무 것도 다윗이나 그의 후손들에게서 성취되는 것이 없다. 오직 주 그리스도께서 이를 성취하셨으니 그는 육신을 따라서는 다윗의 자손이요, 인간이 되신 말씀이신 하나님이시요, 다윗으로부터 종의 형체를 취하신 분이시다. 그는 과연 하나님을 아는 지식으로 온 땅과 바다를 가득 채우셨으며 오랜 동안 방황하며 우상에게 제사하던 자들을 돌이키사 존재하지도 않는 물건들이 아닌 참으로 살아계신 하나님을 예배케 하신 분이신 것이다."

3. 시편 40편

190. 논지—여기서 화자(話者)로 소개되는 메시야는 먼저 고난을 견디고 그의 사역을 완성한 후 그가 여호와로 말미암아 영광을 입으실 그 때를 예상한다. 그는 하나님께 그의 구원에 대해 감사와 찬양을 돌린다. 그는 하나님이

사람들에게 베푸신 놀라운 자비에 대해 찬양한다(1-4절). 그의 은택을 모두 언급하는 것이 불가능하므로 그는 그 가운데서 가장 위대한 것, 곧 하나님 자신이 행하신 구속을 칭송한다. 그 어떠한 율법적인 희생 제사로도 하나님을 기쁘시게 하거나 만족시킬 수 없으므로, 하나님으로부터 그 제사들이 소용없다는 것을 배우며 또한 하나님의 뜻에 순종하게 된 메시야는 하나님의 뜻을 성취하고자 하는 기쁨이 가득한 열심으로 자기 자신을 참된 희생 제물로(이는 모세가 이미 성경에 기록했었다) 드린다(5-8절). 그는 자신이 구원받음으로써 몸소 경험한 바 있는 하나님의 의와 인자와 사랑을 다시 찬양한다(9-10절). 10절까지 화자는 자신을 미래의 위치에 놓고서 자신이 이미 고난 당한 것으로 생각하며, 11절에서는 다시 현재의 위치로 돌아간다. 죄를 대속하기 위해서 반드시 치러야 할 극심한 고난에 대한 생각에 눌려서 그는 하나님께 그를 긍휼히 여겨 도움을 주실 것을 위해서 기도한다.

191. 메시야적 해석을 반대하는 자들은 7절을 다음과 같이 번역한다: "두루마리 책(모세오경)이 나에 대해서(즉, 내가 해야 할 일에 대해서) 기록하고 있나이다." 그러나 메시야적 해석을 취하면, '두루마리 책에 나를 가리켜 기록한 것이 있나이다.' 즉 메시야에 관한 예언들 속에 직접적으로 기록되어 있으며 동시에 그리스도를 예표하는 희생 제물들에 대한 묘사들을 통해서 간접적으로 언급하고 있다는 의미이다.

192. 히브리서의 신적 권위를 인정하는 자는 이 시편에 대한 메시야적 해석도 지지할 수밖에 없다. 왜냐하면 히브리서가 이 시편을 인용하면서 그 것을 그리스도의 대속적인 희생을 가리키는 것으로 명확하게 설명하고 있기 때문이다. 메시야적 해석에 대하여 제기된 유일한 반대 논증도 결정적인 것은 못된다.

(1) 데 베테는 히브리서에서 이 시편을 메시야에 관한 것으로 언급한 것은 70인역이 6절을 잘못 번역한데서 나온 것이라고 주장한다. 그러나, 70인역이 물론 히브리어 원문을 문자적으로 번역한 것은 아니지만 그래도 그 원문의 의미를 잘 살려서 번역하고 있음을 볼 수 있다. 70인역의 번역이 전적

으로 무의미하다고 가정하지 않는 한, "한 몸을 내게 예비하셨나이다"($\sigma\hat{\omega}\mu\alpha$ $\delta\epsilon$ $\kappa\alpha\tau\eta\rho\tau\iota\sigma\omega$ $\mu\omega\iota$)라고 번역된 말씀은 오로지, '주께서는 나 자신을 희생 제물로 드리는 것 이외에 그 어떠한 외적인 것도 요구하지 아니하시오니, 내가 값없이 나를 주께 드리리이다' 라는 뜻일 수밖에 없다. 이 부분의 히브리어 원문은 동일한 의미이다: '주께서 나의 귀를 뚫으셨나이다' (한글 개역은 "주께서 나의 귀를 통하여 들리시기를"로 번역하고 있다―역주). 귀를 뚫는다는 것은 어떤 명령을 주어서 상대방으로 하여금 그 명령을 따르도록 하는 것을 가리키는 비유적인 표현이다.

이는 "주 여호와께서 나의 귀를 열으셨으므로 내가 거역지도 아니하며 뒤로 물러가지도 아니하며"라는 사 50:5의 말씀을 통해서도 분명히 나타나거니와 실제로 귀에 구멍을 뚫는 것으로 순종을 표시하는 그런 예에서도 잘 드러난다. 출 21:5에 의하면 주인과 평생 같이 있기로 작정한 종의 오른쪽 귀를 송곳으로 뚫었던 것이다. 또한 터키의 수도사들도 하나님의 계시에 늘 주목하며 하나님의 명령에 순종한다는 표시로 귀에 구멍을 뚫는 습관이 있다. 그리고 페르시아인들과 타타르인들(Tartars) 가운데도 그런 관습이 있다. 터키 사람들은 자기들의 종교의 명령을 하나라도 거역한 자들의 귀를 송곳으로 뚫어서 그 명령을 존중하고 복종하기를 배우도록 했다. 그러므로 "주께서 나의 귀를 뚫으셨나이다"는 곧, '주께서 나를 가르치셨나이다' 와 동일한 의미이며, 따라서 이 구절은 곧, '주께서 기뻐하시는 것은 외적인 제물들을 가져오는 것이 아니라 나 자신을 제물로 드리는 것임을 주께서 가르치셨으며, 또한 주께서는 기꺼이 주의 명령에 합하여 행하고자 하는 마음을 내게 주셨나이다' 라는 뜻인 것이다. 70인역은 본문의 이런 사상을 완벽하게 표현한 것이다. 그들은 표현만 바꾸었을 따름이다. 헬라인들 사이에서는 그런 은유법이 사용되지 않았기 때문이다. 또한 히브리서 기자도 "한 몸을 내게 예비하셨나이다"라는 구절을 문맥에 따라서 히브리어 원문에 속한 메시야와 관계된 그런 의미로 취하여 사용한 것이다.

193. (2) 다테는 전반부에서는 메시야가 이미 고난을 당한 것으로 말씀하며 그를 구원하신 하나님께 감사하는 반면에, 후반부에서는 고통 가운데서

하나님의 도우심을 구하고 있다는 점이 서로 맞지 않는 것 같다고 하며 반대 논리를 편다. 그러나 이것은 결정적인 반대 논리는 아니다. 왜냐하면 시편 기자가 메시야를 어느 위치에 두고서 묘사하느냐에 따라서 관점이 달라지기 때문이다. 전반부에서는 시편 기자가 이미 고난 당하시고 사명을 완수하신 메시야에 대해서 묘사하며, 후반부에서는 그의 고난의 상태를 다루고 있다고 보더라도 전혀 무리가 없을 것이다. 이와 비슷하게 이사야 53장에서도 어떤 때에는 메시야가 이미 고난을 당하신 것으로 묘사되는가 하면 또 어떤 때에는 그의 고난이 아직 미래의 시점에 있는 것으로 묘사되기도 하는 것이다.

194. (3) 헨슬러는 특별히 "나의 죄악이 내게 미치므로"(12절)라는 어구를 주목할 것을 주장한다. 이러한 그의 주장은 분명히 상당히 설득력이 있다. 그러나 문제를 결정지을 만한 것은 못된다. 이 어구는, '나의 죄악에 대한 형벌이 내게 미쳤으므로'로 번역되어야 마땅하다. 그러나 메시야의 대속적인 희생을 다루는 시편에서는, 죄인들이 당하여야 할 형벌을 대신 당하는 희생 제물과 메시야를 대조시키고 있는 이 시편에서는 더욱, 메시야 자신의 죄가 아닌 다른 사람들의 죄로 인하여 그에게 부과된 고난을 가리켜서 얼마든지 '그의 죄악에 대한 형벌'로 부를 수 있는 것이다. 이사야 53장에서도 비슷한 표현이 나타나는 것을 볼 수 있다: "그는 실로 우리의 질고를 지고 우리의 슬픔을 당하였도다"; "그가 찔림은 우리의 허물을 인함이요 그가 상함은 우리의 죄악을 인함이라 그가 징계를 받음으로 우리가 평화를 누리고 그가 채찍에 맞음으로 우리가 나음을 입었도다." "여호와께서는 우리 무리의 죄악을 그에게 담당시키셨도다." 그리고 만일 이 시편이 본래 12절로 되어 있고 나머지는 후에 가필된 것이라는 파레우의 견해를 받아들인다면, 이런 반대 논리는 완전히 제거될 수 있을 것이다. 이 시편의 후반부가 전반부와 전혀 성격이 다르다는 점, 시편 70편에서 그 부분이 다시 나타나고 있다는 점, 그리고 그런 가필의 예가 여러 가지가 있다는 점 등으로 볼 때에 그의 견해가 설득력이 있기도 하다. 그러나 우리로서는 아직 그 견해를 취하기가 머뭇거려진다.

3. 선지서에 나타난 메시야 예언들

195. 앞에서 살펴본 바와 같이 시편에 나타난 메시야 예언들은 그 이전 시대의 예언들보다 훨씬 더 명확하다. 메시야의 신성, 그의 고난, 그의 영원한 제사장직 등 매우 중요한 몇 가지 점들이 거기서 처음 드러나며, 또한 그가 베푸시는 구원의 복이 이방 백성들에게까지 전해진다는 것이나, 그가 모든 원수들을 물리치고 승리를 거두시리라는 것 등도 훨씬 더 명확하게 드러난다. 그런데 시편 기자들 이후 선지자들이 메시야를 예언하는 일을 계승한다. 선지자라는 낱말을 넓은 의미로 받아들여서 특별한 하나님의 계시들을 받은 자들을 통칭하는 것으로 보면(구약에서도 족장들과 몇몇 시편 기자들을 이런 의미에서 선지자 혹은 선견자로 부르고 있다), 메시야에 관한 시편들도 선지서의 메시야 예언에 함께 묶어서 취급할 수 있을 것이다.

그러나 여기서는 선지자라는 낱말을 제한적 의미로 사용하고자 한다. 그러므로 선지자란 선지자로서의 능력(donum)은 물론 선지자로서의 의무와 책임(munus propheticum)도 함께 가진 자를 지칭한다. 즉, 하나님께서 그의 권위를 수호하도록 지명하셔서 언약 백성에게 직접 보내셔서 하나님의 이름으로 그들을 가르치고 권면하며 책망하며 미래를 드러내는 일을 하게 하신 사람들을 가리키는 것이다. 여기서 먼저 이 하나님의 대언자들이 메시야에 대해 행한 예언들에 대해서 대강 살펴보고자 한다.

196. (1) 예언이 사무엘 시대에 번창하기 시작했지만, 그 당시의 예언들은 남아 있는 것이 없다. 기록된 예언들 가운데 가장 초기의 것들은 웃시야, 요담, 아하스, 히스기야의 통치 때에 속한다. 현존하지 않는 그 이전의 예언들이 메시야에 대한 중요한 내용들을 어느 정도나 드러냈었는지는 우리로서는 확실히 말할 수 없다. 그러나 여러 가지 근거를 볼 때에 메시야에 관한 예언이 바로 이 늦은 시기에 와서야 비로소 선지자들의 선포의 중대한 주제가 되었을 것이라고 생각하게 된다. 선지자들의 선포 가운데 나타나는 메시야 예언은 지나가는 주변의 사건들과 전혀 관련없이 이루어지는 것이 아니며, 또한 공적으로 활동하도록 부르심을 받은 자들의 경우 메시야 예언이 그

저 자기들 자신의 필요에 의해서 되어지는 것도 아니다. 오히려 메시야 예언은 거의 언제나 언약 백성의 상태와의 밀접한 관계 속에서 이루어진다. 그것은 사실상 선지자들이 그 백성들에게 영향력을 발휘하도록 돕기 위한 목적을 지니고 있는 것이다.

나라가 타락할수록, 그리고 원수들의 세력과 그들의 위협이 강해질수록, 실망한 백성들이 여호와를 따르며 그의 명령을 순종하기 위해서는 신정 왕국의 미래의 영광과 이방 민족에 대한 우월성에 대한 확신이 더욱 필요했던 것이다. 부패가 만연될수록, 불경건한 자들을 경계하며 경건한 자들을 위로할 필요성이 더욱 커졌다. 이를 위하여 장차 메시야가 와서 그들을 구별하고서 경건한 자들에게 왕국의 모든 복을 부어주실 것을 선포할 필요가 있었던 것이다. 그러므로 이 늦은 시기에 와서야 비로소 메시야에 대한 계시가 주로 선지자들에게 베풀어졌던 것이다. 그때까지는 메시야 예언은 특별히 시편 기자들에게 주어졌었다.

197. (2) 메시야 시편들을 기록한 기자들이나 선지자들은 메시야를 한 꺼번에 완전히 묘사하지 않는다. 오히려 그의 성격의 일부 특징들만을 묘사하는 것으로 그친다. 여기서 시편 기자들과 선지자들 사이의 몇 가지 상이점을 찾아볼 수 있다. 메시야 시편의 기자들은(이 시편들의 성격 자체가 주관적이므로) 대개 그들 자신의 삶과 상황과 경험들을 토대로 메시야에 대한 관(觀)을 갖는다. 다윗은 메시야를 강력한 원수들에 둘러싸여 고난을 당하다가 결국 몇 차례 격렬한 싸움이 있은 후에 승리와 영광을 차지하는 그런 분으로 묘사한다. 솔로몬은 메시야를 광대하고 평화로우며 번성하는 왕국의 대군주(sovereign)로 바라보며, 또한 원방의 민족들이 그에게 예물을 드리며 충성을 다짐하는 것으로 묘사하는 것이다. 그러나 선지자들은 이와 반대로 메시야를 그들 자신의 경험이나 상황에 따라서 묘사하는 것이 아니라, 선지자들의 말씀을 받을 일반 백성들의 필요에 따라서, 즉 그 백성들의 마음 속에 일어날 효과를 염두에 두고서 묘사하였다.

그리하여 선지자들의 기록에서는 메시야가 고난과 속죄를 이루시는 상태에서보다는 오히려 영광 가운데 계신 상태로 묘사되는 것이다. 선지자들이 장차 메시야가 강림할 것을 선포한 주요 목적은 바로 온 백성들에게 영향을 미치고자 함이었다. 대다수의 백성들은 아직 고난 당하시며 대속하시는 메시야의 관념을 받아들일 수 있는 준비가 되어있지 않았던 것이다.

선지서에 나타난 메시야 예언들이 어느 정도나 당시의 시대적 필요에 부응하고 있는지는 이사야서 및 스가랴서의 전반부를 그 후반부와 비교해보면 분명히 드러난다. 이사야서의 전반부는 완전히 분리된 여러 가지의 부분들로 구성되어 있고, 각 부분은 그것이 기록되었을 때에 공중 앞에 선포되었다. 여기서는 비천한 상태에 계신 메시야의 모습이 거의 나타나지 않고 영광 가운데 계신 모습이 계속해서 나타나는데, 이는 재난 가운데 있는 백성들을 격려하기 위한 것이었다. 그러나 후반부는 전체가 하나로 연결되어 있는데, 아마도 대중에게 알려지지 않은 상태였을 것이다. 이 부분은 오히려 당시의 세대들보다는 그 이후에 올 후손들을 위해서 기록되었다. 그리고 백성들 전체가 아니라 그들 가운데 경건한 소수의 사람들을 위하여 기록된 것이다.

그러므로 여기서는 선지자가 메시야의 모습을 완전하게 드러내며, 또한 전반부에서는 뒤에 숨겨져 있던 그런 중요한 특질들, 곧 가르치시며 고난 당하시며 속죄 사역을 이루시는 메시야의 모습을 두드러지게 제시하고 있는 것이다.

스가랴서도 역시 마찬가지이다. 전반부에서는 모든 말씀들이 전부 기존의 상황과 연관되어 있다. 여기서 선지자는, 과거 번영과 부귀를 누렸던 신정왕국의 상태와 당시의 초라한 상태를 비교하여 심란한 상태에 빠져 있는 백성들의 마음을 안도시키고 위로하는 것을 주요 목표로 삼았다. 그러므로 이 부분에서는 오로지 영광 가운데 계시며 무너진 신정왕국을 다시금 존귀의 상태로 바꾸고 이방 민족들을 통치하게 될 메시야의 모습만을 보게 된다. 이러한 기쁜 소망을 무너뜨릴 수 있는 것은 무엇이든지 언급되지 않는다.

그러나 반대로 후반부(이 부분은 아마도 대중 앞에 공개되지 않았을 것이다)에서는 선지자가 더욱 자유스러워진다. 여기서 그는 초라한 상태에 계신 메시야를 선포하며, 그의 죽으심, 그가 대다수의 백성들에게 배척 당하실 것과, 극심한 채찍으로 정화된 후에 그들이 다시 회복될 것 등을 묘사한다. 이런 점들을 염두에 두면, 주로 대중을 상대로 해서 당시 백성들의 상황과 관련해서 예언했던 선지자들의 글(에스겔, 예레미야, 미가, 호세아, 아모스 등)에서 영광 가운데 계신 메시야의 모습만 나타난다고 해서 놀랄 것이 없어지며, 또한 선지자의 예언들이 서로 본질적으로 상충된다고 생각할 필요도 없어진다. 그런 점은 전적으로 상황이 서로 다르기 때문에 나타나는 것들이다. 선지자마다 그가 살았던 그 시대의 상황에 따라서 미래에 대해 예언했던 것이다.

198. (3) 모세오경에서는 메시야 예언이 그 명확성이나 정확성이 점차로 발전되는 면이 있었으나, 선지서의 경우는 그런 점을 발견할 수가 없다. 이사야는 말라기만큼 메시야를 확실히 바라보며, 이사야와 미가의 예언에는 예레미야와 에스겔에 나타나는 것보다도 메시야의 특별한 특징들이 더 많이 나타난다. 이러한 현상은 주변의 상황에 따른 것이다. 즉, 각 선지자는 항상 위로부터 직접 예언들을 받아서 그 자신의 역량(이는 후기 선지자들보다도 전기 선지자들의 경우가 더 컸을 수도 있다)에 맞추고, 또한 그 예언을 받을 사람들의 필요와 그들의 이해도에 맞추어서 선포했던 것이다.

그러나 전체적으로 볼 때에 메시야 예언은 계속 발전되어 갔다고 말할 수 있다. 모든 선지자들에게서 공통적으로 나타나는 특질이 있는가 하면, 특별한 개인들에게만 계시된 특별한 특질도 있다. 어떤 구체적인 사실들은(예컨대 메시야가 제2 성전에 임재하셔서 영화롭게 하시리라는 것), 그 성격상 후기의 선지자들에게만 알려지기도 했다.

이제 연대기적 순서에 따라서 선지서에 나타나는 메시야 예언들에 대해서 간략하게 정리하기로 한다.

A. 웃시야, 요담, 아하스, 히스기야 시대의 선지자들 (주전 811-699년)

199. (1) 호세아. 메시야가 오신다는 사실이 백성들이 앗수르에 의해서 포로로 잡혀가리라는 위협과 아주 대조를 이루어 제시되고 있다. 그러한 재난이 지난 후 긍휼과 축복의 때가 올 것이다. 이스라엘이 여호와께 돌아오

며, 그 위대하고 하나님 같은 다윗의 자손에게로 돌아올 것이다. 그 후에 여호와께서는 그들의 죄를 용서하시고 그들에게 다시 그의 과거의 사랑을 베푸실 것이다. 이렇게 해서 하나님과 화목을 이루게 되면 분쟁이 그치고 평화와 번영의 복된 상태가 계속될 것이다.

200. (2) 아모스. 이스라엘과 유다가 포로로 끌려가서 온 땅에 흩어질 것을 경고한다. 그리고 포로로부터의 귀환과 메시야 시대의 도래 등 번영과 축복에 대한 예언이 이어진다. 무너진 다윗의 가문에서 한 위대한 왕이 일어나 과거의 영광을 회복시킬 것이다. 그를 통해서 신정왕국이 이방인에게로까지 넓혀질 것이다. 그들은 지금까지 신정왕국의 원수였었다. 풍성한 축복이 베풀어지며, 심지어 생명이 없는 자연물까지도 새로운 영광된 모습을 입을 것이다. 아모스에게만 나타나는 특별한 특징은 다윗의 가문이 무너져 퇴락한 상태에 있을 때에 메시야가 나타난다는 것이다.

201. (3) 이사야. 메시야 예언에 관한 한 모든 선지자들 가운데 가장 풍성하다. 그의 메시야관(觀)은 대부분 앗수르의 포로 상태, 그리고 바벨론 포로 상태로부터 구원받을 소망과 관련되어 있다. 그러나 그러면서도 그는 구속자에 대한 소망으로 가득차 있어서 다른 주제를 다루다가도 갑자기 메시야에 대해 언급하기도 한다. 예를 들어서, 애굽에 대한 예언과 두로에 대한 예언을 보자(23장). 거기서 선지자는 그 두 나라에 곧 재난이 임할 것을 말씀하고나서, 그들이 참된 신앙을 가짐으로써 그들의 미래에 번영이 있을 것을 예언함으로 결론을 맺는다.

이사야의 특징은 한편으로는 언약 백성 가운데 경건한 자들과 불경건한 자들을 철저히 구분하고서 불경건한 자들은 미래에 올 모든 축복에 참여할 수 없음을 거듭 강조하면서도, 다른 한편으로는 이방인들의 편입으로 말미암아 신정왕국이 확장될 그 미래에 대한 감격으로 가득차 있다는 점이다. 그는 하나님의 섭리로 되어지는 예비적인 사건들이 장차 성취될 그 위대한 종말과 연결되어 있다는 것과 또한 그 예비적 사건들이 절대로 종말의 자리를 빼앗는 일이 없다는 것을 분명히 직시하고 있었다. 이 점은 그의 예언들이 분명히 보여준다.

이사야의 메시야 예언들은 두 가지 부류로 구분할 수 있을 것이다. 즉, 영광 가운데 계신 메시야의 모습이 선지자의 시야를 가득 채우고 있는 그런 예언들과, 비천한 상태에 계신 메시야의 모습이 드러나는(물론 메시야의 비천한 상태가 지난 후 그 결과로 그가 영광스러운 상태에 이르게 되지만) 예언들이 그것이다. 전자의 부류에는 메시야 왕국에 대한 일반적인 묘사를 하는 여러 부분들 이외에도 이사야서 전반부와 후반부의 55장, 59장 등에 나타나는 예언들 전부가 포함된다. 이 예언들의 내용은 다음과 같다: 백성이 하나님의 손으로 극심한 형벌을 받고난 후, 그리고 죄의 어둠과 재난 속에서 오랜 동안 고난을 당한 후에 위대하신 회복자께서 처녀의 몸에서 탄생하실 것이다: 그는 참되신 하나님이시요 동시에 몰락한 다윗 가문의 후손이다. 이 왕은 위대하며 지혜로우며 의로우며 하나님의 영이 충만한 분으로서 그를 영접하는 자들에게서 어둠을 물리치실 것이며, 하나님의 진노에서 벗어나게 할 것이며 그들에게 복을 주실 것이다. 갈릴리 인근 지역이 특히 그의 축복을 얻게 될 것이다. 지금까지 한 민족에게 국한되었던 신정왕국의 판도가 지구 전체에까지 확장될 것이다. 그 왕국의 거룩한 시민들은 내적으로 외적으로 완전한 평화를 축복으로 받을 것이다. 심지어 외적인 본성도 죄가 멸망한 후 모든 악에서 해방되어 처음 지으심을 받을 때의 상태로 회복될 것이다.

후자의 부류는 후반부의 나머지 예언들로 되어 있다. 여기서 이사야는 메시야를 탁월한 선지자요 교사로 묘사한다. 그는 하나님으로부터 풍성한 은사들을 받아서 스스로를 낮추시고 온유하고 비천한 상태로 오셔서 잃어버린 자들을 찾으시는 것이다. 선지자는 그가 백성들에게서 극심한 고난과 비웃음과 경멸을 당하시며, 그 후에 하나님의 손으로 말미암아 영광 가운데로 들어 올려질 것이며 그의 종교가 이 땅의 모든 백성에게 전파되어 그들이 그의 권위에 겸손히 굴복할 것을 선포한다.

53장은 이 부류에 속하는 나머지 부분들과 한 가지 다른 점이 있다. 곧, 거기서는 메시야의 대속의 사역이 그의 고난을 통해서 성취해야 할 목적으로서 전면으로 부각된다는 사실이다. 이 부류의 예언에 나타나는 특별한 특징들은, 곧 메시야가 다윗의 후손으로 나신다는 점, 그의 신성, 그의 속죄, 그의 죽으심, 다윗의 가문이 완전히 몰락했을 때에(11:1; 53:2) 그가 동정녀의 몸에서 탄생하신다는 점(7:14), 그가 하나님의 영을 충만히 받으신다는 점(11:2; 42:1), 갈릴리 지방에 특별한 축복이 임한다는 점(8:23), 언약 백성들의 반대와 불신앙(49장), 그리고 그가 부자와 함께 장사된다는 점(53:9) 등이다.

203. (4) 미가. 갈대아 사람들로 인하여 예루살렘이 완전히 무너진다는 경고와 함께 다음과 같은 약속이 주어진다: 다윗의 가문의 고향인 작은 마을 베들레헴에서 한 탁월한 통치자가 날 것인데, 그의 근본은 영원하며 그의 위엄과 영광은 하나님의 위엄과 영광과 같을 것이다; 그는 신정왕국을 영화롭게 만들 것이며 그 영역을 땅끝까지 넓힐 것이다; 하나님의 왕국의 백성들은 그의 통치 아래서 평화와 번영을 누리며 살 것이다; 과거에 하나님의 계시된 뜻을 대적했던 모든 것이 사라지고, 신정왕국의 모든 원수들이 멸망할 것이다. 미가의 예언의 두드러진 특징은 메시야의 신성과 인성을 강조한다는 점이며, 그에게만 나타나는 독특한 내용은 메시야가 베들레헴에서 탄생한다는 사실이다.

204. (5) 요엘. 그는 아마도 이 시기의 인물인 듯하다. 갈대아 사람들로 말미암아 땅이 황폐해질 것이라는 경고가 나타난다. 메시야에 관한 예언은 3장에 나온다. 메시야를 한 인물로 묘사하는 것이 없다. 메시야 시대의 한 가지 특징적인 증표로서 포로 상태에서 구원을 받는다는 것과, 아무런 구별이 없이 모든 사람에게 성령을 부으신다는 사실을 특별히 언급한다. 그리고 이와 연관지어서 하나님 나라의 모든 원수들이 당하게 될 극심한 형벌에 대해 묘사한다.

B. 바벨론 포로 당시의 선지자들

205. (1) 스바냐. 갈대아 사람들에 의해서 땅이 황폐해지며 유다 왕국의 거민들이 포로로 끌려 갈 것을 경고함. 그가 예언한 구원은 포로 상태에

서의 회복을 가리키는 동시에 메시야 시대의 구원을 가리킨다. 언약 백성은 번영과 복을 누리며 또한 의로우며, 과거의 모든 더러운 것을 씻어 순결한 상태가 될 것이다. 이방인들 역시 극심한 채찍을 맞은 후에 참된 신앙을 받아들이고 함께 하나님을 섬기게 될 것이다.

206. (2) 예레미야. 그는 바벨론 포로에서 귀환하는 것과 메시야의 시대를 정확하게 구분하지 않는 경우가 많다. 언약 백성들이 극심한 고통을 당한 후에 여호와께서는 다윗의 한 위대한 자손을 일으키셔서 그를 통하여 백성들의 죄를 씻으며 그들을 구원하여 축복의 상태에 들어가도록 하실 것이다. 그로 말미암아, 그리고 그를 통하여, 과거의 불완전한 언약을 갱신하셔서 새롭고 더 나은 언약으로 만드실 것이다. 하나님께서는 새 세대에 그 백성의 마음에 그의 법을 새기심으로써, 이전 세대에 외형적인 제도인 율법을 통해서 성취하지 못한 그것을 성취시키실 것이다. 주요 특징은 다음과 같다: 레위 자손을 통한 제사의 폐지(3:16), 죄의 근절, 백성들의 마음에 율법을 새김, 새 언약의 제정(31:31; 23:6; 33:16).

207. (3) 에스겔. 바벨론 포로를 경고하며 포로에서의 구원에 대한 약속과 연관지어서 메시야 예언이 행해진다. 백성의 범죄로 인하여 통치 영역을 상실하고 몰락한 다윗의 가문에서, 이스라엘이 포로에서 돌아온 후에, 한 탁월한 왕이 일어나 여호와의 놀라운 간섭을 받아 땅의 모든 민족들이 그의 주권과 보호하심을 신뢰하며 모든 것을 베푸시는 참되신 하나님을 알게 될 것이다. 그 후 여호와께서 이스라엘 백성의 죄를 씻으시며 그들에게 새로운 마음과 새로운 영을 주실 것이다. 그들의 육체에서 돌같은 마음을 제거하시며 새 마음을 주시고 부정을 제거하실 것이다. 신정왕국은 과거 어느 때보다도 더 놀라운 번영을 누릴 것이다. 하나님의 영이 거기로부터 생수같이 흐를 것이요 죄 가운데서 죽어있는 세상에 생명을 줄 것이다. 이 선지자의 예언에서는 특히 새 세대 아래에서 활동하시는 성령의 역사가 특징적으로 묘사되고 있다.

208. (4) 다니엘. 이 세상에 속한 4개의 큰 왕국이 무너진 후 메시야가

그의 왕국을 세우실 것이며, 그 왕국은 모든 백성을 포괄하며 영영히 지속될 것이다. 포로 상태로부터 구원받는 것이 메시야의 시대와 동일한 것으로 묘사되지 않는다. 예루살렘이 먼저 재건되나, 환난이 올 것이다. 그리고 난후 그보다 미래의 어느 시기에 메시야의 왕국이 올 것이며, 그 때에 예언들이 성취되며 죄의 용서가 이루어지고 성령을 주시는 역사가 이루어질 것이다. 메시야는 격렬한 죽음을 당할 것이다. 그러나 그의 죽음은 믿음이 없는 백성들에게 극심한 심판을 불러 일으키며 또한 나라와 성소가 황폐되는 사태를 불러 일으킬 것이다. 그러나 한편, 그는 그의 위엄을 시인하는 자들과 함께 언약을 갱신하실 것이다. 다니엘의 예언의 주요 특징은 다음과 같다: 신성과 인성이 메시야에게서 연합되는데, 이는 그가 하늘의 구름 속에서 나타나는 동시에 사람의 형체로 나타난다는 사실에서 볼 수 있음; 그의 강림 전에 경과할 시간에 대해 확정적으로 언급함; 포로 상태로부터의 구원과 메시야의 시대를 분명히 구분함; 새언약의 경륜의 본질에 대해 독특하게 진술함; 메시야의 격렬한 죽음과 예루살렘의 멸망을 말씀함.

C. 바벨론 포로기 이후의 선지자들

209. 이 선지자들의 특징은, 이전 시대의 선지자들 대부분에서 나타나는 바와 같이 바벨론 포로로부터의 구원에 대한 소망과 메시야로 말미암는 구원에 대한 소망 사이의 긴밀한 연관성이 사라지고 메시야로 말미암는 구원이 더욱 분명하며 확정적으로 제시된다는 점이다.

210. (1) 학개. 그의 메시야 예언은 당시의 상황과 아주 잘 어울린다. 그는 옛 성전의 영광을 보았던 사람들을 위로하고자 한다. 큰 정치적 혁명이 일어난 후에 제2 성전의 영광이 솔로몬 성전의 영광을 훨씬 능가할 것임을 선포한다. 모든 이방 민족들이 신정왕국에로 편입되려고 할 것이다. 주요 특징은 제2 성전이 존재하는 동안 메시야의 시대가 도래할 것이라는 점이다.

211. (2) 스가랴. 그의 메시야 예언은 이사야의 예언 다음으로 분명하

며 아주 구체적이다. 전반부의 예언들은 바벨론 포로 후 새로이 건설한 나라의 시작이 초라한 것을 보고 상심한 백성들을 위로하려는 목적에 따라서 좀 더 개괄적인 성격을 띠며, 여러 가지 중요한 사항들은 다루지 않고 그냥 지나친다. 메시야가 제사장직과 왕직의 위엄을 연합시킬 것을 말씀하며, 그를 통해서 그 땅의 죄악이 완전히 말소될 것이며, 풍성한 축복이 임할 것이며, 신정왕국의 영역이 측량할 수 없을 정도로 넓혀질 것이며, 이방 민족의 경계를 넘어설 것임을 말씀한다. 후반부에 흩어져 있는 여러 가지 특질들을 한데 모으면 다음과 같은 이미지를 형성한다:

미래의 어느 시기에 여호와께서 그의 불쌍한 백성들을 긍휼히 여기셔서 다시 한번 놀랍게 역사에 개입하실 것이다. 여호와는 자신과 본성이 하나이신 이스라엘의 약속하신 위대한 왕을 비천한 가운데서 나타나게 하실 것이다. 그러나 부패한 백성의 지도자들에게 속아서 대다수의 백성들은 이 선한 목자의 온유한 인도를 경멸할 것이며, 심지어 그를 찔러 죽이기까지 할 것이다. 그의 양떼는 처음에는 흩어지지만 여호와께서 모으시고 보호하실 것이며, 그가 죽은 후 하나님의 심판이 유대 백성 대다수를 강타할 것이다. 하나님의 이 탁월한 사자(使者, messenger)의 왕국이 온 민족에게로 퍼질 것이다. 유대인 가운데 소수의 남은 자들이 여러 가지 고난을 받아 정결케 되어 결국 여호와와 화목하게 될 것이다. 그 후에 여호와께서 그들에게 그의 영을 부으실 것이다. 그들은 이로 인하여 감동을 받아 죄를 깊이 자복하고, 자기들이 찔러 죽인 그분을 위하여 헌신하게 될 것이다. 그리고 나서 그들은 죄 용서함을 받을 것이다. 그리고 과거 신정정치 하에서 하나님의 계시된 뜻에 반하였던 모든 것들이 제거될 것이다. 마지막으로, 신정왕국의 원수들은 다시 한번 온 힘을 모아서 신정왕국을 공격할 것이며, 크게 괴로움을 줄 것이다. 그러나 주께서는 그의 백성을 보호하시며 그의 교회에 새로운 영광을 주시며 그 완고한 원수들을 완전히 멸절시키실 것이다.

스가랴의 예언의 주요 특징은 다음과 같다: 메시야와 여호와가 신비롭게도 하나이시라는 점, 왕의 위엄이 대제사장의 위엄과 연합된다는 점, 메시야가 나귀를 타고 예루살렘에 입성하시리라는 점, 그가 은 삼십에 배반을 당할 것이라는 점, 그의 죽음, 유대인 대다수의 불신앙, 그들이 쫓겨나 형벌을 당하리라는 점, 그들이 최종적으로 회복되리라는 점.

212. (3) 말라기. 신성을 보유한 메시야께서 강림하셔서 유대인의 기대처럼 이방인들에게 복수를 하시는 것이 아니라 오히려 언약 백성 자신들을 엄격하게 살피실 것이다. 그의 나타나심으로 불경건한 자들에게는 멸망이, 의로운 자들에게는 축복이 임할 것이다. 그는 자신이 강림하시기 전에 엘리야와 같은 한 선지자를 보내실 것이다. 그의 강림의 목적이 성취되지 않으면 땅이 멸망하는 결과가 일어날 것이다. 그 후에 주께서는 온 이방 백성 가운데서 참되게 예배하는 자를 모으실 것이다. 말라기의 메시야 예언은 백성을 위로하기 위한 것이 아니라 오히려 경고하며 채찍질하기 위한 것이다. 메시야의 모습 가운데 어떤 면은 두드러지게 묘사하며, 다른 면은 그냥 지나치는 것이 바로 이 때문이다. 주요 특징은 다음과 같다: 메시야의 신성이 아주 분명하게 제시된다는 점, 제2 성전이 남아있는 동안에 그가 오시리라는 점, 그가 유다 백성들에게 형벌을 가하시리라는 점. 말라기에만 나타나는 독특한 점은, 메시야의 앞에 그의 길을 예비하는 자가 미리 보내심을 받으리라는 점이다.

제 3 장
예언의 본질

213. 여기서 우리는 먼저 예언 활동을 하기 직전과 그 동안에 선지자들의 상태가 어떠했는가 하는 것을 살펴보고자 한다. 몬타누스주의자들(Montanists)과 관련된 논쟁이 있은 후부터 교회에 주류를 이루어 온 견해는 곧, 하나님의 선지자들과 이방의 점술사들의 근본적인 차이점은 이방의 점술사들은 황홀경 속에서 말을 하는 반면에 하나님의 선지자들은 이성과 의식을 완전히 보유한 상태에서 말을 하며 따라서 그들은 자기들이 무슨 말을 하는지를 분명히 알고 있었다는 점이라는 것이다.

214. 이러한 견해는 하나님의 영에 이끌림을 받는 참 선지자들의 상태와 그렇지 않은 거짓 선지자의 상태는 서로 근본적인 차이가 있을 것이라는 적절한 느낌에서 비롯된 것이다. 그러나 참 선지자의 상태를 언급한 성경 구절들을 면밀히 살펴보면 그런 차이가 있다는 통설이 잘못된 것임을 알 수 있다. 참 선지자들도 예언시에는 보통 때의 상태와는 근본적으로 다른 상태에 있음을 보게 된다. 곧, 그들 자신의 이성적 사고 능력이 일시적으로 정지되고, 그들을 압도하는 하나님의 영의 영향력 하에서 완전히 수동적이 되어 버리는 이른바 황홀경(ecstasy)의 상태에 있게 되는 것이다.

그러므로 선지자들은 필로의 말처럼, 온 기관이 하나님의 사용함을 받아 그의 계시를 전달해주는 해석자들이다. 계시를 받기 전에 준비하는 상태에서부터 선지자들의 상태는 아주 이례적인 것이었다. 그들은 음악을 사용해서 그들의 감정을 차분히 가라앉히고 하나님의 것에 대한 사랑을 불 붙이기도

했다(왕하 3:15; 삼상 10장). 그리고 난 후 하나님의 영이 그들을 능력적으로 완전히 사로잡아서 그들 자신의 사고가 억눌려버린 그런 상태가 되었다. 이 점은, "하나님의 손, 또는 하나님의 영이 내게 임하였다"(겔 1:3; 삼상 19:20; 왕하 3:15; 대하 15:1 등) 라는 표현에서 분명히 나타나고 있다. 이처럼 사로잡히는 상태가 선지자 자신으로서는 도무지 피할 수 없는 것이었다는 사실은 예레미야의 다음 말에서 나타난다: "여호와여 주께서 나를 권유하시므로 내가 그 권유를 받았사오며 주께서 나보다 강하사 이기셨으므로 … "(20:7).

다음과 같은 신약의 표현도 동일한 의미를 지닌다: "오직 성령의 감동하심을 입은 사람들이 하나님께 받아 말한 것임이니라"(벧후 1:21). 선지자 자신의 사고 능력이 억제되고, 하나님의 위엄과 그의 계시의 놀라움 앞에서 두려워 떠는 현상이 심령의 고뇌와 혼란 상태와 함께 나타난다. 아브라함은 이상을 볼 때에, "캄캄함이 임하는 것을 보고 심히 두려워 했다"고 한다(창 15:12). 하나님의 영에 사로잡혔을 때에 발람은 땅에 엎드러졌다(민 24:4). 다니엘은 이상을 본 후에 기력이 완전히 떨어져서 어지러워 쓰러져 며칠 동안을 병상에 누워 있었다(10:8-10). 때로는 선지자 자신의 내적 갈등이 너무도 커서 옷을 찢는 일도 있었다. 사무엘상에서 사울은 다른 선지자들과 마찬가지로 옷을 벗어 던지고 땅에 누워서 예언했다(19:24).

선지자들이 이처럼 이례적인 상태에 있었다는 것은 불신자들이 그들을 미쳤다고 보았다는 점에서도 분명히 드러난다. 예후가 한 선지자와 만났을 때에 그의 신하들은 말하기를, "그 미친 자가 무슨 까닭으로 그대에게 왔더뇨?"라고 했다(왕하 9:11). 렘 29:26도 이와 아주 유사한 현상을 보여준다. 또한 선지자의 상태가 평상시와는 전혀 다른 상태임을 보여주는 외적인 표시를 우리는 사무엘상 10장의 사건에서 잘 볼 수 있다. 6절에서는 사울에 대해서, "네게 여호와의 신이 크게 임하리니 너도 그들과 함께 예언을 하고 변하여 새 사람이 되리라"라고 말하며, 11절에서는 그가 선지자들과 함께 예언을 할 때에 전부터 그를 알던 사람들 모두가 놀라서 다음과 같이 소리쳤다고 기록하고 있다: "기스의 아들의 당한 일이 무엇이뇨? 사울도 선지자들 중에 있느냐?" 곧, 사울이 그저 선지자들의 생도들과 함께 있었던 것만이 아니라 눈으로 감지할 수 있을 만한 모종의 비정상적인 현상이 그에게 나타난 것이 분명한 것이다.

215. 그러므로 히브리 선지자들도 이방의 선견자들처럼 황홀경 속에 있었다는 점은 의심할 여지도 없이 분명하다. 창 15:12의 칠십인역은 바로 그 표현을 써서 묘사하고 있다. 신약에서도 최소한 그와 의미가 동일한 용어들을 찾아볼 수 있다. 그리스도와 사도들은 때로 선지자들이 '성령 안에서' 말했다고 선언하며, 사도 요한도 계 1:10과 4:2에서 자신의 황홀경의 상태를 "내가 성령에 감동하여"(문자적으로는 '내가 성령 안에 있어서'라는 뜻임ー역주)라고 묘사하고 있다.

216. 그렇다면, 교부들이 참 선지자와 거짓 선지자를 정확히 구분하지 못했음을 보기 때문에 그 둘 사이에 어떤 차이가 있었을까 하는 의문이 일어나게 된다. 터툴리안은 오래 전에 황홀경(ecstasy)과 광란의 상태(phrenzy)를 구분하고, 후자를 거짓 선지자의 상태로 규정했다. 이것은 옳았다. 참 선지자들은 분명 그 심령이 아주 고상한 상태로 고양되었다. 의식과 침착성 등 심령의 저급한 원리의 작용이 억제되고, 하나님의 일들을 깊이 사고할 수 있는 능력이 땅에 속한 족쇄에서 해방되어 마치 깨끗한 거울처럼 하나님의 진리에 대한 인상들을 받아들일 준비를 갖추게 되는 것이다. 이와 같은 황홀경과 더불어 선지자의 몸에 나타나는 비정상적인 상태는 선지자 자신이 하나님의 영을 물리치려고 발버둥치기 때문에 일어나는 것이다. 그러나 언제나 하나님의 영이 이기게 되고 결국 고요한 평정의 상태로 끝마치게 된다.

반대로 이방의 선견자들이 경험하는 황홀경에도 이성과 의식이 억제되는 현상이 있다. 그러나 그것은 선견자의 심령의 저급한 능력들이 흥분되어 고상한 능력들과 충돌을 일으키는 데서 일어나는 것이다. 이러한 충돌로 인해서 마음이 고요한 상태가 되는 것이 아니라, 점점 더 흥분 상태가 심해지며, 그럴수록 감정이 따라서 격앙되어 격렬해지고, 그럴수록 영감이 더욱 완전해지는 것이다. 그래서 이를 위해서 온갖 환각의 수단들이 함께 사용되었다. 선지자들의 상태는 초자연적인 상태인 반면에, 이방의 점술사들의 상태는 비자연적인 상태로서 잠정적인 정신 이상의 상태였던 것이다.

217. 선지자들이 예언 활동을 할 때에 이성과 의식을 소유한 상태가 아니라 황홀경의 상태에 있었다는 사실에서 우리는 한 가지 중요한 결과를 도출해 낼 수 있다. 그것은 곧, 선지자들은 모든 하나님의 계시들을 직접적인 지각을 통해서(by an immediate perception) 받아들였다는 사실이다. 사도들의 경우 성령의 조명하심(illumination)이 영혼의 모든 능력 속에 똑같이 고루 퍼졌고 이해력의 작용이 전혀 배제되지 않았던 반면에, 선지자들의 경우는 모든 인상들이 내적인 감각(internal sense)에 주어지고, 그리하여 외적인 감각들의 작용이 정지된 상태에서 하나님의 영의 계시들을 받아들였던 것이다.

218. 이에 대한 증거는 앞에서 선지자의 황홀경의 실체를 위하여 제시한 증거들 가운데 이미 포함되어 있다. 먼저 우리는 민 12:5-8을 근거로 제시할 수 있다. 거기서는 모세에게 주어진 하나님의 계시와 선지자들에게 주어진 하나님의 계시를 서로 구분하고 있다. 모세를 한 세대의 창시자요 율법 제정자로 지명한 사실에 대해서는 지적으로 분별할 수 있는 완벽한 증거가 필요했다. 그러므로 그에게는 하나님의 계시가 내적으로 외적으로, 분명하고도 문자적인 표현들을 통해서 주어졌다. 그러나 선지자들에게는 언제나 이상이나 꿈을 통해서 주어졌고, 물론 그 때에 생각이나 외적 감각의 활동이 억제되었는데, 이는 선지자직의 목적을 충분히 드러내는 한 방법이었다. 선지자들을 가리켜 '선견자들'(Seers: 문자적으로는 '보는 자들'이라는 뜻—역주)이라는 호칭으로 부르는 것도 동일한 의도였다.

219. 이 호칭에서 '본다'(see)는 낱말은 직접적인 지각의 모든 작용을 나타내는 넓은 의미로 사용되었는데, 이는 출 20:18 등에서도 나타난다. 여기서 민 24:3,4의 경우를 언급할 필요가 있을 것 같다. 거기서 발람은 자신을 가리켜 '전능자의 이상을 보는 자, 엎드려서 눈을 뜬 자'라고 부르고 있다.

220. 선지자들의 진술이 나타나는 여러 구절들에도 이와 동일한 묘사가 나타난다. 거기서 선지자들은 감각으로서는 도저히 지각할 수 없는 것들을 듣기도 하고 보기도 하는 것으로 말씀하고 있다. 발람은 말하기를, "내가 그를 보아도 이 때의 일이 아니며 내가 그를 바라보아도 가까운 일이 아니로다"라고 한다(민 24:17). 이사야는 여호와께서 높은 보좌에 앉으사 스랍들에 둘러싸여 계시는 것을 보았다. 미가야는 여호와께서 그의 보좌에 앉으시고 천군들이 그의 좌우편에 둘러 서 있는 것을 보았다(왕상 22:19). 에스겔은 한 골짜기에 가득한 죽은 사람들의 마른 뼈들이 여호와의 숨결을 통해서 생명을 얻어 다시 일어나는 광경을 본다(37장). 에스겔서 1장을 보면 황홀경의 상태와 내적 감각의 활동과 직접적인 연관을 갖고 있다는 것이 분명히 드러난다. 3절에서 "여호와의 권능이 내 위에 있으니라"라고 말씀하고 나서 곧바로 4절에서 말씀하기를, "내가 보니 … 보이고"라고 하는 것이다. 하박국은 성루에 서서 여호와께서 그에게 말씀하시는 바를 보았다(2:1). 다니엘은 을래강 가에서 큰 음성을 듣는다. 결국, 하나님의 계시들이 선지자들에게 임한 방식에 대한 이런 견해가 옳다는 것은 앞으로 살펴보겠지만 그 결과로 나타나는 모든 사실들에서 분명히 드러나는 것이다.

221. 예언의 이러한 특징이 그 수많은 해석자들에게 전혀 알려지지 않은 것은 아니었다. 그러나 해석자들은 주로 예언 가운데서도 이사야 6장이나 에스겔 1장, 스가랴 전반부나 다니엘 후반부 등 이상(異象)으로 분명히 구분지을 수 있는 그런 두드러진 부분들만 관심을 가져온 것이 사실이다. 그러나 이런 두드러진 예언들과 나머지 부분들이 사실상 동일한 것들이므로 우리의 논지는 모든 예언에 다 적용된다. 그리고 사실을 올바로 파악해보면 모든 예언들이 다 이상의 특징을 충분히 지니고 있다는 확실한 증거가 있는 것이다.

222. 그러면 이러한 예언의 본질의 결과로 나타나는 몇 가지 특별한 점들을 살펴보기로 하자. (1) 선지자들이 자기들이 말하는 사건들을 언제나 그 주변의 모든 정황과 함께 묘사할 것으로 기대해서는 안된다. 헤르더는 말하기를, "선지자들은 우리들이 보통 생각하는 것 같은 그런 설교자들도 아니요

교리적인 주제들을 강해하는 자들은 더더욱 아니다"라고 한다. 주제를 그렇게 일관성 있게 그리고 포괄적으로 전달하는 일은 스스로 완전한 이해력과 의식을 갖고 있는 사람의 가르침에서나 기대할 수 있는 것이다. 그러나 선지자들은 예언할 때마다 언제나 내적인 지각에 전달된 것만을 말할 뿐이며, 오로지 기존의 상황에 맞는 것만 그들에게 전달되었던 것이다. 특히 메시야 예언의 경우는 더욱 그렇다.

선지자들은 한번에 메시야에 관한 교의의 전체적 모습을 다 제시한 경우가 한번도 없다. 어떤 곳에서는 메시야의 품성을 주로 다루며, 다른 곳에서는 메시야 왕국의 본질에 대해서만 거론한다. 그리고 때로는 영광 가운데 계신 메시야의 모습이 예언의 대상이 되기도 한다. 말라기는 그리스도께서 처음 비하의 상태로 임하시는 사실은 그대로 지나쳐버리며, 메시야의 선구자와 예루살렘 패망 사이의 간격에 대해서도 언급하지 않는다. 아주 세세한 정황들을 언급하면서 훨씬 더 중요한 것들을 빼버리는 경우도 많다. 때로는 미래에 있을 가장 즐거운 사건들만 홀로 제시하기도 하고, 또 어떤 때는 주로 어두운 면만을 다루기도 한다.

예를 들어서, 예레미야는 유대인의 첫 열매들의 회심을 미래에 있을 유대인들의 전체적 회심과 연결시키면서 그 중간에 유대인의 상당수가 배척을 받게 될 것을 언급하지 않고 그냥 지나친다(23:5,6). 반면에, 말라기와 다니엘은 이와 반대되는 면, 즉 백성들이 배척을 당하고 땅과 성(城)이 완전히 황폐하게 되는 상황을 주로 다룬다. 선지자들은 메시야 왕국의 진전을 대적하는 모든 장애거리를 그냥 지나쳐 버리고 그 왕국의 미약한 시초와 그 영광된 완성을 한 각도에서 제시하는 경우가 많다. "우리가 부분적으로 알고 부분적으로 예언하나"라고 한 바울의 말씀은 예언의 이러한 특징을 두고 하는 말이 아닌가 싶다. 그러므로 우리는 모든 개별적인 예언들을 각기 하나의 단편으로 취급해야 하며, 오직 그 모든 특징적인 예언들을 모으고 합쳐 놓아야 비로소 그 총체적 모습을 소유하게 되는 것이다. 그 개별적인 예언들을 어떤 식으로 정리해야 할지를 역사를 통해서 볼 수 있기 때문에, 이러한 작업은 좀더 쉽게 이룰 수가 있다.

223. 최근에 와서는 예언의 일반적 성격을 오해한 나머지, 그 결과로 나타나는 이러한 특징까지도 오해하게 되었다. 어떤 이들은 선지자들마다 각기 다른 메시야 관을 가졌음을 보여주려는 시도를 하기도 했고, 또 그것을 근거로 선지자들의 메시야 관이 인간적인 데서 기원되었다고 주장하기도 했다. 예컨대 요엘은 메시야 왕국의 본질에 대해서만 묘사하며 메시야 자신에 대해서는 아무런 언급도 하지 않는데, 이것이 요엘이 사람에 대해서는 아무런 기대도 하지 않았기 때문이라는 식으로 주장하기도 한다. 예레미야는 영광 가운데 계신 메시야에 대해서만 말씀하기 때문에, 고난 당하시는 메시야에 대해서는 그가 전혀 생각이 없다는 식의 이론을 펴는 사람도 있다.

그러나 우리 견해를 반대하는 자들의 주장을 살펴보면 이런 식의 추론이 잘못된 것이라는 사실이 쉽게 드러난다. 그들의 주장대로라면 선지자들끼리 모순을 일으키는 것은 물론 한 사람의 선지자의 말씀도 그 자체 내에서 서로 모순을 일으키는 것이 된다. 예컨대 이사야는 2장에서 요엘처럼 메시야 자신에 대해서는 아무런 언급도 없이 곧바로 그의 시대에 대해서 묘사한다. 반면에, 같은 시기에 행해진 다른 예언에서는 메시야의 이름이 거명되고 있다. 또한 그의 예언 후반부에서는 메시야라는 인물에 대한 예언과 함께 메시야에 대한 일반적인 성격의 표현이 함께 나타나고 있다. 예레미야는 31장에서 메시야 왕국의 본질에 대해서만 말씀하는데, 다른 곳에서는 메시야의 인물 그 자체가 말씀의 주제를 이루고 있다. 이사야는 여러 구절들에서 영광 가운데 계신 메시야만을 다루는데, 53장에서는 비천한 가운데 계신 메시야의 모습을 그리면서, 그런 비천과 고난의 상태가 후에 그가 영광을 입으신 원인이 되는 것으로 묘사하는 것이다.

224. 플라톤의 가르침을 단 한 구절을 가지고 판단해서는 안되고 그의 저작 전체를 통해서 판단해야 마땅한 것처럼, 메시야에 대한 선지자들의 묘사를 바로 이해하기 위해서는 여러 곳에서 나타나는 메시야에 관한 서로 다른 이미지를 한데 합쳐서 보아야 하는 것이다. 이 점이 분명하다면, 어느 특정한 선지자가 어떤 부분에 대해서 언급하지 않고 지나갔다고 해서 그들이 그 부분에 대해 전혀 몰랐을 것이라고 생각해서는 안된다는 것도 분명해질

것이다. 만일 요엘의 예언들 가운데 더 많은 것들이 오늘날 남아 있다면, 현존하는 예언에서 모자라는 부분을 충분히 보충하고도 남았을 것이고, 이사야서의 경우도 마찬가지이다. 예레미야가 이사야의 후반부에 나타나는 상황과 동일한 상황 가운데서 예언했다면 그도 역시 고난 당하시는 메시야에 대해 예언했을 것이다. 더욱이, 이런 견해는 후기 선지자들은 그 이전의 메시야 예언들에 대해서 전혀 무지했고 이스라엘 민족 전체에 퍼져있던 대중적인 믿음에 대해서도 무지했다는 식으로 보게 만들기 때문에 더더욱 잘못된 것임이 분명히 드러나는 것이다.

225. 최근의 비평가들의 이러한 잘못은 선지자들을 지나치게 교리 선생들처럼 보아서 그들이 어느 곳에서나 진리의 전체 모습을 다 제시할 것으로 기대하는데서 드러난다. 그들을 유대인들로 본다면, 그들이 전에 정상적인 방법으로(다른 사람에게 주어진 계시를 듣거나 혹은 백성들의 일반적인 신앙을 접하거나 함으로써) 배운 것에 얽매이지 않고 오로지 당시에 본 것만을 전했다고 해서 놀랄 것이 전혀 없다. 과거의 선지자들의 예언들을 그 후의 선지자들이 취해서 나름대로 사용했을 것이라는 식의 주장에 대해서는 이사야 2장을 다룰 때에 답변할 것이다.

226. (2) 선지자들이 내적 감각이라는 매개체를 통해서 계시를 받아들였으므로, 그들에게는 모든 것이 **현재**에 발생하는 것으로 나타날 수밖에 없었다. (a) 그러므로 선지자들이 아주 머나먼 미래의 사건들이나 인물들을 마치 현재에 속한 것처럼 말씀한다고 해서 놀랄 것이 없다. 예컨대 이사야는 말씀하기를, "한 아기가 우리에게 났고 한 아들을 우리에게 주신 바 되었는데"(9:6)라고 한다. 그리고 다른 구절에서는 메시야를 가리켜 말하기를, "내가 붙드는 나의 종, 내 마음에 기뻐하는 나의 택한 사람을 보라"(42:1)라고 한다. 또한 45장에서는 고레스가 언급되며 그에게 말씀하고 있다(1-8절). 때로는 명사 대신 지시 대명사를 사용하기도 한다. 어떤 해석자들은 선지자들의 글들의 이러한 독특성에 대해 오해한 나머지 여기저기 나타나는 선지자들이 말씀한 인물이나 사건들이 실제로 당시의 현재에 속하는 것으로 잘못 생

각하기도 했다. 사실 그런 오해로 인해서 그들은 선지자들에 대해 전혀 그릇된 해석을 내리게 된 것이다.

(b) 선지자들이 시제를 사용하는 데 있어서 정확성이 결여되어 있는 점도 이를 통해서 해명할 수 있다. 선지자들은 사물을 시간적으로가 아니라 공간적으로 바라보기 때문에 그들에게서 정확한 시간적 묘사를 기대할 수는 없는 것이다. 실제로 선지자들은 머나먼 미래의 사건을 논하면서 제1 부정과거 시제나 과거 시제를 사용하는 경우도 많다.

(c) 이렇게 볼 때에 선지자들은 특별 계시를 받기 전에는 사건들의 시간적 거리를 전혀 의식하지 못했을 것이 분명하다. 예를 들어서 선지자들이 메시야가 그들 앞에 서 있는 것을 보았을 때에, 그 사건이 실제로 얼마만큼 오랜 세월이 흐른 후에 성취될 것인지를 무슨 방법으로 알 수 있었겠는가? 그러므로 그들이 메시야의 때에 대해 이야기할 때에는 아주 불분명한 어조를 띨 수밖에 없었던 것이다. 아니, 심지어 메시야의 때에 대해서는 그들은 모르고 오로지 하나님만이 아신다고 분명히 이야기하기도 한다(슥 14:7을 보라).

선지자들의 예언의 또 한 가지 특징은 시간적으로 서로 멀리 떨어져 있는 사건들을 계속적으로 발생한 사건들로 묘사한다는 점인데, 이를 알지 못하면 예언들의 상당 부분을 완전히 오해하게 된다. 선지자들은 이상을 볼 때에 사건들이 완전히 서로 연결되어 하나씩 나타나는 식으로만 보게 되고, 그것들을 하나씩 서로 별개의 것들로 구분하여 보지는 못했던 것이다.

몇 가지 실례를 들어서 이 점을 살펴보기로 하자. 바벨론 성은 최초로 페르시아 사람들에 의해서 함락되었다. 그러나 그 성이 완전히 함락되어 멸망한 것은 그로부터 천년 이상이나 흐른 후의 일이었다. 그런데도 예레미야는 중간에 시간적 간격이 있다는 사실에 대해서는 아무런 언급도 하지 않고 바벨론 성의 함락과 그 성의 최종적 멸망을 서로 연결된 사건처럼 말씀하는 것이다(50, 51장). 신정국가에 관한 예언에 있어서도 축복을 예언하거나 심판을 예언할 때에, 둘 사이의 엄청난 시간적 간격에 대해서는 전혀 언급하지도 않고 가까운 미래에 일어날 덜 중요한 일들을 훨씬 더 먼 미래에 있을 더 중요한 일들과 직접 연결시켜 말씀하는 것을 보게 된다. 여기서 가까운 미래의 일들과 더 먼 미래의 일들이 서로 함께 연결되는 것은 언제나 그 둘 사이에 내적인 상관 관계가 있기 때문에 그렇게 되는 것이다.

이사야는 중간에 일어나는 모든 일들은 다 삭제하고 이스라엘을 앗수르의 손에서 구원하는 사건에 연달아서 곧바로 메시야를 통한 구속을 말한다. 이와 마찬가지로 이사야, 미가, 호세아, 아모스, 에스겔, 그리고 예레미야 등은 바벨론 포로의 귀환 사건을 메시야를 통한 구속과 연결시킨다. 그러나 그 어떠한 선지자도 메시야를 바벨론 포로를 귀환시키는 지도자로 보지는 않는다. 바벨론 포로기 이후에 활동한 스가랴에 가서는 상황이 완전히 바뀐다. 그는 유대인의 영적 구속을 더 가까운 장래에 있을 정치적인 구원—일부는 알렉산더 대왕의 치세 때에 그리고 일부는 마카베오 시대에 이루어질—과 연관지어 말씀한다.

메시야 왕국을 묘사할 때에도 그것이 점진적으로 발전한다는 사실에 대해서는 전혀 관심을 기울이지 않고 그 왕국의 시초와 그 영광스런 종국을 직접 연결시켜 묘사한다. 그리하여 스가랴는 비천과 고난 가운데 계신 메시야를 묘사한 다음 곧바로 그의 왕국이 찬란하게 완성되는 것을 묘사하는 것이다(9:9,10). 요엘은 오순절에 일어날 최초의 성령 강림의 사건과 그 이후 교회가 언제나 누릴 성령의 임재를 서로 구분하지 않는다(3장).

어떤 경우에는 사건들이 서로 병렬되지 않고 한데 뒤섞여 묘사되기도 한다. 이는 멀리 보이는 물체들이 실제로는 서로 분리된 것들인데도 하나로 합쳐져서 보이는 것과 같은 이치이다. 이 점은 특히 이사야서 후반부를 이해하는데 매우 중요한 빛을 던져준다. 거기서 이사야는 바벨론 포로의 구원과 그리스도로 말미암은 구원이 병렬되어 묘사되는 경우가 많다. 그러나 때로는 선지자의 눈에 그 두 사건이 한데 합쳐진 상태로 보여서 그런 식으로 묘사되기도 한다. 이와 비슷하게 미래의 모든 심판들이 한데 합쳐진 상태로 묘사되는 경우도 잦다. 시기적으로 서로 다른 때에 성취될 심판들이 한데 뒤섞여 묘사되는 것이다.

선지자들의 말씀에 대한 오해의 상당 부분은 바로 이러한 특성을 알지 못하는데서 기인하는 것이다. 비평가들은 아주 긴밀하게 연관된 예언들을 찢어서 헤쳐놓곤 하는데, 그 이유는 선지자들은 어떤 사건들이 비록 시간적으로는 완전히 분리되어 있지만 서로 간에 모종의 내용적 연관성이 있을 때에 그 사건들을 서로 앞뒤에 나타나는 것으로 묘사한다는 사실을 알지 못하기 때문이다. 또 어떤 사람들은 이처럼 시간적으로 완전히 분리된 사건들을 서로 병렬시키거나 한데 뒤섞어 묘사한다는 점을 들어서 예언서들의 신적 기원을 거부하기도 한다. 그러나 이것은 아주 부당한 것이다. 왜냐하면 선지자들이 그런 식으로 묘사했다고 해서 그들의 관점을 제한된 것(limited)이라고는 할 수 있어도 그것을 거짓된 것(false)이라고 할 수는 없기 때문이다.

만일 어떤 선지자가 그리스도가 몇년 후에 강림할 것이라고 그 연수에 대해 확정적으로 예언했는데 그 예언대로 그리스도가 강림하지 않았을 경우에는 그 예언은 분명 하나님으로부터 온 것일 수가 없다. 그러나, 이상(異象)의 일반적인 성격에 따라서 선지자가 시기에 관해서는 확정적인 말씀을 전혀 하지 않았다고 해서(스스로 아는 체하지 않고) 그것을 근거로 그 예언이 하나님에게서 온 것이 아니라고 거부해서는 안된다. 선지자마다 장차 일어날 사건을 하나도 빼놓지 않고 전부 예언하는 것이 아니기 때문이다. 또한 예언의 신적 기원을 인정하는 사람들 가운데 어떤 이들은 선지자들이 한 곳에서 묘사한 내용은 반드시 동일한 시기나 동일한 대상들과 관련되었다는 것을 당연히 생각한 나머지, 그들이 설정한 원칙에 맞지 않는 것들은 무엇이든지 억지 해석을 통해서 제거해 버리려 하는 우를 범하기도 한다. 또 어떤 경우는 선지자들의 예언에 이중적 의미가 들어 있다는 식의 부자연스런 가정을 함으로써 마음대로 변덕을 부릴 수 있는 여지를 허용하게 되는 잘못을 범하기도 한다.

227. 선지자들이 자신들의 예언의 이러한 특징을 의식하고 있었다는 점은 그들이 자주 자신들을 파수꾼에 비유한다는 사실에서 잘 드러난다. 파수꾼은 높은 망대 위에서 주변 지역을 바라보며 아군이 오는지 적군이 오는지를 파악하여 보고하는 임무를 띠는데, 선지자 자신들이 바로 그와 같다고 본 것이다(미 7:4; 렘 6:17; 겔 3:17; 33:1-9). 예언의 본질에 있어서 이런 기능이 얼마나 필수적인 것인지는 그리스도에 대한 예언에서 잘 드러난다. 선지자들의 예언을 그릇되게 해석하게 되는 것은 대부분 예언의 이러한 성격을

알지 못하는 데 기인하는 것이다. 심지어 선지자 자신에게도 미래의 사건들은 마치 큰 그림처럼 나타나며, 그리하여 시간적으로가 아니라 공간적으로 나타나는 것이다. 예컨대 예루살렘의 멸망과 심판의 날 등의 서로 분리된 부분들을 묘사할 때에, 선지자가 시간을 지정하는 것은 이상 가운데 선지자에게 보이는 순서에 따라서 되는 것이지 그 사건들이 실제로 일어나는 순서에 따르는 것이 아니다.

이 점에 대해서는 벧전 1:10-12에서 충분히 교훈하고 있다. 거기서 사도 베드로는 미래에 관한 참된 하나님의 계시들이, 즉 주의 고난과 그 후에 올 영광에 관한 계시들이 그리스도의 영에 의해서 선지자들에게 주어졌음을 말씀한다. 그럼에도 불구하고 그들은 그들이 예언한 그 사건들이 언제 일어날지 그 시기에 대해서는 알지 못했으며 그런 점에서 그들은 그들이 예언한 그 일이 성취될 그 시기에 살던 사람보다도 훨씬 뒤처져 있었던 것이다.

228. 이제는 이런 식으로 예언된 사건들의 시간적 순서를 과연 어떻게 확실히 알 수 있느냐 하는 문제에 대해 답변할 차례가 된 것 같다. 그 방법은(이 방법 가운데 어떤 것들은 선지자들과 그 당시의 사람들이 터득하고 있던 것들이고, 또 어떤 것들은 선지자들보다 후대의 사람들이 독특하게 지녔던 것들이다) 다음과 같다:

229. ① 선지자들은 사건들이 일어날 시간적 순서에 대해서 하나님으로부터 계시를 받는 경우가 자주 있었다. 예레미야는 놀랍게도 바벨론 포로 상태가 70년 동안 계속될 것을 계시로 받았다. 요엘 3:1에서는 메시야의 시대가 바벨론 포로의 구원 이후에 개시될 것으로 명확히 묘사되고 있다. 이사야는 메시야 이전과 메시야 이후의 두 가지 시간적 과정을 구분하고 있다 (9:1). 그리고 다니엘은 바벨론 포로의 귀환과 메시야 왕국의 개시 사이의 기간을 제시한다. 그러나 아주 희미하게 말씀했기 때문에 그 당시의 사람들은 그의 예언에서 바벨론 포로의 귀환 사건이 메시야 왕국의 개시보다도 먼저 일어날 것이라는 것 이상 아무 것도 배울 수가 없었다. 메시야 왕국의 개시에 대해 그 이상 더 명확한 사실은 그것이 성취된 이후에 산 자들을 위해

서 보류되었던 것이다.

또한 그리스도께서도 마태복음에서 장차 일어날 일들에 대해 전반적인 교훈을 하시는 중에 미래에 있을 두 가지 유사한 사건들에 대해서 말씀하신 후(그 사건들 사이의 시간적 거리를 전혀 언급하지 않으시고), 24장에서 그 두 사건들을 구별하신다. 거기서는 '이 모든 일들'(Πάντα ταῦτα) '그 날' (Τῆς ἡμέρας ἐκείνης)이 대조를 이루며 나타나는 것을 볼 수 있다(34, 36절). 그리고 나서 주님은 전자의 사건, 곧 예루살렘 멸망 사건이 당시의 세대들이 보는 앞에서 일어날 것이라고 말씀하시며, 후자의 사건, 곧 심판 날은 더 먼 장래에 알 수 없는 때에 일어날 것이라고 하신다. 이런 식의 시간에 대한 묘사에 착안하여 우리는 그런 시간에 대한 묘사가 나타나지 않는 선지자들의 예언들에서도, 함께 병렬되어 나타나는 사건들(juxtaposition of events)을 별 어려움 없이 시간적으로 서로 다른 시기에 나타나는 사건들 (succession of events)로 전환시킬 수가 있는 것이다. 그러나 이 때에 그 사건들 사이의 정확한 시간적 간격은 알 수가 없는 것은 물론이다.

230. ② 함께 뒤섞여 있는 사건들이 실제로 다른 시기에 나타나는 다른 사건들일 경우, 그 점은 그 사건들이 분리되어 나타나는 다른 구절들과 비교함으로써 쉽게 알 수 있다. 예를 들어서 이사야 후반부의 경우, 고레스를 통한 구원과 그리스도로 말미암은 구원이 선지자의 이상 가운데 구분되어 제시되는 그런 구절들을 골라낸 후 그것들을 두 사건들이 한데 뒤섞여 나타나는 구절들과 비교해보면 그 두 사건들을 쉽게 구분할 수가 있는 것이다.

231. ③ 때때로 선지자들은 사건들이 일어나는 방식에 대해 시사하기도 한다. 보통 하는 대로 자신을 현재의 위치에 두지 않고, 가까운 미래에 두고서(그 때를 현재로 취급하며) 더 먼 미래를 지나쳐 버리는 것이다. 이사야 후반부에서 선지자는 자신을 대개 바벨론 포로 시대에 위치시킨다. 그리고 53장에서는 자신을 메시야의 고난과 영광의 사이에 위치시키며 그의 고난을 영광의 조건으로 묘사한다. 그리고서 메시야의 고난을 과거 시제로, 그의 승귀(昇貴: exaltation)를 미래 시제로 표현하는 것이다.

232. ④ 그러나 가장 확실한 방법은 **성취**를 통해서 보는 것이다. 메시야가 나타나기 전에도 이 방법은 그에 관한 예언들을 이해하는데 상당한 도움을 주었다. 바벨론 포로의 구원과 그리스도로 말미암는 구속은 서로 병렬되어 나타나거나 혹은 한데 뒤섞여 표현되는 경우가 많다. 그런데 전자의 사건이 이미 일어난 다음부터는 두 사건 각각에 관련된 내용들을 분리시키기가 쉬워졌다. 그렇기 때문에 우리는 바벨론 포로기 이후의 선지자들에게서 메시야 예언이 더 순수하고 명확한 것을 보게 되는 것이다. 그러나 이 방법은 그리스도께서 오심으로써 훨씬 더 효력을 발휘하게 되었다. 그리스도께서 비천의 상태로 나타나신 것과 그의 왕국의 최종적인 영광의 상태가 선지자들의 예언에서는 시간적으로 서로 분리되어 나타나지 않는다는 점을 이미 확인한 바 있다. 그러나 전자의 사건이 이미 일어난 후에는 두 사건을 쉽게 분리시킬 수가 있게 되었다. 그러므로 그리스도의 예언들도 먼저 일어날 사건(예루살렘의 멸망)이 일어나고 난 후에는 훨씬 더 명확해질 수밖에 없는 것이다.

233. (3) 만일 미래에 대한 모든 계시가 선지자들에게 이상 가운데서 주어졌다면, 그 계시는 반드시 **비유적인 묘사들**(figurative representations)을 통해서 이루어졌을 것이다. 왜냐하면 추상적 명사들이 아니라 오로지 형상화한 이미지들만이 이상을 통해서 지각될 수 있기 때문이다. 그러나 선지자들에게 전달된 이미지들은 분명 그들에게 아주 친숙한 관계나 대상물들에서 취해진 것들이었을 것이다. 하나님은 선지자들에게 마치 마술처럼 그렇게 역사하신 것이 아니라 선지자들의 독특한 능력과 지식에 알맞도록 역사하셨다. 반면에, 예언들이 도저히 알 수 없는 이미지들을 통해서 전달되었다면 그것들을 도무지 이해할 수가 없었을 것이기 때문에, 그 예언이 소기의 목적을 이룰 수가 없었을 것이다.

234. 이러한 원칙을 메시야 예언에 적용시키면, 예언의 본질상 메시야 왕국은 반드시 모세의 세대에서 취한 이미지들로 묘사될 수밖에 없다는 것이 분명해진다. 그리고 메시야 왕국의 사실들과 인물들은 모세의 세대에 속한 사실들과 인물들의 이름들을 취하게 되며 또한 내용적인 유사성으로 인해서

그것들과 연관을 맺게 된다는 것도 분명해진다. 이러한 묘사 방식은 모세의 경륜(economy)이 그리스도의 경륜을 지시하는 것이며 미리 예표하는 것이라는 사실에 근거를 둔다. 선지자, 대제사장, 왕의 세 직분과 관련된 사항에 대해서는 오래 전에 유세비우스가 아주 충분히 다룬 바 있다.

235. 이제는 이런 점들을 실례를 들어서 살펴보기로 하자. 기존의 신정국가는 메시야를 묘사함에 있어서 선지자들에게 세 가지 근본 자료를 제공해 주었고, 그들은 각 경우마다 그 자료에다 원형(오리지날)과 예표를 구분짓는 차이점을 덧붙일 수 있었을 것이다. 메시야는 그들에게 위대한 **왕**으로 나타났다. 메시야의 독특한 점들이 이 땅의 신정국가의 위대한 지도자의 이미지 속에 합쳐진 것이다. 물론 그 지상적인 왕의 영광은 후에 올 위대한 메시야의 영광의 희미한 그림자에 지나지 않는다. 메시야는 다윗을 통해서 가장 완벽하게 묘사될 수가 있었으므로, 다윗의 이름으로 그를 부르는 것을 보게 된다(호 3:5; 렘 30:9; 겔 34:23).

메시야는 또한 성령 충만을 입은 **선지자**로도 나타난다. 그는 선지자직의 이상(理想: ideal)을 완전히 인식하고서 백성들을 가르치고 훈계하며 책망한다. 그러나 그를 예표한 기존의 선지자들처럼 팔레스타인이라는 좁은 땅 안에서만이 아니라 이 땅의 모든 백성들 가운데서 그렇게 활동하는 것이다.

그리고 마지막으로, 그는 그들에게 **대제사장**으로 나타난다. 옛 언약에 속한 대제사장들은 그저 상징적으로 죄의 용서를 표현한 것에 지나지 않았으나, 그는 실제로 죄의 용서를 실행에 옮기시는 대제사장이신 것이다.

이처럼 메시야가 가장 탁월한 선지자요 대제사장이요 왕으로 인정되었으므로, 그의 왕국 역시 신정국가와 완전히 구분된 다른 개체로서가 아니라 신정국가의 충만한 완성으로서 나타나는 것이다. 기존의 신정국가의 자리인 예루살렘이나 시온이 흔히 그 왕국을 지칭한다. 그리하여 요엘은 신정국가에 소속한 자들만이 임박한 큰 심판을 피할 것이라는 뜻을 다음과 같은 말로써 표현한다: "시온과 예루살렘에 구원이 있으리라." 이사야, 미가, 에스겔 등은 미래에 신정국가가 모든 이방의 종교에 대해 승리를 거둘 것을 말씀하면서 성전이 서 있는 산이 다른 산들 위에 우뚝 솟는 것으로 표현하며, 또한 미래에 있을 이방의 회심을 가리켜서 이사야와 미가는 이방이 시온산으로 흘러들어오는 것으로 묘사하며, 이에 대해서 예레미야는 예루살렘이 광대하게 확장되는 것으로 묘사한다.

이런 묘사 방식은 모든 개별적인 특징들에 다 적용된다. 메시야 시대에 성령의 능력이 보편적으로 임하리라는 것을 요엘은 옛 언약 하에서 존재한 세 가지 형태의 하나님의 계시가 일반적으로 확대되는 것으로 묘사한다. 스가랴는 모든 민족이 참되신 하나님을 경배할 것이라는 뜻을 그들이 초막절 축제에 참여하는 모습으로 예언하고 있다. 하나님을 향한 백성들의 완전한 사랑과 신실함을 호세아나 미가, 스가랴는 과거 신정국가에서 특히 선지자들의 시대에 하나님과의 관계를 어그러지게 하는 모든 것(예컨대 바알 숭배나 우상 숭배, 앗수르와 애굽에 도움을 청하는 행위, 그리고 거짓 예언)을 제거하는 것으로 묘사한다.

메시야 시대의 영광과 행복을 묘사할 경우에는 다윗과 솔로몬 치세 때의 신정국가의 번영한 상태를 들어서 표현한다. 하나님과 화목할 때에 백성들 가운데 평화와 사랑이 가득하리라는 일반적인 진리를 선지자들은 신정국가의 가장 비참한 상태, 곧 이스라엘과 유다로 분리된 상태가 끝나는 것으로 묘사한다. 메시야 왕국의 원수들은 신정국가의 원수들의 이름으로 지칭될 뿐만 아니라 좀더 구체적으로 당시에 가장 호전적이고 강력한 특정한 백성의 이름(모압, 에돔, 마곡 등)을 통해서 언급되기도 한다. 선지자들의 이상 가운데서 그들은 다른 모든 원수들의 대표로 나타나는 것이다. 이런 예를 모두 들라면 이보다 훨씬 더 많지만, 이 정도만으로도 우리의 주장을 충분히 입증할 수 있을 것이다.

236. 예언의 이러한 특성은 여러 가지 면에서 그냥 지나쳐 버리거나 오해되어온 것이 사실이다. 그 가운데 두 가지 정반대되는 오해들을 특별히 주목하고자 한다. 첫째는 세속적인 유대인 해석자들의 그릇된 해석인데, 대다수의 합리주의자들이 이들의 예를 그대로 답습하고 있다. 이들은 예언의 은유적 성격을 전혀 인식하지 못하거나, 아니면 아무런 해석의 원칙도 없이 아무 곳이나 자신들의 견해를 확증해줄만 하면 **문자적 해석**을 고집한다. 유대

인의 주된 관심사는 긍정적이며, 오늘날의 비평학자들의 관심사는 부정적인 데 있다. 또한 아직 성취되지 않은 예언들에 대해서 철저히 문자적 해석을 고집하는 정통적인 해석자들 역시 어느 정도는 똑같은 잘못을 범하고 있다 할 것이다. 이런 해석법은 영국에서 날마다 더 많은 지지자를 얻고 있다. 심지어 독일에서도, 특히 비텐베르크에서는 더, 상당수의 지지자들을 얻고 있다.

둘째는 예언의 비유적 성격을 지나치게 강조함으로써 예언의 요지와 모든 의미를 말살시켜버리는 자들이 범하는 것이다. 적지 않은 합리주의자들이 이런 해석법을 취하고 있다. 첫번째의 해석법을 취하는 자들은 구약과 신약의 상호 모순점을 지적하고픈 욕망에 영향을 받았지만, 이 해석법을 취하는 자들의 주된 동기는 예언을 가능한 대로 일반화시킴으로써 예언과 그 성취가 서로 우연히 일치되는 것을 제거하려는데 있다. 그러므로 한 사람의 해석자가 자기 편의에 따라서 이 두 가지 해석법 가운데 하나를 이리저리 취한다 해서 이상할 것은 없다. 비천의 상태에 계신 그리스도의 모습을 초월하는 묘사가 나타날 경우 그 모든 묘사의 기초로 자리하고 있는 핵심적인 실체를 제거해 버리려고 애쓰는 일부 정통적 해석자들도 똑같은 잘못을 범한다. 그들은 선지자들이 하나님 나라의 미래의 영광에 대해 계시한 모든 것들을 마치 속을 없애고 껍질만 남겨두듯이 그런 식으로 설명하고 마는 것이다.

237. 이처럼 두 가지 잘못들을 피하기 위해서는, 예언 가운데 사용된 이미지들과 그 이미지로 나타내고자 하는 사실들을 서로 구분하는 확실한 원칙을 세워야 한다.

238. (1) 성취와 비교하는 것이 가능한 곳에서는 이것이 그것들을 구분하는 가장 확실한 지침이 된다. 그러나 여기서 조심해야 한다. 왜냐하면 선지자들은 이미 앞에서 보았듯이, 서로 간에 기나긴 시간적 간격이 있는 그런 사건들을(예컨대, 메시야 왕국의 희미한 시초와 그 영광된 완성 등) 마치 연이어 일어나는 사건들처럼 그렇게 묘사하기 때문이다. 그러므로 예언이 전반적으로 이미 성취되었는지, 그리고 어느 정도나 성취되었는지를 사전에 미리

확인해두어야 한다. 그런 점에서 하나님 나라의 미래의 발전과 관련한 신약의 선언들이 가장 큰 도움이 될 것이다. 그 가운데서도 계시록이 특히 중요하다. 계시록은 구약 계시 가운데 성취되지 않은 부분을 다시 취하여 그것들이 아직 미래에 성취될 것으로 묘사하고 있기 때문이다.

그러나, 이미 성취된 것으로 확인된 예언들(그 예언들과 역사를 비교함으로써, 그리고 그리스도와 사도들의 선포를 통해서 그 성취를 확인할 수 있다)과의 관계에 있어서는, 우리는 역사를 통해서 그 예언 가운데 비유적인 부분은 어떤 것이고, 또 문자적인 부분은 어떤 것이냐를 타당성 있게 구분할 수 있는 것이다. 그러나 우리는 다음 두 질문이 서로 분명히 구분되는 것임을 인식하여야 한다: '선지자들은 이 예언들을 어떤 의미로 이해했는가?' 와 '하나님이 그들을 통해 전달하고자 하신 뜻은 과연 무엇인가?' 하는 것이다. 이 두 가지 질문이 서로 다르다는 사실은 선지자들이 황홀경 상태에서 말씀했다는 사실이 입증되면 따라서 자명해진다.

첫번째 질문에 대해서는 해답을 찾기가 어렵고 사실 그 질문은 별로 중요하지도 않다. 사실 선지자들은 성령의 도구에 불과했으므로 우리는 그들이 이성과 의식의 활동이 억제된 황홀경의 상태에서 계시의 내용을 올바로 이해했느냐 그렇지 못했느냐 하는 문제에 관심을 가질 필요가 없다. 그리고 계시를 전달한 후에는 선지자들도 그 말씀을 들은 청중이나 독자들과 동일한 입장이 되므로, 계시에 대해 그들이 어떤 시각을 가졌느냐 하는 문제는 해석에 결정적인 영향을 줄 수가 없는 것이다.

그러나 두번째 질문은 대단히 중요한 것으로서 예언의 성취를 통해서 답변할 수 있을 것이다. 선지자들에게 미래에 대한 이상을 주신 하나님께서는 또한 그들이 예언한 바를 성취시키시기도 하셨다. 언제나 저자가 의도한 의미를 찾아야 한다는 해석의 원칙이 여기서도 그대로 적용되는 것이다. 우리의 견해를 반대하는 자들과 우리의 차이점은 오히려 '예언의 진정한 저자를 과연 누구로 보아야 하는가?' 라는 질문에 대해 서로 다르게 답변한다는 데 있다. 그들은 그저 인간을 저자로 본다. 그러나 우리는 사고를 더 높여서 하나님을 저자로 생각하는 것이다.

몇몇 해석자들은 중간 노선을 찾기 위한 노력의 일환으로 예언에 이중적인 의미가 담겨 있다는 입장을 취하기도 한다. 하나는 선지자들이 생각한 것이요, 다른 하나는 하나님이 의도하신 것이라는 것이다. 그러나 이러한 가정은 전혀 지지할 수 없는 것으로서 예언의 객관적 의미와 그 주관적 의미를 구분하지 않는데서 생기는 것이다. 어느 예언이든, 객관적 의미는 단 하나밖에 없다. 그러나 주관적 의미는 독자들의 숫자만큼이나 각양 각색이다. 우리가 관심을 갖는 것은 오직 하나밖에 없는 객관적 의미이다.

그러므로, 예언을 역사와 비교하거나 혹은 신약의 증거를 살펴보거나 아니면 선지자들이 자신들의 신적 사명을 진술한 부분들을 살펴보거나 하는 방법을 통해서 예언이 하나님께로부터 왔다는 사실을 확실히 수긍하게 되면, 그 순간부터 예언을 그 성취와 비교함으로써 그 예언의 객관적 의미가 무엇이었는지를 찾는 것이 정당한 것이다. 우리를 반대하는 자들은 이러한 우리의 확신이 근거가 없는 것임을 입증하지 못한다. 그러므로 그들은 우리가 예언의 의미를 찾기 위해서 역사를 도움 자료로 활용한다 해서 그것에 대해 이의를 제기해서는 안될 것이다.

더 나아가서 역사는 예언을 둘러싸고 있는 은유적인 옷과 신정국가적인 옷을 벗겨내도록 해줄 뿐만 아니라, 때로는 역사의 도움이 없이 오로지 예언에만 의존할 경우 비유적인 묘사들을 지나치게 확대 해석할 소지가 있는데, 그런 때에 가이드의 역할을 하기도 하는 것이다. 예컨대 시편 22편의 경우, 의복을 나누는 것이나 손과 발을 찌른다는 등의 묘사들은 만일 그런 구체적인 상황이 그리스도의 역사에서 그대로 일어나지 않았더라면, 우리는 그것들을 그저 전체의 내용을 채우기 위한 단순한 비유적인 표현들로 간주할 수밖에 없을 것이다.

스가랴 9장에서는 메시야가 나귀를 타는 것이 묘사되고 있는데, 만일 역사가 실제로 그런 상황이 그리스도에게 발생해서 그 예언을 성취시켰음을 보여주지 못했더라면 그런 묘사는 그저 메시야의 겸손한 태도를 표현하기 위한 하나의 비유적인 묘사로 밖에는 인정받지 못했을 것이다. 또한 역사의 증거가 없었다면, 스가랴 11장에 나타나는 은 삼십에 대한 묘사 역시 메시야가 유대인들 사이에서 행한 노력에 성과가 적었음을 표시하는 하나의 은유적인 묘사에 불과한 것으로 여겨졌을 것이다.

239. 또한 비유적인 것과 문자적인 것을 구분하는 다른 표지들을 예언들 자체 속에서 찾아볼 수 있다. 선지자들과 그 당시의 사람들은 그런 표지들을 사용할 수 있었을 것이다. 물론 가장 확실한 가이드인 성취가 아직 일어나지 않았기 때문에 때로는 그 둘을 서로 정확히 구분하는 것이 그들에게는 어렵기는 했을 것이다. 그 표지들은 다음과 같다.

240. (2) 이스라엘의 역사 가운데 일찍이 발생한 사실들을 지칭하는 것이 분명한 경우에는 거기 나타나는 묘사들이 분명히 비유적인 성격을 띤다. 여기서 우리는 언제나 미래를 과거의 사건과 연결짓는 개괄적이고도 근본적인 관념만을 선택하여야 한다. 예컨대, 사 11:15, 16에서 주께서 이스라엘 백성을 새로이 구원하실 때에 아라비아 만(灣)을 마르게 하시고 나일 강을 일곱 갈래로 나누어 신을 신고 건너가게 하시리라는 말씀이 나타나는데, 실제로 여기서 예언되고 있는 것은 오로지 언약 백성을 구원하시리라는 사실뿐이다. 그 사실이 과거 애굽의 종살이에서 구원하실 당시의 상황에 속한 이미지를 통해서 선지자에게 제시된 것뿐이다. 이스라엘 백성들의 구원에 대하여 호세아가, "하나님이 저를 개유하여 거친 들로 데리고 가서 말로 위로하고 거기서 비로소 저의 포도원을 저에게 주고 아골 골짜기로 소망의 문을 삼아 주리라"고 말씀했는데(2:14, 15), 이 때에 호세아 선지자가 그런 묘사를 (이스라엘 백성의 과거의 역사에서 취한) 통해서 의도한 것은 다만 하나님이 그들을 비참한 상태에서 구원하시고, 그리고 나서 그들을 위로하시고 풍성한 복을 주실 것이라는 사상을 표현하고자 했던 것뿐이다.

241. (3) 그 외에 다른 무수한 곳에서 우리는 은유적인 뜻으로 본문을 이해하지 않으면 선지자가 스스로 자가당착에 빠지는 경우들을 접하게 된다. 예를 들어서, 메시야를 가리켜 다윗 왕으로 지칭하는 구절들을 문자적으로 이해해서 결국 다윗이 죽은 자 가운데서 다시 살아나서 왕국을 소유할 것이라는 의미로 받아들이게 되면, 그 구절들은 메시야를 다윗의 싹 혹은 다윗의 자손으로 지칭하는 다른 구절들과 정면으로 충돌하게 되고 말 것이다. 렘 33:18을 문자적인 뜻으로 받아들여서 레위 반차를 따른 제사장 제도와 희생

제사가 계속될 것을 말씀하는 것으로 보게 되면, 그 구절은 메시야의 때에는 모두가 하나님과 직접적인 관계에 서게 된다고 선언하는 31:31 이하와, 그리고 레위인을 통한 예배가 그칠 것을 말씀하는 3:16과 모순을 일으키게 된다. 다른 선지서에도 이에 해당되는 여러 구절들이 있고 또한 본문의 비유적 의미를 입증하기 위해서 취할 수 있는 다른 논증들이 더 있으나 여기서는 생략하기로 한다.

　　이 점은 신정국가 시대에 있었던 전쟁과 승리들이 메시야의 시대에도 있을 것으로 언급한 구절들을 문자적으로 재구성하는 사람들에게 특히 중요하다 하겠다. 선지자들은 여러 곳에서 특히 메시야 왕국이 평화의 왕국이 될 것이요, 모든 이방 족속들이 신적 영향을 받아 자발적으로 그 왕국의 신민들이 될 것이라는 사실을 두드러지게 강조한다. 그런데, 이처럼 메시야 왕국을 완전한 평화의 왕국으로 묘사하는 선지자들이 다른 곳에서는 신정 국가 시대에 있었던 전쟁과 승리가 메시야 시대에 있을 것으로 말씀한다면, 그 둘 중 어느 하나는 반드시 비유적인 것으로 취할 수밖에 없는 것이다. 그런 경우에는 항상 선지자들이 보통 사용하는 이미지들을 고려함으로써 비유적 표현이 사용될 만한 배경이 확실히 있는 쪽을 비유적인 의미로 보아야 할 것이다.

　　242. (4) 또 어떤 구절들은 그것들을 비유적인 뜻으로 밖에는 이해할 수 없는 증거가 그 속에 들어 있기도 하다. 예컨대 선지자 엘리야가 오리라는 말라기의 예언의 경우, 굳이 그리스도의 확실한 말씀이나 역사의 증거가 없었더라도 과거 유대인들이나 바우어(Bauer)와 바움가르텐-크루시우스(Baumgarten-Crusius) 등 최근의 비평학자들처럼 그 엘리야를 진짜 엘리야로 이해하지 않고, 그를 닮은 다른 선지자로 쉽게 이해할 수 있는 것이다. 그런 식의 비유적 묘사가 사용된다는 사실은 다음과 같은 확실한 용례에서 곧바로 드러난다. 예를 들면, 다윗이라는 이름을 은유적인 뜻으로 사용하는 예는 일반적으로 인지되는 사실이다. 이사야 53:12은 도저히 문자적으로 해석할 수 없다는 사실이 즉시 드러난다. 그처럼 깊은 비천의 상태에서는 세상적인 승리를 얻을 수가 없으며, 또한 세상의 군왕들은 그 신하들에게 죄의 용서나 의롭다 함을 부여해주지 않는 것이 자명하기 때문이다.

그리고 에스겔서의 마지막 여덟 장은 언뜻 보면 문자적으로 이해할 수 있는 요소가 많은 것 같아 보이지만, 거기에는 비유적인 혹은 상징적인 의미로 밖에는 도저히 이해할 수 없는 구절들이 산재해 있으며, 그 구절들이 그 전체를 올바로 해석하는 열쇠를 제공해주는 것이다. 특히 47:1-12에 대해서는 이 원칙이 적용된다. 깊이를 알 수 없는 큰 물 줄기가 성전으로부터 흘러나온다. 이 물 줄기는 사해의 물을 회복시키고, 흘러가는 곳마다 생명으로 넘치게 한다. 오직 진펄과 개펄만은 그 물을 받아들이지 못하여 상한 상태를 치유받지 못한다. 여기서 구약의 상징적 어법에 대해서 약간이라도 접한 사람이라면 이 구절이 그리스도의 시대에 널리 퍼질 성령의 영향력을 묘사하는 것임을 곧바로 지각할 수 있을 것이다. 이사야 34, 63장에 나타나는 에돔은 신정국가의 원수들을 가리키는 은유적 지시어에 불과하다는 사실은 그 주위의 문맥에서 확실히 드러난다. 에돔에 대한 심판이 땅의 모든 백성에게까지 미칠 것으로 묘사되고 있기 때문이다.

243. (5) 비유적 표현과 그것이 나타내고자 하는 실체를 서로 구분할 때에는 각 선지자 개인의 일반적 성격을 염두에 두어야 한다. 모든 선지자들이 다 진리를 이미지를 통해서 바라보지만, 그들 가운데 몇몇 선지자들의 경우는 다른 선지자들보다도 사용하는 이미지들이 훨씬 현실성이 짙으며 상징적인 치장도 다른 선지자들의 것에 비해서 훨씬 투명한 것이 사실이다. 또한 같은 선지자의 경우라 하더라도 그의 정신적 기능이 억제되는 정도가 때마다 다르기 때문에 그런 면에서 상당한 차이를 관찰할 수가 있다. 예를 들어서 에스겔 40-48장에 나타나는 구절 같은 것이 만일 이사야서에 나타난다면, 그것을 가능한 한 문자적으로 해석해야 할 당위성이 에스겔서에 나타났을 경우보다는 훨씬 더 강할 것이다.

244. (6) 여러 경우에서는 묘사한 내용의 비유적 성격을 분명히 표명하기도 하고 또한 그 묘사의 이면에 놓여 있는 실체가 무엇인지에 대해서 시사하기도 한다. 슥 10:11에서는 "내가 그들을 바다로 지나게 하며"라고 하여 애굽에서의 구원이라는 이미지를 통해서 은유적 묘사를 하는데, 선지자는 스

스로 거기에 '고난'이라는 말을 덧붙임으로써 그 묘사의 은유적 성격을 밝혀 주고 있다(한글 개역은 '바다'와 '고난'이라는 두 낱말을 합쳐서 '고해'〔苦海〕로 번역하고 있다: "내가 그들을 고해를 지나게 하며."—역자주). 시 110:3의 전쟁은 이 세상에 속한 전쟁일 수가 없다. 왜냐하면 시편 기자는 군사들에게 거룩한 옷을 입혀서 전쟁터에 내어보내기 때문이다. 시 45:2은 사람의 아름다움을 찬미하는 것으로 이해할 수가 없다. 왜냐하면 거기서 찬미하는 아름다움이 하나님의 복의 근거가 되기 때문이다.

245. (7) 아직 성취되지 않은 예언들의 경우에 비유적인 것과 문자적인 것을 구분할 때에는 반드시 신앙의 유비(analogy of the faith)의 원리에 따라야 한다. 동일한 성령께서 선지자들을 통해서 말씀하시고 또한 신약의 저자들을 통해서 말씀하시므로, 양자 사이에 모순이란 있을 수 없는 것이다. 이 원리를 따르면 우리는, 아직 미래에 성취될 사건에 관한 예언들을 문자적인 뜻으로 이해하여 그것들이 유대 민족이 미래에 탁월하게 될 것이라거나, 성전이 재건될 것이라거나, 혹은 레위인을 통한 제사가 회복될 것을 말씀하는 것으로 해석하는 것을 거부할 수밖에 없다. 그러나 이 원리를 적용할 때에는 주의를 기울여야 한다. 먼저 신약에 나타나는 교의의 체계를 조심스레 점검해야 하는 것이다. 이 원리는 이미 여러 가지로 잘못 적용되어왔다. 예를 들어서, 비유적 묘사의 근저에 놓여 있는 실체를 완전히 잘못 보아서, 그리스도의 왕국이 영적인 성격을 지녔다는 선입견에 빠져서 하나님 나라의 찬란한 외적 상태와 관련된 모든 예언들을 영적으로 해석하고 싶어하는 사람들이 그 원리를 잘못 적용시킨 것이다. 그런 선입견은 은혜의 왕국과 영광의 왕국이 구별된다는 점을 간과한데서 비롯된 것이다. 구약은 물론 신약에 따르면 영광의 왕국이 이 땅에 세워질 것이다.

246. (8) 선지자들과 그 당시의 사람들이 언제나 비유적 묘사와 실체를 구분할 수 있었던 것이 아닌 것처럼, 아직 성취되지 않은 예언들의 경우에는 우리도 언제나 그것들을 확실하게 구분할 수 있는 수단을 지닌 것은 아니다. 여기서 우리는 나타난 증거 이상으로 나가지 않아야 할 필요가 있다. 이미

성취된 예언들에 관해서는 역사가 비유적 묘사와 실체를 구분하도록 가르침을 주듯이, 아직 성취되지 않은 많은 부분들에 관해서 결정할 수 있으려면 그것에 빛이 비치기를 기다려야 하는 것이다.

247. 예언을 행하는 동안의 선지자들의 상태의 결과는 이미 살펴본 바와 같이 **모호성**(obscurity)으로 나타난다. 그러나 이 모호성은 상대적으로만 고려되어야 한다. 이러한 모호성은 이미 언급한 세 가지의 결과이다. (1) 선지자들은 대개 광범위한 미래 가운데 **오직 한 부분**에 대해서만 명확한 시각을 가지고 있었다. 예언과 그 성취를 서로 맞추기 위해서는 그들의 예언들을 모두 한데 묶어서 단편들을 합쳐서 하나로 만들어 놓아야 한다. 이 일은 우리에게는 별로 어렵지가 않다. 역사가 각 특질들을 어떻게 정리해야 할지를 가르쳐주기 때문이다. 또한 예언이 성취되기 이전에 살았던 사람들이라고 해서 예언을 그렇게 한데 묶을 수단이 전혀 없는 것도 아니었다. 그러나 그들은 훨씬 더 어려웠을 것이며, 또한 선지자 자신들도 이 점에서 실수를 범하는 경우도 자주 있었을 것이다. 예를 들어서, 예언의 성취라는 밝은 빛을 접하지 못한 사람들에게는 영광 가운데 계신 메시야를 말씀하는 구절과 그의 비천의 상태를 말씀하는 구절을 서로 조화시키기가 어려웠을 것이라는 사실은 유대인들이 2인의 메시야라는 허구를 창안해냈다는 사실에서 분명히 드러난다.

(2) 이러한 모호성이 생겨나는 더 큰 원인은 바로 선지자들이 미래를 시간적으로가 아니라 공간적으로 바라보았다는 현실에서 찾을 수 있다. 가까운 사건이나 혹은 멀리 있는 사건들이 서로 닮았을 경우 선지자들은 그 사건들을 서로 연결된 것으로, 혹은 서로 뒤섞인 것으로 보았던 것이다. 물론 예언이 성취되기 이전에도 여러 가지 특징들(marks)이 복합되어서 예언의 의미에 대해 상당한 빛을 던져주었던 것이 사실이다. 그러나 그 특징들을 찾는다는 것이 매우 어려웠고 실수를 범할 소지도 많았다. 예를 들어서, 선지자들 자신이나(황홀경의 상태가 지난 후) 그 당시의 사람들이나 바로 그 이후의 세대들이 바벨론 포로의 구원과 그리스도로 말미암은 구속이 연속적으로 발생하는 것으로 말씀한 예언들을 살펴보았을 경우, 그들은 그 두 가지 사건

이 실제로 연속적으로 일어날 것이라는 그릇된 견해에 쉽사리 빠졌을 것이다. 이런 그릇된 견해가 참으로 빠지기 쉬운 것이었다는 사실은 말라기 2:17에서 잘 볼 수 있다. 이 구절은 바벨론 포로 상태의 유대인들 사이에 자기들이 구원을 받은 후 메시야로 말미암아 부강한 민족으로 우뚝 솟아나게 되리라는 확고한 믿음이 있었다는 것과 또한 그들 가운데 세상적인 사고를 가진 사람들은 이러한 소망이 이루어지지 않는 것에 대해 실망을 가졌다는 사실을 잘 보여준다. 메시야 왕국의 희미한 시작과 영광스러운 종국이 서로 친밀하게 연결되어 나타나기 때문에, 심지어 세례 요한과 사도들조차도 그리스도의 강림 이후에 메시야의 왕국이 화려하게 세워질 것으로 기대했던 것이다.

(3) 그러나 이런 모호성이 생기는 더 큰 원인은 예언들이 비유적 성격을 지니고 있다는데 있다. 예언의 성취가 없이도 예언의 비유적 부분과 실질적인 의미를 서로 구분하는 특징들이 없는 것이 아니라는 점은 살펴본 바 있다. 그러나 구체적인 사실들에까지 그 두 부분을 구분하는 일은 참으로 어렵고 때로는 불가능하기조차 하다. 선지자들과 옛 언약에 속한 백성들은 당시에 주어진 예언들에 대해서, 오늘날 우리가 미래의 하나님 나라의 전개 부분, 즉 요한 계시록에 주로 나타나는 부분들에 대해서 갖는 것과 동일한 관계를 갖고 있는 것이다. 우리는 계시록의 비유적 성격을 인지하고 있지만, 그러면서도 구체적으로 어떤 부분이 실제로 이루어질 것이고, 또 어떤 부분이 그저 비유적으로 덧붙여진 것인지를 구분한다는 것이 불가능한 것을 느낄 때가 많다. 더욱이 세상적인 사고를 가진 사람들이 예언들의 비유적 성격을 잘못 해석해서, 그 예언들이 자기들이 갖고 싶어하는 어떤 특정한 소망을 갖도록 해주는 것으로 잘못 해석할 경우에는 더 큰 오해가 생기는 것이다. 유대인은 세속적인 민족주의적 교만으로 인해서 그들이 이미 누려온 바른 해석의 수단들을 무시해버리고 말았다. 그리고 신정국가에 나타나는 상징적인 이미지들을 문자적으로 이해함으로써, 예언들을 대하면서도 메시야와 그의 왕국을 세상적인 관념으로만 보게 된 것이다.

248. 선지자들의 예언이 이처럼 모호성을 지니고 있다는 사실을 선지자들 자신도 인지하고 있었다는 사실은 선지자들 자신의 선언에서도 잘 드러난

다. 이사야, 예레미야, 에스겔 등은 자신들의 예언이 세상적인 마음 자세를 가진 사람들은 깨달을 수 없는 것이요 또한 그것들이 결국 그들에게 화를 일으키는 방향으로 성취되기 전에는 그들이 전혀 깨닫지 못할 것이라고 말씀한다(사 6:9-13; 29:10 이하; 렘 23:20; 30:24; 겔 33:33).

다니엘과 스가랴는 여러 곳에서 자기들이 본 이상의 의미를 자기들도 깨닫지 못한다고 선포하며, 마지막에 가서야 비로소 처음으로 그 의미에 대해서 가르침을 받는 것으로 말씀한다. 그러므로 설명이 붙여지지 않은 이상(겔 40-48장)의 경우 그 의미가 무엇인지는 선지자 자신도 몰랐을 것이 분명하다. 다니엘은 12:4,9에서 그 자신도 깨닫지 못한 이상을 많은 사람들이 와서 그것을 깨닫게 될 마지막 때까지, 혹은 그것이 성취될 때까지 인봉해 두라는 명령을 받는다.

그러나 예언의 이러한 특성은 벧후 1:19-21에서 확실하게 강조되어 묘사되고 있으며, 결국 이 주제에 대한 우리의 견해를 확인해준다. 베드로는 그 앞의 구절에서 기독교의 진리를 증거하기 위해서 충분한 증거를 통해서 확증된 역사적 사실에 호소한 바 있다. 그리고 나서 그는 바로 이 구절에서 구약의 메시야 예언들의 전체에 대한 두번째 증거를 제시하고 있다. 그 예언들은 이미 성취되어 이제는 그 의미가 분명해졌다. 그러나 성취로 말미암아 빛이 비추어지기 전에는 그 예언들은 마치 희미하게 타는 초와 같아서 주위의 어둠을 그저 일부만 밝힐 뿐이었던 것이다.

베드로는 이어서 예언이 어째서 성취된 이후에도 충만한 빛을 지니지 못했는지 그 이유를 제시한다. 선지자들 자신은 자신들의 예언이 무슨 의미인지에 대해서 명확한 지식을 갖지 못했었다. 왜냐하면 선지자들은 자신들에 대해서 말씀한 것도 아니었고, 더구나 이성과 의식을 완전히 소유한 상태가 아닌 황홀경 속에서 말씀했고, 또한 성령의 도구가 되어 말씀했기 때문이다("성령의 감동하심을 입은 사람들이 하나님께 받아 말한 것임이니라"). 이 구절은 두 가지 면에서 매우 중요하다. (1) 이 구절은 메시야 예언들의 어두운 상태를 그 성취의 빛을 통해서 제거할 권리가 우리에게 있음을 확증해준다. 또한 벧전 1:10-12은 선지자들이 메시야의 신비로운 강림에 대해서 미리 예언한 바에 대한 완전한 지식은 그것이 성취될 때에 가서 주어지는 것이라는 사실이 선지자 자신들에게 계시되었다는 것과 또한 예언의 주요 의미는 선지자들과 그 당시의 사람들이 아니라 그 이후에 올 사람들과 관계된 것임을 말씀하고 있다. (2) 예언이 모호하며 따라서 역사의 빛을 통해서 밝힐 필요가 있는 이유는 바로 선지자들이 황홀경 속에서 말씀했다는 데 있으며, 또한 이로써 우리의 논의의 근거가 한층 강화되는 것이다.

249. 최근의 해석자들은 예언을 그 성취와 비교하기를 무시함으로써 성취 이전에 살았던 사람들의 입장으로 되돌아가며, 또한 그들 자신의 잘못으로 인해서 계속해서 예언에 드리워진 어둠 때문에 예언의 바른 성격을 보지 못하며 결국 예언의 신적 기원을 부정하는 논리를 펴는 것이다. 예를 들어서 아몬(Ammon)은 다음과 같이 선언한다: "이 간단한 문장들은 차가운 역사적 산문을 통해서 다음과 같은 것을 표현한다: 이스라엘은 왕을 기대하지 말고 교사를 기대해야 하며, 이 교사는 헤롯의 통치 때에 베들레헴에서 날 것이다: 그는 티베리우스 시대에 자신의 신앙의 진리를 위해서 그의 목숨을 희생할 것이며, 예루살렘의 멸망과 유대 국가의 철저한 패망을 통해서 그는 그의 신앙적 교의를 모든 세상에 전할 것이다;―이 몇 문장들은 참된 예언의 성격을 드러낼 뿐 아니라, 그 순수성을 보여줄 수만 있다면 구약의 모든 예언들을 모두 함께 묶어놓은 것과도 비교할 수 없을 만큼 더욱 가치 있는 것이 될 것이다."

우리는 하나님의 경륜의 깊이를 다 파헤치지 않고서도(물론 그렇게 하는 것이 우리에게 허락되지도 않았지만) 이러한 진술이 부당하며 예언의 의도와도 일치하지 않는다는 것을 입증할 수가 있으며, 하나님께서 그의 목적들을 계시하시기를 기뻐하셨던 그 방법의 정당성을 확증할 수가 있는 것이다.

(1) 사람들로 하여금 억지로 믿게 하는 것은 하나님의 본성에 맞지 않는다. 하나님은 그의 일과 그의 섭리 속에 자신을 숨기시는데, 이는 그를 찾는 자들만 그를 찾도록 하시기 위함이다. 그리하여 한편으로는 예언을 명확하게 만드심으로써 스스로 자신을 속이지 않는 자들로 하여금 예언 가운데 핵심적이며 중요한 것을 모두 깨달을 수 있도록 하셨고, 또 한편으로는 예언들을 희미한 채로 그냥 두심으로써 진리를 싫어하는 자들로 하여금 억지로 그 진

리를 보지 않도록 하셨다. 우리는 하나님께 날마다 이적을 일으키셔서 그의 이름을 무시하는 자들로 하여금 자기들의 어리석음을 깨닫게 하시도록 구하며, 동시에 예언을 더욱 명확히 깨닫게 해주시기를 구하여야 할 것이다.

(2) 예언이 마치 역사처럼 구구절절이 명확했더라면, 오히려 예언의 역할을 온전히 수행할 수 없었을 것이다. 예를 들어서, 만일 하나님이 심판에 대한 예언을 세세히 명확히 해주셨다면, 그리스도의 생애가, 그가 유대인에게 배척 당하는 것이, 그 결과로 나타난 처절한 예루살렘의 패망이 그 세세한 부분에 이르기까지 완벽하게 예언으로 주어져서 세상적인 마음에 사로잡힌 사람도 잘 이해할 수 있을 정도가 되었더라면, 그리스도의 죽으심을 요하는 구속의 목적은 전혀 이루어질 수 없었을 것이다. 오히려 메시야 예언이 현재의 성격을 유지함으로써, 경건한 자들을 이끌어 메시야에게로 나아가도록 하는 목적이 완전히 이루어졌으며, 또한 그로 인해서 더 높고도 더욱 중요한 계획이 손상을 받는 일이 없게 된 것이다.

(3) 그 이외에도, 예언의 한 부분에 퍼져 있는 희미한 성격이 오히려 신자들에게 더 유익을 주었다. 예를 들어서, 그리스도께서 강림하시기 몇 세기 전에 살았던 신자들이 만일 그의 강림이 그렇게 오랫동안 연기되리라는 것을 알고 있었다면, 그들의 사랑이 얼마나 식어졌으며, 그들의 소망이 얼마나 약화되었겠는가? 메시야 대망이 과연 어떻게 그들의 전 종교적 삶의 핵심이 될 수가 있었겠는가? 만일 초기 그리스도인들이 그리스도의 재림이 바로 일어나지 않고 최소한 1800여년 동안 지체되리라는 것을 미리 예견했다면, 그리스도의 재림 교의의 영향력이 얼마나 약화되었을 것인가? 그리스도께서 마치 도둑처럼 도무지 예상치 못하는 시기에 재림하신다고 했으므로 그들은 매 시간마다 그가 재림하실 것을 기대하며 그 일을 계속 주시함으로써 그들은 오히려 생명력 있는 신앙을 유지할 수 있었던 것이다.

(4) 메시야 예언 가운데 대부분은 당시의 일반 대중에게 직접적인 영향을 주어서 그들로 하여금 주께 신실하도록 하기 위한 것이라는 점은 이미 살펴본 바 있다. 만일 예언이 역사만큼 명확했더라면 이 목적은 성취될 수가 없었을 것이다. 오히려 예언을 현재와 같이 희미한 형태로 주심으로써, 비록 그것들을 잘못 이해하기도 하고 그것을 받은 자들이 잘못을 범하기도 했으나

그럼에도 불구하고 결국 유익을 줄 수 있었던 것이다. 세속적인 사람들은 예언의 껍데기를 가지고서 자기들이 예언의 핵심을 찾았다고 믿었고, 결국 그 껍데기들을 잘 보존함으로써 그것이 감싸고 있는 예언의 참된 내용을 바로 깨달을 수 있도록 해준 것이다.

(5) 희미한 상태로 주어진 예언이 과연 어떤 목적이 있었느냐고 질문한다면, 우리는 신약에서 인용한 여러 구절들에서 나타나듯이 선지자들은 그 당시의 사람들뿐 아니라 후대의 사람들을 위해서도 예언을 발설했다고 말할 수 있을 것이다. 그 당시의 사람들로서는 예언 가운데 명확히 나타나는 부분으로만도 족했다.

250. 예언할 당시의 선지자들의 상태로 나타나는 또 하나의 결과는 바로 예언의 극적인 성격이다. 사람들과 사건들이 선지자들의 이상 가운데 자신들을 드러낸다. 마치 사람들이 나타나 말하고 행동하는 무대와도 같다. 사 14:3, 4 등에서처럼 자주 화자(話者)가 바뀌는 현상(미리 예고하기도 하고 때로는 아무런 예고도 없이)을 이로써 설명할 수 있다. 여러 곳에서 특히 메시야가 말씀하는 것으로 볼 수 있는 것도 바로 이런 현상 때문이다.

251. 마지막으로, 선지자들의 상태로 볼 때에, 그들이 묘사하는 상징적인 사항들은 대개 그저 이상 가운데 지나칠 수 있는 것이라는 견해가 옳다는 사실이 분명히 드러난다. 황홀경 가운데 있는 동안은 선지자들의 활동 영역이 외부에 있지 않고 내부의 세계에 있으므로 그들이 행하는 모든 행동도 필연적으로 내적일 수밖에 없었다. 상징적인 행동들이 실제로 행해진 것이 분명히 드러나는 경우가 있는데 이는 예외로서 선지자들은 이 때에 자기의 활동 영역을 벗어났던 것이다.

이사야서의 메시야 예언

서론적 고찰

252. 서두에 따르면, 이사야 선지자는 웃시야, 요담, 아하스, 히스기야 왕의 치세에 활동했다. 이러한 서두의 증거가 정확하다는 사실은 다른 전거를 통해서 확실히 입증된다. 이사야가 웃시야 왕 때에 처음으로 활동을 개시했다는 사실은 6장의 서두에서 분명히 드러난다. 이사야는 웃시야가 죽던 해에 이상을 통해서 선지자로서 소명을 받은 것이다. 여기 모아놓은 예언들 가운데 요담의 치세 때에 행해진 것으로 명시된 것은 하나도 없으나, 여러 가지 정황 근거로 볼 때에 2장부터 5장까지의 예언들이 그의 치세 때에 행해진 것으로 믿을 수밖에 없다. 현존하는 예언 가운데 7장 이후는 아하스의 치세 때에 행해진 것으로 볼 수 있으며, 또한 36장부터 39장까지의 내용으로 볼 때에 그는 히스기야 때에도 능동적으로 활동했음이 분명하다.

히스기야 당시의 이사야의 활동에 대한 기록은 바벨론 왕의 사절이 예루살렘을 방문했던 히스기야 왕 15년까지 밖에는 나타나 있지 않다. 이렇게 볼 때에 그는 최소한 주전 759년부터 713년까지 47년 동안 선지자로서 활동했던 것이 분명하다. 웃시야 치세에 1년, 요담의 치세에 16년, 아하스의 치세에 16년, 그리고 히스기야의 치세에 14년을 선지자로 사역한 셈이다. 그러나 이사야는 실제로 그보다 훨씬 오래 살았을 가능성이 매우 크다. 그가 히스기야 왕의 행적을 기록했다는 진술로 볼 때에(대하 32:32), 그는 히스기야 왕보다도 오래 살았을 것으로 보인다.

탈무드와 교부들의 기록에는 그가 히스기야의 후계자인 므낫세 왕 때에 격렬하게 죽임을 당했다는 언급이 나타나는데 이 또한 시사하는 점이 크다. 그 언급은 심지어 히브리서에도 간접적으로 나타나는데(11:37의 '톱으로 켜는 것'이란 표현은 전승과 비교할 때에 이사야의 죽음을 가리키는 것이 분명하다), 그 언급에 거짓 진술들이 덧붙여져서 심하게 부패되었다. 그러나 그럼에도 불구하고 너무도 다양한 저작자들이 그것을 이야기하며 또한 그 언급 자체의 내용도 너무도 그럴듯하기 때문에 근거가 전혀 없다고 말할 수는 없는 실정이다. 심지어 탈무드에서도 이사야가 므낫세에게 죽임을 당했다고만 언급하는 본래의 구전(口傳)을 후대에 윤색한 부분과 구분할 수 있을 정도다.

역사서들이 그처럼 중요한 사건에 대해서 침묵하고 있다는 사실을 강조하면서 그 언급의 사실성에 대해 의문을 제기한 경우가 있었으나, 역사 기록 자체가 매우 간결하다는 사실을 고려할 때에 "므낫세가 … 무죄한 자의 피를 심히 많이 흘려 예루살렘 이 가에서 저 가까지 가득하게 하였더라"라는 진술(왕하 21:16)로도 충분하다고 볼 수 있다. 그 때에 억울하게 죽임을 당한 사람들은 의심의 여지도 없이 므낫세가 시행한 우상숭배를 거부한 사람들이었고, 따라서 선지자들이 그 가운데 끼었을 것은 자명한 사실이다. 물론 이름이 기록되지는 않았으나 이사야도 그들 가운데 끼었을 것이며, 이 당시 그는 나이가 많아 공적인 사역을 중지한 상태에 있었을 것이다.

이사야가 므낫세의 치세 동안 얼마라도 생존해 있었을 것이라는 가정은 그의 예언의 후반부의 성격에서도 지지를 받는다. 거기에는 바벨론 포로기나 경건한 왕 히스기야의 치세에는 전혀 어울리지 않는 내용들이 많이 나타나는데(특히, 극심한 우상숭배나 자녀를 죽여 희생을 드리는 행위나 악한 왕에 대해 애통해 하는 내용 등), 이는 므낫세 왕 시대에는 너무나도 잘 들어맞는 것이다.

253. 이 서두를 그대로 따라서 계산하더라도 이사야의 수명이 터무니없이 길어지지는 않는다. 그가 선지자로 소명을 받았을 때에 20세 정도 되었다고 생각하면, 히스기야 왕이 사망할 당시 그의 나이는 82세 정도였을 것이며, 따라서 므낫세의 치세에도 7, 8년 정도 더 오래 살았을 것으로 보지 못할 이유는 없다. 사실 여호야다 제사장은 130세나 살았다(대하 24:15). 이사야는 절제있고 금욕적인 선지자의 생애를 살았으므로 그의 몸과 정신의 기력이 노년에도 정정했을 것으로 생각할 수 있는 것이다.

254. 그러므로 이사야는 호세아, 미가와 동시대에 활동한 인물이었다. 그의 생애의 정황에 대해서는 거의 알려진 바가 없다. 그는 줄곧 예루살렘에 거주했던 것으로 나타난다. 요담 치세 때의 그의 활동에 대해서는 2장부터 5장까지의 예언에서 밖에는 알 수가 없다. 아마도 그 당시 그는 나이가 젊다는 이유로 사람들에게 많은 주목을 끌지 못한 상태에 있었을 것이다. 불경건한 왕 아하스의 치세 때에 그는 드디어 하나님의 사신으로서 충만한 능력으로 왕 앞에 나서지만 그의 권고와 그의 경계는 비웃음을 당했다. 신정국가의 우두머리로서 합당한 인물인 히스기야가 최초로 그를 인정해서 그의 권고를 받아들였다. 그리고 불경건한 왕 므낫세의 치세 때에는 그는 아마도 은퇴하여 조용히 살았을 것이다. 그러나 당시의 패역한 상황에서 완전히 사역을 중단한 것은 아니고 책망하는 일을 계속했으며, 그러다가 결국 진리를 위하여 목숨을 버리게 되었던 것이다.

255. 그는 죽은 후 크나큰 존경을 받았다. 역사서들은 대개 예언서를 기록한 선지자들에 대한 기사를 거의 기술하지 않는데, 이사야에 대해서는 상당히 두드러지게 다루고 있음을 보게 된다. 예레미야는 그를 모방했으며, 다른 선지자들이 그가 남긴 기록들을 부지런히 읽었다는 표시들이 나타나고 있다. 그러나 머나먼 미래의 사건에 대한 그의 예언들이 그대로 성취되자(고레스의 정복, 바벨론 포로의 귀환, 바벨론 왕국의 패망 등) 그는 더 높은 명성을 얻게 되었다. 사실 그의 생애 동안에도 여러 예언들이 성취되었지만(아람과 이스라엘의 패망, 앗수르 군대의 침공, 그리고 하나님의 도우심으로 성취된 구원, 히스기야의 생명을 15년동안 연장시킨 것 등), 그의 사후에 예언들이 성취됨으로써 그는 더 높은 명성을 얻게 된 것이다.

요세푸스는, 고레스가 이스라엘의 하나님을 인정하고 유대인을 구원하며 성전을 재건토록 한 것이 모두 이사야가 그 자신에 대해 미리 행한 예언들을 읽은데서 연유한 것이라고 주장한다. 시라의 아들 예수는 이사야에 대해서 다음과 같이 말하고 있다: "선지자 이사야는 위대하고도 신실한 자로서 놀라운 영으로 마지막 때에 일어날 일을 보았으며, 또한 시온에서 우는 자들을 위로했다. 그는 영원히 일어날 일들과 비밀한 것들을 보여주었다." 필로와 요세푸스는 모두 그에 대하여 지극한 경의를 표한다. 그러나, 그리스도께서 강림하사 그의 왕국을 세우심으로써 그의 예언 가운데 가장 빛나는 부분들이 성취되었을 때에, 그의 예언은 가장 고귀한 권위를 지니는 것으로 평가받았어야 옳았다. 신약 성경 전체가 때로는 직접적인 인용들로, 때로는 그의 예언에서 빌려온 것이 분명한 그런 사상들과 표현들로 뒤섞여 있다. 실제로 사도들이 전한 기독교의 핵심적인 교의인 십자가의 대속의 교의는 이사야에 의존하지 않은 부분이 거의 없을 정도다. 교부들의 글들도 그에 대한 찬양으로 가득차 있다.

256. 모든 선지자들이 그렇듯이 이사야도 이중적인 소명을 받았다. 즉, 현재에 영향을 주고, 미래를 드러내는 것이 그것이다. 전자와 관련해서는 옛 언약의 사역자로 부르심을 받았으므로 그 언약의 기초인 율법에 초점을 맞추었고 다른 무엇보다도 그것을 지켜야 할 것을 외쳤다. 그러나 그는 또한 옛 언약 아래서 의문(letter)이 아니라 영(spirit)의 사역자로서 부르심을 받은 자로서, 외적인 형식만을 지키는 것을 옛 언약의 핵심으로 여겨서 그것만을 추구하며 옛 언약과 새 언약이 공통적으로 지닌 중요한 내용에 대해서는 망각하고 있는 자들에 대해서 안타까운 마음으로 외쳤던 것이다.

이사야의 예언을 관통하는 근본적인 관념은 곧, 영광은 오직 하나님께만 속하였으며 부끄러움과 비천은 사람에게 속하였다는 것이며, 피조물이 아니라 오직 창조주만을 전적으로 신뢰해야 한다는 것이며, 세속적이며 영적인 관심사에 대한 모든 도움이 오직 창조주 하나님에게서 온다는 것이며, 하나님이 아니라 소멸되어가는 피조물에게 마음을 쏟는다든가 노력을 기울이는 것은 죄라는 것이다. 교만하며 자고한 모든 것이 멸망할 것을 그렇게 자주 선포하는 것은 바로 이 때문이다.

또한 일반적인 악은 물론 우상숭배에 대해서도 그렇게 적대감을 표출하며 하나님을 배반하는 것으로 규정하는 것도 그 때문이며, 나라가 이방의 원수들에게 압제를 당할 때에 그 이웃의 부강한 나라들에게 도움을 구하는 것에 대해서도 그렇게 반대한 것도 바로 이 때문이다. 모든 도움은 하나님께로부터 온다. 하나님은 그의 신실한 언약 백성을 결코 버리지 않을 것이다. 불성실한 자들은 아무리 동맹을 맺고 전쟁을 예비해도 더 깊은 괴로움 가운데 던져질 뿐이다. 그는 신정국가를 설립하신 그 분의 근본적인 율법과, 하나님을 향한 신실함과 풍요를 향한 신실함의 상호 관계와, 불성실함과 재난의 상호 관계를 백성들의 마음에 각인시키려 언제나 노력하며, 또한 재난을 당했을 때에 하나님을 비난할 것이 아니라 자기 자신들을 책망해야 한다는 사실을 보여주며, 또한 하나님은 그들이 하나님께로 돌아오기만 하면 그들의 죄악을 용서하시고 그들을 고난에서 구원해주시기를 준비하고 계시다는 사실을 선포한 것이다.

257. 당시의 사람들에게 영향력을 행사함에 있어서 이사야는 그의 선지자직의 두번째 면, 즉 미래를 드러내는 것으로 자신을 유지했고 스스로를 도왔다. 그러나 미래를 드러내는 사역은 훨씬 더 중요한 다른 목적을 이루기 위한 것이었다. 이스라엘 왕국의 멸망과 산헤립의 침공으로 인한 유다의 황폐, 바벨론 포로, 가나안 땅의 완전한 황폐 등에 대한 예언들은 가시적인 보응이 있다는 법칙을 실례로 보여줌으로써 선지자의 책망과 훈계의 효과를 더욱 가중시켜주었음이 분명하다. 동시에 앗수르인들로부터 구원받을 것이라든가 포로의 회복 등과 같은 예언은 틀림없이 경건한 자들에게 위로를 주었을 것이며 또한 신실한 백성들에게 용기를 주었을 것이다. 이방 국가들을 향한 예언들은 이스라엘 백성들에게 그들의 하나님의 전능하심과 인간적인 모든 것들의 무기력함을 보여주었으며, 그리하여 인간의 도움을 의지하는 행위를 버리도록 하는 강력한 촉매제가 되었고, 동시에 그대로 갚으시는 하나님의 공의를 그들에게 분명히 드러내 보이는 역할을 한 것이다. 하나님의 공의는 언약 백성의 운명은 말할 것도 없고 하나님에 관한 계시를 전혀 받지 못한 나라들의 운명도 결정지었던 것이다.

그러나 이사야의 예언의 핵심은 엄밀한 의미에서 메시야를 선포하는 데 있다. 인성으로 볼 때에 다윗의 싹이요 동시에 영원부터 하나님이신 분이, 다윗 왕의 가문이 가장 몰락한 상태에 있는 그 때에 동정녀에게서 나셔서 이 세상에 사시고 고난 당하시며 죽으심으로 인류의 죄를 제거하실 것이다. 그가 영광을 받으신 후 그의 왕국이 이 땅에 세워지고 이방 모든 나라들에게까지 확장될 것이며, 그리하여 결국 하나님을 알고 그에게 예배하는 것이 모든 육체에 부어질 성령의 사역을 통해서 온 땅에 가득 차게 될 것이다. 그리고, 이사야는 그 당시의 사람들에게 활동할 때에는 일반적인 의미에서 믿음을 주장하고 인간 자신의 힘의 허망함과 하나님의 권능에 의지해야 함을 가르쳤는데, 그의 메시야에 대해 예언할 때에는 좀더 엄밀한 의미에서 믿음을 외친 사자로 나타난 것이다.

258. 이사야의 스타일은 대체로 그 간결함과 엄숙함을 특징으로 한다. 상징적 표현의 사용에 있어서는 예레미야의 빈곤함과 에스겔의 풍성함 사이의 중간적인 위치를 차지한다. 다른 점에서 볼 때에는 문장의 스타일이 주제에 적절히 들어맞으며, 주제의 변화에 따라서 스타일도 함께 변한다. 책망과 경고에 있어서는 진지하면서도 격렬하며, 위로와 훈계에 있어서는 온유하며 암시적이며, 철저히 예언적인 구절들은 사나움과 불(火)로 가득차 있는 것을 보게 된다. 결국 이사야는 그가 묘사하는 사건들 속에서 살며, 따라서 미래는 그에게 과거요 또한 현재가 되는 것이다.

1. 이사야 2-4장

259. 이 세 장은 처음부터 끝까지 계속 연결된 하나의 강화(講話)의 형태를 취하고 있으나 세 부분으로 구분할 수 있다.

260. 2:2-4에서는 메시야의 복된 시대를 묘사한다. 전에는 신정국가의 구성원이 단일 백성으로 제한되어 있었고 크게 모욕과 경멸을 당하는 상태에 있었으나, 그것이 온 인류에게까지 확장될 것이며, 참 신앙이 예루살렘으로부터 전해질 것이며, 모든 민족이 하나님의 권위에 굴복한 후에 모든 불화와 싸움이 사라질 것이다.

261. 이 강화의 둘째 부분은 훈계와 만연되어 있는 부패에 대한 묘사, 하나님의 채찍에 대한 경고 등으로 구성되어 있다. 이사야가 앞에서 백성들에게 그의 교훈을 받을 수 있도록 준비시키기 위해서 메시야의 시대를 묘사했던 것처럼, 여기서는 불경건한 자들로 하여금 그들의 안일한 상태에서 벗어나도록 일깨우며, 경건한 자들의 열정을 되살아나게 하기 위해서 다른 장면을 말씀한다. 즉, 하나님의 채찍이 임하여서, 온 백성이 다 메시야의 왕국에 속하는 것이 아니라 그들 가운데 많은 부분이 멸망을 당할 것을 말씀하는 것이다. 이 부분은 여호와의 빛 가운데서 행하라는 권면으로 시작한다(5절).

이어서 이사야는 부패가 만연될 것과 그것에 대해 하나님의 심판이 있을 것을 말씀한다. 이 부분의 묘사는 대개가 개괄적인 성격을 띤다. 이 부분은 죄가 있을 때에 필연적으로 형벌이 임하며 교만한 것은 모두 하나님의 징벌을 받는다는 신정정치의 근본적인 원리를 적용한 것에 불과하므로, 유다의 바벨론 포로나 로마인의 예루살렘 정복 등 유대인에게 가해진 여러 가지 다양한 심판들 전체에 다 해당된다고 볼 수 있다. 그러나 가장 고상하고도 충만한 의미에서 이 부분의 경계는 여호와를 의지하지 않고 피조물을 의뢰하는 자들에게 임할 마지막 하나님의 전포괄적인 심판으로 성취될 것이다.

그러나 하나님의 심판에 대한 묘사가 대개 그렇듯이, 여기서도 몇 가지 특별한 면이 나타나는데, 이를 살펴보면 우리는 이사야 선지자가 일반적인 하나님의 심판들을 말씀하기도 하지만 특히 바벨론 포로를 말씀하는 것으로 볼 수밖에 없다. 예를 들어서, 귀인과 모사와 공교한 장인과 능란한 요술자들을 모두 데려갈 것이라고 말씀한 3:3의 예언은 느부갓네살이 여호야긴을 포로로 잡아갈 때에 아주 놀랍게 문자 그대로 이루어졌으며(왕하 24:14), 아이들—즉, 경험이 없고 기술도 없는 통치자들—이 나라를 다스릴 것이라는 예언도 그대로 이루어졌다.

262. 이 강화의 세번째 부분은 4:2-6이다. 선지자는 여기서 경건한 자들로 하여금 의기소침하지 않도록 하며 동시에 불경건한 자들에게는 그의 훈계의 효과를 더욱 높이기 위해서, 결론을 맺기 전에 복된 미래에 대해서 다시 한번 개괄적으로 언급한다. 하나님의 채찍이 있은 후, 그 동안 하나님께 신실히 행한 자들과 그 기간 동안 하나님께 다시 돌아온 자들은 하나님이시요 동시에 사람이신 구속자를 통해서 축복과 영광의 상태로 높이 올려질 것이다. 전에는 의인과 악인이 뒤섞여 있었던 하나님의 교회가 그 때에는 거룩해질 것이다. 옛적에 이스라엘 백성이 애굽에서 나올 때에 눈에 보이는 하나님의 임재의 상징물의 인도를 받았던 것처럼, 그 새로운 하나님의 교회는 하나님의 은혜로우신 임재를 누리며 그 임재하심으로 말미암아 모든 위험에서 보호를 받게 될 것이다.

263. 이 예언이 행해진 시기는 어느 정도 확실성 있게 산정할 수가 있다. 나라가 아주 번창하며 전쟁에 승리를 거두는 상태로 묘사되고 있으며, 모든 것이 풍요로운 나머지 사치를 부리게 된 점에 대해서 특히 책망을 하고 있다. 역사서의 기록에 따르면 나라의 그런 상태는 웃시야와 요담의 시대와 잘 들어맞는다. 그러나 이 예언이 웃시야 시대에 기록되었다고 보기는 어렵

다. 왜냐하면 이사야는 웃시야가 죽던 해에 선지자의 소명을 받아 사역을 시작했다는 사실과 또한 2장에서 이사야가 요담의 치세에 처음 활동을 시작한 미가의 예언을 인용했을 가능성이 높다는 점 때문이다.

그렇다고 해서 이 부분을 아하스의 치세 때에 작성된 것으로 볼만한 근거도 없다. 아하스의 통치는 초기부터 앗수르와 에브라임에게 침략을 당했으며(이들은 이미 요담 때부터 연합하여 유다 침공을 시도했으며 요담이 죽기만을 기다렸었다), 그 때에 나라는 완전히 황폐화되어서 그 이후로도 한 동안 경작을 하지 못할 정도였고 따라서 백성들은 자기들의 가축에서 나오는 산물로 끼니를 이어갈 수밖에 없는 상황이었던 것이다. 그 후에 결국 아하스 왕은 앗수르인에게 조공을 바치는 속국의 왕이 되고 만다. 그러므로 우리는 이 예언의 저작 시기를 요담의 시대로 잡을 수밖에 없다. 우리의 목적상, 이 예언 가운데 첫번째와 세번째 부분만을 살펴보기로 한다.

이사야 2:2-4

264. 말일에 여호와의 전의 산이 모든 산 꼭대기에 굳게 설 것이요 모든 작은 산 위에 뛰어나리니 만방이 그리로 모여 들 것이라. 많은 백성이 가며 이르기를 오라 우리가 여호와의 산에 오르며 야곱의 하나님의 전에 이르자 그가 그 도로 우리에게 가르치실 것이라 우리가 그 길로 행하리라 하리니 이는 율법이 시온에서부터 나올 것이요 여호와의 말씀이 예루살렘에서부터 나올 것임이니라. 그가 열방 사이에 판단하시며 많은 백성을 판결하시리니 무리가 그 칼을 쳐서 보습을 만들고 그 창을 쳐서 낫을 만들 것이며 이 나라와 저 나라가 다시는 칼을 들고 서로 치지 아니하며 다시는 전쟁을 연습지 아니하리라.

265. 이 부분은 약간의 사소한 변화가 있는 상태로, 미가서에도 나타나고 있다(4:1-3). 이 사실을 설명하는 방식은 주석가들마다 다르다. 어떤 이들은 미가가 이사야의 예언을 인용한 것이라고 하고, 또 어떤 이들은 이사야가 미가의 예언을 인용한 것으로 본다. 또한 개중에는 이 두 선지자들이 그

전에 행해진 어떤 잘 알려진 예언을 함께 인용한 것으로 보는 사람도 있다. 이 가운데 가장 개연성이 높은 것은 이사야가 미가의 예언을 인용한 것으로 보는 것인데, 그 근거는 다음과 같다:

(1) 이사야의 예언은 그 앞의 문맥에서 단절되어 있고 그러면서도 와우 (ⅰ) 접속사로 시작하고 있으나, 반대로 미가의 예언은 앞뒤의 문맥과 분명히 연결되어 있다. 만일 미가서의 예언도 이사야의 예언처럼 문맥에서 단절되어 있다면, 이 두 사람이 함께 그 이전의 예언을 참조하여 자기들의 예언에 삽입시킨 것으로 추측할 수도 있을 것이다. 그러나 그렇지 않다.

(2) 선지자들의 강화(講話)에서는 대개 심판의 경고가 있은 후에 회복의 약속이 나타난다. 미가의 경우는 이 순서가 지켜진다. 그런데 이사야의 경우는 이 부분에서 약속이 심판에 대한 경고에 앞서서 나타나며 그 다음에 또다른 약속이 이어지는 것을 보게 된다. 이것을 그 자체로만 보면 이사야는 나중에 약속을 말씀할 때에 자기 자신의 말로 말씀하기 위해서 먼저 그에게 계시되는 대로 미래에 대한 전망을 예언의 말씀으로 묘사했을 개연성이 높다고 보게 된다.

과거의 신학자들은 이런 경우 성령께서 두 선지자들 모두에게 서로 유사하게 계시를 전하셨다고 보았다. 이사야와 미가의 예언의 경우 사실은 이런 견해와 최근에 취한 견해의 중간 쯤에 있을 것이다. 이렇게 본다면 다음과 같이 재구성할 수 있을 것이다. 미가와 이사야에게 동일한 이상이 주어졌다. 그리고 그 핵심적 내용은 한 사람이 다른 사람에게서 빌려온 것일 수가 없다. 왜냐하면 모든 것이 이상 가운데 계시로 주어졌으며 따라서 즉각적인 계시이기 때문이다. 그러나 이상을 통해서 주어진 것을 말로 표현할 때에는 한 사람이 다른 사람의 것을 인용했을 수도 있을 것이다. 이사야의 경우 미가보다도 뒤에 예언했으므로 그의 예언을 기억하고 그가 사용한 낱말들을 대거 사용했을 수도 있는 것이다. 왜냐하면 미가가 남겨 놓은 표현들이 이사야 자신이 이상을 통해서 받은 내용을 표현하는데 가장 적합했을 것이기 때문이다. 아버바넬(Abnerbanel)도 이런 주장을 편다.

266. 여기서 '말일에' (문자적으로는 '마지막 때에' : in the last time)

로 번역된 어구는 본래 먼 미래든 가까운 미래든 미래에 속한 어느 한 시기를 뜻한다. 그러나 선지자들은 보통 이 어구를 좀더 엄밀한 의미로 사용해서 메시야의 때를 가리키는 의미로 사용한다. 왜냐하면 메시야의 때의 정확한 시기를 알 수 없었기 때문이다. '여호와의 전의 산'이란 성전이 세워져 있는 모리아 언덕을 가리키거나, 아니면 모리아 언덕이 속해 있는 시온산 전체를 가리키는 것으로 이해할 수 있다. 사실 성경에서는 언약궤가 시온에서 모리아로 옮겨간 후에도 언제나 하나님이 시온에 거하시는 것으로 말씀하기 때문이다. 여기 나타난 시적 표현은 시내 산이나 레바논 산이나 바산 산 등의 큰 산들이 함께 달려와서 하나씩 시온 산 밑에 머리를 조아려서 시온 산이 눈 덮인 그 산들의 정상 위로 높이 솟아 올라서 땅 끝에서도 볼 수 있게 되는 모습으로 이해하거나, 아니면 "모든 산 꼭대기에 굳게 설 것이요"라는 표현을 여호와의 전의 산이 다른 모든 산보다 훨씬 높이 솟아 올라서 세상의 높은 산들이 마치 그 산의 기초와 같이 되어버릴 것이라는 뜻으로 이해할 수 있을 것이다.

그러므로 여기서 말씀하는 것은 아주 작고 미미한 성전의 산이 후에 높이 올라서 이 땅의 모든 산 위에 있으리라는 것이다. 그런데 여기서 문제가 일어난다. 곧, 이 어구를 어떤 의미로 취할 것이냐 하는 것이다. 여기서 산이 높이 서게 된다는 것이 물리적인 의미(physical)가 아니라 도덕적인 의미(moral)라는 것은 지각 있는 해석자라면 누구나 알 수 있을 것이다. 그러나 문제는 상징적인 표현을 높이 솟아오른다는 것에 국한시킬 것이냐, 아니면 산까지도 상징적인 표현에 포함시켜야 하는 것이다. 제롬이나 어거스틴, 터툴리안 등 교부들은 산까지도 상징적인 표현으로 해석해서, 산은 곧 그리스도를 가리키는 것으로 보았다. 그러나 이런 해석은 상징적 표현과 실체 사이의 필연적인 관계를 유추해서 나온 것이 아니므로 명백히 임의적인 해석이라 할 수밖에 없다.

다른 몇몇 해석자들은 여호와의 전의 산이 그리스도의 교회를 뜻한다고 생각하는데, 이 역시 마찬가지로 임의적인 해석에 불과하다. 개연성이 더 높은 해석은 그것을 신정국가를 뜻하는 것으로 보는 해석으로서, 장소를 거명함으로써 그 장소에 위치한 실체를 지칭하는 하나의 전유법(metonymy)이 여기서 사용되고 있다고 보는 것이다. 이렇게 본다면, 이 어구의 의미는 다음과 같을 것이다: 전에는 신정국가가 하나의 단일 민족에게만 국한되었으나 앞으로는 더욱 확대되어 모든 열방에까지 미칠 것이다. 시온 산을 중심으로 한 이스라엘 사람들의 종교가 모든 그릇된 종교들에 대해 승리를 거두게 될 것이다. 미카엘리스를 비롯한 여러 사람들이 이 해석을 주장한다.

그러나 3절에서는 시온과 예루살렘을 문자적인 의미로 취할 수밖에 없으므로, 여기서도 높이 솟아 오른다는 표현만을 상징적인 뜻으로 보아야 하며 산은 문자적인 뜻으로 받아들여야 한다는 논리가 성립한다. 그러나, 과연 여호와의 전의 산이 어떤 식으로 땅의 다른 모든 산들보다 더 찬란하게 된다는 것인가? 이는, 여호와의 영광이 다른 어느 곳에서보다도 시온 산이나 예루살렘에서 더욱 분명하게 드러날 것이라는 의미이다. 정말이지 그곳으로부터 메시야로 말미암는 참된 종교가 전 세계로 퍼져나갈 것이다.

이와 병행을 이루는 구절이 에스겔서에서도 나타난다: "하나님의 이상 중에 나를 데리고 그 땅에 이르러 나를 극히 높은 산 위에 내려 놓으시는데 거기서 남으로 향하여 성읍 형상 같은 것이 있더라(40:2)." 여기서도 선지자는 시온의 미미한 언덕이 메시야의 때에 높이 솟아오르는 것을 보고 있다. 이런 표현은 시 68:15-16에서도 나타나는데, 거기서는 여러 높은 산들이 여호와께서 시온 산을 택하셔서 자신의 거처로 삼으신데 대하여 부러워하는 것으로 묘사되고 있다. 야르치(Jarchi)는 놀랍게도 다음과 같이 논평한다: 여호와의 전의 산이 다른 모든 산들 위에 높이 솟으리라는 예언은 곧 메시야의 왕국 위에 나타날 하나님의 영광이 그 이전에 나타나는 하나님의 영광의 현현들보다도 우월하다는 것을 나타내는 것이다. 그는 이 부분을 다음과 같이 번역한다: '그 산에 주어질 표지는 시내 산이나 갈멜 산, 또는 다볼 산에 주어질 표지보다도 위대할 것이요.'—'열국이 그리로 흘러갈 것이라.'

여기서는 메시야의 강림으로 찬란하게 빛날 신정국가에 이방인들이 그 권속으로 받아들여지는 사실을, 모든 산 위에 높이 솟아 올라 있어서 마치 깃발과도 같은 역할을 하는 시온 산으로 모두가 몰려들어간다는 상징적인 표현을 통해서 묘사하고 있는 것이다. 그 때가 되면 창세기에서도 계속 거듭되어 나타나는 약속, 즉 아브라함의 신앙이 미래의 어느 시기에 모든 이방 민족들에게까지 퍼질 것이라는 그 약속이 성취될 것이다.

267. 3절은 은유적인 표현이다. 이스라엘 사람들은 누구나 여호와 앞 성전에 일년에 한 번씩 모여서 여호와를 경외함을 드러내 보이고 여호와의 뜻을 교훈받아야 할 의무가 있다. 여기의 묘사는 이러한 예루살렘으로의 순례 행위에서 취한 것이다. 그 때에는 한 백성만이 아니라 이 땅의 모든 민족들이 참되신 하나님의 좌소로 올라갈 것이다: 즉, 모든 민족들이 참되신 하나님께 돌아와 그를 경배할 것이요 예루살렘으로부터 모든 민족들에게 전파될 하나님의 계시하신 신앙을 받아들이게 될 것이다. 예루살렘으로부터 전파될 참된 신앙을 받아들이는 민족들이 여기서 진리로 교훈받기 위해서 그리로 올라가는 상징적인 표현으로 묘사되고 있다. 그 민족들이 여호와의 산을 향하여 갖는 열정을 나타내기 위해서 선지자는 그들이 올라가면서, "오라 우리가 여호와의 산에 오르며 … 그가 그 도로 우리에게 가르치실 것이라"는 말로 서로 격려하고 권면할 것이라고 한다.

스가랴의 예언도 이와 아주 유사하다: "이 성읍 거민이 저 성읍에 가서 이르기를, 우리가 속히 가서 만군의 여호와를 찾고 여호와께 은혜를 구하자 할 것이면 나도 가겠노라 하겠으며, 많은 백성과 강대한 나라들이 예루살렘으로 와서 만군의 여호와를 찾고 여호와께 은혜를 구하리라"(8:21,22). 이방인들이 처음에는 참된 신앙에 대해 지식을 얻고, 그리고 나서는 그 교훈에 따라서 살 것이다. 킴치(Kimchi)가 잘 표현했듯이, "선생은 바로 왕이신 메시야이시다." 특별히 메시야를 통해서 참된 신앙이 이방인들에게로 전파될 것이라는 것이 선지자들의 한결같은 예언이다. "율법이 시온에서부터 나올 것이요 여호와의 말씀이 예루살렘에서부터 나올 것임이니라"라는 3절의 마지막 부분은, 예루살렘으로 올라오는 사람들이 서로 권면하며 하는 말이 아니고, 이사야 자신이 전하는 말씀이다. 이 부분에서 선지자는 열방들이 어째서 그런 열심을 갖고 예루살렘으로 향하는지 그 이유를 제시해준다. 몇몇 해석자들에 따르면, 여기서 시온과 예루살렘은 신정국가를 지칭하는 이미지라고 한다. 이 해석이 옳다면 이 부분이 말하고자 하는 것은, 오로지 신정국가 안에서만 하나님의 계시를 찾을 수 있기 때문에 사람들이 신정국가의 일원이 되기를 구하리라는 것이다. 그러나 여기서는 시온과 예루살렘을 문자적인 뜻으로 이해하는 것이 훨씬 더 합당하다. 메시야로 말미암는 하나님의 영광된 계시가 바로 예루살렘에서 일어날 것이다. 하나님의 영광을 아는 지식이 바로 거리로부터 모든 이방 민족들에게로 퍼져나갈 것이며, 그렇기 때문에 열방의 눈이 온통 그리로 향하게 될 것이다. 이사야는 여기서 문자적으로 말씀하지만, 동일한 내용을 에스겔은 상징적인 언어로 표현한다. 그는 예루살렘으로부터 참된 신앙이 온 땅으로 퍼져갈 것을 강이라는 이미지를 통해서 표현한다. 즉, 성전에서 한 강이 발원하여 넘쳐서 온 땅으로 흘러나갈 것을 말씀하는 것이다(47:1 이하).

268. 4절의 처음 두 부분에서는 문장의 주어가 명시되지 않으나, 여호와가 주어라는 사실에는 의심의 여지가 없다. 여호와께서 메시야를 통해서 여기서 말씀한 모든 것을 성취하실 것이다. 칼빈(Calvin)과 비트링가(Vitringa)에 따르면, "그가 열방 사이에 판단하시며"는 그가 통치하시며 열방 가운데 그의 보좌를 두실 것이라는 의미라고 한다. 그러나 셈족어에서 '판단하다'는 뜻을 지닌 동사들이 대개 2차적으로 통치하다는 의미를 함께 지니기는 하지만(이는 고대에는 대개 한 사람이 그 두 기능을 동시에 행사했기 때문이다), 여기의 경우는 그렇지가 않다. 왜냐하면 "무리가 그 칼을 쳐서 보습을 만들고 … "(이는 여호와의 판단의 결과로 나타나는 것이다)라는 그 다음 부분을 볼 때에, 그 낱말은 그들 사이의 분쟁을 해결하는 것을 뜻하는 것으로 보이기 때문이다. 그렇다면, 이 부분의 의미는 다음과 같다: 지금까지 자기의 관심사에 따라 이기적으로 서로를 뒤따르며 자기들끼리 갖은 부정한 행동들을 저질러온 열방들이 그 때에는 여호와를 그들의 공동의 재판자로 인정하게 될 것이다. 그의 영과 말씀이 침략자로 하여금 자신의 잘못을 수긍하게 하며(마치 심판이 서로 경쟁하는 자들에게 그들의 부정을 보여주듯이) 모든 논쟁거리를 해결하며 전반적인 안정과 평화를 일구어낼 것이다. 하나님의 가르침과 하나님이 부여하신 생명이 모든 백성 가운데 퍼질 것이며, 그들을 사랑과 조화의 끈으로 묶어줄 것이다. 이제 이 예언 전체에 대해서 몇 가지 살펴보는 것이 좋겠다.

269. (1) 심지어 테오도렛까지도 이 예언을 바벨론 포로에서 귀환한 이후의 유대인들의 상태를 가리키는 것으로 보는 견해를 반박했다. 모든 선지자들의 메시야 예언들과 특히 이사야의 예언들에서 메시야 시대의 특징으로 언급한 그런 사항들이 이 예언에 나타나 있다. 즉, 여호와 신앙이 온 세상에 퍼질 것과 또한 우주적인 평화가 그것이다.

270. (2) 이 예언은 메시야라는 인물에 대한 묘사는 없고 오로지 그의 왕국의 본질만을 묘사하는 그런 부류에 속한다. 앞의 개략적인 서론에서 이미 살펴 보았듯이, 인물 묘사가 없다고 해서 선지자가 메시야라는 인물에 대해서 별 소망과 관심이 없었다는 식으로 유추해서는 안된다. 게제니우스(Gesenius)는 이방인들의 회심이 선지자들로 말미암아 일어난다는 관념이 바로 이사야에게서 나온 것이라고 보았다. 그러나 이는 다음의 근거들과 모순된다. (a) 선지자들이 이방인도 함께 포괄하게 될 새 언약의 중보자들이 되리라는 관념은 이사야에서도 다른 선지자들에게서도 찾아볼 수 없다. (b) 이 부분에 나타나는 것과 정확히 같은 특질들이 이사야의 다른 메시야 예언들(메시야라는 인물을 다루는)에도 나타날 뿐 아니라, 이 부분과 동일한 예언에 속하는 4장에서 메시야가 한 인물로서 등장하고 있다. (c) 게제니우스 자신의 주장에 따르면 이 부분은 본래 미가의 예언에 속한 한 단편이라고 한다. 그러나 미가의 예언에는 메시야의 인물에 대한 암시가 나타나고 있으며(4:5), 그 이후로는 메시야의 인물과 직임이 완전히 묘사되고 있다(5:1 이하). 그러므로 이사야는 당시의 청중들과 독자들이 여기 동일한 주제로 표현된 소망을 당시에 잘 알려져 있던 미가의 예언에 나타난 부분과 연관지어 생각할 것을 기대했을 것이다. 누구나 이사야의 예언을 메시야에 대한 것으로 생각했을 것이므로, 메시야의 인물에 대해 구태여 다시 지적한다는 것이 불필요했던 것이고, 그렇기 때문에 이 부분의 이사야의 예언에는 메시야의 인물에 대한 묘사가 전혀 나타나지 않는 것이다.

271. (3) 유대인들은 이 예언이 그리스도에게서 성취된 것이 아니라고 주장한다. 왜냐하면 기독교가 생겨난 다음 여기서 예언된 평화가 이루어진

것이 아니라 오히려 그 반대로 피비린내 나는 싸움과 전쟁이 기독교의 탄생 이래 계속되어 왔기 때문이다. 이러한 반대 주장은 사실 기독교 해석자들에게 상당한 어려움을 주었다. 그들은 기독교의 초기에 이 예언이 완전히 성취될 것이라는 잘못된 생각을 갖고 있었기 때문이다. 몇몇 교부들(테오도렛, 시릴, 유세비우스, 크리소스톰 등)은 이 예언이 로마 제국에 기독교가 전해질 당시의 평화로운 상황을 가리키는 것으로 보기도 했다. 그러나 이는 참으로 안타까운 가설이다. 왜냐하면 여기서 말하는 평화는 외적 요인으로 나타나는 것이 아니라 참된 신앙을 받아들임으로서 나타나는 결과이기 때문이다. 오히려, 이사야가 여기서 묘사하고 있는 것은 실제로 일어날 역사적 상황이 아니라 복음 전파의 결과로 참 신앙을 받아들이는 자들에게 나타날 상태라고 보는 사람들의 견해가 더 사실에 가깝다.

그러나 이런 설명도 완전한 것은 아니다. 만족스럽지 못한 부분이 있는 것이다. 선지자들이 한결같이 교훈하는 바는, 하나님 나라를 대적하는 원수들이 패한 후에는 반드시 하나님 나라가 영광스러운 상태에 이르게 되는데, 그 때에는 이전에 내적(內的)으로 역사했던 평화가 외적(外的)으로도 온 백성의 생활 가운데 나타나며 심지어 지각이 없는 피조물에서도 나타날 것이며, 인간의 타락으로 말미암아 생겨난 모든 불화와 모든 파멸이 사라질 것이라는 것이다. 이 부분의 예언은 가장 고상한 의미에서 바로 이 시기를 가리키는 것이다. 이 예언은, 메시야 왕국에 속한 모든 백성이 각기 평안을 얻었고, 기독교가 모든 나라들의 활동에 영향을 주었고, 과거의 잔인한 성향을 부드럽게 변화시켜서 비교적 온유하게 만들었다는 점에서는 이미 성취되었다고 할 수 있다.

여기서 선지자는 늘상 그렇듯이 메시야 왕국의 점진적인 발전에 대해서는 그냥 지나치며, 그 시초와 종국을 한꺼번에 묘사하고 있는 것이다. 이 점은 모든 열방이 다 회심하리라는 예언에 있어서도 마찬가지이다. 그 예언의 성취는 이미 개시되었다(commenced). 그러나 그 완성(completion)은 아직 미래에 올 것이다. 그러나 여기서 유념해야 할 것은 선지자의 영적 안목이 이루어질 사실 가운데 한 가지 두드러진 면에 초점을 맞추고 있다는 사실이다. 그러므로 다른 면은 그냥 지나치는 것이다. 선지자들과 신약 성경의 한결같은 교훈은, 인류 가운데 상당 부분이 구원을 끈질기게 거부하며 결국 하나님 나라가 영광을 받기 전 하나님의 심판으로 멸망하고 말 것이라는 사실이다. 그러므로 이 예언에서 유추할 수 있는 것은 오로지 복음의 구원하는 능력이 이제부터는 더 많은 사람들에게 더욱 광범위하게 퍼져갈 것이라는 사실이다.

272. (4) 미카엘리스와 팜은 유대인들의 견해를 따라서 이 예언을 여호와께서 시온에 거소(居所)를 세우실 그 때를 가리키는 것으로 본다. 그 때에는 여호와께서 몸소 모든 열방을 신정정치 하에 두고 통치하실 것이라는 것이다. 이런 견해는 여기서(물론 다른 곳에서도 그렇지만) 선지자들의 예언이 비유적 성격을 띤다는 사실을 생각지 않는데서 일어나는 것이다. 그런 문자적인 해석이 그릇되다는 사실은 그들이 그렇게 문자적인 해석을 주장하면서도 여호와의 전의 산이 높아지리라는 것만은 상징적으로 해석할 수밖에 없다는 사실에서 분명히 드러난다.

이사야 4:2 이하

273. 선지자는 앞 부분에서 백성들을 교훈하고자 완고한 죄인들에게 하나님의 심판이 있을 것을 선언했는데, 이제는 악인들의 멸망이 있은 후 계속 성실히 행한 자들이 누리게 될 복락을 묘사함으로써 그들에게 교훈을 주고자 한다.

274. 2절. "그 날에 여호와의 싹이 아름답고 영화로울 것이요 그 땅의 소산은 이스라엘의 피난한 자를 위하여 영화롭고 아름다울 것이며." 이 구절과 바로 앞의 구절에 나타나는 메시야에 관한 묘사는 메시야 왕국의 시작과 끝을 포괄하는 것이므로, 여기 시기에 관한 묘사('그 날에')가 나타난다고 해서 그것이 앞 부분에서 언약 백성들에게 경고한 하나님의 심판들이 메시야의 때가 시작하기 전에 이루어질 것임을 시사하는 것은 절대로 아니다. 선지자는 모든 것을 이상 가운데서 보았고 따라서 모든 것을 현재의 상태로 바라

보았으므로, 앞에서 묘사된 심판들의 경우 그는 그것들을 모두 하나로 뭉뚱 그려서 묘사했다. 그런데 여기서는 메시야의 통치의 축복들을 같은 방식으로 바라본다. 그러므로 '그 날에'(문자적으로는 '그 후에'를 뜻한다—역주)라는 표현은 실제의 역사적 **현실 가운데서**(in reality)가 아니라 선지자의 **이상 가운데서**(in the vision of the Prophet) 어떤 일들이 계속 이어지는 것을 뜻하는 것으로 보는 것이 옳다. 눈에 보이는 신정국가의 모든 구성원들이 메시야 왕국의 축복을 받는 것이 아니라 그 가운데 경건한 일부만이 그 축복을 받게 되리라는 표현을 메시야 왕국의 시기를 규정하는 표현으로 보아서는 안 되며, 오히려 선지자의 주된 사상(이는 이사야의 메시야 예언 전체를 관통하는 사상으로서, 역사를 통해서 확증되었다)을 표현한 것으로 보아야 하는 것이다.

275. '여호와의 싹'이란 메시야를 가리키는 것이다. 그는 성경에서 싹 혹은 가지의 이미지로 표현되는 경우가 많다(사 11:1,10; 53:2; 렘 23:5; 33:15; 슥 2:8; 6:12; 계 5:5). 여호와의 가지 혹은 싹이 여호와의 아들과 동일한 의미라는 사실은 다음의 몇 가지 근거로 분명히 입증된다. (1) 일반적으로 여호와가 다윗의 싹과 대조를 이룬다. 다윗의 싹이 곧 다윗의 아들을 가리킨다면, 여호와의 싹도 역시 여호와의 아들을 지칭하는 것으로 보는 것이 자연스럽다. (2) 여기서 여호와의 싹은 그 땅의 소산과 대조를 이룬다. 그런데 그 땅(즉, 유다)의 소산이란 유다에서 날 사람, 혹은 유다의 집에서 나올 자를 지칭하므로 여호와의 싹은 그 사람의 기원이 여호와라는 것을 나타내는 표현으로 볼 수밖에 없다. (3) 이러한 설명에 대하여 제기된 유일한 반대 의견은 이사야의 시대에는 메시야의 신성과 인성에 대한 지식이 있을 수가 없었다는 것이다. 그러나 이런 주장은 이사야가 예언을 글로 남길 당시 참조했던 미가의 예언을 통해서 충분히 반박되었다. 미가의 예언(5:1 이하)에서는 베들레헴에서의 메시야의 탄생(=그 땅의 소산)과 그가 아버지께로부터 영원히 나오신다는 사실(=여호와의 가지)이 밀접하게 연관되어 나타나고 있다. 미가의 예언을 제쳐두고 이사야의 예언을 살펴보면, 메시야의 탄생과 그의 신적 위엄(임마누엘이라는 이름에서 나타난다)이 서로 명확한 대조를

이룰 뿐 아니라 현재의 구절에 나타나는 것과 정확히 일치하는 대조를 "한 아기가 우리에게 났고"(=그 땅의 소산)와 "하나님의 한 아들을 우리에게 주신 바 되었는데"(=여호와의 가지)라는 표현에서 찾아볼 수 있다.

'이스라엘의 피난한 자'는 언약 백성 가운데 경건한 자들을 가리키는 표현인데 이들은 하나님의 심판에서 살아 남아서 메시야의 통치의 복락에 참여하게 될 것이다. 그러므로 이 절의 상황을 개관하자면 다음과 같다: 그 백성에게 하나님의 극심한 형벌이 임하는 동안 그 가운데 소수의 남은 자들이 여호와께 신실히 행할 것인데, 하나님의 구속자가 바로 이들을 축복하며 복되게 하며 영화롭게 할 것이다.

276. 3절. "시온에 남아 있는 자, 예루살렘에 머물러 있는 자 곧 예루살렘에 있어 생존한 자 중 녹명된 모든 사람은 거룩하다 칭함을 얻으리니."— '시온에'와 '예루살렘에'라는 낱말들에 대해서는 장소의 개념을 억지로 끌어 붙여서는 안된다. 시온과 예루살렘은 신정국가의 좌소로서 여기서는 언약 백성을 뜻한다. 선지자의 이상에서는 언약 백성과 그들의 거주 장소가 결코 서로 분리될 수 없는 것이었다. 장소를 언급함으로써 한 장소에 제한시키려 한 것이 선지자의 목적이 아니었다는 것은 다음 절에서 나타난다. 거기서는 예루살렘과 관련해서 다른 성읍들이 언급되고 있으며 언약 백성이라는 포괄적인 개념을 그런 식으로 표현하고 있는 것이다.

이사야서에서 늘 나타나는 관용적인 표현에 따르면, ' … 로 불리울 것이라'는 ' … 가 될 것이라'와 동일한 의미이다. '거룩하다'는 가장 고상한 의미로 받아들여야 한다. 즉, 메시야 왕국이 그 전의 신정국가와는 근본적으로 다르다는 사실을 시사하는 것이다. 신정국가에는 경건한 자들과 그렇지 않은 자들이 함께 뒤섞여 있었으나, 하나님의 새 왕국에서는 의인과 악인이 서로 분리된 다음 오직 삶을 통해서 그 왕국의 머리이신 하나님의 거룩하심을 드러내고 그리하여 "내가 거룩함 같이 너희도 거룩하라"라는 명령을 성취한 사람들만이 그 왕국의 일원이 될 것이다. 바로 이것이 선지자들이 시종일관 가르치는 사항이다.

11:9은 다음과 같이 말씀한다: "나의 거룩한 산 모든 곳에서 해됨도 없

고 상함도 없을 것이니 이는 물이 바다를 덮음 같이 여호와를 아는 지식이 세상에 충만할 것임이니라." 이 거룩함의 근거는 53장에서 진술하고 있다. 하나님의 탁월한 종이요 아들이신 분(2절에서 말씀하는 바대로 그는 그의 왕국의 구성원들에게 찬란한 장식이 될 것이다)께서 그의 대속적인 고난을 통해서 죄악 가운데 빠져 있는 인류를 깨끗케 하며 또한 의롭다함을 얻게 할 것이다. 예레미야와 에스겔은 메시야의 때에 하나님께서 돌과 같이 완고한 마음 대신 새로운 육체의 마음을 주실 것이라고 예언하고 있다.

3절의 '예루살렘에 있어 생존한 자 중 녹명된 모든 사람'이란 표현은 시민들의 이름들을 호적에 등록하는 관습에서 취한 것이다. '이스라엘 족속의 호적에도 기록되지 못하게 하며'라는 에스겔 13:9은 그것과 병행을 이루는 "내 백성의 공회에 들어오지 못하게 하며"와 정확히 일치한다. 사람들의 이름이 기록된 그런 책은 여기서나 성경의 다른 구절에서나 여호와께 속한 것을 상징한다. 그러므로 이 책에 어떤 사람의 이름을 기록한다는 것은 곧 그에게 생명을 지정해준다는 것을 뜻하며, 어떤 사람의 이름을 삭제한다는 것은 그에게 사망을 정해준다는 것을 뜻한다. 출 32:32에서 이스라엘이 금송아지를 섬김으로써 죄를 지은 일이 있은 후 모세는 여호와께 기도하기를, "이제 그들의 죄를 사하시옵소서. 그렇지 않사오면 원컨대 주의 기록하신 책에서 내 이름을 지워버려 주옵소서"라고 했는데 이는 '나를 죽여 주옵소서'와 같은 뜻이다(참조. 시 69:28; 139:16). 그렇다면 생존한 자 중 이름이 기록된 자들은 다름이 아니라 바로 앞 절의 피난한 자들이요 시온에 남아 있는 자와 예루살렘에 있는 자들을 가리킨다. 그러므로 이 절의 의미는 다음과 같다: '여호와의 신실한 종들은 여호와께서 베푸시는 극심한 심판에서 살아남아서 택함 받은 거룩한 무리를 이루게 될 것이다.'

'생명'은 여기서 함축적인 의미, 즉 행복(happiness)이라는 뜻으로 사용되고 있다. 불경건한 자들은 정말로 모두 하나님의 심판에 의해서 멸망할 것이요 경건한 자들은 보존함을 받아서 메시야의 통치의 복락에 참여하게 될 것이다.

277. 4절. 택함 받은 자들의 이러한 복된 상태가 소개된다: "이는 주께

서 그 심판하는 영과 소멸하는 영으로 시온의 딸들의 더러움을 씻으시며 예루살렘의 피를 그 중에서 청결케 하실 때가 됨이라.” 여기서 선지자는 경건한 자들이 메시야 왕국의 복락을 누리는 동안 불경건한 자들에게 닥칠 형벌로 다시 돌아가서 그 상황을 묘사한다. 게제니우스에 따르면, 시온의 딸들은 예루살렘의 거주민 전체를 뜻하는 시적인 표현이라고 한다. 그러나 이러한 설명은 받아들일 수가 없다. (1) 왜냐하면 예루살렘의 아들들이 아니라 예루살렘 그 자체가 시온의 딸들과 대조를 이루어 나타나는데 여기서 예루살렘을 거기에 거주하는 남자들만을 뜻하는 것으로 이해할 이유가 전혀 없기 때문이다. (2) 여기의 상징적인 표현도 전적으로 어울리지 않는다. 멸망을 당하기로 정해진 죄악된 거민들에 대해서 그들의 죄악이 씻겨질 것으로 말씀할 수가 없는 것이다. 이런 표현은 여호와께서 그들을 용서하시고 긍휼을 베푸시기로 작정하셨다는 가정 아래서만 의미를 지닌다. 그러나 여호와께서는 죄인들을 멸하심으로써 그 성을 죄악으로부터 정결케 하시는 것이라고 할 수 있다. 그러므로 우리는 로젠뮐러 등의 견해를 따라서 시온의 딸들을 유대의 남은 성읍들로 이해하여야 한다. 수도를 어머니로 다른 성읍들을 그 딸들로 칭하는 것은 동방에서 보통 쓰이는 상징적인 어법이다. 40:9도 동일한 이미지가 근저에 깔려 있다. 거기서는 시온이 어머니로서 그의 딸들인 유다의 나머지 성읍들에게 구속의 놀라운 소식을 선포하라는 부르심을 받는 것이다.

여기서 죄가 모든 열방들에서 그렇게 하듯이 육체적 부정의 이미지를 통해서 묘사되고 있다. 피나 피로 얼룩진 상태는 강도짓, 억압, 그리고 일반적인 모든 중한 악행을 포괄하는 것이다. 예루살렘과 나머지 성읍들에서 죄를 씻어내는 일은, 혹은 직설적으로 말해서 죄를 종결짓는 것은, ‘심판하는 영과 소멸하는 영’으로 말미암아 이루어진다. 하나님의 영은 하나님이 피조 세계에 활동하시는 그의 능력이며, 죽어 있는 무리들 속에 들어가 형상과 표현을 주는 물질적 도덕적 생명의 근원이며, 창조주와 그가 만드신 피조물 사이의 연합을 이루는 끈(bond)이다. 하나님은 바로 이 영을 통해서 세상을 유지하시고 다스리신다. 왕하 2:16에서 선지자의 생도들은 바로 그 하나님의 영이 엘리사를 데려가셨다고 믿었다. 그러므로 여기서도 불경건한 자들에 대한 심판이 바로 그 영에 의해서 시행되는 것으로 묘사되고 있는 것이다.

278. 5절. "여호와께서 그 거하시는 온 시온산과 모든 집회 위에 낮이면 구름과 연기, 밤이면 화염의 빛을 만드시고 그 모든 영광 위에 천막을 덮으실 것이며."—여기의 표현들은 이스라엘의 광야를 지나는 여정에서 취한 것이다. 그 여정의 기간 동안 이스라엘은 하나님의 은혜로운 임재의 가시적인 상징, 즉 유대인들이 쉐키나(Shekinah)라고 칭하는 그것에 의해서 인도함을 받았고 보호함을 받았다. 밤에는 그것이 연기 기둥을 닮은 형태로 나타나서 불같이 환한 광채로 그 주위를 밝혀주었고, 낮에는 구름의 형태를 띠어서 더 넓게 퍼졌다. 이 현상은: (1) 아직은 정화되지 못했으나 장차 지성소의 언약궤 주위에 정착하게 될 한 백성들의 필요에 알맞게 주어진 하나님의 임재의 징표(a sign of the Divine presence)였다. 그것은 여호와의 좌소(座所)로서 그의 명령과, 이스라엘 백성의 각종 문의에 대한 해답이 거기서부터 주어졌다. 그것이 때로는 기쁘고 때로는 놀랍게 나타나는 등 여러 가지 다양한 모습을 띠는 것을 통해서 그때 그때마다 그 백성을 향한 하나님의 의도들을 드러내주는 것이다. 불경건한 자들이 이 구름에서 나오는 불에 타죽는 경우도 있었다(레 10장, 민 16장).

(2) 그것은 이스라엘 사람들을 인도하고 방어하며 보호해주는 역할을 했다. 그 현상은 황폐한 광야를 지나는 동안 그들이 어떤 경로를 취해야 할지를 지적해주었다(출 13:21). 홍해를 건널 때에는 그것이 그들과 원수들의 사이에 서서 그들이 서로 가까와지는 것을 막기도 했으며, 그것으로부터 번개가 나와서 원수들을 쳐서 그들을 혼란에 빠뜨린 일도 있었다(출 14:19-24). 낮에는 그것이 이스라엘 백성 위로 넓게 퍼져서 태양의 열기로부터 그들을 보호하는 역할을 했던 것이다(민 10:34; 시 105:39).

메시야가 오신 후에도 그와 비슷한 은혜가 정결하고 거룩한 그의 교회를 지킬 것이다. 이 상징적인 징표는 두 가지를 내포하는데, 하나님의 임재와 하나님의 보호가 그것이다. 구속주께서 오신 이래 교회는 이 두 가지를 어느 정도는 경험해왔다. 하나님이신 그리스도께서 사람들 가운데 실제로 임재하셨고, 영광을 입으신 후에는 몸소 교회에 임재해오셨으며 지금도 임재해 계셔서 그의 영으로 충만케 하시는 것은 물론, 또한 모든 위험으로부터 교회를 보호하시는 것이다. 그러나 이 예언은 메시야 왕국이 완성될 때에 완전히 성취될 것이다. 과연 어떤 식으로 성취될 것인지는 지금으로서는 그저 추측 밖에는 할 수 없다.

집회는 하나님을 찬양하는 집회요, 잔치를 위한 집회를 뜻한다. 지금까지는 하나님의 임재의 상징이 지성소 안에 거하여 오직 대제사장만이 일년에 한 차례 들어갈 수 있었으나, 메시야의 때에는 성도들의 모든 집회에서 하나님의 직접적인 임재를 체험하게 될 것이다. 왜냐하면 '그 모든 영광 위에 천막을 덮으실 것'이기 때문이다. 여기서 하나님께서 어째서 그의 영화된 교회를 긍휼로 다스리시는지 그 이유를 제시하고 있다. 사람들이 값비싼 물건들을 상하지 않도록 잘 포장해서 보호하듯이, 하나님의 교회가 영광스러운 덕으로 치장하게 되면, 그 때에 하나님은 교회를 그의 긍휼로 덮으시고 모든 위험에서 교회를 보호하시는 것이다.

279. 6절. "또 천막이 있어서 낮에는 더위를 피하는 그늘을 지으며 또 풍우를 피하여 숨는 곳이 되리라."—간단히 말하면, 이는 하나님이 그의 교회를 모든 위험에서 보호하신다는 뜻이다. 두터운 천막 밑에 있는 자에게 태양의 열기나 비가 해를 끼치지 못하듯이, 환난과 어려움이 교회를 해하지 못하는 것이다. 이렇게 교회를 보호하는 것은 바로 앞 절에서 언급한 대로 여호와의 은혜로우신 임재인 것이다.

280. 이제 몇 가지 일반적인 것을 언급하면 족할 것이다. (1) 이 예언이 히스기야의 치세 후반부에 성취되었다는 견해는 자가당착을 일으킨다는 사실이다. '여호와의 싹'은 유대 백성도 히스기야 왕도 될 수 없고 오직 메시야를 가리키는 것이다. 이 견해를 지지하는 자들은 20장을 메시야 시대로 해석하는데, 거기의 내용도 여기의 내용과 같은 시대를 가리키는 것이 너무도 명확하다. 이 점을 보아도 그런 해석이 잘못된 것이라는 사실은 확실히 드러나는 것이다.

281. (2) 2장의 메시야 예언을 여기의 예언과 비교해보면 개개의 메시야 예언들을 하나의 단편들로 취급하는 것이 얼마나 중요한지를 잘 알 수 있

다. 개개의 단편들은 서로서로를 보완해주는 것이다. 왜냐하면 선지자의 영적 안목은 그 대상을 부분적으로만 관찰하는 것이 통례이기 때문이다. 2장의 예언에 결여된 중요한 내용, 즉 메시야라는 인물에 대한 언급이 여기 4장의 예언에 나타나며, 또한 여기 4장의 예언에 결여된 중요한 부분, 즉 메시야 왕국의 복락 가운데 이방인들이 참여한다는 사실이 2장에서 나타남으로써 서로서로 보완해주는 역할을 감당하고 있는 것이다.

2. 이사야 7장

282. 이 장에는 놀라운 메시야 예언이 기록되어 있는데 그에 앞서서 당시의 역사적 정황에 대한 내용이 소개되고 있다. 다메섹 수리아의 왕 르신과 이스라엘 왕 베가는 요담의 통치 때에도 서로 연합하여 유다 왕국을 침공한 일이 있었는데, 아하스의 통치 초기에는 엄청난 군사력을 동원하여 유다를 침공하였다(왕하 16:1-6). 믿음이 없는 왕 아하스는 대단히 놀랐다. 여호와를 신뢰하는 대신 그는 앗수르와 동맹을 맺음으로써 위기의 상황에서 벗어날 수 있으리라고 믿었고, 그리하여 그는 각종 선물과 함께 사신들을 그들에게 보냈다. 그러한 동맹은 신정정치를 크게 위태롭게 만드는 것이었다. 왜냐하면 그런 행위는 신정정치를 대항하여 죄악을 범하는 것이요 그런 죄악은 반드시 눈에 보이도록 보응받는다는 신정정치의 법칙에 따라서 하나님의 심판으로 보응받을 것이기 때문이다.

또한 아하스의 경우 하나님만을 신뢰하여야 함에도 불구하고 그를 무시하고 인간을 의지하였기 때문에 그런 신정정치를 대항한 죄악을 범한 것이다. 또한 정치적인 관점에서 본다면, 강력한 국가가 약소 국가와 동맹을 맺을 때에는 자국의 세력을 확대시키려는 것이 유일한 목적이기 때문에, 약소 국가가 자기보다 훨씬 강력한 호전적인 국가와 동맹을 맺는다는 것은 오히려 훨씬 큰 위험을 초래케 하는 것이다. 그러므로 유다로서는 앗수르와 동맹을 맺는 것이 차라리 홀로 현재의 전쟁을 치르는 것보다도 더 위험스러운 것이었다.

선지자 이사야는 하나님의 권리를 수호하는 직책을 지닌 자로서 경계와 훈계와 위협과 약속을 통해서 백성의 범죄로 인하여 야기된 위험스런 상황을

반전시키는 일을 하도록 부르심을 받았는데, 이 상황에서 그는 아하스에게
보냄을 받아서 그로 하여금 하나님을 신뢰하고 용기를 얻도록 하는 일을 감
당한다. 이사야는 먼저 왕의 마음을 잡기 위해 노력한다. 이사야는 자신의
아들 스알야숩을 데리고서 신하들에 둘러 싸여 있는 아하스 왕을 만나서 권
면한다. 스알야숩이란 이름은 상징적인 이름으로서 그 나라의 미래의 운명을
미리 보여주는 것이었으며(이 이름은 '남은 자가 돌아올 것이다'와 '남은 자
가 회개할 것이다'의 두 가지 뜻을 지닌다), 이사야는 그를 데리고 감으로써
나라가 완전히 망하고 말 것이라고 하며 두려워하는 왕의 자세가 아무런 근
거가 없는 것임을 보여주었다.

이렇게 해서 왕을 예비시킨 다음 이사야는 그에게 나라의 현 상태에 관
하여 확실한 예언(유다 왕국을 정복하여 서로 나누려는 원수들의 계획이 완
전히 실패할 뿐 아니라 에브라임 왕국이 오히려 65년 내에 멸망하여 국가로
서의 존재를 완전히 상실하게 되리라는 것)을 제시함으로써 더 깊은 인상을
주려고 노력한다. 아하스는 이에 대해 아무런 대답을 하지 않는다. 그러나
행동으로 볼 때에 그는 선지자의 그런 예언에서 전혀 감동을 받지 못했던 것
이 분명하다. 그는 자신의 결단을 실행에 옮기려 했다. 하나님께 구원을 요
청하는 것이 아니라 앗수르 사람들에게 청하는 것이다. 이 때에 여호와의 명
령을 받은 선지자는 아하스 왕 스스로가 확인하여 사기가 아님을 입증할 수
있을만큼 분명한 한 가지 이적적인 징조를 보여주겠다고 제안함으로써 자신
의 선언이 확실함을 확증한다.

그러나 믿음이 없는 아하스는 그러한 하늘의 메시지를 몹시 두려워한다.
그는 이미 구원의 길을 선택했으므로 사람의 도움만을 의지하기를 선호해서
여호와의 그러한 은혜로운 제의를 율법에서 인용한 정중한 답변("나는 구하
지 아니하겠나이다 나는 여호와를 시험치 아니하겠나이다." 참조. 신 47:16)
으로 거절한다. 그리하여 결국 한 가지 징조가 억지로 그에게 주어진다. 그
는 유다의 왕으로서 여호와께서 얼마나 참되시며 신실하신가를 온 백성을 위
해서 반드시 보고 들어야만 할 의무가 그에게 있었기 때문이다. 당시의 백성
들은 일반적으로 장차 메시야가 나타나리라는 것을 믿고 있었다. 그러나 그
들은 너무도 두려운 나머지 그 믿음을 망각하고서 나라가 통째로 무너질 것

으로 생각하고 있었다.

이 때에 선지자는 이 놀라운 사건을 징조로 제시함으로써 왕과 백성들의 생각이 전혀 잘못된 것임을 보여준다. 그는 선언하기를 메시야가 장차 언약 백성 가운데서 날 것이 분명하므로 메시야가 나게 될 그 백성과 메시야가 나게 될 그 가문이 완전히 멸망하는 일은 절대로 불가능하다고 한다. 선지자는 한 걸음 더 나아가서 그 땅이 원수들로부터 완전히 자유로워질 그 시기가 언제인지를 말씀한다. 메시야의 탄생(선지자는 이상 가운데서 이를 현재의 사건으로 묘사한다)과 그가 선과 악을 분별할 나이가 되기까지의 기간(결국 3년 정도, 10-16절)에 유다를 침공한 두 나라가 전복될 것이라는 것이다. 이렇게 해서 선지자는 아하스와 백성들에게 믿음을 주기 위해 모든 노력을 기울였다. 그들은 위험을 예상하고 두려워 떨고 있지만 아무 것도 두려워 할 것이 없다는 것을 보여준 것이다.

이사야는 하나님의 영을 통하여 미래의 될 일을 선포하는 한편, 아하스가 구원을 위하여 도움을 구하는 바로 그 곳, 즉 앗수르가 장차 그 땅을 침략하여 황폐하게 만들어 유다에게 위험을 초래하게 될 것을 선언한다(17-25절). 선지자의 이런 메시지는 아하스에게 아무런 영향을 주지 못한 것으로 나타난다. 아하스는 사신에게 선물을 가득 들려서 앗수르 왕에게 보낸 것이다. 결국 아하스가 르신과 베가의 침공으로 인해서 크나큰 어려움을 겪고난 다음, 수리아의 수도인 다메섹은 앗수르 왕 디글랏 빌레셀에 의해서 함락되며, 이스라엘의 땅도 황폐화되고 그 거민 대부분이 포로로 끌려갔다. 이렇게 해서 두 연합국의 멸망에 대한 선지자의 예언은 정한 때에 정확하게 성취되었다.

만일 아하스가 선지자의 권고를 들었더라면 더 이상의 희생을 치르지 않고 나라를 구할 수 있었을텐데, 그가 그의 권고를 따르지 않음으로써 유다의 구원에 대해서 값비싼 대가를 치를 수밖에 없는 처지가 되고 만 것이다. 그는 앗수르 사람들로부터 극심한 고통을 받을 수밖에 없었다. 그가 앗수르에게 의존함으로써, 결국 그로 인하여 앗수르뿐 아니라 그 후계자격인 바벨론에 의해서 유다 왕국이 크나큰 불행을 연쇄적으로 당하게 되고 마는 것이다. 이렇게 해서 이사야의 예언의 두번째 부분이 성취된다.

283. 열왕기서에는 이런 일련의 사건들이 아주 간략하게 다루어지고 있다. 역대기 기자는 좀더 정확한 정보를 입수하여 더 상세한 기사를 제공해주고 있다. 그는 아하스가 그의 불신앙에 대한 형벌로써 르신과 베가로부터 겪은 크나큰 패배를 언급하고 있다. 그들은 예루살렘은 함락시키지 못하고 할 수 없이 되돌아갔지만, 돌아갈 때에 수많은 포로를 끌고 갔다. 이스라엘은 후에 선지자 오뎃의 권고에 따라서 포로들을 귀환시킨다. 여러 해석자들은 이 두 가지 사건이 서로 다른 원정 때에 이루어진 것이라고 잘못 생각해왔다. 그러나 역대기의 상세한 기술을 살펴보면, 그런 추측이 잘못된 것임을 잘 알 수 있는 것이다.

284. 3절. "때에 여호와께서 이사야에게 이르시되 너와 네 아들 스알야숩은 윗 못 수도 끝 세탁자의 밭 큰 길에 나가서 아하스를 만나."—여기서 먼저 지리적인 상황에 대해서 설명할 필요가 있다. 예루살렘의 수원지(水源池) 가운데서 가장 대표적인 것은 기혼 또는 실로아 샘인데, 이것은 성 바깥 시온산의 남서쪽 기슭에 위치한다. 이 샘은 물이 달고 풍부한데, 그 물은 수로를 통해서 여러 개의 못과 저수지로 운반된다. 이 가운데 두 개를 윗 못과 아랫 못으로 불렀는데, 이는 그중 하나가 다른 하나에서 물을 받았기 때문이었을 것이다. 윗 못에는 다른 못으로 통하는 수로가 연결되어 있었는데, 왕의 정원이 그 못에서 물을 공급받았다. 이 수로 가까이에는 큰 길(highway)이 있었고, 그 길을 가리켜 세탁자들의 길 또는 건조자들의 밭이라고 불렀는데, 그것은 그 길이 옷을 만드는 자들이 적셔진 옷을 깨끗하게 씻어 건조시키는 장소로 사용한 널따란 공터(밭)로 이어지기 때문이었다. 이 큰 길의 한쪽에는 수로가 있었고, 다른 한쪽에는 세탁자들의 밭이 있었다. 세탁자들이 그곳을 세탁하는 장소로 택한 것은 수로가 가까이에 있었기 때문이었다.

해석자들은 여기서, 아하스는 과연 무슨 목적으로 이곳에 오게 되었을까? 하는 의문을 갖는다. 이에 대한 가장 그럴듯한 답변은, 그가 거기에 간 것은 샘을 막거나 물의 경로를 바꿈으로써 원수들로 하여금 물을 얻지 못하도록 할 수 있을까 하는 것을 몸소 확인하기 위함이었다는 것이다. 그렇게만 된다면, 원수들에게는 치명적인 손실을 입힐 수 있었을 것이다. 왜냐하면 예루살렘 주변에는 물이 극히 귀하기 때문이다. 이런 답변이 옳다는 것은 역대하 32장의 진술과 열왕기하 18장에서 잘 드러난다. 전자에서는 히스기야가 산혜립에 대항해서 동일한 방법을 사용하며, 후자의 구절에서는 랍사게가 이 곳을 차지했던 것이다.

그러나, 선지자는 도대체 무엇 때문에 왕을 하필 이 곳에서 만나려 했을까? 아마도 수많은 사람들이 거기에 잘 모이곤 했기 때문이었을 것이다. 왕 자신 이외에도 많은 모사들이 배석했을 것이다. 선지자로서는 많은 증인들이 있는 현장에서 그의 사명을 실행하는 것이 매우 중요했다. 그러나 선지자가 그의 아들 스알야숩을 함께 데리고 간 것은 무슨 목적에서였는가? 이는 결코 우연이었을 수가 없다. 만일 그냥 데리고 간 것이었다면 그가 그런 사소한 일을 특별히 언급했을 리가 없다. 그 아들이 거기서 아무런 역할도 하지 않은 것으로 보아서, 그를 데리고 간 이유는 그 이름의 어원에 있었던 것이 분명하다. 이사야는 그의 아들들에게 백성의 운명과 관련된 상징적인 이름을 붙인 것이 통례였다(8장을 보라).

게제니우스에 따르면, 스알야숩이라는 이름은 그저 '남은 자가 회개하리라' 는 뜻이라고 한다. 그러나 그것이 옳다면 그를 거기에 데리고 갈 하등의 이유가 없어진다. 오히려 스알야숩이란 이름에 이중적인 의미가 있었고 선지자가 그 점을 의도했다고 보아야 한다. 즉, '남은 자가 돌아오리라' 와 '남은 자가 회개하리라' 가 그것이다. 이 이름은 이사야 자신이 자주 전했던 예언과 관련이 있는 것으로 하나님의 채찍으로 백성이 포로로 끌려갈 것이지만, 그들 가운데 일부가 회개하고 돌아오리라는 것이다. 아하스 왕과 백성들은 나라가 완전히 멸망할 것을 두려워 했다. 이사야는 '대부분이 끔찍하게 망하는 가운데서도 유다 백성들이 반드시 보존함을 받으리라는 살아있는 증거' 로써 그의 아들을 함께 데리고 간 것이다. 선지자는 이렇게 해서 그들의 마음 속에 있는 극심한 두려움을 없앤 다음 그들에게 직접적인 예언적 선언(즉, 장차 그 백성이 포로로 끌려갈 것이지만 최소한 현재의 침략을 통해서 그 일이 이루어지는 것은 아니라는)을 통해서 즐거운 소망을 주려 했던 것이다.

285. 4절. "그에게 이르기를 너는 삼가며 종용하라"—곧, 다른 무엇보다도 우선 조용히 하라는 의미이다. '삼가며'는 강한 금지의 명령이다. 이는 삿 13:4의 "너는 삼가서 포도주와 독주를 마시지 말라"의 경우와 같다. 아하스는 그 백성의 대의를 유지시키시는 하나님을 신뢰하며 외방과의 동맹을 구함으로써 불신앙을 드러내 보이지 말라는 권면을 받고 있는 것이다. "아람 왕 르신과 르말리야의 아들이 심히 노할지라도 연기나는 두 부지깽이 그루터기에 불과하니 두려워 말며 낙심치 말라." 아하스 왕의 대적들은 스스로 충분한 힘이 있다고 생각했다. 그렇기 때문에 여기서 그들을 부지깽이라고 부르고 있다. 그러나 그들의 힘과 영광이 꺼질 때가 가까왔다. 선지자는 심지어 그들이 앗수르에 의해서 멸망할 때가 가까왔음을 선언하기까지 한다. 그러므로 그는 그들을 더 이상 불이 타오르지 못하고 꺼져가는 부지깽이 그루터기라고 부르는 것이다. 이스라엘 왕이 자기 자신의 이름으로 불리지 못하는 것은 치욕적인 일이다(여기서 그는 자기 이름 베가대신 르말리야의 아들이라고 불리고 있다). 히브리 사람들과 아랍 사람들은 누군가에게 모욕을 줄 때에는 그 사람의 이름을 부르지 않고 누구 누구의 자식이라고만 부른다. 그 사람의 아버지가 거의 무명 인사거나 존경을 받지 못하는 경우에는 그 사람은 더욱 모욕을 느끼는 것이다. 사울도 다윗을 모욕하려고 그를 이새의 아들로 불렀던 것을 볼 수 있다(삼상 20:27,31).

286. 5,6절. "아람과 에브라임 왕과 르말리야의 아들이 악한 꾀로 너를 대적하여 이르기를, 우리가 올라가 유다를 쳐서 그것을 곤하게 하고 우리를 위하여 그것을 파하고 다브엘의 아들을 그 중에 세워 왕을 삼자 하였으나."—이 두 왕이 자기들의 꼭두각시 왕으로 삼으려 했던 다브엘의 아들이 과연 누구였는지에 대해서는 더 이상 알 길이 없을 뿐 아니라 별 중요한 문제도 아니다. 그러나 그들이 그 땅을 서로 분할해서 차지하려 하면서도 그 땅에 한 왕을 세우려 했다는 진술에 모순이 있는 것이 아닐까? 어쩌면 그들은 그 땅의 일부분을 자기들에게 편리한 대로 잘라서 나누고 한 왕을 세워서 그 나머지 부분을 다스리게 하려 했을 수도 있고, 아니면 그 땅 전체를 둘로 나누고 거기에 한 왕을 세워서 그로 하여금 자기들 두 왕을 섬기게 하고자

했을 수도 있을 것이다.

287. 7절. 너는 이 원수들의 사악한 궤계로 인해서 두려워 말라. "주 여호와의 말씀에 이 도모가 서지 못하며 이루지 못하리라."

288. 8,9절. 이 부분의 의미는 다음과 같다. 이 두 왕이 생각하고 있는 혁명적인 일은 결코 일어나지 않을 것이다. 아무런 변화도 일어나지 않을 것이다. 다메섹 왕국과 이스라엘 왕국이 유다 왕국을 차지하여 영토를 확장하는 일은 일어나지 않을 것이다. 예루살렘이 아람이나 이스라엘의 왕의 거처가 되는 일도 없을 것이다. 8절 후반부는 논란이 많은 부분이므로 지금은 일단 그냥 지나가기로 하자. "대저 아람의 머리는 다메섹이요 다메섹의 머리는 르신이며 에브라임의 머리는 사마리아요 사마리아의 머리는 르말리야의 아들이라." 이 표현은 각 사람이 자기의 판도를 확장시키지 못하고 본래의 모습 그대로 있으리라는 것이다. 그 왕들은 자기들의 통치 영역을 늘이려는 목적을 이루지 못하며 오히려 현재의 영토를 잃어버리게 될 것이다.

선지자는 "만일 너희가 믿지 아니하면 정녕히 굳게 서지 못하리라"라고 덧붙인다. 선지자는 결국 '너희는 두려워할 이유가 전혀 없다'고 말씀하는 것이다. 하나님께서 너희를 도우사 너희 원수들의 궤계를 무찌르기로 하셨으니 결코 너희 땅이 그들에게 빼앗기지 아니하리라. 그러나 너희가 하나님께로부터 구원을 얻으려면, 나를 통해서 주신 하나님의 약속을 믿어야 하고 앗수르 사람들의 도움이 아니라 하나님의 도우심만을 신뢰하여야 한다. 그렇게 하지 않으면, 너희는 결코 번영을 이루지 못할 것이다. 선지자가 여기서 요구하는 믿음, 곧 그들 자신의 힘을 의지하지 않고 하나님의 권능을 신뢰하며 하나님의 약속을 굳게 붙잡는 것은 본질적으로 기독교의 믿음과 같은 것이다.

이제 논란이 있는 부분을 살펴보기로 하자: "육십 오년 내에 에브라임이 패하여 다시는 나라를 이루지 못하리라." 이 부분은 문제거리를 제기한다. 몇몇 해석자들은 이 부분이 변질되었다고 보며, 또 어떤 이들은 이 부분의 순수성을 부인하기도 한다. 본문의 순수성을 부인하는 주요 이유는 다음과

같다:

　　(1) "육십 오라는 숫자는 어울리지 않는다. 에브라임 왕국은 현재의 침공이 끝난 직후 디글랏빌레셀의 첫 공격에서 큰 어려움을 당할 뿐 아니라 19년에서 21년 가량 후인 히스기야 왕 6년 살만에셀의 침공을 받아 그때에 에브라임 왕국의 10지파가 포로로 잡혀 가기 때문이다."—제롬과 여러 유대인 주석가들은 오래 전에 이런 난제를 인식하고 이를 제거하고자 여러 가지 노력을 기울였다. 그 가운데 가장 인정을 받았던 것은 어셔 대주교(Archbishop Usher)의 설명이다. 10지파로 구성된 에브라임 왕국이 살만에셀의 공격으로 크게 손상을 받기는 했으나, 그 거민이 완전히 사라진 것은 아니다. 이스라엘 사람들이 그 땅에 여전히 남아 있었다는 사실이 여러 구절에서 분명히 드러나는 것이다(대하 34:6,7,33; 왕하 23:19,20).

　　이스라엘 왕국과 그 백성이 완전히 멸망하는 것은 에살핫돈이 바벨론으로부터 그 나라를 점령하고 여러 지역에 새로운 식민지를 세우고 전에 살던 거민들을 완전히 쫓아낼 때에야 비로소 이루어진다. 이 일은 이사야가 예언한 후 정확히 65년이 지난 후에 일어난다. 그전까지는 다른 민족과 섞이지 않고 고유한 율법에 의해서 통치를 받아온 10지파는 그 이후로 다시는 자체의 국가를 회복하지 못했다. 이 설명에 대한 게제니우스의 반대 견해는 별로 가치가 없다. 그는 말하기를, 선지자가 가까운 미래에 일어날 더 중한 재난에 대해서는 그냥 넘어가고 유독 더 먼 미래에 올 재난만을 언급한 이유를 해명할 수가 없다고 했다. 그러나 이런 식으로 선지자에 대해서 억지로 반대 논리를 전개하려면 얼마든지 할 수 있을 것이 아닌가!

　　이사야는 가까운 미래에 올 재난에 대해서는 두 왕을 부지깽이 그루터기라고 부름으로써 이미 선언했었고, 여기서 다시 그들에게 올 재난을 말씀하고 있다. 그러나 여기서 갑자기 그 나라에 임할 최종적인 재난을 선언하며, 그리하여 결국 그 나라의 멸망의 시초와 완성을 함께 말씀하고 있는 것이다. '너는 이스라엘 왕 앞에서 두려워할 이유가 없다. 얼마 지나지 않아 2,3년이 지난 후부터 에브라임 왕국에 재난이 임하기 시작하고 땅이 황폐해지기 시작하며, 그 재난의 상태가 갈수록 더욱 악화되어 결국 65년이 지난 후에는 완전히 멸망하고 말 것이다.'

이러한 명확한 선언의 의도를 우리는 잘 알 수 있다. 그것은 믿음이 매우 약한 아하스를 안심시키기 위한 것이었다. 물론 이스라엘 왕국이 후에 망하리라고 말씀한다고 해서, 그리고 스알야숩이라는 의미 깊은 이름을 제시한다고 해도, 현재의 위험에서 구원받으리라는 확신을 가질 수 있는 것은 아니었지만, 그럼에도 불구하고 그런 명확한 예언을 해줌으로써 대적들에 대한 그의 두려움을 경감시키며 여호와에 대한 신뢰를 강화시키며 그의 섭리에 의해서 모든 일이 선지자의 명확한 예언에 따라서 그대로 이루어진다는 것을 믿을 수 있는 계기를 마련할 수 있었던 것이다. 더 나아가서 이사야의 모든 구체적인 예언들에는 일반적인 목적이 있었다. 즉, 신정국가의 우두머리이신 하나님께서 전능하시며 지식이 무한하시다는 사실을 증명해 보이며, 선지자 자신이 하나님으로부터 보냄을 받았음을 확증하고자 하는 것이었던 것이다.

연대기적 난점을 이런 방식으로 해결하는데 만족을 느끼지 못하고 이 부분을 가짜로 보게 되면, 결국은 더 큰 난제에 봉착하고 만다. 시간에 대한 언급이 거짓이라 치더라도, 그 본문을 변조시킨 사람들이 그 언급을 본문에 그대로 남겨두었으리라는 생각은 도무지 할 수 없는 것이다. 본문을 변조시킨 사람들이 있다면 그의 목적은 다름 아닌 선지자의 권위를 세우고자 하는 것이었을 것이며, 이미 일어난 사건들을 마치 선지자가 그대로 미리 예언한 것처럼 만들어 놓으면 그 목적이 가장 효과적으로 달성될 수 있었을 것이다. 여기서 게제니우스가 제시한 논리가 부자연스럽다는 것은 너무도 분명하므로 더 이상 논의할 필요조차 없다.

289. (2) "이 구절은 두 나라가 포로로 잡혀가는 일이 금방 일어날 것으로 묘사하고 있는 16절과 모순을 일으킨다."―그러나 이 주장은 아무 것도 입증하는 것이 없다. 왜냐하면 이 절에서 예언하고 있는 것은 그 나라가 나라로서 완전히 사라질 것이라는 것인데, 이것은 그 땅이 황폐화되는 것과는 전혀 다른 것이기 때문이다.

290. (3) "65라는 아주 확정적인 숫자를 언급하는 것은 다른 모든 예언들과 비교할 때에 아주 이례적인 것으로서 받아들이기가 어렵다."―이 주장

은 순수성에 의심의 여지가 없는 16절의 진술을 통해서도 금방 반박할 수 있다. 거기서도 국가의 패망의 시간이 아주 정확하게(물론 숫자로 표시된 것은 아니지만) 언급되고 있다. 선지자의 이상에서 시간과 공간에 대한 내용은 후면에 숨어 있는 것이 상례라는 것이 사실이다. 그러나 이런 관례에 예외가 전혀 없는 것은 아니다. 선지자들은 어떤 경우에는 하나님이 특별히 계시하심으로써 시간적인 거리에 대해서도 말씀할 때가 있는 것이다.

이사야 자신도 20장에서 3년 후 애굽과 에디오피아가 앗수르에 의해서 정복될 것을 상징적인 행동을 통해서 예언하고 있다. 또한 23:15에서는 두로가 패망한지 70년만에 다시 회복하여 번창할 것을 선언한다. 38:5에서 이사야는 히스기야가 병들어 생명이 위독할 때에 하나님께서 그의 생명을 15년 동안 연장시키실 것이라고 선포한다. 70년이 경과한 후에 유다의 포로 상태가 종결되리라는 예레미야의 선언 가운데 70이라는 숫자를 게제니우스는 어림 수(round number)로 취급한다. 그러나 예레미야 23장 11,12절과 29장 10절 이하에 나타나는 포로기가 70년 동안 계속될 것이라는 사실을 의심할 사람은 아무도 없을 것이다. 그리고 다니엘서 9장과 역대하 36장을 비교해 보면 거기서는 70년을 어림수가 아닌 확정적인 기간으로 취급하며, 그리하여 포로기가 실제로 그만큼 계속되리라는 것을 분명히 알 수 있는 것이다. 그리고 마지막으로, 다니엘서에 나타난 숫자들을 들 수가 있다. 이 책의 순수성을 부인하는 자들조차도 확실한 숫자를 제시한다는 것이 결코 선지자들의 예언들의 모든 성격과 모순되는 것이라고 말할 수가 없는 것이다.

291. (4) "이 말씀은 부적절한 곳에 끼어 있어서 네 절의 연결을 방해하고 있다."—이 주장이 만약 옳다 하더라도, 이 주장은 이 말씀의 위치를 약간 바꾸어서 "사마리아의 머리는 르말리야의 아들이라" 다음에 삽입할 필요가 있다는 것을 증명하는 것밖에는 아무 것도 하지 못한다. 어쨌든 여기 제시된 문제점으로는 이 구절의 순수성이나 조작성을 입증할 수가 없다. 그러나 사실은 이것이 전혀 문제가 되지 않는다. 선지자들의 강화(講話)는 반드시 논리적인 법칙을 철저히 따르는 것이 아니고, 이상 가운데서 대상물이 바뀜에 따라서 언제나 주제가 함께 바뀌는 것이다. 선지자가 처음 시작한 말씀

을 계속해 나가기에 앞서서, 왕이 이스라엘이나 아람에 대해서 아무 것도 두려워할 것이 없다고 말하고, 곧바로 선지자의 이상의 내용이 갑자기 바뀌어 이스라엘 왕국에 밀어닥칠 재난의 참혹한 결과에 대해 초점을 맞추게 되자, 그로서는 즉시 그 내용을 선포하지 않을 수가 없었던 것이다. 왕에게 용기를 주고 그로 하여금 지금 당면한 유다 왕국의 구원에 대한 예언을 잘 받아들일 수 있도록 미리 준비하게 하기 위해서는 반드시 그래야 했던 것이다. 만일 이 부분이 훗날 가필(加筆)된 것이라면, 지금 현재의 위치가 아니라 그보다 훨씬 문맥상 잘 어울려 보이는 10절 마지막 부분에 있었을 것이다.

292. 그러나 이 부분의 순수성에 대한 반대 주장들은 이처럼 근거가 불충분한 반면에, 이 본문의 순수성은 모든 사본들의 증거나 오래된 번역본들의 권위가, 그리고 이사야의 본문에 가필된 부분이 있다는 가정을 반박하는 모든 내용들이, 확고히 지지하고 있다.

293. 10절. "여호와께서 또 아하스에게 일러 가라사대." 즉, 선지자가 여호와의 이름으로 그에게 전달받은 내용을 말씀했다는 뜻이다.

294. 11절. 아하스는 이 말씀을 듣고도 전혀 침묵을 지켰다. 그러나 그의 행동을 보고 선지자는 그 말씀이 그에게 아무런 감동을 주지 못했음을 깨닫게 된다. 그리하여 선지자는 아하스에게 이렇게 전한다: "너는 네 하나님 여호와께 한 징조를 구하되 깊은데서든지 높은데서든지 구하라." 아하스가 과연 다윗의 정신을 이어받은 참된 신정국가의 왕이었더라면, 비록 신정국가의 보이지 않는 주재이신 하나님에 대한 신뢰가 전에 흔들렸을 수는 있었겠지만 그럼에도 불구하고 최소한 선지자를 통해서 주어지는 하나님의 말씀은 믿었어야 했을 것이다. 그러나 그에게 그런 확고한 신뢰를 기대할 수 없으므로, 하나님은 그의 연약한 믿음에까지 내려 오셨다. 선지자는 그의 예언의 진실성을 아하스가 지정하는 이적적인 사건을 통해서 증명해 보이며 동시에 아하스로 하여금 하나님의 전능하심을 드러내고 이사야가 하나님의 보내심을 받았음을 깨닫게 하고자 한 것이다. 여기서 징조란 낱말은 대개 미래에 어떤

것이 일어나리라는 확신을 주는 역할을 하는 물건, 사건 혹은 행동을 가리킨다.

(1) 어떤 경우에는, 하나님이 가까운 미래에 있을 사건을 확신케 하기 위해서 더 먼 미래의 사건을 예언하시기도 한다. 먼 미래의 사건은 가까운 미래의 사건을 전제로 해야만 일어날 수 있는 것이기 때문이다. 애굽에서 구원하실 것에 대해 확신을 주시기 위해서 하나님은 모세에게 그 구원의 사건이 있은 후 백성이 시내산에서 여호와께 희생을 드릴 것을 징조로 제시하셨다. 이 경우, 징조 자체에는 이적적인 것이 아무 것도 포함되어 있지 않으나, 그럼에도 불구하고 믿음을 강화시키기에 아주 적절하다. 하나님의 목적의 확실성을 보여주는 것이기 때문이다. 그리고 이런 징조는 하나님의 약속이 그 약속을 받는 사람의 행동 여하에 따라서 바뀌어지는 것이 아니라 무조건 성취되는 것임을 입증해주며, 또한 모든 미래가 하나님 앞에서는 완전히 개방되어 있음을 보여주는 것이다.

(2) 또 어떤 경우에는 징조를 통해서 주어진 확신이 말씀과 연결된 어떤 외적인 현상을 통해서 강화되기도 한다. 이 경우는 징조를 받는 사람에게 훨씬 더 큰 감동을 주게 되는 것이다. 여기서도 특별히 이적적이라 할만한 것이 아무 것도 없다. 이 경우에 대한 실례로써 우리는 이사야가 그의 두 아들에게 유대 민족의 미래의 운명과 관련된 의미 깊은 상징적인 이름을 표적과 기사로, 즉 놀라운 징조로 준 사실을 들 수 있다. 사 20:3을 보라. 3년 내에 애굽과 에디오피아에 불행이 닥쳐올 것에 대해서 이사야는 자신이 3년 동안 발가벗고 맨발로 다니는 것을 징조로 보여주었던 것이다.

(3) 또 다른 부류의 징조가 있는데, 이는 그 자체로서는 지극히 자연적이지만 인간의 머리로서는 도무지 예견할 수 없는 그런 사건을 예언하며, 그 예언이 성취됨으로써 그보다 더 미래에 있을 사건에 대한 예언도 성취될 것임을 입증해주는 것이다. 이 경우에는 징조 자체가 아니라 그 징조를 예언한다는 사실이 이적이요 증거가 되는 것이다. 사무엘은 사울에게 하나님이 그를 이스라엘의 왕으로 만드시리라는 사실을 증명하기 위해서 몇 가지 징조를 제시했다. 즉, 그가 정확하게 지명한 장소에서 두 사람을 만나게 될 것이며, 그들이 그의 잃어버린 나귀를 찾았다고 전해줄 것이다. 거기서 더 나아가서

그는 세 사람을 만날 것인데, 첫째 사람은 세 아이들을 데리고 있을 것이요, 다음 사람은 떡 세 덩이를 들고 있을 것이며, 셋째 사람은 술 세 부대를 지니고 있을 것이라는 등의 징조를 준 것이다. 사무엘상 2장 34절에는 엘리에게 그의 가문에 임할 모든 재난이 이제 내리기 시작했다는 징조로써 그의 두 아들이 갑자기 죽을 것이라고 한다.

(4) 또 어떤 경우에는 즉각적으로 이적적인 행동을 실연해 보임으로써 상대방에게 확신을 불러 일으키기도 한다. 이 때에 일어나는 이적은 일상적인 자연의 법칙을 초월하는 것으로서 하나님의 전능하심이나 선지자의 권위에 대한 모든 의심이나 사기극의 의혹을 일순간에 잠재워 버리는 것이었다. 그리하여 예컨대, 이사야는 히스기야의 목숨이 15년간 연장될 것이라는 하나의 징조로서 아하스의 일영표의 그림자를 10도나 뒤로 돌아가게 했다 (38:8). 기드온에게 베풀어진 징조나 또한 여러 가지 면에서 애굽의 재앙도 이런 부류에 속한다.

여기서 제시된 징조는 의심의 여지도 없이 이 마지막 부류의 징조를 뜻하는 것이었다. 선지자가 이적적인 징조를 줄 능력이 없었거나 줄 의사가 없었더라면 아하스의 답변은 과연 어떻게 이해해야 하는가? 선지자가 어떻게 그에게 사람을 괴롭게 하는 것은 물론 하나님까지도 괴롭게 한다고 책망할 수가 있겠는가? 하나님의 계시를 반대하는 자들은 과연 선지자가 여기서 왕에게 이적을 제안하면서 보여주는 확신에 가득찬 태도를 접하면서 당혹해 할 수밖에 없는 것이다. 플뤼슈케(Plüschke)는 여기서 하나님이 제한된 인간의 목적을 위해서 자연의 이적적 현상을 일으킨다는 것은 하나님에게는 합당치 않은 일이라고 주장하는데, 이는 반대를 위한 반대를 하고 있는 것이다. 이 사건이 그저 홀로 서 있는 것이 아니요 신정국가의 체제 전체와 연관된 것임을 조금이라도 생각한다면, 이런 반대 주장이 도무지 설득력이 없음을 금방 깨닫게 되는 것이다.

이사야는 징조를 보일 장소뿐 아니라 징조 자체에 대해서도 아하스에게 결정권을 일임하고 있다. 르 클레르는 이를 적절히 해석한다: '이 땅에서든지 하늘에서든지 무엇이나 행하기를 구하라, 그리하면 그대로 이루어질 것이다.' 테오도렛은 하나님이 여기서 아하스에게 선택권을 주고 계시는 두 가지 이적을 그의 경건한 아들 히스기야를 위해서 실행하셨다고 적절히 논평했다. 곧, 하늘에서는 아하스의 일영표의 그림자를 거꾸로 가게 하는 현상을 일으키셨고, 땅에서는 앗수르 군대를 놀라운 방법으로 무찌르셨고 왕의 건강을 회복시키셨다는 것이다. 제롬은 말하기를, 애굽의 재앙들 가운데 이나 두꺼비 등의 재앙은 땅에 속한 징조요, 우박과 불, 그리고 삼일 동안의 암흑 재앙은 하늘에 속한 징조였다고 했다.

295. 12절. "아하스가 가로되 나는 (징조를) 구하지 아니하겠나이다 나는 여호와를 시험치 아니하겠나이다 한지라." 아하스는 선지자의 제안을 저절한다. 그의 믿음의 연약함 때문에 그런 제안을 했는데, 그는 불신앙으로 그 제안을 거부하는 것이다. 아하스는 신명기 6장 10절의 말씀에 호소하여 여호와를 시험하지 않을 것이라고 하며 거절의 이유를 제시한다. 하나님을 시험하는 것은 그로 하여금 자신을 증명하도록 요구하는 것과도 같다. 왜냐하면 불신앙은 하나님의 말씀과 하나님이 보이신 긍휼하심으로 만족하지 않고 하나님 자신이 그의 전능하심을 눈에 보이도록 드러내 보이기를 요구하기 때문이다. 그러나 아하스가 징조를 구함으로 하나님을 시험하는 일은 없었을 것이다. 왜냐하면 선지자 자신이 하나님의 이름으로 징조를 주겠노라고 제안했기 때문이다.

그의 이러한 답변은 통렬하게 비꼬는 것일 수도 있고, 위선자의 정중한 체하는 어법일 수도 있다. 전자의 경우라면, 그의 답변은 다음과 같은 뜻일 것이다: '하나님은 결코 자신의 존재를 증명해 보일 수 없을 것이기 때문에 나는 당신의 하나님께 증거를 요구하지 않겠습니다. 당신의 말을 그대로 받아들여서 당신을 당혹스럽게 하고 싶지는 않습니다.' 만일 후자의 경우라면 그는 겉모양으로 그럴 듯하게 하나님과 그의 명령을 존귀하게 여기는 것처럼 가면을 쓰고 있는 것일 것이다. 아마도 후자가 더 정확한 설명일 것이다.

왜냐하면 (1) 아하스에 관한 기사에서는 그가 이스라엘의 하나님을 존재하지 않는 것으로 멸시했었던 흔적이 나타나지 않기 때문이다. 오히려 그는 이스라엘의 우상을 섬기는 여러 사람들이 그러했듯이 그를 하나님으로 인정은 했지만 유일하신 하나님이 아니라 여러 신 가운데 한 신으로 인정했었고, 그를 가장 능력이 많은 신으로 여기지는 않았었다. 그렇기 때문에 위기에 닥쳤을 때에 다른 데에서 은총을 구하여야 한다고 믿었던 것이다.

　(2) 아하스가 철저한 불신앙의 자세를 가졌다고 인정하더라도, 현재의 상황에서 백성의 종교를 대중 앞에서 그렇게 공연히 모욕함으로써 백성 가운데 자신의 반대 세력을 만들었으리라고 보기는 어렵기 때문이다. 만일 그가 철저한 불신자여서 백성들을 존중하는 자세마저 없었다면, 이사야는 13절의 대답으로 인해서 형벌을 면키 어려웠을 것이고 선지자의 그런 선포에 대해서도 아무런 응답도 하지 않았을 것이다.

　그러나 여기서 문제가 일어난다. 아하스가 왜 선지자의 제안을 거절했을까? 어째서 선지자에게 그가 실행할 수 없을 이적을 구하지 않았을까? 그가 어차피 거짓 선지자였다면, 그 이적을 행하지 못했을 것이 아닌가? 그리고 만일 이적이 실제로 일어난다면, 그는 아무런 염려도 할 필요가 없었을 것이 아닌가? 아하스로서는 그렇게 행동할만한 나름대로의 여러 가지 이유가 있었을 것이다. 만일 선지자가 그의 약속을 그대로 성취시키지 못한다면, 백성 가운데 경건한 자들이 실망할 것은 자명하며, 게다가 비록 외양만이기는 하지만 조상들의 종교를 그대로 따르는 수많은 백성들의 사기가 완전히 떨어지고 말 것이었다. 반대로 선지자가 이적을 행한다해도 아하스로서는 하나도 이득이 없을 것이었다. 그는 불신앙으로 인해서 인간적인 것을 확실한 것으로 인정했고, 하나님에 속한 모든 것은 불확실한 것으로 여겼다. 그는 앗수르 사람들의 도움 이외에는 아무 도움도 필요 없다고 믿었던 것이다. 전적인 불신앙은 사고력까지도 어둡게 만드는 법이다. 아무리 확실한 이적이 일어났다 하더라도 처음에는 그것에 큰 감동을 받는 것 같다가도 곧바로 자신의 감각과 모든 이성적인 판단에 근거해서 그것을 의심하게 되었을 것이다.

　여기에 또 하나의 근거를 덧붙일 필요가 있다. 그것은 당시의 종교적 관념에 자리잡고 있던 것으로서 미카엘리스가 처음 구체적으로 지적했다. 이방인들의 종교관에 따르면, 나라마다 자기들의 신들이 있었다. 그중 어떤 나라의 신들은 더 강력하고, 또 어떤 나라의 신들은 힘이 약했다. 그런데 이사야가 만일 이적을 행했더라면 아하스는 그가 이스라엘의 하나님에게서 보내심을 받았다는 것을 믿었을 것이다. 그러나 그렇더라도 그 하나님은 성격은 좋을지 모르지만, 그를 방어해줄 능력이 있는 존재로는 생각되지 않았을 것이다. 그리하여 아하스는 선지자의 제안을 받아들이는 것보다도 자신이 결단을 내린 바를 조용히 실행에 옮기는 것이 최상의 길이라고 여겨서 겉으로 경건해 보이는 대답으로 선지자를 속이려 한 것이다. 그러나 선지자는 왕의 마음을 철저하게 간파하고 있었다. 부드럽고 온화하기만 하던 선지자가 하나님의 명예 문제가 결부되자 돌연 열정적이고 격렬한 태도를 취하기 시작한 것이다.

296. 13절. "이사야가 가로되, 다윗의 집이여 청컨대 들을지어다. 너희가 사람을 괴롭게 하고 그것을 작은 일로 여겨서 또 나의 하나님을 괴로우시게 하려느냐?" 여기서 의문이 일어나는 것은 과연 하나님과 사람들을 서로 대조시킨 것이 무엇을 가리키는가 하는 것이다. 이에 대한 바른 해석은 다음과 같은 것일 것이다. 전에 아하스가 선지자의 예언을 믿기를 거부했을 때에는 그래도 그 범죄가 용서받을 수 있을 만한 것이었다. 이사야가 자신이 하나님으로부터 보내심을 받았다는 외적 증거를 제시하지 않았었기 때문이다. 그러므로 이 때에는 아하스가 사람들과 선지자에 대해서만 죄를 범한 것이다. 이사야가 하나님의 선지자임을 의심하여 거짓으로 선지자인 체하는 것으로 생각했기 때문이다. 그러나 징조를 주겠다는 선지자의 제안을 거절한 것은 전혀 경우가 달랐다. 그처럼 거절함으로써—물론 불신앙으로 그런 일을 저질렀지만—하나님 자신이 모욕을 당하신 것이다.

14절부터 16절까지에 대해서는 먼저 가장 바른 해석으로 여겨지는 것을 먼저 제시하고, 그 이후에 우리와 다른 해석들을 제시하면서 그에 대한 동의나 반대의 이유들을 함께 제시하고자 한다.

297. 14절. 아하스가 징조를 주겠다는 제안을 거부하자, 선지자는 그로 하여금 여호와를 신뢰하도록 만들 수 있다는 소망을 버릴 수밖에 없게 되었다. 그러나 선지자는 구원이 실제로 일어났을 때에 그것이 그저 우연히 그렇게 된 것이 아니라 신정국가의 최고 통치자의 긍휼하심으로 말미암아 이루어진 것임이 확실히 인정받고, 또한 경건한 자들의 여호와를 향한 신뢰가 확증

되기를 원했을 것이 분명하다. 그리하여 그는 아하스의 의도와는 관계없이 한 가지 징조를 제시함으로써 신정국가의 참된 백성들로 하여금 선지자의 이미 예언한 말씀(여호와께서 동맹국의 침략에서 구원해주시리라는)에 대한 신뢰를 강화시키려 한 것이다.

그는 선언하기를, 미래에 있을 놀라운 사건, 즉 하나님의 구속자가 처녀의 몸에서 탄생할 것이 보인다고 한다. 그분의 강림을 기대하는 사람이 어떻게 해서 나라가 망하는 것을 두려워할 수가 있겠는가? "그러므로 주께서 친히 징조로 너희에게 주실 것이라. 보라 처녀가 잉태하여 아들을 낳을 것이요 그 이름을 임마누엘이라 하리라." 여기서 '처녀'란 특정한 처녀를 뜻한다. 선지자의 내적인 지각에서 보인 그 처녀를 뜻한다. 유대인들의 예를 따라서 최근의 해석자들은 처녀로 번역된 그 낱말을 그저 젊은 여인을 뜻하는 것으로 본다. 그들이 제시하는 이유들은 다음과 같은 것으로서 쉽게 반박할 수 있는 것들이다:

(1) "어원으로 볼 때에 이 낱말은 순수한 처녀성의 관념을 나타내는 것이 아니며 오히려 결혼 여부와는 전혀 관계가 없는 것이다."—여기서는 순결한 처녀의 개념이 미혼 여자의 개념과 함께 뒤섞여 있다. 그런데 이 낱말의 어원은 전자의 개념이 아니라 후자의 개념을 요하는 것이 사실이다.

(2) "히브리어로 순결한 처녀를 뜻하는 낱말은 별도로 있으며, 심지어 요엘서에서는 여기의 낱말이 젊은 기혼 여인의 뜻으로 사용되고 있다(1:8). 히브리 사람들에게 의미가 전적으로 동일한 낱말이 두 가지가 있었다고 보기는 어려운 것이다." —그러나 한데 뒤섞여 있는 순결한 처녀와 젊은 미혼 여자의 관념을 분리시키기만 하면 이런 반대 주장이 사라지게 된다. 요엘서에서 인용한 구절에서도, 과연 젊은 과부가 자기 남편의 죽음을 슬퍼하는 것인지 아니면 처녀가 자기 약혼자의 죽음을 슬퍼하는 것인지를 판단하기가 참으로 어렵다. 만일 전자의 경우가 옳다 하더라도 실상 아무 것도 증명해주는 것이 없다. 왜냐하면 언어의 용법을 고려하지도 않은 채 의미가 비슷한 한 단어에 대해 이렇다 저렇다 결론을 내릴 수 있는 것이 아니기 때문이다.

(3) "언어의 용법도 순결한 처녀의 의미와는 맞지 않는다. 시 68:26과 아 6:8에서는 이 의미가 반드시 배제된다고 말할 수는 없으나, 잠 30:19에

서는 이 의미일 수가 없는 것이다." —이 반대 주장도 전적으로 잘못된 것이다. 위에서 인용한 잠언의 구절에서 순결한 처녀의 관념을 표현한 것이 아니라는 것이 가장 개연성이 높은 해석이라는 점은 인정한다. 그러나 이것으로도 아무 것도 얻는 것이 없다. 왜냐하면 우리는 그 낱말에 흠이 없는 순결성의 의미가 담겨 있다는 것이 아니라 다만 그 낱말이 미혼의 상태를 나타내는 것임을 주장하고 있을 따름이기 때문이다. 언어의 용법상 후자의 의미인 것이 가장 확실하다. 이사야의 이 구절 이외에 그 낱말이 나타나는 여섯 군데에서 예외없이 그런 의미로 쓰이고 있는 것이다. 또한 아랍어와 수리아어에서도 여기의 히브리어와 상응하는 낱말들은 결코 기혼 여자에 대해서 사용되는 일이 없다.

(4) "유대인 번역자들과 해석자들이 그 낱말이 젊은 기혼 여자를 뜻하는 것으로 인정하고 있다." —그러나 이것 역시 아무 것도 입증해주는 것이 없다. 그들은 기독교인들에 대해 논박하려는 열심에서 그 낱말을 그렇게 번역하여 증거 구절로 삼으려 한 것이다. 그러므로, 우리의 조사의 결과는 다음과 같다: 그 낱말(히브리어로 '알마', עלמה)은 젊은 미혼 여자를 뜻하는데, 그 낱말 자체로서는 흠이 없는 순결성을 직접적으로 나타내는 것은 아니지만, 본문의 문맥에서는 그 점이 암시되어 있다는 것이다.

우리는 그 아이가 실제로 임마누엘이라는 이름을 자신의 이름으로 받아야 한다고는 보지 않는다. 왜냐하면 선지자들의 용례에 따르면, 특히 이사야의 경우는 더욱 더, 어떤 사람이나 사물에 이름을 붙이는데, 실제로는 그 대상의 속성(attribute)을 뜻하는 경우가 대부분이기 때문이다. 임마누엘이라는 이름은 여러 가지 다양한 방법으로 이해할 수 있다. 제롬을 비롯한 몇몇 해석자들은 그 이름이 그저 하나님의 도우심과 보호하심 정도의 뜻 외에는 없다고 본다. 그러나 반면에 다른 사람들에 따르면, 그 이름은 메시야의 인격 속에서 하나님이 우리의 본성을 입으신 것을 뜻하는 것으로 본다. 즉, 하나님이 사람이 되셨다는 뜻으로 보는 것이다. 이 두 가지 해석은 서로 일치하는 것이다. 선지자 자신은 이 이름을 이중적인 의미로 나타내려 한 것으로 보이는 것이다.

'하나님이 우리와 함께 계심'이란 이름은 저급한 의미에서는 그저 하나님의 도우심을 지칭하는 것에 불과하며, 그 하나님의 도우심은 메시야를 통해서 사람들에게 주어지는 것이다. 그러나 더 고상한 의미에서는 하나님이 그의 인격 속에서 사람이 되시는 것을 가리키는 것이다. 그렇게 하심으로써 하나님이 비로소 처음 진정으로 "우리와 함께" 계시게 된 것이다. 그렇다면 이 구절의 의미는 다음과 같다: '그 여자는 그의 이름을 하나님이 우리와 함께 계심이라고 부를 것이요, 그 아이는 이 이름에 완전히 합당하게 될 것이다. 왜냐하면 그 안에서, 그리고 그를 통해서 하나님이 우리와 함께 계실 것이기 때문이다.'

더 고상한 의미가 이 구절에 합당하다는 사실은 병행 구절인 9:5에서 메시야가 전능하신 하나님이라고 불리고 있으며, 또한 그의 영원한 존재와 신적인 영광이 그의 세속적인 탄생과 대조를 이루고 있다는 사실에서 분명히 드러나는 것이다.

298. 지금까지 주어진 설명에 따르면, 이 절은 메시야가 후에 언약 백성 가운데 한 처녀에게서 태어나 눈에 보이는 형상으로 하나님을 드러내 보일 것이라는 사실을 예언하고 있는 것이다. 위대한 구속자가 처녀의 몸에서 탄생하리라는 믿음의 흔적은—여인의 씨가 뱀의 머리를 상하게 하리라는 희미한 예언은 제쳐두고라도—미가서 5장 3절에서도 나타난다: "그러므로 임산한 여인이 해산하기까지 〔그가〕 그들을 붙여 두시겠고." 아니, 더 나아가서 그런 믿음의 흔적은 거의 모든 민족과 종교에서, 특히 아시아의 민족과 종교에서도 찾아볼 수 있는 것이다.

우리가 제시한 해석의 정확성을 입증하는 근거들은 주로 다음과 같다:

299. (1) 다른 증거가 전혀 없더라도, 마태복음 1장 22절 혼자서도 충분한 증거가 된다. 마태는 그리스도의 이적적인 잉태에 대해서 진술한 후에 말하기를, "이 모든 일의 된 것은 주께서 선지자로 하신 말씀을 이루려 하심이니 가라사대 … "라고 한다. 그러므로 마태복음 기자에 따르면, 이 예언은 오로지 예수의 어머니 마리아만을 가리키는 것이다. 마태가 절대로 현 상황을 과거의 예언에 끼어 맞추려고 그런 말을 한 것이 아니라 지극히 엄밀한

의미에서 현 상황을 설명한 것이라는 것은 최근의 해석자들이 거의 한결같이 인정하는 사실이다. 복음서에 기록된 사건들의 한 가지 계획은 구약의 예언들이 정확히 성취되었음을 보여줌으로써 하나님의 신실하심과 전지하심을 밝히 드러내는 것이었다. 마태복음 26장 54절을 보라. 거기서 그리스도는 자신의 죽음의 필연성을 보여주기 위해서 다음과 같이 말씀한다: "내가 만일 그렇게 하면 이런 일이 있으리라 한 성경이 어떻게 이루어지리요?"

사실 이런 논리를 무효화시키기 위해서, 다른 여러 곳에서는 마태가 예언의 성취가 있는 것이 아니고 그냥 내용이 비슷한 것밖에는 없는데도 구약의 구절들을 인용하고 있다는 식의 주장이 있었다. 예를 들어서, 2장 15절의 경우 호세아서의 한 구절이 인용되고 있는데, 그 구절은 실제로 이스라엘 백성에게만 해당되는 것인데도 마태는 그것을 그리스도와 관련시킨다는 것이다. 그러나 인용의 형식에 차이가 있다는 점을 잘 보아야 할 것이다. 2장 15절에서는 ἵνα πληρωθῇ("이루려 하심이니라")라는 어구밖에는 없는데, 이미 서론에서 살펴본 바와 같이 그런 어구만으로는 마태가 선지자의 말씀의 진의를 그런 식으로 해명하려 했다는 가정이 성립되지 않는다. 그러나 현재의 본문에서 마태는 '이 모든 일의 된 것은'이라고 서두를 꺼냄으로써 자신이 단순히 넌지시 빗대어 말하는 것(make an allusion)이 아니라, 하나의 해석을 제시하려 하고 있음(give an interpretation)을 보여주고 있는 것이다.

더 나아가서 2장 15절에서는 비교의 상황이 분명히 드러난다. 즉, 구약에서는 하나님의 교회의 구성원들이 애굽으로부터 부르심을 받았던 것처럼, 신약에서는 하나님의 교회의 머리가 부르심을 받았다는 것이다. 그러나 여기서는 메시야 해석을 거부하게 되면 구약의 본문과의 연관성이 완전히 사라지고 마는 것이다. 두 가지 사건을 서로 연관지어 주는 점이 과연 무엇인가? 선지자의 아내가 자연의 법칙에 따라서 아들을 잉태하여 낳으며, 그 아들이 구원의 징조요 상징이 된다는 것과, 순결한 처녀 마리아가 이적적으로 메시야를 잉태하게 되는데 그가 이 구원을 성취하게 된다는 것이 서로 어떤 점에서 비교되는가? 그것은 처녀가 아들을 잉태한다는 데 있는 것이다.

300. (2) 선지자가 이 예언을 할 당시의 사람들이 주로 이 예언을 메시

야적으로 이해했고, 그러므로 메시야 해석이야말로 참된 해석이라는 사실은 앞에서 인용한 미가서 5장 2절의 병행 구절에서 잘 드러난다. 거기서 미가는 먼저 1절에서 예언하기를 이스라엘의 통치자가 될 자가 베들레헴에서 날 것이요, 그의 나오심은 상고에 태초로부터 되어지는 것이라고 한다. 그리고 이어서 그 백성에게 닥칠 재난을 선포한다: "그러므로 임산한 여인이 해산하기까지 그들을 붙여주시겠고." '임산한 여인'이란 표현은 메시야의 이적적인 탄생을 전제로 하는 것이며, 동시에 앞에서 이루어진 확실한 예언을 지칭하는 것임이 분명하다.

"그 여인에 대해서 분명히 처녀라고 부르지는 않으나, 그 여인이 처녀라는 것은 자명한 사실이다. 왜냐하면 그 여인은 신적인 기원을 갖는(태초로부터) 영웅(곧, 사람으로 말미암아 잉태된 것이 아닌)을 낳을 것이기 때문이다. 이 예언은 이사야의 예언에 빛을 던져준다. 미가는 예언한 그 인물의 신적 기원을 드러내며, 이사야는 그의 탄생이 놀라운 방식으로 이루어졌음을 드러내주는 것이다"(로젠뮐러). 이 두 예언은 다른 면에서도 서로 놀라운 유사성을 보여준다. 두 예언에 따르면 그 아이의 탄생에 앞서서 극심한 고통이 있을 것이며, 그 아이의 탄생을 기해서 그 고통이 끝날 것이라고 한다. 그리고 두 예언 모두에서 신적 위엄이 세속적인 탄생과 대조를 이루고 있는 것을 보게 된다.

301. (3) 9장 6절의 메시야 예언이 이 예언과 놀랍게 닮았기 때문에 두 예언이 동일한 주제를 다루는 것이라고 생각할 수밖에 없다. "보라 처녀가 잉태하여 아들을 낳을 것이요"; "'한 아기가 우리에게 났고 한 아들을 우리에게 주신 바 되었는데.'" "그 이름을 임마누엘이라 하리라;" "그 이름은 기묘자라, 모사라, 전능하신 하나님이라, 영존하시는 아버지라, 평강의 왕이라 할 것임이라."

302. 기독교 교회에서는 시대를 막론하고 메시야 해석이 주류를 이루었다. 모든 교부들이 이를 따랐고, 18세기 중반까지의 모든 기독교 성경해석자들이 이를 따랐다. 그러나 그들 가운데 어떤 이들은 이 예언이 고상한 의미

에서는 메시야를 가리키는 것이지만 동시에 저급한 의미에서는 선지자의 시대에 일어난 어떤 사건을 가리키기도 한다고 주장했다. 유대인들의 예를 따라서 이젠비일(Isenbiehl), 게제니우스 등이 메시야 해석을 반대하여 제기한 주요 논증들은 다음과 같다:

303. (1) "이 예언의 주요 목적은 믿지 않는 아하스에게 징조를 주기 위함이었고, 따라서 그 징조는 즉각적으로 성취되어 그의 눈 앞에서 이루어져야 할 것이었다. 그런데 어떻게 이 징조가 여러 세기 후에 가서야 이루어질 메시야의 이적적인 탄생을 가리키는 약속이 될 수 있는가? 아하스가 어떻게 먼 훗날 이루어질 약속을 가까운 미래에 이루어질 사건에 대한 보장으로 받아들일 수 있었겠는가?"—여기서 염두에 두어야 할 가장 중요한 사실은 물론 선지자가 유다 백성의 대표인 아하스와 그의 집을 향해서 말씀을 전했지만, 그러나 그 징조는 그 자신을 위한 것이 아니라 백성 전체를 위한 것이요 특히 그들 가운데 경건한 자들을 위한 것이었다는 점이다. 그들은 그 당시 나라가 완전히 망할지도 모른다며 두려워 하고 있었다. 이는 선지자가 그의 아들 스알야숩을 데리고 아하스와 대화를 나눈데서 확실히 나타나며 또한 6절에 언급된 원수들의 의지에서도 잘 드러난다. 그리하여 선지자는 백성들에게 메시야의 오심에 대해 확고한 믿음을 가지고 있어야 할 것을 말하며, 그러한 믿음을 가지고 있으면서도 나라의 패망을 두려워하는 것은 도저히 일관성이 없는 것임을 지적하였다.

그는 선포하기를, 이적을 베풀어주리라는 제안을 왕이 거절했으므로 하나님께서는 선지자를 통해서 너희에게 미래에 있을 위대한 사건(지금은 잊고 있으나 너희들이 잘 알고 있는), 즉 메시야의 놀라운 탄생을 다시 상기시켜 주시는 것이라고 하는 것이다. 이것이 너희에게 구원의 징조가 될 것이다. 그 예언된 사건이 장차 일어날 것이 확실하므로 그 사건이 일어나기 전에는 나라가 멸망할 수가 없다는 것도 마찬가지로 확실한 것이다.

그리고, 메시야가 여러 세기 후에나 오실 것이므로 그에 대한 예언이 결코 안전을 보장해줄 수가 없었다는 반대 논리에 대해서는, 만일 그 논리가 정당한 것이라면 그 논리는 메시야에 관한 모든 예언에 그대로 다 적용될 것이라고 말할 수밖에 없다. 이사야만이 아니라 예레미야와 에스겔도 백성들이 포로로 끌려 가 있는 상황에서, 장차 메시야를 통해서 신정국가가 훨씬 더 영광스러운 상태로 회복될 것이라고 예언함으로써 그들을 위로했다. 그러나 그 메시야는 여러 세기가 지난 후에야 비로소 나타날 것이었다. 선지자 자신들은 사실 그의 강림의 시기를 정확히 알지 못했다. 그에 대해 말씀할 때에 그들은 그를 마치 현재의 인물처럼 말씀했다. 선지자들로서는 메시야의 강림의 시기를 정확히 알지는 못했지만(하나님께서는 메시야 예언의 효과를 극대화시키기 위해서 그 시기에 대한 내용을 선지자들에게 알려주지 않으셨다), 그래도 그의 강림 사건이 오랜 동안 연기될 것이라는 생각은 거의 하지 않았다. 그러나 만일 그들이 메시야가 오랜 시일이 지난 후에야 비로소 강림하실 것이라는 사실을 알고 있었다 하더라도, 메시야에 대한 약속은 언제나 유대인들에게 그들의 나라가 완전히 멸망하는 법은 없을 것이라는 확실한 보증을 주었던 것이다.

이제는 이런 방식으로 첫번째 의혹을 제거하는 것에 대해 이젠비일이 제기한 몇 가지 반박 사항에 대해 간략하게 답변할 차례가 되었다. "선지자는 (그에 의하면) 여기서 백성들이 기억하고 있어야 할 그런 사실들을 제시하고 있으며 그것은 반드시 확증을 필요로 하는 것이었다. 그런데 징조가 바로 그 확증의 근거였고, 따라서 그 징조는 확실하고 명백한 것이어야만 했다."—그러나 이런 반대 논리는 이미 확실히 밝혀진 사실에 의해서 무너지고 만다. 즉, 메시야가 미래에 탄생하여 백성을 구원하실 것이라는 것이 당시에 일반적으로 받아들여지고 있는 믿음이었다는 사실이 그것이다. 이사야의 동시대 선지자들인 호세아와 미가가 메시야를 예언하는 태도를 보면 그들 역시 백성들이 이미 메시야에 대해서 알고 있음을 인정하고 있다는 것을 알 수 있다. 이것이 사실이라면, 백성들은 이사야의 예언의 내용이 무엇인지를 명확하게 알았을 것이 분명하다.

"여기 이사야의 말씀의 주제가 메시야였다면, 다윗의 집을 향해 새로운 것을 말씀한 것이 아무 것도 없는 것이 되며 결국 이사야의 말씀은 예언도, 징조도 아니요, 그저 동기를 부여하기 위한 수사적인 한 방법에 지나지 않게 되는 것이다."—사실 여기서 말씀된 것이 새로운 것이 되려면 하나님께서 옛 것을 선지자에게 새롭게 전하시고 신적 권위에 의해서 그것을 새롭게 확증하셨어야 한다. 메시야에 대한 예언은 모두가 옛 것인 동시에 새 것인 것이다. 미래의 일을 즉시 드러내는 것은, 전부터 알려진 것을 드러내든 그렇지 않은 것을 드러내든 모두가 예언이다. 이미 언급한 바에 따르면, 징조란 무엇이든지 미래의 사건이 실제로 일어나리라는 믿음을 확증시켜주는 것을 가리킨다. 여기서 메시야에 대한 약속은 과거에 주어진 것을 새롭게 상기시키는 것뿐 아니라 신적 권위에 의해서 새롭게 확증되는 것으로 그 목적과 완벽하게 어울리는 것이다. 최소한 이사야를 하나님의 사자로 믿고 있는 일부 백성들에게는 그 목적이 확실히 이루어졌으며, 특별히 그들에게 이 예언이 주어진 것이다.

“위로의 근거는 모든 다른 상황에도 잘 어울리는 것으로서 지나치게 막연하다. 유대 국가가 기존의 상태로 보존되지 않아도 아하스의 보좌가 계속 이어지지 않아도 메시야는 아하스의 집에서 탄생할 수가 있다. 바벨론 포로 사건이 일어났어도 메시야의 탄생 사건은 아직 이루어지지 않았다. 이사야는 그때에 궤변적인 논리를 늘어놓았을 것이다.”—이 절에 포함된 위로의 근거는 사실 막연하다. 선지자가 현재의 난국에서 구원받을 것을 선언하기 전에 그의 아들 스알야숩(=남은 자가 돌아오리라)을 데리고 감으로써 일시적으로 주민들이 포로로 잡혀가긴 해도 나라가 완전히 패망하지는 않을 것을 전함으로써 그것에 대한 두려움을 제거했듯이, 여기서도 그는 먼저 왕국의 완전한 패망에 대한 두려움이 전혀 근거가 없는 것임을 보여줌으로써 백성들로 하여금 15장 16절의 예언(즉, 현재의 위험에서 속히 구원을 받을 것이라는 예언)을 받아들일 수 있도록 마음을 준비시키고 있는 것이다. 먼 장래에 신적인 구속자가 보내심을 받게 될 그 백성은 현재에도 하나님의 섭리의 특별한 보호를 받아 마땅한 것이다.

304. (2) “이 해석은 다른 모든 구절에서 드러나는 징조의 성경적 관념을 완전히 무시한다. 이 해석은 징조를 더 먼 미래의 사건을 가리키는 것으로 만들어 버린다. 그러나 다른 곳에 나타난 어법에 따르면, 징조란 사건을 두 번 예언한 것으로서 먼저 성취되는 것이 두번째 성취될 사건의 확실한 보

장이 되는 것이다."―여기서 징조의 의미에 대해서 앞에서 말한 것을 굳이 반복할 생각은 없다. 이런 반대 논리는 출애굽기 3장 12절 단 한 구절만으로 충분히 반박할 수 있다. 거기서도 여기서와 같이 **나중**에 발생하는 일이 **먼저** 발생할 일의 징조가 되고 있다. "하나님이 가라사대 내가 정녕 너와 함께 있으리라 네가 백성을 애굽에서 인도하여 낸 후에 너희가 이 산에서 하나님을 섬기리니 이것이 내가 너를 보낸 증거니라." 즉, 너를 통하여 백성들을 구원하리라는 것이 확실한 것임을, 애굽에서 나온 후에 네가 이 산에서 내게 제사를 드릴 것이라는 사실을 보고서 확실히 깨달으라는 뜻이다.

나아가서 이사야 37장 30절을 보라: "왕이여 이것이 왕에게 징조(앗수르 사람들로부터 구원을 받으리라는)가 되리니 금년에는 스스로 난 것을 먹을 것이요 제 이년에는 또 거기서 난 것을 먹을 것이요 제 삼년에는 심고 거두며 포도나무를 심고 그 열매를 먹을 것이니이다." 더욱이 여기서 선지자는 현재의 난국에서 구원받으리라는 사실을 미래에 있을 사건을 통해서 보장하는데, 그는 그렇게 하는 것이 당장 이적을 행해서 그 구원을 보장하는 것에 못지 않게 백성들에게 확신을 준다고 믿었던 것이다.

305. (3) "이 예언 다음에 이어지는 17절 이하의 재난에 대한 묘사가 그 엄청나게 놀라운 예언과 잘 맞아 떨어지지 않는다."―이 주장은 여러 가지 반대 주장 가운데서 가장 약한 것이다. 선지자들의 글을 피상적으로나마 접해본 사람은 누구나 선지자들이 한결같이 메시야의 강림에 앞서서 극심한 하나님의 심판과 백성의 환난이 앞서서 일어나리라는 예언을 하고 있다는 것을 알 것이다. 하나님의 심판이 먼저 올 것을 묘사하는 4, 9, 11장과 미가서 5장, 그리고 여기서와 마찬가지로 메시야를 통한 구원에 대한 예언이 그보다 앞서 임할 심판에 대한 묘사보다 앞서서 나타나는 2장을 서로 비교하기만 하면 된다.

306. (4) "8장의 예언이 이것과 너무도 흡사하게 닮았으므로, 우리는 만일 그곳의 예언이 메시야적으로 해석될 수 없다는 것이 드러나면, 여기서도 역시 메시야적 해석이 맞지 않는다고 믿게 된다. 여기서와 같이 거기서도

아기의 이름과 탄생이 아람의 지배로부터 구원받을 것이라는 징조의 역할을
한다. 만일 거기서 그 아기의 어머니를 선지자의 아내로 이해하고 그 아기를
선지자의 아들 가운데 하나로 이해해야 옳다면, 여기의 예언에 대해서도 똑
같은 해석이 적용될 것이다."―이 구절은 이 주장이 의도한 그 사실을 입증
해주기는 커녕, 오히려 임마누엘이 선지자의 아들 가운데 하나였다는 관념을
반박해주는 역할을 한다. 선지자가 그의 두 아들에게 한 가지 사건에 즈음해
서 두 아들들에게 상징적인 이름을 주었다는 것이 개연성이 없기 때문이다.
오히려 약속으로만 되어진 눈에 보이지 않는 징조에다 눈에 보이는 징조가
첨가되었다고 보는 메시야적 해석이 본문과 아주 잘 어울리는 것이다.

마이어(Meyer)는 다음과 같이 간파하였다: "불확정적인 구두의 징조로
는 충분하지가 않았다. 사실 눈에 보이는 확실한 인증(seal)이 더 있어야 했
던 것이다." 또한 여러 가지 정황적인 사항에 있어서도 8장과 현재의 본문
사이에 서로 매우 다른 점이 나타나며, 9장 6절과의 유사성과 같은 정도의
유사성을 보이는 것도 아니다. 예를 들어서 여기서는 아기의 어머니가 처녀
로 나타나는 반면에 8장에서는 선지자의 아내(문자적으로는 '여선지자')가
아기의 어머니로 등장한다. 여기서는 아기의 탄생에 대한 예고 밖에는 나타
나지 않는데 8장에서는 아기의 탄생에 대한 완전한 기사가 다 나타나고 있
다. 8장에는 선지자가 여호와께로부터 지시를 받아 자기의 아기에게 이스라
엘과 아람 왕국이 곧 멸망할 것을 뜻하는 이름을 붙였다는 내용까지 기록되
어 있는 것이다.

더 나아가서 선지자는 이런 사실을 문서로 남기고 믿을 만한 증인들을
취하여 그 일이 성취된 후 그 기록이 씌어진 날짜를 확인하고 그 문서를 확
증해 주도록 하기까지 한다(8:1-2). 그리고 나서 아내에게로 들어가고, 아내
는 잉태하여 아들을 낳는다. 그리고 마지막으로 현재 7장의 본문에서는 아기
에게 이름을 지어주는 것이 어머니이지만, 8장에서는 아버지가 이름을 지어
주는 것으로 나타나는 것이다.

307. (5) "8장 18절에서 선지자는 그의 아들들이 이스라엘을 향한 징조
와 예표로 주어졌다고 말하고 있는데, 이것은 그의 아기가 선지자의 아들이

지 메시야가 아니었다는 설명을 지지해주는 것이다."―선지자에게는 위의 본문에서 말한 아들에 앞서서 스알야숩과 마헬살랄하스바스가 더 있었다.

308. 15, 16절. "그가 악을 버리며 선을 택할 줄 알 때에 미쳐 뻐터와 꿀을 먹을 것이라. 대저 이 아이가 악을 버리며 선을 택할 줄 알기 전에 너의 미워하는 두 왕의 땅이 폐한 바 되리라." 과거의 해석자들은 이 두 절에 대한 설명에서 큰 어려움에 빠졌다. 대다수의 해석자들은 15절에서 앞으로 탄생할 구속자의 참된 인성(人性)을 선포하고 있다고 보았다. 임마누엘이라는 이름은 (그들은 말하기를) 메시야의 신성을 뜻하며, 뻐터와 꿀을 먹는다는 것은 그의 인성을 뜻한다고 본 것이다. 뻐터와 꿀은 어린 아이들이 일상적으로 먹는 음식이었기 때문이다. 그렇다면 이 절의 의미는 다음과 같다: 그도 다른 아이들과 똑같이 자라나서 점점 성인이 되어갈 것이다.

그러나 이런 억지의 해석은, 다른 여러 가지 반대 논리가 있지만 특히 다음과 같은 반대 논리에 부딪힌다. 즉, 메시야의 인성이 그가 처녀의 몸에서 탄생하리라는 예언 속에서 이미 암시되었는데, 여기서 새삼스레 메시야의 참된 인성을 선언한다는 것은 문맥상 전혀 어울리지 않으며, 또한 15절을 그렇게 보면 14절과 16절의 연관성을 부자연스럽게 해치고 만다는 것이다. 이를 주장하는 해석자들은 대개 16절에서 주제가 바뀌는 것으로 본다. 그러나 이는 받아들일 수 없다. 선과 악을 구별할 수 있는 능력이라는 동일한 특징이 15, 16절의 주제로 나타나기 때문이다. 더욱이 갑자기 주제를 바꾼다는 것은 부자연스럽다.

또 어떤 이들은 16절도 메시야에 관한 것으로 보면서, 메시야가 사물을 분간할 나이가 되기 전에 그 땅이 오랜 동안 버린 바 될 것이라고 한다. 그러나 이 해석은 그 부자연스러움이 너무도 확실히 드러나기 때문에 반박할 필요조차 없다. 그렇다면, 과연 어떻게 이 두 절을 그 앞의 내용과 조화시킬 수 있을 것인가? 선지자는 7백여년 후에 탄생할 한 아기의 지각력의 발달을 이 선지자의 예언이 있은 후 곧 이루어질 구원의 사건(유다 땅이 그 원수들로부터 구원을 얻는 사건)과 어떻게 시간적으로 연결시킬 수 있을까?

이에 대해서는 비트링가(Vitringa)나 로우트(Lowth), 코페(Koppe)

등의 견해가 가장 사실에 가깝다. 그들에 따르면, 선지자는 메시야의 탄생과 그의 사고력의 발달 사이의 기간을 그 땅이 그 원수들로부터 완전히 구원받는 기간을 재는 잣대로 사용하고 있다고 한다. 여기서 참으로 중요한 것은 선지자가 동일한 황홀경 속에서 15절과 16절을 말씀했고, 그 때에 그는 메시야를 현재에 존재하는 것으로 바라보고 있었다는 사실을 인식하는 것이다. 여기서 그는 시간에 대해서는 관심이 없다. 그의 선지자적 눈에는 그 아이가 이미 탄생한 것으로 보였고, 그 아이에게서 시간을 재는 잣대를 빌려온 것이다. 그러므로 그가 말씀하고자 하는 것은 대략 3년 정도내에 두 왕국이 전복되리라는 것이다. 이런 사실을 선지자는 이상 가운데 현실로 바라본 아이의 탄생과 그 아이가 사물을 분별할 나이에 이르기까지의 기간을 빌어서 말씀하고 있는 것이다.

이렇게 해서 일반적인 사실들에 대해서는 대략 살펴보았으므로 이제는 구체적인 내용들을 설명해 가기로 하자. 첫째로, 뻐터와 꿀을 먹는다는 것을 과연 어떻게 이해하여야 하는가 하는 문제가 있다. 몇몇 해석자들은 이를 부귀와 풍요를 가리키는 것으로 이해한다. 그러나 그들은 전혀 다른 두 가지의 표현법을 서로 혼동하고 있는 것이다. 즉, 뻐터와 꿀을 먹는다는 것과 뻐터와 꿀로부터 흘러나오는 것은 서로 전혀 다른 것이다. 그리고 22절의 진술로 볼 때에 뻐터와 꿀을 먹는 것은 나라가 황폐해진 결과로 이해하는 것이 합당한 것이다. 땅이 황폐해졌으므로 거기에 남아 있는 사람들은 유목민의 생활을 해야 했으며, 야생 꿀과 가축의 소산물로 연명할 수밖에 없었다. 목초지가 풍성해져서 가축의 숫자가 전보다 훨씬 많아졌던 것이다.

'악을 버리며 선을 택할 줄 알기 전에' 라는 어구는 아이에게서 처음 도덕적인 의식이 발동되는 2,3세 가량의 때를 뜻한다. 그러므로 이 절의 의미는 다음과 같다: 현재의 세대는 선지자가 현재의 인물로 바라보고 있는 이 아기로써 대표되는데, 몇년 동안 그 땅을 평온히 소유할 수가 없고 그 황폐한 땅에서 풍성한 목초지를 찾아 가축을 기르며 그 소산물로 연명할 수밖에 없을 것이다. 그리고 이어서 16절에서는, 그 시기가 끝나기 전에 두 왕국이 망하고 그 땅이 황폐화될 것(앗수르에 의해서)을 예언하고 있다. 그 이후에 땅의 산물들을 다시 얻을 수가 있을 것이다.

‘그 땅이 폐한 바 되리라.’ 즉, 황폐화되며 거민들이 완전히 없어질 것이라는 뜻이다.

309. 선지자는 지금까지 즐거운 일들만을 예언했다. 유다 땅이 그 원수 왕들로부터 구원받을 것을 예언했으며, 이 예언의 성취에 대한 보장으로써 그는 더 미래에 있을 훨씬 더 즐거운 사건을 말씀했다. 그런데 그는 이제 잠시 모든 것을 중지한다. 16절과 17절 사이에 연결시켜주는 낱말이 나타나지 않는 사실이 이를 잘 보여준다. 이제 그의 이상은 이제 슬픈 이미지로 가득 채워진다. 새로운 원수들, 즉 앗수르 사람들과 애굽 사람들이 땅을 침범하여 그 땅을 황무지로 만들어 버리는 것이다.

310. 게제니우스는 앗수르 사람과 애굽 사람이 유다를 침공하여 황폐화시킨다는 이 예언은 결코 성취되지 않았다고 보며, 그것을 단순히 선지자의 위협으로 이해한다. 그의 주장은 아하스의 통치 때에 디글랏빌레셀에 의해서 유다인들에게 큰 괴로움이 있었지만, 그것은 너무나 사소한 것이어서 이 예언의 성취로 보기가 어렵다는 것이다. 그리고 그 예언은 분명히 “여호와께서 너에게 임하게 하시리라”고 말씀했기 때문에 아하스의 통치 후에는 그 예언의 성취를 찾을 수가 없다고 한다. 그러나 이 예언에서 아하스는 한 개인으로서 언급된 것이 아니라 왕의 위엄을 가진 자로서 백성과 대조를 이루는 의미로 언급되고 있기 때문에, 이러한 견해는 성립할 수가 없다.

‘너와 네 백성에게’는 ‘백성과 그들의 왕에게’와 동일한 뜻이다. 그러므로, 몇 세기 동안 임하지 않을 하나님의 심판을 예언할 때에, 그 당시의 죄인들이 아무도 그 예언이 성취되기까지 살지 못하는데도 불구하고 언제나 “여호와께서 너에게 임하게 하시리라”고 말씀하는 것이다. 그리고 이 점은 선지자가 모든 것을 현재로 바라본다는 선지자의 이상의 특성과도 완전히 일치하는 것이다. 범죄와 그에 대한 형벌이 선지자들의 영적 이상에서는 시간 상의 거리가 전혀 인지되지 않은 상태로 함께 나타나 보이는 것이다. 그리고 형벌이 여러 단계를 거칠 경우에는 그것도 인지되지 않는다. 왜냐하면 그 형벌의 시작과 끝이 하나로 섞여 나타나기 때문이다. 예를 들어서, 예레미야

50장 51절에는 고레스의 바벨론 정복과 바벨론의 최후의 멸망이 한데 합쳐진 상태로 언급되고 있다. 그러므로 여기서도 장차 앗수르 사람들에 의해 일어날 재난이, 디글랏빌레셀로 시작해서 느부갓네살로 끝나기까지의 모든 과정이 한데 묶어져서 예언되고 있는 것이다. 그 재난에서 유다 사람들에게 가장 큰 고통을 주는 것은 바로 앗수르 사람들이었다. 또한 히스기야 시대의 산헤립과 므낫세 시대의 에살핫돈이 그 땅에 일으킨 환난도 거기에 포함되어 있다.

311. 선지자는 애굽 사람들이 일으킬 재난은 그리 크지 않을 것을 암시하고 있다. 17절에서 앗수르 사람에 대해서만 말씀하며, 애굽 사람에 대해서는 언급하지 않기 때문이다. 아이히호른은 다음과 같이 적절히 논평한다: "선지자가 여기서 애굽 사람들을 그렇게 빨리 지나치는 것은, 그들이 이미 권력의 절반을 상실했으므로 거의 역사의 전면에 나서지 못하며, 나선다 해도 그저 한 두번 지나치는 정도로 그치기 때문이다." 팔레스타인은 애굽과 앗수르의 사이에 위치하기 때문에 그 두 권력이 분쟁을 일으킬 때면 언제나 고통을 당하기 마련이다. 이런 점에서도 그 예언의 성취는 점진적으로 나타나는 것이었다. 그 예언은 애굽의 왕 바로 느고가 바벨론과의 전쟁 중에 유대 땅을 정복하고서 전쟁 중에 요시야 왕이 전사한 후 유다를 속국으로 삼은 사건에서 완전히 성취되었다.

312. 아이히호른이 잘 간파한 대로, 선지자가 침략자들을 묘사하는 상징적인 표현들은 그 각 나라들의 성격을 그대로 잘 드러내는 것이다. 애굽, 특히 나일강 어구에는 해충과 곤충이 많다. 그러므로 애굽 사람들의 무리가 선지자에게는 마치 엄청난 규모의 파리떼처럼 보인 것이다. "그는 유브라데 강의 늪지에서부터 앗수르 사람들이 말벌처럼 떼를 지어 몰려 오는 것을 본 것이다."

313. 7장에 대한 해설을 마쳤으므로, 이제는 잠시 되돌아가서 14-16절에 대해서 지금까지 제시한 것과 본질적인 면에서 다른 해석들을 주목해 보

고자 한다.

(I) 몇몇 해석자들은 이 부분이 메시야를 가리키는 것임을 부정하지 않으면서도, 일차적으로는 선지자가 여기서 그 당시에 있을 사건을 지칭했다고 주장한다. 다시 말해서 여기에 이중적인 의미가 있다고 보는 것이다. 그들은 말하기를, 선지자는 그의 시대의 한 아기에 대해 말씀하면서 하나님의 섭리에 이끌림을 받아서 그리스도에게 훨씬 적합하며 동시에 매우 저급한 의미에서 그 아기에 적용할 수 있는 그런 표현을 사용하였다고 한다. 이 해석은 그로티우스, 리하르트 시몬(Richard Simon), 그리고 르 클레르 등이 주장했다. 그러나 그것은 철저한 메시야 해석이 주는 어려움 때문에 생긴 것이었다. 부분적으로는 그 어려움을 제거하지 못한데서 온 것이요, 부분적으로는 최소한 어느 정도로는 마태복음 기자의 권위를 유지시키려는 열심에서 나온 것이다.

그러나 이미 지적한 바와 같이 만일 이 예언이 아하스의 시대에 성취되었다면 선지자의 글에서 메시야를 지칭하는 더 높은 의미를 찾을 이유가 전혀 없어지고 마는 것이다. 이렇듯 메시야 해석과 비메시야 해석은 말씀의 의미에 있어서 서로 전혀 다른 것이다. 메시야 해석에 따르면, 알마는 처녀요 잉태한 이후로도 계속 처녀로 남아 있는 것이다. 비메시야 해석에 따르면, 그 처녀는 잉태한 이후로는 처녀로 남아 있지 않는다. 메시야 해석은 임마누엘을 이 땅에 있는 하나님(Deus in terra)으로 보며, 비메시야 해석은 그것을 그저 하나님의 도우심을 상징하는 것으로만 본다. 그러므로 메시야 해석을 취하면 선지자의 시대의 상황을 지칭하는 요소는 전혀 있을 수가 없다. 그러나 비메시야 해석을 취하면 이 예언은 그 당시에 완전히 성취되었고, 메시야의 예표 같은 것은 남아 있을 수가 없게 된다.

다테(Dathe)는 이 난제를 인지하면서도 철저한 메시야 해석을 따를 수가 없었으므로 아주 특별한 방법을 취했다. 그는 이사야가 문자적으로 그 당시의 한 처녀를 말씀하는 것으로 보았다. 그는 진짜 처녀로서 그의 예언에 대한 확증으로 아들을 낳게 되므로, 이 상황은 그리스도의 탄생과 아주 유사하다고 보는 것이다. 그러나 어느 누구도 그의 주장을 함께 받아들일 수가 없다. 로우트, 코페, 마이어의 견해도 어느 정도 이와 같은 범주에 든다고 말할 수 있다. 그들에 따르면 선지자는 그의 시대에 태어날 어느 특정한 아기에 대해 말씀하는 것이 아니고, 그의 나라의 운명을 한 아기의 이름과 운명과 연관짓는다는 것이다. 마이어는 말하기를, "아하스가 금방 납득하고 받아들였을 그 예언의 의미는 바로 이런 것이었을 것이다: 한 젊은 여인이 결혼해서 잉태하여 아들을 낳을 것인데, 그 여인이 그 아이의 이름을 '하나님이 우리와 함께 계시다'로 지을 것이다. 왜냐하면 그때에는 '하나님이 우리와 함께 계실 것'이기 때문이다"라고 한다. 그러나 그 예언은 궁극적으로 그리스도를 가리키는 것이라고 한다.

로우트는 다음과 같이 말한다: "그 예언은 아주 엄숙한 방식으로 소개된다. 아하스가 자신이 원하는 대로 아무 것에서나 징조를 구하라는 제안을 거부한 이후에 하나님 자신이 선택하셔서 주셨으므로 그 때에 주어진 징조는 매우 두드러진 것이었고, 예언의 언어도 매우 두드러지며, 아기의 이름도 매우 표현이 풍부하여, 보통 아이의 탄생의 상황이 요하는 것보다 훨씬 더 풍성한 내용을 담고 있어서, 우리는 쉽사리 다윗의 집에서 위대한 구원자가 나오리라는 일반적인 기대로 말미암아 마음이 동하여 현재의 사건이 나타내는 것을 훨씬 넘어서는 그런 기대를 갖게 되는 것이다. 특히 임마누엘로 불리는 이 아이가 그 다음에 곧바로 이어지는 예언에서 주요 유다 땅의 왕으로 인정을 받는 것이 나타날 때에는 더욱 그렇다. 다윗의 보좌를 이을 메시야가 아니면 누구이겠는가? 그 메시야라는 분을 통해서 위대한 신적인 인물이 약속되었던 것이다."

우리가 로우트의 말을 길게 인용한 것은 이것이 메시야 해석의 여러 가지 다양한 근거들을 아주 뛰어나게 진술하고 있기 때문이다. 이 가설을 주장하는 자 가운데 아무도 이중적인 의미라는 불편한 주장의 필연성을 입증한 사람은 없다. 그리고 그들로 하여금 이런 식의 타협안으로 기울어지도록 만든 메시야 해석의 난제들은 이미 제거된 것이다.

314. (II) 비메시야 해석은 오랜 동안 유대인 특유의 해석으로 계속 유지되어왔고, 그러다가 요한 에른스트 파버(John Ernst Faber)가 그 해석 방법을 기독교 교회에 소개시키려는 시도를 했다. 로마 가톨릭 주석가인 이

젠비일이 그의 해석을 따랐고 그 결과 그는 감옥에 갇히기도 했다. 그는 그의 주요 주장들을 미카엘리스의 강연에서 빌려왔다. 미카엘리스는 메시야 해석에 난점들이 있다고 해서 그 해석을 역시 거부했다. 그러나 그가 본 난점들은 선지자들의 이상의 특성에 대한 무지 때문에 생긴 것으로 그는 그것을 극복할 수가 없었다. 그 이후로 비메시야 해석이 주류를 이루어 오게 되었다. 그런데 이 해석자들은 임마누엘을 낳을 알마에 관해서도 서로 의견의 일치를 보지 못한다.

315. (1) 더 옛날의 유대인들은 알마를 아하스의 아내로 보며 임마누엘을 히스기야 왕으로 본다. 이 해석은 심지어 저스틴의 시대에도 주류를 이루고 있었다. 그러나 제롬은 히스기야는 그 예언이 있을 당시 최소한 아홉살 이상이었을 것임을 입증함으로써 이 해석을 쉽게 반박해버렸다. 킴치와 아버바넬은 아하스의 두번째 아내를 상정했는데, 최근의 학자들 가운데 켈레(Kelle)가 이 견해에 동의를 표시하고 있다.

316. (2) 다른 사람들에 따르면, 알마는 이사야와 아하스가 함께 만나던 곳에 있었고, 그래서 이사야가 손가락으로 지적할 수 있는 사람이었으나 우리로서는 정확히 꼬집어 알 수 없는 그런 한 처녀였다고 한다. 선지자는 실제로 여기서, '내가 이 처녀에 대해서 예언하는 일이 곧 확실히 일어날 것처럼, 전에 전쟁 문제에 대해서 내가 행한 예언도 확실히 성취될 것이라'고 선언하고 있는 것이라는 것이다. 그러나 다른 여타의 반대 증거는 차치하고라도 선지자가 왕과 백성 앞에서 한 처녀를 가리키며 그녀의 임신을 예언한다는 것이 적절하지도 않을 뿐더러 선지자로서 합당한 일도 아닌 것 같다.

317. (3) 다른 사람들은 알마를 실존한 처녀가 아니라 이상 속에 있는 처녀로 본다. 이 견해는 미카엘리스의 말에서 잘 볼 수 있다. "아직 처녀인 한 사람이 아이를 낳을 때가 되면(아홉달이 지나서), 모든 것이 좋게 변하게 될 것이요 현재의 임박한 위험도 완전히 사라져 있을 것이므로 네 자신이 그 아이를 위해 이름을 짓는다면 그를 임마누엘이라고 부르게 될 것이다." 그러

나 이 해석에 따르면, 과연 징조의 성격을 어디에서 찾을지를 알 수가 없다. 단순히 시적인 이미지로는 사실을 확증해주는 징조의 역할을 할 수가 없기 때문이다.

318. (4) 또 어떤 이들은 알마를 선지자의 아내로 추측하기도 한다. 그들의 주장에 따르면 여기의 장면은 이런 것이다: "선지자의 아내, 또는 선지자와 약혼한 처녀는 잉태하여 아들을 낳을 것이고 그를 '하나님이 우리와 함께 계시다'라는 이름으로 부를 것이다(9개월 정도 이내에 백성은 이미 구원받은 상태에 있을 것이다). 그 아이가 선과 악을 구별하기까지(몇년 동안) 사람들은 뻐터와 꿀을 먹을 것이다(즉, 땅이 경작을 하지 못하는 상태로 있어서 사람들은 가축의 소산물과 자연에서 야생적으로 나는 것들로 연명할 것이다). 그러나 그 때에 두 왕의 나라가 황폐화될 것이다." 징조는 점진적으로 발전해가는 것으로 두 가지 확실한 목적을 갖고 있었다. 즉, 9개월 이내에 유다의 구원과, 3년 정도 이내에 원수의 왕국들이 망하리라는 것이 그것이다. 그러나 이 견해에 대한 주요 반대 근거는 메시야 해석을 위해서 이미 전개한 논리들 이외에도 다음과 같은 것들이 있는데, 그것들은 비록 부분적이긴 하지만 앞에서 언급한 세 가지 가설들에 똑같이 적용 가능한 것들이다.

319. (a) 알마라는 낱말은 오직 처녀만을 지칭하며 결코 젊은 기혼 여자를 뜻하지 않으므로 이미 아버지를 따라 나설 정도로 나이가 든 스알야숩의 어머니인 선지자의 아내를 뜻하는 것으로 볼 수가 없다. 게제니우스는 선지자의 전 아내가 죽어서 그가 후에 다른 처녀와 약혼한 상태에 있었다는 가설을 지지하고 싶은 마음이라고 스스로 선언했다. 그러나 이것은 단순한 허구에 지나지 않는다. 게다가 선지자가 자신과 약혼한 여자를 '그 처녀'라는 일반적인 호칭으로 불렀다면 과연 선지자 자신을 사람들은 어떻게 이해했겠는가? 그러므로 우리는 최소한 플뤼슈케의 주장대로, 그가 그 처녀를 자신과 함께 데리고 가서 그녀를 그의 손가락으로 가리켰다는 식으로 생각할 수밖에 없다. 그러나 본문에는 이에 대한 흔적이 전혀 나타나 있지 않을 뿐더러, 그렇게 하는 것이 동방의 예의상 어울리지도 않는 것이다.

320. (b) 메시야를 제외한 선지자의 아들이나 다른 사람을 가리킨다는 주장은 상황에 맞지 않는다. 왜냐하면 8장 8절에서 임마누엘의 땅이 언급되는데, 이것만으로도 세번째 가설은 충분히 반박되고도 남기 때문이다. 그로티우스나 플뤼슈케, 그리고 게제니우스는 여기의 에레츠(문자적으로는 '땅'을 뜻함—역자주)는 고향(native land)을 뜻한다는 해석을 택한다. 이 낱말은 문맥에 따라서 이 뜻을 취하는 때도 있는 것은 사실이다. 그러나 이 해석을 주장하는 자들은 선지자가 무슨 목적으로 여기서 그의 아들 임마누엘을 꼬집어서 그에게 말씀을 전해야 했는지에 대해서는 전혀 아무런 해결점도 제시하지 못하는 것이다.

321. (c) 징조라는 낱말이 언제나 이적적인 사건을 뜻하는 것만은 아니라는 점은 이미 살펴보았다. 그러나 그 낱말은 여기서는 그런 의미로 사용되어야 마땅하다. 왜냐하면 여기서는 백성과 왕이 다가올 구원에 대해서 정말로 확신을 갖도록 해줄 수 있는 그런 어떤 것을 상정하는 뜻으로 쓰이기 때문이다. 미래에 메시야가 탄생하는 일이야말로 이미 앞에서 보았듯이 그런 징조였다. 그러나 만일 선지자가 자기 자신의 아들의 출생 같은 지극히 자연스러운 일을 그토록 엄숙하고 고상한 표현을 써서 소개했었다면, 선지자는 정말 놀림을 받았을 것이다. 사실 선지자가 자기 아들의 출생을 미리 예언했었더라도 이스라엘 백성은 그 예언을 그 나머지 예언된 사실에 대한 보증으로 받아들였을 것이다. 최소한 선지자가 여호와께서 자기에게 아들을 주실지 딸을 주실지는 인간적인 영민함으로 미리 예견한 것이기 때문이다.

그러나 그렇게 보게 되면, 선지자가 어째서 아주 큰 일을 앞두기라도 한 것처럼 그렇게 엄숙한 자세를 취했느냐 하는 것을 도무지 설명할 수가 없다. 그의 반대자들이라 할지라도 그런 방법은 쓸 수가 없다. 왜냐하면 그렇게 되면 그들로서는 선지자를 정치가보다 조금 더한 사람 정도로 볼 수밖에 없었을 것이기 때문이다. 플뤼슈케는 선지자가 아주 대담한 추측을 했었던 것으로 생각한다. 그러나 만일 그의 추측이 사실과 달라질 경우 그의 선지자로서의 명성은 그것으로 끝나버리고 말 것이었다.

322. (d) 메시야 해석에 따르면 징조가 한 가지인데, 게제니우스는 징조를 두 가지 사건을 가리키는 것으로 보면서, 9개월 내에는 원수들로부터 구원받는 사건이 있으며, 그로부터 3년 정도 후에는 땅의 경작이 재개되는 사건이 일어날 것이라고 생각했다. 그러나 원수들이 퇴각하자마자 백성들이 땅의 경작을 다시 시작하지 못할 이유가 어디에 있는가? 게제니우스 자신은, "금년에는 스스로 난 것을 먹을 것이요 제 이년에는 또 거기서 난 것을 먹을 것이요 제 삼년에는 심고 거두며 포도나무를 심고 그 열매를 먹을 것이니이다"라는 37장 30절의 진술을 다음과 같이 해석한다: '이 땅이 원수들로 인해서 2년 동안 황폐한 상태에 있어서 씨를 뿌리지도 못했고 수확을 하지도 못했으나, 이 제3년에는 너희 원수들로부터 해방되어 너희가 다시 씨를 뿌리고 수확을 할 것이다.' 그러면서 그는 36, 37절에 따르면 산헤립이 곧바로 후퇴하므로 그 때 이후로는 땅의 경작을 방해할 것이 아무도 없어졌으므로, 여기의 씨를 뿌리고, 심고, 거두라는 명령들이 미래를 가리키는 것이 아니라고 설명하는 것이다.

323. (e) 게제니우스의 해석에 따르면, 유다의 구원과 유다를 침공했던 두 왕국의 멸망 사이에 약 3년 정도의 시간 간격이 있다고 한다. 그러나 그것은 그럴 수가 없다. 왜냐하면 유다가 구원받게 된 것이 바로 앗수르가 아람 왕국을 침공한 사건으로 말미암은 것이기 때문이다.

3. 이사야 9:1-7

324. 8장 1절부터 9장 6절까지의 예언은 하나의 단락을 형성하고 있다. 이 예언은 7장에 나타난 것과 여러 가지 면에서 유사하다. 둘 다 똑같이 이스라엘과 아람 왕국의 유다 침공 사건이 배경을 이루며 내용과 대상도 서로 매우 유사하다. 두 가지 모두에서 아람 사람들과 에디오피아 사람들로부터 속히 구원을 받을 것과 그 두 왕국이 앗수르에 패망할 것, 그리고 그 후 앗수르 사람들이 그 땅에 일으킬 참혹한 재난을 예언하고 있으며, 두 예언 모두 평화의 왕국을 세울 놀라운 신적인 아기에 대해 언급하고 있으며, 두 예언 모두에서 그 아이의 미래의 탄생이 모든 위험으로부터 나라가 보존되리라는 확실한 보증의 역할을 하고 있는 것이다. 심지어 8절과 10절에는 7장 14절에서 이 아이에게 주어진 이름이 다시 언급되기까지 한다. 그러나 이런 모든 유사점에도 불구하고, 이 부분의 예언은 여러 해석자들이 잘못 주장하듯이 7장의 예언과 같은 시기에 주어진 것이 아니다. 오히려, 두 왕이 패망하기까지 경과할 기간에 대하여 7장 15,16절과 8장 4절이 서로 달리 보고 있는 점을 볼 때에 이 부분의 예언은 7장의 예언보다도 1년 내지 1년반 정도 후에 이루어졌을 것으로 보인다.

325. 이 예언을 대략 간추려 보면 다음과 같다: 선지자는 유다를 위협하는 두 왕국이 곧바로 망할 것임을 상징적인 문서를 통해서 묘사하며, 이로써 그는 7장에서 그저 말씀으로만 전달한 내용을 시각적으로 형상화시켜 전달함으로써 더욱 깊은 인상을 주려 한다. 선지자는 여호와께로부터 서판(書板) 또는 양피 두루마리에 모든 사람이 읽을 수 있도록 큰 글자로 마할살랄하스바스(즉, 노략이 시간을 다투며 약탈이 급히 임한다는 뜻)라고 쓰라는

명령을 받았는데, 이는 앗수르 사람들이 그 두 왕국을 황무케 할 시기가 이미 가까왔음을 말씀하는 것이다.

그리고 나서는 예언의 내용을 마치 법적인 문서처럼 믿을 만하고 존경받는 증인들을 통해서 확인하도록 하는데, 이로써 그 내용이 성취된 후에 그 자신이 그 예언을 믿지 않는 대중들 앞에 그 문서를 내보이며 그렇게 함으로써 자신이 이미 일어난 사건을 사후에 예언했을지도 모른다는 의혹을 완전히 제거하도록 명령을 받았다. 선지자는 이 하나님의 명령을 그대로 시행에 옮겨서 대제사장 우리야와 스가랴를 증인으로 삼는다. 그리고 나서 그는 여호와께로부터 당시 그가 낳은 한 아들에게 마할살랄하스바스라는 이름을 붙이라는 명령을 받는데, 이는 이 아들이 아버지와 어머니의 이름을 말할 수 있는 때가 되기 전에 두 원수의 땅이 앗수르 사람들에 의해서 황폐화될 것임이었다. 이 예언의 성취에 대해서는 이미 7장에 대한 해설에서 충분히 설명되었다.

사마리야의 노략물은 사마리아성에서부터 취해질 노략물이 아니라 사마리아 지방 전체로부터 취해질 노략물로 이해해야 옳다. 다른 여러 구절에서도 땅 전체가 그 수도의 이름을 따서 불리워지는 것을 볼 수 있다(왕하 17:26; 23:19; 렘 31:5). 그러므로 이 사실은, 열 지파의 왕국에 관한 한 이 예언이 선지자가 지정한 시기보다도 18년 가량 후에 가서야 비로소 성취된다는 게제니우스의 주장이 사실무근임을 입증해주는 것이다.

326. 5절부터 8절까지는 재난이 예언되고 있다. 그 재난은 하나님의 형벌로서 앗수르 사람들을 통해서 이스라엘은 물론 유다에게도 임할 것인데, 아하스와 유다 백성 가운데 불경건한 사람들이 거기서 구원받기를 기대했던 것이다. 대적들이 온 땅에 퍼질 것이다. 그러나 여기서 선지자는 장차 오실 신정국가의 위대한 회복자인 임마누엘에게 말씀하며, 또한 그 땅을 그의 땅으로 부름으로써 눈에 보이는 신정왕국인 유다 왕국이 완전히 멸망하지도 않을 것이며, 또한 장차 그가 탄생할 그 땅이 황폐화되지도 않을 것임을 보여주는 것이다.

327. 그는 9절과 10절에서는 이 사실을 더욱 분명히 말씀한다. 여기서 그는 신정국가를 대적하는 나라들—일차적으로는 앗수르 사람들—을 향해 말씀하며 언약 백성을 무너뜨리려는 그들의 노력이 허사가 될 것임을 선언한다. 여호와께서 장차 임마누엘을 통해서 성취시키실 그 위대한 구원이 그가 현재에도 도우실 것임을 보여주는 보증이 되는 것이기 때문이다. 임마누엘이라는 이름이 시사하듯이 하나님은 저급한 의미에서 지금도 그 백성과 함께 계시며, 장차는 가장 진정한 의미에서 그 백성과 함께 계실 것이다.

328. 여기서 선지자는 다른 곳에서 보통 그렇게 하듯이, 저급한 의미의 구원이 있은 직후에 메시야로 말미암은 더 고상한 의미의 구원이 있을 것을 선언했을 수도 있을 것이다. 이사야서 후반부에서 선지자는 늘상 바벨론 포로로부터의 구원에 대한 예언을 메시야의 때에 있을 구원에 대한 예언과 연관짓는 것을 볼 수 있다. 그러나 선지자는 여기서 불경건한 자들의 거짓된 안일함을 제거하며 경건한 자들의 열심을 불러 일으키기 위해서 구원에 대한 예언을 보류하고 주관적인 조건들을 제시하며 그 조건들을 충족시키지 못하는 백성들에게 무서운 재난이 임할 것임을 예언한다. 선지자의 말씀은 결국 다음과 같다: 내가 너희에게 선언하는 구원은 인간의 추측에 따라 좌우되는 것이 아니라 하나님의 계시에 따라 좌우되는 것이다. 그런데 하나님은 동시에 너희가 구원을 얻기 전에 행하여야 할 조건들을 내게 가르치셨다.

329. 선지자는 여기서 아주 특색있는 방식을 도입한다. 아니, 백성들이 무엇을 행하여야 할지에 대한 계시가 아주 특별한 형태로 주어진다고 하는 것이 좋을 것이다. 선지자는 이상 가운데 하나님과 면담을 갖는다. 이 면담에서 선지자 자신은 여호와의 말씀을 기꺼이 받아들일 자세를 갖추고 있는 보다 나은 부류의 백성을 대표하여 등장한다. 여호와께서 그에게 복수형을 써서 말씀하시는 것은 바로 이 때문이다. 여호와께서는 그에게 여호와만 신뢰하며 그 백성 가운데 믿지 않는 자들처럼 인간의 힘과 땅의 대적들에 대해 두려워하여 여호와께 죄를 짓지 말 것을 교훈하신다. 언약 백성 가운데 불신앙으로 배도한 무리들에게 여호와께서 엄정한 심판자가 되셔서 그들에게 무

거운 형벌을 내리시는 것과 마찬가지로, 믿고 순종하는 자들에게는 여호와께서 신실한 돕는 자시요 구속자가 되실 것이다. 여호와께서는 이렇게 선지자가 대표하는 더 나은 부류의 백성들에게 말씀하신 후에 선지자 자신에게 말씀을 주신다. 곧, 여호와의 제자들(즉, 여호와의 말씀과 그의 계시만을 전적으로 의지하는 자들)과 여호와를 신실하게 예배하는 자들을 향하여 여호와의 율법을 지키며 계시된 신앙 가운데서 인내하라고 가르치라고 명령하시는 것이다.

330. 16절에 와서 여호와께서 선지자에게 주시는 말씀의 형태를 띤 그 교훈이 결론을 맺으며, 이어서 선지자 자신이 백성들을 향하여, 특히 그 가운데 하나님을 경외하는 자들을 향하여 말씀한다. 하나님의 약속에 근거한 선지자 자신의 확고한 믿음을 그들에게 선포하는데, 곧 여호와께서 지금은 백성들로 하여금 여호와의 극심한 진노를 느끼게 하실 것이나 그들을 완전히 멸망하게 내버려두시지는 않으실 것이라는 것이다. 그는 자기 자신의 이름과 그의 아들들의 이름에 호소한다. 그 이름들은 모두가 구원을 예언하는 것이다. 이사야는 '하나님의 구원'이요, 스알야숩은 '남은 자가 돌아오리라'이며, 또한 마헬살랄하스바스는 여호와께서 그의 백성을 잊으셔서 그들로 망하게 하실 수가 없다는 진리를 깨닫게 해줄 미래의 사건들을 미리 보여주는 예표가 된다. 그는 그들에게 오직 하나님만을 의지하며 미래에 대한 지식을 얻기 위해서 다른 것을 추구하지 말라고 교훈한다. 하나님의 계시된 뜻을 확고하게 붙들 것을 요구하며, 백성들이 언약의 조건대로 이행하지 않고 율법 제정자이신 하나님의 권위에 전적으로 복종하지 않을 경우 그 백성에게 임할 환난을 아주 생생하게 묘사함으로써 결론을 맺는다. 이러한 경고는 백성들에게 하나님의 정결케 하시는 채찍을 내리실 때마다 그대로 성취되었지만, 특별히 예루살렘이 로마 군대에 의해서 파괴될 때에 그대로 성취되었다.

331. 이렇게 해서 불경건한 자들을 구원에서 제외시키며 하나님을 경외하는 자들에게 그 구원을 얻을 만한 자격을 갖추라고 권면한 다음, 선지자는 8장 10절에서 잠시 끊겨진 구원에 대한 예언을 계속한다. 그는 저급한 의미

의 구원이 있은 후 고상한 의미의 구원이 일어날 것임을 말씀하는데, 대개 그렇듯이 여기서도 지상의 신정국가에서 취한 이미지들을 들어서 말씀한다. 극심한 고통을 겪은 후, 그 백성은 번영의 때를 맞을 것이다. 이 시기에 임할 축복은 주로 갈릴리 지방이 누릴 것이다. 지금까지 비참과 무지 가운데 깊이 묻혀 있던 이스라엘의 변경 지방인 갈릴리가 축복을 받게 되리라는 것이다. 언약 백성이(앞의 경고에서 말씀했듯이 불경건한 자들은 여기에서 이미 제외되었다) 놀라운 구원을 경험하고 즐거움과 평화로 복을 누리게 될 것이다. 그 모든 축복들이 한 이적적인 아기에 의해서 임하게 될 것인데, 선지자는 이미 그 이름을 임마누엘이라 했었고 8절과 10절에서도 그 이름이 다시 나타난다. 사람이요 하나님이신 분, 이 땅에 탄생했으나 영원하신 분, 다윗의 자손이요 동시에 하나님의 아들이신 분, 모략과 행동에 능하신 인류의 평화 회복자이신 그 분께서 그의 영원한 다스림을 무한히 확장하실 것이며, 이 땅의 정복자들처럼 무력으로써가 아니라 의(義)로써 그렇게 하실 것이다.

332. 9장 1절. "전에 고통하던 자에게는 흑암이 없으리로다. 옛적에는 여호와께서 스불론 땅과 납달리 땅으로 멸시를 당케 하셨더니 후에는 해변 길과 요단 저편 이방의 갈릴리를 영화롭게 하셨느니라." 스불론 지파와 납달리 지파는 게네사렛 호수 주변에 거했는데, 스불론 지파는 그 호수를 동쪽 경계로 두었고, 납달리 지파는 그 호수를 남쪽 경계로 두었다. 그러므로 그 두 지파의 영토를 가리켜 '해변 길' 또는 '해변 지역'으로 불렀다. 이 두 지파는 동시에 요단강을 경계로 두고 있었으므로 그 지역을 가리켜 '요단강변의 땅'으로 부른다. 몇몇 해석자들에 따르면 '이방의 갈릴리'란 후에 갈릴리 지방을 형성하게 되는 지역의 일부만을 가리킨다고 한다. 그러나 갈릴리라는 명칭이 분명히 나타나는 유일한 구절인 이 구절에서는 그러한 제한적인 해석을 지지해줄 수 있는 요소가 전혀 없다. 그 지방이 이방의 갈릴리로 불린 것은 그 주민이 그 당시에도 이방인들과 뒤섞여 있었기 때문이다.

그러나, 주로 스불론과 납달리 지파가 살았던 이 지방이 어느 정도나 멸시를 당했었는가? 부분적으로는 그 지방에 임한 재난을 통해서 멸시를 당했을 것이고, 부분적으로는 그 주민에 대한 도덕적인 경멸을 통해서 멸시를 당했을 것으로 보인다.

(1) 이 두 지파의 지역은 이방 민족들과의 경계를 이루는 지역이었다. 그러므로 갈릴리 사람들은 외적의 침입 때마다 언제나 가장 먼저 공격을 당했다. 아사 왕 때에도 갈릴리 사람들은 아람 왕 벤하닷으로 인해서 극심한 환난을 경험한 바 있다(왕상 15:20). 이사야 당시에도 디글랏빌레셀 휘하의 앗수르의 침공에서 가장 피해를 입은 것이 바로 그들이었다(왕하 15:29). 아직 이 사건은 일어나지 않은 상태에 있지만(왜냐하면 이사야가 앗수르의 이스라엘 땅 침략을 미래의 사건으로 묘사하며 지금은 유다 백성들이 이스라엘과 아람의 침공으로 고난을 받는 것으로 묘사하기 때문이다), 그럼에도 불구하고 선지자는 그 사건을 언급할 수도 있다. 왜냐하면 앗수르의 침공이 갈릴리 땅에 가장 먼저 임할 것을 미리 보고 있기 때문이다.

(2) 갈릴리는 이방 민족의 인근 지역에 위치할 뿐 아니라, 처음 이방 사람들이 그 땅을 차지한 이래로 수많은 이방 사람들이 그곳에 들어와 살았었다. 솔로몬은 두로 왕 히람에게 갈릴리에 속한 스무개의 성을 주었다(왕상 9:12). 갈릴리 사람들과 함께 섞여 살며 함께 상거래를 했던 베니게 사람들은 이방 민족들 가운데서도 가장 부패한 자들이었다. 갈릴리에 대한 멸시가 특별히 그들이 그 이방인들과 함께 뒤섞여서 그들로부터 지극히 악한 영향을 받은데서 연유했다는 것을, 이사야 자신은 '이방의 갈릴리'라는 명칭을 씀으로써 암시한 것 같다. 그런데 그 명칭을 사람들은 지리적인 명칭으로 오해한 것이다. 게다가 갈릴리는 종교의 힘이 주로 집중되어 있던 예루살렘으로부터 아주 먼 거리에 있었다. 결과적으로 신앙에 대한 참된 지식이 갈릴리 사람들에게는 상당 부분 결여되어 있었고, 무지와 미신이 그 땅을 가득 채우고 있었던 것이다. 그리하여 심지어 그리스도 당시에도 그들은 일반 백성들로부터 멸시를 당했던 것이다(요 1:47; 7:52; 마 26:69).

그러나 이 멸시받는 백성들이 장차 얻게 될 영광과 존귀는 과연 무엇을 뜻하는가? 마태복음 기자가 이에 대한 답변을 준다. 그는 말하기를, 그리스도께서 스불론과 납달리의 경계에 속하는 갈릴리 가버나움에 거하실 때에 그 예언이 성취되었다고 한다(4:13). 그리스도께서는 그의 공생애의 대부분을 갈릴리 지방에서 보내셨다. 그가 주로 거주했던 가버나움이 갈릴리에 속했으며, 그의 제자들의 대부분도 갈릴리 사람들이었고, 그가 많은 이적을 행하신 것도 그곳이었으며, 복음 전도가 성공을 거둔 것도 그 곳이었고, 심지어 주 후 1세기에는 갈릴리 사람이라는 이름이 그리스도인들에게 붙여지기도 했다. 이러한 영광은 그리스도가 오시기 전에는 갈릴리에 주어지지 않았던 것이 분명한데, 그 이유는 미카엘리스가 보여준 바와 같이 갈릴리 사람들이 특별한 번영을 누리지 못했기 때문이며, 또한 9장 5절에 의하면 갈릴리 사람들뿐 아니라 언약 백성 전체가 약속된 그 위대한 왕이 나타나기까지 이 구원을 얻지 못할 것이었기 때문이다.

미가서 5장 2절도 이와 매우 유사하다. 게제니우스도 이를 본문과 적절히 비교한다. 거기서는 메시야의 탄생으로 그때까지 존재가 희미하던 베들레헴이 메시야의 탄생으로 존귀함을 얻게 되듯이, 여기서는 지금까지 멸시를 당하며 유다 사람들에게서 거기서는 선지자가 일어나지 않는다는 모욕을 당하던 갈릴리가 메시야의 등장으로 인해서 존귀를 받으며 영광을 얻게 될 것이다. 이 구절은 유대인들 사이에 메시야가 갈릴리에서 날 것이라는 견해를 불러 일으켰다.

333. 2절. "흑암에 행하던 백성이 큰 빛을 보고 사망의 그늘진 땅에 거하던 자에게 빛이 비취도다." 여기의 백성은 갈릴리 사람들이요 앞 절에서 언급된 지역의 주민들을 가리킨다. 왜냐하면 여기서 갑자기 주제가 바뀌었다고 볼만한 이유가 전혀 없기 때문이다. 그러나, 여기서나 다음 구절들에서, 갈릴리 사람들뿐 아니라 나머지 유다 백성들을 동시에 지칭하는 것으로 보인다. 선지자의 이상 가운데서 그 땅이 두터운 흑암에 둘러싸여 있는 것으로 나타나는데, 마치 캄캄한 밤에 번갯불의 섬광이 비치듯 갑자기 밝은 빛이 그 흑암을 꿰뚫고 비쳐오는 것이다. 빛과 어두움은 동방 사람들은 이중적인 은유의 뜻으로 사용했는데, 물질적인 선과 악, 즉 번영과 불행을 뜻하는 동시에 도덕적인 선과 악, 즉 의로움과 진리, 그리고 죄와 악행을 뜻하는 것이다. 전자의 의미로는 욥기 18장 18절에서 불경건한 자들에 대해서 사용되며 ("그는 광명 중에서 흑암으로 몰려 들어가며") 21장 17절에서도 같은 의미로 사용된다. 후자의 의미로는 메시야가 이방의 빛으로 불리는 것을 들 수 있다

(42:6; 49:6). 마치 태양이 흑암을 제거하듯이 그가 죄와 악행이라는 영적 흑암을 제거시키는 것이다(요 1:9; 8:12). 또한 "보라 어두움이 땅을 덮을 것이며 캄캄함이 만민을 가리우려니와"라는 말씀과, 메시야를 통해서 참된 신앙이 이방인 가운데 퍼져나가는 것을 언약 백성에게 일어난 큰 빛의 나타남으로 묘사하는 것도 후자의 의미에 속한다. 말라기에 의하면 메시야의 때에 의로운 태양이 경건한 자들에게 비출 것이라고 한다(4:2).

문제는 여기서는 그것을 과연 어떤 의미로 이해하여야 하는가 하는 것이다. 최근의 해석자들은 대부분 번영과 불행이라는 전자의 의미에서 머물러 버리는데, 이것은 잘못된 해석이다. 앞의 구절에 나타난 악이 단순히 물리적인 악을 뜻하는 것이 아니라 주로 죄와 악행을 뜻하듯이, 그것과 상응하는 흑암도 마땅히 포괄적인 의미로 받아들여야 하는 것이다. 그러므로 여기서는 두 가지 의미가 함께 복합된 것으로 보아야 한다. 물질적으로 영적으로 비탄 가운데 있는 백성이 메시야의 강림으로 빛을 받으며 거룩하게 되며 복을 받는 것이다. 60장 1절의 놀라운 말씀에서도 똑같은 이중적인 의미가 나타나고 있다: "일어나라, 빛을 발하라, 이는 네 빛이 이르렀고, 여호와의 영광이 네 위에 임하였음이니라."

334. 3절. 메시야 때의 영광이 선지자에게 전해진다. 그는 언약 백성이 수적으로 증가되며 모든 고난에서 해방되며, 기쁨으로 가득차는 것을 바라본다. 선지자는 어쩔줄 몰라서 여호와께로 돌이켜서 그 백성을 위해서 베푸신 놀라운 일들을 찬양한다. "주께서 이 나라를 창성케 하시며 그 즐거움을 더하게 하셨으므로 추수하는 즐거움과 탈취물을 나누는 때의 즐거움 같이 그들이 주의 앞에서 즐거워하오니." 몇몇 해석자들은 선지자가 여기서와 다음 두 절에서 일차적으로 바로 가까이에 일어날 번영을 말한다고 주장한다. 바벨론 포로로부터 돌아온 이후에(이때에 갈릴리 사람들도 함께 했을 것이다) 이스라엘 사람들이 급격하게 증가할 것을 뜻한다는 것이다. 이 사실은 또한 요세푸스가 자신의 때에 그 지방의 인구가 많았다고 기록하는 데서도 유추할 수도 있다. 비트링가는 유대 백성들이 바벨론 포로 이후 유대 지방만을 가득 채운 것이 아니라 애굽, 수리아, 메소포타미아, 소아시아, 그리스, 이탈리아

등지로 퍼져나갔다는 사실에 유념해야 한다고 본다.

그러나 선지자들이 저급한 의미의 구원과 고상한 의미의 구원을 이런 식으로 한데 뒤섞어서 말하는 것이 사실이지만(예컨대, 이사야 후반부에서는 포로기 직후에 있을 축복과 메시야 때의 축복이 한데 뒤섞여 잘 구분되지 않는 경우가 많다), 여기서는 그 두 가지 의미를 모두 지니는 것으로 볼만한 증거가 충분히 드러나지 않는 것 같다. 모든 묘사가 메시야의 때와 완벽하게 어울린다. 예언의 비유적 성격을 잊고 지나치지 말고 동시에 여기서도 다른 메시야 예언에서와 같이 메시야 왕국의 희미한 시작이 그 영광스러운 완성과 밀접하게 연결되고 있다는 점을 염두에 둔다면, 그러한 완벽한 조화를 잘 볼 수 있을 것이다. 이방인들을 받아들여서 신정국가를 확장시키는 일이 선지자들에게는 백성들이 크게 증가하는 것으로 나타나는 예가 가끔씩 있다. 그러나 첫번째 설명을 거부할 이유는 없다. 오히려 그것이 의미를 더욱 적절하게 밝혀주는 것이다.

선지자는 이어서 먼저 이 즐거움의 본질을 설명하며 또한 그 즐거움이 크다는 것을 두 가지 상징적 표현을 통해서 나타낸다. 축복으로 받는 즐거움은 하나님 앞의 즐거움("그들이 주의 앞에서 즐거워하오니"), 곧 거룩한 즐거움이다. 이 표현은 성전 앞의 뜰에서 행해지는 희생 제물을 드리는 잔치에서 취한 것으로서 거기에 참여하는 자들은 여호와 앞에서 즐거워했다(신 12:7; 14:26). '추수할 때의 즐거움'이나 '탈취물을 나눌 때의 즐거움'은 최고의 즐거움을 뜻하는 은유적 표현이다. 팔레스타인에서 추수의 때는, 특히 풍년일 때에는 더욱 더, 크나큰 즐거움의 시기였다. 추수하는 사람들은 노래를 불렀고 지나가는 사람들은 그들의 번영을 기원했다. 더욱이 풍성한 수확은 눈에 보이도록 보응하는 신정국가의 법칙으로 볼 때에 하나님의 긍휼하심의 증거였기 때문에 더 즐거운 것이었다. 그러나 반대로 곡식의 양이 줄어들면, 그것은 하나님의 진노의 표시였다.

335. 4절. "이는 그들의 무겁게 맨 멍에와 그 어깨의 채찍과 그 압제자의 막대기를 꺾으시되 미디안의 날과 같이 하셨음이니이다." 이 절에서는 백성들이 즐거워하는 이유를 말씀하고 있다. 여호와께서 인간의 수단이 없이

오직 그 자신의 능력으로 그들에게 영광스러운 구원과 구속을 이루셨다. 모든 원수들에게서 신정국가를 구원하는 것이(이는 이제 겨우 시작된 것에 불과하며 그 완성은 아직 미래에 놓여 있는 상태다) 여기서는 초기의 앗수르, 후기의 바벨론 등의 강력한 압제자로부터 구원을 받는 것으로 묘사된다. 그러나 여기의 구원을 단순히 정치적인 의미의 구원만으로 이해해서는 안된다는 것이 4절부터 6절까지에 잘 드러나 있다. 그 부분에 의하면 그 구원의 주체가 메시야요, 평강의 왕이시다. 그의 왕국은 평강의 왕국으로서 온 땅에 편만할 것이요, 세상의 왕국들이 하듯이 무력으로써가 아니라 공평과 의로써 온 땅을 정복할 것이다.

장차 여호와께서 성취하실 그 큰 구원이, 여호와께서 전에 언약 백성에게 약속하셨던 구원, 즉 기드온 때에 미디안 사람들의 압제에서 이스라엘을 구원하신 그 구원과 최종적으로 비교되고 있다. '미디안의 날'이란 미디안 사람들을 물리침으로써 기억에 남게 된 바로 그 날을 뜻한다. 아랍어에서는 날이란 전쟁의 날을 의미하는 경우가 많다.

이제 먼저 올 구원과 나중에 올 구원이 서로 어떤 점에서 비교가 가능한가 하는 의문이 생긴다. 헤르더는 장소에 대한 진술에서 비교점을 찾을 수 있다고 본다. 그는 다음과 같이 말한다: "여기의 이미지들은 미디안 시대와 사사 시대의 승리에서 취한 것들이다. 북쪽 지역에서 위대한 구원이 일어났듯이, 바로 납달리와 스불론의 어둠에 싸인 숲속에서 자유의 빛이 나와서 온 땅을 비추듯이, 이제 자유의 빛이 여기서 일어날 것이다." 이것은 참으로 멋진 비교점이다. 그러나 그것이 전부라고 생각해서는 안된다. 미디안 사람들로부터의 구원의 특징은 그것이 인간의 힘으로 된 것이 아니라 하나님의 분명한 간섭으로 이루어진 것이라는 점이다. 그러므로 여호와께서는 기드온을 통해서 예표되는 메시야로 말미암아 훨씬 더 위대한 구원을 이루실 것이다. 인간의 수단을 통해서도 아니요 군대의 무력을 통해서도 아니요 하나님 자신의 이적을 통해서 그 일을 이루시며 그렇게 해서 평강의 왕국을 이 땅에 세우실 것이다.

336. 5절. 여기서는 그 위대한 구원이 이 땅의 무기를 통해서가 아니라

하나님의 능력에 의해서 이적적으로 성취될 것이라는 사상이 더욱 펼쳐진다. "어지러이 싸우는 군인의 갑옷과 피묻은 복장이 불에 섶 같이 살라지리니." 이는 문자적으로는 '시끄러운 싸움터에서 군인이 신은 모든 군화마다, 그리고 피로 물들여진 군복마다 불에 소멸되기 위해서 불타버릴 것이다' 라는 의미이다. 미래의 위대한 구원은 기드온을 통한 이스라엘의 구원과 비슷하다. 무기를 사용하지도 않은 채로 전쟁을 마무리짓고 구원을 성취시키는 것이다. 대부분의 해석자들은 여기서 사용된 표현들은 여러 민족들 가운데 성행한 관습, 즉 싸움이 끝나면 무기와 피에 물든 군복들을 불에 태우는 관습에서 빌려왔다고 본다. 그러나 본문에서는 그 사실을 지지할만한 증거가 나타나지 않을 뿐더러 히브리 사람들 사이에 이런 관습이 있었다는 증거도 없다. 게다가 본문의 암시는 전적으로 그 관습과는 맞지 않는다. 왜냐하면 본문의 주제가 싸움 다음에 올 평화가 아니라, 싸움이 없이 여호와로 말미암아 이루어질 평화이기 때문이다.

그러므로 게제니우스는 이 상징적인 표현이 영원히 계속될 그 평화의 시작을 알려주는 것이라고 본다. 그렇다면 이 본문의 의미는, '전쟁을 위해서 준비해놓은 모든 것들이 아무 쓸 데가 없어서 불에 타게 될 것이다' 가 될 것이다. 이런 해석은, 평화를 메시야 시대의 특징으로 묘사하며 또한 전쟁과 분쟁과 파괴 등이 사라질 것으로 말씀하는 수많은 병행 구절과도 일치하는 것이다. 메시야 왕국의 시작 때부터 이 평화는 그 백성들의 성격 속에 존재해왔으며, 이 왕국의 마지막 완성 때에는 그 평화가 외적으로도 드러나 가득 차게 될 것이다. 그러므로 이 예언의 성취는 이제 시작된 것에 불과한 것이다.

337. 6절. "이는 한 아기가 우리에게 났고 한 아들을 우리에게 주신 바 되었는데 그 어깨에는 정사를 메었고 그 이름은 기묘자라, 모사라, 전능하신 하나님이라, 영존하시는 아버지라, 평강의 왕이라 할 것임이라." 선지자는 지금까지 갈릴리로부터 나와서 나머지 땅에 가득 채워질 구원에 대해서만 말했다. 그런데 여기서 그 구원을 행하실 분이 처음으로 그의 앞에 영광과 존귀 가운데 나타나시는 것이다.

먼저 이 절과 그 다음 절에 대해 설명하고, 그 다음에 메시야가 아니라 히스기야를 예언의 주제로 보는 가설에 대해서 검토하게 될 것이다. 선지자는 그 위대한 구속자를 이미 탄생한 자로 바라보고 있다. 만일 이 예언의 주제가 당시에 실제로 태어난 인물이었다는 식으로 생각한다면, 그 인물과 관련해서 예언된 번영과 평화도 이미 이스라엘 백성에게 주어졌다고 볼 수밖에 없을 것이다. 그러나 어느 해석자도 이를 받아들이지 않는다. 여기서 아들이 특별히 강조되고 있는 것 같다. 우리는 비트링가처럼, 우리에게 한 아들이, 즉 그를 주신 그 하나님의 아들이 주신 바 되었다는 뜻으로 해석하든지, 아니면 헤르더의 주장을 받아들여서 여기서 벤('아들'이라는 뜻의 히브리어 낱말—역자주)을 강세형으로 보아 하나님의 아들을 뜻하는 것으로 볼 수도 있다.

"그 어깨에는 정사를 멜 것이라." 이 예언에서는 선지자에게 메시야가 다른 예언에서처럼 종의 형태로가 아니라 영광 가운데서 나타난다. 여기 나타난 상징적인 표현은, 22장 22절의 표현도 마찬가지이지만, 정사(政事)를 하나의 짐(burden)으로 보는 관념에서 온 것이 아니라 오히려 왕을 비롯한 통치자들이 대중 앞에 나설 때에 권력을 상징하는 표시로서 어깨 위에 망토를 둘렀던 관습에서 온 것으로 보아야 한다. 왕의 위엄은 짐이 아니라 왕이 지닌 하나의 장식물과도 같이 생각되었던 것이다.

그 다음에 나타나는 이름들에 대해서, 최근의 해석자들은 그 이름들의 상호 관계에 별로 관심을 기울이지 못함으로써, 물론 그 이름 가운데 어떤 것들은 사람에게 적용 가능하지만, 그럼에도 불구하고 그 이름들의 상호 관련성으로 볼 때에 그것들이 사람에게 해당되는 것이 아니라는 것을 생각하지 못했다.

첫번째 이름인 '기묘자'는 이적을 뜻하는 추상명사로서 하나님께서 스스로 영광을 받으시기 위해서 이스라엘의 역사 속에서 몸소 행하신 놀라운 일들을 지칭하는데 사용된다. 그러나 여기서는 추상명사로서 구체적인 것을 가리키므로 이적적인 것이라는 뜻의 강한 표현으로 볼 수 있다. 이 이름은 존재와 그 행하시는 일에서 위대하신 왕이 자연의 정상적인 경로를 초월하실 것을 뜻한다. 그의 드러내시는 모든 것이 이적이 될 것이라는 의미이다. 이 이름이 이런 뜻을 지닌다는 것은 사사기 13장 18절의 병행 구절에서 확증된다. 거기서 천사는 삼손의 출생을 선언하면서 다음과 같이 말씀한다: "어찌하여 이를 묻느냐? 내 이름은 기묘니라." 즉 나의 본성 전체가 이적적이요 신비로 가득하며, 그러므로 그 어떤 인간의 이름으로도 나를 부를 수 없을 것이라는 의미이다. 플뤼슈케의 논평은 그 이름을 지나치게 이적적인 역사에만 제한시키는 단점은 있으나, 나머지 부분은 적절하여 인용할 만하다: "그의 통치 초기에, 그리고 그의 통치가 계속되는 동안 일어날 위대한 사건들로 볼 때에 그는 과연 기묘자라는 이름으로 불릴 만하다. 그것은 옛날 애굽에서 이끌려 나올 때에 바다를 건너고 광야를 건너고 요단강을 건너면서 이스라엘이 보고 경험한 하나님의 그 놀라운 일들과 아주 유사한 것이다."

두번째 이름인 '모사'는 지혜와 지략(intelligence)을 지칭한다. 초자연적인 지혜와 신적 권능이 통치자의 두 가지 주요 덕목으로서 그 위대한 왕을 장식해줄 것이다.

세번째 이름은 '전능하신 하나님'이다. 게제니우스는 이를 권능이 충만한 영웅(the mighty hero)으로 번역한다. 엘은 분명히 '영웅'의 의미로도 사용된다. 그러나 그것이 본문의 의미가 아니라는 사실은 10장 21절에서 분명히 드러난다. 거기서는 여기 사용된 것과 동일한 두 낱말이 '전능하신 하나님'의 뜻으로 사용되는 것이다. 또한 그 다음 이름인 '영존하시는 아버지'도 역시 왕에게 신적인 속성을 부여하고 있어서 본문의 이름이 '전능하신 하나님'의 뜻임을 뒷받침해주고 있다. 우리는 이미 메시야의 참된 신성 교의가 옛 언약에 속한 백성들에게도 이미 알려졌다는 것을 살펴본 바 있으며, 또한 임마누엘이라는 이름이 하나님이 사람이 되심을 뜻한다는 것도 지적한 바 있다. 여기서 하나님이라는 뜻을 취한다 해도 그것은 다만 왕에게 신적인 속성을 부여하는 동방의 관습에 근거한 것이라는 게제니우스의 주장은 우상을 섬기는 모든 이방 민족들과 히브리 사람들의 차이를 완전히 간과해버리는 것이다. 하나님의 아들이라는 이름은, 대표성과 예속을 뜻하는 구약적인 의미에서는, 신정국가의 왕들에게 얼마든지 붙여질 수 있다. 그러나 이사야가 이 땅의 왕을 하나님으로 불렀거나 혹은 왕에게 신적인 서술어를 붙였다면, 그는 하나님의 권위를 모든 장애 요소로부터 보호해야 할 그의 책임과 직접적으로 반대되는 행동을 한 것이 되며, 그리하여 결국 그 자신의 선지자로서의 위엄을 완전히 망가뜨린 것이 되고 말 것이다.

네번째 이름은 문자적으로는 '영원의 아버지'이다. 이 낱말은 이중적인 설명이 가능하다. 영원의 아버지를 영존하시는 아버지와 동일한 의미로 보아서, 메시야가 이 땅의 왕들처럼 어느 기간 동안 통치하고 끝나버리는 것이 아니라 그들에게 영원토록 복을 줄 것이라는 뜻으로 볼 수도 있으며, 그렇지 않으면, 긍휼의 아버지 등에서 볼 수 있듯이 어떤 것을 소유한 사람을 가리켜 그것의 아버지로 부르는 아랍어의 용례로 이를 설명할 수도 있다. 더욱이 히브리어에서도 이와 유사한 이름들이 나타나기 때문에 이 해석은 더욱 더 개연성이 높아진다. 예컨대, 능력의 아버지는 강하다는 뜻이며, 지식의 아버지는 지식이 많다는 뜻이며, 영광의 아버지는 영광스럽다는 뜻이며, 선의 아버지는 선하다는 뜻이며, 애정의 아버지는 애정이 있다는 뜻이며, 평화의 아버지는 평화롭다는 뜻이다. 이 모든 표현들로 보면, '영원의 아버지'는 영원하다와 동일한 뜻이다. 이 두 가지 설명 가운데, 여기서 신적 속성이 메시야에게 적용되고 있다고 보는 후자가 더 적절한 것으로 보인다. 히브리어에서는 어떤 사물이 그 자연적인 능력대로 가장 길게 가는 상태를 가리켜 가끔씩 영원이라는 관념으로 표현하기는 하지만, 이런 제한성은 반드시 문맥을 통해서 나타나는 법이다. 예컨대, "그가 영영히 네 종이 되리라"(신 15:17)에서 '영영히'는 '그가 사는 평생동안'을 뜻한다. 그러나 여기서는 제한적 의미를 보여주는 단서가 문맥에서 나타나지 않을 뿐 아니라, 다른 이름들과의 관련성을 볼 때에 우리는 이 이름을 가장 포괄적인 의미로 받아들일 수밖에 없게 된다. 신정국가의 인간 통치자들의 한시적인 통치와 대조를 이루는 메시야의 영원한 통치는 시편 72편에서 특히 두드러지는데, 이는 시종일관 이 예언과 매우 유사하다. 거기서 17절의 '영구하다'는 낱말이 엄격한 의미를 지니고 있다는 사실은 그 다음의 "해와 같이 장구하리로다"라는 표현에서 분명히 드러난다.

다섯번째 이름은 '평강의 왕'인데, 이 이름은 '평화로운 자'라는 뜻을 지닌 솔로몬이라는 이름을 넌지시 암시하는 것임이 분명하다. 시편 72편에서는 이 이름이 직접 메시야에게 주어졌다. 솔로몬의 통치 때에 신정국가가 외형적이고도 한시적인 평화를 누렸듯이, 그의 위대한 계승자요 예표의 원형(antitype)이신 메시야의 통치 때에는 진정하고도 영구한 평화를 누리게 될 것이다. 야곱의 축복에서도 이와 비슷하게 메시야가 실로(Shilloh), 즉 평화를 이루는 자(peacemaker)로 불렸던 것이다.

338. 7절. "그 정사와 평강의 더함이 무궁하며 또 다윗의 위에 앉아서 그 나라를 굳게 세우고 자금 이후 영원토록 공평과 정의로 그것을 보존하실 것이라 만군의 여호와의 열심이 이를 이루시리라." 여기서 다윗의 위에 앉아서 그 나라를 굳게 세우고 자금 이후 공평과 정의로 그것을 보존하실 것이라고 간추려 말씀하는 것으로써, 다윗의 위에 앉으신 메시야의 권세가 크게 늘어나 그 나라, 곧 신정국가 전체를 덮을 것이며 그는 그 나라를 공평과 정의로 유지시키실 것이라는 뜻이다. 다윗의 위대한 후손인 메시야를 통해서 신정국가가 그 판도를 계속 넓힐 것이며 모든 반대 세력을 물리친 후에는 그 나라에 속한 백성들이 내적으로 외적으로 완전한 평화를 얻게 될 것이다. 그러나 이러한 통치는 이 땅의 왕국들과는 달리 무력을 통해서가 아니라, 정의를 통해서 일으키고 세우며 다스려질 것이며, 지금까지 그 나라에 대적하던 나라들이 자원해서 즐거운 마음으로 그 나라에 굴복하게 될 것이다. 이 세상의 나라들은 사라져갈 것이나, 메시야의 왕국은 그 왕처럼 영구할 것이다.
　　마지막의 "여호와의 열심이 이를 이루시리라"에 대해서는 헤르더의 견해를 따라서 자신의 영광을 위하는 하나님의 열심으로 이해할 수도 있다. 곧, 장차 올 다윗의 위대한 후손에 대한 자신의 약속을 언약 백성에게 그대로 이루심으로써 동시에 우상들에 대적하여 자신의 영광을 드높이시는 그러한 하나님의 열심으로 이해하는 것이다. 그러나 이를 또한 사랑의 열심으로 이해할 수도 있을 것이다. 사실 이런 의미로도 가끔씩 쓰이고 있다. 그 찬란한 왕을 일으키시고 그에 대한 모든 반대를 제거하시는 것은 하나님의 사랑의 역사하심이요, 하나님은 그 사랑을 좇아서 자기들의 일에 빠져서 도저히 그 사랑을 받을 자격이 없는 그의 백성들을 불쌍히 여기시는 것이다.

339. 여기서 결론적으로 5절과 6절에 대해서 몇 가지 개괄적인 사실들

을 덧붙일 필요가 있을 것이다. 옛 해석자들은 한결같이 메시야를 인정했다. 그리고 고대의 유대인들도 같은 견해를 가졌었다. 그러나 후기 유대인 비평가들은 오히려 여기서 메시야가 하나님으로 지칭되고 있다는 사실에 심한 당혹감을 느꼈다. 이는 그들의 교리 체계와 전혀 맞지 않는 것이기 때문이다. 그러므로 그들은 교리적 근거로 그때까지 받아들여진 해석을 접어두고 이 구절을 히스기야 왕에 관한 것으로 만들어버리려 했다. 그러나 그런 목적을 이루기 위해서 그들은 본문을 크게 왜곡시킬 수밖에 없었다. 그로티우스는 기독교 주석가들 가운데 최초로 메시야 해석을 거부한 인물이다. 르 클레르 자신도 인정하듯이, 이런 서술이 히스기야 왕에게 맞는다는 것은 그야말로 어처구니 없는 이론일뿐이다.

340. 교리적 편견이 아니고서는 누구라도 히스기야 왕을 이 예언의 주제로 볼 수가 없는 것이다. 그의 견해를 반대하고 메시야 해석을 지지해야 하는 가장 중요한 논거들은 다음과 같다:

341. (1) 신약 성경의 증언. 게제니우스는 신약 성경이 메시야 해석에 대한 증거를 주지 않기 때문에 메시야 해석을 취해야 할 당위성이 적어진다고 주장했다. 그러나 그의 주장은 잘못된 것이다. 왜냐하면, 만일 우리가 본대로, 신약의 증언과 본문의 내적 증거에 따라서 이 장의 첫 두 절이 멸시받던 갈릴리에게 메시야가 베풀 영광과 축복에 관한 것이라고 본다면, 5절과 6절에서 묘사된 그 영광과 축복의 주체 역시 다른 사람이 아닌 메시야로 보아야 마땅한 것이다.

342. (2) 히스기야를 지목하는 해석이 그릇되었다는 결정적인 근거는 여기에서 번영을 약속한 예언이 유다 왕국에 한한 것이 아니라 주로 갈릴리 지방이 영화롭게 되는 것에 관한 것이라는 점이다. 그런데, 갈릴리는 북방의 열 지파의 왕국에 속한 지방으로서 히스기야는 그 지방을 통치한 일도, 그 지방에 영향을 미친 일도 없었던 것이다.

343. (3) 여기서 그 위대한 왕의 것으로 제시된 여러 가지 속성들이 여기의 왕이 히스기야나 다른 어떤 이 땅의 통치자를 가리키는 것이 아님을 강력하게 증거해준다. 헤르더는 다음과 같이 간파하고 있다: "선지자가 자신이 누구를 지칭하는지를 좀더 명확하게 보여줄 수는 없었을까? 분명히 히스기야나 히스기야의 아들을 지칭한 것은 아니었다. 만일 그랬다면, 선지자는 생일 축하 송시를 쓰고 있는 것이나 다름이 없다. 선지자는 다윗의 집의 모든 이름과 축복을 한 몸에 지니고서 약속된 황금 시대를 몸소 여는 한 왕을 지칭하여 말씀하는 것이다."

만일 예언을 그저 인간적인 추측으로만 생각한다면, 다른 여러 곳에서 그렇게 정치적 안목이 있는 것으로 그려지고 있으며, 또한 그런 안목으로 미래를 점쳐서 사실과 잘 맞아 떨어지는 예언을 행했다는 그 선지자가 어떻게 해서 그 당시 10세 정도밖에는 되지 않았고 아주 열악한 상황 속에서 왕이 된 히스기야가 그 자신이 미래의 통치자에 대해서 표현한 그런 소망 거리들(즉, 왕국을 무제한으로 확장시키며 영구한 통치를 세우는 것)을 실현시켜줄 것이라고 기대나 할 수 있었겠는가? 어떻게 그가 연약한 인간에 불과한 히스기야에게 신적 속성들을 붙임으로써 그의 주인이신 하나님의 위엄을 모욕할 수가 있었을까?

이사야가 그런 언어를 내뱉는다는 것 자체가 히스기야 자신으로서는 무감각한 아첨이요 비꼬는 말로 밖에는 이해할 수가 없었을 것이다. 그러나 과거 그의 행동을 통해서 확실히 세워진 선지자의 성격으로 볼 때에 이사야가 이런 식의 의혹을 받을 인물은 결코 아니다. 심지어 우상을 섬기는 이방인들 사이에서도 신의 이름들과 속성들을 왕에게 돌리는 행위는 후에 극심하게 부패한 시대가 오기까지는 결코 없었던 것이다. 그리고 유대인들이 그런 행위를 어떤 시각으로 보았는지는 요세푸스가 보여주는 실례를 통해서 잘 알 수 있다. 요세푸스는 아그립바 왕이 죽은 것이 그를 신으로 떠받드는 백성들의 그릇된 행위를 금하지 않은 것에 대한 형벌이라고 보고 있다.

344. (4) 다른 메시야 예언들은 물론 앞에서 인용한 시편들, 특히 72편이 메시야 해석을 지지하며, 또한 이사야서 전반부의 나머지 메시야 예언들

도 이를 뒷받침하고 있다. 메시야에 관한 예언들에서 끊임없이 나타나는 특징들, 즉 그의 통치로 인해 임할 영원한 평화, 그 통치의 광대한 확장, 그의 영구한 통치 등이 여기서도 그에 관해서 나타나고 있는 것이다.

345. (5) 7장 14절의 병행 구절도 히스기야로 보는 해석과 모순을 일으킨다. 이 두 구절 간의 유사성에 대해서와 이 두 구절이 서로 동일한 주제에 속한다는 점은 앞에서 이미 입증한 바 있다. 그러므로 누구나가 인정하듯이 히스기야가 7장 14절의 주제가 될 수 없다면, 본문에서도 주제가 될 수 없는 것이다.

346. 메시야 해석과 히스기야를 예언의 주제로 만드는 해석을 한데 합쳐보려는 게제니우스의 주장에 대해서는, 우리는 선지자가 메시야에 대한 소망을 그 소망을 실현시킬 수 없는 다른 인물과 연관지어 말씀한 실례를 결코 찾을 수 없음을 강력히 주장한다. 메시야가 어느 정도나 지나야 오실지에 대해서는 선지자들이 정확히 알지 못했으므로 그들이 메시야의 강림이 심지어 자기들의 시대에 있을지도 모른다고 믿었다는 주장을 인정한다 하더라도(사도들도 그리스도의 재림 시기에 대해서는 정확히 알지 못했다), 선지자들이 하나님께로부터 전달된 범위를 넘어서서 메시야의 강림이 실제로 자기들의 시대에 있을 것이라고 예언한 예는 그 어느 구절에서도 나타나지 않는다. 그러나 이보다 더 어처구니 없는 것은 선지자가 그의 메시야에 대한 소망을 히스기야에게 두었다는 주장이다. 왜냐하면 7장 14절과 현재의 구절에 따르면 메시야는 인간보다 더 높으며 우월한 존재여야 하므로 선지자가 히스기야를 메시야로 보았다고 말하기가 매우 어렵기 때문이다. 더욱이 게제니우스의 견해를 올바른 것으로 인정하게 되면 이사야의 모든 메시야 예언이 전부 히스기야를 지칭하는 것으로 보아야 하는데, 그보다 더 우스꽝스러운 일이 또 어디 있겠는가!

347. 메시야 해석에 대해 제기된 여러 반대 논리들은 선지자들의 이상의 본질을 올바로 파악하게 되면 저절로 사라지고 만다. 반대 논리 가운데

가장 많이 제기되는 것은, 전체의 문맥이 미래에 올 대상이 아니라 현재의 대상을 요구하고 있으므로 우리는 모든 내용을 이미 출생해 있는 한 왕자를 가리키는 것으로 볼 수밖에 없다는 것이다. 그러나 이미 오래 전에 로우트가 적절히 지적했듯이, 선지자들은 늘상 역사에서 일어나는 정치적 구원을 영적인 구원과 연관지어 말씀했다. 이사야는 그의 예언의 후반부에서 언제나 바벨론 포로로부터의 구원을 메시야로 말미암는 구원과 연결시키며 항상 바벨론 포로로부터의 구원에서 메시야로 말미암는 구원에로 옮아가며, 10장 마지막 부분에서는 앗수르 사람들의 패망을 묘사한 다음, 이어서 11장에서는 갑자기 메시야 왕국에 대해서 말씀하는데, 그와 같이 그는 여기서도 저급한 의미의 구원을 묘사한 다음 갑자기 더 고상한 구원의 유익에 대해서 시선을 돌리고 있는 것이다.

선지자들이 볼 때에는 가까운 장래에 있을 구원 사건은 동시에 먼 장래에 있을 더 큰 구원을 시사하는 것이요, 먼 미래의 구원은 가까운 미래의 구원을 보증해주는 역할을 하는 것이다. 거기서 시간상의 거리는 고려의 대상이 되지 않는다. 왜냐하면 선지자들은 모든 미래의 사건들을 한데 합쳐서 바라보므로 그 미래의 여러 사건들 사이의 시간적 간격은 알지도 못하며 관심의 대상도 아니기 때문이다.

메시야 해석에 대한 또 하나의 반대 논리는 여기서 정치적 기대가 근저에 자리하고 있으며 따라서 선지자의 말씀은 도덕적 왕국에 대한 것이 아니라는 것인데, 이러한 논리는 예언을 문자적으로 잘못 이해하여 그 상징적 성격을 무시한데서 일어나며, 또한 부분적으로는 그리스도의 왕국의 본질에 대한 무지에서 온 것이다. 그리스도의 왕국에서는 그리스도께서 왕이요 군주이시다. 왜냐하면 그의 자기 비하를 통해서 구속을 이루셨으므로 그는 통치권을 행사할 권리를 이미 획득했기 때문이다.

4. 이사야 11, 12장

348. 이 부분은 더 큰 단락의 일부로서 10장 5절부터 시작된다. 이 부분 전체의 내용은 다음과 같다: 선지자는 앞에서 앗수르가 여호와의 도구로써 사용되어 먼저 이스라엘에 재난을 일으키고 이어서 유다에게도 재난을 일으킨다는 사실을 거듭거듭 말씀했었다. 앞 부분(9:8-10:4)은 이 부분과 같은 시기에 된 것은 아니지만 분명 의도적으로 그 자리에 기록되었을 것으로 보이는데, 아마도 이스라엘과 동맹을 맺은 아람 왕국이 이미 앗수르에게 패망한 후에 기록된 것 같다. 거기서 선지자는 이스라엘 사람들에게 선언하기를 그들의 죄악으로 인해서 그들의 땅이 황폐화되며 그 나라가 완전히 멸절되고 말 것이라고 했었다. 이 선언은 이 예언과 그 앞의 예언 사이의 기간 동안에 이미 성취되었다. 디글랏빌레셀이 아람을 정복한 후에 열 지파의 왕국(북왕국 이스라엘)을 침입하여 그 거민의 일부를 포로로 끌어갔고, 그 후에 살만에셀이 다시 사마리아를 함락시킴으로써 열 지파의 왕국은 거의 종말을 고하게 되었다. 그 땅에 살아 남은 백성이 매우 적은 상태였다.

유다 역시 아하스 때에 앗수르에게서 이미 큰 고통을 당했었다. 아하스는 어리석게도 앗수르에게 도움을 청했었다. 이사야는 하나님에게서만 도움을 구하라고 권면했으나 듣지 않았던 것이다. 그러나 그 이후로도 유다는 더 큰 재난을 맞게 된다. 이러한 상황에서 선지자가 다시 등장하여 현재의 예언의 말씀을 주는데, 이는 실의에 빠진 백성에게 다시 용기를 주며 하나님에 대한 확고한 신뢰를 다시 불러 일으키기 위한 것이었다. 하나님은 과연 그들에게 무거운 심판을 내리셨으나(이는 신정국가에 적용된 보응의 법칙에 따르면 죄와 배도는 형벌없이 그냥 지나쳐서는 안되는 것이기 때문이었다), 그들을 완전히 멸망시키지는 않으실 것이다. 왜냐하면 그들 가운데 메시아가 임하게 될 것인데 그 일이 아직 성취되지 않은 상태였기 때문이다.

349. 이 부분의 강화는 아주 즐거운 성격을 띤다. 선지자가 전에 한 경고가 이제 현실이 되었고 모든 사람들이 앗수르의 임박한 침공 앞에서 당혹해 하는 상황이므로 선지자는 더 이상 그들을 위협할 필요가 없는 것이다. 선지자는 언약 백성에게 임할 이중적인 구원을 말씀한다. 나중에 올 더 큰 구원은 먼저 올 구원을 전제로 하는 것이므로 그 구원을 확증해주는 역할을 한다.

350. 첫 부분(10:5-35)은 주로 앗수르 왕을 향하여 주어진 내용이다. 앗수르 왕은 자신이 배도한 하나님의 백성을 벌하기 위하여 하나님의 손에 쥐어진 도구로 사용된다는 것을 깨닫지 못하고 자신이 이룬 모든 승리를 자신의 공적으로 돌렸다. 그는 자신이 언약 백성을 손쉽게 무너뜨리리라고 믿고서 교만하게도 이스라엘의 전능하신 하나님을 자기 백성을 구원하지도 못하는 무기력한 존재라고 모욕했다. 그러므로 그는 비참하게 무너지고 말 것이다(5,27절). 그는 예루살렘까지 진출하는데는 성공할 것이지만, 그 성을 함락시키기 위해 대기하는 동안 그는 여호와의 보응으로 무너질 것이다(28,34절). 이 예언이 얼마나 정확하게 성취되었는지는 잘 알려진 사실이다(37장을 보라).

351. 둘째 부분(11,12장)은 그 앞의 부분과 밀접하게 연결되어 있다. 10장 마지막 절에서는 앗수르를 엄청나게 큰 숲에 비유하면서 그 숲이 여호와의 손으로 잘려나갈 것을 말씀했는데, 여기서는 반대로 다윗의 집이 베어 넘어진 나무로 나타나는데 그 뿌리에서 작은 싹이 나와서 처음에는 보잘 것 없으나 결국 큰 나무로 성장하게 된다. 이 부분은 주로 위대한 회복자요 왕이신 메시야의 탁월한 속성과 그의 왕국의 본질을 묘사하는데 할애되고 있다.

352. 그 내용은 다음과 같다: 완전히 무너져버린 다윗의 집에서 장차 한 다스리는 자가 나올 것인데, 그는 처음에는 천하고 미미한 존재이지만 위

대한 영광을 얻게 될 것이다. 하나님의 영이 항상 그와 함께 거하실 것이요 그의 공적 책임을 실행하는데 필요한 모든 재능을 그에게 덧입히실 것이다. 이 영의 도움을 받아서 그는 경건한 자와 불신자를 쉽게 구별할 것이다. 그는 마음을 살필 것이므로 세상의 왕들처럼 외모에 의지하여 속임을 당하는 일이 없을 것이다. 그는 무죄히 억눌리는 자들의 보호자가 되어 스스로 정의를 찾지 못하는 사람들의 권리를 찾게 해주는 반면에, 불경건한 자들을 멸망시키실 것이다. 그러나 그는 세상의 왕들처럼 외형적인 형벌을 가하시지 않고 그의 입의 말씀만으로 그들을 멸하실 것이다. 세상적인 광채 대신에 의와 신실함이 그의 최고의 장식물이 될 것이다.

이렇게 해서 위대한 회복자의 품성에 대해 묘사한 선지자는 이어서 그의 왕국의 성격에 대해 말씀한다. 그의 통치 아래에서는 심지어 지각이 없는 피조물들의 세계에서도 죄로 말미암아 생겨난 모든 갈등과 파괴가 사라질 것이요, 죄와 범죄는 더 이상 알려지지 않을 것이다. 그의 통치 영역은 고대의 언약 백성에게만 국한되지 않고, 이방인들이 그에게로 돌아와 그 왕국의 일원이 될 것이다. 11장 초반부에서 선지자는 주로 메시야와 그의 왕국에 대해 일반적인 사항들을 말씀했으나, 그는 이제 신정국가에서 취한 상징적인 표현을 통해서 그가 특별히 언약 백성들을 위해서 무엇을 성취하실 것인지를 선포한다. 이 예언은 가장 먼저 그들을 위해서 베풀어진 것이다.

유대인(선지자는 이들이 메시야의 강림하실 때에 여러 나라에 널리 흩어져 있을 것이라고 예언한다)들의 회복은 이미 부분적으로 성취되었듯이 세상 끝날이 오기 전에 완성될 것인데, 이 사실이 그들이 거룩한 땅으로 다시 이끌려 오는 모습으로 묘사된다. 메시야의 때에 언약 백성을 서로 하나로 연합시켜줄 사랑과 조화가 이전에 존재했던 그 치명적인 불화—에브라임과 유다 사이의 증오심—가 완전히 사라지는 모습을 통해서 묘사된다. 그리고 그 백성들이 누릴 번영은 적대하는 이웃들을 정복하는 모습으로 묘사되는데, 이는 다윗 시대의 번영에서 취한 것이다. 그리고 그들의 번영에 장애가 되는 모든 것들이 제거될 것이 출애굽 역사에서 온 이미지를 빌려서 묘사된다. 즉, 홍해와 유브라데 강을 마르게 한다는 것이 그것이다(11:15). 12장에서는 감사의 찬송이 이어지는데, 선지자는 구원받은 자들이 이 찬송을 부르는 것으로 묘사한다.

353. 이 예언에 대한 메시야적 해석은 신약 성경에서 뒷받침을 받는다. 계시록의 '다윗의 뿌리'(5:5; 22:16)와 같이 이 예언에서 취한 명칭들이 메시야를 지칭하는 것으로 나타날 뿐 아니라, 사도 바울은 이방인을 부르셨음을 입증하기 위해서 그것을 인용하며 또한 다른 곳에서는 그 말씀을 그대로 사용하며 거기 나타난 내용을 메시야에게로 돌리는 것이다(롬 15:12; 살후 2:8).

354. 1절. 선지자는 먼저 다윗 왕의 가문의 운명이 바로 앞에서 예언한 앗수르 사람들의 운명과 전적으로 다를 것임을 선언한다. 앗수르 사람들은 그들이 가장 최고로 높아졌을 때에 다시 낮아지지만, 다윗의 집은 가장 낮은 위치로 낮아졌을 때에 높임을 받을 것이다. "이새의 줄기에서 한 **싹**이 나며 그 **뿌리에서 한 가지가 나서 결실할 것이요.**" 싹이라는 이미지를 써서 후손을 가리키는 예는 아주 흔하다. 헨슬러는 여기서 '줄기'로 번역된 낱말이 잘려나간 나무의 줄기(truncus)가 아니라 그저 보통 나무의 줄기(stipes)를 뜻하는 것을 입증하기 위해 여러 가지로 노력을 기울였다. 그러나 그의 주장은 (1) 어원적으로 볼 때에, (2) 히브리어의 용례로 볼 때에, (3) 문맥을 볼 때에, 전혀 맞지 않는다. 이 절의 후반부에서는 그의 뿌리에서 한 가지가 나서 열매를 맺을 것이라고 말씀한다. 이를 아직 서 있는 나무의 뿌리에서 돋아난 하나의 야생 뿌리로 보는 부적절한 설명을 고집하지 않는다면, 우리는 이 낱말을 그 뿌리까지 잘려나간 한 줄기로 이해하여야 한다.

다른 곳에서는 메시야를 가리켜 다윗의 줄기라고 부르는데 어째서 여기서는 그를 이새의 줄기라고 부르는가 하는 의문이 생긴다. 선지자는 여기서 다윗의 집이 몰락한 상태에 있기 때문에 그 가문을 크게 일으킨 다윗의 이름보다는 오히려 그보다 더 비천했던 이새의 이름을 통해서 그 가문을 부르는 것이 더 적절하다는 것을 암시하고자 한 것이다. '그의 뿌리에서 한 가지가 나서 결실할 것이요'라는 표현은 결국, '그의 뿌리에서 한 가지가 돋아서 자라나 열매를 맺는 견고한 나무가 될 것이요'라는 말과 같다. 이 표현을 통해서 선지자는 메시야가 영광을 받기에 앞서서 미미하고 아주 비천한 상태에 있을 것을 말씀한 것이다.

이와 병행을 이루는 구절이 에스겔서에 나타나는데(17:22,23), 거기서는 메시야를, 여호와께서 높은 산에 심으셔서 가지가 무성하고 열매를 맺어 각종 새가 깃들이는 나무로 자라날 한 연한 가지로 비유하여 말씀한다. 여기서 상징적인 표현과 실제적인 내용이 한데 뒤섞여 있다는 것은 언급할 필요조차 없는 사실이다. 이 절은 다음과 같이 풀어서 이해할 수 있을 것이다: '잘려나간 나무가 그 뿌리에서 어린 싹을 발하여 처음에는 미미하나 곧 자라나 열매를 맺는 든든한 나무가 되듯이, 어두운 가운데 묻혀버린 다윗의 집에서 한 왕이 일어나서 처음에는 미미하고 주목을 받지 못하나 후에 큰 영광을 얻게 될 것이다.'

355. 2절. "여호와의 신 곧 지혜와 총명의 신이요 모략과 재능의 신이요 지식과 여호와를 경외하는 신이 그 위에 강림하시리니." 이는 곧, 그가 하나님의 신(영)을 충만히 소유할 것이며 그 결과로 언급한 자질을 보여줄 것이라는 의미이다. '여호와의 신 곧 지혜의 신'이란 '지혜를 주시는 여호와의 신'과 같다. 여기 나타난 소유격은 소유(possession)를 뜻하는 것이 아니라 결과 또는 효과(effect)를 뜻한다. 메시야에 대해서 먼저 그가 하나님의 신을 부여 받을 것이라고 포괄적으로 말씀한 다음 이어서 특정한 은사들을 실례로 언급하고 있는 상황을 볼 때에, 그는 하나님의 다른 모든 종들처럼 어느 특정한 은사만을 부여받은 것이 아닌 것 같다.

'강림하시리니'라는 낱말은 하나님의 신이 마음을 사로잡을 경우에도 쓰여지지만(민 11:25), 여기서는 그 점이 특별히 강조되어 있는 것 같다. 선지자들은 하나님의 신에 능력적으로 붙잡힌 바 되었다가 다시 놓임을 받는다. 그러나 메시야의 경우 하나님의 신의 영향력은 시종여일하며 영구할 것이다. 여기 언급된 특정한 은사들에 관해서는 선지자의 의도가 여기서 메시야가 지닌 모든 완전한 은사들을 일일이 다 명시하려는데 있지 않았다는 점을 주목해야 한다. 오히려 그는 먼저 여호와의 신이라는 일반적인 은사에 나머지 은사들을 다 포함시키고 난 다음 그 가운데 몇 가지를 언급하려 했던 것이다.

그러므로 예컨대 의(義) 같은 것은 여기에 나타나지 않는 것이다.

더 나아가서 선지자가 여기 언급된 모든 것을 철학자의 정확성으로 서로를 완전히 구분했으리라고 생각해서도 안된다. 히브리 사람들 사이에서는 일반적으로 그런 식의 정확한 용어 구분은 찾아볼 수 없다. 그들의 어법으로는 성령에 의해서 주어진 특질들이 서로 뒤섞여 표현되며, 이론적인 것과 실제의 생활 속에서 일어나는 실천적인 것들도 이런 식의 어법으로 표현되는 것이다. 물론 여기 기록된 표현들 사이에 일정한 차이가 있는 것은 분명하지만, 그렇다고 해서 칼로 자르듯이 그렇게 분명한 구분이 있는 것이 아니라는 점을 알아야 한다.

첫번째 속성인 **지혜**는 나머지를 거의 다 포괄하는 개념이다. 지혜는 특히 히브리 사람들 사이에서는 그 의미가 매우 포괄적인 것이다. 그것은 언제나 실천적인 동시에 이론적이다. 그것은 선한 것과 바람직한 것에 대한 지식은 물론 거기에 딸리는 감정과 행실까지도 포괄한다. 또한 분별력 또는 최선의 목표에 이르는 최선의 수단을 선택하는 능력까지도 지혜라는 개념에 포함된다. 여기서 지혜를 **총명**과 짝을 지어 언급하는데, 총명이란 사물을 판단하고 분별하는 영민함을 뜻한다. 지혜와 총명은 서로 그 지칭하는 대상이 다르다. 지혜는 도덕적인 것을 지칭하는 반면에, 총명은 지식의 순수한 이론적인 덕을 뜻한다.

첫번째와 마지막 쌍이 왕이 사람으로서 지녀야 할 덕목이라면 두번째 쌍은 성공적인 통치를 위해서 필요한 덕목이라 할 수 있을 것이다. **모략**은 지극히 어려운 상황에서도 신속하고도 지혜로운 결단을 내리는 능력을 뜻한다. **재능**은 이러한 결단을 행동에 옮기는 능력이다. 그 위대한 왕은 힘있는 판단과 행동을 소유하게 될 것이다. 이것을 전쟁에서 용감한 것으로 이해해서는 안된다. 메시야의 왕국은 평화의 왕국이기 때문이다. 그에게는 세상적인 용기나 무기가 필요없다. 그는 4절에서 말씀하는 것처럼 입술의 기운만으로 불경건한 자들을 죽일 것이기 때문이다.

마지막 쌍인 **여호와에 대한 지식**과 **여호와에 대한 경외**(한글 개역은 '지식과 여호와를 경외' 함으로 번역하여 마치 '지식'이 여호와와 아무런 관련이 없는 것처럼 보이도록 하나, 헹스텐베르크는 이를 '여호와에 대한 지식'의 뜻으로 본다—역자주)는 종교적인 관념을 담고 있다. 곧, (1) 하나님에 대한 지식과 (2) 그 지식으로 말미암아 나타나는 성향을 뜻하는 것이다. 이 두 가지는 성경에서 언제나 함께 연결된 것으로 나타난다. 하나님에 대한 경외(이는 그를 향한 사랑을 배제하는 것이 아니라 그 사랑을 내포하는 것이다)가 없이는 여호와에 대한 참된 지식도 있을 수가 없는 것이다. 그러므로 여기서는 일부분을 뜻하는 것으로 사용되는 표현들이 다른 곳에서는 전체를 지칭하는 뜻으로 사용되는 것이다(시 19:9; 호 4:1; 6:6).

356. 3절. "그가 여호와를 경외함으로 즐거움을 삼을 것이며(헹스텐베르크는 '그가 여호와를 경외하는 것을 쉽게 분별할 것이며'로 번역한다—역자주) 그 눈에 보이는 대로 심판치 아니하며 귀에 들리는 대로 판단치 아니하며." 이 구절은 앞 절에서 지혜와 총명을 찬양받은 그 왕이 영을 분별하는 은사를 한량없이 지니고 있어서 경건한 자와 불경건한 자를 한 눈에 구별하게 될 것이라는 뜻이다. 뒤의 두 표현은 앞의 진술의 결과로 나타나는 것이다. 그리하여 비트링가는 이를 '그러므로 그는 외모에 따라서 판단하지 않을 것이며'로 번역한다. 이 구절의 의미는 다음과 같다: 메시야는 마음을 살피시므로, 그의 판단은 이 땅의 왕들이 가끔씩 범하듯 피상적인 모습에 따르거나 혹은 풍문에 떠도는 것을 근거로 삼아 실수를 할 위험이 없으며 그의 결정은 언제나 옳을 것이다.

사무엘상 16장 7절에서도 하나님에 대해서 여기 메시야에 관한 묘사와 비슷한 말씀을 하고 있다: "나의 보는 것은 사람과 같지 아니하니 사람은 외모를 보거니와 나 여호와는 중심을 보느니라."

357. 4절. 세상의 정직한 왕은 외적인 것으로 뇌물을 받지 않으며 무죄하게 고난 당하는 자들을 보호하며 악인의 압제를 형벌로 다스린다. 이와 마찬가지로 메시야도 가난하며 무죄히 고난 당하는 자들을 보호하시며 불경건한 자들을 멸하실 것이다. "공의로 빈핍한 자를 심판하며 정직으로 세상의 겸손한 자를 판단할 것이며 그 입의 막대기로 세상을 치며 입술의 기운으로 악인을 죽일 것이며." 가난과 빈핍함을 뜻하는 낱말들이 보통 그렇듯이 빈핍

한 자라는 낱말은 여기서 무죄함, 겸손, 덕의 부대적인 관념과 함께 나타나고 있다. 반면에 부귀와 권력을 뜻하는 낱말들은 가끔 사악함과 압제라는 부대적인 관념을 지닌다. 메시야가 빈핍한 자와 불쌍한 자들을 특별히 돌아보신다는 것은 시편 72편 4,12절에서와 스가랴 11장 7절 이하에서 잘 볼 수 있다. 그리고 신정국가의 경건한 왕에서 취한 것으로 미래의 메시야의 모습에 잘 나타나는 이 특질은 그리스도의 성격에서 고상한 형태로 영화(靈化)되어 나타난다.

이 절의 후반부에서 세상은 불경건한 자를 뜻한다. 신약의 '세상'도 이러한 뜻을 지니는 경우가 많은데, 이 낱말이 이런 뜻을 지니는 근거는 세상에는 불경건한 자들이 수와 힘에 있어서 훨씬 우월하여 경건한 자들은 거기에 비하면 아무 것도 아닌 존재가 되어버리는 현실에 있는 것 같다.

'그 입의 막대기로'라는 어구는 해석자들이 골치를 썩여왔고, 심지어 어떤 이들은 그 때문에 본문을 바꾸기까지 한 것이지만, 본문에 나타나지는 않는 반대 주제를 상정함으로써 쉽게 설명할 수가 있다. 지팡이는 주로 형벌의 도구로서 교정을 위한 막대기를 뜻한다. 이 땅의 왕들은 범죄자들에게 외형적인 형벌의 도구를 사용한다. 그러나 메시야는 말씀만으로 형벌을 주시는데 그것만으로도 '악인을 죽이기'에 충분하다. 여기서 이 어구('그 입의 막대기')가 형벌이 극심하다는 사실을 뜻하는 것으로 보는 라인하르트(Reinhard) 등의 주장에 동의할 수가 없다는 것은 바로 그 다음의 어구에서 메시야가 그 말씀만으로 형벌을 가한다는 사실을 특별히 지목한다는 사실에서 잘 볼 수 있다. 그 입술의 기운은 '그저 말씀만으로', 혹은 '그저 명령만으로'라는 말과 동일한 뜻이다. 여기서는 이 어구가 메시야에게 적용되어 나타나고 있으나 다른 구절들에서는 그것이 하나님에 속한 것으로 나타난다. 예를 들어서, 욥기 15장 30절에서는 불경건한 자들에 대해서 말씀하기를, "하나님의 입김에 그가 떠나리라"고 한다.

칼데니우스 의역본(Chaldee paraphrast)은 이를, "그의 입술의 기운으로 저 악한 아밀루스가 죽임을 당할 것이라"로 번역하고 있다. 그러므로 그 역본은 집합 명사를 단수로 이해하여 그것을 아밀루스를 지칭하는 것으로 만들어 놓은 것이다. 아밀루스(Armillus)는 유대인의 최후의 대적으로서 괴물과 같은 존재인데, 그는 그들과 피비린내 나는 전쟁을 일으켜 메시야 벤 요셉('요셉의 아들 메시야')을 죽이지만, 결국 메시야 벤 다윗('다윗의 자손 메시야')의 말씀만으로 죽임을 당할 것이다.

바울은 데살로니가 후서 2장 8절에서 메시야가 적그리스도를 멸망케할 것을 이 낱말들을 사용하여 묘사한다. 거기서 적그리스도는 아마도 어떤 개인이 아니라 이 절의 '악인'처럼 그리스도의 대적들을 통칭하는 것일 것이다. 바울은 선지자의 표현을 불경건한 자들의 악행에 대해 메시야가 행하실 엄정한 형벌을 뜻하는 것으로 본 것이다. 메시야가 빈핍한 자와 온유한 자에게 베푸실 축복의 약속이 역사 전체를 통해서 성취되어왔듯이, 불경건한 자들에 대한 형벌 역시 마찬가지로 성취되는 것이다.

358. 5절. "공의로 그 허리띠를 삼으며 성실로 몸의 띠를 삼으리라." 무언의 대조가 여기서도 나타나고 있다. 곧, 세상의 왕들은 세상적인 위엄으로 옷 입고 세상의 장식들로 치장하지만, 메시야의 영광은 영적인 것으로서 공의와 성실이 그의 가장 아름다운 장식물이다. 개인의 속성들을 의복으로 묘사하는 예는 구약과 신약에서 매우 자주 볼 수 있다. 지상의 왕들의 가장 탁월한 속성인 공의는 어디서나 메시야의 속성 가운데 특히 두드러진 것으로 나타난다.

359. 6절. 선지자는 탁월하신 왕의 품성에 대해 묘사한 다음, 이제 계속해서 그의 왕국에 대해 묘사하고 있다. 6, 7, 8절에서는, 거기 묘사된 내용들을 순전히 은유적으로 보아야 하는가, 아니면 어느 정도는 문자적으로 보아야 하는가 하는 의문이 일어난다. 바꾸어 말하면, 그것이 모든 대적하는 것이 사람들 가운데 없어지리라는 뜻을 지닌 은유적인 표현들인지, 아니면 선지자가 메시야의 때에 심지어 미미한 생물들 가운데서까지도 실제로 모든 적의(敵意)와 파괴, 모든 쓰라린 것이 사라질 것을 말씀했는가 하는 것이다. 과거의 해석자들은 거의가 전자의 견해를 취했다.

그러나, 문자적 해석은 몇몇 유대인 해석자들이 지지하며 또한 편견이 없는 비평가들이 보기에 당장 타당성이 있어 보이는 것으로서, 지나치게 특정한 이미지에 치우치지만 않고 단순히 거기에 담긴 근본적인 사상을 포용하여 심지어 미미한 생물들 가운데 있는 모든 파괴 현상을 제거하고 본래의 상태를 회복시킨다는 사상을 표현한 것으로 본다면 이 해석이 대다수의 지지를 받는다는 것을 부인할 수가 없다. 이 해석을 지지하는 주요 근거는 다음과 같다:

(1) 성경에 표현된 타락 이전의 피조 세계의 상태와 병행을 이루고 있다는 점. 창조의 역사에서 창조된 모든 것이 매우 좋았다는 사실을 그렇게 특별하게 강조한 것은 아무런 이유가 없이 그냥 그렇게 한 것이 아니다. 그 사실은 곧 생각이 없는 미미한 피조물이 현재와는 다른 상태에 있었다는 것을 말씀해주는 것이다. 현재의 상태는 우리에게 인류의 타락의 결과가 어떠한 것인가를 보여주는 동시에 동물의 세계에서도 똑같이 악과 증오가 그대로 나타나고 있음을 보여주는 것이다. 창조의 역사에 의하면 그 당시에는 맹수들이 지금처럼 포악한 성격을 지니지 않았었다고 한다. 그것들은 아담을 통해서 그들의 왕을 깨달았고 그 주위에 평화롭게 모여들어 그에게서 이름을 부여받았었다(창 2:19,20).

동물의 세계 전체가 첫 사람 아담의 무죄성과 평화의 형상을 지녔고, 서로 파괴하는 법칙은 아직 알지도 못하는 상태에 있었다. 창세기 1장 30절에 의하면, 짐승들의 먹이는 오직 풀밖에 없었고, 사람에게는 나무의 열매 외에 채소 등이 식물로 주어졌다. 뱀도 아직 그 추악한 형태를 취하지 않았었고 따라서 사람은 뱀과 교류하기를 무서워하지 않았다. 그런데 죄가 들어와 그 영향력을 모든 자연 세계에까지 퍼치고 그 세계를 저주 아래 놓음으로써 그 세계는 하나님의 존재에 대해서만이 아니라 범죄의 존재까지 증명하게 되었다. 그리고 그 결과로 외부적인 불화와 전쟁과 파괴가 생겨났고, 그것이 동물의 세계에도 존재하게 된 것이다. 그러므로 우리는 이사야의 기대처럼(9절) 메시야의 때에 현 상태를 일으킨 원인(내적 불화)이 제거되면 그 결과(외적 불화)도 함께 제거되리라는 소망을 하게 되는 것이다. 심지어 선지자는 몇 가지 세부적인 내용에서 창조의 역사를 명확하게 지칭하는 것으로 보인다. 7절("사자가 소처럼 풀을 먹을 것이며")을 창세기 1장 30절과 비교하며, 8절("젖 먹는 아이가 독사의 구멍에서 장난하며")을 창세기 3장 15절과 비교해보라.

　(2) 성경의 다른 구절과 비교해도, 인간에게서 도덕적 악이 제거되고 난 다음 동물의 세계에서도 그 도덕적 악의 형상이 제거될 것을 말씀하고 있다는 점. 65장 25절과 66장 22절을 보라. 특히 로마서 8장 19절 이하를 보라.

　(3) 이 주제와 관련한 이방 민족들의 전승 가운데 나타나는 관념들과의 비교. 앞의 서론 부분에서 밝힌 바와 같이 자연 세계의 질서가 미래에 완전히 바뀔 것이라는 사상이 그것들 가운데 나타나는 것은 물론 심지어 여기 묘사된 것과 똑같은 특질들이 거기서도 나타난다. 르 클레르, 로우트, 게제니우스 등이 희랍과 로마의 저작들에서 수많은 구절들을 소개한 바 있는데, 그 가운데 몇 가지만 든자면 다음과 같다. 버질(Virgil)은 장차 올 황금기에 대해서 이렇게 말했다: "기는 것은 멸절하고, 속이는 독초들이 멸절한다. 그들은 강한 사자들을 두려워하지 않는다. 이리는 올가미들에게 걸리지 않는다. 저녁에 곰은 양우리에서 으르렁거리지 않는다. 참으로 어느 때든 예리한 이빨을 가진 이리도 보금자리에 있는 어린 사슴을 보고 해를 끼치기를 원치 않는다."

　360. 6절. "그 때에 이리가 어린 양과 함께 거하며 표범이 어린 염소와 함께 누우며 송아지와 어린 사자와 살찐 짐승이 함께 있어 어린 아이에게 끌리며."

　361. 7절. "암소와 곰이 함께 먹으며 그것들의 새끼가 함께 엎드리며 사자가 소처럼 풀을 먹을 것이며."

　362. 8절. "젖 먹는 아이가 독사의 구멍에서 장난하며 젖뗀 어린 아이가 독사의 굴에 손을 넣을 것이라." 고대의 독사는 작지만 독성이 매우 강한 뱀으로서 그것에 한번 물리면 깊은 잠에 빠져 고통을 모른 채 즉사하게 된다. 후반부의 '독사'로 번역된 히브리어 낱말은 뱀 가운데서도 가장 독성이 강한 뿔뱀(cesrates)을 의미한다.

363. 9절. 여기의 외적인 평화는 하나님 나라에서 하나님의 뜻을 대적하는 모든 것이 멸절된 후에 가득차게 될 내적인 평화의 결과로 나타나는 것이다. "나의 거룩한 산 모든 곳에서 해됨도 없고 상함도 없을 것이니 이는 물이 바다를 덮음 같이 여호와를 아는 지식이 세상에 충만할 것임이니라." 거룩한 산이란 시온 산을 지칭하는 일상적인 명칭이다. 그러나 여기서는 신정국가를 가리킨다. 시온 산이 그 나라의 거소(居所, seat)요 중심이기 때문이다. 물론 그 낱말이 여기서 통상적인 의미를 그대로 지니지만(게제니우스의 견해처럼), 선지자의 이상에서는 하나님 나라가 그 중심과 거소의 이미지로 묘사되는 것이다. 후반부에서는 이 크나큰 변화를 일으킨 원인이 제시되고 있다. 죄를 깨뜨리기만 하면 억제되는 그런 외부적인 힘이 원인이 아니라, 하나님을 아는 지식이 그 엄청난 변화의 원인인 것이다. 그 지식은 메시야가 주는 것으로서 그를 통해서 신적인 생명이 충만히 공급되는 것이다. 구약 시대에는 오직 일부의 사람만이 성령의 부으심과 그로 말미암은 거룩함을 누렸으나, 메시야의 때에는 모든 백성이 그 혜택을 누린다는 것이 한결같이 나타나는 그 시대의 두드러진 특징인 것이다.

여기서 '온 세상'(한글 개역은 '세상'으로 번역함—역자주)이 옳은 번역인지, '그 땅'(즉, 유대 땅만을 가리킴)이 옳은 번역인지는 확실치 않다. 만일 후자의 번역이 옳다면, 선지자는 신적인 생명이 온 세상으로 퍼져가는 상황을 다음 절에 가서야 비로소 묘사하는 셈이 된다. 4장 2절을 보라. 아마도 '그 땅'으로 번역하는 것이 가장 좋을 것 같다. 어떤 해석이 바른 것인지는 선지자 자신도 결정하기가 어려웠을 것이다. 그는 지역적인 범위가 어느 정도냐 하는 것보다는 성령이 풍성하게 모든 백성에게 부어진다는 그 사실 자체에 관심을 가졌기 때문이다. 하나님을 아는 지식에는 그를 향한 사람, 그를 섬기는 헌신이 함께 내포되어 있는 것이다.

364. 10절. 이 신적 생명의 핵심은 바로 그 위대하신 왕에게 있다. 그분에게서 그 생명이 나오기 때문이다. "그 날에 이새의 뿌리에서 한 싹이 나서 만민의 기호로 설 것이요 열방이 그에게로 돌아오리니 그 거한 곳이 영화로우리라." 여기서 '돌아오리니'로 번역된 동사는 두 가지 의미로 사용된다.

즉, 일반적인 의미로 보호를 받기 위해서, 도움을 얻기 위해서, 혹은 경배하기 위해서 여호와나 우상에게로 돌아온다는 뜻과, 또한 특별한 의미로 여호와에게든 우상에게든 계시를 구한다, 무엇에 대해 묻는다는 뜻으로도 쓰인다. 얀(Jahn)은 여기서 후자의 의미를 반대한다. 뿌리에게 돌아가는 것을 계시를 얻기 위한 것이라는 뜻으로 보는 것이 부적절하기 때문이라는 것이다. 왜냐하면 선지자는 그 다음에 이어지는 '그 거한 곳이 영화로우리라' 라는 표현을 통해서 한 인물을 상정하고 있기 때문이다. '그 거한 곳이 영화로우리라' 는 표현은 뿌리라는 상징어와 관계된 것이 아니라 뿌리로 상징되는 그 인물과 직접 관계되는 것이다. 만일 이 주장을 받아들이면, 그 의미는, 지금까지 우상들에게 헛되이 응답을 구해온 열방이 이제 하나님의 일들에 대해 교훈을 받기 위해서 메시야만을 찾으리라는 뜻이 된다.

어떤 해석자들은 이를 받아들인 다음 여기의 말씀이 수많은 이방 백성에게 지혜로 명성을 날린 솔로몬을 지칭하는 것이라고 주장한다. 또 어떤 이들은 과거에는 하나님의 응답이 지성소의 언약궤 위로부터 나왔듯이, 이제는 메시야에게서 하나님의 응답이 나올 것을 뜻하는 것으로 생각한다. 그러나 이것을 어떤 식으로 이해하든지, 여기의 표현은 메시야를 종교적으로 추구하며 그에게 인간의 위엄을 넘어서는 어떤 특성을 부여하는 상황을 시사하는 것임이 분명하다.

기호 또는 표지는 흔들리는 깃발을 꽂은 높은 장대를 가리키는 것으로서 어려운 상황을 맞았을 때에 높은 산 위에 세워서 백성들에게 신호를 주거나 병사들로 하여금 모이도록 하는 것이었다. 여기서는 메시야를 그런 기호에 비유하여 지금까지 구원에서 멀리 떨어져 있던 열방이 그 주위에 몰려들 것을 말씀하고 있는 것이다. 그리하여 야곱이 임종 시에 한 예언, 즉 열방이 메시야에게 복종하리라는 예언(창 49:10)이 성취될 것이다.

옛날에는 성막과 성전이 하나님의 임재의 은혜로운 상징으로서 존귀와 영광을 받았듯이, 이제는 메시야의 거주하시는 곳이 똑같이 존귀와 영광을 받을 것이다. 이 표현은 세상의 위대한 왕의 모습에서 취한 것이다. 그런 왕의 처소는 외국의 외교 사절들의 처소들에 둘러싸여 세상적인 온갖 영광으로 치장되는 것이다. 여기서 메시야의 거하는 곳이 무엇을 뜻하는지는 구태여

물을 필요도 없다. 상징적 표현을 풀어서 이해하면, 이는 모든 백성이 메시야를 왕과 주(主)로서 존귀히 여길 것이라는 뜻이다.

365. 지금까지 선지자는 메시야 왕국의 축복들을 개괄적으로, 특별히 열방들과 관련해서 묘사했으나, 다음 부분에서는 좀더 시선을 좁혀서 메시야를 통해서 유대인들에게 베풀어질 축복을 집중적으로 다루고 있다. 2장과 4장의 메시야 예언에서도 이와 비슷한 상황이 전개되었었다. 2장에서는 특별히 이방 사람들에 대해 다루며, 4장에서는 유대인들의 상황만을 다루는 것이다. 이 부분 전체의 해석에 대해서는 두 가지 주요 견해를 특별히 구분해서 다룰 수 있을 것이다. 이 부분은 대체로 몇 사람들은 이 부분을 문자적으로 이해하며, 또 어떤 이들은 상징적으로 이해한다.

(1) 문자적 해석은 여러 가지 다른 부류의 해석자들이 공통적으로 지지한다. 첫째, 유대인들은 메시야가 흩어진 그 백성들을 팔레스타인으로 다시 돌아오게 하여 거기서 찬란한 세상적 왕국을 세울 것을 소망하여 문자적 해석을 지지했다. 그리고 미카엘리스 등의 기독교 해석자들도 미래의 어느 시점에 유대인들이 그리스도께로 돌아와서 그 본토를 회복시키고, 과거에 신정정치(theocracy)를 구가했던 것처럼 거기서 그리스도 정치(Christocracy)를 형성하게 될 것이라고 생각하여 이를 지지한다. 그리고 마지막으로, 로젠밀러, 게제니우스 등 최근의 (독일의) 해석자들은 아직 역사를 통해서 확증되지는 않았으나 선지자는 메시야로 말미암아 외형적인 신정국가가 찬란하게 다시 회복되리라는 기대를 가졌다고 생각하며 이를 지지한다.

(2) 상징적으로 해석하는 사람들은 여기의 표현들은 신정국가의 이미지들에서 취한 것으로 메시야에 의해서 이스라엘 백성이 영적으로 구원받을 것과 그들이 메시야의 왕국에 받아들여질 것을 묘사하는 것이라고 본다. 이들 가운데도 세부적으로는 서로 다른 견해들이 있다. 어떤 이들은 기독교가 세워짐으로써 이 예언이 이미 완전히 성취되었다고 본다. 반면에, 로우트 등은 이 예언은 장차 유대인들 전체가 회심할 것을 말씀하는 것이며 신약의 구절들도 같은 기대를 갖도록 해준다고 생각한다.

366. 우리는 다음 몇 가지 이유로 두번째 견해를 지지한다. (1) 문자적 해석은 일관성을 유지할 수가 없다. 메시야의 때에 여호와께서 홍해를 말리시며, 유브라데 강을 일곱 갈래로 나누어서 사람들이 신을 신고 지나갈 수 있을 만큼 얕게 만드시리라는 말씀에 대해서는 누구라도 상징적인 뜻으로 밖에는 해석할 수가 없는 것이다. 그렇다면 앞의 묘사가 전적으로 한 가지 성격을 지니고 있으므로, 그때 그때의 상황에 따라서 변덕을 부린다는 질책은 상징적인 해석이 아니라 문자적인 해석이 받아 마땅한 것이다.

(2) 문자적 해석을 주장하는 자들은, 문자적인 해석을 고집하면 선지자가 다른 선지자들과 모순을 일으킬 뿐 아니라 심지어 선지자 자신의 예언들끼리도 서로 모순을 일으킨다는 점을 인정해야 할 것이다. 예를 들어서 문자적 해석을 취하면, 선지자는 이스라엘 사람들이 메시야의 시대에 블레셋, 아라비아, 에돔, 모압 사람들에 대해서 전쟁을 일으켜 승리할 것이요 그들로 종을 삼을 것이라고 말씀하는 것이 된다. 그러나 이 장의 6, 7, 8절에 의하면 메시야의 왕국은 전적으로 평화의 왕국이요 따라서 심지어 동물의 세계에서도 모든 싸움이 사라질 것이라고 한다. 10절에 의하면 열방이 그 왕국의 축복에 참예할 것이라고 한다. 2장 2절에 따르면, 모든 열방이 시온 산을 향하여 몰려들 것이라고 하며, 9장 4절에서는 모든 전쟁과 싸움이 사라지는 것이 메시야 시대의 특징으로 묘사되고 있으며, 5절에서는 메시야가 평강의 왕이라는 이름을 지니는 것으로 나타난다. 그리고 6절에서는 그를 통해서 평화가 온 땅에 퍼질 것이며 그의 왕국은 무력이 아니라 의로 세워질 것을 말씀하는 것이다.

(3) 선지자가 이상을 통해서 주어진 상징적인 내용들을 완전히 이해하지 못했다손 치더라도, 그래도 선지자는 그저 하나의 도구일 뿐이므로 우리는 그 예언의 성취된 내용을 이미 확실히 알고 있으므로 그것을 통해서 상징적인 표현과 그것을 통해 나타내려는 실체를 구분할 수가 있는 것이다. 예언의 성취된 내용을 통해서 우리는 외형적인 신정국가에서 취한 이미지를 통해서 언약 백성이 그리스도께 회심한 후에 누리게 될 번영을 묘사하고 있음을 보여준다.

상징적 해석을 지지하는 자들의 의견 상의 차이에 대해서는 우리는 비트링가와 견해를 같이한다. 그는 열국에 흩어진 유대인들 가운데 많은 사람들이 기독교가 처음 세워졌을 때에 기독교 신앙을 받아들인 사실로써 그 예언이 성취되기 시작했으며, 또한 온 시대를 통해서 그 일은 계속 진행될 것이며, 세상 마지막에 그들이 총체적으로 회심함으로써 마침내 완성될 것이라고 주장함으로써 여러 가지 다른 견해들을 하나로 통합시켜주고 있는 것이다. 선지자는 유대인이 메시야의 왕국에 들어가며 그 축복에 참예할 것임을 포괄적인 언어로 선언하고 있는 것이다. 여기서 그 일을 특정한 시대로 제한하려 한 것은 선지자의 의도가 결코 아니었다. 이는 10절의 이방인에 대한 예언이 그런 의도가 아니었던 것과 같은 것이다.

367. 11절. 이방인뿐 아니라 온 땅에 흩어진 유대인들도 돌아와서 하나님 나라에 받아들여질 것이다. "그 날에 주께서 다시 손을 펴사 그 남은 백성을 앗수르와 애굽과 바드로스와 구스와 엘람과 시날과 하맛과 바다 섬들에서 돌아오게 하실 것이라." 바드로스란 보카르트와 야블론스키(Jablonski)가 입증한 바와 같이 테바이스(Thebais) 혹은 상부 애굽(Upper Egypt, 이는 애굽과는 구분된다)을 가리킨다. 구스는 아라비아어로 에디오피아 혹은 아프리카어로 아비시니아를 뜻하는데 여기도 같은 민족이 거주한다. 에디오피아는 아프리카로 이주해간 식민지의 모국이다. 엘람은 메대(Media) 남부의 지방인 엘루마이스(Elymais)를 가리키는데, 더 넓은 의미에서 다른 여러 장소를 뜻하기도 한다. 그런데 여기서는 모든 나라의 이름들이 부정확하게 사용되고 있어서 정확한 지리적 장소를 결정할 의도가 전혀 없으므로, 이 이름은 모두 메대와 페르시아(Persia)를 의미한다. 시날은 바벨론 주위의 지역의 이름인데 여기서는 좀더 넓은 의미로 메소포타미아 전체를 뜻한다. 하맛은 수리아의 가장 중요한 도시 가운데 하나로서 여기서는 수리아 전체를 지칭한다. 바다 섬들이란 표현은 매우 부정확한 것으로서 우선은 지중해의 모든 섬들과 해변을 뜻한다. 그러나 동시에 그 너머에 있는 모든 땅, 곧 유럽 전체를 지칭한다. 여기서 선지자가 모든 나라들 가운데 이 특정한 나라들을 예로 들어서 구체적으로 거명한 것은 유대인들이 온 땅에, 심지어 가장 먼 곳의 땅에도, 흩어질 것을 말씀하기 위함이라는 것이 다음 절에서 나타난다.

거기에 따르면 유대인들이 땅의 각처에서 모여들 것이라고 한다.

이제 여기 묘사되고 있는 히브리 사람들의 흩어짐이 과연 실제로 선지자의 때에 있었는가, 아니면 그가 영에 사로잡혀서 머나먼 시대로 옮아가서 후대의 유대인들의 흩어짐(바벨론 포로 이후 이스라엘 사람들이 앗수르에 의해서 포로로 잡혀간 것과 특히 예루살렘의 멸망 이후 유대인들이 흩어진 것)을 묘사하고 있는가 하는 의문이 일어난다. 지금까지 대다수의 해석자들은 후자의 견해를 취해왔고, 게제니우스는 전자의 견해를 변호했다. 그러나 그의 논지들에서 만족을 얻을 수 있는 사람은 몇 사람 되지 않는다. 그러나 여기서 알아야 할 중요한 사실은 전자의 견해를 입증한다 해도 이루는 것이 거의 없다는 점이다. 왜냐하면 이사야의 시대에도 개인적으로는 유대인들이 위에 언급된 각 나라에 흩어져 있었기 때문이다.

선지자의 전체의 예언을 살펴보면, 그가 유대 민족 전체의 흩어짐을 전제로 하고 있음이 분명히 드러난다. 그러나 그렇다고 해서 그가 팔레스타인에서 사람이 완전히 사라질 것을 말씀한 것은 아니다. 열 지파들이 이미 포로로 잡혀간 것은 사실이다. 그러나 흩어진 자들 가운데 함께 나타나는 유다 왕국은 그런 재난을 아직 크게는 당하지 않은 상태에 있는 것이다. 그러나 요엘(3:11)과 아모스(1:6,9)에 따르면 몇몇 유대인들이 블레셋 사람들과 베니게 사람들에 의해서 종으로 팔려갔었는데, 그들은 고난을 당하여 자의로 자기 나라를 떠났을 것이다. 그러나 그들에 대해서는 아무런 역사적인 기록이 남아 있지 않기 때문에, 여기서는 고려의 대상이 되질 않는다. 그렇다면 이사야의 시대에 유대인들이 개인 별로 위에 언급한 모든 나라들에 살고 있었다는 게제니우스의 주장은 입증되지 못하는 것이다. 예컨대 아사 왕 때에 에디오피아와의 전쟁에서 유대인들이 에디오피아에 포로로 끌려갔다는 그의 논지는 역대하 14장 9절 이하의 내용과 전적으로 모순되는 것이다. 거기서는 원수의 군대들이 완전히 전멸했다고 분명히 기록되어 있다.

그런데 어째서 이사야는 여기서 미가서 4장 6, 7절과 같이 흩어진 이스라엘 사람들이 메시야 왕국에 들어오는 사실을 그들이 본토로 돌아오리라는 표현을 써서 묘사하고 있는가? 이에 대한 대답은 다음과 같다. 곧, 선지자의 이상 속에는 하나님 나라의 실체가 들어 있었고, 더욱이 그 실체는 이상 속에서는 추상적인 관념이 아니라 상징적인 이미지를 통해서 밖에는 표현될 수 없었으므로 옛날의 신정국가의 거소(居所)가 그에게는 메시야 왕국의 중심이요 수도로 나타나며 거기서 메시야 왕국이 일어나는 것으로 나타날 수밖에 없었다. 그러므로 2장에서는 이방 민족들이 메시야 왕국에 들어오는 것을 가리켜 그들이 시온 산으로 모여드는 것으로 묘사했듯이, 여기서는 흩어진 유대인들이 메시야 왕국에 들어오는 것을 그들이 본토로 돌아오는 것으로 묘사하고 있는 것이다. 여기서 여러 지방이 거론되고 있으나, 그것들은 그저 이상 속에 나타난 상징적 표상에 속하는 것이므로 그것에 대해서는 관심을 가질 필요가 없고, 오히려 근본적인 관념, 즉 유대인들의 죄와 배도(이로 인해서 그들이 옛 신정국가와 그 축복을 다 잃어버렸고, 가나안 땅까지도 잃어버렸다), 그리고 그들의 회개와 회심(이로써 그들이 메시야 왕국에 다시 편입되어 그 축복에 참예하게 되었다)에 대해 관심을 기울여야 할 것이다.

368. 12절. "여호와께서 열방을 향하여 기호를 세우시고 이스라엘의 쫓긴 자를 모으시며 땅 사방에서 유다의 이산한 자를 모으시리니." 옛날의 몇몇 해석자들은 10절에서와 같이 여기서도 '열방을 향한 기호'란 곧 그들을 모이도록 하고, 그리하여 메시야 왕국에 그들 스스로 들어갈 수 있도록 인도하는 하나의 표시였다고 생각했다. 그러나 병행 구절들과 비교해보면, 열방들을 모으는 목적은 흩어진 유대인들을 본토로 이끌기 위함이라는 것이 드러난다. 그러므로 상징적 표현 이면에 담긴 뜻은 다음과 같다: 이방 백성들(10절에서 이미 메시야 왕국의 백성이 된 자들)이 여호와의 명령에 순종하여 흩어진 유대인들을 그의 왕국에로 들어오도록 하는 일에 적극적으로 참여할 것이다.

369. 13절. "에브라임의 투기는 없어지고 유다를 괴롭게 하던 자는 끊어지며 에브라임은 유다를 투기하지 아니하며 유다는 에브라임을 괴롭게 하지 아니할 것이요." 유다와 에브라임 지파 간에는 서로에 대한 질투와 갈등이 늘 있었다. 이러한 적대 감정은 솔로몬이 죽은 후 에브라임 지파에 속한 여로보암에 의해서 베냐민과 레위 지파를 제외한 나머지 지파들이 유다에서

분리됨으로써 결국 겉으로 드러나게 되었다. 그 새 왕국은 가장 강대한 지파인 에브라임의 이름을 취했다. 이 때부터, 두 왕국 사이에는 에브라임 왕국이 포로로 끌려가기까지 평화와 조화가 거의 없었다. 바로 에브라임과 유다 사이의 반목이야말로 히브리인의 역사 전체에서 가장 파괴적이며 비참한 일이었다. 그러므로 언약 백성들이 메시야 왕국에 들어올 때에 서로간의 모든 내적인 질투와 적대감이 사라졌음을 보여주는 상징적인 표현으로서 이보다 더 적절한 것은 없는 것이다. 그러므로 이 구절은 위대하신 구속자를 향한 공통적인 사랑으로 그들 모두가 연합되어 조화를 이루게 되는 것을 뜻하는 것이다.

370. 14절. "그들이 서으로 블레셋 사람의 어깨에 날아 앉고 함께 동방 백성을 노략하며 에돔과 모압에 손을 대며 암몬 자손을 자기에게 복종시키리라." 전반부의 표현은 육식을 하는 새의 생태에서 취한 것으로서 하박국서 1:8의 병행 구절에서도 잘 드러나고 있다. 거기서는 갈대아 사람들에 대해서 말씀하기를, "마치 식물을 움키려하는 독수리의 날음과 같으니라"라고 한다. 동방 백성이란 아라비아 사람들을 뜻하는데, 이들은 이스라엘의 동쪽에 거하면서 이스라엘을 침략하여 많은 고통을 주었다. 이 절을 문자적으로는 이해할 수 없고 반드시 상징적으로 이해해야 한다는 사실은 이미 살펴보았다. 그러면 과연 여기의 상징적 표현을 통해서 말씀하는 바는 무엇인가? 하는 의문이 생긴다.

대부분의 해석자들은 이것이 히브리 사람들을 통해서 이 사람들이 회심케 되어 이루어질 영적 승리를 뜻하는 것으로 본다. 그러나, 물론 다른 곳에서도 전쟁이라는 이미지를 통해서 영적인 정복을 묘사한 예는 있으나(53:12을 보라), 이런 설명은 이 경우에는 합당치 못하다. 왜냐하면 전체의 문맥으로 볼 때에 선지자는 여기서 이스라엘 백성들 자신이 메시야 왕국에 들어온 후에 누릴 번영과 축복에 대해서 말씀하는 것이기 때문이다.

이 절에 대한 바른 해석은 다음과 같다: 여기 언급된 나라들은 신정국가에 가장 큰 위험을 주었던 원수들로서 하나님이 배도한 이스라엘을 채찍질하기 위하여 사용하셨던 나라들이다. 그러나 이스라엘이 여호와를 순수하게 의지하게 되면, 이 원수들은 결코 두려워할 대상이 못되었다. 예컨대 다윗의 시대에는 그들을 두려워하지 않았었다. 여기서 선지자는 그런 상황을 빌려서 그 백성들이 위대한 왕께 굴복할 때에 하나님의 보호하심과 하나님의 긍휼하심과 완전한 평화를 누리게 될 것이라는 사상을 표현하고 있는 것이다. 과거 신정국가 시대에 이스라엘이 하나님께로 돌아온 결과로 나타난 일들을 빌려서 메시야의 때에 그들이 하나님께로 돌아온 결과로 누리게 될 축복을 묘사하고 있는 것이다.

371. 15, 16절. 미래의 이스라엘의 구속을 막는 장애 요소를 제거하는 일이 과거 출애굽 때 이스라엘을 구원하는데 장애가 되는 것을 제거한 일을 들어서 묘사하고 있다. "여호와께서 애굽 해고를 말리우시고 손을 유브라데 하수 위에 흔들어 뜨거운 바람을 일으켜서 그 하수를 쳐서 일곱 갈래로 나눠신 신고 건너가게 하실 것이라." '애굽 해고(海股)'란 홍해의 끝부분으로서 북쪽 끝이 두 개의 작은 만(곧, 수에즈 만과 아카바 만이 그것이다―역자주)으로 나뉘는 곳을 가리킨다. 이 부분은 히브리 사람들이 과거에 지나간 곳으로서 수에즈에서 끝난다. '하수'란 유브라데 강을 가리킨다(한글 개역은 '유브라데 하수'로 번역하고 있으나, '유브라데'는 원문에는 없는 것이다―역자주). 비트링가 등은 이를 나일 강을 가리키는 것으로 보나, 나일 강은 이런 이름으로 불리는 일이 없다.

'뜨거운 바람을 일으켜서,' 즉, 여호와께서 맹렬한 바람을 일으켜의 뜻이다. 여기 나타난 상징적 표현은 강을 의인화한 것이다. 여호와께서는 그를 대적하는 강을 향하여 손을 흔드시며 엄청난 바람을 일으키시는 용감한 영웅으로 묘사되고 있다. 이 표현들은 출애굽기 14장 21절을 시사하는 것으로 거기서는 여호와께서 강한 바람으로 홍해를 말리셨다고 기록하고 있다.

'그 하수를 쳐서 일곱 갈래로 나눠'는 큰 강이 여러 가지 수로로 흘러들어가는 현상에서 취한 것이다. 로우트는 이를 헤롯(Herod) 1.189의 기사와 적절히 비교한다. 그 기사 가운데서 고레스는 바벨론으로 행진하는 중에 급류에 밀려 그가 아끼는 백마를 잃어버렸다. 그는 대단히 화가 나서 그 급류를 원수로 취급하여, 본문의 경우처럼 그 물을 말려서 여인이라도 쉽게 건널 수 있도록 만들겠다고 위협한다. 그리하여 그는 전군을 동원하여 그 강 양쪽에 360개의 도랑을 파고 물을 그리로 흐르도록 만들어버렸던 것이다. 그러므로 선지자는 여기서 여호와께서 과거에 홍해와 요단강을 말리셨던 것처럼 미래에 홍해와 유브라데 강에 이스라엘 백성을 위하여 통로를 만드실 것임을 약속하고 있는 것이다.

372. 16절. "그의 남아 있는 백성을 위하여 앗수르에서부터 돌아오는 대로가 있게 하시되 이스라엘이 애굽 땅에서 나오던 날과 같게 하시리라." '앗수르에서부터' 다음에 이스라엘이 흩어진 11절에 언급된 나머지 나라들을 추가로 덧붙여서 이해하여야 한다. 선지자는 다만 간결하게 하기 위해서 그 나라들을 생략하고 있는 것이다. 여기의 표현은 15절과 유사하므로 거기의 표현을 참조하는 것이 좋을 것이다.

373. 12장에 기록된 구원받는 백성들의 감사의 찬송은 그 성격이 매우 개괄적인 것으로서 구원 사건을 노래한 여러 시편들과도 비슷하기 때문에, 그 부분에 대해서는 설명할 필요가 없을 것이다.

5. 이사야 40-66장에 관한
예비적 개관

374. 이사야서의 후반부는 구약 성경 가운데 가장 찬란하며 우리에게는 가장 중요한 부분이다. 이 부분만큼 지역적이고 일시적인 내용이 적게 나타나는 부분도 없으며, 예비적인 세대와 궁극적인 세대 간의 연관성을 이처럼 간명하게 보여주는 부분도 없다. 이 부분만큼 고대의 언약 백성 중에서 불경건한 자들과 경건한 자들이 분리된 다음 경건한 자들이 이방인과 연합하여 하나의 거룩하고 복된 주의 교회를 이루게 될 그 때에 대한 묘사를 그렇게 세세히 드러내는 부분도 없으며, 새 언약(이는 옛 언약의 경우처럼 단일 민족에게만 국한된 것이 아니다)의 제정자를 그의 비하와 그의 영광 가운데서 우리들에게 그만큼 분명히 드러내 보여주는 부분도 없다.

375. 이사야서의 서론 부분에서 보았듯이 선지자는 아마도 므낫세의 치하에서 어느 기간 동안 살았을 것이다. 만일 그가 그의 노년기에 이 후반부를 기록했다고 가정한다면, 이 부분은 더욱 지성과 경륜을 담고 있을 것이며, 이 부분의 독특성도 이것과 연관지어서 해명할 수 있을 것이다.

376. (1) 이러한 추론은 전반부와 후반부 상호 간의 차이를 해명해준다. 그렇게 본다면 전반부의 마지막 예언과 후반부 사이에는 14년에서 20년 정도의 시간적인 간격이 있을 것이다. 그러나 시간이 흐름에 따라서 변하는 것은 문장의 어조(tone)만이 아니다. 문체(style)도 함께 변하는 것이다. 후

반부가 표현의 아름다움에 있어서 전반부에 비해서 뒤지는 것은 결코 아니지만, 어조는 더 부드럽고 온화하다. 전반부의 간결함과 단축성이 없는 대신, 여기서는 선지자 자신에 대한 이미지는 간결하게 줄이고 대신 이런저런 이미지를 옮아가면서 묘사하며, 언어 사용에 심혈을 기울이며 또한 풍성한 표현들이 이어진다. 두 부분은 본질적으로 하나이며, 또한 여러 면에서 서로 밀접하게 닮고 있지만, 서로 간에 차이점도 있다. 마치 모세오경 가운데 신명기와 다른 책들이 서로 다르며, 또한 요한이 아마도 노년에 기록한 것으로 여겨지는 요한 서신이 그의 복음서와 다르듯이 그런 식의 다른 면들이 나타나는 것이다.

377. (2) 선지자 자신의 관점을 우리는 이렇게 설명할 수 있을 것이다. 이사야는 나이가 많아져서 신정국가의 공공 문제에 대해서는 선지자직을 지닌 젊은 후배들에게 맡기고 자신은 그 일에 능동적으로 참여하지 않는 상태에 있었을 것이다. 그는 소망이 거의 없는 현재에서 물러나서 자신의 삶의 목적이 되는 미래 속으로 자신을 밀어 넣으며, 자신이 남겨두어야 할 유산이 후손들에게서 반드시 열매를 맺을 것을 확신했다. 그는 현 세대를 위하여 노력을 기울이는 동안 후손들에게서 거둘 열매들에 대한 문제를 깨닫지 못할 때가 많았던 것이다. 그는 그 전의 예언들에서 분명히 말씀한 바로 그 시대에, 곧 예루살렘이 이미 갈대아 사람들에게 함락되었고 땅은 황폐화되었으며 백성들은 머나먼 바벨론 땅에서 고향을 그리워하는 그 시대에, 자신을 위치시킨 것이다. 그는 바로 이 시대 속에서 생각하며 느끼며 행동하는 것이다. 그에게 그 시대는 이미 현재가 되어버렸고(물론 가끔씩 자신이 실제로 처하고 있는 진짜 현재를 바라보기도 하지만), 거기서 그는 미래를—가까운 미래, 더 먼 미래, 그리고 가장 먼 미래를—바라보는 것이다. 그는 포로로 끌려가 있는 불행한 동족들을 향해서 이 말씀을 전한다. 그리고 더 복된 미래에 대한 전망을 펼쳐줌으로써 그들을 위로하고, 책망하고, 교훈하는 것이다.

378. (3) 이러한 추론은 후반부의 내용 배열(arrangement)을 해명해준다. 전반부는 선지자가 당시의 사람들의 유익을 위하여 적극적으로 활동할

당시에 행한 예언들을 담고 있으며, 여러 다른 시기에 또한 여러 배경에서 행한 개별적인 예언들을(이 예언들은 표제라든가 여러 가지 방법을 통해서 구분할 수 있다) 후에 한데 모아서 하나의 단일 문집(single collection)으로 엮어 놓은 것이다. 그러나 후반부는 그런 외적인 배경들이 전혀 드러나지 않으므로 개별적인 예언들을 쉽사리 구분할 수가 없다. 마치 전체의 내용을 동시에 말씀한 것처럼 보이는 것이다. 후반부의 통일성은 그 내용을 살펴보아도 분명히 입증된다. 예언의 대상이 시종일관 동일하다. 심지어 묘사에 사용된 언어나 표현법이 전반부의 여러 다른 부분들을 서로 비교할 때보다도 훨씬 더 통일성이 있는 것이다. 선지자가 이 부분에 나타나는 내용 전부를 단번에 받아서 기록하지는 않았다 하더라도, 이 내용의 각 부분의 기록 시기가 서로 크게 차이가 없으며, 또한 그가 각 부분을 따로 떼어서 백성들에게 전한 것이 아니고 다만 후대의 사람들을 위해서 그 내용 전부를 유산으로 남겨두었다는 사실은 분명한 것이다.

379. 선지자들에게는 예언의 모든 내용이 환상을 통해서 전달되므로, 그 내용이 모두 현재로 나타나며, 대개의 경우 시간 간격은 별로 의식하지 않는다. 그러므로 사건들이 서로 시간적으로 멀리 떨어져 있어도 내적인 유사성에 따라서 서로 밀접하게 연결되거나, 심지어 함께 뒤섞여 있는 상태로 묘사되기도 한다. 그러므로 해석자들은 예언을 그 성취된 내용과 비교함으로써 각 예언이 어느 시대를 가리키는지를 알 수 있으므로 그 방법을 통해서 예언을 서로 분리시켜야 하는 것이다. 이러한 원리(이는 선지자의 환상의 본질에 속하는 것으로서 서론 부분에서 이미 심도있게 다룬 바 있다)를 취하지 않고서는 아무리 이 후반부를 해석하고자 애써도 마치 어두운 가운데서 무엇을 찾는 것처럼 암담할 수밖에 없는 것이다. 그러나 이 원리의 인도를 잘 받게 되면 밝디 밝은 빛이 환하게 드리우게 되는 것이다.

380. 이 예언들은 주로 두 가지 대상과 관련된 것이다. 선지자는 먼저 그 백성이 바벨론 포로에서 구원받을 것이라고 예언함으로써 그들을 위로한다. 그는 그 구원을 출애굽 당시의 구원에서 나타나는 아주 적절한 표현들로

써 묘사하고 있다. 그는 여호와께로부터 보냄을 받아 하나님의 백성들을 압제하는 자들을 징벌하며 그들을 본토로 돌아오게 해주는 왕의 이름까지 거명한다. 그러나 그는 이런 저급한 의미의 구속에서 그치지 않는다. 바벨론 포로에서 구원받는 사건을 메시야로 말미암아 죄에서 구속받는 사건과 연관짓는 것이다. 어떤 경우에는 이 두 가지 대상이 서로 한데 엉킨 채로 나타나고, 또 어떤 때에는 그 중 한 가지만 명확하게 드러나기도 한다.

때로 선지자는 특히 메시야를 통한 구원이라는 대상에 대해서만 집중적으로 주목하여 하나님의 신령한 왕국의 영광과 그 왕국의 찬란한 왕께 온 정신을 빼앗겨서, 좀더 가까운 미래의 일을 보지 못하고 지나치는 경우도 있다. 이런 영적 구원을 묘사함에 있어서도 사건들의 시간적 전후 관계가 무시된다. 선지자는 비하와 고난의 상태에 계신 메시야를 바라보다가 메시야 왕국의 종국의 황홀한 장면이 곧바로 이어져서 하나님을 멀리하던 인류가 다시 그에게로 돌아오며, 하나님을 향한 모든 적대 현상이 사라진 후 외적으로 내적으로 평화가 가득차며 죄로 인하여 생긴 모든 악이 제거되는 그 때의 광경이 나타나기도 한다. 성령의 역사하심으로 말미암아 시공간을 초월한 상태에서 그는 처음 미미한 시작부터 그 영광된 완성에 이르기까지 메시야 왕국 전체의 전개 과정을 한 눈에 바라보는 것이다.

6. 이사야 40, 41장의 내용

381. 40:1-11은 일종의 서론의 역할을 한다. 선지자는 하나님께서 그의 사자에게 주시는 명령(불행한 백성에게 그들의 죄에 대한 하나님의 징벌이 종결될 때가 가까웠고 화목과 긍휼의 때가 시작되려 한다는 사실을 선포하라는 것)으로 이 서론을 시작한다(1-2절). 이어서 선지자는 하나님께서 이루실 백성들의 구원을 지상의 왕들과의 관계에서 취한 상징적 표현을 통해서 묘사한다. 즉, 여호와께서 전에 이스라엘이 출애굽할 때에 앞장 서서 그들을 이끄셨듯이, 이제 귀환하는 그의 백성들 앞에서 행진하시도록 길이 없는 광야에 그를 위하여 길을 예비하라는 명령을 선포하는 사자(messenger)를 묘사하는 것이다(2-5절). 모든 만물은 연약하며 잠시 있다가 사라지기 때문에 신뢰할 가치가 없으나, 이는 영원히 계시는 전지 전능하신 여호와께서 하신 약속이므로 반드시 이루어질 것이다(6-8절). 선지자는 예루살렘에게 유다의 나머지 성읍들을 향하여 여호와의 그 영광스러운 역사하심을 선포하라고 한다(9-11절).

382. "바벨론으로부터 구원받을 것이 예언되고 있는 것은 분명하다. 그러나 동시에 그 구원은 그보다 무한히 높고 무한히 중요한 또 하나의 구원을 지목하는 하나의 상징적 이미지로 사용되고 있다." 이사야는 저급한 의미의 구원을 말씀하면서 늘상 그것을 통해서 더 고상한 의미의 구원을 암시하는데, 여기서도 그러하다. 죄의 용서와 백성의 회복과 하나님의 영광이 나타나는 것에 대한 예언은 오직 메시야를 통해서 가장 고상하고도 가장 완전한 의미로 성취되는 것이다. 이처럼 더 고상한 구원이 항상 뒤에 암시된다는 사실은 부분적으로는 예언의 본질 자체로써 입증되며, 또한 신약의 가장 확실한

증언들로써 입증된다. 여기서 3절은 세례 요한을 가리킨다. 그는 메시야에게서 하나님의 영광이 드러나는 것을 막는 장애 요인들을 제거하도록 부르심을 받았다. 그는 위대한 왕의 길을 예비함으로써 사자들 가운데 첫 자리를 차지하였다. 그가 그 길을 예비하는 광야란 죄와 그릇된 행위에 젖어 있는 유대 민족을 가리키는 것이다.

383. 12-31절. 선지자는 하나님께서 그의 백성들을 구원하시면서 주실 전능한 능력을 입증하기 위해서 그의 신적인 전능하심과 위엄과 영광을 묘사한다. 이를 그는 두 가지로 적용하고 있다. 그는 먼저 우상 숭배의 허망함과 어리석음을 보여준다(18-26절). 그가 우상 숭배를 거론한 것은 부분적으로는 그의 시대의 정황 때문이기도 했으며 또한 그 백성이 바벨론 포로기에 우상 숭배에 젖어있는 이방 백성들 틈에서 우상숭배를 접하여 우상숭배에 미혹될 것을 미리 예견했기 때문일 수도 있다. 그리고 그 다음으로 그는 더 나아가서 그 백성들에게 하나님을 신뢰하는 자들에게 임하셔서 그들의 연약함을 능력으로 도우시는 전능하시고 완전히 지혜로우신 하나님을 끝까지 신뢰하라고 권면한다(27-31절).

384. 41장은 이사야서 후반부의 예언들이 계속해서 다루는 가장 중요한 대상, 즉 고레스로 말미암아 유다 백성을 바벨론 포로에서 구원하실 것을 주로 다룬다. 선지자는 먼저 우상 숭배에 빠져 있는 열방을 향해서 먼저 말씀을 선포한다. 그들은 하나님의 전지하심과 전능하심이 드러나는 것을 보고 그들의 우상 숭배가 허망한 것임을 깨달아야 마땅하다. 여호와께서 그의 선지자들을 통해서 그렇게 오랫동안 미리 말씀하신 고레스의 출현이 그대로 이루어진 것을 우연히 그렇게 된 것이라고 말할 수가 없다면, 우상을 통해서 그 비슷한 예언을 할 수가 없다면, 열방들로서는 여호와께서 약속하신 대로 정말로 고레스를 보내셨다는 사실을 인정하고 고백하여야 마땅한 것이다. 더욱이 열방이 여호와를 인정할 수밖에 없는 것은, 그들의 신들은 그 용맹스런 정복자의 공격에 대해서 아무런 도움도 주지 못한 반면에, 모든 열방이 완전히 무너진 민족으로 인정하던 이스라엘 백성은 놀랍게도 그를 통해서 오랜

동안 약속되어온 구원을 얻었기 때문이다.

그 다음으로 선지자는 포로 상태에 있는 유다 백성을 향하여 말씀한다. 그들은 그들의 구원이 다가오고 있으며 그 후에 번영이 있으리라는 선언을 통해서 큰 위로를 받는다. 여호와께서는 1절에서 화자(話者)로 등장하셔서 우상 숭배에 빠져 있는 열방들을 재판석에 소집한다. 그리고 어느 누구도 당하지 못하는 놀라운 능력의 왕 고레스를 보냄으로써 자신의 목적의 의로움을 그들 앞에 증명하신다. 그러나 그들은 자기들의 잘못을 겸손히 인정하거나 여호와의 전능하심을 인정하지 않고 깊은 고뇌에 빠져 자기들이 섬기는 우상들에게 도움을 청하나 소용이 없다(5-7절). 그러자 여호와께서는 이스라엘 백성을 향하시며 그들의 원수를 물리치시고 그들을 구원하실 것을 약속하심으로써 그들에게 위로를 주신다. 그리고 그들이 구원받음으로써 지금까지의 고난이 물러가고 크나큰 번영이 올 것임을 함께 약속하신다(8-16절).

(선지자는 유다 백성들의 구원을 예언한 다음 14절 이하에서는 그 백성들에게 선언하기를 장차 어느 때에 그들이 그들의 힘있는 원수들을 정복할 것이라고 한다. 이 예언의 성취는 일차적으로 마카베오 시대의 역사에서 찾아야 한다. 그 당시 그들은 수리아를 성공적으로 공략했을 뿐 아니라 이스라엘 백성에 대하여 극도로 호전적이던 그 인근 나라들을 정복한 것이다. 이 예언의 배열은 시간적으로 볼 때에 합당하다. 고레스로 말미암아 포로에서 구원받는 것이 먼저 선포되며, 그 다음에 언약 백성 자신들이 얻을 승리를 선포하는 것이다. 구원에 이어서 있을 번영에 대한 묘사에서, 포로 상태 직후의 시대는 그저 서막에 불과하며 불완전한 성취밖에는 보여주지 못한다. 여기서 약속된 번영과 축복은 메시야에 의해서 완전한 영적인 의미로 이루어지는 것이다.)

그리고 난 후 여호와께서는 다시 우상 숭배자들을 향하여 말씀하시면서, 그가 고레스에 대해서 선지자들을 통해 예언하시고 또한 그를 실제로 보내심으로써 그의 전능하심과 전지하심을 입증해보이셨으니, 그들이 섬기는 우상들의 전지함과 전능함도 입증해 보이라고 요구하신다.

7. 이사야 42:1-9

385. 선지자는 앞의 두 장에서 주로 바벨론 포로로부터 구원받을 사실을 말씀했다. 그러나 가끔씩 그의 영적 안목은 그 구원 사건이 예표하는 그보다 훨씬 더 위대한 사건을 바라보기도 했다. 그는 앞에서 바벨론 포로에서의 구원을 이룰 하나님의 도구를 명확하게 지명했었다. 그는 먼 동방에서부터 오는 의의 왕이었던 것이다. 그런데 여기서 영적 구원을 이루실 그분이 이제 그의 이상 가운데서 그의 시야에 나타나고 있는 것이다. 그는 슬퍼하는 백성들을 그에게로 이끌어서 첫 아홉 절에서 그에 대해 묘사한다. 그리고 난 후 다시 가까운 미래로 돌아가서 바벨론 포로에서의 구원을 새롭게 묘사한다. 그 구원에 대한 사색은 49장까지 계속 두드러지게 나타난다.

386. 이 단락은 그 앞의 단락과 뒤에 이어지는 단락과 구별해서 하나의 독립적인 부분으로 볼 수 있을 것이다. 그러나 선지자의 환상에 나타난 이미지들의 상호 연관성을 볼 때에 이 단락들이 서로 연결되어 있는 것은 분명하다.

387. 이 단락의 내용은 다음과 같다: 이 단락 전체에 걸쳐서 여호와께서 말씀하시는 것으로 나타난다. 1절과 4절에서 그는 메시야에 대해 3인칭을 써서 말씀하신다. 여호와께서는 실상 메시야를 지명하며 세상에 소개하고 계신 것이다. 메시야는 하나님의 사랑받는 택함 받은 종이요 하나님의 영을 충만히 받은 자요 하나님이 유지시키는 자로서, 스스로 빈핍함과 파산을 느끼는 모든 자들을 돕는 자가 될 것이다. 그는 온유함과 겸손함을 입으시고 백성들 가운데 다니시면서 하나님께로부터 부여된 사명을 성실히 이룰 것이

며, 그리하여 그 때까지 하나님과 원수된 상태에 있던 이 땅의 열방들 가운데 참된 신앙을 일으켜 세울 것이다. 5절에서는 선지자가 독자들에게 여호와께서 거의 믿을 수 없을 만큼 놀랍고 엄청난 예언을 반드시 이루실 것임을 확증하는 보증으로써 그가 전능하신 분이신 것을 상기시키며, 이어서 여호와께서 다시 등장하셔서 메시야에게로 시선을 돌리사 그에게 말씀하신다(6, 7절). 여호와께서는 메시야에게 그가 반드시 명심해야 할 사명은 바로 그의 옛 백성들과 새롭고 더 나은 언약을 세우는 것이며 또한 이방 민족들을 일깨우고 죄 가운데 종노릇하는 전 인류를 구속하여 하나님께로 돌이키는데 있음을 선포하신다.

8, 9절에서는 여호와께서 그 예언을 받은 자들에게 말씀하시며 그 예언의 대상에 대해 주목하게 하신다. 이미 성취된 과거의 예언들이 그랬던 것처럼, 그 예언도 그것이 성취된 후에 언약 백성들에게 명확한 빛을 비추어서 그들로 하여금 우상 숭배의 유혹에 빠지지 않고 여호와를 향한 신앙의 정절을 지키도록 하며, 미래에 대해서 아무런 계시도 주지 못하는 헛된 우상과는 전혀 달리 여호와께서 우월하시며 전지하시며 전능하신 분이심을 확증해주는 역할을 할 것이다. 이 단락은 그 내용을 보면 알 수 있듯이 매우 극적인 성격을 지니고 있는데, 이는 선지자의 환상의 본질(서론을 보라)에 기초한 것이다.

388. 우리는 이 내용을 살핌에 있어서 메시야 해석이 바른 해석이라는 사실을 전제로 했다. 이제는 이 예언의 주제와 관련해서 제시된 여러 가지 다른 견해들을 검토할 필요가 있을 것이다.

389. 이 예언 전체를 해석하는데 있어서 가장 중요한 관건이 되는 문제는 1-7절에서 묘사하고 있는 그 탁월한 여호와의 종을 과연 어떻게 이해하느냐 하는 것이다. 이 문제에 대한 해석은 해석자들마다 견해가 다른데, 이런 현상은 이 문제 자체의 본질 때문이라기보다는 오히려 기존의 교리적 견해 때문에 일어나는 것이다. 여기 나타난 호칭 자체만으로는 아무 것도 파악할 수가 없다. 여호와를 주(主)로 인정하는 자와 하나님을 섬기는 경건한 자는

누구든지 여호와의 종이라 불릴 수 있기 때문이다. 그러나 동시에 본인이 알고 있든 모르고 있든 사람들을 구원하기 위하여 특정한 사명을 감당하도록 하나님께로부터 부르심을 받은 사람들을 여호와의 종이라 부르는 것이다. 그러므로 그 사람의 이름이 직접 언급되지 않았을 경우 그 사람이 누구인가를 결정짓는 더 정확한 방법은 그 사람을 어떤 성격으로 묘사하고 있는가를 살피는 것이다.

현재의 예언의 경우 한 가지 특징을 더 염두에 두어야 한다. 본문에서 묘사하고 있는 '여호와의 종'은 49, 50, 53, 65장에 나타나는 인물과 동일 인물임이 분명하다. 이는 신뢰성 있는 해석자들이 모두 인정하는 사실이다. 그러므로 우리는 여기 주어진 특징들이 다른 사람에게서는 거의 나타나지 않는다는 사실에 만족할 것이 아니라 '여호와의 종'에 관하여 말씀하는 것으로 인정받는 다른 구절들에서 말씀하는 모든 사실들을 거기에 덧붙여야 하는 것이다. 이 점을 살펴보면, 이 구절에 대한 여러 가지 그릇된 해석들을 사전에 예방할 수 있을 것이다.

390. 이 예언의 주제에 대해서는 다섯 가지의 상이한 견해들이 있다. (1) 유대 백성들을 주제로 보는 해석이 있다. 이 해석에 대해서는, 병행 구절들에서 드러나는 반대 논증을 굳이 거론하지 않더라도, 다음과 같은 사실들을 지적할 수 있을 것이다: a) 6절에서 '여호와의 종'이 백성들과 명확히 구분되고 있다는 점. 여호와께서 백성들에게 말씀하시면서 그들을 백성과의 언약의 중보자로 세우시겠다고 하실 수가 있었겠는가? b) 하나님의 종의 성격이 온유하며, 조용하며, 겸손하다고 묘사하고 있는데, 이는 이스라엘 백성의 성격과 태도에 대해서 선지자가 다른 곳에서 말씀한 내용과 큰 차이가 있다는 점.

391. (2) 또 어떤 이들은 '여호와의 종'을 고레스로 이해한다. 이들은 주로 바로 앞부분과 바로 뒷부분에서 고레스를 통한 구원이 예언의 주제가 된다는 점에 근거한다. 그러나 이사야서의 후반부의 예언의 성격에 대해 앞에서 행한 논의로 볼 때에 이런 논리는 아무 것도 증명해주지 못한다. 그들

은 또한 45장 1절에서 고레스를 기름 부음 받은 자로 부르며 44장 28절에서는 그를 가리켜 하나님의 목자로 부르고 있다는 사실을 근거로 삼는다. 비록 그를 가리켜 여호와의 종이라는 이름으로 부른 일은 한번도 없지만 그는 그 종이 지닌 모든 특징을 지닌 것으로 지목되고 있다는 것이다. 그러나, 이들의 논리를 따르면 병행 구절들까지도 다른 주제로 이해할 수밖에 없는데(53장의 경우, 전체의 내용을 고레스에 관한 것으로 보고 해석을 시도한 사람은 아직 하나도 없다), 이는 이 사람들의 해석이 그릇되다는 것을 스스로 증명해주는 것이며, 뿐만 아니라 이 해석은 본문 자체에서도 도저히 극복할 수 없는 문제를 야기시킨다.

고레스가 항상 하나님의 백성들의 구원을 위하여 하나님께로부터 보내심을 받은 왕으로 묘사되는 것은 사실이다. 그러나 그는 한번도 하나님과 이스라엘 백성 간의 새 언약의 중보자로서, 또한 참 신앙의 창시자로서 묘사된 일이 없다. "내가 나의 신을 그에게 주었다"는 말씀이 어떻게 고레스의 경우에 해당될 수 있겠는가? 여호와의 종이 잠잠하며 온유하며 온화한 분으로 묘사되는 2, 3절의 내용이 어떻게 정복자로서 전쟁터에서 수많은 사람의 피를 흘린 고레스에게 맞을 수가 있는가? 이 절들에 대한 코페의 해석을 본문과 비교해보면 이 가설 전체가 얼마나 그릇된 것인가 하는 것이 곧 드러나게 되는 것이다. 그의 해석에 따르면, 이 절들이 묘사하는 것은 다만 그가 유대인에게나, 자발적으로 그의 통치권에 항복한 과거 바벨론 치하에 있었던 모든 나라들에 대해 매우 관용을 베푼 통치자였다는 것뿐이라는 것이다.

392. (3) 다른 사람들은 선지자 이사야가 '여호와의 종'이라고 한다. 그러나 이는, 이 가설을 성립시키기 위해서 본문을 억지로 끼어 맞춘 것으로 믿어지는 그로티우스의 해석을 잠시 살펴보아도 금방 해결된다. 49장 이하의 병행 구절에서 이사야가 어리석게도 스스로 만용을 부리지 않고서는 여호와의 종을 지칭하는 내용을 자기 자신에 대한 것으로 말씀할 수가 없었을 것이며, 현재의 본문에 묘사된 내용도 어느 정도 과장이 없었다면, 그리고 선지자가 자신의 소명을 잘못 인식한 것이 아니라면 도저히 선지자 자신에게 적용될 수가 없는 것이다. 예를 들어서 하나님의 백성과 새 언약을 세우는 일

이나 이방 민족들 모두를 회심시키는 일을 어떻게 이사야의 일이라고 볼 수 있겠는가? 특히 다른 곳에서 이사야는 그 두 가지 일을 메시야에게서 기대하고 있으며, 또한 그의 소명은 유다 백성에게 한정된 것이고, 결코 이방 민족에게까지 사역의 범위가 확장된 일이 없는 것이다.

이런 난제를 제거하기 위해서 이 구절에 대해 색다른 해석을 시도하기도 한다. 예컨대, 예레미야 1장 10절에서 선지자들이 자신들이 행할 일을 예언하는 것으로 나타나는 것처럼 여기서도 그렇다는 것이다. 그러나 이런 해석에 대해서 미카엘리스는 다음과 같이 잘 답변해주고 있다: "그것은 사실이다. 그러나 그럴 경우는 아주 간단한 표현을 사용하지 본문의 경우처럼 길고 장황한 표현을 사용하지 않는다. 상징적인 내용을 그런 식으로 길게 표현하는 것은 통례가 아닌 것이다. 그리고 이 본문과 49장만을 읽어보아도 그 내용이 실제로 이방인들을 회심시킬 인물에 관한 내용임을 부인할 수가 없는 것이다."

이 해석을 지지하는 자들 가운데 어떤 사람들은 이런 난제를 인지하고서 본문의 내용은, 저급하며 불완전한 의미에서는 이사야를 가리키며, 더 고상하고도 완전한 의미에서는 메시야를 가리킨다고 주장한다. 그러나 그런 가설도 결코 어려움을 줄여주는 것이 아니라 불필요한 문제를 더 일으킬 뿐이므로 전혀 받아들일 수가 없다.

393. (4) 로젠뮐러(물론 후에 입장을 바꾸었지만)나 데 베테의 예를 따라서, 게제니우스는 여기서나 병행 구절들에서나 예언의 주제는 선지자들 집단 전체라고 주장한다. 그러나 53장의 해석에서 드러나겠지만, 그런 선지자 집단(collectivum of the prophets)이란 몇몇 비평가들의 상상 속에서나 존재하는 것이다. 이에 대해서는 앞에서 언급한 사항을 상기시키는 것만으로 족하다. 선지자 집단은 이 예언의 주제가 될 수 없다. 왜냐하면 여기서나 병행 구절들에서 '여호와의 종'은 언제나 단수형과 함께 사용되었고, 복수형과 연결되는 일이 없기 때문이다. 이 가설은 또한 이스라엘 백성과 새 언약을 세우는 일이나 이방인들을 회심시키는 일은 한번도 선지자의 직무로 거론된 일이 없으며, 언제나 오직 메시야의 임무로 나타난다는 선지자들의 기록 전

체의 사상과도 전혀 어울리지 않는 것이다.

394. (5) 위에서 언급한 모든 가설의 지지자들의 숫자보다도 훨씬 많은 수의 해석자들이 이 예언을 메시야에 관한 것으로 본다. 성경 해석의 전통을 성실하게 보존해주는 고대의 칼데니우스 의역본도 이를 지지하며, 후기 유대인 해석자들 가운데서는 킴치(Kimchi)와 아버바넬 등이 이를 지지하는데, 특히 아버바넬은 비메시야적 해석을 주장하는 자들에 대해서 말하기를, "이 해석자들은 모두가 눈이 멀었다"고 한다. 메시야적 해석이 그리스도의 시대에 유대인들 가운데(여기서 알렉산드리아 유대인들은 고려의 대상이 아니다. 왜냐하면 그들은 전통을 그렇게 중요시하지 않았기 때문이다) 주류를 이루었던 해석이었다는 점은 누가복음 2장 32절에서 잘 나타난다. 거기서 시몬은 본문 6절("이방의 빛이 되게 하리니")을 지칭하면서 메시야를 가리켜 '이방을 비추는 빛'이라고 부르는 것이다.

다음 구절들은 이보다 더 명확한 증거를 제시한다: 마태복음 3장 17절에서는 그리스도께서 세례를 받으실 때에 하늘에서 소리가 나서 이르기를, "이는 내 사랑하는 아들이요 내 기뻐하는 자라"라고 말씀하는데, 이는 본문 1절에서 취한 것으로서 그 당시 나타났던 그 분이 다름아닌 수 세기 전에 선지자들이 예고한 그 분이라는 사실을 지적해주고 있는 것이다; 마태복음 17장 5절에서는 그의 사역이 거의 끝나갈 무렵 사도들에게 믿음을 확증시켜주기 위해서, 그의 사역 초두에 하늘로부터 울려서 언약 백성들에게 그를 소개시켰던 말씀과 똑같은 말씀이 다시 하늘로부터 들려온다. 그리고 마지막으로 마태복음 12장 18절에서는 본문 1, 2, 3절이 글자 하나 틀리지 않은 상태로 인용되며, 그것이 메시야를 가리키는 것으로 나타나고 있는 것을 보게 된다. 이러한 권위있는 견해와 본문의 자연스런 의미에 의존해서 기독교 교회는 처음부터 이 예언을 그리스도를 지칭하는 것으로 인정해왔다. 그리고 심지어 르 클레르와 같이 가능한 한 메시야 해석을 제쳐두려고 노력한 학자도 이 본문의 해석에 있어서는 메시야 해석을 강력하게 주장하는 것이다.

메시야 해석을 반대하는 근거들은 사실 비중있는 것들이 거의 없다. 여기서 게제니우스의 주장들을 살펴보는 것이 좋을 것이다.

(1) "메시야는 제외해야 한다. 왜냐하면 본문의 주제는 그저 하나님의 영으로 충만한 이방인들의 교사만이 아니라 이스라엘의 구원자이기도 하기 때문이다."—그러나 이 반대 주장은 전적으로 7절에 대한 그릇된 문자적 이해에 기인하는 것이다. 게제니우스 자신은 7절 전반부의 '소경의 눈을 밝히며'라는 표현을 상징적으로 해석한다. 이에 대해서 그는, "그러므로 본문의 지적인 의미는 무식자들을 가르친다는 뜻이다"라고 말한다. 그러면서도 그는 후반부의 표현에 대해서는 아무런 근거도 제시하지 않은 채 문자적으로 해석할 것을 고집하면서, 그것이 포로상태에 있는 백성들을 구원한다는 뜻이지 인류를 죄와 잘못에서 구속한다는 뜻이 아니라고 주장하는 것이다. 상징적 해석이 올바르다는 것은 '흑암에 처한 자를 간에서 나오게 하리라'나 '갇힌 자를 어두운 옥에서 이끌어 내며'의 표현이 앞 절의 '이방의 빛이 되게 하리니'와 명백히 상응한다는 사실에서 잘 볼 수 있다. 후자의 구절의 빛이 영적인 의미의 빛이라면, 그 빛이 비치게 될 흑암이나 감옥도 마찬가지로 영적인 실체를 가리킬 것이다.

(2) "더 나아가서 이 '여호와의 종'은 미래의 인물로 예언되는 것이 아니라 이미 실재하는 인물로 언급되고 있다는 점을 주목해야 할 것이다."—이는 선지자의 환상의 본질에 대한 무지에서 나오는 것인데, 서론에서 살펴본 바와 같이 선지자의 환상에서는 모든 것이 현재로 나타나는 것이다. '보라'라는 동사는 눈으로 보는 것을 뜻하는 것이 아니라 환상 가운데서 내적으로 보는 것을 뜻한다. 선지자가 시간에 대해서도 지각하지 못한다는 사실은 과거와 미래 시제가 뒤섞여 나타나는 점에서도 드러난다. 선지자가 만일 이미 실재하는 인물에 대해 말씀했다면, 미래 시제를 사용하는 일은 없었을 것이다.

395. 메시야는 그 자신의 품성 속에 더 고상하며, 완전한 의미에서 선지자직과 제사장직과 왕직의 세 가지 직분을 함께 지닐 것이다. 선지자의 예언들을 선지자가 주로 바라보았던 그 직분에 따라서 분류한다면, 현재의 이 예언은 메시야가 주로 신적 선지자로 나타나는 예언에 속하게 될 것이다.

396. 1절. 여호와께서 말씀하신다: 그는 그의 아들을 지적하며 그를 세상의 구원을 위하여 지명된 구속자로 제시한다. "내가 붙드는 나의 종, 내 마음에 기뻐하는 나의 택한 사람을 보라. 내가 나의 신을 그에게 주었은즉 그가 이방에 공의를 베풀리라." '여호와의 종'이란 여기서 비하의 상태에 있는 메시야를 지칭하는 이름이다. 마태는 그 대신 '내 아들'이라고 하는데, 만일 하나님의 아들이란 칭호가 구약적인 의미를 취하여 복종과 보호의 뜻을 내포한다면 이 역시 여호와의 종과 동일한 의미를 지니는 것이다. 그러므로, 신정국가의 사사나 왕들이 하나님의 종들로 뿐 아니라 하나님의 아들들로도 불리워지는 것이다.

'내가 나의 신을 그에게 주었은즉'이란 말은 그 다음의 '그가 이방에 공의를 베풀리라'를 조건으로 한다. 메시야는 그의 사명을 실행하기 위해서 어느 특정한 은사 하나를 받은 것이 아니라 하나님의 영의 충만을 다 받은 것이다. 이에 대한 병행 구절은 11장 2절에서 볼 수 있는데 거기서는 메시야에 대해서 "여호와의 신 … 이 그 위에 강림하시리니"라고 말씀하며, 또한 61장 1절에서는 메시야가 자신에 대해서 말씀하기를, "주 여호와의 신이 내게 임하셨으니"라고 한다(눅 4:18). 하나님께로부터 부여받은 직무를 시작하시기 전에, 그리스도께서는 세례 시에 성령을 받으셨으며(마 3:16), 그것도 제한된 정도로 받은 것이 아니라 충만한 상태로 받으셨다(요 3:34).

공의는 여기서 신앙(religion)을 의미한다. 이 의미는 그 낱말의 통상적인 용례에서 쉽사리 추출해낼 수가 있다. 그 낱말은 대개 권리, 계명, 율법 등을 뜻하나, 율법을 뜻하는 낱말들이 신앙 전체를 가리키는 뜻으로 사용되는 것이 통례다. 이는 신앙이 인생을 통제하는 규칙을 제시하기 때문이며, 또한 옛 언약 아래에서는 신앙이 율법 가운데서 존속했기 때문이다. 병행 구절인 51장 4절에서도 이 낱말은 이와 동일한 뜻으로 사용된다: "이는 율법이 내게서부터 발할 것임이라 내가 내 공의를(즉, 내 신앙을) 만민의 빛으로 세우리라."

397. 2절. "그는 외치지 아니하며 목소리를 높이지 아니하며 그 소리로 거리에 들리게 아니하며." 이 절에서는 메시야의 조용하며 온유하며 겸손한

성격이 묘사되는데, 이는 백성들 사이에 소란을 일으켜 자기의 파당을 만들려고 애쓰는 위선적이며 허세 부리는 교사들의 성격과는 전혀 다른 것이다. 마태는 그리스도께서 외적인 치장과 경쟁을 피하신 경위를 말씀한 다음 이 구절을 이런 의미로 소개하고 있다. 이런 성향은 그리스도께서 세례를 받으실 때에 보내진 비둘기를 통해서도 상징적으로 묘사된다.

398. 3절. "상한 갈대를 꺽지 아니하며 꺼져가는 등불을 끄지 아니하고 진리로 공의를 베풀 것이며." 이 절의 의미는 다음과 같다: 그는 과격한 수단으로 참된 신앙을 전파하려 하지 않으실 것이다. 그런 수단은 그 백성에게 영양분을 주어 복되게 자라게 하기보다는 희미하게나마 존재하는 선한 씨앗을 짓밟기에 더 어울리는 것이다. 오히려 그는 온유함과 부드러움, 길이 참으시는 관용으로 그들에게 신앙을 전하시고, 스스로를 강퍅케 하지 않는 모든 자들을 구원에로 인도하시려 하실 것이다.

'꺼져가는 등불'과 '상한 갈대'는 두 가지를 뜻하는 것 같다. 여러 해석자들에 의하면, 이 표현들은 선한 면이 그저 희미하게 남아 있는 사람들을 지칭하는데, 그들은 아주 거칠게 다루어져서 완전히 소외되어버린 상태에 있으나, 결국 그들의 현 상태에 맞추어진 온유함으로 구원을 받게 될 것이라고 한다. 그렇게 보면, 상한 갈대를 꺾는다는 것은 이미 부패한 상태에 있는 자들을 완전히 강퍅하게 만드는 것과 같은 것이다.

다른 해석에 따르면, 상한 갈대와 꺼져가는 등불은 외적인 환난을 통해서 비천해진 상태에서 자신들의 죄를 깨닫게 되고 스스로 비천과 어찌할 수 없는 파산의 상태에 있음을 느끼는 사람들을 의미한다. 상한 갈대를 꺾는다는 것은 불행한 자들을 더욱 불행하게 만드는 것과 같은 뜻을 지닌다. 이 해석에 따르면, 메시야는 죄짐을 지고 상한 마음으로 그에게 나아오는 자들을 가혹하게 대하여 그들을 실망시키는 일이 없으실 것이며 오히려 사랑과 온유함과 오래 참으심으로 그들을 격려하실 것이라고 한다. 이 가운데 후자의 해석이 병행 구절들의 지지를 받는다. 61장 1절에서는 그가 '마음이 상한 자를 고치'리라고 하며, 50장 4절에서는 '곤핍한 자를 말로 어떻게 도와줄 줄을 알게 하시며'라고 한다.

이에 대해서 팜(Palm)은 여기 사용된 표현들의 실례를 들기 위해서 열왕기상 19장과 비교한다. 그는 말하기를, 옛 선지자들은 어떤 때에는 광풍과도 같으나 어떤 때에는 상한 갈대를 꺾지 않으며 꺼져가는 등불을 끄지 않는 아주 부드러운 미풍과도 같다고 한다. 본문의 탁월한 여호와의 종은 바로 이 후자의 부류에 속하는 것이다.

이 절의 마지막 낱말은 여러 가지로 해석된다. 여러 해석자들은 '진리 안에서 신앙을 차근차근 가르칠 것이며'로 번역한다. 즉, 성실하게 신앙을 가르칠 것이라는 뜻으로 보는 것이다. 그리하여 르 클레르 같은 학자는 여기서 이전의 종교적 제도와 대비시키고 있는 것으로 본다. 즉, 과거의 종교적 제도는 그 자체가 완전한 것이 아니었고, 아직도 감각에 의해 좌우되는 인류의 필요에 따라서 변용되어, 그런 인간적인 부가물로 인해서 그 모습이 여러 면에서 바뀌어버린 상태에 있는데, 그것과 메시야로 말미암은 참된 신앙을 여기서 대비시키고 있다는 것이다.

그러나 칼빈 등은 오히려 이 후반부가 이 절의 전반부와 대조를 이루고 있다고 보아서 '그는 온유하고 오래 참을 것이지만 진리에 대해서는 아무 것도 굴복하지 않을 것이다'라는 뜻으로 해석한다. 게제니우스는 '그는 온유함으로 공의를 선포할 것이다'의 뜻으로 본다. 이는 '그가 진리에 합당하게 신앙을 전할 것이다'로 번역하는 것이 가장 자연스러울 것이다. 즉, '그는 신앙이 이 땅에 참되게 확고하게 세워지도록 할 것이다'라는 의미이다. 그리하여 마태는 이 절을 '참된 신앙을 이길 때까지 시행하리라'(12:20, 한글 개역 성경은 '심판하여 이길 때까지 하리니'로 번역하고 있다—역자주)로 독자적으로 번역하고 있다. 그는 ' … 때까지'를 덧붙임으로써 이 절의 전반부와 후반부가 서로 연결되는 것임을 시사하고 있다. 그의 부드럽고 온유한 성품으로 메시야는 진리를 위하여 승리를 얻을 것이다.

399. 4절. "그는 쇠하지 아니하며 낙담하지 아니하고 세상에 공의를 세우기에 이르리니 섬들이 그 교훈을 앙망하리라." 이는 다음과 같은 뜻이다: 그는 강렬한 열심과 지혜로운 분별력으로 그의 왕국의 확장을 위해 노력할 것이며 이 땅에 참된 신앙을 정립시키는 그의 목표가 성취될 때까지 쉬지 않

을 것이다. 마지막 어구의 뜻은 곧, 멀리 있는 땅들이 그의 교훈을 열심히 받아들이며 믿고 거기에 그들의 소망을 둘 것이라는 것이다. 이는 메시야가 전할 가르침이 팔레스타인이라는 좁은 구역 내에 한정되지 않고 이방 세계 전체에 전해지며 열렬히 받아들여질 것임을 선포하는 것이다. 마태는 이를 '또한 이방들이 그 이름을 바라리라'로 번역했다. 70인역도 이렇게 번역하는데, 마태는 아마도 70인역을 따랐을 것이다. 그러나 마태와 70인역이 본문을 달리 읽었다는 식으로 생각할 필요는 없다. 그의 이름은 바로 그와 같은 의미이기 때문이다. 참된 의미에서 메시야의 교훈에 소망을 두는 사람은 누구든지 그에게 소망을 두는 것이다.

400. 5절. 여기서 여호와의 새로운 말씀이 시작된다. 앞에서는 메시야를 지적하여 3인칭을 써서 그에 대해 말씀하였다. 그러나 5절부터 8절까지는 메시야 자신에게 말씀하며 그의 최종 목적지를 그에게 선언하시는 것이다. "하늘을 창조하여 펴시고 땅과 그 소산을 베푸시며 땅 위의 백성에게 호흡을 주시며 땅에 행하는 자에게 신을 주시는 하나님 여호와께서 이같이 말씀하시되." 히브리인에게는 보존(preservation)이 바로 계속적인 창조이다. 여호와께서는 날마다 하늘을 새롭게 펴시는 것이다.

401. 6절. "나 여호와가 의로 너를 불렀은즉 내가 네 손을 잡아 너를 보호하며 너를 세워 백성의 언약과 이방의 빛이 되게 하리니." 의로, 즉 나의 의와 순전함과 진실이 그것을 요구하기 때문에. 메시야를 보내는 일은 순전히 하나님의 긍휼하심에서 비롯된 것이다. 그러나 일단 하나님께서 긍휼로 그 약속을 하신 다음에는 그가 그 약속을 이루실 것을 그의 의가 요구하는 것이다. 그러므로 하나님의 의가 약속을 지키시는 그의 신실하심을 뜻하는 경우가 많은 것이다. 하나님의 종은 (1) 옛 언약 백성과 새 언약을 세울 것이며, (2) 지금까지 참되신 하나님과의 교제에서 제외되었던 이방인들을 일깨울 것이다. '너를 세워 백성의 언약 … 이 되게 하리니'라는 표현은 매우 간결한 것이다. 메시야가 '백성의 언약'으로 불리고 있는데, 이는 그가 세울 새 언약을 염두에 둔 표현이다. 왜냐하면 그 언약은 그를 통하여 비준되며

오직 그에게만 의존하는 것이기 때문이다. 언약 백성과 세울 이 새 언약의 본질에 대해서는 예레미야 31장 31절 이하에서 볼 수 있을 것이다. 메시야가 세울 새 언약은 모세가 세운 옛 언약처럼 긍휼과 영의 언약이 될 것이며, 에스겔이 미리 본 바와 같이 하나님께서는 그 언약을 근거로 그의 율법을 신자들의 마음에 기록하시며 그들에게 돌같이 굳은 마음 대신 육체의 마음을 주실 것이다. 언약이 하나님의 종에게 의존하기 때문에 그가 여기서 '백성의 언약'으로 불리듯이, 바로 그 다음에서 그는 '이방의 빛'이라 불리는데 이는 그를 통해서 이방인들이 일깨움을 얻을 것이기 때문이다.

로젠뮐러에 따르면, '내가 너를 이방 백성의 언약으로 주노라'는 '내가 너를 통하여 이방 백성과 너를, 그리고 이방 백성들끼리 하나가 되게 하리라'와 동일한 의미이다. 그러나 반대로 슈토이델에 따르면 다음과 같은 의미가 옳다: '내가 과거에 이방 백성들과 세웠던 언약의 조건들을 너를 통하여 이루노라.' 그렇다면 이 언약은 땅의 모든 민족이 그들 통하여 복을 받으리라는 아브라함에게 하신 약속을 지칭하는 것이 된다. 이런 해석은 선지자들의 교훈과 정면으로 배치되는 것이다.

하나님의 종을 이방의 빛으로 부르는 것은 단순히 그의 교훈만을 염두에 두어서 그렇게 한 것은 아니다. 죄와 잘못과 미신에 빠져 있는 이방 세계의 상태를 캄캄한 흑암으로 상징적으로 표현하듯이, 교훈과 그의 영으로 각성과 성화를 위한 효력있는 수단을 제공하는 메시야를 가리켜 그 흑암을 제거하는 큰 빛으로, 의의 태양으로 묘사하는 것이다.

402. 7절. "네가 소경의 눈을 밝히며 갇힌 자를 옥에서 이끌어 내며 흑암에 처한 자를 간(間)에서 나오게 하리라." 여기 하나님의 종의 사명으로 주어진 것은 유대인뿐 아니라 이방인에게도 적용된다. 눈을 뜬다는 것은 본다는 뜻이며, 어떤 사람의 눈을 뜨게 한다는 것은 그로 하여금 보게 한다는 뜻이다. 그러나 메시야가 영적 눈먼 상태를 제거한다는 것은 그가 그저 순결한 신앙의 체계를 제시하고 그치는 것이 아니라 내적 조명을 해주는 것을 뜻하는데, 내적 조명은 성경에서 언제나 성화와 연결된 것으로 나타나며 사실상 성화의 본질적인 한 부분을 이루는 것이다. 이처럼 지식과 의지가 그 타

락과 회복과 관련해서 내적으로 연결된다는 것이 성경 전체를 관통하는 사상인 것이다.

403. 8절. 여호와께서는 이제 메시야에게서 백성에게로 시선을 돌려서 그 예언의 대상을 제시하신다. "나는 여호와니 이는 내 이름이라. 나는 내 영광을 다른 자에게, 내 찬송을 우상에게 주지 아니하리라." 이 말씀의 뜻은, '나는 유일한 참된 하나님이니 내가 받을 영광을 다른 이에게 돌리도록 허락지 않을 자라. 그렇기 때문에 내가 이 예언을 주었노라'이다. 여호와란 이름은 하나님의 스스로 존재하시며 특히 그의 약속에 대해서 변치 아니하시는 면을 강조해준다. 또한 참되신 하나님이란 관념이 이 이름에 내포되어 있으므로 이 이름은 하나님을 우상과 대조적으로 드러낼 때에 자주 사용된다.

404. 9절. "보라 전에 예언한 일이 이미 이루었느니라. 이제 내가 새 일을 고하노라. 그 일이 시작되기 전이라도 너희에게 이르노라." 전에 예언한 일이란 다른 선지자들이나 이사야 자신의 과거의 예언들로서 이미 성취된 것을 뜻한다. 하나님이 그 과거의 일들에 호소하시는 것은 여러 해 동안 이루어지지 않을 그 예언의 진실성에 대한 믿음을 일깨우기 위함이다. 그렇다면 새 일이란 여기서 선언된 그 큰 구원, 즉 바벨론 포로로부터의 구원을 통해 예표되며 여호와의 종을 통해서 이루어질 그 구원을 구체적으로 지칭하는 것으로 이해하여야 한다. '그 일이 시작되기 전'이란 말은 선포된 그 사건들의 씨앗이 현재에는 아직 존재하지 않고 있음을 보여준다. 그러므로 그 일은 인간의 영민함이나 계산으로는 도저히 예언할 수가 없는 것이다.

8. 이사야 49:1-9

405. 앞에서 선지자는 바벨론 포로들의 구원을 성취시킬 고레스에 대해서 분명히 묘사하면서 심지어 그 이름까지 명시했는데, 여기서는 둘째 구원을 성취하실 메시야를 소개하면서 그가 자신의 직위와 사명에 대해서 선언하시는 것으로 묘사하고 있다. 선지자는 42장과 50장의 병행 구절들에서와 같이 이 예언에서도 메시야의 선지자직에 대해 특별히 주목한다. 여기서 화자인 메시야는 1절과 3절 사이에서 언약 백성만이 아니라 예언과 관련이 있는 이 땅의 모든 민족들을 불러 모으고 선언하기를, 자신은 주제넘게 선지자 직책을 차지한 것이 아니라 여호와로 말미암아 엄숙히 선택받아 그 직책을 받도록 부르심을 받았으며 또한 여호와로 말미암아 그에 합당한 자질을 부여받았고, 오랫동안 여호와와 함께 감추어진 상태로 있다가 결국 그의 사명을 시행하도록 보내심을 받았으며, 그와 함께 여호와께서 그를 자신의 종이요 사신으로 인정하셔서 그 안에서 자신을 영화롭게 하시며 그를 버리지 않으실 것이라는 약속을 받았다고 한다.

그러나 처음에는 그 결과가 이 약속과 들어맞지 않는 것처럼 보인다. 마치 하나님의 종이 행한 모든 일이 허사가 되고 만 것 같아 보이지만, 그 때문에 여호와를 향한 그의 신뢰는 약화되지 않는다(4절). 이러한 신뢰의 근거가 얼마나 확실한지는 여호와께서 언약 백성들의 불신앙에 대한 일종의 면책으로서 그에게 더 크고 높은 목적을 부여하시는 데서 잘 드러난다. 곧, 그 종에게 모든 이방 민족들을 일깨우고 복주는 사명을 주시며, 가장 깊은 수치의 자리에서 최고의 영광의 위치로 높이셔서 그를 새 언약의 중보자로 만드시는 것이다.

406. 우리는 이 부분의 메시야적 해석을 지지하면서 다음과 같은 사항을 언급하고자 한다: (1) 메시야에 관한 것으로 보면 예언과 그 성취가 정확하게 일치한다. 여기서 더 증거가 필요없다. 왜냐하면 내용의 묘사에서 이미 분명히 드러나기 때문이다. (2) 앞에서 언급한 병행 구절들과 비교해보면 이 예언의 주제가 메시야밖에 없음이 분명해진다. (3) 신약의 권위가 이를 지지한다. 사도행전 13장 47절에서, 바울과 바나바는 이 구절을 그리스도와 연관지어 해석하고 있다. 그들은 유대인들의 거부로 말미암아 구원이 이방인에게로 퍼져가며 그리스도께서 그들의 구원자가 되셨다고 말씀한다. 고린도후서 6장 2절에서는 8절을 인용하면서 그것을 메시야의 때를 지칭하는 것으로 본다. 또한 누가복음 2장 30절 이하에서도 이 구절을 암시하는 점이 드러나고 있다.

407. 그러나 메시야 해석을 주장하는 자들 가운데서도 견해의 차이가 나타난다. 대다수는 메시야를 이 구절 전체의 유일한 주제로 본다. 그러나 어떤 이들은 전체 부분이나 혹은 7절 이후에서 교회에 대한 내용이 동시에 나타난다고 주장하기도 하며, 1절부터 7절까지를 나머지 부분과 완전히 분리시키고서 8절 이하를 이스라엘 백성에 관한 내용으로 보기도 한다. 첫째 견해는 특히 칼빈이 취하는 견해이며, 비트링가는 둘째 견해를 취한다. 이 두 사람 모두 고린도후서 6장에 호소한다. 여기서 메시야에 대해 말씀한 것이 교회와 그 구성원에 대해서도 적용될 수 있는 것은 사실이다. 교회의 머리이신 그리스도의 역사는 교회의 구성원들의 역사에도 반복되며 그들 역시 경멸과 비천과 책망을 통해서 영광에 들어가기 때문이다. 그러나 그렇다고 해서 선지자가 여기서 그처럼 교회나 이스라엘 백성을 동시에 말씀하려는 의도를 갖고 있었다고 볼만한 근거가 충분히 나타나는 것은 아니다. 그가 만약 그런 의도를 가지고 있었다면 그런 내용이 이 부분 전체에서 계속 나타났을 것이며 또한 8절의 '내가 … 너로 백성의 언약을 삼으며' 등과 같은 표현들은 나타날 수 없었을 것이다.

해석자들은 모두가 그런 표현이 메시야에게만 해당되는 것임을 인정하고 있는 것이다. 고린도후서 6장 2절도 이 가설을 지지해주는 데 결정적 증거가 될 수는 없다. 왜냐하면 거기의 '너'를 반드시 교회를 지칭하는 것으로 볼 필요는 없기 때문이다. 바울은 고린도 교인들에게 그들에게 베풀어진 은혜를 참된 열심으로 받아들이라고 권면하고 있다. 그는 그들에게 하나님이 선지자 이사야를 통해서 미리 예언하셨던 그 때가, 곧 하나님이 메시야를 들으시고 후원하사 그의 고난이 끝난 후 그들 높이사 영광을 얻게 하시고 또한 그를 통하여 그의 왕국을 세우기 시작하신 그 때가, 이제 이르렀음을 상기시킨다. 그리하여 그는 이 때를 그냥 지나치지 말라고 교훈한다. 여기 나타나는 대명사들은 이사야서의 접미어와 마찬가지로 메시야를 가리키는 것이다.

408. 1절. "섬들아 나를 들으라. 원방 백성들아 귀를 기울이라. 여호와께서 내게 태에서 나옴으로부터 나를 부르셨고 내가 어미 복중에서 나옴으로부터 내 이름을 말씀하셨으며." 여기서 선지자는 이미 육체의 모습으로 나타나서 유대인의 불신앙과 완고함의 여러 증거들을 이미 경험한 메시야를 상정하고 있다. 언약 백성에게서 경험한 큰 경멸과 불신앙이 이미 일어난 것으로 묘사되며, 그와 반대로 이방인들을 일깨우는 일과 열방의 왕들이 그를 경외할 일은 아직 미래의 상태에 있는 것으로 묘사된다. 이와 비슷하게 53장에서는 메시야의 고난을 과거로 묘사하는 반면에 그의 승귀를 미래의 일로 묘사한다.

메시야가 이방 민족에게 말씀하시는 이유는 6절에 나타난다. 그를 통해서 그들이 구원을 얻을 것이다. "여호와께서 내가 태에서 나옴으로부터 나를 부르셨고"라는 말씀에서는 여호와께서 부르신 특정한 시기가 아니라 그의 부르심 자체에 강조점이 있다. 화자는 그가 주제넘게 그의 직임을 취한 것이 아니며 하나님께로부터 그 직임을 위해 부르심을 받았다는 사실에 큰 중요성을 부여한다. 메시야는 이방인들로 하여금 자신이 선언하고자 하는 바를 더욱 분명히 깨닫게 하기 위해서 여기서 하나님이 자신을 지명하셨으며 하나님이 그에게 은사를 주셨고 또한 그를 보호하시기로 약속하셨음을 말씀하고 있다.

'태에서 나옴으로부터,' 즉 내가 아직 어머니의 자궁 속에 있을 때에, 출생하기도 전에. 예레미야 1장 5절이 이것과 병행을 이루는데, 거기서는 여호와께서 말씀하시기를 예레미야를 복중에 짓기 전에 그를 알았고 그가 태에서 나오기 전에 그를 구별하여 열방의 선지자로 세웠노라고 하신다. 또한 갈라디아서 1장 15절도 이 구절과 병행을 이룬다: "하나님이 내 어머니의 태로부터 나를 택정하시고 은혜로 나를 부르셨다." 여기서도 어머니의 태로부터 부르심을 받았다는 사실이 하나님으로부터 부여받지 않은 직임을 스스로 탈취한 것과 반대되는 것으로 나타나고 있는 것이다.

몇몇 해석자들은 "내가 어미 복중에서 나옴으로부터 내 이름을 말씀하셨으며"라는 마지막 어구를 문자적으로 이해한다. 곧, 마리아가 메시야의 탄생 전에 복중에 잉태하고 있을 때에 천사로부터 그를 예수, 곧 구세주로 부르라는 명을 받았고 요셉도 꿈에서 같은 명령을 받은 사실을 예언한 것이라고 보는 것이다. 그러나 다른 사람들은 여기의 '내 이름을 말씀하셨으며'는 '부르셨다'와 동의어로 본다. 이들은 출애굽기 31장 2절을 근거로 제시한다. 거기서는 여호와께서 브사렐을 지명하여(그 이름을 말씀하여) 부르셨음을 말씀하는데, 이것은 곧 택하셨다는 의미라는 것이다. 이 두 가지 설명은 다음과 같이 생각하면 쉽게 하나로 합칠 수가 있다. 곧, 여기의 표현은 일반적인 사실을 뜻하는 것이고, 선지자 당시의 사람들도 그렇게 받아들였을 것인데, 그것이 하나님의 섭리의 특별한 인도하심으로 문자적으로 성취되었다고 보는 것이다.

409. 2절. "내 입을 날카로운 칼 같이 만드시고 나를 그 손 그늘에 숨기시며 나로 마광한 살을 만드사 그 전통에 감추시고." 여기서 '입'은 말을 뜻하며, '칼'이란 능력 있고 폐부를 찌르는 말씀을 뜻한다. 날카로운 칼이 몸을 찌르듯 그 말씀이 영혼을 찔러 쪼개기 때문이다. 이는 전도서 12장 11절에서도 잘 드러난다: "지혜자의 말씀은 찌르는 채찍 같고 회중의 스승의 말씀은 잘 박힌 못 같으니." 히브리서 4장 12절에서는 다음과 같이 말씀한다: "하나님의 말씀은 살았고 운동력이 있어 좌우에 날 선 어떤 검보다도 예리하여 혼과 영과 및 관절과 골수를 찔러 쪼개기까지 하며 또 마음의 생각과 뜻을 감찰하나니." 계시록 1장 16절에서는 그리스도의 성격을 그의 입에서 좌우에 날선 검이 나오는 것으로 묘사하는데 이는 아마도 이 본문의 구절을 염

두에 둔 표현이라고 생각된다. 메시야가 자신을 마광한 살로 묘사하는 것도 동일한 의미이다. 화살이 겉사람의 심장을 찌르듯이 그는 속사람의 마음을 찌르실 것이다. 그 앞에서는 어느 대적도 설 수 없다. 겉사람이 죽임을 당하여 속사람이 살게 되거나 아니면 영원히 죽게 되거나 둘 중의 하나밖에는 없는 것이다.

칼과 화살이라는 이미지가 서로 상응하듯이, 다른 두 가지 이미지도 서로 상응하는 뜻을 지닌다. 그러므로 우리는 그로티우스, 게제니우스 등의 여러 해석자들처럼 '그가 나를 … 그 전통에 감추시고'라는 말씀을 여호와께서 메시야를 보호하시는 것을 뜻하는 것으로 볼 수는 없다. 르 클레르나 비트링가가 잘 보여주었듯이 '나를 … 그 전통에 감추시고'라는 표현은 그런 의미를 지닐 수가 없는 것이다. 화살을 전통에 넣어두는 것은 그것을 보호하기 위해서가 아니라 어느 때나 사용할 수 있도록 준비를 갖추어 놓기 위함인 것이다.

마찬가지로 비트링가가 지적했듯이 여기서 칼을 칼집에 넣어둔 상태가 아니라 마광한 것으로 묘사하는데, 마광한 칼은 보호받을 필요가 없다. 그것은 보호받을 대상이 아니라, 사람이 자신을 보호하기 위해 사용하는 무기인 것이다. 그러므로 이보다 훨씬 적절한 해석은 아벤에스라나 비트링가의 견해와 같이 하나님의 손 그늘은 여기서 마치 칼집처럼 칼을 덮고 숨기는 역할을 한다고 보는 것이라 하겠다. 여기서 칼이란 사람이 손에 숨기고 다니다가 공격을 받으면 즉시 꺼내어 사용하는 단검의 이미지에서 취한 것일 것이다. 그러므로 여기의 칼과 살이라는 두 이미지는 선지자 자신을 가리킨 것도 아니요, 이스라엘 백성을 가리킨 것도 아니다. 그러나 메시야적 해석을 취하면 모든 이미지가 다 적절하며 그 의미가 분명히 드러난다. 마치 칼을 칼집에 숨기고 화살을 전통 속에 넣어두는 것처럼 메시야께서는 이 세상에 나타나기 전에 하나님과 함께 숨겨진 상태에 있었다. 그러나 그처럼 숨겨진 상태로부터 밖으로 나온 후에는 그는 마치 양날을 잘 갈아놓은 칼처럼, 활에서 쏘아진 화살처럼 뭇 사람들의 마음을 찌른 것이다.

410. 3절. "내게 이르시되 너는 나의 종이요 내 영광을 나타낼 이스라

엘이라 하셨느니라.” 이 절은 메시야적 해석을 반대하는 자들에게는 큰 난제거리가 된다. 그 난제에서 빠져나오는 가장 좋은 길은 여기서 화자가 이스라엘 백성이라고 보는 것인데, 이 견해는 다른 곳의 진술과 엇갈리기 때문에 거의 모든 주석가들이 다 반대하고 있다. 그러나 메시야적 해석을 적용하면 본문을 억지로 끼워 맞추지 않아도 이 난제가 말끔히 해결된다. 메시야적 해석에 있어서는 상징적인 표현들을 옛 언약에 속한 일들과 사람들에게서 빌려와서 새 언약에 속한 자들을 묘사하는 것은 물론 새 언약에 속한 자들을 그것을 예표해주는 옛 언약에 속한 인물의 이름을 써서 부르기도 한다는 사실은 이미 서론 부분에서 지적한 바 있다.

새로운 신정국가의 원수들이 에돔, 모압, 앗수르 등의 이름을 취하며, 세례 요한이 엘리야의 이름으로 나타나기도 하며, 메시야 자신은 다윗의 이름으로 자주 불리며 이사야는 그에게 솔로몬의 칭호라 할 수 있는 평강의 왕이란 이름을 붙였다. 이와 비슷하게 현재의 본문에서는 그를 이스라엘이라고 부르고 있다. 그러나 과연 메시야가 이스라엘과 어떤 점이 닮아서 여기서 그 이름을 붙이는가 하는 의문이 일어날 것이다. 메시야적 해석을 주장하는 자들은 대부분 이 구절이 창세기 32장 28절을 가리키는 것으로 본다. 거기에 따르면 이스라엘이라는 이름은 ‘하나님과 싸운다’ 라는 뜻으로서 야곱이 여호와와 씨름한 다음 그에게 붙인 것이다.

그리스도는 과연 가장 고상한 의미에서 이 이름을 받을 만하다. 왜냐하면 그는 대속적인 삶과 고난을 통해서 하나님과 힘차게 씨름하여 이겼기 때문이다. 선지자가 구약 시대에 속하지 않는 그 구속의 역사에 대한 지식을 가질 수 없었으므로 이는 받아들일 수 없다는 반론이 있으나, 그런 반론은 성립하지 않는다. 선지자는 53장에서 그 구속 사역을 마치 역사를 보듯 명확하게 묘사하고 있기 때문이다. 그러나, 메시야와 이스라엘의 상호 유사점을 이것 말고 다른 데서 찾는다면, 그것이 더 정확할 것이다. 메시야가 영적 신정국가의 머리이므로 지상적 신정국가의 머리인 다윗이라는 이름으로 불린 것처럼, 여기서 그가 이스라엘이라는 이름을 취하는 주된 이유는 이스라엘이 유다 민족의 아버지였듯이 그가 영적 하나님의 백성의 아버지가 될 것이기 때문인 듯하다. 그 이외의 유사점, 즉 경건함과 하나님을 향한 헌신, 고난을 통해 영광을 얻은 사실 등도 생각할 수 있을 것이다.

메시야가 이스라엘로 불리는 것이 그가 그 온 백성을 대표했기 때문이라거나, 그가 그들의 왕이기 때문이라거나, 땅의 모든 족속으로 하여금 복을 얻게 하는 이스라엘에게 약속된 씨이기 때문이라고 보기도 하지만, 이런 것들은 사실과 상당히 동떨어진 견해들이다.

411. 4절. "그러나 나는 말하기를 내가 헛되이 수고하였으며 무익히 공연히 내 힘을 다하였다 하였도다. 정녕히 나의 신원이 여호와께 있고 나의 보응이 나의 하나님께 있느니라." 앞부분에서는 메시야가 자신의 위엄과 신적 본성에 대해 말씀하였거니와, 여기서는 그의 목표가 이방인들의 빛과 그들의 구원이라는 사실을 알리기 위하여 길을 예비하고 있다. 그는 유다 사람들 가운데서 자신이 행한 초기의 노력이 거의 열매를 맺지 못하였음을 한탄하면서도 하나님의 의로우심을 신뢰함으로 스스로 위로를 삼는다. 곧, 하나님께로부터 부여받은 사명을 신실히 수행하면 결코 일이 어그러지지 않는다는 사실을 확신하는 것이다.

412. 5절. "나는 여호와의 보시기에 존귀한 자라. 나의 하나님이 나의 힘이 되셨도다. 다시 야곱을 자기에게로 돌아오게 하시며 이스라엘을 자기에게로 모이게 하시려고 나를 태에서 나옴으로부터 자기 종을 삼으신 여호와께서 말씀하시니라." 여호와 자신의 말씀은 6절에 가서야 비로소 연결된다. 이처럼 그의 말씀이 중간에 오랫동안 끊겼기 때문에 6절 초두에서 '그가 가라사대'라는 말로 연결시키고 있는 것이다. 거기의 여호와의 선언은 메시야를 이방인의 구세주로 지명하셨다는 내용이다. 이 절에서는 어째서 메시야에 대해 그런 선언을 하며 그에게 그런 사명을 부여하시는지 두 가지 이유를 제시하고 있다: (1) 그가 처음 보냄을 받은 대상인 유다 사람들이 회심하기를 거부했다는 것과, (2) 하나님의 종은 여호와의 사랑 가운데서 높이 계시며 또한 그의 보호하심을 전적으로 누리고 계시므로 하나님께서는 그의 사역에 대해 완전한 상급을 부어주신다는 것이 그것이다.

'여호와께서 말씀하시느니라'는 다음과 같은 의미를 담고 있다: '여호와께서 나의 역사에 상급을 주시지 않고 그냥 지나치는 일이 없으리라는 나의 이 소망은 결코 헛되지 않다. 그 소망은 하나님의 명확한 약속으로 추인되었으며, 그 약속에 근거해서 나는 믿지 않는 유다 백성들 대신 이방 사람들을 내가 소유물로 받았음을 확신한다.'

메시야가 처음 그가 이방인들을 회심시키리라는 약속을 받은 것이 그가 유다 백성들 가운데서 행한 그의 노력이 열매를 거두지 못한 다음인 것으로 나타난다. 왜냐하면 이 약속은 그후에 비로소 처음으로 실행되었기 때문이다. '나를 태에서 나옴으로부터 자기 종으로 삼으신'이란 곧, '내가 출생하기도 전에 나를 지명하사 그의 종으로 삼으시고 유다 백성들의 회심을 위한 도구로 삼으신'이란 뜻이다. '이스라엘이 자기에게로 모이지 않으므로'(이는 헹스텐베르크 자신의 번역으로 한글 개역과는 다르다. 아래를 참조하라—역자주)는 신실한 목자가 흩어진 양떼들을 자기에게 모이도록 하는 모습에서 취한 것이다.

여기서 대부분의 해석자들은 맛소라 본문을 따라서 다음과 같이 번역한다: '다시 야곱을 자기에게로 돌아오게 하시며 이스라엘을 자기에게로 모이게 하시려고(한글 개역도 이를 따른다—역자주).' 그러나 앞 절에서 메시야가 유다인들 가운데서 노력을 기울였으나 열매를 맺지 못했다고 말씀한 바 있으며, 또한 바로 그 때문에 다음 절에서 이방인들이 그의 소유물이 될 것으로 약속되는 것이다. 맛소라 본문이 이 절을 그렇게 읽은 것은 유대인들의 민족적인 교만 때문에 생긴 것으로 쉽게 해명할 수가 있다. 그들로서는 이스라엘의 대부분이 메시야를 거부하여 그를 내어쫓았다는 관념을 견디기가 어려웠던 것이다. 그리하여 그들은 모든 수단을 동원하여 그런 불쾌한 사실을 제거하려 한 것이다.

'나의 하나님이 나의 힘이 되셨도다'는 말씀은 '나는 여호와의 보시기에 존귀한 자니'와 동일한 의미이다. 이는 곧, 하나님은 나를 위대하고 존귀한 그의 종으로 만들지 않으실 수가 없다는 뜻이다. 어떤 이들은 다음과 같이 그릇 번역하기도 한다: '나의 하나님이 택함 받은 야곱을 회심시키기에 필요한 것보다도 더 큰 힘을 주셨으니,' 또는 '나의 하나님이 그의 이름을 영화롭게 하시기 위해 나를 사용하실 것이니.'

이 말씀은 다음과 같은 흐름으로 이해하여야 한다: 내가 먼저 보냄을 받은 이스라엘이 내게로 모이지 않을 것이지만 나는 여호와의 특별하신 보호와 높은 존귀를 누리고 있으므로 나의 합당한 상급이 사라지는 것이 아니다. 오히려 하나님은 내게 유대인뿐 아니라 이방인들에게도 구세주가 되는 영광을 주시는 것이다.

413. 6절. "그가 가라사대 네가 나의 종이 되어 야곱의 지파들을 일으키며 이스라엘 중에 보전된 자를 돌아오게 할 것은 오히려 경한 일이라. 내가 또 너를 이방의 빛을 삼아 나의 구원을 베풀어서 땅 끝까지 이르게 하리라." 즉, 택함 받은 이스라엘 백성들의 회심만으로는 너에게 줄 상급으로는 너무나도 작다. 네 목표는 그보다 훨씬 더 높은데 있다. 태양이 자연의 흑암을 사라지게 하듯이, 너도 영적 흑암의 상태, 즉 이방인의 죄와 잘못을 완전히 제거할 것이다. 이스라엘 중에 보전된 자란 하나님의 심판들 가운데서도 죽지 않고 하나님의 긍휼하심으로 살아 남은 자들을 뜻한다. 그러나 여기서는 특히 메시야에 의해서 회심하여 구원받았고 그리하여 반역한 자들에게 임한 심판들로부터 보전함을 받은 자들을 가리킨다. 게제니우스는 다른 메시야 예언에서와 같이 여기서도 마지막 부분에서 족장들에게 주신 약속에 대한 간접적인 암시가 나타나고 있다고 잘 지적해준다. 여호와께서는, 구원이 장차 이방 민족들에게로 확장될 것이라는 고대의 약속이 너를 통해서 성취될 것이라고 말씀하시는 것이다.

414. 7절. "이스라엘의 구속자, 이스라엘의 거룩한 자이신 여호와께서 사람에게 멸시를 당하는 자, 백성에게 미움을 받는 자, 관원들에게 종이 된 자에게 이같이 이르시되, 너를 보고 열왕이 일어서며 방백들이 경배하리니 이는 너를 택한 바 신실한 나 여호와 이스라엘의 거룩한 자를 인함이니라." 메시야는 하나님의 종으로서의 본성으로 볼 때에 이 세상의 모든 힘을 초월하신 분이며 또한 영광을 받으신 후에는 이 세상의 모든 권세자들이 그의 능력을 인정하게 될 것이지만, 여기서 자발적으로 자신을 인간의 힘에 굴복시킨다. 그리스도는 이 땅의 권세자들에게 자신을 굴복시키셨고 자신의 신적

능력을 스스로 사용하지 않으시는 것이다. '너를 보고'에서 목적어가 나타나지 않았다(한글 개역은 '너를'을 붙임으로써 '너'가 목적어인 것으로 보았다—역자주). 어떤 이들은 부적당하게 '그를'을 덧붙인다. 이 동사의 목적어는 6절에 나타나고 있다고 보아야 한다. 즉, 그들이 하나님의 약속(곧, 메시야가 이방인의 구세주가 되시리라는 것)의 성취를 볼 것이라는 것이다. 아니면 좀더 일반적인 뜻으로 보아서, 그들이 메시야가 이르게 될 그 영광스런 상태를 볼 것이라는 뜻으로 볼 수도 있을 것이다.

'일어서며'와 '경배하리니'는 겸손한 굴복의 표시이다. '나 여호와 이스라엘의 거룩한 자를 인함이니라'는 곧, '이 일은 그의 약속을 성취하시기에 신실하시며 따라서 그의 택하신 너에게 하신 약속도 이루실 바로 그 여호와께서 몸소 이루실 것이라'와 같은 의미이다.

415. 8절. "여호와께서 또 가라사대 은혜의 때에 내가 네게 응답하였고 구원의 날에 내가 너를 도왔도다. 내가 장차 너를 보호하여 너로 백성의 언약을 삼으며 나라를 일으켜 그들로 그 황무하였던 땅을 기업으로 상속케 하리라." 지금부터는 메시야로 말미암아 이루어질 구속과 구원에 대해 묘사하는데, 그와 동시에 선지자의 영적 눈에는 바벨론 포로에서 구원받을 일이 계속적으로 함께 나타나며, 그리하여 그는 거기서 취한 이미지로 영적 구원을 묘사한다. 선지자가 그의 황홀경의 상태가 중지되었을 때에 어느 정도나 그 두 가지 구원 사건을 서로 분간하고, 그리하여 그의 환상 가운데 제시된 이미지들의 참된 의미를 깨달았느냐 하는 문제는 우리의 능력으로 해결할 수 있는 것이 아니다. 여기서 그는 성령의 감동하심으로 메시야로 말미암은 구속의 역사가 완성된 그때로 자신을 옮겨간다. 이 시기에 와서는 여호와의 말씀이 이미 전달된 것으로 생각해야 한다.

백성의 언약, 곧 백성의 언약의 중보자에 대해서는 42장 6절에 대한 해설을 보라. 여기서 백성이란 혈연적인 이스라엘 백성이 될 수가 없다. 오히려 6, 7절에서 나타나듯이 이방인들이 함께 편입되어 세워질 신정정치의 기초를 구성하는 경건한 언약 백성들을 가리키는 것으로 이해하여야 한다. '나라를 일으켜 …'는 무너진 성읍들과 황폐한 땅을 재건하는 것에서 취한 것으로서 바벨론 포로 이후 유다 땅이 다시 개간되고 회복될 것을 가리키는 것이다. 포로에서 회복한 후 유다 사람들이 그들의 황폐해진 자연 유산을 다시 소유하여 개간했듯이 메시야도 새로워진 영적 유산을 다시 새롭게 할 것이요 그로 말미암아 영적 포로 상태에서 구원받게 될 자들에게 그런 영적 유산을 회복시켜 주실 것이다.

416. 9절. "내가 잡혀 있는 자에게 이르기를 나오라 하며 흑암에 있는 자에게 나타나라 하리라." 9절의 전반부만이 메시야라는 인물에 관한 말씀이다. 후반부에서부터는 좀더 일반적인 묘사가 나타난다. 전반부의 인물에 대해서는 42장 6절에 대한 해설을 참조하라.

9. 이사야 50:4-11

417. 여기서 다시 메시야가 말씀하는 것으로 소개된다. 그는 자신이 나온 것이 자신의 의지로써가 아님을 말씀하며, 여호와로부터 그의 구원의 교의를 받았으며 또한 그 교의를 전할 능력을 부여받았음을 선포한다(4절). 그는 여호와께서 그에게 맡기신 일을 기꺼이 시행했으며 그로 인한 고난과 부끄러움과 치욕을 모두 견디었다(5-6절). 이러한 불굴의 용기는 여호와를 확고히 신뢰하므로 나타난 것인데, 그는 여호와께서 그와 함께 계시고 그의 원수들을 물리치실 것임을 잘 알고 있었던 것이다(7-9절). 그 다음 그는 하나님을 경외하는 자들에게 말씀을 전하면서, 그들이 그가 겪었던 것처럼 캄캄한 고난의 길로 인도받아 갈 때에 오직 여호와만을 신뢰할 것을 권면한다(10절). 그러나 자기 자신을 의지하고 여호와와 그의 종을 신뢰하지 않는 불경건한 악한 자들에게는, 그들 자신의 악행으로 인해서 메시야 자신이 시행할 심판을 스스로 자초할 것임을 선포한다(11절).

418. 이 부분에 대한 메시야적 해석은 구세주 자신의 권위로 확증되고 있다(눅 18:31,32). 이 해석은 고대 기독교 교회에서 전체적으로 받아들여졌다. 이 예언을 저급한 의미에서는 이사야 자신을 지칭하는 것으로 보며 고상한 의미에서만 그리스도에게 적용되는 것으로 보는 그로티우스의 주장은 전반적인 반대를 면치 못했다. 심지어 르 클레르까지도 그의 해석을 거부했다. 메시야 해석은 미카엘리스가 끈질기게 주장했으며 최근의 해석자들 가운데는 꽘이 이를 지지했다.

419. 반면에 몇몇 학자들(되더라인, 다테, 코페 등)은 선지자 자신(즉,

이사야나 포로기에 살았던 어떤 다른 선지자)이 이 부분의 주제라고 주장한다. 제롬은 이 해석을 인용하면서 그것이 그의 시대에 유대인들 사이에 인정을 받는 해석이라고 한다. 로젠뮐러 역시 이를 취한다. 그러나 모든 병행 구절들은 유다 백성들에 관한 것으로 보면서 유독 이 부분만을 선지자 자신으로 보는 그의 견해는 일관성이 없다. 게제니우스 역시 다른 비슷한 구절들의 경우 선지자 집단 전체가 본문의 주제가 된다고 보는 자신의 가설을 배경으로 삼아서, 본문의 경우 선지자 자신이 유일한 주제라고 보는 것 같다. 그러나 동시에 그는 42, 49, 50, 53, 61장이 모두 동일한 한 가지 주제를 다루고 있다는 주장을 강하게 제시하기도 한다. 그러나 파울루스에 따르면, 여기서 화자(話者)는 선지자가 아니라 백성 가운데 경건한 부류의 사람들이라고 한다.

420. 그러나 이런 여러 가지 해석을 반박하고 메시야적 해석을 지지할 수 있는 근거가 다음과 같이 몇 가지가 있다: (1) 신약의 증거. 누가복음 18장 31,32절과 마태복음 26장 27절을 비교해보라. (2) 하나님의 종의 모든 특징들―그 종의 비천한 상태와 그의 승귀, 그의 원수들의 멸망 등에 관한 모든 내용이 예수 그리스도와 정확히 일치하며 가장 세부적인 내용들까지 속속들이 그의 역사에서 그대로 성취되는 것을 보게 된다. 그러나 이사야의 생애에서는 비슷한 것이 하나도 없다. 11절에서는 심지어 불신자에 대한 심판을 하나님의 종 자신이 내리는 것으로 말씀한다. (3) 앞에서 언급한 병행 구절들이 다른 모든 해석이 엄청난 어려움에 부딪히는 것을 잘 드러내준다.

421. 마지막으로, 이 부분의 메시야 예언은 42, 49장의 예언들과는 구별된다. 이 예언들은 다른 면에서는 서로 매우 유사하지만, 이 부분에서는 메시야의 고난과 인내를 주로 다루고 있는 반면에, 나머지 42, 49장의 예언들은 그의 고난 이후에 오는 영광된 상태와 이방인에게 그의 구원이 확대되는 사실을 주로 다루고 있는 점이 서로 다른 것이다. 그러나 53장에 가서는 이 여러 가지 특질들이 모두 한데 합쳐져 나타나서 메시야의 고난과 영광이 똑같이 명확하게 예언된다.

422. 4절. "주 여호와께서 학자의 혀를 내게 주사 나로 곤핍한 자를 말로 어떻게 도와줄 줄을 알게 하시고 아침마다 깨우치시되 나의 귀를 깨우치사 학자 같이 알아듣게 하시도다." 곤핍한 자란 고통과 죄로 말미암아 눌려 허덕이는 자들, 수고하고 무거운 짐진 자들(마 11:28)을 뜻하는데, 42장 3절에서는 이들을 상한 갈대와 꺼져가는 심지로 표현했다. 여기서는 수업을 시작하기 전 아침에 학생들을 불러 모으는 교사의 이미지를 취하여 메시야를 묘사하고 있다. 그리스도께서 종의 형체를 가진 다음 그는 언제나 성령의 영향을 받아 말씀하고 행동했다.

423. 5절. "주 여호와께서 나의 귀를 열으셨으므로 내가 거역지도 아니하며 뒤로 물러가지도 아니하며." '귀를 열으셨다'는 말은 명령을 주는데도 사용되고, 교훈을 주는 경우에도 사용되는데, 여기서는 전자에 해당한다. 메시야는 하나님께로부터 인류를 구속하는 일을 이루라는 아주 어려운 사명을 받는데, 그는 온갖 고난을 감수하고 기꺼이 그 사명을 수행한다. 후반부의 표현은 멍에를 멘 소가 뒷걸음치지 않고 잘 인도함을 받는 모습에서 취한 것이다.

424. 6절. "나를 때리는 자들에게 내 등을 맡기며 나의 수염을 뽑는 자들에게 나의 뺨을 맡기며 수욕과 침 뱉음을 피하려고 내 얼굴을 가리우지 아니하였느니라." 이 구절의 내용이 부분적으로 그리스도에게서 성취된 것은 사실이다. 그러나 모든 것을 구체적인 실례를 들어서 표현하는 히브리 시인들의 통례에 따르면 여기 나타나는 구체적인 내용들은 메시야가 가장 극심한 수치와 학대를 당하며 인내하며 견디리라는 의미를 표현한 것으로 볼 수 있다. 그러나 하나님께서 사건을 그렇게 이끌어가셨으므로 여기 묘사된 구체적인 내용들이 메시야의 역사에서 다시 일어나게 된 것이다. 이는 앞에서 이미 언급한 사실이지만 아직도 여러 번 반복해서 언급할 때가 있을 것이다. 수염을 뽑는 행위는 동방에서는 모욕 가운데서도 가장 극심한 모욕이다. 로마에서는 악행을 일삼는 소년들이 철학자들의 긴 수염을 쪽집게로 뽑는 일이 흔히 있어서 벨레레 바르밤(vellere barbam: '수염을 뽑는다')라는 말이 곧

'모욕을 주다'라는 뜻으로 통용되었던 것이다.

'수욕과 침 뱉음을 피하려고 내 얼굴을 가리우지 아니하였느니라.' 사람이 옆에 있을 때에 다른 곳에 침을 뱉는 행위는 동방에서는 모욕으로 여겼다. 그런데 하물며 사람의 얼굴에 침을 뱉는 행위야 얼마나 더 심한 모욕이겠는가? 그리스도께서는 이 구절이 자신을 가리키는 것이라고 말씀하고 있다(막 14:65; 15:19).

425. 7절. "주 여호와께서 나를 도우시므로 내가 부끄러워 아니하고 내 얼굴을 부싯돌 같이 굳게 하였은즉 내가 수치를 당치 아니할 줄 아노라." 이는 곧, '여호와께서 나를 이끌어 고난에서 영광으로 들어가게 하실 줄을 내가 알고 있으므로 나는 미래를 바라보면서 내게 가해지는 모든 고난을 의연하게 견디리라'는 뜻이다. 마음, 얼굴, 이마 등을 굳게 한다는 표현은 좋은 의미로도 쓰이고 나쁜 의미로도 쓰였다. 여기서는 좋은 의미로 쓰이는데 곧, 고난을 감내하고 의무를 시행하고자 하는 결연한 의지를 뜻한다.

426. 8절. "나를 의롭다 하시는 이가 가까이 계시니 나와 다툴 자가 누구뇨? 나와 함께 설지어다. 나의 대적이 누구뇨? 내게 가까이 나아올지어다." 하나님의 종이 하는 이 말씀은 그가 고난 당하며 하는 말씀으로 이해하여야 한다. 여기의 표현은 법적인 재판의 상황에서 취한 것이다. 하나님께서 몸소 그 종의 후견인으로 그의 심판자로 서서 그 종의 행위를 근거로 그를 의롭다 선언하시고 그의 원수들에게 유죄 판결을 내리실 것이다. 그러므로 그로서는 그 대적들을 두려워할 이유가 전혀 없으므로 이제 그는 원수들에게 도전하며 싸움을 거는 것이다.

427. 9절. "주 여호와께서 나를 도우시리니 나를 정죄할 자 누구뇨? 그들은 다 옷과 같이 헤어지며 좀에게 먹히리라." 마지막 부분에서는 상징적 표현과 직설적 표현이 한데 섞여 있다. 이 절의 의미는 다음과 같다: 마치 옷이 좀이 먹어 낡아지듯이 그들은 사라져갈 것이다.

428. 10절. 하나님의 종은 먼저 이 절에서 하나님을 경외하는 자에게, 그리고 다음 절에서 불경건한 악인들을 향하여 말씀함으로써 결론을 맺는다. "너희 중에 여호와를 경외하며 그 종의 목소리를 청종하는 자가 누구뇨? 흑암 중에 행하여 빛이 없는 자라도 여호와의 이름을 의뢰하며 자기 하나님께 의지할지어다." 메시야는 하나님을 경외하는 자들을 향하여 그들이 극심한 재난 가운데 빠졌을 때에 자기의 힘을 구하지 말고 메시야 자신의 모범을 따라서 신실하신 하나님의 손에 모든 것을 다 맡기라고 교훈하고 있다. 그렇게 하면 하나님께서 그들의 캄캄한 밤을 밝히실 것이다.

'너희 중에 … 누구뇨?'는 '만일 너희 중에 … 자가 있다면'이란 뜻이다. 그러나 이는 동시에 경건한 자들의 숫자가 적을 것을 암시하기도 한다. '빛이 없이 캄캄한 흑암'은 피할 방법도 구원의 소망도 전혀 없어 보이는 극심한 고난을 뜻한다. '여호와의 이름을 의뢰하며 자기 하나님께 의지할지어다', 곧, 내가 그렇게 했듯이 너희도 그렇게 하라. 그렇게 하면 하나님의 도우심이 똑같이 너희에게 베풀어질 것이다.

429. 11절. "불을 피우고 횃불을 둘러 띤 자여 너희가 다 너희의 불꽃 가운데로 들어가며 너희의 피운 횃불 가운데로 들어갈지어다. 너희가 내 손에서 얻을 것이 이것이라. 너희가 슬픔 중에 누우리라." 10절에 나타난 상징적 표현이 여기서도 계속된다. 경건한 자들은 여호와께서 그들을 위해서 등불을 밝혀주시기까지 흑암 속에서 인내로 걸어간다. 그러나 불경건한 악인들은 자기들 스스로 불을 밝힌다. 그러나 빛을 발하고 따뜻한 온기를 주어야 할 그 불이 그들을 삼켜버린다. 상징적 표현을 제거하고서 보면, 본문은 다음과 같은 뜻이다: 여호와의 종의 말씀을 듣기를 거부하고 하나님을 신뢰하라는 말씀을 거역하고 자기들의 계획으로 구원을 추구하는 자들은 한 동안은 스스로 헛된 소망을 갖고 기대에 부풀어 있을 수 있지만, 결국은 모두 멸망하고 말 것이다.

제롬, 르 클레르, 비트링가, 미카엘리스, 로우트, 팜 등은 여기의 표현을 지나치게 좁은 의미로 이해한다. 그들은 이것이 그리스도의 때 이후에 로마에 대항하여 봉기를 일으킨 반역적인 유대인들의 계획을 가리키는 것으로 보면서, 그들의 그런 계획으로 인해서 도시와 나라 전체가 불길에 휩싸이게 되는 것으로 이 예언이 성취되었다고 본다. 사실 그 역사적인 사건도 이 예언이 성취된 한 가지 두드러진 예가 될 수는 있을 것이다.

'내 손에서'라는 말씀은 불경건한 악인에 대한 심판이 메시야 자신을 통해서 이루어지는 것임을 시사한다. '누우리라'는 구원 받지 못하고 버림 받은 자들에 해당되는 말씀인데, 여기서는 불에 극심하게 데인 자들을 가리키는 것 같다.

10. 이사야 52:13-15

430. 이제 우리는 여러 가지 면에서 구약 성경 전체 가운데 가장 중요한 것으로 일컬어지는 부분에 이르렀다. 이 부분은 다른 어느 부분보다도 전체를 올바로 이해할 수 있도록 잘 짜여져 있다. 선지자들의 표현에 흔히 나타나는 희미함이 여기서는 완전히 사라진 것 같아 보인다. 하나님의 영의 최고도의 활동과, 선지자 자신의 의식과 자발적인 사고력의 완전한 억제가 함께 나타난다. 그리하여 선지자는 마치 깨끗한 거울과도 같이 그에게 주어진 숭고한 신적 진리를 그대로 투영해내고 있는 것이다. 아니, 선지자 속에 계신 그리스도의 영이 선지자를 도구로 사용하여 그리스도께서 육체의 모양을 입고 나타나신 후 당하실 고난과 그 다음에 이어질 영광을 드러내고 있다고 해야 옳을 것이다.

431. 이사야의 예언 후반부의 주요 주제는 하나님의 백성의 구원이요 이 구원은 바벨론 포로의 구원과 죄와 그릇된 길에서의 구원을 모두 포괄하는 것임을 서론 부분에서 이미 살펴본 바 있다. 이 두 가지는 정확히 구분되지는 않는다. 그러나 대체로 40-49장에서는 바벨론 포로의 구원이 주로 나타나며, 나머지 장들에서는 죄로부터의 구원이 주요 주제로 다루어진다고 말할 수 있을 것이다. 이 구원은 모두 여호와의 종이요 사자에 의해서 이루어진다. 바벨론 포로의 구원은 고레스를 통해서, 죄에서의 구원은 그리스도를 통해서 이루어지는 것이다. 고레스에 대해서는 이미 앞부분에서 명확히 다룬 바 있으므로 더 이상 추가할 것이 남아 있지 않다. 그러나 그렇다고 해서 그리스도에 대한 사실이 전혀 선지자의 안중에도 없었던 것은 아니다. 선지자는 하나님의 택하신 종이요 하나님의 사랑받는 자요, 그를 영화롭게 할 자인

그리스도에 대해서도 주목했었다.

그러나 지금까지 그에 대해 진술된 내용은 메시야에 대해 완전한 이미지를 형성시키기에는 충분치 못하다. 선지자는 앞에서 그를 신적인 교사요 사자로 묘사하며, 하나님께로부터 풍성한 은사를 받았고 자신을 낮추었고 온유하며, 잃어버린 자를 찾으러 스스로 낮은 땅에 오신 분으로 표현했었다. 그는 메시야를 영광스러운 왕으로 묘사하며 평화와 의의 왕국, 계속해서 이방 민족에게까지 그 영역을 넓혀가며 그 구성원에게 복을 주며 그의 이름을 멸시하는 자에게 극심히 형벌을 내리는 자로 묘사했었다.

그러나 그런 메시야의 이미지는 아직 한 가지 중요한 면이 부족하다. 선지자는 고레스가 군사력으로 물리적인 구원을 이룩할 것이요 여호와께서 그 승리를 그에게 베푸신다. 그러나 메시야로 말미암는 영적 구원이 어떤 식으로 이루어지는지에 대해서는 아직 그에게 전해지지 않았다. 선지자는 메시야의 깊고 깊은 굴욕에 대해서 이미 말씀했다. 그리고 50장에서는 극심한 고난과 백성들의 모욕과 질시가 하나님의 종에게 다가올 것을 예언하기도 했다. 그러나 바로 그의 이러한 고난이 우리의 구원의 유일한 효력있는 원인이 된다는 사실은 말씀하지 않았다.

그런데 여기서 처음으로 그는 메시야가 제사장인 동시에 제물이 되어 그의 피로 우리 죄를 대속할 것이며 우리가 범한 죄악에 대한 희생물로서 그 자신을 하나님 앞에 내어놓을 것이며 또한 우리의 허물을 지시며 자신의 상처로 우리의 상처를 치료할 것임을 선포함으로써 그 구원의 방법에 대해 말씀하기 시작하는 것이다. 하나님께서는 신정국가에 선지자직과 제사장직, 그리고 왕직 등 세 가지 직임을 제정하셨는데, 더 고상하고 완전한 의미에서 이 세 가지가 메시야에게서 하나로 연합된다는 것이다.

432. 이 부분의 예언의 내용은 다음과 같다. 52장 13-15절에서는 여호와께서 말씀하신다. 이 세 절에는 53장에서 더 구체적으로 드러날 내용이 간략하게 요약된 형태로 제시된다. 하나님의 종이 최고도의 굴욕을 당한 다음 최고의 영광의 자리로 승귀할 것이며, 이 땅의 민족들이 그로 말미암아 구속받을 것이요 그 왕들이 그에게 굴복하여 경배할 것이다. 53장 1-10절에서는

선지자가 말씀한다. 1절은 나머지 절들과 연결된 것이 아니고 일종의 서론으로서 불평섞인 탄식이다. 선지자는 메시야를 예언한 모든 사람의 이름으로, 또한 그의 나타나심 이후 그를 전파하는 모든 사람의 이름으로, 많은 사람들이 그들의 보고내용을 믿지 않을 것이요 많은 이들이 하나님의 전능하심과 긍휼하심이 이토록 영광스럽게 나타난 것을 인정하지 않을 것임을 선언한다.

그리고 난 후 2절에서 그는 강화를 계속하는데, 여기서는 한 가지 다른 점이 나타난다. 곧, 그가 자기 자신을 백성들 가운데 한 사람으로 생각한다는 점이다. 그는 자기 자신을 경건한 백성들 가운데 한 사람으로, 즉 구속자가 굴욕을 당할 당시에는 그를 알아보지 못하다가 후에 그가 영화롭게 되신 후에 그가 과연 구세주요 은혜를 베푸시는 분이심을 깨닫고 그가 당하신 고난이 과연 우리의 구원을 위한 것이었음을 깨닫는 그런 백성들 가운데 한 사람으로 여기는 것이다. 그 강화의 골자는 곧, 여호와의 종이 아무런 외적인 광휘가 없이 낮고 천한 상태로 임하신다는 것이다. 사람이 겪는 것보다 훨씬 극심한 고난이 그에게 닥칠 것이다. 그러나 그는 자유로이 인내로 그 고난을 견딜 것이다. 그리고 결국 그는 격렬하게 죽음으로써 그 자신을 드릴 것이다. 그의 대적들은 그의 죽음으로도 분노를 삭이지 못하고 이미 죽은 그를, 그 의롭고 무죄한 그 종에게 치욕을 주려 하나 뜻을 이루지 못할 것이다 (2,3,7-9절).

백성들은 그의 고난 당하는 것을 바라보면서도 그 고난의 원인에 대해서 아무 것도 모르는 채, 그 고난이 그 종이 자신의 악행에 대한 당연한 형벌로 받는 것이라고 믿으나 그것은 그릇된 것이다(화자는 이제 그 사실을 깨닫는다). 그가 형벌을 받는 것은 그 자신의 범죄 때문이 아니요 우리의 범죄에 대한 형벌을 대신 받는 것이다. 그의 고난은 사람들을 구원하기 위하여 자의로 몸소 겪으신 것이다. 사람들은 그의 고난이 아니었다면 멸망에 빠질 수밖에 없을 것이다. 이렇게 해서 하나님 자신은 그를 떠나서 자기 방식대로 이리저리 헤매던 자들과의 교제를 회복시키시기를 기뻐하셨다(4-6절). 그가 자신의 목숨을 값없이 희생물로 줌으로써 여호와와 화목하게 된 다음 그에게는 큰 영광이 있을 것이다. 하나님에 대한 지식과 사랑이 그로 말미암아 이 땅에 세워질 것이요 수많은 교회가 모일 것이다(10절). 11, 12절에서는 여호와께서 다시 화자로 등장하셔서 선지자가 말씀한 내용을 다시 확인하신다.

이사야 52:13

433. 여호와께서 말씀하신다. 어떤 해석자들은 이 절이 그 앞의 단락과 연결되는 것으로 보기도 하며, 또 어떤 이들은 이 절부터 새 단락이 시작되며 그 앞의 단락과는 전혀 연관이 없다고 본다. 전자의 견해가 더 정확한 것은 두말할 것도 없다. 앞 단락에서는 선지자가 주로 바벨론 포로들의 구원에 관심을 가졌던 것이 사실이다. 그러나 동시에 그런 이 땅에서의 정치적인 구원 이면에는 영적 구원이 감추어져 있었던 것이다. 앞 단락에서는 구원 그 자체가 선지자의 관심사였으나 이제 이 단락에서는 그 구원을 이루시는 그분이 그의 영적 시야에 들어오고 있다.

"보라 내 종이 형통하리니 받들어 높이 들려서 지극히 존귀하게 되리라." 선지자들은 역사가들이 하는 것처럼 시간적 순서를 따르지 않는다. 오히려 그때그때마다 자신 앞에 나타나는 바를 그대로 전하기 때문에 시간적으로는 맨 나중에 와야 할 것이 맨 처음에 오는 경우도 많은 것이다. 그런 한 가지 실례를 바로 여기서 볼 수 있다. 선지자는 메시야의 자기 비하와 고난이 아니라 그의 영광의 상태를 먼저 말씀하는 것이다. '보라' 라는 말로써, 그는 자기의 시야에 새로운 대상이 나타났음을 시사하고 있다. 말하자면 여호와께서 메시야를 지적하시는 것이다. 다음 절에서 나타나듯이 마치 메시야가 그의 앞에 있는 것처럼 그를 지적하시는 것이다. 선지자는 여기서 그의 내적 환상 가운데서 메시야의 고난과 그의 영화(榮化) 사이의 한 시점을 취하고 있다. 그는 13, 14절에서 메시야의 영광의 상태를 대체로 미래 시제를 써서 말씀하며, 그의 고난을 과거 시제로 말씀하는 것이다. 13절 후반부에서 선지자는 높이 들려 올림을 뜻하는 히브리어 동사를 모두 동원하고 거기에다 '지극히' 라는 낱말을 덧붙임으로써 메시야의 영광스러운 승귀를 칭송하고 있다.

434. 14절. 이 절이 15절과 밀접하게 연결되어 있으므로 여기서 두 절

을 함께 번역하는 것이 좋을 것이다: "이왕에는 그 얼굴이 타인보다 상하였고 그 모양이 인생보다 상하였으므로 무리가 그를 보고 놀랐거니와 후에는 그가 열방을 놀랠 것이며 열왕은 그를 인하여 입을 봉하리니 이는 그들이 아직 전파되지 않은 것을 볼 것이요 아직 듣지 못한 것을 깨달을 것임이라." 이 부분의 의미는 다음과 같다: 인자의 고난이 가장 큰 일이어서 그를 바라보는 사람들이 모두 그를 혐오했듯이, 그의 영광의 상태도 마찬가지로 크게 놀라운 일이어서 사람들과 왕들이 깊은 경외심으로 그에게 굴복할 것이다.

삽입구('그 얼굴이 타인보다 상하였고 그 모양이 인생보다 상하였으므로')의 의미에 대해서 해석자들은 그의 모양이 일그러졌다는 것이 실제로 메시야의 모습이 그렇게 되었다는 의미일 뿐 아니라 상징적 의미로도 이해하여야 한다는 사실을 잘 간파하고 있다. 팜에 의하면, 여기의 비유적 표현은 극심한 질환으로 모습이 완전히 변해 버린 환자에서 빌려온 것이라고 한다. 그런 환자를 평소에 알던 자들이 그의 변한 모습을 보고 놀라듯이, 메시야를 바라보는 사람들도 그의 모습을 보고 충격을 받는 것이다.

루터는 말하기를, "선지자는 그리스도의 외형적인 모습을 말씀하는 것이 아니라, 절대적인 주권자로서 정치적 권위를 지닌 분이 왕이시면서도 왕의 모습을 지니지 않고, 종들 가운데서도 가장 천한 종의 모습으로, 세상에서 그렇게 멸시를 당하는 사람이 없을 정도로 그렇게 천한 모습으로 나타나셨음을 말씀하는 것이다"라고 하였다.

그러나 대부분의 해석자들은 여기의 상징적 표현이 그저 메시야의 열악하고 비천한 상태만을 뜻하는 것으로만 본 나머지 그것이 그의 고난을 뜻하기도 한다는 점을 간과해버린다. "이 표현들을 단순히 구속자의 빈곤함과 비천함을 가리키는 것으로만 설명하면 그 뜻을 완전히 설명했다고 볼 수가 없다. 이 표현들은 그의 고난과 극심한 경멸과 비참함까지도 나타내는 것으로 보아야만 선지자가 여기서 강하게 표현하고 있는 말씀의 의미를 잘 이해했다고 말할 수 있을 것이다"(팜). 그리스도의 고난과 십자가는 유대인에게는 거치는 것인데(고전 1:23), 아직도 많은 사람이 여전히 그것을 거치는 것으로 여기고 있는 것이다.

435. 15절. '놀랠 것이며'(헹스텐베르크는 이를 '뿌릴 것이며' [sparkling]의 뜻으로 본다—역자주)는 곧 그가 열방을 죄로부터 깨끗케 하실 것을 뜻한다. 대제사장은 해마다 언약궤에 피를 뿌려서 백성의 죄를 용서함 받았고(레 1:6; 16:18,19), 정결케 된 문둥병자도 뿌림을 받았으며(레 14:17 이하), 부정한 자는 정결한 물로 뿌림을 받았다. 이처럼 뿌림을 받음으로써 그 대상은 원칙적으로 외적인 면에서 정결함을 회복하는 결과를 얻게 되어 있었던 것이다. 구약에서는 영적이며 내적인 의미의 정결케 함과 거룩케 함을 외적인 정결 예법에서 취한 이미지들과 표현들을 통해서 묘사하는 것이 통례였으므로, 여기서 그런 표현이 나타나는 것은 지극히 당연한 일이다. 특히 외적인 정결 예법에는 그 주된 목적 이외에도 부차적으로 영적인 것을 상징적으로 나타내려는 의도가 함께 담겨 있기 때문인 것이다.

그러므로 에스겔은 맑은 물로 사람에게 뿌려서 그들을 정결케 하는 행위를 말씀한다: "내가 맑은 물로 너희에게 뿌려서 너희로 정결케 하되 곧 너희 모든 더러운 것에서와 모든 우상을 섬김에서 너희를 정결케 할 것이며"(36:25). 다윗도 동일한 일을 언급한다: "우슬초로 나를 정결케 하소서(레 14:17 이하를 보라) 내가 정하리이다"(시 51:7). 신약의 저자들도 이 설명을 따라 이 구절을 염두에 두고서 그리스도께서 피를 뿌리셨음을 말씀하는 것이다(벧전 1:2; 히 12:24).

436. '입을 봉하리니'라는 어구는 그것과 관련된 표현인 '손으로 입을 막는다'와 마찬가지로 겸손히 경외심을 가지고 굴복하는 것을 지칭한다. 더 높고 귀한 사람의 면전에서는 감히 말을 하지 못하는 법이다(욥 29:9; 겔 16:63; 미 7:16 등을 보라). 그들이 이처럼 겸손히 굴복하는 이유는 후반부에 나타나 있다. 이방인들은 하나님의 위대한 종이 놀라운 영광 가운데로 높여지심과 그로 말미암은 구속의 비밀을 알게 되고, 또한 유대인에게는 알려졌으나 그들에게는 알려진 일이 없는 사실에 대해서도 알게 되고 놀라서 그에게 굴복하게 되는 것이다.

11. 이사야 53장

437. 1절. 선지자는 이 장에서 앞 장에 이어서 계속해서 메시야의 대속적인 고난에 대한 묘사를 시작하는데, 그에 앞서서 먼저 대다수의 사람들의 불신앙에 대해서(이는 메시야의 지극한 비천함 때문에 생긴 것이다), 특히 유다 백성들의 불신앙에 대해서 한탄한다. 이방인의 대부분이 메시야를 믿고 굴복할 것에 대해서는 이미 앞 절에서 예언한 바 있다. "우리의 **전한 것을** **누가 믿었느뇨? 여호와의 팔이 뉘게 나타났느뇨?**" 선지자는 여기서 우리라는 일인칭 복수형을 사용함으로써 메시야의 모든 사자들(heralds)을 자신과 같은 부류에 포함시키고 있다. 그러나 제롬이나 팜 등과 같이 여기의 '우리'에 미래에 오실 구속자를 예언한 이사야의 동료 선지자들만 포함되는 것으로 볼 필요는 없다. 이미 세상에 오신 메시야에 대한 메시지도 똑같이 사람들의 호응을 얻지 못했고, 또한 선지자는 그 점 또한 미리 예견했을 것이 분명하므로 이미 오신 메시야를 선포한 자들도 여기의 '우리'에 포함시켰다고 보는 것이 마땅한 것이다. 요한복음 12장 38절과 로마서 10장 16절에서 이 구절을 인용하면서 이미 오신 그리스도를 선포한 자들의 사역을 시사하는 것이다.

여기의 의문형 진술은 전적인 거부를 암시하는 것이 아니라 믿는 자들의 숫자가 지극히 적다는 사실에 대한 놀라움을 표현한 것에 불과하다. 아니, 오히려 선지자는 수많은 불신자들의 무리가 그의 영적 시야에 들어오자 나머지 경건한 사람들에 대해서는 관심을 제쳐두고 그 불신자의 무리에 대해서만 시선을 집중시키고 크나큰 한탄에 빠져서 큰 무리가 불신앙을 보이는 상황을 마치 인류 전체가 불신앙에 빠진 것처럼 표현한 것이라고 보아야 할 것이다. 팔은 능력이 발원하는 기관으로서 능력 그 자체를 의미하는 경우가 많다. 그러므로 여호와의 팔이란 곧 그의 전능하심을 지칭하는 표현이다. 그렇다면 이 절의 후반부의 뜻은 다음과 같을 것이다: 메시야를 보내시는 데서 확실히 드러나는 여호와의 영광과 전능하심을 그 누구가 바르게 깨달았는가? 메시야에 관한 메시지를 믿는 자에게는 하나님의 전능하심이 분명히 드러난다. 메시야의 행하신 사역 그 자체나, 그가 행하신 이적들, 그의 부활과 영화는 하나님의 전능하심의 가장 위대한 증거인 것이다. 이와 반대로 그리스도에 대한 불신앙은 하나님의 전능하심에 대한 의심에서 비롯된다. 불신자는 초자연적인 목적이 역사에 드러나는 것 자체를 인정할 수가 없는 것이다.

438. 2절. "그는 주 앞에서 자라나기를 연한 순 같고 마른 땅에서 나온 줄기 같아서 고운 모양도 없고 풍채도 없은즉 우리의 보기에 흠모할만한 아름다운 것이 없도다." 이 절은 메시야가 고난 당하시기 전에 처할 비천한 상태를 말씀한다. '주 앞에', 즉 여호와 앞에, 곧 여호와께서 보시는 가운데. 세상은 메시야를 보지도 알지도 못하나, 하나님은 그를 몸소 보시고 아시는 것이다. 여기서 선지자는 메시야의 비참한 상태의 원인을 암시하고 있는 것이다. 줄기로 번역된 낱말은 본래 뿌리를 뜻하는데, 여기서는 제유법적 표현으로서 뿌리로부터 올라오는 줄기나 순을 가리킨다. 마른 땅에서 올라오는 순은 보잘 것 없고 미약한 것에 불과하다.

이러한 직유법적 표현은 메시야의 출신 가문이 한때는 높은 나무처럼 고상하며 영광스런 상태에 있었는데 지금은 몰락한 상태에 있음을 넌지시 암시하는 것이다. 11장 1절을 보라. 거기서는 메시야를 이새의 뿌리에서 나온 한 싹으로 묘사하고 있다. 여기서는 메시야가 그의 비하의 상태를 말씀하면서 연약하고 미미한 순에 비유되고 있는데 비해서, 출애굽기(17:23)에서는 그의 영광의 상태를 말씀하면서 그를 하늘의 모든 새들이 거하는 높고 찬란한 백향목으로 비유한다. 유다 사람들은 그가 처음 등장할 때부터 그런 찬란한 백향목의 상태를 취할 것으로 기대했다. 그런데 그렇게 되지를 않자 그들은 실망하여 그를 경멸하게 된 것이다. 여기서 묘사된 메시야의 모습은 그의 실제의 모습이 아니라 비천한 가운데 계신 그의 상태 전체를 지목하는 것이다. 교회를 세우신 그리스도의 역사는 교회의 역사에서도 그대로 반복된다. 그리스도의 경우와 마찬가지로 교회의 역사도 비하와 고난을 통과하여 영광과 기쁨의 상태로 나아가는 것이다.

439. 3절. "그는 멸시를 받아서 사람에게 싫어버린 바 되었으며 간고를 많이 겪었으며 질고를 아는 자라. 마치 사람들에게 얼굴을 가리우고 보지 않음을 받는 자 같아서 멸시를 당하였고 우리도 그를 귀히 여기지 아니하였도다." 메시야의 비천한 상태에 대한 묘사에서 이제는 그의 고난에 대한 묘사로 이어진다. 그는 '질고를 아는 자', 즉 질병의 친구—말하자면 질병과 우정어린 연대감을 가진 분—인데, '간고를 많이 겪었으며'와 상응한다. 질고는 영혼과 육체의 극심한 고난을 나타내는 상징적인 낱말이다. 코페와 아몬은 여기의 이미지는 특히 문둥병에서 취했을 것으로 추정하는데, 문둥병은 가장 무서운 질병이었을 뿐 아니라 특별히 하나님의 징벌로 여겨진 그런 병이었다는 점에서 보면 그들의 추정이 전혀 근거 없는 것은 아니다. 이런 추정은 또한 다음 절들에 나타나는 여러 가지 표현들도 해명해준다. 그 다음의 '사람들에게 얼굴을 가리우고 보지 않음을 받는 자 같아서'라는 표현은 문자적으로는 '그는 그 앞에서 얼굴의 숨김처럼 되었다', 즉 사람이 그 모습이 너무도 역겨워 견딜 수가 없어서 얼굴을 가리우게 되는 그런 물건이나 사람을 뜻한다.

440. 4절. 이 절에서 선지자는 경건한 백성들 가운데 자신을 포함시킨다. 메시야에 대한 믿음을 얻은 사람들은 여기서 자기들이 하나님의 종을 그의 비천함과 고난 때문에 경멸하고 질시하여 크나큰 잘못을 저질렀음을 고백한다. "그는 실로 우리의 질고를 지고 우리의 슬픔을 당하였거늘 우리는 생각하기를 그는 징벌을 받아서 하나님에게 맞으며 고난을 당한다 하였노라." 우리는 두려움으로 그를 피했다. 우리는 그가 고난 당하는 것은 그 자신이 저지른 큰 죄악에 대해서 하나님이 징벌을 내리셨기 때문이라고 생각했으나 실상은 그가 우리의 죄에 대해 징벌을 받는 것이다. 우리에게 혐오감을 준 바로 그것이 하나님께서 그에게 행하신 하나님의 일일 뿐 아니라 그 일의 가장 중요한 핵심이 되는 것이다. '우리의 질고를 지고'의 표현은 다른 사람의

어깨를 짓누르는 무거운 짐을 내려서 자기 어깨에 지우는 그런 장면에서 취한 것이다. '우리의 질고, 우리의 슬픔'은 '우리가 당했어야 마땅한 질병', '우리가 견뎠어야 마땅한 슬픔'을 뜻한다. 여기서 질고와 슬픔은 외적인 고통과 내적인 고통을 뜻하는 표현으로서 메시아께서는 이를 우리 대신 당하심으로써 우리를 우리 죄의 형벌에서 구원하신 것이다. 마태는 그리스도께서 사람들을 그 육체적인 연약함에서 구원하셨음을 말씀하신 다음 8장 17절에서 이 말씀을 인용하고 있다.

최근의 해석자들은 이와 관련해서 마태는 이사야의 이 구절을 결코 그리스도의 대속적인 고난을 뜻하는 것으로 보지 않았다고 그릇된 결론을 내렸다. 그러나 마태가 그 구절을 육체적인 연약함을 구원하셨다는 특수한 의미로 인용했다고 해서 그가 그 구절의 주된 의미를 완전히 도외시할 의도를 갖고 있었던 것은 결코 아니었다. 그리스도께서는 자기 자신을 희생물로 드리심으로써 죄로 말미암아 세상에 들어와 있는 악을 제거하시고자 하는 일반적인 목적을 위해서 보내심을 받으셨다. 그리고 육체적인 연약함과 질병을 고치신 것은 그리스도의 그 사역이 시작된 것을 의미하는 것이다. 육체적인 질병을 고치는 일을 행하심으로써 그는 자신을 대속의 제물로 드림으로써 인간의 영적 악을 제거하는 자신의 주된 소명을 지적하신 것이다.

마태가 이 구절의 영적인 의미를 부정할 의도가 없었다는 사실은 20장 28절에서 잘 드러난다: "인자가 온 것은 … 자기 목숨을 많은 사람의 대속물로 주려 함이니라." 우리는 그의 고난이 그 자신의 죄 때문이라고 여겼다. 메시아의 고난이 하나님께로부터 가해진 것인 것은 사실이다. 다만 그런 고난을 가하신 의도에 대해 잘못 생각한 것이다. 죄가 크면 고난도 크다는 생각은 히브리 사람들이면 누구나 인정하는 당연한 생각이다. 그런 생각은 신정정치의 한 원리인 보응의 교의에 대한 오해 때문에 생겨난 것이다. 그들은 가시적인 보응의 법칙(언약 백성의 운명은 언제나 이 법칙을 통해 결정되었다)을 오해하여 그것을 개인에게까지 잘못 확대시켜 생각한 나머지, 하나님께서는 그의 지혜로우시고 거룩하신 목적에 따라서 경건한 자들에게 고난을 주실 수도 있으며, 심지어 아무런 죄를 범하지 않았을 경우에도 고난을 가하실 수가 있다는 생각을 하지 못한 것이다.

441. 5절. "그가 찔림은 우리의 허물을 인함이요 그가 상함은 우리의 죄악을 인함이라. 그가 징계를 받음으로 우리가 평화를 누리고 그가 채찍에 맞음으로 우리가 나음을 입었도다." 선지자는 여기서 다시 자신을 포함시킨다. 이는 그저 문학적인 하나의 기법이 아니라 선지자가 자신의 죄악성과 구원의 필요성을 의식한데서 나온 것이다. 그의 형벌은 과연 우리의 평화였다. 그의 형벌로 말미암아 우리가 평화와 구원과 복을 누리게 되었으며 우리가 하나님과의 화목을 회복하게 된 것이다. 여기의 말씀은 메시아께서 우리 대신 말로 징계를 받으셨다는 사실을 뜻할 뿐 아니라 극심한 고난이 주제를 이루는 현재의 문맥 전체나 병행법이 사용되고 있는 점을 볼 때에 그가 우리 대신 행위로 징계를 받으신 것으로 이해하여야 옳을 것이다. 그러므로 본문에서 그리스도의 대속적인 고난의 교의를 제거하기 위해서 본문을 '우리의 평화에 대한 교훈(우리가 어떻게 하면 하나님과 다시 화목한 상태에 이를 수 있는지에 대한 교훈)이 그에게 있다'고 번역하는 특정한 신학 학파가 있는데, 그들의 해석은 전적으로 부당한 것이다. 죄에 대한 형벌과 고난이 자주 질병의 이미지로 묘사되므로, 그것으로부터 구원받는 것도 나음(병을 고침)의 이미지로 묘사되는 것이다.

442. 6절. 메시야로 하여금 그런 극심한 고난을 당하도록 만든 원인이 제시되고 있다. 즉, 하나님으로부터 떠나서 비참한 상태에 빠진 인류를 하나님께서 메시야의 고난을 통해서 자신과 화목시키려 하신 것이다. "우리는 다 양 같아서 그릇 행하여 각기 제 길로 갔거늘 여호와께서는 우리 무리의 죄악을 그에게 담당시키셨도다." 선지자는 목자가 없어서 아무런 방어 수단도 없이 모든 위험에 노출되어 있는 양떼의 이미지를 사용함으로써 하나님으로부터 떠나서 죄와 허물에 빠져 있는 인류의 가련한 처지를 묘사하고 있다. 우리는 양떼처럼, 목자가 없어서 정처없이 떠도는 양떼처럼 곁길로 가고 있었다. 목자 없는 양떼의 이미지는 일반적으로 도덕적 타락을 나타내는 표현으로 쓰인 경우도 있고, 또한 하나님을 떠나 있는 인간의 가련한 상태를 뜻하는 것으로 쓰이기도 했다.

'각기 제 길로 갔거늘.' 마치 외로운 방랑객이 여러 가지 위험에 노출된 상태로 홀로 쓸쓸히 자기의 길을 가듯이, 우리도 하나님의 인도하심도 없이 그렇다고 우리 형제들끼리 하나님의 사랑으로 연합되지도 않은 상태에서 홀로 인생길을 가고 있었다. 어거스틴은 말하기를, "공통의 목표를 추구하는 것이 없이 각자가 오로지 자기만을 위해서 행동하고 살았다. 거기에 공동의 정신이란 없었다"라고 한다. 그의 말을 좀더 깊은 의미로 이해하면 그의 말은 참으로 옳다. 우리 모두를 연합시킬 수 있는 것은 오직 하나님과 연합되어 있는 공통의 연대감뿐이다. 이것이 없이는 변덕과 자기 의지와 불화밖에는 없는 것이다.

킴치 등에 따르면 여기서 형벌이 원수를 공격하는 것으로 묘사된다고 한다. 이들은 후반부를 그런 뜻으로 이해하여 '여호와께서는 우리의 죄악을 마치 원수들에게 하듯 그에게 퍼부으셨다'로 번역한다. 이 부분의 뜻은 곧, 여호와께서는 우리가 우리의 죄 때문에 받았어야 할 그 고난의 형벌을 그로 하여금 홀로 당하게 하셨다는 것이다. '죄악'이란 여기서 '죄악에 대한 형벌'까지도 포함하는 뜻으로 쓰이고 있다. 죄와 그것에 대한 형벌, 덕과 그로 말미암은 번영 등이 서로 밀접하게 연관되어 있으므로 히브리 사람들은 이 두 가지 것들을 함께 바라보았는데, 이것이 언어에도 그대로 반영되어서 이 두 가지 관념들이 동일한 낱말로써 표현되는 경우가 자주 나타나는 것이다.

443. 7절. 선지자는 2절에서 메시야의 고난에 대한 묘사를 시작했었고, 4-6절에서는 그의 극심한 고난의 원인들에 대해 말씀하느라고 주제를 벗어났었다. 그런데 이제 그는 다시 원 주제로 돌아가서 하나님의 위대한 종이 고난 가운데서도 완전한 온유함과 인내를 보이셨음을 말씀하고 있다. "그가 곤욕을 당하여 괴로울 때에도 그 입을 열지 아니하였음이여. 마치 도수장으로 끌려가는 어린 양과 털 깎는 자 앞에 잠잠한 양 같이 그 입을 열지 아니하였도다." 이는 베드로전서 2장 23절과 조화를 이룬다: "욕을 받으시되 대신 욕하지 아니하시고 고난을 받으시되 위협하지 아니하시고 오직 공의로 심판 하시는 자에게 부탁하시며." 그리스도께서는 입을 여셨지만 위협하지도 않으시고 욕을 하지도 않으셨고, 오직 하나님의 존귀를 드높이며 그의 사랑을 증거하며 그의 원수들을 위해 기도하시기만 하신 것이다.

444. 8절. 이는 메시야께서 백성의 죄악으로 말미암아 받으신 고난이 그의 격렬한 죽음으로 종결되었음을 말씀한다. "그가 곤욕과 심문을 당하고 끌려 갔으니 그 세대 중에 누가 생각하기를 그가 산 자의 땅에서 끊어짐은 마땅히 형벌 받을 내 백성의 허물을 인함이라 하였으리요." 몇몇 해석자들 (되더라인, 쿠이뇔 등)은 여기의 곤욕과 심문을 곤욕스럽고 불공정한 법정 절차를 뜻하는 이사일의(二詞一意)의 표현(hendiadys)으로 보는데, 이는 아주 정확한 해석이라 하겠다. 열왕기상 19장 12절의 '침묵과 소리'는 '세미한 소리'(한글 개역은 이렇게 번역한다―역자주)의 뜻이며, 예레미야 29장 11절의 '장래와 소망'은 '소망 있는 장래'(한글 개역은 '장래에 소망'으로 번역한다―역자주)를 뜻한다.

'그가 … 끌려 갔으니'는 그가 산 자의 세계에서 끌려 나갔다는 뜻이다. 여기 나타나는 병행법으로 볼 때 이 해석이 타당하다 하겠다. 그렇다면 이 말씀은 격렬한 죽음을 암시하게 되는데, 이 점은 9절에서도 잘 드러난다. 거기서는 불경건한 악인들이 그를 살해한 것으로도 만족하지 못해서 죽은 상태에 있는 그를 더욱 모욕하려 한다는 것을 말씀하는 것이다. 이 절의 표현도 그 사실을 나타내준다. 여기의 '끌려 갔으니'라는 동사 자체는 그저 자연적인 죽음을 뜻하는 것으로 사용되기도 하지만, '그가 산자의 땅에서 끊어졌으니'라는 병행구와 연관지어 볼 때에 여기서는 그 동사가 격렬한 강제적인 죽음을 뜻할 수밖에 없는 것이다.

'그 세대 중에 누가 생각하기를'은 '누구가 과연 그 후손들에게 선포하기를'이란 뜻으로 보아야 한다. 선지자는 메시야의 가장 비천한 상태를 지적함으로써 스스로 그의 영광의 상태를 예상하고 그 상태를 바라보는 것이다. '끊어지다'라는 동사는 절대로 평화롭고 자연스러운 죽음을 뜻하는 것으로 사용되지 않고(심지어 그런 뜻으로 인용되는 시편 88편 6절이나 예레미야 애가 3장 14절에서도 그런 의미로 사용되지 않는다), 언제나 격렬한 강제적인 죽음의 뜻으로 사용된다. 여기의 은유적 표현은 앞에 나타나는 '순'의 이미지와 관련되어 사용되는 것 같다.

마지막 부분에 대해서 파울루스는 과거의 몇몇 번역자들의 예를 따라서 여기서 여호와가 다시 화자로 등장하는 것으로 오해했다. 그러나 여호와는

11절에 가서야 비로소 다시 등장하는 것이다. '내 백성의 허물을 인함이라' 는 '우리의 허물을 인함이라'와 동일한 뜻이다. 화자는 자신을 그 백성들과 따로 떼어서 말씀하는 것이 아니라, 자신을 그 백성 가운데 포함시켜서 말씀 하는 것이다.

445. 9절. "그는 강포를 행치 아니하였고 그 입에 궤사가 없었으나 그 무덤이 악인과 함께 되었으며 그 묘실이 부자와 함께 되었도다." 그들은 그 의 고난과 죽음에도 만족하지 못하고 그가 죽은 후에도 그 의롭고 무죄한 분 을 모욕하려 한다. 그들은 그의 시체를 범죄자들과 함께 묻으려 하는 것이 다. 그러나 그렇다면 이 예언은 성취되지 않은 것이 된다. 그리스도께서는 아리마대 요셉에 의해서 장사되었는데 그는 여기서 부자로 불리고 있다(마 27:57을 보라). 앞 절에서 메시야가 마치 범죄자와 같이 격렬한 죽음을 죽으 실 것을 말씀했듯이, 여기서는 그들이 메시야를 사형 당한 범죄자의 매장법 과 동일한 매장법으로 장사지낼 준비를 했음을 시사하는 것이다.

446. 10절. 이 절부터는 하나님의 종의 영광된 상태에 대한 예언이 시 작된다. 이 절의 의미는 곧, 지금까지 여호와의 종에게 가해진 것으로 묘사 된 모든 고난은 결국 메시야가 영광된 상태에 들어가고 이 땅에 하나님 나라 가 세워지는 것으로 종결될 것이라는 것이다. "여호와께서 그로 상함을 받게 하시기를 원하사 질고를 당케 하셨은즉, 그 영혼을 속건제물로 드리기에 이 르면 그가 그 씨를 보게 되며 그 날은 길 것이요 또 그의 손으로 여호와의 뜻을 성취하리로다." 팜에 의하면 이 절은 9절과 연결된다고 한다. 그는 무 죄했는데, 어째서 그렇게 고난을 당하고 괴로움을 당했을까? 그것은 그렇게 하는 것이 여호와의 뜻이었기 때문이요 여호와께서 연약하셔서 그를 그의 원 수의 손에서 건지실 수 없었기 때문이 아니었다. 그렇다면 이러한 여호와의 뜻의 근거는 무엇이었는가? 그것은 메시야가 자의로 속죄제물을 드려서 그의 고난을 통해서 인류를 속하시는 것이다.
'상함과 질고'는 그저 여호와께서 메시야에게 가하신 극심한 고난을 나 타내는 상징적인 표현일 뿐이다. 메시야가 속죄제물을 드리는 제사장인 동시에 제물도 되실 것이라는 것은 여기서 분명히 표현되지 않는 것이 사실이다. 그러나 그럴 필요가 없다. 이미 앞에서(3,4절) 충분히 언급했기 때문이다. 외형적인 신정국가에서 예표적인 제사장들이 내어놓는 예표적인 희생 제물을 통해서 순결이 회복되며 허물이 속함 받았듯이, 선지자는 여기서 그 예표가 나타내는 원형으로서의 제사장이요 유일하게 참된 제사장이신 분이 드리는 그 원형으로서의 제물을 통해서(53장 15절과 비교하라) 내적인 순결이 회복되며 죄의 용서가 이루어지는 것이다.

선지자가 늘상 그렇게 했듯이 여기서도 신약에 속한 것들을 구약에 속한 이미지를 통해서 묘사하고 있다. 이 구절에 따르면 하나님이 그리스도를 '죄'가 되게 하셨다고 한다. 즉, 우리를 하나님 앞에서 의롭게 되도록 해주는 속죄제물이 되게 하셨다는 뜻이다. 바울은 로마서 8장 3절에서 말하기를 하나님이 그의 아들을 '죄를 위하여', 즉 '속죄제물로' 보내셨다고 한다. 또한 여러 구절에서 그리스도는 '화목제물', 곧 모든 죄를 속하는 제물로 불리고 있다. 히브리서 9장 14절과 비교하라: '흠 없는 자기를 하나님께 드린 그리스도.' 이는 곧 다음과 같은 의미이다: 그가 극한 고난과 피로 물들은 죽음에 값없이 자신을 드리신 것은 우리의 죄악을 속함으로써 우리를 위하여 죄의 용서와 의로움을 얻기 위함이었다.

하나님의 종이 그에게 맡겨진 일을 이루심으로 얻게 될 상급에 대한 묘사에서도 저급한 것이 더 고상한 것을 나타내는 하나의 상징물의 역할을 하는 것을 보게 된다. 히브리 사람들은 오래 사는 것과 수많은 자손을 얻는 것을 하나님의 축복이며 경건한 삶에 대한 상급으로서 최고의 것이라고 보았다. 그런데 여기서 이 상급이 더 고상하고 영적인 의미에서 메시야에게 주어지는 것이다. 여기서 말씀하는 자손들('씨')이란 바로 12절에서 메시야에게 분깃으로 주어질 강한 자들이며, 52장 15절에서 말씀하는 대로 죄에서 자유를 얻을 자들이요, 11절에서 말씀하는 대로 메시야로 말미암아 의롭게 되는 자들이요, 5절에 의하면 메시야가 죄악을 몸소 담당하신 자들이요, 12절에 의하면 메시야가 위해서 하나님께 간구하는 자들이다.

아버지와 아들의 자연스런 관계는 영적 주제에로 옮아가는 경우가 많다. 선지자들은 아버지의 이름을 취하며 그 제자들은 선지자들의 아들의 이름을 취한다. 열왕기상 2장 25절을 보라. 더 높은 의미에서 신자들은 영적으로 하나님께서 낳은 자들이요 그의 성실한 자녀로서 그에게 순종하며 그의 가족의 일원이 되며, 하나님의 후손이요 메시야의 후손으로 불리는 것이다. 그리하여 시편 22편 30절에서는 "후손이 그를 봉사할 것이요 대대에 주를 전할 것이며"라고 말씀한다. 이는 곧 메시야의 후손들이 하나님의 자손으로, 그의 자녀로 인정받을 것임을 뜻하는 것이다.

447. 11절. 다시 여호와께서 화자(話者)로 등장하신다. — "가라사대 그가 자기 영혼의 수고한 것을 보고 만족히 여길 것이라. 나의 의로운 종이 자기 지식으로 많은 사람을 의롭게 하며 또 그들의 죄악을 친히 담당하리라." 앞 절에서와 마찬가지로 여기서도 고난이 그의 영광의 상태의 한 원인으로 제시된다. '보고', 무엇을 본단 말인가? 이 동사의 목적어가 생략되어 있는데, 이에 대해서는 해석자들마다 견해가 다르다(한글 개역 성경은 '자기 영혼의 수고한 것'을 목적어로 보아서 '자기 영혼의 수고한 것을 보고 … ' 라고 번역하였다—역자주). 그러나 앞 절에서 선언한 '그의 고난의 열매와 상급'을 목적어로 붙여서 이해하는 것이 가장 좋을 것이다. '보다'와 '만족히 여기다'라는 동사는 서로 다른 식으로 연결되기 때문이다. 어떤 이들은 두 개의 동사가 동시에 나타날 경우 그 가운데 하나를 형용사나 부사로 이해하는 그런 히브리어 용법을 여기에 적용시키기도 한다(곧, 그는 스스로 만족해하는 것을 보게 될 것이다=he will see himself satisfied).

이에 대한 바른 견해는 거의 모든 해석자들이 지나쳐버린 다음과 같은 사실에서 분명히 드러난다: 이 말씀의 근저에는 한 농부의 이미지가 깔려 있다는 사실이다. 농부는 온갖 노력을 다 기울여 밭을 개간하고 그 밭에서 곡식을 거둘 때에 먼저 기쁨으로 그 곡식을 바라보고, 그리고 난후에 수확을 하고 스스로 만족해 한다. 눈물로 씨앗을 뿌렸으나 이제 기쁨으로 단을 거두는 것이다. 그러므로 여기의 두 동사는 서로 분리되어 있어서 일종의 클라이막스를 형성하는 것으로 보아야 마땅한 것이다. 여기서 자기 지식으로의 '자기'는 목적의 의미를 지닌다. 즉, '자기에 관한 지식으로'의 뜻이다. 바로 이것이 사람이 메시야께서 이루신 의를 자기의 것으로 취할 수 있는 조건인 것이다.

여기 전체의 문맥으로 볼 때에 이 강화의 주제는 의롭다 하심이 한낱 교훈에 그치는 그런 것이 아니요 의롭다 하심의 모든 의미를 다 포괄하는 것이라는 사실임이 분명히 드러난다. 이 부분 전체에서 메시야는 교훈을 주는 선생이 아니라 우리를 죄에서 구원하시기 위하여 자신을 자발적인 속죄제물로 드리신 제사장으로 묘사되는 것이다. 이 절 전체의 주제는 의를 획득하는 것이 아니라(이는 2, 7절 등에서 묘사된 그의 고난의 상태를 통해서 잘 묘사한 바 있다) 다만 그가 이미 획득한 의를 다른 이들에게 전달하는 것일 뿐이다. 이에 대해서 하나님의 종이 확실히 인식하고 있었다는 것이 앞의 종속 조건절에 언급되어 있다. 메시야는 스스로 모든 사람들의 죄를 지시고, 그의 승귀 이후에는 그 사람들이 이 조건을 충족시킨다. 즉, 메시야는 자신의 대리적인 순종이 사람들에게 전가되도록 하시며 또한 그들에게 용서를 베푸시는 것이다. 그러므로 '그가 그들의 죄악을 친히 담당하리라'는 이미지만 다를 뿐 '그가 그들을 의롭게 하리라'와 동일한 의미인 것이다.

448. 12절. "이러므로 내가 그로 존귀한 자와 함께 분깃을 얻게 하며 강한 자와 함께 탈취한 것을 나누게 하리니, 이는 그가 자기 영혼을 버려 사망에 이르게 하며 범죄자 중 하나로 헤아림을 입었음이라. 그러나 실상은 그가 많은 사람의 죄를 지며 범죄자를 위하여 기도하였느니라." — '강한 자와 함께 탈취한 것을 나누게 하리니'(헹스텐베르크는 '강한 자들을 탈취물로 나누리니'=he will divide the strong as spoil로 번역하고 있다—역자주), 즉 그의 동료들과 함께 탈취물을 나눈다는 뜻인데, 이는 곧 그가 강한 자들을 자기의 휘하에 두고 자기의 기쁘신 뜻대로 사용하실 것을 의미한다. 후기의 비평가들 중에는(파울루스, 게제니우스 등) 유대인 해석자들의 예를 따라서 이것이 그리스도를 지칭하는 예언이 아닌 증거가 여기에 나타난다고 주장하기도 한다. 그 이유는 그리스도는 세상적인 승리를 즐기는 분이 아닌데, 여기서는 세상적인 승리를 즐기는 모습이 나타나기 때문이라는 것이다. 그러나 이처럼 상징적 언어에 대한 오해는 교리적 편견에서 나온 것이라고 밖에는 도무지 설명하기가 어렵다. 영적 진리를 감각적인 이미지로 표현하는 선지자

들의 관행에 따라서 그리스도께서 열방에 대해 얻으신 영적 승리를 세상적인 승리의 모습을 통해서 묘사하는 것일 뿐이다.

세상적인 승리가 이 부분의 주제가 아니라는 점은 다음과 같은 점들에서 잘 드러난다: (1) 앞절들에서 지적한 바 있듯이 메시야가 이러한 영광의 자리에 오른 방식에서 드러난다. 세상적인 승리는 그가 인류의 구원을 위하여 자의로 견디신 것과 같은 그러한 깊은 굴욕과 고난과 죽음을 통해서 얻어지는 것이 아니다; (2) 메시야가 영광의 상태에서 그의 소유가 된 자들을 위해서 행하실 일에서 드러난다. 그는 그의 피로 그들에게 뿌릴 것이요 그들을 의롭게 하며 그들의 죄를 지시며, 죄인들을 위해 간구하시는데, 이는 세상적인 정복자가 취하는 행위가 결코 아닌 것이다. 시편 2편 8절에서도 비슷한 모습이 나타나는데, 거기서 여호와는 메시야에게 다음과 같이 말씀한다: "내게 구하라 내가 열방을 유업으로 주리니 네 소유가 땅 끝까지 이르리로다." 이사야 11장 10절과 비교하라.

그 다음에는 하나님의 종의 공적들이 하나님께서 그의 이 위대한 영적 정복 사역들에 대해 베푸신 상급으로서 다시 한 번 반복되어 나타난다. '그가 자기 영혼을 버려 사망에 이르게 하며'는 동물들에서 취한 은유이다. 곧, 피와 함께 목숨을 잃으며 또한 그렇기 때문에 피가 그 영혼의 자리로 여겨지는 동물의 경우가 여기에 나타나는 것이다. 창세기 9장 4절과 레위기 17장 11절을 비교하라. 10절에는 동물을 바쳐 제사를 드리는 장면에 대한 시사가 나타난다.

'그가 헤아림을 입었음이라'는 7절에서 이미 살펴본 대로 그가 스스로 고난을 당하여 헤아림을 입었음이라라는 의미를 지닌다. 이는 문맥에서도 요구하는 것이며 또한 '그가 자기 영혼을 버려'와 병행구를 이룬다. 메시야가 영광을 입는 근거는 그가 헤아림을 입었다는 것에 있는 것이 아니라 그가 자의로 스스로 범죄자들과 함께 헤아림을 입었다는데 있었다. 마가복음 기자도 그리스도께서 두 강도들 사이에서 십자가에 달리신 사실을 말씀하면서 이 구절을 인용한다. 그러나 그의 인용한 내용이 이 선언의 의미를 완전히 다 포괄하는 것은 물론 아니다.

대부분의 해석자들은 여기서 그가 범죄자를 위하여 중재하였다(making

intercession. 한글 개역은 '범죄자를 위하여 기도하였느니라'로 번역하고 있다—역자주)는 것을 단순히 기도로만 이해하는 잘못을 범한다. 그러나 앞의 문맥에서 분명히 드러나듯이 하나님의 종이 죄인들을 위해 중재하실 것인데, 단순히 기도를 통해서가 아니라 자신의 대속의 제물과 공적을 범죄자들의 죄를 위하여 긍휼을 얻고 용서를 얻는 근거로서 하나님 앞에 제시함으로써 그렇게 하실 것이다.

449. 이제는 첫째, 메시야 해석에 대한 반대 견해들을 반박하며, 둘째, 메시야 해석의 근거들을 제시하며, 마지막으로, 비메시야적 해석이 성립할 수 없음을 증명하고자 한다. 게제니우스는 초기의 저작자들, 특히 유대인 저작자들이 주장한 내용들 가운데 그럴 듯한 것은 모두 수집해 놓았는데, 우리는 그가 수집한 내용을 빌려서 반박하게 될 것이다:

450. (1) "물론 이 경건한 종의 상태가 그리스도와 유사한 점이 너무도 많지만, 동시에 그리스도에게는 어울리지 않는 점도 많다."—게제니우스가 여기서 인용한 모든 내용은 이미 본문 주해 부분에서 다 반박한 바 있다. 여기서는 다만 52장 15절에 따르면 왕들이 하나님의 종에게 개인적으로 충성을 표할 것이라고 한 내용만 다루면 될 것이다. 그러나 이런 해석은 자가당착이다. 왕들이 그에게 개인적으로 충성을 표한다는 것은 병행구절에서 나타나는 대로 왕들이 그를 개인적으로 보고 그를 개인적으로 경배하는 것을 전제로 하는 것이기 때문이다. 물론 개인적으로 그렇게 하지는 않았으나, 그럼에도 불구하고 영광을 얻으신 그리스도 앞에 왕들이 머리를 숙이고 무릎을 꿇어 절했다는 사실은 아무도 부인할 수 없는 것이다. 이렇게 본다고 해서 역사 해석에 무리가 따르는 것이 결코 아닌 것이다.

451. (2) "하나님의 종이라는 호칭은 메시야에 대해 사용된 일이 절대로 없다."—이런 주장을 액면 그대로 받아들인다 해도, 사실상 아무 것도 입증되는 것이 없다. 이미 살펴본 대로 하나님의 종이란 호칭은 엄밀한 의미에서 하나님의 일정한 목적을 수행하기 위해서 부르심을 받아 하나님과 마치

이 땅의 신하들이 그 왕에 대해 갖는 것과 비슷한 관계를 갖는 모든 사람들을 다 지칭하는 것이다. 모세는 여호와의 종으로 부르심을 받았고(민 12:7) 여호수아도 그러했다(삿 2:8). 이스라엘 왕은 누구나 여호와의 종이었다. 다윗도 여호와의 종으로 불리웠고(시 89:20), 엘리아김도 그러했으며(사 22:20), 이사야 선지자도 자신을 그렇게 불렀다(사 20:3). 유다 백성도 그들이 참되신 하나님에 대한 지식과 예배를 보전하리라는 점에서 여러 곳에서 여호와의 종으로 불린다. 뿐만 아니라 이 호칭은 천사들에게까지 적용된다(욥 4:28). 심지어 느부갓네살도 여호와의 종으로 불리는데, 물론 그 자신은 그런 사실도 모르고 의지도 없었으나 그가 하나님의 손에 쓰임을 받는 도구였던 것이다(렘 25:9; 27:6). 고레스가 이 호칭을 취하지 않는 것은 그저 그렇게 된 것일 뿐이다. 사실 그에게는 하나님의 종의 모든 속성들이 부여되었던 것이다.

그러므로 어느 면으로 보아도 하나님의 위대한 사자이신 메시야가 이 호칭으로 불리지 말아야 한다는 이유는 없는 것이다. 그는 종의 형체를 지니고 죽기까지 하나님께 순종하신 분이요(빌 2:7,8), 자신의 뜻이 아니라 오직 그를 보내신 하나님의 뜻을 행하기 위해 오신 분이었다(요 6:38). 하나님의 종이란 호칭은 모든 하나님의 사역자들과 도구들에게 다 통용되는 것이요, 메시야야말로 그 호칭이 뜻하는 모든 의미를 철저히 갖추신 분인 것이다. 그러나 사실상 그런 주장은 결코 옳지 않다. 메시야는 모두가 이구동성으로 그에 관한 구절로 이해하는 한 구절에서 바로 그 호칭으로 불리고 있는 것이다: "내가 내 종 순을 나게 하리라"(슥 3:8).

452. (3) "고난 당하고 대신 죽는 메시야는 구약에서는 전혀 나타나지 않는 관념이며, 심지어 그리스도의 나이와 비슷한 어떤 사람이 그런 행동을 취했다손 치더라도 그런 행위는 메시야에 대한 전체적인 내용과 맞지 않는 것이다."—이는 유대인들에게서 빌려온 반대 논리이다. 그러나 서론에서 밝힌 내용만으로도 이런 논리는 충분히 반박할 수가 있다. 이런 논리는 그리스도의 권위가 교회에서 타당성을 유지하는 한 아무런 효과를 발휘할 수가 없다. 그리스도께서는 몸소 그의 모든 고난이 구약에 예언되었음을 확증하셨

고, 제자들에게 그에 관한 예언들을 해명해주셨던 것이다. 그러나 고난 당하고 대신 죽는 메시야의 관념이 구약의 다른 구절에서는 전혀 나타나지 않는다 하더라도, 그 사실이 입증해주는 것은 아무 것도 없다. 우리는 하나님이 한 선지자를 특별히 선택하셔서 다른 선지자들에게는 감추신 특정한 주제를 그에게 계시해 주시고, 그를 통하여 그 내용을 전달케 하시지 않았을 것이라고 미리부터 단정할 수는 없는 것이다. 메시야 예언들에서 그리스도의 선지자직과 왕직이 그의 제사장직보다도 더 자주 묘사되는 것은 사실이다. 이 예언들을 통해서 여호와를 붙들도록 되어 있던(비록 외형적인 것뿐이었지만) 수많은 일반 백성들은 고난 당하고 대신 죽으시는 메시야에 대한 교의를 거의 깨닫지 못하였으며, 성령 강림 이전의 사도들 역시 깨닫지 못했었다. 그러나 그 교의를 받아들 일 준비를 마음에 갖추고 있었던 경건한 사람들은 여기에 주어진 예언만으로도 충분했던 것이다.

50장 이외에도 우리는 11장 1절 이하에 주의를 기울이게 된다. 이 구절은 게제니우스조차도 메시야에 관한 것으로 해석한 것으로서 53장 2절과 마찬가지로 메시야가 비천한 가운데 나타나실 것을 말씀한 것이다("이새의 줄기에서 한 싹이 나며 그 뿌리에서 한 가지가 나서 결실할 것이요"). 그러나 고난 당하는 메시야와 영광 가운데 있는 메시야의 사이에 과연 어디에 모순이 있는지를 찾기가 어렵다. 그러나 겉보기에만 그런 모순이 있는 것이라면 그런 난제는 그리스도의 역사를 통해서 완전히 해소될 것이다. 여기의 예언에서도 고난은 장차 올 영광을 얻는 조건으로 나타나며, 영광의 상태는 고난의 결과요 그것에 대한 상급으로 나타나는 것이다. 여기서 메시야는 이 땅의 모든 왕들과 그 백성이 다 복종할 한 왕으로도 나타나는 것이다. — 이 주장은 각 메시야 예언마다 모두 반드시 메시야의 모습 전체를 완전히 다루어야 한다는 그릇된 견해에서 비롯된 것이다. 그러나 실제로 메시야 예언들은 각기 부족한 점들을 서로 보충해주며 대개의 경우 그리스도에 관해서 부분적으로만 보여줄 뿐인 것이다.

453. (4) "메시야 예언은 모든 것을 미래로 다루는데, 여기의 언어는 그렇게 되어 있지 않다. 하나님의 종의 고난과 멸시 당함과 죽음은 처음부터

끝까지 과거로 묘사되고 있다. 53장 1절부터 10절까지는 모든 내용이 과거형으로 되어 있는 것이다. 다만 영광의 상태에 이르는 내용만이 미래로 묘사되며 미래 시제로 표현되어 있을 뿐이다. 따라서 미래의 사건은 오직 영광의 상태에 관한 것 뿐이다.”—이에 대한 답변은 52장 13절을 다룰 때에 이미 제시한 바 있다. 선지자는 역사적 관점을 취하는 것이 아니라 예언적 관점을 취한다. 선지자는 자신의 예언적 환상에서 사건들이 나타나는 순서대로 사건들을 묘사한다. 그 환상에서 조건을 형성하는 것은 현재나 과거로 표현되었고, 그 결과로 나타나는 것은 미래로 묘사되었다. 이사야 후반부에 대한 예비적 고찰 부분을 참조하라. 거기서는 선지자가 바벨론 포로 상태에 자신을 위치시키고 그 포로 상태에서의 구원을 미래의 사건으로 보았는데, 여기서는 메시야의 고난과 영광의 상태 사이에 자신을 위치시키고서 그의 고난을 과거의 사건으로, 그의 영광의 상태를 장차 올 사건으로 묘사하는 것이다. 선지자로서는 이것이 조건과 그 결과를 구분하며 메시야의 고난과 승귀를 그 적절한 관계 속에 위치시키는 유일한 방법이었다. 뿐만 아니라, 선지자가 고난을 언제나 과거로 묘사하고 그것을 항상 과거 시제로만 표현했다는 것은 결코 사실이 아닌 것이다. 어떤 경우에는 선지자가 무의식 중에 예언적 관점에서 역사적 관점으로 옮아가서 심지어 고난에 대해 다루면서도 미래 시제를 사용하기도 하는 것이다.

454. (5) “이 하나님의 종은 병행 구절의 강화(講話)에서 주제로 등장하는 인물과 동일 인물이라는 것이 분명하다. 42장 1절부터 7절, 49장의 처음 아홉절, 그리고 61장 1절부터 3절까지를 비교해보라. 이 구절들에는 그리스도에게 적용시킬 수 없는 내용들이 더 많이 들어 있다.”—여기서 우리는 이 두 부분의 주제가 동일하다는 우리의 반대자들의 주장에 전적으로 동의하며, 또한 한 곳에서는 메시야에게 적용시키고 다른 곳에서는 다른 주제에 적용시키는 그런 일관성 없는 해석자들의 그릇된 주장에 대해 분명히 반대한다. 그러나 우리는 이 구절들이 메시야 해석과 도저히 맞아 떨어지지 않는다는 게 제니우스의 주장은 그릇된 본문 해석(선지자의 예언이 지니는 상징적 성격을 무시하고 지나치게 문자적으로 보는)에 기인한 것이든지, 아니면 본문 해석

은 올바르다 하더라도 그가 자신의 본문 해석에 거슬리는 입장을 강하게 주장한데서 비롯된 것일 것이다. 예컨대 몇몇 구절들에서는 메시야가 분명히 화자(話者)로 소개되는데, 이 사실이 그를 실제적인 인물이 아니라 가상적인 인물로, 즉 선지자들의 집단 전체를 대표하는 인물로 보아서 그를 화자로 소개하는 입장과 어떻게 조화를 이룰 수 있겠는가?

455. (6) "전후 문맥을 볼 때에 이 강화의 주제는 포로 상태 이후의 국가의 회복이다. 그러므로 이 예언을 읽는 자들로서는 이것이 미래의 시기에 올 것으로 기대되는 한 구속자를 가리키는 것으로 이해하기가 불가능한 것이다."—그럴 필요도 없다. 여기서 중요한 문제는 오로지 이사야 선지자나 그의 청중들이 그 위대한 하나님의 종이 미래에 당할 고난을 그들의 구원의 조건으로 인식하게 되었고 그리하여 그들이 동일한 사랑으로(오늘날 우리가 이미 오신 구속자를 향하여 가져 마땅한 사랑과 동일한 사랑으로) 장차 오실 구속자를 포용하게 되었다는 사실이다. 그들에게는 그 구속자에 대한 사실만으로 족했으며, 그 구속자가 과연 언제 오셔서 그 일을 이루시는지에 대해서는 그들로서는 알 필요가 없었고, 선지자의 예언적 환상의 본질로 볼 때에도 그들이 그것을 알도록 허락되지도 않았다. 그들로서는 아마도 그 위대한 사건이 바벨론 포로에서 구원받은 직후에 곧바로 이루어질 것이라고 줄곧 생각했을 것이다. 사실상 그들이 그 일의 성취가 그렇게 오랜 세월 후에 이루어질 것을 미리 알았더라면 그 일에 대한 열심과 사랑이 많이 약해졌을 것이다. "오백년 이후에나 일어날 일이었다면 당시의 독자들로서는 거의 관심을 가질 수가 없었을 것이다." 다른 사람들이 가장 관심을 갖고 생의 핵심 문제로 여기는 것에 전혀 관심을 갖지 않았던 선지자로서 할 수 있는 말은 바로 이것 뿐이었던 것이다.

456. 메시야 해석은 이사야서 전체와 이 부분의 연관성을 무너뜨릴 뿐 아니라 이 예언을 확정적인 예언으로 이해한다는 것도 가까운 미래에 관하여 희미한 정도의 예상을 전해주는 성경 예언 전체의 성격과 비교해도 어울리지 않는 것이라는 게제니우스의 주장은 이미 충분히 반박했기 때문에 여기서는

그냥 지나가기로 한다. 다만 그의 논리에 나타나는 확실한 모순점을 한 가지 지적하고자 한다. 그는 성경의 모든 예언은 오로지 가까운 미래에 대해서만 말씀하는 것이라고 말하고는 곧바로 말하기를, 저자는 그의 예언을 통해서 미래의 어느 시기에 여호와의 종교가 이방의 종교를 누르고 찬란한 승리를 거둘 것이라는 희망을 선포했는데, 그것이 기독교의 성행으로 성취되었다고 말한다. 그는 결국 표면적으로는 메시야 해석을 부인하면서도 결국 그 스스로 이것이 메시야에 관한 예언임을 인정한 셈이 되는 것이다.

457. 이제는 메시야 해석의 근거들을 살펴볼 차례가 되었다. 여기서는 어떠한 구절들이라도 적용시킬 수 있는 모든 근거들을 메시야와 관련하여 서론에서 제시한 원리들에 따라서 함께 묶어서 제시하고자 한다.

458. (1) 메시야 해석은 전통의 증언을 통해서 확증되고 있다. 더 오랜 옛날 유대인들은 이 예언을 한결같이 메시야에 관한 것으로 보았다. 그러나, 후대의 비메시야적 해석들은 그 사람들이 통상적으로 가지고 있는 사고에 만족스럽게 들어맞는 것인 반면에 메시야 해석은 사람들의 일반적인 정서에 어울리지 않는다는 점을 생각하면 전통의 권위는 더 한층 무게를 더하는 것이다.

459. (2) 이 예언을 신약에서 인용하고 있는 것을 보면 메시야 해석이 당시에 주류를 이루는 것이었음을 알게 되는 동시에(만일 그렇지 않았다면 신약 저자들은 그런 해석을 여러 가지 근거를 들어서 증명했을 것이다. 시편 16편의 경우나 시편 110편의 메시야의 신적 권위에 대해서도 마찬가지이다. 그리고 세례 요한도 현재의 본문에서 취한 말로써 "보라, 세상 죄를 지고가는 하나님의 어린양이로다"라고 선언하고 있는데 거기서도 메시야 해석이 당시에 주류를 이루는 것이었음이 분명히 드러난다. 53장 4,7,11절을 참조하라), 그 해석이 정확한 것이었음을 보여주는 틀림없는 증거를 보게 된다. 물론 신약에서 53장 1절을 인용하여 백성들 대다수의 불신앙을 지적하면서(요 12:38; 롬 10:16) "이는 선지자 이사야의 말씀을 이루려 하심이라"라고 덧

붙이고 있다고 해서 그것만으로 충분한 증거가 될 수 있는 것은 아니다. 그러나 누가복음 22장 37절의 말씀이 여기에 결정적인 증거를 더해주고 있다. 거기서 그리스도께서는 몸소 자신에 관한 예언들이 이제 이루어 감이니라고 말씀하며, 그리하여 "저는 불법자의 동류로 여김을 받았다"는 선언이 그에게서 성취되어야 할 것임을 말씀하신 것이다(53:12와 비교하라).

그러므로 그는 그 예언을 자기 자신에 대하여 말씀한 예언들과 동일한 것으로 보았으며, 따라서 우리 주님께서 아시고 말씀하신 대로 그 예언은 메시야에 관한 것임이 분명한 것이다. 마가는 이 말씀을 예수께서 하신 것으로 기록하지 않고 후에 넌지시 그 말씀을 암시하는 정도로 그치고 있다는 게제니우스의 답변은 사실 아무 것도 입증해주지 못한다. 그리스도께서 전에 몸소 인용하셔서 자신에 관한 것으로 말씀하신 예언을 마가가 후에 넌지시 암시하지 못할 이유가 어디에 있는가? 그리고 그리스도께서 자신이 성경대로(κατὰ τὰς Ύραφάς) 고난 당하고 죽어야 하리라고 말씀하셨을 때에 그가 주로 이 본문을 염두에 두셨었다고 한 우리의 견해가 전혀 근거없는 억측은 아니다.

메시야 해석에 대해 반대하는 자들도 고난 당하고 대신 죽임을 당하는 메시야의 관념을 구태여 구약 성경에서 찾는다면 바로 이 본문에서 찾을 수 있음을 고백하고 있는 것이다. 사도행전 8장 27절 이하에서 빌립은 에디오피아의 국고를 맡은 내시의 질문에 답하면서 이 예언을 그리스도에 관한 것으로 설명하며, 그것에 근거해서 그에 대하여 증거한다. 마태복음 8장 17절에 대해서는 본문 해석에서 이미 살펴본 바 있다. 데 베테 이후 게제니우스는 그 이사야의 예언은 결코 그리스도의 대속적인 죽음을 가리킨 것이 아니며 마태복음 8장 17절에 나타나는 인용문이 그 점을 강하게 증거해준다고 강조했다. 후자의 내용에 대해서는 해당 본문의 해석을 참조하면 될 것이며, 전자의 진술은 잘못된 것이다.

사도 베드로는(베드로전서 2장 21-25절에서) 그리스도의 대속적인 사역을 말씀하면서 이 예언의 주요 구절들을 글자 그대로 인용하여 사용하고 있다. 사도들이 그리스도의 대속적인 죽음에 대해 말씀하면서 이 예언을 그렇게 잘 인용하지 않았던 것은 그들이 이 예언을 그리스도의 대속적인 죽음에 관한 것으로 깨닫지 않았기 때문이 아니라, 오히려 그 예언은 그들 자신에게나 독자들에게 너무나도 친숙하게 알려져 있었으므로 직접적으로 인용할 필요가 없고 다만 암시하는 것만으로도 충분했기 때문이었다. 그렇기 때문에 수많은 구절들에서 이 예언에 대한 간접적인 암시나 회상 등이 나타나는 것이다(예컨대, 막 9:12; 롬 4:25; 고전 15:5; 고후 5:21; 요일 3:5; 벧전 1:19).

사실상 이 구절은 예수의 대속적인 죽음에 대한 사도적 선포의 근간을 구성하는 주제가 되는 것이다. 이 점은 게제니우스 자신도 어느 곳에서 고백하고 있는데, 이는 앞에서 인용한 것과는 너무도 모순되는 발언이라 아니할 수 없다. "대부분의 히브리 독자들은 이제 희생과 대속의 관념에 대해 아주 친숙해져 있어서 그것을 그렇게 이해했음에 틀림이 없으며, 또한 그리스도의 대속적인 죽음에 대한 사도들의 이해가 바로 이 점에 근거하고 있다는 것은 추호도 의심의 여지가 없다."

460. (3) 가장 탁월한 해석자들(게제니우스, 팜 등)이 인정하듯이, 이 예언들의 주제가 42, 49, 50, 61장의 주제와 동일하다는 데에는 의문이 있을 수 없다. 그러면, 이 장들이 오직 메시야만을 가리키는 것이라면 거기에서 사용된 메시야 해석의 논증들이 이 본문에도 그대로 적용될 수 있으며, 그 반대도 그대로 성립할 것이다. 게다가 게제니우스가 메시야에 관한 것으로 이해한 11장 1절은 53장 2절과 아주 흡사하므로 이 두 구절이 동일한 주제를 다루는 것으로 보아야 마땅한 것이다.

461. (4) 이러한 외적인 논증에 덧붙여서 이 예언의 주제와 관련하여 나타나는 특징들에서 추출한 내적 논증도 함께 제시하여야 할 것이다. 물론 모든 특질들이 그리스도에게서 성취되었음을 입증할 수가 있지만, 여기서는 오로지 그에게만 해당하며 다른 어느 누구에게도 해당되지 않는 그런 특질들만을 살펴보기로 한다. 무엇보다도 먼저 언급할 것은, 그 위대한 하나님의 종의 대속적인 고난을 통해서 백성들이 죄의 형벌에서 자유를 얻고 하나님과 화목하게 되며 의롭게 된다는 가르침이다. 몇몇 사람들이 제각기 다른 방법

으로 이러한 가르침을 삭제하려고 노력했다.

킴치는 다음과 같이 논평한다: "우리는 포로 상태에 있는 이스라엘이 이방 백성들의 죄와 질병을 짊어진 것이라고 생각해서는 안된다. 왜냐하면 그런 일은 하나님의 공의와 모순되는 것이기 때문이다. 오히려 우리는 이방인들이 이스라엘의 찬란한 구속을 바라볼 때에 이스라엘이 과연 자기들의 죄와 질병을 짊어졌었다는 판단을 내릴 것이라고 보아야 할 것이다."

그러나 대속적인 고난을 반대하는 킴치의 이와 같은 논증에 약점이 있음을 쉽게 볼 수 있다. 대속적인 고난이라는 교의가 하나님의 공의와 모순을 일으키는 것은 오로지 고난 당하는 자가 그의 고난을 자발적으로 당하지 않았을 경우뿐이다. 게다가 그런 식의 독단적이고 추측적인 반대 주장은 결코 합당치가 않다. 왜냐하면 부패한 이성으로 계시의 교의들에 대해 감히 판단한다는 것은 도무지 있을 수가 없는 일이기 때문이다. 뿐만 아니라 그가 대속적인 고난의 교의를 제거하기 위하여 사용하는 방법론도 지극히 무리한 것으로서 결국 성경 속에 있는 모든 내용 가운데 확실한 것이 아무 것도 없는 것으로 만들어 버리는 것이다.

몇몇 좀더 최근의 해석자들은 다른 방법을 취했다. 그들은 이 예언에 나타나는 표현들을 전적으로 상징적인 것으로 이해하며, 따라서 이 예언에서 의로우신 하나님이 메시야를 통해서 우리의 죄를 대신 만족시키도록 하셨다는 교의 따위를 찾아서는 안된다고 주장했다. 그러나 이 표현들을 문자적으로 해석해야 한다는 결정적인 증거가 있다. 그것은 곧 선지자가 이 주제에 대해 말씀할 때에 어느 특정한 한 구절에서만 말씀하고 지나치는 것이 아니라 계속해서 그 주제를 거듭 말씀하며, 메시야의 구속과 고난을 언제나 서로 원인과 결과의 관계로 표현한다는 사실이다.

이사야는 다음과 같이 말씀한다: "메시야께서 많은 이방인들을 죄에서 구원하실 것이다"; "그가 우리의 허물과 죄악을 스스로 지셨다"; "그는 우리의 허물을 인하여 찔리셨도다"; "여호와께서 우리 모두의 죄악을 그에게 담당시키셨도다"; "그는 백성이 받을 형벌을 대신 받으셨도다"; "그는 자기 자신을 하나님께 속죄 제물로 드리셨도다." 게다가 52장 15절의 '그가 … 뿌릴 것이며' (한글 개역에는 '그가 … 놀랠 것이며'로 번역되어 있다—역자주)라는 표현과 53장 10절의 '속죄 제물'이란 표현은 모두 희생 제사에서 취한 것들이며, 따라서 마치 외형적인 신정국가에서 희생 제물의 죽음이 객관적으로 외적인 순결성을 회복시켜주었듯이 메시야의 고난과 죽음이 하나님과의 내적인 화목을 이루는 것으로 묘사되고 있는 것이다. 사실 희생 제사에서 대속을 분명히 볼 수 있다.

물론 그런 대속이 내적인 성결을 보장하지는 못하지만 그럼에도 불구하고 그것은 외적인 신정적 순결성을 회복시키는 방법이었던 것이다. 이 점은 하나님께서 제정하신 희생 제사의 제도에서 잘 이루어져온 것이다. 그러므로 여기서 최소한 다음과 같은 사실은 분명하다: 선지자가 과연 대속적인 죽음의 교의를 전하려 했다면 이보다 더 강한 표현은 사용할 수가 없었을 것이다. 신약에 나타나는 예수의 대속적인 죽음에 관한 구절들 가운데서도 이보다 더 분명한 것은 없다. 그러나 신약에서도 대속적인 죽음을 가르치고 있다는 사실은, 교리적 편견에 사로잡혀서 본문의 정확한 해석을 희생시켜 버린 사람들(파울루스처럼)을 제외하고는, 최근의 무수한 이성주의적 해석자들이 다 인정하는 것이다. 그러나 그런 편견에 사로잡힌 사람들에 대해서도 시간이 이미 판단을 내려준 바 있다. 이 논증은 참으로 강력한 것이어서 유대인들 가운데서 알쉐크(Alschech)가 진리를 인정하고 밝힌 후에 심지어 로젠뮐러나 게제니우스 등도 이 구절에 대속적인 죽음의 교의가 내포되어 있음을 인정치 않을 수가 없었다.

이제는 문자적인 의미를 반대하는 데 베테의 주장을 살펴보기로 한다. 1. 그는 두 구절에서 대속물이라는 낱말이 상징적 의미로 쓰인다는 사실을 주장한다. 그 첫째는 이사야 43장 3절인데, 거기서 여호와께서는 그가 애굽과 구스와 스바를 이스라엘을 위한 대속물로 주었다고 말씀한다. 우리는 여기서 데 베테의 견해에 전적으로 동의한다. 게제니우스는 이 구절에도 대속적인 죽음의 교의가 내포되어 있다고 보지만 그것은 잘못된 것이다. 이런 식의 대속의 관념은 하나님의 공의에 대한 구약 전체의 관념과 모순되는 것이며, 앞으로 살펴보겠지만 그런 비슷한 유가 전혀 없는 것이다. 둘째는 잠언 21장 18절인데, 곧 "악인은 의인의 대속이 되고 궤사한 자는 정직한 자의 대신이 되느니라"라는 말씀이다. 게제니우스 스스로 인정하듯이(그리고 그는 이사야 43장 3절에 대한 상징적 해석이 정확함을 이로써 확증한다) 이 구절은 다음과 같은 의미일 뿐이다: '의인이 오랜 동안 겪은 고난들이 후에 대신 악인에게 부과되며 그 때에 악인은 사실상 의인을 대속하게 되는 것이다.' 그러나 이 두 구절들은 그의 주장을 입증해주지는 못한다. 왜냐하면 이 이사야의 구절에 대속적인 죽음의 교의가 존재한다는 것은 상징적으로도 얼마든지 해석할 수 있는 단 한 가지의 표현에 의존하여 성립하는 것이 아니며, 오히려 그 교의가 여러 가지 다양한 표현을 써서 거듭거듭 계속적으로 언급되고 있다는 사실에 근거하는 것이기 때문이다.

2. "이사야는 모든 미신에서 완전히 벗어나 있었으므로 희생 제사나 하나님에 대한 모든 외형적인 예배 행위를 거의 다 거부했다. 동물을 통해서 죄를 대속하는 것이나 한 사람을 통해서 죄를 대속하는 것이나 과연 서로 무슨 차이가 있는지를 도무지 알 수가 없다."—인용된 구절에서 선지자는 모든 선지자들이 그러했듯이 희생 제사 그 자체가 하나님의 긍휼하심과 죄의 용서를 얻는다는 생각을 아주 강력하게 반대하고 있다. 그런 생각은 희생 제사의 본래의 의도와 의미와 전적으로 어긋나는 것이기 때문이다. 그러나 그렇다고 해서 이사야가 대속적인 죽음의 교의를 거부한 것은 결코 아니라는 사실은 신약의 저자들이나 기독교 교회의 모든 저자들이 희생 제사에 대하여 비슷한 정서를 가지고서 이 교의를 여전히 가르치고 있는 예에서 매우 분명히 드러난다.

데 베테가 동물을 통한 대속을 사람을 통한 대속과 동일한 수준으로 본 것은 잘못이다. 그는 선지자가 하나님의 종을 그저 사람으로만 보았다는 그릇된 선입견을 가졌던 것이다. 선지자가 영광을 입은 메시야에 대하여 말씀한 내용들은 사람에게는 적합치 않다. 다른 구절들에서는 하나님의 이름들과 속성들을 그에게 적용시키고 있는데, 이런 점을 볼 때에 그는 과연 메시야의 신성을 잘 인지하고 있었음이 분명한 것이다. 앞으로 살펴보게 되겠지만, 한 사람이 여러 사람들을 위하여 희생 제물로 바쳐진다는 사상은 구약의 가르침과는 전혀 어긋나는 것이다. 미가서 6장 6-8절에서는 이스라엘 백성이 무엇으로 스스로를 대속할지, 자기 자식들을 제물로 드려서 대속할지를 묻는데, 이에 대해 선지자는 여호와께서 요구하시는 것이 의와 사랑과 겸손임을 말씀한다. 데 베테는 바로 이 구절을 인용해서 자신의 주장을 뒷받침하려 하지만, 그 구절들은 여기에는 전혀 맞지 않는 것이다. 하나님의 종이 우리들을 죄에서 구원하실 수 있었던 것은 오직 그의 완전한 무죄성(無罪性)과 의(義) 때문이었는데, 그런 것은 사람에게서는 도저히 찾아볼 수가 없는데 본문은 그 점을 특별히 강조하고 있는 것이다.

3. 데 베테는 이사야는 경건을 증진시키는데 모든 관심을 기울였던 선지자였으므로 그로서는 이 교의를 가르칠 수 없었다고 주장한다. 왜냐하면 그 교의는 경건성을 완전히 뒤집어 엎는 것이었기 때문이라는 것이다. 그러나 이런 주장은 독단적인 것으로서 루터나 아른트(Arndt)나 슈페너(Spener)뿐만 아니라 기독교 교회 전체가 반대하는 것이다. 그러므로 이사야 53장의 본문은 대속적인 구속 사역을 확실하고도 명료하게 가르치고 있는 것이다. 신약에서도 그리스도에 대해서 동일한 사실을 말씀하고 있다. 사실 그리스도께서는 그의 지상 생애 동안 그의 죽음과 대속적인 구속 사역의 진의(眞意)에 대해서 명확히 말씀한 경우가 거의 없다. 그러나 그 이유는 육신적인 생각에 사로잡힌 제자들이 이 교의의 참된 의미를 이해할 준비가 되어 있지 않았던 때문이었다. 그러므로 그 교의는 그리스도께서 제자들에게 말씀하지 않으셨고, 말씀하셨어도 제자들이 감당할 수 없었던 그런 "여러 가지 일"에 속하는 것이다. 그러나 그리스도께서는 부활하신 후 제자들에게 그 교의를 완전히 가르쳐주셨다(눅 24:27). 그러므로 사도들이 우리에게 전해준 그 완전한 정보들은 부분적으로는 그리스도의 교훈에서 나온 것이며, 또한 그들에게 약속하셨고 실제로 임한 성령의 조명하심에서 비롯된 것이라 할 수 있다.

462. 그 이외에도 하나님의 종이 부자(아리마대 요셉)와 함께 묻힌다는 9절의 말씀도 특별히 언급할 만하다. 이 예언이 그 성취와 정확히 일치한다는 사실은 복음서 역사를 접한 사람이면 누구나 쉽게 아는 내용이므로 여기서 다시 구구하게 설명할 필요가 없을 것이다.

463. 메시야 예언을 입증하는 이런 적극적인 논증들은 기타 다른 해석

을 반박하는 소극적인 논증의 역할도 한다. 이 예언을 웃시야 왕으로부터 마카베오에 이르기까지 그리스도가 아닌 여러 인물들에게 적용시키는 갖가지 견해들이 난무하는데 그것들을 일일이 반박한다는 것은 시간 낭비일 뿐이다. 그런 견해들은 그것들을 주장하는 사람 이외에는 아무에게도 인정받지 못하는 것들이 태반이다. 그들은 이 예언 속에 나타나는 한 가지 특질에 관심을 집중시킨 나머지 다른 모든 특질들은 무시해버리거나 그릇되고 부자연스러운 억지 해석으로 끼워맞추어 버리고, 그 한 가지 특질과 맞는 역사적 인물을 찾느라 혈안이 되어 있는 것이다. 그런 식으로 나가면 지금까지 언급한 것 이외에도 무수한 이론을 만들어 낼 수가 있을 것이다. 그러므로 그런 것들은 일일이 반박할 필요가 없다. 성경이나 역사의 어떤 인물들이 이 예언에 해당하는 것으로 지목되지 않았다면, 그것은 순전히 우연히 그렇게 된 것일 뿐이다. 이런 구체적인 개인들이 이 예언의 대상이 될 수 없는 근거는 단 하나의 예외도 없이 모든 인물들이 다 임의적으로 끼워맞추어지고 있다는 사실에 있다. 그들이 어디서 왔으며 어디로 가는지, 어째서 선지자가 그 인물의 이야기를 갑자기 꺼내는지를 해명해줄 수 있는 사람이 아무도 없는 것이다.

464. 그 해석들 가운데 세 가지는 주목할 필요가 있는데, 그것들은 지지자가 더 많고 근거도 더 그럴 듯하기 때문이다. 그 첫째는 이 예언의 주제가 유대 백성 전체라고 보는 것이며, 둘째는 그들 가운데 경건한 자들이라고 보는 견해이며, 셋째는 선지자들 전체라고 보는 것이다. 이 세 해석의 공통점은 이 예언의 주제가 실제적인 인물이 아니라 이상적인 인물이요, 한 집단을 인격화한 것이라고 본다는 점이다.

465. 첫째 해석에 대해서 우리는 주로 다음과 같은 논지를 제시할 수 있다:-

466. (1) 유대 백성이 가끔 하나의 통일체로 인격화되어 **여호와의 종**으로 불리기도 하는 것은 사실이다. 그러나 여호와의 종이라는 표현이 한 개인을 가리키는 것이 아니라는 최소한의 암시조차도 없는 상태에서 한 단락 전

체에서 줄곧 그 표현을 집단을 뜻하는 의미로 사용한 것은 유례를 찾을 수가 없다. 더욱이 3절에서는 '그'가 주어로 나타나고 있으며, 10절에서는 그에게 영혼이 있는 것으로 묘사되며 무덤과 묘실이 단수로 나타나고 있다. 만일 선지자가 여기서 한 개인이 아닌 어떤 집단에 대해 말씀했다면 그는 최소한 여기의 말씀의 진의에 대해 암시는 주었을 것이다. 뿐만 아니라 그런 알레고리식의 해석은 이미 언급한 바 있거니와 히브리 문학에서 유례를 찾아볼 수 없으며 또한 매우 부적절하고 미약한 해석인 것이다.

467. (2) 이 부분에 나타나는 주어로 나타나는 인물은 자신의 고난을 **자발적으로** 감당하였다. (10절에 의하면 하나님의 종은 자신을 속죄 제물로 드리며 12절에서는 그가 자신의 목숨을 버려 사망에 이르렀기 때문에 영광으로 관을 쓰는 것으로 나타나는데, 이런 표현들은 오직 자발적이며 헌신적인 행위를 뜻하는 것으로 밖에는 달리 이해할 수가 없다.) 그는 스스로 죄가 없으면서도 다른 사람들의 죄를 지며, 그의 고난은 백성들을 의롭게 하는 효과 있는 원인이 된다. 그는 조용히 인내로 고난을 당하며 자신에게 고통을 가하는 자들에 대해 격렬히 대항하지 않는다. 이 가운데 최소한 네 가지 특징은 이스라엘 백성에게 들어맞지 않는다.

(a) 그들은 자발적으로 바벨론으로 포로로 잡혀가지 않았고 격렬하게 싸우다 끌려 갔다.

(b) 그들은 죄없이 고난을 당한 것이 아니다. 그들은 자기 자신의 죄에 대한 형벌로 포로로 끌려 갔던 것이다. 이 사실은 과거에 모세가 하나의 신정적 심판으로서 예언한 바 있으며(레 26:14; 신 28:15; 29:19; 32:1), 또한 모든 선지자들이 한결같이 묘사하는 것이기도 하다. 예레미야와 에스겔은 이 형벌이 반드시 그 백성에게 임할 것을 새롭게 선포했다. 그 백성 가운데 엄청난 죄악이 만연되어 있으며 특히 우상숭배가 가득한 결과로 그런 형벌이 올 것이라는 것이었다. 이사야 자신도 후반부에서 유다 사람들에게 교훈하기를 그들이 하나님의 공의로우심으로 인하여 포로로 끌려 갈 것이며 오로지 하나님의 긍휼하심으로 말미암아서 다시 구원받을 것이라고 했다(56-59장). 그리고 포로로 끌려갈 당시의 직접적인 정황을 살펴보아도, 9절에서 고난 당

하는 자에 대하여 말씀하는 내용은 결코 이스라엘 백성에게 어울리지 않는다: "그는 강포를 행치 아니하였고 그 입에 궤사가 없었도다."

포로로 끌려갈 당시에 유다는 느부갓네살에 대항하기 위하여 애굽과 허위로 동맹을 맺었는데 이에 대해서 예레미야는 심하게 반대했다. 로젠뮐러는 이런 난제를 제거하기 위해서 다음과 같은 논지를 제시한다: 여기서는 선지자가 자신의 입장에서 말하는 것이 아니라 이스라엘 사람의 환심을 사기 위하여 그들에게 아첨하는 이방 백성의 입장에서 말하는 것이라는 것이다. 그러나 이런 설명은 성립할 수가 없다. 선지자는 아무런 보충 설명도 없이 갑자기 다른 사람들의 입장에서, 더구나 자신이 인정할 수 없는 그 사람들의 그런 발언을, 자신의 입으로 한다는 것은 도무지 상상도 할 수 없는 일이었을 것이다. 그는 모든 백성들이 자신이 하는 말을 선지자 자신의 말로(이방 백성의 말이 아니라) 당연히 받아들일 것이라는 것을 모를 리가 없었던 것이다. 여기 53장 1-10절에서 주어로 등장하는 인물의 무죄성에 대해서 로젠뮐러는 유대인들의 예를 따라서 그것이 이방 백성들의 말이라고 주장하지만, 그 문제는 52장 13절 이하에 나타나는 여호와의 말씀에서도 그의 무죄성이 선포되며 53장 11, 12절에서도 같은 내용이 선포되고 있는 것이다. 고난 당하는 자 자신이 무죄해야만 그가 이방을 죄에서 구원해낼 수가 있는데, 11절에서는 그를 가리켜 분명히 의롭다고 하며, 또한 12절에서는 그가 스스로 범죄자 중 하나로 헤아림을 입은 그것이 공로가 된 것으로 말씀하고 있는 것이다.

(c) 유다 백성들의 고난은 결코 이방 백성을 의롭게 만드는 효과적인 원인으로 묘사될 수가 없다. 그들의 고난은 이방 백성이 당할 고난을 대신 당한 것이 아니었다. 유다 백성들은 자발적으로 고난을 당한 것이 아닐 뿐 아니라 무죄한 상태로 고난 당한 것도 아니었기 때문이다. 오히려 그들은 자기들의 잘못 때문에 고난을 당했으며, 자기들의 의지와는 상관없이 고난을 당했다. 그러나 구약 성경에서 한 사람의 고난이 다른 사람들을 위하여 대신 당하는 것으로 인정받은 예는 나타나지 않는다. 데 베테도 히브리 사람들은 대속적인 구속의 교의가 사람들에 의해서 만들어진 것으로 생각하지도, 또한 생각할 수도 없었음을 입증해주고 있다. 그런데 이사야서에서 대속적인 구속

의 교의를 가르치고 있음이 입증되었으므로, 그는 메시야의 사역 이외에 다른 것을 말씀했을 수가 없는 것이다.

그러한 구속의 첫째 조건은 현재의 부분에서 묘사하고 있는 대로 고난당하는 자가 전적으로 무죄하여야 한다는 것이다. 죄 있는 사람은 누구든 다른 사람의 죄의 형벌을 담당할 수가 없다. 그런 사람의 고난은 하나님의 공의의 형벌이거나 아니면 하나님의 긍휼하심에서 나온 채찍이거나 둘 중의 하나이다. 그러므로 인간이 대속한다는 가르침은 인류 전체의 보편적인 죄성을 가르치는 구약의 교훈과 정면으로 배치되는 것이다. 심지어 백성 가운데 가장 경건하며 고상한 부류에 속하는 선지자들조차도 백성들의 죄악성을 말씀하면서 자신들을 거기에 포함시켜서 말씀하는 예가 자주 나타난다.

이사야는 하나님의 영광을 보고서 말하기를 "화로다 나여, 망하게 되었도다. 나는 입술이 부정한 사람이요 입술이 부정한 백성 중에 거하면서 만군의 여호와이신 왕을 뵈었음이로다"(6:5)라고 한다. 인간이 대속한다는 사상은 미가서 6장 6절 이하와 시편 49편 7절 이하의 교훈과도 크게 모순을 일으킨다. "아무도 겨로 그 형제를 구속하지 못하며 저를 위하여 하나님께 속전을 바치지도 못할 것은 저의 생명의 구속이 너무 귀하며 영영히 못할 것임이라 저로 영존하여 썩음을 보지 않게 못하리니." 또한 그런 사상은 에스겔서 18장 20절의 교훈과도 모순된 것이다: "범죄하는 그 영혼은 죽을지라. 아들은 아비의 죄악을 담당치 아니할 것이요 아비는 아들의 죄악을 담당치 아니하리니 의인의 의도 자기에게로 돌아가고 악인의 악도 자기에게로 돌아가리라."

킴치의 견해처럼 여기서 선지자가 이방인들의 생각을 그저 표현하고 있을 뿐 그들의 생각을 인정하는 것은 아니라고 주장하는 것도 도무지 설득력이 없다. 대속적인 구속의 교의는 오직 여호와의 강화 속에서 나타나지, 이방인이 화자로 등장하는 부분에서는 절대로 나타나지 않는 것이다.

468. 그러나 여기서 우리는 게제니우스가 데 베테의 주장에 반대하여, 사람이 대속한다는 교의가 구약 성경 전체에 널리 퍼져 있으며 히브리적 사고에 깊이 영향을 주었다는 자신의 주장을 증명하기 위해서 증거로 제시한

구절들을 면밀히 검토해 보아야 할 필요가 있다. 그 구절들은 다음과 같다.

"나를 미워하는 자의 죄를 갚되 아비로부터 아들에게로 삼 사대까지 이르게 하거니와"(출 20:5). 그러나 이 본문은 대속(substitution)과는 관계가 없다. 왜냐하면 대속이란 죄 지은 당사자와 또 다른 사람이 동시에 형벌을 받는 그런 정황에 있는 것이 아니라, 죄 지은 당사자의 죄책이 다른 사람에게 전가되고 그 결과로 그가 형벌에서 완전히 벗어나는 것에 있기 때문이다. 그러므로 이 본문은 전혀 다른 상황을 다루는 것으로서 경건한 자와 악인에 대한 상급과 형벌을 후손들에게까지 확장시킴으로써 그런 상급과 형벌의 중요성에 대해서 깊은 인상을 주고자 하는 의도에서 말씀한 것이다. 고대의 입법자들도 모두 이와 동일한 방법으로 그들의 법을 유지시킬 필요가 있음을 인지했다. 다른 나라들에서도 백성들로 하여금 그 국가의 법을 존중하도록 하는 것을 국가의 목표를 이루기 위해서 필수적인 요소로 여겼듯이, 신정정치 하의 이스라엘에 있어서도 그 목표가 다른 국가들보다도 훨씬 높았던 만큼 더욱 더 그 일을 필수적으로 여겼던 것이다.

"형벌이 그 당시에 이루어지지 않았을 경우에는 그 후손에게 행해진다"(삼하 21:1-14). 이에 대해서도 동일한 논지가 그대로 적용된다. 사울이 기브온 사람들에게 행한 범죄가 그동안 처벌되지 않고 내려오다가 이스라엘 사람들의 땅에 기근을 불러 일으킨 것이다. 범죄를 행한 자를 처벌할 수 없게 되었으나 백성들 가운데 율법의 거룩성을 유지하기 위해서는 반드시 형벌이 가해져야 했으며, 그리하여 그 후손들(이 법에 의하면 그들 역시 형벌의 대상이다)이 형벌을 받았으며 또한 그 범죄를 저지른 장본인이 그들을 통해서 형벌을 받은 것이다. 때로는 전체를 보존하기 위하여 일부분이 불가피하게 고난을 당할 경우도 있는데, 신정국가에서는 오로지 율법의 거룩성을 철저히 유지함으로써만 그런 일을 시행한 것이다. 이 경우에도 대속을 적용시킬 수는 없다. 왜냐하면 부과된 형벌을 면한 사람들은 그 범죄를 저지른 당사자가 아니라 그 형벌을 당하지 않고 지나간 백성들이기 때문이다.

"여호와께서는 백성을 계수한 다윗의 죄를 사흘 동안의 온역과 칠천명의 백성들의 죽음으로써 갚도록 하셨다"(삼하 24:10-25). 이 본문도 대속과는 아무런 관계가 없다. 그 형벌을 자발적으로 받은 것도 아니고 백성들도 무죄한 상태에서 그 형벌을 당한 것도 아니었다. 물론 이 경우 백성들이 그 범죄 행위에 직접 참여하지는 않았지만, 그래도 그들은 그 범죄에 대한 형벌이 부당하다고 불평할 수는 없었다. 왜냐하면 그들은 다른 방면에서 죄악을 범하는 상태에 있었으므로 그들은 어떠한 형벌도 달게 받을 수밖에 없는 처지였기 때문이다. 다윗도 백성들에게 주어진 그 형벌을 면하지 못했다는 것은 그가 깊은 고뇌 가운데서 차라리 자신과 자신의 가족을 벌해 달라고 하나님께 구한 사실에서 잘 드러난다(17절). 여기서도 역시 백성들에게 가해진 형벌의 목적은 율법의 거룩성을 증진시키며 또한 아직 거칠고 육신적인 생활 모습에 빠져 있는 백성들 가운데 하나님의 공의를 높이는 마음을 일깨우기 위함이었다. 그들은 아직 사랑에 영향을 받지 못하는 상태였으므로 이러한 외적인 채찍을 통해서라도 순종하도록 인도함을 받아야만 했던 것이다.

"다윗과 밧세바가 아이의 죽음을 통해서 자기들의 죄를 갚았다"(삼하 12:15-18). 그러나 이 구절도 결코 아무 것도 입증해주지 못한다. 나단은 아이의 죽음을 예언하기 전에 다윗에게 이미 용서를 선언했기 때문이다. 그러므로 그 아이의 죽음을 대속적인 죽음으로 보아서는 안된다. 아이를 잃은 것이 다윗에게는 무척 괴로운 일이었을 것이다. 그러나 아이가 죽은 이유는 본문 14절에 잘 나타나 있다. 만일 다윗에게 아무런 형벌이 없다면, 여호와의 원수들이 하나님에게 편파적이라고 비난할 것이며 그것을 계기로 하여 하나님의 이름을 망령되이 일컫게 될 것이었다. 다윗이 아이를 잃으면서 당한 고통은 또한 그 일의 원인, 즉 자신이 범한 죄악에 대한 고통을 불러 일으켰을 것이 분명하다.

"아간이 바칠 물건을 취했으므로 여호수아의 군대 전체가 원수에게 붙인 바 되었다"(수 7:1). 여기서도 대속의 개념은 찾아볼 수 없다. 이스라엘 백성에게 재앙이 임했으나 범죄자 자신이 형벌을 면한 것이 아니기 때문이다. 오히려 그는 그의 모든 재물과 가족과 함께 불태워졌다(15, 25절). 백성들에게 임한 형벌은 백성들로 하여금 그들 가운데서 모든 범죄와 악행을 근절하는데 열심을 내도록 하려는 의도로 주어진 것이었다. 한 개인의 범죄 행위에 대해서 집단 전체에 책임을 물을 때에는 개개인의 행위를 철저히 살피게 되는 것이다. 그것은 형벌이라기보다는 하나의 경고였던 것이다.

심지어 이사야서에서도, "죄인들은 자기들의 죄뿐 아니라 그 열조의 죄에 대해서까지도 형벌을 받는다"고 말씀한다(65:7). 여기서도 대속의 개념은 찾아볼 수 없다. 대속이 성립하려면 자발적으로 형벌을 당하며 죄책이 전혀 없어야 하는데, 여기의 경우 그렇지 않다는 것은 여호와의 다음 말씀에서 분명히 드러난다: "너희의 죄악과 너희 열조의 죄악을 함께 보응하리라." 이는 곧, 너희는 하나님께서 오래 참으셨는데도 회개에 이르지 아니하여 너희 열조에 못지 않게 패역하므로 너희 열조가 받은 형벌까지 모두 그대로 받을 것이라는 뜻이다.

다니엘서 11장 35절은 이사야 53장의 말씀과 매우 유사하다. 그 주제는 경건한 자들이 종교적 박해로 인하여 당할 순교에 관한 것이다. 거기서는 말씀하기를, "지혜로운자 몇 사람이 쇠패하여 무리로(즉, 나머지 사람들로 하여금) 연단되며 정결케 되며 희게 되어 마지막 때까지 이르게 하리라"고 하는데, 이는 그들의 죽음을 순교적인 죽음으로 보는 것 이외에 다른 식으로 이해할 수가 없다. 이 구절의 의미는 바로 죽음으로도 흔들리지 않는 경건한 자들의 자기 부정과 열조들의 신앙을 굳게 지키는 모범이 나머지 사람들에게 좋은 영향을 주며 흔들리는 자들을 강하게 만들 것이라는 것이다. 이는 모든 종교적 환난의 역사에서 확증된 바 있다.

"아라비아 사람들 가운데서 매우 자주 사용되는 잠언적인 경구 중에도 이 관념에 근거한 것이 있는데, '내 목숨이 그대의 대속물이 되게 하라'는 것이다. 그 외에도 비슷한 경구들이 있는 것을 보면 최소한 대속적인 구속의 개념이 동방 사람들에게 매우 친숙했으며 결국 언어 자체에까지 전수되었다는 것은 알 수 있다." 그러나 그 경구들이 현재의 주제와 무슨 관계가 있는지 도무지 생각하기가 어렵다. 이 경구들은 기껏해야 다음과 같은 뜻 이상 아무 것도 아니다: '당신은 내게 참으로 사랑스러운 존재이므로 만일 당신을 위험에서 건질 수만 있다면 내가 가장 사랑하는 것이라도, 내 목숨과 내 아버지의 목숨이라도 기꺼이 포기하겠습니다.'

결국 지금까지 조사한 결과는 다음과 같다: 게제니우스가 인용한 모든 구절들 가운데 사람이 사람을 위하여 실행한 대속적인 구속의 관념을 전해주는 것은 단 하나도 없다. 뿐만 아니라, 이 관념은 구약의 교리적 체계에서는 완전히 배제되는 것이며, 이스라엘 백성의 편에서 대속적인 구속을 말씀의 주제로 삼으려면 최소한 그들이 무죄하며 또한 자발적으로 고난을 받아야 하는데, 이런 점은 도무지 볼 수가 없는 것이다.

469. (d) 고난 당하는 주체가 지닌 네번째 특징, 즉 전적인 인내와 하나님의 뜻에 대한 헌신도 이스라엘 백성에게는 없었다. 백성들 가운데 가장 고귀한 사람들조차 고통을 당하면서 슬픔 가운데서 불평을 쏟아 놓았다면(렘 20:7; 시 137:8,9; 애 3:64-66), 과연 어떻게 백성 전체가 입을 다물고 잠잠히 고난을 당했다고 말할 수가 있겠는가? 만일 이사야가 그들에게 이런 찬사를 할 수 있었다면 그들은 선지자들이, 특히 이사야 자신이 계속해서 묘사한 것과는 전혀 다른 백성이었을 것이 분명하다.

470. (3) 이 해석에서는 1-10절에서 이방인들이, 혹은 지금까지 유대인을 적대시한 열방들이 말을 하는 것으로 보는데, 이는 전적으로 임의적인 것이다. 이방인들이 말하는 것으로 소개될 때에는 그 전후의 문맥에서 그 사실을 반드시 알려주었다. 오늘날의 우리가 이 기사의 해석에 전혀 주저함이 없다면, 하물며 이방인들이 혹은 그들의 이름을 취한 선지자가 어떻게 포로 잡힌 유다 백성들을 억압하는 것이 자기들 자신의 죄에 대한 형벌이었다고 선언할 수가 있었겠는가?

471. (4) 이 가설은 아무런 근거도 없이 하나님의 종의 죽음과 장사(葬事)가 불행과 패망만을 의미하는 것이라고 추측한다. 포로로 잡혀가는 것이 죽음이라는 이미지로 표현되며 포로에서 구원받는 것은 부활의 이미지로 표현되는 것은 사실이다. 그러나 거기서는 모든 사실로 볼 때에 그 내용을 상징적으로 이해하여야 한다는 것이 분명히 나타나나, 여기서는 추호도 그런 암시가 나타나지 않는 것이다.

472. (5) 이 가설은 하나님의 종이 그 백성과 분명히 구분되어 나타나는 병행 구절들의 증거와 모순을 일으킨다(참조. 42:6; 49:5; 50:9).

473. (6) 이 가설을 뒷받침하기 위해서는 몇몇 구절들을 아주 부자연스럽게 억지로 해석할 수밖에 없게 된다. 예컨대 53장 1절과 2절에 대해서 로젠뮐러는 야르키의 예를 따라서 이스라엘 백성에게 적용시킨다. 그러나 이것은 아주 어색한 해석이다. 왜냐하면 이스라엘 사람들은 처음 시초에는 아주 번창했었고 훗날에 가서야 비로소 곤경을 겪었기 때문이다.

474. 이스라엘 백성 중 경건한 자들을 본문의 주제로 보는 해석에 대해서는 장황하게 논할 필요가 없다. 이 가설은 선지자 집단 전체를 본문의 주제로 보는 해석과 유사점이 많기 때문에 선지자 집단설을 반박하는데 쓰이는 논지가 곧바로 이 가설에 대해서도 적용되는 것이다. 그리고 이스라엘 배성을 주제로 보는 해석을 반박한 논지 가운데 1번, 2번, 그리고 4번이 약간 수정된 형태로 이 가설에 대해서도 적용된다. 그러므로 여기서는 다음과 같은 사실만 특별히 언급하는 것으로 족할 것이다. 1-9절에서 화자들은 자신들은 전혀 고난을 당하지 않는 것으로 말하며, 또한 그들은 그들이 받아 마땅한 고난을 스스로 지는 하나님의 종과 자신들을 대조시키고 있다. 그렇다면 경건한 자들은 포로로 끌려갈 때에 불경건한 자들과 똑같이 고난을 당했는데, 어떻게 그들이 그렇게 말할 수 있었겠는가? 불경건한 자들도 함께 고난을 당했으니, 어떻게 경건한 자들이 당한 고난을 가리켜 대속적인 것이라고 말할 수 있겠는가? 불경건한 자들은 경건한 자들에 비해서 좀더 상황이 나았다고 말하지만, 그것은 전혀 근거가 없는 상상일 뿐이다. 그것은 다니엘이나 에스더와 모르드개, 에스라와 느헤미야의 예에서 나타나는 것과 완전히 모순된 것이다.

475. 이제는 마지막 가설을 살펴볼 차례가 되었다. 즉, 선지자들의 집단 전체를 이 예언의 대상으로 간주하며 결국 이 예언을 선지자 계급의 변명과도 같은 것으로 보는 견해가 그것이다. 선지자들은 포로기 이전에도 큰 고난을 겪었으며, 포로기에는 더욱 큰 경멸과 조롱을 받았으며, 더구나 이방인들에게 경멸과 조롱을 당했다고 한다. 그리하여 선지자 계급은 스스로의 입장을 변명하게 되었고, 여기서는 물론 42장 이하의 병행 구절에 나타나는 그

런 찬란하고도 열광적인 소망을 갖게 되었다는 것이다. 이 가설에 대해서 우리는 다음과 같은 사실들을 밝혀두고자 한다:

476. (1) 선지자 계급이 인격화되었다는 가설은 아무런 근거도 없는 논리 위에 세워진 것이다. 이 점은 이 가설을 주장하는 자들이 호소하는 구절들을 면밀히 검토해보면 분명히 드러날 것이다. 이 가운데 첫째는 44장 26절인데, 거기서 여호와는, "내 종의 말을 응하게 하며 내 사자(들)의 모략을 성취하게 하노라"라고 말씀하신다. 사자들이란 병행구로 볼 때에 종은 집단적인 의미를 갖는 것이 분명하다. 그러나 여기서 사용된 병행법이 동의적 병행법(synonymous parallelism)이며 결코 종합적 병행법(synthetic parallelism)이 될 수는 없다고 생각해야만 하는 이유는 절대로 없다. 뒤이어 나타나는 표현들을 볼 때에 오히려 이 구절은 종합적 병행법으로 이해해야 옳다. "예루살렘에 대하여는 이르기를 거기 사람이 살리라 하며 유다 성읍들에 대하여는 이르기를 중건될 것이라"라고 했는데, 여기서 예루살렘과 유다 성읍들은 동의적 병행법이 아니라 종합적 병행법을 이루는 것이다. 또한 이 구절에서 '내 종'이란 이사야 자신을 가리키는 것이다. 이사야는 전반부에서 자신에 대해 말씀한 바를 후반부에서는 참되신 하나님의 모든 선지자들에 대해 말씀하는 것이다.

둘째 구절은 오직 데 베테만이 주장하고 게제니우스는 증거가 되지 않는다고 지나치는 것인데, 59장 21절이다: "여호와께서 또 가라사대 내가 그들과 세운 나의 언약이 이러하니 곧 네 위에 있는 나의 신과 네 입에 둔 나의 말이 이제부터 영영토록 네 입에서와 네 후손의 입에서 떠나지 아니하리라. 여호와의 말씀이니라." 이는 다음과 같은 뜻이다: '네가 나의 영의 감동을 받아 발설한 말을 후대의 모든 선지자들, 즉 말하자면 그 선지자의 아들들이 반복하여 말씀할 것이라.' 그러나, 이러한 해석이 옳다 하더라도 이 구절은 선지자 계급을 인격화했다는 가설을 입증해주지 못한다.

그러나 로젠밀러는 이 견해를 반대하며 다음과 같이 적절히 논평해준다: "전후 문맥에서 분명히 드러나는 바와 같이 여호와는 선지자에게가 아니라 히브리 백성들에게 말씀하시는 것이다. 여기서 우리는 단어 치환 현상

(enallage)을 보게 된다. 처음에는 선지자를 삼인칭 복수로 말씀하다가 뒤에는 이인칭 단수로 바뀌어 그 백성에게 직접 말씀하시는 것이다." 32장 2절과 비교해보라. 거기에 나타나는 모든 약속들이 이스라엘 공동체 전체와 관련된 것이다. 선지자가 처음에는 이 공동체와 맺을 언약을 선포한 다음 뒤에 가서 그 언약의 목적을 지정하면서 갑자기 백성이 아닌 선지자 계급에 베풀어질 긍휼을 말씀했다면 그것은 그야말로 이만저만한 비약이 아니다. 그러나 이 가설은 증명이 불가능할뿐 아니라 개연성도 전연 없다. 이 가설은 선지자들끼리 하나의 연합체(a corporation)를 구성하고 있었다는 그릇된 견해에 근거를 두는 것이기 때문이다.

선지자와 제사장이 서로 다른 점은 바로 다음과 같은 사실에 있다. 즉, 제사장들은 자기들만의 종단을 형성하고 있어서 그 회원이 계속해서 공급되는 반면에 선지자직에 들어가는 것은 전적으로 여호와의 뜻에 달려 있으며, 또한 선지자들은 다른 선지자들과 관계를 맺는 것이 아니라 오직 여호와와만 관계를 가졌다는 사실이다. 그러므로 유다 백성 가설에 대해서 제기한 반론 가운데 1번의 논지가 이 경우에 더욱 강력하게 적용될 것이다. 유다 백성 가설을 주장하는 자들은 유다 사람들이 한 개인으로 나타나는 구절들에 호소하기라도 했으나, 선지자들의 경우는 그런 식으로 묘사된 예가 한번도 없는 것이다.

477. (2) 그러나 우리가 그 가설을 주장하는 자들의 입장을 취하여 후반부의 순수성을 부인한다면, 이 견해는 완전히 무너지고 만다. 바벨론 포로 직후 선지자 계급은 사라졌다. 유대의 전통은 한결같이 학개, 스가랴, 말라기를 마지막 선지자들로 보며, 제2 성전 시대에는 예언이 없었던 것으로 본다. 선지자의 예언의 말씀은 미래에 가서야 다시 재개될 것으로 보았다. 유대의 모든 사가들은 선지자직이 중단된 것이 새로운 시대를 시작하는 계기가 된 것으로 보는데, 이는 마카베오 1서 9장 27절에서도 잘 나타난다. 참 선지자에 대한 문제는 차치하더라도, 아직 선지자들이 몇명 되지 않은 그런 시기에 선지자가 선지자들의 거대한 연합체에 대해서 말했다는 것은 아무래도 설득력이 없는 것이다. 후대에는 선지자가 더 큰 권세를 누리기는 해도 그 영

적 순결성은 옛날의 선지자들보다는 훨씬 떨어지는 것이다. 선지자의 권위는 포로기 이전부터도 이미 백성들 가운데 아주 밑바닥까지 떨어져 있었는데, 그런 상황에서 선지자가 장차 선지자의 무리들이 큰 영광을 얻고 온 땅에 참된 신앙을 전파하며 세상적인 승리를 누리게 될 것이라는 그런 소망을 열렬히 토로했다는 것은 도저히 상상하기가 어려운 것이다.

478. (3) 유다 백성을 주제로 보는 해석에 대하여 제시한 반론 가운데 2, 4번이 이 경우에도 그대로 적용된다. 선지자들이 다른 사람들을 죄에서 구원하리라는 소망을 가지고 자발적으로 고난을 받은 예는 어디서도 찾아볼 수가 없다. 오히려 그 반대로 고난이 그들에게 가해질 때에 그들은 언제나 그들에게 고난을 가하는 그 당사자들에게 하나님의 무거운 형벌이 있을 것임을 선포했다. 선지자들이 결코 자신들을 죄와 죄책이 전혀 없는 존재들로 생각한 일이 없다는 사실에 대해서는 이미 살펴본 바 있다.

479. (4) 하나님의 종은 42장부터 나타나는 유사한 예언들의 대상이 되는 바로 그 인물 이외에 다른 인물일 수가 없다. 그런데 거기의 예언들에서는 선지자 계급에는 절대로 합당치 않는 많은 사실들이 나타나는 것이다. 게제니우스는 사본들과 역본에 분명히 나타나 있는 그런 사실들을 가짜라고 선언하기보다는 관련 내용들을 아예 제거해버리는 방법을 택했다.

480. (5) 선지자는 2절 이하에서 자신은 하나님의 종과는 다른 사람으로 간주하며 자신을 그 종과 대조시키고 있다. 그는 자신을 백성 가운데 포함시킨다. 그렇다면 그가 어떻게 자신이 선지자 계급을 멸시하는데 참여했으며 그 스스로 고난을 당했다고 말하며 자신을 하나님께 맞는 자라고 간주할 수가 있었겠는가? 게제니우스는 59장 9절 이하에 호소하며 선지자가 자신을 백성에 포함시키며 그들의 죄를 자신의 죄로 간주하고 있다는 사실을 근거로 주장한다(42:24도 함께 보라). 그러나 이것은 분명 경우가 다르다. 선지자는 나머지 백성들과 똑같이 정말로 그들의 죄에 함께 참여했다. 그러나 어떻게 그가 자기 자신이 속한 선지자 계급에 대해 경멸하며 멸시하는 일에 참여할

수가 있었겠는가?

481. (6) 포로기에 선지자들은 일반 백성들과 동일한 고난을 당했다. 주로 이방인들이 선지자들에게 고난을 준 것이 절대로 아니라는 사실은 예레미야의 경우에서 잘 드러난다. 예루살렘 성이 함락된 후 느부갓네살은 예레미야에게 크게 경의를 표했고, 그에게 거처할 곳을 스스로 택하라고 했다. 예레미야서 39장 11절 이하를 보라. 그렇다면, 백성들이 어떻게 선지자들을 경멸했으며, 그들이 하나님의 채찍에 맞고 있다고 믿을 수가 있었겠는가?

482. (7) 선지자들의 고난은 백성 가운데 경건한 자들의 고난을 대신해서 받은 것으로 볼 수가 없다. 백성 가운데 경건한 자들도 선지자들 못지 않게 고난을 받았기 때문이다.

483. (8) 이 가설에 의하면, 선지자들은 장차 이스라엘이 회복되어 다시 번성하게 되면 그때에 자기들이 통치자들이 되며 세상적인 승리를 구가하게 될 것이라는 소망에 사로잡혔다고 한다. 그런 소망의 어리석음은 차치하고 라도, 그것은 선지자 계급이 추구하는 것과는 정반대되는 것이었다. 신정 국가의 통치권은 언제나 다윗의 후손에게 주어지도록 하나님께서 지정하셨다. 그러므로 선지자들이 통치권을 주장한다면 그것은 자기들이 수호하고 따라야 할 의무를 지닌 그 하나님을 오히려 대적하는 것이다. 선지자들은 신정 국가의 보이지 않는 우두머리이신 하나님의 탁월한 사자들로서 배역하는 백성들을 가르치며 책망하며 경계하고 위로하도록 부르심을 받은 자들이요, 의와 평화의 전령들(heralds)이었던 것이다. 선지자들이 끝까지 이러한 그들의 임무에 충실했다는 것은 이스라엘의 역사 전체가 입증해주는 바이다.

484. (9) 그러나, 우리가 하나님의 종에 대해 말씀한 바를 상징적으로 이해하여 거기 묘사되는 승리를 세상적인 승리가 아니라 영적 승리를 뜻하는 것으로 본다 해도, 여전히 그 영적 승리의 사실을 선지자 계급에 적용할 수는 없다. 만일 여기의 말씀이 선지자들이 이방인들의 회심을 자기들의 사역

덕분으로 보는 것을 뜻한다면, 이는 이방인의 회심에 대한 다른 모든 예언들의 내용과 완전히 모순된 것이 되어 버린다. 어느 곳에서도 선지자들이 자기들의 활동 영역을 오직 언약 백성들에게로만 잘못 제한시킨 예는 나타나지 않으며, 또한 어느 곳에서도 선지자들이 자기들 스스로 활동 범위를 확대시켜서 이방 나라들에게 영향력을 행사하려 한 예도 찾아볼 수 없다. 그들은 자신들의 그 고상한 소망이 미래에 자기들에게서 이루어질 것으로 보지 않았으며, 언제나 그 소망이 메시야를 통해서 이루어질 것으로 보았던 것이다. 그들은 자기들 스스로를 보존시키려는 헛된 야망에 사로잡히지 않았고 전적으로 성령의 인도하심을 따라서 자신들을 포기하였다. 심지어 그들은 메시야의 때가 되면 선지자 계급이 불가피하게 완전히 사라질 것을 선언하기도 했다. 그 때에는 모든 사람들이 하나님께로부터 직접 교훈을 받을 것이라는 것이다(참조. 욜 3장; 사 54:13; 59:21; 4:3; 11:9; 겔 11:19; 36:27; 렘 31:33 등).

485. (10) 선지자 계급을 주제로 보는 자들은 여호와의 종의 죽음과 장사를 선지자 계급의 한 부분에 해당하는 것으로 보고, 반대로 그 종의 영광된 상태를 선지자들 가운데 죄 지은 자들에 해당하는 것으로 보는데, 본문에서 고난 당하고 죽고 영광된 상태에 들어가는 자가 동일한 인물로 나타나는 점으로 볼 때에 이런 주장은 부자연스러운 억측으로 밖에는 볼 수가 없다.

486. 그러므로 내증과 외증을 통해서 입증되듯이 신약의 무오한 증거를 근거로 하는 해석이야말로 그런 무오한 증거를 거부하는 다른 해석들과는 다른 참되고 올바른 해석인 것이다. 이러한 그릇된 해석들을 낳게 한 근거의 부당함을 밝히고 그것들을 제거한 이상, 그것들을 일일이 반박할 필요는 없을 것이다. 그렇게 하지 않아도 해석자는 그 그릇된 해석들에서 소키누스주의자들(Socinians)의 패역한 해석법을 감지할 수가 있을 것이기 때문이다.

스가랴 선지자

예비적 고찰

487. 스가랴는 예레미야와 에스겔처럼 제사장 가문의 후손이었다. 1장 1절에는 베레갸가 그의 아버지로, 잇도가 그의 할아버지로 거명되고 있다. 잇도는 여호수아와 스룹바벨과 함께 예루살렘으로 귀환한 포로 가운데 한 사람으로서 제사장들을 감독하는 직무를 맡았던 사람이었다(참조. 느 12:4). 느헤미야 12장 16절에서 예수아의 후계자인 요야김 때에 스가랴가 잇도의 직무를 계승한 인물로 언급되는 점을 볼 때에 베레갸는 일찍 사망했던 것으로 보인다. 따라서 스가랴는 최소한 만년에 가서는 선지자직과 함께 제사장직도 함께 수행했던 것이 분명하다. 에스라 5장 1절에는 베레갸에 대한 언급이 없이 스가랴가 잇도의 손자로만 묘사되는 것은 바로 베레갸가 일찍 죽어서 별로 이렇다 할 활동이 없었던 때문으로서, 다른 곳에서도 이와 비슷한 경우에 그런 사람의 이름을 생략하는 일이 있는 것이다.

488. 스가랴서는 선지자 스가랴의 예언들을 묶어 놓은 것으로서, 첫 부분에 나오는 강화는 다리오 왕 2년 제 8월에 행해진 것인데(1:1), 여기서 다리오란 히스타스페스(Hystaspes)의 아들을 가리킨다. 이 강화는 스가랴가 선지자로 활동한 초기의 말씀인 것이 분명한데, 이 점은 부분적으로는 강화의 성격에서(이는 대체적인 어조로 보아 예비적인 서언의 성격이 짙다), 그리고 본서의 연대적 전후 관계에서 잘 드러난다. 두번째와 세번째 예언에는 그 시기를 알려주는 서두가 붙어있어서(1:7; 7:1) 이것을 통해서 시기가 기록되어 있지 않은 9-13장의 예언이 바로 그 앞에 수록된 예언이 있은 다음 시기에 되어진 것임을 알 수 있다.

489. 스가랴는 처음 선지자로 활동하기 시작했을 때에 아직 나이가 젊었던 것이 틀림없다. 그 당시 그의 조부 잇도가 아직 그의 직무를 완전히 감당하고 있었으므로, 앞에서 이미 언급한 사실에서 드러나는 대로 스가랴가 그의 직접적인 후계자가 되었던 것이다. 뿐만 아니라 2장 4절에서는 선지자 자신이 분명히 소년으로 불리고 있다. 이제 선지자의 가문이 고레스왕 원년 제일차 포로 귀환 때에(이 때는 히스타스페스의 아들 다리오 2년보다 18년 전이었다) 유다로 돌아왔으므로, 스가랴는 아주 어린 시절만을 바벨론에서 보냈을 것이 분명하다. 따라서 그의 예언에 바벨론의 색채가 나타나는 것은 그가 바벨론에서 교육을 받았기 때문(베르톨트와 데 베테의 견해와 같이)이 아니라 오히려 포로에서 귀환한 유다인들 가운데 바벨론 문화의 영향이 계속 어느 정도 남아 있었기 때문이며, 또한 그 이전의 선지자들, 특히 에스겔에게 의존하는 면에 계속 나타나는데, 그 선지자들이 바벨론 사람들과 직접 접촉했었기 때문에 그런 현상이 나타나게 되었을 것이다.

490. 이제 선지자가 부르심을 받아 활동을 시작할 당시의 역사적 정황을 살펴보기로 하자. 처음 고레스 왕의 칙령으로 포로들은 예루살렘으로 귀환하여 성전을 재건할 수 있는 혜택을 받았으나 곧 그들의 대적 사마리아 사람들이 페르시아 궁전에서 농간을 부려서 그 일이 중단되고 말았다. 귀환한 포로들은 성전 재건을 진행할 수단도 없었고 신정적인 열심도 식어졌다. 사실 그들이 유다로 귀환한 직후 예기치 않은 장애 요소들이 나타나서 처음에 있던 열심이 매우 식어져버린 상태였었다. 왜냐하면 그들로서는 번영과 행복만이 있으리라는 이전의 약속을 굳게 믿고 있다가 현실적인 장애로 인하여 실망하게 되었기 때문이다. 사람들은 모두가 자기 자신만을 위하는 이기적인 생각으로 가득차 있었다. 왕위를 찬탈한 스멜디스 때에 공포된 성전 재건 금지령이 히스타스페스의 아들 다리오가 왕위에 오르자 무효화 되어 성전을 재건할 수 있는 법적 장치가 마련되었으나 사람들의 마음 자세가 그러했기 때문에 그 일은 조금도 진척되지 못했다. 백성들의 마음을 움직일 수 있는 강력한 영향력이 발휘될 필요가 있었던 것이다.

그리하여 이런 목적을 위하여 선지자 학개와 스가랴가 하나님의 부르심을 받았다. 학개는 백성들을 권하여 성전 건축 사업을 즉시 재개시켰는데, 그는 스가랴보다도 2개월 먼저 등장하였다. 스가랴는 하나님의 참선지자가 되면서 외적인 성전 재건 사업 자체보다는 백성들 가운데 철저한 영적 혁명을 일으키고, 그리하여 성전 건축을 하는 데에도 더 큰 열심을 갖도록 하는 데 주안점을 두었다. 선지자가 부르심을 받아 활동한 백성들에는 두 부류가 있었다.

첫째로, 의롭고 참된 신자들이 있었다. 이들은 하나님의 약속과 현실 사이에 모순이 있는 것으로 느껴서 큰 실망과 강한 유혹에 빠져 있는 상태였었다. 이들은 하나님이 과연 그들을 도우실 의지와 능력이 있는지를 의심했다. 이들은 자기들의 죄와 선조들의 죄가 너무도 커서 하나님이 다시는 그들에게 긍휼을 베푸실 수가 없게 된 것으로 생각하기도 했다. 이들을 향해서는 선지자는 상처받은 양심을 다루는 자로서 주로 위로를 주는 직무를 담당했다. 그는 어두운 현재에서 더 밝은 미래를 향하여 시선을 옮겨줌으로써, 또한 아직 성취되지 않은 과거 예언들을 다시 거론하면서 그 성취가 앞에 놓여 있음을 지적함으로써 그 임무를 실행에 옮긴 것이다. 그의 예언의 주 대상은 성전 재건이 아주 성공적으로 마무리될 것과 바벨론에 남아 있는 포로들이 다시 돌아와 귀환한 백성이 늘어날 것이라는 것과, 알렉산더 대왕의 치세 동안 이웃 백성들은 크게 화를 당하지만 유다는 보존될 것이라는 것과, 마카베오 형제의 승리를 통해서 백성들이 독립을 얻을 것이라는 것과, 경건한 신자들이 메시야롤 통해서 축복을 얻을 것이라는 것과, 메시야를 믿지 않아 거부 당했던 불경건한 자들이 최후에 다시 돌아올 것이라는 것과, 이스라엘이 다시 하나님 나라의 가장 중요한 핵심이 될 때에 그들이 보호를 받고 번영을 이룰 것이라는 것, 등이다. 장차 하나님의 직접적인 사자들이 없을 때에 의로운 자들의 믿음까지도 위협하는 공격이 거세질수록, 또한 그들이 어두운 상태에 있는 그들의 믿음을 밝혀줄 확실한 예언의 말씀을 필요로 할수록 스가랴의 예언의 이러한 면은 더욱 비중이 커질 것이다.

둘째로, 외식하는 자들이 있었다. 이들도 참된 신자들에 못지 않은 숫자가 바벨론에서 돌아왔다. 이들은 하나님과 그의 성소를 향한 사랑에 대한 열심 때문이 아니라 이기적인 생각으로 돌아왔다. 곧, 돌아오는 자들에게 약속된 하나님의 온갖 축복을 얻으려는 희망 때문에 돌아온 것이다. 그들은 자기들이 돌아오자마자 그 약속이 즉시 이루어질 것으로 생각하였고, 과거 선지자들이 그렇게 강조하여 선포한 말씀에도 불구하고 어리석은 망상에 빠져서 자기들이 우상 숭배를 폐기했으므로 자기들도 그 축복을 받을 권리가 있다고 믿었다. 그러나 실상 그들은 우상 숭배의 형식은 버렸으나 좀더 세련된 종류의 우상 숭배, 즉 행위로 외적인 의를 이룬다는 헛된 사상에 빠진 것이다. 그 당시에도 좌절된 소망으로 인하여 외식의 가면이 벗겨져 불신앙의 모습이 드러난 경우가 많이 나타날 수밖에 없었다. 그러나 후대에 가서는 그런 경우가 더 많이 나타났다. 이들을 향해서도 선지자는 미래에 성취될 하나님의 축복을 말씀했다. 그들을 자극하여 참되게 회심하도록 하기 위함이었던 것이다.

그러나 그는 그런 하나님의 축복에 참여할 수 있는 방법은 오로지 회심밖에는 없다는 사실을 그야말로 강력하게 선포하는 동시에 과거의 선지자들의 경계의 말씀들을 조롱했던 자들에게 임했던 심판을 상기시키고, 그들이 장차 메시야를 보내시는 하나님의 최후의 큰 긍휼을 멸시하면 그런 무서운 형벌이 새롭게 임하고 예루살렘이 또 다시 파괴되고 백성들이 또 다시 만국으로 흩어지는 참상이 일어날 것이라고 선포하였다.

491. 스가랴의 예언에 상징적 언어가 계속 사용되며 문체 역시 거칠고 퉁명스러워서 다른 선지서보다도 그 의미가 분명치 못한 점이 있지만, 그의 예언을 해석하는 문제는 거의 그에게만 독특하게 나타나는 두 가지 정황으로 인해서 아주 큰 도움을 얻고 있다. 첫째로, 스가랴서는 과거의 선지자들의 예언에 의존하는 면이 다른 선지자들보다도 높기 때문에 그의 예언을 해석할 때에 다른 선지자들에게서 나타나는 병행 구절들과 비교하면 결정적인 도움을 얻을 수 있다. 그리고 둘째로, 그는 포로기 이후에 살았으므로 그의 예언에는 그 전의 선지자들만큼 역사적으로 큰 사건들에 대한 예언이 나타나지 않는다. 이사야서 후반부나 예레미야, 에스겔 등에 나타나는 예언의 모호성은 주로 당시의 정황에 기인한다. 즉, 포로에서의 구원 등 미래에 있을 여러 가지 축복들이 메시야 시대에 있을 축복들과 동일한 이상 가운데서 함께 제

시되었기 때문에 여러 가지로 모호한 점들이 나타났던 것이다. 그러나 스가랴는 바벨론 포로의 구원은 이미 과거의 사건으로 지나갔고 이제 메시야의 강림만을 남겨놓은 상태에서 예언했으므로 과거의 선지자들에게서 나타나는 그런 모호성이 상당 부분 사라진 것이다.

제 1 장

1 : 1-6

492. 히스타스페스의 아들 다리오 왕의 통치 제2년 제8월에 선지자에게 첫 계시가 주어졌다. 이 예언에서 선지자는 백성들에게 다시 죄에 빠져서 과거 선조들에게 내렸던 형벌을 다시 자초하는 일이 없도록 하라고 경계하며, 여호와께 진실로 돌아오라고 권면한다. 이 예언은 선지자의 사역 전체의 서론이기도 하거니와 그의 예언을 수집해 놓은 본서의 서론이 되기도 한다. 그 때에는 포로에서 귀환한 사람들 가운데서도 속으로 여호와를 버리고 배도한 미심쩍은 징후들이 새로이 나타난 상태였다. 그런 징후들은 특히 성전을 재건하는 일을 소홀히 하는데서 나타났는데, 참된 선지자는 반드시 그런 행위를 공격했으며, 단순히 그런 행위뿐 아니라 그런 행위의 깊은 뿌리가 되는 배도한 마음의 상태까지도 공격했던 것이다.

선지자는 나중의 예언에서는 상하고 실망한 심령들을 위하여 일련의 위로의 말씀을 준다. 그러나 이런 위로의 말씀을 받을 자격이 없는 사람들이 이 말씀을 자기들에게 적용시켜서 어리석게도 자기들의 육신적인 안일을 더욱 조장하게 되지 않도록 선지자는 장차 올 번영과 축복의 상태에 참예하는 조건으로서 참된 회개가 분명히 있어야 한다고 말씀한다. 이 조건을 충족시키지 않는 자들에게 새로운 심판이 있으리라고 말씀하는데, 이미 이 말씀에는 장차 불경건한 자들이 세력을 잡고서 선한 목자를 거부한 후에 그 땅에 전면적인 황폐와 파멸이 새로이 있을 것이라는 5장과 11장의 더욱 확정적인 예언의 골자가 들어 있는 것이다. 다만 다른 점이 있다면 여기서는 경계의 말씀이 조건적인 뜻으로 주어지지만, 거기서는 절대적인 의미를 담고 있다는 것이다. 여호와께서는 스가랴에게 당시 불경건한 자들에게 이미 씨앗의 형태로 존재하고 있던 심판의 조건이 장차 실제로 나타나서 백성의 대다수가 참된 회개를 통하여 번영을 얻는 조건을 충족시키지 못할 것임을 말씀하신 것이다.

1:7-6:15

493. 두번째 예언은 같은 해 제11월 제24일에 선지자에게 임한 것으로서 한 밤에 속한 일련의 이상들로 구성되어 있으며 그 이상들은 하나님의 백성이 미래에 당할 운명에 대한 완벽한 이미지를 제공해준다.

1. 화석류 나무 사이에서 말을 탄 자에 대한 이상

1:7-17

494. 외형적인 물체들 때문에 무언가를 보아야 하는 상태에서 영혼이 자유를 얻어 하나님에 관한 일들에 대하여 묵상할 수 있는 분위기가 형성되는 고요한 밤중에 선지자는 꿈이 아닌 황홀경 속에서 깊은 골짜기 속의 화석류 나무 숲 가운데서 붉은 말을 탄 자를 보았다. 그 주위에는 붉은 말과 자색 말과 흰 말들이 있었다. 그는 맨 앞의 붉은 말을 탄 자를 여호와의 사자로 알아 보았고, 그 주위의 다른 말을 탄 자들을 수종하는 천사들로 알아 보았다. 그는 그에게 다가와서 스스로 그 이상의 의미를 해석해 주는 자로 자처하는 천사에게 묻는다. 그 천사의 중재를 통해서 그는 여호와의 천사에게서 말을 탄 자들은 여호와의 종들로서 온 땅을 다니면서 그의 명령을 수행하는 자들이라는 설명을 듣는다.

스가랴는 그들이 여호와의 사자에게 고하는 말씀을 들었다. 해석하는 천사가 그의 귀를 열어주었기 때문이다. 그들은 온 땅이 평안하고 고요하다고 말했다. 이들은 이방 백성들의 번영의 상태와 대조적인 여호와의 백성들의 비참한 상태를 강조해서 부각시켰고, 여호와의 사자는 지극히 높으신 하나님께 여호와의 백성들을 위하여 중보의 간구를 드린다. 그 사자는 여호와의 선지자 예레미야를 통해서 약속하신 70년의 환난 기간이 이미 지나간지 오래인데 아직도 그들에게 구원이 없느냐고 묻는다. 그는 여호와께로부터 위로의 응답을 얻는다. 해석하는 천사는 이 모든 내용을 스가랴에게 알려주면서 그 모든 것을 대중에게 알리라고 명한다. 그 내용들은 다음과 같다:

여호와께서 정하신 때에 그의 보응이 열국에 임할 것인데, 그들은 언약 백성을 징벌하라는 여호와의 명령을 실행에 옮겼으나 여호와의 뜻을 이루기 위해서가 아니라 자기들 자신의 욕심을 채우기 위해서 그 일을 감당했고, 그리하여 결국 여호와께서 명하신 정도를 훨씬 넘어서 언약 백성들에게 갖은 악행을 다 행하였고, 그 결과로 그들은 번영과 평화를 누리고 있는 상태에 있다. 또한 언약 백성에게 행하신 약속들도 비록 더딘 것 같으나 반드시 이룰 것이다. 그들은 하나님께서 인내로 선택하셨다는 풍성한 증거들을 얻을 것이요, 성전 건축이 완성될 것이요, 예루살렘이 폐허로부터 다시 일어날 것이다.

495. 다음의 사실들은 이 이상의 의미와 그 대상에 대해 좀더 가까운 통찰을 갖게 해줄 것이다. 여기의 이상이나 그 다음의 이상들을 이해하기 위해서는 여기 나타나는 해석하는 천사와 '여호와의 사자'가 동일한 존재인가 아니면 서로 다른 존재인가를 검토하는 것이 매주 중요하다. 대다수의 해석자들은 이 둘이 서로 동일한 존재라고 주장한다. 그러나 비트링가는 이 둘이 서로 다른 존재라고 보는데, 우리는 그의 견해에 동의한다. 이들의 정체에 대한 이론은 대략 다음과 같이 제시되고 있다.

(1) "9절에서 선지자는 해석하는 천사를 향하여 '내 주여'라고 부르는데, 이는 '여호와의 사자' 이외에 다른 분일 수가 없다. 왜냐하면 그 전에 다른 존재가 언급된 일이 없기 때문이다."—그러나 이러한 논지는 일반적으로 예언에서는, 특히 이상 가운데서는(그 극적인 성격상) 등장 인물들을 미리 언급하지 않은 채로 곧바로 그들이 말씀하거나 말씀을 받는 것으로 묘사되는 예가 아주 많다는 사실을 간과하고 있는 것이다.

(2) "9절에서 해석하는 천사는 선지자에게 이상의 의미에 대해서 자신이 말씀해 주겠다고 약속한다. 그러나 실상 그것에 대한 말씀은 '여호와의

사자'가 해주고 있으며 따라서 여기의 해석하는 천사는 '여호와의 사자'와 동일한 인물인 것이다."—그러나 9절에서는 "이들이 무엇인지 내가 네게 보이리라"고 말씀하였다. 해석하는 천사가 보여주기 전에는 선지자는 여호와의 사자의 선포나 수종드는 천사들이 그에게 행한 보고(報告)도 무슨 뜻인지를 이해하지 못했을 것이다. 4장 1절에는 해석하는 천사가 마치 잠든 자를 깨우듯이 선지자를 깨우는 모습이 나타난다.

(3) "12절에 의하면 여호와의 사자는 지극히 높으신 하나님께 언약 백성을 위하여 중보의 간구를 드린다. 그리고 13절에 의하면 여호와께서는 해석하는 천사에게 선한 말씀, 위로하는 말씀으로 대답하신다. 여기서 응답을 받은 자가 바로 간구를 드린 자가 아니고 누구이겠는가?"—그러나 이에 대해서 우리는 비트링가의 견해와 같이 선지자가 이 정황에서 여호와의 사자에게 먼저 응답이 주어졌고 그 후에 해석하는 천사에게 전달되었다는 내용을 삭제했을 뿐이라고 보든지, 아니면 여호와의 사자의 간구가 그 자신을 위한 것이 아니요 언약 백성에게 위로를 주기 위함이었으므로 여호와께서는 직접 해석하는 천사에게 응답해주셨고, 그는 다시 선지자에게 그 응답을 전해주어서 그로 하여금 백성에게 전달하도록 했다고 볼 수 있을 것이다.

496. 이와 반대로, 해석하는 천사가 여호와의 사자와 다른 인물임을 입증해주는 논지들을 다음과 같이 전개할 수 있을 것이다.

497. (1) 해석하는 천사를 계속해서 '내게 말하는 천사'로 지칭한다는 사실은 그가 '여호와의 사자'와는 다른 인물임을 시사해준다. 만일 그 천사의 말씀이 선지자에게 주어지기 바로 전에만 그런 호칭이 나타난다면, 경우가 달라질 것이다. 그러나 다른 곳에서도(예컨대 9, 13절) 그런 호칭이 나타난다는 사실은, 그 '내게 말하는'이라는 형용사구가 천사의 한두 차례의 행동을 말씀하는 것이 아니라 그 천사의 일상적인 직무—즉, 해석하는 임무를 맡은 천사—를 말씀하는 것임을 보여주는 것이다. 선지자는 그것이 그 천사의 직무였음을 분명히 하기 위해서 그 호칭을 철저히 오직 그 천사에게만 붙인 것이다.

498. (2) 2장 2절 이하의 구절이 결정적인 증거를 제시해준다. 거기서 선지자는 미래의 예루살렘의 둘레를 재기 위한 척량줄을 본다. 해석하는 천사는 선지자를 위하여 그 이상의 의미를 묻기 위하여 선지자에게서 물러간다. 그러나 그가 아직 그 일을 행하지 못했을 때에 다른 천사가 그를 만나서 다음과 같이 그에게 명한다: "너는 달려가서 그 소년에 이르기를 … ." 만일 해석하는 천사가 '여호와의 사자'와 동일 인물이라면 여호와의 사자는 자기 밑의 천사에게서 명령을 받는 것이 되고 마는데, 이는 특히 스가랴서에서 여호와의 천사에게 줄곧 최고의 위엄과 권위를 부여하고 있는 것과는 전적으로 모순을 일으키게 된다. 게다가 예루살렘을 척량하는 자가 바로 여호와의 사자 자신이 되고 말 것이다. 이 점을 고려한다면 해석하는 천사가 여호와의 사자와 동일 인물이라는 것은 개연성이 없어진다. 더욱이 해석하는 천사는 처음에는 선지자와 함께 있다가 후에 이상에 대해서 묻기 위해 선지자에게서 물러나는데, 여호와의 사자가 어떻게 그런 직무를 수행했겠는가?

499. (3) 해석하는 천사에게 여호와의 사자의 경우처럼 하나님의 사역이나 하나님의 이름을 관련짓는 일이 한번도 없고, 그는 언제나 더 높은 곳에서 내리는 명령을 선지자에게 전달하는 임무만을 하는 것으로 나타난다. 실제로 선지자에게 이상에 대한 통찰력을 주는 일은 한번도 해석하는 선지자를 통해서 되어지지 않고 언제나 여호와께서 선지자의 내적 사고 가운데 주시는 것으로 묘사되고 있다는 점(예컨대, 2:3; 3:1)은 아주 놀라운 일이다.

500. (4) 지금까지 논의한 결과는 구약의 다른 책들에서 나타나는 내용과 비교해 보아도 그 확실성이 입증된다. 출애굽기 32장 34절에서는 또 다른 천사가 하나님의 최고의 계시자인 '여호와의 사자'와 연관되어 나타난다. 여호와의 사자가 지극히 높으신 하나님과 맺는 관계와 똑같은 관계를 그 천사가 여호와의 사자와 맺고 있는 것이다. 그러나 스가랴서의 이 부분을 해석하는 데는 다니엘서에 나타나는 내용이 특별히 중요하다(12:1과 슥 1:12을 비교하라). 위대한 왕 여호와의 사자가 거기서 그의 백성을 대표하여 미가엘이라는 상징적인 이름으로 나타난다. 그(대개 아무 말도 없이 위엄을 지키는

것으로 묘사되고 때로는 여기서처럼 말씀을 하지만 몇마디밖에는 하지 않는다)와 선지자 사이를 중재하는 자로서 가브리엘이 나타나는데, 그의 직무는 이상들을 다니엘에게 해석해주고 그로 하여금 그것들을 깨닫도록 해주는 것이다(참조. 8:16; 9:21).

501. 여호와의 사자는 붉은 말을 타고서 계곡 깊은 곳 화석류 수풀 사이에 서 있다. 여기서 화석류 수풀은 신정정치를 상징하는 이미지이다. 높은 산 위에 거만하게 서 있는 백향목이 아니라 겸손하면서도 사랑스러운 화석류 수풀이 깊은 골짜기에 있는 것이다. 이 세상의 왕국들은 외적으로 찬란한 광채가 둘러싸고 있으나, 하나님의 왕국은 언제나 작고 희미하며 특히 이 때에는 거의 사라지기 직전인 것처럼 보이기까지 했다. 여호와의 사자가 화석류 수풀 가운데 서 있다는 사실은 스스로 어찌할 수 없는 상태에 있는 하나님의 교회가 누리는 높은 보호하심을 암시해준다. 여호와의 사자가 붉은 말을 타고 나타난 이상의 의미에 대해서는 테오도렛의 말 이상 분명히 드러내주는 것은 없을 것 같다: "여호와의 사자가 말을 탄 것은 그가 행하실 일이 신속함을 뜻하는 것이요 말의 색깔이 붉은 것은 대적하는 열국에 대한 그의 분노를 선포하는 것이다."

붉은 색은 피의 색이다. 여호와의 사자가 대적의 왕국을 쳐부수고 보스라에서 나올 때에 그는 붉은 옷을 입고 있었다(사 63:1). 이 땅에서 평화를 취하여서 사람들로 하여금 서로 죽이도록 하는 사단도 붉은 옷을 입고 나타난다(계 6:4). 그러므로 말의 붉은 색은 여호와의 사자가 자기 자신에 대하여 한 다음과 같은 말씀을 상징하는 것이라 할 수 있다: "내가 … 안일한 열국을 심히 진노하나니."

여호와의 사자를 수종드는 천사들은 그의 백성의 번영과 그의 대적들의 파멸을 위한 모든 수단들이 그의 명령 하에 있음을 상징한다. 그들이 탄 말의 색깔은 그의 대적들에 임할 임박한 심판들을 상징한다. 흰색은 승리의 색깔이다. 계시록 6장 2절과 비교해보라: "내가 이에 보니 흰 말이 있는데 그 탄 자가 활을 가졌고 면류관을 받고 나가서 이기고 또 이기려고 하더라."

천사들이 나아가 이 땅의 동정을 살펴보고 와서 온 땅이 고요하다고 보고했다는 것은 이제 언약 백성을 위한 약속과 그들의 대적들을 향한 심판이 성취될 때가 왔다는 사상을 상징적으로 표현한 것이다. 다리오 왕 제2년에는 전반적인 평화가 있었다. 예전에 갈대아 왕국에 속했던 모든 나라들이 평화와 번영을 누리고 있었다. 심지어 바벨론도 고레스에게 수도를 함락 당하면서 겪은 모든 파괴와 고통의 상태에서 회복하여 부귀와 번영을 구가하고 있었다. 오직 하나님의 백성의 나라인 유다만이 슬픔 속에 있었다. 그 수도는 여전히 대부분 폐허로 남아 있었고 주위에 보호 성곽마저도 없었다. 수 개월 전 학개의 활동을 통해서 재개된 성전 건축 역사는 크나큰 어려움에 봉착하여 백성들의 사기가 떨어져 그리 진척을 보이지 못하고 있었고, 거주민의 숫자도 아주 적었으며, 그 땅의 대부분이 여전히 황폐한 상태에 있었다(참조. 느 1장).

이러한 현실은 경건한 자들에게는 틀림없이 크나큰 시험거리였을 것이며 악인들에게는 자기들의 불경건한 삶에 대한 변명 거리가 되었을 것이다. 그런 상황 속에서 하나님의 진실성이나 그의 전능하심을 의심하지 않으려면 크나큰 믿음이 필요했다. 언약 백성을 향한 하나님의 약속은 그들이 귀환할 때에 이제 막 성취되기 시작하여 아주 적은 부분만 성취된 상태에 있었다. 바벨론에 대해서도 그저 수도를 잃는 정도보다 더 강력한 심판이 예언되었었으나, 이 예언도 성취되기 시작하는 단계에서 중단된 것처럼 보였다. 그 성은 과거의 번영을 여전히 누리고 있었기 때문이었다. 이 예언은 바로 이런 현실 속에서 신정국가를 향한 적극적인 열심을 파괴시키는 그러한 시험에 대항하기 위하여 주어진 것이다.

'여호와의 사자'가 그의 백성의 보호자로 등장한다는 사실부터가 벌써 그들에게 큰 위로의 근원이 되었다. 그가 그 백성을 위하여 중보의 간구를 드린다는 사실은 이제 위로의 시대가 눈 앞에 다가왔음을 더욱 분명히 보여주었던 것이다. 그의 간구는 헛되지 않으며 그가 하나님의 뜻을 모르면서 구하지도 않을 것이기 때문이다. 여호와께서 그에게 주신 대답을 통해서 그 백성 가운데 있던 두려움과 실망의 찌꺼기가 말끔히 제거되었을 것이다. 그의 대답은 그 위로와 심판의 약속이 비록 점진적이긴 하지만 그의 거룩하시고 지혜로우신 작정에 의하여 정한 때에 분명히 성취될 것임을 보여주었던 것이다.

그 약속의 성취에 대해 몇 가지만 더 지적할 것이 있다. 그 약속은 아주 가까운 미래에 다시 성취되기 시작했다. 히스타스페스의 아들 다리오 왕 치세에 바벨론 사람들이 반역을 일으켜 그 성이 과거에 예언된 대로 거의 다 파괴된 것이다. 고레스가 바벨론을 함락시켰을 때에도 큰 상처를 입혔으나, 그 때에 그 성은 더욱 더 깊은 상처를 입은 것이다. 큰 살육이 자행되었고, 성벽도 완전히 무너져 버렸다. 그리고 다리오 왕 제6년 성전 건축이 성공적으로 완성되었다. 뿐만 아니라 에스라와 그보다 약간 늦게 느헤미야가 도착하여 성벽이 중건되고 예루살렘의 인구가 크게 증가한 사실은 백성들에게 그들이 아직도 택한 백성이며 하나님이 그들을 긍휼히 여기신다는 것을 확실히 보여주는 강한 증거의 역할을 하고도 남았다.

그러나 우리는 그 약속이 이 시기에 완전히 다 성취되었다고 보아서는 안된다. 스가랴의 예언들은 그 이전의 선지자들의 예언과 마찬가지로 하나님의 구원과 심판의 전 과정을 다 포괄하고 있다. 다만 이미 일어난 사건들, 즉 바벨론 포로와 언약 백성의 귀환이 그의 예언에서 제외되었을 뿐이다. 그러므로 바벨론을 향한 여호와의 진노와 여전히 남아 있는 하나님 나라의 대적들에 대해서 여기서 말씀하는 바는 그들이 완전히 멸망하여야만 비로소 완전히 성취되는 것이며, 또한 언약 백성을 향한 하나님의 긍휼하심이 재개된 사실에 대한 말씀은 메시야를 보내심으로써 완전히 성취되는 것이다. 바로 가까운 장래에 그 약속들이 성취되기 시작함으로써 백성들은 그 약속들이 반드시 완전히 성취될 것이라는 확실한 보장을 얻게 된 것이다.

2. 네 뿔과 네 공장(영역본에서는 '목수')

1:18

502. 이 이상 역시 위로의 의미를 지닌다. 선지자는 네 뿔을 보며, 해석하는 천사에게서 그들이 하나님 나라의 대적들을 뜻한다는 말씀을 받는다. 이어서 그는 네 공장(工匠)을 보는데 그들은 그 뿔들을 여러 조각으로 부숴

뜨린다. 이 이상의 의미는 분명하다. 하나님의 백성의 원수들은 그들의 범죄에 대해서 형벌을 받게 될 것이며, 여호와께서는 그의 연약한 교회를 모든 공격에서 안전하게 지키실 것이라는 의미이다. 뿔의 숫자(네개)는 언약 백성이 사방의 원수들에게 둘러싸여 있다는 사실을 뜻한다. 이 점은 10절에서 잘 드러난다: "사방으로 두루 내가 너희를 흩었도다(한글 개역 성경에는 "땅에 두루 다니라고 보내신 자들이니라"로 번역되어 있다—역자주)." 그러나 앞으로 살펴보겠지만, 이 점은 6장에서 더 분명히 드러난다.

제 2 장

3. 천사와 척량줄

503. 여기서는 상징적인 장치가 조금 밖에는 나타나지 않는다. 선지자는 그 이전의 에스겔과 마찬가지로(40:3) 미래의 예루살렘의 둘레를 재는 어떤 인물을 보게 되는데, 이는 여호와의 긍휼하심으로 그 성이 확장될 때에는 현재의 넓이로는 모자라기 때문이다. 이 인물은 다름 아닌 '여호와의 사자'일 개연성이 가장 높다. 모든 정황이 그에게 가장 어울리기 때문이다. 그가 언약 백성을 보호하는 그들의 주(主)로서 예루살렘의 확장을 성취시킨다는 것은 증거가 별달리 필요없는 것이다. 그가 해석하는 천사에게 낮은 천사를 보내어 그에게 명령한 사실도 그가 그 낮은 천사보다도 더 높은 위엄을 갖추고 있음을 시사해준다.

이렇게 본다면 우리는 여기서 다니엘서 12장의 내용과 정확히 일치하는 점이 있음을 보게 된다. 거기서도 동일한 인물들이 등장하여 활동하고 있다. 미가엘(여호와의 사자)이 가브리엘(해석하는 천사)과 또 다른 천사와 함께 등장하는 것이다. 지금까지 해석하는 천사는 사건 현장에서 약간 떨어져서 구경하면서 선지자 옆에 있었는데, 이제 '여호와의 사자'로부터 그의 행동의 의미가 무엇인지를 알아오기 위하여 선지자에게서 물러난다. 그러나 '여호와의 사자'가 또 다른 천사를 통해서 말씀을 보내시고 그것을 스가랴에게 전하라고 명하실 때에 그는 거의 떠나지 못하고 있는 상태였다. 천사의 말 가운데서 스가랴를 "이 소년"이라고 부르고 있다는 사실은 당시 스가랴의 나이가 어렸음을 보여주며, 또한 여기에는 무언가 특별한 의미가 담겨 있음이 분명하다.

해석자들은 이 두 가지 뜻 가운데 어느 하나만을 취하는 오류를 범해왔다. 선지자의 어린 나이가 특별히 언급되었는데, 어리다는 것은 하나님과 그의 거룩한 천사들과 관계할 때에 사람이 처하게 되는 처지를 나타내주는 것이다. 그 다른 천사가 스가랴를 위하여 해석하는 천사에게 전해준 내용은 다음과 같다: 예루살렘이 전의 경계를 훨씬 넘어서 크게 확장될 것이며 여호와로 말미암아 보호를 받고 영광을 입을 것이라는 것이다. 이 말씀은 바벨론에 아직 남아 있는 유대인 모두에게 큰 자극제가 될 것이다. 그들은 그 말씀에 자극을 받아, 그 약속된 축복에 형제들과 함께 참여하며 여호와께서 바벨론을 비롯하여 언약 백성을 적대한 모든 인근 나라에 내리실 심판을 피하기 위하여 곧바로 고국으로 돌아오게 된 것이다. 마지막으로, 예루살렘은 여호와께서 몸소 그 성을 그의 거처로 삼으시리라는 사실로써 최고의 영광을 얻게 될 것이다. 또한 여호와께서 거기에 영광 가운데 거하심으로, 많은 열국이 스스로 신정국가에 합류하게 될 것이다. 이 예언에 대해서 몇 가지 더 언급하자면 다음과 같다:

(1) "이제 너희는 북방 땅에서 도망할지며, 바벨론 성에 거하는 시온아 이제 너는 피할지니라"(6, 7절)라는 말씀은 바벨론에 임할 큰 재난을 지적하는 것이다. 실제로 히스타스페스의 아들 다리오의 치세 때에 그런 재난이 그 성에 임했다는 것은 이미 살펴본 바 있다. 12절과 13절이 이 말씀과 연결된다. 왜냐하면 여호와의 사자가 그의 백성의 대적들의 죄악에 대해 형벌하실 것이며 그들이 이스라엘의 세력 밑에 들어오리라(이는 마카베오 형제의 시대에 인근 나라들에게서 실제로 이루어졌다)는 선언이 그것이 이루어질 특별한 방향의 근거를 제시해주기 때문이다. 그러므로, 당시 페르시아의 속국으로 있던 여러 나라들이 하나님의 심판이 임하리라는 경고를 받는다는 사실 때문에 스가랴서 후반부의 순수성을 부인한 사람들의 논리는 도무지 근거가 없는 것이다. 만일 이 예언이 그 나라들의 독립성을 전제로 하는 것이라면 바벨론의 경우도 독립성이 전제되어야만 여기의 예언과 그 전의 예언이 성립할 것이며, 그렇게 되면 스가랴서의 전반부도 스가랴 시대에 주어진 것일 수가 없는 것이다.

(2) 여기 나타난 예루살렘의 번영에 대한 예언은 최종적으로는 메시야

시대와 관련된 것이기도 하다. 여호와께서 예루살렘에 거처를 삼으시며 또한 이방 나라들을 신정국가에 합류시키리라(모든 육체로 하여금 하나님의 긍휼하심을 보고 놀라며 떨게 하심으로써 그의 통치에 굴복하지 않을 수 없게 되리라)는 말씀은 바로 이 시대를 가리키는 것으로 보아야 한다. 자신의 임재를 통해서 신정국가를 영화롭게 할 그 인물이 바로 '여호와의 사자' 곧, 하나님의 위엄과 이름을 함께 지닌 자요 선지자들의 예언에 따르면 장차 메시야로 나타나실 그 분이라는 사실은 11절에서 분명히 드러난다: "나는 네 가운데 거하리니, 네가 만군의 여호와께서 나를 네게 보내실줄 알리라." 이 말씀에 따르면, 과거에 구름 기둥과 불 기둥으로 언약 백성 가운데 임재하셨던 것처럼 장차 그들 가운데 거하실 그 분은 바로 지극히 높으신 하나님으로부터 보내심을 받아 그 백성에게 스가랴 선지자를 통해서 이 영광스러운 메시지를 전해주시는 그 분이요, 또한 10절에서는 스스로 여호와로 불리시며 여기서는 여호와와 분리되셔서 그에게서 보내심을 받은 사자로 나타나는 바로 그 분이신 것이다. 그가 메시야와 동일 인물이라는 사실은 9장 9절에서 잘 드러난다. 거기서는 메시야께서 오시는 것에 대해서 거의 동일한 언어로 백성들에게 선포하고 있다: 여기서는 "시온의 딸아 노래하고 기뻐하라, 이는 내가 임하여 네 가운데 거할 것임이니라"라고 말씀하며, 거기서는 "시온의 딸아 크게 기뻐할지어다. 예루살렘의 딸아 즐거이 부를지어다. 보라 네 왕이 네게 임하나니 … "라고 말씀하는 것이다.

504. 여기에 11장이 후속적인 해명을 해주고 있다. 그 장에 따르면 지금까지는 눈에 보이지 않게 하나님 앞에서 임재해 있었던 '여호와의 사자'가 그 때에는 메시야로 백성 가운데 나타나셔서 그 백성의 목자의 직무를 수행한다고 한다. 9장에서는 밝은 면만 묘사되며, 거기 11장에서는 (5장과 마찬가지로) 강림하신 메시야에 대하여 대다수의 백성이 불신하며 그를 배척하는 어두운 면이 두드러지게 나타난다. 이 예언이 메시야 시대에 관한 것이라는 사실은 킴치나 아버바넬은 물론 보다 일찍이 제롬 시대의 유대인 해석자들도 다 인정했다.

제 3 장

4. 여호와의 사자 앞에 선 대제사장 여호수아

505. 1절. "대제사장 여호수아는 여호와의 사자 앞에 섰고 사단은 그의 우편에 서서 그를 대적하는 것을 (여호와께서) 내게 보이시니라." '내게 보이시니라'의 주어는 의심할 나위도 없이 여호와이다. 바로 앞 절에서 여호와가 언급되었었고, 또한 곧바로 연결되는 문장에서 여호와가 언급되었으므로, 이렇게 보는 것이 가장 자연스럽다. 뿐만 아니라 1장 20절에도 '여호와께서 공장 네명을 내게 보이시기로'라고 되어 있다는 점도 이를 지지해준다. 통상적으로 '내게 말하는 천사'를 주어로 보나, 그의 임무는 오직 해석해주는 것이지 이미지를 제시해주는 것은 아닌 것이다. 여기서 '대제사장'이 특별히 강조되고 있다. 이러한 사실은 여호수아가 여기서 그의 인간 그 자체로서가 아니라 대제사장이라는 특별한 직무를 맡은 자로서 묘사되고 있음을 보여준다. 곧, 그의 사적인 인품에 따라서가 아니라 그의 공적인 성격에 따라서 묘사되고 있는 것이다.

'여호와의 사자 앞에 섰고'라는 어구에 대해서는 해석자들이 잘못 이해한 경우가 허다하다. 대개의 해석자들은 이를 하나의 법적인 표현으로 간주했다. 곧, 여호와의 사자가 재판관으로 등장하며, 사단은 원고로, 그리고 여호수아는 피고로 등장하고 있다고 본 것이다. 그리하여 이 환상 전체의 해석에 상당한 피해를 끼친 것이 사실이다. '누구 누구 앞에 선다'는 표현은 한번도 '재판관 앞에 피고로 선다'는 뜻으로 사용된 일이 없고, 오히려 언제나 주인 앞에 종으로 서서 그를 섬기며 그의 명령을 기다린다는 뜻으로 사용되었다(참조. 창 41:46; 삼상 16:21; 왕상 1:28; 10:8; 신 1:38; 17:12; 왕상 17:1; 렘 18:20; 삿 20:27 등). 따라서 선지자는 여기서 대제사장 여호수아가 2절에서 '여호와의 사자'를 섬기며 그를 수종들고 있는 모습을 본 것이다.

'여호와의 사자'는 2절에서는 하나님의 이름인 여호와로 불리며 4절에서는 오직 하나님만이 하시는 일, 즉 죄를 용서하는 일을 하는 것으로 묘사되고 있다. 여호수아는 그 자신과 백성에 대하여 긍휼히 여겨주실 것을 구하며 그에게 기도와 간구를 드린다. 또한 그 다음에 이어지는 '사단은 그 우편에 서서'라는 어구도 보통 잘못 이해해왔다. 이미 잘못되었다는 것이 밝혀진 가설(여기서 법정의 상황을 묘사하고 있다는)을 근거로 이것이 원고가 피고의 우편에 서는 고대 히브리 사람들의 관례(이 역시 증거가 없다)를 가리키는 것으로 본 것이다. 그러나 이 구절의 우편에 섰다는 표현이 맹렬하고도 성공적인 공격을 뜻한다는 것은 특히 두 가지 병행 구절에서 잘 드러난다. 곧, 욥기 30장 12절("그 낮은 무리가 내 우편에서 일어나 내 발을 밀뜨리고 나를 대적하여 멸망시킬 길을 쌓으며")과 시편 109편 6절("악인으로 저를 제어하게 하시며 대적으로 그 오른편에 서게 하소서")이 그것이다.

그러므로 이 장면은 다음과 같은 것이다: 대제사장이 성소에서 '여호와의 사자'께 긍휼을 구하고, '여호와의 사자'는 자신이 그들을 기뻐한다는 것을 보이기 위하여 천사들의 무리의 옹위를 받아 강림하셔서 성전에 나타나신다. 하나님의 교회의 대원수인 사단은 교회와 하나님이 서로 화목의 상태를 회복하는 것을 보고 질투한다. 사단은 온갖 비난을 다 퍼부어서 그것을 방해하려 한다.

과거의 몇몇 해석자들은 산발랏과 그의 부하들이 성전 건축을 방해하려 했는데, 여기서는 그들을 사단으로 비유하여 말씀하고 있다고 주장하기도 했는데, 이는 반박할 필요조차 없다. 욥기 서언 부분과 비교해보기만 하면, 그런 주장이 얼마나 근거없는 것인가를 즉시 알 수가 있다. 과거의 사람들의 저작들을 모방하기를 잘하는 스가랴로서는 여기서도 욥기의 그 부분을 염두에 두었을 것이다(특히 욥 1:10과 슥 6:5을 비교해보라). 이 둘을 서로 비교하면 어떤 것이 장식에 속하고, 어떤 것이 말씀하려는 주제에 속하는지를 알 수 있기 때문에 이를 비교하는 것은 매우 중요하다.

이 두 곳과 계시록 12장 10절(여기서는 사단을 '우리 형제들을 참소하

던 자 곧 우리 하나님 앞에서 밤낮 참소하던 자'로 부른다)의 교의적인 의미
는 다만 사단이 개개인 신자와 교회 전체에게서 하나님의 긍휼하심을 빼앗아
가려고 온갖 노력을 다 기울인다는 것이다. 그가 이 목적을 위해서 하늘에서
나 예루살렘 성전에서 참소하는 자로서 하나님 앞에 선다는 것은 다만 시적
이며 예언적이요 상징적인 표현일 뿐이다.

이제 남은 것은 사단이 과연 어떤 수단을 사용해서 대제사장과 '여호와
의 사자'를 서로 갈라놓으려 하느냐 하는 것이다. 이에 대한 바른 견해는 다
음과 같은 것이다. 대제사장은 이미 살펴본 바와 같이 여기서 그의 직무를
수행하고 있으며 어느 정도 온 백성을 대표하고 있다. 이 점은 다른 여러 구
절들에서도 나타나지만 특히 사사기 20장 27절 이하에서 잘 드러난다. 거기
서 대제사장 비느하스는 여호와께 묻기를, "내가 다시 나가 나의 형제 베냐
민 자손과 싸우리이까 말리이까?"라고 하며, 여호와께서는, "올라가라 내일
은 내가 그를 네 손에 붙이리라"라고 말씀한다.

506. "만일 기름 부음을 받은 제사장이 범죄하여 백성으로 죄얼을 입게
하였으면"(레 4:3)이라는 말씀에서 나타나듯이 대제사장의 죄가 백성들에게
전가되는 것처럼, 마찬가지로 대제사장은 온 백성을 대표하여 그들의 죄를
지고서 여호와 앞에 서는 것이다. 대제사장의 그런 대표적 성격은 여호와께
서 사단의 힐난을 책망하시는 근거가 대제사장 개인과 관련된 것이 아니라
온 백성 전체와 관련되어 나타난다는 사실에서 더욱 분명히 드러난다. 이 환
상 전체의 대상과 의미는 바로 이 점과 관련할 때에 비로소 밝히 드러나는
것이다. 백성들은 포로에서 귀환한 다음, 선조들의 큰 죄를 생각하고, 자기
들 자신의 죄악을 의식하였고, 게다가 하나님의 긍휼하심을 그저 희미한 정
도밖에는 보지 못하였으므로 스스로 절망 가운데 빠져들기 시작하였다. 그리
하여 그들은 하나님이 그 자신과 백성들 사이를 중재하는 직위로 세우신 대
제사장직을 영영 거부하셨다고 믿은 것이다.

이처럼 하나님의 긍휼하심에 대해 절망감을 가지는 것은 거짓된 안정감
못지 않게 그들에게 해로운 결과를 초래하는 것이었다. 그러한 나쁜 결과에
는 여러 가지가 있었지만 그 가운데 성전 재건 사업에 대한 태만이 나타났는

데, 여러 해석자들은 이를 지나치게 확대 해석하여 그것이 유일한 결과였던 것으로 보지만, 사실상 그것은 상대적으로 별로 중요한 것이 아니었다. 경험으로 미루어 보면 죄의 용서에 대한 절망감으로 인해서 하나님에 대한 두려움이 아예 사라지게 된다. 시편 기자의 말씀은 이 둘 사이의 밀접한 관계를 잘 표현해주고 있다: "그러나 사유하심이 주께 있음은 주를 경외케 하심이니이다"(시 130:4). 선지자는 여기서 여호와를 영광스럽게 묘사하면서 그가 백성들로 하여금 자기들의 의를 잘못 의지하여 계속해서 죄악 가운데 있도록 부추기는 것이 아니라, 그들의 죄악이 아무리 크다 할지라도 하나님께서 값없는 긍휼하심으로 대제사장직을 계속되게 하실 것이요, 그의 중보 사역을 받아들이시기를 참되신 대제사장이 오실 때까지 하실 것임을 말씀한다. 여호수아는 그 참되신 대제사장의 예표인데, 장차 그가 와서 완전하고도 영속적인 화목을 성취하실 것이다.

507. 2절. "여호와께서 사단에게 이르시되, 사단아 여호와가 너를 책망하노라. 예루살렘을 택한 여호와가 너를 책망하노라. 이는 불에서 꺼낸 그슬린 나무가 아니냐?"

508. 여호와께서 사단의 참소를 책망하시는 근거는 여호수아와 그 백성이 가치가 있다는 것이 아니고 여호와께서 그를 택하셨다는 사실이며 그가 그 백성을 불쌍히 여기셔서 그들을 포로에서 회복시키셨다는 사실이다.

509. 여기서 여호와께서 택하셨다는 사실이 바벨론 포로 기간 동안 그가 그 백성을 일시적으로 배척하셨던 것과 대조를 이루어 언급된다(참조. 1:17). 여호와의 택하심은 포로 기간 중에도 계속 효력을 발생했으나 다만 그것이 겉으로 드러나지 않도록 되었을 뿐이다. 그런 택함의 상태는 포로가 귀환함으로써 재개되었고, 사단이 아무리 갖은 수를 다 부려도 그것을 막을 수는 없었다.

'불에서 꺼낸 그슬린 나무'라는 표현은 아모스서 4장 11절의 '너희가 불 붙는 가운데서 빼낸 나무 조각 같이 되었으나'에서 취한 것으로서, 크나

큰 재난을 당하였으면서도 여호와의 긍휼하심으로 완전히 멸망하지는 않은 상태를 지칭하는 것이다. — '여호와께서 사단에게 이르시되, 사단아 여호와가 너를 책망하노라'라는 말씀에서 여호와와 그의 사자는 서로 분명히 구분되고 있다. 그러나 여호와의 사자는 신적인 위엄과 존귀에 있어서 여호와 자신과 동등하게 나타나고 있는 것이다.

510. 3절. "여호수아가 더러운 옷을 입고 천사 앞에 섰는지라." 대제사장은 여호와 앞에 나아갈 때에 반드시 깨끗한 옷을 입어야 한다는 규례를 볼 때에 여기서 '더러운 옷'은 죄를 뜻하는 것이 분명하다. 대제사장은 여호와를 섬기려고 그 앞에 설 때에 율법에서 요구하는 순결함으로 나아오지 못하고 그 자신과 백성들의 죄악으로 얼룩진 상태로 나아온 것이다. 사단은 바로 거기서 공격할 수 있는 가장 확실한 구실을 찾으려 하지만, 그는 스스로 속고 말았다. 여호와께서는 기왕에 그 백성을 정결케 하시되 은처럼 하지 않으셨고, 고난의 풀무를 통해서 그들의 죄 가운데 가장 더러운 찌꺼기만 제거되었을 뿐이지만 그것으로 만족하셨으며, 그 백성 가운데서 참된 회개와 의를 향한 굶주림과 목마름이 생기기 시작하게 하셨으며, 온유함으로 그것을 이루어 가도록 해주셨었는데, 이제 그들에게 은혜를 베푸사 그들이 소유하지 못한 것을 부어주셨으니, 곧 대제사장을 허락하셨고 그를 통하여 의롭다 하시는 은사를 백성들에게 주신 것이다.

511. 4절. "여호와께서 자기 앞에 선 자들에게 명하사 그 더러운 옷을 벗기라 하시고 또 여호수아에게 이르시되 내가 네 죄과를 제하여 버렸으니 네게 아름다운 옷을 입히리라 하시기로." 더러운 옷이 죄를 상징하는 것처럼, 여호와의 명을 받아 깨끗하고 아름다운 옷을 입힌다는 것은 죄의 용서와 의롭다 하심을 베푸시는 것을 뜻한다. '여호와 앞에 선 자들'이란 그의 지체 높은 종들, 즉 천사들을 가리킨다. 이들은 여호와의 천한 종들에게 죄 용서의 표지를 주어 치장하게 하는데, 이는 오직 여호와만이 하실 수 있는 것이다.

512. 5절. "내가 말하되 정한 관을 그 머리에 씌우소서 하매 곧 정한 관을 그 머리에 씌우며 옷을 입히고 여호와의 사자 곁에 섰더라." 지금까지 잠잠히 지켜보고 그저 나레이터의 역할만을 하던 선지자가 그 백성을 향한 사랑으로 담대함을 얻어 여기서 갑자기 전면으로 나서서 활동을 개시한다.

513. 몇몇 해석자들은 대제사장에게 깨끗한 옷을 입혔다는 것은 백성의 대표자로서 그가 지은 죄를 용서한다는 것을 뜻하는 반면에 정한 관(깨끗한 터번)을 씌웠다는 것은 그의 직위를 확증하는 것을 의미하는 것으로 본다. 그러나 이런 주장은 명백히 그릇된 것이다. 깨끗한 옷과 정한 관은 동일한 것을 상징하는 것으로 보아야 마땅하기 때문이다. 더욱이 그들의 주장을 따르게 되면 관을 씌우는 일이 의복을 입히는 것보다도 앞선다는 사실을 해명할 길이 없다. 이에 대한 바른 해석은 오히려 다음과 같다. 선지자가 표현하고자 한 사상은 여호와께서 대제사장에게, 그리고 그를 통해서 그 백성들에게 완전한 순결을 부어주신다는 것이다. 이러한 사상을 그는 이렇게 상징화하여 표현하였다. 즉, 여호와께서는 단순히 여호수아에게 깨끗한 옷을 입히라고만 명령하신다. 그러나 이 일을 수행하기 전에, 선지자는 대제사장의 복장 가운데 다른 더러운 부분(이에 대해서는 아무런 명령도 없었다)도 다 제거되게 해달라고 간구한다. 그의 간구가 응답되어 여호수아는 이제 머리부터 발 끝까지 새로운 복장을 하게 되었다. 그래서 머리의 관이 먼저 나오는 것이다. '여호와의 사자'가 그의 명령을 수행하는 일을 종들에게만 맡기지 않고 몸소 시종일관 그 현장에 계시다는 사실은 그의 높은 위엄을 보여주는 증거요 또한 그 백성을 향한 그의 부드러운 관심을 보여주는 증거인 것이다.

514. 6절. "여호와의 사자가 여호수아에게 증거하여 가로되."

515. 7절. "만군의 여호와의 말씀에 네가 만일 내 도를 준행하며 내 율례를 지키면 네가 내 집을 다스릴 것이요 내 뜰을 지킬 것이며 내가 또 너로 여기 섰는 자들 중에 왕래케 하리라." 대제사장의 직위가 인증받고 난 후 그를 죄에서 씻고, 또한 그를 통하여 온 백성의 죄를 씻는 일이 뒤따르며 거기

에 백성을 향하여 한 가지 약속이 주어진다. 대제사장은 하나님과 백성 사이의 중보이므로 하나님께서 대제사장을 대제사장으로 인정하고 받아들이는 이상 백성들도 거부되지 않는 것이다. 여기서 약속된 사실의 정반대되는 현상이 바벨론 포로기에 일어났었다: "너의 시조(병행구와 28절에서 나타나는 것처럼 대제사장을 가리킨다)가 범죄하였고 너의 교사들이 나를 배역하였나니 그러므로 내가 성소의 어른들로 욕을 보게 하며 야곱으로 저주를 입게 하며 이스라엘로 비방거리가 되게 하리라."

여호와의 성전을 지키는 일은 대제사장에게 부여된 임무로서 그는 먼저 성전 바깥 뜰에서 모든 우상적인 것과 불경건한 것을 제거해야 했으며, 그 이후에는 성전이 핵심을 이루는 하나님의 교회에서 그것들을 제거해야 했다. 그런데 여기서는 그 일이 의무로서가 아니라 상급으로 나타난다. 왜냐하면 하나님 나라를 증진시키는 활동이야말로 하나님께서 죄된 사람에게 베푸시는 최고의 영예요 긍휼이기 때문이다. ― '내가 또 너로 여기 섰는 자들 중에 왕래케 하리라'는 말씀에서 여호와께서는 낮은 종들에게 그의 높은 종들을 보좌하도록 해주실 것을 약속하신다.

516. 8절. "대제사장 여호수아야 너와 네 앞에 앉은 네 동료들은 내 말을 들을 것이니라. 이들은 예표의 사람이라 내가 내 종 순을 나게 하리라."

517. 여호수아와 함께 부르심을 받아 여호와 앞에 선 그의 동료들은 그보다 낮은 계급의 제사장들을 가리킬 것이다. 이 사실은 (1) 예언 전체의 대상에서 드러난다. 여호수아는 시종일관 사적인 한 개인으로서가 아니라 대제사장으로서 나타나고 있다. 그는 그 직무의 기능을 담당한 자로서 나타나며 이 절에서도 대제사장이라는 사실이 지극히 강조되고 있다. 그러므로 그의 동료들에 대해 말씀할 때에도 그들은 그와 어떤 사적인 관계를 맺고 있는 자들일 수가 없고 오로지 제사장직을 함께 수행하는 자들일 수밖에 없는 것이다. (2) 게다가, '네 앞에 앉은 네 동료들'이라는 어구에서도 똑같은 결론이 도출된다. 이 표현은 미카엘리스가 잘못 생각하는 것처럼 선생과 그 제자의 관계를 뜻하는 것이 아니라, 오히려 아랫 사람들이 모여 있는 모임에 우두머

리가 함께 하는 그런 모습을 그린 것이다. 즉, 계급이 높은 자가 그 밑에 있는 사람들과 함께 있는 것을 뜻하는 것이다. 여호수아와 그의 동료들은 메시야에 대한 약속을 특별히 주의하여 들어야 한다. 왜냐하면 그들은 메시야의 예표들로서 그와 좀더 친밀한 관계 속에 있기 때문이며, 또한 메시야가 제사장직의 이상을 완전히 실현시킴으로써 제사장직이 그를 통하여 영광을 얻게 될 것이기 때문이다.

여호와의 종 순이 메시야를 뜻한다는 것은 과거 유대인들의 한결같은 믿음이었다. 기독교 교회에서도 이 견해가 언제나 주류를 이루었다. — 이제는 과연 어떤 의미에서 제사장들이 여기서 메시야의 예표로 불리느냐 하는 질문에 대답하는 것만 남았다. 그것은 그들의 직임의 특징을 구성하는 것 이외에 다른 것과 관계 있을 수가 없다. 그런 점에서 그 동료들은 여호수아라는 개인이 아니라 그의 대제사장직과 관련된 자들이라는 것이 그들이 그와 관계를 맺는 상황에서 분명히 드러난다. 그러므로, 메시야가 제사장직의 원형(antitype)이라는 것은 제사장직이 불완전하게 성취한 중보의 사역과 죄로부터 구원하는 사역을 그가 완전히 성취하신다는 점에서 그렇게 묘사할 수 있는 것이다. 이 점은 다음의 논의에서 다시 한번 확증된다.

(1) 죄 용서에 대한 불안에 빠져 있는 백성들이 그들의 범죄에도 불구하고 여호와께서 제사장직을 거부하지 않으시리라는 확신을 갖게 되어 위로를 받았다는 것은 앞에서 이미 살펴본 바 있다. 그러므로 지금까지 제사장직이 오로지 백성을 죄에서 구원하는 일과 관련해서만 생각되었고 또한 여호수아가 등장하여 그 일을 수행하게 되었다면, 여기서 약속되고 있는 그 제사장직의 원형인 대제사장이 여호수아와 대조를 이루는 것이 오로지 죄에서부터 구원하는 일이 그 대제사장을 통하여 완전히 이루어졌다는 사실과 관련해서라고 밖에는 달리 생각할 수가 없는 것이다.

(2) 9절에서는 여호와께서 그가 그의 종을 통하여 온 땅에서 죄를 제거하시겠다고 분명히 약속하신다.

(3) 죄의 용서는 메시야 시대의 특징적인 표지로 줄곧 나타난다. 스가랴는 고난 당한 그 분을 바라보는 자들에게 베풀어질 큰 축복으로서 죄와 더러움을 씻는 샘이 그들을 위하여 열리리라고 묘사한다(13:1). 그러나 이 구절

은 이사야 53장에서 이끌어온 것인데, 거기서는 메시야가 참된 희생물인 동시에 참된 대제사장으로 묘사되고 있다. 그는 대제사장으로서 열방을 뿌리며 (사 52:15), 속죄 제물을 드리며(사 53:10), 죄인들을 위하여 간구한다(사 53:12). 이사야의 구절과 여기 스가랴서의 본문이 서로 차이가 있다면, 여기서는 참된 대제사장이 죄를 제거하는 방법에 대해서 언급하지 않는다는 점뿐이다. 마지막으로, 시편 110편에서도 메시야가 대제사장으로 묘사된다.

518. 9절. "만군의 여호와가 말하노라. 내가 너 여호수아 앞에 세운 돌을 보라. 한 돌에 일곱 눈이 있느니라. 내가 새길 것을 새기며 이 땅의 죄악을 하루에 제하리라." '왜냐하면'(한글 개역 성경에는 나타나지 않으나, 원문에는 서두에 '왜냐하면'이 붙어 있다—역자주)은 이 절이 그 바로 앞의 진술의 이유를 제공해준다는 것을 보여준다. 겉으로 드러난 것만 보면 메시야가 나타날 것 같지 않았다. 새로 옮겨온 땅의 비참한 상태를 보면 그런 찬란한 약속이 성취될 가망이 전혀 없는 것처럼 보였다. 그러므로 전능하신 여호와께서는 겉으로 보이는 현실에서 시선을 돌리시고는 그런 축복의 근거로써 그가 얼마나 신정국가의 복지에 대해 활발하게 관심을 갖고 있느냐 하는 것을 지적하시는 것이다.

여기의 일곱 눈은 돌에 박혀 있는 것이 아니라 돌을 바라보는 것으로 보아야 한다. 이에 대해서는 현대의 해석자들이 일반적으로 인정하듯이 새삼 증거를 댈 필요가 없다. 다만 4장 12절을 참조하는 것만으로 족할 것이다. 거기서는 여호와의 일곱 눈이 스룹바벨의 손에 다림줄이 들려 있는 것을 보는 것으로 묘사되고 있다.

하나님의 눈은 하나님의 섭리를 지칭하는 뜻으로 사용되는 일이 거의 없다. 그러나 스가랴에서는 그 표현을 통해서 하나님께서 그의 일곱 눈으로 돌을 응시하는 것으로 묘사함으로써 하나님이 그 돌에 대해 지극히 특별한 관심을 갖고 계심을 나타내고 있다. 여기서 그는 바벨론 사람들이나 페르시아 사람들을 상징적으로 묘사하고 있는 것으로 보인다. 특히 페르시아 사람들이 이와 비슷한 상징적인 용법을 사용하였다는 점은 왕의 특정한 은밀한 종을 가리켜 그의 눈이라고 불렀다는 사실에서 잘 드러난다. 이는 아마도 그들의 종교적 신학에서 비롯된 것인 듯하다. 그들은 페르시아 왕국 전체를 하늘의 오르무즈 왕국(kingdom of Ormuz)의 가시적인 현현으로 생각했고, 왕을 그 대표로 여겼던 것이다.

또 한 가지 의문은 여기서 일곱 눈이 응시하는 그 돌은 과연 무엇을 뜻하느냐 하는 것이다. 과거의 해석자들은 거의 한결같이 이를 메시야로 해석한다. 그러나 이는 '내가 너 여호수아 앞에 세운 돌'이라는 표현과 모순을 일으킨다. 왜냐하면 그 돌은 장차 올 것이 아니라 이미 존재해 있는 것이며 다만 후에 장식될 것을 기다리고 있을 뿐이기 때문이다(이는 '내가 새길 것을 새기며'라는 표현에서 잘 드러난다). 또 어떤 이들은 이것이 성전의 기초석이라고 본다. 그러나 거기에 어떻게 무엇을 새길 수 있었겠는지 도무지 생각하기가 어렵다. 올바른 견해는 오히려 그 돌은 다듬지 않은 자연석으로 여호와께서 다듬으시고 새기실 돌로서 신정국가와 그 좌소인 성전을 상징하는 이미지로서 현재의 열악한 상태와 미래에 여호와로 말미암아 영광을 받을 상태를 뜻하는 것으로 보는 것이다. 그 돌 전체가 여호수아 앞에 누워 있는 것으로 묘사되는데, 이는 7절에서 말씀한 바와 같이 신정국가를 감독하는 직책이 그에게 주어졌기 때문이다. 거칠고 귀한 돌을 다듬고 새긴다는 것은 물론 메시야의 강림 이전 시대에 나타난 하나님의 긍휼하심을 뜻하기도 하지만 궁극적으로 메시야를 보내는 일을 지칭한다. 그 당시 학개의 예언(2:7-10)에 따르면, 제2 성전은 메시야로 말미암아 영광으로 가득 찰 것이요 첫 성전보다도 훨씬 아름답게 될 것이라고 했다.

'이 땅'이란 유다를 가리킨다. 메시야로 말미암은 죄의 용서와 구원이 미치는 범위는 그보다 훨씬 넓어서 심지어 온 이방 세계까지도 다 포괄하는데 여기서 유다만을 언급한 것은 스가랴의 이 예언 전체의 유일한 목표는 유다 백성의 상처받은 심령을 위로하고 치료하려는 것이었기 때문이다.

'하루'(이는 가장 짧은 시간을 의미한다)라는 표현은 장차 메시야께서 오셔서 죄를 제거하는 일은 제사장들이 행하는 것처럼 계속 반복되는 것이 아니라 단 한번으로 완성될 것임을 시사한다.

519. 10절. "만군의 여호와가 말하노라. 그 날에 너희가 각각 포도나무

와 무화과나무 아래로 서로 초대하리라 하셨느니라." 이 말씀은 메시야로 말미암아 이루어질 죄 용서의 결과로 나타날 안식과 평화와 번영을 보여준다.

제 4 장

5. 두 감람나무와 등대

520. 이 이상(환상)과 바로 그 앞의 이상 사이에 약간의 간격이 있었던 것으로 보아야 한다. 해석하는 천사가 잠시동안 선지자에게서 떠났었고, 선지자는 황홀경에서 깨어나와 정상적인 정신 상태로 돌아왔었다. "내게 말하던 천사가 다시 와서 나를 깨우니 마치 자는 사람이 깨우임 같더라." 예언할 동안과 그렇지 않을 때의 선지자의 상태는 서로 마치 잠자는 상태와 깨어 있는 상태와도 같은 관계에 있다. 감각적인 인상들에 모든 것이 맡겨져 버린 보통의 상태에서는 영적인 눈을 떠서 하나님에 관한 일들을 바라볼 수가 없는데, 이는 영적으로 잠자는 상태라 할 수 있다. 반면에 황홀경에서는 감각이 휴식의 상태에 들어가고 우리의 의식 활동이 중지되며 하나님에 관한 일들에 대한 이미지들이 마치 깨끗하고 부드러운 거울에 비치듯이 그 영혼에 투영되는데, 이는 영적으로 깨어 있는 상태이다. 이 본문의 바른 의미는 이것밖에는 없는데, 모든 해석자들 중에서 오직 시릴(Cyril)만이 이를 바로 간파했다. 그는 말하기를, "우리의 상태는 천사들의 상태와 비교할 때에 잠자는 상태라고 말할 수밖에는 없다."

521. 선지자에게 보여지는 그 새로운 이상은 다음과 같은 것이다: 순금으로 된 등대 하나가 보이는데, 그 위에 기름을 담은 주발이 있고, 거기서 기름이 흘러 넘쳐서 일곱 관을 타고 흘러 내려가서 등대의 일곱 등잔으로 흘러 들어간다. 그리고 등대 양쪽에는 그보다 높이 자라는 두 그루의 감람나무가 서 있다. 해석하는 천사는 선지자로 하여금 그의 인간적인 연약함을 생각하게 한 후에 그에게 "네가 이것들이 무엇인지 알지 못하느냐?"라고 물어서

그 이상의 깊은 의미에 대해 주목하게 한다. 그 질문에 대해 그는 스스로 다음과 같이 대답해준다: "이 이상은 스룹바벨에게 하신 여호와의 말씀이니, 만군의 여호와께서 말씀하시되 이는 힘으로 되지 아니하며 능으로 되지 아니하고 오직 나의 신으로 되느니라. 큰 산아 네가 무엇이냐? 네가 스룹바벨 앞에서 평지가 되리라. 그가 머릿돌을 내어 놓을 때에 무리(천사들의)가 외치기를 은총, 은총이 그에게 있을지어다 하리라 하셨다."

    따라서 이 이상의 의미는 이런 것이다: 신정국가의 일들은 인간의 능력으로 되는 것이 아니라 오직 신정국가에 생명을 주시고 보호하시며 유지하시는 하나님의 영으로 말미암아서만 되는 것이다. 이 이상의 일차적인 목적은 상심한 백성과 그 지도자에게 위로를 주고, 그리하여 성전 건축을 열심히 추진해 나가도록 힘을 주기 위함이었다. 험한 산과도 같은 난제들이 이 일을 가로막고 있으나 인간의 힘으로는 도저히 그것들을 없애지 못하고 있는 상태에서 여호와께서 몸소 나서서 그 모든 장애거리들을 완전히 제거하셨다면, 과연 그 결과가 어떠했겠는가? 이 해석에서 일반적인 것과 특수한 것이 서로 연관되어 나타나는데, 이에 대해서 대부분의 해석자들은 잘못 이해해왔다.

    이제 상징과 그 상징을 통해서 나타내는 의미가 서로 어떻게 연관되어 있는지를 살펴보기로 하자. 등대는 신정국가를 상징하는 이미지이다. 여기서 서로 연관을 맺는 점은 빛이다. 이 둘다 빛을 소유하고 있어서 주변의 어둠을 밝히고 있는 것이다. 등대가 지극히 귀한 금속인 금으로 되어 있다는 것은 하나님의 교회의 탁월성과 고귀함을 뜻한다. 두 감람나무는 하나님의 영을 상징한다. 주발에서 흘러서 등잔들 속으로 흘러 들어가서 불을 밝히는 기름은 하나님의 교회에 대한 하나님의 영향력을 의미한다. 일곱 등잔에 딸린 일곱 관은 하나님의 긍휼하심의 풍성함은 물론 그 긍휼하심이 그의 교회에 흘러 들어가는 여러 가지 방식을 뜻한다.

    522. 여기서 대개 사람들이 생각하는 것은, 선지자가 상징을 묘사하면서 부주의로 한 가지를 언급하지 않았다가 나중에 11절 이하에 가서 소개하는 것이 있는데, 곧 두 감람나무 속에 감람 열매가 가득한 두 가지가 있었으며 그것이 기름을 등대에 공급해준다는 것이다. 그러나 그것을 앞에서 언급

하지 않은 것은 부주의라기보다는 의도적인 것이었다. 이러한 특수한 상황을 언급하게 되면 상징 전체의 인상이 약화되어 결국 그 주요 의미를 생각지 못하도록 될 것이기 때문이었던 것이다. 그러므로 선지자는 그 상징 전체의 의미를 해명한 다음에야 비로소 이러한 특수한 상황에 대해 주의를 기울이는 것이다.

그는 11절에서, "등대 좌우의 두 감람나무는 무슨 뜻이니이까?"라고 묻는다. 이 질문은 감람나무 자체의 의미에 대해서 묻는 것이 아니라(이에 대해서 선지자는 그것들이 하나님의 영을 상징하는 것임을 이미 알고 있었다) 그것이 두 그루로 되어 있다는 사실이 무슨 의미인지를 묻는 것이다. 그러나 천사로부터 답변을 얻기 전에 선지자는 감람나무가 두 그루라는 것 그 자체가 의미 있는 것이 아니라 오히려 두 개의 가지로 되어 있다는 것이 의미 있는 것임을 직감한다. 그리하여 그는 스스로 생각을 고치고 12절에서 다시 질문을 던진다: "금 기름을 흘려내는 두 금관 옆에 있는 이 감람나무 두 가지는 무슨 뜻이니이까?" 해석하는 천사가 이 질문에 대해서만 대답하고 그 앞의 질문에 대해서는 아무런 언급이 없이 그냥 지나치는 것을 보아서 감람나무가 두 그루라는 사실 그 자체는 별로 중요한 것이 아닌 것으로 생각할 수 있다.

그의 대답은 다음과 같다: "이는 기름 발리운 자 둘이니 온 세상의 주 앞에 모셔 섰는 자니라." 여기서 문제가 되는 것은 과연 기름 발리운 자 둘(문자적으로는 '기름의 두 자녀'이다―역자주)이 누구냐 하는 것이다. 몇몇 해석자들은 이를 스룹바벨과 여호수아로 본다. 그러나 여기서 두 사람의 개인들을 가리킬 수가 없다는 사실은 등대에 기름을 공급하는 일(신정국가에 하나님의 긍휼하심을 베푸는 일)이 연약하고 유한한 두 사람의 존재와 연관될 수가 없다는 점에서 분명히 드러난다. 그리하여 다른 사람들은 이 '기름 발리운 자 둘'이란 곧 제사장직과 왕직(민간 관리를 포함하여)을 통틀어서 지칭하는 것이라고 보는데, 이것이 바른 견해로 여겨진다. 신정국가에서 이 두 직책은 하나님의 긍휼하심을 베푸는 도구로서 봉사하는 것으로 탁월한 것이었다. 이들만이 기름 발리운 자로 불릴 수가 있다. 이들이야말로 기름이 발리운 것이 상징하는 바 하나님의 공적인 은혜를 받은 자들인 것이다.

대제사장의 경우는 기름 부음을 받았다는 사실이 레위기에서 거듭 거듭 언급되고 있다. 포로기 이후 민간 관리들의 경우 기름 부음을 받지 않았다는 사실은 아무런 문제가 되지 않는다. 그들은 전임자들(왕들)을 통해서 기름 부음을 받은 것이며, 그것으로 상징되는 바 그들의 직위에 걸맞는 은혜를 계속해서 받았기 때문이다. 그들에게와 대제사장들에게 이러한 은혜가 있음을 확신시키고, 그리하여 하나님에게서 버림 받았다고 스스로 믿고 있는 백성들을 위로하고 즐겁게 하기 위한 것이 현재의 상징적인 이상의 정확한 목적인 것이다.

당시의 영적 민간적 정부는 과거의 신정국가가 그랬던 것처럼 여호와께서 그의 교회에 은혜로 은사들을 베푸시는 매개체의 역할을 계속해 나갈 것이었다. 이 약속은 가장 높고 충만한 의미에서 그리스도의 출현으로 성취되었다. 6장에 의하면 그는 왕직과 대제사장직을 한 몸에 모두 지니신 분이요, 3장에서는 특별히 대제사장으로 지칭되며, 9장에서는 왕으로 지칭되시며, 과거의 모든 하나님의 종들을 통해서 전해진 것과는 비교할 수 없을 정도로 풍성하고 한량없는 하나님의 은혜의 기름이 그를 통하여 교회의 등대 속에 부어지는 것이다.

제 5 장

6. 날아가는 두루마리

5:1-4

523. 이 이상은 그 다음에 이어지는 이상과 마찬가지로 암울한 내용을 담고 있다. 이 두 이상은 11장처럼 선지자의 목적이 성전을 재건하는 일을 촉진시키는 데 있는 것이 아니라 오히려 백성들로 하여금 회개하고 믿음을 가지도록 하는 데 있음을 잘 보여준다. 백성들이 회개하고 믿음을 회복하게 되면 이미 시작된 외적인 사역에 대한 열심이 반드시 되살아날 것이었다. 에스겔서 2장 9절에 자극을 받아서 선지자는 여기서 날아가는 두루마리를 보는데, 그 길이는 20규빗이요 넓이는 10규빗이었다. 그 두루마리의 크기는 성전 낭실의 크기와 정확히 일치한다(왕상 6:3).

몇몇 해석자들이 주장하듯이, 이는 우연한 것일 수가 없다. 성전의 가장 바깥 부분인 낭실은 하나님이 그의 백성을 상대하시는 것으로 여겨지는 곳이었다. 솔로몬도 그의 궁전 낭실에서 백성을 심판했음을 볼 수 있다(왕상 7:6). 그러므로 낭실 앞 제사장의 뜰에 번제단이 위치했던 것이다. 국가적인 큰 재난이 있을 때에 제사장은 그 낭실에 가까이 다가와 마치 마음이 상한 아버지의 발을 포옹하며 애원하듯이 여호와께 탄원했다. 요엘서 2장 17절을 보라: "여호와께 수종드는 제사장들은 낭실과 단 사이에서 울며 이르기를 여호와여 주의 백성을 긍휼히 여기소서 주의 기업으로 욕되게 하여 열국들로 그들을 관할하지 못하게 하옵소서 어찌하여 이방인으로 그들의 하나님이 어디 있느뇨 말하게 하겠나이까 할지어다."

그러므로 선지자가 언약 백성을 향한 하나님의 심판을 뜻하는 '날아가는 두루마리' 라는 상징에다 그 크기를 명시한 것은 바로 그 심판이 신정정치의 결과라는 점을 말씀하기 위한 것이다. 6장 1절에도 비슷한 상징적인 이상이 나타나는데, 거기서는 신정정치를 대적하는 열국에 내릴 하나님의 심판을 상징하는 병거들이 신정정치를 상징하는 두 산들 사이에서 나온다. 여기의 두루마리는 양쪽에 다 글이 새겨져 있다. 이편에는 도적질하는 자에게 임할 저주가 새겨져 있고, 저편에는 헛맹세함으로 여호와의 이름을 망령되게 한 자들에게 내릴 저주가 새겨져 있다. 저편에 새겨진 저주는 십계명의 첫째 돌판의 명령들을 범한 자들에 대한 하나의 본보기요, 이편에 새겨진 저주는 둘째 돌판의 명령들을 어긴 자들에 대한 본보기이다. 그러므로 두루마리의 한쪽에는 "너희는 마음을 다하여 주 너희 하나님을 사랑하라"라는 명령을 범한 자들에 대한 하나님의 심판이 들어 있고, 다른 편에는 "네 이웃을 네 몸과 같이 사랑하라"는 명령을 어기는 자들에 대한 심판이 들어 있는 것이다(테오도렛). 이 저주는 온 땅을 두루 다닌다. 범죄자들을 가볍게 피상적으로만 살짝 치고 마는 것이 아니라 그들과 그들에게 속한 모든 것을 완전히 불살라 버릴 것이다.

"그 집을 그 나무와 그 돌을 아울러 사르리라"라는 표현은 열왕기상 18장 38절을 암시하는 것이다. 그러므로 이 이상은 더 극심한 하나님의 심판이 유다 백성들에게 임할 것임을 예언해주는 것이다. 스가랴 당시에도 불신앙이 발아의 상태로 존재했는데, 그것이 뿌리를 내리고 가지를 친 후에 그 심판이 임할 것이라는 것이다. 이러한 불신앙으로 인하여 백성들이 메시야를 배척하게 되고 그리하여 그들을 구원할 최후의 수단을 빼앗기게 되는 결과가 일어날 것인데, 그런 일이 과연 어떻게 펼쳐지느냐 하는 것은 11장에 나타난다.

7. 에바 가운데 앉은 여인

5:5-11

524. 하늘의 천사의 무리에게로 물러갔던 해석하는 천사가 다시 선지자에게 돌아와서 새로운 이상의 의미를 설명해준다. 선지자에게 마치 안개 속에서 나오는 것 같은 한 물체가 보이는데, 그는 그것이 무엇인지를 알지 못한다. 천사는 그에게 "이것이 나오는 에바니라"라고 설명해준다(이를 "나오

는 이것이 에바니라"라는 번역은 문법에 맞지 않는다. 한글 개역 성경은 이를 따른다―역자주). 여기서 선지자가 가짜 뒷박을 말씀하는 것이라고 생각할 필요는 없다. 본문에는 그런 흔적이 나타나지 않기 때문이다. 오히려 이 이상의 의미는 곧, 이스라엘 사람들의 죄악이 뒷박에 가득 찼으므로, 하나님의 심판이 뒷박 가득히 그들에게 부어질 것이라는 것이다. 이런 사상을 뜻하는 상징으로 가장 큰 뒷박의 하나인 에바를 사용한 것은 아주 적절하다 하겠다.

그러나 여기서 단지 죄만을 말씀하는 것이 아니라는 것은 '이것이 나오는 에바니라' 라는 말씀에서 잘 드러나는데, 이는 2, 3절과 비교할 때에 하나님의 심판의 뜻을 내포하는 것이다. 어떤 이들은 이것이 오직 형벌을 가리킨다고 보는데, 해석하는 천사의 '온 땅에서 그들의 모양이 이러하니라' 라는 말씀은 이 견해가 잘못된 것임을 잘 보여준다. 그 말씀은 곧, 온 백성들이 죄의 분량을 가득 채우려고 노력하며 그리하여 그들 스스로 가득한 분량의 하나님의 심판을 자초한다는 뜻이다. 여기서 말씀하는 바가 주로 형벌에 관한 것이라고 보아서, '이들은 그들 스스로 하나님의 격렬한 심판을 자초한다' 는 뜻으로 볼 수도 있으나, 유다 민족이 여기 에바 가운데 앉은 여인으로 인격화되어 하나님의 심판을 기다리고 있는 모습이 나타나는 것으로 볼 때에 형벌과 동시에 죄도 함께 말씀하고 있다는 것을 알 수 있다.

선지자는 한 여인이 에바 한가운데에 앉아 있는 것을 본다: "이 에바 가운데에는 한 여인이 앉았느니라." 해석하는 천사는 그 여인을 가리켜 악이라 칭한다. 즉, 지금까지 죄악 가운데 앉아 있던 불경건한 유다 백성이 이제는 그 형벌에 둘러싸이게 될 것임을 나타내는 것이다. 지금까지 그 여인은 에바 가운데 똑바로 앉아 있었지만 이제 그 에바 속으로 던져지고 큰 납덩이가 그 여인 위에 놓여지는데 이는 여호와께서 그의 심판을 통해서 그 백성의 악행을 벌하실 것임을 보여준다. 날개 달린 두 여인이 등장하여 급한 바람에 그 여인이 들어 있는 에바를 날려 보내어 시날 땅까지 이르게 한다. 거기서 에바는 땅에 가라앉고 여인은 영원한 거처를 찾는다. 날개 달린 두 여인은 하나님이 그의 백성을 벌하시기 위해 사용하시는 도구들을 지칭하는데, 과거의 바벨론처럼 호전적인 여러 나라들을 뜻한다.

여기서 둘이라는 숫자는 상징에 속한다. 그 에바처럼 큰 뒷박을 들기 위해서는 두 사람이 필요한 것이다. — 해석자들에게 큰 난제의 역할을 톡톡히 한 것은 바로 여기서 시날을 이스라엘이 이끌려 갈 땅으로 언급하고 있다는 점이다. 이에 대해서 로젠뮐러는 여기서 선지자는 미래를 예언하는 것이 아니라 유대인들이 바벨론으로 포로로 끌려갔던 과거의 사실을 묘사하는 것이라고 본다. 그러나 이 주장은 전적으로 합당치 않다. 스가랴의 다른 모든 이상은 미래에 관한 것들인데 어째서 이것만이 예외적으로 과거에 관한 것이라고 할 수 있겠는가? 바로 앞에서도 미래의 심판을 예언했다. 그렇다면 이 예언이 과거에 관한 것이어야 할 이유가 어디에 있는가? 뿐만 아니라, 11절에서는 시날 땅에 거하는 것이 그곳으로 옮겨가기 전에 거하던 것보다도 훨씬 기간이 오래며 사실 영구히 거기 거할 것이라고 말씀한다.

사실상 그런 부자연스러운 견해가 생겨나는 것은 선지자들의 이상의 본질에서 비롯되어 나타나는 선지자들의 관례, 즉 미래를 과거의 이미지로 묘사하며 미래의 사건을 과거의 사건의 이름으로 부르는 관례에 대한 무지 때문이다. 이러한 관례에 대해서 본문은 놀랍고도 분명한 실례를 제공해주는데, 이로써 우리는 이 후반부의 순수성을 공격하는 여러 가지 그릇된 이론을 완벽하게 제거할 수 있는 것이다. 유대인들이 미래에 자기들의 땅에서 쫓겨나서 거처할 장소를 선지자는 여기서 그들이 과거에 포로로 잡혀가 있던 땅의 이름으로 부르는데, 이는 10장 11절에서 미래에 유대인들을 핍박할 자들을 앗수르와 애굽이라는 이름으로 부르는 것과 마찬가지이다.

제 6 장

8. 네 병거

6:1-8

525. 이 이상의 의미는 바로 앞의 이상의 의미와 밀접한 관계를 지닌다. 이스라엘에 하나님의 극심한 심판이 있은 후에, 그 심판의 도구로 사용된 나라들에게도 똑같이 무서운 채찍이 가해질 것이다. 땅의 이끝에서 저끝까지의 모든 나라들이 다 채찍을 맞게 될 것이다. 그러므로 여기서는 마지막 총체적인 심판을 묘사하는 것이다. 선지자들의 한결같은 예언에 따르면 그 총체적인 심판이 이스라엘에 대한 부분적인 심판에 뒤이어 올 것이며 그것으로써 이 세상의 현 질서가 종결될 것이라는 것이다. 이 부분과 정확히 병행을 이루는 12장의 예언을 보라. 전반부의 이상들과 후반부의 예언들 사이에는 대체로 놀라울 정도의 병행법이 존재하는데, 이에 대해서는 뒤에 가서 충분히 살펴보게 될 것이다.

526. 이제 우리는 선지자에게 주어진 이 이상에 나타난 상징법을 좀더 가까이서 살펴보고자 한다.

527. 그는 네 병거를 본다. 해석하는 천사는 그 의미에 대해서 다음과 같이 선언한다: "이는 하늘의 네 바람인데 온 세상의 주 앞에 모셨다가 나가는 것이라." 하늘의 네 바람은 하나님의 심판들을 상징한다. 이들을 인격화하여 표현한 사실에서 우리는 그 정황을 알 수 있다. 즉, 심판들이 병거들을 타는데, 후에는 이 병거들이 바람들로 나타나며, 그 바람들은 심판들을 태우

고 가는 운송 수단으로 여겨진다. 여기의 상징적인 표현들은 예레미야서와 에스겔서의 구절들에서 빌려온 것들로서 선지자는 늘상 그렇듯이 여기서도 거기의 표현들을 인용한 것 같다. 사방에서 일어날 하나님의 심판은 예레미야서 49장 36절에서도 네 바람의 이미지로 표현되고 있다: "하늘의 사방에서부터 사방 바람을 엘람에 이르게 하여 그들을 사방으로 흩으리니 엘람에서 쫓겨난 자의 이르지 아니하는 나라가 없으리라."

에스겔서 1장에서는 땅의 각 지역으로 뻗어나갈 심판들이 네 그룹으로 상징되어 나타나는데, 그들의 머리 위에 여호와께서 좌정하고 계시며 그의 병거들이 정해진 지역을 향해 달리는 것으로 나타난다. 바람이란 하나님의 진노하심, 혹은 하나님의 형벌 선언을 뜻하는데, 북방에서 강한 폭풍이 불어온다고 함으로써 하나님의 심판이 바벨론으로부터 유다에 미칠 것을 말씀한 것이다. 다니엘서 7장 2절에서도 비슷한 표현을 볼 수 있으며("내가 밤에 이상을 보았는데 하늘의 네 바람이 큰 바다로 몰려 불더니"), 또한 계시록 7장 1절에서도 이 땅의 거민 전체를 뜻하는 상징으로 "이 일 후에 내가 네 천사가 땅 네 모퉁이에 선 것을 보니 땅의 사방의 바람을 붙잡아 바람으로 하여금 땅에나 바다에나 각종 나무에 불지 못하게 하더라"라고 말씀한다. 여기서 다른 점이 있다면 에스겔서의 경우처럼, 병거를 타고 가는 것이 바람 그 자체가 아니라 천사들이라는 점이다. 천사들이 바람을 타고서 나아가는 것이다.

528. 병거들이 두 산 사이에서 나오는데, 그 산들은 구리(銅)로 되어 있다. 그리하여 심판이 신정정치의 결과임을 나타내는 것이다. 여기 나타나는 상징적 묘사는 예루살렘의 지리적 정황을 통해서 설명하여야 한다. "요단강과 평행을 유지하며 북에서 남으로 깊은 골짜기가 내려가다가, 사해를 향하여 동쪽으로 방향을 바꾼다. 이 골짜기는 아주 좁으며 여호사밧 골짜기라고 부르며, 그 골짜기의 바닥은 와디로서 기드론 시내라고 불리는데 연중 대부분 말라 있다. 사해로 방향을 바꾸는 곳에는 골짜기 양 옆에 여러 가지 높이의 석회석 언덕이 가파르게 솟아 있는데, 그 가운데 동쪽에 위치한 세 봉우리는 동쪽 하향선쪽에 벌거벗은 채 서 있으며, 서쪽편은 주로 감람나무 숲이

우거져 있다. 고대에 이 지역을 감람산이라고 이름 붙인 연유가 여기에 있는 것이다."

선지자가 특히 여호사밧 골짜기를 염두에 두고 있었다는 것이 병행 구절(14:4)에서 드러난다. 거기서는 감람산이 갈라져서 이 골짜기가 확장될 것이라고 약속하고 있다. "감람산은 그 한가운데가 동서로 갈라져 매우 큰 골짜기가 되어서 산 절반은 북으로 절반은 남으로 옮기고 그 산 골짜기는 아셀까지 미칠지라 너희가 그의 산 골짜기로 도망하되." 현재의 구절에서 두 산 사이에 있는 골짜기를 말씀하고 있듯이, 거기서도 여호사밧 골짜기를 '여호와의 산 골짜기'라고 탁월한 명칭을 붙여서 부르고 있는 것이다.

그러나 어째서 심판이 신정정치의 결과임을 말씀하기 위해서 네 병거가 하필 이 산 골짜기에서 나오는 것으로 묘사했을까? 그 이유는 그 골짜기가 성전이 있는 산 밑에 있기 때문이다. 성전은 구약 시대에는 여호와의 거처였고, 병거를 타고 갈 수 있는 곳으로 성전에서 가장 가까운 곳이 바로 그 골짜기였던 것이다. 그러므로 여기서 하늘의 네 바람은 멈추어 서서 여호와의 명령을 기다리고 있다. 이와 비슷하게 이 골짜기는 수많은 사람이 모일 수 있는 곳으로 성전에서 가장 가까운 곳이기 때문에 요엘은 여호와께서 이방 백성을 여기에 모아놓고 심판하신다고 말씀한다: "그 날 곧 내가 유다와 예루살렘의 사로잡힌 자를 돌아오게 할 그 때에 내가 만국을 모아 데리고 여호사밧 골짜기에 내려가서 내 백성 곧 내 기업된 이스라엘을 위하여 거기서 그들을 국문하리니 이는 그들이 이스라엘을 열국 중에 흩고 나의 땅을 나누었음이며"(3:1).

두 산이 구리로 되어 있다고 묘사한 것은 무슨 목적에서인가? 여호와께서 그의 나라를 녹슬지도 않고 부서지지도 않는 보호의 장벽으로 두르시리라는 것을 말씀하기 위해서이다. 이런 사실은 예루살렘의 위치로 상징되었다. 시편기자가 표현했듯이, "산들이 예루살렘을 두름 같이 여호와께서 그 백성을 지금부터 영원까지 두르시리로다"(125:2). 상징이 그 실체에 더 부합되도록 하기 위하여 선지자는 예루살렘 동편을 덮는 산들을 구리로 되었다고 표현하는 것이다.

여기의 묘사 전체를 상징적으로 이해하여야 하며, 이 땅의 온 족속들을 심판하실 때에 성전이 존재해 있을 것이라는 식으로 생각해서는 안된다는 사실은 부분적으로는 산들을 구리로 칭한다는 점에서와 또한 앞 장의 묘사에서 잘 드러난다. 앞장에서는 심판이 임하기 전에 예루살렘이 완전히 파괴될 것이요 그 백성이 포로로 끌려갈 것을 말씀하고 있는 것이다.

530. 말들의 색깔은 1장에서와 마찬가지로 병거들이 하나님의 대적들에게 심판을 수행하기 위해 나아갈 목적지를 암시해준다. 붉은 색은 피의 색이며, 검정색은 슬픔의 색이며, 흰 색은 승리의 색이다. 네번째 말에 대해서는 특정한 색을 언급하지 않았기 때문에 선지자는 그 말에 대해서 '어룽지며'라는 색깔과는 관계가 없는 표현을 써서 묘사하며, '건장한'을 덧붙여서 그 말의 성격을 나타내고 있다. 나머지 말들의 경우는 그 색깔이 이미 그 성격을 나타내주고 있는 것이다.

531. 선지자는 4절과 5절에서 해석하는 천사로부터 그의 질문에 대한 답변을 들은 후에 6절과 7절에서 그것들이 가는 방향에 대해서 그가 내적 묵상을 통해서 본 바를 묘사한다. "흑마는 북편 땅으로 나가매 백마가 그 뒤를 따르고 어룽진 말은 남편 땅으로 나가고 건장한 말은 나가서 땅에 두루다니고자 하니 그가 이르되 너희는 여기서 나가서 땅에 두루 다니라 하매 곧 땅에 두루 다니더라." 여기서 해석자들로 하여금 대부분 억지로 해석하게 만드는 큰 난제가 나타나는데, 그것은 곧 둘째 병거의 흑마를 첫번째로 언급하며, 첫째 병거의 홍마는 아예 언급하지도 않고 그냥 지나친다는 점이다. 그러나 이 부분을 좀더 면밀히 관찰하면 이 난제는 완전히 사라진다. 첫째 병거의 홍마는 바로 그 건장한 말이다(해석자들이 오해를 거듭하는 것은 주로 여기의 정관사를 무시하는데서 오는 것이다). 이 말들과 비교할 때에 나머지 말들은 다 약한 것으로 간주된다. 물론 그 나머지 말들도 자기들끼리 비교하면 건장하고, 앞에서 부분적으로 건장하다는 말이 붙어있으나, 그 홍마와 비교할 때에는 약할 수밖에 없는 것이다. 이 건장한 말, 즉 홍마를 가장 마지막에 언급한 것은 그 말들이 건장함을 느껴서, 나머지 말들처럼 땅의 어느 특정한 한 지역만을 돌아보는 것으로 만족하지 않고, 여호와께 온 땅을 다

돌아다니도록 허락해주시기를 구하기 때문이다. 이는 곧 여호와의 심판이 철저히 보편적이요, 이 땅 어느 한 부분도 심판을 면치 못할 것임을 그런 상징적 표현을 통해서 나타내고 있는 것이다.

532. 흑마와 백마가 끄는 병거는 북편 땅으로 나아간다. 이 땅을 특별히 언급하면서 그리로 두 대의 병거가 간다고 명시한 것에는 반드시 그럴 만한 이유가 있다. 북편 땅의 거민들, 즉 바벨론과 앗수르는 과거에는 언약 백성의 가장 위험한 원수들이었었다. 그러므로 선지자는 5장에서 그들을 언약 백성의 미래의 원수들의 예표로 제시하였다. 언약 백성이 여호와께로 다시 돌아온 후 그 원수들이 하나님의 채찍을 맞을 것이라는 사상을 표현하기 위해서 선지자는 여기서 하나님의 공의를 집행하는 자들이 특별한 방식으로 그 북편 땅으로 향하는 것으로 묘사하는 것이다. 여기서 북편 땅을 문자 그대로가 아니라 하나의 전형으로(typically) 이해하여야 한다는 사실은 앞 장에서도 잘 나타난다. 거기서 선지자는 이 장에서 형벌이 임할 것으로 선언하고 있는 바로 그 땅을 가리켜 시날 땅이라고 부르는데, 이는 문자적인 의미가 아니라 상징적인 의미를 담고 있는 것이다.

533. 남편 땅도 거의 마찬가지이다. 팔레스타인 남쪽에는 애굽 사람들이 거하였는데, 그들은 이스라엘의 첫번째 압제자들이다. 스가랴는 이들을 북편 땅의 사람들과 함께 묶어서 언급함으로써 그들을 언약 백성의 미래의 원수들의 예표로 제시하고 있다(10:10,11). 그러나 남쪽 땅으로는 한 대의 병거만 보냄을 받는다는 사실은 그들의 죄악이 상대적으로 적다는 것을 뜻할 것이다. 왜냐하면 그들의 악행은 그 기나긴 세월과 비교할 때에 그 유별난 면이 훨씬 약한 것으로 나타나기 때문이다.

534. 이 이상은 병거들을 출발시키신 의도에 대해서 여호와께서 선지자에게 설명해주시는 것으로 끝을 맺는다. "북방으로 나간 자들이 북방에서 내 마음을 시원케 하였느니라." 에스겔서 9장 5절의 "내가 나의 화로 쉬게 하리라"와 비교해 보라. 스가랴 9장 1절에서는 하드락 땅과 다메섹이 하나님의

징벌 선고가 머무르는 곳(안식처)으로 묘사되고 있는데, 이는 그 선고가 그대로 시행될 것까지 포함하는 표현이다. 이 표현은 일차적으로는 땅의 일부 해당 지역에만 적용되지만(그러나 위의 표현들에 의하면 그것이 하나님의 심판의 주요 목적이었다), 선지자는 이 사실을 더욱 확대 해석하여 나머지 병거들이 나아가는 목적지에서도 동일한 일이 벌어지는 것으로 보았던 것이다.

9. 여호수아의 머리에 관을 씌움

6:9-15

535. 앞의 문맥에서 선지자가 묘사한 일이 있었던 하나님 나라의 미래의 발전과 이전의 언약 백성에게 내릴 심판과 또한 그들의 귀환 이후 이 땅의 나머지 백성들에게 임할 심판은 그 모든 원인과 근원이 여호와의 기름 부음 받은 자에게 있으며 또한 그의 강림을 전제로 하는 것이다. 이 사실에 대하여 선지자의 관심을 끌기 위해서, 그리고 그를 통하여 백성의 주목을 이끌기 위해서 그의 황홀경이 끝나갈 무렵 그에 대한 사실이 그의 내적 묵상에 다시 한번 제시되고 있다. 그리고 이와 함께 마지막 말씀이 시사하듯이 단한 번의 멋진 이미지를 통해서 이 일련의 이상 전체를 끝맺음하는 것이다.

536. 9-11절. "여호와의 말씀이 내게 임하여 이르시되 사로 잡힌 자 중 바벨론에서부터 돌아온 헬대와 도비야와 여다야가 스바냐의 아들 요시아의 집에 들었나니 너는 이 날에 그 집에 들어가서 그들에게서 취하되 은과 금을 취하여 면류관을 만들어 여호사닥의 아들 대제사장 여호수아의 머리에 씌우고." 이 예언은 특정한 역사적 정황을 전제로 하는 것으로서 이를 이해하기 위해서는 그 정황을 아는 것이 반드시 필요하다. 바벨론에 남아 있던 수많은 유대인들은 성전 재건을 시작한지 5개월이 지났고 지금도 계속 그 일을 진행한다는 소식을 듣고서 예루살렘에 대표들을 보내어 그 사업을 재정적으로 지원한 것으로 보인다. '그 후에'(한글 개역 성경에는 번역되어 있지 않다—역자주)는 이 이상을 그 앞의 이상과 연결지어준다. 이 이상은 같은 날 밤에 받은 것으로서 후에 행할 상징적인 행동에 대해 말씀하는 것이다.

특정한 개인을 거명하기 전에 '사로 잡힌 자 중'이라는 어구를 붙인 것은 이들이 그저 개인 자격으로 온 것이 아니라 포로된 땅에 아직 남아 있는 유대인 전체의 대표 자격으로 온 것임을 나타내기 위함이다. 이 사람들이 대표의 성격을 지니고 있다는 점은 선지자의 목적을 위하여 매우 중요한 사실이었다. 그들이 그렇기 때문에 이방 족속들의 예표가 될 수 있었던 것이다.

대부분의 해석자들은 이들 가운데 세 사람만이 바벨론에서 온 대표들이었고, 스바냐의 아들 요시아는 예루살렘에서 그들을 영접한 사람이었다고 본다. 그러나 이런 견해는 14절 이하의 내용과 모순을 일으킨다. 거기서는 요시아가 장차 여호와의 성전을 건축할 먼 곳의 이방 족속들을 함께 예표하는 인물(a joint type)로서 면류관을 헌정하는데 참여한 것으로 나타나는 것이다.

선지자가 요시아의 집에 들어간 이유는 아마도 그가 바벨론에 거하는 백성들을 위하여 재무를 맡은 자로서 그가 거하는 집에 그 백성들로부터 보내온 헌물들이 보관되어 있었기 때문이었을 것이다. 선지자가 보기에 그 대표들의 이름들은 그 사람들 자체만큼이나 상징성을 내표하고 있었다. 그는 그 이름들이 장차 성전을 건축할 이방 족속들의 속성들을 알려주며 그들이 받게 될 축복들을 암시해주는 것으로 여긴 것이다. 거기서는 두 사람의 이름이 여기에 나타난 것과는 달리 변형되어 나타나지만 의미는 동일하다. '건장한 자'라는 뜻의 헬대는 거기서 헬렘('강한 자')으로 불리며, 또한 '여호와께서 지켜주신다', 혹은 '여호와께서 유지시켜주신다'는 뜻의 요시아는 거기서는 헨('은혜')으로 불리는 것이다. 이처럼 이름을 달리 나타낸 것은 그 이름들을 그저 개인들의 이름으로만 보지 말고 그 이름의 근원적인 의미와 관련해서 생각해야 한다는 것을 보여주기 위함이었다. 이미 설명한 이름들 이외에 다른 이름들—도비야('여호와의 선하심'), 여다야('여호와께서 아신다'), 스바냐('여호와께서 보호하신다')—도 선지자의 그런 의도에 잘 어울린다는 것은 굳이 증거를 대지 않아도 분명히 드러나는 사실이다.

'은과 금을 취하여 면류관을 만들어.' 선지자는 여호와께로부터 받은 명령을 수행하기 위해서 그들이 가져온 것 가운데서 필요한 만큼의 은과 금을 취하여야 했다. 만들어야 할 면류관의 숫자에 대해서는 해석자들 사이에 의

견이 다르다. 대개는 면류관이 두 개였다고 본다. 여기의 대제사장직과 왕직이 메시야에게서 연합된다고 선포하는 그 다음의 예언과 그리고 그 성취를 여기에 나타난 예표와 맞아 떨어지도록 하기 위해서는 면류관의 숫자가 두 개여야 한다는 것이다. 그러나 마크(Mark)는 이미 이런 주장을 거부하면서 다음과 같이 적절히 논평한 바 있다: "여기서 우리로 하여금 제사장직에 대해서 생각하도록 만들어주는 것은 면류관이 아니라 여호수아라는 사람과 그의 대제사장직인 것이다." 여호수아가 이미 3장에서 스스로 예표가 되었는데, 무슨 예표가 더 필요한지 생각하기가 어려운 것이다. 게다가, 면류관이 두 개였다는 흔적도 도무지 찾을 수 없고, 은과 금의 양이 두 개의 면류관을 만들기에 적절했다는 증거도 전혀 없다. 뿐만 아니라 여기의 면류관이라는 명칭이 물론 다른 곳에서는 그러한 용례가 없지만 여기서 대제사장이 머리에 쓰는 두건(the head-dress of the High Priest)을 지칭한 것으로 볼 수도 있지 않을까?

그러므로 두 견해 가운데 하나를 취할 수밖에 없는데, 면류관을 하나로 보든지, 여러 개로 보든지 할 수밖에 없다. 여기에 복수형 낱말이 쓰인다는 것을 근거로 면류관을 여러 개로 볼 수는 없다. 왜냐하면 하나의 면류관이 얼마든지 여러 개의 작은 면류관이나 장식물들로 되어 있을 수도 있기 때문이다. 욥기 31장 36절에서도 그 복수형 낱말이 바로 복합적으로 짜여진 하나의 면류관의 의미로 쓰여지고 있다: "내가 … 면류관처럼 머리에 쓰기도 하며." 그리고 계시록 19장 12절에서도, "그 머리에 많은 면류관이 있고"라고 하는데, 이 역시 여러 개의 분리된 머리 장식들이 아니라 여러 개로 구성된 하나의 면류관을 그리스도께 드려서 그의 왕적인 위엄을 나타낸다는 것을 뜻하는 것이다. 면류관이 하나였다는 견해는 여러 개의 면류관이 이 상황에서 맞지 않는다는 점과 그 면류관이 여호수아 한 사람에게 씌워진다는 점, 그리고 복수형 명사를 썼으나 동사는 단수형을 써서 이것이 단수임을 나타내 준다는 점 등으로 지지를 받는다. 그러나 이 문제 자체는 본문의 주제에 결정적 영향을 미치는 것은 아니다.

그러면 이제 이와 같은 상징적인 행동을 통해서 표현된 그 예언을 아직 말로 설명을 듣지 않은 상태에서 여호수아와 그 동료들이 어느 정도나 알았느냐 하는 문제를 살펴보기로 하자. 면류관을 씌우는 행위는 왕적 위엄을 부여하는 것을 상징하는 것임이 분명하다. 그러므로 여기서 그 행동을 통한 예언이 여호수아라는 인물 개인에게 한 것이라는 생각을 해서는 안된다. 다윗의 집에서 나라를 빼앗는 것은 하나님께서 그에게 하신 약속을 깨뜨리는 것이다. 그러므로 여호수아는 면류관이 자기에게 씌워지는 것이 오직 다른 인물의 예표로서 그렇게 되는 것임을 추호도 의심할 수가 없었을 것이다. 그 인물이 누구냐 하는 것을 그로서는 의심할 여지가 없었다. 왜냐하면 바로 앞에서 그 자신이 메시야의 예표로서 인정받았었기 때문이다. 그리고 다윗이 전에 예언하기를 메시야의 제사장직이 멜기세덱의 제사장직처럼 될 것이며 그가 대제사장과 왕의 위엄을 한몸에 지닐 것이라고 했기 때문이다(시 110편). 그러나 곧바로 말씀을 통해서 직접 예언을 전달함으로써 이런 불확실함을 완전히 제거하고 있는 것이다. 거기에는 그 앞의 상징적 행동을 다음 두 가지 점에서 설명해주려는 의도가 있었다. 첫째로, 여호수아의 머리에 면류관을 씌운 일이 어떤 의도로 그렇게 한 것이냐 하는 것과, 둘째로, 그 면류관을 먼 땅에서 거하고 있는 형제들의 대표들이 가져온 재물 중에서 취한 재료로 만든 의도가 무엇이냐 하는 것이다. 12, 13절은 첫째 문제에 대해 해명하며, 14, 15절은 둘째 문제에 대해서 해명해준다.

537. 12절. "고하여 이르기를 만군의 여호와께서 말씀하시되 보라 순이라 이름하는 사람이 자기 곳에서 돋아나서 여호와의 전을 건축하리라." 같은 의미를 지니는 상징적 행동 다음에 이 예언이 나타나는데, 마치 그 전의 행동과는 전혀 상관없는 것처럼 보이기도 한다. '보라'라는 낱말은 메시야를 현재 실존하는 인물로 상정하여 그를 지적하며, 메시야의 이름과 직위를 대신하고 있는 여호수아에게 영적인 눈을 떠서 그를 바라보라고 교훈한다. 여기서 그 명칭을 메시야의 이름으로 제시하는 방식은 과거의 예언들에서도 나타난다. 특히 예레미야의 예언에서는 메시야가 여호와께서 일으키실 다윗의 싹으로 묘사된다. 거듭거듭 약속되는 그 위대한 인물은 순, 또는 싹이라는 이름을 지녀 마땅할 것이다. 그는 충만한 영광을 입고서 위로부터 강림하시지 않고 마치 나무처럼 땅 밑에서부터 서서히 돋아나올 것이요, 본래 미미한

상태에서 조금씩 스스로 자라날 것이다.

'그가 여호와의 전을 건축하고.' 이는 유대인 해석자들이 꿈꾸듯이 외형적인 성전을 건축하는 것을 말하는 것이 아니라는 것은 로이스(Reuss)가 이미 잘 변증한 바 있다. 외형적인 성전을 건축하는 일이 메시야가 할 일이라고 말한 것은 한 군데도 없다. 스가랴 자신도 스룹바벨에 의해서 이미 시작된 성전 건축이 그에 의해서 완성되어야 할 것을 하나님의 이름으로 선포한 바 있다(4:10). 그리고 그보다 전에 활동한 선지자 학개와 그보다 후에 활동하게 될 말라기에 의하면, 이 성전은 메시야의 임재로 말미암아 영광을 얻게 될 것이라고 한다(학 2:7-9; 말 3:1). 성전 건축과 메시야의 대제사장직이 여전히 서로 일정한 관련을 맺고 있는 것이다. 메시야의 대제사장직으로 말미암아 나타나는 순결이 외적인 것이 아니라 내적인 순결을 뜻한다면, 그리고 만일 스가랴가 과거의 선지자들을 열심히 연구하여 이러한 순결이 짐승의 피가 아니라 그 대제사장 자신의 피로 말미암아 얻어진다는 것을 분명히 알고 있었다면(실제로 13장 12절에 의하면 그는 이를 알고 있었다), 여기서 성전 건축을 메시야의 사역으로 말씀할 때에 그것이 문자적인 의미가 아니라 상징적인 의미라는 것도 잘 알고 있었을 것이다. 뿐만 아니라 이미 여러 번 살펴보았거니와 그는 늘상 미래에 있을 축복을 보여주는 그림자에게서 그 축복 자체에로 관심을 돌리며 또한 미래의 일들을 현재의 이미지를 통해서, 그리고 현재의 이름으로 묘사하는 것이다.

한 가지 더 주목할 수 있는 것은 여기서 말씀하는 것이 메시야가 여호와를 위해 한 성전(a temple to the Lord)을 지으리라는 것이 아니라 그가 여호와의 성전 바로 그것(the temple of the Lord)을 지으리라는 것이라는 점이다. 이렇게 해서 그 성전이 영구히 존재할 것이며, 또한 언제나 동일할 것이며, 메시야로 말미암아 전에는 도저히 상상도 할 수 없었던 그런 영광을 입게 될 것이라는 점을 지적하고 있는 것이다.

이제 우리는 성전 건축이 어떤 의미에서 메시야의 하실 일로 소개되는가 하는 점을 살펴볼 차례가 되었다. 성전은 옛 언약 하에서는 하나님 나라의 좌소(座所)였다. 그러므로 성전이란 관념의 핵심은 성전 벽 등 외형적인 어떤 것에 있는 것이 아니다. 그리하여 이 성전은 하나님 나라 그 자체의 이미

지나 예표로써 적절했으며, 교회를 예표하는 것으로도 적절했다고 말할 수 있다. 교회는 실상 그리스도에게서 시작한 것이 아니라 옛 언약 하에서나 새 언약 하에서나 하나요 동일한 것이다. 솔로몬과 스룹바벨은 믿음으로 외형적인 노력을 기울여서 바로 이 성전을 짓는데 공헌했다. 그러나 그들은 외형적인 성전 건물에 목적이 있었던 것이 아니었다. 그들은 껍데기가 아니라 알맹이에 목적을 두었던 것이다. 껍데기는 금방 무너지지만, 알맹이는 영구히 남는 것이기 때문이다.

538. 13절. "그가 여호와의 전을 건축하고 영광도 얻고 그 위에 앉아서 다스릴 것이요 또 제사장이 자기 위에 있으리니 이 두 사이에 평화의 의논이 있으리라 하셨다 하고." 12절에 이어서 '그가 여호와의 전을 건축하고'라는 어구가 반복되는 것은 결코 의미없이 그냥 그렇게 한 것이 아니다. 12절에서는 그것이 '순이라 이름하는 사람이 자기 곳에서 돋아나서'와 대구를 이루어 나타나며, 메시야를 통해서 하나님 나라가 전에 상상하지 못했던 놀라운 영광을 받을 것이라는 사실을 지칭하는 의미였던 것처럼, 여기서도 그 다음에 이어지는 '그가 영광을 얻고'라는 어구와 밀접한 관련을 맺고 있는 것이다. '여호와의 전을 건축하고'라는 어구는 초라하고 미미한 스룹바벨이 아니라 영광된 위엄을 입으신 메시야가 더 귀한 성전을 지으리라는 것, 곧 신정국가가 그를 통하여 무한히 더 큰 영광을 받으리라는 사실을 지목하는 것이다. 그리하여 이 말씀은 유다 땅에 새로이 정착하여 그 미미하고 초라한 현실에 대해 슬퍼하는 백성들에게 풍성한 위로의 샘이 솟아나게 해주었다. 그들은 이 말씀을 통하여 현재의 초라한 상태에 대한 실망을 딛고서 미래의 찬란한 영광을 소망으로 바라보게 된 것이다.

'그가 영광을 얻고'는 면류관을 씌우는 상징적 행동을 해명해주는 것이다. 선지자 스가랴는 다스림을 상징하는 면류관을 머리에 쓰고 있는 여호수아 앞에 서서 이 말씀을 했을 것이므로 그의 이 말씀은 자연스럽게 그렇게 이해되었을 것이다.

'그 위에 앉아서'는 왕의 존귀와 위엄을 소유하고 있다는 사실을 지칭하는 반면에 '다스릴 것이요'는 왕의 권세를 실제로 시행한다는 것을 뜻한다는 점에서 서로 약간 의미가 다르다.

'그 위(位. 보좌)에 앉아서 다스릴 것이요'라고 한 다음 다시 '또 제사장이 자기 위(보좌)에 있으리니'라고 반복하는 것은 메시야가 왕이신 동시에 대제사장으로서 동일한 한 보좌에 앉으신다는 사실을 분명히 해두기 위함이다. 이 사실이야말로 언약 백성에게는 가장 커다란 위로가 아닐 수 없었다. 그 사실은 그들에게 하나의 보증이 되는 것이었다. 곧, 그들의 미래의 우두머리가 그들을 도우실 능력도 있으시며 또한 그 능력을 발휘하실 의지도 함께 있으시다는 사실을 보증해주는 것이다. 선지자가 이미 분명히 선포했듯이 (3장에서) 메시야는 참되신 대제사장으로서 하나님 앞에서 그 백성을 대표하시며 그들을 위하여 죄의 용서를 받으실 것이다. 또한 그는 참되신 왕으로서 (과거의 모든 열왕들의 영광은 그의 영광을 그저 희미한 예표해주는 것에 지나지 않는다) 그의 사랑하는 백성들을 보호하시며 그들로 하여금 하나님께서 마련하신 모든 축복에 참예하도록 만들어주실 것이다.

마지막 어구에 대해서는 해석자들 사이에 견해의 차이가 있음을 보게 된다. 먼저 '이 두 사이에'에 대해서는 '메시야에게서 하나로 연합된 대제사장과 왕의 두 직분 또는 두 인물 사이에'의 뜻으로 보는 견해가 있고, 이에 대한 반대 견해가 있다. 반대 견해의 근거는 앞의 문맥에서 왕이 분명히 언급되지 않았다는 것인데, 이는 별로 중요한 것이 아니다. 메시야는 이미 충분히 왕으로 지목된 바 있기 때문이다. 왕으로서의 메시야와 대제사장으로서의 메시야를 서로 구분하는 것도 크게 이상할 것이 없다. 왜냐하면 초기의 신정 국가에서는 메시야에게서 연합된 이 두 직분들이 두 사람에 의해서 행사되었었고, 여기서도 바로 그런 모습을 기초로 두고 있기 때문이다. 마크는 속 사람과 겉 사람, 옛 사람과 새 사람을 서로 구분하는 것을 이와 비슷한 예로 인용하고 있다.

'평화의 의논'이란 곧 '평화를 얻고 세우며 보존하는 일에 관한 의논'을 뜻한다. 이는 마치 이사야서에서 '우리의 평화의 채찍'이 '우리의 평화를 목적으로 받는 채찍'을 뜻하는 것과도 같다(53:5). 그러므로 선지자는 언약 백성들에게 평화와 번영을 보장해줄 수 있는 최선의 방법과 길을 동원하여 왕으로서의 메시야와 대제사장으로서의 메시야를 묘사하고 있는 것이다. 현재에 스룹바벨과 여호수아가 신정정치의 대의(大義)를 위해 함께 노력하여 괄목할만한 결과를 얻어냈다면, 참되신 대제사장이요 참되신 왕이신 메시야께서 그 두 직분으로 가용할 수 있는 모든 수단을 동원하여 동일한 목적을 위해 열심으로 노력하신다면 과연 그 결과가 어떠하겠는가?

539. 14절. "그 면류관은 헬렘과 도비야와 여다야와 스바냐의 아들 헨을 기념하기 위하여 여호와의 전 안에 두라 하시니라." 선지자는 여기서 계속해서 자신이 취한 상징적인 행동의 다른 점을 해명하고 있다. 곧, 면류관을 만든 재료를 먼 바벨론에 거하는 유다 백성들의 대표들에게서 취한 사실에 대해 해명하는 것이다. 그 면류관은 그들에게 기념이 되어야 마땅하다. 그러나 그 다음에 나타나듯이 그들의 개인적인 자격 때문이 아니라, 그들이 지닌 예표적 성격 때문에 기념이 되는 것이다. 그들은 각기 그 면류관을 보면서 다음과 같은 사실을 마음에 떠올렸을 것이다. 곧, 그 면류관을 거룩히 구별하여 드린 자들은 장차 먼 나라에서 급하게 달려와서 성전, 곧 하나님 나라를 증진하기 위하여 만반의 태세를 갖추게 될 이방 백성들을 예표하는 처지에 있다는 사실을 생각했을 것이다.

여기서 선지자의 이상 가운데서 그에게 명한 행동을 그가 실제로 나중에 행했겠느냐 하는 데에는 의심의 여지가 많다. 탈무드에는 그 면류관이 성전에 걸려 있었던 장소에 대한 기록이 남아 있으나, 그것은 아무 것도 입증해 주지 못한다. 11절은 오히려 그 반대의 견해를 어느 정도 지지해주는 것 같다. 거기서는 선지자에게 면류관을 만들라고 명령하고 있으나, 이는 필요할 경우 다른 사람들을 시켜서 면류관을 만들도록 하라는 뜻으로 이해할 수도 있는 것이다. 그러나 이보더 훨씬 더 강한 논증은 스가랴가 한결같이 내적인 뜻을 선호한다는 점에서 이끌어낸 것인데, 에스겔의 경우처럼 그의 경우에 있어서도 외적인 표현보다는 항상 내적인 의미에 치중하는 면이 나타나며, 이는 정말로 합당한 이유가 아니고서는 뒤로 제쳐놓을 수 없는 것이기도 하다. 그리고 11장에 나타나는 다른 상징적 행동의 경우 내적인 생각 속에서만 행해진 것이 분명한데, 그것과 비교할 때에 여기의 이상의 내용도 실제로 내적인 생각 속에서만 행해졌을 가능성이 다분한 것이다.

540. 15절. "먼데 사람이 와서 여호와의 전을 건축하리니 만군의 여호와께서 나를 너희에게 보내신 줄을 너희가 알리라 너희가 만일 너희 하나님 여호와의 말씀을 청종할진대 이같이 되리라." 이미 성전을 메시야가 건축하실 것임을 선포한 상태이므로, 먼데 사람이 와서 성전을 건축한다는 이 절의 표현은 무슨 특별한 실례를 꼭 들어야만 이해할 수 있는 것은 아니다. — 이 절만을 보면, 여기의 '…을 너희가 알리라'라는 말씀이 선지자 자신에 관한 말씀으로 오해할 수도 있다. 그러나 선지자에게 계시를 주시는 여호와의 사자가 몸소 말씀하시는 2장 9, 10절, 4장 9절과 비교할 때에, 이 부분도 역시 여호와의 사자의 말씀임을 알게 된다. 뿐만 아니라 선지자는 12절에서 만군의 여호와가 말씀하시는 것으로 소개하고 있는데, 그 앞 구절에서는 여호와의 사자가 만군의 여호와 자신으로 불리고 있는 사실을 볼 때에, 여기의 이 말씀이 선지자 자신의 말씀이 아니라 여호와의 사자의 말씀이라는 것이 분명해지는 것이다. 이 말씀의 결과, 즉 이방인들이 하나님 나라를 세우는데 능동적으로 참여하는 결과가, 장차 이 상징적 예언과 직설적 예언이 하나님으로부터 말미암았음을 보여주는 하나의 증거가 될 것이다.

마지막 말씀에서 우리는 돈절법(頓絶法, aposiopesis: 감격하여 갑자기 말을 중단하는 표현법—역자주)을 통한 특별한 강조법이 나타나는 것을 보게 된다. '너희가 만일 너희 하나님 여호와의 말씀을 청종할진대, 이같이 …'(한글 개역 성경은 맨 끝에 '되리라'를 붙이고 있으나 이는 원문에는 없는 것이다—역주) 즉, '너희가 이 모든 축복에 참여할 것이요, 메시야가 너희의 대제사장으로서 너희를 죄에서 구원할 것이요 너희의 왕으로서 너희를 복되게 하리라.' 여호와의 사자의 이러한 진지한 권면의 말씀을 통해서 지금까지 선지자를 통해서 백성들에게 주신 모든 계시가 종결되는 것이다.

제 7, 8장

541. 이 두 장은 확실한 강화를 담고 있는 것으로서 그 전후의 내용과 비교할 때에 매우 단순하며 내용이 쉽다. 여기에는 우리의 목적과 직접적으로 관계있는 내용이 거의 없으므로 이 부분에 대해서 길게 다룰 필요는 없을 것이다. 이 예언은 다리오 왕 제4년 9월에 행해진 것으로서 바로 앞의 예언보다는 대략 2년 정도의 시간적 간격이 있다. 이 날짜에 대한 언급은 이 예언을 행할 당시의 사건에 대해 빛을 던져주기 때문에 매우 중요하다. 그 당시의 사건은 다음과 같다: 회중(하나님의 집)은 특정한 대표들을 성전에 보내어 갈대아 사람들이 성전을 무너뜨린 날을 기념하여 자신들의 죄를 고백하고 죄 용서를 구하고 과거의 번영을 회복시켜 주실 것을 간구하는 의미로 지금까지 금식을 해왔는데, 그 일을 계속해야 할지를 물었다. 이 질문은 하나님께서 곧바로 슬픔의 나날을 기쁨의 나날로 바꾸어 주시기를 구하는 간구를 내포하는 것이었다. 그러므로 대표들이 여호와께 '은혜를 구하고'자 성전에 나아왔다고 말씀하고 있는 것이다(2절).

이러한 질문과 간구는 현재의 관계 속에서 볼 때에 미래의 전도가 밝으리라는 소망을 가질 근거가 있었다는 것을 전제로 한다. 그러나 그런 소망은 다리오 왕 제4년에 가서 나타나는 것이다. 성전 건축은 지금까지 중단없이 성공적으로 수행되었다. 사마리아 사람들이 성전 건축의 진전을 막기 위해서 페르시아 궁전에서 새로운 계략을 썼으나 그것은 이미 완전히 수포로 돌아간 상태였다. 그리하여 귀환한 포로들의 우유부단함이 부끄러움을 당하였고 그들은 이제 미래에 대한 소망으로 기쁨에 가득찬 상태가 되었던 것이다.

542. 그 질문은 성전에 모여있는 제사장들과 선지자들에게 행해졌다.

하나님께서 그들 중 어느 사람을 통해서 그의 뜻을 보여주시리라고 믿고 그렇게 한 것이었다. 그런데 하나님은 스가랴를 통해서 그의 뜻을 보여주신다. 그의 응답은 두 부분으로 되어 있다. 전반부(7:5-14)에서는 그런 질문을 한 근본 동기에 대해서 책망한다. 이미 씨앗의 상태로 백성들 가운데 자라고 있는 영적으로 죽어 있는 위선적인 교만(스스로 의롭다는 사고에서 비롯된)이 계속 자라서 나중에 가서는 귀환한 포로들의 공동체에 우상 숭배만큼이나 큰 암적인 요소로 작용하게 된 것이 사실이다. 이러한 스스로 의롭다는 정신이 금식 행위를 바라보는 시각에 아주 큰 편견을 심어준 것이다. 그들은 금식 행위 자체에 무언가 큰 가치가 있는 것으로 보았다. 금식을 위한 금식이 성행했으며, 단순히 회개하는 마음을 겉으로 나타내보인다는 것 외에 아무런 의미도 없는 그런 행위가 되어 버린 것이다. 그들은 그런 금식 행위를 통해서 스스로 공적을 쌓는다고 믿었고, 그들이 그렇게 오랜 동안 그 일을 행했는데도 하나님께서 그것을 인정하거나 그것에 대해 상급을 내리지 않으신다는 사실에 매우 놀라워하고 당혹해 했던 것이다.

선지자는 이러한 생각이 얼마나 우스꽝스러운 것인지를 보여주며, 여호와께서는 그런 것과는 전혀 다른 것, 즉 그의 율법의 도덕적인 계명들을 실행에 옮길 것을 요구하신다는 것을 말씀한다. 사실 그러한 실행이 없이는 겉으로 행하는 모든 예배 행위가 외식이 되어 버리는 것이었다. 그는 과거의 선지자들이 그렇게 분명하게 거듭거듭 외쳤건만 그러한 하나님의 요구를 묵살하였으므로 그 백성에게 말로 다할 수 없는 재난이 임했었고, 그들이 아직도 거기에서 완전히 회복을 하지 못하고 있다는 사실을 말씀하면서, 그들이 똑같은 잘못을 범하면 장차 그들에게 똑같은 결과가 있을 것이라고 선언하는 것이다.

후반부에서는 그들의 질문에 대해 직접적인 답변을 제시한다. 곧, 금식은 현재 육신적으로 안일한 가운데서 외식에 빠져 있는 그들에게는 아무런 확증도 주지 못하지만, 그리스도께서 나타나시기까지 믿음이 약한 자들을 위로하고 믿음을 강화시키는데는 도움이 될 것이라는 것이다. 언약 백성들에게는 크나큰 번영이 약속되어 있으므로, 성전이 무너지던 날과 그 이후 금식의 절기를 지킨 수많은 날들이 기쁨의 날로 바뀔 것이라고 말씀한다. 장차 그들에게 올 축복은 그들이 잃어버린 것보다도 훨씬 더 크기 때문이다. 그들은 성전이 무너지던 날부터 그들에게 일어난 슬픈 사건들을 되새기며 금식을 해 왔었다.

4월에는 예루살렘 함락의 날을 되새기는 금식이 있었고, 7월에는 그달랴를 살해한 날을 기념하는 금식이, 그리고 10월에는 예루살렘 포위가 시작된 날을 기념하는 금식이 행해졌던 것이다. 이 모든 슬픔의 날들이 영광된 축복의 날로 바뀌리라는 것이다. 선지자는 또한 여기서 언약 백성에게 당할 전체의 번영을 모두 포괄해서 말씀하고 있으며, 또한 그의 이러한 예언은 그리스도 안에서 처음으로 완전히 성취된 것이다. 8장 20절 이하의 말씀은 오직 그리스도께서 얻으실 영광을 가리키는 것으로 보아야 한다. 거기서는 미가서 4장 2절과 이사야서 4장 3절, 그리고 예레미야서 31장 6절의 말씀이 확대되어 나타나고 있다. 즉, 이방 백성들이 신정정치에 영입되기 위하여 열심을 내는 상황이 묘사되고 있는 것이다.

제 9 장

9:1-10

543. 페르시아를 대적하는 용맹스러운 군대가 페르시아 왕궁에 가득 차서 그 권력의 정상에서부터 그 왕국을 무너뜨린다. 선지자는 구체적으로 그 군대가 유다에서 가장 가까이 있는 페르시아 왕국의 지방을 행진하는 모습을 그리며, 이를 통해서 언약 백성에게 다가올 축복과 번영의 상태를 현재의 암울한 상태와 대조시킴으로써 상대적으로 그 축복의 상태를 강하게 부각시키고 있다. 다메섹과 하맛이 하나님의 심판으로 전복되며 정복자에게 함락 당하며, 부강하며 든든한 성벽이 있고 더구나 해변 가에 위치한 두로도 약탈과 방화를 당하며, 근접한 블레셋은 과거의 영광을 잃어버리고 아스글론, 가사, 에그론, 아스돗 등 그 주요 도성들이 처참하리 만큼 굴욕을 당하나, 예루살렘은 하나님의 보호하심으로 상처를 받지 않는다(1-8절).

이 부분이 알렉산더 대왕의 행진하는 모습을 묘사하는 것이라는데에는 의심의 여지가 없다. 물론 예언과 실제 역사는 분명히 서로 다른 것이라는 점을 인식해야 하지만, 그런 점을 허용한다 하더라도 그렇게 볼 수 있는 소지는 얼마든지 있는 것이다. 이 예언의 정확한 성취를 역사적 증거를 통해서 분명히 볼 수가 있다. 다메섹의 함락은 아리안(Arrian)과 쿠르티우스(Curtius), 플루타르크(Plutarch) 등의 역사가들이 묘사하고 있다. 두로와 가사의 운명은 너무도 유명한 것이라 특별히 지적할 필요가 없다. 아리안에 따르면, 알렉산더는 한때 번창했던 가사를 그저 한 성(城, castle)로 바꾸어 놓았는데, 이는 6절에 아스돗에 대하여 한 예언과 정확히 일치한다. 그 역사가들이 하맛의 함락 장면을 명확히 언급하지 않았다고 해서 이상하게 생각할 것은 없다. 그들은 해변길을 따라 진군한 알렉산더 대왕을 따라다녔는데, 하맞은 그가 다메섹으로 진군할 때 이용했던 파르메니오 도로(the way of Parmenio) 상에 있었던 것이 분명하다. 마찬가지로 가사를 제외한 블레셋의 나머지 도시들의 운명에 대해서도 그들은 거의 언급하지 않는데, 이는 알렉산더 대왕의 궁중 역사가들이 수리아에서 팔레스타인까지의 그의 진군을 매우 간략하게 묘사하므로 그들로서는 무수한 사건들 가운데서 알렉산더의 치적을 기리는데 특별히 중요한 일들을 선별하여 기록할 수밖에 없었을 것이기 때문이다. 특히 아리안의 경우는 언제나 알렉산더 대왕 자신이 관심의 초점이 되고 있음을 볼 수 있다.

544. 9, 10절에서 선지자는 하나님이 베푸신 저급한 축복들과 보다 높은 축복, 즉 메시야를 보내시는 축복을 대조시킨다. 이미 7절에서도 그 높은 축복을 슬며시 언급한 바 있다.

545. 본문 해석에 들어가기에 앞서서 먼저 하드락이라는 이름의 땅이 과연 어디를 가리키는지를 확인할 필요가 있다. ― 유일한 바른 해석은 하드락을 지리적인 명칭이 아니라 상징적인 명칭으로 보는 것이다. 이 낱말은 강함-약함을 의미하는 복합어이다. 따라서 하드락 땅이란 곧, 예언이 행해지던 그 당시에는 강하고 세력이 강성하나 그 예언에서 경고한 그 심판이 일어날 때에는 약해지고 쇠해질 땅을 뜻하는 것이다. 다시 말해서 이는 다가올 심판의 무서움을 포괄적으로 말해주는 상징적인 명칭인 것이다.

546. 그러나 스가랴는 과연 이 상징적인 명칭을 통해서 어떤 왕국을 지칭한 것인가 하는 문제가 남아 있다. 여기 나타나는 모든 사실들은 그것이 페르시아 왕국을 지칭한 것임을 시사한다. (1) 명칭 그 자체로 보면 그 왕국은 하나이며 그 당시에 최고의 정상에 올라 있었다. 언약 백성과 관련된 왕국 중에서 그와 같은 상태에 있었던 것은 오직 페르시아 왕국밖에는 없다. 나머지 모든 왕국들은 이 왕국에 복속되었으며, 따라서 '강한'이라는 형용사를 붙이기에 어울리지 않는다. (2) 이러한 설명은 앞의 여덟절의 전체적인 내용과 잘 들어 맞는다. 만일 거기에서 묘사한 내용이 알렉산더의 원정의 상

황이었다면, 여기서는 다른 여러 작은 나라들의 운명을 묘사하기에 앞서서 그의 원정의 최대의 대상인 페르시아 왕국의 상태를 먼저 언급하는 것으로 보는 것이 무엇보다 더 자연스러울 것이다. (3) 이를 가정하면, 스가랴가 유독 여기서만 상징적인 이름을 사용하는지 그 이유가 쉽게 해명된다. 그는 페르시아의 통치 아래에서 살고 있었으므로 페르시아의 이름을 직접 거명한다는 것은 아주 위험한 일이었다. 만일 그렇게 했다면 유대인의 원수들은 그것을 빌미로 그들을 반역자들이라고 갖은 중상 모략을 해댔을 것이 뻔하다. 에스라서 4장 12, 13절과 비교해 보라. 그러나 페르시아에 함께 복속된 상태에 있는 다른 나라들의 경우는 이름을 직접 거명해도 크게 불평을 살 일이 없었다. 왜냐하면 페르시아를 여전히 정복자로 인정하는 것처럼 보였기 때문이다.

547. 1절. "여호와의 말씀의 경고가 하드락[페르시아] 땅에 임하며 다메섹에 머물리니 세상 사람과 이스라엘 모든 지파의 눈이 여호와를 우러러봄이니라." 여호와의 말씀의 경고가 하드락[페르시아]에 내리치고, 다메섹에 머문다. 이 말씀이 하드락과 다메섹에 무거운 재난이 임할 것이며 아무도 거기서 피하지 못하리라(여호와께서 일으키시는 재난이므로)는 것을 뜻한다는 사실은 재론할 필요조차 없을 만큼 분명하다. 사 9:8에서도 병행구를 찾아볼 수 있다: "주께서 야곱에게 말씀을 보내시며 그것을 이스라엘에게 임하게 하셨은즉." 다메섹은 여기서 하나님의 말씀, 또는 형벌의 선포가 머무는 곳으로 묘사된다. 6:8에서는 하나님의 공의를 시행하는 자들과 그 상징들에 대해서 말씀하기를, "북방으로 나간 자들이 북방에서 내 마음을 시원케 하였느니라"(헹스텐베르크는 이를 '그들이 나의 화를 북방에 머무르게 하였으니라'로 번역하고 있다—역자주)라고 한다.

548. 1절 후반부에서는 하드락과 다메섹, 그리고 그 후에 언급된 나라들에 하나님의 심판이 임하는 근거가 제시된다. 그것은 곧 하나님의 섭리가 온 땅을 지배하고 있으며, 그것은 하나님의 판단대로 운용되며, 따라서 하나님은 언약 백성의 운명과 이방 백성들의 운명 사이에 존재하는 불평등한 상

태를 반드시 제거하실 것이라는 사실이다. 선지자는 여기서 신정정치의 참된 구성원들을 상정하고서, 그들에게 여호와께서 미래의 어느 시기에 기존의 불평등 상태를 제거하시고 교만한 이방들을 낮추시며 그의 백성들을 외적의 침입에서 보호하시며 그리고 마지막으로 메시야를 보내심으로써 그들의 기쁨을 완전케 하실 것이다.

549. 2절. "그 접경된 하맛에도 임하겠고 두로와 시돈은 넓은 지혜가 있으니 그들에게도 임하리라." 하맛은 다메섹과 지리적으로 아주 근접해 있으므로 다메섹과 마찬가지로 재난을 당할 것이다. '두로와 시돈은 넓은 지혜가 있으니'라는 어구는 곧, '두로와 시돈은 스스로 매우 지혜롭다고 여기므로'와 동일한 뜻이다. 왜냐하면 "아름다우므로 마음이 교만하였으며, 영화로우므로 네 지혜를 더럽혔음이여"라고 한 에스겔서의 말씀처럼(28:17) 그들이 그러했기 때문이다. 성경의 한결같은 용례에 따르면, 이 세상에서 받는 축복들은 인간의 본성적인 부패성 때문에 보통 악용되기가 십상이며 교만의 빌미가 되기 때문에, 그 축복들을 의미하는 낱말들이 동시에 그 축복들을 악용한다는 이차적인 의미까지도 함께 포함하여 나타내며, 이와 비슷하게 그 축복들이 없다는 것을 표현하는 낱말들의 경우에도 동시에 그 축복들로 인하여 반드시 나타나는 유혹들로부터 내적인 자유를 누리고 있다는 이차적인 의미를 함축하는 것이다.

두로의 지혜가 과연 어떤 방면에 관한 것이었는지는 다음 절에서 잘 드러난다. 엄청난 부를 축적하며 든든한 방벽을 쌓은 것이 바로 그들의 지혜의 결과였던 것이다. 그리고 겔 28:4,5에서 두로에 대해서 하는 말씀에서도 잘 나타난다: "네 지혜와 총명으로 재물을 얻었으며 금, 은을 곳간에 저축하였으며 네 큰 지혜와 장사함으로 재물을 더하고 그 재물로 인하여 네 마음이 교만하였도다."

550. 3절. "두로는 자기를 위하여 보장을 건축하며 은을 티끌 같이 정금을 거리의 진흙 같이 쌓았은즉." 이와 비슷하게 겔 28:2에서는 두로의 왕이 교만하여 말하기를 자기가 바다 중심에 앉았으며 따라서 모든 공격이 도

저히 자기에게 미칠 수 없다고 말한다. 디오도르(Diodor.Sic 17:40)에 따르면 두로 사람들은 '자기들의 섬의 막강함과 전쟁에 대비해 놓은 모든 설비를 믿고서' 알렉산더의 공격에 결연하게 항쟁하였다고 한다.

551. 4절. "주께서 그를 쫓아 내시며 그의 바다 권세를 치시리니 그가 불에 삼키울지라." 내적 이상 가운데서 무서운 광풍이 불어오는 것을 보고 있는 선지자는 여기서 '보라'라고 함으로써(한글 개역 성경에는 번역되어 있지 않다―역자주) 그의 말씀을 듣는 자들과 읽는 자들에게 두로 사람들의 교만한 소망이 어떻게 사라지게 되는가를 살펴 보라고 권면한다. 두로는 자기들의 소유를 의지하다가 그 소유는 물론 자기 자신까지 원수의 소유가 되고 만다. 바다의 성벽이 무너지는 것은 매우 중요한 상황이다. 두로 사람들이 천하 무적으로 자랑하던 것은 세 가지였는데, 보물들과 성벽과 그들이 바다에 위치한다는 것이 그것이다. 그 가운데 마지막 요소는 가장 중요한 것으로서 에스겔 선지자가 특히 강조했었고, 또한 두로 사람들이 특히 자랑하던 것으로서 스가랴가 여기서 구체적으로 언급하고 있다.

552. 5절. "아스글론이 보고 무서워하며 가사도 심히 아파할 것이며 에그론은 그 소망이 수치가 되므로 역시 그러하리라. 가사에는 임금이 끊칠 것이며 아스글론에는 거민이 없을 것이며." 정복자 알렉산더 대왕의 지중해 연안 원정 경로를 따라서, 선지자는 베니게에서 블레셋으로 넘어간다. 스가랴는 여기서도 과거의 선지자들, 특히 이사야의 말씀들을 염두에 두는 것으로 보인다. 이사야는 23장에서 든든하고 막강하던 두로의 패망 소식에 인근 나라들과 성들에게 두려움이 퍼져나갔음을 거듭해서 묘사하고 있다. 그는 "그 소식이 애굽에 이르면 그들이 두로의 소식을 인하여 통도하리로다(5절);" "시돈이여 너는 부끄러워할지어다(4절);" "여호와께서 바다 위에 손을 펴사 열방을 흔드시며(11절);" "너 학대받은 처녀 딸 시돈아 네게 다시는 희락이 없으리니(12절)"라고 한다. "내가 또 아스돗에서 그 거민과 아스글론에서 홀잡은 자를 끊고 또 손을 돌이켜 에그론을 치리니 블레셋에 남아 있는 자가 멸망하리라"(암 1:8 참조. 렘 49:38).

이 병행 구절들은 왕이 성에서 사라졌다는 표현이 그 전체가 무너지고 파괴되었음을 뜻하는 것임을 보여준다. 그러므로 이 구절들은 본절의 마지막 부분과 완전히 일치한다: "아스글론은 다스리지 않을 것이며"(대개의 해석자들은 '아스글론에는 거민이 없을 것이며'로 해석하나 이는 잘못된 것이다. 〔한글 개역 성경도 후자의 견해를 취한다—역자주〕 참조. 12:6). 페르시아의 통치 하에 있는 때에 가사 왕을 언급한다고 해서 이상히 생각할 것은 없다. 블레셋 사람들이 가장 고대로부터 왕들이 다스렸다는 것은 주지의 사실이다. 위대한 아시아의 제국들의 통치자들은 어떤 나라를 정복하면 그 나라의 왕의 권위를 무시해 버리고 그 왕들을 봉신으로 만들고서 자기들은 '열왕의 왕'(겔 26:7)으로 호칭하여 그들과 구별하는 것이 상례였다. 갈대아 사람들도 유다와 두로에서 왕 제도를 없애버렸다. 그러나 두로는 갈대아 사람들의 통치 하에서도 다시 왕 제도를 회복했다. 알렉산더 대왕의 원정 사기에서 두로의 왕과 시돈의 왕이 분명히 언급된다는 사실은 페르시아 사람들도 갈대아 사람들처럼 그 지방에 왕 제도를 그대로 남겨두었었다는 증거가 된다.

553. 6절. "아스돗에는 잡족이 거하리라 내가 블레셋 사람의 교만을 끊고." 미카엘리스에 이어서 얀과 로젠뮐러도 '내가 블레셋 사람의 교만을 끊고'를 '내가 교만한 블레셋을 끊어 버리고'의 뜻으로 보는 그릇된 견해를 주장했다. 선지자의 의도는 그런 것이 아니었다. 왜냐하면 다음 절에서 미래에 블레셋의 남은 자들이 회심할 것을 예언하기 때문이다. 오히려 블레셋의 교만이란 블레셋 사람들이 자랑하는 것들, 즉 방벽으로 둘러싸인 성들, 군사력, 부유함 등을 뜻하는 것이다. 곧, 이런 것들이 모두 빼앗기고, 그들은 크게 수치를 당하게 될 것이라는 의미이다. 이 말씀은 블레셋에 대한 예언의 모든 범위를 다 포괄하는 말씀이다. 앞에서는 개개의 도시들에 대해서만 말씀했는데 여기서는 블레셋 전 거민을 다 포괄해서 말씀하고 있기 때문이다.

554. 7절. "그 입에서 그 피를 그 잇 사이에서 그 가증한 것을 제하리니 그도 남아서 우리 하나님께로 돌아와서 유다의 한 두목 같이 되겠고 에그론은 여부스 사람 같이 되리라." 여기서는 블레셋 사람들이 인격화되어 묘사된

다. 이렇게 보면 '그도 ··· 유다의 한 두목 같이 되겠고'라는 난해한 어구가 쉽게 해명된다. 여기서 피는 여러 해석자들이 오해하듯이 블레셋 사람들에게 죽임을 당한 원수들(특히 이스라엘 사람들)의 피로 보아서는 안된다. 이는 오히려 희생 제물의 피로 보아야 한다. 우상 숭배를 일삼던 그 백성들은 그들의 제사에서 때로는 그 짐승들의 피를 순수하게 마시거나 포도주와 섞어서 마셨던 것이다. 여기서 한 가지 우상 숭배의 가증한 행위를 제할 것이라고 말씀함으로써 모든 우상 숭배의 행위가 제거될 것임을 말씀하는 것이다. 선지자는 또한 피를 마시는 짐승과도 같은 행위를 언급함으로써 블레셋 사람들을 이빨로 먹이를 꽉 무는 야수들의 이미지로 묘사하는 것이다. 이렇게 해서 그는 우상 숭배가 블레셋 사람들 사이에 깊이 뿌리를 박고 있음을 지적한다.

'그도 남아서 우리 하나님께로 돌아와서'는 '그가 전멸하지 않을 것이요 남은 자들이 보존되어서 미래에 참되신 하나님께로 돌아오게 될 것이라'는 것을 간결하게 표현한 것이다. 이는 앞에서 언급한 바 있는 하드락, 수리아, 베니게 땅을 지칭하는 것이다. 이 몇 마디 말씀을 통해서 선지자는 그들이 미래에 회심할 것을 말씀하고 있다. 이와 병행을 이루는 구절은 14:9인데, 거기서는 "그 날에 ··· 여호와께서 천하의 왕이 되시리니"라고 말씀한다.

'유다의 한 두목 같이 되겠고'라는 말씀에서는 블레셋 사람들이 후에 언약 백성 가운데 들어와서 그들과 동등한 특권을 누리리라는 것을 그 대표, 즉 그들의 이상적인 우두머리가 유다에서 두목(a prince, 다스리는 자)의 위엄을 얻으리라는 표현을 통해서 묘사하고 있다. 마태복음에서도 이와 유사한 묘사법이 나타난다(2:6). 거기서는 베들레헴을 가리켜 유다의 다스리는 자들 가운데(among the princes of Judah) 가장 작지 않다고 하는데(한글 개역 성경에는 '유대 고을 중 가장 작지 아니하도다'라고 번역되어 있다—역자 주), 이 역시 베들레헴을 의인화해서 묘사한 것으로 밖에는 설명할 수가 없다.

마지막 부분인 '에그론은 여부스 사람 같이 되리라'에서도 마찬가지 사상이 나타난다. 고대 예루살렘의 거민이었던 여부스 사람들은 예루살렘에서 유다 사람들과 함께 거주했었고, 유다 사람들은 다윗 시대에 가서야 비로소 그들을 내어 쫓았었다. 다윗이 그들을 제거했을 때에 그들 중에 남은 사람들은 이스라엘 사람들의 신앙을 받아들인 후 신정국가에 병합되었다. 이는 여부스 족속인 아라우나의 예에서 잘 드러난다. 그는 존경받고 부유한 사람으로 언약 백성 가운데 거했고, 그의 땅은 다윗에 의해서 미래의 성전이 들어설 자리가 된다(삼하 24장; 대상 21장). 이처럼 이방 나라에게 내릴 심판을 묘사하는 중에 그들 중 일부가 하나님 나라에 들어올 것이라는 예언으로 전환되는 예는 다른 곳에서도 어렵지 않게 찾아볼 수가 있다.

555. 8절. "내가 내 집을 둘러 진을 쳐서 적군을 막아 거기 왕래하지 못하게 할 것이라. 포학한 자가 다시는 그 지경으로 지나지 못하리니 이는 내가 눈을 친히 봄이니라." 누구를 위해 진을 친다는 것은 곧, 그를 보호하기 위함이다. 이와 똑같이 보호하심을 비유적으로 표현한 예는 시 34:7과 본서 2:9에도 나타난다. 후자에서는 여호와께서 그가 예루살렘에게 마치 '불 성곽'처럼 되실 것이라고 약속하신다. '내 집'이란 '여호와의 집'으로서 스룹바벨이 재건한 성전을 가리킨다.

'지금'(한글 개역 성경에는 나타나지 않으나, '이는 내가 지금 눈으로 친히 봄이니라'의 의미로 이해하여야 한다―역자주)은 선지자가 예언하는 시점이 아니라 이 예언이 성취되는 시점, 곧 여호와께서 그의 집을 둘러 진을 치는 그 때를 뜻한다. 선지자는 미래의 사건을 현재에 나타나는 것으로 보기 때문에 이처럼 현재를 가리키는 낱말을 쓴 것이다. 그러므로 그 시점을 실제적인 현재가 아니라 이상적인 현재로 보아야 한다. '이는 내가 눈으로 친히 봄이니라'는 사람의 말하는 법을 따라서 말씀한 것이다. 사람이 한 친구의 불행을 본다고 말할 때에는, 그는 그를 도우러 온다는 뜻이다. 그러므로 시편에서 우리는 '주여 나의 환난을 보옵소서'라는 간구를 자주 보는데, 이는 실제로 '나를 환난에서 구원하옵소서'라는 뜻이다.

556. 9절. "시온의 딸아 크게 기뻐할지어다. 예루살렘의 딸아 즐거이 부를찌어다. 보라 네 왕이 네게 임하나니 그는 공의로우며 구원을 베풀며 겸손하여서 나귀를 타나니 나귀의 작은 것 곧 나귀 새끼니라." 터져나오는 기쁨으로 기뻐하라고 미리 예비적으로 교훈하고 있다는 사실은 이 주제의 중요

성과 동시에 그 위대한 필연성을 잘 보여준다. 하나님의 은혜로우신 베푸심은 그렇게 기쁨으로 받아들여야 마땅한 것이다. 코케이우스(Cocceius)는 이미 이 교훈에는 예언이 내포되어 있음을 상기시킨 바 있다. 선지자는 이스라엘 백성 전부가 아닌 신정정치의 참된 구성원들만을 염두에 두었다. 그렇기 때문에 그는 메시야의 강림이 가져올 즐거움과 구원에만 강조점을 둔 것이다.

복음서 기자들은 이 예언의 골자에만 관심을 두고서 서두의 기뻐하라는 교훈을 문자 그대로 옮겨놓지 않았다. 마태는 그 대신 이사야에서 빌려와서 "시온의 딸에게 말하라"(62:11)라고 하며, 요한은 "시온의 딸아 두려워 말라"라고 옮겨 놓고 있다. '보라'라는 말은 선지자가 미래의 그 왕이 이미 임재하며 그가 예루살렘으로 들어오고 있는 상황을 보고 있는 것임을 암시해준다. '네 왕'은 특별히 강조된 표현으로서, '오직 그분만이 완전한 의미에서 네 왕이시니 어느 누구도 이 이름을 취할 자격이 없다'는 의미이다. 이 표현은 또한 선지자가 여기서 과거의 예언들에서 오실 것으로 계속 말씀해서 일반에게 잘 알려져 있는 그 왕을 뜻하는 것임을 보여준다.

'네게'는 '네 유익을 위하여,' '네 구원을 위하여'라는 뜻이다. 이사야의 말씀을 참조하라: "한 아기가 우리에게 났고, 한 아들이 우리에게 주신 바 되었는데"(사 9:5). 선지자는 여기서 메시야가 언약 백성 가운데 믿음을 지키는 자들에게 베푸실 축복만을 거론하는데, 이는 그의 예언이 주로, 그리고 일차적으로 그들을 위한 것이었기 때문이다. 하나님 나라에 영입되는 이방인들도 함께 이 축복에 참예하게 되리라는 사실은 7, 10절에서 나타난다. '공의로우며'라는 낱말은 왕의 첫째 가는 덕목인데, 메시야가 왕으로 나타나는 예언에서는 이 덕목이 두드러지게 강조된다.

'구원을 베풀며'라는 분사는(헹스텐베르크는 이를 '하나님의 보호하심을 받은 자요'〔protected of God〕로 번역한다) '도우심을 받으며,' '구원을 공급 받으며'의 의미이다. 그리하여 신 33:29에서는 '이스라엘이여 너는 행복한 자로다. 여호와의 구원을 너 같이 얻은 백성이 누구뇨? 그는 너를 돕는 방패시요 너의 영광의 칼이시로다. 네 대적이 네게 복종하리니 네가 그들의 높은 곳에서 밟으리로다'라고 말씀한다(참조. 사 45:7; 렘 23:6; 시

33:16). 이 해석이 문맥상 가장 적절하다. 의와 구원이 신정국가의 보이지 않는 우두머리의 것이요 이 속성들 전체를 통해서 그가 그의 백성을 복되게 하시는 것처럼, 눈에 보이는 그의 영광스러운 대리자도 마찬가지로 내적으로는 의로, 외적으로는 구원으로 옷 입어서 그것이 그에게서 흘러나와 그 백성들에게까지 미치는 것이다. 과거의 왕들은 아무리 훌륭했어도 이것을 불완전하게 소유할 수밖에 없었는데, 메시야는 이 두 가지 속성들을 완전하게 소유하실 것이다.

557. 처음 두 가지 속성은 이 미래의 위대한 왕이 과거의 훌륭한 왕들과 함께 공유하는 것들이지만, 뒤에 나타나는 두 가지는 다른 왕들과 전혀 관계 없이 그가 홀로 특징적으로 소유한 것들이다. ― 두번째로 나타나는 '나귀를 타나니'에 대해서 많은 해석자들은 마음이 겸손한 평화로운 왕을 지목하는 것으로 해석한다. 이 해석을 지지하기 위해서 그들은 나귀는 동방에서 서방에서 생각하는 것과는 전혀 다른 취급을 받았음을 주장하며, 또한 성경에서는 가장 탁월한 사람들이 나귀를 타는 것으로 나타나고 있으며, 여행자들의 증언에 따르면 오늘날에도 그런 현상을 볼 수 있다고 강변한다. 그러나 다음 몇 가지 이유로 이 해석은 받아들일 수가 없다. 나귀를 탄다는 것은 오히려 왕의 비천한 상태를 나타내주는 것이다.

동방에서 나귀를 고상한 짐승으로 취급한다는 것은 사실이다. 그러나 나귀는 어디까지나 나귀로 취급받을 뿐 그것이 말의 위엄을 얻을 수는 없다. 미카엘리스가 「팔레스타인의 말과 말 사육의 역사」(*History of the Horse and of the Breeding of Horses in Palestine*)가 출간한 이후부터는 탁월한 사람들이 나귀를 탄 것으로 지목된 성경 구절들을 거론하는 일이 사라져 버렸다. 사사 시대에는 아직 말이 이스라엘 사람들에게 전래되지 않은 상태였기 때문에 계급이 높은 사람들도 나귀를 타고 다녔다. 그러다 왕의 권세가 커지면서 처음에는 노새, 그리고 말이 이어서 사용되기 시작했다. 이 때부터, 특히 솔로몬 시대부터는 왕이나 기타 높은 사람이 나귀를 탄 예는 단 한 건도 찾아볼 수가 없다. 그러나 오늘날의 실례는 매우 중요할 것이다. 최근의 여행자들의 경험담에 대해서는 그들은 대개 나귀를 말할 때에 상대적으로 말한다는 사실을 반드시 염두에 두어야 한다. 오늘날 우리들(서구 사람들—역자주)이 나귀에 대해 천하게 대하는 상황을 경멸하여 동방의 사람들의 예를 극단적으로 높여서 말하는 것이 태반인 것이다.

동방에서는 지체 높은 여자들이 나귀를 잘 이용한다는 말도 하는데, 이는 본문의 경우와는 아무런 관계가 없다. 샤르뎅(Chardin)이 쓴 페르시아의 법률가들에 관한 기사에서는 동방의 어느 나라들에서는 높은 관리들도 나귀를 탄다고 하는데, 이는 거기서는 여기서와 같이 나귀를 타는 일이 우스꽝스런 일이 아니었다는 것밖에는 아무 것도 입증해주지 못한다. 그들이 나귀를 이용한 것은 오히려 동방의 나귀들은 상당히 빨리 달리며 안정성이 높고 쉽게 지킬 수 있으며 비용이 싸다는 점 때문에, 특히 산악 지역에서는 말보다도 오히려 타기에 적합하기 때문이다. 그러나 동방의 나귀에 관한 여러 가지 잡다한 이야기들에서 왕이 일상적으로 나귀를 탔다는 이야기는 한번도 나타나지 않는다.

그런데 본문에서는 왕이 나귀를 탄 것으로 나타나고 있는 것이다. 오히려 동방에서도 서방에서와 같이 심한 것은 아니지만 나귀에 대해서 경멸하는 관습이 있다는 증거들이 없지 않다. 가장 고대에 속하는 증거는 창 49:14에서 볼 수 있다. 잇사갈을 거기서 '나귀'로 부르는데, 문맥으로 볼 때에 이는 단순히 건장하다는 것만이 아니라 그 게으름도 함께 비유적으로 나타내는 것이다. 나귀는 한번 앉으면 아무리 애를 써도 움직일 줄을 모르며 아무리 억지로 일으키려 해도 듣지 않는다. 이보다 훨씬 충격적인 사실은 시락(Sirach)의 아들 예수가 나귀의 명예를 공격했다는 사실이다: "나귀에게는 먹이와 채찍과 무거운 짐만 있으면 된다"(벤 시라 23:25). 마호멧도 말하기를, "나귀의 음성이야말로 가장 망령스럽다. 정말이지 그것은 마귀의 음성이다"라고 한다. 고대의 애굽 사람들은 악신 티폰(Typhon)은 나귀처럼 생겼는데, 나귀는 특히 그의 말을 잘 듣는다고 생각했다. 오늘날 이집트의 그리스도인과 유대인들은 그들을 경멸하는 뜻으로 나귀만을 타고 다녀야 하며, 말은 이슬람교도들만이 탈 수 있다는 것은 널리 알려진 사실이다.

그러나 나귀를 타는 의미에 대해서 아직도 의심이 남아 있다 해도 이 예언의 성취를 보면 금방 그 의심이 사라질 것이다. 예루살렘 입성 때의 그리스도보다도 더 초라한 모습은 찾아볼 수 없을 것이다. 다윗과 솔로몬이 찬란하게 장식된 노새나 말을 타고 수많은 병사들의 호위를 받으며 드나들었던 예루살렘 성을 주께서는 아무도 한 번도 탄 일이 없는 나귀를 빌려서 제자들이 옷을 벗어서 깔고 그것을 타고 들어가셨다. 그를 따르는 무리들은 일반 백성들이요 어중이 떠중이들이었다. 이러한 상징적인 행동의 모든 면에서 주님의 의도가 잘 드러나고 있다. 그는 그의 나라를 세상적인 모든 영광이 전혀 없는 것으로 나타내고자 하셨던 것이다. 그의 입성은 참으로 초라하고 천해 보였고, 호이만(Heumann)은 이에 대해서 다음과 같이 말하고 있다: "주님의 이러한 행동은 현실과 상반되는 것이었고, 주님은 이런 행동을 통해서 메시야의 왕국에 대한 유대인의 그릇된 상상에 대해 조소를 보내신 것이다."

558. '나귀를 타나니'와 '나귀의 작은 것 곧 나귀 새끼니라'에서는 점층법이 사용되고 있음을 볼 수 있다. 왕이 나귀를 탄다는 것만도 초라함과 굴욕감이 넘치는 것인데, 더욱이 아직 아무도 타지 않은 어린 나귀 새끼를 탄다면 그 초라함과 굴욕감은 도저히 무엇하고도 비교할 수 없을 만큼 큰 것이다. 이런 해석은 본문에 사용된 낱말들에 근거한 것이다. 그렇지 않다면 마지막의 해석은 아무런 의미가 없는 것이 되고 만다. ― 과거나 현재의 해석자들의 일반적인 견해에 따르면, 이 두 어구는 모두 한 마리의 동일한 나귀를 말한다. 만일 해석자들이(이 구절이 직접적으로 그리스도의 예루살렘 입성만을 가리키는 것이라는 가정 하에서, 그리고 세 복음서 기자가 똑같이 나귀가 한 마리였음을 말한다는 것을 보고서) 여기의 예언과 그 성취가 서로 모순을 일으킬까봐 두려워하지 않았다면 이 해석은 절대로 생겨나지 않았을 것이다. 그러나 전자의 논지는 그릇된 것이다. 여기서 나귀를 탄다는 것은 단순히 그 앞의 '겸손하여서'라는 개념의 실질적인 예를 하나 들어서 설명하는 것에 지나지 않는다. 그러므로 그것이 동의적 병행법이었다고 해도 이 두 어구가 모두 한 마리의 동일한 나귀를 이야기하는 것이라는 논지는 성립될 수가 없을 것이다.

창 49:11은 유다에 대해서 "그의 나귀를 포도나무에 매며 그 암나귀 새끼를 아름다운 포도나무에 맬 것이며 그 옷을 포도주에 빨며 그 복장을 포도즙에 빨리로다"라고 말씀하는데, 여기서 '그의 나귀'와 '그 암나귀 새끼', '포도나무'와 '아름다운 포도나무', '포도주'와 '포도즙', 그리고 '의복'과 '복장'이 모두 서로 동일한 개체라고 본다면 얼마나 우스꽝스럽겠는가? 본문의 경우에는 더더욱 그런 해석을 받아들일 수가 없는 것이다. 앞에서 언급했듯이, 본문의 이 두 어구에서는 점층법이 사용되고 있기 때문이다. 선지자는 먼저 그가 나귀를, 그저 보통의 나귀 또는 장성한 나귀를 탄다는 사실을 들어서 메시야의 비천한 상태를 묘사한다. 그리고 나서 그가 아무도 탄 일이 없는 나귀 새끼를 탄다는 사실을 말함으로써 그의 비천한 상태를 더욱 강하게 그리는 것이다. 주님께서 나귀를 타는 상징적인 행동을 실행하시면서 사실상 스가랴서의 비유적인 묘사 내용을 그대로 행동에 옮기심으로써 우리의 견해를 확증해주셨다는 것은 거의 부인할 수 없는 사실이다.

이런 설명 말고는 마태복음에 나타나는 대로 주님께서 나귀 새끼만이 아니라 암나귀 새끼를 가져오라고 구체적으로 명하신 이유를 도무지 설명할 수가 없다. 그는 나귀나, 나귀 새끼나 둘중의 하나를 타실 수밖에 없었다. 보가르트가 이미 간파한 바와 같이 그가 그렇게 짧은 시간 동안 나귀를 타다가 나귀 새끼로 바꾸어 탔다는 것은 전혀 어울리지 않는다. 주님은 나귀 새끼를 택하셨다. 왜냐하면 스가랴서에서는 이것이 가장 비천한 상태를 나타내는 상징이 되기 때문이다. 그러나 스가랴의 이미지를 확실히 드러내며 또한 그가 사용한 점층법까지도 드러내기 위해서는 그 나귀 새끼는 암나귀여야만 했다. 그 상징적인 행동이 반드시 암나귀 새끼를 타야만 성립이 된다는 사실은 마태복음의 용어 사용에서 분명히 나타난다: "나귀와 나귀 새끼를 끌고 와서 자기들의 겉옷을 그 위에 얹으매 예수께서 그 위에 타시니"(21:7). 여기서 복수형(한글 개역 성경의 '그 위에'는 사실상 '그것들 위에'를 뜻한다—역자 주)을 사용하고 있는 것은 이 두 마리 모두 다 주님께서 사용하시도록 되어 있었음을 보여준다. 그래서 두 마리 전부에 겉옷을 덮고 그 위에 탔다고 한 것이다.

다른 복음서 기자들은 암나귀를 언급하지 않는다는 논리도 실상 아무 것도 입증해주지 못한다. 요한복음은 이 기사를 아주 간결하게 다루며 모든 세

부적인 정황 묘사를 생략하고 있다. 그는 그 사실이 이미 잘 알려져 있다고 전제하여, 그 상징적인 행동이 구약 예언에 근거한 것으로서 주님이 영광을 받으시기까지는 제자들이 그 의미를 분명히 깨닫지 못했다는 것을 말씀하려 했을 뿐이다. 마가복음과 누가복음은 예언에 대한 이야기를 완전히 생략하고 있다. 그러나 마태복음은 그 객관적이고 획일적인 성격에 따라서 그 점을 특별히 부각시키고 있다. 상황이 이러하므로 암나귀에 대해 언급하는 것은 적절치 못했을 것이다. 암나귀 새끼가 나귀를 따르는 계획은 오로지 예언과 대조할 때에만 비로소 분명히 드러난다. 이 사실을 구체적으로 언급하는 것보다도 그 사건에 딸린 놀라운 정황들을 찬양하는 것이 훨씬 더 중요한 일이었던 것이다.

559. 10절. "내가 에브라임 병거와 예루살렘의 말을 끊겠고 전쟁하는 활도 끊으리니 그가 이방 사람에게 화평을 전할 것이요 그의 정권은 바다에서 바다까지 이르고 유브라데 강에서 땅 끝까지 이르리라." 선지자는 계속해서 메시야 왕국이 다른 모든 세상의 왕국들과, 특히 과거의 신정국가와 전혀 다르다는 사실을 말씀한다. 그러나 여기서 그가 그 당시 사람들에게 만연되어 있었던 메시야 왕국에 대한 세속적인 관념을 특별히 염두에 두고 말씀하고 있느냐 하는 것은 확실하지 않다. 세상의 왕국들은 오로지 무력의 힘으로만 유지되며 확장되지만, 그리고 심지어 과거의 신정국가도 무력을 사용해서 세력을 넓히기도 했지만, 메시야의 때에는 모든 외형적인 무기가 완전히 사라질 것이다. 그의 왕국에서는 무기가 필요없게 된다. 그 우두머리인 평화의 왕께서 그의 말씀으로 온 땅에 평화를 퍼뜨리실 것이요, 온 땅이 그에게 기꺼이 즐겁게 복종할 것이기 때문이다. 메시야 왕국이 평화의 왕국으로 지칭되고 있는 그 다음의 내용에서는 병거나 활, 말 등 전쟁에 쓰이는 무기들을 제거한다고 함으로써 외적인 무기가 전혀 쓸모가 없을 것임을 말씀하고 있다.

사 2:4과 미 4:3도 동일한 사실을 말씀한다: "그가 열방 사이에 판단하시며 많은 백성을 판결하시리니 무리가 그 칼을 쳐서 보습을 만들고 그 창을 쳐서 낫을 만들 것이며 이 나라와 저 나라가 다시는 칼을 들고 서로 치지 아니하며 다시는 전쟁을 연습지 아니하리라.” 이 구절들은 스가랴서의 본문을 해명해주는 역할을 한다. 즉, 거기서는 모든 전쟁 물자를 파괴시키는 이유를 먼저 언급하기 때문에 그 이유를 나중에 언급하는 본문보다도 오해의 소지가 훨씬 적다. 호 2:18도 참조하라: “내가 저희를 위하여 들짐승과 공중의 새와 땅의 곤충으로 더불어 언약을 세우며 또 이 땅에서 활과 칼을 꺾어 전쟁을 없이 하고 저희로 평안히 눕게 하리라.” 사 19:4도 함께 보라. 특히 미가서 5장 9절은 본문과 낱말 사용이 매우 유사한데, 스가랴는 그 본문을 염두에 두었던 것 같다. 그러나 의미로 따진다면, 그 본문과 여기 스가랴서의 본문은 매우 다르다. 거기서는 전쟁 물자를 없애는 것이 특히 언약 백성들이 그것에 의존하는 죄를 범하고 있기 때문이라고 하기 때문이다.

‘그가(즉, ‘왕이’) 이방 사람에게 … 말씀할 것이요.’ 세상의 왕들이 무력의 힘으로 행하는 그 일을 그는 그의 말씀으로 행하시는 것이다.

9:11-17

560. 여기서 새 단락이 시작된다는 것이나 아니면 여기서 선지자의 영적인 눈 앞에 새로운 광경이 나타난다는 사실은 본문의 내용으로 볼 때에 너무도 분명한데, 어째서 옛날이나 오늘날이나 할 것 없이 해석자들이 그것을 무시할 수 있는지 도무지 이해하기가 어렵다. 9, 10절에서 선지자는 이 땅의 모든 무기들과 성벽들이 완전히 제거된 평화의 왕국이 온 땅에 퍼질 것이요 모든 이방 나라들을 포괄할 것을 묘사했었다. 그런데 여기서는 모든 것이 전쟁에 대한 묘사처럼 보인다. 언약 백성이 막강한 침략자들과 분쟁을 일으키는 광경이 나타나며, 그 가운데서도 헬라 사람들이 특별히 언급되고 있다. 여호와의 도우심으로 얻은 승리에 이어서 신정정치로 말미암은 다른 축복들과 함께 자유의 축복이 오게 되는데, 스가랴 당시의 언약 백성들로서는 아직 그것을 경험하지 못한 상태에 있었다. 그 번영을 완전케 하기 위해서 선지자의 시대에 인간적인 면에서 포도나무에서 잘려져 나간 가지와 같은 상태에 있는 에브라임이 마침내 여호와로 말미암아 흩어진 상태에서 다시 돌아와서 신정정치에 합류하게 된다.

561. 이로써 미루어 볼 때에 여기의 예언은 메시야 시대까지 이르는 것으로서 오직 마카베오 시대의 상황만을 가리키는 것임이 분명하다. 선지자는 귀환한 포로들의 그 초라한 사정에 대해 슬퍼하는 그 당시의 사람들에게 여호와께서 바벨론 포로들을 회복시키심으로써 언약 백성들 가운데 시작하신 그 일을 완성하기 위해서 행하실 일을 제시해 주고 있는 것이다.

562. 메시야의 시대에서 갑자기 바로 그 전 시대로 전환된다는 것을 이상스럽게 여길 필요는 없다. 선지자는 알렉산더 대왕의 원정에 대해서, 그리고 그 때에 언약 백성이 보호함을 받을 것에 대해서 말씀한 바 있다. 바로 이 시점에서 마카베오 시대로 전환하는 것은 사건들이 일어난 실제적인 순서로 볼 때에도 아주 잘 어울리는 일이다. 그러나 이 두 사건들 사이에서 그의 영적 안목은 메시야를 통해서 언약 백성들에게 베풀어질 훨씬 더 위대한 축복들을 주목했었다. 이에 대해서 우리는 얀과 같이 그 위대한 평화의 왕이 1절부터 8절까지 묘사된 그 위대한 세상의 정복자(알렉산더—역자주)와 대조되어 묘사되고 있다는 식으로 설명할 수는 없다. 만일 그것이 선지자의 의도였다면, 그 위대한 세상의 정복자의 기사를 그렇게 장황하게 늘어놓지 않았을 것이다. 선지자가 메시야 시대의 축복들로 다시 돌아가는 이유는 오히려 다음과 같은 사실 때문으로 보아야 할 것이다. 즉, 메시야에 관한 소망이 선지자들의 영혼에 가득 찼으며, 그들은 여러 가지 잡다한 축복들은 생략하고, 이 가장 고귀한 축복에 대해 가장 큰 관심을 기울였던 것이다. 선지자들은 언약 백성에게 베풀어지는 다른 축복들에 대해서 묘사하다가 자연스럽게 다시 메시야 시대의 축복들로 돌아가곤 했고, 때로는 가까이 있는 다른 축복들과 함께 뒤섞여서 그 축복을 말씀하기도 했다. 메시야 시대의 축복의 이미지들은 어디서든 그들에게는 도저히 억누를 수 없는 매력 그 자체였던 것이다.

563. 11절. "또 너로 말할진대 네 언약의 피를 인하여 내가 너의 갇힌 자들을 물 없는 구덩이에서 놓았나니." '너로 말할진대,' 즉, '네가 완전히 어찌할 수 없는 처지에 있더라도,' '네가 도저히 구원할 수 없을 정도로 완전히 잃어버린 상태에 있는 것처럼 보이더라도.' — '너로 말할진대, 네 언

약의 피로 인하여 내가 … 놓았나니,' '네가 아무리 비참한 상태에 있더라도 너는 네 언약의 피 속에 있으므로 그 피로 말미암아 너는 죄에서 자유함을 얻었으며, 내게 거룩히 구별된 자가 되었도다.' 시내산 언약을 세운 후, 모세는 백성들에게 희생 제물의 피를 뿌리면서 말하기를, '이는 여호와께서 이 모든 말씀에 대하여 너희와 세우신 언약의 피니라' 라고 했었다.

이러한 상징적인 행위—죄에서 구원하는 수단과 증표로서 피를 뿌리는 것—를 통해서 백성들은 정결하며 여호와께 거룩히 구별된 자들이 되었으며, 따라서 그의 특별한 보호하심 아래에 있는 것으로 엄숙히 선포되었는데, 이런 선포는 하나님께서 제정하신 희생 제사를 통해서 계속 반복되었다. 따라서 언약의 피는 언약 백성들이 하나님께서 부과하신 조건들을 악한 뜻으로 무시하여 그 축복의 약속들을 무효화시키지 않는 한 그들을 모든 괴로움에서 구원해 낸다는 확실한 보장이 되었다.

동방에서는 물 없는 구덩이를 감옥 대신으로 사용했다. 그 구덩이에 남아 있는 진흙으로 인해서 거기에 갇힌 사람들은 온통 더러워져 있고 추악한 꼴을 하고 있었다. 칼빈을 비롯한 몇몇 해석자들은 여기의 '물 없는'이라는 말을 이차적인 괴로움(즉, 목마른 괴로움)을 뜻하는 것으로 보았다. 그러나 언어만을 따진다면 이 말을 덧붙인 것은 창세기 37장 24절("그를 잡아 구덩이에 던지니 그 구덩이는 빈 것이라 그 속에 물이 없었더라")에 빗댄 것인데, 이 구절은 그 구덩이 자체를 좀더 정확히 묘사해주는 것이다. 포로들은 오로지 물 없는 구덩이 속에만 잡아 던졌던 것이다. 그러므로, 여기의 이 표현은 구덩이 그 자체의 질(質)을 말씀하는 것으로서 밑바닥이 깊고, 매우 더러우며 악취가 나는 그런 구덩이여서 도무지 견딜 수가 없는 그런 구덩이임을 시사하는 것이라고 보는 마크의 견해도 잘못된 것이다.

많은 해석자들은 구덩이 속이 있다는 것이 감옥에 갇히는 것을 뜻하는 비유적인 표현이라고 본다. 그러나 이 견해는 비유 그 자체에서도 타당성이 없다. 이 표현은 다른 곳에서도 좀더 넓은 의미에서 극한 괴로움과 비참에 처한 상태를 의미하는 것으로 쓰이기도 한다(시 40:2; 88:6; 애 3:53). 다음의 근거들로 볼 때에 본문의 경우에도 바로 이러한 의미로 쓰이고 있는 것이 분명하다. (1) 12절의 보장(保障)이 번영과 안전의 이미지이므로, 그것과 대조를 이루는 구덩이도 불행과 비참한 상태를 뜻하는 이미지여야 마땅하다. 시 40:2에서도 똑같은 대조법을 볼 수 있다: "나를 기가 막힐 웅덩이와 수렁에서 끌어 올리시고 내 발을 반석 위에 두사 내 걸음을 견고케 하셨도다." (2) 13절에 의하면 언약 백성이 하나님의 은혜로 용감히 싸워서 그 괴로움에서 벗어나게 되는데, 이는 방어의 수단이 완전히 제거된 상태로 포로로 끌려가는 상황을 묘사한 것이 아니다.

마지막으로 덧붙일 것은, 낯선 땅에 포로로 끌려가는 상황이 본문의 주제라고 보는 견해는 한 두 가지 그릇된 가정을 전제로 하는 것이라는 점이다. 즉, 11절을 과거의 사실로 보든지, 후반부를 거짓 진술로 보든지 하는 그릇된 가정을 전제로 하는 것이다.

이제 선지자의 영적인 안목에 비친 괴로움과 비참한 상태가 과연 어떤 것이었는지를 좀더 상세하게 살펴보자. 헬라와 라틴의 교부들은 후기의 기독교 해석자들과 마찬가지로 거의가 이 구절을 영적인 괴로움과 비참함을 뜻하는 것으로 보았고, 메시야가 그런 상태에서 그 백성들을 구원하는 것으로 생각했다. 그러나 이것은 명백한 잘못이다. 이 절에서 말하는 괴로움은 12절에서 구원을 약속하고 있는 그 괴로움과 동일한 것이다. 그리고 13절에서 좀더 상세히 묘사하고 있는 내용을 볼 때에, 이 구원은 헬라 사람들과 싸워서 승리를 거둠으로써 얻어지는 것이다. 이처럼 11절과 그 다음의 두 절이 서로 긴밀하게 연관되어 있음을 볼 때에 그 괴로움이란 다름이 아니라 수리아 왕국에서 알렉산더를 계승한 자들에게서 당하는 압제를 가리킨다는 것을 부인할 수가 없다. 이 점은 너무도 명백한 것이어서 도무지 그냥 지나칠 수가 없는 사실이다. 비평가들이 선지자의 이상의 본질에 대한 무지로 인하여 선지자가 메시야 시대에서 갑자기 그보다 이른 시대로 옮아가는 것이(최상의 구원에서 저급한 구원으로 옮아가는 것이) 아주 부자연스럽다고 잘못 생각하여 곁길로 잘못 들어서지만 않는다면 이 사실을 도저히 그냥 지나칠 수가 없는 것이다. 그러나, 그들 가운데 참으로 많은 숫자가 그런 그릇된 가정 때문에 사실을 직시하지 못하고, 이 부분 전체를 알레고리식으로 설명하고 마는 것이다. 테오도렛이나 마크 같은 이들은 선지자가 그렇게 과거로 옮아가는 것이 참으로 부자연스러운 일이라고 생각한 나머지 13절 이후의 부분을 곧바로 마카베오 시대를 지칭하는 것으로 생각하기까지 했다.

564. 12절. "소망을 품은 갇혔던 자들아 너희는 보장으로 돌아올지니라. 내가 오늘날도 이르노나 내가 배나 네게 갚을 것이라." '너희는 보장(保障.성벽)으로 돌아올지니라'는 여러 가지로 잘못 해석되어 왔다. 그 가운데 가장 비근한 것은 여기의 보장을 시온 혹은 예루살렘으로 이해하여, 이 부분을 선지자가 아직도 포로된 땅에 머물러 있는 자들에게 고향으로 다시 돌아오라고 권면하는 것으로 해석하는 것이다. 예루살렘이 스가랴 시대에는 아직 성벽이 없었고 완전히 개방된 도시였으며 후일 느헤미야 때에 가서야 비로소 성벽이 세워지므로, 여기서 예루살렘을 보장으로 이해하기가 어렵게 되는데, 여러 가지로 이 난제를 해소하려 한다.

칼빈은 예루살렘을 보장으로 부를 수 있는 것은 여호와의 보호하심이 불 성벽처럼 주위를 둘러싸고 있기 때문이라고 한다. 얀은 예루살렘이 장차 성벽을 보유하게 될 것을 말씀하는 것이라고 본다. 마크와 그로티우스 등은 이를 하나님께로 돌아오라는 권면으로 이해한다. 하나님이야말로 환난을 피하는 자들의 참된 방벽이 되시기 때문이라는 것이다. 그리고 로젠뮐러 등은 '돌아오라, 그리하면 네가 (다시금) 방벽이 있는 든든한 성이 되리라'의 뜻으로 해석한다. 이 여러 가지 해석들은 보장과 구덩이 사이의 분명한 대조법을 오해한데서 생겨난 것들이다. 그 대조법을 눈여겨 보면 여기의 보장이란 시편의 반석과도 같이 단지 안전과 번영을 뜻하는 이미지일 뿐이라는 점을 보게 된다.

'돌아올지니라'라는 명령법 동사는 미래의 사실을 뜻하는 것으로서, 돌아오는 것이 다른 어느 누구의 의지도 아닌 언약 백성 자신의 의지에 달려 있다는 사상을 표현하는 것이다. 이는 10장 1절의 '여호와께 비를 구하라'라는 표현과 마찬가지의 의미이다. 그 말은 곧, '너는 여호와께 구하기만 하면 된다'는 의미인 것이다.

'소망을 품은 갇혔던 자들'이라고 함으로써 선지자는 그의 백성들에게 언약과 약속을 주지시킨다. 극심한 비참 속에서도 언약과 약속들은 그들에게 미래의 구원을 보장해주며 큰 소망을 주었던 것이다. ─ 선지자는 영적으로 다른 시대로 옮아간다. 곧, 언약 백성에 대한 압제가 최고도에 달하여 이제 곧 그 괴로움이 끝날 것을 바라보는 그 시점으로 옮아가는 것이다. 이렇게 보지 않고서는(이는 예언의 본질을 정확히 본다면 충분히 근거가 있다) 여기서 '오늘날'에 '심지어'라고 덧붙여서(한글 개역 성경에서는 이를 합하여 '오늘날도'로 번역하고 있다—역자주) 그것을 특별히 강조하고 있는 상황을 도저히 이해할 수가 없게 된다. 더욱이 이처럼 백년 가까이나 되는 시간적 거리를 뛰어 넘어서 압제의 시대로 옮아가는 것은 그 앞의 문구에서도 잘 드러난다: "소망을 품은 갇혔던 자들아 너희는 보장으로 돌아오라"—"내가 배나 네게 갚을 것이라", 즉 네가 과거에 가졌던 번영을 배로 갚아 주리라.

565. 13절. "내가 유다로 당긴 활을 삼고 에브라임으로 먹인 살을 삼았으니 시온아 내가 네 자식을 격동시켜 헬라 자식을 치게 하며 너로 용사의 칼과 같게 하리라." 선지자는 여기서 그 괴로움을 좀더 구체적으로 묘사하며, 또한 앞절에서 대략적으로 예언되어 있는 그 괴로움으로부터의 구원이 어떤 식으로 이루어질 것인지를 묘사한다. 그들은 스스로 약함에도 불구하고 여호와의 도우심으로 막강한 압제자들인 헬라 사람들에게서 찬란한 승리를 거두게 될 것이다. 선지자는 유다를 여호와께서 당기신 활로 묘사하며 에브라임을 그가 쏘신 화살로 묘사함으로써 유다와 에브라임이 함께 그 영광된 싸움에 참여할 것임을 말씀하며, 또한 어쩌면 에브라임이 유다에 어느 정도 복종하는 상태에 있을 것을 말씀하는지도 모른다. 얀은 이와 비슷한 비유를 아불페다(Abulfeda)에서 인용한다. 거기서는 주인이 활로 나타나며 지도자가 그가 쏜 화살로 비유되고 있다.

'내가 에브라임으로 먹인 살을 삼았으니'(헹스텐베르크는 '내가 에브라임으로 활을 가득 채우리니,' 'I fill the bow with Ephraim'로 번역한다—역자주). 마크는 화살이 활을 가득 채우는 것이 아니라고 반대의 견해를 피력한다. 그러나 활에는 화살을 하나만 먹여도 그것을 가득 채우는 것이므로 이 견해는 타당성이 없다.

'시온아 내가 네 자식을 격동시켜 헬라 자식을 치게 하며.' 여기서 헬라 땅은 이스라엘 사람들이 종으로 끌려갔던 곳 가운데 가장 멀리 있는 땅 중

하나로 거명되는 것 뿐이다. 여기서 헬라 자식들을 치는 것은 그들 자신의 잘못 때문이 아니라 두로 사람들의 잘못 때문이며 이에 대해서 하나님의 심판을 선포하고 있는 것이다. 헬라는 히브리어 원어로 야반(Javan)인데, 이는 호머 시대에는 이아온(Iaon)과 이아오네스(Iaones) 등으로 불렸고, 수리아어로는 야우노예(Jaunoje)가 가장 가까운데, 그렇다고 해서 미카엘리스처럼 이 낱말을 성급하게 욘(Jon)으로 바꾸어서 넓은 의미에서 히브리 사람들의 헬라를 지칭하는 것으로 보아서는 안된다. 알렉산더가 헬라 땅의 왕으로 불린다는 사실만 보아도 그 부당함이 곧 드러나는 것이다. 보카르트는 심지어 헬라 사람들 사이에서도 이 명칭이 아주 넓은 의미로 사용되었음을 보여주는 무수한 흔적을 제시한 바 있다.

선지자는 여기서 하나님의 조명하심을 받아 자신이 속한 시간의 경계를 넘어가서 마카베오 시대에 유대인들이 여호와의 도우심을 받아 수리아의 헬라 통치자들과 싸워서 얻을 승리를 슬쩍 묘사하고 지나가는 것이다. 이는 다니엘도 충분히 예언한 바 있는 사실이다. 선지자직이 종결될 시기가 가까와 올수록 아직 남아 있는 거룩한 선지자들로서는, 그 당시 사람들 뿐 아니라 그리스도의 때까지 계속 이어질 세대들에게까지도 여호와께서 그들을 위해서 예언의 말씀들을 통해서 그들이 괴로울 때에 위로와 힘을 얻도록 배려해 놓으셨음을 전제할 필요성이 더욱 더 커졌던 것이다. 그러한 위로와 힘을 주는 정확한 예언들을 통해서 그들은 자신들이 우연에 의해서 움직이는 것이 아니라 그들의 하나님의 통제를 받아서 살고 있다는 확실한 증거를 얻게 되며, 또한 동시에 예언된 구원이 반드시 이루어질 것이라는 보증도 얻게 되었던 것이다.

566. 14절. "여호와께서 그 위에 나타나서 그 살을 번개 같이 쏘아내실 것이며 주 여호와께서 나팔을 불리시며 남방 회리바람을 타고 행하실 것이라." 하나님이 그의 백성들에게 베푸실 놀라운 도움의 손길이 자연 속에서 그의 전능하심을 가장 확실하게 드러내주는 것, 즉 폭풍우의 이미지를 통해서 묘사되고 있다. 여호와께서 폭풍우 속에서 가까이 오시며, 번개는 그의 화살이요, 우레 소리는 그가 그의 군대를 향하여 공격 신호를 보낼 때 사용

하시는 나팔 소리이다. 이 이미지가 철저하게 드러나고 있다. 다만 하나님의 화살이 번개와 비교되고 있는 사실만 제외하면 아주 철저하다고 할 수 있다. 시편 18편 14절("그 살을 날려 저희를 흩으심이여 많은 번개로 파하셨도다")에서와 같이 번개가 직접적으로 하나님의 화살로 묘사되지 않고 다만 그것과 비교되고 있을 뿐이다. 여호와께서는 그의 군대인 그 백성들 위에 폭풍우 속에서 나타나시며, 원수들에게 번개를 화살로 쏘시는 것이다. 남쪽에서 불어오는 폭풍우('남방 회리 바람')는 다른 구절들에서는 매우 격렬한 것으로 나타나며(욥 37:9; 사 21:1), 또 다른 곳에서는 동쪽에서 불어오는 바람이 가장 격렬한 것으로 나타나기도 한다.

567. 15절. "만군의 여호와께서 그들을 호위하시리니 그들이 원수를 삼키며 물맷돌을 밟을 것이며 그들이 피를 마시고 즐거이 부르기를 술 취한 것 같이 할 것인즉, 피가 가득한 동이와도 같고 피 묻은 제단 모퉁이와도 같을 것이라." 여기서 이스라엘이 사자의 모습으로 묘사되고 있는데 이는 민수기 23장 24절과 유사하다: "이 백성이 암사자 같이 일어나고 수사자 같이 일어나서 움킨 것을 먹으며 죽인 피를 마시기 전에는 눕지 아니하리로다." 이들은 원수의 좋은 것들을 먹는 것이 아니라 그들의 살을 먹으며 그들의 피를 마신다.

'그들이 원수의 발 밑의 물맷돌을 밟을 것이며'에서 원수들을 물맷돌로 묘사하는데 이는 그들의 나약함과 비열함을 나타내기 위함이다. 사자의 이미지가 계속 이어진다. 그는 삼킬 수 없는 먹이는 발로 밟아 버린다. 10장 5절이 이 부분과 완전히 부합된다: "싸울 때에 용사 같이 거리의 진흙 중에 대적을 밟을 것이라." 여기서는 원수를 물맷돌로 칭하는데, 거기서는 거리의 진흙으로 칭하고 있다. 미가서 7장10절에서는 그들을 거리의 진흙과 비교하는 것으로 그친다. 그는 스가랴보다는 대담성이 덜한 것 같다. 이 구절들은 다른 점에서도 서로 병행을 이룬다. 곧, 야생 짐승의 생태, 곧 물어 뜯어먹고 발로 짓밟는 짐승의 행동에서 빌려온 표현들을 써서 표현한다는 점이 서로 동일하게 나타나는 것이다. 그리하여 미가서 5장 8절에서는 다음과 같이 말씀한다: "야곱의 남은 자는 열국 중과 여러 백성 중에 있으리니 그들은 수

풀의 짐승 중의 사자 같고 양떼 중의 젊은 사자 같아서 만일 지나간즉 밟고 찢으리니 능히 구원할 자가 없을 것이라.” 그리고 다니엘서 7장 7절에서는, “먹고 부숴뜨리고 그 나머지를 발로 밟았으며”라고 말씀한다.

‘제단 모퉁이와도 같을 것이라.’ 제단 모퉁이가 아니라 그 모퉁이 위에 있는 제단 뿔에 피를 뿌렸다. 선지자가 제단 모퉁이를 언급한 것은 제단 뿔이 거기에 속하여 있는 것으로 보았기 때문이다. 그러므로, 어떤 이들은 이 구절을 근거로 제단에 뿔이 실제로 있었던 것이 아니고 다만 제단의 네 모퉁이를 뿔이라고 표현했을 따름이라고 결론짓기도 하지만, 이는 잘못된 것이다.

568. 16절. “이 날에 그들의 하나님 여호와께서 그들을 자기 백성의 양떼 같이 구원하시리니 그들이 면류관의 보석 같이 여호와의 땅에 빛나리로다.” 목자가 그 양떼를 돌보듯이 여호와께서도 그의 백성을 돌보신다. ― 이 절의 후반부는 아주 다양하게 해석되고 있다. 그 가운데 올바른 해석은 ‘그들이 여호와의 땅에서 면류관의 보석 같이 스스로 빛을 내리라’ 라는 것이다. 원수들을 물맷돌에 비유했던 선지자는 이스라엘 사람들을 면류관에 박힌 값비싼 보석에 비유함으로써 그들이 여호와의 거룩한 땅에 의연히 서서 널리 광채를 발하는 것으로 묘사하는 것이다. 이스라엘이 이처럼 영광스러운 상태에 있는 그 땅을 여호와의 땅으로 표현함으로써 그 땅이 그들의 영광의 원인이며 동시에 그것이 계속되리라는 보증이 된다는 것을 보여준다. 거기서 그들은 번영과 영광을 누릴 것이다.

569. 17절. “그의 형통함과 그의 아름다움이 어찌 그리 큰지 소년은 곡식으로 강건하며 처녀는 새 포도주로 그러하리로다.” 여호와께서 그 백성들에게 나타내시는 그의 선하심과 그의 아름다우심에 대해 놀라운 감탄으로 찬양드리는 것이 선지자로서 마땅한 일이다. 이 설명은 예레미야 31장 12절의 병행 구절을 통해서 확증된다: “그들이 와서 시온의 높은 곳에서 찬송하며 여호와의 은사 곧 곡식과 새 포도주와 기름과 어린 양의 떼와 소의 떼에 모일 것이라.” 이 구절은 본문과 아주 잘 어울리며, 스가랴가 거의 인용한 것

처럼 보이기조차 한다. 14절도 함께 보라: "내 은혜로 내 백성에게 만족케 하리라." 시편 31편 19절은, "주를 두려워하는 자를 위하여 쌓아 두신 은혜 곧 인생 앞에서 주께 피하는 자를 위하여 베푸신 은혜가 어찌 그리 큰지요" 라고 말씀한다. 시편 4편 7절에서는 곡식과 포도주가 하나님의 축복의 일부 요 또한 전체로서 처음 언급되고 있다: "주께서 내 마음에 두신 기쁨은 저희 의 곡식과 새 포도주의 풍성할 때보다 더하니이다." 그 두 가지가 풍성한 곳 에는 인구가 급격히 늘어나는 법이다. 시편 72편 16절도 이와 아주 비슷하 다: "산꼭대기의 땅에도 화곡이 풍성하고 그 열매가 레바논 같이 흔들리며 성에 있는 자가 땅의 풀 같이 왕성하리로다." 생명을 유지할 수단이 풍성하 며 인구가 늘어나는 것은 하나님의 축복에 속하며, 그 반대는 하나님의 심판 에 속하는 것이다. 소년과 처녀들을 특별히 언급한 것은 국가의 큰 재난을 당했을 때처럼 어린 아이들이 다 자라지 않은 상태에서 끌려가는 일이 없을 것이며 장성한 나이가 되기까지 보호하심을 받아 자라날 것임을 시사한다. 이사야서 65장 20절과 비교하라: "거기는 날 수가 많지 못하여 죽는 유아와 수한이 차지 못한 노인이 다시는 없을 것이라."

제 10 장

570. 1절. "봄비 때에 여호와 곧 번개를 내는 여호와께 비를 구하라 무리에게 소낙비를 내려서 밭의 채소를 각 사람에게 주리라." 이 절은 바로 앞의 구절과 아주 밀접한 관련을 맺고 있다. '구하라'라는 권면은 하나님께서 그 백성이 구하는 바를 주실 만반의 준비를 갖추고 계시다는 것을 시사한다. 즉, '구하기만 하여라,' '네가 할 일은 구하는 것 뿐이다'라는 뜻이다. 간접적인 약속을 포함하고 있는 이 낱말에 이어서 선지자는 9장 12절에서와 같이 그것을 직접적으로 설명한다. '봄비 때에'(문자적으로는 '늦은 비 때에'이다—역자주)란 일부분을 예로 들어서 전체를 진술하는 것으로서 '너희에게 비가 필요할 때에'라는 사상을 표현하는 것이다. 그러므로 이 말씀을 근거로 늦은 비가 이른 비보다도 농작물이 자라는데 더 긴요하다는 식으로 결론을 내려서는 안된다.

다른 구절들에서는 이 두 가지 비가 함께 나타난다(예컨대, 욜 2:23). 여호와라는 호칭을 쓴 것은 의도적이다. 비는 백성이 하나님께 진정으로 의지할 때에 누리는 신정정치의 축복들 가운데 하나였다. 선지자는 여기서 신 11:13-15의 말씀을 염두에 두며 부분적으로 그것을 인용하고 있다: "나의 명령을 너희가 만일 청종하고 너희의 하나님 여호와를 … 섬기면, 여호와께서 너희 땅에 이른 비 늦은 비를 적당한 때에 내리시리니 너희가 곡식과 포도주와 기름을 얻을 것이요 또 육축을 위하여 들에 풀이 나게 하시리니 네가 먹고 배부를 것이라." 여기서는 수많은 신정적 축복들 전체를 대표하는 것으로서 비를 특별히 언급하고 있는 것이다. 번개는 비가 올 것을 알려주는 것으로서 언급되고 있는데, 예레미야 10장 13절에서도 비슷한 사상이 나타난다: "비를 위하여 번개하게 하시며." 시편 135편 7절에서는 번개가 특별히 풍성한 비를 뜻한다. 폭풍우가 칠 때에는 비가 많은 것이 보통이다.

571. 2절. "대저 드라빔들은 허탄한 것을 말하며 복술자는 진실치 않은 것을 보고 거짓 꿈을 말한즉 그 위로함이 헛되므로 백성이 양 같이 유리하며 목자가 없으므로 곤고를 당하나니." '대저'는 1절만을 가리키는 것이 아니라 앞의 문맥 전체에 포함되어 있는 하나님의 약속 전체를 포괄하는 것이다. '내가 내 백성을 사랑할 것이요 풍성한 복을 내리리라: 대저 그들이 나를 버리고 떠나가서 큰 괴로움 중에 빠져 있음이니라.' 여기서 한 가지 의문이 일어난다. 즉, 역사적으로 볼 때에 하나님을 저버리고 배도에 빠지는 일은 과거에는 자주 있었지만 미래에는 나타나지 않는데(그러나 포로 귀환 후에도 거짓 선지자들이 있었음을 느 6, 10장 등이 보여주며, 또한 말 3:5에서는 점치는 자들이 있었음을 보여준다) 선지자가 어떻게 여기서 그 일을 미래의 일로 말씀하고 있느냐 하는 것이다.

이에 대한 설명은 다음과 같다. 바벨론 포로 직전과 포로기 동안 나라가 최악의 환난을 당하고 있을 때에 거짓 선지자들이 과거 어느 때보다도 많은 숫자가 포로된 백성들에게는 물론 예루살렘에까지 나타났고, 백성들은 그들의 말을 기꺼이 청종하여 그 비참한 고난을 자초하였다. 거짓 선지자들은 다른 모든 것은 빼놓고 번영에 대해서만 예언해 줌으로써 참 선지자들을 사실상 우울한 광신자들로 만들어 버렸고 그들의 경고의 예언들을 무시하도록 만듦으로써 백성들로 하여금 회심하지 못하도록 방해하는 역할을 했다. 사실 회심이야말로 구원의 유일한 수단이었던 것이다. 예레미야는 제사장들과 거짓 선지자들을 향하여 그들의 죄로 인하여 온 땅이 범죄와 저주거리로 가득차게 되었다고 책망하였다(23:9, 10).

그는 말씀하기를, "그들은 바알을 의탁하고 예언하여 내 백성 이스라엘을 그릇되게 하였고 … 내가 예루살렘 선지자들 중에도 가증한 일이 있음을 보았나니 … "라고 한다(14, 15절). 이제 예레미야와 에스겔의 예언들을 주로 모델로 삼은 스가랴는 이러한 배도의 현실이 너무도 분명히 보이는 이 무서운 상황 속에서 옛 선지자들이 말씀한 그 내용을 들어서 미래에도 백성들이 하나님의 율법에서 떠나며 하나님을 배반하게 될 것을 묘사하는 것이다.

이러한 가정이 전적으로 자연스럽다는 사실은 이 장의 상징적인 표현들만 보아도 확실히 드러난다. 애굽은 언약 백성이 미래의 어느 때에 거기에서 다시 돌아올 땅을 지칭하는 뜻으로 쓰이며(10절), 하나님께서 이스라엘을 새로이 홍해를 건너게 하신다고 말씀하는데(11절), 이것을 어떻게 달리 해석할 수 있겠는가? 여기서 미래가 과거의 이미지로 묘사되고 있는 것이 아닌가? 미래와 과거는 그 개별적인 성격에서만 다를 뿐 본질적으로는 서로 동일한 것이 아닌가?

드라빔은 이 구절에 언급되기 전에는 에스겔서 21장 26절에 마지막으로 나타나는데, 거기서는 바벨론 왕이 일을 어떻게 처리해야 할지를 몰라서 그것들에 의뢰하는 장면이 나온다. 히브리인들은 그것을 매개물(intermediate beings)로 취급하여 여호와께 미래의 일을 묻고자 할 때에 사용했다. 그러므로 그것을 의뢰하는 일이 전적인 우상 숭배는 아니었다. 이 표현은 이 구절을 예레미야와 에스겔서의 구절들과 조화시켜준다. 그 두 책에서는 바벨론 포로기 직전과 포로기 동안 거짓 선지자들이 언제나 다른 이상한 신의 이름이 아니라 여호와의 이름으로 거짓 예언을 베푼 것으로 말씀하고 있다. 드라빔은 매개물로서 종교마다 그것이 취하는 위치와 의미가 다른 것이다. 허탄한 것이란 아무런 결과가 따르지 않는 헛된 예언들을 의미하며, 특히 복된 미래를 약속하는 것을 가리킨다. 거짓 선지자들은 이런 달콤한 약속으로 백성들을 속였던 것이다.

그들은 진실치 않은 것을 본다. 스가랴는 거짓 선지자들에 대해 말하면서도 참 선지자들이 계시를 받는 특별한 방식을 지칭하는 동사를 사용하여 표현한다. 거짓 선지자들도 참된 선지자들의 '황홀경'을 모방하여 자기들도 그렇게 하는 것처럼 가장했기 때문이다. 어떤 때에는 자기들이 가장하는 것을 의식하기도 하고, 어떤 경우에는 거의 무의식적으로 가장하기도 했다. — '거짓 꿈을 말한즉'(문자적으로는 '꿈들이 헛된 것을 말하며'의 뜻이다—역자주)에서 꿈들이 의인화되어 말하는 것으로 표현되고 있다. — '유리하며'라는 동사는 특히 양을 우리에서 흩는 것을 뜻한다. 렘 50:6 ("내 백성은 잃어버린 양떼로다. 그 목자들이 그들을 곁길로 가게 하여 산으로 돌이키게 하였으므로 그들이 산에서 작은 산으로 돌아다니며 쉴 곳을 잊었도다")을 참조하라. ― '그들에게 목자가 없으므로,' 즉 목자라는 이름에 합당한 자가 전혀 없으므로. 3절을 보면, 백성들에게 전혀 목자가 없었던 것은 아니었음을 알 수 있다. 물론 그들이 늑대와 같은 사람들이었으나 목자로서 백성들 위에 군림하고 있었던 것이다.

572. 3절. "내가 목자들에게 노를 발하며 내가 숫염소들을 벌하리라 만군의 여호와가 그 무리 곧 유다 족속을 권고하여 그들로 전쟁의 준마와 같게 하리니." 백성들의 가련한 상태, 곧 목자가 없는 형편은 앞 절에서 그들 자신의 잘못으로 말씀했었다. 그러나 그럼에도 불구하고 여호와께서는 여기서 그가 악한 지도자들에게서 백성들을 구원해 내실 것을 약속하신다. 여기의 목자들이 단순히 정치 지도자들만을 가리키는 것인지 아니면 영적 지도자들도 포함하는 것인지에 대해서는 해석자들 간에 이견이 있다. 때때로 이 두 부류의 지도자들을 목자로 통칭한 경우도 있는 것이 사실이다(11장 8절을 보라). 그러나 여기서 선지자는 에스겔과 예레미야와 마찬가지로 주로 정치 지도자들만을 염두에 두고 있는 것으로 보인다. 이는 4절의 논의가 모두 유능한 정치 지도자와 군사 지도자들만을 대상으로 하고 있다는 점에서 잘 드러난다.

또한 '백성이 … 목자가 없으므로 곤고를 당하나니' 라는 표현에서도 잘 나타난다. 여기서 '없으므로' 라는 낱말을 통해서 악한 목자들이 백성들의 곤고의 직접적인 원인이며, 거짓을 말하는 선지자들 또는 일반적으로 말해서 악한 영적 지도자들이 간접적인 원인으로 묘사되고 있는 것이다. 마지막으로 양떼를 악한 목자에게서 구원해 낸다는 상징적인 묘사는 에스겔서와 예레미야서에서 아주 흔히 나타나는 것으로서 스가랴는 아마도 거기서 이를 빌려왔을 것이다. 그렇다면 이제 남은 일은 이 악한 통치자들이 유다 백성 자체의 통치자를 가리키는지 아니면 이방의 통치자를 가리키는지를 살펴보는 것이다. 주로 후자의 통치자들을 가리킨다는 것은 4절에서 아주 강하게 대조시키고 있는 점을 볼 때에 주로 후자의 통치자들을 가리킨다는 견해가 아주 개연성이 높아 보인다. 거기서는 하나님께서 그 백성들을 위해서 세우신 새로운 지도자들이 그들 가운데서 나오리라는 사상이 아주 강조되어 표현되고 있는 것이다. 물론 스가랴의 시대에 유다 민족의 통치자들 가운데도 악한 자들이 없었던 것은 아니지만, 여기서 이방의 통치자들을 가리키는 것으로 보면 여기의 예언과 그 성취가 아주 정확하게 들어 맞는다.

얀에 견해에 따르면, 여기의 숫염소는 목자와 대조를 이루는 것으로서 지위가 낮은 관리들을 뜻한다고 한다. 그러나 분명히 숫염소는 동일한 사람들을 달리 부르는 것일 뿐이다. 이 호칭의 이미지는 숫염소들이 양떼들의 앞에서 행진하는 모습에서 취한 것이다. 예레미야서 50장 8절에서는 지도자들에게 권고하기를, "떼에 앞서가는 숫염소 같이 하라"고 한다. 이와 아주 유사하게 에스겔은 선포하기를, 하나님이 양과 숫염소 사이에 심판하여 숫염소의 부정과 횡포에서 양을 구원하실 것이라고 한다(34:17, 48). '이는'(for, 한글 개역 성경에는 생략되어 있으나 '내가 숫염소를 벌하리니 이는 만군의 여호와가 … 같게 할 것임이니라'의 의미이다—역자주)은 악한 통치자들에게 형벌을 베푸는 이유를 제시해준다. 그들이 형벌을 받는 것은 여호와께서 그의 백성들을 부드럽게 보살피시며 그들을 곤고한 상황에서 구원하시려는 의지를 갖고 계시기 때문이다. 그들은 그의 양떼들이요 따라서 여호와께서는 그 양떼들이 악한 목자로 인해서 황폐화되는 상황을 더이상 보고만 계실 수가 없으신 것이다.

마지막 부분은 요나단(Jonathan), 야르키, 킴치, 얀 등이 다음과 같은 뜻으로 이해한다: '여호와께서 그들을 전쟁에서 뛰어난 말처럼 만드시리라' 곧, '뛰어난 전투용 말처럼 만드시리라'는 뜻이다. 그러나 '여호와께서 그들을 전쟁 가운데서 그의 찬란한 군마(軍馬)로 삼으시리라'는 뜻으로 보는 해석이 원어의 액센트와도 부합되며, 또한 스가랴의 예언에서 아주 두드러지는 표현상의 대담성과 엄숙성을 볼 때에도 잘 어울린다. 여기서 유다는 여호와께서 그 백성의 압제자들과 벌이시는 전쟁에서 그의 위엄있고 화려하게 장식된 전투마가 되는 것이다. 이는 바로 앞에서 유다가 여호와의 활이요 에브라임이 그의 화살이 되는 것과 마찬가지이다. ― 행진에 쓰는 말은 선택된 말이요, 전쟁 중에 지상의 왕이 타는 말로서 그 본래의 모습도 위엄이 있을 뿐 아니라 거기에 화려한 장식으로 치장한 말을 가리킨다.

573. 4절. "모퉁이 돌이 그에게로서, 말뚝이 그에게로서, 싸우는 활이 그에게로서, 권세 잡은 자가 다 일제히 그에게로서 나와서." '그에게로서', 즉 '유다에게서' 라는 뜻이다. 이 절의 의미는 다음과 같다: 여호와께서 승리를 주셔서 이제 완전한 자유를 얻었으므로, 그들은 이제 그들 자신 가운데서 통치자와 지도자들을 세울 것이요 전쟁에서 독립된 세력을 형성케 될 것이며, 또한 과거에는 이방의 정복자들에게 희생물이었으나, 이제는 오히려 이방 나라들에게 두려움을 불러 일으키게 될 것이다. ― 백성의 통치자와 방백들을 모퉁이 또는 모퉁이돌로 비유적으로 표현하는 예가 흔히 나타나는데, 이는 나라를 건물과 비교하는 것으로서 방백이 건물의 모퉁이돌처럼 나라를 지탱하는 위치에 있음을 시사하는 것이다. "건축자의 버린 돌이 집 모퉁이의 머릿돌이 되었나니"(시 118:22), "내가 한 돌을 시온에 두어 기초로 삼았나니 곧 시험한 돌이요 귀하고 견고한 기초 돌이라"(사 28:16) 등에서도 비슷한 경우를 볼 수 있다.

여기서 이사야가 유다에게 예언한 것과 정반대의 사실을 예레미야는 바벨론에게 예언하고 있다: "사람이 네게서 집 모퉁이 돌이나 기촛돌을 취하지 아니할 것이요"(51:26). 미카엘리스는 이 구절의 의미에 대해서, '갈대아 사람들이 나라를 지탱할 것, 즉 왕이나 방백이 더 이상 없을 것이다' 라고 이해하는데 이는 아주 적절하다 하겠다. 여기의 말뚝에 대해서 로우트는, 에브라임에 대해서 "못이 단단한 곳에 박힘같이 그를 견고케 하리니 그가 아비 집에 영광의 보좌가 될 것이요"라고 말씀한 사 22:23을 해석하면서 아주 놀랍게 설명하고 있다. 동방에서는 집의 내부를 꾸밀 때에 큰 못이나 말뚝을 여러 줄로 벽에 박는 것이 상례다. 이처럼 못이나 말뚝을 미리 박아 놓고서 거기다 온갖 종류의 가재 도구를 걸어 놓는다. 그러므로 여기의 말뚝이라는 이미지는 나라의 존재 전체를 지탱하는 자들, 혹은 기둥들을 가리키는 표현으로써 매우 적절한 것이다.

'싸우는 활' 은 여기서 군사력을 의미한다. 그렇기 때문에 '군장과 무기를 빼앗는다' 는 말을 '활을 꺾는다' 또는 '활을 쳐서 손에서 떨어뜨린다' 등의 표현을 써서 묘사하는 예가 자주 나타나는 것이다(삼상 2:4; 겔 39:3; 호 1:5). 여기서 권세 잡은 자로 번역된 낱말은 압제하는 통치자(tyrannical

rulers)를 뜻한다. 이 낱말로 표현되는 강퍅함과 극심한 횡포(언약 백성에게
가 아니라 원수들에게 행하는)를 생각하기만 하면 이 낱말의 평상적인 의미
를 배제할 하등의 이유가 없는 것이다. 이사야의 말씀도 이와 매우 유사하
다: "전에 자기를 사로잡던 자를 사로잡고 자기를 압제하던 자를 주관하리
라"(14:2). 다음에 이어지는 내용도 이 해석을 지지해준다.

574. 5절. "싸울 때에 용사 같이 거리의 진흙 중에 대적을 밟을 것이라
여호와가 그들과 함께한즉 그들이 싸워 말탄 자들로 부끄러워 하게 하리라."
'그들이 싸워.' 지금까지의 언약 백성들의 수동적인 행동과는 아주 대조적인
상황이 묘사되고 있다. 이제 멸시받는 종들이 여호와의 도우심으로 용감한
군사들로 변화되는 것이다. 반면에, 그들을 압제하던 자들은 지금까지 적의
에 가득한 마병들을 자랑했으나 이제는 부끄러움과 치욕을 당하게 될 것이
다. 마병은 다니엘서에서는 수리아의 헬라 통치자, 즉 안티오쿠스 에피파네
스(Antiochus Epiphanes)의 군대의 주력으로 묘사되고 있다(11:40).

575. 6절. "내가 유다 족속을 견고하게 하며 요셉 족속을 구원할지라
내가 그들을 긍휼히 여김으로 그들로 돌아오게 하리니 그들이 내게 내어 버
리움이 없었음 같이 되리라 나는 그들의 하나님 여호와라 내가 그들을 들으
리라." 돌아오는 일에 대해서는 8절에 가서야 비로소 언급되기 시작한다. 여
기서 선지자는 아직 유다와 이스라엘을 서로 연결시켜 말씀하고 있다. 유다
는 이미 돌아온 상태이고, 이스라엘은 대부분 아직 포로 상태에 있는데 그들
이 돌아올 것이 약속되고 있는 것이다. '거하게 하리니'(한글 개역 성경은
이를 '돌아오게 하리니'로 번역하고 있다―역자주)라는 동사는 특히 강세형
이다. 지금까지 언약 백성은 이방의 통치 하에서 자기 고향 땅에서도 외방
사람들처럼 살아왔다. 그러나 이제 처음으로 압제자들이 사라지고 내어쫓김
을 당한 후, 포로 상태 이전처럼 그 땅의 정당한 거주자요 소유자가 될 것이
다. 에스겔 선지자의 말씀도 이와 유사하다: "너희 전 지위대로 사람이 거하
게 하여 너희를 처음보다 낫게 대접하리니 너희가 나를 여호와인 줄 알리라"
(36:11).

'그들이 … 되리니,' '내가 그들을 들으리니'는 히브리어의 관용적 표현으로서 '그러므로 그들이 … 되리라,' '그러므로 내가 그들을 들으리라'는 의미이다. 하나님의 사랑에 가득찬 보살피심, 그리고 이스라엘 백성과의 언약적 관계가 그들을 구하시는 근거가 되는 것이다. 이사야 41장 17절의 '나, 여호와'(하나님의 신정적 칭호)가 그들에게 응답하겠고 나, 이스라엘의 하나님이 그들을 버리지 아니할 것이라'라는 표현과 비교해 보라.

576. 7절. "에브라임이 용사 같아서 포도주를 마심 같이 마음이 즐거울 것이요 그 자손은 보고 기뻐하며 여호와를 인하여 마음에 즐거워하리라." 여기서부터 선지자는 에브라임만을 상대하여 말씀한다. 먼저 그는 과거 열 지파의 왕국의 시민들의 후손들도 그 영광스러운 싸움에 참여할 것을 약속한다. 그리고 나서 그는 더 큰 약속을 한다. 즉, 이 싸움이 계속되는 동안 온 땅에 흩어져 있던 수많은 백성들이 싸움이 끝난 후 고향 땅으로 돌아오며 옛적에 여호와와 맺은 언약에로 돌아올 것이라고 한다. 여기서 선지자가 에브라임에 그렇게 관심을 가진 것은 칼빈이 올바로 지적한 대로 선지자 당시의 정황 때문이다. 유다와 관련한 과거 선지자들의 예언들이 아직도 성취되기 시작하지 못하고 있었으므로, 백성들로 하여금 스스로 속았다고 생각하게 만들지 않기 위해서 그 예언들이 다시 거론될 필요가 있었다. 그렇다면 에브라임의 경우에는 얼마나 더 하겠는가? 이 지파에 속한 수많은 사람들이 아직도 여전히 포로 생활을 하고 있었고, 그들 가운데 일부만이 유다 백성들의 귀환 때에 함께 돌아왔을 뿐이었다. 그러므로 이런 상황에서는 선지자가 약속한 위대한 미래의 회복에 대한 소망은 현재에는 너무나 기반이 약한 상태였던 것이다.

'포도주를 마심 같이'에 대해서는 9장 15절에서 논의한 내용을 참조하라. 이와 비슷한 표현으로 제시되곤 하는 것으로는 이사야서 1장 25절의 '찌끼 같이'를 들 수 있을 것이다. 에브라임의 자손들이 번영에 참여하리라는 사실로 볼 때에, 그들의 번영이 그저 짧은 기간 동안만 계속되는 것이 아님을 알 수 있다.

577. 8절. 지금까지는 유다인들이 헬라 사람들과 싸울 때에 함께 참여한 에브라임 사람 일부에 대해 논의했으니, 이제는 계속해서 그 당시에 아직 포로 상태에 있던 대다수의 에브라임 사람들에 대해 논의한다. ㅡ"내가 그들을 향하여 휘파람 불어 모을 것은 내가 그들을 구속하였음이라 그들이 전에 번성하던 것 같이 번성하리라." '휘파람을 분다'는 표현은 휘파람을 불어서 벌들을 벌집에 들여보내고 나오게 하는 양봉꾼에게서 빌려온 것이다. 이 표현의 의미는(칼빈이 본 대로) 하나님이 손쉽게ㅡ그저 슬쩍 휘파람을 불어서ㅡ여러 땅에 흩어져 있는 그들을 불러 모으신다는 뜻이다. ㅡ '내가 그들을 구속하였음이라.' 이는 하나님의 작정(counsel)으로 이해하여야 할 것이다. 이 작정은 일단 한번 취해지면 아무 것도 그 실행을 막을 수가 없다.

이제 여기서 언급한 회복에 대해서 의문이 일어난다. 그로티우스는 여기서 선지자는 마카베오의 승리와 그 이후 그 땅에 복된 상태가 이어져서 아직도 낯선 땅에 흩어져 있는 수많은 이스라엘 백성이 다시 돌아오고 싶은 마음이 생길 것을 선언하는 것이라고 본다. 그러나 이것이 그 약속이 의도하는 의미의 전부가 아닌 것은 분명하다. 약속은 그보다 훨씬 더 포괄적인 것이다. 특히 9절에서와 같이, 포로들이 돌아오는 것이 그들의 회심과 밀접하게 연관되어 나타나는 점이 이를 잘 보여준다. 열 지파가 돌아오는 것은 선지자들에게 있어서는 언제나 메시야에 대한 소망에 속하는 것이었다. 그러므로 우리는 칼빈이나 마크 등과 같이, 선지자는 여기서 이스라엘 사람들이 그리스도의 신정정치에 들어오는 것을 주로 말씀하는 것이라고 보아야 할 것이다. 그것이 선지자 당시의 신정정치의 좌소인 팔레스타인으로 돌아오는 것으로 묘사되고 있는 것이다. 이 점은 선지자의 예언의 일반적인 성격으로 분명히 드러나며, 특별히 이런 묘사가 일반적으로 나타나는 스가랴의 예언의 경우에는 이렇게 보는 것이 전혀 어려움이 없는 것이다.

578. 9절. "내가 그들을 열방에 뿌리려니와 그들이 원방에서 나를 기억하고 그들의 자녀와 함께 다 생존하여 돌아올지라." 포로 상태는 이스라엘이 영구히 배척당했다는 표증이었는데, 바로 이 포로 상태가 이스라엘을 회심케 하고 회복시키는 직접적인 수단이 될 것이다. 이는 모세가 이미 예언한 사실

이기도 하다: "여호와께서 너희를 열국 중에 흩으실 것이요 … 너희는 거기서 사람의 손으로 만든 바 보지도 못하며 듣지도 못하며 먹지도 못하며 냄새도 맡지 못하는 목석의 신들을 섬기리라. 그러나 네가 거기서 네 하나님 여호와를 구하게 되리니 만일 마음을 다하고 성품을 다하여 그를 구하면 만나리라. 이 모든 일이 네게 임하여 환난을 당하다가 끝날에 네가 네 하나님 여호와께로 돌아와서 그 말씀을 청종하리니 네 하나님 여호와는 자비하신 하나님이심이라"(신 4:27 이하; 참조. 겔 6:11).

유다 백성에 관해서는 이 예언이 이미 부분적으로 성취되었다. 그들이 포로 상태에서 마음이 변하였고, 그리하여 귀환한데서 이루어진 것이다. 그러므로 선지자는 여기서 이스라엘 사람들에 관해서 말씀하고 있는 것이다. '뿌리다' 라는 동사는 언약 백성이 형벌을 받아 흩어진 상태를 지칭하는 뜻으로 자주 사용된다. 그러나 여기서는 문맥과 병행법을 볼 때에 '내가 그들을 … 뿌리리라' 라는 표현 속에는 최소한 아주 기뻐할 만한 요인이 섞여 있는 것으로 보게 된다. 흩어진 이스라엘 사람들은(이들은 더 널리 흩어질 것인데) 하나님께서 심으신 씨로서 풍성한 열매를 맺게 될 것이다. 이와 아주 유사한 이중적 의미, 즉 '하나님이 흩으시리라' 와 '하나님이 뿌리리라' 는 호세아가 그의 한 아들에게 이스라엘 사람들을 예표하는 의미로 준 이스르엘이라는 이름에서 볼 수 있다(1:4; 2:24).

'생존하여' 라는 표현은 에스겔이 잘 드러낸 이미지를 한 낱말로 나타낸 것이다(겔 37장). 특히 겔 37:14의 "내게 또 내 신을 너희 속에 두어 너희로 살게 하고 내가 또 너희를 너희 고토에 거하게 하리니"와 비교하라. — '그들의 자녀와 함께' 라는 표현은 잘못 이해하는 경우가 잦은데, 이는 11절에서와 마찬가지로 여기서도 그 축복이 영원할 것임(permanency)을 뜻한다. 이 점은 에스겔서 37장 25절의 병행구에서 잘 볼 수 있다: "내가 내 종 야곱에게 준 땅, 곧 그 열조가 거하던 땅에 그들이 거하되 그들과 그 자자손손이 영원히 거기 거할 것이요."

579. 10절. "내가 그들을 애굽 땅에서 이끌어 돌아오며 그들을 앗수르에서부터 모으며 길르앗 땅과 레바논으로 그들을 이끌어 가리니 그 거할 곳

이 부족하리라.” 이는 앞에서 말씀한 내용을 여러 다른 상황에 있는 사람들에게 개별적으로 적용하는 것이다. 해석자들은 여기에 애굽이 언급되고 있다는 사실로 인해서 어려움에 접하게 된다. 여기서 애굽이 열 지파의 왕국이 포로로 잡혀갔다가 다시 돌아오는 곳으로 언급되고 있으나 역사상 이스라엘 왕국이 애굽으로 포로 잡혀간 일은 나타나지 않기 때문이다. 대부분은 앗수르 사람들이 이스라엘 왕국을 멸망시킬 때에 그 거민 가운데 상당한 숫자가 포로로 끌려가는 것을 피해서 애굽으로 도망했다고 추측한다. 그러나 이는 매우 의심스러운 상황이다. 왜냐하면 역사는 이 점에 대해서 완전히 침묵하고 있기 때문이다. 더욱이 그 사실을 인정한다 하더라도 본문이 그 점을 가리킨다고 볼 수는 없다.

11절과 비교하면 특별히 애굽 사람들은 앗수르 사람들과 마찬가지로 이스라엘 사람들을 압제한 장본인으로 간주해야 마땅하다. 위의 추측으로는 그들이 이스라엘에서 피한 자들을 용납하여 받아들인 것으로 보아야 하는데, 이는 이러한 11절의 언급과 모순을 일으키는 것이다. 그러므로 우리가 취할 수 있는 유일한 견해는 곧, 애굽은 이스라엘 사람들이 최초로 포로 상태에서 종노릇하던 땅이기 때문에 여기에 언급되었다고 보는 것이다. 그러므로 여기서 애굽은 선지자의 시대에 열 지파가 포로로 잡혀가 있었고 미래에도 그렇게 될 땅들을 상징적으로 지칭하는 것이다. 이런 식으로 묘사 방식을 전환시키는 예는 이사야서 10장 24절에서도 나타난다: “시온에 거한 나의 백성들아 앗수르 사람이 애굽을 본받아 막대기로 너를 때리며 몽둥이를 들어 너를 칠지라도 그를 두려워 말라.”

선지자들이나 시인들은 언제나 비교하는 대상보다는 비교하는 표현을 바꾸는 것이 상례이므로, 여기에 나타나는 변화 역시 쉽게 이해할 수 있는 것이다. 그러나 이런 해석을 뒷받침하는 것은 이것만이 아니다. 애굽 자체가 이와 아주 유사하게 묘사되어 있는 구절들은 얼마든지 제시할 수 있다. 그 가운데 가장 두드러진 것 두 가지를 들면, 호 8:13(“여호와는 그것을 기뻐하지 아니하고 이제 저희의 죄악을 기억하여 그 죄를 벌하리니 저희가 애굽으로 다시 가리라”)와 호 9:3(“저희가 여호와의 땅에 거하지 못하며 에브라임이 애굽으로 다시 가고 앗수르에서 더러운 것을 먹을 것이니라”)을 들 수 있다. 여기서는 이스라엘 사람들이 미래에 포로로 끌려가게 될 땅들을 상징적으로 애굽으로 지칭하고 있음이 분명한 것이다. 더 놀라운 사실은 호세아 선지자는 9장 6절에서 이미지를 한층 더 확장시켜서 이스라엘 사람들이 무덤을 둘 성(城)으로 놉(멤피스)을 구체적으로 거명하고 있다는 점이다.

이제 스가랴가 여기서 애굽이라는 표현을 통해서 애굽을 지칭한 것이 아니라는 사실이 입증되었다면, 이 절과 11절에서 애굽과 연관되어 언급되는 앗수르 역시 어느 특정한 왕국을 가리키는 것이 아닌 것으로 보아야 마땅하다. 앗수르 역시 선지자 당시에 이스라엘 사람들이 포로로 잡혀가 있던 땅들을 지칭하는 상징적인 지명으로 보아야 할 것이다. 그러나 이 점이 입증되었다고 해서 스가랴서의 순전성을 부인하는 논리가 완전히 무력화되지는 않는다. 포로 후 시대에 사는 선지자가 애굽 사람들과 앗수르 사람들은 그의 백성의 압제자의 예표로 거명하면서 어떻게 해서 그 백성을 가장 크게 도륙한 원수인 갈대아 사람들은 빼놓게 되었는가 하는 의문이 아직 남아 있기 때문이다. 만일 여기서 선지자가 유다 사람들만을, 아니 심지어 언약 백성 전체만을 말씀하는 것이라면, 이런 논리는 도저히 막아낼 수가 없다. 그러나 이 구절에서 선지자는 오로지 에브라임 사람들에 대해서만 말씀하고 있다. 그들에게는 애굽과 앗수르만이 실제로 과거에 가장 무서운 원수들이었었다. 그러므로 이들만이(열 지파의 왕국이 멸망한 이후에 등장한 갈대아 사람들은 제외하고) 그들의 원수들의 예표로서 적절했던 것이다. 여기서 스가랴는, 이스라엘 사람들에 대하여 "저희가 애굽에서부터 … 앗수르에서부터 … 오리니"(11:11)라고 예언한 호세아의 관점과 동일한 관점을 취하고 있는 것이다. 마지막으로, 선지자는 여기서 애굽과 앗수르가 여기서와 같이 서로 동일하게 연결되어 있는 인용 구절들을 염두에 두었음이 분명하다.

동시에 이러한 모든 논지들은 약속한 땅으로 돌아오는 것을 묘사한 표현들을 상징적으로 이해하는 것을 반대하는 것이 얼마나 근거가 없는지를 보여준다. 이스라엘 사람들이 포로 상태에서 벗어나 나올 땅들을 예표로서 이해해야 한다는 사실을 부인할 수가 없다면, 그들이 회복되어 들어갈 땅 역시 하나의 예표로 이해하여야 한다는 사실을 어떻게 반대할 수가 있겠는가? — 길르앗 땅과 레바논은 대개의 해석자들이 이해하듯이 여기서 약속한 땅 전체를 가리키는 것이 아니라, 과거 열지파의 왕국의 영토를 특별히 지칭하는 것이다. 그 땅은 두 부분으로 나뉘어 있었는데, 요단강 저편은 길르앗 땅이요, 요단강 이편은 리바누스(Libanus)까지 포함하는 것으로서 거기서 이름을 따서 레바논으로 불리워지는 것이다.

580. 11절. "내가 그들로 고해를 지나게 하며 바다 물결을 치리니 나일의 깊은 곳이 다 마르겠고 앗수르의 교만이 낮아지겠고 애굽의 홀이 없어지리라." 과거에 언약 백성을 구원한 일들이 장차 올 구원에 대한 보증의 역할을 한다. 동시에 그 구원 사건들은 언제나 동일하신 여호와의 구원하는 능력과 의지를 드러내 보여주는 것이다. 그러므로 선지자가 미래를 묘사하면서 과거의 기억을 되살리는 것만큼 자연스러운 것도 없다. 동시에 여호와께서 늘 행하시던 대로 행해 달라는 간구는 현실과는 아주 동떨어져 보이는 여호와의 약속에 대한 백성들의 믿음을 더욱 강화시켜준다. 과거와 미래를 함께 비교할 때마다 이런 일이 흔히 일어나는 법이다. 사 51:9의 "여호와의 팔이여 깨소서 깨소서 능력을 베푸소서 옛날 옛 시대에 깨신 것 같이 하소서 라합을 저미시고 용을 찌르신 이가 어찌 주가 아니시며 바다를, 넓고 깊은 물을 말리시고 바다 깊은 곳에 길을 내어 구속 얻은 자들로 건너게 하신 이가 어찌 주가 아니시니이까?"를 참조하라.

그러나 선지자들은 과거를 미래를 보여주는 예표로 취하여 사용하기도 한다. 과거의 개별적인 면을 들어서 미래의 성격을 나타내는 것이다. 이러한 면은 시에서 나타나듯이 상징적인 표현과 실체가 함께 흘러가는 것으로 설명할 수도 있고, 동시에 예언의 본질을 통해서 설명할 수도 있다. 그러므로 렘 31:2에서는 "칼에서 벗어난 백성이 광야에서 은혜를 얻었나니 곧 내가 이스라엘로 안식을 얻게 하려 갈 때에라"라고 말씀한다. 즉, 여호와께서 과거에 광야에서 그 백성들이 계속해서 배도하자 그들에게 심한 재앙을 내리시고 나머지만 가나안으로 인도하셨을 때에 그들을 긍휼히 여기셨던 것처럼, 그들이 고난을 자초하여 고통을 당하고 있는 지금의 상황에서도 그들을 다시 고향 땅으로 인도해 들어가실 것이라는 것이다.

호 2:14,15에서 선지자는 말씀하기를, "그러므로 내가 저를 개유하여 거친 들로 데리고 가서 말로 위로하고 거기서 비로소 저의 포도원을 저에게 주고 아골 골짜기로 소망의 문을 삼아 주리니 저가 거기서 응대하기를 어렸을 때와 애굽 땅에서 올라 오던 날과 같이 하리라"라고 한다. 그러나 특별히 놀라운 것은 사 11:15,16이다. 스가랴는 이 구절을 모방한 것이 분명한데, 이 구절 자체만으로도 후반부가 더 이른 시대의 저자가 쓴 것으로 보는 주장을 반박하기에 충분하며, 특히 이 구절은 스가랴의 예언과 아주 비슷한 예언을 한 다른 후기의 선지자들, 구체적으로 말하면 예레미야와 에스겔이 서로 아무런 연관이 없이 스가랴와 관련되고 있다는 점을 입증해 준다.

　'내가 그들로 고해를 지나게 하며.' 제롬에 따르면 유대인 해석자들이 이 말씀을 가리켜 이스라엘 사람들이 미래에 비잔티움(Byzantium)과 칼케돈(Chalcedon) 사이의 해협을 영광스럽게 지날 것을 가리킨다고 해석했다고 하는데, 이런 해석은 예언의 골자나 상징적 표현법을 전혀 도외시한 것이라는 점은 차치하고라도 문자에 조잡하게 기대는 것밖에는 아무 것도 아니다. 그리고 이는 동시에 문자 자체를 크게 오해한 것이다. 여기에 정관사가 있어서 어느 특정한 바다, 즉 아라비아 만, 곧 과거에 이스라엘 사람들이 건넌 바 있는 그 바다를 가리킨다. 사 11:15("여호와께서 애굽 해고를 말리우시고")를 참조하라.

　'바다 물결을 치리니'에서는 바다 물결을 의인화하여 하나님께서 무찌르시는 원수로 표현하는 것이다. ― '나일의 깊은 곳이 다 마르겠고'라는 말씀은 요단강을 건넌 사건을 시사하는 것이 분명하다. 그러나 선지자로서는 이 작은 요단강을 언급하는 것만으로는 부족하다. 그리하여 사 11:15에서 유브라데강을 언급하듯이 여기서 요단강 대신 나일강을 언급하고 있는 것이다. 마지막의 앗수르와 애굽은 과거 이스라엘 사람들의 가장 큰 압제자들로서 여기서는 일반적인 압제 군주들 전체에 대한 예표의 역할을 하고 있다. 이 점은 이미 살펴본 바 있다.

　581. 12절. "내가 그들로 나 여호와를 의지하여 견고케 하리니 그들이 내 이름을 받들어 왕래하리라 나 여호와의 말이니라." 여호와께서 이스라엘의 강성함을 짊어진 분으로 묘사되고 있다. 대명사 대신 일반 명사를 사용한

것은 강조의 의미를 지닌다. 이는 "살아 계신 전능자 여호와께 강성함을 받으라"는 뜻의 말씀에 주목할 것을 촉구하는 것이다. '여호와의 이름'은 그의 완전성 전체를 포괄하는 뜻을 지닌다. 그의 존재의 이미지와 표현이 그의 이름을 통해서 드러나는 것이다. 여호와의 이름을 받들어 왕래한다는 것은 곧 그의 완전성 자체가 강력하게 드러나는 한 방면이다. 문맥과 병행법을 고려하면, 왕래한다는 것은 행실을 가리키는 것이 아니고, 문자적으로 취하여야 한다.

제 11 장

582. 지금까지 선지자는 주로 언약 백성들의 미래의 모습 가운데 즐거운 면만을 관심을 갖고 예언했다. 그런데 여기서 갑자기 다른 장면이 불쑥 나타나는데, 선지자는 그의 말씀을 듣는 이들과 독자들에게 이것을 묘사하면서 미래의 모습에 대한 지금까지의 부분적인 묘사를 완성시키는 동시에, 지금까지 묘사된 즐거운 내용을 인해서 육신적인 생각에 사로잡혀서 악행에 빠지지 않도록 경계하고 있다.

583. 이 장은 세 부분으로 나눌 수 있을 것이다. 1-3절은 나머지 부분의 서론이라 할 수 있는데, 여기서 선지자는 온 땅이 이방의 원수들로 인하여 황폐화되는 상황을 묘사한다. 선지자의 이상 가운데서 벌어지는 이중적인 상징적 행동을 통해서 이 사건의 원인들에 대하여 더욱 깊은 통찰을 제시해준다. 둘째 부분(4-14절)에서 선지자는 여호와의 계시자요 위대한 사자를 등장시켜서 그의 미래의 활동을 예시해준다. 하나님의 작정으로 말미암아 멸망하게 되는 이스라엘은 도살 당할 운명에 처한 양떼로 표현된다. 선지자는 그들을 구하려는 시도를 한다. 그는 가련한 양떼를 돌보는 목자의 직분을 시행하며 그들을 멸망으로 이끄는 악한 목자들에게서 그들을 구해내고자 애쓴다. 그러나 목자들과 양떼들의 고집 때문에 선지자는 하는 수 없이 그 직분을 포기하며 지금까지 그가 지켜온 그 양떼들을 가련한 상태대로 내어버려 둔다. 그는 이제 그의 대가를 요구한다. 그들은 그에게 은 삼십의 적은 금액을 지불한다. 이렇게 해서 메시야로 말미암아 그 백성을 향하여 긍휼하심을 보이신 여호와의 사랑이 마지막으로 드러나며 백성들이 메시야를 버리는 것이 예표된다. 그리고 나서 선지자는 여호와의 명령을 받아 두번째의 상징적인 행

동을 통해서 양떼를 삼키고 멸망시킬 악한 목자들이 선한 목자를 내어쫓은 후에 당할 상황을 묘사한다.

584. 1절. "레바논아 네 문을 열고 불이 네 백향목을 사르게 하라." 여기의 묘사는 아주 극적이다. 레바논이 문이 있는 천연 요새로 묘사되고 있으며, 선지자는 그것이 장차 무너질 것이라고 선언하지 않고, 오히려 문을 열라고 명령하고 있다. 이 절의 의미는, '레바논아, 너는 원수들에게 침략을 당하여 황폐화되리라' 이다. 레바논은 그 땅의 북쪽 요새로서 여기서는 원수들의 공격을 받아 그들을 위하여 문을 활짝 열고 서 있는 형국이다. 한쪽의 바산의 상수리 나무 숲과 다른 한쪽의 요단강의 삼림은 원수들의 무리가 온 땅에 퍼져서 닥치는 대로 파괴하는 모습을 지적해 준다. 그러나 이 부분을 지나치게 문자적으로 이해하여 원수들의 침략으로 1-3절 사이에 언급한 것들만이 피해를 입는 것으로 보아서는 안될 것이다. 아니, 레바논의 백향목이나 바산의 상수리 나무나, 요단강의 삼림 등이 실제로 외적의 침입으로 황폐화될 것으로 보아서도 안된다. 이런 표현에서는 개별적인 내용들은 그저 전체의 형편을 지칭하기 위한 것에 지나지 않는 것이다. 이 부분의 예언의 밑바탕을 이루는 주제는 바로 **북방에서 침입하는 원수로 인해서 땅이 완전히 황폐화될 것**이라는 것이다. 선지자는 이 사실을 말씀하기 위해서 그 땅에서 특별히 두드러지는 것들을 들어서 묘사하고 있는 것이다. 그 침입 때에 레바논이 그 자랑하는 백향목과 함께 첫번째 공격의 대상이 된다. 여기서도 스가랴는 레바논을 높이 솟아있는 무적의 존재로 늘 지목하는 과거의 선지자들의 관례(참조. 사 2:13; 40:16; 37:24; 14:8; 렘 22:6)를 그대로 따르고 있다. 선지자는 레바논을 들어서 유다 땅에서 높이 자랑하는 모든 것을 가리킨다. 이처럼 개별적인 대상을 통해서 전체를 묘사하는 경우에는 선지자가 의도하는 내용에 그 언급된 개별적인 대상도 함께 포함된다. 그러나 이미지를 통해서 묘사하는 경우에는 그 이미지는 거기서 제외된다. 왜냐하면 그것은 그저 다른 것을 지칭하는 이미지에 불과하기 때문이다. 특히 선지서에서 이 두 가지가 자주 혼용되기 때문에 그릇된 해석들이 수없이 행해져 온 것이다.

585. 2절. "너 잣나무여 곡할지어다 백향목이 넘어졌고 아름다운 나무가 훼멸되었도다 바산의 상수리 나무여 곡할지어다 무성한 삼림이 엎드러졌도다." 여기서 백향목이 잣나무와 연관되며 레바논의 삼림이 바산의 상수리 나무와 연관되는데, 이는 가장 아름답고 고귀한 것을 그렇지 못한 것과 대조시키고 있는 것이라 하겠다. 물론 여기의 잣나무와 바산의 상수리 나무도 언급되지 않은 다른 것들보다는 귀한 것들이다. 백향목이나 삼림이 원수들의 침입을 견디지 못하고 넘어졌다면, 잣나무나 상수리 나무가 견디지 못할 것은 당연한 이치일 것이다. 그리고 그보다 더 천한 것들이 멸망하게 될 것은 너무도 분명하므로 특별히 언급할 가치조차 없는 것이다. 잣나무는 백향목 바로 밑에 위치하나 전체를 통틀어서는 두번째 위치를 차지하는 것으로 단단하고 견고하여 궁전을 짓거나 배를 건조하는데 적절한 것이다. 그러므로 다른 곳에서도 백향목과 함께 언급되는 것이다(사 14:8; 겔 31:8). 이와 비슷하게 바산의 상수리 나무숲도 크게 높임을 받았다. 사실 상수리 나무는 가장 고귀한 나무 가운데 하나로 인정을 받았다(참조. 사 2:13; 겔 27:6). 강한 것이 넘어질 때에 약한 것에게 두려워하고 애곡하라고 권면함으로써 그들에게 구원의 가망성이 전혀 없음을 표현하는 것이 선지자들의 일반적인 관행이다. 사 23:14("다시스의 선척들아 너희는 슬피 부르짖으라 너희 견고한 성이 파괴되었느니라"), 렘 49:3("헤스본아 애곡할지어다 아이가 황폐하였도다") 등을 참조하라.

'아름다운 나무'의 '아름다운'은 백향목의 일반적인 성격을 묘사하는 것이든지(백향목은 숲의 여왕이다. 겔 20:47의 "내가 너의 가운데 불을 일으켜 모든 푸른 나무와 모든 마른 나무를 멸하리니 맹렬한 불꽃이 꺼지지 아니하고"를 참조하라), 아니면 백향목 가운데 특별히 아름다운 것을 지칭하는 것이든지 둘 중의 하나일 것이다. 레바논의 백향목 숲에는 지금도 두 종류의 나무들이 있는데, 하나는 높고 위엄있는 오래된 나무들과 좀더 최근에 자란 나무들이 있다. 따라서, 여기에는 점층법이 사용되고 있다. 가장 찬란한 백향목도 넘어지는데 어떻게 나머지 것들이 살아 남을 수가 있겠는가? 후자의 의미가 합당할 것이다.

586. 3절. "목자의 곡하는 소리가 남이여 그 영화로운 것이 훼멸되었음이로다 어린 사자의 부르짖는 소리가 남이여 이는 요단의 자랑이 황무하였음이로다." 선지자는 그의 내적 이상을 통해서 지각한 내용을 묘사하고 있다. 여기에 동사가 없는 것은 바로 그 때문이며, 생략법이 사용되고 있다고 보기는 어렵다. 요단의 자랑이란 길을 별도로 내지 않으면 강에서 물을 얻을 수 없을 만큼 요단강가를 완전히 뒤덮고 있는 장대한 관목 숲을 가리키는데, 이는 사자 같은 큰 짐승 이외의 온갖 짐승들이 거하는 곳이다. 요단의 자랑은 예레미야서에도 세번 언급되며 그 세 구절에서 특별히 그곳이 사자들의 거처로 지목되는데, 이는 유다 왕국의 말엽에 가서 땅이 전쟁으로 황폐화되며 사람들이 점점 사라져 갈 무렵부터 그런 상태가 되었을 것이다. 최근에 제시된 스가랴서의 후반부의 저작 시기에는 아직 그런 상태가 되지 않았었다.

예레미야의 병행 구절과 비교해 보면 목자의 영화로운 것은 그들에게 그늘을 제공하는 나무들이 아니라(로젠뮐러의 견해처럼) 아주 좋은 목초지를 가리킨다. 여기서 선지자가 표현하는 사상은 각자가 그의 교만과 기쁨과 눈의 정욕과 영혼의 사랑을 잃을 것이라는 것이다. 에스겔은 33장 28절에서 이를 다음과 같은 일반적인 진술로 표현한다: "내가 그 땅으로 황무지와 놀라움이 되게 하고 그 권능의 교만을 그치게 하리니, 이스라엘의 산들이 황무하여 지나갈 사람이 없으리라." 곡하는 목자와 부르짖는 어린 사자가 두려워 떨고 있는데 이들은 그 땅에 있는 모든 것을 대표하는 것으로서, 그 땅에 속한 모든 것들이 좋은 것을 잃어버리고 울부짖는 모습을 그린 것이다.

587. 4절. "여호와 나의 하나님이 가라사대 너는 잡힐 양 떼를 먹이라." 1-3절은 이 부분을 위한 일종의 서론과도 같은데, 여기서 상징적인 행동이 시작된다. 곧, 선지자가 다른 사람을 묘사하며 그 사람의 미래의 행동과 운명을 예시해주는 것이다. 선지자들이 이처럼 상징적인 행동들을 통해서 예언하는 예는 얼마든지 많다. 예컨대, 이사야는 상징적인 행동을 통해서 애굽과 에디오피아의 미래의 운명을 예시해주며(20장), 예레미야(20장)나 에스겔(4장)도 상징적인 행동을 통해서 언약 백성의 상황을 예시하고 있다. 호세아는 1-3장 사이에서 상징적인 행동을 통해서 스스로 여호와를 묘사하며 그가 언

약 백성들을 향하여 장차 어떻게 행하실지를 예시하고 있다.

본문에서 선지자가 과연 누구를 묘사하는가 하는 것에 대해서는 여호와와 그리고 그의 사자, 혹은 계시자 가운데 하나로 볼 수밖에 없다. 여호와의 사자를 지지하는 근거로 여호와가 여러 번씩 강화의 주체와 구분되고 있는 것을 드는데, 이는 성립할 수가 없다. 왜냐하면 그처럼 구분되는 현상은 호세아의 경우와 비교하면 잘 드러나지만 상징적 행동의 본질에 속하는 것이다. 그것은 주체가 아니라 주체를 꾸미는 장식에 불과한 것이다. 묘사되는 그분이 선지자에게 누구가 묘사할 것이며 어떤 행동을 할 것인지를 일일이 말씀하시는데, 이는 그의 묘사가 묘사되는 주체와 잘 들어맞도록 하기 위함이다. 그러나 여기서 선지자가 여호와 자신을 묘사한다고 볼 수 있는 근거도 매우 약하다. 목자에게 주어진 그 보잘 것 없는 고가를 여호와께서 자기에게 지불된 고귀한 값으로 부른다는 것이 자연스럽지 못하기 때문이다. 여호와의 사자는 존재에 있어서 여호와 자신과 연합되어 있으면서도 성경 전체에서 때때로 그로부터 분리되어 여호와에게 보내심을 받는가 하면, 때로는 여호와의 이름과 그의 행동을 공유하는데, 스가랴에서도 그러하다. 가장 놀라운 실례는 2:8, 9에서 찾아볼 수 있다: "만군의 여호와께서 이같이 말씀하시되 너희를 노략한 열국으로 영광을 위하여 나를 보내셨나니 무릇 너희를 범하는 자는 그의 눈동자를 범하는 것이라 내가 손을 그들 위에 움직인즉 그들이 자기를 섬기던 자에게 노략거리가 되리라 하셨나니 너희가 만군의 여호와께서 나를 보내신 줄 알리라." 여기서 말씀하는 화자는 자기 자신을 만군의 여호와와 구별하고 있다. 그가 자기를 보내셨다고 말씀하기 때문이다. 그러면서도 선지자는 그에게 만군의 여호와의 이름을 붙이며 언약 백성의 원수들을 쳐부수는 그의 일을 하나님의 일로 말씀하는 것이다.

그러므로 여기서 누구를 묘사하느냐 하는 문제는 여호와와 그의 사자가 언약 백성과 갖는 관계에 대하여 선지자가 말씀한 예언들의 전체적인 내용을 토대로 결정해야 할 사안이다. 그런데 여기서는 여호와께서 그의 백성과 가지시는 모든 관계들이 그의 계시자를 매개로 이루어지고 있음이 금방 드러난다. 그런데 그 계시자는 여호와의 전능하심을 충만히 부여받은 자요, 그 백성들에게 베풀어지는 모든 축복들이 여호와에게서 나오며, 그야말로 이스라엘을 보호하시는 그들의 언약의 하나님이신 것이다. 1장 8절에서 무수한 천사들의 옹위를 받아서 화석류 나무 골짜기에 계신 자는 바로 여호와 자신이다. 그리고 2장 14절에서 언약 백성 가운데 거하시겠다고 약속하시는 분도 바로 여호와시며, 3장 1절 이하에서 언약 백성을 대표하는 여호수아에 대한 사단의 참소를 꾸짖으시고 자신의 권능으로 그에게 죄의 용서를 베푸시는 분도 바로 여호와 자신이시다. 그렇다면, 과연 본문의 이야기를 여호와께서 그 백성들의 목자가 되셔서 그들을 성실히 이끄셨음을 입증하기 위한 것으로 볼 수가 있겠는가? 그렇게 보아야 한다. 이는 독자적으로 취한 결과로서, 메시야를 통해서 현현한 여호와의 사자의 역사에서 은 삼십의 대가를 준 사실과 부합되며, 신약이 또한 선지자가 묘사하는 주체가 바로 그분이라고 명시해주고 있다는 사실로서 재확인되는 것이다.

여기 묘사되는 상징적 행동이 선지자의 이상 속에서 내적으로 행해진 것인지 아니면 외적으로 실제로 행해진 것인지에 대해서는 의문을 가질 필요가 거의 없다. 마이모니데스(Maimonides)가 이미 보여준 바와 같이, 내적으로 행한 것임이 매우 분명히 드러나기 때문이다. 잡혀 죽을 양떼들을 보호하는 일이나, 그들의 세 목자를 끊는 일이나, 은 삼십의 고가를 주는 일이나 모두가 실제로 일어났을 수가 없는 일이다. 여기의 상징적인 행동을 진술하는 가운데 말씀하고자 하는 주제가 섞여 나타나는 경우가 있다. 예를 들어서 11절에서는 가련한 양떼가 그 위대하신 목자를 따르면서 그것이 여호와의 말씀이었음을 안다고 하고, 12절에서는 선지자가 양떼 자신이 고가를 계산해서 주는 것으로 말씀하는데, 이는 선지자가 실제로 양떼를 쳤다고 본다면 도저히 설명이 불가능하다. 더욱이 그 상징적인 행동이 내적으로 행해진 것이라는 가정은 앞부분의 이상들과 비교해보아도 아주 잘 어울린다. 전반부의 이상은 여기의 상징적 행동과 아주 유사하며, 다만 여기서는 선지자 자신이 주요 인물로 등장하는데 반해서 거기서는 상징적인 묘사들의 의미가 무엇인지를 묻고 전달해주는 아주 미미한 역할만을 한다는 점만이 다를 뿐이다. 그러나 일반적으로 갈대아 사람들의 침공 이후의 선지자들의, 즉 에스겔과 다니엘의, 상징적인 행동들은 거의가 천편일률적으로 내적인 행동들인데, 이는 매우 풍부한 갈대아—바벨론의 상상력에 영향을 입은 덕분일 것이다.

여기의 상징적 행동의 의미에 대해서, 이것이 바벨론 포로기 이전의 사건들을 가리킨다고 보는 해석들은 즉시 거부해야 마땅하다. 그러므로 여기의 행동은 두번째 성전이 세워진 동안의 기간에 해당하는데, 그렇다면 두 가지 해석 가운데 하나를 취할 수밖에 없어진다. 곧, 두번째 성전 하의 언약 백성들을 향한 하나님의 역사하심 전체를 예시하는 것으로 보든지, 아니면 두번째 성전 하의 언약 백성들을 향하여 하나님께서 행하시는 한 가지 특정한 노력, 즉 거의 멸망 직전에 있는 그 백성을 위한 그리스도의 목자로서의 역할과 그들이 그리스도를 버린 결과로 그들 자신이 버림을 받는 것을 예시하는 것으로 보든지 둘 중의 하나를 택하여야 하는 것이다. 여기 8절에서는 '한달 동안에 내가 그 세 목자를 끊었으니'라고 말씀한다. 이로 보건대 선지자는 그의 상징적 행동이 여호와께서 목자로서의 신실하심을 보여주기 위해 비교적 단기간에 행하신 한 가지 행동을 예시하는 것임을 분명히 하고 있는 것이다. 뿐만 아니라 언약 백성을 '잡힐 양떼'로 칭하는 것은 그리스도께서 나타나실 그 당시의 백성의 상태와는 잘 들어맞지만 두번째 성전이 있던 기간 전체와는 전혀 맞지 않으며 선지자 당시와도 전혀 맞지 않는 것이다.

마지막으로, 은총이라 하는 막대기를 부러뜨리는 것(이는 여호와께서 열방들로부터 그 백성을 보호하시던 일을 그만두신다는 뜻이다)과 참된 언약의 막대기를 부러뜨리는 것(이는 백성들 자체 내에서 화목이 사라질 것을 의미한다)은 모두 여기서 지속적인 결과를 가져오는 한 가지의 특정한 행동을 가리키는 것으로 보인다. 11절의 '당일에 곧 폐하매'를 참조하라. 여호와께서는 과거의 역사에서 나타난 것과는 달리 그 백성을 포기하셔서 잠시 형벌을 받게 하시는데, 이는 그들이 그에게 다시 돌아왔을 때에 그들을 다시 받아들여 긍휼히 여기시기 위함이다. 그러나 그러면서도 여호와께서는 그들을 내어버리는 단호한 선언을 하신다. 그러나 만일 여기의 묘사가 여호와께서 두번째 성전 시대의 언약 백성을 대하시는 그의 모든 역사하심을 다 포괄하는 것이라면, 여기서 우리는 전자의 해석을 기대해야 한다.

그러나 언약 백성을 내어버리는 것이 하나의 개별적인 행동이라면 그런 행동을 유발시킨 백성의 행위는 그리스도를 내어 버리는 일에서 나타나는 대로 그들의 완고한 자세를 가장 잘 드러내주는 것이다. 이러한 사실은 4절과

6절을 비교하면 분명히 드러난다: "너는 잡힐 양떼를 먹이라 — 왜냐하면 내가 다시는 이 땅 거민을 불쌍히 여기지 아니할 것임이니라." 여기서 양떼를 먹이는 것이 그 불쌍한 백성을 구원하기 위한 마지막 노력으로 나타나고 있으며, 만일 그 노력이 실패하면(실제로 그렇게 되었지만) 그 즉시 그들이 완전히 내어 버림을 당하게 될 것이다. '잡힐 양떼'란 이미 잡혀서 살육 당한 양떼를 가리키거나 장차 살육 당하게 될 양떼를 가리키거나 둘 중의 하나일 것이다. 여호와께서 언약 백성에게 그런 이름을 붙이시는 것은 그가 그 백성들이 현재 처하여 있는 가련한 처지를 긍휼히 여기신다는 것을 지적하기 위함이거나, 또는 그의 공의로 그들에게 베푸시게 될 심판들을 인하여 그들을 긍휼히 여기신다는 것을 지적하기 위함일 것이다. 여기서는 이 두 가지 의미를 함께 묶어서 이해하는 것이 가장 좋다. 당시 악한 통치자들 밑에서 고생하는 그 백성들의 가련한 처지는 하나님의 공의의 결과였다. 만일 백성들이 진실로 회개하지 않는다면 이런 상태는 미래에도 불가피하게 계속되며 더욱 가중될 것이며, 또한 백성들로 하여금 진실로 회개하도록 하기 위하여 여호와께서 몸소 목자의 직분을 취하시고 잃어버린 그 백성을 구하러 오실 것이다.

588. 5절. "산 자들은 그들을 잡아도 죄가 없다 하고 판 자들은 말하기를 내가 부요케 되었은즉 여호와께 찬송하리라 하고 그 목자들은 그들을 불쌍히 여기지 아니하는도다." 병행 구절들은 선지자가 말씀하는 바는 백성의 가련한 상태가 인간의 변덕에서 비롯되는 것이 아니라 하나님의 의로우신 심판에서 비롯된다는 것이다. 렘 2:3은 이 점을 잘 지적해준다: "그 때에 이스라엘은 나 여호와의 성물 곧 나의 소산 중 처음 열매가 되었나니 그를 삼키는 자면 다 벌을 받아 재앙을 만났으리라 여호와의 말이니라." 여기서 선지자는 하나님의 통치를 신실하게 받는 백성들을 해치는 자마다 죄와 형벌을 면치 못하던 과거의 시절을 여호와께서 몸소 그 백성을 포기하셔서 원수들에게 넘겨주시사 그들의 합법적인 전리품이 되게 하시는 현재의 상태와 대조시키고 있는 것이다. 이와 비슷하게 렘 50:6,7에서는 다음과 같이 말씀한다: "내 백성은 잃어버린 양떼로다. 그 목자들이 그들을 곁길로 가게 하여 산으

로 돌이키게 하였으므로 그들이 산에서 작은 산으로 돌아 다니며 쉴 곳을 잊었도다. 그들을 만나는 자들은 그들을 삼키며 그 대적은 말하기를 그들은 여호와 곧 의로운 처소시며 그 열조의 소망이신 여호와께 범죄하였음인즉 우리는 무죄하다 하였느니라." 여기서 언약 백성이 하나님께로부터 배도하였으므로 그 때문에 원수들이 무죄하다고 분명히 말씀하고 있다. 그들의 배도로 인해서 그 원수들의 폭정이 하나님의 의로우신 심판으로 인정되고 있는 것이다.

'판 자들은 말하기를'은 곧, '판자들은 … 라고 말할 수 있다'는 의미이다. 사안의 본질상 어떤 사람이 말할 수 있는 그런 내용을 실제로 그 사람이 말한 것으로 묘사하는 예는 매우 흔히 있는 것이다. 사 36:10에서 산헤립은 말하기를, "내가 이제 올라와서 이 땅을 멸하는 것이 여호와의 뜻이 없음이 겠느냐 여호와께서 내게 이르시기를 올라가 그 땅을 쳐서 멸하라 하셨느니라"라고 하는데, 이는 이스라엘의 원수들이 때로는 실제로 그들의 결단에 대한 어떤 예감 같은 것을 갖기도 했음을 보여준다. — 그것은 합법적인 소득이며, 따라서 그것을 얻은 것에 대해서 여호와께 감사하는 마음으로 '여호와께 찬송하리라'라고 얼마든지 말할 수 있는 것이다. 여기의 양떼를 산 자들과 판 자들은 자기들이 좋아하는 대로 마음껏 언약 백성들을 다루고 다스린 자들을 가리킨다. 테오도렛과 시릴 등은 여기의 산 자들과 판 자들을 언약 백성 가운데 악한 지도자들을 가리키는 것으로 보나, 우리는 결코 이에 동의할 수가 없다. 제롬은 이들을 로마인들을 가리키는 것으로 보았는데, 오히려 이를 취하여 여기서 산 자들과 판 자들이 이방의 압제자들을 가리키는 것으로 보는 것이 옳을 것이다. 이 점은 앞에서 인용한 병행 구절들에서도 나타나지만, 묘사한 내용 그 자체에서도 분명히 드러난다. 어떻게 양떼인 이스라엘이 그들 자체 내의 목자들에게 합법적인 소득이 되겠는가? 그들 자신들이 그 백성이 배도하게 되는 주요 원인이었으므로 그들 자신부터가 심판의 대상이 되는 것이다.

그러나 '그 목자들은 그들을 불쌍히 여기지 아니하는도다'에서 그 목자들이란 앞의 경우와는 반대로 언약 백성들 자체 내의 지도자들을 가리키는 것이 개연성이 높다. 이 점은 8절이나 15절 이하와 비교하면 분명히 드러난다. 8절은 동시에 목자들이 정치적 지도자들(아버바넬, 그로티우스가 주장하는 대로)만이 아니라 종교적인 지도자들과 어떤 형식으로든 여호와로부터 백성을 지도하도록 부르심을 받은 모든 사람들을 다 포함한다는 것을 결정적으로 입증해 준다. 그러므로 여기에서 우리는 점층법을 보는 셈이다. 백성들이 한숨 짓는데, 이는 이방의 압제자의 폭정 때문이기도 하지만, 그들의 동족 출신의 지도자들마저 그들을 살려 두지 않기 때문인 것이다. — '그들을 불쌍히 여기지 아니하는도다'라는 표현은 이스라엘의 목자들에 대해 사용될 때에는 그들의 행위에 대한 다른 어떤 표현보다도 그 의미가 훨씬 강해진다. 왜냐하면 이스라엘의 목자로서 백성들을 불쌍히 여기고 보살피는 것이 그들의 고유의 의무이므로, 그들을 불쌍히 여기지 않는다는 것은 그들이 고유의 의무를 완전히 저버렸다는 뜻이기 때문이며, 따라서 그 백성들은 극심한 하나님의 심판 가운데 있는 것이다.

589. 6절. "여호와가 말하노라 내가 다시는 이 땅 거민을 불쌍히 여기지 아니하고 그 사람을 각각 그 이웃의 손과 임금의 손에 붙이리니 그들이 이 땅을 칠찌라도 내가 그 손에서 건져내지 아니하리라 하시기로." '이는' (한글 개역 성경에는 번역되지 않았다—역자주)은 '잡힐 양떼를 먹이라'(4절)는 명령을 주신 이유를 제시하는 것이다. '그들을 번영으로 인도하는 마지막 노력을 다하라. 이는 내가 그들의 충격적인 배도 행위를 처벌치 않고 그냥 지나치지 않을 것임이니라.' — 이 땅은 앞의 문맥에서 강화의 주제가 되었던 그 땅, 곧 이스라엘 땅을 가리킨다. 이 절은 렘 19:9의 병행 구절 ("그들이 그 대적과 그들의 생명을 찾는 자에게 둘러싸여 곤핍을 당할 때에 내가 그들로 그 아들의 고기, 딸의 고기를 먹게 하리라")과 비교하여 이해하여야 한다. 스가랴는 그 구절을 사용하고 있다. 이 예레미야의 본문에서는 그들이 망하게 되는 이중적인 이유가 제시되고 있는데, 곧, 원수들의 압제와 광포로 인하여 그 백성들이 자기들끼리 화목하지 못하고 불화가 심화되기 때문이라고 말씀하고 있다. 그런데 여기 스가랴의 본문에서도 아주 똑같다.

'내가 … 그 사람들을 각각 그 이웃의 손과 임금의 손에 붙이리니'가 그 상황을 잘 말씀해 준다. 여기서 임금이란 언약 백성 자체 내의 통치자가 아니라 이방의 압제자를 가리킨다는 사실은 다음과 같은 사실에서 잘 드러난다. 곧, 선지자 당시에는 언약 백성에게 자체 내의 왕이 없었을 뿐 아니라, 선지자가 미래에 대해 묘사하면서 메시야를 제외하고는 일반 지도자에게 그런 호칭을 붙인 일이 없다는 것이다. 백성들 사이의 내적인 불화와 외적인 대적들이 한데 합쳐져서 하나님께서 그 백성들을 징계하시는 두 가지 징벌의 도구로 작용하고 있다. 이는 앞에서 인용한 렘 19:9에서는 물론 사 9:7 이하에서도 잘 드러나며, 스가랴 자신도 8:10에서 잘 말씀하고 있다: "그 날 전에는 … 사람이 대적을 인하여 출입에 평안치 못하였었나니 이는 내가 뭇 사람으로 서로 치게 하였음이어니와."

언약 백성들이 포로로 잡혀갈 때에 당한 이러한 가련한 상황이 여기서 여호와의 새로운 긍휼에 대한 그 백성들의 감사치 않음과 배도 행위로 인하여 더 극심하게 그들에게 돌아오는 것으로 묘사하고 있는 것이다. 이 예언의 성취를 보면, 여기서 임금으로 지목되는 인물이 로마 황제(가이사)인 것으로 쉽게 볼 수 있다. 요 19:15에서는 유대인들이, "가이사 외에는 우리에게 왕이 없나이다"라고 말하는데, 이를 참조하라. 이 예언이 유대인들이 그리스도를 내어버린 후에 당한 상황과 얼마나 정확히 일치하는지는 굳이 지적할 필요조차 없다. 그들은 서로 당파를 지어 격렬하게 싸웠으며 결국 로마 사람들이 예루살렘을 함락시키고 말았다. 이 점은 또한 얀이 자유롭게 인용하여 소개한 요세푸스의 유명한 구절로도 확증되는 것이다.

590. 7절. "내가 이 잡힐 양떼를 먹이니 참으로 가련한 양이라 내가 이에 막대기 둘을 취하여 하나는 은총이라 하며 하나는 연락이라 하고 양떼를 먹일새." 먼저 바른 해석으로 보이는 것을 소개하고, 그 다음에 바른 해석에서 벗어난 견해들을 살펴보기로 하자. — 참으로 가련한 양은 히브리어 용법상 가장 가련한 양의 의미로 보아야 한다. 그런데 여기서 한 가지 문제가 야기되는데, 그것은 여기서 양떼의 일부와 비교되고 있는 양떼의 전체는 과연 무엇을 가리키는가 하는 것이다. 만일 특정한 양떼 곧 이스라엘 백성을 상정한다면, 여기서 말하는 가련한 양떼란 그 가운데서 특별히 가련한 일부의 양떼를 말씀하는 것이며, 반대로 여기의 가련한 양떼라는 표현이 양떼의 일부

의 성격을 뜻하는 것이 아니고 양떼 전체가 가련하다는 의미라면, 가련한 양떼라는 표현은 언약 백성 전체를 뜻할 것이다. 이 가운데 전자의 해석이 더 평이한 해석이다. 이 해석에 따르면, 여기에는 겔 34:16("그 잃어버린 자를 내가 찾으며 쫓긴 자를 내가 돌아오게 하며 상한 자를 내가 싸매어 주며 병든 자를 내가 강하게 하려니와 살진 자와 강한 자는 내가 멸하고 공의대로 그것들을 먹이리라")에서처럼 대조법이 사용되고 있다는 것이다. 또한 여기서 가장 가련한 자들은 비참한 상황으로 고난을 당하면서 동시에 구원을 갈구하는 자들이라는 주장도 있다.

그러나 면밀히 검토해 보면 후자의 해석이 바른 것임이 드러난다. 11절의 '가련한 양들'이 백성 가운데 일부(하나님을 경외하는 자들)를 지칭한다고 보기도 하나 이는 성립하지 않는다. 왜냐하면 '가련한 양'이라는 표현 앞에 '내게 청종하던'이라는 말을 덧붙임으로써 '가련한 양' 자체는 백성의 어느 일부가 아니라 백성 전체를 가리키며, '내게 청종하던'이 그 백성의 일부를 지칭하는 형용사구로 사용되고 있음이 드러나기 때문이다. 그러나 후자의 해석을 지지하게 되는 결정적인 근거는 예레미야서에 있는 두개의 병행 구절이다: "양떼의 어린 것들을 그들이(데만 사람들이) 반드시 끌어가고"(49:20); "양떼의 어린 것들을 그들이(갈대아 사람들이) 반드시 끌어가고"(50:45). 이 두 구절에서 '양떼의 어린 것들'은 이웃의 모든 열방들과 싸우는 이스라엘 사람을 가리킨다. 더욱이 6, 9절에 따르면 여호와께서는 목자의 직분을 시행하시는데, 이는 그 백성의 일부를 대상으로 한 것이 아니라 그 백성의 전체를 대상으로, 그들 전체의 복지를 위하여 행하시는 것이다. 마지막으로 오직 이 해석을 취하여야만 내용상 서로 모순이 없다. 여기서 생략법이 사용되고 있는 것으로 보아서 '이는 그들이 가련한 양들임이니라'의 뜻으로 이해함으로써 '가련한 양'과 '잡힐 양떼'를 동일시하여 이 둘이 모두 백성 전체를 가리키는 것으로 보아야 하는 것이다.

목자의 막대기는 양떼를 보호하고 안전을 지키는 도구이다: "주의 지팡이와 막대기가 나를 안위하시나이다"(시 23:4). 그러므로 막대기 둘을 취한다는 것은 신실한 목자의 활동을 통해서 이중적인 위험, 즉 바깥의 원수들과 안의 불화를 제거하는 것을 뜻한다. 6절에 의하면 백성들은 그들의 완고함으로 인해서 이 두 가지 위험 요소 때문에 망하게 되는 것이다. 이제 그들을 회개케 하려는 목자의 마지막 노력이 실효를 거두는 동안은, 목자가 그 위험 요소를 철저히 막을 것이다. 그러나 그 다음에는 그 막대기가 부러져서 그 위험 요소가 엄청난 힘으로 그들에게 밀려오게 될 것이다.

첫 번째 막대기의 명칭은 사랑스러움 또는 아름다움이 아니라 은혜, 혹은 은총이다. 막대기는 10절에서 보더라도 언약 백성을 외부의 대적들에게서 보호하시는 여호와의 긍휼하심을 뜻한다. 다른 막대기의 이름의 동사형은 언제나 매어 있다(binding)는 의미를 갖는다. 그 명칭은 실제로 수동의 뜻을 지닌 분사형으로서 '동맹을 맺은 상대'(the allied) 또는 '연맹을 이룬 상대'(the confederated)라는 의미이다. 그러므로 두번째 막대기는 언약 백성들끼리 나누는 형제적인 우애를 뜻하는데, 이는 여호와께서 긍휼히 여기시는 동안 그로부터 영향을 받아 나타나는 것이다. — '양떼를 먹일새'는 쓸데없는 반복이 아니라, 양을 치는 일에 막대기가 사용되고 있음을 시사하기 위해서 언급되고 있는 것이다.

591. 8절. "한달 동안에 내가 그 세 목자를 끊었으니 이는 내 마음에 그들을 싫어하였고 그들의 마음에도 나를 미워하였음이라." 여기서는 먼저 세 목자가 누구를 가리키는지를 살펴보아야 할 것이다. 선지자가 세 사람의 목자들 개개인이 아니라 세 부류의 목자들을 말씀하고 있다는데는 의심의 여지가 없다. 그렇다면 다음 단계는 스가랴서에서나 혹은 구약의 다른 책들에서 (특히 스가랴와 가까이 살았던 사람들의 책들에서) 신정정치의 지도자들로서 오로지 세 부류의 목자들만이 언급되고 있는지의 여부를 살펴보는 것일 것이다. 이런 식으로 탐구를 계속하면 스가랴는 다름 아닌 정치 지도자들, 제사장들, 그리고 선지자들을 염두에 두었을 것이라는 결론을 얻을 수가 있다. 예레미야서의 여러 구절들, 예컨대 렘 2:8("제사장들은 여호와께서 어디 계시냐 하지 아니하며, 법 잡은 자들(제사장들과 동일함)은 나를 알지 못하며 관리들(특히 정치 지도자들)도 나를 항거하며 선지자들은 바알의 이름으로 예언하고 무익한 것을 좇았느니라")등을 참조할 수 있을 것이다.

그러나, 선지자 계급이 여기서 어떻게 신정국가의 세 부류의 지도자에

낄 수 있는지 의문이 생길 수도 있을 것이다. 왜냐하면 이 예언이 성취될 시기에는 선지자 계급이 이미 사라진지 오래된 상태에 있을 것이기 때문이다. 이에 대해서 우리는 여기서 스가랴는 예언의 본질상 미래를 그의 시대에 존재하는 것에 빗대서 말씀하는 것이라고 대답할 수 있을 것이다. 왕국이 이미 사라졌을 때에도 민간 관리들의 계급은 계속 존재했듯이, 선지자 계급도 본질로만 따지면 예언의 은사가 중단된 후에도 계속되었던 것이다. 예언의 은사의 목적은 백성들에게 하나님의 말씀과 뜻을 전달하는데 있다(렘 18:18). 정경의 완성 이전에는 그들에게 직접 베풀어진 계시에 의해서 그 말씀과 뜻을 전달하는 일을 행했고, 그 이후에는 하나님의 영의 인도하심을 받아 과거의 계시들을 탐구하며 그것들을 기존의 관계들에 적용시킴으로써 하나님의 말씀과 뜻을 깨달았던 것이다. 선지자들의 자리를 서기관들이 계승하였다. 시락(Sirach) 39장에 의하면, 여호와께서 서기관들에게 이해의 영을 풍성히 부어 주셔서 그들이 고대의 지혜들을 연구하는 한편 교의와 판단을 제창했던 선지자들의 글들을 탐구하였고, 지혜로운 명구들을 창안해 냈다. 고대의 선지자들과 이들의 관계는 마치 신약의 선지자들과 후기 기독교 교회의 탁월한 교사들의 관계와 같은 것이다.

이제는 과연 세 목자를 끊었다는 것을 어떻게 이해하여야 하는가 하는 의문이 생긴다. 여기서 끊는다는 것은 문자적인 의미일 수는 없다. 왜냐하면 그 다음 문맥에서 그 세 목자들이 아직도 존재하는 것으로 나타나기 때문이다. 선한 목자를 격동시켜 참지 못하도록 만드는 것도, 그 선한 목자를 향하여 격렬한 적대감을 표출하는 것도 바로 그들이다. 그들의 완고한 저항으로 인해서 선한 목자는 그 목자의 직분을 포기하고 막대기를 부러뜨리게 되는 것이다. 그러므로 목자들을 끊는다는 것에 대해서 단 한 가지밖에는 생각할 수 없다. 즉, 그들이 행사하는 목자의 직분을 빼앗는다는 의미밖에는 없는 것이다. 이것을 실현하는 것이야말로 여호와께서 목자의 직분을 행사하시는 동안 가장 열심을 기울이셨던 대상이다. 그러나 그들로 하여금 그런 심판을 당하게 만든 그들의 성향은 또한 그들에게 내려진 엄숙하고 권위있는 선고가 완전히 시행되지 않도록 막는 역할을 하기도 했다. 오로지 여호와를 청종하는 가련한 양들만이 그 목자들의 악의에 찬 인도를 받지 않았다(11절). 그 심판 선언은 온 백성들이 내어 버림을 당한 후에야 비로소 이방의 대적들을 통해서 전면적으로 시행되었다. 그들이 선한 목자의 회개의 메시지를 듣고서 모든 것을 끊었더라면 그들에게 선한 목자가 있어서 그들을 인도했을 것이었으나, 그렇지를 못했기 때문에 그 백성들에게는 악한 목자도 사라졌고, 선한 목자도 없었던 것이다.

목자들을 끊어버리는 일이 한달 동안에 이루어진다고 한다. 킴치나 칼빈 등은 여기의 '한달 동안에'가 그저 '짧은 시간 동안에'를 의미하는 것으로 보지만, 이는 받아들일 수가 없다. 히치히(Hitzig)의 다음과 같은 질문은 아주 정당하다 하겠다: "하루나 한 시간을 말씀할 수도 있었을텐데 어째서 하필 한 달을 말씀했는가?" 선지자가 만일 그저 짧은 시간을 표현하려 했다면, 오히려 '하루에'라고 말씀했을 것으로 보는 것이 더 개연성이 높다. 그는 3장 9절에서도 메시야로 말미암아 이루어지는 속죄에 대해서 말씀하기를, "내가 … 이땅의 죄악을 하루에 제하리라"라고 한다. 오히려 '한달 동안에'라는 표현은 '하루에'와 비교하면 그보다는 길고, 다른 모든 기간들과 비교하면 그보다는 짧은 어떤 기간을 나타내는 것으로 보아야 한다. 이는 세 목자를 끊어내는 일이 마치 속죄와 같이 단번에 이루어지는 것이 아니라 일정 기간 동안 계속해서 이루어지는 것임을 보여준다. 그러므로 그리스도께서 가련한 백성, 즉 이스라엘 집의 잃어버린 양들을 그들의 눈 멀고 부패한 지도자들의 영적 권세에서 구원해내기 위하여 지속적으로 노력하실 것을 말씀하는 것이다.

'그들의 마음에 나를 미워하였음이라'는 문자적으로는 '나의 영혼이 그들 가운데서 좁아졌음이라'인데, 이는 참을 수 없는 상처로 인해서 치밀어 오르는 분노를, 사람을 숨막히게 하고 답답하게 만드는 그런 견딜 수 없는 분노를 나타내는 것이다. 선한 목자가 악한 목자들의 악함을 드러내고 그들의 통치 영역을 취하여 가기 때문에, 그들은 선한 목자에 대하여 추잡한 미움이 끓어오른다. 그리하여 그들은 자기들의 능력을 총동원하여 선한 목자가 사명을 다하지 못하도록 방해하려 하는 것이다 ─ '그들의 마음'이란 그저 별 의미 없이 인칭 대명사와 같은 역할밖에 하지 못하는 것이 아니다. 이 표현을 통해서 그들의 포악함과 증오의 깊이를 강조하는 것이다.

592. 9절. "내가 가로되 내가 너희를 먹이지 아니하고 죽는 자는 죽는 대로, 망할 자는 망할 대로, 그 나머지는 피차 살을 먹는 대로 두리라 하고." 여기의 미래형의 표현들은 모두 예언적인 의미를 지니는 것으로 이해하여야 한다. 죽는 자와 망할 자는 멸망을 당할 것이 너무도 확실하므로 이미 죽은 자들로, 또한 망한 자들로 간주되고 있다. 이런 멸망을 피하는 길은 오직 선한 목자에게 순종하는 길뿐이었다. 이제 그 선한 목자가 그의 직분을 포기할 수밖에 없게 되었기 때문에 그에 따라서 일이 진행된다. 여기서 삼중의 멸망이 나타나는데 병행 구절과 비교해 보면, 전쟁으로 패망한 도시에서 곧잘 발생하는 전염병('죽는 자는 죽으리라'), 이방의 대적들이 저지르는 살인적 만행, 그리고 시민들이 불안하여 자기들끼리 분쟁하여 일으키는 무서운 소요 사태가 그것이다.

렘 15:1,2("여호와께서 내게 이르시되 모세와 사무엘이 내 앞에 섰다 할지라도 내 마음은 이 백성을 향할 수 없나니 그들을 내 앞에서 쫓아 내치라. 그들이 만일 네게 말하기를 우리가 어디로 나아가리요 하거든 너는 그들에게 이르기를 여호와의 말씀에 사망할 자는 사망으로 나아가고 칼을 받는 자는 기근으로 나아가고 포로 될 자는 포로 됨으로 나아갈지니라 하셨다 하라"), 렘 34:17("나 여호와가 이같이 말하노라 너희가 나를 듣지 아니하고 각기 형제와 이웃에게 자유를 선언한 것을 실행치 아니하였은즉 내가 너희에게 자유를 선언하여 너희를 칼과 염병과 기근에 붙이리라 나 여호와의 말이니라"), 겔 6:12("먼데 있는 자는 온역에 죽고 가까운데 있는 자는 칼에 엎드러지고 남아 있어 에워싸인 자는 기근에 죽으리라")를 참조하라. 이러한 삼중적인 파멸의 요인이 실제로 유대 국가를 전복시켰다는 것은 구태여 증명할 필요조차 없는 사실이다.

'그 나머지는 피차 살을 먹는 대로 두리라.' 이와 아주 유사한 방식으로 이스라엘 왕국의 시민들이 자기들끼리 소요를 일으켜 결국 멸망하게 되는 상황이 이사야서에도 묘사되어 있다: "사람이 그 형제를 아끼지 아니하며 우편으로 움킬지라도 주리고 좌편으로 먹을지라도 배부르지 못하여 각각 자기 팔의 고기를 먹을 것이며"(9:19 이하. 사람이 자기 몸의 일부를 잘라 먹는다는 표현을 통해서 한 공동체, 한 정치적 몸에 속한 지체들이 자기들끼리 잡아

먹으려 하는 모습을 그리고 있다).

593. 10절. "이에 은총이라 하는 막대기를 취하여 잘랐으니 이는 모든 백성과 세운 언약을 폐하려 하였음이라." 앞절에서 말씀으로 예언한 내용을 여기서와 14절에서는 이중의 상징적인 행동을 통해서 암시해 주고 있다. '은혜' 또는 '은총'이라는 막대기를 부러뜨리는 행동을 통해서 이방 나라를 통해서 황폐화 될 것을, '연락' 혹은 '동맹'이라는 막대기를 부러뜨리는 행동을 통해서는 백성 내부에 불화가 있을 것을 시사하는 것이다. 좀더 정확히 말하자면, 여기서는 다음 절에 나타나는 예언에다가 그 실행의 상황까지를 덧붙여서 말씀하고 있는 것이다. — 양떼의 이미지가 철저하게 보존되지 않고 있다. 양떼라는 이미지를 통해서 나타내고자 하는 그것이 직접 전면으로 드러나는 것이다('모든 백성'). '모든 백성'을 '모든 들짐승들'로 표현했어야만 이미지가 일관성 있게 나타났을 것이다. 사 56:9("들의 짐승들아 삼림 중의 짐승들아 다 와서 삼키라")을 참조하라. 지금까지 언약 백성이 하나님의 전능하심의 은밀한 영향력으로 말미암아 이방의 대적들에게서 보호하심을 받았다는 사상이, 여호와께서 이스라엘을 위하여 이 땅의 모든 열방들과 언약을 맺으셨는데 이제 은총이라는 막대기를 부러뜨림으로써 그 언약이 파기되어 버렸다는 식으로 상징적으로 표현되고 있는 것이다. 다른 구절들에서도 이와 유사한 상징적인 묘사가 나타나고 있다. 스가랴가 직접적으로 참고했을 것으로 여겨지는 것으로는 겔 34:25을 들 수 있다: "내가 또 그들과 화평의 언약을 세우고 악한 짐승을 그 땅에서 그치게 하리니 그들이 빈 들에 평안히 거하며 수풀 가운데서 잘지라." 이 구절은 현재의 본문과 거의 동일하며 다만 양떼의 이미지를 더 철저하게 보존하고 있다는 점만 다르다. 스가랴는 여호와께서 포로들이 귀환한 후에 그 백성들의 복지를 위하여 세우신 이 언약이 그들의 충격적인 배도 행위에 대한 형벌로 이제 파기되었음을 선언하는 것이다.

594. 11절. "당일에 곧 폐하매 내게 청종하던 가련한 양들은 이것이 여호와의 말씀이었던줄 안지라." 선한 목자의 노력은 전혀 헛된 것은 아니었

다. 소수의 참된 제자들이 그의 말씀을 청종하였던 것이다. 이들은 그를 청종하던 자들로서 눈을 그에게로 향하고 그의 뜻을 따라 실행에 옮기던 자들이었다. 언약이 파기된 후 원수들이 그 땅을 침공해 오자, 그들은 전에 여호와께서 파멸을 일으키시겠다고 말씀하신 것이 결코 텅 빈 인간의 위협이 아니라 정말로 하나님의 예언이었음을 깨달은 것이다. 선지자는 여기서 과거형의 표현을 사용하고 있는데, 이는 그의 내적인 이상에서 그 내용이 이미 일어난 것으로 묘사되었기 때문이다. 여기의 예언에서 상징적인 행동의 겉모습을 벗기면, 이는 곧 '내 언약이 파기되었을 때에 나를 경배하는 자들은 그 예언이 성취되는 것을 보고서 이스라엘을 향한 나의 이 선고가 과연 하나님에게서 말미암았음을 알게 될 것이다'의 뜻으로 읽을 수가 있다. 예언의 성취된 사실들이 그 예언이 하나님에게서 비롯되었음을 입증하는 증거가 된다는 것은 스가랴 선지자가 곧잘 말씀하는 내용이다. 2:13에서 여호와의 사자는, "네가 만군의 여호와께서 나를 네게 보내신줄 알리라"라고 말씀한다. — '당일에', 즉 '내가 내 막대기를 부러뜨렸던 그 날에', 상징적인 이미지를 제거하면 이는, '내가 그 백성에게서 나의 긍휼을 취하여 간 후에 지금까지 나로 인하여 움직이지 못했던 열방의 대적들이 그들에게 몰려 오리라' 라는 의미이다.

595. 12절. "내가 그들에게 이르되 너희가 좋게 여기거든 내 고가를 내게 주고 그렇지 아니하거든 말라 그들이 곧 은 삼십을 달아서 내 고가를 삼은지라." '내가 그들에게 이르되' — 얀은 이에 대해서 말하기를, 여기의 그들이 양떼를 가리킬 수는 없으며 오히려 목자들을 가리킨다고 한다. 왜냐하면 고가를 요구할 수 있는 대상은 오로지 목자들뿐이기 때문이라는 것이다. 그러나 이것은 정확한 해석이 아니다. 여기의 목자는 다른 경우에는 양떼의 주인과 거래하는 것이 관례인 고가에 관한 문제를 양떼들과 직접 논의하는데, 이는 여기의 양떼들이 이성을 가진 사람들임을 보여주는 것이다. 백성들 가운데 낮고 천한 부류들에 대해서는 앞 절에서 말씀했듯이 여호와의 목자의 직분이 소기의 성과를 가져왔는데 그들은 제외해 놓고서, 선지자는 여기서 백성 가운데 더 많고 세력이 강한 부류들을 대하고 있다. 그들은 선지자의

목자로서의 사역에 대해서 완고히 저항하여 결국 선지자가 그 직분을 포기하지 않을 수 없게 되었던 것이다. 이 거래에서 백성들의 지도자들을 주로 말씀하는 것은 사실이다. 그러나 그들을 목자로서가 아니라 양떼의 일부로서 대하고 있다. 겔 34장에서와 같이 그들은 여기서 가련한 양과 대조되어 목자들로, 숫 염소들로, 살진 양으로 나타나고 있는 것이다. 여호와께서 목자들에게 고가를 요구하실 수는 없었다. 왜냐하면 여호와께서 그 목자들에게 자신을 맡기신 것이 결코 아니었고 오히려 그들에게서 양떼들을 구하시려고 애쓰셨기 때문이다.

'너희가 좋게 여기거든 내 고가를 내게 주고 그렇지 아니하거든 말라'의 의미에 대해서 칼빈이 아주 잘 설명해주고 있다: "그는 마치 사람이 그 이웃에게 악의와 악감정을 품고 불평을 퍼붓듯이 크나큰 분노를 표현하고 있다. '너희가 하고 싶으면 너희가 얻은 유익을 인정해라: 그렇지 않으면 그것을 던져 버려라. 나는 상관치 않겠다. 너희는 그런 호의를 받을 만한 가치도 없는 악당들이다. 그러니 나는 너희가 보상해 주든 말든 그것에 대해서 상관하지 않겠다. 너희가 내게 빚을 졌다는 것을 인정하고 보상하든 말든 그것은 너희의 할 일이 아니냐?'" 이에 대한 병행 구절은 렘 40:4("만일 네가 나와 함께 바벨론으로 가는 것을 선히 여기거든 오라 내가 너를 선대하리라 만일 나와 함께 바벨론으로 가는 것을 좋지 않게 여기거든 그만 두라"), 겔 3:27("주 여호와의 말씀이 이러하시다 하라 들을 자는 들을 것이요 듣기 싫은 자는 듣지 아니하리니 그들은 패역한 족속임이니라") 등이 있다.

'내 고가', 즉 내가 받을 것, 내가 극심한 노력을 기울여 벌은 것. ― '그들이 … 달아서', 금은 오랫동안 계수하지 않고 무게를 달았었다. 그러므로 이런 관습이 중단된 이후에도 그들은 '계수한다'는 뜻으로 '무게를 단다'는 표현을 썼다. 여기의 고가를 믿음이나 경건한 마음으로 이해할 수는 없다. 왜냐하면 여호와께서는 이미 백성들을 다 포기하시고 그들에게서 긍휼을 거두어들이신 다음에야 비로소 이 고가를 요구하시기 때문이다. 백성들로서는 회개의 열매를 맺지 못하고 이제 파멸에 내어 버려진 상태에서 이 고가를 요구받는 것이다. 이 요구는 아직 여호와께서 목자의 직분을 시행하시는 동안에 이루어졌다. 은 삼십을 몇몇 신자들의 회개와 믿음으로 이해할 수는 없다. 만일 그렇게 되면 그것은 좋은 것일텐데, 13절에서는 그것을 더러운 곳에 던져버리는 것이다. 또한 이것을 믿음이 없이 드리는 희생 제물로 볼 수도 없다. 만일 그런 것들을 뜻하는 것이었다면 좀더 구체적으로 표현되었을 것이다. 그러나 고가가 여호와께서 요구하시는 믿음과 진실한 경건을 지칭하는 것이라는 식의 그릇된 가정을 하지 않는 한 구체적인 표현은 어디에서도 찾아볼 수가 없는 것이다.

오히려, 여기서 여호와께서 그의 목자의 직분을 포기하셨고 또한 이미 예루살렘에 화가 있을 것을 선포하신 때에 그 백성들이 철저한 배은망덕으로 일관하여 여호와께 범죄했다는 사상을 표현한 것으로 보는 것이 옳다. 선한 목자가 백성들에게 당연히 감사의 대가를 요구할 만하다는 사실은 그가 그의 봉사에 대해 대가를 요구했다는 사실에서 잘 드러난다. 백성들은 그 목자의 신실한 봉사에 대한 고가로 아주 모욕적인 금액인 은 삼십을 달아 줌으로써 차라리 고가를 지불하기를 아예 거부하는 것보다도 오히려 더 배은망덕한 행위를 저지름으로써 그들의 악행을 감소시키기는 커녕 더 고조시키는 결과를 가져온 것이다. 이 점은 다음 절의 상징적인 행동을 통해서 잘 드러난다. 이 해석이야말로 유일한 바른 해석이며, 이 해석이야말로 예언 그 자체에 대해서나 그리스도의 역사와의 관계에 대해서나 많은 통찰을 주는 것이다.

596. 13절. "여호와께서 내게 이르시되 그들이 나를 헤아린 바 그 준가를 토기장이에게 던지라 하시기로 내가 곧 그 은 삼십을 여호와의 전에서 토기장이에게 던지고." 여호와는 그 자신의 역할을 하고 있는 선지자에게 말씀하신다. 이 사실은 '그들이 나를 헤아린 바'라는 어구에서 잘 드러난다. '던지라'는 모욕의 의미를 담고 있다. 여기의 '토기장이에게'는 '더러운 곳에'나 '약탈자에게' 혹은 '망나니에게' 정도의 의미이다. 여기서 말씀하는 토기장이(예레미야서나 마태복음에서와 같이 정관사가 사용되고 있는 점으로 미루어 아마도 성전에서 일하는 토기장이를 지칭할 것이다. 예루살렘 전체에 토기장이가 한 사람밖에 없었다고 생각할 수는 없기 때문이다)는 힌놈의 골짜기에 작업장을 두고 있었는데, 이는 아마도 그의 작업에 필요한 흙이 그곳에 많이 있었거나 흙의 질이 좋았기 때문일 것이다. 이렇게 보는 데는 다음

과 같은 이유들이 있다. 토기장이의 작업장이 그 골짜기에 있었다는 것은 렘 18:2에서 나타난다. 선지자는 성전에서 이런 명령을 받는다: "너는 일어나 토기장이의 집으로 내려가라." 그리고 3절에서는 그가 토기장이의 집으로 내려갔다고 기록하고 있다. 그리고 렘 19:2에서는 힌놈의 골짜기가 직접 거명되고 있다: "하시드문 어구 곁에 있는 힌놈의 아들의 골짜기로 가서 거기서 내가 네게 이른 말을 선포하여." 이 구절에 의하면 힌놈의 골짜기로 내려가는 문을 하시드문이라고 부르는데, 이는 벽돌 문, 혹은 토기 문이라는 뜻으로서 거기에 토기장이의 작업장이 있었음을 증거해 주는 것이다. 그러나 힌놈의 골짜기는 과거에 우상 숭배를 위하여 갖은 가증한 일들이 다 행해지던 곳으로서, 요시야왕이 이곳에 오물과 인골 같은 것을 쏟아부어서 그곳을 더럽힌 이후 유대인들은 이곳을 구역질 나고 몸서리쳐지는 곳으로 여겼으며, 그리하여 탈무드에서는 그곳을 지옥의 입이 있는 곳으로까지 표현하게 된 것이다.

스가랴가 그 경멸적인 고가를 힌놈의 골짜기에 던지게 한 것은, 더 구체적으로 말하면 그곳의 토기장이의 작업장 혹은 그의 밭에 던지게 한 것은 예레미야의 예언을 참조한 연유이며 독자들도 예레미야의 예언을 접했으리라는 전제하에서 그렇게 한 것이다. 렘 19장에서 예레미야는 백성들 가운데 가장 나이 많은 어른들 몇명과 가장 높은 제사장들과 함께 힌놈의 골짜기로 가서 텅빈 오지병을 그곳에 던진다. 그리고 나서 그 상징적인 행동의 의미에 대해서 이렇게 말씀한다: "이는 그들이 나를 버리고 이곳을 불결케 하며 이곳에서 자기와 자기 열조와 유다 왕들의 알지 못하던 다른 신들에게 분향하며 무죄한 자의 피로 이곳에 채웠음이 … 니라 그러므로 … 내가 이곳에서 유다와 예루살렘의 모계를 무효케 하여 그들로 그 대적 앞과 생명을 찾는 자의 손의 칼에 엎드러지게 하고 그 시체를 공중의 새와 땅 짐승의 밥이 되게 하 … 리라 사람이 토기장이의 그릇을 한번 깨뜨리면 다시 완전하게 할 수 없나니 이와 같이 내가 이 백성과 이 성을 파하리니 그들을 매장할 자리가 없도록 도벳에 장사하리라 … 내가 이곳과 그 중 거민에게 이같이 행하여 이 성으로 도벳 같게 할 것이라 예루살렘 집들과 유다 왕들의 집들 곧 그 집들이 그 집 위에서 하늘의 만상에 분향하고 다른 신들에게 전제를 부음으로 더러워졌은

즉 도벳 땅처럼 되리라."

스가랴는 이제 그 경멸적인 고가를 그 더럽고 불결한 힌놈의 아들의 골짜기 또는 도벳에 던지게 하는데, 이는 특별히 예레미야의 예언을 다시 새기게 하며 그리하여 그 예언의 두번째 성취가 바로 눈 앞에 다가왔음을 보여주기 위함이었다. 하나님의 엄정한 공의가 과거에 유다 백성들에게 경고를 발했었고 첫번째로 그 경고를 그대로 성취시키셨는데, 이제 그 공의가 다시금 새롭게 격발되어 더 무섭게 성취될 위기에 있는 것이다. 유다 백성들의 사악한 배은망덕을 기리는 기념물이, 과거에 가증한 것들이 하나님께 소리를 질러서 그의 공의로운 분노를 격발시켰던 바로 그 동일한 장소에 던져지는 것이다. 그것은 마치 새로운 보증물처럼 되어 그 곳에 있게 되며 백성들은 정해진 때에 반드시 그것을 갚게 될 것이다.

힌놈의 골짜기의 토기장이를 선택한 것은 렘 18장 덕분이다. 예레미야는 여호와의 명령을 받고서 일하고 있는 토기장이를 찾아간다. "진흙으로 만든 그릇이 토기장이의 손에서 파상하매 그가 다른 것으로 자기 의견에 선한 대로 다른 그릇을 만들더라." 이 상징의 의미가 그 다음에 주어진다: '나 여호와가 이르노라 이스라엘 족속아 이 토기장이의 하는 것 같이 내가 능히 너희에게 행하지 못하겠느냐? 진흙이 토기장이의 손에 있음 같이 너희가 내 손에 있느니라 … 내가 너희에게 재앙을 내리며 계책을 베풀어 너희를 치려 하노니 너희는 각기 악한 길에서 돌이키며 너희 길과 행위를 선하게 하라.' 여기서 스가랴가 그 경멸적인 고가를 예레미야가 경고의 말씀을 전했던 그 장소에 가져가게 함으로써, 배도한 백성들이 정한 기간 내에 회개하지 않으면 여호와께서 그들을 내어 버리실 수 있으며 또한 내어 버리실 것이라는 사실이 그를 통해서 다시 분명하게 선언되고 있는 것이다. 스가랴의 시대에도 토기장이가 그곳을 작업장으로 사용함으로써, 그곳은 지각을 통해서 진리를 전달하는 하나의 매개체가 되었던 것이다.

예레미야의 이 예언이 다시 한번 그 능력을 발휘하게 된다. 왜냐하면 그 예언을 발생케 한 그 백성들의 과거의 배도 행위는 오히려 현재의 그 백성들의 여호와를 향한 사악한 배은망덕에 비하면 오히려 가벼운 것이기 때문이다. ― '그들이 나를 헤아린 바 그 준가': 아이러니컬하게도 나의 인격과 나의 사역에 대해서 그들이 가치를 매겨서 달아 준 그 준수한 고가. 신 32:6("우매무지한 백성아 여호와께 이같이 보답하느냐?")을 참조하라. ― '내가 곧 그 은 삼십을 여호와의 전에서 토기장이에게 던지고.'은 삼십이 동시에 성전과 토기장이에게 전해졌을 수는 없었을 것이다. 토기장이는 성전에서 일하지도 않았고, 성 안에서 일한 것도 아니었으며, 앞에서 본 바와 같이 힌놈의 골짜기에서 일하고 있었던 것이다. 그러므로, 고가를 성전에 먼저 가져갔다가, 그 다음에 토기장이에게 가져갔다고 보아야 할 것이다. 그러므로 '토기장이에게 던지고'는 '그 다음에 토기장이에게 전해지도록 하고'의 의미이다. 그러나 한 가지 의문은 결국 토기장이에게 갈 그 은 삼십을 어째서 먼저 성전에 던지느냐 하는 것이다. 그 이유는 분명하다. 성전은 사람들이 여호와 앞에 서는 곳이요 말하자며 집무소와 같은 곳으로서 관리들과 시민들이 그들의 송사들을 처리하는 곳이었다. 그러므로 그들에게 그 경멸적인 고가를 되돌려 줌으로써 백성들의 부끄러운 배은망덕을 그들로 하여금 그 문제를 다루도록 한 것이다. 그 다음에 거기서부터 토기장이에게로 가져가는데, 이는 부당한 돈은 성전에 머물러서는 안되기 때문이다(신 23:18).

597. 지금까지 우리는 13, 14절에 대해서 그 성취된 역사와는 관련시키지 않고 그 의미를 살펴보았다. 그 결과는 다음과 같다: 여호와께서는 멸망에 내어 버려둔 양떼들, 곧 가련한 백성 이스라엘을 위하여 마지막으로 다시 한번 목자의 직분을 수행하셨다. 그는 그 백성들의 완고한 불신앙 때문에 그 직분을 다시 포기하시면서 그의 보상을 요구하신다. 그들은 그에게 은 삼십을 주는데, 이는 그저 보통 목동의 일년치 임금에 해당한다. 여호와께서는 이와 같은 모욕적인 보상에 대해 만족하시지 않고 그것을 성전에 던지신다. 그것이 더러운 돈이므로 그 돈은 성전에서 토기장이에게 전달되어 그의 소유가 되는데, 그 돈은 그 백성이 심판을 당할 그날까지 하나님의 진노의 보증으로 그곳에 남아 있게 된다.' 우리는 이 상징적인 묘사의 의미가 곧 백성들이 배은망덕함으로써 여호와께서 그들을 포기하셨고, 그럼에도 불구하고 그들은 더욱 더 그를 향하여 악행을 저지름으로써 결국 그에 대한 완전한 심판이 열매를 맺도록 스스로 만들었다는 것임을 배웠다.

598. 이 예언과 그 역사적인 성취는 이 경우 너무나도 놀랍게 일치한다. 신약 성경에서는 그 점을 선언한 바 없지만 우리로서는 그 점을 살펴보지 않을 수가 없다. 여기서 예언된 선한 목자에 대한 무서운 배은망덕의 성취로서, 그리스도의 목자로서의 신실성에 대해서 유대인들이 그를 죽이고자 하는 음모를 꾸미고 또한 그 일을 이루기 위해서 유다에게 은 삼십을 주어서 매수함으로써 그리스도의 목자로서의 신실성에 대해 보답한 사실보다 더 적절한 것이 어디에 또 있는가? 이처럼 일반적인 사항뿐 아니라, 구체적인 세부 사항에 들어가면 예언과 성취는 그야말로 정확하게 서로 일치하는 것을 보게 된다. 은 삼십이라는 보잘 것 없는 보상은 여기서는 일차적으로 유대인들의 철저한 배은망덕과 최고의 경멸을 상징적으로 묘사한 것이다.

그러나 보잘 것 없는 금액 가운데서도 하필 은 삼십이라는 금액이 선택되었고, 훗날 주님을 배반한 유다에게 정확하게 동일한 금액이 전달되었다는 사실은 참으로 놀랍기 그지없는 것으로 거기에 아무런 목적이 없을 수가 없는 것이다. 주님을 배반한 유다를 매수하는 일에서 철저한 배은망덕이 분명히 드러날 뿐 아니라, 몹쓸 탐욕과 주님에 대한 깊고 깊은 경멸이 주변 상황 (즉, 유다가 제사장들에게 보상금을 결정하도록 맡겼을 때에 제사장들은 그에게 은 삼십이라는 보잘 것 없는 금액을 정해서 그에게 주었다. 마 26:15를 참조하라) 가운데서 드러난다.

스가랴에 따르면 은 삼십은 목자에게 준 것이지 배신자에게 준 것이 아니라는 파울루스의 주장은 받아들일 수가 없다. 그 이유는 제사장들이 그 배신자에게 준 보잘 것 없는 금액에서 목자를 향한 그들의 경멸적인 자세가 드러나고도 남는다는데 있다. 유다가 그 돈을 성전에 던진 것이나, 그런 상징적인 행동을 통해서(스가랴에서는 내적인 이상 속에서 그 일이 이루어졌으며 유다에게서는 실제의 행동으로 이루어졌다) 여호와의 면전에서 그들의 배은망덕함을 그 백성들에게 돌린 것이나, 모두가 심지어 불경건한 자들에게까지도 은밀히 영향력을 발휘하시는 하나님의 섭리로 말미암은 것이다. 제사장들은 그 돈을 불결한 것으로 여겨 성전에서 가지고 나가서 힌놈의 골짜기에 있는 아주 보잘 것 없는 밭을 산다. 그 골짜기는 과거에 무죄한 자들의 피로 더럽혀진 곳으로 예레미야가 예언한 대로 예루살렘에 여호와의 진노를 가져

온 곳으로서 예레미야가 백성들이 내어 버림을 당할 것을 예언한 바로 그곳이었다. 그곳에 피 값이 지불되었다. 곧 무죄한 피를 배반한데 대한 보상이었던 것이다. 그리하여 그 밭은 피 밭이라는 이름을 얻게 되었는데, 이는 이스라엘의 악행을 증거해주는 것이요 그들이 하나님의 징벌을 받아 마땅하다는 하나의 증표였다. 그러므로 과거에 예레미야가 이스라엘의 가증한 일들에 대하여 말씀했던 경고가 이제 여기서 완전히 발효되는 것이다. 렘 19:4이하를 참조하라: "그들이 나를 버리고 이곳을 불결케 하며 이곳에서 자기와 자기 열조와 유다 왕들의 알지 못하던 다른 신들에게 분향하며 무죄한 자의 피로 이곳에 채웠음이니라 … 그러므로 나 여호와가 말하노라 보라 다시는 이곳을 도벳이나 힌놈의 아들의 골짜기라 칭하지 아니하고 살육의 골짜기라 칭하는 날이 이를 것이라." 렘 17:32도 동일하다. 신약 성경의 기사를 스가랴와 예레미야의 예언과 비교하여 나타난 결과에 따라서 전통도 이 피 밭을 힌놈의 골짜기에 위치한 것으로 간주하고 있다.

599. 예언과 그것이 성취된 역사를 비교함으로써 얻어진 분명한 결과가 또한 마태의 명확한 증언을 통해서 다시 한번 확증되고 있다(27:9). 이 증언에는 약간의 난제가 있는데, 그것을 살펴보기로 하자. 인용의 형식을 먼저 생각해야 하는데, 마태는 그 인용한 예언이 스가랴가 아니라 예레미야가 행한 것으로 말씀하고 있다: "이에 선지자 예레미야로 하신 말씀이 이루었나니 일렀으되 … " 몇몇 과거의 해석자들은 마태가 예레미야와 스가랴의 중복된 구절을 인용하면서 예레미야의 이름을 언급한 것은 예레미야가 더 두드러진 인물이기 때문이라고 보았다. 그러나 이에 대해서 만일 그렇다면 그들이 상정하고 있는 그 예레미야의 구절들이 실제로 마태가 전하는 그 사건을 가리키는 것이어야 하지 않겠느냐는 반론이 제기된 바 있다. 그들은 이 반론에 답변할 수가 없었다. 왜냐하면 그들로서는 스가랴서의 구절이 예레미야서의 인용된 구절과 어떤 관계가 있는지를 알지 못했기 때문이며, 또한 토기장이의 밭을 피 값으로 샀다는 사실을 전하는 마태의 깊은 의도가 어디에 있는지를 깨닫지 못했기 때문이기도 했다. 그로티우스만을 제외하고는 아무도 그 마태의 깊은 의도를 파악하지 못했던 것이다. 이 반론은 앞에서 이미 말씀한

내용으로 완전히 반박되고도 남는다. 우리는 스가랴의 예언의 주요 부분이 예레미야의 예언의 재판(再版)과 마찬가지이며 사실상 스가랴는 예레미야의 예언이 두번째로 성취될 것을 선언하고 있다는 사실을 이미 살펴본 바 있다. 스가랴의 예언이 예레미야의 예언과 그러한 연관을 맺는 것은 결코 우연히 그렇게 된 것이 아니라, 그것은 필연이었다. 왜냐하면 그것은 하나님의 공의로운 심판의 관념에 근거한 것이요, 그 공의로운 심판이 다시 격발되는 즉시 그 예언은 또다시 새롭게 성취되게 되어있었던 것이다.

600. 마태는 두 선지자의 예언을 모두 인용했을 수도 있다. 그러나 그렇게 장황하게 인용하는 것은 신약 성경 저자들의 관례와 전적으로 맞지 않는다. 그 이유는 두 가지이다. 그들은 독자들이 성경에 대해서 정확한 지식을 소유하고 있다고 전제했으며, 또한 인간적인 저자는 신적인 저자, 곧 하나님의 영 뒤에 감추어져 있으며, 그가 모든 선지서에서 직접 말씀하셨다는 사실을 전제한 것이다. 그러므로 거의 언제나 인간 저자는 언급되지조차 않는다. 그들은 그저, '경에 이르기를,' '기록된 바,' '기록되었으되,' '성령이 말씀하시되' 등의 말로 인용구를 도입시키는 것으로 만족하고 있다. 저자가 다른 두 세 구절을 한데 섞어서 인용하면서 한 사람의 저자만을 언급하는 경우도 심심치 않게 나타난다. 예를 들면 막 1:2,3은 "선지자 이사야의 글에, 보라 내가 내 사자를 네 앞에 보내노니 저가 네 길을 예비하리라 광야에 외치는 자의 소리가 있어 가로되 너희는 주의 길을 예비하라 그의 첩경을 평탄케 하라 기록된 것과 같이 … "라고 쓰고 있다. 그런데 사실상 여기 인용된 예언은 말라기와 이사야 두 사람의 것을 이사야의 이름으로 인용한 것이며, 더욱이 말라기의 예언이 먼저 언급되고 있는 것이다. 이사야가 더 유명한 선지자였다. 소선지서는 하나의 단일 문집으로 함께 묶어진 상태로 취급된 것이 통례였으므로 그들 개개인을 이름을 들어 언급하는 예는 아주 드문 것이다.

601. 만일 마태가 단순히 스가랴의 예언이 성취되었다는 사실만을 말씀하려 했다면, 선지자의 이름까지 제시하는 수고는 하지 않고 그저 평상적인

인용구를 써서 말씀했을 것이다. 이 사실은 이 선지자의 글에서 인용한 예 가운데 어느 하나도 선지자의 이름이 언급된 일이 없다는 점에서 잘 드러난 다. 요 19:37에서도 슥 12:10을 인용하면서 그저 "또 다른 성경에 … 하였 느니라"라고만 말씀하며, 요 12:15에서는 슥 9:9을 인용하면서 그저 '기록 된 바'라고만 말씀한다. 마 26:31에서도 슥 13:7을 인용하면서 '기록된 바' 라고만 덧붙인다(참조. 막 14:27). 마 21:5에서는 슥 9:9을 인용하면서 "이 는 선지자로 하신 말씀을 이루려 하심이라"라고 말씀하는데 여기서 정관사가 쓰이고 있는 점으로 미루어 마태는 스가랴가 그의 모든 독자들에게 잘 알려 져 있었다는 사실을 전제로 하고 있음을 알 수 있다. 스가랴의 경우에는 이 름을 언급하는 것이 불필요하게 생각되었을지도 모르지만, 예레미야의 경우 는 그렇지 않았다. 이 예언이 그의 앞에서 실현되었지만 그것이 어느 정도나 실현되었는지는 분명치 않았으므로 더 구체적으로 살펴볼 수 있는 힌트를 제 시한다 해도 쓸데없는 일이 되지 않았던 것이다. 그러나, 이런 사실을 모르 고서는 스가랴의 예언은 아무리 잘 이해한다 해도 희미한 것으로 남게 될 뿐 이며, 그 성취도 핵심적인 내용에 있어서는 잘못 오해할 수밖에 없는 것이 다.

602. 지금까지 얻은 결과가 중요하지 않은 것이 아니다. 마태는 신진 비평가들이 신약의 저자들에게도 실수가 있었다는 그들의 주장을 입증해 주 는 것으로 제시하는 바로 이 구절에서, 이 모든 비평가들 전체보다도 구약 예언의 의미에 대해서 더 깊은 통찰을 갖고 있음을 드러내 보여준다. 마치 다니엘서의 예언이 없이는 멸망의 가증한 것이 과연 무엇을 뜻하는지를 도무 지 알 수 없듯이, 이들은 모두 예레미야서의 도움을 받지 않고서는 우리가 약간 해석한 스가랴의 이 구절을 해석할 수가 없다고 보았다. 실수가 있다고 가정하는 것은 노력을 하지 않는 자들이 취하는 가장 편리한 방편이며, 동시 에 문자적 해석을 고집하는 자들에게서 경멸을 당하지 않는 유리한 위치를 제공해주는 수단이기도 하다. 그러나 그런 식으로 가정한다고 해서 진실이 영원히 숨겨져 버릴 수는 없다. 주의 말씀 가운데 일점 일획이라도 무너지는 것은 분명히 하나님의 뜻이 아닌 것이다.

603. 이제는 마태의 인용문이 낱말로는 아니라 할지라도 의미상으로는 스가랴의 예언과 완전히 일치한다는 사실을 보여줄 차례가 되었다. 여기서 먼저 사용된 낱말들의 의미를 확실히 해둘 필요가 있을 것이다(27:9. "저희가 그 정가된 자, 곧 이스라엘 자손 중에서 정가한 자의 가격을 가지고"). 이를 다시 번역하면 다음과 같다: '이스라엘 자손의 편에서 그 사람의 가치를 따져서 정한 그 사람의 가격을 받아서.' 여기서 우리는 불특정한 3인칭 대명사 다음에 수동태가 오는 경우 그것을 3인칭 복수형으로 표현하는 히브리어와 아람어 용법을 여기에 적용하여야 한다. 마태는 대명사 대신 일반 명사를 사용하는데, 이는 그 정해진 가격이 보잘 것 없음을 강조하기 위함이었다. 그런데 그런 일을 자행한 것은 이방인이 아니요, 여호와의 사랑과 긍휼하심의 증거를 한량없이 받았던 언약 백성 자신들이었다. 마태복음에서는 유대인의 지도자들이 은화를 받아서 토기장이의 밭을 사는 것으로 말씀하는데 반해서 스가랴서에서는 목자가 그 일을 하는 것으로 말씀한다는 모순이 나타난다. 그러나 마태는 맨 마지막에 가서 "이는 주께서 내게 명하신 바와 같으니라"라는 말씀을 덧붙임으로써 이 모순점을 제거하고 있다. 이 말씀을 통해서 마태는 그가 백성의 지도자들이 자기들끼리 독단적으로 행동하는 것이 아니라 여호와께서 그의 목적을 이루시는 도구로써 그렇게 행동하는 것일 뿐이므로 그 성취가 부족한 점이 없이 완전한 것임을 시사하는 것이다.

604. 14절. "내가 또 연락이라 하는 둘째 막대기를 잘랐으니 이는 유다와 이스라엘 형제의 의를 끊으려 함이었느니라." 과거에 이루어진 일에서 이미지들을 빌려서 미래의 일을 묘사한다는 사실은 이미 여러 번 살펴본 바 있다. 그렇기 때문에 10:11에서는 미래에 있을 구원을 홍해를 건너는 것으로 묘사하며, 스가랴의 시대 훨씬 이전에 이미 힘을 완전히 잃어버린 앗수르와 애굽 사람들의 멍에에서 구원하는 것으로 묘사하는 것이다. 그럴 경우에 이미지와 실체가 그 밑바탕에 함께 섞여 있는 것이 통례다. 예컨대, '과거에 내가 이스라엘을 인도하여 홍해을 건너게 할 때와 같이, 그들을 영광스럽게 구원하리라'라는 식으로 말씀하지 않고 선지자는 직접 '여호와께서 그들을 인도하여 새로이 홍해를 건너게 하실 것이라'라고 말씀하는 것이다. 시(詩)

의 경우와, 특히 기독교 시와 비교만 잘 해도 그런 구절들을 잘못 오해하는 일은 없었을 것이다. 예를 들어서 시인이 다음과 같은 시를 썼다고 하자:

"홍해는 깊은 물이 아니네
하나님의 명령으로 그대를 위하여 길이 열리리!"

이 시가 정말로 홍해를 건너는 일에 대한 것이라고 생각할 사람이 어디 있는가? 혹은 '애굽이여 안녕!'이라고 표현했다고 해서 그 저자가 애굽에서 가나안으로 가는 여정을 준비하고 있다고 생각할 사람이 어디에 있는가? 여기서도 마찬가지이다. 유다와 이스라엘 사이의 뼈 아픈 반목으로 두 왕국의 분열을 가져왔으며 그 후에도 계속 분열된 상태로 남아 있어서, 그들은 이방의 대적들과 맞서는데 쏟아야 할 온갖 정력을 서로 반목하는데 쏟아 부었다. 여기서 선지자가 말씀하는 것은 여호와께서 그 백성을 내어 버리신 후에 백성 사이의 치명적인 내적인 불화가 일어날 것이며, 그것은 마치 과거 유다와 이스라엘 사이의 불화와 마찬가지로 치명적일 것이라는 것이다. 이것을 그는 직접 "여호와께서 유다와 이스라엘 형제의 의를 끊으려 함이었느니라'라는 말씀으로 표현한 것이다. 이는 9절의 '피차 살을 먹는 대로 두리라'라는 말씀과 동일한 말씀이다. 이 예언은 앞에서 언급한 대로 로마의 침략 때에 유대인들이 서로 서로 파당을 지어 싸우다 망하는 것으로 성취된다. 이 점은 너무나도 명확해서 아버바넬조차도 인정한 바 있다.

605. 15절. "여호와께서 내게 이르시되 너는 또 우매한 목자의 기구들을 취할지니라." 이 역시 백성들의 운명을 상징하는 행동이다. 여기서 우매한 목자는 개인을 지칭하는 것이 아니라, 선한 목자를 내어 버린 후에 백성을 파멸로 이끄는 사악한 지도자들 전체를 지칭한다. 그러나 이 지도자들은 이방의 압제자들이 아니라 유대 민족 자체 내의 지도자들을 가리킨다. 하나님의 심판을 선포하는 일은 17절에서도 나타나듯이 오로지 후자에게만 가능한 것이기 때문이다. 그들은 하나님의 심판의 도구들인 동시에 그 심판을 함께 당하는 자들이다. 무서운 배도 행위에 있어서도 그들은 그 배도 행위를

일으킨 주요 장본인들이었다. 그러나 이방의 압제자들의 경우는 그 일과는
관계가 없었다. 유대 민족 내부의 지도자들은 목자로 부르나 이방의 압제자
들은 사는 자와 파는 자로 묘사된다는 점도 서로 대조적이다. 여기서 목자를
악하다고 하지 않고 우매하다고 한 것은 백성의 지도자들이 하나님의 공의로
우신 심판으로 인하여 얼마나 눈이 멀었든지 그들이 백성과 더불어 격동을
일으키는 것이 결국 자기 자신들을 멸망케 하는 것임을 알지 못했다는 것을
지적해 준다. 이처럼 불경건한 악함과 우매함이 서로 연관되어 있다는 사상
은 자주 나타난다. 예컨대, 렘 4:22을 보라: "내 백성은 나를 알지 못하는
우준한 자요 지각이 없는 미련한 자식이라 악을 행하기에는 지각이 있으나
선을 행하기에는 무지하도다."

　　우매한 목자의 기구들이 무엇을 가리키는지는 앞에 나오는 대구를 통해
서 더 정확하게 결정할 수 있으나, 그저 단순히 목자의 막대기를 비롯한 사
소한 물품들을 가리키는 것으로 이해해도 무방할 것이다. 목자의 기구로는
양떼들을 내리치는데 쓰는 철로 만든 막대기, 그리고 바늘로 꿰맨 행랑이 있
었을 것이다. 그 행랑에는 양떼에게나 목자에게 필요한 것이 아무 것도 들어
있지 않았을 것이다. 선한 목자는 얇은 막대기로 부드럽게 때리지만 우매한
목자들은 그 철로 만든 막대기로 사정없이 양떼를 내리쳤을 것이다.

　　606. 16절. "보라 내가 한 목자를 이 땅에 일으키리니 그가 없어진 자
를 마음에 두지 아니하며 흩어진 자를 찾지 아니하며 상한 자를 고치지 아니
하며 강건한 자를 먹이지 아니하고 오히려 살진 자의 고기를 먹으며 또 그
굽을 찢으리라." 여기서도 선지자는 에스겔과 예레미야의 예언들을 염두에
두고 있다. 겔 34:3,4("너희가 살진 양을 잡아 그 기름을 먹으며 그 털을 입
되 양의 무리는 먹이지 아니하는도다 너희가 그 연약한 자를 강하게 아니하
며 병든 자를 고치지 아니하며 상한 자를 싸매어 주지 아니하며 쫓긴 자를
돌아오게 아니하며 잃어버린 자를 찾지 아니하고 다만 강포로 그것들을 다스
렸도다"); 렘 23:1,2("나 여호와가 말하노라 내 목장의 양 무리를 멸하며 흩
는 목자에게 화 있으리라 그러므로 이스라엘 하나님 나 여호와가 내 백성을
기르는 목자에게 이 같이 말하노라 너희가 내 양 무리를 흩으며 그것을 몰아

내고 돌아보지 아니하였도다") 등을 보라.

스가랴가 이 말씀들을 참조한 것은 단순히 외형적인 것만은 아니었다. 스가랴가 다른 선지자들을 참조했다는 사실을 인정해야 하지만, 그는 독창성과 힘으로 그것들을 자발적으로 사용하였던 것이다. 하나님의 의로우신 심판으로 그 백성은 포로로 잡혀가기 전에 이미 악한 지도자들에 의해서 형벌을 받았었다. 예레미야와 에스겔은 그런 상태에 있는 백성들이 구원을 받을 것을 약속했었다.

그리고 그 약속은 포로기 후에, 구체적으로 말하면 스가랴 시대에 실제로 이루어졌다. 그 당시 스룹바벨과 여호수아가 진실하게 백성들을 지도했던 것이다. 그러나 스가랴는 장차 동일한 원인이 발생하여 동일한 결과가 나올 것이며 그 정도가 훨씬 극심할 것임을 선언하고 있는 것이다.

'그 굽을 찢으리라' 라는 표현은 대부분의 해석자들이 이해하듯이 극심한 잔인성을 뜻하는 것이 아니라, 오히려 목자의 극심한 탐욕을 뜻하는 것으로 보아야 한다(물론 양떼들의 편에서는 잔인성이 부수적으로 따라오지만). 이 표현은 이 절의 표현 전체의 절정에 속하는 것으로 목자가 탐욕이 극심하여 양의 살 가운데 하나도 버리지 않고 심지어 굽까지도 찢어서 먹는 상황을 나타내는 것이다.

607. 17절. "화 있을찐저 양떼를 버린 못된 목자여 칼이 그 팔에, 우편 눈에 임하리니 그 팔이 아주 마르고 그 우편 눈이 아주 어두우리라." 형벌을 당하는 대상으로서 팔과 우편 눈이 언급되고 있는데, 이는 부분을 들어서 전체를 묘사하는 의미를 지닌다. 목자가 양떼를 보살피는데 주로 사용하는 팔과 우편 눈을, 악한 목자는 참으로 부끄럽게도 양떼를 망하게 하는데 악용한 것이다. 팔은 강함을, 우편 눈은 사려깊은 판단을 의미한다. 여기서 한 가지 난제가 있는데, 두 가지 형벌이 일어나는 상황이 서로 모순을 일으킨다는 점이다.

먼저 칼이 팔과 우편 눈 모두에 드리우며, 그 다음에 팔은 마비되며 눈은 어두워진다는 것이다. 그러나 자세히 살펴보면, 이런 난제는 사라진다. 여기 언급된 특정한 형벌들은 전체의 형벌을 나타내는 개별적인 사례들로서 선지자가 이것들을 함께 제시하는 것은 그 형벌의 심각성과 그들의 죄악의 심각성을 드러내기 위함이다. 선지자가 그런 식으로 표현할 수 있었던 또 하나의 이유는 여기의 목자가 개인이 아니라 한 집단을 의미한다는데 있다.

제12장

608. 어두운 전망이 여기서 다시 즐거운 것으로 변한다. 지금까지와는 전혀 달리 이 땅의 열방들과 싸우는 하나님의 백성의 모습이 나타나고 있다. 그들 자신은 연약하지만 여호와 안에서 그들은 강하며 어디서든지 승리를 거두는 것이다. 여호와께서는 그들의 강퍅한 마음을 깨뜨리고 그들에게 은혜를 주셔서 회개케 하셨으므로 그들은 쓰라린 고뇌 가운데서 여호와께 범한 과거의 모든 악행을 후회하고 여호와께 돌아온다. 이제 그들은 죄를 용서함 받고 거룩해지기 위해서 올바른 노력을 기울이며 불경건한 모든 행위를 금하는 것이다.

609. 이 예언이 성취된 시기나 이 예언의 주제에 대해서는 해석자들 간에 의견이 분분하다. 이 예언이 성취된 시기에 대해서 그로티우스를 비롯한 몇몇 사람들은 마카베오 시대로 본다. 그러나 이 해석은 몇 가지 이유로 볼 때에 성립할 수가 없다. 이는 앞 장의 예언과의 관계로 볼 때에도 모순을 일으킨다. 여기서는 하나님의 백성이 다시 영접을 받고 있는데, 이는 앞 장에서 그들을 내어버리는 것과 명백한 대조를 이루는 것이다. 백성들이 내어버림을 당하는 것에 대한 예언이 그리스도의 시대 이후에 이루어진다면 그들이 다시 영접을 받는 것이 그리스도의 강림 이전의 시기에 속할 수가 없는 것이다. 이 점은 또한 12:10을 보더라도 분명히 드러난다. 애통하는 자들과 믿는 자들이 십자가에 못 박히신 그리스도를 바라보는 것이 예언되어 있는데, 이는 마카베오의 시대를 지나 메시야의 시대로 나아가게 해주는 것이다. 그리고 13장에 나타난 여러 가지 특징들, 곧 죄의 용서, 성결을 위한 노력 등을 있는 그대로 취해서 병행 구절들과 비교해 보아도 동일한 결론을 얻게 된다.

그리고 마지막으로 마카베오 시대를 가리키는 앞의 예언에서는 헬라 사람들이 언약 백성을 대적하는 것으로 언급되어 있는데(9:13), 여기서는 그 반대로 이 땅의 모든 족속들이 그들의 원수로 나타나고 있다.

우리는 그 성취를 과거의 사실에서 찾을 것이 아니라 미래의 역사에서 찾아야 할 것이다. 사실 그 예언은 스가랴 이전의 선지자들의 예언과 유사하다. 예컨대 욜 4장, 겔 38:39 등에서도 이와 비슷하게 하나님의 왕국과 세상 왕국과의 사이에 최후의 격전이 있을 것이며 여호와께서 그 싸움에서 원수들에게서 최후의 위대한 승리를 거둘 것이라는 사실을 언급하고 있는 것이다. 이 견해는 물론 성립할 수는 없지만, 그럼에도 불구하고 어느 정도 진리에 근거하는 것이다. 구약의 주요 사건들이 신약 시대의 사건들을 예표하는 것이 상례이듯이—이에 대해서는 스가랴 자신도 6:9 이하에서 놀라운 실례를 제공하고 있다. 즉, 바벨론에 거하는 유대인들이 성소에서는 떠나 있으나 여전히 성소를 재건하는데 도움을 주고 있는데, 이들이 메시야의 시대에 하나님 나라를 세우는 일에 협력하는 이방 민족들을 예표하는 것이다. 그리고 이사야 후반부에서도 포로들의 귀환을 가리켜 죄와 악행에 포로잡혀 있던 이방 민족들이 장차 다시 돌아올 것을 예표하는 것으로 자주 묘사되고 있어서 어디까지가 예표이며 어디까지가 실체인지를 분간하기가 어려울 정도이다—마카베오 형제를 통해서 하나님의 백성들을 압제자들에게서 놀랍게 구원하는 역사도 미래에 있을 하나님의 백성들의 최후의 위대한 구원을 예표하는 것이다. 결국 그것을 구약 시대의 사건들에서 빌려온 이미지로 묘사하는 것이며, 따라서 그 성취의 역사와 비교할 수가 없기 때문에(아직 이루어지지 않았으므로) 어떤 것이 상징적인 표현에 속하고 어떤 것이 말씀하고자 하는 주체에 속하는지를 파악하기가 어렵고, 부분적으로는 불가능하기도 한 것이다.

610. 또한 예언의 주제에 대해서도 의견이 분분하다. 이 예언을 기독교 교회에 관한 것으로 보는 견해는 아주 오래 전부터 내려온 것이다. 제롬은 이 견해를 가리켜 유대적 견해에 반대하는 기독교적 견해라고 칭했다. 시릴, 마크 등도 역시 마찬가지였다. 그러나 이 해석을 받아들일 수가 없다는 점은 예언의 내용을 그저 훑어보기만 해도 금방 알 수 있다. 선지자 자신들은 혈

연적 이스라엘에 대해서만 알았고, 오로지 선지자의 해석자들만이 영적 이스라엘에 대해 아는 것처럼 되어 버리는 것이다. 이 견해를 다음과 같이 수정하면 우리도 동의할 수가 있다. 즉, 여기서 말씀하는 언약 백성이 강림하신 메시야를 믿음으로 받아들이고 이방 민족들을 동등한 위치로 대하여 그들을 가슴에 포용하여 그들과 연합하여 한 교회를 이루는 이스라엘의 일부 백성을 가리키는 것으로 수정하는 것이다.

이것을 반대하는 또 다른 견해는 이 예언의 주제가 본래 이스라엘의 첫 열매로 구성된 신약의 일반적인 교회가 아니라, 마지막 때(이 때에는 구약 백성 전체가 그들에게 가해진 하나님의 심판에서 풀려나 다시 하나님 나라에 들어와서 핵심적인 위치를 차지하게 된다)의 신약 교회라고 보는 것이다. 이 마지막 견해는 비트링가, 미카엘리스, 다테 등이 주장하는 것으로 너무나 호감이 가는 부분이 많아서, 장차 이스라엘 백성 전체가 옛날에 여호와와 가졌던 은혜로운 관계를 다시 회복하게 된다는 견해를 거부하지 않는 한, 도무지 이를 반박할 명분이 없을 정도이다. 그러나 사실상 이스라엘의 미래의 회복에 대해서는 반박할 것이 많다. 그렇다고 해서 억지 해석을 통해서 그 사실을 가르치는 성경의 명확한 선언들을 무시해서는 안될 것이다.

사도들 뿐만 아니라(특히 로마서의 사도 바울) 주님께서도 몸소 마 23:39에서 이를 말씀하셨다: "내가 너희에게 이르노니 이제부터 너희는 '찬송하리로다 주의 이름으로 오시는 이여' 할 때까지 나를 보지 못하리라." 이에 대한 주된 증거는 12:10 이하에서 볼 수 있다. 이 구절에 따르면 여호와의 능력적인 도우심을 체험하는 자들은 과거에 그를 죽였던 자들과 동일한 자들이다. 과거에 그를 죽인 행위는 11장에서 묘사된 바 있듯이 국가적인 죄악이었고, 그 결과로 형벌이 국가적으로 미쳐서 결국 그 잘못에 대하여 국가적인 애통이 있을 것을 말씀하고 있으므로, 이 구절의 애통하는 자들이 주께서 십자가에 달리신 직후 가슴을 치며 애통해 했던 사람들을 가리킨다는 식의 생각은 도저히 할 수가 없는 것이다.

611. 여기서 우리는 스가랴서의 전반부와 후반부가 정확히 일치하고 있다는 사실을 주목할 필요가 있다. 1-4장이 9, 10장과 정확히 맞아 떨어지는

것이다. 이 두 부분은 모두 언약 백성들 가운데 신실한 부류에게 메시야의 강림하시기까지 베풀어지는 축복을 묘사한다. 5장은 11장과 일치한다. 이 두 장은 하나님의 심판들을 묘사하는데 언약 백성 가운데 불신앙적이며 악행을 일삼는 자들이 메시야를 거부함으로써 그들의 사악함을 결정적으로 드러낸 후에 그들에게 임할 하나님의 심판들을 묘사한다. 6:1-8은 12장과 14장에서 묘사되는 상세한 내용을 간결하게 묘사한다. 즉, 이스라엘이 다시금 하나님의 백성이 된 후 하나님께서 이스라엘을 보호하심과 그들의 악한 원수들을 징벌하시는 모습을 다루는 것이다. 이처럼 각 부분이 놀랍게 일치한다는 사실은 스가랴서의 순전성을 확실히 보여주는 결정적인 근거인 것이다.

612. 1절. "이스라엘에 관한 여호와의 말씀의 경고라 여호와 곧 하늘을 펴시며 땅의 터를 세우시며 사람 안에 심령을 지으신 자가 가라사대." 여기서 이스라엘이 경고의 예언의 대상이 되고 있다. 그러므로 여기의 이스라엘은 언약 백성을 가리키는 것일 수가 없다. 그들에게 여기의 예언은 경고가 아니요 위로의 성격을 갖기 때문이다. 모든 해석자들 가운데 우리가 파악하기로는 오직 리베라(Ribera)만이 사실을 정확히 파악한 것 같다: "이스라엘은 교회의 대적자들로서의 유대인들을 의미하고, 남은 자들은 핍박자들을 의미한다." 하나님 나라의 원수들이란 이 예언 자체에서 무너질 것이라고 예언되는 바로 그들임이 분명하다. 그러므로 그들의 패망은 표제에서도 예언되어 있다고 보아야 한다. 이렇게 보는 것은 처음에는 아주 이상하게 생각되기도 하지만, 여기에는 두 가지 근거가 있다. 1. 그 이름의 어원이 근거가 된다. 이는 스가랴의 목적과 견주어 볼 때에 매우 의미가 깊다. 이스라엘은 하나님과 싸우는 자라는 뜻으로서 과거에 싸웠던 자, 혹은 아직도 하나님과 싸우는 자를 가리킨다(참조. 창 32:29; 호 12:4). 2. 유다 왕국과 이스라엘 왕국의 관계가 하나님의 왕국과 그 원수들의 미래의 관계를 예표한다는 사실이 근거가 된다. 이스라엘 왕국은 우상을 숭배함으로써 하나님께 배도의 죄악을 저질렀고 형벌을 받아 마땅한 처지가 되었는데, 이들이 때로는 홀로, 때로는 수리아의 이방 백성들과 연합하여, 하나님의 택하신 왕국이요 하나님께서 거기에 성소를 세우신 유다 왕국을 전복시키려 갖은 노력을 다 기울였다. 후에

그들을 포로로 잡혀가게 하신 것은 하나님과 그의 왕국을 대항한 이런 적대 행위에 대한 의로운 형벌이었던 것이다. 선지자가 이스라엘이라는 이름을 택한 것이 이러한 의미가 있다는 사실은 그가 여기서 언약 백성을 뜻하는 이름으로 유다와 예루살렘을 계속 언급한다는 사실에서 잘 드러난다. 다른 곳에서는 유다를 언급하면서 이스라엘이나 에브라임을 함께 언급하는 경우가 자주 나타나는 것이다.

하나님의 이름을 거론하면서 단정적으로 말씀하는 것은 더 오랜 선지자들(특히 이사야서의 후반부)에게서 흔히 나타나는 것으로서 그 예언의 주체가 전능하신 하나님을 지적함으로써 현실적으로 과연 그 약속이 성취되겠는가 하는 의심을 불식시켜주는 효과가 있다. 여기서 암시하는 바를 8:6 이하는 명확하게 표현하고 있다: "이 일이 그 날에 남은 백성의 눈에는 기이하려니와 내 눈에 어찌 기이하겠느냐? 만군의 여호와의 말이니라."

'하늘을 펴시며 … ' 하나님께서 만물을 창조하신 후 마치 건축자가 건물을 지으면 더 이상 그 건물에 대해서 관여하지 않는 것처럼 그 만물을 그냥 그 상태대로 내어 버려두셨다는 견해가 있으나, 성경에서는 만물을 보존하는 일을 계속적인 창조 사역으로 말씀한다. 하나님은 날마다 하늘을 새롭게 펴시며, 날마다 땅의 터를 세우신다. 하나님께서 능력으로 그렇게 하지 않으시면, 하늘이나 땅이나 본래의 경로에서 벗어나 산산조각이 나고 말 것이다.

마지막 부분('사람 안에 심령을 지으신 자') 역시 하나님께서 처음 인간의 영혼을 창조하신 것만을 가리키는 것이 아니라, 동시에 하나님께서 그 영혼에 대하여 계속적인 창조와 보존의 영향력을 발휘하시는 것을 뜻한다. 하나님의 전능하심으로 이루어진 것이 수없이 많으나, 여기서 사람의 영혼을 지으셨다는 것이 특별히 두드러지게 표현된 것은 그 영혼이야말로 하나님의 절대적이고 지속적인 영향력이 행사되는 장(場)이기 때문이다. 모든 사람의 영혼의 창조자시요 '모든 육체의 생명의 하나님'(민 16:22; 27:16)께서 4절의 말씀처럼 원수들의 말탄 군사들을 미치게 하실 수가 없으며, 6절의 말씀처럼 그의 백성들의 지도자들에게 거룩한 용기를 가득 부어 주실 수가 없겠는가?

613. 2절. "보라 내가 예루살렘으로 그 사면 국민에게 혼취케 하는 잔이 되게 할 것이라 예루살렘이 에워싸일 때에 유다에까지 미치리라." 여기서 우리는 아무런 주저없이 칠십인역의 번역을 따르며(헹스텐베르크는 이 절의 전반부를 '보라 내가 예루살렘으로 그 주위의 모든 국민에게 흔들리는 문지방이 되게 할 것이라'로 번역한다―역자주), 이 말씀에 대한 테오도렛의 설명을 올바른 것으로 받아들일 수 있다: "그가 말씀하시기를, 내가 이 성을 모든 열방들이 쉽게 취하여 정복할 수 있는 그런 성으로 만들며 또한 내가 그 성을 격렬하게 흔들려서 떨어질 지경이 된 문들처럼 만들 것이라. 그리하여 그 원수들이 그 성에 나의 섭리가 사라진 것을 보고 그리로 달려와 함락시키며 비극을 가져오게 할 것이라." 이는 예루살렘을 문지방이 흔들리자마자 온통 비틀거리는 건물에 비유하는 것이다. 사 6:4에서도 문지방의 터가 요동한다고 하며, 암 9:1에서도 신정국가의 몰락을 성전 문지방이 움직이는 것에 비유하는 것을 볼 수 있다.

여기서 원수들을 지칭하는 표현에 점층법이 나타나고 있다. 즉, 여기서는 그 사면 국민이라고 칭하며, 3절에서는 모든 국민이라고 하다가, 뒤에 가서는 다시 천하 만국이라고 칭하는 것이다. 가장 강한 호칭이 나오고 난 뒤에 하나님의 도우심이 선포되는 것을 볼 수 있다. 이와는 대조적으로, 원수의 침략이 언약 백성에게는 더 이상 무서운 것이 아니다. 하나님의 전능하심이 그들의 침략으로 더욱 더 분명하게 드러날 것이기 때문이다.

후반부는 해석상 난제에 속하는 것이었다. 그러나 그 부분을 난제로 만든 것은 전반부를 그릇 해석하여 후반부를 올바로 보지 못하게 되었기 때문이다. 올바른 해석은 곧, '예루살렘의 함락과 함께 유다에게까지 미치리라'이다. 루터도 이미 그 의미를 바로 파악했었다: "예루살렘이 함락될 때에 유다도 관계될 것이다." 문법적으로 볼 때에 여기에 '그들 각자가'를 보충시켜서 그것을 주어로 볼 필요는 없다. 왜냐하면, 그 주어는 예루살렘이 흔들리는 문지방이 되게 할 것이라는 그 앞부분의 말씀과 또한 그들이 함락을 당할 것이라는 그 뒤의 말씀에서 간접적으로 이미 나타나 있기 때문이다.

여기서 유다와 예루살렘을 대조시키고 있는데 이는 언약 백성 가운데 더 천박한 자들과 더 존경 받는 자들이 서로 대조를 이루는 것과 같다. 이는 마치 8절에서 예루살렘의 거민들을 다윗의 족속과 다른 무리들로 나누어 서로 대조시키는 것과 유사하다. 이처럼 유다와 예루살렘을 대조시키는 표현은 예루살렘이 유다의 정치적 종교적 수도로서 나머지 유다는 예나 지금이나 그곳을 경이로움으로 흠모한다는 사실 때문에 그 의미가 더 잘 전달되는 것이다. 이러한 대조적 표현은 그 다음에 이어질 선언을 더욱 돋보이게 하는 역할을 한다. 언약 백성 가운데 힘이 없이 완전히 무기력한 상태에 있는 자들에게 먼저 여호와께서 도움을 선포하심으로써 그들을 구원하는 역사가 온전히 하나님 자신의 일임을 확실히 드러내는 것이다.

614. 3절. "그 날에는 내가 예루살렘으로 모든 국민에게 무거운 돌이 되게 하리니 무릇 그것을 드는 자는 크게 상할 것이라 천하 만국이 그것을 치려고 모이리라." 여기서 승리의 예언이 시작된다. 무거운 돌의 이미지는 자기들의 힘을 믿고서 그 돌을 드는 자는 뼈를 다치고 상처를 입게 된다는 뜻을 내포한 것으로 그 의도가 너무도 분명하기 때문에, 대부분의 해석자들처럼 제롬의 시대에 팔레스타인에서 성행했던 운동 경기의 하나와 구태여 관련시킬 필요가 없다. — '천하만국이 그것을 치려고 모이리라' 라는 말씀에서 다시 한번 선지자는 가장 강한 언어로 위험 상태를 표사하는데, 이는 여호와의 구원을 더욱 놀랍게 보이도록 하기 위함이며 동시에 신자들이 의기소침해지지 않도록 하기 위함이다.

615. 4절. "여호와가 말하노라 그 날에 내가 모든 말을 쳐서 놀라게 하며 그 탄 자를 쳐서 미치게 하되 유다 족속은 내가 돌아보고 모든 국민의 말을 쳐서 눈이 멀게 하리니." 기마병들을 여기서 원수들의 군대의 꽃으로서 특별히 언급하고 있다. 이들을 미치게 하는 것이 어떤 것인지는 왕하 6:18에서 잘 드러나 있다. 거기서 여호와께서는 엘리사의 기도를 들으사 원수들의 눈을 멀게 하셔서 그들이 여호와를 치기는 커녕 그들 자신이 오히려 파멸의 길로 들어가고 마는 것이다. — '유다 족속은 내가 돌아보고'(문자적으로는 '내가 유다 족속을 향하여 눈을 뜨고' 이다—역자주)는 여호와께서 그들을 보살피시겠다는 의미이다. 하나님은 그의 백성들을 포기하셔서 환난을 당하게

하시는 동안 그들에 대해서 눈을 감으셨다가 이제 그들을 향하여 다시 눈을 뜨시는 것이다. 유다 족속을 향하여 하나님이 눈을 뜨신다는 표현은 그 원수들의 말을 쳐서 눈이 멀게 하신다는 것과 좋은 대조를 이룬다. 과거에는 어둠 속에서 더듬거렸으나 이제는 여호와께서 그들을 향하여 눈을 뜨심으로 그들이 모든 것을 밝히 보게 된 것이다. ― 유다가 예루살렘과 대구를 이루어 나타나는 전후의 문맥에서 보듯이 유다 족속은 여기서 유다 지파만이 아니라 언약 백성 전체를 포괄하는 것으로 보인다. 유다 족속은 다른 곳에서는 이스라엘 족속 또는 이스라엘 왕국과 대조를 이루는 유다 왕국의 뜻으로 자주 나타난다. 선지자는 여기서도 그처럼 이스라엘과 대조시켜 이해하고 있음이 분명하다. 왜냐하면 앞에서 원수들을 가리켜 이스라엘이라고 지칭하고 있기 때문이다.

616. 5절. "유다의 두목들이 심중에 이르기를 예루살렘 거민이 그들의 하나님 만군의 여호와로 말미암아 힘을 얻었다 할찌라." 이 절은 6, 7절과 연관지어 보면 그 의미가 더욱 분명해 진다. 하나님이 먼저 언약 백성 가운데 원수들의 공격에 가장 많이 노출되어 있는 연약한 부류들을 먼저 구원하시고 그들에게 가장 찬란한 승리를 주실 것이라는 사실이 바로 거기에서 분명히 드러나는 것이다. 하나님이 그 연약한 자들에게 그런 승리를 주시는 것은 예루살렘의 이전의 찬란한 영광이 기득권으로 작용하여 그것으로 인해서 유다가 완전히 그늘에 가리지 않도록 하기 위함이다. 이 절에서는 유다에게 그런 축복과 영광이 임할 가망에 거의 없는 상태였음을 말씀함으로써, 또한 유다는 자신은 낮고 천한 상태에 있으므로 그런 영광은 오로지 하나님의 특별한 사랑과 보호하심을 받고 있는 그 수도 예루살렘을 통해서만 자기들에게 임할 수 있을 것으로 기대하고 있었음을 말씀함으로써, 뒤에서 말씀할 그 선언을 미리 예비하고 있다. 그 자신의 비천함을 스스로 고백함으로써 후에 올 영광이 온전히 겸손한 자에게 은혜를 주시는 하나님의 역사하심으로 된 것임이 더욱 분명히 드러나는 것이다. 만군의 여호와는 하나님의 전능하심을 지적해 준다. '그들의 하나님,' 곧 여호와께서 그의 백성을 돕고자 하시는 것은 그들과 언약을 맺은 관계에 있기 때문이다.

617. 6절. "그 날에 내가 유다 두목들로 나무 가운데 화로 같게 하며 곡식단 사이에 횃불 같게 하리니 그들이 그 좌우에 에워싼 모든 국민을 사를 것이요 예루살렘 사람은 다시 그 본 곳 예루살렘에 거하게 되리라." 이 구절을 어느 정도나 상징적으로 이해하며 어느 정도나 문자적으로 이해하여야 하는지는 이 예언의 성취를 통해서 결정할 수밖에 없는데, 그 성취 역시 성급하게 예상할 수가 없다. 스가랴가 늘상 하는 대로 구약에 속한 것을 이미지로 삼아서 신약에 속한 것을 말씀하는 것을 고려하면, 이 구절을 상징적으로 해석하는 것을 미리부터 거부할 수는 없을 것이다. 이 절의 골자는 오로지 "언약 백성이 원수들에게 승리를 거둘 것"이라는 것이다. 여기의 특정한 묘사들은 예표에 속하는 것이다. '예루살렘 사람은 다시 그 본 곳 예루살렘에 거하게 되리라'에서는 예루살렘이 귀부인으로 의인화된다(헹스텐베르크는 이를 '예루살렘이 예루살렘에 있는 그녀의 보좌에 계속 앉아 있으리라'로 번역한다—역자주). 그 부인의 원수들은 그녀를 보좌에서 끌어내렸다고 생각했으나 그녀는 계속해서 보좌에 앉아 있는 것이다. 여기의 묘사는 사 47:1에서 잘 설명해 주는데, 거기서는 바벨론에 대해서 정확히 반대의 상황을 말씀하고 있다: "처녀 딸 바벨론이여, 내려 티끌에 앉으라. 딸 갈대아여, 보좌가 없어졌으니 땅에 앉으라. 네가 다시는 곱고 아리땁다 칭함을 받지 못할 것임이니라." — '그녀의 보좌에' 문자적으로는, '그녀 자신 밑에,' 곧, 지금까지 그녀가 자신 밑에 깔고 앉았던 것, 즉 그녀의 보좌에.

618. 7절. "여호와가 먼저 유다 장막을 구원하리니 이는 다윗의 집의 영광과 예루살렘 거민의 영광이 유다보다 더하지 못하게 하려 함이니라." 유다의 장막이 여기서 수도 예루살렘과 분명한 대구를 이룬다. 유다나 이스라엘의 장막이 언급되는 곳에서는 어디서나 이와 비슷한 대구가 나타난다(참조. 삼하 20:1; 왕상 8:66; 삿 20:8). 여기서 족속의 뜻으로 장막이라는 용어를 쓴 것은 이리저리 흩어져 있던 그들의 형편을 부각시키기 위함이다. 마치 독일에서는 좋은 집에 사는 사람이면 누구든지, "수도를 벗어나 나의 오두막으로 간다네"라고 말하는 것과 같다. 그러므로 미카엘리스의 주장처럼 여기에 과거 유목민 시대의 잔재가 있다고 볼 필요는 없다. 오히려 이 구절

의 표현에는 유다의 무기력한 상태를 특별히 시사함으로써 '여호와가 … 구하리니'라는 표현을 더욱 강조시키는 면이 있는 것 같다. 이러한 예는 겔 38:11에서도 찾아볼 수 있다: "네가 말하기를 내가 평원의 고을들로 올라가리라 성벽도 없고 문이나 빗장이 없어도 염려없이 다 평안히 거하는 백성에게 나아가리라."

'이는 … 못하게 하려 함이니라'는 '여호와의 구원'이 아니라 '먼저'를 부연 설명하는 것이다. 여호와의 구원은 유다에게만 아니라 예루살렘에도 임할 것이기 때문이다. 예루살렘 거민의 영광이라고 하고 나서 유다에 대해서는 영광을 반복해서 붙이지 않는데는 그만한 이유가 있다. 이에 대해서 부르크(Burk)는 다음과 같이 설명한다: "그냥 유다라고만 언급한 것은 유다에게 달리 영광이 없었음을 보여준다. 만일 유다가 이미 여호와의 구원을 통해서 얻은 것 말고 달리 영광이 있었다면 유다는 그 영광으로 스스로 자고했을 것이다." 여기서 말씀하는 것은 오로지 유리한 위치에 있느냐 하는 것뿐이다. 인간의 본성이 부패해 있으므로 그런 유리한 위치는 자칫 잘못하면 다른 사람은 물론 하나님보다도 더 높이 스스로를 높이는데 이용될 소지가 많다. 그러므로 그런 유리한 점을 지나치게 많이 쌓아두는 것을 경계해야 할 것이다. 선지자는 여기서 과거에 예루살렘이 시골에 비해서 자신이 유리한 위치에 있다는 점을 악용했던 사실을 염두에 두고 있는 것으로 보인다. 강한 자가 약한 자를 통해서 구원받게 될 것인데, 이는 양자 간에 진정한 평형을 회복시키며, 제롬의 말과 같이 "양자의 경우에 승리가 여호와의 것이 되도록" 하기 위함이다.

619. 8절. "그 날에 여호와가 예루살렘 거민을 보호하리니 그 중에 약한 자가 그 날에는 다윗 같겠고 다윗의 족속은 하나님 같고 무리 앞에 있는 여호와의 사자 같을 것이라." 예루살렘의 거민들이 강한 자와 약한 자 두 부류로 나뉘어진다. 강한 자는 뒤에서 다윗의 족속으로 불려진다. 약한 자가 얻을 영광은 강한 자 가운데 가장 강한 자, 곧 그들의 조상이요 용사요 왕인 다윗이 이룬 것과 같은 정도의 영광이 될 것이다. 그리고 강한 자는 과거 신정국가에서는 도무지 이루지 못한 그런 영광의 자리로 올라갈 것이다. 이리

하여 선지자는 개별적인 사례를 언급함으로써 그 때에 여호와께서 그의 백성으로 하여금 과거 신정국가에서는 상상도 하지 못한 그런 영광을 얻게 할 것이라는 사상을 표현하는 것이다. 사 60:22에서도 비슷한 사상이 나타난다: "그 작은 자가 천을 이루겠고 그 약한 자가 강국을 이룰 것이라."

'하나님 같고'('엘로힘 같고')는 대개의 해석자들은 '천사 같고'로 번역한다. 그러나 엘로힘이 그런 뜻으로 쓰인 예는 한번도 없다. 그런데도 이런 해석을 제기하게 된 이유는 고려할만한 가치가 있다. 그렇게 해석한 이유는 이것을 '천사 같고'로 해석해야만 그 다음에 이어지는 '여호와의 사자 같고'가 클라이막스를 이룰 수 있기 때문이다. 그러나 이러한 어려움은 다음의 논의를 통해서 완전히 제거할 수가 있다. 엘로힘은(복수형이 보통 추상적인 것을 지칭하듯이) 추상적 신개념(abstract concept of Deity)을 표현하는 것이다. 이 낱말은 거기에 정관사가 붙어서 구체적인 개념으로 바뀌어지지 않을 경우에는 때때로 초인간적인 것, 혹은 인간을 넘어서는 것을 지칭하는 경우가 있다. 이와 관련해서 특별히 두드러지는 것은 시 8:5의 표현이다: "저를 엘로힘보다 조금 못하게 하시고."

여기서 엘로힘을 '유일하고 참되신 하나님'으로 이해하는 사람이나, 이 표현이 주는 곤란함을 피하기 위해서 여기의 엘로힘을 천사로 이해하는 사람이나 모두 똑같이 큰 잘못을 범하고 있는 것이다. 천사는 여기에 전혀 어울리지 않는다. 왜냐하면 천사는 자연을 통치하는 권한이 없는데, 여기서는 사람이 하나님의 대리 통치자로서 지니는 위엄이 논의의 주제가 되기 때문이다. 그러므로 이 구절을 근거로 사람이 타락 이후에도 도덕적인 위엄을 지니고 있다는 주장을 펴는 사람도 역시 스스로 어리석다는 것을 증거하는 것밖에 아무 것도 아니다. 우리는 칼빈에게서 바른 해석을 찾을 수 있다: "주께서 저를 거의 신격에 가깝게 높이시고(Thou hast exalted him almost to a divinity)."

이 사실을 본문(여기서도 엘로힘에 관사가 붙어 있지 않다)에 적용하면, 실제로 낮은 것에서부터 높고 위대한 것으로 점점 나아가는 것을 즉시 볼 수 있다. 곧, '다윗의 족속은 사람들보다 고귀하게 되며'는 '여호와의 사자 같을 것이라'보다 표현이 약한 것이다. '여호와의 사자'를 '여호와의 한 사자'

로 이해하는 자들이 있으나 여호와의 특정한 사자, 곧 그의 계시자요 스가랴가 언제나 여호와의 이름과 속성을 부여하는 바로 그 '여호와의 사자'로 이해하는 것이 옳다.

'무리 앞에 있는'에 대해서는 의견이 여러 가지로 갈라진다. 몇몇 사람들(미카엘리스, 부르크, 로젠뮐러 등)은 수리아 역본을 따라서 '그들 앞에 있는'으로 이해하며, 아이히호른은 '한때 여호와의 사자가 이스라엘 앞에 있었듯이'로 이해한다. 그러나 이런 억지 해석을 취할 수는 없다. 왜냐하면 '다윗의 족속은 그들 앞에 있는 여호와의 사자 같을 것이라'에 전혀 무리가 없기 때문이다. 이렇게 보면, 이 표현은 여호와의 사자가 이스라엘의 앞에서 나아갔었던 광야에서의 행진을 넌지시 암시하는 것이라 할 수 있다. 이 표현과 유사한 것으로 미 2:13을 들 수 있다: "그들의 왕이 앞서 행하며 여호와께서 선두로 행하시리라."

여기의 '같고'는 동등함을 나타내는 것이 아니라 유사함을 나타내는 것이다. 삼하 14:17("이는 내 주 왕께서 하나님의 사자 같이 선과 악을 분간하심이니이다"), 14:20("내 주 왕의 지혜는 하나님의 사자의 지혜와 같아서 땅에 있는 일을 다 아시나이다")을 참조하라. 거기서는 절대로 왕이 하나님의 사자와 동등함을 뜻하는 것이 아니다. ― 다윗의 족속은 여기서(본문의 대구에서도, 12절과의 비교에서도 드러나듯이) 언약 백성 가운데 가장 고귀한 자들과 그들의 미래의 지도자들을 예표하는 역할을 한다. 이는 마치 선지자가 언약 백성의 미래의 원수들을 애굽과 앗수르로 지칭하는 것이나, 그들의 미래의 구원을 홍해를 지나는 것으로 표현하는 것이나, 그들이 미래에 포로로 잡혀 갈 땅을 시날이라고 칭하는 것과 같다.

620. 9절. "예루살렘을 치러 오는 열국을 그 날에 내가 멸하기를 힘쓰리라." 10절. "내가 다윗의 집과 예루살렘 거민에게 은총과 간구하는 심령을 부어 주리니 그들이 그 찌른 바 그를 바라보고 그를 위하여 애통하기를 독자를 위하여 애통하듯 하며 그를 위하여 통곡하기를 장자를 위하여 통곡하듯 하리로다." ― '부어 주리니'에 대해서 제롬은 다음과 같이 바로 논평한다: "부어 줌이라는 말은 관대함의 의미를 보인다." 여기서 13:1에서와 마찬가지

로 다윗의 집과 예루살렘 거민만이 언급되고 유다는 언급되지 않는다는 점이 놀랍게 보인다. 그러나 이는 더 이른 시기의 선지자들이 신정국가를 그 수도나 중심점을 통해서, 곧 예루살렘이나 시온으로 지칭하는 것이 상례였다는 사실로 잘 해명될 수 있다. 선지자가 이런 용법을 쉽사리 취할 수 있었던 것은 앞에서 나타나는 예루살렘과 유다 사이의 대조가 이제는 없어졌기 때문이다. 그리고 성령을 부어 주시는 데에는(구원도 마찬가지이지만) 누구에게 더 기울고 누구는 차별하는 그런 식의 구별이 있을 수가 없기 때문이기도 하다.

전반부에서도 선지자는 신정국가 전체를 염두에 두면서도 오로지 예루살렘만을 몇 차례나 언급하고 있다. 예컨대, "여호와가 너를 책망하노라 예루살렘을 택한 여호와가 너를 책망하노라"(3:2), "인도하여다가 예루살렘 가운데 거하게 하리니"(8:8) 등을 들 수 있다. 반면에 다른 곳에서는 신정국가를 예루살렘과 유다 성읍으로 지칭하기도 한다(1:12). ― '은총의 심령'이란 은총을 이루는 심령; 은혜를 가져오는 심령을 뜻한다. 사 11:2의 유사한 관용법을 참조하라: "지혜와 총명의 신이요 모략과 재능의 신이요 지식과 여호와를 경외하는 신." 여기의 은총은 하나님의 속성의 하나로 이해해서는 안되며, 오히려 그것이 사람에게 새로운 생명의 원리로써 작용하는 것으로 이해하여야 한다. 여기서 의미 심장한 것은 은총과 은혜로운 간구를 함께 묶어서 표현하고 있다는 사실이다. 이처럼 어근이 같은 표현을 선택함으로써 이 간구가 은총에 근거한 것임을 암시하는 것이다.

'바라보고'는 어떤 대상에 대해 신뢰를 갖고서 영적인 안목으로나 육적인 눈으로 그것을 쳐다보는 것을 뜻한다. 민 21:9에서는 구리 뱀에 대해서 그것을 바라보는 자는 고침을 얻었다고 말씀한다. 여기의 표현은 과거에 이스라엘이 경멸과 미움으로 메시야에게서 얼굴을 돌렸었던 것과 무언의 대조를 이루는 것이다. ― '그를 바라보고'(문자적으로는 '나를 바라보고'이며 헹스텐베르크도 '나를'을 취한다―역자주)는 매우 놀랍다. 여기서 화자는 1절에 나타나듯이 천지의 창조주이신 여호와이시다. 그러나 그가, 유일하신 하나님이 모든 고난에서 벗어나 계신다고 생각해서는 안된다. 왜냐하면 그 다음에서 여호와께서 스스로 이스라엘에게서 찔림을 당하신 것으로 묘사하고 있기 때문이다. 그러므로 우리는 지극히 높으신 하나님의 사자와 계시자를 상정하게 된다. 그 여호와의 사자가 신적 본성과 속성을 공유하며, 하나님의 지극히 거룩한 이름까지도 공유하며 백성에 대해 목자의 직분을 시행했고, 그들에게서 보잘 것 없는 모욕적인 배은망덕으로 보상받으셨다고 선지자가 말씀하는 바로 그 분을 상정하게 되는 것이다. 그 백성들은 자기들이 죽인 자에 대해서 슬퍼한다. 그가 자기들의 죄 때문에 죽임을 당했다는 고통스러운 마음으로 그들은 애곡하는 것이다. 여호와께서 그들의 악행을 선으로 되돌려 주셨다는 생각으로도 그들의 고뇌는 경감되지 않는다. 그들은 자기 자신들의 행위와 그 자연적인 결과만을 보는 것이다. 그들 자신이 아니라 그들의 선조가 그 행위를 저질렀다는 것도 그들에게는 위안을 주지 못한다. 그들은 죄책이 국가적임을 의식하고 있다. 그런 범죄를 저지른 선조들의 성향을 그대로 물려받아 그들 스스로 메시야를 극렬히 미워함으로써 그들 자신이 선조들의 범죄로 인한 죄책을 함께 지는 자들이 되었다고 인식하고 있는 것이다. 그리고 선조들의 범죄에 대해서 그들 자신이 형벌을 받아 마땅하다고 여기고 있다. 그들은 또한, 마치 과거에 갈대아 사람들이 침략할 때에 그 이전 세대의 죄가 당대의 사람들에게 미쳐서 그들이 형벌을 받았던 것처럼, 그들도 죄를 범했으니 선조들이 범한 죄에 대한 형벌을 그들 자신에게 베풀어도 무방하다고 여겼던 것이다.

'독자를 위하여 애통하듯 하며'는 다른 곳에서도 가장 깊은 슬픔을 나타내는 표현으로 쓰인다: "독자의 죽음을 인하여 애통하듯 하게 하며"(암 8:10); "딸 내 백성이 굵은 베를 두르고 재에서 굴며 독자를 잃음 같이 슬퍼하며 통곡할지어다"(렘 6:26). 장자를 위하여 애곡하는 것은 애굽에서 두드러지게 나타난다: "애굽 전국에 전무후무한 큰 곡성이 있으리라"(출 11:6).

본 절의 예언의 성취는 그리스도께서 십자가에 달리신 직후의 사건에서 놀랍게 예시되었다. 이에 대해서 몇몇 해석자들은 그 때에 이 예언의 성취가 실제로 일어났다고 잘못 생각하기도 했다. 눅 23:48을 보라: "이를 구경하러 모인 무리도 그 된 일을 보고 다 가슴을 두드리며 돌아가고." 바로 전까지도 "그를 십자가에 못박으소서"라고 외쳐댔던 무리들이 이제는 예수님의 초인간적인 위엄이 드러나는 것을 보고서 충격을 받아 스스로 뉘우치며 죽은 자에 대해서, 그리고 자기들의 죄에 대해서 애곡하며 돌아간 것이다. 이와 같은 개개인들의 잠시동안의 감정 표현은 온 백성의 철저한 회개를 희미하게나마 보여주는 하나의 예표의 역할을 하고 있는 것이다.

이 구절에 대한 신약 성경의 언급을 살펴보기로 하자. 이 구절을 인용한 것으로 볼 수 있는 것은 요 19:37이다: "또 다른 성경에 저희가 그 찌른 자를 보리라 하였느니라." 이 인용문과 본문의 예언과의 관계에 대해서 다음과 같은 사실들을 논할 수 있을 것이다. (1) 원문의 표현과 달라진 점은 1인칭을 3인칭으로 바꾼 것이다. 스가랴에서는 메시야 자신이 말씀하는데, 요한복음에서는 메시야에 대해서 말씀한다. 사도 요한은 여기서 칠십인역을 내버려 두고 히브리어 성경을 직접 번역하고 있는데, 다만 본문의 다른 독법을 인용하고 있을 뿐이라는 주장이 있으나, 이는 타당성이 없다. 마 27:9에서 슥 11:13을 인용할 때에도 정확히 같은 현상이 나타나는데 거기서는 본문의 의미를 더욱 명확히 하려는 노력의 일환으로 그렇게 인칭 대명사를 바꾸는 것이다. (2) 비트링가와 미카엘리스는 그 반대의 경우를 입증하기 위해서 갖은 노력을 다하지만, 요한의 인용구는 그리스도께서 십자가에 달리신 그 때의 상황 전체를 직접 지칭하는 것이 아니라 오직 창으로 찌른 것만을 지칭하는 것임이 분명히 드러난다. 요한은 다른 사람들은 다 뼈를 부러뜨렸는데 어떤 연유로 주님의 경우는 뼈를 부러뜨리지 않았는데, 어떻게 그의 옆구리를 찔렀는지를 상세히 기록하고 있다. 그리고 나서 그는 뼈를 부러뜨리지 않은 사실에 대해 구약의 증거를 대고, 이어서 옆구리를 찌른 것에 대해서 똑같이 구약의 증거를 댄다. 그러나 요한이 여기의 예언을 옆구리를 찌른 일부의 상황만을 가리키는 것으로 인용했음을 인정하더라도, 그가 그 예언의 성취의 범위를 확대시키지 않고 다만 그 특정한 상황에만 국한시켰다고 볼 수는 없다. 십자가에 매어다는 모든 상황은 물론 창으로 찌르는 행위는 행 2:23에 의하면 영적인 대의명분을 위하여 유대인들이 저지른 일이었던 것이다. 요한은 예언들을 인용할 때에 항상 그 예언을 그가 언급하는 바로 그 대상에만 국한시키지 않고 그 범위를 언제나 확대시키는데, 이는 18:9에서 분명히 드러난다. 그러나 람페(Lampe)가 주장했듯이 만일 '찌르다' 라는 동사를 창으로 찌른 단 한 가지 사실만을 가리키는 것으로 본다면, 예언은 그 중요성을 잃어버리고 말 것이다. 오히려 그것은 메시야의 죽음에 이르게 한 모든 고난 전체를 가리키는 것으로 보아야 마땅할 것이다. 이것이 골자요 다른 도구나 죽음의 방법들에 대한 것은 별로 중요치 않다는 사실은 슥 13:7과 비교해 보면 잘 알 수 있다. 거기서는 칼이 도구로 언급되는데, '찌르다' 라는 동사는 오히려 창과 부합되는 것이다.

요한복음의 경우와 같은 직접적인 인용 이외에도 이 예언을 의도적으로 암시하는 구절이 두 군데 있다: 마 24:30("그 때에 땅의 모든 족속들이 통곡하며 그들이 인자가 구름을 타고 능력과 큰 영광으로 오는 것을 보리라")과 계 1:7("볼지어다 구름을 타고 오시리라 각인의 눈이 그를 보겠고 그를 찌른 자들도 볼터이요 땅에 있는 모든 족속이 그를 인하여 애곡하리니 그러하리라")이 그것이다. 이 구절들은 말하자면 스가랴서의 예언에 대한 거룩한 풍자라고 할 수 있을 것이다. 이 구절들은 스가랴가 말씀하는 온전한 회개와 경건한 자의 슬픔이 있으며 동시에 또 다른 애곡, 즉 유다의 절망에 가득찬 슬픔이 있을 것임을 보여준다. 곧, 찔린 자를 자발적으로 바라보는 자들이 있고 동시에 그를 억지로 바라보는 자들이 있을 것이며, 불신자가 바로 이 범주에서 벗어나지 못할 것이다. 이 암시의 그 몸서리치는 엄숙함을 우리는 가슴 깊이 새겨야 할 것이다. 이는 또한 주님 자신과 그의 사도들이 이 구절을 주님에 대한 것으로 보았다는 사실을 보여준다.

621. 11절. "그 날에 예루살렘에 큰 애통이 있으리니 므깃도 골짜기 하다드림몬에 있던 애통과 같을 것이라." 여기서 선지자는 그 애통을 가능한 한 크게, 보편적인 것으로 보이도록 하기 위해서 최선의 노력을 기울인다. 그리하여 그는 그의 예언을 어느 한 사건을 가리키는 것으로 보지 못하도록 막는 것이다. 이 예언에 해당하는 유사한 사건이 있다면 그것은 단지 진정한 성취의 서막에 불과한 것이다. 여기의 '하다드림몬의 애통' 은 하다드림몬에 있었던 애통이 아니라(한글 개역 성경은 이 의미를 취하여 '하다드림몬에 있던 애통' 으로 번역하고 있다—역자주) 지금까지 그 장소와 관련해서 있어온 애통을 뜻한다. 경건한 왕 요시야가 그곳에서 죽임을 당했기 때문에 그곳은 애통의 대상이었던 것이다. 여기서 그 찌른 바 그 사람에 대한 애통을 특별히 이 요시야 왕의 죽음에 대한 애통과 비교하고 있다는 것은 다음의 근거들

을 통해서 입증된다.

(1) 선지자가 여기서 비교하고 있는 애통은 그때까지 있었던 애통 가운데 가장 극심한 것이었음이 분명한데, 요시야왕의 죽음에 대한 애통이 바로 그러했다. 대하 35:25에 의하면 예레미야가 그의 죽음에 즈음하여 애가를 지었으며, 노래하는 남녀들이 애가들을 지어 불렀다. 이 노래들이 이스라엘에서 계속 불러져서 역대기 저자의 시대까지 전해 내려왔던 것이다. 이 노래들은 나라의 슬픈 운명을 노래한 애가의 문집으로 엮어졌다. 그 나라는 요시야 왕의 죽음 이후 급격히 패망의 길을 걸었다. 여기서 우리는 그 애가의 위대성을 볼 수 있으며 동시에 그것이 포로기 후 시대까지도 계속하여 기억되고 불리웠다는 증거를 볼 수 있는 것이다.

(2) 그 애가의 주제는 경건한 왕이었을 것이 분명하다. 더욱이 그가 어떤 점에서 그 백성들의 죄를 위하여 죽은 사람이라면, 그렇게 부르는 것이 더욱 적절할 것이다. 그런데 이것이 요시야에게서 완전히 실현되었다. 그는 유다의 모든 왕들 가운데서 가장 경건한 왕이었다. 그러나 하나님은 요시야의 경건함으로도 유다를 멸망시키시려는 작정을 바꾸지 않으셨다. 그는 강력한 애굽의 왕과 분별없이 전쟁을 벌이다 희생 당한 것이 아니었다. 그는 백성들의 죄에 대한 희생 제물로서 죽은 것이다. 만일 백성들의 죄로 인해서 하나님이 진노하지 않으셨다면, 하나님은 그의 생명을 보존시키셨을 것이다.

(3) 이 애통이 요시야 왕과 관련한 애통이었다면 그 죽임을 당한 사람은 유다의 왕이어야 하고 예루살렘이 그 죽음에 대해 애통했어야 마땅한데, 본문은 분명히 '예루살렘에 큰 애통이 있으리니 므깃도 골짜기 하다드림몬의 애통과 같을 것이라'고 말씀하고 있다. 요시야의 경우 이 두 가지 애통이 모두 있었다. 요시야는 치명적인 상처를 입고서 예루살렘에 돌아온 직후 사망했고, 이어서 그를 위한 애곡이 시작된 것이다. 그의 죽음으로 인하여 신정 국가는 멸망의 길로 달음질치기 시작했다. 대하 35:22을 참조하라. 그 구절의 진술과 열왕기의 진술이 서로 모순을 일으키는 것으로 보인다. 그러나 요시야가 므깃도에서 사망했다는 열왕기의 기록(왕하 23:29)은 후대의 기자가 자신의 계획에 따라서 할 수 있는 대로 그 사건을 간결하게 진술한 것으로서, 열왕기의 기록은 전체적으로 역대기보다는 외형적인 주변 정황과 사소한

사건 묘사에 있어서는 상세함과 정확성이 떨어지는 것을 보게 된다. 므깃도에서는 요시야가 아직 숨이 완전히 끊어진 상태가 아니었다는 것은 열왕기 기자에게는 별로 중요한 문제가 아니었다. 열왕기 기자에게는 요시야가 므깃도에서 치명적인 상처를 입었다는 사실이 중요했으므로 거기서 죽어간 것으로 묘사했을 따름인 것이다.

(4) 장소가 정확히 일치한다. 여기 슥 12:10에서와 같이 역대기에서도 요시야가 찔렸다고 기록하고 있다. 다른 점이 있다면 본문에서는 요시야가 치명적인 상처를 입은 장소를 특별히 언급하고 있다는 점이다. 하다드림몬이 므깃도 골짜기 혹은 이스르엘 골짜기에 위치했다는 것은 제롬이 특별히 입증한 바 있다. 그 장소가 구약의 다른 곳에서는 언급되지 않으며 칠십인역에서도 나타나지 않는다는 점은 그 장소가 별로 중요한 곳이 아니었기 때문으로 볼 수도 있고, 하다드림몬은 본래 그 장소의 이름이 아니고 다만 그곳을 기려서 부르는 이름이었기 때문으로 볼 수도 있다.

이 앞 구절이 여호와가 아니라 메시아에 관한 것이라는 것을 이 구절이 결정적으로 증거해 주고 있는 것을 보게 된다. 요시야 왕이 죽임 당하여 애통해 하는 것을 어떻게 감히 지극히 높으신 하나님이 모욕을 당하시는 것에 대해 애통하는 것에 비교할 수가 있었겠는가! 그러나 요시야 왕의 죽음을 메시야의 죽음에 대한 예표로 본다면 얼마나 잘 어울리는가! 메시야는 그 백성의 죄로 인하여 죽임을 당하셨고, 그의 통치는 여호와의 마지막 은혜였다. 그 이후로 말로 다할 수 없는 비극이 이어졌으며, 그의 죽음에 대한 애통이 사랑의 감정과 그를 희생시킨 그들 자신의 죄에 대한 고뇌의 감정으로 뒤섞여 일어난 것이다.

622. 12-14절. 선지자가 여기서 찔린 자에 대한 애통을 이렇게 상세히 묘사하고 있는 이유는 다음과 같다. (1) 이스라엘의 애통이 그저 의식적인 애통이 아니라 진정한 애통이었음을 드러내며, 그들의 회심이 내적이며 순전한 것임을 나타내기 위함이었다. 선지자는 앞에서 시작한 상징적 묘사를 계속함으로써 그 목적을 이룬다. 가족들마다 별도로 애통하며, 또한 가족 내에서 남자들과 여자들이 서로 별도로 애통하는 것으로 묘사한다. 그리하여 각

가족마다, 그리고 그 가족 내의 각 부분들마다 마치 자기 가족 가운데 한 사람이 죽은 것처럼 그렇게 애통하리라는 것을 묘사하고 있는 것이다. (2) 그 다음으로, 그의 목적은 그 애통이 온 백성 전체에게 미칠 정도로 크나큰 애통으로 묘사하는 것이었고, 백성의 회심에 대해서도 그리스도께서 비천한 가운데 오셨을 때나 그가 비참하게 죽임을 당하셨을 때처럼 적은 숫자의 회심이 아니라 나라 전체의 회심으로 묘사하는 것이었다. 이 목적을 이루기 위해서 선지자는 먼저 가장 주도적인 두 지파를 언급하고, 이어서 그 두 지파의 주도적인 두 가문을 그들과 연결시켜서 백성들의 회심이 처음부터 마지막까지 보편적으로 이루어지는 것임을 드러내며, 또한 나머지 온 가문들을 그 두 가문에 이어서 언급함으로써 백성 전체가 그 일에 참여한다는 사실을 분명히 드러내는 것이다. 그리하여 마치 롬 11:26의 바울의 말씀처럼 온 이스라엘이 구원받을 것임을 말씀하는 것이다.

12절. "온 땅 각 족속이 따로 애통하되 다윗의 족속이 따로 하고 그 아내들이 따로 하며 나단의 족속이 따로 하고 그 아내들이 따로 하며." 13절. "레위의 족속이 따로 하고 그 아내들이 따로 하며 시므이의 족속이 따로 하고 그 아내들이 따로 하며." 14절. "모든 남은 족속도 각기 따로 하고 그 아내들이 따로 하리라." 이 특정한 가문들이 메시야를 위한 애통에 참여하는 것으로 묘사되고 있는지를 이해하려면 먼저 시므이의 가문에 대해서 올바로 이해하여야 한다. 이를 위해서는 민 3:18 이하를 잘 살펴야 할 것이다. 레위에게는 게르손과 고핫과 므라리 등 세 아들이 있었고, 게르손에게는 립니와 시므이 두 아들이 있었다. 민 3:21에서는 여기서도 똑같이 언급되는 시므이의 족속이 언급되고 있다. 이렇게 놓고 보면, 여기서는 레위 지파에 속한 개별적인 한 가문을 들어서 레위 지파 전체와 연관짓고 있는 것이다. 여기의 나단의 족속은 다윗 시대의 나단 선지자의 후손일 수도 없고, 선지자 계급을 지칭한 것일 수는 더 더욱 없다. 선지자 계급이 나단에게서 시작된 것이기 때문이다. 나단의 족속이란 다윗 족속의 한 분파였음이 분명하다. 이는 마치 시므이의 족속이 레위 지파에 속한 한 분파였던 것과 같다. 그러므로 선지자는 삼하 5:15과 눅 3:35에 언급된 다윗의 아들 나단의 후손을 뜻하는 것이 분명한 것이다. 다윗의 여러 아들들 가운데서 유독 나단을 언급한 것은 나단이 시므이의 경우처럼 하나의 종속된 가문의 창시자였기 때문이다. 그러므로, 초기 신정국가의 두 주요 가문, 즉 왕의 가문과 제사장의 가문을 언급하며, 이어서 그 두 가문에 속한 두 분파를 연결시킴으로써, 가장 고귀한 자로부터 가장 낮은 자에게 이르기까지 예외가 없이 모든 족속의 구성원들 전체가 회심할 것을 말씀하는 것이다.

제 13 장

623. 1절. "그 날에 죄와 더러움을 씻는 샘이 다윗의 족속과 예루살렘 거민을 위하여 열리리라." 이스라엘의 회개의 슬픔은 헛되지 않을 것이며 헛될 수도 없을 것이다. 왜냐하면 그들 가운데 그런 각성을 일으키신 것이 바로 여호와이시기 때문이다. — 샘은 회개하는 백성에게 죄의 용서를 베푸시는 하나님의 은혜이다. 여기서 물은 갈증을 씻는 것이 아니라 정결케 씻는 것을 나타낸다. 여기서 샘이 열리리라고 표현하고 있는데, 대다수의 해석자들은 이것이 닫혀 있는 샘, 즉 그 샘의 소유자만이 물을 길을 수 있는 그런 샘과 대조를 이루는 것이라고 본다. 그러나 샘이 닫혀 있는 상태는 돌에 감추어져 있는 상태이고, 그것이 열린 상태는 그 돌을 뚫고 물이 넘쳐 나오는 상태를 뜻한다고 보는 것이 더 정확할 것이다.

624. 2절. 죄의 용서의 결과로 의와 거룩함, 그리고 여호와의 계시하신 뜻에 반하는 모든 것을 그의 도우심으로 제거하는 것이 나타난다. "만군의 여호와가 말하노라 그 날에 내가 우상의 이름을 이 땅에서 끊어서 기억도 되지 못하게 할 것이며 거짓 선지자와 더러운 사귀를 이 땅에서 떠나게 할 것이라." 여기서 이스라엘에서 모든 불경한 것이 제거될 것이며 그들이 언약 백성에 합당하게 되리라는 것을 두 가지 불경한 것, 즉 우상 숭배와 거짓 예언을 제거하는 것으로 표현하고 있는데, 이는 그 두 가지가 과거 신정국가에서 가장 만연되어 있던 악행이었기 때문이다. 그러므로 스가랴 선지자의 시대에 그 두 가지 악행이 만연되어 있었다거나 혹은 그가 묘사하는 그 미래의 시대에 만연될 것이라는 식으로 유추할 필요가 없다. 우상 숭배와 거짓 예언을 특별히 묘사한 것은 그것 자체보다는 그것이 표현하는 불경건함 때문이

다. 우상 숭배나 거짓 예언으로 표현되든, 바리새인적인 교만과 위선으로 표현되든 언제나 그 근본은 불경건함에 있는 것이다. 이렇게 보는 것이 문제를 덜 일으킨다. 왜냐하면 과거나 현재의 일들로써 미래의 일을 묘사하는 충격적인 실례가 너무 많이 나타나기 때문이다. '기억도 되지 못하게 할 것이며'는 가장 완전하게 끊어내는 것을 지칭하는 표현으로 자주 쓰인다(참조. 호 2:19; 14:9; 미 5:11, 13). ― '선지자들'(한글 개역 성경은 이를 유추 해석하여 '거짓 선지자'로 번역하고 있으나, 원문에는 '선지자들'로 되어 있다― 역자주). 이에 대해서 아이히호른과 뤼케르트(Rükert)의 주장처럼 선지자가 여기서 예언의 특권이 완전히 사라질 것을 예언하고 있다고 보아서는 안된다. 오히려, 선지자들을 우상과 함께 언급하며 또한 사귀와 함께 병렬시키는 점으로 볼 때에 이것이 거짓 선지자들을 없애는 것을 의미하는 것으로 이해해야 옳을 것이다.

또한 '이 땅에서 끊어'라는 표현을 통해서 무언가 본질적으로 악하여 그 땅을 더럽히는 것을 격렬하게 제거하는 것을 나타내는 것이나, 그 다음에 이어서 두 종류의 거짓 선지자들(여호와의 이름을 빙자하여 거짓을 말하는 자들과 거짓 예언과 우상 숭배를 겸하여 행하는 자들)을 말씀하는 것이나 여기의 '선지자들'이 거짓 선지자를 가리키는 것임을 증거해준다. 다른 구절들에서도 거짓 선지자들을 그저 선지자들로 부른다(참조. 10:2). 마치 앞 장에서 선지자가 목자의 복장을 한 늑대들을 가리켜 목자들이라고 부르듯이, 그들을 가리켜 선지자들이라고 부름으로써 그들의 죄악성을 더욱 강하게 부각시키는 것이다. '선지자들'이라는 낱말에 정관사를 붙인 것은 전체의 문맥을 통해서 규정한 그 특수한 부류의 선지자들을 지칭하기 위한 것이다.

'사귀'(더러운 영)는 한편으로는 백성에게 부어질 성령(12:10)과 대조를 이루며, 또 한편으로는 더러움을 씻을 샘과 대조를 이룬다. 이것이 우상 숭배와 거짓 예언과 함께 언급되는 점을 볼 때에, 그것은 그 두 가지 악행과 (특히 거짓 예언과) 관련된 것임이 분명하다. 또한 여기에 정관사가 붙어 있지만, 그렇다고 해서 선지자가 한 개인을, 혹은 사귀를 의인화하여 그 의인화된 것을, 염두에 두고 있다는 식으로 생각해서는 안된다. 이 '사귀'에 대해서는 그것이 활개를 치며 파괴적인 영향력을 발휘했던 과거 신정 국가 시대의 상황과 연관짓거나, 혹은 성령과 대조시키거나 아니면 그것의 영향을 입어 활동했던 거짓 선지자들과 관련시킴으로써 충분히 설명할 수 있는 것이다. 그러나 이런 호칭에 많은 것이 함축되어 있으므로, 거짓 선지자들은 물론 참 선지자들도, 우상을 섬기는 자들은 물론 참되신 하나님을 섬기는 자들도 그들 스스로 행동함으로써 그들과는 상관이 없는 어떤 원리에 사로잡혀서 거기에 굴복하기까지 했던 것이다. '영'은 사람이 소유한 어떤 기질만을 뜻하는 것이 절대로 아니기 때문이다. 이는 왕상 22장에서 이상 가운데서 예언의 영이 의인화되어 나타나서 거짓 선지자들의 입에서 거짓 예언을 하여 아합을 속이는 것으로 말씀하는 것에서도 분명히 드러난다. 여기서 거짓 선지자들이 참 선지자들과 마찬가지로 그들의 본성과는 다른 어떤 영향력 하에 있었다는 것이 잘 나타난다. 이는 신약 성경에서 어둠과 빛의 나라에 대한 신약의 근본적인 가르침을 통해서도 확증된다(예컨대, 알곡과 가라지의 비유에서도 그 나라들이 그 속한 자들의 심령을 완전히 소유하고 있는 것을 볼 수 있다).

소하르의 무수한 구절들에는, 이 약속의 성취를 메시야 시대로 보고 있다. 여기서는 그 중 몇 가지만을 들어 보기로 한다. "미래의 어느 때에 메시야 왕께서 오시기까지 이 세상에서 죄가 사라지지 않으리니, 이는 내가 더러운 사귀를 이 땅에서 떠나게 할 것이라 한 성경의 말씀과 같으리라." "왼편에 있는 자가 높아지며 더러운 자가 강하기를, 거룩하신 하나님이 성전을 세우사 세상을 든든히 하시기까지 하리니 그 때에 그의 말씀이 존귀함을 받고 더러운 편에 속한 자가 세상 바깥으로 나가리라. 내가 더러운 사귀를 이 땅에서 떠나게 할 것이라고 한 성경의 말씀이 바로 이를 가리키는 것이라."

625. 3절. "사람이 오히려 예언할 것 같으면 그 낳은 부모가 그에게 이르기를 네가 여호와의 이름을 빙자하여 거짓말을 하니 살지 못하리라 하고 낳은 부모가 그 예언할 때에 칼로 찌르리라." 여기서 나타나는 근본적인 사상은 이것이다: 그 때에, 모든 것보다 하나님을 사랑하며 그를 위하여 사람이 가진 모든 것을 제거하라는 명령을 순종하게 될 것이다. 선지자는 신 13:6-10; 18:20의 구절들을 염두에 두고서 이 사상을 표현하고 있다. 그 구

절들에 따르면, 거짓 선지자의 가장 가까운 자에게 명령하기를 모든 인정을 버리고 그는 하나님의 위엄을 거역한 자이므로 가차 없이 죽이라고 한다. 미카엘리스가 잘 지적해 주듯이, 이 말씀은 그 때에 거짓 예언이 실제로 있으리라는 것이 아니라 다만 그것이 있으리라는 것을 가정해서 말씀하는 것 뿐이다. 선지자는 언약 백성이 하나님께 온전히 헌신하고 있음을 설명하기 위해서 이 표현을 사용하는 것 뿐이다. ― '낳은 부모'를 여기서 반복하여 언급함으로써 특별히 강조하고 있다. 곧, 부모로서의 혈연적인 정을 부정한다는 것이 얼마나 어려운 일이며, 또한 그런 모든 어려움을 견디고 그들이 거짓 선지자인 자식을 죽이리라고 함으로써 하나님을 향한 그들의 사랑이 얼마나 큰가를 간접적으로 나타내는 것이다. '칼로 찌르리라'는 그냥 적당히 찌르는 것이 아니라, 찔러서 죽인다는 의미이다. 이 점은 '살지 못하리라' 라는 그 앞의 부모의 말에서도 분명히 드러나며, 또한 신 18:20의 율법의 명령에서도 잘 드러난다: "내가 고하라고 명하지 아니한 말을 어떤 선지자가 만일 방자히 내 이름으로 고하면 그 선지자는 죽임을 당하리라."

모세는 거짓 선지자들에 대한 율법에서 두 종류의 거짓 선지자들을 언급한 바 있다. 여호와의 이름을 빙자하여, 즉 참되신 하나님의 종이요 사신으로서 그의 권위를 가지고 거짓으로 예언한 자와, 이상한 다른 신들에게서 영감을 받아 그들의 이름으로 예언한 자가 그것이다. 여기서 선지자는 전자에 속하는 거짓 선지자들을 말씀하며, 5, 6절에서는 후자에 속하는 거짓 선지자들을 말씀한다. ― '그 예언할 때에.' 거짓 선지자가 죄를 짓는 것을 보자마자 그 부모는 사람에게 자문을 구하느라 공연히 시간을 끌지 않고 지체없이 형벌을 가하는 것이다.

626. 4절. "그 날에 선지자들이 예언할 때에 그 이상을 각기 부끄러워할 것이며 사람을 속이려고 털옷을 입지 아니할 것이며." 사람들에게 결코 좋은 인상을 받지 못하는 거짓 선지자들 자신들에게 큰 변화가 일어나서 그들 스스로 선지자임을 드러내기를 부끄러워 할 것이라고 한다. '예언할 때에,' 즉, '예언의 행동 그 자체에서.' 죄를 짓는 바로 그 순간에, 그것이 사람의 마음에 가장 달콤하게 와 닿고 그 마음을 가장 사로잡을 바로 그 때에,

그들은 그 행위를 중지한다는 것이다. 털옷은 참 선지자들의 의복이었는데, 거짓 선지자들이 모방하여 그것을 입어서 백성을 속인 것이다. 특히 비트링가가 장황하게 변호하는 견해에 따르면 선지자들은 이 의복을 입어서 자신이 수행자(修行者, ascetics)임을 나타냈다고 한다. 그러나 다른 곳에서 털옷은 언제나 애곡하는 자들이 입은 것으로 나타나며 또한 선지자들 스스로도 사람들에게 죄와 하나님의 심판(이미 일어난 것이든 곧바로 일어날 것이든)에 대한 고뇌의 표시로써 그 옷을 입으라고 자주 권면한 것으로 볼 때에, 선지자들이 그 옷을 입었을 때에도 그와 똑같은 의미로 입었던 것으로 보는 것이 더 자연스럽다. 선지자는 백성의 죄와 그로 말미암은 하나님의 심판에 대한 선지자 자신의 애통의 상징으로 그 옷을 입은 것이다. 더구나 구약 예언들 어디에서도 수행자의 삶에 대한 예언은 나타나지 않는다. ― '사람을 속이려고'는 '자기들을 참 선지자들로 보이려고,' 즉 '옷으로 백성들을 속이려고'의 뜻으로 볼 수도 있고, '거짓 예언을 하기 위해서'의 뜻으로 볼 수도 있다. 그 다음 절의 내용으로 볼 때에 전자의 뜻을 취하는 것이 좋을 것이다. 다음 절에서는 거짓 선지자들이 스스로 자신이 선지자가 아님을 고백하는데, 이로써 그들의 복장이 거짓된 것임이 드러나는 것이다.

627. 5절. "말하기를 나는 선지자가 아니요 나는 농부라 내가 어려서부터 사람의 종이 되었노라 할 것이요." 거짓 선지자들은 대개 출신이 천했다. 그들이 선지자로 가장하게 되는 주요 동기는 노동하는 생활을 싫어하는 그들의 게으름과, 백성들을 가르치는 존경받는 지위에 오르고자 하는 야망이었다. 이 점은 사 9:13,14을 비롯한 여러 구절에서 잘 나타난다. 거기서는 존귀한 자들을 백성의 머리로, 거짓 선지자들을 하층 계급을 대표한 자들로 보아 백성의 꼬리로 묘사하는 것이다. 그런데 그 때에 그들에게 선한 원리가 강하게 작용하여 그들 자신의 본래의 천한 신분(사람의 종)을 드러내기를 원하게 된다. 선지자는 과거에 거짓 선지자였던 자에게 어떤 사람이 그에게 그의 형편을 묻는 장면을 상정하고 있다. 그 사람은 자신이 거짓 선지자였었다는 사실이 부끄러워서 감추려 하지만, 끈질기게 질문하므로(6절을 보라) 어쩔 수 없이 이런 창피한 고백을 하게 되는 것이다. '어려서부터'라는 표현

은, 지금은 농부지만 과거에는 거짓 선지자가 아니었나 하는 의심을 줄여보기 위한 대답이다. 만일 그가 스스로 농사 짓는 농부가 아니라 다른 사람에게 고용된 종이라면 아무리 선지자인 체하고 싶어도 주변 환경 때문에 그렇게 할 수가 없었을 것이다. 의심을 피하기 위해서는 차라리 처음에 '나는 선지자가 아니요'라는 말을 하지 않은 것이 훨씬 나았을 것이다. 과거에 거짓 선지자였다는 사실이 알려질까봐 염려하는 마음이 지나쳐서, 그는 자신감을 잃고 쓸데없이 자신이 선지자가 아니라고 부정하여 묻는 자로 하여금 그의 신분을 바로 보게 만든 것이다.

628. 6절. "혹이 그에게 묻기를 네 두 팔 사이에 상처는 어찜이냐 하면 대답하기를 이는 나의 친구의 집에서 받은 상처라 하리라." 우리는 본문의 상처가 우상을 섬기는 예식에서 입은 상처를 뜻하는 것이라는 견해에 전적으로 동의한다. 여기서는 다만 히브리 사람들 사이에 만연되었던 우상 숭배에도 상처를 내는 관습이 성행했다는 사실을 입증하는 것으로 만족해야 할 것 같다. 가장 확실한 증거는 엘리야와 바알의 제사장과 선지자들의 대결을 묘사한 구절에서 나타난다: "이에 저희가 큰 소리로 부르고 그 규례를 따라 피가 흐르기까지 칼과 창으로 그 몸을 상하게 하더라"(왕상 18:28). 렘 16:6; 41:5도 증거로 들 수 있다. 이 구절에 따르면 사람이 죽거나 크나큰 재난이 있을 때에 그것을 위해 애곡하면서 스스로 몸에 상처를 내는 주변의 이방 사람들의 관습(이는 블레셋 사람들과 모압 사람들에게 특히 성행했다)이 히브리 사람들에게 전해 들어왔다고 한다. 그런 행위는 그저 극한 괴로움의 상징만은 아니었다. 그것은 우상 숭배와 밀접하게 관련되어 있었고, 우상 숭배 행위를 통해서 몸에 상처를 입는 것이 상례였던 것이다.

신 14:1에서는 이스라엘 백성이 하나님의 거룩한 백성이므로 슬퍼하여 자기 몸에 상처를 내는 이방 사람들의 가증한 행위로 자신을 더럽히지 말라고 명령하고 있다. 우상 숭배에서 이처럼 몸에 상처를 내는 행위의 기원과 그 의미를 좀더 세밀하게 살펴보면, 그런 관련성이 더욱 분명히 드러날 것이다. 그 행위는 희미한 죄책감과 그것을 상쇄시켜야 한다는 필연성에서 일어났는데, 이는 우상 숭배의 여러 가지 다양한 예식들에서 잘 드러난다. 사람은 자기 몸에 대해 크게 분노를 발함으로써 진노한 신들에게 만족을 주고 그들의 호의를 얻었다. 그러나 사랑하는 사람이 죽으면 그런 죄책감이 생생하게 살아났다. 그것은 그것이 형벌로 여겨지기 때문만이 아니라, 또한 가까운 자가 죽을수록 그 죽음이 더욱 생생히 부딪혀 와서 그 죽음이 인류의 죄에 대한 값이라는 의식이 생겨나기 때문이기도 했다. 또한 사람들이 재난이 하나님이나 우상신들의 진노 때문에 일어났다고 생각할 때에는 그런 큰 재난을 통해서도 그런 의식이 생겨났던 것이다.

그러나 우상의 선지자들이 예언할 때에도 그런 식으로 상처를 냈다는 증거를 아직 구체적으로 살펴보지 않은 상태에서 미리부터 그것을 당연시할 수는 없다. 이에 대한 증거는 앞에서 인용한 열왕기의 구절(29절을 보라)에서 즉시 나타나며, 대체적으로 우상 숭배시 상처를 내는 행위와 거짓 예언 사이에 밀접한 관련이 있다는 사실이 그것으로 입증된다. 바알의 제사장들은 동시에 그의 선지자들이었다. 이런 관련성은 또한 사람이 먼저 죄에 대해서 신에게 만족을 시켜드려야만 그의 호의를 입어서 그를 위하여 봉사할 수 있게 된다는 느낌을 통해서도 설명할 수 있다 ― 이 절과 그 앞절이 서로 연결되어 있다는 점은 다음과 같은 설명을 통해서 잘 볼 수 있다. 전에 거짓 선지자였던 자가 그의 직업에 대해 질문을 받고서 먼저 그 부끄러운 과거의 행적(선지자로 행세했다는 것)에 대한 의심을 없애려 한다. 그러나 질문하는 자가 그의 팔의 의심쩍은 상처를 지적하자 그는 자신의 과거의 행적의 어리석음을 의식하여 그것을 감추기 위해서 애써 변명하는데, 그런 어색한 행위를 통해서 그의 모든 것을 스스로 고백한 셈이다.

13:7-9

629. 여호와와 연합된 그의 보내신 목자는 그의 양떼, 곧 언약 백성에게서 격렬하게 죽임을 당하며 찢김을 당할 것이다. 그리고 목자를 잃어버린 양떼는 흩어질 것이요 극한 비극에 내어 버림을 당할 것이다. 그러나 여호와께서는 그들에게서 영원히 손을 거두시지는 않으실 것이다. 오히려 그는 그의 백성을 깨끗이 씻어 정결케 하신 후에 그들을 회복시켜 다시금 은혜를 베

푸실 것이다. 먼저, 무서운 하나님의 심판으로 삼분의 이가 멸절할 것이요, 나머지 삼분의 일은 그들이 진정으로 여호와께로 돌아서기까지 여호와로 말미암아 가장 극심한 시련과 연단을 겪게 될 것이다.

630. 이 예언은 11장과 12:1-13:6의 예언을 간결하게 반복하는 것으로서 그 예언들을 보충해 주는 것이기도 하다. 이 예언을 그 바로 앞의 예언과 밀접하게 연관지으려고 아무리 노력해도 허사가 되고 만다. 이 예언과 앞에서 언급한 두 예언 사이의 관계는 마치 사 52:13-15이 53장과 갖는 관계와 같다. 이는 바로 앞에 나타난 묘사 때문에 길게 끊겼던 내용을 다시 새롭게 보게 해주는 것이다.

631. 7절. "만군의 여호와가 말하노라 칼아 깨어서 내 목자, 내 짝된 자를 치라 목자를 치면 양이 흩어지려니와 작은 자들 위에는 내가 내 손을 드리우리라." 여기서 내 목자, 곧 여호와의 목자가, 하나님과 신비하게 연합되어 계시며, 11장에서는 비참한 가운데 있는 백성에게 목자의 직분을 시행하셨고, 그들을 보존하기 위해 마지막으로 노력하셨고, 그에 대한 대가로 아주 미미한 금액을 받으셨으며, 12:10에 의하면 심지어 그들에게 죽임을 당하시기까지 하신 그 분과 동일한 분이시라는 것은 의심의 여지가 없다. 그를 거부한 행위나(11장) 여기서 그를 죽인 행위나 모두 똑같은 결과를 언약 백성들에게 가져다 준다. 곧, 백성들 대다수의 죽음이 그것이다. 아니, 그의 죽음은 그 백성들이 겪은 모든 고통의 간접적인 원인으로까지 묘사된다(12:10). 그를 살해한 행위에 대해 회개함으로써 그들이 모든 고통에서 구원을 받게 되는 것으로 묘사되는 것이다. 그러므로 여기의 목자를 메시야가 아닌 다른 인물로 이해하는 해석들은 모두 거부되어야 한다는 것은 너무도 분명하다.

다른 해석들은 모두가 다음과 같은 본문의 진술과 모순을 일으킨다: '내 목자, 내 짝된 자를 치라.' 물론 여기서 '짝된 자'를 '친구'(fellow)의 뜻으로 보면 다른 해석들도 성립할 수가 있을 것이다. 그 목자는 여호와의 친구로 불릴 수 있다. 왜냐하면 그는 여호와의 백성의 목자이기도 하기 때문이다. 그러나 여기의 '짝된 자'라는 낱말은 모세오경에 주로 나타나는 것 가운데 하나로, 거기서는 단순한 '친구'라는 뜻으로는 전혀 사용되지 않는다. 이 낱말은 모세오경에 11회 나타나며, 그 외에는 나타나지 않는다. 그러므로 스가랴는 그 당시의 살아있는 언어에서가 아니라 모세오경에서 낱말을 취한 것으로 보이며, 따라서 우리는 그 낱말을 모세오경의 용례에 따라 이해하여야 마땅할 것이다. 그 낱말은 거기서 이웃이 상처를 입었을 경우에 관한 율법에서만 나타나며, 육체적으로나 정신적으로 근본이 같은 자들을 상해하는 것이 얼마나 큰 범죄인가 하는 것을 아주 특별히 강조하여 말씀하는 문맥에서 나타나는 것이다. 이 낱말은 형제와 동의어로 혼용되는데, 형제는 모세오경에서 언제나 혈연적으로 정신적으로 동일한 계보에 속하는 자를 가리킨다. '짝된 자'는 어느 곳에 나타나든 언제나 사람들 가운데서 가장 가까운 관계에 있는 자를, 곧 인위적으로 만들 수 없고 오로지 출생을 통해서만 이루어지며 당사자의 의지와는 상관없이 계속되는 그런 관계에 있는 자를(그런 관계를 저버리는 자는 형벌을 면치 못했다) 지칭하는 뜻으로 사용되는 것이다. 그러므로, 이런 호칭이 하나님과 한 개인 사이에 사용된다면, 그 개인은 단순히 사람일 수가 없고 신비한 본성적 연합을 통해서 여호와와 연합된 그런 분일 수밖에 없는데, 11:12에서 그런 분이 분명히 나타나고 있다.

선지자는 이 용어를 사용함으로써, '칼아 깨어서 내 목자를 치라'는 여호와의 명령과 그 이웃을 해하지 말라는 여호와 자신의 율법의 금령이 서로 모순된 것으로 보이는 점을 전면에 드러내고 있다. 이렇게 해서 선지자는 이웃을 해하지 말라는 여호와 자신의 명령에도 불구하고 그 친밀한 관계를 무시하고 그렇게 행하는 그의 목적이 얼마나 고귀한 것인가를 보여주는 것이다. 선지자는 사람들의 예를 따라서, 그 일이 여호와로서 얼마나 큰 희생을 감수해야 하는 일인가 하는 것에 주목하게 하는 것이다.

칼을 의인화하여 그것에 대해 말씀하는 예는 블레셋에 대한 예레미야의 예언에서도 분명히 볼 수 있다. 거기서 선지자는 자신의 예언에 해당하는 그 사람들의 운명에 대해 인간적인 연민을 가지고 다음과 같이 부르짖는다: "여호와의 칼이여 네가 언제까지 쉬지 않겠느냐? 네 집에 들어가서 가만히 쉴지어다! 여호와께서 이를 명하셨은즉 어떻게 쉬겠느냐? 아스글론과 해변을 치려 하여 그가 명령하셨느니라"(렘 47:6,7). 여호와께서 그 목자의 죽음의 직접적인 원인이시며 그를 죽인 사람들은 그의 도구에 불과하다는 것이 바로 이 명령에서 드러난다. 이는 마치 요 19:11에서 주께서 빌라도에게 하신 말씀에서 나타나는 것과 같다: "위에서 주지 아니하셨더면 나를 해할 권세가 없었으리니."

'깨어서'는 여기서 의인화되어 표현되는 칼이 그 명령을 받기까지 잠자는 상태에 있었음을 보여준다. 칼이 여호와의 목자를 치라는 명령을 받고 있다는 사실은 목자의 죽음이 임박했다는 것만을 표현할 뿐 그가 어떤 식으로 죽으리라는 것을 나타내는 것은 아니다. 칼은 재판관과 전쟁의 용사가 보통 사용하는 도구인데 자주 치명적인 살상 도구를 뜻한다. 도구 자체가 무엇인지는 별로 중요치 않고 그것이 상처를 내고 죽음을 가져온다는 사실이 중요할 뿐이다. 이에 대한 가장 비근한 예를 삼하 12:9에서 볼 수 있다. 거기서는 "네가 칼로 헷사람 우리아를 죽이되 암몬 자손의 칼로 죽이고"라고 말씀하는데, 삼하 11:24에 의하면 우리아는 실제로 암몬 사람들의 화살에 맞아 죽었다. 삼하 11:25에서 다윗은 요압에게서 그 백성 가운데 몇 사람이 원수들의 활 쏘는 자들에게 살해되었다는 보고를 받은 후 그는 요압에게 이렇게 말한다: "칼은 이 사람이나 저 사람이나 죽이느니라. 그 성을 향하여 더욱 힘써 싸워 함락시키라."

이처럼 칼을 포괄적인 의미로 사용한 예는 출 5:21("너희가 우리로 바로의 눈과 그 신하의 눈에 미운 물건이 되게 하고 그들의 손에 칼을 주어 우리를 죽이게 하는도다"); 렘 2:30("너희 칼이 사나운 사자 같이 너희 선지자들을 삼켰느니라"); 시 22:20("내 영혼을 칼에서 건지시며"); 마 26:52("검을 가지는 자는 다 검으로 망하느니라") 등에서도 볼 수 있다. 마치 창 9:6에 나오듯이, 살인자가 자신이 칼이 아니라 다른 도구로 이웃을 죽였다는 사실을 들어서 자신의 무죄함을 증명하고 그리하여 선고를 피할 수가 있겠는가?

'목자를 치라'는 말은 아직도 칼에게 주는 명령이다. — '목자를 치면 양이 흩어지려니와.' 목자가 실제로 살해 당하든 영적으로 죽든 양떼는 흩어지는 법이다. 선지자는 여기서 특별히 왕상 22:17을 염두에 두고 있는 듯하다. 거기서 선지자 미가야는 아합의 죽음을 여호사밧과 아합에게 예언하면서 말하기를, "내가 보니 온 이스라엘이 목자 없는 양 같이 산에 흩어졌는데 여호와의 말씀이 이 무리가 주인이 없으니 각각 평안히 그 집으로 돌아갈 것이니라 하셨나이다"라고 한다. 이 구절을 인용한 신약의 말씀을 잘못 오해하여 많은 해석자들은 여기의 양떼를 지나치게 제한적인 의미로 받아들여서 이를 전체의 양떼 가운데 일부를 가리키는 것으로 생각해왔다. 그러나 양떼는 목자가 기르던 양 무리 전체를 다 포괄하는 것으로 이해하여야 한다. 그러나 이 양떼는 11장에 의하면 신자들만이 아니라 유대 백성 전체를 다 포괄하는 것이다. 목자의 말을 청종하던 가장 가련한 양들은 이 양떼의 일부에 지나지 않는다(11:11).

그러나 더 결정적인 증거는 그 다음에 이어진다. 양떼들은 분명히 작은 자들인데, 그들은 그 즉시 하나님의 보호하심을 받는 것으로 묘사되고 있다. 그러나 이 양떼를 신자들만을 가리키는 것으로 이해할 수 없다는 것을, 그리고 사도들이 7, 8, 9절 전체의 문맥을 깨뜨리지 않는다는 것을 곧 보게 될 것이다. 그러므로 목자 없는 양의 이미지를 통해서 메시야의 죽음 이후의 유대 백성 전체를 가리키는 것이다. 그들이 목자 없이 어떤 상태에 있으며 얼마 동안 가련한 처지로 지내는지는 그들의 영적 상태에 달려 있고, 또한 거기에 따라서 여호와께서 어떻게 행하시느냐에 달려 있었다. 사도들과 기타 신자들이 목자에게서 버림을 받은 것은 단지 일시적인 일이었다. 주께서 곧 그들에게 돌아오셨다. 그러나 백성 가운데 믿지 않는 부류는 여전히 목자 없는 양으로 방황하는 것이다.

'내가 내 손을 드리우리라' 는 곧, 다시 한번 행동의 대상이 되게 만들리라는 뜻인데, 그 자체로서는 무엇을 가리키는지 의미가 막연하다. 그리고 이것이 좋은 의미인지 나쁜 의미인지 조차도 문맥을 통해서 결정할 수밖에 없다. 몇몇 해석자들은 칠십인역과 희랍의 해석자들을 따라서 나쁜 의미로 추정한다. 이 추측은 언뜻 보기에는 그 다음의 문맥과 잘 어울리는 듯하다. 왜냐하면 8절에서는 흩어진 양떼에게 극심한 심판이 있을 것을 말씀하기 때문이다. 그러나 면밀히 검토해 보면, 이것이 좋은 의미라는 것이 분명히 드러난다. 8절에 묘사되는 심판은 다른 방식으로 보면 하나님이 그 백성들을 향하여 특별히 섭리하시는 증거가 된다. 하나님은 그 심판을 통해서 그 백성들에게 과거의 은혜로운 관계를 회복시키는 조건을 실현시키시고, 그리하여 다시금 그들을 하나님의 백성이 되게 하시는 것이다. 불경건한 자들에게 임하는 심판은 하나 하나마다 모두 주의 교회에게는 유익인 것이다.

이렇게 보는 것이 모든 면에서 옳다는 것은 9절에서 충분히 입증되며, 또한 '작은 자'에서도 분명히 드러난다. 이 '작은 자'라는 호칭은 여호와께서 그 불쌍한 양들의 가련한 상태를 긍휼히 여기신다는 사실을 암시해 주기 때문이다. 이와 마찬가지로 11:7에서도 목자는 그 양떼가 지극히 가련함을 불쌍히 여겨서 그들을 먹인다. 말라기에서도 비슷한 묘사를 볼 수 있다. 말라기 선지자는 3:1-3에서 언약 백성들을 정결케 씻는 크나큰 심판이 있을 것을 선언한 다음, 6절에서 그런 심판의 이유로 여호와의 언약적 신실하심을 든다. 곧, 여호와께서는 그의 백성들로 하여금 완전히 망하도록 하실 수 없어서 그런 심판을 통해서 그들을 회복시키시리라는 것이다.

이것과, 그리고 특히 스가랴의 관점과 더 정확하게 일치하는 예는 사 1:24 이하에서 볼 수 있다: "내가 장차 내 대적(신정국가에 속한 불경건한 자들)에게 보응하여 내 마음을 편케 하겠고 내 원수에게 보수하겠으며 내가 또 나의 손을 네게 돌려 너(여호와의 교회)의 찌끼를 온전히 청결하여 버리며 너의 혼잡물을 다 제하여 버리고 … 그리한 후에야 네가 의의 성읍이라 신실한 고을이라 칭함이 되리라.— 여기서 '내가 나의 손을 네게 돌려'는 좋은 의미로서 여호와께서 그들을 정결케 하심으로써 그의 백성에게 베푸실 은혜를 뜻한다는 사실을 비트링가가 너무도 충격적으로 주장했기 때문에, 이 표현을 근거도 없이 나쁜 의미로 보았던 게제니우스는 그의 글을 거의 대하지 않기도 했다. 25절의 시온과 24절의 하나님의 대적들은 27, 28절에서처럼 분명히 서로 대구를 이루고 있다.

작은 자들이란 11:7에서 참으로 가련한 양들으로 불리는 자들과 동일한 자들이다. 렘 49:20; 50:45에서 양떼의 어린 것들이 가련한 백성을 지칭한다는 사실로 볼 때에 여기에 양을 덧붙여서 이해하여야 하는 것이다. 고대의 번역자들은 '내 손을 드리우리라'를 나쁜 의미로 보았고 그 다음의 작은 자들을 백성의 주요 목자들과 대비되는 비천한 목자들을 뜻하는 것으로 이해하였다. 그러나 이 해석은 전적으로 임의적인 것이다. 작은 자들에게 여호와의 손을 드리운다는 약속은 먼저 사도들이 경험했고, 이어서 유대인 가운데서 그리스도를 믿는 자가 된 자들, 혹은 오늘날에 이르기까지 신자가 된 자들이 경험했다. 그리고 다른 방식으로 백성들 가운데 믿지 않는 자들도 이를 경험했다. 왜냐하면 여호와께서 그들에게 베푸시는 심판들은 한편으로는 그의 공의의 형벌이지만 또 한편으로는 여호와의 긍휼하심의 표현이요 수단이기 때문이다. 온 이스라엘이 구원받는 마지막까지 그의 손을 그들에게 드리우는 것이 가장 확실하게 드러날 것이요 이 예언은 그 완전한 성취를 보게 되는 것이다.

이제는 이 구절에 대한 신약 성경의 인용 부분을 살펴보기로 하자. 가장 두드러지는 곳은 마 26:31, 32이다(참조. 막 14:27): "때에 예수께서 제자들에게 이르시되 오늘 밤에 너희가 다 나를 버리리라 기록된 바 내가 목자를 치리니 양의 떼가 흩어지리라 하였느니라. 그러나 내가 살아난 후에 너희보다 먼저 갈릴리로 가리라." 여기서는 칠십인역이 아니라 히브리어 본문을 따르고 있다. 칼에 주는 명령에서 나타나는 비유적 묘사법이 주님의 말씀('내가 … 치리니')에서 그대로 보존되고 있다. 주님의 마지막 말씀은 위로를 준다. 곧, 주께서 잠시 방해를 받겠으나 곧바로 사도들과 다른 신자들을 위하여 목자의 직분을 재개할 것을 선언하시는 것이다. 그러므로 스가랴서의 '작은 자들 위에는 내가 내 손을 드리우리라'는 말씀은 실제로 한 가지 실례를 들어서 전체를 표현하는 것이다. 그리하여 '내가 내 손을 드리우리라'라는 표현을 주님께서는 좋은 의미로 취하셔서 작은 자들을, 헬라의 번역자들이 오해했던 것처럼 목자로 보지 않으시고 양떼로 이해하신 것으로 보인다. 양떼가 흩어지리라고 한 스가랴서의 말씀을 특별히 사도들에게 적용시켰다고 해서 그 예언의 더 광범위한 의미를 배제한 것이 아니라는 점은 이미 살펴본 바 있다.

그러나 주님께서 이 구절에 대해서 얼마나 큰 강조점을 두셨는지는 그가 전에 제자들에게 일어날 일을 예언하시면서도 그 말씀을 사용하셨었다는 사실에서 드러난다. 그 때에 그는 여기서처럼 이 본문을 직접적으로 인용하지는 않으셨다. 왜냐하면 그 당시 제자들은 그 말씀의 진의를 올바로 이해하지 못하는 상태에 있었기 때문이다. 주님은 요 16:32에서 말씀하시기를, "보라 너희가 다 각각 제 곳으로 흩어지고 나를 혼자 둘 때가 오나니 벌써 왔도다. 그러나 내가 혼자 있는 것이 아니라 아버지께서 나와 함께 계시느니라"라고 하셨다.

632. 8절. "여호와가 말하노라 이 온 땅에서 삼분지 이는 멸절하고 삼분지 일은 거기 남으리니." 여기 땅에 정관사가 있는 점으로 볼 때에 이 땅은 선지자가 앞의 문맥에서 계속해서 관심을 가졌었던 땅으로서 여호와의 목자가 그곳의 거민을 위하여 목자의 직분을 시행했던 바로 그 땅을 가리킨다. 여기서 온 유대 백성들이 죽임을 당한 목자가 남겨둔 유산으로 묘사되는데, 그것이 세 부분으로 나뉘어 있다고 한다. 그 세 부분 가운데 죽음이 장자의 권리를 따라서 둘을 차지하고, 삶은 한 부분을 차지한다. 삼하 8:2에서도 다윗은 모압 사람들을 이와 같이 세 부분으로 나누어 이와 비슷하게 처리하는 것을 볼 수 있다: "다윗이 또 모압을 쳐서 저희로 땅에 엎드리게 하고 줄을 재어 그 두 줄 길이의 사람은 죽이고 한 줄 길이의 사람은 살리니 모압 사람이 다윗의 종이 되어 조공을 바치니라."

죽음의 유산이 된 두 부분도 나중에 다시 둘로 나뉘어 두 종류의 죽음을 당하게 된다. '멸절하고'와 '죽고'(한글 개역 성경에는 번역되지 않았다—역자주)라는 표현을 통해서 두 종류의 죽음이 암시되고 있으니, 곧 대적의 칼로 죽임을 당하는 경우와 온역(전쟁에 뒤이어 나타나는)과 기근으로 죽임을 당하는 경우가 그것이다. 이 점은 병행 구절인 겔 5:12에서 잘 볼 수 있다: "너희 가운데서 삼분지 일은 온역으로 죽으며 기근으로 멸망할 것이요 삼분지 일은 너희 사방에서 칼에 엎드러질 것이며 삼분지 일은 내가 사방에 흩고 그 뒤를 따라 칼을 빼리라." 이처럼 에스겔서와 일치하는 것은 절대로 우연이거나 아니면 표현 상으로만 일치하는 것일 수가 없다. 오히려 스가랴는 여기서 전의 에스겔의 예언 전체(겔 5장)를 다시 선포하는 것이요, 그 예언이 두번째로 성취되는 것임을 말씀하는 것이다. 마치 예레미야의 예언을 다시 선포했던 것처럼 여기서도 그와 같은 것이다(참조. 11, 12장). 에스겔은 여호와께서 그 백성의 죄로 인하여 그들을 칼, 온역과 기근, 그리고 흩어짐을 위하여 세 부분으로 나누실 것을 경고했었다. 이런 경고는 이미 성취되었었다. 그러나 백성들은 여전히 이 심판의 결과로 고통을 당하는 상태에 있었고, 선지자는 여기서 그 백성들이 다시 배도하였으므로 여호와께서 새로이 그들을 세 부분으로 나누실 것을 선포하는 것이다.

여호와께서는 실제로 로마 사람들을 통해서 이를 행하셨다. 수백년 전 이사야는 그가 선지자 직분을 위하여 구별될 때에 내적 이상으로 본 내용을 통해서 언약 백성의 운명에 대하여 놀랍게 묘사하면서 이미 이 두 예언의 내용을 포괄적으로 말씀한 바 있다. 6:11에서 그는 먼저 그 땅이 완전히 황폐화될 것과 그 땅의 거민들이 먼 지방으로 끌려갈 것을 예언한다. 이 예언이 바벨론 포로를 뜻하는 것임은 두말할 필요조차 없다. 이 예언은 겔 5장에서 좀더 완전하게 선언된다. 이사야는 계속해서 말씀한다: "그 중에 십분의 일이 오히려 남아 있을지라도 이것도 삼키운 바 될 것이라." 이 십분의 일이 렘 40장에서 그 땅에 남겨져서 그달리야의 다스림을 받고 있던 것으로 말씀하는 가장 천한 부류에 속하는 적은 무리의 사람을 가리키는 것이 아니라는 것은 자명한 일이다. 그 사람들은 너무도 하찮은 사람들이므로 이처럼 포괄적인 언급조차도 할 가치가 없는 사람들이었다. 오히려 우리는 그 말씀이 로마 사람들에 의해서 국가적 독립성이 새로이 무너지는 것을 가리킨다고 볼 수밖에 없다. 여기의 '십분의 일'이란 표현은 포로 상태에서 귀환한 백성들과 그 옛날의 유다의 시민들과의 관계를 정확히 표현해 준다. 스가랴는 여기서 바로 이 두번째 파괴를 말씀하고 있는 것이다. 이사야가 거룩한 자손(이는 온 백성이 파멸한 가운데서도 보존함을 받고 번성하게 된다)에 대하여 예언한 내용은 본문 9절의 내용과 완벽하게 일치하는 것이다.

633. 9절. "내가 그 삼분지 일을 불 가운데 던져 은같이 연단하며 금 같이 시험할 것이라 그들이 내 이름을 부르리니 내가 들을 것이며 나는 말하기를 이는 내 백성이라 할 것이요 그들은 말하기를 여호와는 내 하나님이시라 하리라." '불 가운데 던져'는 금속을 제련하는 것을 뜻하는 전문 용어이다. '내가 은 같이 연단하며 금 같이 시험할 것이라'는 여호와께서 연단받을 자들을 얼마나 귀하게 높이시며(이들을 가장 귀한 보석들에 비교한다) 이 연단

의 과정이 얼마나 어려우며, 또한 얼마나 큰 시련의 용광로가 그들을 달구게 되는가 하는 것을 시사해 준다. 용광로와 같은 시련을 당하리라는 사상이 여기에 담겨 있다는 사실은 사 48:10에서 잘 나타난다: "보라 내가 너를 연단하였으나 은처럼 하지 아니하고 너를 고난의 풀무에서 택하였노라." 거기서는 여호와께서 바벨론 포로기를 통해서 그들의 죄 가운데 극히 일부만이라도 제거되고, 백성들 가운데 참된 회개와 새로운 삶이 시작되기만 해도 자신이 만족하실 것이라고 선포하시며, 또한 그들을 은 같이 연단하지 않으시며(만일 은을 완전히 연단하듯이 하려면 일곱번을 녹여야 한다) 그들이 고난의 풀무 속에 있을 때에 그들에게 다시 은혜를 베푸시리라고 선포하신다. 그러나 여기서는 두번째의 연단을 선포하는데, 여기서는 정반대의 현상이 나타난다. 여호와께서는 그가 모든 불순물을 완전히 제거하시기까지 만족하지 않으시는 것이다.

제 14 장

634. 선지자의 앞에 새로운 장면이 나타난다. 여호와께서 이 땅의 모든 백성을 그의 거룩한 성에 모으신다. 그 성의 거민 가운데 큰 부분이 칼에 끊어지고, 포로로 끌려간다. 그러나 이 때에 여호와의 놀라우신 섭리로 말미암아 그 때까지 해를 입지 않고 보존함을 받은 그의 백성을 위하여 여호와께서 몸소 개입하시며, 심판이 갑자기 하나님의 교회로부터 교회의 대적들에게로 옮아간다. 여호와께서는 감람산에 위엄으로 나타나시며, 지진이 일어나 여호와께서 심판을 위하여 오심을 선언하며 모든 사람들을 공포에 떨게 하는 동안 그 산의 한 가운데가 갈라지며, 그리하여 길게 늘어난 여호사밧 골짜기를 통하여 여호와의 백성들이 안전하게 피하게 된다.

그 때에 여호와께서 그의 모든 성도들과 함께 임하셔서 그의 왕국을 이 땅에 세우신다. 처음에는 캄캄한 어둠이 온 땅에 가득차 있으나 그 다음에는 잠시동안 빛과 어둠이 함께 뒤섞인 황혼이 오며, 그리고 마지막에 가서는 택한 자가 누릴 구원의 한 낮이 온다. 그 때에 생수의 샘이 예루살렘에서 솟아나 온 땅에 이르며 생명과 결실을 전한다. 전에는 한 지역에만 한정되었던 신정국가가 이제는 온 땅을 다 포괄하게 된다.

예루살렘이 홀로 높아지도록 하기 위해서 온 땅의 산들이 낮아지며, 예루살렘은 패망의 자리에서 찬란하게 솟아올라 변함이 없이 하나님의 사랑을 누리게 된다. 예루살렘을 함락시켰던 대적들이 하나님의 심판으로 징계를 받은 후에 그들 가운데 남은 자가 여호와께 다시 돌아와 해마다 예루살렘으로 와서 거기서 초막절을 지킨다. 이 의무를 행하지 않는 자에게는 극심한 형벌이 주어질 것이다. 그 때에는 속된 것과 거룩한 것 사이의 구별이 완전히 사라지며, 과거의 신정국가의 경우처럼 경건한 자와 불경건한 자가 함께 뒤섞이는 일이 완전히 없어질 것이다.

635. 해석자들은 대개 이 예언이 12장에 나타난 예언을 다시 반복하며 더 확대시킨 것이라고 본다. 그러나 이 견해는 근거가 전혀 없다. 여기의 예언은 전혀 새로운 것으로서 12장과의 관련이나 12장의 내용을 가리키는 흔적이 전혀 나타나지 않는다. 이 두 예언은 서로 전혀 다른 일련의 사건들을 '그 날에'라는 말로써 연관지어 제시하고 있는 것이다. 오히려, 그 반대의 가정, 즉 이 두 예언이 서로 다른 시대와 사건들을 지칭하는 것이라는 가정에 근거가 있음을 보게 된다. 12장에서는 예루살렘이 거의 함락된 상태로 나타나지만, 완전히 빼앗기지는 않았다. 5절에 의하면 예루살렘의 거민들 가운데 유다의 두목들은 구원을 예상한다. 6, 7절에 의하면 유다의 두목들로 인하여 원수들은 예루살렘을 함락시키지 못하고 사라진다. 그러나 여기서는 예루살렘이 함락되어 그 거민들 가운데 큰 무리가 포로로 잡혀간 후에야 비로소 여호와의 도우심이 나타난다. 14:14에 의하면 유다가 예루살렘에서 싸운다. 그러나 12:7에서는 유다의 두목들이 예루살렘 바깥에서 승리를 거둔다. 여기 14장에서는 여호와께서 모든 원수들을 무찌르신 후에 그 백성들에게 찬란한 약속들을 주시는데, 12장에서는 그런 약속을 도무지 찾아볼 수가 없다. 모든 일이 그저 평범하게 진행되어 갈 뿐이다.

이처럼 내적 증거를 통해서 나타난 결과는 요한 계시록과의 비교를 통해서 확증된다. 계시록은 마지막 때에 하나님의 교회에 두 차례의 큰 환난이 있을 것을 분명히 묘사하고 있다. 첫번째 환난은 19:19-21에 나타나는 것이며, 그 환난에 이어서 소위 천년 동안의 통치가 있으며 그 때에는 교회의 사정이 전보다 훨씬 좋으나 아직도 기존의 세상적인 관계가 완전히 제거되지는 않은 상태다. 여기 스가랴서 12장의 예언은 바로 그 때를 가리키는 것이다. 그리고 두번째 환난은 20:8, 9에 묘사되고 있다. 열방들이 사단에 미혹되어 땅 끝 사방에서 몰려와서 성도들과 예루살렘을 둘러 진을 친다. 계시록의 이 예언이 겔 37, 38장의 예언과, 그리고 슥 14장의 예언과 일치한다는 점은, 그리고 에스겔서의 그 예언이 슥 12장이 아니라 14장의 예언과 일치한다는 점은, 여호와께서 베푸신 승리의 결과가 거기서 언급된 것과 완전히 일치한다는 사실에서 드러난다. 스가랴에 의하면 예루살렘이 영광스럽게 재건되며 그 즉시 여호와께서 그 성에 그의 거처를 세우시며, 더 이상 포로로 잡혀가는 일도 없으며 예루살렘으로부터 생수의 강이 흘러 나오며 모든 불경건한 자들이 제거되는데, 이는 에스겔서와 요한 계시록의 예언과 동일한 것이다.

636. 1절. "여호와의 날이 이르리라 그 날에 네 재물이 약탈되어 너의 중에서 나누이리라." 정한 날이 여호와께 이르는데('여호와의 날이 이르리니'는 문자적으로 '한 날이 여호와께 이르리니'이다—역자주), 이는 여호와께서 그 날을 이르게 하시기 때문이며, 동시에 그가 그 날에 영광을 받으시기 때문이다. 다른 모든 날들은 사람들에게 이르렀으나, 바로 이 날만은 여호와께 이를 것이다. 그러므로 겔 39:13에서는 곡이 무너질 날에 대하여 말하기를, "나의 영광이 나타나는 날이니라 나 주 여호와의 말이니라"라고 한다. 사 2:12에 의하면 여호와의 날이 높은 자와 교만한 자들 모두에게 임하며, 17절에서는 여호와께서 그 날에 홀로 높임을 받으실 것이라고 말씀한다.

여호와의 날은 거의 언제나 여호와께서 심판하시는 날로 나타나므로, 여호와의 영광을 나타내는 이러한 심판들이 여기서 이방 나라들에게만 임하는지, 여기 묘사된 하나님의 교회의 고난을 채찍으로 이해하여야 할 것인지, 그리고 12:10; 13:6에 묘사한 대로 성령을 대대적으로 부어주시고 중생이 대대적으로 일어난 후에 가라지가 알곡 가운데서 득세하며 참된 신자와 외식하는 자들이 하나님의 교회에 섞여 있는 상황이 다시 올 것으로 기대하여야 하는지, 그리하여 여기서 묘사하는 하나님의 교회가 최후에 영광을 받는 일이 심판이 하나님의 집에서부터 시작된다는 격언을 마지막으로 확증하는지 등등의 의문이 일어난다. 위에 언급한 의문 가운데 뒤의 것은 논란의 여지도 없이 지극히 옳은 것이다. 그것은 구체적으로 2절에서 확인된다. 선지자는 포로로 잡혀가는 사람들이 죄없이 고난을 당하는 것이 아니며 외형적으로 잘리는 자들은 영적으로도 잘리운 것으로 보아야 하며 외형적으로 남아 있는 자들은 내적으로도 보존함을 받은 자들이라는 표현을 통해서 이를 분명히 보여 주고 있는 것이다

'네 재물'. 선지자는 그 당시 하나님 나라의 좌소(座所)인 예루살렘을

향하여 말씀한다. 선지자의 내적 이상 가운데서 하나님의 나라가 예루살렘이라는 이미지를 통해서 제시되는데, 이는 요한 계시록의 경우와 정확히 일치한다. 여기서 글자 한 자 한 자에 크게 집착해서는 안된다는 것은 묘사된 내용 전체의 상징적 성격에서 분명히 드러나며 이를 부인할 사람은 아무도 없을 것이다. 특히 이 땅의 모든 나라들이 예루살렘 외곽에 다 모여서 싸움을 벌인다는 것이나 그들이 패한 후에 해마다 그리로 올라와서 초막절을 지킨다는 등의 묘사는 도무지 문자적으로 볼 수가 없다.

몇몇 교부들을 비롯한 여러 사람들의 견해를 따라서 마크는 여기의 묘사가 로마 사람들로 인하여 예루살렘이 함락되는 것을 가리킨다고 주장하나, 이 주장이 성립하기 위해서는 선지자가 문자적인 시온을 말씀하다가 3절에서 갑자기 영적인 시온으로 말씀을 바꾸어야만 한다는 사실에서 이미 충분히 반박되고도 남음이 있다.

637. 2절. "내가 열국을 모아 예루살렘과 싸우게 하리니 성읍이 함락되며 가옥이 약탈되며 부녀가 욕을 보며 성읍 백성이 절반이나 사로잡혀 가려니와 남은 백성은 성읍에서 끊쳐지지 아니하리라." 여기서는 이방 사람들을 예루살렘과 싸우도록 모이게 한 것이 하나님이 하신 일로 묘사되며 계 20:8에서는 그 일을 사단이 한 일로 묘사하는데, 성경에서 자주 나타나는 이런 현상을 도대체 어떻게 조화를 시킬까 하는 등의 교리적인 논의는 하지 않을 것이다. 그러나, 하나님이 세상을 향하여 그의 목적을 이루시는 수단으로 악한 자를 사용하신다면, 만일 사단이(욥기에서는 시적인 묘사에서 하나님의 천사들 가운데 하나로 나타난다) 하나님의 뜻을 대적하는 존재이지만, 마치 앗수르가 하나님의 진노의 막대기로 불리고 느부갓네살이 하나님의 종으로 불리우듯이 여전히 하나님의 종이라면, 만일 하나님의 뜻이 아니고는 사단이 하나님의 교회의 머리터럭 하나도 건드릴 수가 없다면, 그런 모순은 그저 겉으로만 그렇게 보이는 것일 뿐 결코 본질적인 것이 아니라는 것을 쉽게 알 수 있을 것이다. 그런 겉으로 보이는 모순을 날마다 접하는 것으로 한 쪽을 부정하지 않고도 얼마든지 다른 쪽을 인정할 수가 있는 그런 것들일 뿐이다.

여호와께서 열국을 예루살렘에 불러 모으시는데, 이는 먼저 예루살렘을 징계하고 그 다음 그 열국을 심판하시기 위함이다. 이와 병행을 이루는 구절로 겔 39:1 이하를 들 수 있다: "로스와 메섹과 두발 왕 곡아 내가 너를 대적하여 너를 돌이켜서 이끌고 먼 북방에서부터 나와서 이스라엘 산 위에 이르러 … 떨어뜨리리니 너와 네 모든 떼와 너와 함께 한 백성이 다 이스라엘 산 위에 엎드러지리라"

'가옥이 약탈되며 부녀가 욕을 보며'라는 표현은 사 13:16에서 취한 것이다. "남은 백성은 성읍에서 끊쳐지지 아니하리라." 여기서 과거에 바벨론 사람들을 통하여 예루살렘을 심판할 때와는 분명한 대조가 나타나는 것을 보게 된다. 그 당시에 일차로 백성을 잡아갈 때에 뒤에 남은 자들은 상대적으로 행운을 누린 것 같지만 그것은 그저 겉보기에만 그럴 뿐이었다. 그들을 끌어가는 일을 잠시 연기한 것 뿐이었기 때문이다. 그러나 여기서 남은 백성이 보존함을 받는 것은 영구적인 것이다. 여기의 선지자는 표현상으로도 아주 유사한 다른 선지자의 말씀을 암시해 준다: "여호와께서 다윗의 위에 앉은 왕과 이 성에 거하는 모든 백성 곧 너희와 함께 포로되어 가지 아니한 너희 형제에게 대하여 이 같이 말씀하시느니라 … 내가 칼과 기근과 염병으로 그들을 따르게 하며 그들을 세계 열방 중에 흩어 학대를 당하게 할 것이며" (렘 29:16-18).

거민의 절반을 포로로 잡혀가게 한 것은 동시에 그들을 그 성에서, 신정 국가에서 끊어내신 것을 의미하는데, 이는 그들이 그와 같은 하나님의 심판을 받아 마땅하기 때문이었다. 여호와를 청종하는 일부 백성들은 이 심판에서 구원받는다. 이러한 사상은 사 4:3에서도 볼 수 있다: "시온에 남아 있는 자, 예루살렘에 머물러 있는 자 곧 예루살렘에 있어 생존한 자 중 녹명된 모든 사람은 거룩하다 칭함을 얻으리니." 여기서도 하나님의 심판이 있는 동안 보존함을 받는다는 것과 하나님의 나라의 참된 백성이라는 것은 서로 동일한 관념으로 나타나는 것이다.

638. 3절. 하나님의 교회를 정결케 하는 일이 완성되고 여호와께서는 교회를 향한 사랑으로 구원과 번영의 축복을 베푸신다. — "그 때에 여호와께서 나가사 그 열국을 치시되 이왕 전쟁 날에 싸운 것 같이 하시리라." '나

가사'는 전문적인 군사 용어로서 사 42:13("여호와께서 용사 같이 나가시며 전사 같이 분발하여 외쳐 크게 부르시며")와 합 3:13("주께서 주의 백성을 구원하시려고 나오사") 등에도 나타난다. 이 낱말은 여호와께서 그의 교회를 나머지 사람들과는 대조적으로 대하시며 그들을 압제자에게 먹히는 상황에서 구하시기 위해 최선의 노력을 기울이는 모습을 보여주는 것으로서 사 26:20, 21에도 나타난다: "내 백성아 갈지어다 네 밀실에 들어가서 네 문을 닫고 분노가 지나기까지 잠간 숨을지어다 보라 여호와께서 그 처소에서 나오사 땅의 거민의 죄악을 벌하실 것이라 땅이 그 위에 잦았던 피를 드러내고 그 살해 당한 자를 다시는 가리우지 아니하리라."

'전쟁 날에 싸운 것 같이'에 대해서 대부분의 해석자들은 '그가 늘 싸우듯이'의 의미로 보며 여호와께서 그의 백성을 위해 개입하시는 모든 싸움을 전부 가리키는 것으로 이해한다. 그러나 어떤 사람들은 이를 여호와께서 애굽 사람들과 싸우신 것을 특별히 지칭하는 것으로 보기도 하는데, 이 견해가 옳은 것이 분명하다. '전쟁 날에 싸운 것 같이'라는 표현은 한 가지 특정한 사건을 가리키는 것으로 보아야 하며 단어의 어미(語尾) 역시 그 점을 지적해 준다. 애굽 사람들에게 베푼 여호와의 심판은 싸움, 혹은 전쟁으로 명확히 표현되고 있다(출 14:14; 15:3 이하). 애굽에서 구원해 내신 사건은 후대의 모든 구원 사건에 비해서 너무나 위대한 것이기 때문에 그 사건을 가리켜 그 구원이라고 하며(κατ ἐξοχὴν) 후대의 구원들의 위대성을 나타낼 때에는 언제나 그 구원 사건에 빗대며 그것과 구분짓는 다른 특별한 표현을 쓰지 않는 것을 볼 수 있다. 특히 사 11:11을 보라: "그 날에 주께서 다시 손을 펴시사 … " 여호와께서 싸움에서 사용하시는 무기 가운데 지진과 썩음만이 여기에 언급되어 있다. 보다 완전한 묘사는 에스겔에서 볼 수 있다.

639. 4절. "그 날에 그의 발이 예루살렘 앞 곧 동편 감람산에 서실 것이요 감람산은 그 한가운데가 동서로 갈라져 매우 큰 골짜기가 되어서 산 절반은 북으로 절반은 남으로 옮기고." 여기서 여호와께서 하필 감람산 위에 서시는 것으로 나타나는 이유가 무엇인가 하는 의문이 생긴다. 그 해답은 그 앞에 나타나는 '예루살렘 앞 곧 동편'이라는 표현에서 찾을 수 있다. 선지자

가 감람산을 늘 바라보는 그 당시 사람들에게 그저 지리적인 면을 지적하기 위해서 이 표현을 쓴 것으로 본다면, 전적으로 피상적인 생각일 수밖에 없을 것이다. 이런 표현으로 그 산의 위치를 지정한 것은 오로지 여호와께서 그곳을 택하셔서 거기에 서시는 목적을 알리기 위함이었다. 감람산은 예루살렘 앞과 위에 서 있으므로 예루살렘을 내려다 보기에 가장 좋은 곳이었다. 그러므로 여호와께서는 거기에서 그의 대적들의 동태를 보시며 싸움을 위하여 명령을 내리시며 그 백성을 구하시는 작전을 취하시는 것이다. 그리고 특히 거기서 여호와께서는 산들을 둘로 갈라지게 하셔서 그의 백성들에게 이방의 원수들의 공격을 피할 길을 마련해 주시는 것이다. 산이 갈라지는 것은 지진의 결과였다는 사실이 5절에서 암시되고 있는 것 같다. 지진은 사 29:6에도 여호와께서 시온의 대적들에게 베푸시는 징벌 가운데 하나로 언급되고 있다: "만군의 여호와께서 벽력과 지진과 큰 소리와 회리 바람과 폭풍과 맹렬한 불로 그들을 징벌하실 것인즉."

그러나 스가랴가 여기서 특별히 염두에 두었을 것으로 보이는 것은 겔 38:19, 20이다: "내가 투기와 맹렬한 노로 말하였거니와 그 날에 큰 지진이 이스라엘 땅에 일어나서 바다의 고기들과 공중의 새들과 들의 짐승들과 땅에 기는 모든 벌레와 지면에 있는 모든 사람이 내 앞에서 떨 것이며 모든 산이 무너지며 절벽이 떨어지며 모든 성벽이 땅에 무너지리라." 이처럼 원수들에게 멸망을 선고하는 이 지진이 신자들에게는 도망하라는 신호가 된다. 이방의 무리들이 하나님의 심판을 당하는 처절한 상황에서 황급히 도망하여야 그 난국을 피할 수가 있는 것이다. 이는 선지자가 아직 바벨론에 있는 포로들이 함께 심판을 당할까봐 그들을 향하여 황급히 도망하라고 권면하는 것과 같다: "이제 너희는 북방 땅에서 도망할지니라"(2:6); "바벨론 성에 거하는 시온아 이제 너는 피할지니라"(2:7). 스가랴 이전에 예레미야도 이미 같은 경계를 한 바 있다: "바벨론 가운데서 도망하여 나와서 각기 생명을 구원하고 그의 죄악으로 인하여 끊침을 보지 말지어다 이는 여호와의 보수의 때니 그에게 보복하시리라."

그러므로 신자들이 도망하기를 갈망하고 있는 동안 여호와께서 원수를 멸망시키시는 지진을 통해서 그들에게 피할 길을 내시는 것이다. 그리고 예루살렘에서 급히 도망하기를 바라는 자는 누구든지 감람산 때문에 방해를 받지 않고 바로 여호사밧 골짜기로 빠져 도망할 수가 있다. 다윗은 옛날 예루살렘에서 도망할 때에 감람산을 올라가는 수고를 해야 했었다(삼하 15:30). 여호와께서 그 산을 나누실 때에 감람산도 사라졌기 때문에 도망하는 신자의 무리들은 곧바로 길어진 여호사밧 골짜기로 달려 들어간 것이다. 그리고 나서 그들이 하나님의 심판의 범위에서 벗어났을 때에 심판이 하나님의 대적들 위에 사정 없이 퍼부어지는데, 마치 옛날 롯이 소할 땅에 당도한 후에 소돔에 임했던 것처럼 그렇게 임한다. 여기의 묘사 전체가 비유적이요 상징적이며 신자들의 구원과 원수들의 패망이라는 중심 사상이 단순히 예루살렘 주변의 정세에서 취한 상징적 표현들로 묘사되고 있을 뿐이라는 사실은 너무도 분명하다. 이 점을 보지 못하는 사람은 아무리 증거를 제시해도 수긍하지 못할 것이다.

여기서 산은 마치 옛날 요단강이 갈라질 때처럼 두 갈래로 나뉜다. 그 하나는 북편으로 가고, 나머지는 남편으로 가서, 동에서 서로, 즉 요단강에서 예루살렘까지 거대한 골짜기가 형성되는 것이다. — '동서로 갈라져'에서 동서 둘로 나뉜 산의 흙들이 쌓이는 방향이 아니라 둘로 갈라져서 가운데 통로가 형성되는 방향을 가리킨다. 그 산은 길이로 쪼개지는 것이 아니라 넓이로 쪼개지는 것이다. 마지막으로, 두 흙 무더기가 어디로 쌓이는가 하는 것이 언급되고 있다. 곧, 서편으로 쌓이지 않고(그 쪽으로 쌓였더라면 신자들에게 아무런 소용이 없었을 것이다) 북편과 남편에 쌓이는 것이다.

640. 5절. "그 산 골짜기는 아셀까지 미칠찌라 너희가 그의 산 골짜기로 도망하되 유다 왕 웃시야 때에 지진을 피하여 도망하던 것 같이 하리라 나의 하나님 여호와께서 임하실 것이요 모든 거룩한 자가 주와 함께 하리라." 골짜기가 길어짐으로써 그리로 도망해 들어갈 이유가 생긴다. 그 골짜기가 산으로 둘러싸여 있으면 누구도 그리로 들어갈 생각을 하지 못할 것이다. — 여호와의 산 골짜기는 단순히 감람산이 갈라져 생긴 골짜기만이 아니라 거기에서 이어지는 여호사밧 골짜기 전체를 가리키는 것이다.

'그 산 골짜기는 아셀까지 미칠찌라.' 아셀을 단순한 지명으로 보아서는 안되며, 여기 나타난 묘사 전체의 성격을 볼 때에 조용히 서 있다 혹은 그친다는 그 이름의 뜻 때문에 여기에 언급된 것으로 보아야 한다. 그러므로 그 골짜기는 도망하는 자들이 그 이름이 나타내듯이 위험이 그치는 곳에까지 미칠 것이라는 뜻이다. 그곳에 도달하면 하나님의 심판의 범위에서 벗어나는 것이다. 이 곳이 미가서에 언급된 곳(믹 1:11)과 실제로 동일한 곳인지에 대해서는 부인할 수도 없고('벧에셀'의 벧은 생략되는 경우가 많으며 또한 나머지 이름도 에셀, 아셀 등 여러 가지 형태로 변형되어 불리기 때문이다), 그렇다고 확실히 긍정할 수도 없다(이 두 구절에서 그 곳의 상황에 대한 설명이 전혀 나타나지 않고 스가랴에서만 그곳이 다만 예루살렘 동편 감람산 너머에 있는 것으로만 언급할 뿐이기 때문이다).

'너희가 … 도망하되,' 즉, 하나님의 대적들과 함께 지진을 만나 땅 속에 파묻힐까 무서워서 도망하는 것이다. 민 16:34("그 주위에 있는 온 이스라엘이 그들의 부르짖음을 듣고 도망하여 가로되 땅이 우리도 삼킬까 두렵다 하였고")와 비교하라. — 웃시야 왕 때에 있었던 지진은 역사서에는 언급되지 않고 오로지 암 1:1에만 언급된다. 아모스가 그 사건에 대해 말씀하면서 유다 왕 웃시야의 시대에라고 표현한 것을 보면, 그가 그 지진이 났던 때에서 매우 멀리 떨어진 시대에 살고 있었음을 보여준다.

'나의 하나님 여호와께서 임하실 것이요 모든 거룩한 자가 너와 함께 하리라.' 여기서 선지자가 말씀하는 여호와의 임하심은 3절에 나타난 심판을 위한 강림하심과는 별개의 것이다. 여호와께서는 그의 백성을 구원하신 후에 영광을 입은 땅에서 그들과 함께 거하시기 위해서 임하시는 것이다. 선지자는 이 놀라운 광경에 거의 넋을 잃어서 잠시동안 대적들에 대해서 전혀 잊고 있다가 뒤에 가서야 비로소 그들의 형벌에 대해서 다시 언급한다. 나의 하나님이라는 표현을 한 것은 선지자가 여호와께서 그의 지극히 영광스러운 은혜를 드러내시며 가까이 오시는 것을 보면서 너무도 기쁨이 커서 그렇게 표현한 것이다. 이 하나님은 바로 그의 하나님이시기 때문이다.

641. 6절. "그 날에는 빛이 없겠고 광명한 자들이 떠날 것이라." 지금까지 선지자는 하나님 나라의 대적들에게 임하는 심판과 새로운 세상의 탄생에

함께 하는 캄캄한 어둠에 대해 묘사했으나 이제부터는 새로이 형성된 세상을 밝히 비추는 지극히 찬란한 빛을 묘사한다. 먼저 캄캄한 어둠이 있다가 다음에 빛과 어둠이 함께 뒤섞여 있고, 마지막에는 7절에서와 같이 빛만이 있는 것으로 묘사되고 있는데, 이는 처음 세상이 창조될 때에 먼저 어둠이 혼돈 위에 드리워 있다가, 그 다음에 첫째 날 빛이 창조되어 빛과 어둠이 한데 섞인 황혼이 있다가 셋째 날 광명체가 창조되어 거기에 빛이 모여서 찬란함이 완성된 것과 매우 유사하다. 구약의 병행 구절들은(스가랴처럼 최후의 큰 심판을 직접 묘사하는 것이든 그 심판에서 이미지를 빌려서 보다 저급한 심판들을 묘사하는 것이든) 언제나 해와 달과 별이 어두워지는 것을 말씀한다. 그 사상은 너무나도 일관성 있게 나타나기 때문에, 여기에 그것에 대한 언급이 없다는 사실이 매우 놀랍게 보인다. 욜 2:10("그 앞에서 땅이 진동하며 하늘이 떨며 일월이 캄캄하며 별들이 빛을 거두도다"), 2:31("해가 어두워지고 달이 핏빛 같이 변하려니와"), 겔 32:7("내가 너를 불 끄듯 할 때에 하늘을 가리워 별로 어둡게 하며 해를 구름으로 가리우며 달로 빛을 발하지 못하게 할 것임이여"), 32:8("하늘의 모든 밝은 빛을 내게 네 위에서 어둡게 하여 어두움을 네 땅에 베풀리로다"), 사 13:10("하늘의 별들과 별 떨기가 그 빛을 내지 아니하며 해가 돋아도 어두우며 달이 그 빛을 비취지 아니할 것이로다"), 암 8:9("주 여호와께서 가라사대 그 날에 내가 해로 대낮에 지게 하여 백주에 땅을 캄캄케 하며") 등을 보라.

642. 7절. "여호와의 아시는 한 날이 있으리니 낮도 아니요 밤도 아니라 어두워 갈 때에 빛이 있으리로다." 코케이우스는 이 절을 바르게 보았다: "하루, 긴 시간이 아니다." 가장 짧은 시간을 나타내는 말로서 한 날이 쓰이고(3:9), 비교적 짧은 기간을 뜻하는 표현으로 한 달이 쓰인다(11:8). 어둠과 빛이 한데 뒤섞여 있는 기간은 완전한 어둠이 있는 기간이나 완전한 빛이 있는 기간에 비해서 매우 짧다. '여호와의 아시는'은 마 24:36이나 막 13:32에서처럼 이 날이 나타나는 그 때가 언제인가를 아신다는 것만이 아니라, 주로 그 날의 본질이 어떠한가를 아신다는 의미이다. '낮도 아니요 밤도 아니라' 라는 표현에 대해서 마크는 바른 해석과 잘못된 몇 가지 다른 해석들

사이를 왔다 갔다 하면서도 이를 잘 설명해 준다: "낮의 빛과 밤의 어둠이 뒤섞여 있으므로 이 때를 가리켜 낮이라 칭할 수도 없고 밤이라 칭할 수도 없다. 오히려 아침이나 혹은 저녁의 황혼과 비슷할 것이다." '어두워 갈 때에 빛이 있으리로다'라는 표현은 그것과 대조를 이루는 암 8:9의 표현으로 설명할 수 있을 것이다: "주 여호와께서 가라사대 그 날에 내가 해로 대낮에 지게 하여 백주에 땅을 캄캄케 하며." 거기서 밝은 빛이 있을 때에 어두워지듯이, 여기서는 빛과 어둠이 뒤섞인 날이 지나가고 이제 완전한 어둠이 있을 것으로 예상하는 그 때에 빛이 있으리라고 하는 것이다.

643. 8절. "그 날에 생수가 예루살렘에서 솟아나서 절반은 동해로, 절반은 서해로 흐를 것이라 여름에도 겨울에도 그러하리라." 여기서 동해와 서해, 혹은 사해와 지중해는 그 생수가 흘러가는 마지막 지점(termini ad quem)을 가리키며, 이는 바다가 생수로 인해서 넘치는 것으로 표현하는 에스겔 47장의 경우와는 다르다. 이 지점을 택함으로써 선지자는 생수가 약속의 땅 전체를 지나갈 것을 암시한다. 약속의 땅 가나안은 동으로는 사해까지, 서로는 지중해까지 이르기 때문이다.

무슨 목적으로 그렇게 흐를 것인지에 대해서는 병행 구절인 욜 3:18이 잘 보여준다: "그 날에 산들이 단 포도주를 떨어뜨릴 것이며 작은 산들이 젖을 흘릴 것이며 유다 모든 시내가 물을 흘릴 것이며 여호와의 전에서 샘이 흘러 나와서 싯딤 골짜기에 대리라." 싯딤 골짜기를 어떻게 보든지, 그곳이 마르고 열매가 없는 곳이라는 것만은 분명하다. 그리고 이 절의 전반부에서 죽음과 열매 없는 상태가 풍요와 열매가 무성한 상태가 될 것을 예언하고 있으므로 물은 습기가 없어서 메마른 땅을 비옥하게 하며 또한 갈한 자에게 신선한 물을 주어 해갈하도록 하기 위한 것임이 분명해진다. 물이나 구름에서 내리는 것, 샘, 시내 등은 언제나 사람의 메마름과 갈증을 해결해주는 하나님의 축복 전체를 가리키는 이미지로 쓰인다.

이 점은 몇 가지 주요 구절들을 인용하면 분명해질 것이다. 사 41:17 등에서는 하나님이 떠나시는 것과 그의 사랑과 축복을 거두어 가시는 것을 물이 없는 상태로 표현한다: "가련하고 빈핍한 자가 물을 구하되 물이 없어서 갈증으로 그들의 혀가 마를 때에 나 여호와가 그들에게 응답하겠고 나 이스라엘의 하나님이 그들을 버리지 아니할 것이라.” 같은 사상을 다음의 구절들에서 볼 수 있다: 사 44:3(“대저 내가 갈한 자에게 물을 주며 마른 땅에 시내가 흐르게 하며 나의 신을 네 자손에게, 나의 복을 네 후손에게 내리리니”), 41:18(“내가 자산에 강을 열며 골짜기에 샘이 나게 하며 광야로 못이 되게 하며 마른 땅으로 샘 근원이 되게 할 것이며”), 30:25(“크게 살륙하는 날 망대가 무너질 때에 각 고산, 각 준령에 개울과 시냇물이 흐를 것이며”), 겔 34:26(“내가 그들에게 복을 내리며 내 산 사면 모든 곳도 복되게 하여 때를 따라 비를 내리되 복된 장마비를 내리리라”).

여기서 다음과 같은 의문이 또 일어날 수 있을 것이다: 선지자가 하나님의 축복을 뜻하는 생수가 예루살렘에서부터 솟아나리라고 한 이유는 무엇인가? 이에 대한 해답은, 구약 시대의 전투적 교회의 핵심을 나타내는 이미지요 또한 여호와께서 성전에 임재하심으로써 영화롭게 하시는 곳인 예루살렘을 선지자는 여호와께서 성도들과 함께 오셔서 그의 거처를 세우시는 곳이요 승리적 교회의 중심점으로 보았기 때문이라고 할 수 있다. 그러므로 예루살렘이 여호와의 거처요 그가 그의 신민에게 은혜를 부어주시는 장소인 이상 그곳에서는 생수가 솟아나기 마련인 것이다. 이는 병행 구절들과 비교해 보면 더욱 확실히 드러난다. 요엘과 에스겔에 의하면 물이 성전에서 솟아난다고 하며, 계 22:1에 의하면 하나님과 어린 양의 보좌에서 솟아난다고 한다.

만일 예루살렘이 여기서 여호와의 임재라는 원형(antitype)을 의미한다면 거기서 생수가 솟아나와 흘러나가는 유대 땅 전체도 거기에 맞추어 이해하여야 마땅하다. 그렇게 본다면 그 땅은 영광을 입은 하나님의 나라를 의미하는 것으로 볼 수밖에 없는데, 그 나라의 판도는 땅 끝까지 이르는 것이다(이는 9절에서도 나타나며 모든 다른 선지자들이 한결같이 예언하는 것이기도 하다). 그러므로 온 땅 전체가 하나님의 축복의 생수로 충만하게 될 것이다(시 36:8).

마지막의 ‘여름에도 겨울에도 그러하리라’는 하나님의 축복이 늘 있을 것임을 의미한다. 이는 모든 인간적인 복이 약점을 지니는 점과 대조를 이루며, 또한 가끔씩 나타나는 하나님의 축복들과도 대조를 이룬다. 거룩한 것과 속된 것이 함께 섞여 있는 전투적 교회의 때에 여호와께서 징계를 통하여 교회를 정결케 하기 위하여 가끔씩 그의 얼굴을 감추기도 하시는데 그 때의 하나님의 축복들과는 달리, 교회가 의인으로만 구성되어 있고 여호와의 집에 가나안 사람들이 없는 상태가 될 때에는 하나님의 축복이 영구하게 임하는 것이다. 겨울에는 심지어 다른 시내들까지도 물이 흘러 넘치므로 여기서는 특히 여름의 상황에 강조점이 있다고 할 수 있다. 욥은 그의 친구들을 시냇물에 비교하여 말하기를, 그들은 겨울철에는 물이 풍성하다가 물을 가장 필요로 하는 여름이 되면 오히려 말라 버려서 여행자들의 희망을 완전히 저버리는 그런 시냇물 같다고 한다(6:16-18). 이사야는 하나님의 긍휼하심과 그 긍휼하심을 받는 자들을 물이 끊어지지 않는 샘으로 묘사한다(58:11).

644. 9절. "여호와께서 천하의 왕이 되시리니 그 날에는 여호와께서 홀로 하나이실 것이요 그 이름이 홀로 하나이실 것이며."—많은 사람들이 "그 땅 전체의 왕이 되시리니"(한글 개역 성경은 이를 '천하의 왕이 되시리니'로 의역하고 있다—역자주)를 '온 세상 전체의 왕이 되시리니'로 번역한다. 이 예언이 여호와의 다스림의 범위가 확장되어 과거 한 민족으로 제한될 때와는 대조적으로 온 땅의 모든 민족들에게까지 이를 것을 말씀하는 것이라는데에는 의심의 여지가 없다. 그러나 우리는 뤼케르트(Rükert)의 견해를 따라서 '그 땅 전체의 왕이 되시리니'라는 번역을 취하야 한다. 왜냐하면 8절에서 하나님의 새로운 나라가 과거의 신정국가의 이미지로 선지자에게 나타났었고 또한 10절에서도 동일한 표현법이 사용되고 있으므로, 그 가운데 있는 이 절에서 전혀 다른 표현 방식이 사용된다고 보기는 어렵기 때문이다. 마크는 이 점을 잘 설명해주고 있다: "여기서 다루는 문제는 이 세상의 정치적 왕국에 대한 것도, 일상적인 섭리에 대한 것도 아니다. 오히려 과거 이스라엘 왕국에서 나타나듯이 특별한 은혜의 왕국에 대한 것이다."

여호와께서 인류 전체의 왕이시라는 사실은 너무도 당연하다. 그러나 이러한 왕과 백성의 관계가 인류의 타락으로 말미암아 깨어졌다. 그 타락으로 인하여 갖가지 배도의 행위가 자행되기 시작하였고, 그로 말미암아서 그의 백성들 거의 전부가 하나님을 섬기는데서 이탈하여 자기들이 원하는 대로 스스로 하늘과 땅에서 주와 왕들을 선택하여 섬기게 되었다. 여호와께서는 이러한 불성실한 백성들을 그의 전능하신 말씀으로 멸망시키실 수도 있었지만, 그의 사랑에 따라서 그렇게 하지 않으시고 그들이 자의로 다시 돌아와 순종하기를 원하셨다. 그 많은 백성들 모두가 다 그렇게 할 준비가 되어 있지는 않았으므로, 그는 그 가운데서 한 민족을 특별히 택하셔서 그들과 본래의 관계를 회복하시는 일부터 시작하셨다. 그리고 그 특별한 신정국가를 통해서 이루고자 하신 하나님의 계획이 그리스도의 초림과 함께 확대되었다. 그 계획은 그가 영광 가운데 다시 오심으로써 완성되며, 그 때에는 모든 대적들이 그의 긍휼하심으로 원수에서 종으로 변화되거나, 그의 심판을 받아 그 나라에서 멸망하게 될 것이며, 그 때에 그의 나라가 온 세상에 가득하게 될 것이다.

　　이와 관련해서 놀라운 것은 시 22:27, 28의 진술이다: "땅의 모든 끝이 여호와를 기억하고 돌아오며 열방의 모든 족속이 주의 앞에 경배하리니 나라는 여호와의 것이요 여호와는 열방의 주재심이로다." 모든 열방이 그때 이후로 여호와께 굴복하리라는 것은 여호와께서 그들의 합법적이며 본질적인 왕이시라는 사실에 근거하는 것이며, 따라서 여호와와의 기존의 관계는 비합법적인 것으로서 계속 유지될 수가 없는 것이다.

　　'여호와께서 홀로 하나이실 것이요 그 이름이 홀로 하나이실 것이며'는 라피데(Lapide)가 잘 설명한 바 있다: "지금까지 이 세상에서 신으로 여겨지고 그렇게 불려지는 것들이 참으로 많다. 그러나 그 때가 되면 한 존재만이 하나님으로 불리며 모든 민족들에게 경배를 받게 될 것이다." '그 이름이 홀로 하나이실 것이며'는 여러 가지로 오해를 받아왔다. 이는 우상들의 온갖 이름들도 어떤 의미에서는 참되신 하나님의 다른 명칭들로 생각할 수 있다는 상황을 통해서 설명할 수가 있을 것이다. 그것들을 하나님의 다른 명칭으로 여길 수 있는 것은 그 '신들'이 실제로 존재하지 않는 것들이지만 그럼에도 불구하고 이방 사람들이 그것들을 택하여 그것들로 하나님을 지칭했기 때문이다. 이는 이사야서 후반부에서 우상을 만드는 자들의 수고를 항상 하나님을 형상으로 표현하려는 시도로 인정하며, 이 점을 근거로 해서 그들의 어리석음을 드러내 주는 것과도 매우 유사한 것이다. 그 때에 여호와의 이름이 오직 하나일 것이라는 말씀을 한 것은, 선지자가 여기서 그 시대의 사건들로 인하여 그 사실을 두드러지게 강조하게 된 것으로 생각할 수도 있을 것이다.

　　에스라와 느헤미야서에서 언급하는 페르시아 왕들의 조서들에 나타난 내용으로 보면, 종교를 혼합하는데 크게 심취해 있던 페르시아 사람들이 그들의 신 오르무즈(Ormuzd)와 이스라엘의 하나님을 서로 이름과 계시의 방식만 다를 뿐 하나의 동일한 신으로 묘사하는데 주저하지 않았던 것으로 충분히 추정할 수가 있다. 그들은 자연스럽게 각 민족마다 자기들의 고유한 신의 이름을 보존하여야 하고 자기들의 고유한 계시의 방식을 고수하여야 한다고 생각했기 때문에, 자기들의 신의 이름이나 종교의 방식을 고집하지 않고 다른 민족의 그것들과 쉽게 혼합시킬 수가 있었던 것이다.

　　645. 10절. "온 땅이 아라바 같이 되되 게바에서 예루살렘 남편 림몬까지 미칠 것이며 예루살렘이 높이 들려 그 본처에 있으리니 베냐민 문에서부터 첫문 자리와 성 모퉁이 문까지 또 하나넬 망대에서부터 왕의 포도주 짜는 곳까지라." 이 절이 말씀하는 골자는 두 가지이다. 첫째로, 나머지 모든 땅이 평지로 변함으로써 예루살렘이 높아지리라는 것이요, 그 다음으로, 예루살렘이 원수들에게 함락되어 파괴되고, 게다가 2절에 나타나는 대로 지진으로 무너지고, 뿐만 아니라 5절에서처럼 그 속에 있는 원수들에게 임한 다른 심판들로 완전히 초토화된 후에, 다시 예전의 위대함을 회복하리라는 것이다.

　　먼저 첫번째 내용에 대해서 설명하기로 하자. 게바와 림몬은 유다 땅의 남과 북의 경계를 이루는 곳으로서 선지자는 여기서 그 지명들을 명시함으로써 그 범위 전체를 나타내는 것이다. 마치 8절에서 그 땅의 동편과 서편 경계를 말씀하듯이 여기서는 남편과 북편 경계를 말씀하는 것이다. 림몬은 여기서 예루살렘 남편에 위치한 것으로 명시되고 있는데, 이는 브엘세바처럼 유다 지파의 최남단에 위치하며 이두매와의 경계선에 있는 시므온 지파의 성읍인 림몬 바위와 구분하기 위함이다(참조. 수 15:21, 32). 게바가 북쪽 경계에 위치한다는 것은 왕하 23:8에서 유다 왕국의 영역 전체를 가리켜서 '게바에서부터 브엘세바까지'라는 말로 표현한다는 사실에서 잘 드러난다.

이 절의 의미는 다음과 같다: '예루살렘에 속한 산들을 제외한 유다의 모든 산들이 변하여 평지가 될 것이며, 그리하여 온 땅이 거대한 평원처럼 될 것이다.' '예루살렘이 높이 들려 그 본처에 있으리니'라는 표현이 어떠한 변화가 올지를 시사해 준다. 온 땅이 가라앉아서 예루살렘만이 홀로 높이 솟아 보이게 될 것이다. ― 이제는 이 상징적인 표현들의 의미를 살펴 보아야 할 차례가 되었다. 예루살렘은 여기서도 하나님의 영광된 나라의 중심을 가리킨다. 유다는 온 땅 전체까지 확대되는 이 왕국의 범위 전체를 가리킨다. 그렇다면 이 표현들의 의미는 다음과 같은 것이 아니고 무엇이겠는가?: '그 날에 여호와 한 분만이 홀로 높이 오르실 것이요, 나머지 영광을 입은 그의 백성과 그의 나라 전체가, 여호와의 위대하심을 대적하여 솟아 오르는 이 세상의 위대해 보이는 모든 것들을 멸할 것이다.' 물론 사용하는 표현은 다소 다르지만 다른 곳에서도 동일한 사상이 나타나고 있으므로, 이 표현들을 조잡하게 문자적으로 해석하는 유대인 해석자들의 견해는 도저히 인정할 수가 없다: "여호와의 전의 산이 산들의 꼭대기에 굳게 서며 작은 산들 위에 뛰어나고"(미 4:1; 참조. 사 2:2; 겔 40:2). 제 3의 이미지가 단 2:35에 나타난다. '메시아의 왕국의 상징인 그 돌이 하나님의 왕국과 대결 상태에 있는 세상 왕국들을 상징하는 거대한 신상을 쳐서 무너뜨리고 산을 이루어 온 땅에 가득하게 된다.'

이제는 두번째 내용, 즉 예루살렘을 재건하는 것에 대해서 설명할 차례가 되었다. "그 본처에 있으리니 베냐민 문에서부터 … ." ― 그 성의 전 지역이 그 성이 소유한 본처, 즉, 좌석 혹은 보좌로 묘사된다. 예루살렘의 경계를 지정하는 시발점은 베냐민 문이다. 이 문은 다른 곳에서(렘 37:12, 13) '에브라임 문'으로 불리는 문과 동일한 것이라는 것은 의심의 여지가 없다. 그러므로 그 문은 북쪽을 향하여 서 있다. 에브라임 문은 삼하 13:23에서 에브라임 지파를 향하고 있는 것으로 언급되는데, 에브라임 쪽으로 가는 길은 중간에 베냐민을 거쳐 지나간다. 경계선이 에브라임 문을 지나서 가다가 첫번째로 머무는 곳은 바로 첫문 자리이다. 이 문은 다른 곳에서는 동일한 이름으로 언급되지 않는다. 그러나 이것은 의심의 여지도 없이 "옛 성의 문"이라는 이름을 지닌 문과 동일한 것이다. 성읍이 지체 높은 부인으로 의인화되어 표현되므로 거기에 다른 표현들을 덧붙일 필요가 없었다. 옛 성이라는 이름은 아마도 여부스 사람들의 시대에 이미 존재해 있던 예루살렘의 일부를 가리키는 것으로 보인다. 이 부분을 후에 다윗과 그의 후손들이 크게 확장시켰던 것이다. 이와 비슷하게 옛 성읍 전체와 구별하기 위해서 후대에 새로 지은 부분을 베세다(요세푸스는 이를 καινὴ πόλις라고 칭한다)라고 불렀다. '첫문'을 베냐민문의 서쪽이 아니라 동쪽에 있었던 것으로 보아야 한다. 왜냐하면 모퉁이 문이 베냐민 문에서 서쪽 방향으로 나아가는 종착점으로 곧바로 언급되기 때문이다. 그리고 그 첫문은 절대로 베냐민 문과 모퉁이 문 사이에 있었던 것으로 볼 수 없는데, 그 이유는 그 두 문 사이의 거리가 사백 규빗 밖에는 안되는 짧은 거리였기 때문이다(참조. 왕하 14:13). 또한 옛 성의 문의 위치도 이것과 전적으로 일치한다. 그 문은 에브라임 문에서 동쪽으로 가장 가까운 문이었는데, 아마도 북동쪽 끝에 위치했던 것으로 보인다.

'모퉁이 문까지'는 그 문이 베냐민 문에서 서쪽으로 나아가는 경계의 종착점임을 뜻한다. 그 모퉁이 문이 동쪽이 아니라 서쪽에 위치해 있었다는 것은 렘 31:38에서 나타나는데, 거기서는 동쪽에 위치한 하나넬 망대와 모퉁이 문을 서로 대구로 표현함으로써 예루살렘 성 전체를 가리키고 있다.

하나넬 망대는 예루살렘 성 동편 양문 가까이에 위치했다(느 3:1; 12:37, 39). 이 망대에서부터 선지자는 새로운 경계선을 시작하여 왕의 포도주 짜는 곳까지 잇는다. 왕의 포도주 짜는 곳은 예루살렘 성의 남쪽에(느 3:15에 의하면 왕의 정원이 이 쪽에 있었다고 한다) 위치했을 것이 분명하다. 이렇게 해서 여기서 예루살렘 성 전체를 네 방향에 따라서 묘사하고 있음을 볼 수 있다.

그런데 여기서 아주 놀라운 현상이 나타나는데, 이것만 보아도 스가랴서의 후반부의 순전성이 입증되고도 남는다. 선지자는 여기서 오로지 갈대아 사람들에게서 성이 함락될 때에 손상되지 않고 남아 있었던 건축물만을 언급하는데, 스가랴의 시대에는 모든 성곽이 다 무너진 상태이므로 느헤미야가 성곽을 재건하기까지 그것들 가운데 하나도 남아 있지 않았던 것이다. 먼저 베냐민 문과 모퉁이 문 등 두개의 문이 기준점 역할을 하며, 세번째 문인 첫문에 대해서는 '첫문 자리'라고 덧붙임으로써 그것이 당시에 남아 있지 않은 상태임을 분명히 언급하고 있다. 이 가운데서 모퉁이 문은 렘 31:38의 예언에서도 언급되는데, 그 예언은 바벨론의 침공으로 인하여 예루살렘이 함락된 이후에 씌어졌는데 그 때에도 그 문이 아직 서 있는 것으로 묘사되는 것이다. 느헤미야의 성문 재건 기록(3장)에는 이 문들이 생략되어 있는데(그러나 느 12:29에는 언급되고 있다), 그것은 그 문들을 재건할 필요가 없었기 때문에(사소하게 보수는 했을 것이지만) 재건된 문들이 기록된 명단에서 빠진 것이라고 밖에는 설명할 수가 없다. 그러나 반대로, 여기서 무너진 것으로 나타나는 첫문은 느헤미야의 성문 재건 기록에서 언급되고 있다. 하나넬 망대는 렘 31:38과 느 3:1에 모두 여전히 서 있는 것으로 언급되고 있다.

왕의 포도주 짜는 곳은 파괴되었을 것으로 쉽게 생각할 수는 없다. 바윗돌 틈을 파고 거기에 포도를 파종하여 밭을 만드는 것이 보통이었으므로(오늘 날도 땅이 넓은 동방에서도 여전히 그렇게 하고 있다), 그것을 파괴했을 가능성은 거의 없었을 것이다. 왕의 포도주 짜는 곳이 그러했다면, 오늘날 특히 실로아 샘 가까운 곳에서 발견되는 바윗돌 무더기 가운데 포도밭이 아직도 존재하고 있을 가망성은 거의 없어 보인다. 그곳은 샘이나 무덤들처럼 보존하지 않을 이유가 없었다. 엄밀히 말하면, 그것을 파괴한다는 것은 불가능한 일이었다. 왜냐하면 다 파묻어서 없애도 다시 포도가 나왔을 것이기 때문이다. 그러나 우리는 특별한 증언을 통해서 그곳이 그 당시에도 존재하고 있었다는 것을 확실히 입증할 수가 있다. 그 곳은 앞에서 설명한 것처럼 왕의 정원에 있었음이 분명한데, 그 왕의 정원은 느 3:15에 의하면 갈대아 사람의 침공 때에 파괴되지 않고 그대로 보존되었음을 보게 되는 것이다.

이제는 예루살렘의 재건이라는 상징적 표현을 통해서 선지자가 나타내고자 했던 것이 무엇이었는가를 살펴 보아야 하겠다. 예루살렘의 재건을 문자적으로 취해서는 안된다는 사실은 그 묘사 전체의 성격에서 분명히 드러나며, 특히 8, 9절에서 유다의 이미지를 통해서 온 세상 전체를 포괄하여 지칭하며, 10절 전반부에서도 예루살렘이 나머지 유다 지역과 연관되어 미래의 하나님 나라의 중심을 지칭하는 것으로 나타나는 것에서도 확실히 볼 수 있다. 여기서 예언하고 있는 예루살렘의 재건은 1, 2절에서 묘사된 바 있는 그 성의 함락의 상태와, 그리고 그 성 안에 있는 대적들에게 임한 하나님의 심판의 결과로 그 성이 황폐화된 상태에 있었던 사실과 밀접한 관계가 있다. 그러므로 그 의미는 곧, 여호와께서 과거에 그 성, 즉 하나님 나라에 드리워졌던 모든 재난의 흔적을 제거하시고 고대의 찬란한 영광을 다시 회복시키실 것이라는 것이다. 이 사상을 선지자는 예루살렘의 함락 때에 그 성에 임했던 환난을 통해서 묘사하며, 또한 그 성이 고대의 경계를 완전히 회복한다는 상징적 표현을 통해서 묘사하고 있는 것이다. 그리하여 옛 예루살렘의 정확한 경계를 보여주는 구체적인 문들의 이름까지 거론하여 상세히 묘사하는 것이다.

646. 11절. "사람이 그 가운데 거하며 다시는 저주가 있지 아니하리니 예루살렘이 안연히 서리로다." 여러 해석자들이 '사람이 그 가운데'와 '거하며' 사이에 '안전히'라는 부사를 덧붙여서 이해하는데 그럴 필요가 없다. 그렇게 하면 뒤의 묘사 부분이 쓸데없이 말만 늘어 놓는 것이 되고 말기 때문이다. 오히려, 여기서는 그냥 '그 가운데 거한다'는 표현만으로도 충분하다. 이 표현은 10절의 '그 본처에 있으리니'와, 또한 하나님의 백성들이 포로가 되어, 또한 도망자가 되어 거기에서 나간다는 2, 5절의 표현과 대구를 이루는 것이다. '다시는 저주가 있지 아니하리니'라는 표현은 하나님의 교회가 이 난국 이후에 순전히 의롭고 거룩한 자들로만 구성되어 있어서 과거처럼 하나님의 심판과 징계로 정결케 할 필요가 없는 상태임을 나타내 준다. 새 예루살렘에서는 하나님의 공의가 그 처벌 대상을 찾지 못할 것이다. 그러므로 순전히 사랑과 긍휼을 끊임없이 드러내는 것이 그 거민을 향한 하나님의 활동이 될 것이다. 렘 31장에서도 동일한 사상이 나타나는데, 거기서는 가장 가증된 일들이 다 자행되어 더러운 곳으로 규정된 힌놈의 골짜기까지 포함해서 새예루살렘 경내와 그 인근의 모든 곳이 '다시는 뽑히거나 전복되지 아니하리라'고 말씀하고 있다(40절). 또한 계 22:3을 보라.

647. 12절. "예루살렘을 친 모든 백성에게 여호와께서 내리실 재앙이 이러하니 곧 섰을 때에 그 살이 썩으며 그 눈이 구멍 속에서 썩으며 그 혀가 입 속에서 썩을 것이요." 3절 이하에서 선지자는 먼저 하나님의 집에 임하는

심판들을 묘사한 다음, 여호와께서 그 대적들에게 베푸실 멸망과 그의 공의의 징벌을 받을 대상들에 대해 그저 암시하는 것으로 만족하고, 그의 마음에 가장 끌리는 것, 곧 하나님께서 정결케 된 하나님의 교회에 베푸실 축복들에게로 곧바로 넘어 갔었다. 그런데 여기서 그는 그러한 축복에 대한 말씀을 중단하고 원수들에게 임하는 형벌들을 좀더 상세히 묘사하고 있다. 모든 것을 이상 가운데서 본 대로 전달하는 선지자의 상징적 표상의 본질에 따라서, 그리고 동시에 예전의 신정국가 시대에 있었던 유형적인 심판의 이미지를 빌려서(예컨대 앗수르 사람들에게 임한 심판 등), 그는 형벌을 전적으로 유형적인 것으로 묘사한다. 그리하여 범죄까지도 예루살렘을 공격하는 군사적 원정의 형식으로 표현함으로써 감각의 대상으로 만드는 것이다.

코케이우스와 마크는 이 점을 인식하지 못하고 형벌의 영적 요소를 낱말들 그 자체 속에 붙여서 이해하려 한다. 그들은 선지자가 그 형벌을 당하는 자들이 양심에 찔림을 받아 자기 몸을 학대하는 것을 말씀하는 것이라고 보는 것이다! 그러나, 여기 나타나는 선지자의 예언의 핵심은 오로지 형벌 그 자체뿐이며, 그것이 구체적으로 어떻게 성취되느냐 하는 것은 그것이 성취되는 역사에 달려 있으며, 그 형벌의 방법에 대해 묘사한 내용은 모두가 핵심을 꾸며주는 옷과 같은 것이라고 보는 것이 올바른 것이다. 어떤 사람들은 여기에 묘사된 내용을 사 66:24(거기서는 하나님 나라의 원수들이 살아있는 시체의 이미지로 표현되는데, 그것이 영원토록 벌레의 먹이가 되며, 거룩한 자들의 거처의 문, 즉 예루살렘 바깥에서 타오르는 불의 희생물이 되어 누워 있을 것으로 묘사하고 있다)과 비교하여 이해하려고 하지만, 그것은 분명히 잘못된 것이다.

'발로 섰을 때에' 라는 표현은 그 심판의 무시무시함을 극대화시켜 나타내 준다. 그들은 살아있는 시체가 될 것이다. 여기서 육체적으로 묘사된 것만 보면, 살아있는 몸이 그런 식으로 부패되는 모습은 오히려 죽음보다도 훨씬 더 끔찍할 것이다. 몸의 본체 이외에도 눈과 혀를 특별히 언급하고 있는 데에는, 이유가 없는 것이 아니다. 이 점은 11:16과 비교해 보아도 잘 알 수 있다. 혀를 언급한 것은 그것이 하나님과 그의 백성을 방자하게 저주했기 때문이다. 눈을 언급한 것은 그것이 하나님의 성(城)의 벌거벗은 모습을 훔쳐

보았기 때문이다. 살(몸)을 언급한 것은 그 몸으로 예루살렘을 침략했기 때문이다.

648. 13절. "그 날에 여호와께서 그들로 크게 요란케 하시리니 피차 손으로 붙잡으며 피차 손을 들어 칠 것이며." 여기서는 여호와께서 그 원수들에게 보내시는 두려움과 혼란의 상황이 어떠한지 그 실례를 들어서 묘사하고 있다. 그들은 공포에 질려서 정신이 혼미하여 과거 하나님의 백성의 역사에서 나타난 것처럼 서로를 찌르고 죽이는 참상을 연출한다(참조. 신 7:23; 삿 7:14; 삼상 14:20). 그러나 이는 주로 여호사밧의 역사를 암시하는 것이다. 특히 대하 20:23을 참조하라: "곧 암몬과 모압 자손이 일어나 세일산 거민을 쳐서 진멸하고 세일 거민을 멸한 후에는 저희가 피차에 살륙하였더라." 동맹군이 서로 격렬하게 싸움을 일으켜 서로 진멸되는 것은 하나님의 저주의 한 증표이다(참조. 11:14; 사 19:2). — '피차 손으로 붙잡으며'는 병행 구절들과 비교할 때에 적대감이 가득한 공격으로 이해하여야 할 것이다. '피차 손을 들어 칠 것이며'는 그 적대감을 더욱 분명히 드러내 준다. 각자가 그 이웃의 손을 붙잡아 무기를 빼앗으려고 안간 힘을 다 쓰며, 손을 붙잡은 다음에는 그의 손을 주로 찌른다. 손을 제거하면 안전하게 상대방을 죽일 수가 있기 때문이다.

649. 14절. "유다도 예루살렘에서 싸우리니 이 때에 사면에 있는 열국의 보화 곧 금 은과 의복이 심히 많이 모여질 것이요." '유다가 예루살렘을 쳐서 싸우리니'라는 설명은 전적으로 그릇된 것이다. 여기서나 12장에서나 유다와 예루살렘이 서로 적대 관계에 있다는 흔적은 전혀 찾아볼 수 없으며 오히려 그 반대의 관계에 두드러지게 나타나는 것이다. 그러나 여기서 유다의 싸움이 전리품을 거두어 들이는 것과 분명하게 연관되어 있다는 것이 결정적인 증거를 제공한다. 여기서 그 싸움이 예루살렘을 대적하는 것이 아니라 예루살렘을 위한 싸움이어야만 그런 연관성이 생기는 것이다. 대하 20:24 이하에서 나타나듯이 전에 유다와 예루살렘이 함께 위험을 나누었기 때문에 여기서도 서로 전리품을 함께 나누는 것이다.

650. 15절. "또 말과 노새와 약대와 나귀와 그 진에 있는 모든 육축에게 미칠 재앙도 그 재앙과 같으리라." 이 절에서는 범죄와 그 형벌이 확대되는 것이 묘사되고 있다. 그들의 범죄가 너무도 컸으므로, 그들의 소유 역시 더럽혀지며 하나님의 저주의 대상이 되어 버렸다. 여기의 선지자의 묘사는 하나님의 저주에 대한 모세의 계명과 동일한 감정에서 나오는 것이다. 성읍 전체가 우상 숭배의 죄악을 범했을 때에는 그 거민뿐 아니라 가축까지도 죽이도록 되어 있었다. 그러므로 여기서도 범위는 작지만 사람의 범죄에 대한 형벌이 짐승에까지 확대되는 것이다. 그 계명에 따르면 사람의 죄 때문에 그 짐승도 자신의 의지와는 상관없이 헛된 죽음에 속하게 된 것이다. 아간의 범죄의 경우 그 죄 때문에 그 자신과 자녀는 물론 그의 나귀와 소와 양까지도 불태워졌던 것이다.

651. 16절. "예루살렘을 치러 왔던 열국 중에 남은 자가 해마다 올라와서 그 왕 만군의 여호와께 숭배하며 초막절을 지킬 것이라." 열국이 온 땅에서 해마다 예루살렘으로 올라온다는 것을 상징적으로 이해한다는 사실이나, 선지자가 8:22, 23에서와 같이 여기서도 구약 시대의 하나님을 경외하는 모습과 하나님 나라에 참여하는 모습을 들어서 메시야 시대의 모습을 예표하는 것으로 삼고 있다는 사실은, 부분적으로는 그런 여정이 본질적으로 불가능하다는 점에서 드러나며('일본이나 중국, 혹은 남극과 북극의 인근 주민들을 포함하여 온 세상의 거민이 모두 해마다 절기를 지키기 위해 예루살렘으로 모여든다는 것이 어떻게 가능하겠는가?'), 부분적으로는 여기의 묘사 전체의 본질에서 드러난다.

여기서 특별히 초막절을 언급한 것에 대해서 미카엘리스 등은 그 절기의 특수한 성격 때문인 것으로 적절히 해명해 주고 있다. 레 23:33에 따르면 초막절은 여호와께서 광야의 여정 기간 동안 자비로 그 백성을 보호하신 것에 대해 감사를 표시하는 절기였다. 광야에서 방황하는 동안 백성들이 그들을 위협하는 온갖 위험을 극복하였고, 그 고난을 통해 정결케 되며 결국 가나안 땅을 소유하게 된 것은 모두가 여호와의 보호하심 덕분이었다. 그러나 이러한 이스라엘 백성의 광야 여정은 하나님께서 앞 날에도 그 백성과 함께 행하실 것을(바벨론 포로와 현재의 포로 시에) 예표하는 것일 뿐 아니라, 장차 그의 백성이 될 것으로 정해진 자들을 향하여 행하시는 여호와의 활동을 예표하는 것이기도 하다. 그들은 하나님의 백성이 된 후에 겉모양으로가 아니라 영적으로 안식일(히 4:9)과 유월절(고전 5:7, 8)은 물론 초막절도 함께 지킬 것이다. 안식일이나 유월절에 있어서는 물론 초막절 절기에 있어서도 그 본질은 하나님께서 베푸신 자비를 기리는 것이며, 거기에다 이스라엘의 역사상 그 자비하심이 나타난 일들을 함께 기리는 것이었다. 동시에 초막절은 추수의 완성을 감사하는 절기였다. 어쩌면 선지자는 초막절의 이런 의미도 함께 염두에 두고서 그 절기를 하나님 나라의 새 시민이 된 자들에게 베풀어진 풍성한 은혜에 대해 감사하는 절기로 간주했을지도 모른다.

'남은 자'라는 표현에서는 예표와 그 예표를 통해서 표현하는 원형이 일치하는 것을 볼 수 있다. 애굽에서 나온 자들이 모두 가나안에 들어가서 거기서 초막절을 지킨 것이 아니고, 그들 대부분이 광야 여정 기간 동안 하나님의 심판으로 끊어져 나간 것처럼, 과거에 예루살렘을 치러 올라왔던 이방인들이 전부 감사와 사랑으로 그리로 올라가는 것이 아니라 그들 대다수가, 하나님을 멸시하는 목이 곧은 자들이 모두, 앞에서 묘사된 심판들로 멸망한 후에 오로지 남은 자만이 하나님의 긍휼하심으로 말미암아 살아 남아서 그리로 올라가 경배하게 될 것이다. — 여기서 여호와를 왕이라 부르는데, 이는 세상을 다스리신다는 일반적인 의미에서가 아니라 특별히 신정적인 의미로 그렇게 부르는 것이다(참조. 9절).

652. 17절. "천하 만국 중에 그 왕 만군의 여호와께 숭배하러 예루살렘에 올라오지 아니하는 자에게는 비를 내리지 아니하실 것인즉." 이 절의 묘사는 12절과 마찬가지로 처음부터 끝까지 상징적이다. 선지자는 영적인 관계를 외형적인 대상물로 묘사하고 있는 것이다. 이 절의 사상은, 그 때에는 현재와 같이 이방 족속들을 그들이 하는 대로 그냥 내버려두지 않으시고 여호와께서 그들에게 그에 대한 그들의 의무를 이행할 것을 요구하실 것이라는 것이다. 선지자는 예루살렘으로 올라가는 여정에 참여하지 않는 모든 자들은 비가 내리지 않는 고난을 당할 것이라고 선포함으로써 이 사상을 표현하고

있는 것이다. 비가 내리지 않는다는 것은 율법을 범한 자들에게 있을 형벌에 속하는데, 이는 특히 아합의 경우를 비롯하여 자주 시행되었다. 그러나 이 구절의 묘사를 근거로 하여 그 때에 실제로 여호와께 거역하는 자들이 있을 것이라고 추정해서는 안된다. 이 구절은 오히려 사 65:20과 전적으로 유사한 것이다. 선지자가 그런 상황이 존재하는 것으로 가상하여 묘사하는 것은 여기의 모든 묘사의 골자에 속하는 그 사상을 표현하기 위한 하나의 방법일 뿐이다. '천하 만국'(문자적으로는 '땅의 모든 가족들'이다—역자주)이라는 호칭은 이방 사람들의 여호와와의 관계가 변화된 사실을 나타내기 위해 의도적으로 사용한 것 같다. 그들이 이제 여호와와 신정적 관계에 있게 되었다는 사실이 이제부터 그를 섬겨야 하는 그들의 강력한 의무의 근거로 작용하는 것이다.

653. 18절. "만일 애굽 족속이 올라 오지 아니할 때에는 창일함이 있지 아니하리니 여호와께서 초막절을 지키러 올라오지 아니하는 열국 사람을 치시는 재앙을 그에게 내리실 것이라." 선지자는 비를 내리지 않는 형벌을 받아야 마땅한 백성의 한 개별적인 실례로써 애굽 사람들을 거명하고 있는데, 여기서 이 특별한 형벌에 대해서(물론 여기의 형벌은 모든 형벌 전체를 외형적으로 드러낸 것밖에는 아니지만) 그것을 당하는 사람들이 그것을 형벌로 알지 않고 그 땅의 자연적인 조건이 그렇기 때문에 비가 오지 않는다는 식으로 생각할 수도 있다는 것에 대해서는 거의 생각하지 않았을 것으로 보인다. 재앙이란 곧 비가 내리지 않는 것을 뜻한다.

654. 19절. "애굽 사람이나 열국 사람이나 초막절을 지키러 올라오지 아니하는 자의 받을 벌이 이러하니라." 과거에는 열국들이 다른 죄들로 인하여 형벌을 받았다. 그런데 이제는 여호와의 신정적 통치가 온 땅에 편만해졌으므로 한 가지 큰 죄악밖에는 없게 되었으며, 그 죄 앞에서 다른 것들은 사라져 버렸다. 하나님의 심판을 불러 일으키는 한 가지 유일한 원인은 그 왕께 드려야 할 공경을 거부하는 것이요 그 뿌리는 불신앙이다. 이 유일한 죄는 바로 예루살렘에 올라가기를 거부하는 것이다.

655. 20절. "그 날에는 말 방울에까지 여호와께 성결이라 기록될 것이라 여호와의 전에 모든 솥이 제단 앞 주발과 다름이 없을 것이니." 대개의 해석자들은 여기서 선지자가 대제사장의 흉패를 암시하고 있는 것으로 본다. 거기에도 '여호와께 성결'이라고 새겨져 있었다(출 28:36). 구약 시대에는 '여호와께 성결' 한 것으로 지정된 것들이 많이 있었으나 그 문구를 새겨놓은 것은 대제사장의 흉패밖에는 없었는데, 그것이 본문에 나타난 것과 정확히 일치하는 것이다. 그러나 여기서 말 방울이 여호와께 성결한 것이라고 말씀한 것은 아니고 다만 말 방울에 '여호와께 성결'이라는 문구가 새겨질 것이라고 말씀한 것이다. 고대의 동방에서는 말과 당나귀에 방울을 다는 관습이 있었는데, 오늘날 방울을 다는 것과 똑같은 목적으로 그렇게 하기도 했지만 한편으로는 장식용으로 그렇게 한 것이다. 이렇게 보면 이 절의 의미는 다음과 같다: '과거에는 대제사장만이 지녔던 성결의 상징물을 그 때에는 여호와께서 말에게까지 장식하실 것이다.'

여기에 아주 깊은 진리가 담겨 있다. 인간의 타락으로 말미암아 거룩한 것(성결한 것)과 속된 것 사이의 구별이 생기게 되었다. 이런 구별을 제거하고 거룩한 것이 모든 것을 단독으로 장악하도록 하는 것이 하나님이 제정하신 모든 제도의 목적이었다. 그러나 이 세상의 왕들은 반대로 거룩한 것을 완전히 제거하려고 노력했다. 여호와께서는 그의 최종적인 목적을 더 확실히 이루시기 위해서 오랜 세월 동안 거룩한 것과 속된 것 사이의 구별이 더 커지도록 하셨다. 그는 한 거룩한 백성을 구별하셔서 자기 백성으로 삼으셨으며, 그들과 비교하여 다른 백성들을 속된 것으로 여기셨다. 여호와께서는 그 백성에게 율법을 주셨고, 그 율법을 통해서 가장 큰 것에서부터 가장 미미한 것에 이르기까지 거룩한 것과 속된 것 사이의 구별이 철저하게 이루어지도록 하셨다. 그는 오랜 세월 동안 특정한 한 지역을 외형적으로 설정하셨고 그것으로 스스로 만족하셨다. 만일 그렇게 하지 않으셨다면, 서로 반대되는 원리들이 서로 뒤섞이고 악한 원리가 선한 원리를 완전히 삼켜 버렸을 것이다.

그리스도께서 처음 이 세상에 오심으로써 하나님의 마지막 계획이 실현되기 시작하였다. 거룩한 것과 속된 것 사이의 외형적인 구별이 약화되었다. 왜냐하면 그리스도의 영으로 말미암아 훨씬 더 강력한 지원과 도움이 거룩한 원리에 지원되었기 때문이다. 그러나 그 두 가지 원리는 여전히 존재하고 있었으며, 신자라 할지라도 이생에 있어서는 선한 원리가 그를 완전히 단독적으로 지배하지는 못한다. 그러나 여호와께서 만유의 만유가 되실 때에는 거룩한 것과 속된 것 사이의 모든 구별도, 두 가지가 서로 뒤섞여 있는 상태도, 거룩한 것들 사이에 거룩한 정도를 구분하는 것도, 모두 완전히 사라질 때가 올 것이다.

이 절의 전반부가 속된 것들이 모두 거룩한 것으로 바뀔 것을 예언해 주듯이, 후반부는 거룩한 것들끼리 그 거룩한 정도를 구분하는 예가 사라질 것을 예언해 준다. 옛 언약 하에서는 제단 앞의 주발과 제물의 피를 담아서 제단에 뿌릴 때 쓰는 대야가 지극히 거룩한 기명에 속했다. 모든 기명들 가운데 이것들은 가장 직접적으로 여호와를 섬기는 지극히 거룩한 일에 사용되었기 때문이다. 반대로, 솥은 희생 제물의 고기를 요리하는 기구로서 가장 덜 거룩한 그릇에 속했다. 말하자면 그 그릇들은 사람을 섬기는데 사용된 것이다. 겔 43:12; 45:3도 거룩한 것들 사이에 서열을 매기는 모든 것이 사라질 것이라는 동일한 사상을 다른 묘사를 통해서 표현하고 있다. 곧, 새 성전이 서 있는 산 전체가 모든 것 가운데 가장 거룩할 것이라는 것이다("그 가운데 성소를 둘지니 지극히 거룩한 곳이요").

656. 21절. "예루살렘과 유다의 모든 솥이 만군의 여호와의 성물이 될 것인즉 제사 드리는 자가 와서 이 솥을 취하여 그 가운데 고기를 삶으리라 그 날에는 만군의 여호와의 전에 가나안 사람이 다시 있지 아니하리라." 성전의 솥들이 제단 앞의 주발들과 동등하게 거룩해질 것이므로, 지금까지 그저 청결하기만 했고 거룩하지는 않았던 예루살렘과 유다의 모든 솥이 이제부터는 성전의 솥과 동등하게 거룩하게 될 것이다. 선지자가 그 때에는 여호와의 전에 가나안 사람이 다시는 있지 않으리라고 말씀한 사실은 그 당시에 가나안 사람들이 여호와의 전에 있었다는 것을 암시한다. 그러나 여기서 가나안 사람들을 민족적인 의미로 볼 수는 없다. 왜냐하면 몇몇 해석자들이 언급한 기브온 사람들은 성전 그 자체 속에 있었던 것이 아니기 때문이다. 성전 경내에는 모든 이방인은 들어갈 수가 없었던 것이다. 오히려 우리는 이것을

자주 등장하는 관용적 표현의 한 예로 보아서, 가나안 사람을 신정국가 자체 내의 불경건한 백성들을 조롱하는 뜻으로 지칭하는 것으로 보아야 옳을 것이다.

성전의 모든 일에 겉으로만 참여하는 그들의 위선적 자세를 조롱하는 뜻으로 그들을 이방인으로 할례 받지 못한 자들로, 혹은 특별히 가나안 사람이라고 부르고 있는 것이다. 할례는 오직 그 외형적인 의식에 상응하는 영적 상태가 실제로 존재할 때에 비로소 언약의 증표로서의 효력을 발생한다. 그렇지 못하면 할례 그 자체는 아무런 의미가 없는 것이다. 심지어 모세오경에서 조차도 할례를 받은 이스라엘 백성을 향하여 마음의 할례를 말씀하고 있듯이(신 10:16; 30:6), 예레미야도 불경건한 이스라엘 사람들을 가리켜 마음에 할례를 받지 못한 자들로 취급하는 것을 보게 된다(4:4). 에스겔은 여기서 한 걸음 더 나아간다. 그는 불경건한 제사장과 레위인들을 마음에 할례를 받지 않은 자라고 부를 뿐 아니라 육체로도 할례를 받지 못한 자들로 취급하여 이방인의 자식들로 취급한다(44:9). 여기 겔 44:9에서 ‘할례를 받지 아니한 자’와 ‘이방인’(sons of the stranger)은 대개의 해석자들이 이상하게 잘못 보듯이 실제로 이방 족속을 가리키는 것이 아니라 불경건한 레위인들을 가리킨다. 이에 대한 근거는 여러 가지가 있지만, 희생 제물을 드리는 제사장의 일을 이들이 행하는 것으로 묘사하고 있기 때문이다(7, 15절을 보라). 또한 사 52:1도 이와 유사하다: “이제부터 할례 받지 않은 자와 부정한 자가 다시는 네게로 들어옴이 없을 것임이니라.”

언약 백성들 가운데 불경건한 자들을 도덕적 부패가 극심한 것으로 잘 알려진 특정한 이방 백성의 이름으로 지칭하는 예는 다른 곳에서도 여러 번 나타나고 있는데, 그것들은 다음과 같다: 이사야는 이스라엘의 관원들을 직접적으로 소돔의 관원들로 부르며 그런 백성을 가리켜 고모라의 백성이라 부른다(1:10). 습 1:11에서는 언약 백성의 파멸에 대하여 선포하면서, “가나안 백성이 다 패망하고 … ”라고 말씀한다. 칼데니우스 역본(Chaldee)은 이를 정확히 풀어서 설명하고 있다: “가나안 사람들처럼 행하는 모든 백성이 다 패망하리라.” 따라서 본문의 의미에 대해서 의심할 필요가 없을 것이다. 본문의 사상은 사 4:3(“시온에 남아 있는 자, 예루살렘에 머물러 있는 자 곧 예루살렘에 있어 생존한 자 중 녹명된 모든 사람은 거룩하다 칭함을 얻으리니"), 60:21("내 백성이 다 의롭게 되어 영영히 땅을 차지하리니"), 계 21:27("무엇이든지 속된 것이나 가증한 일 또는 거짓말하는 자는 결코 그리로 들어오지 못하되 오직 어린 양의 생명책이 기록된 자들 뿐이라"), 22:15("개들과 술객들과 행음자들과 살인자들과 우상 숭배자들과 및 거짓말을 좋아하며 지어내는 자마다 성 밖에 있으리라") 등의 본문에서도 잘 드러나고 있다. 경건한 자들과 불경건한 자들이 섞여 있는 상태는 구약의 교회에서도 그러했고, 신약의 교회에서도 부분적으로 여전히 계속되나, 여기서는 그런 상태와 대조적으로 마지막 날에 여호와로 말미암아 교회의 완전한 순결성이 이루어질 것으로 말씀하는 것이다.

다니엘서의 칠십 이레

9:24-27의 개관

657. 메대 사람 다리오 원년, 다니엘은 선지자 예레미야의 글을 읽는 중 심령이 크게 감동을 받았다. 예레미야의 예언은 잘 알려져 있던 것으로서, 언약 백성의 괴로움과 그들의 종 살이가 70년 동안 이어질 것이요, 그 기한이 지나면 그들이 돌아와서 예루살렘 성과 성전을 재건하기 시작할 것이라는 내용이었다. 예순 여섯해가 이미 지났고, 예레미야의 예언의 주요 내용 가운데 하나인 바벨론의 전복이 이미 이루어졌다. 그 나머지 내용에 대해서도 다니엘은 하나님의 약속을 추호도 의심하지 않았다. 하나님의 긍휼하심을 더욱 든든히 신뢰할수록 하나님의 공의하심(이 역시 약속이 성취되어야 하는 중요한 근거였다)을 더욱 깊이 깨닫게 되었고, 그 백성과 성전과 여호와의 성 예루살렘을 위하여 간구해야 할 당위성을 더욱 강렬하게 느끼게 되었다.

시편에서 언제나 보듯이, 하나님의 도우심에 대한 확신이 있을 때에는 언제나 그 약속하신 축복을 실제로 베풀어 주시도록 그것을 위해서 새롭게 간구하는 일이 뒤따라 일어난다. 동시에 다니엘은 하나님의 약속이 언제 시작되는지에 대해서는 흔들림이 없는 분명한 확신을 가지고 있었으나 그 일이 어떻게 그리고 언제 완성되는지에 대해서는 아무런 말씀도 하지 않으셨다는 것을 생각했다. 그리하여 그는 여호와께 죄를 용서하시고 신정국가를 회복시켜 달라고 진심으로 기도했다. 그것은 기도라는 이름에 합당한 기도가 늘 그렇듯이 "우리가 우리 자신의 의로 주께 기도하는 것이 아니라 오직 주님의 크신 긍휼하심에 의지하여 기도합니다"라는 자세로 드려지는 기도였다.

기도의 영을 부어주셨던 하나님이 그 기도를 들으시고 모든 계시의 전달자인 가브리엘을 명하여 하늘의 계획을 그 간절히 기도하는 선지자에게 전하게 하신다. 가브리엘이 그렇게 급하게 온다는 것은 기쁜 소식이 있음을 암시해주는 것이다. 그가 전한 소식의 골자는 다음과 같다: 그 백성과 예루살렘과 성전이 완전히 무너진 70년의 보상 기간이 끝났으므로 칠십 이레의 연수가, 칠 곱하기 칠십 년의 새로운 갱신의 기간을 여호와께서 그들에게 보장하실 것이며, 이 기간의 마지막이 되면 하나님의 은혜가 그쳐지는 것이 아니라, 오히려 처음으로 그들에게 완전한 신정국가를 그들에게 주시겠다는 것이다. 그와 함께, 이미 이루어진 죄의 용서와, 영구한 의가 소개되는 일과, 구원의 축복을 실제로 부어주시며 지성소가 기름부음을 받는 일이 있을 것이라고 한다.

이러한 개괄적인 계시에 이어서 좀더 상세한 내용이 전달되는데, 그 기간의 시발점(terminus a quo)이 무엇이냐 하는 것과, 그 기간 전체가 일곱 부분으로 나뉘며 그 각 부분에 특징적인 표시가 있다는 것과, 최후의 가장 큰 축복을 가져다 줄 인물이 누구이며, 그 축복에 참여할 자들과 거기서 제외될 자들이 어떤 자들이냐 하는 것들이 그것이다.

〔1〕 칠십 이레의 시발점에 예루살렘 성을 옛 영광과 과거의 영역대로 재건하라는 명령을 받으므로, 그 시점은 예레미야의 예언의 종착점(terminus ad quem)과 같은 시기가 아니다. 왜냐하면 예레미야의 예언은 포로들이 회복될 것만을 말씀하는 것이요 예루살렘 성이 처음으로 재건되기 시작하는 것은 그 다음에 이어지기 때문이다. 예레미야의 예언의 종착점과 다니엘이 말씀하는 시발점 사이의 중간의 시간이 언약 백성에게 칠십 년 이상으로 주어진다. 이는 여호야김 왕 4년부터 예루살렘과 성전이 파괴되기까지 18년 동안의 과도기가 감사하게도 칠십 년의 환난 기간에 포함되기 때문이다.

〔2〕 그 전체의 기간은 세개의 소 기간으로 나뉜다. 칠십 이레와 육십 이 이레와 한 이레가 그것이다. 첫 기간이 끝나는 때에 예루살렘 성의 재건이 완성되며, 둘째 기간이 끝나는 때에는 기름 부음 받은 자, 곧 한 왕이 나타나며, 셋째 기간은 구원의 축복을 받기로 정해진 많은 사람들과의 언약을 확증하는 일(24절에서는 이것이 전체의 기간의 마지막에 속하는 것으로 말씀한다)로 끝을 맺게 된다. 이 마지막 기간은 다시 두 기간으로 나뉜다. 언약의 확인은 이 기간 전체를 통틀어 계속 적용되나, 희생 제사의 폐지와 기름 부

음 받은 자의 죽음은 그 기간 중간에 있게 된다.

〔3〕 칠십 이레의 마지막에 완성되는 구원의 축복의 주인이신 메시야, 왕께서 나타나신다. 그는 시발점으로부터 육십 구 이레의 마지막에 그 직분에 올라서 칠십번째 이레의 절반의 기간 동안 많은 사람들과 언약을 확인하고 격렬한 죽음을 맞으며, 그 일로 인하여 희생 제사가 중지되며 언약의 확인은 그의 죽음 이후까지도 계속된다.

〔4〕 기름 부음 받은 자를 통해서 베풀어질 구원의 축복은 온 백성에게 다 주어지는 것이 아니다. 오히려 그들 가운데 큰 부분이 그 축복에서 제외될 것이다. 그의 나라와 축복들 가운데서 기름 부음 받은 자를 죽인 것이 무수한 이방 왕들에게 먹이가 되는데, 이는 복수하시는 하나님의 도구로 사용되어 그 타락한 성을 완전히 무너뜨리고 성전을 더럽히는 것이다.

658. 이 선언 전체는 위로의 의미를 담고 있다. 심지어 예루살렘 성과 성전의 파괴에 대한 내용조차도 선지자들은 한결같이 그것을 하나님의 은혜를 멸시한 자들을 향한 하나님의 공의의 표현인 동시에 하나님의 긍휼하심의 최대의 표현으로 보는 것이다. 하나님의 정결케 하는 심판은 그의 교회의 편에서 볼 때에는 축복이며, 신자들이 보기에는 기쁨인 것이다. 다니엘은 완고한 자들과 불경건한 자들을 위해서 기도한 것이 아니었고, 오직 그와 함께 통회하며 진심으로 죄를 고백하는 자들을 위해 기도한 것이다. 이들이야말로 모든 약속을 받을 자들이요 선지자들의 부드러운 관심을 받을 자들이다. 다니엘은 갈대아 사람들에 의해서 예루살렘 성이 함락되고 성전이 무너진 사실에 대해 애통해 한다. 그 사건으로 말미암아 외형적인 신정국가가 부분적으로 사라진 것이기 때문이다. 그가 예루살렘 성과 성전이 무너진 것에 대해 슬퍼하는 것은 오직 이 점 때문이다. 그리고 그것들의 회복을 위해서 기도하는 것도 바로 그 이유 때문이다.

곧바로 새로운 지성소를 기름 부을 것이 예언되는데, 외형적 성전이 파괴되리라는 예언이 무슨 괴로움을 가져다 줄 수 있겠는가? 선지자를 청종하는 많은 사람들을 위하여 언약을 갱신하는 일이 뒤따라 일어난다면, 언약 백성에 대한 기름 부음 받은 자의 통치가 중단된다고 해서 무엇이 괴롭겠는가?

희생 제사가 예표하며 또한 외형적 신정국가를 위하여 외형적으로 실시하여 나타낸 바 죄의 용서와 의롭다 하심이 희생 제사를 무효화시킨 바로 그 사건을 통해서 진정으로, 그리고 완전히 이루어졌다면, 희생 제사가 폐지되었다고 해서 슬퍼할 일이 어디 있겠는가? 다니엘이 갈대아 사람들의 예루살렘 함락을 슬퍼했듯이, 우리는 지금 복음적 교회의 패망에 대해 슬퍼하고 있다. 그러나, 여호와께서 모든 외형적인 교회들을 철폐하시고 완전히 새로운 교회를 만드셨다면 우리 중에 슬퍼할 사람이 어디 있겠는가? 여호와께서 그렇게 하셨다면, 영혼이 떠나가 버린 '걸레 조각 같은 시체'를 잃어버렸다고 누가 슬퍼하며 애통하겠는가?

1. 다니엘 9:24

659. "네 백성과 네 거룩한 성을 위하여 칠십 이레로 기한을 정하였나니 허물이 마치며 죄가 끝나며 죄악이 영속되며 영원한 의가 드러나며 이상과 예언이 응하며 또 지극히 거룩한 자가 기름부음을 받으리라."

'칠십 이레'

660. 여기의 이레를 해〔年〕를 뜻하는 주(週)로 보아서(weeks of years, 이후부터는 이를 년주〔年週〕로 번역할 것이다—역자주) 칠년 동안의 기간으로 이해하는 근거는 무엇인가? 가장 주된 근거는 예레미야가 70년을 언급한다는 사실이다. 이 사실에서 우리는 그 칠십 이레가 보통 정상적인 주(週)를 가리킬 수가 없다는 것을 배우게 된다. 다니엘이 칠십 년의 황폐에 대한 보상으로 예루살렘 성이 칠십 주간(정상적인 7일로 구성된)의 기간 동안 지속되고 그 후에 새로운 파괴가 올 것이라는 계시를 받았다면, 그것이 무슨 위로가 되었겠는가? 더욱이, 다니엘 자신은 그 계시의 말씀이 정상적인 주(週)를 가리키지 않는다는 것을 인지할 수 있었다. 왜냐하면 그 기간을 정상적인 칠십 주로 보기에는 그 기간 동안 너무도 다양한 사건들이 많이 일어나기 때문이다. 여기서 말씀하는 이레가 아주 특별한 것이라면 그는 그 이레를 년주(年週)로 보지 않을 수 없었을 것이다. 왜냐하면 이 이레는 모세의 율법의 제도에서 너무도 중요한 위치를 차지하고 있었기 때문이며, 또한 바벨론 포로를 계기로 칠십 년의 황폐의 기간이 안식년을 지키는 것을 무시한 데 대한 형벌이었다는 사실이 새롭게 기억되었기 때문이다(참조. 대하 36:21).

지금까지도 이 문제는 모호한 상태로 남아 있는 것이 사실이다. 그러나 그 성취를 살펴보면 이런 모호성이 제거된다. 이처럼 부정확하게 기간을 언급한 것은 의도적인 것이었다. 곧, 예언과 역사 사이의 경계를 무너뜨리지 않도록 하고, 그리하여 성취의 역사를 통해서 도움을 받도록 하기 위함이었다. 한편으로 모호한 불확실함을 피하고(이는 예언의 신적 기원을 반대하는 빌미가 될 수도 있다), 또 한편으로 이 예언과 그 성취의 역사와의 관련이 파괴되지 않도록 하는 노력이 이 단락 전체를 통해서 잘 드러나며, 그런 노력은 놀랍게 그 목적을 이루었다. 그러나, 과연 선지자는 무엇에 이끌려서 이 이레라는 용어를 써서 시간을 나타내는 방법을 취했는가? 그것은 무엇보다도 정확성을 감추려는 노력이었다고 할 수 있다. 만일 그가 정상적인 표현법을 사용해서 종착점까지 경과할 년수를 나타냈다면, 그런 감추는 목적을 이룰 수가 없었을 것이다. 그리고 그가 사람들이 전혀 알지 못하는 임의의 방법을 창안해서 그 기간을 표현했다 해도 마찬가지로 그 정확성을 이룰 수가 없었을 것이다. 그러므로, 성취의 역사에 의존해서 그 기간을 확정지을 수가 있다면 그 기간을 아무렇게나 결정하기가 쉽다는 반론은 이로써 잘 반박될 수 있을 것이다.

또 하나의 근거는 여기의 기간이 예레미야의 칠십 년과 관련이 있다는 사실에 있다. 하나님의 자비와 하나님의 진노와의 관계로 볼 때에, 칠십 년(두번째 절에 의하면, 이 기간은 예루살렘의 패망으로 끝난다고 한다)에 대응하여, 예루살렘 성이 재건되기까지 다른 종류의 칠십—칠십 년을 칠로 곱하여—이 경과하여야 한다는 것이 매우 중요하다. 그 이외에도 칠십과 칠은 완전수요 거룩한 수로서 하나님의 연대 계산에 더 많이 사용되는 숫자였다. 천지 창조도 칠 일에 이루어지지 않았는가? 마지막으로, 이 표현을 선택한 데에는 의심의 여지도 없이 안식년을 암시하는 의미가 있다. 일곱 년주(年週)가 모여 한 주기를 형성하고, 그 마지막 주기에는 총체적 회복(restitutio in integrum)이 있게 된다. 그 때에는 모든 부채가 탕감되며 모든 종들이 자유를 얻으며 모든 빌린 땅이 본 주인에게로 돌아간다. 칠십 년주(年週)의 마지막 주는 모든 안식년 가운데 가장 최고의 것으로 이는 영적인 의미의 총체적 회복이요, 모든 죄책이 제거되고 사함을 받는 때인 것이다.

'정하였나니'

661. 몇몇 해석자들은 여기의 '정하다'(문자적으로는 '잘라내다,' 'cut off' 이다—역자주)를 '결정하다'의 뜻으로 보면서, 셈어에서 절단의 뜻을 가진 동사들이 결정의 의미로 사용되는 예가 적지 않다는 사실에서 근거를 찾는다(한글 개역 성경도 이 해석을 취하여 이 동사를 '정하였나니'로 번역하고 있다—역자주). 그러나 바로 그 낱말을 사용하고 있다는 사실이 그 낱말의 본래의 의미대로 절단의 뜻으로 쓰이고 있음을 증거해 주는 것 같다. 만일 다니엘이 결정의 뜻을 표현하려 했다면 그 뜻을 더 분명히 나타내 주는 다른 낱말들이 많이 있었으므로 얼마든지 그 가운데 하나를 택하여 사용할 수 있었을 것이다. 그렇게 본다면, 다니엘은 그 칠십 이레를 그 이후의 기간에서 별도로 잘라 낸 정확히 한정된 기간으로 말씀하고 있는 것이 된다.

'네 백성과 네 거룩한 성을 위하여'

662. 예루살렘을 다니엘의 거룩한 성('네 거룩한 성')이라고 부르는 이유는 무엇인가? 여기서 '네'는 앞의 백성을 위한 중보 기도에서 나타나듯이 자기 백성을 향한 다니엘의 부드러운 사랑을 암시하는 것이다. 다니엘로 하여금 기도하지 않으면 안되게 만든 것은 바로 이 사랑이었다. 그리고 23절에서는 이 기도로 인하여 여기서 그에게 주어지는 하나님의 계획이 나타나게 된 것으로 묘사되고 있다. 그러므로 '네 거룩한 성'이라고 한 것은 동시에 그에게 이 사실을 상기시켜 주는 것이다.

'허물이 마치며'

663. 지금까지 의로우신 하나님의 눈에 벌거벗은 채로 공공연히 모습을 드러냈던 죄가 이제는 그의 자비하심으로 닫혀지며(한글 개역 성경은 '허물이 마치며'로 번역하나, 문자적으로는 '허물을 닫으며,' 'to shut up transgression'이다—역자주) 가리워지고 감추어져서 더 이상 존재하는 것으로 간주될 수 없게 된다는 뜻이다. 이는 죄를 용서 받는 것을 가리키는 비유적인 표현이다. "죄에서 얼굴을 가리운다"라는 표현도 이와 유사하다.

'죄가 끝나며'

664. 낱말의 뜻만으로 보면, 이 부분을 나쁜 의미로 이해하는데 문제가 되는 것은 없다. 죄인들을 형벌하고 갚음으로써도, 또는 사 4:4("주께서 그 심판하는 영과 소멸하는 영으로 시온의 딸들의 더러움을 씻으시며 예루살렘의 피를 그 중에서 청결케 하실 때가 됨이라")에서와 같이 죄를 용서함으로써도, 죄가 닫힌 것으로, 또한 인쳐진 것(한글 개역 성경은 '죄가 끝나며'로 번역하나, 문자적으로는 '죄를 인치며,' 'to seal sin'이다—역자주)으로 볼 수 있다. 그러나 이 해석은 유지될 수가 없으며, 오히려 이 부분이 하나님의 축복을 나타내는 것으로, 즉 죄를 용서함으로써 그 죄를 닫고 인친다는 의미로 보아야 한다. 그 이유는 다음과 같다.

1. 이 절의 후반부에 여호와께서 칠십 년이 끝날 때에 그의 교회에 베푸실 세 가지 적극적인 선(善)이 언급되고 있다는 점. 처음 두 가지를 좋은 의미로 보면, 전반부의 세 가지 악을 제거하는 것이 후반부의 세 가지 선을 베푸는 것과 아주 정확히 들어맞게 된다.

2. 죄를 나타내는 본문의 세 가지 호칭(허물, 죄, 죄악)은 다른 곳에서도 함께 나타나는데(출 34:7), 이것들을 서로 분리해서 이해해서는 안된다는 것은 의심의 여지가 없다. 그렇다면 이와 마찬가지로 그 죄와 관계되어 행해지는 것에 대한 세 가지 표현(닫는 것, 인치는 것, 덮는 것)도 서로 분리해서 이해해서는 안될 것이다. 이는 특히 세 가지 표현 모두가 눈에서 보이지 않게 제거한다는 의미의 비유적인 묘사를 근거로 하기 때문에 더욱 그러하다. 그러므로, 이 표현들 가운데 하나가 좋은 의미를 가지는 것으로 증명될 수 있다면, 나머지 두 개의 표현들 역시 좋은 의미로 사용된 것임이 자동적으로 증명되는 것이다. 그런데 '죄악을 덮는다'(한글 개역 성경은 이를 '죄악이 영속되며'로 번역하고 있다—역자주)는 표현은 좋은 의미로 사용된 것임이 너무도 분명하다. 이 표현은 자주 나타나는 것으로 죄를 용서하는 것, 즉 죄를 자비하심의 휘장으로 덮어서 진노한 재판관이 보지 못하도록 하는 것을 뜻하는 것 이외에 다른 뜻으로 사용된 예가 없다.

3. 전반부의 세 가지 사실에 대한 예언은 5절에 나타나는 여러 가지 죄의 고백과 그 뒤에 계속 이어지는 용서를 위한 기도와 밀접한 관련을 맺고

있다. 이러한 관련성으로 볼 때에, 세번째 묘사가 앞의 두 가지 묘사와 마찬가지로 의미가 모호하다 하더라도 우리는 그것을 좋은 의미로 보아야 마땅하다. 왜냐하면 다니엘이 구한 것과 정반대 되는 것을 선언하기 위해서 천사가 그렇게 급하게 그에게 왔다는 것(22절)은 앞뒤가 맞지 않기 때문이다. 그 천사가 예루살렘과 성전이 훼파될 것임을 선언하는데도 불구하고 다니엘이 두려워하지 않은 것은 바로 그 앞에 축복과 번영을 예언하고 있기 때문이었던 것이다. 신정국가에 속한 경건한 백성들을 향하여 주어지는 크나큰 축복들이 예루살렘과 성전의 파괴와 더불어 베풀어 질 것이 드러나고 있는 것이다. 그리고 예루살렘과 성전의 파괴조차도 그것으로 인해서 불경건한 자들과 뒤섞여 있는 현재의 상태가 종결될 것이므로, 그것 역시 은혜로운 축복이라 할 수 있는 것이다.

'죄악이 영속하며'

665. 몇몇 해석자들은 본문의 죄의 용서에 관한 세 가지 표현들에서 점층법이 사용된 것으로 본다. 그러나 가이어(Geier)의 해석처럼 이 표현들이 출 34:7; 레 16:21에서도 나타나듯이 그저 함께 열거된 것($\sigma\nu\nu\alpha\theta\rho\omicron\iota\sigma\mu\acute{o}\varsigma$)일 뿐이라고 보는 것이 옳을 것이다. 점층법이 성립되려면 맨 마지막의 '죄악이 영속하며'(헹스텐베르크는 이를 '죄악을 덮으며,' 'to cover up transgression'으로 번역한다—역자주)가 죄에 대한 가장 강한 표현이 되어야 마땅할 것이다. 그러나 표현의 의미를 정확히 고려해 보면, 맨 먼저 언급된 표현이 죄의 가장 악한 성격을 드러내는 것(죄를 하나님을 배반하는 것으로 그에 대항하여 반역을 범하는 것으로 표현한다)으로서 의미가 가장 강한 것을 보게 된다.

'영원한 의가 드러나며'

666. 의는, 사람에게 본래부터 있는 고유한 특질로서가 아니라 하나님의 선물로서 나타날 때에는 언제나 죄의 용서와 동일한 것을 지칭한다. 다만 의는 그것의 적극적인 면을, 죄의 용서는 그것의 소극적인 면을 지칭하는 것이 다를 뿐이다. 죄의 용서는 하나님께서 그의 값없이 주는 자비하심으로 사

람들을 죄인으로 대하지 않으실 것임을 시사하며, 의는 그가 그들을 의롭다고 인정하실 것을 시사하는 것이다. 하나님은 죄를 용서 받은 사람들을 의인으로 대하시며, 그리하여 결국 의와 번영이 서로 함께 묶어져 나타난다. 물론 이 때에 의의 본질적인 의미가 사라지는 것은 아니다.

하나님의 선물로서의 의(시 85:10-13을 참조하라. 특히 11절, '의는 하늘에서 하감하였도다'를 보라)는 메시야 시대에 항상 존재하는 특징적인 표시이다. 렘 33:16에 의하면 예루살렘이 메시야의 시대에 '여호와 우리의 의'라고 불려질 것이라고 하며, 렘 23:6에 의하면 메시야 자신이 그 이름을 지닐 것이라고 한다. 말 4:2에서는 하나님을 경외하는 자들에게 '의로운 해'가 떠오를 것을 말씀한다. 즉, 의가 마치 태양처럼 떠올라서 그들에게 광선을 발하며 그들의 상처를 치료할 것을 말씀하는 것이다. 사 61:3에서도 그 당시의 하나님 나라의 백성을 가리켜 '의의 나무'라고 부르고 있다. 이 의가 선물로 주어지는 원인에 대해서는 사 53:11에서 배울 수 있다. 거기서는 하나님의 의로운 종이 많은 사람들을 의롭게 하리라고 선언하고 있다.

여기서 의를 가리켜 영원하다고 하는데, 이는 영원하신 하나님의 영원한 작정에 그 기원을 두고 있기 때문이며, 또한 그것이 영원히 지속되기 때문이기도 하다. 그 의는 옛 언약 하에서 주어진 일시적인 의와 은혜와는 대조적으로, 그리고 피조 세계의 모든 변덕스러운 것들과 대조적으로 영원한 의인 것이다. 메시야 시대의 의와 번영의 영속성을 지극히 강조하여 선포하는 이사야서의 여러 구절들에서도 이러한 대조가 나타나는 것을 볼 수 있다(예컨대, 51:6-8; 45:17). 마지막으로 죄를 용서하는 것과 의를 선물로 주시는 것은 시 69:27에서도 볼 수 있다: "저희 죄악에 죄악을 더 정하사 주의 의에 들어오지 못하게 하소서."

'이상과 예언이 응하며'

667. 죄를 인치는 것과 마찬가지로 예언들도 인쳐진다(한글 개역 성경은 '이상과 예언이 응하며'로 번역하나, 헹스텐베르크는 이를 '이상과 예언을 인치며,' 'to seal up vision and prophecy'로 번역한다—역자주). 신자들의 관점에서 볼 때에 예언은 그 성취가 나타나자마자 그 종착점의 마지

막에 다다르게 된다(물론 여러 가지 다른 점에서 아직도 그 중요성은 보존되지만). 그들은 위로와 용기를 필요로 하기 때문에 미래의 후손들에게 주어질 그 예언의 의미에 대해서는 관심을 갖지 않고, 그들 앞에 나타난 성취에 대해서만 관심을 가질 뿐이다. 왜냐하면 그들은 이제 하나님의 말씀이 아니라 예언의 성취로 드러난 하나님의 역사하심에 의존하며, 빌립처럼 소리를 지르며 환호하기 때문이다: "모세가 율법에 기록하였고 여러 선지자가 기록한 그이를 우리가 만났으니 요셉의 아들 나사렛 예수니라"(요 1:45).

668. 단수형을 사용하며 정관사가 생략되어 있는 점으로 보아서 여기의 이상과 예언은 보편적인 것을 지칭하는 것임을 알 수 있다. 이러한 보편적인 성격을 표현한 것은 그 대상이 불특정한 것을 나타내기 위함일 수도 있고, 아니면 그 자체는 특정한 것인데 그것에 불특정한 확장이 덧붙여졌음을 나타내기 위함일 수도 있다. 분명히 특정한 대상을 가리키는 경우에도 가끔씩 정관사를 생략하는 경우가 나타나는 이 부분의 일반적인 성격으로 볼 때에 여기 언급된 이상과 예언 가운데 예언의 경우가 여기의 불특정한 표현에 해당하다고 보는 것이 옳을 것이다.

669. 여기의 표현이 예언서 전체를 관통하는 주된 내용, 즉 메시야의 시대에 죄가 용서함 받을 것이라는 예언을 지칭한다는 데에는 의심의 여지가 없다. 그 일이(이는 그리스도의 사역의 핵심이다) 성취되고 나면, 앞에서 (667) 설명한 그런 의미로 볼 때에 예언들은 폐하여진 것으로 보아도 무방할 것이다.

'또 지극히 거룩한 자가 기름부음을 받으리라'

670. "지극히 거룩한 자가 기름부음을 받으리라"(헹스텐베르크는 이를 '지성소를 기름부으며', 'to anoint a Holy of Holies'로 이해한다―역자 주)는 문자적으로 이해할 수가 없다. 왜냐하면 솔로몬 성전이나 제이 성전의 성소가 과거 성막의 경우처럼(참조. 출 30:22 이하) 기름부음을 받았다는 증거를 찾을 수가 없기 때문이다. 오히려 반대로 유대인의 일률적인 전통에 따

르면 제이 성전이 있을 동안에는 거룩한 기름이 사용되지 않았다고 한다. 솔로몬 성전의 경우 기름을 붓는 일이 생략되었을 수도 있다. 왜냐하면 이미 기름부음을 받은 성막의 거룩한 기명들이 그리로 옮겨왔기 때문이다. 제이 성전의 경우 그 시대의 성격으로 볼 때에, 사람들은 새로이 기름을 마련하기보다는 옛날의 지극히 거룩한 기름이 회복되기를 기다리는 것이 더 나을 것으로 생각했을 것으로 보인다.

671. 그러므로 여기서 기름붓는다는 것은 성령의 은사들을 부어주시는 것을 뜻하는 상징적인 표현으로 보아야 마땅할 것이다. 실제로 기름붓는 일을 행할 때에도, 기름은 하나님의 영을 의미하는 상징물이었다. 그러면, 여기서 성별되어 성령의 은사로 채워질 '지성소'(Holy of Holies)란 과연 무엇을 가리키는가? '여호와의 새 성전,' 곧 새 언약에 속한 교회를 가리키는 것이 분명하다. 성전이 옛 언약 아래에서의 신정국가의 좌소(座所)로서 교회를 지칭하는 뜻으로 나타나는 예가 적지 않다는 사실은 슥 6:12의 논의에서 이미 살펴본 바 있다.

672. 선지자는 여호와의 은혜로 기름부음을 받을 새 성전을 가리켜 '한 지성소'(정관사가 빠져 있다)로 표현함으로써, 일부만이 지성소라는 이름으로 불렸던 과거의 성전과 대비시키고 있다. 이는 에스겔(43:12)이 동일한 목적으로 새 성전이 세워질 언덕 전체를 가리켜 '한 지성소' (한글 개역 성경은 '지극히 거룩하리라'로 번역하고 있다—역자주)라고 묘사하는 것과 같다. 이러한 상징적 묘사는 유형적 성전을 기름붓는 일을 말씀하는 모세오경의 구절들이 밑바탕을 이룬다. 유형적 성전을 기름붓는 일은 바로 이것을 예표한 것이었다. 한 '지성소'를 기름붓는 것이 26, 27절에 나타난 가증한 것의 날개의 파괴 및 성소의 황폐와 대조를 이룬다. 과거의 성소는 무너진다. 왜냐하면 알맹이가 없어진 껍질이 되고 말았기 때문이다. 성소를 성소가 되게 한 여호와의 임재하심이 백성들의 죄악으로 말미암아 거기서 떠났기 때문이다. 그리하여 새 성소, 곧 덮개도 없고 껍데기도 없는 지상의 하나님의 새로운 거처가 거룩하게 구별되어 세워질 것이다.

　　이 해석 외에도 여기의 '지성소'를 메시야로 보는 해석이 있는데, 이 해석이 메시야로 보는 해석보다 유리한 것은 이상에서 설명한 내용 이외에도 다음과 같은 점들이 있기 때문이다: (1) 메시야를 참된 성전의 이미지로 묘사하는 것이 일반적으로 가능하다는 것은 부인할 수도, 부인해서도 안된다. 그러나 구약에서는 그런 경우가 한번도 나타나지 않는다. 반면에, 여호와의 교회를 '지성소'의 이미지로 묘사한 예는 무수하게 많다. (2) '메시야의 기름부음'은 그의 직분을 시행할 수 있도록 성령의 은사를 부음 받는 것을 뜻하는 것 이외에 다른 뜻으로 이해할 수가 없다. 이는 사 11:1에서 묘사하며, 또한 그리스도의 수세로 이루어졌다. 그러나 그를 기름붓는 일은 예순 아홉째 이레의 마지막에 일어날 것으로 예언되어 있다. 이렇게 본다면 그 일과 , 이 절에 약속된 나머지 축복들과의 관계는 원인과 결과의 관계에 해당하는 것인데, 여기서 그 나머지 축복의 원인이 되는 것을 그 축복들과 함께 언급한다는 것은, 아니, 그 축복들의 맨 마지막에 언급한다는 것은 도무지 앞뒤가 맞지 않는 것이다.

2. 다니엘 9:25

673. "그러므로 너는 깨달아 알지니라 예루살렘을 중건하라는 영이 날 때부터 기름부음을 받은 자 곧 왕이 일어나기까지 일곱 이레와 육십 이 이레가 지날 것이요 그 때 곤란한 동안에 성이 중건되어 거리와 해자가 이룰 것이며."

'그러므로 너는 깨달아 알지니라'

674. 가브리엘은 다니엘에게 지금까지 개략적인 것만 보여주었으나 이제 그의 백성의 미래에 대해 더 깊은 계시를 주어 그가 온 목적을 이루게 되는데, 그에 앞서서 다니엘의 주의를 일깨우고 있다. '깨달아 알지니라'라는 말은 알 수 있도록 해 주겠다는 약속을 전제로 하는 것이기도 하며, 동시에 간접적으로 그 계시의 내용은 인간의 능력으로는 깨달을 수 없는 것으로서 오로지 하나님만이 드러내실 수 있는 것으로 취급하여야 한다는 하나의 권면을 내포한 것이기도 하다. 마지막으로 여기서 간과해서는 안되는 사실은 '너는 깨달아 알지니라'라는 표현은 그렇게 되도록 가르쳐 주겠다는 스승의 계획을 나타내는 것일 뿐 학생더러 스스로 능력을 발휘해서 그렇게 알라는 의미는 아니라는 점이다. 그러므로 12장의 경우에서처럼(천사는 다니엘에게조차도 예언의 말씀의 뜻을 가르쳐주지 않는다. 9절) 여기서도 다니엘은 예언에 관하여 아무 것도 알지 못하는 상태에 있었다는 점도 아울러 주목해야 할 것이다.

'영이 날 때부터'

675. '영(슈)이 나간다'는 것이 칙령을 반포한다는 의미라는 것은 의심

의 여지가 없는 사실이다. 그러면, 한 가지 남은 문제는 이 명령을 내린 자는 과연 누구인가 하는 것이다. 지금까지 대다수의 해석자들은 페르시아 왕을 그 장본인으로 본다. 그러나 우리는 여기의 명령을 내리는 주체를 하나님, 또는 천상의 회의(the heavenly council)로 보아야 한다고 믿는데, 그 근거는 다음과 같다:

(1) 여기서 명령을 내린 주체에 대해서 간접적이든 직접적이든 앞뒤에 아무런 설명하는 문구도 없이 곧바로 '영'(말씀)이라는 말로써만 표현하는 것을 볼 때에, 이것이 지상의 통치자의 명령을 가리킨다고 보기는 매우 어렵다. 단 2:13과 에 4:3에 호소한다 해도 아무 것도 얻어지는 것이 없다. 왜냐하면 단 2:13에서는 명령을 내린 사람이나 명령 자체나 그 앞의 문맥에서 이미 언급되었으며, 또한 에 4:3("왕의 조명이 각 도에 이르매")의 경우도 그 낱말의 의미가 그 절 자체에서 분명히 정해지기 때문이다. 오히려 여기서 명령을 내리는 분은 예언을 통해서 계시된 언약 백성의 모든 운명을 결정하는 분이요, 그 백성을 위하여 칠십 이레를 잘라낸 분이요, 26절과 27절 마지막 문장에 묘사된 황폐화시키는 계획을 진행시킬 바로 그 분이다. 이렇게 보는 것이 합당한 또 다른 이유는 이 절 마지막 부분에서 그 분이 예루살렘 성의 중건 계획을 실현시키는 것으로 명확하게 언급되고 있다(한글 개역 성경에는 명확히 나타나 있지 않지만—역자주)는데 있다.

(2) '영이 나간다'는 표현은 23절에서는 하나님의 작정, 곧 백성을 위하여 칠십 년주(年週)를 지정해 주는 작정을 지칭하는 뜻으로 쓰인다("네가 기도를 시작할 즈음에 명령이 내렸으므로 이제 네게 고하러 왔느니라"). 이 부분이 다니엘이 하늘의 사자에게서 전달받는 내용을 다루기 때문에 그 하늘의 대리인이 구체적으로 명확히 나타나지 않는 상황에서 갑자기 또 다른 인물이 등장한다는 논리는 쉽게 납득이 되지를 않는 것이다.

676. 그렇지만, 어떻게 눈으로 볼 수도 없는 사실을 칠십 이레의 시발점으로 정할 수가 있는가? 그 사실을 감각으로 지각할 수가 없다면 이 부분의 예언 전체가 그저 망상에 불과한 것이 되어버릴 뿐만 아니라, 그 예언이 성취된 후에도 이를 연대기적으로 계산하여 이 예언의 진실성을 확인할 수가

없을 것이 아니겠는가? 이에 대해서 우리는, 하나님께는 예언과 그에 대한 하나님의 성취의 역사 사이의 시간적 간격은 아무런 문제가 되지 않는다고 답변하고자 한다. 그에게는 말씀과 그 말씀에 대한 실행이 하나이다. 그가 명령하시면 그 명령은 곧 행동으로 거기에 서 있다. 그가 말씀하시면 그대로 이루어지는 것이다. 그러므로, 하나님의 명령이 실행되기 시작한 시점이 바로 시발점인 것이다.

'예루살렘을 중건하라'

677. 우리는 이 문구를 명령의 내용으로 볼 뿐만 아니라, 첫번째 종착점으로, 그리고 동시에 두번째 기간의 시발점으로 볼 수도 있을 것이다. 곧, (예루살렘을 중건하라는) '영이 날 때부터 예루살렘이 중건되기까지'를 첫번째 기간으로, (그리고 그 때로부터) '기름부음을 받은 자 곧 왕이 일어나기까지'를 두번째 기간으로 보는 것이다. 이렇게 놓고 보면, 그 다음에 이어지는 두 시점 가운데 첫번째 시점이 첫번째 기간(예루살렘을 중건하라는 명령이 있은 때로부터 그것이 완성되기까지의 기간)의 길이를 지정해 줄 것이며, 그리고 두번째 기간의 길이는 예루살렘 중건이 완성된 때로부터 기름부음을 받은 자의 때까지가 될 것이다.

이와 똑같이, 앞에서 종착점 역할을 한 것이 동시에 그 다음 부분에서 시발점 역할을 하는 경우는 렘 31:40에서도 나타난다: "기드론 시내에 이르는데 까지와 (거기서부터) 동편 말문 모퉁이에 이르기까지." 이 해석은, 그 다음에도 계속해서 시간을 지정하는 두 가지 표현이 나타나는데 이 역시 앞의 경우와 똑같이 그 시발점과 종착점의 결정을 통해서 그 각각의 기간이 결정된다는 사실에서도 지지를 받는다.

여기서 '회복시키다'(to restore)로 번역된 동사(한글 개역 성경은 '중건하다'로 번역하고 있는데, 실상 이것은 '회복시키며 건축하라'라는 두 동사를 한 단어로 번역한 것이다—역자주)는 타동사로서 '회복되게 하다', '다시 가져오다'를 의미한다. '성을 회복되게 하다' 혹은 '성을 다시 가져오다'는 그 성을 과거의 상태대로 완전히 회복시키는 것을 뜻한다. 이 구절에서 천사는 과거의 상태대로 회복시키는 것에 특별한 단서를 붙이고 있다. 즉,

‘예루살렘 성을 다시 회복시키고 건축하라,’ ‘다시 회복시켜서 건축하라, 혹은 건축해서 다시 회복시키라’고 말씀하는 것이다. 이러한 사실을 예레미야는 ‘처음과 같이 세울 것이며’라는 말로 표현하고 있다(33:7).

678. 이 논의를 통해서 우리는 매우 중요한 결과를 얻었다. 즉, 칠십 이레의 시발점을 예루살렘 성 재건의 초라한 시작에서 찾을 것이 아니라, 역사의 증언에 의거하여 예루살렘 성이 과거의 상태(그 성의 아름다움이나 범위에 이르기까지)를 거의 회복하도록 재건하는 사역이 시작된 시점에서 찾아야 한다는 것이다. 이러한 가설은 여기서 처음으로 완전히 제시하는 것으로서 다음의 논의를 통해서 재확인할 수 있다.

(1) “네 백성과 네 거룩한 성을 위하여 칠십 이레로 기한을 정하였나니”라는 말씀은, 그 성과 그 백성이 칠십 이레가 시작될 때에 이미 존재하고 있는 상태일 것이며 따라서 그 성을 처음 중건하기 시작한 때(즉, 느헤미야 시대—역자주)가 시발점이 될 수 없다는 것을 보여주는 것으로 보인다.

(2) 26, 27절에서 성이 파괴될 것을 예언하는 가운데 성전이 성과 함께 언급되고 있다. 성의 중건을 다루는 이 절에서 성전을 언급하지 않고 다만 성의 거리가 지어질 것만을 언급한다는 사실은 여기서 말씀하는 그 건축을 시작할 때에 성전이 이미 건축되어 있을 것이라는 사실을 전제하는 것이다. 그렇게 보는 이유는, 다니엘이 그렇게 슬퍼했고 또한 그것을 위해서 그렇게도 간절히 기도한(17-20절을 보라) 그 가장 중요한 대상을 천사가 그냥 생략해 버리고 지나갔을 것이라고는 도무지 생각할 수가 없으며, 또 한편으로 성전이 존재한다는 사실은 필연적으로 그 성의 중건 사업이 이미 시작되었음을 암시할 수밖에 없기 때문이다.

‘기름부음을 받은 자 곧 왕이 일어나기까지’

679. 선지자는 그의 예언의 성격이 언제나 그렇듯이, 확정적인 용어 대신 더 불확정적인 용어를 선택하여, 그 기름부음 받은 자, 그 왕이 아니라 그저 한 기름부음 받은 자, 한 왕에 대해서 말씀함으로써 그 분에 대한 더 깊은 지식은 독자들 스스로가 얻도록 내버려 두고 있다. 그들로 하여금 미래

에 올 위대한 한 왕에 대한 과거의 예언들에 근거하여 생겨난 큰 기대와, 본문에서 선포한 나머지 내용들과 그 성취를 통해서 그 분에 대해 스스로 깨닫도록 한 것이다. 그 분에 대한 본문의 예언의 성취는 더욱 분명히 알 수 있다. 왜냐하면 그것이 성취될 정확한 기한이 주어졌기 때문이다.

680. 이 부분이 그리스도를 가리킨다는 사실은 너무도 명확해서 심지어 가장 편견이 심한 자들까지도 이를 인정치 않을 수가 없다. 베르톨트(Bertoldt)의 다음과 같은 고백이 이 점을 잘 보여준다: "반드시 그래야 할 필요가 있는 것이 아닌데도, 우리는 이 말씀에서 메시야이신 예수를 생각하게 되며, 또한 26절의 말씀에서는 그의 십자가에 달리심을 생각하게 되는데, 이는 참으로 자연스럽게 그렇게 되는 것이다." 이처럼 본문이 그리스도를 지칭한다는 사실이 이 예언의 성취에서 재확인된다는 점에 대해서는 잠시 미루어 놓고, 다니엘을 비롯한 그 당시 사람들이 확인할 수 있었던 근거들만을 좀더 상세히 살펴보기로 하자.

(1) 앞 절에서 예언된 축복들, 즉 죄를 용서받으며 영원한 의가 이루어진다는 것 등은 앞에서 이미 언급한 바와 같이 예언서에서 언제나 메시야의 시대의 가장 뚜렷한 증거들로 나타난 것들이다. '너는 깨달아 알지니라' 라는 말로써 선포된 본문의 말씀이 24절의 내용을 계속하는 것으로서, 육십 구 년 주(年週) 후에 모습을 드러내시며, 따라서 24절의 축복들이 언약 백성에게 베풀어질 그 때가 되기 바로 전에 오실 한 높으신 왕에 대해서 말씀하는 것이라면, 이 왕이 바로 그 축복들을 베푸실 분이신 메시야요 모든 선지자들이 그렇게 선포한 바로 그 분을 뜻하는 것이 아니고 무엇이겠는가?

(2) 사 55:4에서 나타나듯이 '왕'(prince)이라는 용어를 통해서 메시야를 지칭하기도 하는데, 여기서는 메시야(기름부음을 받은 자)가 '왕'과 동격으로 묘사되는 것을 볼 때에(물론 정관사를 사용해서 그를 결정적으로 지칭하는 것은 아니지만), 여기의 '왕'이 바로 그를 가리킨다는 것이 분명히 드러난다. '왕'이 여기서 기름부음을 받은 자라는 사실은 그 '왕'이 신정적 통치자(theocratic ruler)임을 드러내 준다. 삼상 10:1("이에 사무엘이 기름병을 취하여 사울의 머리에 붓고 입 맞추어 가로되 여호와께서 네게 기름을 부

으사 그 기업의 지도자를 삼지 아니하셨느냐")에서도 사울이 기름부음을 받아서 일반적인 의미의 통치자가 아니라, 하나님의 대리자로서 그 직분에 합당한 은사들을 함께 부여 받은 신정적 통치자가 되는 것을 보게 된다. 모든 이방의 왕들도 기름부음을 받은 자(메시야)라는 이름을 지닐 수 있었다는 주장은 전적으로 잘못된 것이다. 이 점은 이미 앞에서 설명한 바 있는 기름을 붓는 상징적인 행위의 의미를 고려해 보아도 분명히 드러나지만, 동시에 그 언어의 용례에서도 분명히 드러난다. 구약 성경의 모든 책들 가운데서 오로지 이방 왕으로서는 단 한 사람만이 기름부음을 받은 자라는 이름으로 불리는데(사 45:1에서 고레스가 그렇게 불린다), 그것은 그가 실제로 기름부음을 받은 왕이기 때문이 아니라 오직 그가 신정국가와 놀라운 관계 속에 있었으며(이는 역사적으로 유례가 없다), 하나님으로부터 풍성한 은사를 받아 하나님을 진정으로 알기 시작했으며(에스라서에 언급된 그의 조서의 내용에서 나타나듯이), 그가 미래에 올 더 큰 구원의 주체이신 메시야를 예표하는 관계에 있었기 때문인 것이다. 그러므로 고레스는 어떤 점에서 신정적 왕으로 간주될 수 있으며, 이사야서에서 그를 바로 그렇게 인정하고 있는 것이다.

(3) 본문의 문맥에서는 용어 자체에서 나타나는 것(즉, 이방의 왕이 아니라 신정적 왕이라는 것) 이외에 또 하나의 증거가 나타난다. 그것은 곧 '기름부음을 받은 자 곧 왕'과 26절의 '장차 올 왕'이 서로 대조를 이룬다는 사실에서 드러난다. 두 경우 모두 일반적인 칭호인 왕이라는 이름을 사용하고 있다. 이방의 왕을 지칭하는 '장차 올 왕'이 신정적 왕의 특징을 지닌 '기름부음을 받은 자'에 대항하여 서 있음을 볼 수 있다. 만약 그렇다면, '기름부음을 받은 자 곧 왕'은 오로지 신정적 왕을 가리키는 것임이 확실히 밝혀진다. 그리고 동시에 그는 다니엘 이후에 다른 인물을 말씀한 적이 없고, 오직 그 분만이 포로기와 그 이후에 살았던 선지자들이 한결같이 예언한 바로 그 신정적 왕이신 것이다. 에스겔은 분명히 말씀하기를(21:32) 그 약속된 위대한 왕이 오시기까지 왕의 권위를 상징하는 기장(旗章)이 이스라엘에서 빼앗길 것이라고 한다.

681. '기름부음을 받은 자 곧 왕'을 그리스도로 이해하여야 한다면, 한

가지 의문이 생긴다. 곧, 종착점을 그가 탄생한 시점으로 보아야 하는가, 아니면 그가 위로부터 기름부음을 받아 메시야로 구별된 때로 보아야 하는가 하는 의문이다. 메시야 해석을 취한 자들은 대개 후자를 택하는데, 이에 대해서는 반박할 수 없는 증거가 있다. 칠십 이레가 끝나면 메시야를 통해서 이루어질 구원 사역 전체가 완성될 것이다. 육십 구 이레가 지난 후, 제 칠십 이레의 중간에(27절의 더 상세한 언급에 나타나듯이) 그가 끊어질 것이다. 현재의 본문에 따르면 메시야의 때까지 육십 구 이레가 경과할 것이므로, 그 때로부터 구원의 완성 때까지는 마지막 한 이레(즉, 칠 년)밖에는 남지 않고 메시야가 죽기까지는 삼년 반이 경과할 것이다. 이로 볼 때에 메시야 때까지는 그의 탄생이 아니라 그가 메시야로서 등장하는 때까지를 의미한다(행 1:21의 베드로의 언급, 눅 3:23을 보라). 예수님은 세례를 받기 전까지는 아직 메시야가 아니었다. 예수였을 뿐 그리스도가 아니었던 것이다.

'일곱 이레와 육십 이 이레가 지날 것이요'

682. 선지자는 앞의 '영이 날 때부터 기름부음을 받은 자 곧 왕이 일어나기까지'에서 기름부음 받은 자의 때를 하나의 종착점으로 지정했었고, 또한 이 기간을 다시 세분하는 중간점(terminus medius)으로서 예루살렘의 회복을 언급한 바 있다. 그런데 여기서는 두 가지 시점을 지정해 줌으로써 '영이 날 때부터 기름부음을 받은 자 곧 왕이 일어나기까지'의 전체의 시간적 거리를 말씀하고 있는 것이다. 그 전체의 기간은 육십 구 이레가 될 것이다. 그 성의 회복이 이루기까지 일곱 이레요, 그 때부터 기름부음 받은 자 곧 왕이 일어나기까지 육십 이 이레가 될 것이다.

683. 이 해석이 억지가 아니요 본문을 그대로 따르는 해석임을 부인할 사람은 아무도 없을 것이다. 이 해석에 대해서 반대 논리를 제시한 사람도 없었다. 그런데 지금부터는 반대 논리를 제시하기가 한층 더 어려워질 것이다. 왜냐하면 '영이 날 때부터 기름부음을 받은 자 곧 왕이 일어나기까지'에 대한 우리의 해석에 따르면, 이 말 속에 이 기간을 둘로 구분하는 것이 내포되어 있으며, 따라서 자연히 여기에서 두 개의 시점이 지정되기 때문이다.

'거리와 해자가 이룰 것이며'

684. '거리'는 단수형이며 정관사가 붙어 있지 않다. 따라서 이는 가장 넓은 의미에서 일반적인 거리 전체를 포괄하는 개념이다.

'그 때 곤란한 동안에 성이 중건되어'

685. '그 때 곤란한 동안에 성이 중건되어'(헹스텐베르크는 이를 그 앞부분과 함께 '거리가 회복되어 세워질 것이며, 곤란한 때에 그것이 확실히 정해지도다,' 'it is firmly determined in a time of distress'로 번역하고 있다—역자주)는 경건한 이스라엘 사람들을 불안하게 만들 수 있는 모든 시험 거리를 제거해 준다. 당시의 상황으로는 포로들의 귀환이나 예루살렘 성이 옛날대로 회복될 가망성이 별로 없어 보였다. 포로들의 귀환이 실제로 일어난 후에도 그 성이 회복되리라는 소망을 주는 상황이 거의 없이 시간이 흘러갔고, 유대인들은 하는 수 없이 과거보다 좁은 공터지만 그것으로 만족할 수밖에 없었다. 그러므로 백성들로서는 여호와의 약속이 조건적으로 주어진 것이므로 그 백성들의 죄로 인하여 그 약속이 무력화 된 것이라고 밖에는 달리 생각할 수가 없었다. 선지자는 '그것이 확실히 정해졌다'는 위로의 말씀을 통해서 그런 일반적인 통념에 대해서 경계하고 있는 것이다.

또 한 가지 시험 거리는 그 약속이 이루어진다 하더라도 백성들로서는 나아질게 없다는 식의 생각에 빠지는 것이었다. 그러므로 하나님의 전능하심에 대해 쉽사리 의심이 일어날 수도 있었다. 이는 불경건한 자들에 대한 말라기 선지자의 말씀에서 너무도 잘 드러난다. 이러한 시험 거리를 제거하기 위해서 선지자는 '곤란한 동안에'라고 말씀함으로써 그 백성들의 어려운 상황을 하나님께서 아시고 그것을 돌아보시며, 또한 그런 곤란한 상황이 다른 어느 누구가 하나님께 강요하여 할 수 없이 그런 일을 일으키신 것이 아니고 하나님 자신의 예정에 따라서 이루어진 것임을 주지시키는 것이다.

3. 다니엘 9:26

686. "육십 이 이레 후에 기름부음을 받은 자가 끊어져 없어질 것이며 장차 한 왕의 백성이 와서 그 성읍과 성소를 훼파하려니와 그의 종말은 홍수에 엄몰됨 같을 것이며 또 끝까지 전쟁이 있으리니 황폐할 것이 작정되었느니라."

'육십 이 이레 후에 기름부음을 받은 자가 끊어져'

687. '기름부음을 받은 자'는 이 예언 전체의 성격으로 볼 때에, 이 인물이 '메시야(기름부음을 받은 자) 곧 왕'과 동일 인물임을 시사해주는 정관사를 누락시킴으로써 의도적으로 불명확하게 표현한 것이다. 그처럼 그가 메시야와 동일 인물이라는 사실을 구태여 지적할 필요는 없었다. 왜냐하면 본문을 주의깊게 편견없이 읽는 사람은 그 점을 문맥에서 쉽게 발견할 수가 있을 것이기 때문이다. '기름부음을 받은 자'는 그 자체가 이스라엘의 왕을 시사하며, 더욱이 그 호칭이 장차 올 한 왕과 대적하는 관계에 있다는 것이 나타나므로 그가 누구를 가리킨다는 것이 더욱 분명해지므로, 독자는 즉시 메시야를 생각하게 될 것이다. 왜냐하면 포로기 이후에 그 이외에 다른 이스라엘 왕이 날 것을 예언한 일이 없기 때문이다. 육십 구 이레의 마지막에 '메시야 곧 왕'이 나타날 것이다. 그런데 뒤에서 기름부음 받은 자가 일곱 이레와 육십 이 이레가 끝날 때에 격렬한 죽음을 맞게 될 것이라 예언되고 있으므로, 그 기름부음을 받은 자는 바로 이 메시야 이외에 다른 인물을 가리킬 수가 없는 것이다. 이 절에서는 기름부음을 받은 자의 죽음이 그 성과 성전이 황폐화되는 원인이 되는 것으로 말씀하고 있는데, 이는 24절에서 약속된 모든 축복들이 25절에서 그의 나타나심으로 인해서 백성들에게 베풀어지는

것과 비슷하다. 바로 이러한 저주와 축복이 같은 시기에 일어나는 점으로 보아서 그것들이 모두 한 인물을 통해서 이루어지는 것임을 파악하지 못할 사람이 어디에 있겠는가? 저주는 그를 격렬하게 살해한 것으로 인해서 임하는 것이요, 그를 영접하고 그를 통하여 스스로 언약을 확증한 자들에게는 그로 말미암아 완전한 축복이 임하게 되는 것이다. 그리고, 메시야의 격렬한 죽음이 다니엘의 시대 이전에 이미 이사야에 의해서 예언되었었다(53장)는 점도 이 점을 더욱 분명히 증거해 준다. 거기서도 여기 다니엘의 본문에 나타나는 것과 거의 유사한 표현(8절, "그가 산 자의 땅에서 끊어짐은")이 나타나며, 다니엘 이후 슥 12:10에서도 다시 나타나는 것을 보게 된다. 이 일이 성취된 후에도 불확실한 점이 있다면 그것은 도저히 용납되지 않는다. 왜냐하면 그 연수에 대한 계산으로 그 성취에 대한 불확실한 점이 이미 사라질 것이기 때문이다.

'없어질 것이며'

688. 여기의 어구가 완전한 것이 아니며, 여기에 무언가를 붙여서 이해하여야 하는 것이 분명하다. 이는 바로 앞의 문맥과의 연관을 통해서만 할 수 있다. 그렇게 하지 않는 해석은 전적으로 임의적인 것밖에 아무 것도 아니며 따라서 그런 해석들은 동의할 수가 없다. 여기 직접적으로 표현되지 않은 내용은 기름부음을 받은 자에 관한 내용일 수밖에 없다. '기름부음을 받은 자가 끊어져'라는 표현이 그의 생명이 끊어질 것을 나타내므로, '없어질 것이며'는 그의 소유(이는 우연히 그가 지니게 된 그의 소유물이 아니라 그의 본질적인 특징을 이루는 소유물을 뜻한다)가 없어지는 것을 표현하는 것으로 보아야 한다. 이 기름부음을 받은 자의 소유가 과연 무엇을 가리키는가 하는 문제에 대해서는 겔 21:27에서 분명히 나타나므로 의심의 여지가 없다: "마땅히 얻을 자가 이르면 〔그것을(통치권을)〕 그에게 주리라." 그가 통치권을 마땅히 얻을 자라는 사실은 그것이 메시야가 왕으로서 지니는 특징임을 나타내 주는 것이다. 삼상 10:1에서 사무엘은 사울에게 말씀하기를, "여호와께서 네게 기름을 부으사 그 기업의 지도자를 삼지 아니하셨느냐?"라고 한다. 그러므로 기름부음을 받은 자의 특징적인 표지는 그가 하나님께서 이

스라엘에게 주신 기업의 지도자라는 사실이다. 바로 이 표지가, 곧 기름부음을 받은 자가 그 백성들에 대해 행사하는 통치권이 그가 그들의 범죄로 말미암아 격렬하게 죽임을 당할 때에 함께 사라진 것이다.

얀은 여기서 부자연스럽게도 백성을 붙여서 이해하는 실수를 범하고 있다. 이런 해석이 옳다는 사실은 그 다음에 이어지는 내용에서 놀랍게 확인되고 있다. 메시야가 끊어짐으로써 소극적인 결과(언약 백성에 대한 그의 통치권이 사라지는 것)가 일어나는 것은 물론 적극적인 결과(그 성과 성소가 장차 올 한 왕의 백성에 의해서 황폐화 되는 것)가 함께 이어지는 것이다. 이런 상황은 스가랴서 11장에서 메시야가 백성들의 저항을 받아 목자로서의 직분을 실행하는데 방해를 받자 그 직분을 포기하고 그의 목자의 막대기를 부러뜨림으로써 가련한 양떼가 엄청난 비극을 당하게 되며, 선한 목자와 왕의 눈에 두드러지는 능력으로 꼼짝못하던 원수들이 그가 제거됨으로 그 땅에 득실거리게 되는 상황과 똑 같다.

'장차 한 왕의 백성이 와서 그 성읍과 성소를 훼파하려니와'

689. '장차 올 한 왕'은 '메시야 곧 왕'과는 다른 인물로서 이방 왕이며, 결과에서 나타나듯이 로마의 왕이다. 그리고 그의 '백성'은 그에게 속한 무리들을 가리킨다.

'그의 종말은 홍수에 엄몰됨 같을 것이며'

690. 홍수는 땅 전체를 휩쓰는 군사 원정의 모습을 나타내는 상징적인 표현으로서 바로 앞에서 언급한 바 있다. 그 의미는 '성과 성전의 황폐화'가 부분적이거나 일시적인 것이 아니라 이 군사 원정으로 완성되는 것으로서 큰 홍수에 비교할만한 것이 되리라는 것이다. 이 설명은 다니엘서의 다른 곳에 나타나는 용례로도 확증된다. 11:12, 26에서도 군사 원정을 홍수에 비교하는 것을 보게 된다.

691. 그러나, 이 구절이 안티오쿠스 에피파네스(Antiochus Epiphanes)를 가리킨다는 최근의 해석자들의 주장은 도저히 받아들일 수가

없다는 것이 더욱 분명히 드러난다. 과연 그가 성과 성전을 황폐화 시킨 바로 그 원정에서 최후를 맞았는가? 히치히는 문법적인 해석을 주요 목표로 삼았으며 따라서 문법적인 면을 결코 가볍게 지나칠 수가 없었을 것임에도 불구하고, 이 주장을 지지하기 위해서는 '군사 원정'에서 정관사를 억지로 제거할 수밖에 없다고 느낄 정도였다는 사실에서 이 주장의 비합리성이 더 확실히 드러나는 것이다. 그는 말하기를, "그(안티오쿠스 에피파네스)는 어느 한 군사 원정에서 최후를 맞았는데, 그 원정은 홍수란 말을 통해서 비유적으로 묘사되고 있다." 오히려 여기에는 안티오쿠스 에피파네스의 압제와 대조를 이루는 다른 것을 보게 된다. 다니엘은 이에 대해서 예언하면서 언제나 그 종말을 함께 언급하는 것이다.

'또 끝까지 전쟁이 있으리니 황폐할 것이 작정되었느니라'

692. 이 의미는 곧, '전쟁과, 멸망에 대한 작정이 오직 그 대상의 최후와 함께 끝마칠 것이다' 라는 것이다. 이는 잠시동안 있을 압제(예컨대, 안티오쿠스 에피파네스 시대에 있을)가 아니라, 그 성과 성전을 완전히 파괴시킬 장본인에 대한 말씀이다. 놀라운 사실은 이 마지막 말씀이 25절의 마지막 부분을 가리킨다는 점이다. 돌이킬 수 없는 하나님의 작정에 의해서, 이제 황폐해진 채 누워 있는 성이 다시 재건될 것이며, 똑같이 돌이킬 수 없는 하나님의 작정에 의해서 그 성이 다시 황폐화 될 것이다.

4. 다니엘 9:27

693. "그가 장차 많은 사람으로 더불어 한 이레 동안의 언약을 굳게 정하겠고 그가 그 이레의 절반에 제사와 예물을 금지할 것이며 또 강포하여 미운 물건이 날개를 의지하여 설 것이며 또 이미 정한 종말까지 진노가 황폐케 하는 자에게 쏟아지리라 하였느니라."

'그가 장차 많은 사람으로 더불어 한 이레 동안의 언약을 굳게 정하겠고'

694. 흔히 나타나는 관용법이 여기서(문자적으로는 '한 이레가 많은 사람들과의 언약을 굳게 정하리라,' 'and one week will confirm the covenant with many'이다—역자주)도 나타나는 것을 보게 된다. 즉, 어떤 시간, 혹은 어떤 장소에서 어떤 일이 일어난다는 것을 나타내기 위해서, 그 시간과 장소가 무슨 일을 하는 것으로 묘사하는 것이다. 예컨대, 시 65:4("언덕이 뛰놀며, 골짜기가 기뻐하며"), 욥 3:3("남아를 배었다 하던 그 밤"), 욥 3:10("[그 밤이] 모태의 문을 닫지 아니 하였고"), 30:17("밤이 내 뼈를 찌르니") 등을 참조하라.

695. 몇몇 해석자들은 여기의 '한 이레'를 앞의 육십 구 이레와 연결된 것으로 보아서는 안되며, 그것과는 전혀 관계없는 별도의 '한 이레'라는 뜻으로 이해하여야 한다고 주장한다. 그리하여 '한 이레'의 마지막에 예루살렘의 패망이 일어날 것이라고 한다. 그러나 이런 가정은 본문을 공정하게 검토하여 나온 것이 아니라, 예언과 그 성취를 비교하여 나타난 난제를 해결하고

자 하는 욕심에서 나온 것이라는 것을 쉽게 알아차릴 수 있다. 정확히 모두 칠십 이레가 경과할 것이다. 그렇다면, 육십 구 이레와 한 이레를 합치면 칠십 이레가 되는데도, 어떻게 그 두 기간(육십 이레와 한 이레) 사이에 짧지 않은 과도 기간이 있다고 가정할 수가 있단 말인가? 극도의 변덕이 아니고는 그렇게 하지 못할 것이다. 그런 식으로 일관성 없이 임의적으로 해석을 진행하면서도 어떻게 예언과 성취가 서로 일치한다는 연대기적 증거를 그렇게 강조할 수가 있는가? 그런 식으로 마음대로 해석하는 입장을 취한다면, 다른 사람이 예컨대 일곱 이레와 육십 이레 사이에 한 꾸러미의 이레가 중간에 끼어 있다고 주장한들 그것을 무슨 근거로 반대하겠는가?

그러나 그 가정을 특별히 반박해 주는 것은 바로 그 가정이 마지막 이레로 간주하는 그 이레에 마지막 이레의 특징적 표지, 즉 언약을 굳게 정하는 일이 전혀 나타나지 않는다는 사실이다. 과연 로마 군대의 침략 때에 그들이 큰 자비를 베풀어서 언약을 굳게 정하는 일을 그렇게 대대적으로 시행함으로써 그 일이 두드러지게 드러나게 되고, 결국 그 때문에 실제의 칠십번째 이레에 속한 다른 일들에 대해서는 전혀 침묵을 지킬 수밖에 없게 된 그런 일이 있었던가? 이 해석을 주장하는 자들은, 언약을 굳게 정하는 그 한 이레를 실제적인 칠십번째 이레로 간주하고 다만 그 뒤에 이어지는 반 이레만 칠십 이레의 주기 바깥에 속한 것으로 보아서 결국 유대 전쟁의 때를 포괄하는 것으로 봄으로써 이런 난제를 피하려 한다. 그러나 여기에 치명적인 반대 증거가 나타난다. 즉, '그 이레'에 정관사가 있기 때문에 '그 이레의 절반'이 아무 이레에나 다 적용되는 것이 아니며, 앞에서 언급된 바로 그 이레에 속하는 절반으로 밖에는 볼 수가 없는 것이다.

696. 이 그릇된 견해는, 로마 군대에 의해서 예루살렘이 패망한 사건이 반드시 이 예언의 연대기적 주기 속에 포함되어 있어야 한다는 가정에서 나온 것이다. 이 가정으로 인해서 지극히 현명한 스칼리거(Scaliger)마저도 억지의 추론을 제시하고 만다. 그러나 비트링가는 다음과 같은 비교적 건전한 결론을 취한다: "이 이레는 예수 그리스도의 죽음 바로 전 삼년에 끝난다. 예수 그리스도의 죽음은 일곱 이레와 육십 이 이레가 이미 경과한 후 그 마

지막 이레의 중간에 일어나는 것이다." 그러나 이 견해가 근거가 전혀 없는 것이라는 사실은 "그 이레의 절반에 제사와 예물을 금지할 것이며"를 설명할 때에 확실히 보게 될 것이다.

697. 여기서 언급한 언약이 기존의 것인가 아니면 전혀 새로운 언약인가에 대해서는 확실히 말씀한 것이 없다. 그러나 이러한 불확실함은 다만 표현상으로만 그런 것이다. 사실상, '언약을 굳게 정한다'는 그 이전의 언약의 성격과 대조를 이루는 상태에 있다. 그 이전의 언약은 지금 나타나는 것과 같은 그런 놀라운 하나님의 자비하심으로 확정되지 않았으므로 여기서 정해지는 언약보다는 약한 것으로 생각할 수밖에 없기 때문이다. 여기 언급되는 언약은 죄의 용서와 영원한 의를 부어주심과 지성소를 기름부음으로써 정해지는 것이다. 마지막으로, 다니엘서 전체를 통틀어서 '언약'은 하나님께서 이스라엘과 세우신 언약만을 뜻하므로, 이것만으로도 여러 가지 반대 논증을 반박하고도 남음이 있다. 예컨대, 베르톨트는 이 언약을 안티오쿠스 에피파네스가 언약 백성들에서 배도하여 이탈한 자들과 맺은 언약이라고 보지만, 이는 성립될 수가 없는 것이다.

698. 여기의 '많은 사람'은 실제로 '그 많은 사람'이다(정관사가 있다― 역자주). 여기의 정관사를 볼 때에 이는 그저 일반적인 많은 사람을 가리키는 것이 아니라 독자들이 확실히 알고 있는 그런 부류의 사람들을 가리키는 것으로 보아야 한다. 그러나 여기의 그 사람들에 대한 정보는 24절에서 취할 수밖에 없다. 거기서 선지자가 약속한 모든 축복들에 대해서 여기서는 "언약을 굳게 정한다"는 한 가지 포괄적인 표현을 통해서 말씀하는 것이다. 그리고 이 사실을 그는 그 언약을 정하는 대상들을 여기서 처음 등장하는 자들이 아니고 과거의 은혜의 약속들을 받은 자들로 언급함으로써 분명히 드러내주고 있는 것이다.

699. 24절에서와 같이 여기서도 메시야가 유대인들 가운데 신자들을 택하여 그들에게 베푸실 것에 대해서 말씀하고 있다는 사실은 예언의 성격에서

분명히 드러난다. 다니엘은 그 신자들에 대한 관심으로 감동을 받아서 여호와께서 죄 때문에 이스라엘을 완전히 버리시지는 말아 주시기를 간구했다. 그러므로, 하나님의 응답이 이러한 다니엘의 걱정을 없애주기에 합당한 내용들을 포괄하는 것으로 보는 것보다 더 자연스러운 것은 없을 것이다.

'그가 그 이레의 절반에 제사와 예물을 금지할 것이며'

700. 언약을 굳게 정하는 일이 그 이레 전체를 통해서 일어나고 그 중간에 희생 제사가 중지되리라는 말씀은 그 일이 신자들에게 괴로운 일이 아니요 즐거운 결과임을 보여준다. 또한 이 일이 바로 그 뒤에 이어서 예언되는 성전의 훼파와 연결되어 있다는 사실은 백성 가운데 믿지 않은 부류들에게는 이 일이 심판이라는 사실을 입증해 준다. 여기서 희생 제사의 중단의 원인이 무엇인가에 대해서 묻는다면, 바로 메시야의 죽음이 그 원인이라고 대답할 수 있을 것이다. '육십 이 이레 후에'(즉, 영이 날 때부터 계산해서 육십 이 이레로서, 처음부터는 육십 구 이레 후가 된다)라는 표현을 마치 메시야가 칠십 이레가 시작되자마자 끊어질 것을 뜻하는 것처럼 그렇게 이해해서는 안된다. 만일 그런 식으로 이해한다면, 메시야의 나타남(25절의 "영이 날 때부터 메시야가 일어나기까지 육십 구 이레가 지날 것이요"를 보라)과 그의 죽음이 같은 시기에 일어나는 것이 되고 말 것이다. 희생 제사가 중단되는 일도 칠십 이레의 절반 이후를 넘어서서 일어나는 것이 아니라는 사실은 '육십 구 이레 후에'라는 말씀에서 분명히 드러난다.

701. 그러나, 그리스도의 죽으심을 계기로 희생 제사가 어느 정도나 중단되었던가? 그 중단을 하나의 축복으로 이해하는 한 이 질문은 쉽게 답변할 수가 있다. 레위의 제사는 연약하고 무익한 것으로서(히 7:18) 그리스도의 죽으심으로 인하여 참된 죄의 용서가 이루어졌고, 영원한 의가 주어졌으며, 또한 과거 옛날의 눈에 보이는 성전 대신 새로운 영적 지성소가 기름부음을 받았을 때에 폐지되었다. 실체가 와서 그림자가 사라졌으며, 원형(antitype)이 나타나서 모형(type)가 사라진 것이다. 희생 제사는 이스라엘과 맺으신 언약을 하나님 자신이 확증하시는 하나의 표지였다. 그런데, 그의

아들이 죽임을 당함으로써 이 언약이 폐기되었으므로 그와 동시에 본질적인 원리로서의 희생 제사도 폐기되어야 마땅했으며, 그리고 나서 얼마 후에 외형적인 형식으로서의 희생 제사도 폐기되어야 했다. 이러한 실질적인 중단은 이미 그리스도께서 죽으시는 그 순간에 이루어진 작정의 **외형적인** 선언에 불과했던 것이다. 그것은 이스라엘이 더 이상 소유하지 않게 된 그 희생 제사를 이스라엘에게서 가시적으로 취해 갔음을 보여주는 역할을 했다. 이는 마치 로마 군대에 의해서 예루살렘 성과 성전이 훼파된 것이 사실상 이미 기존 상태를 외적으로 선언하는 역할을 한 것과도 마찬가지이다.

그리스도께서 죽으시는 순간부터 예루살렘은 이미 거룩한 성이 아니었으며, 성전은 가증한 물건일 뿐 하나님의 집이 아니었다. 그러므로, 예언에 나타난 세 가지 대상물들이 모두 두드러지게 시간적 표시를 통해서 묘사된 것은 오로지 그 이후에 뒤따르는 것들이 모두 그 속에 포함되어 있다는 것을 나타내기 위함일 뿐이다. 이와 아주 유사한 표현 방법이 슥 11장에서도 나타나는데, 거기서는 내적인 불화의 잔혹함과 외적인 원수들의 침입으로 말미암아 성과 온 땅이 황폐화되는 일이, 메시야를 거부한 일과 그가 그의 목자로서의 직분을 포기한 일과 직접적으로 연결되어 표현되는 것이다. 지금까지 두 가지가 일어나지 못하도록 막아왔던 초자연적인 역사가 바로 그 사건과 함께 사라진 것이다. 그러므로 실제로 그 두 가지가 언제 얼마나 강하게 이루어졌느냐 하는 것은 그리 중요치 않다.

702. 테오도렛은 여기서 그리스도의 죽으심의 결과로 예언된 것이 그가 죽으시는 순간에 성전의 휘장이 찢어진 것으로 상징적으로 표현되었다고 보는데, 이는 매우 정당한 지적이라 하겠다.

'또 강포하여 미운 물건이 날개를 의지하여 설 것이며'

703. 문자적으로는 '가증한 것의 꼭대기 위로 파괴자가 오도다'(over summit of abomination comes destroyer)이다. 우리는 날개를 꼭대기를 뜻하는 비유적인 표현으로 본다. 여기 가증한 것(한글 개역 성경은 '미운 물건'으로 번역한다—역자주)이 여러 가지를 지칭하겠지만, 특히 우상들을 지

칭하는 것으로 볼 수 있다. 왜냐하면, 우상을 그렇게 부르는 것이 상례일 뿐 아니라(나 3:6에서만은 그렇지 않다) 다니엘 이전의 저자들의 글에서도 그렇게 지칭하는 것이 보통으로 나타나기 때문이다. '가증한 것의 날개'는 우리가 보기에 성전 꼭대기를 가리킬 것이다. 그곳이 가증한 것으로 부정하게 되었으므로 이제는 하나님의 성전이라 하는 이름을 받을 자격을 상실해서 이제 우상의 전이 되어 버린 것이다. 여기서 성전이 훼파될 것이 예언되고 있는 연유를 여기 바로 이 명칭('가증한 것의 꼭대기')이 잘 보여주는 것이다.

704. 파괴자가 성전 꼭대기에 임한다는 말씀은 성전이 철저히 유린될 것을 지칭하는 것이다. 왜냐하면 가장 높은 부분을 점거했다는 것은 나머지 모든 부분을 이미 탈취했다는 것을 전제로 하는 것이기 때문이다. 원수가 가장 높은 고지를 점령했다면, 이미 모든 것을 점령한 것으로 보아야 하는 것이다.

705. 우리의 해석이 언어적으로 볼 때에도 전혀 문제가 없다는 사실에 대해서는 어느 누구도 감히 반론을 제기하지 못할 것이다. 이 해석의 요점은 곧, 이 부분이 성전의 파괴가 언약 백성들 자신으로 인하여 성전이 더럽혀졌기 때문에 일어난 것을 말씀하는 것이라는 것인데, 이에 대해서 우리는 다음과 같은 적극적인 논지를 전개할 수 있을 것이다.

706. (1) 이 해석은 예언의 나머지 부분 전체의 내용과 일치한다. 과거의 성전은 백성들의 불신앙과 메시야의 살해로 인해서 하나님의 집에서 가증한 집으로 바뀌어버렸고, 따라서 반드시 파괴되어야 마땅한 것으로 묘사된다. 그리고 그 성전은 새로운 참된 성전, 즉 24절에서 칠십 이레의 마지막에 기름부음을 받을 지성소로 묘사되는 그것과 대조를 이루고 있다. 더 이상 희생 제사일 수 없는 그 제사들을 중단하는 것이, 더 이상 성전이 아니요 참되신 하나님의 거처가 아닌 그 성전을 파괴하는 일과 상응하여 묘사되고 있다.

707. (2) 제이 성전의 파괴는 제일 성전(솔로몬 성전)의 파괴와 밀접한

관련을 맺고 있다. 이 두 성전이 파괴된 것은 결코 우연이 아니며, 오직 하나님의 의로우신 징벌의 결과였다. 곧, 그 백성들의 배도(背道)와 그의 성소를 더럽힌 행위에 대해서 가장 명확하게(그래서 눈 먼 사람이라도 확실히 볼 수 있는 그런 방식으로) 징벌하신 것이며, 그리하여 신정정치가 환상이 아니요 현실임을 분명히 보여주신 것이다. 제이 성전 파괴는 제일 성전 파괴와 정확히 같은 날에 일어났다. 요세푸스는 (로마의 티투스가 성전을 남겨두기로 결정했었으나 하나님의 작정에 의해서 그 결정이 무효가 되었음을 기록한 다음), "이제 그 운명의 시간, 로위스(Loüs) 월 10일이 이르렀다. 그런데, 그 날은 바벨론 왕이 성전을 불태운 바로 그 날이다." 거짓 믿음 혹은 불신앙에 대한 확고한 신념이 없이는, 일년 가운데 삼백 육십 사 일은 제쳐 놓고 유독 그 날에 두 사건이 일어난 사실을 우연으로 취급할 수가 없을 것이다. 그러나 만일 그것이 우연이 아니었다면 하나님께서 그의 손으로 그의 계시의 책에 쳐 놓으신 인이 얼마나 놀라운가!

이 두 사건이 서로 연관성이 있다는 사실은 관련 구절을 올바로 해석하는데 결코 사소한 요인이 아니다. 제일 성전의 파괴는 제이 성전의 파괴를 예언해 주며, 두 성전의 파괴의 원인과 결과가 모두 동일한 것을 보게 된다. 더욱이, 다니엘 자신이 이러한 연관성을 직접 본 증인이었으며, 과거 선지자들의 글들을 몸소 체험하였으며 그 글들을 연구함으로써 그 문제에 대해서 하나님께 간구하게 되었으며, 그 결과로 현재의 예언이 그에게 베풀어지게까지 되었다. 이제 이 구절들을 살펴 보기로 하자.

"므낫세가 여호와 보시기에 악을 행하여 여호와께서 이스라엘 자손 앞에서 쫓아내신 이방 사람의 가증한 일을 본받아서 그 부친 히스기야의 헐어버린 산당을 다시 세우며 이스라엘 왕 아합의 소위를 본받아 바알을 위하여 단을 쌓으며 아세라 목상을 만들며 하늘의 일월 성신을 숭배하여 섬기며 여호와께서 전에 이르시기를 내가 내 이름을 예루살렘에 두리라 하신 여호와의 전에 단들을 쌓고 또 여호와의 전 두 마당에 하늘의 일월 성신을 위하여 단들을 쌓았더라; — 여호와께서 그 종 모든 선지자들로 말씀하여 가라사대 유다 왕 므낫세가 이 가증한 일과 악을 행함이 그 전에 있던 아모리 사람의 행위보다 더욱 심하였고 또 그 우상으로 유다를 범죄케 하였도다 그러므로 이스라엘 하나님 여호와가 말하노니 내가 이제 예루살렘과 유다에 재앙을 내리리니 듣는 자마다 두 귀가 울리리라; ― 내가 나의 기업에서 남은 자를 버려 그 대적의 손에 붙인즉 저희가 모든 대적에게 노략과 겁탈이 되리니 이는 애굽에서 나온 그 열조 때부터 오늘까지 나의 보기에 악을 행하여 나의 노를 격발하였음이니라"(왕하 21:2 이하).

"너희가 도적질하며 살인하며 간음하며 거짓 맹세하며 바알에게 분향하며 너희의 알지 못하는 다른 신들을 좇으면서 내 이름으로 일컬음을 받는 이 집에 들어와서 내 앞에 서서 말하기를 우리가 구원을 얻었나이다 하느냐? 이는 이 모든 가증한 일을 행하려 함이로다. 내 이름으로 일컬음을 받는 이 집이 너희 눈에는 도적의 굴혈로 보이느냐? 보라, 나 곧, 내가 그것을 보았노라 여호와의 말이니라. 너희는 내가 처음으로 내 이름을 둔 처소 실로에 가서 내 백성 이스라엘의 악을 인하여 내가 어떻게 행한 것을 보라"(렘 7장).

"그러므로 나 주 여호와가 말하노라 내가 나의 삶을 두고 맹세하노니(겔 5:11), 이제 내가 속히 분을 네게 쏟고 내 진노를 네게 이루어서 네 행위대로 너를 심판하여 네 모든 가증한 일을 네게 보응하되 내가 너를 아껴 보지 아니하며 긍휼히 여기지도 아니하고 네 행위대로 너를 벌하여 너의 가증한 일이 너희 중에 나타나게 하리니 나 여호와가 치는 줄을 네가 알리라"(겔 7:8,9).

"그들이 그 화려한 장식으로 인하여 교만을 품었고 또 그것으로 가증한 우상과 미운 물건을 지었은즉 내가 그것으로 그들에게 오예물이 되게 하여 외인의 손에 붙여 노략하게 하며 세상 악인에게 붙여 그들로 약탈하여 더럽히게 하고 또 내가 내 얼굴을 그들에게서 돌이키리니 그들이 내 은밀한 처소(지성소)를 더럽히고 강포한 자도 거기 들어와서 더럽히리라"(겔 7:20-22).

"내가 그것으로 그들에게 오예물(汚穢物)이 되게 하여"(그들이 더럽힌 성소가 그들을 거룩하게 하는 곳이 아니라 그들을 오히려 더럽히는 곳이 될 것이라는 뜻이다. 겔 7:20). 이는 겔 24:21("내 성소는 너희 세력의 영광이요 너희 눈의 기쁨이요 너희 마음에 아낌이 되거니와 내가 더럽힐 것이며")과 병행을 이룬다. 렘 7:4; 사 66:3,4을 보라. 앞에서 살펴본 대로 스가랴 11장의 예언은 예레미야의 두 예언들과 관계를 맺고 있는데, 여기 다니엘의 예언이 이 예언들과 똑같은 관계를 맺고 있는 것이다.

708. (3) "주검이 있는 곳에는 독수리들이 모일지니라"(마 24:28). 우리 주님의 이 선언은 우리에게 과거에 지나간 모든 심판들에(옛 언약 하에 있든 새 언약 하에 있는 하나님의 교회를 향하여 그런 심판이 일어나기 마련이다) 분명한 원인이 있음을 말씀해 준다. ' … 곳에'와 ' … 있으리라' 사이의 상호 관련성은 안티오쿠스 에피파네스의 침략과 압제의 경우에도 그대로 드러난다. 그의 압제와 관련한 구절들을 면밀히 살펴보면 다니엘이 거기서 원인과 결과의 관계를 인식했을 뿐 아니라 그 관계를 아주 특별히 강조하여 드러내고 있음을 보게 된다. 다니엘이 성전이 이방인들에 의해서 더럽혀지는 일이 언약 백성 자신들이 저지른 일의 결과였음을 분명히 묘사하고 있다는 사실을 인식하게 되면, 다니엘이 원인과 결과의 법칙을 그대로 반복하여 강조하고 있음을 더욱 확신있게 생각하게 되는 것이다.

그 관련 구절들은 다음과 같다: 11:31은 다음과 같이 말씀한다: "군대는 그의 편에 서서 성소 곧 견고한 곳을 더럽히며 매일 드리는 제사를 폐하며 멸망케 하는 미운 물건을 세울 것이며." 이 구절은 현재의 구절과 표현상 동일한 특징이 나타나기 때문에 더욱 중요하다. 이러한 특징은 두 구절 사이에 내적인 관계가 있음을 시사하는 것이다. 여기서 '매일 드리는 제사'(문자적으로는 '항상 있는 것,' 'that which is constant'이다—역자주)와 '폐하며'('취하여 가며,' 'take away'의 뜻이다—역자주)는 서로 분명한 대조를 이룬다. 잠시라도 방해 받아서는 안될 것, 즉 하나님의 통치와 그를 향한 예배를 나타내는 모든 표지를 취하여 가는 것이다. 대부분의 해석자들은 이를 오직 날마다 드리는 제사만을 뜻하는 것으로 잘못 이해하고 있다(한글 개역 성경도 이를 '매일 드리는 제사'로 번역함으로써 그런 오해를 범하고 있다—역자주). 여기 나타나는 낱말은 단 한 번도 어느 특정한 하나의 대상물을 지칭하는 뜻으로 사용된 일이 없고, 언제나 그 주변의 것까지 포함하는 의미로 사용되었다. 그러므로 여기서도 매일 드리는 제사만이 아니라 제단 불과 제물을 드릴 때 사용되는 등불, 진설병 등 모든 것을 다 포괄하는 뜻으로 보아야 마땅한 것이다. '세운다'는 것(문자적으로는 '준다,' 'give'의 뜻이다—

역자주)은 '취하여 간다'는 것과 대조를 이룬다. 앞의 것을 취하여 가고 그 자리에 뒤의 것을 두는 것이다.

'미운 물건'은 우상 숭배의 모든 것을 지칭한다. 그들은 이 미운 물건을 멸망케 하는 것으로 세운다. 왜냐하면 그들의 행동이 의로운 징벌을 받아 멸망을 가져오기 때문이다. 그리고 이 일은 '군대가 성소 곧 견고한 곳을 더럽히며'와 함께 이루어진다. 지금까지 그 백성들에게 확실한 보호를 제공해왔던 성전을 더럽혔으므로, 이제는 의지할 곳 없는 먹이가 되어 원수들에게 의로운 보응을 받는 것이다. 미운 물건을 멸망케 하는 것('a thing that destroys')으로 주는 일이 압제의 시발점이라면, 미운 물건을 멸망케 되는 것('a thing that is destroyed', 하나님으로 말미암아 멸망케 되는)으로 주는 일은 반대로 압제의 종착점이 된다.

그러므로, 이 해석에 따르면, 이 구절은 현재의 본문과 전적으로 일치하는 것이다. 두 구절 모두에서 미운 물건이 "마치 죄가 형벌을 불러 일으키듯이, 황폐화시키는 일을 불러 일으키는 것으로 나타난다. 미운 물건은 그에 선행하는 죄악으로 간주되어 하나님의 의로우신 심판으로 말미암아 중간에 나타나는 멸망케 하는 자를 통하여 보응을 받는다." 이러한 해석에 대해서 역사적 성취가 놀랍게 그 타당성을 증거해 준다. 안티오쿠스 에피파네스의 침략과 압제의 역사에 대한 세 가지 사료는 한결 같이 그 역사가 언약 백성 자신들이 가증한 일을 저지른 결과요, 그것에 대한 의로운 보응으로 묘사한다. 이방인들이 아니라 유대인들이 성전을 더럽힌 당사자로 나타나는 것이다. 이 일에 대한 예언과 그 성취 이면에 하나님의 역사하심이 있었다는 사실을 증거해 주는 구절은 다니엘서의 구절을 제외하고도 얼마든지 많이 들 수가 있다.

언약 백성 가운데 배도한 자들이, 안티오쿠스의 언약 백성을 침공하여 얽히게 되어 일어난 모든 고난의 원인이었음은 물론(마카베오 1서 1:11을 보라. 외경인 마카베오 1서, 2서의 구절에 대해서는 공동번역 성서를 참조하라—역자주), 더 높은 관점에서 보면 그들의 범죄 행위가 하나님의 보응을 앞당기게 만든 것이기도 했다. 마카베오 2서 4:15 이하를 참조하라: "조상 때부터 내려오는 존귀한 것들을 따르지 않고 그리스 사람들의 영광을 좋아하였고, 바로 이것 때문에 그들은 쓰라린 환난에 빠지게 되었다. 그들은 그리스 사람들을 진지하게 따르고 모든 면에서 그들과 똑같이 되려고 노력했으나 그리스인들은 그들을 원수로 여겼고, 보응할 대상으로 여겼다. 하나님의 율법에 대항하여 악행을 일삼는 것이 결코 가벼운 일이 아닌 것이다. 그러나 그 다음에 이어지는 때가 이것들을 선포해 줄 것이다." 그들로 말미암아 그 성이 훼파되었다. 그러나 그 백성의 경건성이 나타나는 동안 여호와께서는 그 성을 보호하셨었다. 3:1, 2("대제사장 오니아가 경건하여 악을 미워하여 거룩한 성의 거민이 모두 평화를 누리고 율법들이 잘 지켜질 때에는 이방의 왕들 스스로도 그곳을 존귀하게 대하였고 최고의 헌물들을 드려서 성전의 영광을 드러냈다")을 보라.

배도한 백성들이 성소를 더럽히는 일에 직접 참여함으로써 그 일의 원인이 되고 있음이 드러난다. 마카베오 1서 1:34 이하에서는, 수리아 사람들이 성벽을 쌓고 거기에 '죄 많은 나라와 악한 사람들을 집어 넣고 요새를 든든히 했다'고 한다. 여기의 죄 많은 나라와 악한 사람들이란 언약 백성 가운데 율법을 범하는 자들과 배도한 자들을 가리킨다는 사실은 요세푸스의 증언에서도 드러나며, 또한 마카베오 1서 1:36, 37에서도 드러난다: "예루살렘은 성소를 치려고 숨어 기다리는 장소가 되었고 이스라엘의 악한 원수가 되었다. 그들은 성소의 모든 처소에서 무죄한 피를 흘려 그곳을 더럽혔다." 심지어 '미운 물건', 즉 그 이후에 멸망하게 될 그 이방의 우상 신의 제단을 거기에 세우는 일에도 이 배도한 자들이 가담하여 협력했다. 마카베오 1서 1:52, 53, 54 이하를 보라: "많은 유대인들이 율법을 버리고 그들에게 가담하여 그 땅에서 악행을 저질렀다. 그리하여 나머지 이스라엘 사람들은 숨을 곳을 찾아 피난을 갈 수밖에 없었다. 일백 사십 오년 기슬레월 제 십 오일에 그들은 번제단 위에 멸망의 미운 물건을 세웠고, 유다의 모든 성읍들에 우상 제단을 세웠다."

이 모든 범죄로 인하여 하나님의 진노가 이스라엘에 임했다. 같은 책 64절을 보라: "그리하여 크고 무서운 진노가 이스라엘에게 있었다." 배도자들이 안티오쿠스를 위하여 예루살렘 성문을 열어주자 그는 죄악된 손으로 성소를 더럽혔는데, 이 때에 "율법과 자기 조국을 배반한 자" 메넬라오가 그를 그곳으로 인도했다(마카베오 2서 5:15). 같은 책 17절에서는 여호와께서 이러한 추악한 행위를 허락하신 이유를 이렇게 전하고 있다: "그 성에 거하는 자들의 죄악으로 인하여 그의 눈이 그곳에 있지 않았음이라." 성전과 그 백성들의 행위와 성전의 운명이 서로 연관되어 있다는 사실은 같은 책 19절에서 아주 명확하게 지적해 주고 있다: "그러나 하나님이 성소를 위하여 그 백성을 택하신 것이 아니었고 오히려 그 백성을 위하여 성소를 택하신 것이다. 그러므로 성소 자체는 그 나라에 일어나는 환난에 함께 동참할 수밖에 없었고, 후에 여호와께서 은택을 보내실 때에는 그것도 함께 누리게 된 것이다. 전능자의 진노로 버림을 받았던 성소가 위대하신 여호와와 화목하게 되었을 때에는 또다시 그 모든 영광을 되찾게 되었던 것이다."

709. (4) 전승의 증거도 이 해석을 지지하고 있다. 요세푸스는 말하기를, "사람들 사이에 떠도는 고대의 말씀이 있는데, 곧 먼저 하나님의 성전이 그 나라 사람들에게 더럽혀진 다음 선동이 일어났고, 그 때에 그 성이 함락되고 전쟁의 법칙에 따라서 거룩한 곳들이 불 태워졌다는 것이다."라고 한다. 고대의 말씀이란 의심의 여지도 없이 바로 이 예언을 가리키며, 또한 언약 백성들 가운데 부패한 자들이 미운 물건들을 가지고서 성전을 더럽혔으며, 로마 군대들이 행한 파괴 행위에 대한 기록과 함께 유대인들이 저지른 악행들에 대한 기록이 수없이 많은데, 이 모든 것이 요세푸스의 분명한 묘사에서 드러난다. 사실 열심당들 스스로도 이를 인정했다.

710. (5) 이 해석은 모든 권위 가운데 가장 최고의 권위를 갖는 주님 자신의 말씀을 통해서도 확인된다. 그러나 이에 대한 주님의 말씀들을 여러 가지로 오해하기 때문에, 주님의 그 말씀을 좀더 확실히 살펴볼 필요가 있다. 그 말씀들은 마 24:15,16("그러므로 너희가 선지자 다니엘의 말한 바 멸망의 가증한 것이 거룩한 곳에 선 것을 보거든 [읽는 자는 깨달을진저] 그 때에 유대에 있는 자들은 산으로 도망할지어다")와 막 13:14("멸망의 가증한 것이 서지 못할 곳에 선 것을 보거든[읽는 자는 깨달을진저] 그때에 유대에 있는 자들은 산으로 도망할지어다")이다.

'멸망의 가증한 것'이란 언약 백성 스스로 세워 놓은 가증한 것('미운 물건'.)으로서 필연적인 결과로서 멸망을 맞게 될 것을 가리킨다. 여기의 목적격은 벧후 2:1의 $\alpha i \rho \epsilon \sigma \epsilon \iota s$ $\dot{\alpha} \pi \omega \lambda \epsilon i \alpha s$나 $\dot{\alpha} \nu \dot{\alpha} \sigma \tau \alpha \sigma \iota s$ $\zeta \omega \hat{\eta} s$에 나타나는 목적격과 동일한 의미를 지닌다. 다니엘에서와 마찬가지로 여기서도 성전을 더럽힌 가증한 것이 거기에 세워진 우상들을 가리키는 것이다. 우상이야말로 스스로 가증함을 드러내는 것이다. 여기 '선 것을 보거든'의 '서 있다'는 분사는 바로 우상이 그렇게 서 있는 모습을 그리는 것이다.

711. 누가복음의 병행 구절인 21:20의 "너희가 예루살렘이 군대들에게 에워싸이는 것을 보거든 그 멸망이 가까운 줄을 알라"는 말씀이 로마 군대가 예루살렘을 포위하는 것을 임박한 멸망의 표시로 제시하며, 따라서 그 표시를 보거든 도망하라고 말씀한다는 식의 해석이 꽤 설득력 있게 제시되고 있으나, 이는 타당성이 없다. 우리는 얼마든지 주님께서 다니엘의 예언에서 멸망을 보여주는 여러 가지 표징들을 직접적으로 주목하셨을 것으로 생각할 수가 있다. 또한 누가는 다만 단 9:26에 근거하여 겉으로 드러난 표징을 기록하고 있는데, 이는 다니엘서를 깊이 알지 못하더라도 그 자체만으로도 분명한 표징으로 인식할 수가 있기 때문이었다. 누가는 독자들이 다니엘서에 대한 깊이 있는 지식을 기대할 수가 없는 상황이었다. 그러나 반면에 마태와 마가는 같은 책 27절에 근거하여 내적인 표징들을 기록하고 있으며(그 표징들은 겉으로 드러난 표징들과 시간적으로 동시에 일어나는 것이다), 이로써 주의깊은 독자들은 이 세 가지 보도를 통해서 외적 표징과 내적 표징들을 모두 접할 수 있게 되는 것이다.

712. 다니엘의 말씀과 주님의 말씀의 차이는 오로지 주변 상황에 관한 것뿐이다. 다니엘의 말씀은 좀더 일반적인 언어로 되어 있다. 성전이 그리스도의 사망 시에와 그 이후에 우상의 가증한 것들로 더러워져서 멸망에 바쳐진 상태가 될 것으로 개괄적으로 묘사하고 있는 것이다. 그러나 주님의 말씀은 그 주 목적이 그를 따르는 자들에게 곧 임박한 멸망을 보여주는 외형적인 표징을 제시하는 데 있었으므로, 그처럼 더럽히는 일이 두드러지게 일어나는

어느 한 순간을 두드러지게 만들어서 그 나머지 눈에 잘 띄지 않는 악행의 순간들을 무시무시한 형태로 시각적으로 제시함으로써, 겉으로 드러나지 않는 더럽히는 행위를 선동하고 거기에 참여한 자들 가운데 많은 이들로 하여금 그 외형적인 표징을 보고서 두려움에 떨도록 만드시는 것이다. 요세푸스의 기록에 나타난 열심당의 역사도 마찬가지였다. 범죄 행위가 최고도에 달하면 언제나 그것이 미친 상태로 변하는 법이다.

'또 이미 정한 종말까지 진노가 황폐케 하는 자에게 쏟아지리라'

713. '종말'(헹스텐베르크는 '완성,' 'completion' 으로 본다—역자주) 은 일반적인 작정의 뜻으로도 사용되기도 하지만 특별히 어떤 대상에게 고난을 베풀기로 한 확정된 결정을 의미한다. 곧, 이 낱말은 좋은 의미로는 절대로 나타나지 않는다. 여기서 이 낱말은 아직 실행되지는 않았으나 그 목적은 이미 완전히 결정된 어떤 것을 가리키는 것이 다음 근거에서 분명히 드러난다. 1. 그 작정의 확고함과 돌이킬 수 없는 성격을 묘사하는 다른 낱말과 함께 나타나고 있다는 점; 2. '쏟아지리라' 는 언제나 하나님의 진노, 하나님의 형벌 선고, 멸망의 원인을 뜻하는 말인데, 이 낱말이 여기에 사용된다는 점; 3. 동일한 어구가 듣는 대상으로 묘사되어 나타나는 사 28:22("온 땅을 멸망시키기로 작정하신 것을 내가 만군의 주 여호와께로서 들었느니라")과 비교된다는 점.

714. 현재 본문에서와 이사야의 두 구절에서(롬 9:7에서 사도 바울이 이를 올바로 이해했으며 그 후에 비트링가도 바르게 이해하였다. 그러나 게제니우스는 잘못 이해했다) 이 두 낱말들이 함께 묶여져서 나타난다는 사실은 그 두 낱말이 이렇게 묶여져서 법률적인 전문 용어가 되어 뒤바꿀 수 없도록 확정된 최종적 결정을 뜻한다는 것을 잘 보여준다.

715. 거의 모든 해석자들은 여기의 선언을 완전히 독립적인 것으로 보아서, '완성의 때까지, 그리고 심판이 그것을 쏟아붓기까지 … ' 의 뜻으로 이해하지만, 우리는 이에 동의할 수 없다. 오히려 우리는 이 문장이 그 앞의

것과 연결된 것으로 보아서, '미운 물건이 날개를 의지하여 설 것이며 또 …
까지'의 뜻으로 본다. 마지막 선언 그 자체가 쏟아지는 것으로 묘사되고 있
는데, 이는 하나님께는 작정과 실행이 동일한 순간에 일어나기 때문이다. 이
는 다음에 나타나는 말씀들의 경우와 정확히 일치한다: "이 저주가 우리에게
내렸으되 곧 하나님의 종 모세의 율법 가운데 기록된 맹세대로 되었사오니"
(11절); 말 2:2("내가 너희에게 저주를 내려"); 슥 5:4("내가 이것〔저주가
기록된 두루마리〕을 발하였나니 도적의 집에도 들어가며 내 이름을 가리켜
망령되이 맹세하는 자의 집에도 들어가서 그 집에 머무르며 그 집을 그 나무
와 그 돌을 아울러 사르리라").

716. 여기의 '쏟아지리라'라는 표현은 미래의 하나님의 멸절시키는 심
판의 예표가 되는 소돔과 고모라의 멸망의 모습이 그 밑바탕을 이루고 있다.
이 낱말은 본래 비가 내리는 자연적인 현상을 나타내는 뜻으로 사용된다. 그
러나 소돔과 고모라의 멸망을 초래케 한 초자연적인 비(창 19:24, "여호와께
서 하늘 곧 여호와에게로서 유황과 불을 비같이 소돔과 고모라에 내리사")를
뜻하기도 한다. 창세기의 이 구절은 불경건한 자들의 멸망을 묘사하는 무수
한 다른 구절들의 밑바탕이 되고 있다. 다음 구절은 본문과 더 밀접하게 관
계를 맺고 있다:
대하 34:21("우리 열조가 여호와의 말씀을 지키지 아니하고 이 책에 기
록된 모든 것을 준행치 아니하였으므로 여호와께서 우리에게 쏟으신 진노가
크도다"); 대하 12:7("저희가 스스로 겸비하였으니 내가 멸하지 아니하고 대
강 구원하여 나의 노를 시삭의 손으로 예루살렘에 쏟지 아니하리라"); 렘
7:20("보라 나의 진노와 분한을 이곳에 붓되 사람과 짐승과 들나무와 땅의
소산에 부으리니 불 같이 살라지고 꺼지지 아니하리라"); 렘 42:18("나의 노
와 분을 예루살렘 거민에게 부은 것 같이 너희가 애굽에 이른 때에 나의 분
을 너희에게 부으리니 너희가 가증함과 놀램과 저주와 치욕거리가 될 것이
라"); 렘 44:6("나의 분과 나의 노를 쏟아서 유다 성읍들과 예루살렘 거리를
살랐더니 그것들이 오늘과 같이 황폐하고 적막하였느니라").
이 병행 구절들에서 볼 때에 하나님의 진노의 격렬한 비는 언제나 언약

백성의 파멸을 일으키는 심판을 가리키는 것으로서 지극히 단순한 역사적 기록에까지 나타날 정도로 통상적인 표현인 것이다. 그러한 불이 비 같이 쏟아지는 것을 실제로 목격했었고, 또한 그러한 처절한 황폐의 상황에 대하여 간구하기까지 했던 다니엘은 여기서, 장차 그들이 다시 재건되었을 때에도 하나님의 진노가 다시금 그들에게 발하여 이전보다도 훨씬 무서운 새로운 불의 비가 쏟아져서 그들을 다시금 잿더미와 황폐로 변하게 할 것이라는 사실을 깨닫게 되는 것이다. 여기의 표현이 언제나 철저한 멸절을 시사하는데, 바로 이 이유만으로도 여기의 예언이 마카베오 시대의 상황을 지칭할 수가 없는 것이다.

이러한 불쾌한 결과를 피하기 위해서 최근의 해석자들은 불타는 진노를 언약 백성에게가 아니라 원수들, 곧 '황폐케 하는 자'에게 적용시키려 한다. 유대인 해석자들도 물론 이 예언 전체를 로마 군대의 침략으로 인하여 일어난 황폐를 지칭하는 것으로 보지만, 쏟아지는 진노를 당하는 대상에 대해서는 최근의 해석자들과 마찬가지로 언약 백성이 아니라 원수들이라고 보았다. 이처럼 언어학적으로 합당치 않은 해석을 취한 것은 곧 그들에게 다른 대안이 없었다는 것을 보여주며, 따라서 합리적인 해석자들 스스로가 그들의 해석이 타당치 못하다는 것을 스스로 고백하는 것과 다를 바 없는 것이다. 그 동사는 예외가 없이 절대로 타동사로 쓰인 일이 없고 오직 자동사로 쓰인다.

칠십 이레의 시발점

717. 앞의 본문 주해 부분에서 우리는 이것이 예루살렘 성의 건축을 시작하는 시점이 아니라, 고대의 범위와 고대의 아름다움을 그대로 복원하는 재건 사업이 시작되는 시점이라는 것을 밝힌 바 있다.

718. 그저 보통의 재건 사업의 시작을 의미했다면, 의심의 여지도 없이 고레스 왕 원년을 시발점으로 잡는 사람들의 견해가 올바를 것이다. 만일 그렇다면, 귀환한 포로들이 노천에서 지낼 수가 없었을 것이라는 논리나, 고레스 치하에서 성의 재건을 위해서 아무 것도 행해진 것이 없다면 고레스를 그 성의 건축자로 찬양한 이사야 선지자를 거짓 예언을 한 사람으로 만드는 것이라는 논리가 힘을 얻게 될 것이다. 그러나, 고레스로부터 느헤미야에 이르기까지의 시기에 관한 성경의 기록은 한결같이 이 때에 예루살렘이 이미 존재하고 있었음을 전제로 하고 있는 것이다.

719. 그러나, 아닥사스다 20년까지 예루살렘 새 성읍은 노천이었고 마을에 사람이 별로 거하지 않았으며 그 주변 사람들의 온갖 침략에도 속수무책인 그런 상태였다.

720. 먼저 예루살렘의 형편에 대한 이 견해에 대한 반대 논리들을 살펴보고 이를 제거하는 일이 급선무일 것이다. 학 1:4은 "이 전이 황무하였거늘 너희가 이 때에 판벽한 집에 거하는 것이 가하냐?"라고 말씀한다. 그러나 우리는 이 구절에서 예루살렘 전체의 형편에 대한 어떤 결론을 이끌어낼 수는 없다. 이는 "너희의 손에 피가 가득함이니라," "신실하던 성읍이 어찌하여

창기가 되었는고 공평이 거기 충만하였고 의리가 그 가운데 거하였었더니 이제는 살인자들 뿐이었도다"라는 이사야서의 구절들(1:15, 21)에서 당시에 예루살렘에 온통 살인자들만 가득했었다는 식의 결론을 이끌어낼 수 없는 것과 마찬가지이다. 예루살렘의 집들 가운데 일부만이 지붕을 갖춘 것들이었다 하더라도(이를 누구가 부인할 수 있겠는가?) 학개 선지자의 호소는 충분히 이해되고도 남을 것이다.

스 4:12에서 유다 백성들의 대적들은 아닥사스다(스멜디스)에게 올리는 문서에서 "왕에게 고하나이다. 왕에게서 올라온 유다 사람들이 우리의 곳 예루살렘에 이르러 이 패역하고 악한 성읍을 건축하는데 이미 그 지대를 수축하고 성곽을 건축하옵나이다"라고 보고하며, 이어서 16절에서는 "이제 왕께 감히 고하오니 이 성읍이 중건되어 성곽을 필역하면 이로 말미암아 왕의 강 서편 영지가 없어지리이다"라고 한다. 그러나 이 보고서가 입증해 주는 것은 오로지 유대인들의 대적들이 지독한 비방꾼들이었다는 것 뿐이다. 에스라 자신은 그전이나 후에 성벽의 건축에 대해서 한 마디도 하지 않는다. 만일 이 진술에서 그 당시 성벽 재건을 기도한 일이 있었던 것으로 추정한다면, 느 6:6, 7("유다 사람들로 더불어 모반하려 하여 성을 건축한다 하나니 네가 그 말과 같이 왕이 되려 하는도다. 또 네가 선지자를 세워 예루살렘에서 너를 들어 선전하기를 유다에 왕이 있다 하게 하였으니")의 진술에서도 실제로 느헤미야가 페르시아 왕의 멍에에서 벗어나 스스로 왕이 되려는 생각을 가졌던 것으로 얼마든지 추정할 수가 있을 것이다.

대적들의 모략으로 반포된, 왕위를 찬탈한 아닥사스다의 예루살렘 성 건축 금지령이 얼마 후 그가 죽음으로써 철회되고 나서도, 히스타스페스의 아들 다리우스 치세 때에 시행된 것은 성전을 재건하는 일뿐이었다. 대적들의 보고서가 근거가 있는 것이었다면 그 때에 성벽을 재건하는 사업도 함께 재개되었을 것이 아닌가?

마지막으로, 느 1:3을 근거로 반대 논리를 펴기도 한다: "저희(예루살렘에서 페르시아 왕궁에게로 온 자들)가 내게 이르되 사로잡힘을 면하고 남은 자가 그 도에서 큰 환난을 만나고 능욕을 받으며 예루살렘성은 훼파되고 성문들은 소화되었다 하는지라." 어떤 이들은 미카엘리스의 예를 따라서 주장하기를, 이 구절은 전에 이미 귀환한 사람들이 예루살렘 성벽을 재건했었는데 그 후에 주변 나라 사람들에 의해서 두번째로 훼파되었음을 말해 준다고한다. 그리고 그 근거로서 느부갓네살의 침공으로 인한 황폐화에 대해서 느헤미야는 모르고 있었기 때문에 그가 그 때에 훼파된 것 때문에 애통해 했다고는 볼 수가 없다는 사실을 든다.

그러나, 느헤미야에게 온 자들이 전해 준 이야기를 반드시 전혀 새로운최근의 사실에 대한 것으로만 보아야 하는 근거가 어디에 있는가? 그는 성벽과 성문이 재건되지 않고 있던 사실을 알고 있었으나 궁궐의 야단 법석으로인해서 그 주제에 대해 관심을 기울일 새가 없었던 것 뿐이다. 그러나 이제그는 눈에 보이는 상황과 하나님의 약속 사이에 모순이 있음을 새로이 느꼈고, 그리하여 진지하게 간구함으로써 이러한 모순을 없애는 기초를 세운 것이다. 이는 마치 요시야가 율법책을 발견하기 전에는 그가 율법을 전혀 몰랐던 것으로 추정하는 것이나 다를바 없다. 느 8:9에서 백성들이 에스라가 율법을 낭독하는 것을 들으면서 울었다고 기록하고 있는데, 이 기록을 근거로과연 그 이전에는 백성들이 율법에 대해서 최소한의 지식도 없었던 것으로결론을 내릴 수가 있겠는가? 그 외에도, '그 도에서 큰 환난을 만나고 능욕을 받으며'와 '예루살렘성은 훼파되고 성문들은 소화되었다'는 서로 결과와원인의 관계에 있다.

사람들에게서 이야기를 듣기 전에는 느헤미야로서는 성벽이 무너진 것으로 인해서 그 백성들이 주변의 대적들에게 환난과 능욕을 당하는 등 비참한 결과가 일어나게 되었다는 사실을 그렇게 깊이 생각한 일이 없었다. 그런데, 이제 그 이야기를 듣고서 그 사실을 전혀 다른 시각에서 보게 되었고 그일에 대해서 슬퍼하게 되었으며 하나님께 간구하고 적극적으로 그 일을 위해서 활동하리라는 결단을 내리게 된 것으로 보인다. 이러한 성벽과 성문의 파괴가 갈대아 사람들로 말미암은 것이요 그 이후로 느헤미야의 시대까지 계속그 상태로 있었다는 것을 다음의 근거를 통해서 입증할 수가 있다:

(1) 성벽과 성문을 갈대아 사람들이 훼파한 상태에 대해서 애 2:8, 9이아주 비슷하게 기록하고 있다(왕하 25:10을 참조하라).

(2) 유대인의 대적들은 오랜 과거에 있은 단 한 번의 파괴밖에는 모르고

있었다. 느 4:2에서 산발랏은 말하기를, "이 미약한 유대 사람들의 하는 일이 무엇인가? 소화된 돌을 흙 무더기에서 다시 일으키려는가?"라고 한다.

(3) 에스라서는 성벽 재건에 대해서 단 한 마디도 하지 않는다. 그러나 그 일이 침묵 가운데서 지나갔다고 생각할 수는 없다. 유대인의 대적들이 그 일이 진행되려 할 때에 술수와 강제력으로 그 일을 방해했을 만큼 너무도 중요한 일이었으므로 그것에 대해서 침묵을 지키는 상태로 그 역사가 이루어졌다고 보기는 불가능하다.

(4) 다리오왕 제6년 이후에 기록된 스가랴서 후반부에서도(14:10; 이 절에 대한 해석 부분에서 인용한 느헤미야서의 여러 구절들을 함께 참조하라) 그 당시 성벽과 성문이 갈대아 사람들에게 황폐화된 상태 그대로 여전히 있었음이 나타나며, 그 때에 무너지지 않고 남아 있던 몇몇 구조물들도 그 상태 그대로 서 있었음이 나타난다. "중수하되 저희가 예루살렘 넓은 성벽까지 하였고"라고 진술하는 느 3:8을 함께 보라. 이 본문의 기록은 그 당시 넓은 성벽(에브라임 문으로부터 서쪽으로 이어지는데, 대하 26:9에 의하면 이 부분은 그냥 그대로 서 있었다)은 재건할 필요가 없었음을 시사하는데, 그 성벽은 웃시야 왕 때에 강화되었었으므로 갈대아 사람들의 공격 시에 무너지지 않고 여전히 남아 있었던 것이다.

(5) 느헤미야 이전에 유대인들이 성벽과 성문을 재건하려는 시도를 했었다는 것도 매우 개연성이 적다. 페르시아 왕의 칙령 가운데서 그 일을 허가한 흔적을 찾아볼 수 있는 것이 전혀 없다. 바벨론 포로를 귀환시키는 칙령에 그 재건 문제까지도 포함되어 있었다고 생각할 수는 없다. 무방비 상태의 백성들을 그 고향 땅에 다시 복귀시키는 일과 그들에게 방어의 수단을 제공하는 일은 전혀 별개의 문제였다. 만일 그들에게 방어의 수단을 제공하게 되면 전면적인 반란이 일어날 경우 그 방어의 수단이 그것을 제공한 본국을 공격하는데 사용될 가능성이 얼마든지 있기 때문이었다. 그러므로 통치자에게서 여간 신뢰를 얻지 못하고서는 방어의 수단까지 제공 받는다는 것은 생각도 하지 못하는 일이었다. 그러나 당시의 통치자들은 언제나 자기 신복들의 허약함에 의존하여 통치를 하고 있었던 것이다. 느헤미야가 아닥사스다왕에게 그런 신뢰를 얻었던 것은 매우 이례적인 일로서 그가 왕의 측근으로서

그와 친분을 가졌기 때문에 가능했던 것이다. 만일 유대인들이 왕의 허락도 없이 자기들 스스로 성벽 건축을 감행했다면, 그런 신뢰를 받을 희망이 더욱 적어졌을 것이다. 유대인 주위에는 그들을 시기하는 여러 대적들이 있어서 모든 수단을 다 동원하여 페르시아의 왕에게서 질투를 불러 일으키려 하는 형편이었기 때문이다. 그런 일이 전혀 없는 상태에서도 그런 중상 모략이 있었다면, 하물며 그들이 정말로 성벽 건축을 감행했다면, 그들 모두가 들고 일어나 페르시아 왕의 반감을 불러 일으킬 수 있는 가장 확실한 기회를 스스로 제공해주는 것이 아니고 무엇이었겠는가?

721. 느헤미야 시대까지의 예루살렘의 상태에 대해서 제기된 우리의 견해를 반대하는 여러 가지 논의들을 반박했는데, 사실 이런 반박을 통해서 우리의 견해의 타당성이 적극적으로 입증되기도 하는데, 이제는 그 점을 결말지어야 할 차례가 되었다.

722. 스가랴서에서 예루살렘의 상태는 시종일관 잠정적인 것으로 나타난다. 1:16에 의하면, 예루살렘 위에 먹줄을 치는 일은 미래의 어느 시기에 있을 것으로 말씀한다. 그리고 12절에 의하면 그 당시는 회복의 때가 아니라 아직 환난의 때에 속하며, 아직도 여전히 갈대아의 포로 상태의 잔재가 남아 있는 그런 때에 속하는 것이다. 2장에 의하면, 바벨론을 멸망시키는 일과 예루살렘을 재건하는 일을 완결짓는 것이 아직 미래의 일이다. 아니, 예루살렘 재건과 관련하여 지금까지 일어난 일은 너무도 사소하기 때문에 선지자는 그것을 전혀 염두에 두지 않았고, 마치 예루살렘이 처음부터 다시 재건하여야 하는 것처럼 말씀하고 있는 것이다. 특히 1, 2절을 보라: "내가 또 눈을 들어본즉 한 사람이 척량줄을 그 손에 잡았기로 네가 어디로 가느냐 물은즉 내게 대답하되 예루살렘을 척량하여 그 장광을 보고자 하노라." 7:7에서는 예루살렘의 과거('백성이 거하여 형통하였고')의 상태를 그 현재의 상태와 대조시켜 묘사하고 있다. 그러므로 예루살렘은 그 때에 아직도 '앉아 있지 못하고 누워 있는' 성이었다. 8:5에서 선지자는, "그 성읍 거리에 동남과 동녀가 가득하여 거기서 장난하리라"고 약속하는데, 이 약속이 현실과 너무나 동

떨어진 것이었으므로 그는 하나님의 전능하심에 호소하여 그가 믿지 못할 놀라운 일을 행하실 것이라고 강조하기까지 하는 것이다(6절).

723. 이제 느헤미야서로 돌아가도(에스라는 우리의 목적에 도움이 될만한 것을 아무 것도 제공해주지 않는다), 더 침울한 것은 아니더라도 똑같은 상황이 나타나는 것을 보게 된다. 당시 거주민의 숫자가 매우 적었다는 사실은 '사로잡힘을 면하고 남아 있는 자'라는 표현에서도 드러난다. 한 걸음 더 나아가서 예루살렘 거주민의 그 적은 숫자는 스가랴의 때로부터 느헤미야의 때에 이르기까지 훨씬 더 줄었다는 사실을 보게 된다. 대적들이 끊임없이 침략하여 약탈을 일삼았고 특히 예루살렘이 그들의 공격의 표적이 되었으므로, 거기에 지쳐서 백성들은 그 땅 전체에 흩어졌을 것이다. 그러나 2:3,5은 느헤미야의 때에 예루살렘 성을 회복시킨다는 것이 얼마나 어리석은 일로 여겨졌는지를 잘 보여준다. 느헤미야는 거기서 아닥사스다 왕에게 다음과 같이 간언하고 있다: "나의 열조의 묘실 있는 성읍이 이제까지 황무하고 성문이 소화되었사오니 … 나를 유다 땅 나의 열조의 묘실 있는 성읍에 보내어 그 성을 중건하게 하옵소서."

그러므로 그 당시 예루살렘의 형편이 포로기 동안의 형편과 별로 차이가 없었음을 인지할 수가 있다. 느헤미야는 페르시아 왕 앞에서 결코 과장되게 말한 것이 아니었다. 이는 17절에서 그가 예루살렘에 당도하여 그 상황을 똑같이 이야기하고 있는 사실에서 분명히 드러난다: "우리의 당한 곤경은 너희도 목도하는 바라 예루살렘이 황무하고 성문이 소화되었으니 자, 예루살렘 성을 중건하여 다시 수치를 받지 말자." 이와 관련해서 7:4은 매우 의미가 깊다: "그 성은 광대하고 거민은 희소하여 가옥을 오히려 건축하지 못하였음이니라." 이 구절은 예루살렘 성벽의 중건을 완성한 직후의 사정을 말씀해주는 것이다. 하나님의 약속에 의지하여 느헤미야는 그 옛날의 예루살렘의 범위를 다 회복시켰다. 그러나 그 성의 범위와 그 속에 사는 거민이 너무도 비율이 맞지 않는 것을 보게 된다. 그 넓은 땅에 집이 겨우 몇채밖에 없어서 전혀 없는 것처럼 보일 정도였던 것이다.

724. 지금까지 우리는 예루살렘 성이 중건되기 시작한 것이 느헤미야 이전일 수가 없다는 사실을 증명했다. 이제부터는 그 일을 느헤미야가 이루었다는 사실을 살펴보기로 하자. 훗날 그가 성벽과 성문뿐 아니라 예루살렘 성 자체를 재건한 인물로 일컬어졌다는 사실은 시락 49:13에서 볼 수 있다: "느헤미야는 무너진 성벽을 우리를 위해서 세운 자요 성문과 대를 세운 자이며 우리의 황무한 상태를 다시 일으켜 세운 자로서 큰 명성이 있는 자다." 반면에 여호수아와 스룹바벨은 성전을 재건한 인물로만 찬양을 받고 있다(12절). 느헤미야 자신의 증언에서도 훨씬 더 강력한 증거를 찾아볼 수 있다. 7:4에 이어서 그 이후 일어난 일들에 대해서 기술한 후에, 느헤미야는 11:1,2에서 예루살렘의 인구를 늘리기 위해서 자신이 행한 일들을 말씀하고 있다. 그는 영향력을 발휘하여 먼저 시골에 흩어진 백성의 두목들을 예루살렘으로 이주시켰다. 그리고 이어서 나머지 백성들 가운데 제비를 뽑아서 십분의 일을 강제로 예루살렘으로 이주시켰다. 그리고 마지막으로 많은 가족들이 시골에서 예루살렘으로 자발적으로 이주했다. 이런 행위는 처음에는 기존의 모든 관계를 완전히 무너뜨리는 행위로서 신정적인 성향으로 자발적으로 치르는 희생이었을 것이며, 또한 강제로 이주한 사람들의 경우는 후에도 계속 희생을 치러야 했겠지만, 예루살렘은 그 땅의 유일한 성벽이 있는 성으로서 갖는 큰 이점이 있었으므로 모든 사람들은 그리로 옮기는 문제에 대해 크게 염려하지 않았던 것이다. 예루살렘의 성벽을 건축하는 일과 '수치를 당치 않는 일'은 서로 연결되어 있다(느 2:17). 이 이유 때문에, 그리고 예루살렘이 성소가 있는 곳이었기 때문에, 그 이후 포로 상태에서 귀환하는 유대인들 가운데 어느 누구도 다른 곳에 거처를 잡으려 하지 않았다. 그리고 예루살렘 성이 중건되었다는 소식을 접하고서 많은 사람들이 귀환할 마음을 갖게 되었을 것이다. 고레스 원년부터 느헤미야의 때까지 오랜 기간 동안 예루살렘의 인구가 전혀 늘지 않다가, 그 때부터 그 성의 인구가 급격하게 증가했다는 사실은 지금부터 인용할 이교도들의 문헌에서 잘 드러난다.

725. 시발점을 좀더 정확히 산정한다면, 그 때를 예루살렘 성의 회복을 위하여 느헤미야가 기도한 시기로 잡을 수 있을 것이다(1장). 하나님은 이

기도를 들으셔서 예루살렘 중건을 위한 영을 내시는데, 바로 이 때를 25절은 칠십 이레의 시발점으로 잡고 있는 것이다. 느헤미야는 그 기도 이후에 되어지는 일들, 특히 아닥사스다 왕이 그의 간언을 들어준 것을 하나님께서 그의 기도를 들어주신 것으로 보았다(2:8, 18). 이 기도는 아닥사스다 왕 제20년 기슬레월(민간력으로 제3월)에 행해졌다. 그러므로, 아닥사스다 왕이 즉위한 지 만 19년이 지난 후 다니엘이 예언한 시발점이 있게 되는 것이다.

726. 우리가 산정한 시발점에 대해서 탁월한 해석자들이 제기하는(제롬의 저작에 나타나는 아프리카누스[Africanus]는 음력을 사용해서 계산한 것을 제외하고는 대체로 이 예언과 관련해서 진리를 간파하였다) 몇 가지 반대 논리들을 검토해볼 필요가 있을 것이다.

1. "다니엘은 여기서 말씀하는 영이 나오는 시기에 살고 있었어야만 한다. 그렇지 않았다면 그 예언이 다니엘에게 위로를 주지도 못했을 뿐 아니라 그가 언제부터 시간을 계산해야 할지도 알지 못했을 것이고, 그렇게 되면 다니엘은 자기 자신의 예언조차도 전혀 의미를 알지 못한 것이 되어 버릴 것이다."—그러나 이 반대 논리는 다니엘에게 주어진 모든 계시가 그저 그 자신만을 위한 것이었다는 그릇된 가정에서 나온 것이다. 반면에 바른 견해는, 곧 다니엘은 하나님께서 자신의 계시를 전달하신 하나의 매개체에 불과했으며 따라서 여러 세기가 지난 후에야 밝히 깨닫게 될 그 계시의 내용에 대해서 부분적으로는 이해하지 못했을 수가 얼마든지 있다고 보는 것이다. 우리는 이런 바른 견해에 따라서 말씀한다. 왜냐하면 다니엘서 자체가 바로 그것을 말씀하기 때문이다. 8장의 이상은 26절에 의하면 먼 미래에 성취될 때까지 닫혀질 것이었다("너는 그 이상을 간수하라 이는 여러 날 후의 일임이니라"). 다니엘 자신은 그 이상에 대해서 놀랐으며(27절), 아무도 그것을 깨닫는 자가 없었다. 12:4에 의하면 모든 예언이 마지막 때까지 봉함되고 있다. 그 때에 가서야 많은 사람들이 그것을 조사하여 서로 크게 동의할 것이다. 12:7에서는 천사가 그 때를 정해 준다. 다니엘은 천사의 말을 듣고서 깨닫지를 못하여 천사에게 좀더 분명하게 알려 달라고 간청한다(8절). 천사는 9절에서 그의 간청을 거절하면서, 그 예언이 마지막 때까지 간수하고 봉함될 것

이라고 한다. 이 9절을 염두에 두고서 벧전 1:10-12은 미래의 구원에 대하여 "선지자들이 연구하고 부지런히 살폈다"고 말씀한다.

그러나 선지자들을 도구로 하여 전달되는 예언이 그들 자신을 위한 것이 아니며 그것이 성취될 그 때에 사는 사람들을 위한 것이라는 사실이 선지자 자신들에게 계시되었던 것이다. 다니엘로서는 언제를 기점으로 잡아서 시간을 계산해야 하는지를 알 필요가 없었다. 다만 시발점이 아직 이르지 않았으므로 시간 계산을 시작할 때가 아직 아니라는 것을 그 예언에서 추측해 내는 것만으로도 충분했던 것이다. 정확한 시간 계산은 후대의 사람들에게만 속한 일이었으며, 이들조차도 이 예언이 성취되기 전에는 상당 부분이 어둠에 가린 상태로 대할 수밖에 없으므로(이는 시발점 자체를 결정하는 방식이 나머지 예언들의 경우와 마찬가지로 객관적인 불확실함을 피하고, 또 다른 한편으로는 성취가 이루어지기 이전에 살았던 사람들이 명확성만 추구하다가는 예언을 역사로 만들어 버릴 위험성이 있기 때문에 그리로 치우치지 않도록 최대한의 노력을 요하는 것이기 때문이기도 하며, 또한 요세푸스에게서 보듯이 이 기간 전체에 대한 정확한 연대기적 연구가 없었기 때문이기도 하다), 그들도 그 예언에서 그리스도의 나타나시는 시기에 대해 확증하며, 또한 그리스도의 나타나심을 역사적으로 입증할 수 있다는 것으로 만족할 수밖에 없었다. 객관적인 명확성과 함께 이 예언에 대한 주관적인 통찰을 겸비하게 되는 것은 그 예언이 성취된 이후의 시대에 가서야 비로소 가능한 것이다.

또한 우리가 상정한 시발점의 시점을 인정하게 되면 다니엘이 그 예언에서 아무런 위로도 받지 못했을 것이라는 주장도 잘못된 것이다. 그 예언의 내용 자체만으로도 다니엘은 크나큰 위로를 받고도 남았다. 더욱이 다니엘은 그 예언의 '시기'에 대해 전혀 몰랐던 것은 아니었다. 포로들의 귀환 시기에 대해서 그는 정확히 알게 되었다. 2년만 지나면 귀환이 이루어진다는 것을 그는 알고 있었던 것이다. 그 일을 이루게 될 고레스는 이미 역사 속에 등장해 있는 상태였다. 그러나 그 귀환이 오랜 기간을 걸쳐서 일어나게 될 회복의 역사와 뗄 수 없는 관계에 있다는 사실은 그 사안 자체의 성격에 내재되어 있는 것 같다. 그 예언은 다니엘에게 더 큰 위안을 주었을 것이다. 왜냐하면 그는 그 두 가지 회복을 실제보다 더 가까운 것으로 여겼기 때문이다.

그가 실제로 그렇게 여겼다는 사실은 10장에서 고레스 왕 제3년에 신정국가의 재건이 예기치 않은 방해에 봉착한 때에 그가 표현한 한숨과 슬픔에서 추정해 낼 수 있을 것이다. 그 당시에 예레미야의 예언들의 종착점과 다니엘의 예언의 시발점 사이의 기간을 정확히 산정할 수 있었다면, 예루살렘으로 귀환하는 많은 사람들이 실망하여 심지어 귀환을 거부하게까지 되는 불상사만 일어났을 것이다.

727. 2. "재난이 그렇게 컸던 만큼, 그렇게 많은 은택이 소원되고 증진된다. 그 때에 갈대아인들은 성전과 도시를 폐허화 시켰다. 다니엘이 이르렀을 때, 성전과 도시의 폐허 속에서 그들은 깔깔대고 웃었다. 예레미야 21장 10절 등의 폐허의 예언, 그렇게 도시의 폐허와 재건의 묘사대로 이루어졌다. 그 때문에 그는 역시 성전에 머리를 숙였다. 다니엘이 도시, 거룩한 산, 민족, 성소에 대해서 예언하였던 이 모든 것들이 성취되었다. 역시 천사들로 하여금 언급된, 같은 모든 대답이 성취되고 있다."(벵겔).

그러나 이것은 하나님의 계시에서 성전도 함께 고려해야 한다는 것 이외에는 아무 것도 입증해 주는 것이 없다. 이 점은 칠십 이레의 시초에, 혹은 그 성이 회복되기 시작하는 때에 성전이 이미 완성되어 있었다는 사실에서도 간접적으로 드러난다. 성전이 없는 성이 어떻게 거룩한 성이라 불릴 수가 있었겠는가? 칠십 이레의 마지막에 성전이 파괴될 것이라는 예언은 또한 그 성전이 예언할 당시에 재건되어 있었다는 사실을 전제하는 것이다. 그러나 성전 재건과 성의 재건이 동시에 일어났어야만 한다는 주장은 마치 역사적 사실들이 실제와 다르다고 말하는 것이나 똑같은 것이다. 이 두 사건들이 정말로 서로 분리된 것이라면 이 예언에서 그 가운데 어느 하나만을 시발점으로 잡지 못할 이유가 어디에 있는가? 그 가운데 어느 하나를 기점으로 칠십 이레를 산정하면, 명확한 종착점에 이를 것이다.

728. 이 시발점에 대한 조사에 있어서 주어진 예언에 대한 역사적 확인과 관련하여 일곱 이레(7 X 7년 = 49년)가 이 시발점과 함께 시작한다는 사실을 덧붙이고자 한다. 이 기간 동안 성의 재건이 진행되어 그 기간이 종결

되는 것과 함께 그 역사가 끝마쳐진다. 이는(아닥사스다 왕 제20년이 앞으로 입증하겠지만 기원전 455년이므로) 기원전 406년으로서, 이 때는 아닥사스다의 후계자인 다리오 2세의 재위 19년 말이 되기 2년 전이었다. 여기서 예언과 그 성취가 얼마나 잘 일치하는지를 보여주는 일에 대해서는 상당히 유보하는 자세로 발언할 수밖에 없다. 왜냐하면 예언의 내용이 정확하게 명시되지 않았기 때문이기도 하며, 또한 이 시기에 대한 기록이 지극히 적기 때문이기도 하다. 요세푸스의 경우도 이 시기에 대해서는 완전히 침묵한 채 그냥 지나쳐 버리는 것이다. 그러나 이러한 사정은 아주 예기치 않는 방식으로 크게 호전된다.

729. 가장 놀라운 증거는 헤로도투스(Herodotus)가 제공해 준다. 그의 역사는 408년 이후에나 기록된 것이 분명하다. 왜냐하면 그는 그 해와 그 이전의 해의 사건들까지 전해주기 때문이다. 뿐만 아니라 그의 역사는 그보다 훨씬 후대에 기록되었을 수도 없다. 그렇지 않으면 그가 지나치게 오래 산 것이 되어 버리기 때문이다. 그러므로, 예루살렘의 위대성에 대하여 그가 말한 내용은 칠십 이레의 마지막 때에 아주 잘 적용될 수 있는 것이다. 여기서 우리는 한 가지 가정을 하지 않으면 안되며, 그것이 확실하다는 사실은 헤로도투스가 말하는 카디티스(Kadytis)가 예루살렘을 가리킨다는 다른 곳의 증언에서 드러나게 된다. 그러나 우리가 그 가정을 좀더 가벼운 마음으로 감행할 수 있는 것은 여기의 사안 자체가 명백하기 때문이기도 하거니와, 라이트푸트(Lightfoot), 프리도(Prideaux), 셀라리우스(Cellarius) 하이네(Heine), 초른(Zorn), 달만(Dahlmann) 등의 과거의 학식있는 변론에서도 잘 드러나기 때문이다. 히치히가 이들의 견해를 반박하려 했으나 성공을 거두지 못했고, 이어서 니버(Neibuhr)와 베르(Bähr)가 과거의 견해를 변호했다.

헤로도투스는 두 곳에서 카디티스에 대해서 언급한다. 그 중에 하나는 포로기 이전 시기, 곧 애굽의 바로 느고가 므깃도에서 요시야를 물리친 후 예루살렘을 점령한 그 시기를 가리킨다. 그러면서도 헤로도투스는 예루살렘이 그 당시에도 여전히 큰 성이라고 묘사하고 있다.

앞 구절의 '크다'는 술어를 표현 그대로 이해하여야 한다는 점은 사데와 비교해 보면 분명히 드러난다. 고대의 도시 사데(Sardis)는 페르시아의 통치 때나 그 후기에 그 크기나 인구수를 그대로 유지했었고 루디아 지방 왕들의 거주지이기도 했었다.

플리니(Pliny)는 이 성을 루디아 지방 전체의 장식이라고 불렀으며, 스트라보(Strabo)는 그 성을 가장 오래되고 범위가 넓은 성 가운데 하나로 보았다. '큰'이라는 형용사가 사데를 묘사할 때마다 언제나 따라붙어서 마치 그것을 붙이는 것이 표준인 것처럼 되어 버린 것이다.

730. 또 하나의 증언은 이보다 후기에 속하는 것이지만 그 기사가 아주 놀라운 것인데 요세푸스와 유세비우스의 단편에 나오는 헤카테우스 압데리타(Hecataeus Abderita)의 글인데, 그는 알렉산더와 프톨레미 시대의 저작자였다. 스칼리거(Scaliger)는 이에 대해서 다음과 같이 논평한다: "헤카테누스 시대에 전(全) 근동의 장식이라고 한 것을 보면 예루살렘 도시가 얼마나 컸었는지 알 수 있을 것이다."

731. 일곱번째 이레에 일어날 회복의 특별한 특징으로서 그 일이 아주 곤란한 시기에(in angustia et pressura temporum) 일어날 것이라고 예언에 언급되어 있다. 이 역시 그 결과와 정확히 일치한다. 이처럼 환난의 시기에도 여전히 하나님의 은밀한 축복이 역사하여, 쓰레기 더미에 불과하던 예루살렘이 그처럼 짧은 기간에 일어나서 아시아 전체에서 결코 뒤지지 않는 큰 성이 되었다는 것은 참으로 놀라운 일이 아닐 수 없다. 환난의 때가 이 시기가 시작하는 때에 얼마나 잘 어울리는지는 느 4장에서 잘 나타난다. 주 위의 대적들에게 시달린 나머지 성을 건축하는 사람들은 한 손엔 무기를 들고 다른 손으로 일을 계속해야 했으며, 밤에는 또다시 나아가 성을 지켜야 했던 것이다.

그리고 성벽을 완성한 이후에도 괴로움과 수고는 여전히 계속되었다. 이는 느 9:36, 37의 생생한 묘사에서 잘 드러난다: "우리가 오늘날 종이 되었삽는데 곧 주께서 우리 열조에게 주사 그 실과를 먹고 그 아름다운 소산을 누리게 하신 땅에서 종이 되었나이다. 우리의 죄로 인하여 주께서 우리 위에 세우신 이방 열왕이 이 땅의 많은 소산을 얻고 저희가 우리의 몸과 육축을 임의로 관할하오니 우리의 곤난이 심하오며." 그 당시에 속하는 말라기의 예언들도 이에 대해서 확실한 증거를 제공한다. 그는 새로운 땅의 괴로운 상황 때문에 하나님께 중얼중얼거리며 완전히 불신앙으로 빠져갈 위기에 처한 자들과 함께 계속 씨름을 하는 것을 보게 된다.

종착점의 연대기적 산정

732. 이 예언의 최종적인 종착점, 즉, 죄가 용서 받으며 영원한 의가 부어지는 등의 축복이 이루어지는 시기는 칠십 이레의 마지막에 속한다. 그러나 이 시점을 연대기적 계산의 근거로 생각하는 것은 잘못된 것이다. 왜냐하면 이 시점이 정확히 한정된 한 가지 사건으로 지정되지 않기 때문이다. 그러나 육십 구 이레의 마지막에 가서 그런 한 가지 사건을 찾을 수가 있다. 그것은 그리스도의 공적인 나타나심, 곧 그가 성령의 은사들로 기름부음을 받은 일인데 우리는 이것을 종착점으로 취하여 우리의 연대기적 계산의 근거로 삼고자 한다. 그런데 놀랍게도 그 일이 성취된 역사에서도 여기 예언의 경우와 마찬가지로 연대기적으로 정확하게 그 시기를 지정해 주고 있으므로 다른 어느 시점보다도(예컨대, 그의 출생, 부활 혹은 승천의 시기보다도) 더 정확히 그 시점을 산정할 수가 있는 것이다.

733. 눅 3:1은 말씀하기를, "디베료 가이사가 위에 있은지 열 다섯해 곧 본디오 빌라도가 유대의 총독으로 … 있을 때에 하나님의 말씀이 빈들에서 사가랴의 아들 요한에게 임한지라"라고 한다. 이에 따르면 세례 요한과 그리스도가 대중 앞에 나타난 것은 782년(U. C.)이다. 다른 사실을 근거로 (몇몇 교부들의 기록이 성경의 기록과 다르므로 그들의 권위를 보호하며 성경 역사의 확실한 역사적 근거들을 뒤흔들고자 하는 목적으로) 여기의 시간 설정을 무효로 만들고자 하는 시도가 있었던 것이 사실이다. 그러나 그런 시도는 거의 성공을 거두지 못했다. 파울루스와 쿠이뇔은, 이 본문에서 디베료 (티베리우스)의 연대를 어떤 방식으로 계산했는가 하는 것이 불확실하다고 한다. 그러나 이델러(Ideler)는 이에 반대하여 아우구스투스가 죽은 후로부

터는 역사상 실제의 즉위 시점으로부터 시작하여 계산하는 방법 이외에는 사용된 일이 없음을 입증한 바 있다.

그들은 누가복음은 요한과 관련된 시기만을 언급하며 그리스도가 대중 앞에 나타난 시기에 대해서 언급하는 것이 아니라고 주장한다. 그러나 이것은, 누가가 요한이 나타난 시기를 정확히 결정지은 다음 새로운 시기를 다시 언급하지 않고 거기에 따라서 그리스도의 나타난 시기를 결부시킨다는 사실은, 그 두 가지 사건이 같은 해(年)에 일어난 일임을 보여주는 것임을 무시해 버리는 주장이 아닐 수 없다.

이 두 사건이 같은 해에 일어났다는 사실은(이 두 사건은 서로 육개월 정도의 간격이 있을 것으로 보인다) 23절의 "예수께서 가르치심을 시작할 때에 삼십세쯤 되시니라"라는 표현에서 암시되고 있다. 만일 여기의 표현을 '예수님 자신도'라고 해석하면, 요한도 역시 그가 그 직분을 시행하기 시작할 당시에 삼십세쯤 되었다고 보아야 한다. 그리고 요한은 그리스도보다 육개월 정도 일찍 출생했으므로 그가 그리스도보다도 육개월 정도 먼저 대중 앞에 나타난 것으로 보는 것은 당연한 일이다. 만일 이 어구를 '예수님 자신은'이라고 해석하면, 앞에서 요한과 관련하여 제시된 세계 역사상의 시점이 여기서도 그대로 적용되어야 마땅하며, 거기에 그리스도의 나이를 덧붙였을 따름으로 보아야 할 것이다.

그리고 그리스도의 나이에 대한 언급은(그리스도께서 삼십세가 된 다음에야 공생애에 들어가신 것이 우연이 아니라 구약의 율법의 규례를 따른 것이며, 이는 요한에게도 그대로 적용되므로) 당시 요한의 나이에 대한 문제도 해결시켜 주는 것이다. 21절에서 거꾸로 추출한 내용과 마 3:5을 비교하여 그리스도의 나타나심과 요한의 나타난 해가 같다는 것을 반대하는 주장이 있으나, 그것은 전혀 의미가 없다. 왜냐하면 유대 지방의 판도가 열배나 더 커졌고, 수도 예루살렘의 종교적 활동이 그렇게 역동적으로 이루어지고 있었으므로, 육개월 정도의 기간이면 유대 온 땅의 주목을 끌기에 충분했기 때문이다.

마지막으로, 이델러가 인용한 산클레멘테(Sanclemente)의 견해에 의하면, 요한과 그리스도의 나타나심이 아니라 그리스도의 고난과 죽음을 여기

다니엘서의 종착점으로 잡아야 한다고 하는데, 이는 이델러의 여러 가지 주장에도 불구하고 성경적 비평이라는 엄숙한 재판 앞에서 살펴볼만한 가치가 없는 주장일 뿐이다.

시발점으로부터 종착점까지의 시간적 거리에 관하여 예언과 그 성취가 일치함

734. 다니엘의 예언에 따르면 시발점, 즉, 아닥사스다 왕 제 이십 년은 종착점, 즉 그리스도의 나타나심과 시간적으로 육십 구 년주(年週) 또는 사백 팔십 삼년(69x7= 483)의 간격이 있다. 이것을 역사와 비교하면, 이 시기에 대한 연대기적 산정들 가운데 어느 하나도 이 예언이 증거하는 것과 십 년 이상 틀리지 않는다는 사실이 편견을 가진 사람도 믿지 않을 수 없을 정도로 아주 신빙성 있게 드러난다. 더구나 이 연대기적 계산들을 면밀히 검토하면, 그 가운데서 예언과 역사가 서로 정확하게 상응하는 것만이 옳은 것으로 나타난다는 사실에 우리는 놀라움을 금치 못하게 된다.

735. 그러나 구태여 복잡한 연대 계산의 수수께끼에 들어가지 않고서도 얼마든지 이 목적을 이룰 수가 있다. 이미 우리는 확실한 근거 위에 서 있기 때문이다. 모든 역사가들은 크세르크세스(아하수에로)의 즉위가 기원전 485년에 있었고, 아닥사스다 왕의 죽음이 423년에 있었다는 것에 동의한다. 견해가 달리 나타나는 부분은 오로지 아닥사스다 왕의 즉위 연대에 관한 것뿐이다. 그러나 우리는 이 시기가 기원전 474년이었음을 입증함으로써 이 문제를 완전히 제거한 바 있다. 그렇게 되면, 아닥사스다 왕 제20년은 통상적인 연대 계산법에 따르면 기원전 455년(=299년 U. C.)이 된다. 그리고 여기에 483년을 더하면 결국 782년 U.C.가 되는 것이다.

736. 만일 치밀한 한 사람의 실수가 없었다면, 그리고 그의 후계자들이 독립심이 없어서 스스로 분명한 사안을 어둡게 만들어 버린 일만 없었다면,

우리는 이처럼 구태여 연대를 계산하는 어려움을 감수할 필요가 없었을 것이다. 투키디데스(Thucydides)에 의하면, 아닥사스다 왕은 테미스토클레스(Themistocles)가 아시아로 도망하기 직전에 왕위에 올랐다고 한다. 몇 가지 광범위한 논리에 속아서(앞으로 검증하게 되겠지만) 도드웰(Dodwell)은 투키디데스의 연대기에서 그 두 사건들을 기원전 465년에 일어난 것으로 기록하고 있다. 이러한 도드웰의 견해는 코르시니(Corsini)가 *Fasti Attici*에서 그대로 취하는 것으로 주류를 이루는 견해가 되었다. 오늘날의 연대기적 연구도 대개가 독립성이 거의 없이 과거의 연구를 그대로 취하는 경향이 있다는 사실은 그리 놀랄만한 일이 못된다. 심지어 클린튼(Clinton, *Fasti Hellenici, lat, vert. Krüger*, Leip., 1830)도 도드웰이 이 시기의 연대기 전체에 대해서 혼동했음을 확실히 감지하면서도, 가장 중요한 부분에서는 그의 견해에서 완전히 벗어나지 못하였다. 물론 몇 가지 점에서는 그의 견해를 잘 반박하기는 하지만, 오히려 그의 견해는 혼동을 더 크게 해 줄 뿐이다.

그럼에도 불구하고 이처럼 가중된 혼동 속에서도 진실은 진전되고 있다. 왜냐하면 도드웰이 소개한 가공의 역사와의 조화가 클린튼의 견해에 의해서 무너져버리기 때문이다. 그러나 바른 길을 다시 찾은 사람은 오로지 크뤼거(Krüger)뿐이었다. 백여 년이 지난 후, 그는 전적으로 독자적으로 탐구를 거듭하여 비트링가와 동일한 결론을 도출해 내었으며, 부분적으로 그와 동일한 주장을 채택하게 된 것이다. 그는 크세르크세스의 죽음이 474년 혹은 473년에 있었으며, 테미스토클레스의 도망은 그 이듬 해에 있었던 것으로 보았다. 이러한 논증은 우리의 견해를 세워주는 것으로서, 여러 가지 잡다한 근거로 우리의 견해를 반대하면서, 저자는 자기가 추구한 것만을 찾았을 뿐이라고 말하는 자들을 부끄럽게 할 것이다. 독자적으로 연구에 임할 능력이 없는 사람들은 최소한, 한 학식 있는 사람이 다른 목적이 아니라 오로지 그리스 역사 가운데 혼동을 일으키는 시기를 연대기적으로 명확히 하고자 하는 목적으로 다니엘의 예언의 시발점을 결정해 주는 역할을 하는 한 사건의 연대를 제시하는데, 그것이 예언과 성취를 정확히 일치하도록 해 준다는 사실에 대해서 무작정 비방하는 자세를 버려야 마땅할 것이다.

737. 그러면 먼저 아닥사스다 왕의 즉위 연대를 기원전 465년으로 보는 견해를 뒷받침해 주는 것으로 보이는 근거들을 살펴보기로 하자. (1) "테미스토클레스가 도망한 사건은 그리스의 권력이 몇년에 걸쳐서 아테네 (Athens)에서 스파르타(Sparta)로 옮겨가기 이전에 있었던 것이 분명하다. 왜냐하면 이 일은 비잔티움(Byzantium)을 포위하고 있는 동안에 일어난 일로서 파우사니아스(Pausanias)의 반역 행위가 처음 시작될 당시에 있었기 때문이다. 그러나 테미스토클레스가 도망한 것은 파우사니우스가 죽은 후 그에게서 발견된 문서들에 그에 대하여 혐의를 두는 내용이 있어서 그로 인하여 그에 대한 질책이 제기되었기 때문이었다. 그러나 이소크라테스 (Isocrates)는 *Panathenaikos*에서 말하기를, 라세데모니아 사람들 (Lacedemonians)의 권력은 십 년 동안 유지되었다고 한다. 크세르크세스의 원정을 시발점으로 잡으면 이 해는 470년에 해당한다." 비트링가는 복잡한 논의를 통해서 이소크라테스의 증언의 잘못된 점을 지적하기 위해 애썼지만, 우리는 그렇게 할 필요가 없다. 왜냐하면 최근의 모든 학자들은 서로 독자적으로 이소크라테스가 말한 십 년 동안의 통치가 아테네 사람들의 통치 이전이 아니라 이후라는데 견해를 같이 하고 있기 때문이다.

(2) "코르시니는 테미스토클레스가 472년에 아직 아테네에 있었다고 주장한다. 이에 따르면, 테미스토클레스는 올림픽 경기에 참가하기 위해서 온 히에로(Hiero)를 다시 돌려 보내면서 그에게 말하기를, 큰 위험을 무릅쓰지 않고서는 큰 기쁨을 맛볼 수가 없다고 했다고 한다. (이 사실을 플루타르크도 전하고 있다.) 그런데, 히에로는 올림픽 75, 3(478년)에 통치를 시작하므로 오로지 올림픽 77(472년)만이 그 때에 해당하게 된다." 그러나 이것이 올림픽 76(476년) 경기들을 가리키는 것이 더욱 분명하다는 것을 누구라도 즉시 감지할 수가 있다. 왜냐하면 그 일은 μέγιστος τῶν κινδύνων이 아직 생생하게 기억되고 있었음을 전제로 하기 때문이다.

(3) "이 가정에 따르면, 크세르크세스는 11년 동안만 통치한 것이 되며, 반면에 아닥사스다는 51년을 통치한 것이된다. 그러나 이는 크세르크세스가 21년을 통치했고 아닥사스다는 41년을 통치했다는 *Can. Ptolem.*(이제부터는 이델러, 1. p. 109ff.를 보라)의 증언과도 상치되며, 또한 아닥사스다의

통치 기간을 42년으로 보는 테시아스(Ctesias) 등의 증언과도 모순을 일으킨다. 테시아스에 대한 베어(Bähr)의 연구를 참조하라.” Ceteris paribus라면 이 논증은 결정적인 것이 될 것이다. 그러나 다른 비중있는 권위들이 그것을 반대한다면, 그것들을 비중있게 취급하는 것만으로는 충분치 않을 것이다. 정사(正史, canon)는 천문학적 관찰에 의거하는 경우에만 높은 권위를 지니고 다루는데, 여기서는 그것과는 상관이 없다. 그렇지 않으면 기타 다른 역사적 사료들과 동등한 근거를 지닌다. 모든 실수는 고대의 권위 있는 문헌에서 $\iota\acute{\alpha}$를 $\kappa\acute{\alpha}$와 혼동하는데서 온다.

크세르크세스의 통치를 21년으로 보게 되면 아닥사스다 왕의 통치를 당연히 41년으로 줄여서 잡게 되는 것이다. 베셀링(Wesseling, Diod. 12, 64)은 아닥사스다 왕의 통치를 45년으로 봄으로써 정사(正史)의 권위를 거부하고 있다. — 이 논증은 다른 사람들도 제시한 것으로서 우리는 여기에 다음의 논증을 덧붙이고자 한다:

(4) 테시아스 20장으로 볼 때에, 아닥사스다왕은 크세르크세스의 통치가 시작된 후 상당 기간이 흐른 후에 태어났다는 것이 분명한 것 같다. 만일 테시아스가 연대기적으로 올바른 사건 순서를 제시하고 있다면, 아닥사스다는 474년에 나이를 많이 보아도 일곱살 정도밖에는 되지 않았던 것이 된다. 그러나 반면에 모든 기록들은 크새르크세스가 죽었을 때에 그는 아직 어린 나이로서 스스로 통치할 수 있을 정도의 나이가 되지 못했다는데 동의한다. 그러나 우리는, 크세르크세스는 다리오 왕 36년 초기에 출생했으며 따라서 그가 죽을 때에 이미 34-5세가 되었으므로 그가 그렇게 늦게까지 결혼을 하지 않았다는 것은 개연성이 거의 없다는 답변에 만족해서는 안된다. 우리는 테시아스의 부정확한 기록 때문에 곤란함을 겪었으나, 여기서 그 스스로 그 곤란을 제거해 주고 있다. 28장에 의하면, 메가비주스(Megabyzus)는 크세르크세스가 그리스에서 돌아온 즉시 그의 아내의 부끄러운 행동을 그에게 고자질했다고 한다.

(5) 에스더서의 아하수에로가 크세르크세스와 동일 인물이라는 것은 의심의 여지가 없는 사실이다. 그런데 이 왕의 통치 12년에 일어난 사건들이 에 3:7에 명확히 언급되는데, 그 문맥에서 일어난 사건들은 부분적으로 그

같은 해 연말에 일어난 것으로 나타난다. 그러나 크세르크세스와 다리오의 섭정 기간을 포함시키면 이러한 난제는 사라진다. 헤로도투스의 완전한 기록에 따르면, 크세르크세스는 다리오 왕이 죽기 2년 전에 다리오에 의해서 왕으로 세워졌다고 한다. 예컨대 4장을 보라. 섭정 기간을 왕위 재위 기간에 포함시키는 히브리 사람들의 관례에 대해서는 느부갓네살 왕과 관련한 기록에서 놀라운 실례를 보게 된다. 그러나 심지어 에스더서에서도 이런 식의 연대 계산법이 분명히 암시되고 있음을 보게 되는 것이다. 에 1장의 큰 연회에 대한 기사는 그러한 연대 계산법을 가정하여야만 비로소 정확히 볼 수가 있다. 그것은 크세르크세스의 실질적인 통치가 시작되는 것을 축하하는 연회였다. 그러나 그렇다고 해서, 지금까지 그 연회의 유일한 목적으로 여겨오던 것, 즉 임박한 군사 원정에 관하여 귀인들에게 자문을 구하기 위하여 연회를 배설했다는 주장을 배제할 필요는 없다. 2:16에 기록된 사건은 크세르크세스가 그리스로부터 돌아온 시기와 정확히 일치한다. 이 시기를 크세르크세스가 돌아온지 2년 정도 후에 일어난 것으로 보기도 하지만, 거기에는 여러 가지 문제가 따른다.

738. 이제는 우리의 견해에 대한 적극적인 근거를 세워 나가기로 하자. 먼저 직접적인 근거와 그 다음에 간접적인 근거들을 세우기로 한다. 간접적인 근거들은 훨씬 더 많고 강력하다. 왜냐하면 그것들은 테미스토클레스가 도망한 것은 아닥사스다 왕의 통치보다 앞서는 일로서 기원전 473년 이후일 수가 없다는 것을 입증해 주기 때문이다.

739. 직접적인 근거들은 다음과 같다: — (1) 크세르크세스의 통치를 21년으로 가정하는 자들에게는 11년째부터 이어지는 기간 전체가 완전히 백지 상태(tabula rasa)라는 사실이 매우 이상하게 여겨질 것이다. 성경의 기사는 그의 재위 10년에서 끝을 맺고있다. 테시아스는 28장에서 그리스 전쟁 이후에는 단 한 가지 사소한 사건만을 기록하고 있다. 후대의 저자들 가운데 아무도 그 십년 동안에 일어난 일을 새로이 소개하지 않는다. 이는 우리가 보기에는 그의 나이에서 ι와 κ가 서로 뒤바뀌었기 때문에 일어난 것이다.

740. (2) 크세르크세스가 그리스에서 돌아온 사건과 그의 죽음이 서로 아주 가깝게 연결되어 있어서 그가 돌아온 후에 15년을 통치했다는 것을 도저히 받아들일 수 없으며, 오히려 그의 죽음을 474년 이내로 잡지 않을 수 없게 된다.

741. (3) 저스틴의 증언들은 그가 죽을 때 그의 아들들의 나이에 관한 것인데, 크세르크세스의 통치를 21년으로 보면 도무지 서로 앞뒤가 맞지 않는다. 만일 크세르크세스가 21년을 통치했다면, 그의 맏아들 다리오는 테시아스 22장과 비교해 보면 부왕이 죽을 때에 사춘기였을 수가 없고 적어도 31세는 되었을 것이다. 그러나 반면에, 그의 통치를 11년으로 보면, 저스틴의 증언은 전적으로 맞지 않는 것이 되어 버린다. 그렇게 보면 다리오는 부왕이 죽을 때에 21세 정도가 되었을 것이며, 아닥사스다는 테시아스 20장에 의하면 그의 형 다리오보다도 네살 정도가 작았으므로, 그 때에 열 일곱 살 정도가 되었을 것이다. 이는 또한 아닥사스다 왕의 통치를 51년으로 보면 그의 나이를 너무 많게 잡는 것이라는 주장에 대해서도 반박할 수가 없게 만든다. 오히려 그가 51년을 통치했든 41년을 통치했든 그가 생존한 기간은 변함이 없다는 논거가 차라리 그 가정을 반박할 수 있을 것이다. 만일 그가 열 일곱 살에 왕위에 올랐다면 그는 68세까지 산 것이 된다.

742. (4) 가장 많고 비중 있는 증언들에 따르면 키몬(Cimon)의 그 문제를 일으킨 평화가 유리메돈 전투(the battle of Eurymedon, 기원전 470년) 이후에 결말이 지어졌다고 한다. 그런데, 이 평화가 아닥사스다 왕이 이룩한 것이라는데 모두 동의하고 있으므로, 그의 통치 원년은 반드시 470년 이전이 되어야 마땅하다.

743. (5) 느헤미야의 역사는 아닥사스다 왕이 47년 동안 통치했다는 가정과 맞아 떨어지지 않는다. 느헤미야는 1-12장에 기술된 모든 일을 이룬 후에, 페르시아로 돌아가서 궁정에서 그의 직무를 수행하였다. 13:6에 따르면 그 일은 아닥사스다 왕 32년에 있었다. 그가 예루살렘으로 복귀한 시점은 정

확히 산정하지 못하고 있다. 성경은 다만 '며칠 후에'(문자적으로는 '얼마 후에,' 'after a considerable time'이다―역자주)라고만 기록하고 있다. 그러나 그가 예루살렘에서 떠나 있던 기간이 수년 간이었다는 사실은 그 사이에 일어난 사건과의 연관성에서 나타난다. 이방 여자들과 혼인을 금지한 법령에 대해서 백성들 스스로가 새로이 지킬 것을 언약했는데, 그가 없는 동안에 처음으로 그 일을 범한 사례들이 발생했다. 그리고 나서 백성들의 언약에 의해서 다시금 그 금령을 철저히 시행했는데, 그 금령이 다시 또 깨어졌다. 느헤미야가 돌아와서 수많은 이방 여인들이 그 땅에 있는 것을 발견했다는 점에서도 이 사실이 드러난다. 이런 이방 여인과의 혼인 사례가 이미 일정 기간 동안 존재하고 있었다는 것이 24절에서 나타난다. 그 혼인 관계에서 태어난 자녀들이 절반은 아스돗 방언을 말하고 히브리 말은 하지 못했다고 기록하고 있는 것이다.

느헤미야의 공백 기간이 길었다는 사실은 13:10 이하에 나타나는 다른 악행들에서도 암시되어 있다. 느헤미야는 예루살렘으로 돌아와서 그가 이전에 행한 모든 노력들이 거의 무산되어 있는 것을 발견했다. 이 사실은 말라기의 예언에서도 분명히 드러나고 있다. 말라기의 예언들은 느헤미야가 예루살렘에서 활동한 두 시기 사이의 기간에 선포된 것들이다. 백성들은 그들의 두 신실한 지도자 에스라(그는 느헤미야보다 13년 전에 도착했으나, 상당 기간 동안 그와 함께 협력했었다)와 느헤미야의 권위를 이미 상당 기간 동안 짓밟은 상태에 있었던 것이다. 그러나 먼저 언급한 사례, 즉 이방 여인들과의 혼인 문제만 생각해 보더라도 최소한 9년 이상의 기간이 소요되었음을 알 수 있다.

각 변화마다(결혼 금령을 어기고, 다시 언약을 세우고, 또다시 범하게 되는 것) 최소로 보아서 3년씩만 잡더라도 9년이 되는데, 마지막 시기에 대해서 3년을 잡는다는 것은 너무나 짧으며, 24절의 진술로 볼 때에 앞의 두 단계도 그 이상 짧게 보면 성립이 될 수가 없는 것이다. 게다가 아닥사스다 왕의 통치를 41년으로 잡으면 우리는 이 사건들에 9년을 잡을 여유가 없어지고 만다. 왜냐하면 느헤미야의 관계로 볼 때에, 느헤미야서가 씌어질 당시에 아닥사스다가 아직도 살아 있어야만 하기 때문이다. 그러나 느헤미야서의 기록 시기를 느헤미야가 예루살렘에 돌아온 직후로 볼 수는 없다. 왜냐하면 그가 돌아와서 그 모든 악행들을 제거한 다음에야 비로소 느헤미야서를 기록할 수 있었을 것이기 때문이다. 그러나 우리가 느헤미야의 권위를 인정하고 거기에 준하여 판단한다면(그는 아닥사스다와 동시대 사람이요 그와 밀접한 관련을 맺고 있었으므로 그렇게 하는 것이 전혀 문제가 되지 않는다), 아닥사스다의 통치 기간을 41년에서 몇년 더 길게 잡을 수 있다. 그렇게 되면, 우리의 결정에 대해 유일하게 반대하는 정사(正史)의 증언이 완전히 뒤로 제쳐지는 것이다.

744. 간접적인 증거들을 제시하기 전에 여기서 아닥사스다 왕의 통치의 시작과 테미스토클레스가 도망한 사건이 어떻게 서로 연관되는지를 잠시 살펴보기로 한다. 이 두 사건이 서로 관련되어 있다는 사실이 고대의 저작자들 모두에게 지지를 받는 것은 아니다. 그러나 투키디데스(137장)는 테미스토클레스가 아시아로 들어가서, "바로 지금 왕이 된 크세르크세스의 아들 아닥사스다 왕에게 그가 편지를 하였다"고 기록하고 있다. 플루타르크에 의하면(Them. 27장) 람사쿠스의 카론(Charon of Lampsacus)은 테미스토클레스가 아닥사스다에게로 도망한 것으로 보았다고 한다. 그러나 에포루스(Ephorus), 디논(Dinon), 클리타르쿠스(Klitarchus), 헤라클리데스(Heraclides) 등은 그가 크세르크세스에게로 도망한 것으로 묘사하고 있다. 그러면 증인들의 권위를 근거로 이 증언들을 검토하면, 투키디데스와 카론의 증언이 사실이라는 확증을 얻을 수가 있다. 투키디데스는 아닥사스다와 동시대 인물이었고 테미스토클레스가 도망할 그 어간에 출생한 사람이다.

그리스의 탁월한 역사가인 투키디데스는 그가 메대 전쟁(Median war)과 펠로폰네소스 전쟁(Peloponnesian war) 사이의 이 기간의 역사를 기록하는 이유를 다음과 같이 설명한다. 그것은 곧, 그의 앞에 살았던 사람들이 그 기간의 사건들에 대해서 전혀 침묵하고 지나갔으며 오로지 헬라니쿠스(Hellanicus)만이 유일하게 그 기간에 대해서 약간 언급하고 있을 뿐이기 때문이라는 것이다. 이런 사실에서 분명히 드러나는 것은, 첫째, 이 기간에 대한 후기 저작자들의 기록들이 얼마나 확실성이 없느냐(그 당시 사람들의 믿을 만한 증언을 확보하지 못한 상태이기 때문에) 하는 것과(투키디데스는 테미스토클레스를 알지 못했을리가 없다), 둘째, 투키디데스는 자신이 이 기간의 역사를 조심스럽고도 정확하게 전달하는 역사가로 자처하고 있으며 또한 그렇게 인정받아야 마땅하다(정직한 사람이 그렇게 주장할 때에는 그만큼 사실을 정확히 보도하고 있기 때문이 아닌가?)는 사실이다. 다른 증인인 카론은 실수를 범할 가능성이 더 적다. 왜냐하면 그는 테미스토클레스가 도망한 사건이 있을 그 당시에 역사가로 활동하고 있었고, 게다가 아시아에 살고 있었기 때문이다. 반면에, 테미스토클레스가 크세르크세스에게로 도망했다고 보도하는 가장 오래된 증인은 그 사건이 일어난 때로부터 백 년 이상 뒤에 살았었다. 에포루스는 알렉산더가 아시아를 통치하던 때의 사람이요, 디논은 알렉산더를 수행했던 클리타르쿠스의 아버지였던 것이다.

745. 이러한 근거를 저울질 해보면, 투키디데스와 카론의 권위가 최고의 것임은 두말할 필요조차 없으며, 고대의 저작자들이 그들을 따랐음을 보게 된다. 플루타르크는 투키디데스의 증언이 연대기적으로 잘 들어맞는다고 하면서 그를 따랐다. 네포스(Nepos)는 이렇게 말한다:"그와 같이 대부분의 사람들이 테미스토클레스가 크세르크세스의 통치에서 벗어나 아시아로 넘어갔다고 썼음을 나는 알고 있다. 그 시대의 역사들을 간과하였던 자들 중에서 시대적으로 가장 최근 인물도 같은 도시에 속해 있었다고 한 투키디데스의 말을 가능한 나는 믿고 있다." 수이다스(Suidas)는 스콜리아스트(Scholiast)의 Aristoph. Equites.를 글자 그대로 인용하여 테미스토클레스에 대한 두번째 글을 썼는데, 그는 다른 가설에 대해 언급도 하지 않은채 테미스토클레스가 아닥사스다에게로 도망하였다고 기록하고 있다. 이에 관해서 모순을 일으킬 가능성은 매우 적다. 왜냐하면 현대의 역사가들은 한결같이 투키디데스와 카론을 따르고 있기 때문이다.

아직 한 가지 더 언급할 것은, 반대의 견해(테미스토클레스가 크세르크세스에게로 도망했다고 보는 것)는 더 쉽게 반박할 수가 있다는 점이다. 곧, 그 기원이 너무나 쉽게 설명된다. 이 사건이 크세르크세스의 통치와 아닥사스다의 통치 사이의 경계선 상에서 일어났다는 점이나 단순히 두 왕의 이름을 혼동하여 바꾸어 썼다는 점을 들어서 쉽게 설명할 수가 있는 것이다. 이름을 이처럼 혼동하는 경우는 왕왕 일어난다. 심지어 위의 저작자들과 동시대 사람인 아리스토텔레스(Aristotle)의 경우에도 나타나며, 테시아스의 경우에도 두 번이 나타난다(35, 44장). 테시아스의 경우 베어는 모든 사본의 반대에도 불구하고 과감하게 이름을 바꾸기도 했다. 또한 라이마루스(Reimarus)의 *Dio Cass.* II, p. 1370을 보라. 마지막으로 테미스토클레스가 도망한 연대는 바로 잡았으나 크세르크세스의 통치 기간을 21년으로 잡음으로써 결국 그가 크세르크세스에게로 도망한 것으로 결론을 내리게 되어서 실수가 생겼을 수도 있을 것이다. 그 당시의 여러 저작자들이 이런 실수를 똑같이 범하고 있음을 볼 때에 이 마지막 견해는 그럴듯한 개연성이 있다고 보겠다.

746. 이제는 간접적인 증거들을 검토해 보기로 하자. (1) 먼저 테미스토클레스가 도망한 정확한 해를 제시하는 키케로(Cicero)의 증언(Lael. 12장)부터 살펴보아야 하겠다. 코르시니는 주장하기를, 키케로가 말하는 해(年)가 테미스토클레스가 아테네에서 추방 당한 해를 가리킨다고 한다. 그러나 본문을 살펴보면 그렇지 않다는 것을 쉽게 알 수 있다: "테미스토클레스는, 20년전 코리올라누스가 우리에게 행했던 동일한 일을 행하였다." 코리올라누스(Coriolanus)가 볼시(Volsci)로 도망한 것은 263년 U. C., 즉 기원전 492년이었다. 따라서 키케로는 테미스토클레스의 도망한 사건을 그로부터 20년 후인 기원전 472년으로 보는 셈인데, 이는 우리가 산정하는 것보다 1년 후가 된다. 그러나 키케로는 자신의 목적에 맞추어 어림수로 이십 년을 제시한 것이므로 큰 문제가 될 것은 없다. 연대기적 목적으로는 19년으로 보면 되는 것이다. 만일 도드웰의 견해가 옳다면 이 두 사건 사이에 27년 간의 시간적 간격이 있었을 것이다.

747. (2) 디오도루스 시쿨루스(Diodorus Siculus)는 테미스토클레스의 도망 사건이 Ol. 77, 2(기원전 471년)에 일어난 것으로 기록하고 있는데 (11. 55.), 이는 우리의 산정한 연대보다 2년 후가 되며 반대 견해의 연대와

는 이보다 훨씬 더 간격이 크다. 그러나 그 역시 테미스토클레스가 마그네시아(Magnesia)에 거주했던 해와 그의 사망한 해를 우리와 동일하게 잡고 있다. 그러므로 실수든 의도적이든 그는 테미스토클레스의 생애의 사건들을 그가 죽던 해에다 한꺼번에 몰아서 기록하고 있음이 분명히 드러난다. 그의 사망이 471년에 있었다면, 그가 도망한 해는 최소한 473년은 되어야 맞을 것이다. 우리가 산정한 연대는 유세비우스가 제시한 연대(Ol. 77, 1.)와 1년밖에는 차이가 나지 않는다.

748. (3) 그러나 무엇보다도 설득력 있는 증거는, 정확한 순서를 따라서 기록되어 있는(특히 투키디데스의 기록에서) 일련의 사건들 전체로 볼 때에, 테미스토클레스의 도망 사건을 기원전 473년보다 이후로 잡을 수는 없다는 사실이다. 그리스 동맹군이 파우사니아스의 지휘를 받아 키프로스(Cyprus)와 비잔티움으로 원정하여 비잔티움을 함락시킨 사건과 이어서 파우사니아스의 방자한 행동으로 인해서 비잔티움의 통치권이 라세데모니아인에게서 아테네인에게로 넘어간 사건은 477년에 일어난 일로서, 이는 클린튼(p.270 이하)에 의해서 분명히 확정된 사실이다. 뮐러(O. Müller, Dorier, II. p.498)는 이 두 사건들이 서로 5년의 간격이 있는 것으로 보는데, 그의 견해는 ἐν τῇδε τῇ ἡγεμονίᾳ라는 표현(투키디데스, 94장)과 모순을 일으킨다. 이 표현은 비잔티움을 함락시킨 사건이 키프로스 원정과 같은 해에 일어난 것임을 말해 주기 때문이다.

모든 비평적 권위를 무시하고 본문의 내용을 바꾸지 않고서는 여기의 표현들을 그 다음에 이어지는 내용과 연결된 것으로 볼 수가 없다는 사실은 포포(Poppo)가 잘 입증해 준바 있다. 더욱이 맨 마지막의 사건은 고대의 증언들은 한결같이 477년에 일어난 것으로 잡고 있다. 클린튼은(p.249) 지적하기를, 아테네인들의 통치의 기간을 산정하면서 모든 저작자들이 이 해를 기점으로 잡고 있으며, 다만 그 통치가 종결되는 연대에 대해서만 서로 의견이 다를 뿐이라고 한다. 뿐만 아니라 투키디데스의 증언에서도(128장) 키프로스 원정에 이어서 곧바로 비잔티움 원정이 있었음을 보여주고 있다. 파우사니아스를 소환하자 동맹국들은 거기에 대해 불만을 일으켰다. 이 역시 같은 해에 일어났다는 사실은 그 문제의 성격에서도 드러나거니와, 그 사건이 아테네인의 통치가 계속되었다는 것을 전제로 하고 있는데서도 드러난다. 투키디데스는 다음과 같이 증언한다(95장) : "그러나 그 안에서 스파르타인들은 그들에게 들었던 것들에 대해서 판단하였기 때문에, 파우사니아스를 내보냈다."

파우사니아스는 스파르타로 압송되어 거기서 석방되었는데, 그는 스스로 명령을 받지 않은 채 비잔티움으로 향하는 군선을 탔다. 그런데 이 일은 한참 후에 일어난 일일 수가 없다. 왜냐하면 투키디데스는 곧바로 증언하기를, 무엇보다도 중요한 일은 파우사니아스가 함대가 아직 비잔티움에 있는 것을 발견했다고 하기 때문이다(128장). 파우사니아스는 거기에 오래 머물러 있지 않았으며 아테네인들에 의해서 강제로 추방되었는데, 이는 투키디데스 131장에서 나타나고 있다. 파우사니아스는 그 후 트로아드(Troad)의 콜로네(Colone)로 은퇴했고, 그 후 그가 야만족들과 좋은 관계를 맺었다는 사실이 보고되어 그는 거기서부터 다시 스파르타로 복귀하게 된다. 에포리(Ephori)는 그를 옥에 가두었으나 곧바로 석방했다. 이 때에 그는 이미 아테네에서 추방되어 아르고스(Argos)에 거주하면서 펠로폰네소스 반도의 여러 지방을 유람하고 있던 테미스토클레스와 교분을 가지게 되었다.

플루타르크에 의하면, 파우사니아스는 테미스토클레스가 아테네에서 추방되었을 때에 그에게 처음으로 자신의 계획을 털어놓았으며, 두 사람 사이에 개인적인 교분이 깊게 이루어졌다. 파우사니아스는 석방된지 얼마 지나지 않아서 사망한 것이 분명하다. 그러나 파우사니아스가 정죄를 당한 것은 아니었다. 그의 혐의에 대한 증거가 충분치 못했기 때문이었다. 그러나, 그로부터 몇 년을 지나는 동안 아무런 범죄도 저지르지 않고 모든 것을 속으로 감추고 조용히 있었다는 것은 심리적으로 불가능한 일이었다. 그는 거의 정신병의 경지에 이른 자신의 자만심으로 인하여 이성을 잃어버렸고, 그리하여 자신의 모반 계획을 실행에 옮기지도 못했다.

투키디데스에 의하면, 그는 메대인들의 복장을 하고 다녔으며 트라케(Thrace)를 여행하는 동안 메대인과 이집트인 시종들을 데리고 다녔으며, 페르시아 식으로 식탁을 차리게 했으며, 다른 사람들이 자신에게 접근하지 못하도록 했고, 감정을 있는 대로 다 발산했다고 한다. 투키디데스는 그에 대해서 다음과 같은 매우 의미 깊은 진술을 하고 있다: "그가 이성을 조정할 수 없었으나, 사소한 일들에서 그 견해가 더 잘 나타나는 것들을 행하기를 원하였다." 그는 동시에 파우사니아스가 심지어 플라테아(Platea) 전투 직후에도 오만 방자한 행동을 했음을 기록하고 있다(132장). 그의 오만 방자함은 그 스스로 아르타바주스(Artabazus)를 통해서 왕에게 마지막 편지를 보내려 함으로써 드러나게 되었다. 왕은 그 편지를 읽은 즉시 아르타바주스를 소아시아로 보내어 일을 진행시킨다. 그는 발견되자마자 죽임을 당한다. 우리는 이 모든 일이 진행되기까지의 기간을 3년으로 잡았는데, 이는 결코 짧게 잡은 것이 아니다.

디오도루스(Diodorus)는 그 기간을 더욱 짧게 보아서 477년(Ol. 75, 4) 한 해 동안에 그 일이 다 이루어졌다고 기술하고 있다. 그 일의 시작과 끝 사이에 8, 9년의 시간적 간격이 있었다면, 어떻게 그런 실수가 나올 수 있었겠는가? 그의 권위로 볼 때에 그가 파우사니아스의 죽음을 이 때보다 훨씬 전으로 잡는 실수를 범했을 리가 없다는 사실은 테미스토클레스에 대한 두 가지 기소 사실에 대한 그의 허구적 묘사에서 잘 드러난다.

그러면, 파우사니아스의 죽음을 474년경으로 잡아야 한다면, 테미스토클레스의 도망은 473년 이후로 잡을 수가 없게 된다. 왜냐하면 파우사니아스가 죽을 때에 테미스토클레스는 이미 상당 기간 동안 펠로폰네소스 지방에 있었기 때문이다. 파우사니아스의 죽음 직후 그에 대한 기소가 이루어졌다. 자기들이 당하는 치욕을 아테네인들도 같이 당하게 되는 것을 무엇보다도 소원하고 있던 라세데모니아인들이 아테네인들 가운데 테미스토클레스의 적들과 함께 공동 전선을 펴서 그를 기소하는 결정을 가능한 한 빨리 내리도록 일을 꾸몄던 것이다(Plu. Them. 23장: "그가 반대하였을 때, 시민들이 증오하였던 스파르타인들이 고소하였다").

테미스토클레스는 아테네인들과 라세데모니아인들에게 박해를 당하자 펠로폰네소스에서 코르시크라(Corcycra)로 도망한다. 그곳 사람들에게 거부당하자 그는 반대편 대륙으로 옮겨간다. 자신을 체포하려는 사람들에게서 추월 당할 위험이 있음을 보고서 그는 하는 수 없이 몰로시아인들

(Molossians)의 왕 아드메투스(Admetus)에게로 도망한다. 투키디데스에 의하면, 그는 거기서도 오래 있지를 못했다고 한다. 그를 체포하려는 자들이 도착하자, 아드메투스는 그를 다른 곳으로 보내버렸기 때문이다. 그렇다면, 그가 어떻게 수년 동안 숨어지냈다고 생각할 수가 있겠는가? 과연 수년 동안 발각되지 않고 지낼 수가 있었겠는가? 투키디데스는 체포하려는 자들이 도착하자 즉시 그는 아시아로 도망했다고 기록하고 있다.

그러나, 만일 스테심브로투스(Stesimbrotus)의 기록을 따른다면, 테미스토클레스가 아드메투스와 함께 지낸 것이 몇 달 정도였다고 보아야 한다. 스테심브로투스는 테미스토클레스의 동료들이 아테네에서 그의 아내와 자녀들을 그리로 데리고 왔다고 기록하고 있기 때문이다. 그러나 이 기록에 의존해서는 안된다는 것은 그 다음에 어처구니 없는 허구의 이야기가 이어지기 때문이다. 곧, 아드메투스는 그를 시실리로 보냈고, 히에로에게 그리스 통치를 그에게 맡길 것을 약속하면서 자기 딸을 그와 결혼시키려 했다는 내용이 이어지는데, 이에 대해서 플루타르크조차도 매우 의아하게 여긴다. 플루타르크는 스테심브로투스를 부끄러워할 줄 모르는 거짓말쟁이라고 혹평한다. 테미스토클레스의 아들들이 아테네에 그대로 남아 있었다는 것은 수이다스(Suidas)의 보도에서 분명히 드러난다. 투키디데스와 플루타르크의 증언에 따르면, 테미스토클레스가 아시아에 도착한 후 그의 동료들이 그에게 금을 보내어서 그를 거기까지 데려다 준 선장에게 사례를 할 수 있도록 했다고 하는데, 이는 스테심브로투스의 기록의 부정확성을 보여주는 동시에 테미스토클레스는 그의 동료들이 필요한 금을 그에게 보내줄 수 있을 만큼 한 군데에 오래 머물러 있지 않았다는 견해를 확인해 주고 있다. 아드메투스는 테미스토클레스를 피드나(Pydna)로 보냈으나, 그는 거기서 스스로 배를 타고서 직접 아시아로 갔다. 따라서(파우사니아스의 죽음과 테미스토클레스의 아시아 입성이 길어야 1년 정도의 차이 밖에는 없으므로) 그가 아시아로 간 것은 473년(혹은 474년)이었던 것이 분명하다. 그리고 테미스토클레스가 473년에 아시아로 들어갔다면, 이는 474년에 있는 아닥사스다 왕의 즉위 연도와 정확히 맞아 떨어지는 것이다.

749. (4) 아닥사스다의 즉위와 테미스토클레스의 도망한 연도를 465년으로 잡게 되면, 람파스쿠스의 카론의 나이가 너무도 많아지게 된다. 수이다스에 따르면, 그는 다리오 1세의 치하(Ol. 69, 기원전 504년)에서도 왕성하게 활동했다고 한다. 그의 역사에서 테미스토클레스의 도망 사건을 언급하고 있는데 그것을 465년으로 잡으면, 그는 최소한 40년 이상을 역사를 쓰는 일에 종사한 것이 된다. 이것이 절대로 불가능한 일은 아니다. 그러나 그 신빙성에 대해 의심이 있는 경우에는 개연성이 적은 것을 거부하고 다른 대안을 찾아야 하는 것이 마땅할 것이다. 이런 논리가 그냥 무시할 것만은 아니라는 사실은 잘못된 연대 계산을 주장하는 몇몇 사람들이 억지로 그것을 제쳐 두려고 안간 힘을 쓴다는 점에서 드러난다. 수이다스는 앞에서 언급한 카론의 연대에 관한 결정을 인용한 다음, 자신보다 더 오래된 문헌에서 그것을 발견하자, 그는 μᾶλλον δε ἦν ἐπὶ τῶν περσικῶν이라고 덧붙이고 있다. 크로이처(Creuzer)는 아무런 추가 설명도 없이 이 연대를 거부한다. 왜냐하면 그 연대를 인정하면 카론의 나이가 지나치게 많게 되기 때문이다.

750. (5) 투키디데스에 의하면 테미스토클레스는 아시아로 갈 때에 낙소스(Naxos)를 포위하고 있던 아테네 함대와 함께 갔다고 한다. 투키디데스의 증언에 따르면 낙소스를 포위한 사건은 다른 모든 논거들을 무력하게 만드는 것으로서 유리메돈(Eurymedon)과의 전투에서 아테네인들이 큰 승리를 거두기 전에 일어났는데, 그 유리메돈에 대한 승리는 디오도루스에 의하면 470년에 일어났으며, 그보다 늦게 잡을 수는 없다고 한다. 왜냐하면 그것이 아테네인들이 페르시아인들을 향하여 전개한 첫 전쟁이었으며, 그 전쟁에서 승리함으로써 아테네인들은 동맹국에 큰 영향력을 발휘하게 되었기 때문이다. 종래에는 통치권이 아테네인들에게로 넘어갔었기 때문에, 페르시아인들에 대해서는 별로 중요치 않은 애곤(Aegon)을 함락시키는 것 이외에는 아무 것도 행하지 못했다.

투키디데스는 또한 디오도루스가 제시한 연대와 거의 동일한 연대를 제시한다. 디오도루스는 타소스의 배반 사건(467년)을 χρόῳ ὕστερον과 연관 짓는데, 이는 그 두 사건이 직접 이어지는 것으로 보는 것으로서 도저히 성립할 수가 없다. 이런 이유에서도, 낙소스의 포위와 테미스토클레스의 도망은 471년 이전이어야 한다. 그러나 만일 낙소스가 아네테와 동맹을 맺은 도시로서 아테네와 불화를 일으킨 것으로 보고(문제의 본질로 볼 때에 투키디데스와 후대의 역사의 분명한 언급들이 지적하는 대로 이 사건은 제7년 이전에 일어났을 것이 분명하다), 또한 투키디데스가 기록하고 있는 대로(98장) 낙소스를 함락시키기 전에는 통치권이 아테네와 서로서로 교환되었다는 것을 고려한다면, 우리는 후자의 사건이 474년 혹은 473년에 일어난 것으로 보게 되는 것이다.

751. (6) 테미스토클레스가 도망한 사건은 유리메돈 전투보다도 최소한 3년은 먼저 일어났다. 왜냐하면 후자의 사건이 있기 전에 그가 죽었을 것이 거의 확실하기 때문이다. 그러나 그가 죽은 것은 그가 아시아로 들어온 후 최소한 몇년이 지나서 일어났을 것이 분명하다. 투키디데스 138장을 보라. 언어를 습득하는데 1년은 걸렸을 것이고, "…주어진 바, 이 마을을 그가 다스려 왔다."라는 어구에서 암시되는 것도 어느 정도 기간을 요하는 것이기 때문이다. 투키디데스는, 어떤 이들이 전한 바에 따르면 테미스토클레스가 독약을 먹었다고 한다고 기록하고 있다: "그가 제공했던 것은 왕으로 이룰 수 없는 법들이다." 이는 테미스토클레스가 그 당시 그의 약속들을 이행할 것을 강하게 요구받고 있었다는 사실을 전제한다. 그리고 그는 실제로 독약을 먹고 죽었을 것이다. 만일 그것이 사실이 아니었다면, 투키디데스는 아무런 반박도 하지 않고 그런 풍설을 그대로 기록하지 않았을 것이다. 플루타르크는 테미스토클레스의 죽음을 키몬(Cimon)의 원정과 연관짓는다. 몇몇 저작자들도 아주 특별한 정황을 소개하면서 그렇게 연관짓고 있는데, 이에 대해서 키케로나 네포스(Nepos)는 허구로 취급하며, 따라서 우리도 그렇게 할 수 있을 것이다. 그러나 최소한 테미스토클레스가 유리메돈 전투 이전에 사망했다는 사실에 대한 역사적 근거는 분명히 세울 수 있는 것이다.

752. (7) 크뤼거는, 플루타르크의 기록에 의하면 테미스토클레스가 육십 오세까지 살았다고 하는데, 이를 따르면 그의 죽음은 470년 이전에 일어

났고, 따라서 그가 도망한 사건은 473년 이전에 일어난 것으로 보아야 한다고 주장했다. 내적 증거로 그 신빙성을 인정 받는 앨리안(*Aelian Var. Hist.* III. 21)의 한 기록에 따르면, 테미스토클레스는 학교를 다니기 시작한 어린 아이 때에 폭군 피시스트라투스(Pisistratus)를 추종하기를 거부했다고 한다. 이 일이 피시스트라투스의 말년(기원전 529년)에 일어났다고 보고, 그 때에 테미스토클레스의 나이를 여섯살 정도로 보면, 그는 기원전 535년에 출생한 것이 되며 또한 470년에 죽은 것이 된다. 플루타르크는 테미스토클레스가 키몬의 키프로스 원정(기원전 449년) 당시 아직 살아 있던 것으로 보도하며, 마라톤(Marathon) 전투 당시는 아직 어렸다고 보도하여 위의 논리를 반박하나, 타당성이 없다. 키몬의 키프로스 원정은 분명 키프로스에서 페르시아 함대에게 승리를 거둔 사건(이는 유리메돈에서의 승리 바로 직전에 일어났다)을 혼동한 것이며, 결국 이 실수를 그대로 근거로 삼아서 결론을 내린 것이라고 볼 수밖에 없다. 달만(Dahlmann)은 말하기를, "투키디데스 1. 138의 본문을 편견없이 읽으면 누구든지 테미스토클레스의 죽음이 그가 페르시아에 정착한 직후에 일어났다고 느끼게 될 것이다. 투키디데스의 말이 신빙성이 있다면, 아마도 거기에 정착한 그 이듬해에 사망했을 것이 분명하다"라고 한다(p. 71).

753. 이러한 논증들이 확실히 반박되기 전에는 메시야 해석이 이 예언의 유일한 바른 해석이며, 다니엘(혹은, 사람들이 주장하는 대로, 다니엘의 이름을 쓴 어떤 사람)이 오직 하나님의 영으로 말미암아 미래에 대한 통찰력을 갖게 되었다는 것이 사실로 남는다. 그리고 그렇게 되면 다니엘서의 순전성도 입증되는 것이며, 이에 대한 온갖 반대 견해들이 모두 허구에 불과한 것이라는 사실이 백일 하에 드러나는 것이다.

마지막 이레와 그 절반

754. 지금까지 우리는 마지막 이레가 기름부음을 받은 자가 대중 앞에 나타나는 것으로 시작되며, 그의 죽음이 그 중간에 오며 언약의 확인이 그 기간 내내 계속되리라는 것을 살펴보았다. 여기서는 그 예언 가운데 그리스도의 죽음에 대한 것만을 입증하고자 한다. 언약의 확인은 그 종착점이 다소 불명확하므로 이것을 연대기적으로 정확히 산정하기는 불가능하다. 여기서는 그리스도의 죽음 이후 첫 해에 옛날 언약 백성들 가운데서 ἐκλο γή(택한 자들)를 불러모은 사실(이 일이 얼마나 성공적으로 이루어졌는지는 첫 오순절의 역사에 잘 드러나 있다)과, 그 후 그리스도에 관한 메시지가 이방인들에게까지 전해져서 결국 언약 백성들을 구원하는 일이 칠십 이레의 마지막에 주관적으로도 객관적으로도 성취되는 것으로 말씀한 다니엘의 예언이 옳았다는 사실(다니엘은 다만 언약 백성들에 대해서만 말씀하므로)을 언급하는 것으로 족할 것이다.

755. 그리스도의 죽음이 그가 세례를 받으신 후 3년 반 후에 일어났다는 견해는 몇몇 교부들의 기록에서 볼 수 있다. 유세비우스(Eusebius)는 다음과 같이 전한다: "4년 동안에 전혀 일어나지 않았다"(*Hist. Eccl.* 1. 10). 그러나 그는 그의 논리를 유지하기 위해서 연대 산정에 있어서 오류를 범하고 있다. 반면에 테오도렛은 올바른 근거로 이를 제시하고 있다: "어떤 이가 그 기간을 계산하기를 원한다면, 그것은 요한복음으로부터 계산된다. 3년 반쯤 주께서 전파하고 그의 거룩한 제자들을 가르침과 기이한 일로 굳건히 하셨다가, 그 후 고난을 겪으셨다"(tom. II. p.1250).

756. 이에 대한 확실한 결정은 전적으로 요한복음서 기자에게 달려 있다. 그는 그리스도의 공생애 동안 지난 세 차례의 유월절을 분명히 언급하고 있다. 네번째 유월절은 논란이 되고 있다. 5:1에서 나타나는 바에 따르면 ("그 후에 유대인의 명절이 있어 예수께서 예루살렘에 올라가시니라"), 그리스도의 죽음은 그의 공생애가 시작된지 네번째 혹은 세번째 해에 있었던 것으로 보아야 한다.

757. 이 구절에서 말한 '명절'이 무슨 명절을 뜻하는가 하는 질문에 대한 답변은, 근자에 들어와서 대개 부림절과 유월절 가운데 하나를 택하는 것이 일반적인 관례가 되어서 한결 수월하게 제시할 수 있게 되었다. 더욱이 그런 관례는 아주 근거가 확실해서 나머지 견해들을 그냥 지나쳐 버려도 무방할 것이다. 특별히 요 4:35에서 예수께서는 "너희가 넉달이 지나야 추수할 때가 이르겠다 하지 아니하느냐?"라고 말씀하시는데, 여기서 우리는 다음과 같은 사실을 추론할 수가 있다. 즉, 그 당시는 5:1에서 언급한 명절 이전이며, 2:13에서 첫번째 유월절이 언급되고 있으므로 그 유월절로부터 8개월이 지난 때였다는 것이다. 팔레스타인에서는 유월절을 기점으로 추수가 시작되었으므로 4:35의 '추수할 때'는 곧 두번째 유월절과 같은 시기가 되는 것이다. 자연히 그 해의 오순절과 초막절은 논의의 대상에서 제외된다. 왜냐하면 그 절기는 앞에서 언급한 8개월의 기간 안에 속하며, 그렇다고 해서 여기의 명절이 그 이듬해의 오순절이나 초막절이라고 생각할 수도 없기 때문이다. 그러므로 한번의 유월절에 대해서는 요한이 언급하지 않고 그냥 지나쳤다고 말할 수 있을 것이다.

758. 여기의 명절을 부림절로 보는 주장에 대해서는 더 상세한 논의가 필요하다. 이 주장은 과거에는 크게 주목을 끌지 못했으나 최근에 와서는 많은 유능한 학자들이 이를 변호하고 있기 때문이다. 이들 가운데 가장 전면에 서 있는 사람은 훅(Hug)이며 그 뒤를 이어서 뤼케(Lücke)와 톨룩(Tholuck)도 강력하게 뒷받침하고 있다.

759. 유월절 가설을 반박하고 부림절을 주장하는 주요 논거는 다음과 같다: ― "우리 주님께서는 유월절이 되기 며칠 전에 고향으로 돌아오셔서 유월절이 지나기까지 거기에 머물러 계신 것으로 나타나며, 유월절이라고 보통 생각하는 그 시기부터 초막절까지 거의 일년 반 동안을 예루살렘에 나타나지 않으신 것이 되며, 결국 주님은 일년 반 동안 하나님을 공적으로 예배하는 의무를 무시하신 것이 된다. 그러나 이런 가정은 외적인 의(義)까지도 철저히 지키고자 하신 주님의 목적과 전적으로 모순을 일으킨다. 게다가, 주님은 그런 행동으로 인해서 대중의 질책의 대상이 되셨을 것이다." ― 이는 참으로 괴상한 논리라 아니할 수 없다. 왜냐하면, 그 명절을 부림절로 보아서 주님이 부림절에 참석하러 가셨다고 해도 더 나아지는 것도 더 나빠지는 것도 없기 때문이다. 그가 이 명절에 참석했다는 것을 의를 이루는 것으로 간주할 수는 없다. 왜냐하면 하나님의 율법에 그 문제에 대한 언급이 없기 때문이다. 하나님의 아들께서는 하나님의 율법에 따라 행하신 것이지 사람이 만들어낸 규칙에 따라 행하신 것이 아닌 것이다. 게다가 예루살렘에서 지키는 부림절에 참석해야 한다는 규칙도 없었다. 그러므로 이 난제가 정말로 실재하는 것이라면, 부림절을 주장하는 자들도 우리와 마찬가지로 똑같은 난제 속에 빠질 수밖에 없는 것이다. 어떤 사람이 일년 내내 예루살렘에 있었고 단지 예루살렘에서 지키기로 되어 있는 세 명절에만 참석하지 못했다면, 그 사람은 일년 내내 예루살렘에 한번도 발을 들여놓지 않은 사람과 똑같이 하나님의 법을 어긴 죄를 지은 것이 될 것이 아닌가?

사실 부림절을 주장하는 이들이 제기하는 난제는 그냥 겉보기에만 난제로 보일 뿐 실제로는 난제가 아니다. 예수님께서 그렇게 오랫동안 예루살렘을 떠나 계셨던 이유를 7:1에서 명확히 제시하고 있다: "이후에 예수께서 갈릴리에서 다니시고 유대에서 다니려 아니하심은 유대인들이 죽이려 함이러라." 그런데 주님이 의식법에 대해서 항상 취하신 입장을 놓고 보면, 이 이유가 주님에게는 결정적인 것이었다. 주님은 의식법을 지키는 일이 더 높은 목적과 상충되지 않는 한에서 그 법을 지키셨다. 의식법을 지키느라 그 높은 목적을 희생시킨 일은 한번도 없으셨다. 이런 점에서 마 12:3은 주님의 입장을 보여주는 전형적인 말씀이라 할 수 있다. 의식법이 어떠한 상황을 막론하고 항상 지켜야 하는 것은 아니라는 사실을 보여주기 위해서 주님은 거기서 제자들이 그 법을 어겼다고 힐난하는 사람들을 향하여 다윗이 행한 일을 예로 들어 말씀하신다. 다윗은 율법의 규례를 어기고 진설병을 먹고도 아무런 질책을 받지 않았다고 성경이 기록하고 있는 것이다.

주님은 이어서 자신의 절대적인 권위를 지적하신다. 그는 절대적인 권위를 가지신 분으로서 율법을 어기는 것이 자신의 더 높은 목적을 이루는 일이 될 경우에는 얼마든지 율법을 어길 수 있다는 사실을 말씀하신 것이다. 그는 자신을 가리켜 안식일의 주인이라고 부르신다. 그는 자신을 성전보다도 큰 자라고 말씀하신다. 그리스도의 때가 아직 이르지 않았다. 그러므로 그가 예루살렘에 있게 되면 대적들이 그 정해진 때가 되기도 전에 그를 해칠 기회를 주게 되는 것이며, 인간의 모든 수단을 사용하여 그 위험을 막으려 하지 않는다면, 그것은 하나님을 시험하는 것이 될 수밖에 없었던 것이다.

심지어 하나님의 아들이요 안식일의 주인이요 명절의 주인이신 주님과 전혀 달리 율법에 무조건적으로 예속되어 있는 다른 보통 사람의 경우도 율법의 외형적인 종교적 규례들을 지키는 철저함이 날이 갈수록 약화되고 있었다. 그 때에 성전이 이미 강도의 굴혈로 변해 있지 않았는가(눅 19:46)? 불경건한 자들이 이미 세력을 장악하고 있어서 얼마 지나지 않아서 그곳을 완전히 가증한 집으로 만들 그런 상황이 아니었는가? 그런 상황에서 어떻게 하나님의 집에 관한 율법들이 철저히 지켜질 수가 있었겠는가? 성전은 결코 석회와 돌로 되어 있는 것이 아니었고, 그 본질에 관한 한 그 당시 이미 성전은 과거 바벨론 포로기 때와 마찬가지로 무너진 상태에 있었다. 그러므로 과거 바벨론 포로기나 현재 예수님 당시나 성전을 그런 시각(성전이 더 이상 하나님의 집이 아니라고 보는 시각)으로 바라보고서 그곳을 방문하는 일을 무시한다고 해서 죄를 짓는 것이 아니었던 것이다.

760. 그 밖에 여러 가지 주장들이 있으나 지금까지 논의한 이 주장만이 최근에 와서 그 타당성을 인정받고 논란의 대상이 되었다. 라미(Lamy)와 도우트라인(D'outrein)이 제기한 그 밖의 주장들은 별 가치가 없는 것들로서 언급하지 않고 지나가도 무방할 것이다. 특히 람페가 그것들에 대해서 이

미 사려깊게 반박한 바 있다. 그러면 이제 우리의 견해를 제시하기로 한다.

761. (1) 여기서 요한이 그저 명절 전체를 통칭하는 것이 아니라 하나의 특정한 명절을 지칭한다는 것은 의심의 여지가 없는 사실이다. 그렇지 않다면, 그는 명절들을 명확하게 언급함으로써 이루고자 한 그 목적과 정반대되는 방향으로 행동했을 것이다. 날짜를 언급한다면 명절이 어떤 것인지 명확히 드러나고 전체의 역사의 윤곽이 확실히 잡히게 될 것이다. 그리하여 그는 그리스도께서 지키지 않으신 때에도 그 유월절을 명확히 언급하고 있다(6:4). 다른 곳에서는 모든 명절이 언제나 정확히 언급하고 있다. 그리고 그것은 지극히 자연스러운 일이다. 왜냐하면 명절을 부정확하게 언급하게 되면 시간을 재는데 도움이 되지 않기 때문이다. 그러므로, 우리는 유대인의 그 명절(the feast of the Jews)로 번역한다. 물론 정관사가 없는 사본들도 많이 있지만, 이 해석이 상당히 고대의 것이라는 증거로 사용하는 경우 이외에는 그렇게 정관사를 붙여서 이해하는 것이다. 뤼케나 톨룩도 정관사가 빠져 있다는 사실에 대해서는 문제를 삼지 않았다. 칠십인역과 신약 성경에 널리 퍼져 나타나는 히브리어식 용법(Hebraism)에 대해서는, 지금까지 거의 주목을 하지 않았으나, 정관사는 소유격과 연결되는 명사가 두개가 나타날 때에 첫번째가 아니라 두번째 명사 앞에 붙는 것이다. 여러 가지 예 가운데서 몇 가지만을 살펴 보기로 하자.

신 16:13; 마 12:24의 경우, 프리체(Fritzsche)는 모든 사본상의 증거를 무시하고 본문을 $\dot{\epsilon}\nu$ B. $\tau\hat{\omega}\,\dot{}\dot{\alpha}\rho\chi o\nu\tau\iota\,\tau\hat{\omega}\nu\,\delta\alpha\iota\mu o\nu\iota\omega\nu$으로 바꾸어 읽기를 주장한다. 눅 2:11($\epsilon\gamma\,\tau\grave{o}\lambda\epsilon\iota\,\Delta\alpha\beta\acute{\iota}\delta$)에서는 주격이 정관사와 동등한 의미를 지닌다. 행 8:5의 $\epsilon\acute{\iota}s\,\pi\acute{o}\lambda\iota\nu\,\tau\hat{\eta}s\,\Sigma\alpha\mu\alpha\rho\epsilon\acute{\iota}\alpha s$는 사마리아의 수도인 그 성을 뜻한다. 그런데 여기서 말씀의 주제가 유대인의 명절에 관한 것이라는 것이 확실하다면, 유월절 말고 달리 어떤 명절을 생각할 수가 있겠는가? 바로 앞 문맥에서 이미 언급된 것도 유월절이었다(2:13).

다른 어떠한 명절도 유월절과 비교할 수가 없다. 그것이 가장 큰 명절이기 때문이다. 요한은 율법에서 지정한 세 가지 큰 명절 이외에는 '유대인의'라는 말을 붙이지 않는다. 그는 유월절에 두번, 그리고 나머지는 초막절에 대해서 그 말을 붙였다. 후대에 와서 부림절을 그 큰 명절들, 특별히 유월절과 견줄 만큼 중요한 자리를 차지하는 것으로 격상시켜서 지키는 관계가 생겨났다는 식의 논리를 어떻게 증명할 수가 있겠는가? 혹(Hug)이 인용하는 구절(p.200)은 부림절이 아니라 에스더서 자체를 가리키는 것이다. 부림절은 언제나 하나의 종교적 규례라기보다는 백성들의 명절로 여겨졌다. 그 절기를 처음 지키기 시작할 때에 있었던 반대도 전혀 잊혀지지 않았다. 그렇다면 어떻게 후대(後代)의 일을 들어서 전대(前代)의 일을 주장할 수가 있겠는가? 유대인들이 더욱 더 세속화되면서 부림절이 중요한 절기로 자리를 굳히게 되었고, 반면에 세 개의 주요 명절들은 성전이 서 있는 동안 그 특별한 위엄을 유지했고 온 백성들이 그 명절을 지키러 예루살렘으로 올라갔었다고 보는 것이 자연스운 것이다.

762. (2) "예수께서 예루살렘에 올라가시니라"(요 5:1)라는 문구를 14절과 연관지어 보면 부림절을 주장하는 견해에 결정적인 난제가 있는 것이 나타난다. 여기서는 명절을 지키려고 온 사람들로 예루살렘 성이 가득 찬 것이 분명히 드러난다. 그러나 부림절의 경우 특별히 예루살렘으로 올라가지 않고도 그 절기를 지켰다는 것이 그 명절의 성격에서 분명히 나타난다. 그 명절은 성전과는 아무런 관계가 없었다. 예루살렘에서도 그 명절에 하나님께 예배하는 일이 없었다. 그 명절을 지키는 일은 오로지 회당에 모여 에스더서를 읽고, 일을 금하고, 먹고 마시는 일을 행하는데 국한되어 있었다. 그 명절은 팔레스타인의 유대인들보다도 각국에 흩어진 유대인들이 훨씬 먼저 지키기 시작했다. 유대인들로서는 부림절에 예루살렘으로 절기를 지키기 위해서 올라가는 일을 생각조차 하지 않았었다. 이는 확실한 증언들로써 입증된 사실이다. 요세푸스는 말하기를, 유대인들은 어느 곳에서나 행사에 참여함으로써 부림절을 지켰다고 한다. 탈무드(Cod. Megillah 1:1-3)에서는, 여호수아 당시에 성벽이 있었던 성읍에서는 부림절을 언제 지키며, 그 당시에 성벽이 없던 성읍에서는 언제 지키며, 각 마을에서는 언제 지킬지에 대해서 결정해주기도 한다.

그러나 10:22에 의하면 예수님은 수전절에(이 역시 예루살렘 밖에서도 지키는 명절이었다) 아직 예루살렘에 계셨던 것으로 나타나는데 이를 근거로 위의 논지를 반박하기도 하지만, 그것은 성립될 수가 없다. 그러한 반박 논리는 예수님이 그 명절을 지키려는 목적으로 예루살렘에 올라가셨어야만 조금이라도 논의의 가치가 생긴다. 그러나 주님이 예루살렘으로 올라가신 것은 오로지 초막절을 지키기 위해서였다. 그는 그 명절이 지난 후에도 상당 기간 동안 예루살렘에 남아 계셨고, 그가 거기 계시는 동안 수전절을 지키게 된 것이었다. 게다가 만일 그렇지 않았더라도, 수전절은 성전을 봉헌하는 절기로서 성전과 밀접한 연관을 갖는 것이었고, 따라서 이 경우 많은 사람들이 율법에서 요구하지 않는데도 불구하고 그 절기를 지켰던 것이다.

763. (3) 예수께서 부림절은 지키시고, 그보다 한달 뒤에 오는 유월절은 무시하셨을 가능성은 거의 없다. 아무리 애써 보아도 주님이 그렇게 하셨어야만 하는 타당한 이유를 찾을 수가 없는 것이다. 뤼케는 요 7:1을 인용하면서 거기서 그에 대한 증거를 찾았노라고 믿지만(물론 상당히 주저하면서 믿기는 했다), 그 구절은 실제로 그것과 정반대되는 것을 입증해 주는 것이다. 유월절에 그리스도께서는 갈릴리 사람들에 의해서 보호 받으셨다. 그러나 부림절에는 그의 대적들이 자유로이 그를 해할 수 있었다(막 14:2. 뤼케는 10:22을 인용한다). 그런데 부림절의 성격에 예수께서 관심을 가지실 만한 것이 과연 있었던가? 에스더서의 권위에 도전하는 것은 절대로 아니다. 그러나 그리스도와 관련해서 그 책은 구약 성경 모든 책들 가운데서 가장 낮은 위치를 차지하는 것이 분명하다. 주님은 그 책을 한번도 인용하거나 언급하지 않으셨으며 사도들도 한번도 인용하는 일이 없는데, 그런데 그 주님이 바로 그 책 에스더서에 기록된 사건들을 기념하는 절기인 부림절을 지키는 일을—혹이 주장하듯이—중요시 하셨다는 것을 과연 납득할 수가 있겠는가? 주님께서 과연, 많이 마실수록 명절을 잘 지키는 것으로 간주되는 이런 명절을, '모르드개여 축복 있으라!' 라는 말과 '하만이여 저주를 받으라!' 라는 말을 구분조차 할 수 없을 정도로 술을 마시는 것이 관습으로 되어 있는 그 명절을 지키고자 하는 목적으로 예루살렘으로 올라가셨단 말인가?

764. (4) 9절에는 안식일에 병든 사람을 고치신 일이 나타나는데, 1, 2절과 연결되는 방식이나 13절의 진술로 볼 때에 이 안식일이 그 명절에 속한 것임을 알 수 있다. 그러나 여기서 부림절은 전혀 해당이 되질 않는다. 이 절기는 안식일에 지킬 수가 없다. 왜냐하면 두 절기가 서로 상충되며, 하나님의 제정하신 절기가 인간이 정한 명절보다 앞서는 것이기 때문이다. 부림절이 안식일에 해당할 경우가 생기면 날짜를 미루어 지키는 것이 상례였다.

765. (5) 주님이 고치신 병자는 38년 동안 병들어 있었다. 우리는 이 사람이 유대 백성의 예표라고 생각하며, 38년을 이스라엘이 광야에서 유랑하던 38년의 고난을 가리키는 것으로 볼 수 있다. 그 유랑 생활은 가나안에서 첫 유월절을 지킴으로써 끝을 맺었다. 동시에 그 유월절은 여호와와 화목을 기념하는 절기였고, 그 직전에 할례를 새로이 진행함으로써 애굽의 더러운 것을 제하고, 애굽에서 가지고 나온 불결한 죄악에서 벗어난 다음 지켰던 것이다(수 5장). 이런 식으로 연관짓는 것이 이상스럽게 여겨지는 사람도 있겠으나, 신약 성경에 나타나는 여러 가지 실례들을 자세히 살펴보면 그런 의구심을 버릴 수 있게 될 것이다. 데 베테도 그런 실례들을 여러 가지로 수집하여 제시해 주고 있다. 요한이 유월절 어린양에 관한 구절을 인용하여 직접 그리스도에게 적용시키는 것이 바로 이런 것이 아니고 무엇이겠는가 (19:36)? 예수께서는 6장에서 유월절이 가까운 것을 기회로 삼아서 자기 자신을 참된 떡이요 참된 살로 말씀하시는데, 이는 무교병과 유월절 어린양을 자신에게 적용시키신 것이 아닌가? 아니면, 7:37에서 주님은 초막절 동안 거룩한 목적으로 사용되는 물을 자기 자신에게 적용시키신 것이 아닌가? 이 문제에 대해서는 아직 많은 사실을 말씀할 수 있을 것이다. 예표론(the doctrine of types)을 구체화시키는 일은 지금으로서는 전적으로 무시되고 있으나, 미래의 신학자들에게는 중요한 문제가 될 것이다. 아직 이런 예표론에 대한 주장을 수긍하지 않는 사람들이라 할지라도 우리의 주장의 증거를 충분히 확인했을 것이며, 동시에 우리의 문제가 해결되었을 것으로 믿는다.

비 메시야적 해석자들

〔원본에는 베르톨트와 블렉(Bleek)의 주장들에 대한 반박이 이어진다. 헹스텐베르크는 거기에 위대한 사실을 첨가하고 있다: — 1. 요세푸스가 베스파시안(Vespasian)을 메시야로 간주했으며 최소한 그렇게 선언했다는 주장이 자주 거론되는데, 그 주장은 전적으로 그릇된 것이다. 물론 오리겐(Origen)의 증언이 오용되어 그리스도에 관한 그의 견해가 의심을 받기는 하지만, 그 역시 이 견해를 지지했던 것 같으며, 수에토니우스(Suetonius)는 5장에서 아무 내용이나 요세푸스의 것으로 간주하지 않으며 다만 그의 것으로 확증되는 것, 즉 베스파시안이 로마 황제의 권력을 세웠다는 선언만을 그의 진술로 받아들이고 있다. 이 증거는 요세푸스 10. 10. 4에 나타나는데, 거기서 그는 미래에 영광스러운 왕국이 세워질 것을 확신했고 그렇게 기대했다. 그는 그런 예언을 스스로 표현함으로써 동족들에게 큰 미움을 샀고, 로마 사람들 앞에서 studii rerum novarum의 혐의로 고소 당하기까지 하는 등(참조. *De Bell. Jud* 7. 11) 아주 어려운 처지에 놓이게 되었다. 2. 그리스도에 관한 구절이 위작(偽作)도 아니요 후에 가필된 것도 아니라는 사실이다. 3. 요세푸스가 그의 작품을 쓸 당시 기독교인이었다—만일 확실한 믿음은 약하고 확정되어 있지 못하나 기독교의 진리에 대한 생동감 있는 인상을 가진 사람을 기독교인이라고 부를 수 있다면—는 사실이다. 그가 기독교인이 된 것은 어쩌면 그가 살아서 목격한 그 슬픈 재난 덕분이었을 것이다.〕

766. 이제 메시야 해석을 반대하는 논증들을 살펴볼 차례가 되었는데, 하나 밖에는 시야에 들어오는 것이 없다. 그러나 그것마저도 신학적인 잡소리로 생각될 정도는 아니라 해도, 그 무수한 강력한 반대 논리들과 싸워서

승리를 거두기에는 역시 역부족일 수밖에 없다. "이 예언들의 순수성을 가정할 때에 우리는 마치 그 예언을 근거로 천국 건설 혹은 천국의 완성의 시기에 대한 정확한 계산을 할 수 있을 것처럼 그런 식으로 그 예언들을 해석해서는 안될 것이다. 구속자께서 하늘의 천사들과 그 자신까지도 그런 미래에 대해서 그 시간과 때를 알지 못한다고 하셨고(마 24:36; 막 13:32) 심지어 부활하신 후에도 그렇게 말씀하셨는데(행 1:6,7), 그런 미래의 일에 대해서 한 선지자에게 정확한 계시를 주어서, 그것도 훨씬 이른 시기에 계시를 주어서 그의 백성들에게 정상적인 방법으로든 소위 신비한 시간 계산법으로든 연대적으로 정확히 시간을 계산할 수 있도록 하셨다는 것은 도저히 납득할 수가 없다"(블렉, p.234).

바꾸어 말하면, 그리스도께서 그의 제자들에게 그들이 아직 감당할 수 없는 것들을 주는 것이 적절치 않다고 여기셨기 때문이라는 말이다. 제자들은 고난을 견디기도 전에 상급부터 바라는 상태에 있었고, 그들은 자신들이 이해하지도 못하며 당시 상황에도 적절히 않은 문제들에 대해 질문을 했고, 그리하여 그들에게 진정으로 필요한 것, 곧 위로부터 거듭나는 일을 위해서 애쓰기를 잊어버렸으며, 그들은 여전히 세상적이었으며, 따라서 주님께서 하실 말씀이 많았으나 그들로서는 그것을 도저히 감당할 수가 없었던 것이다. 주님은 제자들에게 영광의 나라(regnum gloriae)가 세워지는 것에 대해 계시를 주지 않으셨다. 그들의 형편으로 볼 때에 그것에 대한 계시를 주는 것이 오히려 그들에게 해로웠기 때문이었다. 그리고 그보다 더 멀리 있는 구원의 완성의 때에 대한 계시는 더욱 해로웠으며 그들로서는 그 근거에 대한 말씀이 더욱 절실했던 것이다. 그리하여 하나님은 구약의 선지자에게 은혜의 나라(regnum gratiae)가 세워지는 시기를 계시하실 수가 없었다. 물론 건전한 해석의 원리를 따라서 예언을 탐구하면 이 때를 그 연도까지 정확하게 알 수가 있으며 또한 이런 해석과 연대 산정상의 실수를 지적해 낼 수가 없기는 하지만, 그럼에도 불구하고 그것이 잘못이라는 것은 분명하다. 영광의 나라에 대해서 말씀한 내용을 무슨 권리로 은혜의 나라에 적용할 수가 있겠는가? 벵겔은 이 구절들을 근거로 계시록에 정확한 기한이 나타나 있지 않다고 주장하는 자들의 견해를 이미 다음과 같이 아주 놀랍게 반박한 바 있다:

"아무도 알지 못하였고 아무도 알지 못한다고 그가 말하지 않았다. 그 자신이 이미 알려졌었다. 그리고 그가 날과 시간의 지식을 우연히 발견하였다면, 그가 원하시고 원하시는 만큼 자신의 지식을 주었을 것이다."

주님께서 기한을 가르쳐주지 않으신 것이 제자들의 상태 때문이라는 것은 행 1:7, 8("때와 기한은 아버지께서 자기의 권한에 두셨으니 너희의 알 바 아니요 오직 성령이 너희에게 임하시면 너희가 권능을 받고…")에서 잘 드러난다. 즉, 너희에게 필요한 것은 이것이 아니라 다른 것이다. 하나님은 전자의 것을 허락치 않으시고, 대신 후자의 것을 주실 것이다. 이 논리가 타당성을 지닐 수 있는 길은 곧, 하나님께서 미래의 일에 관하여 연대기적으로 정확한 계시를 선지자에게 베푸셨다면, 모든 선지자들보다도 탁월하신 주님께서(심지어 비천한 상태에 계실 때에도) 언제 그런 계시를 그의 권한 밖에 있는 것으로 말씀하셨는가 하고 반문하는 것일 것이다.

그러나 그렇게 되면 연대기적으로 정확하게 제시된 다른 모든 예언들(구약뿐 아니라 그리스도께서 자신이 사흘만에 다시 살아나실 것이라고 하신 예언도 포함하여)에 대해서도 똑같은 논리가 적용될 것이다. 동시에 다른 종류의 크나큰 문제들이 일어나게 된다. 주님께서는 아버지께서 그를 언제나 들으신다는 것을 아셨고(요 11:42) 아버지께서 그의 하신 모든 일들을 보여주셨다고 말씀하셨는데(요 5:20), 어떻게 하나님에 관한 지식의 모든 영역이 절대적으로 접근 불가능 상태라고 말할 수가 있겠는가?

이 구절들을 비롯한 수많은 구절들은 주님이 알지 못하신 것에 대한 바른 견해가 다음과 같은 것임을 보여준다. 곧, 그리스도께서는 비천한 상태에 계시는 동안(이 때에는 그의 신성이 정지된 상태에 있었다) 그의 직분을 수행하는데 필요한 모든 것을, 간구함으로 아버지와 교통하심으로써 그의 인성의 능력과 은사를 넘어설 정도로 받으셨다. 그 자신으로서는 이적을 행하는 능력도 미래를 바라보는 눈도 없으셨다. 그러나 그는 기도를 통해서 이 모든 능력을 부여 받으셨다. 그의 뜻이 하나님의 뜻과 동일했으므로 그는 하나님의 계획에 벗어나는 것은 간구하실 수가 없으셨던 것이다. 그러므로 미래의 일에 대한 아들의 무지(無知)는 그가 그것에 대해 알려고 하는 의지가 없었기 때문에 생긴 결과였다. 그리고 이는 그의 제자들의 상태에 힘입은 바가 큰 것이다. 주님께서는 돌로 떡을 만들라는 사단의 요구에 할 수 없다고 응답하셨는데, 그렇다고 해서 그의 이적을 행하는 능력이 그것으로 인해서 조금이라도 손상 받은 것이 아닌 것이다. 그러나 만일 그리스도께서 미래에 일어날 일의 기한과 때에 대해서 모르신 것이 그런 지식이 부적절한 것이었기 때문에 일어난 결과였다면, 하나님께서 미래에 관하여 적절한 만큼의 계시를 때와 기한에 관한 계시를, 필요한 만큼 그의 종들과 선지자들에게 베풀어 주셨고 그들을 통해서 그의 백성들에게 그 계시들을 전달해 주셨다고 충분히 생각할 수 있지 않겠는가?

선지자 호세아

예비적 고찰

〔헝스텐베르크는 호세아 선지자에 대한 예비적 고찰에서, 호세아가 자신이 예언했을 당시의 유다 왕들을 전부 언급하면서 이스라엘 왕은 한 사람만 언급했다는 것 자체만으로 그가 유다 태생이었다는 것을 입증할 수는 없다는 사실을 보여주고 있다. 왜냐하면 경건한 이스라엘 사람들, 특히 선지자들은 그 민족을 둘로 구분하는 것 자체를 하나의 배도 행위로 여겼으므로, 자기 나라의 군주를 현실적인(de facto) 군주로서 인정하여 충성하면서도 다윗 가문의 왕들을 진정한(de jure) 군주로 여겼기 때문이라는 것이다. 그는 자신이 예언 활동을 시작한 것이 웃시야의 통치 초기, 곧 여로보암이 열 지파의 왕이었을 때라는 사실을 지적할 필요가 없었다면, 구태여 이스라엘 왕들을 전혀 언급하지 않을 수도 있었을 것이다. 그러나 웃시야는 여로보암보다 26년을 더 살았다. 호세아는 여로보암 가문의 몰락을 예언했는데, 만일 그가 웃시야의 통치 후반기에 예언했다면 그의 예언은 사건이 있은 후에 예언한 것이 되고 말았을 것이다. 호세아가 이스라엘 사람이었을 가능성은 백분의 일 정도밖에는 안된다(헝스텐베르크의 말에 따르면). — 또한 호세아 선지자의 사역 기간이 길었다는 사실(최소한 60년)이 서문의 순수성을 반대하는 근거가 될 수 없음을 보여주고 있다. 헝스텐베르크는 호세아서가 호세아 선지자의 예언 전체를 담고 있는 것이 아니라 그 가운데 가장 중요한 내용만을 담고 있으며, 그의 사역이 끝나갈 무렵 그 스스로 검토하여 기술한 것으로 본다.〕

767. 이스라엘 왕국은 그 시초부터 두 가지 멸망의 씨앗을 스스로 안고 있었다. 곧, 송아지 숭배를 제정한 것과 다윗 왕조에서 배도했다는 것이 그 것이다. 송아지 숭배에 대해서는, 모세의 계명을 어긴 결과가 겉으로 그냥

보기보다는 훨씬 더 넓은 범위로 확대되었다. 작은 누룩이 떡 덩어리 전체에 퍼진다는 것을 여기서도 볼 수 있는 것이다. 송아지라는 상징물로 여호와를 나타냄으로써 결국 하나님을 저급하게 보게 되었다는 사실도 중요하지만, 그보다 더 중요한 것은 그 일의 또 다른 면이었다. 모세오경에 나타난 형상 숭배 금지는 너무도 분명하며 확실한 것이었다. 이스라엘 왕들은 이런 금령을 결코 거부한 것이 아니었고, 다만 그들의 더 나은 양심을 저버리고 이 율법을 왜곡되게 이해하여 그것들은 제 일 세대들의 야만적이고 감각적인 사고 때문에 주어진 것이라는 식으로 설명해치워 버린 것이었을 것이다. 그들은 더 나아가서 율법의 다른 명령들에 대해서도 그 부패한 양심을 따라서 똑같이 그런 식으로 적용했던 것이다.

그러한 의식적인 불성실한 행동에 대해서 외적으로 내적으로 변명하며 그것을 고수해 가면, 개인은 물론 공동체 전체가 완전한 배도에 이르게 되고 마는 것이다. 더욱이 이 종교의 본질에 대한 최초의 변화는 정치적 권력에서 나온 것으로서 그 권력은 그것과는 별개요 또한 그것을 반대하는 교회의 (ecclesiastical) 세력을 자기에게 굴복시킴으로써 향후 종교의 문제에 있어서도 무제한의 영향력을 발휘하게 되어 있었다. 왕이 변명하기 위해서 창안해 낸 그 비극적인 궤변에 넘어가지 않고 송아지 숭배를 반대하기로 천명한 레위인들은 유배를 당했고, 그들 대신 왕이 마음대로 택한 사람들이 성소의 사역자들로 둔갑했다. 왕은 자기의 변덕스런 마음에 따라서 성소와 모든 종교의 핵심까지도 모세의 제정한 것과 정반대로 바꾸어 버렸고, 그리하여 성소는 왕의 성소가 되어 버렸다(암 7:13을 보라). 그 결과는 더욱 큰 재난을 초래할 수밖에 없었고, 그럴수록 왕들은 더욱 부패하게 되었다. 그들의 권력의 기반이 바로 배도에 있었기 때문에 그럴 수밖에 없었던 것이다.

768. 형상을 만들어 놓고 숭배하는 일은 곧바로 우상 숭배와 연결되었다. 그러나 아직은 참되신 하나님에 대한 공공연한 반대로 보아서는 안된다. 그런 공공연한 반대는 오로지 아합의 통치에서만 나타나는 것으로서 그 때에는 배도가 아주 극렬하게 진행되었다. 그 외에 다른 시대에도 그런 공공연한 배도가 행해진 것으로 생각하게 되는 것은 전적으로 다음과 같은 이유 때문

이다. 곧, 성경이 부패한 수많은 변명들을 인정하지 않고, 여호와의 율법을 좇지 않는 것은 모두 하나님에 대한 전면적인 배도로 간주하기 때문이다. 물론 외적인 형태로는 배도가 아니나 그 중심으로는 명백한 배도이기 때문이다. 사람들은 겉으로는 여호와께 순종했다. 여호와께서 제정하신 절기도 지켰으며, 모세오경에서 지시한 대로 희생 제사도 드렸다. 그들은 대체로 여호와의 규례에 따라서 종교의 문제 전체를 운영했으며, 이러한 사실은 열왕기서에서도 볼 수 있으며 또한 아모스서와 호세아서에서는 더욱 분명히 볼 수가 있다.

그러나 그들은 빛을 어둠과 동일시하는 길을 고안해 냈다. 즉 참되신 하나님을 예배하는 것과 우상 숭배를 함께 묶어버린 것이다. 눈이 하나가 아니듯이, 그렇게 하는 것은 그리 어려운 일이 아니었다. 그들은 그들 앞의 이방 나라들의 예를 잘 습득하였다. 이방인들은 여러 신들을 교차적으로 인정하면서 그 신들이 나타난 방식은 다를지라도 모두 동일한 신적 존재라고 여겼으며, 또한 여호와를 경배하는 자들이 반대하여 자기들과 문제가 생기지 않는 한 이스라엘의 하나님도 역시 그런 식으로 인정하기를 주저하지 않았다. 이스라엘 주변의 나라들이 이처럼 자기들의 종교적 신앙을 그렇게 서로 인정했다는 사실은, 그들 모두가 그들의 최고의 신의 이름을 바알이라고 불렀고, 그 이름에 여러 가지 자기들 나름대로의 신의 명칭을 덧붙였다는 사실에서 잘 드러난다.

그리하여 이스라엘 사람들은 즉시 그들의 하나님을 섬기는 요건을 충족시키면서도 동시에 주변의 부강한 나라들(특히 베니게인들)이 이스라엘과의 분리의 장벽을 제거하면 그들이 섬기는 우상들을 스스로 인정하여 연계시키고자 하는 생각을 하게 된 것이다. 그들이 보기에 여호와와 바알은 본성에 있어서 동일한 것이었다. 여호와는 특별히 그들에게 속한 계시의 형태로서 그의 계시 가운데서 그가 제정한 방식에 따라서 섬기는 주요 대상이었다. 그러나 바알도 무시할 수가 없었다. 왜냐하면 그를 섬기게 되면 바알로 현현된 그 신이 내리는 축복에 참여할 수가 있게 되기 때문이었다. 그리하여 그들은 여호와도 바알로 불렀다(호 2:16). 그들은 여호와의 날들을 지키면서도 동시에 바알의 날들도 지켰다. 호세아서와 아모스서에서는 온통 바알 숭배로 가득 차있는 것을 보는데, 동시에 열왕기서에서는 아합의 통치 때에만 여호와 숭배가 중단된 것으로 나타나는 이 놀라운 현상은 바로 그 때문에 일어난 것이었다.

중단되어 사라진 것은 여호와 숭배에 대한 적개심뿐이었고, 그 대신 오히려 더 위험한 종교적 혼합이 생겨나게 되었다. 어느 쪽이 과연 유리한지는 분명하다. 마음이 진리와 거짓으로 나뉘어 있을 때에는 마음이 끌리는 쪽이 유리하게 된다. 겉모양으로는 여호와 숭배가 주도하고 있었으나, 속으로는 우상 숭배가 거의 모든 것을 장악하고 있었던 것이다. 더 위험한 것은 그들이 그러면서도 여호와의 언약과 그의 약속들과 그들이 드리는 형식적인 예배를 의지하고 있어서, 그들의 헛된 안정감이 그로 인해서 더욱 강화되었다는 점이다.

769. 여호와를 향한 이러한 배도의 **자연적인** 결과는 바로 사람들의 태도의 부패였다. 영적 간음의 첫 결과는 바로 육신적인 것에서 나타났다. 부도덕이 근본 원리였다. 아시아 지방의 종교가 대개 그랬지만, 특히 이스라엘과 접촉한 자들은 특히 부도덕했다. 그러나 그러나 부도덕의 원리의 무서운 영향력은 도덕의 영역 전체를 뒤덮고도 남았다. 거룩하신 하나님이 계시지 않는 곳에서는 사람들의 거룩해 지고자 하는 노력도 있을 수가 없는 것이다. 하나님의 권위와 인간의 권리가 모두 짓밟혔다. 사랑과 율법과 질서의 끈이 모두 와해되어 버린 것이다. 두 선지자가 한결같이 묘사하는 그 땅의 도덕적인 상태가 그러했던 것이다. 예컨대, 호 4:1, 2("이 땅에는 진실도 없고 인애도 없고 하나님을 아는 지식도 없고 오직 저주와 사기와 살인과 투절과 간음 뿐이요 강포하여 피가 피를 뒤대임이라")를 보라. 그리고 이러한 도덕적 부패에 이어서 나라의 내적 붕괴와 외적 쇠퇴가 나타나게 되었다.

770. 여호와를 향하여 배도한 것에 대한 **초자연적인** 결과는 그가 그 백성들에게 내리신 극심한 형벌로 나타났다. 이스라엘은 하나님의 백성이었기 때문에, 내적으로 그렇지 않은 것을 언제까지나 외적으로 나타낼 수는 없었던 것이다.

771. 두번째의 부패의 씨앗으로 우리는 다윗의 가문을 배반한 사실을 지적했다. 다윗의 통치권은 하나님께로부터 부여받은 것이었다. 새로운 이스라엘 왕국은 인간의 변덕스런 본성이라는 모래와 같은 기초 위에 세워졌다. 그 첫 왕은 자신의 능력과 술수로 백성들의 인정을 받고 자신을 왕위에 올려 놓았다. 누구나 그런 수단을 가지고 있는 자들은 모두가 자신도 그렇게 될 수 있으며 그런 권리가 있다고 믿었다. 그리하여 왕조에 왕조가 줄을 이어 나타났고, 왕위 찬탈을 위한 살인이 줄을 이었다. 그러한 피를 부르는 싸움 속에서 백성들은 점점 더 무법한 사람들이 되어 갔다. 때로는 정치의 공백으로 인하여 완전 무정부 상태가 되는 일도 있었다. 이러한 내분으로 인해서 외부의 침입자들을 적절히 대항하지 못할 정도로 국가의 힘이 약화되었다. 어느 왕도 이러한 불행의 샘을 막을 수가 없었다. 그것을 막기 위해서는 왕으로서의 자신의 존재부터 포기해야만 했기 때문이다. 마찬가지로 다른 악의 근원들에 대해서도 처방을 해줄 수가 없었다. 일단 이스라엘과 유다 간의 종교적 분리의 장벽이 무너지면, 다른 민간의 장벽도 무너지게 마련이었기 때문이다.

772. 대체로 이런 상황이 호세아가 활동할 당시의 형편이었다. 이스라엘의 형편이 유다 왕국의 형편보다 훨씬 어려웠다는 것은 분명한 사실이다. 유다 왕국에도 크나큰 부패가 있었지만, 그러나 이처럼 국가 전체의 기반과 밀접하게 얽혀 있지는 않았다. 히스기야나 요시야 때에 있었던 것처럼 전면적인 개혁이 가능했다. 왕국 전체가 참된 신앙의 외형적 보존에 최대의 관심을 가지고 있었던 것이다.

773. 호세아가 선지자로서 활동을 시작한 여로보암 2세의 통치 시기는 외형적으로는 대단히 번영을 이룩했으나 여호와에 대한 배도가 더욱 증가했고, 도덕적으로 부패했으며 그리하여 일련의 불행의 기초가 놓여진 시기였다. 그리하여 그가 죽자마자 이스라엘 왕국은 급격한 패망의 길을 달려가게 되었다. 당시 그들은 아직 번영으로 인해서 안전에 대해서 확신하고 있었다. 하나님의 값없는 자비하심에 이끌려 회개하는 대신에(왕하 14:26, 27), 그

들은 이 번영을 그들의 배도에 대한 상급으로 여겼으며, 여호와와 바알이 그들의 길을 인정하고 있다는 확실한 표시로 여겼다. 거짓 선지자들은 그들의 허망된 생각을 강화시키는데 최선의 노력을 기울였고, 참 선지자들의 메시지는 도무지 귀를 기울일 줄을 몰랐다.

774. 여로보암이 죽자마자 둘 중에 누구가 진리인가 하는 것이 나타나기 시작했다. 10년 동안의 정치 공백기가 이어졌다. 그 기간이 끝날 때에 여로보암의 아들 사가랴가 통치를 시작했다. 그러나 겨우 육개월만에 살룸에게 살해 당하고 만다. 살룸은 일개월만에 또다시 므나헴에게 살해 당한다. 므나헴은 사마리아에서 10년을 통치했다. 그의 통치 기간 중에 나라를 완전히 패망케 하는 큰 재난이 준비되고 있었다. 그는 앗수르 왕 불의 봉신(tributary)이 되었다. 웃시야 왕 50년 므나헴의 뒤를 이어서 그의 아들 브가히야가 왕위에 오른다. 그러나 그는 2년만에 르말리아의 아들 베가에 의해서 살해 당했다. 베가는 20년 동안 왕위에 있었고, 앗수르와 손 잡고 유다를 치려 했다가 결국 이스라엘은 멸망하고 만다. 아하스에게 소환 당했던 디글랏빌레셀 휘하의 앗수르 사람들은 그 때에 그 백성들을 요단강 건너편으로 포로로 끌어갔다. 아하스 왕 4년 베가는 호세아에게 살해 당했고, 호세아는 8년 동안의 정치 공백 상태 이후 아하스 왕 12년 통치를 시작한다. 그는 살만에셀의 봉신이 되었고, 9년 동안 통치하고 결국 그것으로 북왕국 이스라엘은 패망하고 만다. 그는 애굽과 동맹을 맺으려 시도했다가 앗수르 왕에게 복수를 당한 것이다. 호세아가 이러한 상황에서 취했던 입장은 이제 설명하고자 하는 부분에서 잘 이해할 수 있을 것이다. 이 부분은 일종의 스케치와 같은 것으로서 그 이후 이어지는 모든 예언들이 이를 확대시킨 것이라 할 수 있다. 마치 이사야서 6장이나 에스겔서 1, 2장과도 마찬가지이다.

1-3 장

775. 선지자는 여기서 실제로 일어난(그러나 외적으로 일어난 것은 아닌) 행동을 말씀하고 있다고 믿어진다. 이 문제에 대한 근거가 너무 확실하기 때문에 앞으로 이 문제는 일단락된 것으로 간주할 것이다.

776. (1) 여기서 말씀하는 내용이 외적으로 일어났다고 주장하는 사람들은 자기들의 해석이 가장 명확하고 자연스럽다는 가정을 근거로 삼는데, 이 가정이 그들의 거의 유일한 근거가 된다. 그들은 주장하기를, 만일 여기서 벌어지는 일이 내적으로(선지자의 이상 가운데서) 일어났다면, 선지자는 그 사실을 명확히 표현했을 것이라고 한다. 그러나 오히려 그 반대가 옳다고 보아야 한다. 가장 확실한 견해는 상징적인 행동이 이상 가운데서 일어났다고 보는 것이다. 만일 아무런 부연 설명이 없이 선지자의 특정한 활동, 즉 보고 듣고 여호와와 말씀을 나누는 것 등이 나타날 경우 그것을 이상 중에 되어진 것으로 본다면, 그 나머지 활동은 어째서 그렇게 볼 수가 없단 말인가? 전자의 활동들은 선지자들이 존재하는 세계가 전적으로 특별하다는 사실을 전제로 한다. 즉, 외적인 세계가 아니라 영적인 세계에 사는 것이다. 선지자들의 경우 보는 것을 내적인 의미로 이해하여야 한다는 것은 결코 우연이 아니다. 만일 여기에 타당한 이유가 있다면, 기타 다른 활동의 경우도 똑같이 내적으로 이해할만한 타당한 이유가 있어야 마땅하다. 물론 선지자들의 상징적 활동이 전부가 내적인 이상 속에서 행해진 것이라고 주장하는 것은 아니다. 내적인 과정이 언제나 근저에 자리잡고 있다. 그러나 때로 적절할 경우 그것이 외적으로도 표출되어 나타난다. 바로 이런 이유 때문에, 이 논거는 결정적일 수가 없다. 그러나 이는 동시에 매우 중요한 추정을 제공해준

다. 만일 그런 경우의 활동이 규칙적으로 또한 자연적으로 내적인 것이라면, 그것이 외적으로 표출되었다는 것이 입증되지 않는 한 여기서도 그럴 것으로 가정할 수 있는 것이다.

777. (2) 내적인 활동의 경우에는 그 대상이 없이 행해졌다고 주장하기도 하지만 이것을 수긍할 사람은 아무도 없을 것이다. 왜냐하면 구체적인 대상을 향하여 행해진 성경의 상징적 행동들 가운데는 내적으로 행해졌다는 것이 부인할 수 없을 정도로 확실하게 드러나는 경우가 많기 때문이다. 내적인 활동이 전해지고 글로 씌어진 것이다. 그것은 똑같은 진리를 그저 진술로만 하는 것보다는 훨씬 더 감각에 호소하는 면이 강하며 더욱 인상적이라는 이점이 있다. 순간적인 활동의 경우 때로는 내적인 활동이 동시에 외적으로도 표현됨으로써 그 이점이 더욱 커질 수도 있다. 그러나 여기서는 그와는 정반대인 것이 드러난다. 여기 나타나는 상징적 행동은 만일 외적으로 시행되었다면 몇 년 동안 계속되었을 것이다. 만일 그 기간이 그렇게 길었다면, 그 행동을 단번에 볼 수도 없었을 것이며, 그만큼 그것이 주는 인상이 반감되었을 것이다. 그러나 그보다 더 중요한 것은, 만일 그것이 외적으로 표현되었다면 그 외적인 행동 자체가 큰 주목을 끌고 거기에 담긴 뜻은 전적으로 무시되어 버렸을 것이다. 선지자 자신의 가정의 일이 성내의 수많은 떠도는 이야기의 대상이 되었을 것이며, 그 상징적 행동을 통해서 전하고자 했던 그 뜻은 그저 우스꽝스러운 것으로 매도되고 말았을 것이다.

778. (3) 하나님의 명령이 외적인 행동을 가리키고 있다고 생각하기도 하나, 이는 정당화 될 수가 없다. 몇몇 해석자들은 선지자가 합법적으로 결혼도 하지 않고서 부정한 여인에게서 자녀들을 낳았다고 이해하는데, 만일 이를 그대로 받아들여서 그렇게 본다면, 그것이야말로 우스꽝스러운 일이 될 것이다. 토마스 아퀴나스는 이 해석을 따라서 이 특별한 경우에는 하나님의 율법이 그의 명령으로 잠시 보류되었다고 주장했고, 이에 대해서 부데우스 (Buddeus)는 큰 불만을 표시했는데, 그의 불만에 모두가 함께 동참하여야 마땅한 것이다. 하나님 자신이라도 우리를 그의 법에서 자유케 하실 수가 없

다. 그의 율법은 그의 존재의 표현이요 그의 거룩하심의 복사판이다. 이 경우 하나님의 태도가 변하셨다고 주장하는 것은 동시에 하나님과 그의 선하심에 대한 관념을 완전히 폐하는 것과 같은 것이다. 그러므로 이 견해는 결정적인 결함이 있기 때문에 더 이상 증거를 제시할 필요조차 없을 것이다.

그러나 부데우스 등의 해석 역시 결정적인 난점을 안고 있다. 그의 견해는 선지자가 여기서 전에 부정했던 한 여인과 결혼한 것으로 보는 것이다. 그러나 율법은 제사장이 창녀나 혹은 부정한 여인과 혼인하는 것을 금하고 있다(레 21:7). 문자적으로는 제사장에게만 적용되는 것이지만 그것은 동시에 영적으로 선지자들에게도 적용되며, 오히려 제사장의 경우보다 훨씬 더 강력하게 적용된다. 이 점은 제사장의 경우에 주어진 이유에서 쉽게 알 수 있다. 제사장이 그런 혼인을 하지 못하는 것은 그들이 그들의 하나님에 대하여 거룩하기 때문이다. 하나님의 종들은 그의 거룩하심을 드러내야만 한다. 그러므로 죄와 가까이 해서는 안되며, 내적으로나 외적으로나 자기 자신을 더럽히거나 부정하게 해서는 안되는 것이다. 내적인 더러움이 특정한 경우 하나님의 은혜의 특별하신 도우심으로 예방될 수도 있으나 외적인 더러움은 언제나 남아 있게 마련이다. 이제 막 선지자 직분을 시작하려는 선지자에게 그 직분을 성공적으로 수행하는데 지장을 초래할 그런 일을 명령하셨다는 것은 도무지 생각할 수조차 없는 일이다.

이 해석의 난점을 느낀 몇몇 사람들은, 특히 만거(Manger)는 이를 반대하고 그들이 보기에 모든 의혹을 제거시켜 주는 것으로 여겨지는 또 하나의 견해를 주장하였다. 그들은 말하기를, 선지자가 혼인한 여인은 결혼 전에는 순결했으나 결혼하고 난 후 타락했다고 한다. 이 견해는 의심할 나위도 없이 바른 것이라 하겠다. 이는 상징과 실체의 상호 관계에서 잘 드러난다. 2절에 의하면 상징으로 표현된 것은 곧, 백성들이 얼마나 여호와를 버리고 창녀 짓을 했느냐 하는 것이다. 거기의 간음이 영적 간음이라는 사실은 그 혼인이 영적 혼인임을 전제로 하는 것이다. 따라서, 혼인한 아내를 간음을 범한 음녀라 부를 수 있는 것은 오로지 그 여인이 결혼 이후에 저지른 비행 때문인 것이다. 이는 또한 3:1에서도 확증된다. 거기서는 창녀 짓을 한다는 포괄적인 표현 대신 좀더 한정적이고 구체적인 간음을 한다는 표현이 사용되고 있는 것이다. 그 여인이 결혼 전에 부정했다는 것은 전혀 의미가 없을 것이다.

사실상 그렇게 보는 것은 그 상징적 행동이 나타내는 실제의 사실과도 모순을 일으키는 것이다. 왜냐하면 시내산에서 혼인을 맺기 전에 이스라엘은 여호와께 참된 사랑을 주었었기 때문이다. 렘 2:2을 보라: "네 소년 때의 우의와 네 결혼 때의 사랑 곧 씨 뿌리지 못하는 땅, 광야에서 어떻게 나를 좇았음을 내가 너를 위하여 기억하노라"(겔 16장도 함께 보라). 그러나 물론 이 견해가 옳기는 하지만, 그렇다고 해서 이것으로 모든 의혹이 사라진 것은 아니다. 이 견해는 바로 앞의 견해에 대해서 제기되었던 반대 논리에 똑같이 반박 당하고 마는 것이다. 선지자는 차라리 결혼 전에 부정했던 여인과 결혼하여 그녀가 행실을 고쳐서 그 전의 부끄러움을 씻게 되는 것이, 결혼 전에는 순결했다가 결혼 후에 부정하게 되어서 그런 상태로 수 년간을 지내는 것보다는 나을 것이다. 왜냐하면 그렇지 않으면 그 상징적 행동의 뜻이 완전히 사라져 버릴 것이기 때문이다.

외적으로는 불합리한 행동이기 때문에 내적으로도 불합리하고 우스꽝스럽다는 말은 할 수가 없을 것이다. 여기서 선지자가 다순히 하나의 예표라는 사실은 누구나가 다 알고 있다. 그러나 외적으로 부정한 결합을 했다면 그것은 결코 예표만이라 할 수가 없는 것이다. 그런 외적인 행동에는 언제나 분리된 의미가 있으며, 따라서 그 의미도 당연히 예표적 성격과는 별도로 정당한 대우를 받아야 마땅한 것이다.

779. (4) 만일 그의 결혼이 외적으로 시행된 것이라면, 여기서 상징적 행동에서 순수한 상징으로 이어지고 거기서 또 다시 직설적 선포로 이어지는 그런 현상이 나타나는 것을 도무지 설명할 수가 없어진다. 1장에서는 상징적 행동이 아주 잘 지켜져서 나타난다. 그러나 2:1-3의 약속도 1장과 한 부분에 속하는데도 거기서는 그런 상징적 행동이 완전히 사라져 버린다. 육체적인 간음이 영적 간음과 그로 말미암은 이혼의 예표였듯이, 선지자가 불결한 행동 때문에 버렸던 아내가 다시 마음을 변화시키자 그녀를 다시 받아들인 것은 여호와께서 그의 백성을 향하여 베푸시는 자비하심을 예표하여야 마땅하

다. 그러나 이것을 보여주는 흔적이 도무지 나타나지 않는 것이다. 또한 이런 일이 일어나는 것은 예표와 그 예표를 통해서 나타내지는 실체가 서로 다르기 때문이라고 말할 수도 없다. 즉, 선지자의 아내는 마음을 바꾸지 않았다고 말할 수도 없다는 것이다. 왜냐하면 만일 그런 차이가 있었다면, 그것을 예표로 선택하지 않았을 것이기 때문이다. 오히려 그 반대인 것이 2:9에서 나타난다. 2:4-25의 두번째 단락에서는 상징적 행동이 계속되기는 하지만, 너무도 자유롭게 진행되는 나머지 그것이 하나의 표상(figure)이 되어버리며 그 이면에 실체가 계속해서 모습을 나타내 보이는 것이다. 3장에서는 상징적 행동이 다시 더 획일적으로 나타난다. 이러한 사실은 오로지 그 모든 일이 내적으로 이루어졌다는 가정으로만 해명될 수가 있다. 외적인 행동의 경우, 상징적 행동에서 표상으로, 또한 표상에서 실체로 전환하는 일이 쉽지가 않다. 외적인 행동의 경우 그것이 나타내는 관념의 기반을 이루는 구조가 훨씬 더 물질적이 되며, 관념이 거기에 완전히 밀착되어 있어서 그것을 분리시킬 수가 없게 되는 것이다.

780. (5) 여기의 상징적 행동을 외부적인 것으로 이해할 수 없도록 만드는 큰 장애물이 있는데, 곧 3장에서 나타난다. 이것만으로도 이 문제를 결정짓기에 충분하다 하겠다. "여호와께서 내게 이르시되… 너는 또 가서 타인에게 연애를 받아 음부된 그 여인을 사랑하라 하시기로." 이 상징적 행동을 외적인 것으로 보는 해석자들은 여기서 적지 않게 당황하게 된다. 몇몇 사람들은, 여기서 여호와께서 선지자에게 사랑하라고 말씀하시는 그 여인은 그의 전 부인 고멜이었다고 본다. 그리하여, 여호와께서 선지자에게 다시 그녀와 화목하라고 말씀하시는 것으로 이해하는 것이다. 그러나 이런 추론은 전적으로 받아들일 수가 없다. 여기서 정관사 없이 그냥 '여인' (한글 개역 성경은 '그 여인'이라고 번역하고 있다—역자주)이라고 한 점도 위의 추론을 반대하고 있거니와, 2절에서는 여인을 값을 주고 사는 장면이 나오는데 이는 그 일이 있기 전에는 그 여인이 선지자의 소유가 아니었음을 전제로 하는 것이며, 또한 '타인에게 연애를 받아 음부가 되었다' (헹스텐테르크는 이를 '남편에게 사랑을 받았으나 음부가 되었다'의 뜻으로 이해한다. 영어역 NASB도 이를

취한다. 'who is loved by her husband, yet an adulteress.'—역자주)
는 것은 바르게 해석하면 오로지, 그 여인이 '본 남편에게 사랑을 받았으면
서도 신실하지 못했다'는 의미로 밖에는 받아들일 수가 없는 것이다. 그러므
로, 여기서 선지자가 고멜과 재결합한 것으로 보게 되면, 고멜은 선지자의
품으로 돌아온 다음 또다시 정절을 버리고 음부가 되었다고 이해할 수밖에는
없게 되는데, 이것이 여호와의 말씀의 주제와 어떤 상관점이 있는지 찾기가
어려운 것이다.

마지막으로, '사랑하라'는 명령은 '다시 사랑하라'는 뜻으로 이해할 수
가 없다. 왜냐하면 선지자가 그 아내를 사랑하는 것은 여호와께서 그 백성
이스라엘을 사랑하는 것을 그대로 드러내 주는 것이기 때문이다. 그런데 이
사랑이 하나님께서 회심한 그의 교회를 향하여 베푸실 사랑에만 한정되는 것
이 아니라는 점은 '이스라엘 자손이 다른 신을 섬기고 건포도 떡을 즐길지라
도'라는 말씀이 덧붙여져 있다는 사실에서 나타난다. 그러므로, 하나님의 사
랑은 그들이 정절을 지키지 않는 동안에도 계속되며, 따라서 그 사랑을 예표
하는 선지자의 사랑 역시 그런 것이다.

선지자는 여기서 새로 결혼을 함으로써 두번째로 여호와와 그 언약 백성
의 관계를 예표하라는 요구를 받고 있다고 보는 주장도 있으나, 이 역시 잘
못된 것이다. 만일 그렇다면, 고멜은 다시 돌아오기를 거부하여 영영 버림을
받았든지 아니면 죽었든지 둘 중의 하나가 된다. 그렇게 되면 어떤 경우든,
고멜은 결국 이스라엘을 예표하는 것이라 할 수가 없다. 고멜을 택한 것은
그 원형과 우연히 일치하는 면이 있었기 때문이었다고 밖에는 볼 수가 없는
것이다. 그렇게 되면 가장 중요한 사실이 무시되고 만다. 불경건한 자들이
소망을 완전히 잃어버리지 않게 되고, 경건한 자들에게서 위로가 끊어지지
않게 되기 위해서는 내어쫓긴 교회가 여전히 하나님의 긍휼하심의 대상이 되
고 있다는 사실, 로루하마가 아직 루하마라는 사실이 가장 중요한 것이다.

그러나 위의 견해를 취하면, 그와는 정반대되는 것이 예표되는 셈이 되
어 버리며, 두 아내는 결국 서로 다른 두 백성을 나타내는 것이 되어 버린
다. 그리고 더 나아가서 고멜이 다시 돌아오지 않았다는 가정은 선지자 자신
의 주장과 모순된 것이다. 2:4 이하의 내용이 선지자와 고멜의 관계를 전제

로 하고 있다는 사실은 의심할 여지도 없다. 왜냐하면 전에 불길한 이름들을 가졌다가 이제 구원을 약속하는 그런 이름들을 갖게된 세 자녀들이 바로 고멜의 자녀들이기 때문이다. 그러나 "내가 본 남편에게로 돌아가리니 그 때의 내 형편이 지금보다 나았음이라"(7절)라고 말하는 고멜은 "나는 나를 연애하는 자들을 따르리니 저희가 내 떡과 내 물과 내 양털과 내 삼과 내 기름과 내 술들을 내게 준다"(5절)라고 말한 바로 그 여인이다. 또한 선지자가 그녀의 세 자녀들을 불쌍히 여겨서 그들에게 새 이름을 주며(2:1), 나중에 그 이름의 의미에 대해서 분명히 밝히는 것에서도 똑같은 결과를 얻을 수 있다. 자녀들을 불쌍히 여긴다는 것은 그 어미가 회심했음을 시사하며, 결국 그녀가 불쌍히 여김을 받았음을 보여주는 것이다. 그 자녀들이 내어쫓기게 된 것은 그 어미의 부정 때문이었으므로, 그 자녀들을 다시 받아들인 것은 다름 아닌 그 어머니의 회심 때문일 수밖에 없다. 간음하여 난 자식들이므로, 그 자녀들은 오직 그 어미와 선지자의 관계 여하에 따라서 선지자와 관계를 맺을 수밖에 없었다. 선지자가 그 어미를 내어쫓았을 때에는 그 자녀도 마찬가지로 내어쫓김을 당했다. 고멜이 죽었다고 보는 주장은 다른 대안이 없어서 그렇게 허구의 이야기를 만들어서 둘러대는 것이라고 볼 수밖에는 없다.

마지막으로, 몇몇 사람들은 어거스틴의 예를 따라서 본문의 강화의 주제가 결혼이 아니라 선지자가 자기 아내에게 보여주는 특정한 애정의 느낌(a certain friendly feeling)이라고 여긴다. 그러나 이런 가정 역시 본문의 상황과 모순을 일으킨다. 선지자가 그 아내를 사랑하는 것은 이스라엘을 향한 하나님의 사랑과 그 범위와 본질에서 동일하며, 또한 하나님의 사랑을 표현하는 이미지로서는 오직 혼인의 사랑 밖에는 적절한 것이 없는 것이다. 그러므로 그런 가정은 그릇된 것이며, 더구나 선지자가 그 아내를 값을 지불하고 샀다는 사실은 그 가정으로는 도저히 설명할 수 없는 것이다.

앞에서 열거한 모든 가정들을 반박하는 한 가지 논거가 더 있다. 그것은 곧 매우 중요한 정황이 설명되지 않고 있다는 사실이다. 선지자는 그런 상황을 설명하지 않고, 독자들로 하여금 앞의 상징적 행동과 연관지어서 스스로 생각하도록 내어버려 두는 것이다. 여기서 두 가지 점이 두드러진다. 곧, 선지자가 그의 아내를 취한 것(2절)과 그가 그녀를 회심시키기 위해 취한 과정

(3절)이 그것이다. 그 아내가 그 동안 저지른 악행과 불륜에 대해서는 완전히 침묵하고 지나친다. 만일 이것이 외적인 것이었다면 이 점은 납득이 되지 않는다. 왜냐하면 이것이 외적인 상황일 경우, 첫번째에서 두번째로 결론을 낼 수가 없어진다. 그러나 이것이 선지자의 이상 속에서 내적으로 되어진 것이라면 모든 것이 분명해진다. 그 여인이 고멜이냐 다른 여인이냐 하는 것이 전혀 문제가 되지 않는 것이다. 만일 고멜이 그저 이상적인 한 여인에 불과했다면, 그녀에게 나타나는 것이 선지자의 다른 이상적인 여인에게서도 그대로 나타날 수 있는 것이다. 왜냐하면 둘 다 동일한 것을 예표하며, 실제로 존재하지 않으며 그저 예표로만 생각되기 때문이다. 그리고 중간에 되어지는 모든 일들을 생략한 채 두드러진 부분만을 이상 속에서 행할 수 있는 것이다.

781. (6) 여기의 모든 일들을 외적으로 행해진 것으로 보게 되면, 1장에 언급된 자녀들에 관해서 적지 않은 난제가 발생한다. 이들은 간음으로 태어났다. 그러므로 그들은 그 어미가 회심했다 하더라도 완전한 의미에서 선지자의 자식으로 여겨질 수는 없는 것이다. 그리고 바로 여기서 예표와 그 실제 사이에 큰 괴리가 나타난다. 그러나 이 일들을 내적인 것으로 보게 되면, 이런 난제는 사라진다. 육체적으로 불가능한 것이 고려되지 않기 때문이다. 전에 하나님의 자녀가 아니었던 자들이 하나님의 자녀가 되는 것이 예표를 통해서 표현될 수가 있다. 실제로 그 어미는 자녀와 떨어져서는 존재하지 않는다. 그녀는 그 자녀들과 처음부터 끝까지 관계를 맺고 있는 것이다. 그러므로 2:23에서도 물론 선지자가 지적하지는 않지만, 그 어미와 자녀들이 함께 묶어져 나타나는 것이다.

782. (7) 여기의 상징적 행동이 내적으로 진행된 것이라는 사실은 첫째 아내와 그녀의 아버지의 상징적인 이름들에서도 드러난다. 그 이름들에서 상징적인 의미를 지적해 낼 수 없다면 문자적인 해석을 지지하는 중요한 논거가 될 수도 있을 것이다. 그러나 그 반대 입장에서 더 확실한 증거가 나타날 때에는 그것에 의지하는 것이 상례일 것이다. 만일 그 상징적인 행동들이 외

적으로 일어난 것이었다면, 그 이름들이 당시에 보통으로 있던 그런 것들이었을 것이다. 시나 허구의 이야기에 있어서도 그것이 허구라는 것을 사람들이 보지 못하도록 그럴 듯한 이름을 붙이는 것이다.

고멜은 수동적인 의미를 지니는 완성의 뜻 외에는 없다. 이스라엘 사람들의 예표인 그 아내가 어떤 의미로 완성이라는 이름이 붙여졌는지는 문맥에서 명확히 드러난다. 그러므로 이 이름과 관련하여 어떤 명확한 사실이 언급되지 않았으므로 이 이름에 어떤 의미를 붙여서는 안된다는 마우러(Maurer)의 반대 견해가 설득력이 없게 되는 것이다. 의미있는 이름을 붙이더라도 그 이름은 하나의 암시 정도밖에는 주지 않는다. 그리고 여기 선지자의 아내의 경우에는 그것으로 족하다. 왜냐하면 그 앞에서 이미 그 아내의 불륜 사실을 언급했기 때문이다.

그 밖의 경우에는 슥 5:5-11과 비교하라. 거기서는 이스라엘 백성들이 그들의 죄의 분량을 가득 채웠다는 사상이 에바 가운데 앉은 한 여인으로 예표되고 있다. — 밧 디블라임('디블라임의 딸')은 오직 '두개의 무화과 떡의 딸' (= filia deliciarum = deliciis dedita)이라는 뜻 이외에 다른 의미일 수가 없다. '딸'은 한 사람에게 의존하며 교훈을 받는 관계에 있는 여자를 지칭한다. 무화과 떡은 당시 가장 맛있는 것으로 여겨졌다. 이스라엘 사람들이 엄격하고도 철저한 여호와 신앙에서 부드럽고 감각적이며 모든 것을 방임하는 우상 숭배로 떨어진 원인은 바로 관능주의(sensuality)였다. 이스라엘의 이웃들에게서 그런 타락을 일으킨 똑같은 원인이 그들에게도 작용한 것이다. 그러나 우리의 해석은(제롬도 물론 충분히 입증되거나 타당성이 인정받은 것은 아니지만 우리의 해석과 본질적으로 같은 해석을 하고 있다) 단순히 3:1에서 근거하여 세운 하나의 가정에 불과한 것은 아니다. 거기 나타나는 말씀, '이스라엘 자손이 다른 신을 섬기고 건포도 떡을 즐길지라도'는 단순히 고멜 밧 디블라임을 풀어 놓은 것에 지나지 않는다. 여기서 건포도 떡과 무화과 떡이 서로 다르지만, 둘 다 사람들이 즐겨 찾는 가장 맛이 좋은 것을 뜻하기 때문에 이것이 문제되는 것은 아니다. 그리고 그 떡들을 즐기는 것과 그 떡들의 딸이 되는 것은 결국 동일한 사상을 표현하는 것이다.

이제 이 이름이 상징적 의미가 있다는 것이 입증되었으므로, 동시에 선지자의 상징적 행동이 내적으로 진행되었다는 것이 옳다는 것도 입증된 것이다. 자녀들의 상징적 이름들의 경우는 여기의 행동이 내적으로 진행된 것임을 입증해 주지는 못한다. 이사야의 아들 스알야숩과 마할살랄하스바스의 경우도 그 이름에 상징적 의미가 있다고 해서 그 아들들이 실제로 존재하지 않았다고 주장할 수는 없기 때문이다. 선지자 자신이 그들에게 이 이름들을 지어주었다. 그러나 여기 호세아의 아내의 경우는 전혀 다르다. 그녀는 선지자를 만나기 이전에 이미 그 이름을 갖고 있었기 때문이다. ― 그 이름이 상징적인 것이 아니었고 선지자의 실제의 아내의 이름이 아니었다면, 그가 어째서 두번째 아내의 이름을 언급하지 않고 그저 '한 아내'라고만 했는지 설명하기가 어렵다.

783. (8) 문자적 해석을 반대하는 한 가지 주요한 논지가 3:2에서 나타난다. 이 구절의 바른 해석에 의하면 이 논지는 우리가 최초로 제시하는 것이다. 일반적으로 이 구절을 다음과 같이 번역하고 있다: "내가 은 열 다섯 개와 보리 한 호멜 반으로 나를 위하여 저를 사고"(헹스텐베르크는 이를 '내가 은 열 다섯 개와 보리 한 호멜과 보리 한 레텍의 값을 주고 저를 사서 내게 데려왔으며'로 번역하고 있다―역자주). 이 구절을 아내를 그 부모에게 값을 치르고 사는 당시의 관습으로 설명하는 것이다. 그러나 이런 번역과 해석은 매우 중대한 언어학적 난제에 봉착하게 된다. ― 미카엘리스는 그 금액 전체가 30 세겔이었다고 주장했는데, 우리는 그의 견해를 입증된 것으로 보아서 그것을 그대로 취한다. 이 선지자는 금 절반, 즉 금으로 따져서 절반의 가치가 있는 금액을 지불했다. 호멜은 겔 45:11에 의하면 10 에바에 해당하며 레텍(한글 개역 성경은 '반'으로 번역하고 있다―역자주)은 한 에바의 절반에 해당한다. 그러므로 은 열 다섯 개와 열 다섯 에바의 보리가 금액으로 주어졌는데, 보리 한 에바는 당시에 한 세겔에 해당하는 것이었음이 분명한 것 같다. 그런데 어째서 절반은 은으로 달아서 주고, 절반은 자연의 곡식으로 쳐서 주었는지는 알 수가 없다. 그러나 거기에는 분명한 이유가 있었을 것이다. 왜냐하면 다른 특성들이 모두 의미없는 것이 없으므로 이것도 당연히 의미가 있을 것이기 때문이다.

어쩌면 종을 살 때에 그런 식으로 값을 지불하는 것이 관례였는지도 모른다. 여기서 총 금액을 언급한 것에서 우리는 종이나 노예의 산 것과 같은 생각을 갖게 되기 마련이다. 그 금액은 하인이나 하녀를 위해서 지불하는 금액과 정확히 동일하다(출 21:32; 슥 11:12 등을 보라). 종이 그가 속한 주인에게 영구히 봉사하게 되면, 그의 귀를 뚫었다(신 15:17). 그리하여 시 40:7에서도 '귀를 통하여'라고 말씀하는 것이다. 그런데 여기서도 (자주 나타나는 구절들의 경우 몸의 부위의 이름을 생략하는 관례에 따라서) 그저 '뚫는다'라는 말이 나타나고 있다. 이것은 곧, '내가 그 여인을 나의 종으로 만들었다'라는 의미를 지닌다. 선지자가 혼인하고자 했던 것은 자유로운 여인이 아니었고, 노예였다. 그가 먼저 그녀를 위하여 값을 지불하고 사기 때문에, 그녀는 그에게 두배의 빚을 지는 것이요, 그는 그녀에 대해서 두 배의 권리를 갖게 된 것이다.

이런 사실이 무엇을 나타내 주는지는 자명하다. 여호와께서 택하신 것은 자유로운 독립적인 백성이 아니요 치욕적인 굴레에서 먼저 자유를 얻고 그런 후에야 비로소 그와 친밀한 관계를 가질 수 있는 그런 백성이었다. 그들을 구원하기 위해서 그들이 속박되어 있는 그 집에 속량금을 주어야 한다는 사상은 여호와께서 그 자신을 값으로 지불하신다는 놀라운 표현들에서 잘 볼 수 있다. 신 7:8("여호와께서 다만 너희를 사랑하심을 인하여, 또는 너희 열조에게 하신 맹세를 지키려 하심을 인하여 자기의 권능의 손으로 너희를 인도하여 내시되 너희를 그 종 되었던 집에서 애굽 왕 바로의 손에서 속량하셨나니"), 9:26("주 여호와여 주께서 큰 위엄으로 속하시고 강한 손으로 애굽에서 인도하여 내신 주의 백성 곧 주의 기업을 멸하지 마옵소서") 등을 보라. 이제부터는 여호와의 종으로서 오직 여호와만을 섬기라고 백성들을 권면하는 것은 바로 이 구속을 근거로 하는 것이다(십계명의 서언을 보라). 그러므로 여기서 우리는 놀라우리 만큼 상징적이며 또한 그렇게 놀랍게 실체로부터 예표로 넘어가서 도저히 이것을 외적으로 실행된 것으로 볼 수가 없는 그런 하나의 특징을 보게 되는 것이다.

1:1 — 2:1

784. 1-3장의 부분(이 부분은 여호와와 그 백성 사이의 관계가 시종일 관 결혼의 비유와 상징으로 묘사된다는 점에서 나머지 부분의 예언과 구분될 수 있다. 그런 묘사는 곧 사라진다) 세 단락으로 나눌 수 있을 것이다. 그러 나 이 단락들은 서로 밀접하게 연결되어 있어서(3:1에서 와우[î] 연계형과 미래형이 함께 쓰여지고 있는데서 나타나며, 또한 3장에서 그 앞에서 전개한 내용이 완결된다는 사실에서 나타난다), 다른 면에서 보면 전체를 하나의 큰 단락으로 볼 수도 있을 것이다. 이 단락들은 내용상으로는 서로 크게 구별되 지 않으나, 첫째 단락은 배도를 묘사하며, 둘째는 그것에 대한 징벌, 그리고 셋째 단락은 회복을 묘사한다고 볼 수 있다. 그러나 사실 각 단락마다 이 세 가지를 다 갖추고 있다고 할 수 있다. 그러므로 이 단락에서 이 주제가, 저 단락에서 저 주제가 더 두드러지게 다루어질 뿐이며, 사실 이 세 가지 주제 를 함께 다 포용하여 이해하여야만 각 단락을 올바로 다루는 것이라 하겠다.

현재의 단락에서는 하나님께서 이스라엘과 가지시는 언약적 관계를 선 지자의 결혼을 통해서 묘사하며, 하나님의 명령으로 끝을 맺는다. 이 단락에 서는 선지자의 아내의 불륜을 통해서 백성의 배도, 특히 열 지파의 왕국 백 성의 배도—선지자는 오로지 이들에게 보내심을 받았다—를 묘사하며, 그 불 륜을 통해서 난 자녀들에게 준 불길한 이름을 통해서 하나님의 징벌을 묘사 한다. 그 다음 2:1-3에서는 상징을 넌지시 암시함으로써 좀더 직접적으로 번 영에 대해 예언하고 있다.

785. 1절. "웃시야와 요담과 아하스와 히스기야가 이어 유다 왕이 된 시대 곧 요아스의 아들 여로보암이 이스라엘 왕이 된 시대에 브에리의 아들

호세아에게 임한 여호와의 말씀이라.” 2절. “여호와께서 비로소 호세아로 말씀하시니라 여호와께서 호세아에게 이르시되 너는 가서 음란한 아내를 취하여 음란한 자식들을 낳으라 이 나라가 여호와를 떠나 크게 행음함이니라.” 음란한 아내에 음란한 자식들이다. 그 아내는 그런 악행에 육체와 영혼을 온통 쏟고 있는 그런 성격을 유지하고 있으며, 그 자식들은 그 악의 산물이다. 자식들의 경우는 그들이 음행에 내어 맡겨진 것으로 볼 수는 없다. 그런 사상은 본문과는 전혀 관계가 없다. 선지자는 그 아내와 더불어 그녀가 낳은 (선지자와의 사이에서 난 것이 아니라) 자식들을 함께 받아들인 것이다. 그 자녀들이 전에 그녀가 선지자에게서 낳은 것이 아니며, 그들의 출생이 4절의 행위와 관련이 있다는 것은 자명한 일이며, 이미 충분히 입증된 사실이다. 이는 또한 그 자식들이 선지자의 자녀로 여겨져서는 안된다는 사실은 “음란한 자식들”이라는 호칭에서 잘 드러난다. 또한 선지자의 수동적인 행동을 표현하는 ‘취하여’라는 말 자체에서도 잘 드러나며, 이어지는 문맥에서 단순히 그 아내의 임신과 출산 사실이 언제나 강화의 주제가 되며 사 8:3에서처럼 선지자가 아이를 얻는 것은 한번도 거론되지 않는다는 점에서도, 또한 마지막으로 상징과 실체의 관계에서도 잘 드러난다.

이러한 사실에서 볼 때에 어미와 그 자식들은 똑같이 합법적인 남편과 아비에게서 소외된 상태에 있는 것으로 보아야 마땅하다. 이 사실은 3절의 ‘저가 잉태하여 아들을 낳으매’와도 모순되는 것이 아니다. 그 표현은 다만 그 아내가 간음하여 낳은 아이를 선지자에게 그의 자식으로 내어 놓는 것을 나타내는 것뿐이다. 그리고 자기가 낳은 자식도 아닌 아이들을 받아들여서 자기 친 자식처럼 대하며 양육하는 선지자 남편의 인내와 오래 참음과 같이, 여호와께서는 오랜 세월 동안 배도한 이스라엘 사람들을 마치 자기 자식들로 대하며, 오직 그의 자녀만이 받을 수 있는 유산을 주며, 그 놀라운 축복들을 주시며, 최후에 가서야 그들을 버려진 자식들로 선포하시고 그들을 포로로 잡혀가게 하신 것이다.

마지막 말씀에서 상징적 행동의 의도가 나타나고 있다. 그 앞에 나타나는 부정사 절대형은 동사의 의미를 강조하는 뜻을 지닌다. 그리하여 선지자는 ‘행음하다’라는 표현을 그 완전한 의미로 사용하고 있음을 보여주고 있다. 즉, 그 음란의 행위와 그 강도와 범위와 그 죄악된 면까지를 다 포함해서 나타내고 있는 것이다. 그리하여 그는 사실을 있는 그대로 나타냄으로써 심각성을 경감시켜 표현하고자 하는 시도를 사전에 잠잠하게 만드는 것이다. 그런 시도에 있어서 이스라엘 사람들은 매우 재간이 풍부했다. 그들은 자신들이 여호와께 아주 불성실했다고는 생각하지 않았다. 그들은 자기들이 우상들과 교섭한 것은 그저 사소한 것들이요 용서받을 수 있는 객기(客氣, gallantry)였다고 여긴 것이다.

여기서 행음을 단순히 우상 숭배만이 아니라 인간의 도움을 의지한 것까지 포함해서 이해하여야 한다는 사실은 그 다음에 이어지는 내용에서 드러난다. 거기서는 항상 우상 숭배가 강화의 주제가 되고 있다. 이 사실을 그 관념에까지 추적해 들어가면, 우상 숭배 밑에는 인간을 신뢰하는 것이 있으며 그것은 이내 하나님을 향하여 배도하여 하나님이 아닌 것에게로 넘어가는 것으로 이어지는 것이 사실임을 알게 된다. 이처럼 더 특별한 것이 일반적인 관념에 의존하게 되면, 결국 겉으로 표현된 형상이 영원한 진리가 되어 버리며, 그것이 언제나 시대에 뒤떨어지지 않는 것처럼 보이며, 따라서 우상 숭배의 엄청난 어리석음이 전혀 그렇게 깨달아지지 않는 것이다.

786. 3절. "이에 저가 가서 디블라임의 딸 고멜을 취하였더니 저가 잉태하여 아들을 낳으매." 많은 해석자들은 여기의 세 자녀들을 세 가지 서로 다른 세대를 가리키는 것으로 가정하여, 계속해서 백성들의 부패가 더욱 심화되는 것을 지칭하고 있는 것이라고 본다. 그러나 올바른 견해는 오히려 '관계를 달리 묘사했을 뿐이지 여기의 아내와 자식들 모두가 이스라엘 백성이다'라고 보는 것이라 하겠다. 아내라는 관념은 여호와와의 관계를 하나의 연합적인 것으로서, 그리고 자식들의 관념은 여호와와의 관계를 복수성을 지닌 관계로서 나타내는 것이다. 선지자가 자식들을 태어나게 한다는 것과, 그 자식의 수가 셋이라는 것은 그 이름들에 근거를 둔다. 그 자식들은 오로지 이름을 받기 위해 존재할 뿐이다. 그 세 이름들은 서로 개별적으로 이해할 것이 아니며 모두 함께 합쳐서 이해하여야 할 것들이다. 그리하여 그 이름들은 이스라엘 백성에게 닥칠 운명과 상응하는 이미지를 나타내 주는 것이다.

787. 4절. "여호와께서 호세아에게 이르시되 그 이름을 이스르엘이라 하라 조금 후에 내가 이스르엘의 피를 예후의 집에 갚으며 이스라엘 족속의 나라를 폐할 것임이니라." 이스르엘은 이스라엘 왕국에 대한 하나님의 큰 심판이 마지막으로 시행되었던 곳이다. 선지자 당시에 통치하고 있던 그 왕조를 창건한 예후는 거기서 이스르엘과 아합의 온 가문에 대하여 그들이 여호와께 저지른 배도와 그들이 흘린 무고한 종들의 피에 대해서 복수를 했다. 예후는 하나님의 명령을 받아 엘리사가 보낸 선지자의 생도 중 하나에게 왕으로 기름 부음을 받는다. 여호와께서는 그를 통하여 예후에게 말씀하신다: "내가 네게 기름을 부어 여호와의 백성 곧 이스라엘의 왕을 삼노니 너는 네 주 아합의 집을 치라. 내가 나의 종 곧 선지자들의 피와 여호와의 종들의 피를 이세벨에게 갚아주리라 … 아합의 집을 느밧의 아들 여로보암의 집과 같게 하며 또 아히야의 아들 바아사의 집과 같게 할지라"(왕하 9:6-9).

예후는 그 명령을 그대로 시행했다. 예후가 이스르엘에 가까이 가자 아합의 아들 요람이 그에게 나아와 이스르엘 사람 나봇의 토지에서 서로 만났다. 거기서 예후는 명령을 내려 그를 살해하여 그 시체를 던지며, 여호와의 명령을 근거로 제시한다: "내가 어젯날에 나봇의 피와 그 아들들의 피를 분명히 보았노라 … 이 토지에서 네게 갚으리라." 이세벨이 자기의 수치스러운 죽음을 보게 된 것이 바로 이스르엘에서였던 것이다. 왕의 아들 칠십인을 죽여 그 머리를 보낸 곳은 바로 복수의 중심지였던 이스르엘이었다(왕하 10:1-10). 예후는 또한 바로 그곳에서 왕의 집의 나머지 사람들, 그의 신하들, 그의 친족들, 그의 제사장들을 모두 죽였던 것이다.

그런데 그 왕의 집이, 그리고 그 집과 함께 온 이스라엘이 다시 이스르엘이 된다고 한다. 즉, 과거에 이스르엘에서 행해졌던 것과 똑같은 하나님의 복수가 그 위에 다시 임할 것이라는 뜻이다. 그 이유는 설명 부분에 주어져 있다. 예후의 집과 온 이스라엘이 이스르엘의 징벌이 된다. 왜냐하면 그들이 이미 이스르엘의 죄악이 되었으며, 또한 과거에 이스르엘에서 있었던 것처럼 그들이 살해한 자들의 피가 다시 여호와께서 복수하시기를 위해서 울부짖고 있기 때문이다.

이로써 우리가 설명 부분의 "내가 이스르엘의 피를 예후의 집에 갚으며"

라는 표현을 어떻게 이해해야 하느냐 하는 것이 이미 밝혀진 셈이다. 새로운 피의 범죄(살인, 이는 모든 범죄의 극치로서 나머지 온갖 범죄들을 전제로 하는 것이다. 사 1:21을 보라)를 과거의 피의 범죄의 이름으로 부르고 있으므로 형벌도 과거의 형벌을 들어서 나타내고 있는 것이다. 이런 식의 표현 방식이 백성들에게 얼마나 깊은 인상을 주었을지를 간과해서는 안된다. 이스르엘에서 과거에 범한 죄악에 대해서는 온 백성이 이미 잘 인지하고 있었으며, 특히 왕가에서는 더 속속들이 잘 알고 있었다. 예후 왕가의 모든 정통성과 권위는 바로 그 과거의 이스르엘의 범죄를 시인하는데 달려 있었던 것이다. 그 무서운 형벌에 대한 기억이 모든 사람의 뇌리에 아직도 생생하게 남아 있었다. 그러나 그러면서도 그들은 그들 자신도 그와 똑같은 죄악을 저지르고 있으며, 따라서 그 때와 똑같은 형벌을 받아 마땅하다는 사실을 깨닫지 못하고 있었다.

여기의 말씀 한 마디를 통해서 선지자는 과거에 영원히 지나가 버린 것으로 여기고 있는 그것을 현재에 다시 일깨우고 있는 것이다. 단 한마디 무서운 발언을 통해서 그는 그들의 자기 기만과 패역한 안일함을 통렬하게 지적하고 있는 것이다. 형벌에 대한 경고는 두 가지 사실을 내포하고 있다. 첫째로, 예후의 집과 온 이스라엘이 징벌에 관하여 이스르엘이 될 것이다. 이는 그들이 이미 죄악에 관하여 이스르엘이 되었기 때문이다. 그리하여 그 백성의 존귀한 이름인 이스라엘과, 행위와 조건적으로 추악한 이름인 이스르엘과의 사이에 의미심장한 언어상의 대비가 나타나고 있음을 보게 된다. 그리고 둘째로, '내가 … 이스라엘 족속의 나라를 폐할 것임이니라'라는 표현을 통해서 모든 국내의 왕가의 통치권이 폐함을 얻으며 결과적으로 전체의 국가의 독립성이 폐함을 입을 것이 예언되고 있다. 이 점은 너무도 분명해서 더 이상 증거를 제시할 필요조차 없다.

이 두 가지 사실은 그 성취의 시기는 서로 상당 기간의 간격이 있으나, 그럼에도 불구하고 서로 깊은 연관을 맺고 있었다. 예후의 집의 몰락과 동시에 이스라엘 왕국의 권세가 깨어져 버렸다. 그 자손이 4대에 걸쳐서 왕위에 오를 것이라고 예후에게 예언되었었다(왕하 10:30). 여로보암은 예후의 증손자였으므로, 이 왕가의 영광은 그의 아들 대에 가서 끝나고 말 것이었다.

그러나 예후의 집과 이스라엘 왕국이 여로보암(2세)의 통치 때만큼 멸망과 거리가 먼 것처럼 보인 때는 없었다. 그러므로, 바로 그 때야말로 잊혀졌던 예언을 다시 기억을 되살리고 동시에 그 예언대로 진행시킬 때였던 것이다.

788. 5절. "그 날에 내가 이스르엘 골짜기에서 이스라엘의 활을 꺾으리라 하시니라." 이스르엘 골짜기에서 이스라엘은 징벌을 받게 되어 있었다. 이 절은 '그 날에' 라는 표현이 암시하듯이 그 앞 절의 마지막 말씀을 더욱 확충시킨 것이다. 활을 꺾이운 자는 무장 해제를 당하여 무방비 상태가 된다. 여기서는 이스라엘이 앗수르에 속국이 되어 그 결과로 이스라엘 왕국이 멸망하게 될 것을 말씀하는 것이 분명하다. — 어디서 그 일이 일어나는지에 대해서 역사서는 침묵하고 있다. 제롬은 이 구절에 대해서 말하기를, 그 일이 이스르엘 골짜기에서 일어났다고 한다. 이는 하나의 역사적인 추측 이상 아무 것도 아닐 것이다. 그러나 이 본문을 의지하지 않더라도, 그럴 개연성은 충분하다. 이스르엘 골짜기, 혹은 에스드렐론은 갈릴리 지방의 넓고 높은 평원으로서 과거에는 아주 비옥했으나, 부르크하르트(Burckhardt)에 따르면, 지금은 완전히 황량하며 길이가 약 8 스타디아 정도이며 넓이가 4 스타디아 정도 되는 곳으로서 북왕국 이스라엘의 영토 내에서 전쟁이 치러질 때에는, 특히 적군들이 북에서 침입해 들어올 때에는, 언제나 전투장으로 이용되는 그야말로 천연의 전투장이었다.

"1세기에는 그곳에 군단이 주둔했다. 그곳은 느부갓네살, 베스파시안, 유스티니아누스, 술탄 왕 살라딘 등 많은 정복자들의 군대가 진을 쳤던 곳이다. 나폴레옹 보나파르트의 원정은 수리아에서 성공을 거두었으나 이곳에서 끝나고 말았다. 클라크(Clarke)는 여기서 다마스커스의 고관(高官, pasha)의 병사들의 천막을 발견하기도 했다. — 후대에 와서 그곳은 아라비아인 무리들과 터키 병사들 사이의 충돌이 빈번하게 일어난 싸움터였다. 아시아인들과의 정치적 관계로 인하여 이곳에 충돌이 빈번하여 그 때문에 한때는 그렇게 번성하며 마을과 많은 사람들이 득실거렸던 갈릴리 지방이 황폐화되고 인구가 줄어든 것이다."

여기에다 우리는 그 동일한 평원에서 사울과 요나단이 최후를 맞은 그 전투가 바로 그 동일한 평원에서 있었다는 사실을 첨가할 수 있을 것이다. 에스드렐론 평원은 동남쪽으로 길보아 산맥으로 이어지는데 거기서 사울과 요나단이 죽임을 당한 것이다. 그리고 아합과 아람과의 전투도 이 곳에서 일어났다. 또한 요시야 왕이 바로 느고와 싸움을 벌이다 치명적인 부상을 입은 곳도 므깃도 성 가까이 있는 이 평원에 속한 한 지역이었다.

789. 6절. "고멜이 또 잉태하여 딸을 낳으매 여호와께서 호세아에게 이르시되 그 이름을 로루하마라 하라 내가 다시는 이스라엘 족속을 긍휼히 여겨서 사하지 않을 것임이니라." 제롬을 비롯한 몇몇 사람들은 여기서 여자 아이가 태어났다는 것이 그 백성이 한층 더 부패했다는 것을 나타낸다고 주장하나, 이는 타당성이 없다. 만일 그렇다면, 셋째 아이는 어째서 아들이었는가? 그 이유는 오히려 그 이름에서 찾아야 할 것이다. 로루하마에 포함되어 있는 동사는 아무 사랑이나 다 가리키는 것이 아니라, 높은 자가 낮은 자를 향하여, 강한 자가 약한 자를 향하여 베푸는 사랑을 가리킨다. 베드로는 이 낱말에 대한 칠십인역의 번역을 취하여 이를 οὐκ ἠλεημένη로 번역하는데(벧전 2:10), 이는 바울의 번역 οὐκ ἠγαπημένη(롬 9:25)보다는 더 정확하다 하겠다. 그러므로 이 동사는 하나님을 향한 사람의 사랑의 뜻으로는 절대로 쓰이지 않으며, 언제나 사람을 향한 하나님의 사랑과 긍휼하심을 뜻하는 것으로 쓰이는 것이다. 그러나 여성은 남성보다는 더 약하며 따라서 사랑을 더 필요로 한다. 하나님만이 그 백성에게 도움을 주실 수 있는데 그가 도움을 주시기를 거부하셔서 백성이 어찌 할 수 없는 비참한 상태에 빠져 있음을 여자 아이가 태어났다는 것으로 더욱 생생하게 나타내주고 있는 것이다.

'내가 다시는 … 하지 않을 것임이니라' 는 표현은 하나님께서 과거에 크게 긍휼을 베푸셨음을 시사한다. 여로보암 때에 하나님께서 그 백성을 긍휼히 여기셨으며, 백성들은 그 당시에 그것을 여전히 누리고 있었던 것이다. "여호와께서 아브라함과 이삭과 야곱으로 더불어 세우신 언약을 인하여 이스라엘에게 은혜를 베풀어 긍휼히 여기시고 권고하사 멸하기를 즐겨 아니하시고 이때까지 자기 앞에서 쫓아내지 아니하셨더라"(왕하 13:23). 여호와께서는 여기서 '내가 … 긍휼히 여기지 아니할 것임이니라' 라는 부드러운 투의 말씀을 하시는데, 이는 위의 사실과 견주어 보면 무엇보다도 심한 말씀임을 알 수 있다. 그러나 여기의 사랑과 긍휼을 거두시겠다는 말씀은 절대적인 의미가 아니라 상대적인 의미로 이해하여야 한다. 긍휼이 영원토록 이스라엘의 집에서 떠나는 것이 아니라, 다만 하나님의 공의가 만족될 때까지 그들에게서 떠나는 것이다. 지금 여기서 이스라엘 집은 로루하마라고 불리나, 나중에는 다시 루하마로 불린다. 이스라엘이 계속해서 이스르엘로 남아 있지 않으며, 로암미가 장차 다시 암미가 될 것이다.

'그들에게서 취하여 갈 것임이니라'(한글 개역 성경에는 나타나 있지 않다―역자주). 여기서 목적어가 언급되지 않는데, '심지어 모든 것을 다'를 목적어로 붙여서 이를 "그들에게서 심지어 모든 것을 다 취하여 갈 것임이니라"의 뜻으로 이해하여야 할 것이다. '취하여 간다'는 뜻의 두드러진 사상은 그 앞의 '긍휼하심'이라는 관념과 견주어 생각할 수 있다. 긍휼하심과 사랑은 베푼다는 뜻을 내포하므로, 여기의 취하여 간다는 것은 그것과 정반대의 의미인 것이다. 지금까지는 취하여 가는 대상이 죄악이었는데, 이제는 그들이 가진 모든 것을 다 취하여 가시겠다고 한다. 참으로 충격적인 대조가 나타나는 것이다.

790. 7절. "그러나 내가 유다 족속을 긍휼히 여겨 저희 하나님 여호와로 구원하겠고 활과 칼이나 전쟁이나 말과 마병으로 구원하지 아니하리라 하시니라." 여기서 유다 백성들이 경험할 하나님의 긍휼하심을 예언하는 선지자의 목적은 오로지 깊은 자극을 주려는데 있다. 그릇된 안일함 속에 빠져 있는 이스라엘을 자극시키고 그들의 정치와 종교의 모든 것들이 악한 기초 위에 있음을―이스라엘에서 합법화시킨 것들이 유다에서는 불법 밖에 아무것도 아니었다―깨닫게 하기 위함인 것이다. ― 유다에 긍휼을 베푸는 일이 이스라엘에게서 긍휼을 거두어가는 것과 동시에 함께 일어나고 있으므로, 우리는 선지자가 여기서 앗수르인들의 침략 때에 유다와 이스라엘이 서로 전혀 다른 운명을 맞게 될 것을 주로 말씀한 것이라고 생각해야 할 것이다. 그 때에 유다가 놀랍게 구원을 받을 것에 대해서 이사야도 아주 비슷하게 예언하고 있다: "앗수르는 칼에 엎더질 것이나 사람의 칼로 말미암음이 아니겠고

칼에 삼키울 것이나 여러 사람의 칼로 말미암음이 아닐 것이며 그는 칼 앞에서 도망할 것이요 그 장정들은 복역하는 자가 될 것이라"(31:8).

그러나 이 예언이 그 사건만을 가리키는 것으로 보아서는 안된다. 하나님의 긍휼을 받을 자로서 이스라엘보다 유다를 선호하는 것은 유다 백성들을 포로로 끌어가는 일에서도 드러난다. 유다 백성들은 포로기 동안에도 그들이 하나님의 택한 백성이라는 표지는 갖고 있었다. 선지자들이 하나님의 직접적인 사신들로서 그들 가운데서 활동하고 있었던 것이다. 이방인들 가운데 있는 동안 놀라운 사건들이 일어나서 그들의 하나님의 지고하심을 드러냈으며, 그리하여 그들의 구원의 길이 예비되었다. 그들은 이스라엘 왕국보다 훨씬 더 큰 은혜를 누렸다. 그들은 국가적 독립성을 유지했던 것이다. 그리고 마지막으로 그들의 포로 기간은 훨씬 더 짧았다. 모든 인간적인 기대와는 반대로 그들의 문제는 좋게 발전되었다. 그러나 이스라엘 사람들은 비교적 적은 숫자만 잘 풀렸으며, 그 나머지 사람들은 긍휼하심을 받지 못했던 것이다. 이스라엘의 운명이 이처럼 유다의 운명과 극한 대조를 이루고 있다는 점을 이해하여야만 본문의 예언의 의미를 올바르게 이해할 수 있는 것이다.

그렇지 않으면, 여기의 선지자의 예언을 미래를 예측할 수 있는 자연적인 능력의 범주 내에서만 생각하게 될 것이다. 이스라엘은, 강력하고 야심에 가득찬 아시아의 왕국들에 비해서 너무도 약하며, 더구나 그 거대한 왕국들과 애굽 사이에 끼어 있어서 결코 오래가지 못할 것이라는 것이 지극히 당연한 일이었다. 그러나 유다 왕국의 경우에는 그들이 곧 무너질 가능성이 훨씬 더 높았다. 왜냐하면 그들은 이스라엘보다 훨씬 더 취약한 상태에 있었기 때문이다. 유다 왕국은 이스라엘 왕 요아스에게 큰 상처를 입었으며, 그의 아들 여로보암 대에 이르러는 처음으로 이스라엘 왕국의 부강함이 유다 왕국을 크게 앞지르게 되었다. 유다 왕국을 그렇게 망하지 않도록 막는 길은 호세아 자신이 그렇게도 분명하게 말씀하듯이, 인간의 계산으로는 도무지 방법이 없는 것으로 보였다. 혹시 이스라엘 왕국은 구원받을 가망이 있을지 모르나, 유다 왕국은 그럴 수가 없을 것이라는 것이었다.

여기서 호세아는 결코 하나의 우발적인 사건을 예언하는 것이 아니다. 이스라엘과 유다의 운명은 서로 다를 수밖에 없었다. 왜냐하면 그들의 언약의 하나님에 대해서 서로 입장이 달랐기 때문이다. 호세아의 예언은 어느 한 사건으로 성취되고 끝난 것이 아니라 계속해서 새롭게 성취되는 예언이다. 하나님은 교회와 나라들에 대하여 그들이 자신과 맺는 관계에 따라서 행하신다. 세계사(世界史)가 세계를 판단해 주는 것이다. 그러나 이런 생각을 가질 수 있는 것 자체가 벌써 초자연적인 선물이다. 그리고 그 선물은 오로지 선지자처럼 하나님께로부터 그의 세계 경영의 신비에 대해 통찰력을 부여받은 자들만이 확실히 다룰 수가 있다. 이 사실은 그런 생각을 소유하기만 한 사람들이(벵겔과 그의 추종자들에 이르기까지) 뒤에 나타나는 결과를 보고서 얼마나 자주 실망을 했는지를 보면 잘 알 수 있다.

하나님의 방법은 우리들의 방법과는 다르다. 그리고 그 방법은 하나님 자신과 또한 그에게서 계시를 받는 자만이 안다. 예언이 바로 이것에 근거하는 것이라는 사실은 '내가 그들의 하나님 여호와로 인하여 그들을 구원하리라' 라는 말에서 분명히 나타난다. 여기서 구원의 근거가 나타나고 있다. 여호와는 유다의 하나님이시요 따라서 유다의 모든 번영의 근원이시다. 인간이 파 놓은 모든 샘들이 다 말라버릴지라도 여호와께서 마련해 놓으신 샘은 멈추지 않고 흘러 넘치는 것이다. 그러므로, 이스라엘이 긍휼을 얻지 못하고 불쌍히 여김을 얻지 못하는 근거는 바로 여호와께서 그들의 하나님이 아니시라는데 있는 것이다. 이 본문에서 이러한 대조를 의도하고 있다는 사실은 3:5에서 확인된다: "그 후에 저희가 돌아와서 그 하나님 여호와와 그 왕 다윗을 구하리라."

그들이 미래의 어느 때에 하나님 여호와를 찾아서 번영을 누리게 될 것이라고 말씀하는데, 이는 현재에는 그들이 그 하나님 여호와를 잃어버린 상태에 있다는 것을 뜻하며, 그들이 여호와를 잃어버린 그 사실이 그들의 불행의 근원인 것이다. 선지자는 이스라엘 왕국이 그들에게 도움을 줄 수 있는 유일한 분이신 여호와를 잃어버린 상태에 있으며 여호와 이외에 다른 것들에게서 도움을 구하고 있으나 그것들은 결코 진정한 도움을 줄 수가 없다는 사실을 뒤에 가서 말씀하고 있다: "네가 네 길과 네 용사의 많음을 의뢰하였음이라"(10:13). 동시에 선지자는 그들의 과거의 역사에서도 인간의 도움이 없는 상태에서 하나님의 능력이 드러나 보여준 크나큰 사건들을 함께 염두에 두고 있다. 여기서 전쟁이란 지휘관의 탁월한 판단력, 군사들의 용맹성, 군대의 강함 등 전쟁에 속한 모든 요소를 다 포괄하는 것이다. 그러면서도 말과 마병을 별도로 언급하는 것은 고대에는 그것들이 군대의 힘을 결정하는 주요 요인이었기 때문이다. 마호멧은 심지어 기병이 없는 상태에서 승리를 얻은 후에 그것을 가리켜 신이 직접 이적을 일으키신 것이라고 선언하기까지 했다.

791. 8절. "고멜이 로루하마를 젖뗀 후에 또 잉태하여 아들을 낳으매.' 9절. '여호와께서 이르시되 그 이름을 로암미〔내 백성이 아님〕라 하라 너희는 내 백성이 아니요 나는 너희 하나님이 되지 아니할 것임이니라." 여기서 젖을 떼는 일에 대한 표현을 확실한 의미도 없이 그저 상황을 묘사하느라고 언급한 것일 뿐이라는 식으로 생각할 수는 없다. 칼빈은 이에 대해서 잘 해명해 주고 있다: "선지자가 이 표현을 통해서 하나님의 긍휼하심이 오랫동안 그 민족을 향하여 계속 베풀어졌음을 지적하고 있다는 것은 의심의 여지가 없다." 아내의 불륜과 그것에 대한 선지자의 인내는 수년 동안 계속된다.

'나는 너희 하나님이 되지 아니할 것임이니라' 는 문자적으로 '나는 너희에게 있지 아니할 것이라' 의 뜻이며, 따라서 '더 이상 너희에게 속하지 않을 것이라' 라는 의미이다. 하나님이 그들의 하나님이 아니시듯이, 너희도 "내 백성이 아니라." 아주 명확한 선언이다. 하나님의 은혜와 축복도 중요하지만 그것들과 함께 하나님 자신을 소유하는 것이야말로 최고의 번영이며, 그를 잃어버리는 것이야말로 최악의 불행인 것이다. 왕하 17:18은 이 예언의 성취를 잘 보여준다: "여호와께서 이스라엘을 심히 노하사 그 앞에서 제하시니 유다 지파 외에는 남은 자가 없으니라."

792. 10절. "그러나 이스라엘 자손의 수가 바닷가의 모래같이 되어서 측량할 수도 없고 셀 수도 없을 것이며 전에 저희에게 이르기를 너희는 내 백성이 아니라 한 그곳에서 저희에게 이르기를 너희는 사신 하나님의 자녀라 할 것이라." 바로 앞에서 로암미('내 백성이 아님')이라고 불린 북왕국 이스라엘의 백성에 대해서 이제는 그들이 하나님의 자녀라고 불릴 것이라고 한

다. 과거의 몇몇 해석자들은 여기서 갑자기 주제가 기독교 교회에 관한 것으로 전이되고 있다고 보기도 했으나, 이는 받아들일 수가 없다. 뿐만 아니라 여기의 이스라엘 자손을 야곱의 후손 전부를 뜻하는 것으로 이해할 수도 없다. 왜냐하면 다음 절에서 유다 자손이 그들과 구분되어 나타나기 때문이다. 사실로 말하자면, 이 절에서 나타나듯이 유다 백성들도 여기에 포함된다. 유다와 이스라엘 모두가 한 하나님의 백성이기 때문이다. 그러나 선지자는 여기서 그 가운데 한 부분만인 북왕국 이스라엘의 백성을 염두에 두고 있다. 그들을 위하여 부르심을 받았기 때문이다. 창세기에서 하나님의 백성 전체를 향하여 하신 약속을 어떻게 여기서 선지자가 그 가운데 일부분에게 적용시킬 수 있는가 하는 것이 이로써 설명되는 것이다.

본문의 전반부에 나타나는 약속들이 무엇을 가리키는가 하는 것은 너무도 분명하므로 실수를 할 수가 없다. 창 22:17("내가 네게 큰 복을 주고 네 씨로 크게 성하여 하늘의 별과 같고 바닷가의 모래와 같게 하리니")과 32:12("내가 정녕 네게 은혜를 베풀어 네 씨로 바다의 셀 수 없는 모래와 같이 많게 하리라")의 약속이 문자적으로도 거의 일치하고 있다. 또한 렘 33:22에서도 거의 유사한 표현이 나타나고 있다: "하늘의 만상은 셀 수 없으며 바다의 모래는 측량할 수 없나니 내가 그와 같이 내 종 다윗의 자손과 나를 섬기는 레위인을 번성케 하리라."

호세아가 이처럼 창세기의 말씀을 인용하고 있는 것은 우연이라 할 수가 없다. 이는 그 당시에 북왕국 사람들이 그 약속들을 익히 잘 알고 있었다는 것을 전제로 한다. 그 약속은 불경건한 자들에게 그들의 안일함이 헛된 것임을 깨우쳐주는 역할을 하는 것이다. 그들은 이 창세기의 약속을 근거로 선지자들의 말씀을 반대했다. 나라가 무너지리라는 선지자들의 말씀이 결국 하나님 자신을 거짓말하는 자로 만드는 것이라고 여긴 것이다. 더구나 그 약속이 아직 완전히 성취되지 않았었다. 그런데 호세아는 여기서 그 약속을 문자 그대로 되풀이하면서도 심판의 말씀이 배제되는 것이 아님을 보여주고 있다. 이는 부패한 기독교 교회가 하나님이 그의 백성과 항상 함께 계시며, 지옥의 문이 하나님의 교회를 침범하지 못하리라는 하나님의 약속을 안일하게 의지하는 것과 똑같은 경우라 하겠다. 여호와께서는 그의 약속을 침해하지 않으시면서 동시에 그의 심판을 시행하시는 법을 잘 알고 계신 것이다.

그리고 이 구절이 사 10:22과도 관계가 있다는 것을 알 수 있다: "이스라엘이여 네 백성이 바다의 모래 같을지라도 남은 자만 돌아오리니 넘치는 공의로 훼멸이 작정되었음이라." 이 구절 역시 창세기의 약속을 지칭하고 있음이 자명하다. 이사야 당시 백성들은, 당시의 그들의 번창하는 상태를 통해서 그 하나님의 약속들이 부분적으로 성취되었으며, 그것이 하나님이 그들을 긍휼히 여기신다는 보증이라고 생각하면서, 그 약속을 근거로 그들의 미래의 안정을 기대했으나, 이에 대해서 선지자는 그 약속이 완전히 성취된다 하더라도 그것이 백성들의 안정을 보장하는 것이 아니라는 사실을 말씀한다. 그러나 호세아서에서는 백성들이 그 약속의 완전한 성취가 아직 이루어지지 않았다는 사실에 의지하고 있다.

그러나 호세아는 여기서 불경건한 자들보다는 경건한 자들을 염두에 두고 있다. 경건한 자들에게 그는 민 23:19의 선언("하나님은 인생이 아니시니 식언차 않으시고 인자가 아니시니 후회가 없으시도다 어찌 그 말씀하신 바를 행치 않으시며 하신 말씀을 실행치 않으시랴?")이 여기서도 확증되는 것임을 보여준다.

마지막으로, 여기의 말씀이 2절에 나타나는 첫째 아이의 이름인 이스르엘을 암시하며, 이 구절의 둘째 부분은 로암미를 암시하며, 셋째 부분은 로루하마를 암시한다는 것도 분명히 드러난다. 이스르엘이라는 이름이 이제는 좋은 의미로 나타난다. 아마 그 성을 창건한 자들도 그런 의미로 그 이름을 붙였을 것이다. 그 이름의 뜻은 '하나님이 뿌리신다' 이다. 그 성의 창건자들은 그들이 적게 뿌리지만 하나님이 거기서 큰 수확을 주시기를 바라는 뜻에서, 시작은 미약하지만 그것이 영광스럽게 마쳐지기를 바라는 뜻으로 그 이름을 지었을 것이다. 이제 하나님은 이스라엘이라는 작은 씨를 심으실 것이요, 거기로부터 엄청나게 풍성한 수확이 거두어질 것이다.

이 선언이 역사적으로 어떤 것을 지칭하는지를 알기 위해서는 창세기의 그 선언의 의미로 돌아가서 그것을 먼저 살펴야 한다. 많은 사람들이 이 선언을 단순히 족장들의 혈연적 후손들을 가리키는 것으로 보았다. 그러나 동시에 이를 그의 영적 후손들, 즉 족장들의 믿음을 계승한 자들로 보는 사람들도 있다. 그러나 이 해석들은 둘 다 그릇된 것들이다. 후자의 견해는 전적으로 임의적인 것이요, 전자의 견해는 신정국가가 족장들의 혈연적 후손들로만 구성되고 이방인들은 절대로 거기에 받아들여지지 않았어야만 타당성이 있다. 그러나 그렇지 않았다는 것은 모든 남자에게 할례를 베풀도록 한 계명에서 분명히 드러난다. 왜냐하면 그 할례를 통해서 사람이 하나님의 백성의 일원으로 받아들여졌기 때문이다. 뿐만 아니라 이 점은 출 12:44의 규례에서도 분명히 드러난다. 거기서는 이스라엘 중에 우거하는 자마다 유월절에 참여하려면 먼저 할례를 받아야 한다고 분명히 가르치고 있다. 이는 이방인들도 원하기만 하면 언약의 표증과 그 축제에 참여할 수 있음을 시사하는 것이다.

또한, 에돔 사람들과 애굽 사람들도 하나님의 교회에 받아들여질 수 있다고 분명히 명시하여 선포하고 있는 신 23:1-8에서도 이 점이 잘 나타난다. 또한 거기서 암몬 사람들과 모압 사람들에 대해서는 그들이 언약 백성에 들어올 수 없는 특별한 이유를 제시하고 있는 점에서도 잘 나타나며, 마지막으로 유대 사람들의 관례에서도 잘 볼 수 있다. 그러나 하나님의 백성 가운데 받아들여졌던 이방인들은 족장들의 양자들로서 그들의 후손에 속하는 것으로 인정을 받았던 것이다. 그들 서로 간의 통혼으로 인해서 모든 구분이 곧 사라졌을 것이니 달리 무슨 도리가 있을 수 있었겠는가? 그들도 다른 이스라엘 사람들과 똑같이 '이스라엘 자손,' '야곱의 후손'으로 불렸던 것이다. 이리하여 우리는 족장들에게 주신 약속이 이방 사람들에게까지 적용되는 것을 보게 된다.

그들이 이스라엘의 하나님을 믿는 자들이 되어 이스라엘 사람들에게 스스로 병합되면, 그들은 그 약속의 대상이 되었던 것이다. 사 44:5("혹은 이르기를 나는 여호와께 속하였다 할 것이며 혹은 야곱의 이름으로 자칭할 것이며 혹은 자기가 여호와께 속하였음을 손으로 기록하고 이스라엘의 이름으로 칭호하리라")을 함께 보라. 이처럼 이방인들이 신정국가에 편입되는 일은 항상 일어났다. 이스라엘의 하나님이 몸소 그의 전능하심과 영광을 놀랍게 드러내셔서 자신을 알리셨을 때에도 그러했고(예컨대, 애굽 사람들과 바벨론 포로에서 이스라엘을 구원하실 때에 이스라엘 사람들을 따라서 수많은 이방인들이 함께 팔레스타인으로 들어왔다), 또한 이방 세계가 특별히 우상이 아무 것도 아니라는 느낌을 받았을 때에도 그러했다(특히 알렉산더 대왕의 시대에 그리스와 로마의 이방 종교관이 계속해서 약화되고 결국 사라질 때에).

그리스도의 시대에는 이러한 두 가지 요인이 함께 작용하여 놀라운 결과를 이루어 내기도 했다. 신약의 교회가 이스라엘과는 전혀 상관없이 유대인과 이방인 출신 신자들이 서로 자유롭고 동등하게 연합하여 생겨난 것이라는 견해가 오늘날 널리 퍼져 있는데, 이것이 옳다면, 지금 우리가 논의하고 있는 이 약속은 신약 시대를 지칭하는 것이 될 수가 없을 것이다. 그렇게 되면 신약의 교회는 아브라함과 이삭과 야곱을 조상으로 인정하지 않는 전혀 새로운 세대가 되고 말기 때문이다. 그러나 이 견해는 전적으로 그릇된 것이다. 구약과 신약의 일관된 가르침에 따르면, 아브라함부터 종말에 이르기까지 하나의 하나님의 교회밖에는 없으며, 두 경륜에 속한 하나의 가족이 있을 뿐이라고 한다. 심지어 세례 요한도 아브라함의 자손들이 반드시 새 언약의 일원이 되어야만 하며 그렇지 않으면 하나님의 언약과 약속이 중지될 것이라는 가정 하에서 말씀을 선포했다. 그러나, 아브라함의 혈연적인 후손이 그의 진정한 자손에서 제외될 위험성에서 전혀 벗어나 있지 않았고(이스마엘이 그 첫번째 실례라 할 수 있다) 또한 심지어 모세오경에서조차도 큰 범죄를 가리켜서 '이 영혼이 그 백성에게서 끊어졌다'고 말씀하고 있으나, 반면에 하나님께서는 그의 무한한 자유로 아브라함에게 그의 타락한 혈연적 후손들 대신 무수한 양자들을 주어서 그들로 하여금 하나님 나라에서 그와 이삭과 야곱과 함께 앉게 하시고, 그 나라의 본 자손들은 내어쫓으실 수도 있는 것이다.

족장들에게 주어진 약속에 대해서 이와 같이 살펴보았으므로, 이제는 선지자의 선언이 역사적으로 무엇을 가리키는지를 논의하기에 어려움이 없게 되었다. 선지자의 선언은 아브라함의 혈연적 후손들이 증가하는 것을 뜻하는 것이 아니다. 이는 마치 아브라함에게 아들을 주시겠다고 한 약속이 이스마엘의 출생으로 성취된 것이 아니며, 아브라함의 무수한 후손들에게 했고 또한 이삭과 야곱에게도 동일하게 반복되어 제시된 그 약속이 아라비아 사람들과 관계가 있는 것이 아닌 것과 같은 것이다. 부패한 자식들은 축복이 아니며, 약속의 대상도 아니며, 완전한 의미에서 자식들이 아닌 것이다. 하나님의 자식이 아니고서는 아브라함의 자식이 될 수 없다. 따라서 '이스라엘 자손'과 '사신 하나님의 자녀'가 여기서 서로 하나로 연결되고 있는 것이다.

그러나 그렇다고 해서 혈연적 후손이라는 사실이 전혀 무시되는 것은 아니다. 족장들의 혈연적 후손들은 완전한 의미에서 그들의 자손이라 주장할 수 있는 가장 가까운 위치에 있었다. 그들은 우선 그 후손이 되는 수단을 보유하고 있었다. 언약이 그들의 것이었고, 약속과 양자됨이 그들의 것이었다(롬 9:4). 그러나 그들이 그 수단들을 무용지물로 취급하게 되면 이 모든 외적인 유리점들이 그들에게 아무 것도 제공하지 못했다. 아브라함에게 하신 약속과 또한 여기의 선지자의 선언이 그들과 아무런 상관이 없게 되어 버렸던 것이다. 회심하지 않은 이스라엘 자손은 아무리 그 숫자가 많아서 땅을 가득 채울 만큼 된다 하더라도 그 두 가지 모두 그것으로 성취되는 것이 아니다. 그러므로 이 선언은 메시야의 때에 와서 처음으로 성취되었으며, 족장의 권속이 엄청나게 증가하는 데서도 부분적으로 아직 성취되고 있으며, 부분적으로는 양자들을 무수하게 받아들이는 데서 성취되고 있으며, 또한 비천한 관계에 있는 자손들을 가장 높은 관계의 자손들로 격상시키는 데서도 부분적으로 성취되고 있는 것이다.

바벨론 포로기가 지나고 여호와께서 이스라엘 사람들을 일으켜 팔레스타인으로 귀환하게 하신 일은 하나의 미미한 서막에 불과하다. 왜냐하면 그 때에 귀환한 이스라엘 사람들의 숫자는 이 약속의 그 엄청난 범위와 비교할 수 없을 만큼 적었기 때문이며, 또한 그 때에는 완전한 의미에서 이스라엘의 자손이라는 이름을 받을 만한 사람들이 매우 적었기 때문이다. 여기서 이스라엘이라는 고상한 이름이 하나님과의 관계를 시사하는 것으로서 매우 강조되고 있는데, 이는 특히 4절과 비교하면 잘 알 수 있다. 거기서는 패역한 자식들에게서 그 이름이 사라지고, 그 대신 이스르엘이라는 이름으로 바뀌어 불리는 것이다.

그 백성이 처음으로 로암미라는 이름을 받게 되는 곳은 팔레스타인과, 그들이 처음으로 그것을(하나님께로서 오는 환난을) 완전하게 경험한 곳인 포로지 가운데 어느 하나일 것이다. 후자로 보는 것이 옳다는 것은 그 다음 절이 결정적으로 증거해준다. 본문의 '그곳'이 거기서는 '그 땅'(곧, 포로 생활을 하는 땅)으로 바뀌어 나타나고 있는 것이다. 본문과 그 다음 절에서 모두 현재형이 쓰이고 있는 것은 그만한 의도가 있다. 시간 상의 차이를 없앰으로써 서로 간의 대조를 더욱 부각시키는 것이다.

하나님의 백성과 하나님의 자녀는 다만 관계가 다를 뿐 서로 동일한 것을 지칭한다. 이스라엘 사람들은 하나님을 그들의 왕으로 모시는 자들로서 하나님의 백성으로 불렸다. 그리고 하나님을 아버지로 모시는 자들로서는 하나님의 자녀였던 것이다. 하나님이 그들의 아버지라는 개념은 신약에 나타나듯이, 그가 그들 개개인을 영적으로 낳으셨다는 것이 아니라 그가 그들 전체를 영적으로 낳으셨다는 것을 가리키며, 또한 그로 말미암아 파생되는 사랑과 보호를 가리킨다. 이러한 관계에서 이스라엘 전체가 자주 하나님의 (그) 아들로 의인화되는 것을 보게 된다. 예컨대, 출 4:22(“너는 바로에게 이르기를 여호와의 말씀에 이스라엘은 내 아들 내 장자라”)을 보라. 또한 때로는 이스라엘 사람들이 하나님의 자녀 또는 아들들로 불리기도 한다. 예컨대, 신 14:1(“너희는 너희 하나님 여호와의 자녀니”), 신 32:19(“여호와께서 보시고 미워하셨으니 그 자녀가 그를 격노케 한 연고로다”) 등을 보라.

그러나 그렇다고 해서 개개인이 모두 저마다 하나님의 아들이라는 이름으로 불린 것은 아니다. 구약에서는 아들이라는 것(sonship)이 신약에서처럼 개개인의 하나님과의 인격적인 관계에 근거하는 것이 아니라, 전체의 일원이라는 사실에 근거했기 때문이다. 이러한 전체의 하나님의 백성이, 말하자면, 새롭게 낳음을 얻은 것이다. 신 32:6(“그는 너를 얻으신 너의 아버지가 아니시냐 너를 지으시고 세우셨도다”), 18절(“너를 낳은 반석은 네가 상관치 아니하고 너를 내신 하나님은 네가 잊었도다”) 등을 참조하라. 그러나, 그럼에도 불구하고 구약의 양자 개념은 신약의 양자 개념으로 쉽게 전환되고 있음을 볼 수 있다. 신약적인 양자 개념이 없이는 구약의 양자 개념은 완전해질 수가 없다. 교회의 개개의 구성원들이 하나님에게서 낳음을 입은 후에야 비로소 전체의 교회가 완전한 의미에서 하나님의 한 자식으로 인정되고 그렇게 대우를 받을 수가 있으며, 그 때에야 비로소 자신의 목적지를 인식할 수 있게 된다. 그것이 하나님을 닮는 유일한 길이요, 하나님의 자녀의 권리를 얻는 유일한 조건이기 때문이다. 이렇게 보면, 구약의 υἱοθεσία는 신약 시대의 아들됨을 보여주는 행위를 통한 예언이었다(was an acted prophecy)고 볼 수 있으며, 따라서 본문의 선언은 최종적으로 바로 신약 시대를 지칭하는 것이라 하겠다.

그 이전의 성취들, 특히 바벨론 포로에서의 귀환을 제외해서는 안된다(아무리 작은 사건이라 할지라도 예외없이 전부 그 성취로 보아야 한다). 그러나 동시에 과거의 성취들은 그 완전한 성취의 서막으로 이해하여야 할 것이다. 그 완전한 성취는 그 일어난 실제의 상황이 그 관념과 완전히 일치할 때에 이루어지는 것으로서, 우리는 메시야 시대의 개시(commencement)에서 멈추어서는 안되며 그 시대의 개시와 마지막 완성을 하나로 보아야 하는 것이다.

여기서 하나님을 어째서 하필 사신 하나님이라고 묘사하는지에 대해서 의문이 일어날 것이다. 이는 참되신 하나님과 죽은 우상들(이들은 살아있지 않으므로 사랑할 수도 그 아들됨의 중요성을 입증해줄 수도 없다)을 서로 강하게 대비시키기 위함임이 분명하다. 신 32:37 이하에서도 이러한 대비를 분명히 볼 수 있다: "그들의 신들이 어디 있으며 그들의 피하던 반석이 어디 있느냐? 그들의 희생의 고기를 먹던 것들, 전제의 술을 마시던 것들로 일어나서 너희를 돕게 하라. 너희의 보장이 되게 하라. 이제는 나 곧 내가 그인 줄 알라. 나와 함께 하는 신이 없도다. 내가 죽이기도 하며 살리기도 하며 상하게도 하며 낫게도 하나니 내 손에서 능히 건질 자 없도다."

이러한 대비는 여전히 계속되고 있다. 세상은 그 우상들을 다른 것들로 바꾸었을 뿐이다. 세상은 여전히 죽은 것—난잡한 죄의 우상들에서 아주 세련된 추상적인 신의 우상에 이르기까지—에게서 생명을 찾고 있는 것이다. 자기들이 좋아서 이 우상들에게 생명을 불어넣으려고 애쓰는 것을 그냥 내버려 두라. 생명력이 있는 것으로 보여도 여전히 그것들은 죽은 것이다. 그러나 참되신 하나님은 그들이 아무리 죽이려 해도 계속 살아 계신다. 그는 살아 계신 하나님으로서의 모습을 드러내 보이신다. 사람들이 회개치 않을 때에 그들을 죽이거나 치시고, 그들이 그의 자녀가 될 때에는 그들을 치유하시고 그들을 살아 있게 만들어 주시는 것이다. 마지막으로, 이 구절을 인용하는 신약에서 두 곳을 살펴 볼 필요가 있다. 그 하나는 벧전 2:10이다:"너희가 전에는 백성이 아니더니 이제는 하나님의 백성이요 전에는 긍휼을 얻지 못하였더니 이제는 긍휼을 얻은 자니라." 이 구절은 아주 놀랍다. 왜냐하면 이 서신은 유대인 기독교인들에게만 보내진 것이 아니라는 결정적인 근거가 있기 때문이다. 더 놀라운 것은 두번째 구절인 롬 9:25, 26이다: ("호세아의 글에도 이르기를 내가 내 백성 아닌 자를 내 백성이라 사랑치 아니한 자를 사랑한 자라 부르리라 너희는 내 백성이 아니라 한 그 곳에서 저희가 살아 계신 하나님의 아들이라 부름을 얻으리라 함과 같으니라").

여기서는 유대인과 대조적으로 이방인을 부른 사실을 호세아의 본문을 간접적으로 시사하는 정도가 아니라 직접 인용함으로써 입증하고 있는 것이다. 그러나 전체의 문맥상 이스라엘에게만 속하는 이 선언이 어떻게 해서 이방인에게 직접 적용될 수 있단 말인가? 이 예언의 근본 사상으로 다시 돌아가서 생각하면 이에 대한 답변은 간단하다. 이것은 다름 아닌 하나님의 긍휼하심에 대한 예언이다. 그의 긍휼하심은 그 백성의 배도와 불성실함으로 인하여 나타나지 못하도록 방해를 받고 있으나 완전히 사라진 것은 아니다. 왜냐하면 하나님의 본성이 그러하시기 때문이다. 렘 31:20을 보라: "에브라임은 나의 사랑하는 아들 기뻐하는 자식이 아니냐? 내가 그를 책망하여 말할 때마다 깊이 생각하노라. 그러므로 그를 위하여 내 마음이 측은한즉 내가 반드시 그를 긍휼히 여기리라. 여호와의 말이니라."

바로 이 사상이 이스라엘 자손을 회복시켜 하나님의 자녀가 되게 하심으로써 이루어졌듯이, 이방인을 받아들이는데서도 그대로 이루어지는 것이다. 여기의 강화는 그것을 단순히 적용시킨 것이 아니라 그 사상을 적절히 증명한 것이다. 하나님이 이스라엘 자손을 회복시키리라고 약속하셨기 때문에, 그는 또한 이방인을 받아들이셔야만 하는 것이다. 그렇지 않으면 이스라엘 자손을 회복시키리라는 약속은 그저 일시적인 변덕에 기초한 것이 되고 마는데, 이는 하나님께는 도저히 생각도 할 수 없는 것이다. 만일 이방인이 이스라엘만큼 하나님과 가깝지 않다 하더라도, 하나님은 가까이 있는 자들을 다스리시는 것과 똑같이 멀리 있는 자들도 다스리셔야 마땅한 것이다. 이러한 사상으로 다시 돌아가야할 필요성은 하나님의 약속에서는 물론 그의 명령에서도 확실하게 나타난다.

여기서 적절한 실례 한 가지만 더 인용하기로 하자. 모세오경에서 이웃(친구)과 형제가 언제나 이스라엘 사람을 지칭하는 말로 쓰인다는 사실은 논란의 여지가 없는 사실이다. 그리고 신약에서는 그리스도인들에게 형제의 사랑을 나누라는 명령이 주어진다. 바울은 그런 사실을 권고한 후에, "이는 너희가 서로 지체임이니라"라고 덧붙이는데, 그 표현은 오로지 그리스도를 공동의 머리로 두고 있는 자들에게만 해당하는 것이다. 그러면, 이러한 제한적인 명령에서 과연 보편적인 박애주의나 아무런 구분이 없이 모든 사람을 다 사랑하라는 그런 편견을 지목하는 것이 있는가? 결코 그렇지 않다. 이스라엘이 모든 이스라엘을 사랑해야 하기 때문에, 그리스도인도 모든 그리스도인들을 사랑해야 하며, 그리하여 모든 사람들을 사랑으로 포용해야 하는 것이다.

만일 하나님을 공통의 구속자로 섬기며 그와 특별한 관계를 갖는 것이 그 특별한 사랑의 기초가 된다면, 창조주요 보존자이신 하나님과 일반적인 관계를 갖는 것이 보편적인 사랑의 기초가 되어야 할 것이다. 이는 마치 그 부모를 공경하라는 명령에서 삼촌과 숙모를 공경하며 그의 왕과 상전들을 공경하라는 명령이 자연히 이어지는 것과도 같은 이치이다. 바로 이것이 율법과 선지자에 대한 유일한 바른 견해이며, 이것을 일관성 있게 적용시킬 때에 반석에서 물이 나며 광야에 시냇물이 흐르게 되는 것이다. 구약의 그 풍성한 보화들이 오늘날 그렇게도 적게 이용되고 있는 것은 바로 정반대의 방법론을 취하기 때문인 것이다. 바로 여기서 많은 기독교 신학자들이 회개하여야 한다. 이 책의 필자 자신도 제1권(원서는 전3권임)에서 너무도 외형적인 변증에만 모든 것을 쏟아 부었음을 이제 깨달았다는 사실을 공개적으로 고백한다.

793. 11절. "이에 유다 자손과 이스라엘 자손이 함께 모여 한 두목을 세우고 그 땅에서부터 올라오리니 이스르엘의 날이 클 것임이로다." 처음 흘낏 보면, 여기의 '유다 자손과 이스라엘 자손이 함께 모여 한 두목을 세우고'라는 표현이 이상스럽게 느껴진다. 그러나 선지자가 미래에 좋은 시절이 올 때에 유다와 이스라엘이 함께 합쳐질 것을 기대하고 있는 것이 아니다. 오히려 이는 이스라엘이 참되신 하나님께로 돌아와서 다윗의 정통한 왕통과

연합을 이룰 것을 말씀하는 것이다. 이 점은 3:5에서 분명히 나타난다("그 후에 저희가 돌아와서 그 하나님 여호와와 그 왕 다윗을 구하고"). 그러나 선지자가 여기서 넌지시 암시하는 것으로 보이는 모세오경의 그 부분과 비교해 보면 여기의 난제가 쉽게 제거될 수 있을 것이다: "반드시 네 하나님 여호와의 택하신 자를 네 위에 왕으로 세울 것이며"(신 17:15). 이 구절에서는 하나님이 한 왕을 택하시는 것(하나님은 다윗의 왕통이 영원히 다스릴 것을 약속하셨다)과 백성이 그 왕을 뽑는 것이 서로 모순을 일으키지 않는다는 것이 나타난다. 이 구절 전체의 기초가 되는 것은 바로 출애굽 사건이며, 그 일이 이제 다시 반복될 찰라에 있는 것이다.

'그들이 스스로 함께 모여'는 바로 그것을 가리키는 것이다. 애굽에서 떠나기 전에 온 백성은 함께 모였다. 두목을 언급한 것은 거슬러 올라가 모세를 지칭한다. 그러나, 그의 경우 백성이 그를 뽑은 것은 다만 그가 하나님 께로부터 부르심을 받았다는 것을 그들의 편에서 인정한 것일 뿐이었다.

'그 땅'은 곧 그들이 포로로 끌려가 있던 땅을 의미한다. 여기의 낱말들은 출 1:10에서 빌어온 것들이다. 거기서 바로는 다음과 같이 말하고 있다: "그들이 더 많게 되면 전쟁이 일어날 때에 우리 대적과 합하여 우리와 싸우고 이 땅에서 갈까 하노라." 선지자는 2:15에서 약속한 땅에 새로이 들어가는 것을 과거 애굽에서 나온 것과 비교하고 있다: "애굽 땅에서 올라 오던 날과 같이 하리라." 그리고 다른 곳에서는 포로로 끌려가는 것을 애굽으로 내려가는 것에 비교하여 묘사하고 있다. 말하자면, 앗수르는 제2의 애굽인 셈이다. 8:13("이제 저희의 죄악을 기억하여 그 죄를 벌하리니 저희가 애굽으로 다시 가리라"), 9:3("저희가 여호와의 땅에 거하지 못하며 에브라임이 애굽으로 다시 가고 앗수르에서 더러운 것을 먹을 것이니라")을 보라.

여기서 한 가지 덧붙일 것은, 다른 선지자들의 경우에도 애굽에서 구원 받은 사건이 한결같이 제2의 위대한 회복 사건의 묘사의 기초가 되고 있다는 점이다. 이는 매우 자연스러운 현상이다. 왜냐하면 이 두 사건들은 서로 밀접한 연관을 맺고 있기 때문이다. 둘 다 동일한 하나님이 행하신 일이요, 전자는 후자에 대한 행동을 통한 예언이요 또한 그 보장인 것이다. 하나님의 백성은 애굽으로부터 구원함을 받음으로써 그들이 선택 받은 백성임이 인쳐졌으며, 이는 새로운 구원으로 이어진 것이다. 시편 기자들이 그렇게도 한결 같이 과거에 있었던 하나님의 긍휼하심으로 그를 증명하며, 그리하여 하나님 이 그 기자들의 때에도 역시 도우실 것이라고 찬양하는 연유가 바로 여기에 있는 것이다. 선지자들이 항상 과거 애굽으로부터 구원받은 사건으로 되돌아 가서 그것을 언급하는 이유는 선지자들이 예언하는 그 구원의 사건과 과거 애굽으로부터의 구원 사건이 단순히 외형적으로 서로 닮았기 때문이 아닌 것 이다.

'그 땅'에 정관사를 붙인 것은, 그들이 이방의 어느 땅에 끌려 갈 것이 라는 것을 최소한 간접적으로라도 앞에서 언급했었다는 사실을 암시한다. 이 스라엘이 하나님의 백성이 아니라면, 그의 긍휼하심을 누릴 수도 없게 되는 것이요, 그렇게 되면 그 땅에 남아 있을 수도 없게 된다는 것을 암시하고 있 다. 왜냐하면 그 땅은 오로지 하나님의 백성으로서만 부여받은 것이요, 지금 까지 하나님의 자비하심으로 그 땅을 소유해왔던 것이기 때문이다. 그러나 여기의 정관사는 우선 앞 절의 '저희에게 이르기를 너희는 내 백성이 아니라 한 그곳'을 지칭한다.

유다 자손 역시 함께 모여서 이스라엘 자손과 올라올 것이라는 구절을 통해서 선지자는(물론 분명히 말씀한 것은 아니지만) 유다 사람들도 마찬가 지로 포로로 끌려갈 것이며 그렇게 해서 1:7의 예언을 완결지을 것임을 암시 해 주고 있다. 왜냐하면 그 구절은 유다 백성에게 약속된 긍휼하심을 상대적 인 의미로 이해하여야 할 것을 보여주기 때문이다. 이러한 예언은 선지자의 눈에 미래의 일들이 얼마나 분명히 비추어지느냐 하는 것을 잘 보여준다 하 겠다.

이 구절이 지칭하는 역사적 사건들에 대해서 먼저 말해 둘 것은, 여기서 그것에 대해 선포하는 내용은 반드시 모든 병행 구절들(미래에 이스라엘과 유다가 하나가 될 것을 말씀한다든가, 그들이 함께 약속한 땅으로 돌아올 것 을 말씀하는)에도 적용되어야 한다는 사실이다. 예컨대 렘 13:18("그 때에 유다 족속이 이스라엘 족속과 동행하여 북에서부터 나와서 내가 너희 열조에 게 기업으로 준 땅에 함께 이르리라"), 50:4("나 여호와가 말하노라 그 날 그 때에 이스라엘 자손이 돌아오며 그와 함께 유다 자손이 돌아오되 그들이 울며 그 길을 행하며 그 하나님 여호와께 구할 것이며"), 겔 37:19, 20 등을 참조하라.

여기서 몇몇 해석자들은(과거의 테오도렛을 비롯해서) 이것이 바벨론으로부터 돌아오는 것을 가리킨다고 본다. 그리고 한 두목은 스룹바벨을 가리킨다고 한다. 오해하지 말아야 할 것은 바벨론 포로의 귀환 사건에서도 이 예언이 아주 미약하게나마 성취되기 시작했다는 사실이다. 그러나 만일 그 성취가 그 사건에서 완결되었다면, 호세아는 살아계신 하나님의 참 선지자가 아니라 일종의 광신자에 불과했을 것이다. 이 사건이 성취의 완성이 결코 될 수 없다는 사실은 비단 북왕국 이스라엘 사람들 대다수와 유다 족속 가운데 상당히 많은 숫자가 포로지에 그대로 남아 있었다는 사실로만 증명되는 것은 아니다. 설사 유다 백성과 이스라엘 백성이 모두 다 귀환했다 하더라도, 이 예언의 최종적인 성취는 그 사건에서 이루어지는 것이 아니다. 선지자가 여기서 약속하고 있는 것은 그 땅을 새로이 차지할 것에 대한 것이 아니다. 오히려 그 땅이 완전히 하나님의 땅이 되도록 그렇게 그 땅을 차지하는 것을 의미한다. 그 땅이 하나님의 축복의 완전한 분량을 누리며, 그리하여 하나님의 백성과 하나님의 자녀를 위한 적절한 거소(居所)가 될 때에 비로소 그 예언이 완전히 성취되는 것이다.

가나안에 거하고 있으면서도 동시에 바벨론과 앗수르에 거할 수도 있는 것이다. 하나님의 심판의 예언은 앗수르와 바벨론 포로기 동안 포로로 잡혀가 있던 사람들에게나, 환난과 고초 가운데서 가나안 땅에 남아서 떠돌아 다니던 사람들에게나 똑같이 시행된 것이 아닌가? 깊은 고뇌 속에서 아직 예루살렘에 거하는 유다 사람들이야말로 그들이 약속한 땅을 잃어버린 것이 아직 완전히 성취된 것이 아니라는 하나의 증거가 아닌가? 구약 시대에는 사실 고상한 의미의 소유와 천한 의미의 소유가 서로 일정한 연관 속에 있었던 것이 사실이다. 그 백성이 하나님의 백성이 아니게 되자마자, 고상한 의미에서 그 땅을 소유하는 것이 사라질 뿐 아니라 결국 천한 의미에서 그 땅을 소유하는 것마저도 사라질 것이라고 경고하는 것을 본다. 반대로 그들이 회심하여 천한 소유의 상태를 회복하게 되면, 그 즉시 고상한 의미의 소유도 어느 정도(그들의 회심의 신실성과 온전함의 정도에 따라서) 회복하게 되는 것이다.

그러므로 이 예언의 성취의 시작은 바벨론 포로의 귀환에 있다고 보아야 한다. 그러나 그 시작은 다만 아주 미미한 시작에 불과하다. 그들의 회심이 매우 피상적이었을 뿐이므로 고상한 의미의 그 땅의 소유도 아주 미약했으며, 하나님의 긍휼하심이 나타나는 예도 매우 적었고, 새로운 그 땅의 형편도 전체적으로 볼 때에 매우 열악할 수밖에 없었던 것이다. 그들은 그 땅은 그들 자신의 유산으로 소유하지 못했고, 그저 이방인 주인 밑에서 그 땅을 사용할 뿐이었다. 한 가지 면으로는 포로 상태가 종결되었지만, 다른 면으로 보면 여전히 포로 상태가 계속되고 있는 형편이었다. 그들이 소유한 것은 진정한 가나안이 아니었다. 시체를 껴안고 있는 사람이 어떻게 사랑스러운 대상을 소유하고 있다고 말할 수 있겠는가? 여호와께서 그의 은총과 축복과 함께 거기에 계시지 않으시면 그곳은 결코 가나안일 수가 없는 것이다. 그 땅이 여호와께서 계시는 땅이어야만 비로소 모든 경건한 자들에게 값어치 있고 사랑스러운 땅이 되는 것이다.

지금까지 말씀한 내용에서 한 가지 사실이 더 나타난다. 즉, 역사적 사실과 관련해서 우리는 절대로 구약의 시대에서 멈추어서는 안되며 장차 이스라엘이 가나안에 돌아올 것을 꿈꾸어야 한다는 것이다. 루터의 다음과 같은 설명은 문자적으로 보면 잘 맞지 않는 것 같으나, 이 예언의 실체를 놓고 보면 완벽한 것이다: "그들은 그들이 거하는 이 땅에서부터 하늘에 속한 땅으로 올라갈 것이다." 선지자가 보고 있는 것은 하나님의 유업의 외부적인 형식이 아니라 그 내용(substance)인 것이다. 신약 시대에 와서는 온 땅 전체가 가나안이 되었고, 형식은 변했으나 그 내용은 동일하게 남아 있다. 지금에 와서도 그 형식을 고집한다는 것은 마치 그리스도를 위하여 모든 것을 드린 사람이 주님의 약속 그대로 형제와 모친과 자매와 전토를 문자 그대로 정확히 백배로 받지 못했다고 불평하는 것(막 10:30) 만큼이나 우스꽝스러운 일일 것이다.

이스라엘 자손이 지금 이후로 가나안에 돌아온다손 치더라도 그 일은 우리의 예언과는 아무런 관계가 없을 것이다. 신앙적인 관점에서 보면, 그 일은 전혀 무관심할 문제요, 하나님의 언약적 신실하심을 조금이라도 확증해주는 것이 못된다. 새 언약 아래에서는, 가나안이 북쪽에서도 사랑하는 자들을 위하여 기쁘게 꽃을 피울 것이다. 애굽과 광야와 가나안, 이 세 곳은 언제나 있는 것이다. 그러나 우리는 성령의 발로 그 가운데서 이곳 저곳으로 옮겨다니며, 과거 옛 언약 아래에서처럼 육체의 발로 다니는 것이 아니다.

그러므로 이 예언은 점진적으로 성취되는 것이며 하나님의 구원 계획 전체가 완성될 때에야 비로소 완전히 성취되는 것이다. 그 성취는 바벨론 포로의 귀환에서 시작되어 그리스도의 나타나심에서도 계속되었다. 유다와 이스라엘 백성들 가운데 많은 이들이 그리스도를 두목을 삼고 가나안으로 향하는 여정의 공통적인 지도자로 삼았던 것이다. 그 성취는 또한 그들의 모범을 따르는 모든 이스라엘 백성 가운데서 아직도 날마다 우리 눈 앞에서 이루어지고 있다. 그리고 그 성취는 장차 이스라엘을 향한 하나님의 언약적 신실하심을 증명할 최후의 가장 위대한 증거가 나타날 때에 최종적으로 이루어질 것이다. 그러한 최종적 성취를 구약뿐 아니라 신약에서도 분명히 확인하고 있는 것이다.

본 절의 마지막 낱말들의 핵심에 대해서는 1절에서 이미 설명한 바 있다. 이스르엘이란 이름은 그 본래의 서술적인 의미를 지닌다. 이스라엘은 여기서 여호와께서 비옥한 땅에 뿌리셔서 장차 풍성한 수확을 얻게 될 씨앗으로 나타나고 있다. 렘 31:27에서는 이런 비유적인 묘사가 좀더 다른 각도에서 적용되고 있다. 출 36:9에서는 이스라엘의 집과 유다의 집이 하나님께서 씨를 뿌리신 밭으로 나타나며, 또한 시 72:16도 이와 유사하다: "산꼭대기의 땅에도 화곡이 풍성하고 그 열매가 레바논 같이 흔들리며 성에 있는 자가 땅의 풀 같이 왕성하리로다." 여기 '왜냐하면'(한글 개역 성경에는 번역되어 있지 않다—역자주)은 씨를 뿌리는 일이 오직 여호와의 땅에서만 가능하다는 정황으로 설명된다. 씨를 뿌리는 날이 여호와께서 보시기에 크고 아름답고 귀하게 되면, 올라오는 것이 자연히 이루어진다(그래야만 여호와의 땅에 씨를 뿌리는 일이 가능해지기 때문이다).

794. 1절. "너희 형제에게는 암미라 하고 너희 자매에게는 루하마라 하라." '암미'란 '내 백성'이며, 이는 '여호와께서 내 백성이라 이름하신 너희여'라는 의미이다. 여기서 형제와 자매를 언급하고 있는 것은 선지자의 가족

에 남자와 여자들이 있는 것으로 설명될 수 있을 것이다. '말하라' 라는 표현의 의미는 곧, '그 때에 너희가 … 라고 말할 수 있게 될 것이다' 라는 뜻이다. 선지자는 용서함을 받은 여호와의 백성들을 그 앞에서 보며, 그 당시의 사람들을 향하여 하나님께서 그들에게 주신 새로운 이름으로 서로 기쁘게 인사를 나누자고 말씀하는 것이다. 이것이야말로 본문의 단순한 의미인데, 수많은 억지 해석 때문에 이 의미가 가리워진 것이다.

2:2-23

795. 뤼케르트는 말하기를, "그 의미깊은 부부가 그들이 상징하던 실체 속으로 사라져 들어간다. 그리고 이스라엘 자신이 '음란한 아내'가 되어 나타나고 있다"라고 한다. 이것이 앞 단락과 현재의 단락의 유일한 근본적인 차이이다. 앞 단락의 마지막에 가서 상징적 행동이 단순한 상징으로 전환되고 있는 것이다. 더욱이 이 단락은 앞 단락과 마찬가지로 징벌과 약속 사이를 왔다 갔다 하다가 16절에서가 약속으로 이어지고 있다. 여기서 특징적으로 나타나는 비유적인 묘사는 음란한 아내를 버리는 것과 그녀를 점차 다시 받아들이는 것 등이다.

796. 2절. "너희 어미와 쟁론하고 쟁론하라 저는 내 아내가 아니요 나는 저의 남편이 아니라 저로 그 얼굴에서 음란을 제하게 하고 그 유방 사이에서 음행을 제하게 하라." '너희 어미와 쟁론하고 쟁론하라'는 곧, '너희가 어미와 함께 멸망으로 들어가지 않으려면 바로 지금이야말로 어미를 꾸짖을 때이다'라는 뜻이다. 그러나 그렇다고 해서 이 구절이 자녀들의 도덕적 상태가 그 어미보다도 더 낮다는 뜻은 아니다. 선지자는 다만 그들의 도덕적 성격과는 상관없이 그들이 그 일에 관심을 갖고 그렇게 하리라는 뜻으로 말씀하는 것일 뿐이다. 만일 선지자가 음란함을 나타내는 상징적인 행동을 계속 끌어갈 생각이었다면, 사 50:1에 나타나는 것처럼("오직 너희는 너희의 죄악을 인하여 팔렸고 너희 어미는 너희의 허물을 인하여 내어 보냄을 입었느니라") 어미에게도 함께 그 자식들과 쟁론하라고 권고했을 것이다. 사실 그 어미는 자식을 떠나서는 존재하지 않는 것이다.

또한 여기의 말씀에서, 어미가 마음을 변화시켜 장차 올 징벌을 면할 가망성이 아직 남아 있는 것으로 생각해서도 안된다. 그 아내가 도저히 구제 불가능이어서 결국 버림을 받게 되는 그 다음의 내용과 모순이 되기 때문이다. 여기서 말씀하고자 하는 근본적인 사상은 다만 심판을 면하기 위해서는 개혁이 반드시 필요하다는 것이다. 선지자는 물론 그런 개혁이 실제로 일어나지 않으리라는 것을 예견하고 있다. 그리하여 그는 이후로는 조건을 붙이지 않고 말씀하는 것이다. 그러나 그렇다고 해서 그의 권고와 엄중한 경고가 전혀 헛 것이었다고 보아서는 안된다. 백성 전체로서는 개혁을 기대할 수가 없으나, 개개인들은 회심할 수 있을 것이기 때문이다. 동시에 백성들이 재난이 그들에게 임하기 전에 자신들의 악행의 진면목을 깨닫게 된다면 그것이야말로 미래와 관련해서 대단히 중요한 일이다. 사람이 채찍을 맞을 때에 그 이유가 무엇인지를 아는 것이 대단히 중요한 것이다. 행악자가 젊은 시절 그리스도의 도에 대한 가르침을 들었다고 할 때에 수년 동안 그 가르침이 전혀 헛된 것처럼 보일 때가 많다. 그러나 그에게 징벌이 임하여 마음이 깨어지게 될 때에 과거의 그 가르침이 열매를 맺게 되는 경우가 많은 것이다.

'저는 내 아내가 아니요 나는 저의 남편이 아니라' 라는 말씀에서 자녀들을 향한 권고의 근거가 나타난다. 그 말씀은 아내의 부정으로 인하여 아내와의 관계가 외형적으로가 아니라 도덕적으로 깨어졌음을 말씀해 준다. 즉, '우리의 결혼은 사실상(de facto) 깨어진 것이다.' 그러나 영적 결혼 관계가 사실상의 이혼 상태에 이르면 하나님이 오래 참으시는 정도에 따라서 조만간 법적인 이혼이 이어지게 된다. 상징적 묘사를 제거하면, 본문의 뜻은 곧, 죄가 있는 곳에는 언제나 징벌이 임한다는 것이다. 하나님께서는 그의 백성의 연약함을 많이 참고 견디신다. 그러나 그들과의 관계가 그들의 악행으로 인하여 근본적으로 깨어지게 되면, 하나님은 그의 오래 참으심을 거두어 들이시는 것이다. παρεκτὸς λογου πορνέιας('음행한 연고 없이', 마 5:32)는 영적 결혼에도 그대로 적용되는 것이다. 하나님이 아닌 다른 무엇에 영혼을 쏟아 붓는 것은 육체적인 간음과 같은 수준인 것이다.

아내의 범죄는 먼저 음란으로 지목되며, 그 다음에는 음행으로 나타난다. 이 두 가지가 서로 어떻게 연결되는지는 1:2에서 분명히 드러난다. 거기서는 음행이 '여호와를 떠나 행음하는 것' 으로 나타난다. 음란(whoredom,

매춘)은 음행 전체를 통칭하는 것으로서, 동시에 다른 사람의 신성한 권리들을 침해하는 것이다. 영적인 일에 적용하면, 하나님께서 친밀한 관계를 갖지 않으시는 그 사람들의 세속성(worldliness)이 바로 음란이다. 반면에 하나님과 영적으로 혼인 상태에 있는 개인과 공동체가 하나님을 떠나서 배도하여 저지르는 행위를 가리켜 음행이라고 한다. 심지어 이스라엘 자손의 경우에도 선지자는 부차적으로 일어나는 여러 가지 결과들은 제외하고서 음란에 대해서 말씀하기도 한다. ― 얼굴과 유방을 언급한 것은 바로 그것들이 부정한 욕심이 겉으로 드러나는 부위이기 때문이다. 이 표현을 통해서 뻔뻔스러움이 극치에 다다랐음을 나타낸다. 속으로 양심에 거리껴 갈등한다든가 하는 것이 전혀 없어졌음을 보여주는 것이다. 부끄러움도 없고 전혀 관심도 없는 채 세상을 향한 마음 자세를 겉으로 공공연히 드러내는 자는 이런 뻔뻔스러운 매춘부를 닮은 것이다.

797. 3절. "그렇지 아니하면 내가 저를 벌거벗겨서 그 나던 날과 같게 할 것이요 저로 광야 같이 되게 하며 마른 땅같이 되게 하여 목말라 죽게 할 것이며." 여기서 말씀하는 결혼과 관련해서 한 가지 특별한 상황을 염두에 두어야 한다. 즉, 남편은 그 아내와 합하기 전에 그 아내를 가장 비천하고 참혹한 상황에서 값을 주고 구속하였으므로 그는 그녀의 남편이기 이전에 그녀의 은인이었다. 결혼한 상태에서도 남편은 계속해서 그 아내를 향하여 자비를 베푼다. 그러나 이제 그 아내가 의도적으로 죄를 범하여 결혼 언약을 깨뜨렸으므로 그녀에게 베풀어진 모든 자비로운 은총도 중단되는 것이다. 그리하여 그녀는 여호와와 연합하기 전의 그 비참한 상황으로 다시 돌아가고만 것이다.

여기서 의복과 음식물에 대한 언급이 나타나는데, 그것들은 실제의 결혼 때에 남편이 아내에게 제공하도록 되어 있는 것들이었다. 사 4:1을 보라. 하나님께서 그의 은총들을 거두어 가신다면, 결과는 말할 수 없이 엄청나다. 왜냐하면 인간 남편과는 달리 하나님의 경우는 이 세상의 모든 것이 그의 소유이기 때문이다. 하나님께서 마실 것을 주지 않으시면, 버림 받은 아내는 목말라 죽을 수밖에 없다. 이처럼 남편의 인격에 근거하는 형벌이 계속 악화되는 상황을 생각하면, 여기서 말씀하는 것은 이혼의 결과로 결혼 예물로 준 모든 것을 거두어 가는 것임을 쉽게 알 수 있다. 만거를 비롯해서 몇몇 사람들은 이 부분의 묘사가 그 당시에 보편적으로 행해졌던 간음한 자에 대한 형벌을 암시하는 것이라고 보지만, 구태여 거기까지 생각할 필요는 없다.

본 절에서 특별히 이스라엘과 관련하여 나타나는 영원하고도 보편적인 진리는 곧, 하나님의 모든 은총은 오직 개개인과 나라를 그와 교제의 상태로 이끌어가기 위하여 베풀어진 것이거나, 또는 그러한 기존의 교제의 관계의 결과로 베풀어진 것이라는 것이다. 이는 먼저 하나님의 나라를 구하면 나머지 모든 것을 더하시리라는 주님의 말씀에서도 잘 나타난다. 이와 같이 은총을 베푸시는 하나님의 의도를 무시하면, 그 은총들을 하나님의 은총들로 받아들이고 누리지 않으면, 사람이 영적 혼인 관계를 무시하거나 깨뜨리게 되면, 조만간 그 은총들이 사라지고 마는 것이다.

'그 나던 날과 같게' 벌거벗긴다는 표현은 실제로 그렇게 한다는 뜻이라기 보다는 그 부끄러운 상황을 벌거벗은 상태에 비교하여 말씀하고 있는 것이다. 여기서 한 가지 의문이 생기는데, 곧 그 나던 날을 언급한 것이 상징인 그 여인에게만 해당되어 그저 완전한 벌거벗음의 상태를 뜻하는 것인지 (이 세상에 태어날 때 이상으로 더 벌거벗을 수는 없으므로), 아니면 이것을 문자 그대로 받아들여서 여기의 나던 날을 그 백성이 애굽에 있을 때의 상태를 가리키며 결국 그 백성이 과거 애굽에 있을 때의 형편으로 다시 돌아갈 것을 말씀하는 것으로 이해하여야 하는가 하는 것이다. 우리는 후자의 입장을 취한다. 에스겔서의 병행 구절들에서도 이를 지지할 뿐더러, 여기의 묘사 전체가 순전히 사실 묘사의 성격을 띠고 있다는 점도 이를 지지하기 때문이다. 이 부분에서는 이스라엘을 그 아내와 비교하여 결국 비유적 표현과 그 실체를 나란히 세워놓고 있는 것이 아니다. 오히려 이스라엘이 그 아내로서 나타나고 있는 것이다.

'저로 광야 같이 되게 하며 … '―광야와 마른 땅(사막)을 의인화시켜서 그들이 마치 주리고 목마른 상태에 있는 것처럼 묘사하고 있다. 그러나 몇몇 해석자들은 이 해석이 지나치게 비유적으로 이해한다고 생각한다. '광야'가 아라비아 사막을 특별히 지칭한다는 것은 정관사가 있는 사실에서 잘 드러난

다. 그러나 그 뒤에 나타나는 '마른 땅'에 정관사가 붙어 있지 않은 점을 볼
때에, 여기의 '광야'가 과거 이스라엘이 거하던 곳이 아니라 그저 특별히 황
폐한 상태를 지칭하는 뜻으로 보아야 한다는 것을 알 수 있다. 마지막으로,
신 28:48의 경고의 말씀이 이것과 병행을 이루고 있다: "네가 주리고 목마르
고 헐벗고 모든 것이 핍절한 중에서 여호와께서 보내사 너를 치게 하실 대적
을 섬기게 될 것이니 그가 철 멍에를 네 목에 메워서 필경 너를 멸할 것이
라."

798. 4절. "내가 그 자녀를 긍휼히 여기지 아니하리니 이는 저희가 음
란한 자식들임이니라." 이 자녀들이 그들의 도덕적 성격 때문이 아니라 그들
의 출신(origin) 때문에 버림을 받는다는 것은 5절에서 알 수 있다. 곧, 그
들이 음란한 자식들이라는 사실이 그들을 거부하는 이유가 되는 것이다. 그
리고 그들이 음란한 자식이라는 것은 그 어미가 음행을 저질렀다는 사실로
입증된다. 5:7("저희가 여호와께 정조를 지키지 아니하고 사생자를 낳았으
니")을 참조하라. 죄악된 출신과 죄악된 본성은 서로 함께 나타나는 것이다.

799. 5절. "저희의 어미는 행음하였고 저희를 배었던 자가 부끄러운 일
을 행하였나니 대저 저가 이르기를 나는 나를 연애하는 자들을 따르리니 저
희가 내 떡과 내 물과 내 양털과 내 삼과 내 기름과 내 술들을 내게 준다 하
였느니라." '대저'는 그 어미가 행음하였고 부끄러운 일을 행하였다는 사실
을 그 범죄와 그 기원을 제시함으로써 확인해 주는 역할을 한다. 어미의 영
적 간음의 원인은 바로 허영심과 망상이었는데, 똑같은 망상이 렘 44:17,
18에서도 나타난다. 거기서는 예레미야가 우상 숭배야말로 그 백성들(애굽에
포로로 잡혀간 자들)이 현재 당하고 있는 모든 불행의 원인이며 그것으로 인
해서 더 큰 불행이 일어나게 되므로 우상 숭배의 죄악을 범치 말라고 경고하
자, 그 백성들은, 과거 조상들이 본토에서 행했듯이 자기들도 계속해서 분향
하며 하늘의 여신에게 전제를 드리겠노라 "대저 그 때에는 우리가 식물이 풍
부하며 복을 받고 재앙을 만나지 아니하였더니 우리가 하늘 여신에게 분향하
고 그 앞에 전제 드리던 것을 폐한 후부터는 모든 것이 핍절하고 칼과 기근

에 멸망을 당하였느니라"라고 대답한다. 생수의 근원과 무너져서 물을 담지 못하는 웅덩이 사이의 대비 역시 똑같은 망상을 보여준다(렘 2:13).

그러나 그 엄청난 음란의 원인이 되는 것은 영적 음란의 결과이다. 자기 아내에게 여기서 나타나는 그런 말을 하고 있다는 사실은 이미 내적인 배신이 있었다는 것을 뜻한다. 이스라엘이 하나님과의 친밀한 교제를 신실하게 지켜가고 있는 한, 그는 믿음의 눈으로 구름 속에 있는 하나님의 손길을 보며, 그 하나님의 손으로 말미암아 자신이 모든 것을 받았고 또한 인도함을 받아 가장 큰 축복을 누리게 되었음을 깨닫는 것이다. 그러나 불신앙으로 말미암아 하나님과의 교제를 끊어버리게 되면, 바로 그 순간부터 하늘이 그에 대해 문을 닫고, 그는 주위의 눈에 보이는 세계로 눈을 돌려서 거기에서 자존하며 높은 능력을 지닌 것처럼 보이는 것은 무엇이든 찾아내서 그것을 그의 사랑의 대상으로, 말하자면, 그의 신으로 만들려고 애쓰게 된다. 바로 그와 같은 노력의 일환으로 이스라엘 사람들은 주로 우상에게로 눈을 돌리게 된 것이다. 그들이 보기에 우상을 섬기는 주변의 이방 민족들이 부유하고 강성하며 또한 그 이방 민족들의 부강함이 우상 숭배에 연유한다는데 솔깃해서 그리로 빠져 버리는 것이다.

그러므로, 이스라엘 사람들은 그들이 지금까지 받아 누린 그 은총들을 모두 우상들에게 돌렸으며, 또한 우상들의 요구 조건이 참되신 하나님이 요구하시는 것보다 훨씬 더 지키기가 쉬웠으므로 그들은 기꺼이 우상으로 돌아선 것이다. 우상은 형식을 요구하나, 참되신 하나님은 다른 어떠한 것도 아닌 마음을 요구하시며, 그것은 무엇보다도 힘든 것이었다. 그리하여 먼저 마음을 드리지 않기로 작정하자, 하나님에게서는 이제 아무 것도 기대할 수가 없게 되었다고 깊이 느끼게 되었다. 하나님이 아직 그들에게 남겨두신 은총들은 오직 하나님의 값없는 자비하심에서 비롯된 것으로서 그들을 회개에 이르도록 하기 위한 것이었는데, 죄악 가운데 있는 자연인은 바로 그러한 사상에 대해 저항감을 갖는다. 왜냐하면 그는 언제나 하나님과의 관계에서 자신의 공적과 행위를 꿈꾸기 때문이다. 그들의 이러한 행위는 오늘날도 날마다 반복되고 있는 것이다. 우상들 대신 합리주의자들과 이신론자들의 추상적인 신, 혹은 인간의 능력 등을 그 자리에 갖다 놓기만 하면, '나는 나를 연애하

는 자들을 따르리니 저희가 내 떡과 내 물과… 내 술들을 내게 준다'는 말씀
이 이 세상의 표어라는 것이 분명히 드러나게 될 것이다. — 떡과 물은 생활
의 필수품을 나타내며, 기름과 술(독주)은 사치를 충족시켜주는 것들을 나타
낸다.

800. 6절. "그러므로 내가 가시로 그 길을 막으며 담을 쌓아 저로 그 길
을 찾지 못하게 하리니." 먼저 배반한 아내를 향하여 말씀하며(한글 개역 성
경에는 모두가 3인칭으로 되어 있으나, '그러므로 내가 가시로 네 길을 막으
며 담을 쌓아 저로 그 길을 찾지 못하게 하리니'의 뜻으로 보아야 한다— 역
자주), 그 다음에 3인칭으로 바뀌어 말씀이 계속된다('그 담,' '그 길'). 그
아내는 먼저 가시덩쿨로 길이 막히고, 그 다음에는 돌로 쌓은 담으로 길이
막힌다고 하는데, 이는 사 5:5에서 포도원이 먼저 가시덩쿨로 둘러싸여 있
고, 그 다음에 벽으로 둘러싸여 있는 것과도 같다. 그 담이란 '그녀를 위하
여 쌓은 담으로 그녀가 도저히 뚫을 수 없는 담'을 뜻한다. '보라'(한글 개
역 성경에는 나타나지 않는다—역자주)는 본문에 나타난 결과가 전혀 예기치
못한 것임을 시사한다. 그 아내는 자신이 안정된 상태에서 쉽게 자신의 목적
을 이룰 수 있을 것으로 생각하였다. 그 아내는 남편에 대해서 지금까지 자
기가 가고 싶은 대로 조용히 가도록 내버려 둘 만큼 무기력한 존재라고 여기
고서 그에 대해서는 아무런 의식도 하지 않았는데, 그 때에 갑자기 자신이
큰 담에 갇혀 있는 것을 깨닫게 되는 것이다.

여기서 '담을 쌓아 그녀를 가둔다'는 것은 과연 어떻게 이해하여야 하는
가 하는 문제가 남는다. 5절과 7절의 말씀으로 보아서 여기서 담을 쌓는 목
적은 아내를 그 연애하는 자들에게서 격리시키기 위함이었다는 것을 알 수
있다. 그러므로 이 표현은 환난을 의미하는 것은 아니다. 그냥 아무 길이나
막는 것이 아니라, 연애하는 자들에게로 가는 길을 막는 것이다. 그러므로
이것은 더 이상 우상을 숭배하지 못하도록 하나님께서 이스라엘 사람들을 위
하여 중간에 장애물을 쌓아 두신 것을 의미한다. 즉, 내적인 장애 요소를 뜻
한다. 외적으로는 이스라엘 사람들이 포로 상태에서 우상을 숭배하는 열방
가운데 살고 있으므로 본토에 있을 때보다도 우상 숭배를 할 기회가 훨씬 더

많았던 것이다. 이것이 과연 어떤 것이었는지는 5절에서 배울 수 있다. 그 백성은 선물들을 보고서 그 선물을 주는 자들을 생각했다. 떡, 물 등은 우상들이 그들에게 주는 미혹거리였고, 그들은 그것에 대해서 무언가 갚아야 한다고 느꼈고, 그리하여 한층 더 선물을 구하였다. 그러므로 모든 것은 우상과의 이러한 교류를 막는 것에 달려 있었다. 그것을 막으면 우상 숭배 행위도 스스로 사라지고 말 것이었다. 그리하여 하나님께서는 백성들로 하여금 하나님 대신 우상들을 바라보게 만드는 그 선물들을 제거하심으로써 그 일을 이루신 것이다. 여기서 담은 곧 그 선물들을 제거하신 것을 지칭하는 것이다.

하나님이 여기서 이스라엘 사람들을 경고하시는 수단으로 사용하신 것은 지금도 날마다 시행되고 있다. 누구든지 하나님의 선물들을 하나님이 주신 것으로 인정치 않고 그 선물들 때문에 하나님을 버리고 다른 우상에게 빠지게 되면, 하나님께서는 그것들을 거두어 가심으로써 그로 하여금 본래 그것들을 주신 이가 누구신가를 다시금 깨닫도록 하시는 것이다. 그리하여 하나님은 그 백성과 그의 우상적인 사랑의 대상 사이에 큰 간격을 만드시고 그를 이끄사 자기 자신이 만든 아무런 힘도 없는 우상이 아니라 살아계신 하나님을 찾도록 하시는 것이다. 그가 이렇게 하시는 것은 한편으로 그의 의로우심 때문이다. 그의 의로우심은 음행을 반드시 처벌하며 죄의 달콤함이 쓰라린 아픔으로 바뀌도록 요구한다.

그러나 또 한편으로 그의 긍휼하심 때문이기도 하다. 하나님은 그의 긍휼하심으로 말미암아 그 죄인을 구하시기 위해서 적시에 가장 적절한 수단을 강구하시는 것이다. 이러한 두 가지 속성으로 인하여 하나님과의 관계가 가까울수록 이 조치가 더욱 강하게 이루어진다. 죄악이 클수록 의가 발동되며, 사랑이 클수록 긍휼하심이 발휘되는 것이다. 이방인을 향해서는 하나님이 그들 마음대로 길을 가도록 오랜 시간을 내버려 두기도 하신다. 그러나 이스라엘은 금방 길이 막혀 버리는 것이다. 하나님은 여전히 나라들과 개인들을 똑같은 방법으로 다루시는 것이다.

801. 7절. "저가 그 연애하는 자를 따라 갈지라도 미치지 못하며 저희

를 찾을지라도 만나지 못할것이라 그제야 저가 이르기를 내가 본 남편에게로 돌아가리니 그 때의 내 형편이 지금보다 나았음이라 하리라.” 우상적인 사랑의 대상에서 분리시켜 놓으면, 처음에는 그 대상을 향한 열정이 더욱 고조되며 그 대상에 이르고자 하는 노력도 커진다. 그러나 하나님의 보호하심으로 그 불순한 사랑의 대상을 즐길 수가 없게 되면 그들은 성령의 활동하심에 순응하여 점차 돌아와서 그 우상들의 허망함을 깨닫고 참되신 하나님께로 돌아오게 된다. 우상들을 ‘미치지 못하며,’ ‘만나지 못할 것이라’는 말은 전에 우상들의 사랑과 능력을 증명해 주는 것들로 보였던 것들이 모두 다 무너져 버리는 것을 의미한다.

‘내가 본 남편에게로 돌아가리니’는, 5절의 ‘나는 나를 연애하는 자들을 따르리라’와 아주 멋진 대구를 이루고 있다. 이것은 하나님의 긍휼하심이 가장 효과적인 것임을 보여준다. 그의 긍휼하심이 완전히 사라져 버린 듯이 보이고 그의 공의의 심판만이 역사하는 것 같은 그런 상태에서 하나님의 긍휼하심이 놀랍게 역사한 것을 보게 되는 것이다.

802. 8절. “곡식과 새 포도주와 기름은 내가 저에게 준 것이요 저희가 바알을 위하여 쓴 은과 금도 내가 저에게 더하여 준 것이어늘 저가 알지 못하도다.” 여기 열거되는 축복들은 하나님이 매우 특별한 의미로 이스라엘에게 주신 선물이었다. 하나님은 교회에도 그 언약의 하나님으로서 또한 교회의 남편으로서 그 축복들을 베풀어 주셨다. 이 점은 모세오경에서 이미 예언된 바 있다: 신 7:13(“너를 사랑하시고 복을 주사 너로 번성케 하시되 네게 주리라고 네 열조에게 맹세하신 땅에서 네 소생에게 은혜를 베푸시며 네 토지 소산과 곡식과 포도주와 기름을 풍성케 하시고 네 소와 양을 번식케 하시리니”); 11:14(“여호와께서 너희 땅에 이른 비 늦은 비를 적당한 때에 내리시리니 너희가 곡식과 포도주와 기름을 얻을 것이요”)을 보라.

호세아가 이 두 구절에 나타난 세 가지 축복들을 순서대로 정확히 언급하고 있는 것은 결코 우연이 아니다. 이스라엘 사람들은 절기를 지키고 첫 열매를 드림으로써 이러한 축복들이 하나님께서 그의 특별하신 섭리 가운데 그들과의 언약적인 관계 속에서 베푸신 것임을 공적으로 인정하도록 되어 있

었다. 그러나 이스라엘이 행한 일과 그들이 당연히 했어야 마땅한 일 사이에
는 놀라운 괴리가 있다. 여호와께서 그들에게 주신 것을 그들은 마땅히 감사
를 드렸어야 할 하나님은 배제시키고 오히려 바알에게 드렸다. 하나님이 당
연히 받으셔야 할 존귀와 감사를 그에게서 빼앗는 것으로 만족하지 않고, 그
들은 그 존귀와 감사를 하나님의 원수와 무가치한 잡신에게 바친 것이다.

　　　이는 인간 본성의 깊은 부패성을 단적으로 보여주는 행위로서 지금까지
도 계속해서 반복되어 왔으며, 지금 이후로도 계속 반복될 것이다. 인간의
부패성은 그 때나 지금이나 동일하기 때문이다. 오늘날의 위대한 시인들이
자기들이 하나님께로부터 받은 그 풍성한 정신적인 은사들을 세상과 그 왕을
찬양하는데 온통 바치는 행위는 본질적으로 황금을 바알에게 바치는 것과 다
를 바가 없는 것이다. '저가 알지 못하도다'는 벌을 받아 마땅한 일이다. 그
축복들을 주신 분이 자신을 숨기신 것도 아니요, 그의 풍성하신 사랑을 받은
자들이 그 눈을 감아서 그를 보지 않으며 그에게 감사치도 않으려 하는 것일
뿐이다.

　　　803. 9절. "그러므로 그 시절에 내가 내 곡식을 도로 찾으며 그 시기에
내가 내 새 포도주를 도로 찾으며 또 저희 벌거벗은 몸을 가리울 내 양털과
내 삼을 빼앗으리라." '그러므로'는 매우 강조된 표현으로서 하나님의 경영
의 영원한 법칙을 지적해 준다. 그 법칙에 따르면 하나님은 지금까지 그를
영화롭게 하지 않은 자들을 변화시켜 그들에게서 영광을 받으실 것이며, 그
들과의 관계가 가까울수록 그들에게 베푸시는 은총이 커진다. 그 은총들에
감동을 받아서 자신을 드리지 않는 자들은 그들에게서 그 은총을 거두어 가
실 것이요, 아무 것도 그들에게 남는 것이 없을 것이다. 그리하여 전에는 풍
성하게 은총을 누렸지만, 그 때에는 자신의 본래의 빈곤과 벌거벗음의 상태
로 남게 되는 것이다. 그 은총들이 사라질 그 때에 그것들을 거두어 가신 분
이 바로 그것들을 주신 분이심을 깨닫게 되면 참으로 복된 것이다. 이스라엘
사람들이 그런 것처럼(3:5) 그로 인하여 자신의 불신앙과 패역함을 깊이 뉘
우치고 하나님께 다시 돌아가게 되기 때문이다. 그렇게 되면, 그들은 자신들
이 하나님의 공의의 대상만이 아니요, 하나님의 긍휼하심이 여전히 그들에게

임하고 있음을 깨닫게 된다. 하나님이 감사할 줄 모르는 자들에게 그의 은총들을 오래 베풀어 주실수록 그들의 미래의 상태는 더욱 어둡기만 하다. 긍휼하심을 베풀어주신 것을 이제는 진노하심으로써 계속 베푸시는 것이기 때문이다.

대부분의 해석자들은, '내가 … 다시 찾으며'의 뜻으로 설명하나, 오히려 '내가 돌아와서 찾으며'의 뜻으로 보는 것이 옳다. 성경은 하나님께서 그의 전능하심과 의로우심과 사랑의 역사 가운데서 자신을 알리시기만 하시는 일을 묘사하면서 하나님이 나타나신다고 말한다. 이러한 표현은 하나님의 임재에 대한 살아있는 의식에서 우러나오는 것이다. 눈에 보이는 현상에서 눈에 보이지 않는 그 현상의 주인을 믿음의 눈으로 바라보는 것이다. 예컨대, 창 18:10에서도 여호와께서는, "기한이 이를 때에 내가 정녕 네게로 돌아오리니"라고 말씀하는데, 여호와께서 눈에 보이는 사람의 형상으로 다시 나타나시겠다는 뜻이 아니라 그가 하신 약속을 그 때에 이루시겠다는 의미인 것이다. 그러므로 과거에 하나님이 은총을 주시는 분으로 이스라엘에게 나타나셨듯이, 그들이 하나님을 그런 분으로 인정하지 않으므로 이제는 거두어 가시는 분으로 돌아오신다는 것이다. '저가 내가 준 것을 알지 못하니, 그러므로 내가 다시 돌아와서 취하여 가리라.'

'내 곡식…'은 이스라엘이 이 모든 것을 자기 것이라고 하는 5절의 내용과 날카로운 대조를 이루고 있다. 하나님이 주시는 것은 언제나 하나님 자신의 것이다. 왜냐하면 그는 그저 빌려주시는 것일 뿐이요, 또한 조건을 걸고 그 조건 하에서 주시는 것이기 때문이다. 어떤 사람이 자신이 그것의 절대적인 주인으로 인식하면, 하나님은 그것을 거두어 가심으로써 그 자신의 실수를 배우도록 하신다.

'그 시절에'와 '그 시기에'라고 하는데, 하나님께서 그 선물들을 주시던 때가 바로 그 때이기 때문에 그 때에 자신이 주셨던 선물들을 도로 취해 가시는 것이다. '가리울'은 곧, '지금까지 그 벌거벗은 몸을 가리웠던 것'을 뜻한다. 여호와께서 주신 선물들로 벌거벗은 몸을 가리워야 한다는 것은 인간의 본성적인 궁핍을 잘 보여준다. 온 세상에서 그의 부끄러움을 가릴 것이 아무 것도, 심지어 천 조각 하나도 없는 그런 상태에 있는 것이 인간인 것이다. 겔 16:8에서는 여호와께서 몸소 "내 옷으로 너를 덮어 벌거벗은 것을 가리웠다"고 말씀하신다.

804. 10절. "이제 내가 그 수치를 그 연애하는 자의 눈 앞에 드러내리니 저를 내 손에서 건져낼 사람이 없으리라." ― '그 연애하는 자의 눈 앞에'는 여호와께서 그 여인을 혐오감과 증오심을 불러일으키는 모양으로 만드셔서 전에 그녀를 찾아다니던 자들에게도 그런 감정이 들도록 만드실 것을 뜻한다. 여기에 나타난 사상은 이렇다: 하나님이 그를 버리고 세상을 따르는 자를 세상이 보기에도 수치스럽게 만드실 것이며, 그가 전에 하나님과 가졌던 관계가 가까울수록 더욱 더 그렇게 하실 것이다. 벌거벗고 범죄를 저지르므로, 벌거벗김으로써 벌을 내리시는 것이다. 그리하여 온 세상이, 특히 그를 연애하던 자들이 그 끔찍한 광경에 역겨워서 모두 도망하게 될 것이다. 그들은 전에 본 남편에게서 받은 의복과 장식물로 치장한 모습만 보았는데, 이제 혐오감의 대상에 지나지 않는 그녀의 참 모습을 보게 된 것이다. 그 장면을 더욱 생생하게 만들기 위해서 선지자는 우상들에게 생명과 감정을 부여한다. 만일 우상들이 생명과 감정을 가졌다면 여기서 말씀하는 대로 행할 것이며, 우상 숭배자들도 그 후에 그렇게 했을 것이다.

― 후반부의 '저를 내 손에서 건져낼 사람이 없으리라'는 전반부와 병행을 이루는 것으로서 둘 다 모두 하나님의 심판의 무서움을 묘사하고 있다. 5:14이 이와 병행을 이룬다: "내가 에브라임에게는 사자 같고 유다 족속에게는 젊은 사자 같으니 나 곧 내가 움켜갈지라 내가 탈취하여 갈지라도 건져낼 자가 없으리라."

805. 11절. "내가 그 모든 희락과 절기와 월삭과 안식일과 모든 명절을 폐하겠고." 절기는 두 가지 목적을 위해서 마련된 것이다. 즉, 그것들은 거룩한 헌신의 날이요 또한 기쁨의 날이었다. 이스라엘이 거룩한 헌신의 날을 폐해 버렸으므로(기독교계의 대부분도 마찬가지이다. 거룩한 날은 이름에 지나지 않는다), 하나님께서는 그에 합당한 형벌로서 기쁨의 날도 중지되도록 만드신다. 그들이 절기의 날들을 더럽혔으므로 이제, 하나님으로 말미암아

그들이 희락을 잃어버리게 되는 것이다. 제롬은 다음의 세 가지 명사들을 적절히 구분해서 설명해 준다. 절기는 해마다 지키는 세 가지 주요 명절을 지칭한다. 그 절기에 월마다 월삭이, 주마다 안식일이 덧붙여진 것이다. 이 세 가지 명사들은 그렇게 함께 쓰여질 경우가 많으며, 신약 성경에서도 나타나고 있다(골 2:16).

명절(모아딤)에 대해서 해석자들은 가장 넓은 의미에서 모든 절기의 때를 다 포괄하는 개념으로 이해한다. 그러나 여하튼 하나님이 제정하신 명절들만을 가리킨다. 하나님은 여기서 이스라엘 사람들이 자신에게서 취하여 간 것만은 그들에게서 취하여 가시는 것이다. 여기 명절 이외에 바알들을 섬긴 시일이 특별히 언급되고 있다(13절). 하나님의 날들을 그 시일에서 취하여 가실 것이요, 바알들을 섬긴 시일에 대해서 그들이 형벌을 받을 것이다. 그러나, 여기의 명절은 하나님이 제정하신 모든 절기들을 다 포괄하는 개념이 아니다. 모아딤은 그 가운데 특정한 종류의 절기만을 의미한다. 이 사실은 레 23:3 이하에서 가장 분명히 드러난다. 거기서는 "여호와의 모아딤은 이러하니라"(2절)라고 전제한 후 안식일, 유월절, 오순절, 신년절, 속죄일, 초막절을 언급하고 있다. 여기서 모아딤에 해당하는 것 전체를 다 열거하고 있다는 점은 그 마지막 부분에서도 드러난다(37절). 월삭은 모아딤과는 구분되고 거기에 속하지 않는 것으로 나타나는 경우가 많다. 특별한 절기들이 모두가 여기에 속하는 것이 아니라는 사실은 민 15:3도 잘 보여준다. 어떤 종류의 절기들이 모아딤에 속하는지는 앞에서 언급한 레 23:3 이하를 근거로 결정해야 할 것이다. 2절에서 모아딤은 거룩한 절기로서 거기에 속하는 각 절기 때마다 성회로 모일 것을 특별히 언급하고 있다. 그러므로 칠십인역은 이를 다음과 같이 잘 번역하고 있다: καὶ πάσας πὰς πανηγύρεις.

그런데 선지자는 어째서 여기서 부분적으로 이미 인용한 그 명절들을, 더구나 성회와 관련된 명절들을 구체적으로 명시하고 있는가? 그것은 그런 명절들을 잃어버린다는 것이 백성들에게는 크나큰 고통을 주는 것이었기 때문이다. 그 명절들이 명절로서 활기를 띠게 되는 것은 오로지 백성이 함께 모임으로써만 가능한 일이었다. 다 함께 기뻐하며, 개개인들이 그 기쁨을 만끽했던 것이다. — 마지막으로, 이 구절에서와 다른 여러 구절들에서(특히 아모스서에서) 분명히 드러나는 것은 외형적인 예배와 명절을 지키는 일은 모세오경에서 제정된 예에 따라서 여전히 계속되었다는 사실이다.

806. 12절. "저가 전에 이르기를 이것은 나를 연애하는 자들이 내게 준 값이라 하던 그 포도나무와 무화과나무를 거칠게 하여 수풀이 되게 하며 들 짐승들로 먹게 하리라." 포도나무와 무화과나무는 팔레스타인의 두 가지 명물로서 다른 곳에서도 그렇듯이 여기서도 함께 묶어져서 하나님께서 그 땅에게 주신 그 풍성한 축복들을 나타낸다. 연애하는 자들이 내게 준 값이란 창녀에게 주는 돈을 뜻하는데, 성경 기자들은 이 용어를 부끄러워하지도 않고 자주 사용하고 있다. 그들은 가장 비근한 죄악을 가장 비근한 언어로 말하고 있는 것이다. 비근한 주제를 비근한 언어로 말할 수 있느냐 없느냐 하는 것도 시대마다 사람들의 도덕성을 재는 척도가 될 수 있는 것이다. 사실 이스라엘 백성은 자기들이 우상에게서 받았다고 믿는 그것을 음행에 대한 값이 아니고 참된 사랑으로 준 선물이라고 생각했다.

그러나 선지자는 있는 사실을 그대로의 표현을 입에서 쏟아냄으로써 그들의 즐거운 상상에 찬물을 끼얹는다. 부드러운 귀를 가진 사람들에게는 선지자의 그 말씀이 거칠고 아주 고약한 언어로 들렸을 것이다(사람은 마음이 음흉할수록 혀와 귀는 부드러워지는 법이다). 자신이 세련된 여자로 보인다고 생각해왔는데, 갑자기 그저 하찮은 창녀로 대접을 받고 있는 것이다. 마음 깊은 사랑의 증표로 알고 있던 그 선물이 갑자기 화대(花貸)가 되어버린 것이다. 이것이야말로 우리의 잘못된 언어 관습과, 사물을 바라보는 안목과, 쉽게 속아 넘어가는 우리의 마음에 대한 좋은 교정제가 될 것이다. 세상을 사랑하는 모든 것, 세상의 사랑을 얻고자 하는 모든 노력, 시대의 정신에 휩쓸려 가는 모든 것, 이것들은 전부 음행하는 것이다. 그러므로 세상이 그것에 대한 대가로 주는 모든 것은 음행에 대한 값이요 화대다. 그러므로 그것은 여호와의 성전에 가져가서는 안될 것들이다. "이는 다 네 하나님 여호와께 가증한 것임이니라"(신 23:18). 음행에 대한 값이니만큼 그것은 없어질 것이다: "음행의 값으로 모은 것이니 음행의 값으로 돌아가리라."

그 핵심을 살펴보면 이기주의와 거기서 나오는 이기적인 행동이 하나님이 아닌 모든 것을 사랑하는 근본 동기가 된다. 특히 이미 참되신 하나님을 알고 있는 자들의 경우에는 더욱 그렇다. 그러나 하나님을 아직 알지 못하는 자들의 경우에는 우상 숭배에 무언가 더 나은 요소가 있다고 여기고 거기서 헛된 만족감을 얻으려 하는데, 이는 참된 것을 알지 못하기 때문인 것이다. 그러므로 이스라엘 사람들의 우상숭배는 이방 사람들의 우상숭배보다도 훨씬 더 질이 악한 것이다. 이방의 시인들과 철학자들 가운데도 여기서 표현된 그런 성향에 대해서 극렬하게 반대한 자들도 있었다. 이기주의는 언제나 그렇듯이 여기서도 어리석은 것이다. 그저 빌려온 것이거나 훔친 것을 자기 것으로 주장하기 때문이다. 그것의 정당한 주인은 여호와시며 그는 어느 때에라도 그것들을 다시 취하여 가실 수가 있는 것이다. 이러한 어리석음을 충격적으로 보여주기 위해서 하나님은 여기서 자신의 모습을 드러내시고 그 백성들이 우상들에게서 보상으로 받았다고 여기는 그것들을 취하여 가시는 것이다. 그것들은 여호와께서 사랑으로 베푸셨던 것들이다. ― 주위에 울타리를 쳐서 잘 가꾸어 온 포도밭과 무화과밭이 훼파되고 그 밭에는 수풀이 가득하게 되고 들짐승들이 거기에 우글우글하게 될 것이다('먹게 하리라'는 들짐승들이 그저 포도와 무화과 열매만을 먹게 될 것을 말씀하는 것이 아니다).

807. 13절. "저가 귀고리와 패물로 장식하고 그 연애하는 자를 따라가서 나를 잊어버리고 향을 살라 바알들을 섬긴 시일을 따라 내가 저에게 벌을 주리라 나 여호와의 말이니라." 바알들을 섬긴 시일(문자적으로는, '바알들의 날들')은 바알을 예배하는데 바쳐진 날들을 가리킨다. 이스라엘 사람들은 바알 숭배를 위해서 특별히 날들을 정했거나, 아니면 본래 여호와 예배를 위하여 거룩히 구별된 날들을 바알 숭배하는 날로 바꾸었거나 둘 중의 하나였을 것이다. 8절에서는 하나의 바알을 언급했는데, 여기서는 여러 바알들이 언급되고 있다. 이는 하나의 바알이 여러 가지 형태를 취하는 상황에 따른 것이라 할 수 있다. ― '저가 귀고리와 패물로 장식하고'에 대해서 대개의 해석자들은 우상을 기념하여 코걸이를 비롯한 여러 장식물들로 치장한 것을 말씀하는 것으로 본다. 그러나, 성경 기자는 여기서 단순히 영적인 사실을 말씀하면서 인간사에서 가장 두드러진 현상을 예표로 삼아서 그것을 묘사하

고 있는 것뿐이다. 성경 기자의 그러한 자유를 무시하는 데서 온갖 그릇된 해석들이 일어나는 것이다. 이 점을 생각한다면, 예를 들어서 다윗이 시 23:5, 6에서 세상의 선한 목자가 양에게 먹이를 줄 때 사용하는 여물통을 언급하지 않고 오히려 영적 선한 목자이신 여호와께서 그의 백성에게 베풀어 놓으시는 상(식탁)을 언급한다고 해서, 그것 때문에 그가 거기서는 선한 목자의 이미지를 사용하지 않고 있다고 말할 수가 없을 것이다. 여기서 '장식하고'는 오로지 영적 음행자만이 행할 수 있는 그런 행동을 나타낸다. 여기서 영적 음행자의 행동을 세상적으로 비근하게 나타나는 창녀의 모습을 들어서 묘사하고 있는 것이다. 우상들의 환심을 사기 위해서 갖은 모양을 다 내는 그런 영적 음행자의 상태가 나타나고 있다. 향을 사르고 제물을 바치는 일 등은 훨씬 더 중대한 문제이다. ― 지금까지 말씀한 내용으로 볼 때에 4:13이 이와 완벽한 병행구를 이루는 것으로 보인다: "저희가 산 꼭대기에서 제사를 드리며 작은 산 위에서 분향하되." ― '그 연애하는 자를 따라가서' 와 '나를 잊어버리고'는 모두 그 범죄의 가증함을 잘 묘사해 준다. 무심결에 죄를 행할 기회를 찾게 되면, 죄는 이미 그 마음 전체를 사로잡고 있는 것이나 다름이 없다.

808. 14절. "그러므로 내가 저를 개유하여 거친 들로 데리고 가서 말로 위로하고." 여기서 갑자기 위로와 약속이 주어지고 있다. 여기서는 여호와께서 어떻게 그의 배도한 아내를 점차 회심케 하시고 그와 연합하게 하시는지를 말씀하고 있다. '그러므로'는 해석자들에게 상당한 난제가 되어왔다. 그러나, 그것은 단순히 6절과 9절의 '그러므로'와 함께 연결된 것으로 보는 것이 가장 자연스러울 것이다. 이 세 구절에서 '그러므로'는 모두, '그 아내가 부정에 빠졌으므로'라는 의미이다. 그녀가 하나님을 잊었으므로, 하나님은 먼저 그녀를 징벌하시고, 그 징벌이 소기의 목적을 이루어서 그녀가 '내가 본 남편에게로 돌아가리라'라고 말하게 되자, 이제는 그의 사랑을 드러내 보여주심으로써 그녀에게 자신에 대한 기억을 되살려 주시는 것이다. 광야에서나 가나안에서 애굽으로 다시 돌아가려 한 것의 근원에는 언제나 그녀의 불륜이 있었다. 그것이 없다면, 교회는 약속한 땅을 조용히 소유하며 지냈을

것이다. 그러한 부정한 사고와 행동으로 인해서 하나님은 그의 의로우심과 긍휼하심에 따라서 그 땅을 교회에게서 거두어 가시고 교회를 다시금 애굽으로 데려가신다. 그리고 그의 긍휼하심에 따라서 하나님은 교회를 광야로 데리고 가셔서 거기서 다시 가나안으로 데려 오신다.

'내가 저를 개유하여'는 부드럽게 타일러서 마음을 돌이키게 한다는 의미이다. 과거에 하나님이 애굽에서 종노릇하던 백성들을 개유하여 그 영적이고 육적인 종노릇의 상태에서 이끌고 나가셔서 그들을 광야로 인도하셨던 것처럼, 이제 그런 일이 다시 반복되는 것이다. 환난이 있은 후에는 반드시 이런 개유하는 일이 뒤따르는 법이다. 하나님은 먼저 죄악된 사랑의 대상들을 제거하시고, 그 다음에는 하나님 자신을 우리의 사랑의 대상으로 인정하고 사랑하도록 설득하고 개유하신다. 하나님은 그저 자신의 권리를 주장해서 쟁취하는데 만족하지 않으시고, 사랑을 부어주셔서 그 사랑으로 인해서 우리가 변화되어 마음을 다하여 사랑으로 하나님의 그 권리들을 실행하도록 하시는 것이다. 하나님은 그렇게 우리를 개유하시고 난 다음 우리를 애굽에서 이끌어 내사 광야로 인도하시는 것이다.

'내가 저를 … 거친 들로 데리고 가서'에 대해서 해석자들은 아주 크게 오해해왔다. 만거에 따르면, 여기서 거친 들이란 포로들이 바벨론에서 귀환하면서 거쳐 지나오는 광야를 뜻한다고 한다. 그러나 이 견해는 앞의 절(3절)에서 그 광야(정관사를 무시해서는 안된다)가 애굽과 가나안 사이에 있는 광야를 지칭한다는 사실로써 충분히 반박되고도 남는다. 그러나 여기의 광야는 상징과 예표로서 이해하여야 하는 것이다. 앗수르에 포로로 잡혀갔던 자들이 돌아온다 하더라도 문자 그대로 아라비아 사막을 지나올 수는 없다. 그러므로 여기서 중요한 것은 오로지 이 말씀 속에 담긴 뜻이 무엇인지를 아는 것이다. 그리고 그 뜻은 처음 이스라엘 백성을 광야로 이끌던 그 일의 근본적인 성격과 공통적인 면을 지니고 있을 것이 분명하다.

이 점과 관련해서 가장 중요한 구절은 신 8:2-6이다(이는 여호와께서 이스라엘 백성을 광야로 이끌어 가신 의도를 잘 보여주는 것이며, 그 광야로 이끌어가신 사건은 영적으로 광야로 이끌어가는 일을 보여주는 예표라 할 수 있다): "네 하나님 여호와께서 이 사십 년 동안에 너로 광야의 길을 걷게 하신 것을 기억하라 이는 너를 낮추시며 너를 시험하사 네 마음이 어떠한지 그 명령을 지키는지 아니 지키는지 알려 하심이라 너를 낮추시며 너로 주리게 하시며 또 너도 알지 못하며 네 열조도 알지 못하던 만나를 네게 먹이신 것은 사람이 떡으로만 사는 것이 아니요 여호와의 입에서 나오는 모든 말씀으로 사는 줄을 너로 알게 하려 하심이니라 이 사십 년 동안에 네 의복이 해어지지 아니하였고 네 발이 부릍지 아니하였느니라 너는 사람이 그 아들을 징계함 같이 네 하나님 여호와께서 너를 징계하시는 줄 마음에 생각하고 네 하나님 여호와의 명령을 지켜 그 도를 행하며 그를 경외할지니라."

광야 여정의 골자는 바로 시험이다. 그들을 애굽에서 구원하심으로써 여호와의 전능하심과 그의 자비하심을 놀랍게 보여주심으로써, 이스라엘 백성은 여호와를 향하여 진정한 사랑을 갖게 되었다. 출 15장의 송가(頌歌)와 렘 2:2에 나타나는 표현과 비교하라: "여호와께서 이같이 말씀하시기를 네 소년 때의 우의와 네 결혼 때의 사랑 곧 씨 뿌리지 못하는 땅, 광야에서 어떻게 나를 좇았음을 내가 너를 위하여 기억하노라." 여기서 소년의 때를 언급하는 것으로 보아서 여기의 표현은 시내 산에서 율법을 받기 이전 광야 여정의 초기를 지칭하는 것이 분명하다. 이러한 백성들의 사랑은 시내 산에서 율법을 받을 당시에도 잘 드러난다. 그들은 여호와께서 명령하시는 모든 것을 다 지키겠다고 기꺼이 약속했던 것이다. 그들은 그렇게 해서 첫 정류지에 다다랐다.

백성들은 그 때에 여호와께서 그들에게 약속하신 그 유업을 곧바로 소유하게 될 것을 바랐다. 그러나 여호와께서는 인간의 본성을 훨씬 더 잘 알고 계시므로, 그들을 또 다른 경로를 지나게 하셨다. 곧 하나님께로부터 완전히 소외되는 상태에 몰아넣으셔서 유혹과 시험을 받도록 하신 것이다. 첫 사랑은 그저 지푸라기에 불이 붙는 것과도 같다. 죄가 완전히 제거된 것이 아니라 그저 잠시동안 억눌린 것 뿐이다. 죄는 여전히 남아 있어서 과거와 같이 완전히 그 백성을 장악할 기회를 호시탐탐 노리고 있는 것이다. 만일 하나님이 이런 상태를 언제나 계속되도록 내버려 두신다면, 만일 그가 계속해서 사랑의 증거를 보여주시고 신선한 연료를 늘 공급해 주신다면, 죄는 결코 제거되지 않을 것이다. 그 환상과 자극에 의해서 일어난 사랑이 마음 속 깊은 곳에서 우러 나오는 흔들리지 않고 책임을 다하는 사랑이 되기 위해서는, 그 사랑 자체가 얼마나 허약한가를 배워야 하며 또한 그 뿌리를 더욱 깊이 내리는 일이 얼마나 필요한지를 배워야만 하는 것이다.

그러므로 시험과 유혹과 환난이 필요한 것이다. 이러한 시험을 위해서 하나님께서 우리에게 환난으로 주시며, 우리가 예상했던 것과는 전혀 다른 길로 우리를 인도하셔서 마치 우리를 버리시는 것처럼 보이게 하신다. 그러나 하나님은 긍휼하심이 풍성하셔서 우리의 능력 밖으로 시험을 받게 하지 않으시며, 또한 시험에 들지 않게 해달라고 기도하라고 명령하신 분이시므로 그런 채찍과 징벌과 아울러 은혜도 함께 주시는 것이다. 하나님은 이스라엘로 하여금 주리고 목마르게 하셨지만 동시에 그들에게 먹을 것과 마실 것을 베풀어 주셨다. 하나님은 이스라엘로 하여금 뜨거운 모래 사막을 지나게 하셨지만, 그들의 신발은 해어지지 않았다.

그러나 이처럼 반대 편에서 나타나는 하나님의 역사 자체도 시험 거리가 된다. 사단이 우리의 고통뿐 아니라 즐거움을 통해서도 우리를 넘어뜨리려고 미혹하는 것처럼, 하나님은 우리에게 베푸시는 것뿐 아니라 거두어 가시는 것으로써도 그의 사랑을 증명해 주시는 것이다. 하나님이 거두어 가실 때에는 과연 우리가 그의 은혜가 없이도 그를 사랑하느냐 하는 것이 드러나며, 그가 베풀어 주실 때에는 그의 은혜 가운데서 그를 사랑하느냐 하는 것이 드러난다.

그런데 이 두번째 정류소인 광야가 많은 사람들에게는 마지막 종착역이 되고 만다. 많은 사람들이 광야에서 쓰러지는 것이다. 그러나 수많은 무리들이 거기서 넘어지지만, 하나님의 교회는 언제나 세번째 정류소인 가나안을 향하여 전진하는 것이다. 광야라는 시험의 정류소는 하나님의 교회의 편에서 보면 정결케 하는 정류소이기도 하다. 개개인에게는 재난인 것이 교회에게는 축복인 것이다. — 이스라엘의 광야 여정을 이렇게 이해하는 것이 옳다는 사실은 그리스도께서 받으신 시험에서도 드러난다. 그리스도께서는 그의 첫 사랑에 따라서 성령의 부음을 받으신 직후 시험을 받으셨던 것이다. 그 시험이 이스라엘의 광야 여정과 일치한다는 사실(모든 일에 시험을 받으셨으되 죄는 없으셨던 주님의 시험과 시험을 받되 죄 없이 받는 적이 단 한번도 없는 우리의 시험을 서로 비교할 수 있다면)은 두 가지 외형적인 특징에서 분명히 나타난다. 즉, 광야에 거한다는 것과 그 기간이 40일이라는 것이 그것이다. 그러나 동시에 내적인 특징도 그 점을 잘 보여준다. 즉, 구주께서 자신이 광야에 거하는 일을 되풀이하고 있음을 인식하고 있다는 하나의 증표로서 이미 인용한 그 구절과 관계되는 말씀으로 시험하는 자를 물리치셨다는 사실이 그것이다.

이제 지금까지의 설명을 확증해 주는 병행 구절들을 인용하기로 하자: 가장 중요한 것은 겔 20:34-38이다: "능한 손과 편 팔로 분노를 쏟아 너희를 열국 중에서 나오게 하며 너희의 흩어진 열방 중에서 모아내고 너희를 인도하여 열국 광야에 이르러 거기서 너희를 대면하여 국문하되 내가 애굽 땅 광야에서 너희 열조를 국문한 것 같이 너희를 국문하리라 나 주 여호와의 말이니라 내가 너희를 막대기 아래로 지나게 하며 언약의 줄로 매려니와 너희 가운데서 패역한 자와 내게 범죄한 자를 모두 제하여 버릴지라 그들은 그 우거하던 땅(애굽을 지칭함)에서는 나오게 하여도 이스라엘 땅에는 들어가지 못하게 하리니 너희가 나를 여호와인줄 알리라."

여기서도 광야에 거하는 것이 열방 가운데 거하는 것(이는 육체적인 의미도 있으나 동시에 영적인 의미에서 애굽에 종살이하는 것을 다 포괄한다)과 가나안 땅을 소유하는 것(이는 개개인의 서로 다른 성격에 따라서 여러 가지로 나타난다) 사이의 시험의 과정이라는 것이 드러나고 있다. 어떤 사람들은 완전히 끊어져 버렸고, 순례의 길을 떠나면서 줄곧 유지해왔던 여호와와의 교제의 모습조차도 옆으로 제쳐졌다. 또 어떤 사람들의 경우는 그 형제들을 멸망케 한 그 수단이 오히려 여호와와의 교제를 확인케 하며, 더 깊이 여호와께 연합하게 하는 역할을 하기도 했다. 호세아는 이스라엘의 교회를 의인화하여 묘사하는 것에 맞추어서 개개인보다는 전체에 더 초점을 맞추어 묘사하고 있다.

에스겔서에 나타나는 한 가지 놀라운 상황을 설명할 필요가 있을 것이다. 왜냐하면 그것이 현재의 본문을 이해하는데 큰 도움을 주기 때문이다. '열국 광야에' 란 과연 무엇을 뜻하는가? 몇몇 해석자들은 바벨론과 유대 사이의 사막이라고 생각한다. 그러나 어째서 그 사막을 가리켜 하필 열국의 사막이라고 부르는가? 그 용어의 뜻을 이해할 수가 없지 않은가? 그리고 바벨론과 유대 사이의 사막은 모든 민족들이 다 다니지 않고, 주로 유목민들이 다니는 곳이 아닌가? 그러나, 이 문제와 관련해서 결정적인 증거를 제시하는 것은 바로 '내가 너희를 인도하여 열국 광야에 이르러'가 '너희를 열국 중에서 나오게 하며'를 직접 지칭한다는 사실이다. 그러므로 이스라엘 사람들이 이끌려 간 열국은 곧, 그들이 떠나온 열국과 같은 백성이라는 사실이 드러난다.

처음 이스라엘 사람들을 이끌어간 사실에는 두 가지 영적 상태가 지역적으로 구분되어 나타나 있음을 보게 된다. 즉 애굽에 속한 영적 상태와 광야에 속한 영적 상태가 그것이다. 그러나 그 백성을 이끌어 내는 일이 영적으로 다시 반복될 때에는 그렇게 되지 않는다. 두번째의 영적 상태(광야에 속한 상태)가 시작될 때에, 사람들은 오로지 영적인 의미에서만 그 백성들에게서 나오며, 육체적으로는 그냥 그 백성들 가운데 그대로 남아 있는 것이다. 두번째의 애굽 자체 속에 광야가 있는 것이다. 광야에 거하는 일은 오직 그 본질적인 의미에서만 반복되며, 외형적인 모습을 그대로 따르는 것이 아니다. 마치 슥 10:11이 외형적으로 반복되는 것을 시사하는 것처럼 보이지만, '내가 그들로 바다를 지나게 하며'라는 말씀이 오직 본질적인 영적 의미에서 그렇게 한다는 뜻이라는 것이 뒤에 '고통의'라는 말이 덧붙여지는 것(그리하여 결국 '내가 그들로 고통의 바다를 지나게 하며'라고 하여 홍해를 다시 지나게 하는 것이 아님을 알 수 있다)에서 잘 드러나는 것과 같은 것이다.

그러므로 현재 본문의 이미와 관련해서 우리는 중요한 실마리를 얻게 되었다. 즉, 데리고 가는 곳이 특정한 어느 한 장소에 국한되는 것이 아니고, 그 시기도 특정한 어느 한 시기에 국한되는 것이 아니라는 사실이다. 그리고 거친 들로 데리고 가는 것이 그러하다면, 그것은 가나안에 들어가는 것에도 그대로 해당되어야 마땅한 것이다. 팔레스타인에서도 애굽이 시작될 수 있으며 또한 실제로 시작된 것처럼(이스라엘은 가나안에서도 쓰라린 영적 육체적 종살이의 상태에 있었으므로), 또한 외형적으로는 여전히 앗수르 하에 있으면서도 스스로 영적으로 광야의 상태에 있을 수도 있는 것처럼, 에스라와 함께 귀환하여 이미 가나안에 있으면서도 광야에 거하는 상태가 여전히 지속될 수도 있었던 것이다.

그러면 어떻게 하면 가나안이 가나안이 되며, 약속의 땅이 여호와의 땅이 되는가? 곧, 여호와께서 그의 모든 은총과 축복과 함께 거기 계시면 그렇게 된다. 그러나 포로 귀환 후의 상태는 결코 그렇지 못했다. 귀환한 자들의 영적 상태가 가나안의 상태보다는 광야의 상태와 더 어울렸고, 개중에는 애굽의 상태인 자들도 있었기 때문에 그들의 외적 상태도 그러했던 것이다. 그런 상태가 지속되었음을 우리는 세례 요한에게서 볼 수 있다. 그는 광야에서 나와서 회개를 선포했으며 참된 가나안의 도래가 임박했음을 선언하였다. 그는 이사야 선지자가 예언한 광야에서 외치는 자의 소리로서 자신을 드러냄으로써, 그 이사야의 본문에 대한 세속적인 해석의 그릇됨을 충분히 보여주었다. 사람들은 이사야 선지자가 말한 광야를 확실히 규정된 땅의 일부로 이해하고는(아직도 그렇게 이해하고 있다), 그 광야의 경계가 실제의 광야와 맞지 않자 그냥 그대로 얼버무리는 식으로 일관하는 것이다.

이스라엘의 경우도 그러했듯이, 우리의 경우에 있어서도 이런 상태는 절대적으로가 아니라 상대적으로 구분된다. 어떤 면에서는 이미 가나안에 들어온 상태지만, 다른 면에서는 아직도 광야에 남아 있는 상태에 있는 것이다. 완전한 의미에서 가나안은 개인의 경우나 교회 전체의 경우나 할 것 없이 요단강 이편이 아니라 저편에 속한 것이다. 또하나의 병행 구절을 렘 31:1, 2이다: "나 여호와가 말하노라 그 때에 내가 이스라엘 모든 가족의 하나님이 되고 그들은 내 백성이 되리라 나 여호와가 이 같이 말하노라 칼에서 벗어난 백성이 광야에서 은혜를 얻었나니 곧 내가 이스라엘로 안식을 얻게 하러 갈 때에라."

'말로 위로하고'는 '마음에 닿게 말하고'의 뜻으로 보는 것이 합당하다. 왜냐하면 '마음에 떨어진다'는 사랑과 위로를 주는 말씀을 지칭하는 것이기 때문이다. 창 34:3("그 소녀를 사랑하여 그의 마음을 말로 위로하고"); 50:21; 사 40:2를 참조하라. 여기서는 과거에 부정을 저지른 일과 그로 인하여 쓰라린 결과를 체험한 것을 의식하여 마음이 깊이 침체 상태에 빠져 있는 그 아내를 그렇게 위로하고 달랜다는 뜻이다. 어떤 이들은 이것이 오로지 선지자의 위로의 말씀만을 가리키는 것이라고 지나치게 제한적인 의미로 이해하기도 한다. 그러나 이 말씀은 여호와의 부드럽고 사랑스러운 말씀이다. 여호와께서는 그 말씀을 통해서 지치고 무거운 짐진 자들에게 생기를 주고, 과거에 불성실했으나 이제는 영적 종살이에서 영적 광야로 이끌려 가 있는 자들로 하여금 거기서 여호와를 마음을 다하여 사랑하도록 만드시는 것이다. 여호와께서는 과거에도 이스라엘을 향하여, "광야 곧 사막과 구덩이 땅, 건조하고 사망의 음침한 땅"(렘 2:6)에서 이스라엘을 향하여 그렇게 말씀하셨고, 그 후에 그들의 필요한 것을 다 공급하셨는데, 그것은 이스라엘로 하여금 그가 그들의 하나님 여호와이심을 알도록 하기 위함이었던 것이다.

809. 15절. "거기서 비로소 저의 포도원을 저에게 주고 아골 골짜기로 소망의 문을 삼아주리니 저가 거기서 응대하기를 어렸을 때와 애굽 땅에서 올라오던 날과 같이 하리라." 아내를 거친 들로 데리고 간 그 참 사랑이 이제는 그 아내를 가나안으로 이끌어가서 그 약속의 땅에 들어가게 하며, 그 아내는 그리로 들어간 즉시 그 땅의 모든 축복과 은총들을 소유하게 된다. 전에는 그 아내가 부정하여 그녀에게서 빼앗아 갔었으나(12절) 이제는 그 땅의 모든 축복들이 그 신실한 아내의 합법적인 소유가 된 것이다("저의 포도원을 저에게 주고"). '거기서'는 곧 '그녀가 그 거친 들에서 떠나자 마자'의 뜻이다.

'아골 골짜기'(=괴로움)는 과거 아간의 사건이 일어났던 곳으로서, 여기서는 그 곳을 언급함으로써 그 사건이 반복된다는 것을 선언하고 있다. 그러므로 이 말씀의 뜻을 알기 위해서는 과거의 그 사건의 본질을 생각해야만 한다. 가나안 입성 직후, 이스라엘 백성은 아간이라는 한 개인의 범죄로 인하여 하나님의 긍휼하심을 누릴 기회를 빼앗겼다. 그러나 실상 아간의 범죄는 그 백성 전체의 공통적인 죄의 나무에 열린 하나의 열매에 불과한 것이었다. 하나님께서는 긍휼을 베푸셔서 잃었던 것을 다시 회복할 수 있는 수단을 가르쳐 주셨고, 그리하여 멸망의 문으로 보였던 그 곳이 소망의 문이 되었다. 이 사건에 대한 기억을 영원토록 남기기 위해서 그 곳에 아골 골짜기라는 이름을 붙였다: "여호와가 가로되 네가 어찌하여 우리를 괴롭게 하였느뇨 여호와께서 오늘날 너를 괴롭게 하시리라 … 그러므로 그곳 이름을 오늘날까지 아골 골짜기라 부르더라"(수 7:25, 26).

　　이러한 일은 하나님의 본성에 따라서 되어진 것이다. 그러므로 이스라엘이 또 다시 그와 비슷한 상황에 들어가게 되면, 그리고 그의 백성에게 그와 비슷한 상황이 일어나게 되면, 그 일은 다시 반복되기 마련인 것이다. 이미 약속한 땅에 들어간 사람, 곧 이미 구원을 충만하게('충만하게'란 다만 상대적인 의미일 뿐이다. 만일 광야의 요소가 전혀 남아 있지 않을 정도로 절대적으로 그 구원이 충만한 것이었다면, 여기서 말씀하는 일은 일어나지도 않을 것이다. 왜냐하면 절대적인 의미에서 충만한 구원은 완전한 의를 전제로 하는 것이기 때문이다) 누리고 있는 사람이라 할지라도, 그 의로움의 정도에 따라서 여전히 하나님의 긍휼을 필요로 하는 것이다. 하나님의 긍휼이 없다면, 그들은 곧바로 그 구원을 잃어버리고 말 것이다. 그러나 하나님의 긍휼하심이 그들에게 풍성하게 부어지고 있다. 하나님은 그의 긍휼하심을 받을 대상을 향하여 괴로움의 골짜기를 소망의 문으로 바꾸어 놓을 정도로 긍휼을 쏟아 부으셨다. 하나님은 그들을 인도하셔서 그들의 죄로 인해서 오히려 하나님과 그들 사이의 교제의 끈이 더욱 친밀하게 연결되도록 하신 것이다. 그들에게는 모든 것이 합력하여 교제를 깨뜨리는 것이 아니라 선을 이루는 것이다. 19절에서도 동일한 사상으로 다시 돌아가고 있다. 거기서는 의로움만이 아니라 긍휼하심에 근거하여 새로운 혼인 언약이 맺어지는 것이다.

　　'저가 거기서 응대하기를'에서는 생략법이 사용되고 있다. 곧, '저가 〔그리로 가서〕 거기서 응대하기를'의 뜻으로 보아야 한다. 예컨대, 렘 18:2의 "너는 일어나 토기장이의 집으로 내려가라 내가 거기서 내 말을 네게 들리리라"는 '내가 너를 토기장이의 집으로 보낼 것이며, 거기서 너로 하여금 내 말을 듣게 하리라'라는 의미이다. 대상 4:41의 '거기 있는'은 '그리로 갔을 때에 거기에 있던'의 뜻이다. — 그러나, 그 아내가 무엇에 대해서 응대한다는 말씀인가? 여기서 생각해야 할 것은 질문이 반드시 말로 표현되어야 하는 것은 아니라는 점이다. 특히 동방 사람들의 경우에는 말로 표현되지 않더라도 의사 소통이 성립되는 경우가 많다. 여기서 구체적으로 그 질문이나 말씀이 언어로 표현되지 않으므로, 그 아내로 하여금 응답하게 만든 것이 과연 무엇인가 하는 의문이 생기는 것이다. 그러나, 그 질문은 포도원을 주는 것과, 그리고 약속한 땅의 축복을 받는 것과 관련이 있을 것이 분명하다. 그 땅에 들어갈 때에 그녀는 그 남편인 여호와에게서 그 사랑 어린 환영의 말씀을 들었고 그 말씀에 대해서 거기서 그녀가 응대하는 것이다. 그녀의 대답이 무엇이었는지는 그 다음에 이어지는 말씀('어렸을 때와 … 같이 하리라')에서 나타난다.

어렸을 때에, 이스라엘은 찬양의 노래로 여호와께 응답했었다. 애굽에서 구원해 주신 것에 대한 감사에 가득한 노래를 불렀다. 그러므로 이제 가나안으로 들어가는 그 아내 역시 감사의 찬양으로 응대하게 되는 것이다. 이스라엘이 가나안으로 들어가면서 감사의 노래를 불렀다는 것이 역사에 언급되었다면, 바로 이 선지자의 말씀이야말로 바로 그 노래를 넌지시 암시하는 것이다. 그러나 선지자는 약간 다른 상황에서 부른 노래를 가리킬 수밖에는 없다. 동일한 이유로 불려지는 외형상 동일한 노래를 사 12장(여기서는 모세의 감사의 노래의 가사들이 사용되고 있다)과 26장에서도 볼 수 있다.

때와 날은 목적격이 아니라 주격이다. 여기서 말씀하는 것은 일정한 기간 전체 동안 계속 진행된 행동이 아니라 어느 특정한 시점에 한번 행해진 행동인 것이다. 여기서도 비교하는 내용이 생략되고 있다. 즉, '어렸을 때 … 같이'는 '저가 어렸을 때에 응대했던 것처럼'의 의미이다.

810. 16절. "여호와께서 이르시되 그 날에 네가 나를 내 남편이라 일컫고 다시는 내 바알이라 일컫지 아니하리라." 그녀가 의무를 충실히 행하자 그녀의 권리도 충실하게 회복된다. 선지자는 이러한 사상을 개별적인 사례를 통해서 표현하고 있다. 즉, 그는 백성이 참되신 하나님에 대하여 배도하면서 드러내 보인 겉 모양—혼인 언약을 깨뜨려 여호와 신앙과 이방의 우상을 향한 숭배를 뒤섞어 놓은(그리하여 참되신 하나님을 바알이라는 이름으로 부르며 바알로 숭배하였다) 것—과 우상을 숭배하는 더 깊은 죄악이 모두 제거될 것을 예언하고 있는 것이다. 겉의 형식이 사라질 것은 여기서, 그리고 우상숭배의 죄악이 사라질 것에 대해서는 앞 절에서 말씀하고 있다. 이 두 가지는 서로 연결되어 있다: 슥 14:9("그 날에는 여호와께서 홀로 하나이실 것이요 그 이름이 홀로 하나이실 것이며")를 보라.

이 구절의 근본적인 사상은 신 30:5 이하와 병행을 이룬다: "네 하나님 여호와께서 너를 네 열조가 얻은 땅으로 돌아오게 하사 너로 다시 그것을 얻게 하실 것이며 여호와께서 또 네게 선을 행하사 너로 네 열조보다 더 번성케 하실 것이며 네 하나님 여호와께서 네 마음과 네 자손의 마음에 할례를 베푸사 너로 마음을 다하며 성품을 다하여 네 하나님 여호와를 사랑하게 하사 너로 생명을 얻게 하실 것이며." ― 이 구절은 현재의 본문에 약속이 담겨 있다는 것을 보여 준다. "내 남편이라 일컫고 다시는 내 바알이라 일컫지 아니하리라"는 하나님의 은혜의 한 가지 효과이다(17절의 '저의 입에서 제하여' 역시 마찬가지로 하나님의 은혜를 시사한다).

811. 17절. "내가 바알들의 이름을 저의 입에서 제하여 다시는 그 이름을 기억하여 일컬음이 없게 하리라." 그 백성은 우상 숭배를 철저하게 혐오하게 되어 우상의 이름만 입에 담아도 부정해지는 것으로 여겨서 그것마저도 무서워 할 정도가 될 것이다. 여기의 표현은 출 23:13에서 빌어온 것이다: "다른 신들의 이름은 부르지도 말며 네 입에서 들리게도 말지니라." 그 사상을 나타내는 특정한 표현들마다 각기 그 사상 자체(즉, 과거의 죄를 혐오하는 것)를 지칭하는 것이라는 것은 자명한 사실이다.

812. 18절. "그 날에는 내가 저희를 위하여 들짐승과 공중의 새와 땅의 곤충으로 더불어 언약을 세우며 또 이 땅에서 활과 칼을 꺾어 전쟁을 없이 하고 저희로 평안히 눕게 하리라." 이스라엘의 유익을 위하여 하나님은 들짐승과 더불어 언약을 맺으신다. 즉, 하나님께서는 이스라엘을 해치지 말라고 그 짐승들에게 명하시는 것이다. '전쟁'은 '전쟁에 사용되는 무기'를 뜻하는 것이 보통이지만, 여기서는 그런 뜻이 아니라는 것이 자명하다. 선지자는 여기서 레 26:3 이하를 염두에 두고 있는 듯하다: "너희가 나의 규례와 계명을 준행하면 내가 너희 비를 그 시후에 주리니 땅은 그 산물을 내고 밭의 수목은 열매를 맺을지라 … 내가 그 땅에 평화를 줄 것인즉 너희가 누우나 너희를 두렵게 할 자가 없을 것이며 내가 사나운 짐승을 그 땅에서 제할 것이요 칼이 너희 땅에 두루 행하지 아니할 것이며."

이 구절을 염두에 두고 있다는 추측을 더 쉽게 할 수 있는 것은 겔 34:25 이하에서 이 구절을 거의 문자 그대로 인용하고 있기 때문이다. 여기서 '너희가 ⋯ 준행하면'이라고 단서를 붙인 것 때문에, 그 약속은 지금까지 아주 불완전하게 성취되어왔으며 때로는 정반대의 일이 일어나기도 했다. 그러나 여기서는 그 조건이 충족되기 때문에, 그 약속 또한 충실하게 성취되게 되는 것이다. 그러나 여기서 한 가지 주목해야 할 것은 세상의 현 상태에서는 그 약속의 성취에 대한 소망은 거의 이상에 가까울 수밖에 없다는 점이다. 왜냐하면 이 세상에서는 그 조건을 절대로 완전히 이룰 수가 없기 때문이다. 여기의 사상은 곧, '악이 형벌로서 죄와 뗄 수 없는 관계에 있듯이, 번영도 의와 뗄 수 없는 관계이다'라는 것이다. 이러한 사상은 모든 일이 의인의 구원을 증진시키는 역할을 감당하는한 심지어 현 상태에서도 실현된다. 그것이 완전히 실현되는 것은 παλιγγενσία(중생)에 속하는 일이다. 중생 때에는 의인을 정결케 하는데 필수적인 요소인 악의 제거가 죄의 제거와 함께 일어나는 것이다. 사 2:4, 11: 35:9; 슥 9:10 등을 보라.

813. 19절. "내가 네게 장가들어 영원히 살되 의와 공변됨과 은총과 긍휼히 여김으로 네게 장가들며." 20절. "진실함으로 네게 장가들리니 네가 여호와를 알리라." 여기서 젊을 때의 아내에게 전혀 새로 결혼한다는 뜻을 표현해 주는 '장가든다'라는 말을 쓴 것에는 의도가 있다. 불성실한 아내를 다시 받아들인 것 자체만으로도 크나큰 자비를 베푼 것이다. 아내는 영원토록 거부 당해야 마땅한 상태였다. 이혼을 가능하게 하는 유일한 근거를 그녀 자신이 제공했다. 수년 동안 그녀는 음행 가운데서 살았던 것이다. 그러나 하나님의 은혜는 그 아내를 데려오는 것으로 그치지 않는다. 과거의 범죄 행위들은 용서를 받을 뿐 아니라, 완전히 잊혀진다. 전혀 새로운 관계가 시작되므로, 거기에는 의혹과 분노가 전혀 없으며 또한 과거의 일에 대한 회상도 전혀 있을 수가 없다. 사람들의 경우 비슷한 일을 당하면 죄의 결과가 완전히는 없어지지 않고 쓰라린 상처가 되어 언제나 남아 있으나, 하나님의 경우는 절대로 그렇지 않다. 하나님의 그러한 역사는 여전히 날마다 되풀이 되고 있는 것이다. 신자마다 즐겁게 외친다: "옛 것은 지나갔으니, 보라 모든 것

이 새 것이 되었도다."

　　여호와께서는 지금까지는 그 아내에게 말씀하면서 3인칭을 사용하셨으나, 여기서는 2인칭을 써서 직접 그녀에게 말씀하심으로써 그 약속의 위대함을 보여주신다. '그 아내는 그의 입에서 나오는 그 벅찬 기쁨의 말씀을 얼굴을 맞대고 직접 들음으로써 자기 자신이 그의 말씀의 대상임을 확실히 알게 될 것이다.' '장가든다'는 말을 세번씩이나 반복함으로써 그 위대성과 그 기쁨을 표현하고 있다. 또한 더욱 기쁨을 주는 것은 '장가든다'는 말을 할 때마다 새로운 관계로 말미암아 얻어지는 새로운 은혜의 약속을 해 주고 있다는 점이다. 첫번째로 언급할 때에는 그 관계가 영구히 지속될 것을 말씀한다. 그 다음에는 그것에 대한 보증으로서 하나님의 속성들을 열거하며, 마지막에는 하나님께서 그의 새 아내에게 베푸실 축복들이 언급되고 있다.

　　'영원히 살되'는 과거의 혼인 언약이 고통스럽게 와해된 사실을 염두에 둔 표현이다. 이 새로운 언약은 과거의 것처럼 그렇게 되지 않을 것이다. 사 54:10("산들은 떠나며 작은 산들은 옮길지라도 나의 인자는 네게서 떠나지 아니하며 화평케 하는 나의 언약은 옮기지 아니하리라")을 보라. 여호와께서 장가들 때에 수반되는 은총들에 대해서 어떤 이들은 그 모든 은총들이 하나님과 그 아내 둘 가운데 하나에게만 해당된다고 보고, 또 어떤 이들은 그것들 모두가 둘 모두에게 해당된다고 보는데, 그런 식으로 보아서는 안된다. 이 점은 '내가 네게 장가들며'라는 반복되는 표현이 중간에 나타나고 있는 것에서도 나타나며, 또한 그 은혜들의 내적 성격에서도 잘 나타난다. 여기 언급된 하나님의 네 가지 관계들이 두 쌍을 이루는 것으로 보아야 한다. 즉, 의와 공변됨, 그리고 은총과 긍휼히 여김으로 서로 쌍을 이루는 것이다. 이런 식으로 쌍을 이루어 언급되는 경우는 자주 나타난다. 예컨대, 사 1:27("시온은 공평으로 구속이 되고 그 귀정한 자는 의로 구속이 되리라")을 보라. 이 둘을 서로 구분한다면, 의(의로움)는 주관적인 속성으로서 의에서 나오는 성향과 행동을 나타내며, 공변됨(공평)이란 객관적인 의를 뜻한다. 실제로는 의롭지 않은데도 자기에게 속한 사람을 의롭다고 여길 수도 있는 것이다.

　　하나님의 의로우심과 교회를 향하여 나타내시는 그의 의로우신 행위는 바로 교회와 언약을 맺으시고 그가 약속하신 모든 것들을 베풀어 주심으로써 자신의 의무를 신실하게 이행하시는데서 잘 나타난다. 그러나 이것으로 충분한 것은 아니다. 의무는 상호간에 모두 지는 것이다. 만일 교회의 편에서 그 언약을 깨뜨리면, 교회에게 무슨 소망이 있겠는가? 그러므로 하나님께서는 그 아내에게 더 충만한 만족을 주시기 위해서(의의 속성뿐이라면 과연 어떻게 될 것인지를 우리는 과거의 경험을 통해서 잘 알고 있다) 사랑과 긍휼이라는 두번째의 속성들을 덧붙이시는 것이다. 사랑은 사람이 하나님을 향해서 실행할 수도 있고 하나님이 사람을 향해서 실행하실 수도 있다. 그러나 하나님의 사랑은 사람의 사랑보다 무한히 크기 때문에, 사랑이란 낱말을 인간의 하나님을 향한 사랑의 의미로 사용한 예는 거의 없다. 긍휼은 오로지 하나님께서 사람을 향하여 베푸실 수 있다.

그러나 여전히 아내의 편에서 의혹을 가질 수가 있다. 하나님의 긍휼과 사랑에도 한계가 있기 때문이다. 그 사랑과 긍휼은 그 혼인 언약을 깨뜨렸을 경우에만 해당된다. 그렇다면, 그 경우가 다시 발생한다면 어떻게 될까? 아내의 마음이 지금은 순결한 사랑으로 가득차 있는 것은 사실이다. 그러나 이 사랑이 식지 않는다는 보장이 어디 있는가? 다시금 시험에 빠져 들어갈지 누가 아는가? 이러한 상황에서, 새로운 위로가 나타난다. 곧, 하나님께서 몸소 인간의 힘으로는 줄 수 없는 것을 주신다. 곧, 하나님을 향한 진실함을 그 아내에게 주며, 또한 그녀로 하여금 그를 알게 하신다. 여기의 하나님을 아는 지식은 순전한 것이다. 이 지식으로 하나님을 아는 자는 누구든지 그를 사랑치 않을 수가 없으며, 그에게 진실하지 않을 수가 없다. 모든 우상 숭배와 모든 죄악은 바로 하나님을 그런 지식으로 알지 못하는데서 오는 것이다.

814. 21절. "여호와께서 가라사대 그 날에 내가 응하리라 나는 하늘에 응하고 하늘은 땅에 응하고." 22절. "땅은 곡식과 포도주와 기름에 응하고 또 이것들은 이스르엘〔하나님이 심으신다〕에 응하리라." — '내가 응하리라' (문자적으로는, '내가 들으리라' —역자주), 즉 '네가 내게 하는 모든 기도들을, 그리고 너를 위하여 내게 하는 기도를 내가 응답하리라' 는 뜻이다. 선지자는 여기서 하늘이 땅의 결실을 위하여 필요한 것들을 자신이 내릴 수 있도

록 해달라고 하나님께 기도하는 모습으로 대담하게 표현하고 있다. 지금까지는 하늘과 땅이 방해를 받아서 그들의 목적을 이루지 못했었다. 왜냐하면 하나님이 그 패역한 백성에게서 축복들을 거두어 가셨기 때문이다(2:9). 그런데, 이제 그 장애거리가 제거되었으므로 하늘과 땅이 자기들의 직분을 다시 시행할 수 있도록 허락해 달라고 기도하는 것이다. 그리하여 선지자는 이 세상에서 하나님을 떠나서는 아무 것도 좋은 것이 없으며, 하나님과 바른 관계에 있지 않고서는 아무 것도 우리의 것이 아니며 또한 될 수 없으며, 우리가 모든 것을 주시는 하나님을 떠나서 그의 은총만을 누리고자 할 때에 그가 주신 모든 것이 하나도 남김없이 우리에게서 사라질 것이라는 사상을 생생하게 시각적으로 묘사하고 있는 것이다.

815. 23절. "내가 나를 위하여 이 땅에 심고 긍휼히 여김을 받지 못하였던 자〔로루하마〕를 긍휼히 여기며 내 백성 아니었던 자〔로암미〕에게 향하여 이르기를 너는 내 백성이라 하리니 저희는 이르기를 주는 내 하나님이시라 하리라." 선지자의 세 자녀들의 상징적인 이름들이 다시 한번 나타나고 있다.

제 3 장

816. 선지자는 여호와의 명령을 받아 그의 진실한 사랑에도 불구하고 계속해서 부정을 저지르며 살고 있는 한 아내를 자기에게로 취한다. 그는 그녀를 완전히는 배척하지 않고, 그녀로 하여금 더 나은 성격과 행실을 보이도록 하기 위해서 연애하던 자들이 접근하지 못하는 그런 상황에 그녀를 집어넣는다. 4절에서 그 상징의 의미가 나타난다. 세상에서 버림받은 이스라엘은 오랜 기간 동안 슬픈 격리의 상태 속에서 지낸다. 그것이 끝날 때에 더 넓은 미래에 대한 전망이 생긴다. 징벌이 결국 회심을 만들어낼 것이며, 이스라엘은 그의 하나님 여호와께와 그의 왕 다윗에게로 돌아갈 것이다.

817. 1절. "여호와께서 내게 이르시되 이스라엘 자손이 다른 신을 섬기고 건포도 떡을 즐길지라도 여호와가 저희를 사랑하나니 너는 또 가서 타인에게 연애를 받아 음부된 그 여인을 사랑하라 하시기로." 이 절을 바라보는 바른 관점은 여러 가지 중요한 면에서 이미 세워졌다. 여기서는 그 관점을 취한 결과를 그대로 채용하여 본문을 설명할 것이다. 여기서 이 부분 전체를 이해하는데 중요한 것은 여기의 상징적 행동이 1장에 나타난 것과 마찬가지로 여호와의 이스라엘 백성과의 관계 전체를 포괄하는 것이라는 점이다. 대개의 해석자들은 단순히 여호와와 이스라엘 백성의 관계의 한 부분만을, 즉 포로기가 시작된 직후부터의 기간에 나타난 관계를 뜻하는 것으로 보지만, 그것은 잘못된 것이다. 이 점은 만거(Manger)가 처음으로 밝히 간파했는데, 그렇게 보는 이유는 하나님의 명령을 실행에 옮기면서 선지자는(그는 여러 가지 중요한 점들을 생략하고 있는데, 이는 독자들이 여호와의 명령에서나 아니면 앞 부분의 상세한 묘사에서 취하여 함께 연결시켜 이해하여야 한

다) 첫 결혼을 끝맺음하고서 즉시 이 부분에서 가장 중요한 그 단계로, 즉 그의 아내를(여호와께서 이스라엘을) 징계하여 벌하는 단계로 옮아간다는 사실에서 드러난다. 선지자의 의도는 백성들에게 임박한 포로기에 대해 올바른 시각을 갖게 하는 것이었다. 그 포로로 끌려가는 사건은 그들의 죄와는 아무런 관계도 없이 우연히 발생하는 사건도 아니요, 하나님의 진노로 말미암아서 그들을 완전히 몰살시키려는 목적으로 일으키는 사건도 아니요, 오히려 징벌하는 하나님의 의와 거룩하게 하는 사랑이 함께 역사하여 일어나는 사건이라는 점을 그들로 하여금 인식시키고자 한 것이다.

2절의 '나를 위하여 저를 사고'와 3절의 '저에게 이르기를' 사이에 '내가 저와 혼인하고 저를 사랑하였으나 저는 불성실하였다'라는 말을 붙여서 이해하여야 한다. 이렇게 보는 것이 바르다는 것은 2절에서 나타난다. 확실한 근거를 지닌 유일한 해석에 따르면, 이는 여호와와 이스라엘 백성 사이의 관계가 처음 시작되는 그것만을 가리킨다. 여호와는 그 백성을 애굽에서 구원해 내실 때에 그 관계를 근거로 이 백성을 그의 소유로 삼게 된 것이다. 이 점은 이 절 후반부의 '여호와가 저희를 사랑하나니'에서도 확인된다. 여기서 말씀하는 내용은 이스라엘을 향한 여호와의 사랑 전체다. 여기서 말하는 여호와의 사랑을 이스라엘의 배도 이후 다시 회복된 사랑이라거나 그들을 징벌하시는 사랑 등으로 한정적인 의미로 이해하는 것은 아무런 근거가 없는 것이다.

더욱이 '이스라엘 자손이 다른 신을 섬기고 건포도 떡을 즐길지라도'라는 말씀에서 하나님의 사랑이 백성의 배도와 병행을 이루어 계속되고 있음을 보여 준다. 이 점은 전반부에서도 잘 드러난다. 앞에서 반박한 바 있거니와 여기의 아내를 고멜이라고 주장하는 자들은 여기의 '사랑'을 '회복된 사랑'으로 보아야 한다고 하는데, 도대체 거기에 무슨 근거가 있는가? 여호와의 사랑은 없어졌다가 다시 회복되는 그런 것이 아니라 일상적으로 언제나 있는 것이다. 만일 여기의 사랑을 여호와의 사랑의 범위 전체를 가리키는 것으로 이해하여, 그 사랑의 표현뿐 아니라 사랑 그 자체까지 모두 지칭하는 것으로 본다면, 그 사랑에 어떻게 제한을 둘 수가 있겠는가? 어떻게 '타인에게 연애를 받아 음부된'이라는 말을 그 아내의 과거의 결혼 시절을 가리키는 것으로, 즉 '전 남편에게서 사랑을 받았음에도 불구하고 그 혼인의 맹세를 깨뜨린'의 뜻으로 이해할 수가 있단 말인가? 만일 그렇다면, 상징과 그것으로 표현되는 실체 사이에 엄청난 괴리가 생기게 될 것이다. 그러면 누구가 여호와를 예표하게 되는가? 전 남편인가 아니면 선지자인가? 상징이 실체와 맞아 떨어지려면 여기의 타인은 선지자 자신일 수밖에 없다.

　이제 구체적인 내용으로 들어가기로 하자. '사랑하나니'는 1, 2장의 '취하나니'보다도 의미가 훨씬 강하다. 거기서는 단순히 결혼 사실만 말씀했지만, 여기서는 그 결혼이 사랑에 의한 것이요 사랑으로 충만한 것임을 말씀하는 것이다. '타인에게 연애를 받아'라는 말이 그 아내의 행실('〔그런데도〕음부된')과 대조시킴으로써 이 사실이 더욱 뚜렷하게 나타난다. 여호와의 말씀의 뜻은 결국 다음과 같다: '가서 한 아내를 사랑하여 취하라. 저는 부드러운 친구인 네게서 사랑을 받으면서도 언약을 깨뜨리느니라. 나는 네게 미리 말해두거니와 너는 그녀의 사랑과 저의 배은망덕과 사랑에 대한 배신 행위와 끝없이 대결하게 될 것이니라.' 여기의 분사들은 행동이 계속적으로 진행되는 것을 나타낸다.

　사랑은 결혼에 앞서는 것으로 그 결혼을 이루게 하는 것이며, 연애를 받았다는 것은 아내의 부정에도 불구하고 결혼 기간 동안 그 사랑이 계속되고 방해를 받지 않는다는 것을 나타낸다. 그렇지 않으면, 여기의 '사랑하라'를 '사랑으로 취하라'와 '계속해서 사랑하라'는 뜻으로 이해할 수도 있을 것이다. '네게 연애를 받아'로 하지 않고 '타인에게 연애를 받아'라고 표현하여 수많은 사람들로 하여금 오해하도록 했으나, 거기에는 그만한 이유가 있다. 그것은 곧, 그렇게 표현함으로써 대조적인 성격을 더욱 강조하고자 한 것이다. 즉, 그 아내가 불법적으로 버리는 그 사람은 가혹한 남편이 아니라 그녀를 사랑하는 친구로서 그녀도 과거에 그렇게 알고 있었고, 언제나 그렇게 남아 있을 그런 사람이라는 것이다. 이와 완벽하게 병행을 이루는 것으로 렘 3:20을 들 수 있다: "마치 아내가 그 남편을 속이고 떠남 같이 너희가 정녕히 나를 속였느니라." 4절을 보라: "나의 아버지여 아버지는 나의 소시의 애호자시오니."

　건포도 떡에 대해서는 앞에서 이미 설명한 바 있다(782). 로젠뮐러나 게제니우스 등은 여기의 사랑을 축제와 잔치를 벌이는 것으로 이해하여 건포도 떡이 우상에게 제물로 드려지는데 사용된 것이라는 것을 증명하기 위해서 안간 힘을 다 쓰나, 그것은 전적으로 오해라 할 수밖에 없다. 건포도 떡은 오히려 우상 숭배 그 자체를 가리킨다. 그러나 '건포도 떡을 즐긴다'는 말씀은 '다른 신을 섬기고'에 한 가지 본질적인 관념을 덧붙여주고 있다. 즉, 그것은 우상 숭배의 죄된 기원을 지적해 주는 것이다. 성실하고도 철저한 여호와 신앙이 실속 있고 건전하게 음식을 섭취하는 것이라면, 우상 숭배는 맛나고 달콤하지만 실속이 전혀 없는 겉치레의 음식만을 찾는 것과 같다. 우상 숭배는 과연 그렇다. 죄와 세상을 섬기는 것도 역시 마찬가지이다. 이는 욥 20:12 이하에서도 잘 나타난다: "그는 비록 악을 달게 여겨 혀 밑에 감추며 아껴서 버리지 아니하고 입에 물고 있을지라도 그 식물이 창자 속에서 변하며 뱃속에서 독사의 쓸개가 되느니라."

818. 2절. "내가 은 열 다섯 개와 보리 한 호멜 반으로 나를 위하여 저를 사고." 783의 설명을 참조하라. 3절. "저에게 이르기를 너는 많은 날 동안 나와 함께 지내고 행음하지 말며 다른 남자를 좇지 말라 나도 네게 그리하리라 하였노라." '나와 함께 지내고'(문자적으로는 '나를 위하여 앉아 있고'의 뜻이다—역자주)에서 '앉아 있다'는 개념에는 버림을 받아 혼자가 되었다는 부차적인 의미가 들어 있다. 우리와 함께 가자는 요청을 받지 못하는 사람은 그냥 앉아 있는 것이다. 여기의 '나와 함께 지내고 행음하지 말며 다른 남자를 좇지 말라'를 명령의 의미로 보아서는 안된다(한글 개역 성경은 명령의 의미로 보고 있다—역자주). 이것을 명령의 의미로 보면 4절의 설명과 모순을 일으키며, 또한 2:6, 7의 병행 구절과도 모순을 일으킨다. 여기서 남편은 그 아내에게 도덕적인 근신을 시키는 것이 아니라, 실제로 그녀를 가두어 놓기 때문에 그녀로서는 홀로 앉아 있을 수밖에 없으며 행음할 수가 없는 상황이 되어 버리는 것이다.

'나와 함께'('나를 위하여')에 대해서 만거는 다음과 같이 잘 논평하고 있다: 그것은 "그토록 가슴이 아픈 상황에서 남편이 부드러움을 잃지 않고 있다는 증표이다. '네게 그렇게도 수치스러운 대우를 받았던 나, 그러면서도 너를 사랑하는 남편인 나, 그리고 네게서 떠나 있으나 절대로 너를 잊지 않을 나, 바로 나를 위하여'라는 의미가 깔려 있다." 이 표현 자체는 아내가 앉아서 선지자를 대하는 태도에 대해서는 아무 것도 나타내주지 않는다. 그러나 그것이 남편이 의로운 진노를 발하여 아내에게 가하는 합당한 징벌이라고만 생각해서는 안된다. 오히려 그것은 아내를 자신과 연합하도록 만들기 위해서 사용하는 하나의 수단으로서 그의 신실한 사랑에서 우러나온 것으로 이해하여야 한다.

'행음하다'와 '남자에게 속하다'(한글 개역 성경은 '다른 남자'를 좇는 것으로 본다―역자주)는 서로 분명히 구분된다. 행음하는 것은 무분별하게 욕정을 따라서 방황하는 것(vagos et promiscuos amores)이며, 남자에게 속하는 것은 한 개인과 결혼하여 연합하는 것을 뜻한다. 겔 16:8; 레 21:3을 보라. 그러나 여기의 남자를 누구로 이해하여야 하느냐 하는 문제가 생긴다. 몇몇 사람들은 오로지 선지자만을 가리키는 것으로 이해한다. 또 오늘날의 사람들은 선지자와 여호와를 함께 지칭하는 것으로 본다.

'행음하지 않을 것이며'라는 말을 그녀를 연애하는 자들과의 모든 성 관계를 갖지 못한다는 뜻으로 보며, '남자에게 속하지 않을 것이라'(한글 개역 성경은 '다른 남자를 좇지 말라'로 번역한다―역자주) 역시 그녀의 남편과의 모든 성 관계가 없을 것이라는 뜻으로 보는 것이다. 그러나 우리는 이 두 가지 모두가 그녀를 연애하는 자들과의 성 관계를 지칭하는 것으로 보아야 한다. 그리하여 행음하지 않는다는 것은 무분별한 성 관계를 갖지 않는다는 뜻이며, 남자에게 속하지 않는다는 것은 그 가운데 한 개인과 영구한 결합을 하지 않는다는 뜻으로 보아야 한다. 이와 마찬가지로 사실상 이스라엘 사람들이 과거에 우상들과 가졌던 관계는 행음의 관계였다. 자기들이 좋아하는 대로 이것 저것 이웃 나라들의 신들을 좇아가서 그들을 예배의 대상으로 삼았던 것이다. 그러나 그 이방의 신들 가운데 어느 하나를 선택하여 그것과 영구하고도 독점적인 관계를 갖게 되면 바로 혼인 관계가 성립되는 것이다.

여기서 이런 상징적 표현을 통해서 나타내고자 한 사실이 과연 어떤 수단을 통해서 이루어졌느냐 하는 의문이 생긴다. 곧, 어떻게 해서 음부된 이스라엘로 하여금 행음하지 못하도록 했으며, 남자에게 속하지 못하도록 했는가? 어떤 수단을 통해서 우상 숭배가 그 백성 가운데서 끊어지도록 했는가 하는 것이다. 이에 대한 답변은 이미 2:6, 7에서 주어졌으며, 그 답변이 옳다는 것이 4절에서 확인되고 있다. 우상들은 이스라엘을 향하여 자기들의 은총들(실제로는 자기들의 것도 아니지만)을 베풂으로써 환심을 샀다. 그런데 그 은총들을 거두어 가게 되면, 이스라엘은 완전히 발가벗겨져서 궁핍과 비참한 상태 속에 있게 될 것이고, 그렇게 되면 과거에 애쓰던 모든 것이 허사요, 또한 그 대상인 우상도 헛 것임을 깨닫게 되며, 그것을 향한 사랑도 사라질 것이었다. 그리하면 이스라엘은 다시 여호와께로 온전히 돌아와서 그 은총들을 주셨던 분이 바로 여호와이셨음을 확실히 깨닫게 될 것이었다. 주신 것을 다시 거두어 가심으로써, 과거에 그것들을 주신 분이 바로 자신이셨음을 증명하시는 것이다.

'나도 네게 그리하리라' 라는 말씀에 대해서 대부분의 해석자들은 ego quoque tuus ero(나 역시 네 남자가 되리라)의 뜻으로 본다. 그러나 오히려 '나 역시 너에 대하여 똑같이 행동하리라' 의 의미로 보아야 한다. 스스로 혼인 언약을 깨뜨린 아내가 남편에게 그 언약을 지키라고 요구할 수는 없다. 그러나 아내는 요구하지 못하는 그것을 남편은 그의 본성적인 필요로 인해서 행하는 것이다. 그는 그녀에게 취한 조치가 진행되는 동안 그는 아무런 관계도 새로이 갖지 않고 그녀로 하여금 과거의 죄된 모든 연관을 끊어내기 쉽도록 만들어 줄 것을 약속하고 있는 것이다. 상징을 제거하고 본래의 의미를 취하면 이는 다음과 같은 뜻이라 할 수 있다: '여호와께서는 오래 참으심과 사랑으로 지금까지 그의 백성인 자들의 개혁을 기다리시며, 그들을 버리시고 다른 자들을 그들의 자리에 놓으심으로써 그들을 절망에 빠뜨려서 그들이 다시 그에게 돌아올 수 있는 길에 도저히 넘을 수 없는 장애물을 놓는 그런 일은 행하지 않으실 것이다.'

여기서 하나님께서 행하시는 일은 우리로 하여금 사람들의 혼인과 관련하여 παρεκτὸς λόγου πορνείας ('음행의 연고가 아니고는')의 의미를 올바로 깨닫도록 해 준다. 이 말씀은 음행을 근거로 아내와 이혼하는 남자를 음행의 죄에서만 벗어나게 해줄 뿐이다. 그 남자는 여전히 다른 면에서 심각한 죄를 범하고 있을 수도 있다. 그리고 음행을 범한 상대방으로 하여금 회개하고 돌이키도록 모든 수단을 강구하지도 않고 그냥 음행의 사실만을 근거로 이혼하는 경우 그 남자의 죄는 모든 면에서 매우 큰 것이다. 로마 가톨릭 교회의 이혼에 대한 사고 방식이 이와 같은 것이다. 그러나 이것은 성경의 진술과는 매우 다르며, 하늘 아버지의 자세와는 더더욱 다르다. 마지막에 가서 하나님은 완고한 자들과의 모든 교제를 끊으시는 것이다.

819. 4절. "이스라엘 자손들이 많은 날 동안 왕도 없고 군도 없고 제사도 없고 주상도 없고 에봇도 없고 드라빔도 없이 지내다가." — '왜냐하면'(한글 개역 성경에는 생략되어 있다—역자주)을 사용한 것은 그러한 상징적 행동을 택한 근거가 바로 그 행동의 의미이기 때문이다. '지내다가'('앉아 있다가')에 대해서는 3절을 보라. 그리고 애 1:1을 보라: "슬프다 이 성이여 본래는 거민이 많더니 이제는 어찌 그리 적막히 앉았는고." 여기서 종교적인 대상물들이 언급되고 있는데, 그런 것들은 우상 숭배에 사용되는 것들인가, 아니면 여호와께 속하기도 하는 것들인가 하는 의문이 일어난다. 여기서 주상만은 우상 숭배에 속하는 것으로 보아야 한다. 주상은 언제나 우상들, 특히 바알을 위하여 드려진 것으로 나타나며, 그것을 금하는 분명한 규례가 있음에도 불구하고(레 26:1; 신 16:22) 이스라엘 왕국에서 그것들을 여호와를 위하여 구별하여 사용하였다는 증거는 나타나지 않는다.

반대로, 여기 언급된 것들 가운데 에봇(대제사장의 겉옷으로서 우림과 둠밈이 붙어 있었다)은 오로지 여호와를 예배하는데에만 속한 것이다. 최소한 에봇이 우상 숭배에 사용된 흔적은 나타나지 않는다. 게제니우스가 삿 8:27; 17:5; 18:14, 17과 현재의 본문을 근거로 에봇을 우상들의 형상(statua, simulacrum idoli)의 의미로 보는 것은 사실이다. 그러나 그가 근거로 제시한 본문들을 조금만 상세히 조사해 보면, 여호와를 우상으로 바꾸어 이해하는 것은 마치 의복을 동상으로 바꾸어 이해하는 것만큼이나 임의적이며 경솔한 일이라는 것을 알 수 있다.

삿 8:27의 경우, 여호와를 위하고 우상을 대적하는 기드온의 열심 있는 성격 자체로 볼 때에 그가 이방신을 섬긴 것이 아니고 에봇이라는 형상을 섬긴 것임이 분명히 드러나는 것이다. 대제사장은 에봇을 입고서야 비로소 하나님의 응답을 받았으므로 사람들은 여호와의 임재가 그 에봇이라는 의복에 마술적으로 서려 있다고 생각했다. 처음에는 대제사장의 에봇에만 그의 임재가 서려 있다고 생각하다가 세월이 흐르면서 점차 대제사장의 에봇을 본따서 만든 의복에도 하나님이 임재하신다는 식으로 생각하게 된 것이다. 기드온은 하나님의 임재하심을 더 누리고 여호와의 임재하심을 더욱 가치 있는 것으로 만들고자 하는 생각으로 자신의 에봇을 찬란하게 황금으로 장식하여 만든 것이다. 17:5에 대해서는 바로 뒤에 이어지는 문맥을 살펴 보면 문제는 바로 해결된다: "이 사람 미가에게 신당이 있으므로 또 에봇과 드라빔을 만들고 한 아들을 세워 제사장을 삼았더라."

그 후에 미가는 한 레위인을 취하여 제사장으로 삼았다. 그런데 어째서 레위인이어야만 했을까? 다른 사람들이라도 얼마든지 그런 목적이 부합되지 않았을까? 이에 대한 해답은 13절에서 볼 수 있다: "이에 미가가 가로되 레위인이 내 제사장이 되었으니 이제 여호와께서 내게 복 주실 줄을 아노라 하니라." 무식한 사람도 최소한 여호와를 섬기는 합법적인 사람들은 오직 레위인밖에는 없다는 것을 알고 있었다. 그러므로 그는 지금까지의 비정상적인 예배 행위를 바로 잡게 되었다고 생각하며 매우 기뻐했던 것이다. 18:14는 별도로 실례를 들어야 할 필요가 없다. 말씀의 주제가 동일한 에봇이기 때문이다.

그러나 18:5, 6에 대해서는 설명이 좀 필요하다: "그들이 그에게 이르되 청컨대 우리를 위하여 하나님께 물어보아서 우리의 행하는 길이 형통할는지 우리에게 알게 하라 그 제사장이 그들에게 이르되 평안히 가라 너희의 행하는 길은 여호와 앞에 있느니라." 여기서는 에봇과 드라빔에 의해서 제사장에게 계시가 임한 것처럼 말씀하고 있다. 그러나 여기서 제사장은 그 계시가 우상들이 아니라 여호와에게서 온 것임을 의식하고 있었다. 왜냐하면 그 제사장은 오로지 여호와만을 섬긴다고 스스로 생각하고 있었기 때문이다. 이로 볼 때에, 새겨 만들었거나 부어서 만든 형상들도(14절에서는 미가의 집에서 에봇과 드라빔과 함께 그것들이 언급되고 있는 것을 보아서 그 형상들이 에봇이나 드라빔과는 다른 것이었음을 알 수 있다) 열 지파의 왕국에서 만든 금송아지의 경우처럼 여호와를 나타내는 것으로 보아야 하는 것이다.

나머지 두 경우(제사와 드라빔)도 그것들을 무조건 우상 숭배를 위한 것만으로 볼 수가 없다. 만일 제사를 가장 일반적인 의미로 이해한다면(여기의 문맥에서 그 의미를 특별하게 한정짓는 것이 없다), 어째서 그 제사에 여호와께 드려지는 제사도 포함되는 것으로 생각할 수가 없단 말인가? 드라빔은 앞에서 이미 설명한 대로(571) 신과 연결하는 매개물로서 미래를 꿰뚫어 보는데 도움을 주며 어떠한 종교 체계와도 연결될 수 있으나, 여호와 종교 이외의 다른 종교와 연관된 경우는 한 한번만 언급되며, 그것도 이방인에 관한 본문에서 언급된다.

그러나, 이처럼 우상에 속한 것과 여호와께 속한 것을 놀랍게 한데 뒤섞어 놓은 것을 어떻게 설명할 수 있는가? 3절과 2:6, 7에서 연애하는 자들과의 모든 관계를 끊는다는 것과 여기서 여호와를 언급하는 것을 어떻게 조화시킬 수 있는가? 그 대답은 참되신 하나님 여호와와 이스라엘이 생각하고 섬기는 여호와를 구분해야 한다는 것이다. 후자는 겉모양으로만 하나님이지 실제로는 우상이다. 그를 가리켜 바알이라 부르듯이, 그는 바알과 같은 수준에서 있는 것이다. 여기에 모든 문제의 진정한 해결이 있는 것이다.

그러나 이스라엘이 제사도 없이 지낸다는 것은 무슨 의미인가? 여기에 언급된 것들을 외형적으로 그들에게서 취하여 가겠다는 것이 아니다. 포로로 잡혀갔어도 그들은 제사를 드렸다. 이에 대한 올바른 견해는, 사람이 만든 신들이 모든 것을 베풀었다는 그릇된 생각이 지금까지 배양시켰던 모든 것이 사라지리라는 것이다. 지금까지 이스라엘이 바알과 여호와에게 제사를 드려온 원인은 어디에 있었는가? 그들은 자기들이 누리는 모든 축복들을 그들에게서 받았다고 생각했으며 또한 미래에 다른 축복을 더 받을 수 있을 것으로 기대하여 그들에게 제사를 드렸던 것이다. 그 축복들이 사라지면 제사도 중지될 것이다. 그들 스스로가 완전히 버림 받았다고 생각하게 되면 더 이상 그들을 위해서 주상을 세우거나 에봇과 드라빔으로 그들에게 물을 생각을 하지 못하게 될 것이다. 또한 왕과 군을 제사와 함께 언급하고 있는 이유도 알 수 있다. 이스라엘 사람들은 지금까지 정치적인 자유와 독립성을 누리며 그들의 민간 정부가 유지되어 온 것이 모두가 그들을 연애하는 바알과 그들의 여호와에게서 그들이 사랑을 받고 인정받고 있다는 증표라고 생각했다. 그러므로, 그 신들의 능력과 사랑의 증표로 여겨지는 그것들을 거두어 가심으로 써 '행음하지 않으리라'는 말씀을 이루시는 것이다. 그리하여 이 설명은 그 상징과 전적으로 일치하는 것을 볼 수 있다. 하나님께서 어느 사람을 세상으로부터 자기에게로 이끄실 때에 그가 행하시는 첫 조치는 바로, 거두어 가시는 것이다. 그리하여 자신이 마음을 두어왔던 세상의 다른 신들이 아무 것도 아니요, 그에게서 거두어 가신 그 분이야말로 과거에 그것들을 주셨던 분이심을 깨닫게 되면, 그 다음에 축복을 다시 베푸시는 것이다.

이 구절이 역사적으로 지칭하는 것에 대해서는 해석자들마다 앗수르의 포로, 바벨론의 포로, 로마의 포로 등 견해가 구구하다. 대부분은 로마의 포로 상태로 이해한다. 유대인 해석자들, 예컨대, 킴치 등도 이를 지지한다. 앗수르 포로를 가리킨다고 보는 주요 학자는 베네마(Venema)와 만거다. 그런데 이 문제에 대한 결정은 주로 여기 '이스라엘 자손'을 누구로 이해하느냐에 달려 있다. 그들이 이스라엘 백성 전체를 가리킨다면 하나님의 말씀을 그의 행동보다도 좁게 제한을 두어 이해하는 것이 근거없는 것이 된다. 그렇게 되면 선지자는 그 말씀이 실현되는 모든 사람들을 다 포괄하게 된다. 더욱이 선지자의 영적 눈이 관념만을 바라보므로 그 관념이 이루어지는 사이 사이의 중간기에 대해서는 대개 관심을 갖지 않는 것이 보통이기 때문에 더욱 그러하다.

그러나 5절은 선지자가 이스라엘 자손을 가장 철저한 의미로 취급하고 있음을 시사해 준다. "저희가 돌아와서 … 그 왕 다윗을 구하고"는 이스라엘 사람들이 다윗 지파를 배반한 상태에 있음을 시사하는 것이다. 그러나 그렇다고 해도 주요 사상에는 변함이 없다. 만일 선지자가 그 관념이 이스라엘 사람들에게만 실현되는 것으로 선언한다 하더라도, 그것은 어떤 일시적인 감정이나 우연에 좌우되는 것이 아니라 하나님의 본성에 근거를 둔 관념이므로, 그것은 유다 사람들의 운명에도 그대로 나타나기 마련인 것이다. 선지자 자신도 이 점을 인식하고 있으면서도 이스라엘 사람들만을 언급한 것은 다만 그가 북왕국 이스라엘 사람들에게 보내심을 받았기 때문인 것이다. 이 점은 2:2에서도 잘 드러난다. 거기서는 예루살렘 패망으로부터 현재에 이르기까지 유대인들의 형편이 이 예언과 밀접한 연관이 있음을 보여주고 있다. 그들은 그들의 하나님 여호와와 그들의 왕 다윗을 버린 상태에 있었다. 그들의 여호와는 한낱 우상으로 전락했다. 이제 그들로 하여금 여호와를 여호와로 알고 그들의 참되고 살아계신 하나님께로 돌아가도록 하기 위해서 그들에게서 모든 것을 거두어 가시고, 그리하여 그런 상황 속에서 과연 여호와의 능력과 긍휼하심과 사랑을 똑똑히 보게 하시는 것이다. 그러나 우리는 그 관념이 거기서 끝난다고 생각해서는 안된다. 그 관념은 똑같이 유다 사람들에게서도 실현되는 것이다. 이는 또한 하나님께서 그리스도의 교회와, 개개인을 다루시는 열쇠를 보여주기도 하는 것이다.

820. 5절. "그 후에 저희가 돌아와서 그 하나님 여호와와 그 왕 다윗을 구하고 말일에는 경외하므로 여호와께로 와 그 은총으로 나아가리라." 과거에 그렇게 수치스럽게 내어버렸던 그들의 하나님 여호와와 그들의 왕 다윗에게로 그들이 다시 돌아오는 목적이 무엇인가 하는 것이 문맥과 병행 구절들에서 너무도 분명히 드러나기 때문에 이 본문이 그들이 가나안으로 돌아오는 것을 가리킨다고 생각하는 사람들의 견해는 전혀 인정을 받을 수가 없다. '그 하나님 여호와'라는 표현은, 우상을 여호와라 부르면서 자신들이 참되신 하나님을 소유하고 있다는 헛된 생각을 가져온 이스라엘 사람들의 그 망상을 폭로하며, 동시에 그들의 배은망덕을 꾸짖고 있다. 이스라엘 사람들의 하나님과 이스라엘의 하나님과의 관계는 마치 이신론자들 및 합리주의자들의 하나님과 그리스도인의 하나님과의 관계와도 같은 것이다.

여기서 한 가지 의문이 일어나는데, 곧, '그 왕 다윗'이 과연 누구를 가리키는가 하는 것이다. 어떤 이들은 테오도렛의 예를 따라서 스룹바벨로 보기도 하나, 지금까지 대다수의 해석자들은 칼데니우스 역본(Chaldee)을 따라서(et obedient Mesiae, filio Davidis, regi ipsorum) 이 예언을 메시야에 관한 것으로 본다. 후자의 해석은 원칙적인 면에서는 옳다. 그러나 그것이 취하는 형식에 있어서는 그릇된 면이 많다. 여기서 메시야가 다른 곳에서처럼 다윗 개인의 이름을 취하지 않는다는 사실은 '저희가 돌아와서 … 구하고'에서 분명히 드러난다. 돌아온다는 것은 전에 떠났었다는 것을 전제로 하며, 구한다는 것은 전에 버렸었다는 것을 전제로 하는 것이다.

'그 왕'('그들의 왕')이라는 표현도 잘 관찰할 필요가 있다. 이 표현은 여기의 왕이 4절의 왕과 대조를 이루는 것으로서(8:4의 '저희가 왕들을 세웠으나 내게서 말미암지 아니하였고'를 보라) 새로이 선택되는 왕이 아니라, 하나님께서 이미 이스라엘 사람들에게 주신 자로서 그들이 순종해야 마땅한 그 분을 가리킨다는 것을 보여주는 것이다. 그러므로 바른 견해는 곧, 그 왕 다윗이란 다윗 왕의 가문 전체를 지칭하는 것으로 보는 것이다. 이는 삼하 7장과 다윗의 자비함을 찬양하는 시편들에 나타나는 내용과 전적으로 일치하는 것이다. 이 자비함은 그리스도에게서 가장 완전하게 드러난다. 그리고 다윗에게 약속된 그 영원한 왕권도 그리스도에게서 처음으로 완전하게 성취되는 것이다.

선지자가 여기서 다윗 가문을 말씀하면서 그를 구할 것이라고 할 때에, 이스라엘 자손이 그리스도 안에서 다윗에게로 돌아오는 것을 기대했다는 사실이 '말일에'라는 표현에서 드러난다. 그 표현은 선지자들에게서는 오로지 메시야의 때를 가리키는 뜻으로만 나타나는 것이다. 이러한 논거만으로도 스룹바벨을 가리킨다는 주장은 충분히 반박되고도 남는다. 그러나 열 지파의 왕국의 시민들 중 일부가 다윗의 집의 한 가지인 스룹바벨을 따르는 일도 메시야에게로 돌아오는 전체적인 귀환의 하나의 서막으로 볼 수 있다는 점은 인정할 수 있을 것이다.

그들의 하나님 여호와를 구하는 것과 그들의 왕 다윗을 구하는 것이 서로 밀접한 연관을 맺고 있다는 사실도 잘 생각하여야 할 것이다. 다윗과 그의 후손은 하나님께로부터 하나님 자신과 백성 사이의 중보자로 택함을 받았다. 다윗 왕가는 하나님의 모든 축복들을 백성들에게 전달하는 통로였으며, 눈에 보이지 않는 통치자의 눈에 보이는 형상이었다. 그리고 말일에는 그리스도 안에서 가장 완벽하게 그의 영광이 드러날 것이다. 그러므로 이스라엘 사람들이 그들의 왕 다윗에게서 떠났을 때에, 동시에 그들은 그들의 하나님 여호와에게서도 떠났으며, 이는 송아지 형상을 섬기기 시작하는 등 그에게서 떠났다는 다른 표증들로써 곧바로 드러났다. 하나님 자신이 그의 가시적인 형상이라고 선포하신 그것 속에서 하나님을 인정하지 않은 자는 하나님 자신에게서도 하나님을 발견할 수 없는 것이다.

그러나 이스라엘 사람들이 다윗을 통해서 나타난 하나님을 배반했으므로, 그들은 다윗을 통해서 나오는 바 하나님의 백성으로서 받는 긍휼하심에서도 떠나 있게 되었다. 그리스도 안에서 다윗에게 다시 돌아올 때에야 비로소 자기들이 만들어낸 신을 버리고 하나님의 축복의 영역 가운데로 들어오게 되는 것이다. 이런 일은 우리들에게서도 그대로 반복된다. 그들의 왕 그리스도를 버렸으면서도 여전히 자신들이 하나님을 소유하고 있다고 생각하는 자들의 경우에 과거 이스라엘 사람들의 행위를 그대로 반복하고 있는 것이며, 또한 그들은 오로지 그의 밝은 영광으로 다시 돌아옴으로써만 그들의 하나님 여호와와의 참된 교제에 참여하며 그의 모든 축복을 누리게 된다는 것은 너무도 분명한 사실이므로 굳이 증명할 필요조차 없다.

'경외하므로 여호와께로 와'(헹스텐베르크는 이를 '떨며 여호와께로 가며'의 뜻으로 이해한다―역자주)라는 표현은 사람이 위험과 곤란에 처하여 공포와 걱정에 휩싸일 때에 그에게 도움과 구원을 베푸실 수 있는 유일한 분이신 여호와께로 도망할 때의 마음의 상태를 잘 그려주고 있다. 그들은 그 공포를 자발적으로 당하는 것이 아니다. 그것은 여호와께서 그들에게 부과하신 것이다. 그러나 그들은 떨며 여호와께로 나아간다(즉, 공포로 인하여 그들 스스로 여호와께로 이끌려 간다)는 것은 그들의 자유로운 행동으로서 은혜의 도우심으로만 가능한 행동인 것이다.

'그 은총으로'를 어떻게 이해하여야 하는지는 2:7의 '내가 본 남편에게로 돌아가리니 그 때의 내 형편이 지금보다 나았음이라'라는 말씀에서 가장 분명히 드러난다. 그들은 여호와를 버림으로써 그의 선하심과 은총도 잃어버렸다. 그런데 이제 그들은 여호와께로 돌아와서 그의 선하심을 누리게 된다. 여호와와 그의 선하신 은총과는 불가분리의 관계에 있는 것이다.

선지자 요엘

예비적 고찰

821. 요엘 선지자의 시대를 결정하는 문제에 대해서, 우리는 소선지서의 문집에서 그에게 배정한 위치를 근거로 해서 한 가지 외적인 논증을 펼 수가 있다. 소선지서를 하나로 묶어 놓은 사람들이 연대적인 순서를 고려했을 것이라는데는 의심의 여지가 있을 수 없다. 그러므로, 그들이 요엘의 예언들을, 서언과 그 내용에서 여로보암과 웃시야의 시대에 속하는 두 선지자들의 예언들 사이에 위치시켰다는 것은 곧, 요엘이 그 시대에 살았고 활동했다는 하나의 명확한 증언과도 같은 것이다.

822. 이 증언은 다른 분명한 사실(예컨대, 소선지서를 집대성한 자들이 역사적으로 오류를 범했다는 것 등)이 드러나서 그것이 뒤집어지기 전까지는 계속 유효하다. 그러나 그런 일을 시도함에 있어서 우리는 더욱 신중을 기해야 한다. 왜냐하면 소선지서를 집대성한 자들은 그들의 가정을 조심스러운 조사를 통해서 확증하였으며, 다른 소선지서의 경우 제 위치에 들어가 있지 않은 경우가 하나도 없기 때문이다. 그런 반대의 사실은 발견되지 않으며, 오히려 모든 것이 이 증언을 확인해 주고 있는 것이다.

823. 선지서 가운데 요엘서만큼 예언이 확실한 사상 위에 자리잡고 있는 경우는 거의 없다. 그러므로 중심 사상을 뒤로 밀어놓고 지엽적인 역사의 사실들에만 관심을 쏟는 그런 거짓된 방법론(이것은 신약 성경 해석에도 크나큰 악영향을 끼쳤다)은 그 어느 선지서보다도 여기서 더 큰 해악을 끼치는 것이다. 요엘서는 하나로 연결된 묘사법이 사용되고 있다. 먼저 하나님께서 외부의 대적들을 통해서 그의 배도한 교회에 일으키실 황폐의 상태에 대해서

생생하게 묘사하는 것으로 시작하고 있다. 이는 선지자의 내적인 생각 속에서 모든 것을 휩쓰는 메뚜기 떼로 묘사된다.

근본적인 사상은 '주검이 있는 곳에는 독수리가 모여드느니라' 이다. 즉, 여호와의 교회 안에 부패가 드러나게 되면 반드시 형벌이 온다는 것이다. 하나님께서 자신을 교회에서 거룩하게 하셨고, 교회에 그의 거룩하심을 은혜로 부여하셨으므로, 교회가 속된 세상처럼 되어버리면 교회를 벌하심으로써 하나님 자신의 거룩하심을 드러내시는 것이다. 하나님께서는 성령이 떠나셔서 이미 죽어 있는 상태에 있는 대중들이 여전히 하나님의 나라인 것처럼 자신을 드러내는 것을 도저히 참으실 수가 없다. 하나님은 그의 타락한 교회에서 위선의 가면을 벗겨내셔서, 속으로 썩어 있는 그것을 겉으로 드러내도록 하시는 것이다. 이러한 사상은 대개 하나님께서 특별히 기뻐하실 가까운 미래의 한 특정한 백성에 대한 언급과 함께 나타난다.

그런데 여기서는 그 사상의 권위와 위엄이 충만히 드러나고 있다. 대적들은 그저 북방의 나라들로 지칭된다. 팔레스타인을 공격하는 주요 침략들이 모두 북쪽으로부터(수리아로부터) 이루어진다. 그러므로 여기서 그 여러 침략들 가운데 어느 하나만을 상정할 이유가 없다. 뿐만 아니라 여기의 예언을 옛 언약에 속한 백성들에게만 적용되는 것으로 생각해서도 안된다. 모든 시대를 막론하고, 한 하나님의 교회가 깨어지지 않고 연결되어 존재해 온 것이다. 이 교회가 그 존재하기 시작한 첫 기간 동안 북쪽에서 공격을 받는 그런 땅에 집중되어 있었다는 것은 순전히 우연인 것이다. 그러므로 이러한 상황을 이 예언의 성취의 경계석(boundary stone)으로 만드는 것은 마치 "내 백성의 모든 죄인들이 칼로 죽으리라"라는 아모스서의 예언이 다른 방법으로 죽은 사람들에게서는 전혀 성취되지 않았다고 우기는 것만큼이나 어리석은 일일 것이다.

824. 징벌에 대한 경고는 2:18까지 계속된다. 그리고 이와 함께 회개를 촉구하는 권면이 함께 병행되며, 이에 대해서 백성들이 기꺼이 듣고 여호와 앞에서 자신들을 낮추게 되리라는 언급이 함께 나타난다. 그리고 그 다음에는 3:2까지 번영에 대한 예언이 이어진다. 하나님의 긍휼하심은 의의 교사를

보내시는 일을 통해서 나타나기 시작한다. 이 교사는 백성들로 하여금 그들이 당하는 고난의 목적을 깨닫게 하며, 지치고 무거운 짐진 자들을 여호와께로 오게 하여 여호와께서 그들을 새롭게 일으키시도록 한다. 마음이 상한 자들이 그의 음성을 청종하며, 풍성한 하나님의 축복이 이어지고, 그 절정으로서 성령이 부어진다. 변함 없으신 하나님이 그의 교회를 위하여 베푸시는 유일한 영원한 길을 여기서도 볼 수가 있는 것이다.

825. 언약 백성의 번영에 대한 예언이 있은 후 세번째 마지막 부분에 가서는 그 반대의 예언이 이어지고 있다. 즉, 하나님의 교회의 대적들에게 임할 심판에 대한 예언이 그것이다. 그 대적들은 하나님을 증오하며 그의 교회를 증오하는데, 그들의 증오심은 여호와의 공의로운 심판의 대상이 된다. 여호와께서는 그 심판을 그의 교회를 징계하고 정결케 하시는 하나의 수단으로 사용하시는 것이다. 이 부분의 근본 사상은 벧전 4:17에서 잘 나타나고 있다: "하나님의 집에서 심판을 시작할 때가 되었나니 만일 우리에게 먼저 하면 하나님의 복음을 순종치 아니하는 자들의 그 마지막이 어떠하며, 또 의인이 겨우 구원을 얻으면 경건치 아니한 자와 죄인이 어디 서리요?"

이 부분은 앞의 두 부분과는 달리 하나의 단일한 사건, 즉 마지막 심판을 가리키며, 그보다 저급한 다른 사건들은 여기서 완전히 배제되는 것이라는 사실이 모든 나라들이 반복적으로 언급된다는 사실에서 드러나는 것처럼 보인다. 그러나 그것은 겉으로만 그렇게 보일 따름이다. 이 예언의 사상의 강도(強度)를 충분히 깨닫도록 하기 위해서, 그 최종적이며 가장 완전한 성취를 빌려서 표현한 것이다. 그러나 최후의 심판이 그 사상의 실현이기 때문에, 그 사상은 반드시 그 전에도 소규모의 사건들 속에서도 드러나야 마땅한 것이다. 만일 세상의 역사 전체가 이미 하나님의 심판으로 점철되어 있지 않다면, 최후의 심판이란 있을 수가 없을 것이다. 그러나 물론 성경에는 그 주제에 대해서 한 마디 분명한 언급도 없지만, 하나님의 심판이 이미 세상 속에 가득하기 때문에, 최후의 심판도 반드시 있게 되는 것이다.

그 예언은 히스기야의 때에 앗수르 사람들이 멸망한 사건에서도 확증되며, 바벨론의 폐허에서도, 하나님의 나라가 이스라엘에서 취하여 가고 다른 백성들(이들은 기독교 전체의 역사 속에서 그 정해진 때에 그 열매를 드러내었다, 마 21: 43)에게 대신 주어진 후 예루살렘이 패망한 사건에서도 확증된다. 누구든지 이 예언을 이해하는 사람은 마 24, 25장의 예언을 이해하는 열쇠도 함께 갖게 된다. 그런데, 거기의 예언에 나타나는 묘사가 예루살렘의 패망을 가리키며 동시에 세상의 심판을 가리킨다고 보는 것은(그리하여 그 중간의 기간은 마치 완전히 텅 빈 허공인 것처럼 보는 것은) 그릇된 것이다. 영적인 것을 반드시 외형적인 형식과 옷으로 표현하는 선지자의 이상의 본질에 따라서 실체가 외적인 형식을 통해서 묘사되며, 중심 사상이 선지자가 그것을 위해서 그 때 그 때 마련하는 일시적인 옷을 통해서 표현되는데, 우리는 그것들을 서로 뒤섞어서 취급해서는 안되는 것이다. 그 옷과 형식에 속하는 것은 다음과 같다:

큰 무리의 사람들이 함께 모일 수 있는 곳으로 성전에서 가장 가까운 곳은 여호사밧 골짜기(이 곳이 그 이름을 얻은 것은 바로 현재의 본문 때문일 것이다. 선지자가 이 이름을 붙인 것은 그 곳의 용도—'여호와가 심판하신다' 또는 '심판의 골짜기'—를 지정해주기 위함이었을 것이다)인데, 거기에 모든 이방인들이 모여 있다. 여호와께서는 성전에 좌정하셔서 그들을 심판하신다. 여기서 나타내고자 하는 중심 사상은, 이방에 대한 심판이 신정정치의 결과요, 그들이 형벌을 받는 것이 자연법을 어겼기 때문이 아니요 하나님의 계시된 진리를 지닌 자들과 그의 교회에 거하시는 여호와를 대적했기 때문이라는 것인데, 그러한 사상이 그와 같은 형식을 통해서 표현된 것이다. 하나님과 가까운 관계를 맺지 않은 자들의 경우에는 그들의 부패의 정도가 아무리 심하다 하더라도, 자연법을 어긴 것은 모두 다 용서 받을 수 있다.

노아의 시대에 하나님께서 오래 참으심으로 기다리실 당시 한 때 불순종했던 자들은 아직 최종적인 정죄를 받지 않았고, 그리스도께서 오셔서 그들에게 전하실 때까지 옥(스올이라는 중간 상태)에 갇혀 있었다. 소돔의 죄악이 바로 그러했다. 그들은 빵이 가득하여 교만했고, 게으름이 그들과 그 딸들에게 가득하였다. 소돔은 가난하고 궁핍한 자들의 손에 쓸 것을 쥐어준 일이 없었고, 방자하여 여호와 앞에서 가증한 일을 범했고, 그리하여 여호와께서는 자신이 선(善)히 여기시는 대로 그들을 취하여 가셨다. 그러나 그럼에도 불구하고 여호와께서는 장차 이 소돔과 그 딸들의 포로 상태를 돌이키실 것이며, 그들이 그 전과 같은 상태로 회복될 것이다—육신적인 의미에서가 아니라(소돔의 후손의 마지막 흔적이 이 땅에서 완전히 사라졌고 소돔이 있던 자리조차 무너져 버렸기 때문이다) 영적인 의미에서 그렇게 회복된다는 뜻이다.

그러나 추상적이 아니시며 구체적이신 하나님을, 즉 하늘에 갇혀 계신 분이 아니시며 이 땅에서 그의 교회 가운데서 자신을 능력적으로 드러내신 그 하나님을, 거부한 자들의 경우에는 더 무거운 형벌이 내릴 것이다. 이 계시가 불완전하며, 구약 하에 있어서 하나님을 거부하는 죄악이 더 약한 그런 상태에 있는 한, 아직 사랑과 긍휼히 여김을 받을 여지가 있다. 외형적으로 멸망했다고 해서 영적으로 멸망한 것은 아니다. 모압은 여호와를 대적하고 자신을 높였기 때문에 완전히 멸망하여 더 이상 한 민족으로 남아 있지 않다. "그러나 내가 말일에 모압의 포로로 돌아오게 하리라 여호와의 말이니라"(렘 48:47).

그러나 하나님의 긍휼하심의 계시가 완결된 다음에는, 그 계시를 멸시하며 그 계시를 전하는 자들을 대적하는 자들을 향하여 하나님의 의로우심이 완전히 드러나게 될 것이다. 그들의 벌레가 죽지 아니하며 그 불이 꺼지지 아니하여 모든 혈육에게 가증함이 될 것이다(사 66:24). 바로 여기에 여호와께서 미래의 심판과 관련하여 선포하시는 모든 것을 푸는 열쇠가 있는 것이다. 그 목적은 세상이 아니라 복음이 전파되어 그 가운데 교회가 서 있는 그 세상에 있는 것이다.

1:1-2:18

〔헹스텐베르크 교수는 이 부분에 대한 논의에서 다음과 같은 사실들을 주장하였다: (1) 요엘은 현재의 재난이 아니라 미래의 재난을 묘사하고 있다; (2) 벌레들이 두 차례에 걸쳐서 몰려와서 이중적으로 재난을 일으킨 것을 묘사하고 있다는 크레드너(Credner)의 주장은 사실 무근이다; (3) 메뚜기 떼로 인한 황폐의 사건은 상징적이다(본문의 전통적인 해석도 이를 지지한다). 그러나 선지자는 그 메뚜기 떼를 단순히 상징으로 사용하여 비교하는 것이 아니라, 실제로 메뚜기 떼가 선지자의 이상 가운데서 그에게 나타났다. 이렇게 보아야만 메뚜기 떼가 그것이 나타내는 그 실체와 비교될 수 있는 가능성이 생긴다. 상징이 실체가 되며 또한 실체로 언급되는 것이야말로 알레고리(풍유)의 본질이다. 그리하여 상징적인 묘사에만 속하는 그런 여러 가지 특징들이 소개된다. 그리고 이것이 이상적인 실체로 격상되어 그것이 나타내고자 하는 진정한 대상과 비교되는 것이다.〕

2:23

826. "시온의 자녀들아 너희는 너희 하나님 여호와로 인하여 기뻐하며 즐거워할지어다 그가 너희를 위하여 비를 내리시되 이른 비와 늦은 비가 전과 같을 것이라"(헹스텐베르크는 여기의 '너희를 위하여 비를 내리시되'를 '너희에게 의의 교사를 주시며,' 'for he gives you the teacher of righteousness'의 뜻으로 이해한다―역자주). 루터 교회의 초기의 해석자들 거의 전부가 '의의 교사'라는 번역을 취하고 있다. 다른 사람들은 '교사'가 아니라 '비'로 번역한다. 후자의 해석은 심지어 고대에도 이례적인 해석은 아니었다. 랍비들 가운데서도 킴치, 아벤에스라, 멜렉(S. B. Melech, 그는 적절한 분량의 비로 해석했다) 등도 이 해석을 취했다. 〔헹스텐베르크의 원본에서는 본문의 사본 비평에 관한 논의가 이어진다.〕 영어역본(이를 'rain in just measure'로 번역하면서 난외주에 'teacher of righteousness'를 덧붙인다)과 제네바 역본, 그리고 개혁주의 해석자들도 '비'를 선호한다. 마크도 문맥상 '비'로 보아야 한다고 주장하면서도 '의' 때문에 비를 영적인 의미로 이해하여 온전한 도리와 영을 지니신 메시야를 지칭하는 것으로 보아야 한다고 한다. 루터 교회의 해석자들 가운데 슈미트(Seb. Schmid)는 pluviam tempestivam(시기에 알맞는 비)로 이해한다. 최근의 해석자들 가운데서는 비를 지지하는 설명이 거의 주류를 이루고 있어서 다른 견해는 언급할 필요조차 없을 정도이다.

우리는 이 해석을 결정적으로 잘못된 것으로 본다. '의의'(of righteousness)라는 낱말은 다음과 같이 여러 가지로 번역되고 있다: 엑커만('그의 선한 기쁨의 증거가 되는'), 유스티('결실을 위한'), 칼빈, 로젠뮐러, 홀츠하우젠, 크레드너('적절한 분량의'), 기타('적시의,' '적절한 장소에 내리는,' '그의 의를 따라서 내리는,' '너희의 의에 대한') 등의 번역을 보라.

827. 의의 교사를 보내는 일과 비를 풍성하게 내리게 하는 일이 이런 식으로 연결되는 경우는 모세오경의 한 구절에서도 볼 수 있는데, 선지자는 어쩌면 그 구절을 염두에 두고 있는지도 모른다. 신 11:13, 14: "내가 오늘날 너희에게 명하는 나의 명령을 너희가 만일 청종하고 너희의 하나님 여호와를 사랑하여 마음을 다하고 성품을 다하여 섬기면 여호와께서 너희 땅에 이른 비, 늦은 비를 적당한 때에 내리시리니 너희가 곡식과 포도주와 기름을 얻을 것이요." 거기서와 마찬가지로 여기서도 백성의 의가 선행하며 하나님의 축복이 그 결과로 나타나고 있다. 그 백성의 의가 있어야 하므로 여호와께서는 그 의를 일으킬 그 분을 보내심으로써 자신의 긍휼하심을 드러내시는 것이다. 동시에, 선지자가 여기서는 세속적인 축복들만을 말씀하고 3장에 가서야 비로소 영적인 축복에 대해서 다루기 때문에 이러한 문맥에서는 의의 교사를 언급한다는 것이 적절치 않다는 반대 의견은 근거를 잃고 만다. 언약 백성에게는 순전히 외형적인 축복이란 있을 수가 없다. 그 축복들은 언제나 하나님의 선하신 기쁨을 보여주는 증표였으며, 하나님의 그러한 기쁨은 전적으로 백성의 의에 달려 있었으며, 또한 의의 교사를 통한 하나님의 사역이 바로 이를 위한 것이었다.

828. 우리의 해석이 옳다는 것은 '먼저'라는(헹스텐베르크는 '이른 비와 늦은 비가 전과 같을 것이라'를 '이른 비와 늦은 비를 먼저 내리시리라'로 이해한다—역자주) 낱말에서 드러나는데, 그것은 2:28의 '그 후에'와 밀접한 연관을 맺고 있다. 의의 교사를 보내는 일로써 두 가지 결과가 있게 된다. 먼저, 자연적인 비가 내리며(이는 모든 외형적인 축복의 한 가지 대표적인 실례로서, 앞에서 인용한 모세오경의 그 구절과 연관짓기 위하여 택한 표현이나, 특별히 메뚜기로 인한 황폐의 이미지를 통해서 표현된 재난의 상태와 대조를 이루도록 하기 위해서 택한 것이다), 그 후에, 영적인 비, 즉 성령을 부으시는 역사가 있을 것이다. '먼저'에 대해서 언어학적으로도 맞지

않는 여러 가지 다양한 해석들이 있으나, 본문을 이렇게 정리해 보기만 해도
이 해석이 옳다는 것이 분명히 드러나는 것이다.

829. 그러면, 의의 교사란 누구를 가리키는가 하는 문제만 남게 된다.
의의 교사라는 해석을 지지하는 기독교 해석자들 거의 전부가 메시야를 가리
키는 것으로 본다. 다만 그로티우스는 여기의 의의 교사가 이사야 또는 다른
선지자일 것으로 추측한다. 뿐만 아니라 몇몇 유대인 해석자들은 요나단의
예를 따라서 그렇게 이해한다. 예컨대, 아버바넬은 "그러나 그 안에 그들이
행보해야 할 길을 제시하시고 마땅히 해야할 행위들을 나타내시는 분은 그
메시야 왕이시다."라고 한다. 본문에 정관사가 붙어 있기 때문에 어느 특정
한 인간 교사로 생각할 수가 없으며, 이는 이른 비로 보는 해석에 대한 반대
논리로도 첨가될 수가 있다. 그러므로 오랫동안 약속된 교사이신 메시야와,
이상적인 교사, 즉 하나님의 사자들 전체를 묶어놓은 집단(선지자는 이들을
하나의 인격적인 통일체로 보았을 것이다. 왜냐하면 선지자들 개인의 개별성
은 전혀 중요한 것이 아니었기 때문이다)과 둘 가운데 하나를 택할 수밖에
없다. 심지어 후자의 설명을 따른다 하더라도 이 본문은 메시야적인 본문이
라 칭할 수 있다. 왜냐하면 이 약속이 처음으로 완전히 실현된 것은 바로 그
리스도에게서였기 때문이다.

우리는 다음과 같은 근거로 이 본문이 직접 메시야만을 가리킨다고 믿게
된다: 이 구절을 신 18:18, 19("내가 그들의 형제 중에 너와 같은 선지자 하
나를 그들을 위하여 일으키고 내 말을 그 입에 두리니 내가 그에게 명하는
것을 그가 무리에게 다 고하리라. 무릇 그가 내 이름으로 고하는 내 말을 듣
지 아니하는 자는 내게 벌을 받을 것이요")와 비교할 때에도 이것이 메시야
에 관한 것임이 드러나며, 메시야에 대한 개별적인 언급이 전혀 나타나지 않
고, 다만 하나님의 다른 종들과 메시야가 함께 공유하고 있는 의로 교훈하는
일만을 언급하고 있다는 점이 본문이 메시야에 관한 것임을 시사해 주며, 또
한 마지막으로 요엘서의 나머지 부분 전체도 언제나 사상(idea)에 집착하며,
그 사상과 관련된 특정한 역사적 사실에 대해서는 전혀 언급이 없다는 점도
이것을 메시야에 관한 것으로 보는 근거가 된다.

2:28-32

830. 28절. "그 후에 내가 내 신을 만민에게 부어 주리니 너희 자녀들이 장래 일을 말할 것이며 너희 늙은이는 꿈을 꾸며 너희 젊은이는 이상을 볼 것이며." 하나님의 영을 부어주시는 것은 언제나 언약 백성의 특권이었다. 사실 그것은 하나님의 백성이라는 개념 자체가 요구하는 것이다. 하나님의 영은 단지 하나님과 피조물 사이의 내적인 끈이기 때문이다. 그러나 그런 내적인 연합이 없는 언약 백성은 있을 수가 없다. 언약 백성들의 끊임없는 소유로서 하나님의 영은 사 63:11에 나타난다. 거기서는 깊은 절망 가운데 있는 백성이 하나님의 긍휼하심을 기억하면서 이렇게 말한다: "그들 중에 성령을 두신 자가 이제 어디 계시뇨?" 그러나, 구약 경륜의 본질상 그 때의 하나님의 영의 부으심은 덜 풍성했으며, 그 효과도 능력이 덜했고, 거기에 참여하는 대상도 보편적이지 못했다. 그리스도의 죽으심으로 하나님과 세상의 관계가 바뀌고 난 후에야 비로소 그리스도의 영이 부어질 것이었다.

구약에서 하나님의 영이 부어지는 조건들은 성취되기가 훨씬 어려웠다. 그리스도의 역사적 인격과 그의 생애와 고난과 죽으심이 아직 없었기 때문이었다. 하나님은 물론 이방 사람들이 믿는 신들보다는 무한히 가까이 계셨지만, 그럼에도 불구하고 상대적으로 여전히 멀리 떨어져 계신 하나님으로 남아 계셨다. 하나님의 긍휼하심을 불러일으키는 일, 즉 그리스도의 공적이 아직 분명하게 드러나지 않았기 때문이다. 그것을 깨닫기가 훨씬 더 어려웠고, 따라서 그 때에는 그저 율법적인 의를 추구하게 되기가 지금보다도 훨씬 더 쉬웠다. 그리하여 오로지 소수만이, 특히 선지자들이, 성령을 직접적으로 소유할 수 있었다. 그 나머지 대다수의 사람들은 간접적인 영적 생명만을 소유했고, 그러므로 선지자들을 굳게 붙듦으로써 더 저급한 성령의 부으심을 누릴 수 있었던 것이다.

더 풍성하고 더 능력적인 하나님의 영의 부으심이 미래의 어느 시기에 일어날 것이라는 사실은 문제의 본질상 뻔한 이치이다. 그렇기 때문에 모든 백성이 예언하는 일이 일어나기를 바랐던 모세의 소원(민 11:29)은 동시에 하나의 예언이기도 했던 것이다. 그는 하나님의 백성이 그런 성령을 부음 받은 백성의 사고를 깨닫게 되기를 바랐으며, 그 일은 미래에 이루어질 것이었다. 하나님은 전능하시고 신실하셔서 그의 일을 미완성의 상태로 내버려두실 수가 없으셨기 때문이다. 모세가 하나의 소원으로 표현한 것을(본문에 나타난 내용만 본다면) 요엘은 직접 약속으로 말씀하고 있다. 그 소원과 약속은 최종적으로 메시야의 때에 이루어질 것이었다.

그러나 그렇다고 해서 그 이전의 예비적 사건들을 완전히 배제해서는 안 된다. 성령을 부어주신다는 예언은 하나님께서 그의 나라와 맺으시는 관계의 본질을 완전히 아는데 귀착되는 것이다. 그것은 시간과는 전혀 관련이 없다. 하나님께서는 심판을 통해서 그의 백성들에게 가까이 나가시며 그리하여 추상적인 존재로 머물러 계시지 않고 구체적인 하나님이 되신다. 그리고 그 심판들은 백성들 가운데 하나님과의 교제를 향한 신실한 열심을 일깨워준다. 하나님께로부터 보내심을 받은 교사는 이러한 열심을 올바른 방향으로 이끌어주며, 성령을 부으시는 역사가 뒤따라 이어진다. 이러한 과정은 언약 백성의 역사에서 영구히 계속 반복되는 것이다. 그리스도의 역사가 이루어지기 이전의 역사적 과정을 통해서 불완전한 성취가 계속적으로 이어오지 않았다면, 그리스도의 때에 그 예언이 완전히 성취되는 것도 일어날 수가 없었을 것이다. 선지자가 본문의 예언을 통해서 오로지 그 최후의 성취만을 말씀하려고 했다는 어떤 암시가 본문에 나타나지 않는 한 이 점을 인정하지 않을 수가 없는 것이다.

또한 메시야 시대에 이루어진 전체의 성취 가운데 어느 특정한 한 부분만—오순절 성령 강림 사건—을 임의로 취하여 그것으로 전체를 설명하려는 것도 똑같이 독단적인 해석일 수밖에 없다. 메시야 시대의 성취는 오순절 사건으로 완전히 종결된 것이 아니라 세상 끝날까지 계속 이어질 전체의 과정을 다 포함하는 것이다. 그 때에 가서는 요엘의 말을 통한 예언이 그보다 무한히 능력이 큰 행동을 통한 예언으로 전환되어 나타나는 것이다.

이미 2: 23의 '먼저'와 본 절의 '그 후에'의 관계에 대해서 입증한 사실에서 나타나듯이, 그것은 시간의 전후 관계라기 보다는 오히려 질의 상하 관계이다. 의의 교사를 보냄으로써 나타나는 두 가지 결과 가운데서 첫째는 저급한 결과로서 선지자의 활동을 들 수 있고, 그 다음으로는 더 높은 결과가 있다. 시간적 결정은 본질적인 것이 아니다. 그것은 그저 사건들의 관계를 명확히 하며 하나님의 축복들이 임하는 정도를 분명히 보여줄 뿐이다.

'내가 … 부어 주리니'는 21절의 '비'를 가리킨다. 그 전의 핍절한 상태와 비교할 때에 풍성한 상태로 임할 것을 뜻하는 것이다. 그러나 다음과 같은 면들을 잊어서는 안된다. 즉, 22절 이하에서 나타나듯이, 전에 죽어 있던 것을 살리며, 결실을 맺게 하는 능력 등 비의 속성도 간과해서는 안된다는 것이다.

'만민에게'라는 표현은 그 다음의 '너희 자녀들, 너희 늙은이, 너희 젊은이, 남종, 여종'을 통해서 부연되어 설명되고 있다. 그러므로 여기서 '만민'이란 아무런 제한이 없이 세상의 모든 사람들을 다 포괄하는 개념이 아니라, 그 백성들 가운데서 성(性)이나 나이나 계급의 제한이 없음을 뜻한다. 여기서는 이방인이 성령의 부어주심에 동참하게 되는 것을 직접적으로 논의 대상으로 삼는 것이 아니다. 여기의 축복에 대한 예언은 앞의 징벌에 대한 예언의 연장인데, 그것은 오직 언약 백성에게만 해당하는 예언이기 때문이다. 육체('만민'이란 문자적으로는, '모든 육체'이다—역자주)는 인간의 어찌할 수 없는 연약한 본성을 지칭한다. '신'('영')이란 생명과 능력의 원리이다.

'너희 자녀들, 너희 늙은이' 등이 '만민'을 구체적으로 부연 설명하는 것이듯이, '장래 일을 말할 것이며,' '꿈을 꾸며,' '이상을 볼 것이며' 등의 표현은 '내가 내 신을 부어주리니'를 구체적으로 부연 설명해 주는 것이다. 그러므로, 여기 나타난 개별적인 은사들은 그것들 하나 하나를 따로 떼어서 이해할 것이 아니라 하나님의 영의 활동으로서 갖는 공통적인 본질적 특성에 따라서 이해하여야 할 것이며, 따라서 예언의 은사가 어째서 자녀들에게 부어지는지 그 이유에 대해서 의문을 가질 필요도 없다. 개별적인 은사를 통해서 성령이 보편적으로 부어지심을 구체적으로 설명하고자 하는 것이 선지자의 목표였으므로, 그는 이 목적을 위해서 그저 일상적인 은사들보다는 더 눈에 띄는 특별한 성령의 역사들을 택하여 언급한 것이다.

더욱이 그 은사들 가운데서도 구약 시대에 공통적으로 나타나는 은사를 택한 것이다. 그러므로 여기에 언급되지 않은 나머지 은사들이 '내가 내 신을 부어 주리니'라는 말씀 속에 포함되지 않는 것이 아닌 것이다. 이는 29절에서 남종과 여종에 대해서 '내 신으로 부어 줄 것이며'라는 일반적인 말씀을 하고 있는데서도 나타난다. 성령의 은사들을 특정한 계층들에게 부어주심에 있어서 그들을 서로 구분하는 어떤 내적인 원리가 전혀 작용하지 않는다. "소년은 곡식으로 강건하며 처녀는 새 포도주로 그러하리로다"라는 슥 9:17의 말씀도 결국 소년과 소녀를 구분하는 것이 아니라면, 본문은 그보다 더한 것이다. "너희 자녀들이 장래 일을 말할 것이며" 등의 말씀은 '너희 자녀들과 너희 늙은이와 너희 젊은이가 예언하며 신적인 꿈을 꾸며(이것이 성령의 부으심으로 말미암아 나타난 결과이므로 그냥 보통 꿈이 아니며, 특별한 꿈이다) 이상을 볼 것이다'라는 뜻이며, 또한 이것은 결국 '그들이 하나님의 영을 그가 주시는 모든 은사와 축복과 함께 누릴 것이다'라는 의미이다. 유대인들은 이 구절을 오로지 이렇게 이해했다. 그렇지 않다면 어떻게 베드로가 오순절날 일어난 일들을(꿈도 이상도 없었는데) 요엘서의 이 예언의 성취로 그렇게 확신을 가지고 말씀할 수가 있었겠는가? 여기서 문자 하나 하나에 집착하는 것은 선지자의 말씀의 본질을 오해하는 것일 뿐 아니라 일반적인 시(詩)의 성격을 오해하는 것에 불과한 것이다.

또한 요엘의 예언이 성취된 사실에 비추어서 성령의 놀라운 은사들은 보통의 은사들을 증거하고 전달하는 수단이었다는 사실이 드러난다. 그러므로 예컨대 삼상 3:1에서 묘사된 대로 하나님의 말씀이 그 땅에 흔치 않았던 그 당시에는 다른 보통의 은사들도 마찬가지로 별로 없었을 것이다. 놀라운 은사들과 보통의 은사들 사이의 차이는 본질적인 것이 아니라 그 드러난 형식의 차이일 뿐이다. 마치 그리스도의 외형적인 이적들과 내적인 이적들의 차이가 겉으로 드러난 형식상의 차이일 뿐이라는 점과도 같은 것이다. 그러나, 여기서 요엘이 겉으로 드러난 형식이 아니라 그 본질만을 염두에 두고 있으므로, 역사적으로 놀라운 현상으로 나타난 사실들(예컨대, 사도 시대에 예언과 방언의 은사들)은 보통의 역사와 같은 수준으로 이해하여야 마땅한 것이다.

831. 29절. "그 때에 내가 또 내 신으로 남종과 여종에게 부어 줄 것이며." 앞 절에서 성(性)과 나이의 구분이 없어졌듯이 여기서는 계급의 구분이 사라지고 있다. 성령의 은사들이 심지어 육신적인 안목에서 볼 때에 도무지 사람의 축에도 끼지 못하는 것으로 보이는 남종과 여종에까지 확대되어 부어진다는 사실은 전혀 예상치 못한 놀라운 사실에 틀림이 없었다. 신약에서 복음이 가난한 자에게 전파된다는 사실이 현저하게 드러나는 것이 우연만은 아니다. 하나님이 세상적인 판단으로는 추악하고 천박하다고 일컬어지는 사람들을 선택하셨음을 보여주는 것이다. 자연인은 언제나 세상이 추앙하는 바를 하나님께서도 똑같이 중요하게 여기실 것으로 생각하는 경향이 있다. 이 점은 일반 대중들을 향하여 깊이 경멸하는 태도에서도 분명히 드러난다.

832. 30절. "내가 이적을 하늘과 땅에 베풀리니 곧 피와 불과 연기 기둥이라." 하나님의 교회를 향한 긍휼하심은 언제나 교회의 대적들을 향한 심판을 수반한다. 여기서와 31절에서는 그 전조(前兆)가 묘사되며, 3장 전체에서는 그 심판 자체가 묘사되고 있다. 여기서는 애굽에서 있었던 재앙을 시사하고 있음이 분명히 드러난다. 이제 그 때의 재앙이 더욱 더 심하게 반복되려 하는 것이다. 선지자는 특별히 신 6:22("여호와께서 우리의 목전에서 크고 두려운 이적과 기사를 애굽과 바로와 그 온 집에 베푸셨다")을 염두에 두고 있다.

이적들을 하늘에서 일어나는 것과 이 땅에서 일어나는 것으로 구분하며, 여기서는 땅에서 일어난 이적을 묘사하며, 다음 절에서는 하늘에서 일어나는 이적을 묘사한다. 땅에서 일어나는 이적을 피와 불과 연기 기둥 등 놀라운 자연 현상으로 묘사하는데, 그 상징적인 언어에서 다가올 심판의 전조를 보게 되는 것이다. 피는 출 7:17에서 직접 취하여 온 것이다: "여호와가 이같이 이르노니 네가 이로 인하여 나를 여호와인줄 알리라 하셨느니라 볼지어다 내가 내 손의 지팡이로 하수를 치면 그것이 피로 변하고.” 이와 마찬가지로 불에 대해서는 출 9:24을 보라: “우박의 내림과 불덩이가 우박에 섞여 내림이 심히 맹렬하니 애굽 전국에 그 개국 이래로 그같은 것이 없던 것이라.”

이러한 해석이 더욱 분명해지는 것은 이스라엘에 대한 심판을 묘사하면서 메뚜기 떼를 통한 재앙을 언급했는데, 그 다음 절에서도 과거 애굽에서 있었던 메뚜기 재앙이 그 심판의 예표로써 나타나고 있기 때문이다. 출 10:21을 참조하라: “여호와께서 모세에게 이르시되 하늘을 향하여 네 손을 들어서 애굽 땅 위에 흑암이 있게 하라 곧 더듬을 만한 흑암이리라.” 출 19:18에 묘사된 현상들에 대해서도 주목할 필요가 있다: “시내산에 연기가 자욱하니 여호와께서 불 가운데서 거기 강림하심이라 그 연기가 옹기점 연기같이 떠오르고 온 산이 크게 진동하며.” 여기서나 거기서나 불과 연기가 하나님이 소멸하는 불이시라는 진리(히 12:29)를 눈에 보이도록 표현해 주고 있다. 놀라운 것은 고대의 사람들 모두가 진노하시는 하나님이 그의 심판이 올 것을 자연의 표적을 통해서 선포하신다는 믿음을 갖고 있었다는 점이다. 이 믿음은 절대로 환상만이 아니다. 그 믿음은 마음 속에 깊은 뿌리를 내리고 있는 것이다.

자연은 사람의 정서의 메아리요 반영이다. 사람이 자기 자신의 죄와 다른 사람들의 죄를 깨닫고서 이제 그 죄에 대한 무서운 심판이 오리라는 것을 알게 되어 두려운 마음이 그를 사로잡게 되면, 모든 외적인 현상, 특히 하나님의 심판의 예표와 상징이 되는 그런 자연 현상들이 그러한 마음의 기대와 조화를 이루게 된다. 그러나 그런 자연 현상들은 이러한 내적인 해석자가 없이는 잘 깨달을 수가 없다. 이처럼 마음과 자연의 관계를 인식하시고서 하나님께서는 큰 재난을 일으키시기 전에 이러한 전조가 되는 현상들을 통해서 그들에게 경고하시기도 하시는 것이다. 큰 심판의 재난이 올 때에는 반드시 그런 심판에 대한 기대가 있는 법이다. 마치 죄가 없이는 형벌이 있을 수 없고, 죄가 있을 때에는 언제나 그 죄에 대한 의식이 있는 법이기 때문에 형벌이 있을 때에는 반드시 죄에 대한 의식이 있는 것과 마찬가지이다.

833. 31절. “여호와의 크고 두려운 날이 이르기 전에 해가 어두워지고

달이 핏빛 같이 변하려니와." 모든 해석자들 가운데 칼빈의 해석이 가장 탁월하다: "해가 어두워지고 달이 핏빛으로 변한다는 것은 비유적인 표현으로서, 하나님이 그가 진노하셨다는 표증을 세상의 전 체계에 드러내셔서 그로 인하여 사람들이 마치 무서운 변화가 자연 전체에 일어날 것처럼 공포로 떨게 되는 상황을 의미한다. 해와 달이 서로 번갈아 가면서 땅에 빛을 주는 일을 감당하면서 하나님의 아버지로서의 사랑을 증거해 주듯이, 해와 달이 그렇게 변하여 하나님의 진노하심을 전달해주는 사자의 역할을 한다는 것이다. — 해가 어두워지고, 달이 핏빛으로 변하며, 연기가 피어오른다는 표현을 통해서 선지자는 사람들이 어디로 눈을 돌리든지, 위나 아래나 어디서나 그의 마음을 공포로 가득 채우는 그런 놀라운 현상들만이 있을 것임을 표현하고 있다. 그것은 마치 이 세상에 그런 어려운 상황이 있었던 적이 과거에는 없었고, 전능하신 하나님의 진노가 그렇게 무서운 수많은 표증들로 나타난 일이 없었다는 것을 말씀하는 것 같아 보인다."

앞에서 살펴보았듯이, 여기서 선지자는 애굽에서 일어난 예표적 사실을 염두에 두고 있다. 이스라엘 사람들의 거처에는 빛이 있는데 애굽 땅 전역에 흑암이 퍼졌다는 사실은 하나님의 긍휼하심과 그의 진노를 아주 인상적으로 묘사해 주고 있다. 하늘의 광명체들은 하나님의 긍휼하심의 상징이다. 그것이 사라진다는 것은 성경에서 하나님의 심판이 다가오고 있다는 하나의 전조로 나타나는 것이다. 이미 앞에 나타난 심판의 묘사에서도 그 점이 드러난다: 2:2("어둡고 캄캄한 날이요 빽빽한 구름이 끼인 날이라"), 10절("그 앞에서 땅이 진동하며 하늘이 떨며 일월이 캄캄하며 별들이 빛을 거두도다")을 보라. 3:14,15에서도 비슷한 표현이 다시 반복된다: "판결 골짜기에 사람이 많음이여 판결 골짜기에 여호와의 날이 가까움이로다 해와 달이 캄캄하며 별들이 그 빛을 거두도다." 이 구절들의 표현은 어느 특정한 한 가지 자연 현상만을 말씀하는 것이 아니다. 하늘의 광명체들이 어두워지고 흐려지며, 지진과 폭풍우가 이는 등 은혜의 해가 저버린 심령에 두려움으로 가득 채울 모든 현상들을 다 포괄하는 것이다.

834. 32절. "누구든지 여호와의 이름을 부르는 자는 구원을 얻으리니

이는 나 여호와의 말대로 시온산과 예루살렘에서 피할 자가 있을 것임이요 남은 자 중에 나 여호와의 부름을 받을 자가 있을 것임이니라." — '여호와의 이름을 부른다'라는 표현에 대해서는 이미 설명한 바 있다. 여기서 부른다는 것은 그저 겉으로만 부르는 것을 뜻하는 것이 아니라(그럴 수는 없다) 마음의 믿음이 겉으로 표현되어 나오는 것을 가리킨다. 그러므로 선지자는 여기서 이방 사람들과 대조적으로 겉으로 하나님의 이름을 부르는 수많은 이스라엘 백성이 다 구원받을 것을 말씀하는 것이 아니다. 구원의 조건은 순전히 내적인 성격을 지니는 것이기 때문이다. 이 사실은 그 다음에 이어지는 내용을 올바로 이해하는 한 가지 열쇠를 제공한다. 만일 시온산과 예루살렘이 그곳에 있는 모든 사람들에게 구원을 준다는 식으로 이해한다면, 전후를 연결시켜주는 '이는'을 설명하기가 어렵다. 이는 또한 '피할(구원받을) 자'라는 표현에서도 나타난다. 시온과 예루살렘에 거하는 모든 사람들이, 외형적인 신정국가에 속한 모든 구성원들이 전부 구원을 받는 것이 아니라, 그 가운데 구원받을 자가, 즉 여호와의 이름을 부르는 자들이 있으며, 그 나머지 사람들은 모두 하나님의 심판을 받게 되는 것이다.

또한 여호와의 부름을 받을 자라는 두번째의 조건 역시 순전히 내적인 것이다. 여호와의 이름을 부르는 자는 동시에 여호와의 부름을 받는 자이다. 곧, 어려운 환난 가운데서 하나님의 보호 아래로 부르심을 받는 자들인 것이다. 선지자는 이 두 가지 부름을 서로 밀접하게 연관지으려 한 것이다.

'여호와의 말대로'라는 표현은 신자들이 이 약속을 의지할 수 있는 이유에 대해 주의를 환기시켜 준다. 그 약속을 믿을 수 있는 것은 그것이 사람의 약속이 아니라 여호와의 약속이기 때문이다. — 본절과 앞 절, 그리고 다음에 이어지는 절들의 관계는 다음과 같다: 선지자는 30, 31절에서 여호와의 크고 무서운 날의 전조들을 말씀했고, 여기서는 이 날에 구원을 받을 수 있는 유일한 수단을 지적하며, 그리고 그 다음 3장에서 심판 그 자체를 묘사하는 것이다.

835. 여기서 30, 31, 32절이 가리키는 역사적 사실들에 대해서는 여러 가지 다양한 견해들이 있다. 그로티우스, 크라머(Cramer), 투레틴

(Turretin), 에피스코피우스(Episcopius) 등은 갈대아인들이 예루살렘을 파괴한 사건을 가리킨다고 보며, 제롬 같은 이들은 주님의 부활을 상정하기도 하고, 루터 같은 사람은 성령 강림 사건을 가리키는 것으로 보며, 또한 뮌스터(Münster), 카펠(Cappell), 라이트푸트, 드레스데(Dresde) 등은 로마인들이 예루살렘을 파괴한 사건을 가리키는 것으로 본다. 에브라임 시루스(Ephraim Syrus)는 이 구절들이 바벨론 포로의 귀환 직후 언약 백성의 원수들에게 일어난 심판을 뜻하는 것으로 본다. 유대인 해석자들은 메시야 시대에 곡을 무너뜨리는 것을 뜻한다고 보며, 터툴리안, 테오도렛, 크루시우스 등은 보편적인 심판을 가리키는 것으로, 크리소스톰(Chrysostom) 등은 예루살렘의 멸망과 마지막 심판을 동시에 지칭하는 것으로 본다.

836. 이처럼 의견이 다양한 것은 단순히 이 예언을 그 예언의 핵심적인 사상에 견주어 살피지 않은 데서 일어난 것이다. 이것은 하나님 나라의 백성들을 향한 하나님의 긍휼하심과 동시에 나타나는 바 하나님의 나라를 대적하는 모든 자들을 향한 하나님의 의로우신 공의의 표현이다. 이러한 사상이 여기서 어느 특정한 역사적 실현에 한정되지 않고 보편적으로 묘사되고 있는 것이다. 그러므로 위의 해석들 가운데 아무 것도 절대적으로 옳을 수가 없다. 그 해석들 가운데 어떤 것들은 전적으로 그릇된 것이요(위에서 언급한 이 예언의 핵심 사상과는 전혀 관계없는 사건과 연관짓는 해석들의 경우), 그 나머지 해석들은 진리를 축소하거나 일면만을 부각시킨 것이라고 할 수밖에 없다.

837. 그리스도의 부활과 성령 강림 사건을 지칭하는 것으로 보는 해석은 전적으로 그릇된 해석의 부류에 속한다. 이 해석들은 이 절을 다음 장의 내용과 분리시켜서 보았기 때문에 생겨난 것이다. 이 사건들은 이 예언의 핵심적 사상과 아무런 관계도 없다. 갈대아 사람들을 통하여 예루살렘이 망한 사건은 그 사상과 어느 정도 관계가 있다. 그것이 하나님의 공의로우신 심판의 표현이었기 때문이다. 그러나 선지자가 하나님의 심판을 전적으로 일반적으로 묘사했을 경우에만 그 사건이 여기에 속할 수 있게 된다. 그러나 1:2과

비교할 때에 여기서 말씀하는 예언은 하나님 나라를 대적하는 자들을 향하여 하나님의 공의가 나타나는 것을 가리키는 것임이 분명하다. 이 견해를 주장하는 자들은 요엘의 예언의 경륜을 완전히 오해했든지, 아니면 갈대아인들로 말미암은 예루살렘의 멸망 사건이 하나님의 집에 있을 심판을 묘사하는 1, 2장의 예언과 연관되는 것으로 보았든지 둘 중의 하나일 것이다. 그런데, 여기서는 언약 백성이 아닌 자들이 예언의 대상이 되고 있는 것이다.

838. 로마인을 통한 예루살렘 멸망 사건도 언뜻 보면 위의 갈대아인들에 의한 예루살렘 멸망 사건과 동일한 부류에 속하는 것처럼 보인다. 그러나 좀더 면밀히 조사해 보면, 이 두 사건들의 차이점을 발견하게 되며, 로마인을 통한 예루살렘 멸망 사건이 훨씬 더 이 예언의 범주에 들어간다는 것을 깨닫게 될 것이다. 그 사건은 그 백성들을 완전히 배척한 사건이다. 이전의 언약 백성들은 그리스도의 죽으심으로 인하여 이방 사람과 동일하게 되었다. 그들은 더 이상 징벌로써 마음을 바꿀 수 있는 배도한 하나님의 자녀가 아니요, 심판을 받아 마땅한 하나님 나라의 원수들이 되어버린 것이다.

839. 그들이 육체를 따라서 이방 사람에게 속하는 것으로 여기는 그런 것이 육신적인 이스라엘 사람들 자신들에게서 이루어질 때가 반드시 올 것이 말라기 선지자를 통해서 예언되었다. 말 4:4에서는 이스라엘에 대한 심판을 말씀하면서 '여호와의 크고 두려운 날이 이르기 전'이라는 표현을 그대로 반복하고 있는데, 이는 현재의 예언을 세속적으로 해석하는 예가 그릇된 것임을 보여주고자 하는 의도에서 그렇게 한 것이라고밖에는 설명할 수가 없다.

840. 그리스도께서 죽으실 때에 일어난 여러 가지 현상들, 즉 해가 어두워지고, 땅이 흔들리며, 돌들이 터져 나오는 그런 현상들(마 27:45, 51; 눅 23:44)이 이 본문과 모종의 관계가 있다는 것이 드러난다. 본문의 놀라운 현상들처럼 그 때의 사건들은 하나님의 진노하심의 표현이요 다가올 심판의 전조였으며, 죄를 의식한 사람들은 그들의 양심이 그 표적들을 해석해 주는 대로 그것들이 심판의 전조임을 깨달았다. 눅 23:48을 보라: "이를 구경하러

모인 무리도 그 된 일을 보고 다 가슴을 두드리며 돌아가고.”

841. 본문을 인용하고 있는 행 2:16 이하에 대해서도 논의할 필요가 있을 것이다. 베드로가 오순절의 이적을 28, 29절의 약속이 성취된 것으로 보았다는 것은 변덕장이가 아니라면 부인할 수가 없을 것이다. 그가 이 본문을 인용하게 된 것은 유대인들이 대개 이 예언을 메시야 시대를 가리키는 것으로 이해하고 있었기 때문이었을 수도 있을 것이다. ‘그 후에’를 신약에서 언제나 메시야 시대를 가리키는 뜻으로 사용되는 ‘말일에’로 바꾸었다는 점도 이를 지지한다. 뿐만 아니라 39절에서 그 약속이 그 당시의 세대를 향한 것이라고 분명히 선언하고 있는 점도 이를 지지한다. 베드로가 그 약속이 이미 오래 전에 성취되었다고 생각했다면, 어떻게 여기서 그런 선언을 할 수가 있었겠는가? 그러나 베드로가 오순절의 이적으로 그 약속이 지닌 모든 보배가 완전히 성취되어버렸다고 믿은 것이 아니라 그 사건을 성취의 시작(그러나 그 시작에는 완성이 함께 들어 있다. 마치 나무가 그 씨앗 속에 들어 있듯이)에 불과한 것으로 보았다는 것도 분명한 사실이다. 이는 38절에서도 드러난다: “너희가 회개하여 각각 예수 그리스도의 이름으로 세례를 받고 죄 사함을 얻으라 그리하면 성령을 선물로 받으리라.”

그 예언이 이미 완전히 성취되어 버렸다면, 베드로가 어떻게 이 예언을 근거로 성령의 은사가 회개하는 사람에게 주어질 것이라고 약속할 수 있었겠는가? 39절도 이 점을 지적해 준다: “이 약속은 너희와 너희 자녀와 모든 먼데 사람 곧 주 우리 하나님이 얼마든지 부르시는 자들에게 하신 것이라.” 여기서 먼데 사람이란 과연 누구를 가리키는가 하는 의문이 일어난다. 두 가지 사실들을 혼동하지 않는 한 이들이 이방인이라는 사실은 의심할 수가 없을 것이다. 그 두 가지 사실이란, 곧, 이방인들이 하나님 나라에 영접을 받을 것이라는 사실에 대해서 베드로가 확신이 없었다는 점과, 이방인들이 영접을 받는 방식(mode)에 대하여 확신이 없었다는 점이다. 후자의 경우는 구약 예언의 본질에서 쉽게 설명될 수가 있으나 전자는 그것으로 설명될 수가 없다. 여러 가지 많은 증거들 가운데서 한 가지만을 든다면, 베드로가 아브라함에게 주신 약속을 인용하는데서 그가 아브라함의 씨를 통해서 열방이 축복을 받을 것이라고 이해했음이 분명히 드러난다(3:25). 26절에서는 더욱 움직일 수 없는 증거가 나타난다. 곧, 이방인들을 그리스도의 왕국에 참여하는 것으로 간주하고 있기 때문이다.

먼데 사람을 이방 세계에 사는 유대인(foreign Jews)으로 이해하는 것은 합당치 않다. 왜냐하면 그 자리에 있던 많은 사람들이 바로 그런 유대인들이었고, 따라서 그들은 이미 '너희'라는 말 속에 포함된 것이기 때문이다. 베드로는 처음부터 끝까지 그 자리에 있는 사람들 모두를 향하여 말씀하고 있다. 그런데, 그가 어째서 갑자기 여기서 그 사람들 중 일부에게 말씀한단 말인가? 마지막으로, 본문 32절의 마지막 부분(칠십인역은 이를 οὓς Κύριος προσκέκληται로 번역하고 있다)을 암시하는 분명한 표현이 나타나고 있다. 동시에 이러한 암시에는 이방인을 함께 가리킨다는 증거가 내포되어 있는데, 여기의 '육체'를 임의적으로 해석하지 않으면 그 증거를 반드시 볼 수가 있다. 여기서 한 가지 살펴볼 것은 그 구절에서 성령의 부으시는 역사에 동참해야만 얻을 수 있는 것으로 묘사되고 있는 그 구원이 인간의 조건과는 전혀 관계가 없고 다만 하나님의 부르심, 하나님의 값없이 주시는 긍휼하심에만 전적으로 달려 있는 것으로 묘사되고 있다는 점이다. 바울의 말씀도 이와 전적으로 일치한다. 그는 롬 10:12, 13에서 본문 32절의 첫부분을 인용하면서 그것이 이방인들이 메시야의 왕국에 참여하게 될 것을 뜻하는 것으로 말씀하고 있다: "유대인이나 헬라인이나 차별이 없음이라 한 주께서 모든 사람의 주가 되사 저를 부르는 모든 사람에게 부요하시도다 누구든지 주의 이름을 부르는 자는 구원을 얻으리라." 만일 하나님을 부르는 것이 구원의 조건이라면, 그 조건은 이방인에게나 유대인에게나 똑같이 열려 있는 것이다.

이 예언이 특별히 아직 회심하지 않은 유대인들과, 그들의 자녀와 이방인까지 모두 포함하여 말씀하는 것이라면, 그 예언이 오순절의 한 사건을 통해서 완전히 성취되고 끝난 것이 아니라 성령이 부어지는 사건이 계속되는 만큼 함께 계속 성취되어 갈 것이었고, 사도들도 그렇게 이해한 것이다. 그 후에 나타나는 성령이 부어지는 사건들에 대해서도 이 본문을 넌지시 암시하는 것이 이 점을 더욱 분명히 보여준다(예컨대, 행 10:45; 11:15; 15:8).

보편성의 관념을 그처럼 강조하고 있는 이 예언을 베드로가 어떻게 그 당시에 성령을 이미 받은 몇몇 사람들에게만 국한시킬 수가 있었겠는가? 만일 그 예언이 보편성을 그렇게 강조하지 않았더라도, 베드로서는 그 예언을 그런 식으로 제한적인 의미로 이해하지 않았을 것이다. 베드로나 사도들은 그처럼 예언을 졸렬하게 문자적으로 해석하는 방법을 쓰지 않았기 때문이다.

842. 아직도 남아 있는 문제는, 28, 29절만이 그의 의도에 맞았을텐데도 불구하고 사도가 30-32절을 같이 인용하는 이유가 무엇이며, 또한 그는 어떤 의미로 그 구절을 인용하고 있느냐 하는 것이다. 그 해답은 사도행전의 본문 40절에서 나타난다: "또 여러 말로 확증하며 권하여 가로되 너희가 이 패역한 세대에서 구원을 받으라 하니." 베드로가 말씀한 내용을 누가가 간단하게 요약하여 우리에게 전하고 있지만, 이 짧은 요약 속에서도 본문에 대한 암시가 나타나고 있는 것이다. 베드로는 먼저 언약 백성에게 임할 심판에 대해서 경고하였고, 그리하여 청중들로 하여금 그 심판에 대해 두려움을 갖게 하고, 그리하여 그 심판을 피할 수 있는 유일한 통로인 그 약속에 참여하도록 하는 마음을 불러 일으킨 것이다. 그리고 그는 이런 경고를 통해서 백성들을 움직이는데 성공을 거두었다("사람마다 두려워하는데," 43절).

몇몇 해석자들은 22절로 인해서 베드로가 요엘서의 본문 30-32절을 인용한 의미를 완전히 잘못 이해하기도 한다. 기사와 표적은 요엘서의 본문을 지칭하는 뜻으로 거기에 나타나 있는 것이다. 베드로는 하나님께서 그의 긍휼하심을 나타내시면서 함께 이루시는 기사와 표적을 완고하여 깨닫지 못하는 자들에게는 전혀 다른 표적이 일어날 것이요 그것을 도무지 피할 수가 없을 것임을 경고하고 있는 것이다.

843. 이제는 구체적인 사실들을 살펴볼 차례가 되었다. 이 베드로의 인용문은 칠십인역의 본문과 본질적으로 일치한다. 그러나 다른 부분도 있다. 첫 부분에서 칠십인역은 히브리어 본문에 좀더 집착하여 '이 일들 후에 … 있으리니'로 시작하는데, 베드로는 '말일에 … 있으리라'로 말씀한다. 이처럼 본문에서 벗어나서 인용한 근거는 요엘서의 본문에서 불분명하게 표현된

것을 보다 분명하게 전하고자 하는 베드로의 의도에 있다. 그는 그 예언이 주로 지칭하는 그 시점을 좀더 분명하게 제시할 필요가 있었던 것이다. ‘하나님이 가라사대’는 칠십역과 히브리어 본문에는 없다. 이는 요엘서의 본문 32절에서 빌려온 것으로서 ‘선지자 요엘로 말씀하신 것이니’와 대구를 이루는 것으로 이 예언의 신적인 기원을 강조하며, 따라서 그것이 반드시 성취될 것임을 지적하는 것이다. 베드로는 두 부분의 순서를 뒤바꾸어 표현했다. 즉, 요엘서의 본문의 “너희 늙은이는 꿈을 꾸며 너희 젊은이는 이상을 볼 것이며”에서 늙은이와 젊은이의 순서를 뒤바꾼 것이다.

이는 아마도 젊은이를 자녀와 한데 묶고, 늙은이에게 경의를 표하기 위함이었을 것이다. ‘내 남종과 여종들’은 칠십인역을 따른 것으로서, 이는—칠십인역의 번역자들이 그렇게 의도한 것이든 그렇지 않든—그 구절 자체에 내포되어 있는 사실을 두드러지게 표현한 것이라 하겠다. 사람들의 종은 동시에 하나님의 종이요, 그것이야말로 그들의 그 약속에 참여하게 되는 근거가 되는 것이다. 그러므로 결국 “사람들의 남종과 여종들에게 부어 주리니, 이는 그들이 동시에 나의 남종과 여종들이며 따라서 영적인 일에 있어서 그들도 마찬가지로 자유자로서 났기 때문이라”는 것이 본문의 의미일 것이다. 이처럼 그들의 출생이 동등하다는 사실을 더욱 분명히 나타내기 위해서 ‘내가 내 신으로 … 부어 줄 것이며’ 다음에 ‘저희가 예언할 것이요’를 덧붙이고 있는 것이다.

베드로가 이처럼 부연해서 덧붙이고 있는 것은 선지자의 의도와 전적으로 어울리는 것이다. 그리고 베드로가 그렇게 덧붙인다는 사실은 남종과 여종들이 그런 축복에 참여하지 못하리라는 그릇된 해석들이 그 당시에 만연되어 있었음을 시사해 준다. 30절의 ‘하늘과 땅에’라는 표현을 베드로는 ‘위로 하늘에서는 … 아래로 땅에서는’이라고 인용하고 있는데, 이는 둘 사이의 대조를 더욱 선명하게 드러내기 위함이었다. 원문에서나 칠십인역에서 벗어나 있는 이러한 모든 세부적인 내용들은 그 본문 자체에 내포되어 있는 의미를 더욱 분명하게 드러내고자 하는 의도에서 비롯된 것이며, 그 어떠한 것도 사도 베드로 자신의 기억이 잘못된데서 나온 것이 아닌 것이다.

선지자 아모스

예비적 고찰

844. 아모스가 선지자로 등장한 시대적 상황은 그 주요 내용에 있어서 호세아의 예언에서 살펴본 내용과 전적으로 동일하므로 여기서 재론할 필요가 없기 때문에 아모스서에 대한 예비적 고찰은 훨씬 간결해질 것이다. 서문에 따르면 아모스서의 예언들은 호세아 선지자의 시대와 동일한 여로보암 2세의 통치 후반기, 즉 웃시야가 유다에서 왕위에 오른 후의 시기에 속한다.

845. 이 선지자의 출신에 대해서는 1:1의 '드고아 목자 중'이라는 말에서 대체적인 것을 살펴볼 수가 있다. 만일 이것이 유일한 정보라면, 목자라는 직업이 빈곤하다든가 천한 처지에 있는 것이 아니었다는 여러 해석자들의 논평이 옳았을 수도 있을 것이다. 그러나, 7:14에 나타나는 또하나의 진술에서, 우리는 목자가 가축들을 소유하고 기르는 자나 다윗의 아버지처럼 가축들의 소유주가 아니라 가축 소유주에게 속한 가난한 종을 뜻한다는 것을 알 수 있다. 벧엘의 제사장이었던 아마샤가 그 땅에서 떠나라고 명하는 말을 듣고서 아모스는 "나는 선지자가 아니며 선지자의 아들도 아니요 나는 목자요 뽕나무를 배양하는 자로서 양떼를 따른 때에 여호와께서 나를 데려다가 내게 이르시기를 가서 내 백성 이스라엘에게 예언하라 하셨나니"라고 대답하는 것이다. 뽕나무 열매에 대해서 디오스코리데스(Dioscorides)는 ἄτροφος와 κακοστόμαχος라고 부르는데, 이는 백성 가운데 가장 가난하고 천한 사람들이 음식으로 먹는 것이었다.

846. 그러나 이 구절을 주목해야 하는 데는 다른 이유가 더 있다. 아모스가 여기서 자신이 선지자임을 부인하는 의미가 무엇인가? 그것은 아주 특

별한 의미임이 분명하다. 그가 자신이 선지자로서의 은사와 선지자직을 소유하고 있음을 부인한 것은 절대로 아니다. 그렇지 않으면 그는 자신을 변호하기도 전에 대적의 손에 무기를 쥐어준 격이 되어버릴 것이다.

847. 그의 말의 진의는 다음과 같은 논의에서 찾을 수 있을 것이다. 당시에 선지자들로 이루어진 조직체가 전혀 없어서 각 선지자는 나머지 선지자들과 다른 어떤 유대 관계도 없었고 다만 각 선지자는 여호와께로 부르심을 받아 활동할 뿐이었다는 주장이 있는데, 이는 전적으로 그릇된 것이다. 이는 사무엘의 시대로부터 끊이지 않고 선지자들의 학교가 있었다는 사실과 모순이 되는 것이다. 그러나 그 학교의 성격이 선지자의 아들들 혹은 생도들이 몇년 동안 훈련 기간을 거친 후 완전히 독자적으로 활동하게 되는 그런 것으로 보아서는 안된다. 대부분은 평생 동안 생도로 남아 있었다. 선지자들의 학교란 일종의 수도원(cloister) 같은 것이었다. 특별한 사유로 거기에서 나와서 그 땅에 흩어져 있는 사람도 언제나 그들의 권위를 인정했던 것이다. 엘리야와 엘리사의 기사를 주의깊게 읽어보면, 이 문제에 대해서 상당한 정보를 얻을 수가 있으며, 여기서 제시한 견해가 정확히 옳은 것임을 곧바로 깨닫게 될 것이다.

848. 그러면 아모스는 어떻게 해서 자신의 사역의 신적인 권위를 입증하는 증거로서 자신이 선지자가 아니요 선지자의 아들도 아니라는 사실, 즉 '유다의 선지자 계급 가운데 높은 자도 낮은 자도 아니라'는 사실을 강변하고 있는가? 그 해답은 다음과 같다. 선지자 계급의 조직에 속하면, 여호와와의 관계가 다소간 간접적인 것이 되어 버린다. 사람이 하나님의 직접적인 영향력이 그들 위에 있음을 부인하려 하면, 더 쉽게 그렇게 할 수가 있었다. 그들의 교육과 원리와 예언의 형태 등 모든 것이 자연적인 원인에 기초한 설명을 인정하는 것이다. 그러나 그들에게 생명력을 주는 성령은 그런 설명을 완전히 우스꽝스러운 것으로 만들어 버린다. 그러나 〔그런 외형적인 상황으로 성령에게 족쇄를 채워 놓지 않는 경우보다는〕 이 성령을 그들 가운데서 감지하기가 더욱 어려운 것이다. 그러므로 그런 선지자의 학교와 관계를 맺

지 않는 사람도 누구든지 선지자로 나설 수가 있으며, 선지자의 은사를 충만히 소유할 수가 있었고, 성령의 능력을 드러내 보일 수 있었고, 설명하기 훨씬 어려운 문제를 제시할 수도 있었던 것이다.

특히 아모스 같은 사람은 모든 인간적인 교육을 받을 수 있는 외형적인 조건에서 완전히 끊어진 상태에 있었다. 그러나 그렇다고 해서 아모스가 교육을 받지 못한 사람이었느냐 하는 문제는 그 교육이 과연 무엇을 뜻하느냐에 따라서 긍정할 수도 있고 부정할 수도 있다. 그가 진정한 이스라엘 사람으로서 받는 교육, 즉 율법에 대한 지식에 있어서는 잘 교육받았다는 것은 분명하다. 아모스서 전반에서 모세오경을 친숙하게 알고 있는 흔적이 계속 나타나고 있기 때문이다. 이 점과 관련해서 경건이 실마리를 푸는데 얼마나 중요한지를 보여주는 실례가 오늘날에도 많이 있으므로, 우리는 아모스가 과연 어떻게 그런 교육을 받았을까 하는 것에 대해서 놀랄 필요도 없고 또 그 문제를 이해하기 위해서 이런저런 수단 방법을 동원할 필요도 없는 것이다.

849. 아모스서의 경우, 그 각 부분의 예언이 일어난 때와 상황을 파악하는데 상당한 고통이 따른다. 그러나 그러면서도 호세아와 미가의 경우처럼 그런 문제에 대해 확실한 해결을 보지 못한다. 서문에서 우리는 이 예언이 단번에 기록되었음을 알 수 있으며, 거기에 기록된 각 예언들의 핵심 내용들은 그 전에 서로 다른 시기에 선포되었음을 분명히 할 수 있다. 여기에 기록된 모든 내용이 구체적인 한 시점, 곧 지진이 나기 2년 전에 기록되었으며, 따라서 그 지진이 언제 일어났는지를 아는 선지자의 동시대 사람들로서는 웃시야와 여로보암의 치세 중 그것이 기록된 때가 언제인지를 더욱 정확히 알 수 있었던 것이다.

850. 아모스서는 두 부분으로 쉽게 나눌 수 있다. 1-6장에 나타나는 순수한 예언과 7-9장에 나타나는 대로 환상을 동반한 예언들이 그것이다. 후자의 예언은 언제나 매우 단순하며 아주 간결하게 묘사되고 있다.

851. 전반부의 예언에서 선지자는 여호와의 진노를 다룸으로써 예언을

시작한다(1:2). 그리고 이어서 그 진노가 쏟아 부어질 왕국들을 다메섹, 블레셋, 두로, 에돔, 암몬, 모압 유다의 순서대로 다루며, 마지막으로 그 극렬한 폭풍우가 이스라엘에게까지 미쳐서, 뤼케르트의 적절한 표현에 의하면, 그에게 머문다. 전반부의 1-6장의 예언에서 특정한 시작이나 분명히 구분된 종결이 나타나지 않는 점을 볼 때에 이 예언이 처음부터 끝까지 하나로 연결된 예언이었다고 보는 것이 충분히 타당성이 있다.

852. 후반부의 멸망에 대한 환상들의 경우는 그 주제들의 성격상 몇 가지로 구분할 수가 있다. 새로운 환상이 나타나고 거기에 강화(講話)가 연결되어서 하나의 새로운 부분을 형성한다. 7, 8, 9장은 각기 하나의 전체를 이룬다. 그러나 여기의 각 부분이 연대적 순서로 배열된 것으로 서로 전혀 연관이 없는 것이 아니라는 사실은 약속에 대한 예언이 모든 예언의 맨 끝에 위치한다는 사실에서 충분히 드러난다. 그렇게 된 것은 절대로 우연이라고 볼 수가 없다. 선지자는 위로를 주기보다는 징계하고 책망했었다. 그러나 최소한 마지막 부분에 와서는 구름 사이로 해가 비치도록 하지 않을 수가 없었던 것이다. 이러한 종지부가 없다면, 아모스서의 예언적 강화의 주요 강조점이 사라지는 것이 된다. 그런 위로의 메시지는 다른 어느 선지자의 글에서도 늘 나타나는 것이며, 참된 의미에서 안식을 주는 것이다.

제 9 장

853. 9장은 이상으로 시작한다. 성전의 기초가 여호와의 사자에 의해서 격렬히 흔들리다가 무너져서 유다와 이스라엘을 그 폐허 속에 묻어 버린다. 이는 곧, 언약 백성의 불성실함으로 인해서 그들에게 멸망이 임한다는 의미이다. 선지자는 그들의 거짓된 안정을 유지시켜 주는 그것을 제거하여 버림으로써 그들의 마음 속에 선지자의 경고에 대해 강한 인상을 갖도록 하고 있다. 심판이 임할 때에 구원도, 피할 길도 없다. 전능하신 하나님이 그들의 대적이요 그들을 쫓는 자이시기 때문이다. 언약으로 말미암은 긍휼도 없다. 이스라엘은 이제 언약 백성이 아니기 때문이다. 다만 완전히 멸망하지 않을 따름이다. 죄에 가득 찬 무리들이 멸망하는 가운데서 경건한 남은 자가 보존될 것이다. 이처럼 사람을 가르는 큰 일이 있은 후에 회복이 이어진다. 다윗의 무너진 장막(이스라엘 가운데 다윗 지파와 연관되어 있는 하나님의 왕국)이 다시 세워질 것이요, 그것이 이방에까지 넓혀짐으로써 영광을 받을 것이며 하나님의 축복들을 풍성하게 받을 것이다.

854. 1절. "내가 보니 주께서 단 곁에 서서 이르시되 기둥 머리를 쳐서 문지방이 움직이게 하며 그것으로 부숴져서 무리의 머리에 떨어지게 하라 내가 그 남은 자를 칼로 살륙하리니 그 중에서 하나도 도망하지 못하며 그 중에서 하나도 피하지 못하리라." 여기서 여호와에게서 부숴뜨리는 명령을 받은 자는 과연 누구인가? 선지자의 강화의 극적인 성격에 걸맞게 여기서 그 사람이 누구인지는 지정하지 않고 있다. 그러므로 하나님 나라의 원수들에게 하나님의 심판을 시행하는 자로 늘 언급되는 바로 그 자일 것이다. 그는 또한 하나님 나라의 참된 백성들을 보존하고 보호하는 자, 곧 여호와의 사자일

것이다. 멸망의 사자로서 애굽의 장자들을 친 것도 바로 그였다(출 13:23). 앗수르인들을 멸망시킨 것도 바로 그가 한 일이었다(왕하 19:34, 35; 사 37:35, 36). 백성을 계수한 후 이스라엘을 향하여 여호와의 진노가 발했을 때에도 바로 그가 형벌을 가했었다(삼하 24:1, 15, 16). 여호와를 경외하는 자들 주위에 진을 치듯이, 불경건한 악인들을 향해서도 그는 마치 가라지를 흩어버리는 폭풍과 같은 역할을 하는 것이다(시 34:8; 35:5,6).

여기서 '여호와의 사자'를 상정하게 되는 한 가지 특별한 이유가 있다. 그것은 겔 9장에서 나타나는데, 그 장 전체가 본 절의 내용을 확대한 것이요 본 절의 가장 오래된, 가장 확실한 주해로 인정되고 있다. 거기서는 여호와 께서 그의 백성의 배도를 응징하시기 위하여 그의 의의 사역자 여섯에게 명 령을 내리는데, 그 가운데 '가는 베옷〔세마포 옷〕을 입은 사람'이 있다. 나 머지 다섯 사람은 살육하는 기계를 잡았고, 그 베옷을 입은 사람은 먹 그릇 을 허리에 찼다. 그들은 놋 제단 가까이에 섰고(여기의 장면은 성전을 배경 으로 한다), 거기서 여호와의 영광이 지성소로부터 나와서 성전 문지방에서 그들에게 나타난다. 여호와의 영광은 가는 베옷을 입은 사람에게 경건한 자 들을 보존하라는 명령을 내리며, 다른 사람들에게는 불경건한 자들을 사정없 이 진멸하라는 명령을 내린다.

그런데, 가는 베옷을 입은 자란 과연 누구를 가리키는가? 그는 다름이 아니라 '여호와의 사자'이다. 이 사실은 단 10:5; 12:6, 7에서 나타난다. 거 기서 미가엘('여호와의 사자')이 똑같이 묘사되고 있다. 이는 두 사람의 동 시대 선지자들에게서 나타나는 놀라운 일치인 것이다. 그 사람이 '여호와의 사자'라는 사실은 주제 자체에서도 드러난다. 그 의복은 지상의 대제사장이 입는 옷이다(테오도렛). 그런데, 여호와의 사자는 하늘의 중보자요 대제사장 이요 간구하는 자이시다. 슥 1:12에서는 그가 언약 백성을 위하여 간구하는 것이 묘사되며(참조. 619), 여호와께서 그 간구에 대해서 위로의 말씀으로 응답하시는 것이 나타나고 있다. 지상의 대제사장이 그리스도의 예표가 되며 따라서 여호와의 사자의 이미지가 된다는 사실에 대해서는 506을 참조하라.

그러나 가는 베옷을 입은 자가 홀로 경건한 자들을 보호하는 일에 관여 하는 것으로 생각해서는 안되며, 나머지 여섯 의의 사역자들과 대조를 이루어 나타나는 것으로 이해해서도 안된다. 이들은 오히려 그에게 복속한 자들로서 멸망시키는 일을 오로지 그의 명령과 그의 권위 밑에서 이루는 것으로 보아야 한다. 이 사실은 일반적인 근거들에서도 드러난다. 이 두 종류의 사역자들은 동일한 뿌리와 동일한 목적을 갖고 있다. 즉 하나님 나라의 번영이 그것이다. 여섯 사역자들을 악한 천사로 보아서는 안된다. 그렇게 보는 것은 이 주제에 관한 성경의 교훈 전체와 모순이 되는 것이다. 성경의 교훈은 한결같이 불경건한 자들에 대한 징벌을 선한 천사들의 사역으로 규정하고 있다. 악한 천사가 하는 일은 하나님의 허락을 받아서 경건한 자들을 시험하는 것 뿐이다. 예컨대 욥의 시험과 그리스도의 시험과 바울의 시험에서 나타나는 사단의 사자들을 들 수 있다.

그러므로, 이 사실이 확실해지면 여기 언급된 심판도 '여호와의 사자'의 사역이라는 것도 똑같이 분명해지는 것이다. 모든 낮은 천사들이 천군의 왕이신 그에게 복종하는 상태에 있기 때문에 그들이 행하는 모든 일이 그의 명령에 따라서 되는 것이다. 그러나 이러한 일반적인 근거 이외에 여기서 결정적인 증거를 제시하는 특별한 근거들이 있다. 가는 베옷을 입은 자가 여섯 사람의 사역자 한 가운데에 있다는 사실을 살펴볼 필요가 있다. 그를 둘러싼 자들은 그를 따르는 자들이요 그의 종들인 것이다.

그러나 더욱 비중이 크며 그 자체만으로도 충분한 증거는 겔 10:2-7에서 볼 수 있다: "하나님이 가는 베옷 입은 사람에게 일러 가라사대 너는 그룹 밑 바퀴 사이로 들어가서 그 속에서 숯불을 두 손에 가득히 움켜 가지고 성읍 위에 흩으라 하시매 그가 내 목전에 들어가더라 그 사람이 들어갈 때에 그룹들은 성전 우편에 섰고 구름은 안 뜰에 가득하며 여호와의 영광이 그룹에서 올라 성전 문지방에 임하니 구름이 성전에 가득하며 여호와의 영화로운 광채가 뜰에 가득하였고 그룹들의 날개 소리는 바깥 뜰까지 들리는데 전능하신 하나님의 말씀하시는 음성 같더라 하나님이 가는 베옷 입은 자에게 명하시기를 바퀴 사이 곧 그룹들 사이에서 불을 취하라 하셨으므로 그가 들어가 바퀴 옆에 서매 한 그룹이 그룹들 사이에서 손을 내밀어 그 그룹들 사이에 있는 불을 취하여 가는 베옷 입은 자의 손에 주매 그가 받아 가지고 나가는데." 불은 하나님의 진노하심을 뜻하는 이미지이다. 그러므로 여기서 여호와의 사자는 하나님의 공의를 시행하는 자로 명확하게 지명을 받고 있는 것이다.

이러한 현상의 의미는 현재의 본문을 설명하는 범위를 훨씬 넘어선다. 곧, 모든 심판이 아들에게 맡겨졌다는 신약의 교훈에 대한 구약적인 기초가 여기에 있는 것이다. 신약과 구약이 참으로 놀랍게 조화를 이루고 있는 한 가지 실례를 여기서 볼 수 있다. 그런데 애석하게도 이 점이 최근에 들어와서는 너무 지나치게 무시되어 왔다. 위에서 인용한 구약의 선언을 최소한 마 13:41("인자가 그 천사들을 보내리니 저희가 그 나라에서 모든 넘어지게 하는 것과 또 불법을 행하는 자들을 거두어 내어 풀무불에 던져 넣으리니 거기서 울며 이를 갊이 있으리라"), 25:31("인자가 자기 영광으로 모든 천사와 함께 올 때에 자기 영광의 보좌에 앉으리니") 등의 구절과 비교하라. 여호와의 천사와 그리스도의 정체에 대해 확신을 갖기 위해서는 다음의 사실을 더 주목할 필요가 있다. 즉, 여호와의 사자는 구약에서는 전체적으로 나타나는데 반해서, 신약에 와서는 갑자기 사라져 버리며, 구약에서 여호와의 사자의 것으로 묘사되었던 모든 것이 그리스도의 것으로 묘사된다는 사실이 그것이다.

두번째로 중요한 질문은 여기서 단을 과연 어떻게 이해하여야 하느냐 하는 것이다. 시릴 같은 사람들은 그것을 벧엘의 단, 혹은 북왕국 이스라엘 내에 있는 다른 우상을 섬기는 단이라고 본다. 또 어떤 이들은 여기 붙어 있는 정관사는 별 의미가 없으며, 하나님이 그저 불특정한 어느 단에서 나타나는 것으로 묘사함으로써 그가 많은 사람들의 피를 요구한다는 사실을 보여줄 따름이라고 보기도 한다. 그러나 정관사가 붙어 있다는 사실만으로도 이런 해석을 반박하고도 남는다. 여기서 단이란 누구나가 보통 생각할 수 있는 바로 그 특별한 단 이외에 다른 것일 수가 없다. 그것은 예루살렘 성전의 바깥 뜰에 위치한 놋으로 만든 단 혹은 번제단을 의미한다. 일반적으로 단이라 할 때에 지성소 앞의 분향단이 아니라 바로 이 단을 뜻한다는 사실은, 백성들의 시야에서 완전히 사라져 있는 분향단보다도 번제단이 일반 백성들과 훨씬 가까이에서 많은 접촉을 갖는다는 상황에서 쉽게 설명될 수 있을 것이다. 백성의 모든 희생 제물들이 그 단에 드려졌다.

그러나 어떤 의혹이 남아 있든, 그것은 에스겔서의 그 병행 구절을 통해서 완전히 제거된다. 거기서는 예루살렘의 성전의 장면이 나타난다. 놋 단 가까이에 하나님의 공의를 시행하는 사역자들이 서 있다. 성전 문지방에서 여호와의 영광이 그들을 향하여 움직인다. 이 병행 구절은 여호와께서 그 단에 나타나는 이유에 대해서 의혹의 여지를 남겨두지 않는다. 이는 '주검이 있는 곳에 독수리가 모여든다' 는 진리를 잘 표현하는 것이라 하겠다. 단은 범죄의 장소이다. 거기에는 그곳에 마땅히 있어야 할 사랑과 믿음대신 희생 제물로 구체적으로 표현되는 모든 백성의 사함받지 않는 죄악이 쌓여 있다. 여호와께서 그 범죄의 장소에 나타나시는 것은 삶 속에서 그를 영화롭게 하지 않는 자들을 멸망시키심으로 자신을 영화롭게 하시기 위함이었던 것이다.

미카엘리스처럼 단의 의미를 올바로 이해하면서도, 거기서 한걸음 더 나아가서 이 예언 전체가 유다 왕국에 관한 것이라고 보는 이들도 있다. 그러나 이런 견해는 이스라엘을 위하여 특별히 사명을 받은 선지자가 유다에만 관련한 예언을 했을 리가 없다는 일반적인 논리와도 모순을 일으킨다. 더 나아가서 이 예언의 마지막 부분에 나타나는 번영에 대한 예언은 이미 살펴본 바와 같이 아모스서 전체의 내용과 관련된 것이다. 만일 그 부분을 단지 유다에 대한 것으로 본다면, 이스라엘에 대한 내용이 없다는 점에서 본질적인 결함이 생기고 만다. 그렇게 되면, 이스라엘에 대해서 긍휼이 없는 심판, 위로가 없는 경고만이 나타나는 것으로 볼 수밖에 없는데, 이는 어느 선지자에게도 유례가 없는 것으로서 도무지 생각조차 할 수 없는 일인 것이다.

그러나 이에 대해서 이스라엘에 대한 분명한 언급이 나타난다는 점을 덧붙여야 할 것이다. 예컨대, 3절의 갈멜산에 대한 언급이나, 7절의 이스라엘 자손, 8절의 야곱의 집, 9절의 그 한 알갱이, 10절의 내 백성 등을 들 수 있다. 이 예언이 오로지 유다에 관한 내용이라고 보는 견해는 본문의 상징적인 묘사를 실제적인 것으로 오해한데서 생긴 것이다. 이러한 잘못을 피하면, 본문이 이스라엘을 가리킨다는 사실을 부정할 이유가 없는 것이다. 성전은 하나님 나라를 상징한다. 그것이 부숴져서 백성에게 떨어진다는 것은 이 나라 때문에 그들에게 임하는 형벌을 상징한다. 이 강화의 직접적인 주제는 결코 예루살렘 성전의 파괴가 아니다. 예루살렘 성전은 분명히 말하면 하나님 나라와 서로 불가분리의 관계에 있었다. 언약 백성이 속으로 더러워져서 겉으로도 더러워졌다면, 그 외형적인 성소도 그들에게서 빼앗아갔다. 그들이 그 성소를 그들의 죄악으로 말미암아 도적의 굴혈로 만들었기 때문이다.

만일 아모스 선지자가 그들을 향하여 사명을 받은 사실이 입증해 주듯이 이스라엘이 그 당시에 아직도 하나님의 나라에 속하여 있었다면, 그것이 하나님 나라에서 배제되어야 할 근거도 있을 수가 없다. 왜냐하면 유다와 마찬가지로 이스라엘에게도 예루살렘 성전이 그들의 다스림의 좌소요 중심이었고, 그들을 향하여 축복과 징벌이 발해지는 곳이었기 때문이다. 예루살렘의 단에 유다뿐 아니라 이스라엘의 모든 죄악들이 다 걸려 있었다. 그곳이야말로 두 왕국의 백성들이 그들의 경건한 마음을 구체적으로 표현하는 장소였다. 그러므로, 실제적으로 또는 지역적으로는 아니라 할지라도, 원칙적으로는 그들의 불경건함의 열매도 바로 그 곳에 쌓였던 것이다.

여기의 상징적인 묘사는 유다도 함께 지칭하는 것이다. 성전을 무너뜨리는 것은 이스라엘 왕국의 배척만을 상징하는 것이 아니다. 유다의 배척도 함께 상징하는 것이다. 이 사실은 번영에 대한 예언에서도 나타난다. 그 약속은 다윗의 왕가가 북왕국 이스라엘 백성 가운데서 회복될 것을 말씀하는 것이 아니라 다윗의 다스림 전체가 이스라엘 백성 전체(유다와 이스라엘을 모두 포함하여) 가운데 회복될 것을 말씀하는 것이다. 무너졌던 다윗의 장막은 무너진 성전을 지칭한다. 그리고 이 둘은 본질적으로 같은 것을 가리킨다. 성전의 파괴와 함께 다윗의 장막도 무너졌고, 이 둘이 무너짐으로써 이스라엘 왕국 전체가 무너진 것이다. 다윗 왕가의 통치가 실제로는 끊어졌으나, 원칙적으로는 여전히 계속되고 있었기 때문이다.

이 구절과 관련하여 한 가지 놀라운 점은 이것이 하나님 나라를 그 기존의 좌소와 중심을 통해서 묘사하는 관례에 대한 반박할 수 없는 증거를 제공해 주며 따라서 다른 구절들에서 껍데기와 알맹이를 분간할 수 있도록 정당성을 마련해 준다는 사실이다. ― 기둥 머리(기둥 꼭대기에 있는 일종의 장식)와 문지방은 서로 대구를 이루는 것으로서 건물이 흔들리고 꼭대기부터 밑바닥까지 무너진다는 사상을 표현해 준다. 문지방이 흔들리는 현상은 사 6장에서도 나타나는데, 거기서는 충격이 건물의 기초에까지 미친 것을 의미한다.

선지자는 내적인 이상 가운데서 온 백성이 성전 문지방에 계신 여호와 앞에 모여 있는 것을 바라보고 있다. 여호와는 그들 앞에 심판자로서 그 범죄의 장소인 단 위에 나타나신다. 그의 명령이 떨어지자, 모여 있는 무리 전체가 성전의 폐허 속에 파묻혀 버린다. 그러므로 여기서 성전이 문자적인 의미로 무너지는 것을 뜻하는 것이 아님을 알 수 있다. 모든 백성이 어떻게 전부 성전의 폐허 속에 파묻힐 수 있단 말인가? 맨 서두의 '내가 보니'에서도 이 점이 분명히 드러난다. 이 표현은 본문에 나타난 일이 7:1, 4, 7; 8:1 등에 나타나는 묘사와 전적으로 일치하는 것음을 보여주는 것이다.

지금까지 여호와께서는 스스로 다른 사람에게 말씀하시면서 그에게 성전을 파괴하라는 명령을 주셨었다. 그런데 이제는 '내가 … 살륙하리니'라고 말씀하신다. 이 말씀은 '여호와의 사자'에게 하시는 말씀이다. 이러한 현상은 '여호와의 사자'가 나타나는 거의 대부분의 구절들에서 동일하게 나타난다. 여호와의 사자에게 명하신 바로 그 행동을 놀랍게도 이제 여호와 자신이 행하시는 것으로 말씀하는 것이다. ― 마지막 말씀 가운데 두번째 부분은 첫번째 부분과 모순을 일으키는 것처럼 보인다. 하나도 도망할 자가 없다면, 피할 자가 과연 어디에 있겠는가? 이러한 모순은 바로 앞에서 나타나는 것과 아주 흡사하다. 앞에서는 모든 사람이 건물의 폐허에 완전히 부숴질 것으로 말씀하는데, 갑자기 뒤에서 '남은 자'가 있는 것처럼 말씀하는 것이다.

그러나, 선지자가 그렇게 표현한 목적이 그 백성들이 세속적으로 추구하는 모든 안정의 요소나 구원에 대한 희망이 전혀 털끝만큼도 소용이 없다는 사실을 명확하게 보여주기 위함이었다는 사실을 생각하면 이러한 모순은 곧바로 사라지게 될 것이다. 선지자의 표현은 마치 모든 사람이 폐허 속에 묻힐 것인데, 혹시 이 멸망의 방법을 피하는 자가 있다 할지라도(그럴 리가 없지만) 하나님의 복수의 칼이 뒤쫓아가서 멸할 것이라는 것과도 같다. 어느 누구에게도 도망은 불가능하다. 그러나 만일 어떤 이들이 도망한다 하더라도 아무런 소용이 없을 것이다. 하나님이 몸소 그들의 추적자가 되시기 때문이다.

그러나 여기서 간과해서는 안될 사실은 또 한 가지 모순처럼 보이는 표현이다. 여기서 크게 강조하여 묘사하는 파괴는 2-4절에서 묘사하는 것처럼 완전히 전반적인 파괴다. 선지자는 절대로 구원의 가능성이 눈꼽만큼도 없다는 사실을 아주 강조해서 표현하고 있다. 그런데, 8절에 가서는 야곱의 집의 경우는 완전히 멸하지 않을 것이라고 말씀하며, 9절에서는 모든 경건한 자들이 보존함을 받을 것으로 말씀하며, 10절에서는 모든 죄인들에게만 심판이 미치리라는 것이 암시되고 있는 것이다. 이미 3:12에서 적은 숫자의 남은 자들이 전반적인 멸망 가운데서 보존함을 받을 것을 약속한 바 있다. 이러한 모순처럼 보이는 현상을 대개의 해석자들은 1-4절의 묘사를 과장법으로 설명해 버리는데, 그것은 분명히 잘못된 것이다. 그런 생각을 방지하고, 그 말씀들을 그 철저한 의미대로 이해하여야 한다는 사실을 강조하기 위해서 선지자는 여러 가지 면으로 그 사상을 강조하여 표현하고 있는 것이다.

그러나 파괴의 개념에 제한성이 있다는 사실은 또 다른 방식으로 설명할 수 있을 것이다. 불경건함의 본질에는, 모든 사람들에게 재난이 임한다는 경고가 있음에도 불구하고 모든 사람들이 다 구원받을 수 있는 희망이 있다고 속삭이는 경망스러움이 들어 있다. 그리하여 불경건한 자들은 구원받기 위한 모든 가능성을 다 추구하게 되며 상상력을 동원하여 구원받을 가능성을 기정 사실화 하게 된다. 왜냐하면 그들에게는 살아 계신 전능하신 하나님에 대한 의식이 없으므로 구원의 가능성이 없다는 사실을 입증해 줄 수 있는 근거가 없기 때문이다. 그리하여 죄인은 스스로를 두려움에서 해방시키며 동시에 참된 회심을 통한 유일한 구원의 합법적인 방법이 있는데도 불구하고 그것을 무거운 짐으로 여겨서 그것에서도 스스로를 해방시켜 버리는 것이다.

선지자는 여기서 바로 그러한 경망스러움을 반박하고 있는 것이다. 그는 죄인이 꿈을 꾸는 구원의 가능성이 얼마나 허망한 것인가를 보여준다. 만일 인간 원수를 대하는 것이라면, 아무리 힘도 없고 재주도 없다 하더라도 인간적인 방법을 통해서 그 원수의 공격을 피할 수가 있을 것이다. 그러나 죄인이 대하고 있는 것은 어디에나 계시며 자기를 대적하는 자들을 향하여 모든 피조물을 다 무장시키실 수 있는 전능하신 하나님이시기 때문에 그를 피하여 아무 데도 갈 곳이 없는 것이다. 인간적인 수단을 통해서 구원받을 가능성은 전혀 생각조차 할 수 없으며, 동시에 불경건한 자로서는 구원받는다는 생각 그 자체도 전혀 있을 수가 없는 것이다. 하나님이 그들을 구원하지 않으시기 때문에, 그들로서는 아무런 소망이 없는 것이다. 그러나 경건한 자들에게는 그러한 동일한 사상이 위로의 근원이 된다. 복수하시는 하나님에게서 그 어느 누구도 피하여 도망할 수 없는 것처럼, 하나님이 구원자가 되셔서 칼을 거두어 들이실 때에는 아무리 원수들이 많이 둘러싸고 있다 하더라도 구원받지 못하는 법이 없는 것이다.

이 경고의 말씀에 지칭하는 역사적 사건에 대해서 아직도 논의할 문제가 있을 것이다. "이 땅의 모든 가족 가운데서 내가 오직 너만을 알았으니 내가 네 모든 범죄에 대하여 갚으리라"라는 이 경고의 핵심 사상이 근저에 자리를 잡는 한 이 경고와 관련한 역사적 사건들을 얼마든지 상정할 수가 있을 것이다. 이 예언을 오로지 앗수르인이나 갈대아인, 로마인으로 인한 황폐만을 지칭하는 여러 해석자들은 진리와 거짓을 똑같은 정도로 동시에 주장하는 것이다. 이 예언이 지칭하는 역사적 사건들에는 그 사건들이 포함되며 동시에 그보다 더 많은 사건들이 거기에 포함될 것이다. 시간과 상황의 차이는 정말로 본질적인 것이 못된다. 선지자가 하나님의 공의의 심판이 드러난 어느 특정한 역사적 사건만을 지칭하고 있다고 보는 주장은 오로지 선지자가 그 사실을 명시했을 경우에만 합당할 것이다. 그리고 그럴 경우라 하더라도 그런 특정한 역사적 사건에만 해당되는 것은 그 예언의 형식(외적인 표현)뿐이요, 그 예언이 지닌 근본 사상은 한번의 성취로 사라지는 것이 절대로 아닌 것이다.

855. 2절. "저희가 파고 음부로 들어갈찌라도 내 손이 거기서 취하여 낼 것이요 하늘로 올라갈찌라도 내가 거기서 취하여 내리울 것이며." 선지자는 실제로 불가능한 조건을 가능한 것처럼 제시함으로써 그 나타난 결과가 도무지 있을 수 없다는 사실을 더욱 강조하여, 그리고 더욱 인상적으로 표현하고 있다. 이 점은 4절과 비교하면 잘 알 수 있다. 거기서는 여기와는 달리 선지자가 실제적인 가능성을 상정하고 있다. '그 원수 앞에 사로잡혀 갈지라도'는 실제로 그럴 수 있는 가능성을 내포하는 말씀인 것이다. 사실 이런 식의 표현법은 흔히 나타나는 것이다. 예컨대, 시 139:7, 8처럼 하나님의 전능

하심과 전지하심을 함께 묘사하는 곳에서 잘 볼 수 있다: "내가 주의 신을 떠나 어디로 가며 주의 앞에서 어디로 피하리이까 내가 하늘에 올라갈지라도 거기 계시며 음부에 내 자리를 펼지라도 거기 계시나이다."

여기서 '하늘에 올라갈지라도'와 '음부에 내 자리를 펼지라도'는 모두 불가능한 상황을 가능한 것처럼 표현하고 있는 것으로서 9절의 "내가 새벽 날개를 치며 바다 끝에 가서 거할 것이어니와"와는 의미가 다른 것이다. 신약에서는 예컨대, 마 5:29의 "만일 네 오른눈이 너로 실족케 하거든"이라는 표현을 들 수가 있다. 이는 '네 오른눈이 너로 실족케 하거니와 그렇게 될 때에는'의 의미가 아니다. 이 진술이 실제로 가능한 일을 말씀하는 것인지 아닌지는 다른 근거를 통해서 결정해야만 하는 것이다. 현재의 본문에서 불가능한 일을 마치 가능한 것처럼 표현하는 것은 그렇게 함으로써 그 불가능성을 더욱 크게 강조하기 위함인 것이다. — 하늘과 음부는 가장 높고 고상한 상태와 가장 낮고 천한 상태를 뜻하는 것으로서 서로 큰 대조를 이룬다. 하나님의 손이 인간의 능력이 닿지 않는 곳에까지 이르기 때문에 하늘이 보호해줄 수 없다면, 음부야 두말할 필요조차 없는 것이다!

856. 3절. "갈멜산 꼭대기에 숨을지라도 내가 거기서 찾아낼 것이요 내 눈을 피하여 바다 밑에 숨을지라도 내가 거기서 뱀을 명하여 물게 할 것이요." 여기서 하필 갈멜산을 특별히 언급하는 이유가 무엇인가 하는 의문이 생긴다. 해석자들은 그곳에 동굴들이 많이 있어서 특별히 몸을 숨기기에 아주 안성맞춤이라는 사실을 주목하곤 한다. 폰 리히터(O. F. von Richter)는 이에 대해서 다음과 같이 말한다: "갈멜산에는, 특히 서쪽 부분에는 동굴이 매우 많다. 사람들의 말로 천개가 넘는다고 한다. 고대에는 수도사들이 동굴에 숨어 살았는데, 물론 그들이 그 동굴들을 파 놓은 것은 아니다. 종단 사람들의 동굴(the caves of the people of orders)이라고 불리는 한 지역에는 사백 여개의 동굴이 한데 몰려 있다. 더 아랫 쪽으로 내려가서 단단한 석회석 언덕에 이르면, 엄청나게 큰 유명한 동굴이 하나 있는데, 그 길이가 20보(步), 넓이와 높이가 15보 이상 된다."

슐츠도 매우 정확한 정보를 제시한다. 그에 따르면 갈멜산에 나 있는 길은 순전히 바위로만 되어 있는데 너무나도 굴곡이 져서 앞에서 가는 사람은 뒤에서 따르는 사람을 볼 수 없을 정도라고 한다. "10보 정도밖에는 떨어져 있지 않았는데, 목소리는 서로 들을 수 있었지만 서로를 볼 수는 없었다." 이 동굴들의 입구는 너무 작아서 한번에 한 사람씩밖에는 출입할 수가 없다. 그리고 동굴 속의 통로도 매우 꾸불꾸불하여 도망하는 사람이 쉽게 쫓아오는 사람을 따돌릴 수가 있다. 어느 곳에든 조그만 구멍들이 계속 나타나기 때문에 그 중에 하나에 몸을 숨기면, 찾기가 매우 어려워진다. "그렇기 때문에 일단 그 속에 숨어 버리면 그 사람을 찾는다는 것은 거의 불가능해지는 것이다."

그 이외에도 갈멜산에는 산꼭대기까지 관목이 우거져 있다는 점도 생각할 수 있을 것이다. 여기서 갈멜산 '꼭대기'라고 표현하고 있는 점을 간과해서는 안될 것이다. 이는 바다 밑과 대조를 이루는 표현으로서 앞 절에 나타나는 하늘과 음부의 대조법과 매우 유사한 것이다. 그러므로 갈멜산이 높이 솟아 있다는 점도 염두에 두어야 할 것이다. 갈멜산은 사실 그렇게 높지는 않다. 높이가 해발 수백 피트 정도밖에는 안된다. 그러나 선지자가 다른 더 높은 산을 제쳐두고 유독 갈멜산을 언급한 것은 앞에서 언급한 이유도 있겠지만, 특별히 그것이 바로 바다 옆에 위치하여 정상까지 우뚝 솟아 있어서 아주 먼 곳에서도 볼 수 있다는 점 때문이기도 한 것이다(참조. 왕상 18:40-44). 옆에 있는 것과 완전한 대조를 이룸으로써 그 성격이 확실히 드러나는 것은 자연에 있어서나 영적인 일에 있어서나 마찬가지인 것이다. 실제로는 더 낮지만, 옆의 것이 너무 낮기 때문에 그보다 더 높은 것보다도 더 높아 보이는 것이다. 뿐만 아니라 갈멜산의 위치가 이스라엘 왕국의 서쪽 끝에 해당한다는 점도 생각해야 할 것이다. 그곳은 이스라엘 왕국에서 가장 안전한 곳으로서 거기에 숨는 사람은 그 땅에서 그보다 더 안전한 곳을 알지 못할 것이다. 그러므로 거기서도 안전을 찾을 수 없다면, 이제는 바다 밖에는 남은 것이 없게 되는 것이다.

'명하여'라는 표현은 심지어 이성이 없는 짐승들이라도 전능하신 하나님의 종들이므로 하나님의 명령 한마디면 그들이 하나님의 복수의 진노의 도구로 얼마든지 사용될 수 있음을 나타내기 위하여 의도적으로 사용된 것이다.

'거기서'라는 표현에서 선지자가 플리니(Pliny)가 말하는 그 아주 독성이 강한 물뱀을 실제로 보았다는 식으로 생각할 필요는 없다. 그것은 사실 별로 중요한 것이 아니다. 뱀은 5:19에서도 하나님이 자연의 모든 만물들을 그의 원수를 대적하여 무장시키실 수가 있다는 사실을 보여주는 하나의 개별적인 사례로 언급되고 있다. "마치 사람이 사자를 피하다가 곰을 만나거나 혹 집에 들어가서 손에 벽을 대었다가 뱀에게 물림 같도다"는 "하나님을 사랑하는 자 곧 그 뜻대로 부르심을 받은 자에게는 모든 것이 합력하여 선을 이루느니라"와 완전히 반대되는 상황을 보여준다. 배도한 자들은 심지어 기어다니는 것들의 독에 쏘이기도 하며 들짐승의 이에 물릴 것이다(신 32:24). 이러한 경고와 관련하여 이스라엘은 과거의 역사에서 배워야 할 것이다. 민 21:6("여호와께서 불뱀들을 백성 중에 보내어 백성을 물게 하시므로 이스라엘 백성 중에 죽은 자가 많은지라")을 보라. 렘 8:17("여호와께서 말씀하시되 내가 술법으로도 제어할 수 없는 뱀과 독사를 너희 중에 보내리니 그것들이 너희를 물리라 하시도다")과 어쩌면 현재의 본문도 민수기의 그 본문을 염두에 둔 것일지도 모른다.

857. 4절. "그 원수 앞에 사로잡혀 갈지라도 내가 거기서 칼을 명하여 살륙하게 할 것이라 내가 저희에게 주목하여 화를 내리고 복을 내리지 아니하리라 하시니라." 포로로 잡혀간다는 사실은 그들이 긍휼하심을 입었다는 사실을 전제로 하는 것이다. 포로로 잡혀가는 자는 생명은 보존함을 받기 때문이다. 그러나 하나님이 대적하실 때에는 아무 것도 안전을 보장할 수가 없는 것이다.

858. 5절. "주 만군의 여호와는 땅을 만져 녹게 하사 무릇 거기 거한 자로 애통하게 하시며 그 온 땅으로 하수의 넘침 같이 솟아오르며 애굽 강 같이 낮아지게 하시는 자요." 선지자는 경망스럽게 상상하고 생각하는 그 모든 거짓된 소망을 계속해서 꺾어 놓는다. 전능하신 하나님이 네 원수인데 네가 어떻게 감히 도망할 꿈을 꾼단 말인가! 여기의 강화는 아주 급작스러운 것이다. 본 절의 서두에 "네 원수가 누구냐?"라는 말을 붙이든지 아니면 맨 끝에

"그가 너를 대적하는 자라"라는 말을 붙여서 이해하는 것이 좋을 것이다. 이처럼 급작스러운 것은 주제와 전적으로 어울리는 것이다. 주. 만군의 여호와 등의 칭호를 함께 묶어서 언급함으로써 하나님의 전능하심을 높이는 역할을 한다. 신자는 기도할 때에 이러한 칭호를 함께 묶어서 사용함으로써 그의 신뢰와 소망을 일깨우기도 한다. 예컨대, 사 37:16에서는 히스기야가 그의 기도를 이렇게 시작한다: "그룹 사이에 계신 이스라엘 하나님 만군의 여호와여 주는 천하 만국의 유일하신 하나님이시라 주께서 천지를 조성하셨나이다."

우리는 "쩨바옷"('만군의')을 그 앞의 칭호와 분리시켜서 하나님의 특별한 칭호로 이해해왔다. 게제니우스는 사 1:9에 대해 주해하면서 '쩨바옷'이 여호와와 연관되어 쓰일 때에 그것이 소유격으로서 여호와에 종속된다고 주장했는데, 그의 주장이 보편적으로 받아들여져 온 것이다. 그러나 그것은 분명히 잘못된 것이다.

'땅을 만져 녹게 하사.' 하나님이 행하시는 일 가운데서 여기서는 계속적인 행동을 보여준다. 이와 병행을 이루는 구절로는 예컨대, 시 97:5("산들이 여호와의 앞 곧 온 땅의 주 앞에서 밀 같이 녹았도다"), 나 1:4, 5("그는 바다를 꾸짖어 그것을 말리우시며 모든 강을 말리우시나니 바산과 갈멜이 쇠하며 레바논의 꽃이 이우는도다 그로 인하여 산들이 진동하며 작은 산들이 녹고 그의 앞에서는 땅 곧 세계와 그 가운데 거하는 자들이 솟아 오르는도다") 등이 있다. ─ 여기서 우리는 땅이 풀어진 상태가 창조 이전의 상태와 홍수 때의 상태와 매우 유사하다는 사실을 생각해야 한다. 선지자는 '거기 거한 자로 애통하게 하시며'와 특히 '그 온 땅으로 하수의 넘침 같이 솟아오르며'의 표현에서 나타나듯이, 창조 이전이나 홍수 때의 상태를 염두에 두는 것 같다.

'그 온 땅으로 하수의 넘침 같이 솟아오르며'는 땅이 풀어져서 마치 큰 시내와 같이 되어서 그 위를 덮은 물과 구분할 수 없을 정도가 되어 버린 상황으로 설명할 수 있을 것이다. 마지막 부분('애굽 강 같이 낮아지게 하시는 자요')을 로젠뮐러와 게제니우스는 '애굽의 시내로 인하여 그것이 넘치듯이'(as by the stream of Egypt is it overflowed)로 번역하는데 이는 잘못된 것이다. 그 번역은 모든 면에서 언어학적으로도 맞지 않을 뿐 아니라 병행법에도 맞지 않는다. 오히려 여기서 하나님의 전능하심만을 염두에 두고서 그가 솟아오르게 하실 뿐 아니라 가라앉게도 하실 수 있다는 사실을 말씀하는 것으로 보아야 옳을 것이다. 렘 46:7에서도 물론 의미는 다르지만 이와 유사한 표현이 나타난다: "저 나일의 창일함과 강물의 흉용함 같은 자 누구뇨? 애굽이 나일의 창일함과 강물의 흉용함 같도다 그가 가로되 내가 일어나 땅을 덮어 성읍들과 그 거민을 멸할 것이라."

859. 6절. "그 전을〔계단들을〕 하늘에 세우시며 그 궁창의 기초를 땅에 두시며 바다 물을 불러 지면에 쏟으시는 자니 그 이름은 여호와시니라."여기의 계단들은 하늘에 있는 하나님의 보좌로 인도하는 것으로 보아야 한다. 왕상 10:19, 20에서는 지상의 보좌로 올라가는 계단이 언급되고 있다. 시 103:19("여호와께서 그 보좌를 하늘에 세우시고 그 정권으로 만유를 통치하시도다")에서는 하나님이 하늘에 그의 보좌를 세우셨다는 사실이 그의 전능하심의 한 증거로 제시되고 있다. 사 66:1을 참조하라. 그런 구절들이 물질적으로 이해할 것이 아니라 그저 이 땅을 다스리시는 하나님의 권세와 그의 영광을 나타내는 상징으로 이해하여야 한다는 사실은 왕상 8:27 등의 구절에서 분명히 드러난다: "하나님이 참으로 땅에 거하시리이까? 하늘과 하늘들의 하늘이라도 주를 용납치 못하겠거든 하물며 내가 건축한 이 전이오리이까?"

보좌의 계단에 반대되는 것은 궁창의 기초인데, 이것은 계단이 솟아오르는 기초로서 하나님의 하늘의 거소의 옆면이다. '바다 물을 불러 지면에 쏟는 자니.' 창 6:17("내가 홍수를 땅에 일으켜")을 보라. 우리는 로젠뮐러 등과 같이 이 말씀들이 비의 기원을 가리키는 것으로 볼 필요는 없다: "바다 물을 이끌어 증기로 높이 올려서 다시 비로 이 땅에 내려오게 하는 자라." 이 해석은 5절의 '땅을 만져 녹게 하사'라는 표현을 볼 때에 그릇된 것임이 분명히 드러난다. 거기서 '만지는 것'과 '녹게 하는 것'이 따로 떼어진 행동이 아니듯이, 여기서도 바닷물을 '부르는 것'과 그것을 '쏟는' 행동이 서로 분리된 것이 아닌 것이다. 뿐만 아니라 이 해석을 따르면 본문에서 하나님의 전능하심이 명확히 드러나지 않는다.

여기 나타난 하나님의 이름 여호와는 언제나 그렇듯이 사람들에게 드러나고 알려진 그의 존재를 지칭한다. 그러므로 여호와는 곧, "그는 이 세상과의 관계에서 온전하신 하나님이시다"라는 의미를 내포한다. 출 15:3의 예를 따라서 이 말씀들은 가끔 하나님의 개념에서 지상적인 모든 것을 제외한 의미로 사용된다.

860. 7절. "여호와께서 가라사대 이스라엘 자손들아 너희는 내게 구스 족속 같지 아니하냐 내가 이스라엘을 애굽 땅에서, 블레셋 사람을 갑돌에서, 아람 사람을 길에서 올라 오게 하지 아니하였느냐?" 선지자는 여기서 백성들의 거짓된 안전을 보장해 주는 또 하나의 버팀목을 제거하고 있다. 그들은 자신들이 선택받아서 하나님의 손으로 보호함을 받고 있다고 자랑하고 있었다. 그들은 애굽에서 해방된 사실을 그 보증으로 여겼고, 그것이 재난이 있을 때마다 안전을 보장해 주는 하나님의 헌장으로 여겼다. 심지어 하나님으로서는 그러한 헌장을 깨뜨리고 싶어도 그렇게 할 수가 없다고까지 여겼던 것이다. 이러한 그릇된 사상의 근저에는 한 가지 큰 진리가 있다. 그런데 대개의 해석자들은 이 진리를 간과해 버리고, 결국 선지자의 말씀을 전혀 그릇된 의미로 바꾸어 놓은 것이다. 그 백성을 택하여 애굽에서 그들을 구원한 것은 그들이 생각하듯이 정말로 하나님의 인도와 보호하심이었다. 그 때에 하나님은 그 백성을 구원하는 일에 자신을 얽어 매셨고, 그리하여 그들을 구원하셔야만 했고, 그들을 버리실 수가 없었다. 그들을 선택하신 것은 그의 값없는 은혜의 사역이었고, 그 선택을 보존하는 것은 그의 의로우심의 역사였다. 그러나 그들의 잘못된 사고는 선택을 받지 못한 자들이 스스로 선택되었다고 여겼다는데 있었다. 이러한 그릇된 사고는 그 이후로도 계속해서 반복되며, 특히 예정론을 믿는 자들에게서(그 예정론이 왜곡되어 흉칙한 꼴로 드러나는 경우가 자주 있다) 그런 그릇된 사고가 나타난다. 예컨대 크롬웰(Cromwell)의 경우만을 보아도 이 점이 너무나 잘 드러난다. 그는 임종 시에 그러한 거짓된 신념으로 양심이 정죄하는 바를 모두 다 물리쳤다.

사도는 롬 2:25에서 말씀하기를, "네가 율법을 행한즉 할례가 유익하나 만일 율법을 범한즉 네 할례가 무할례가 되었느니라" 라고 했다. 애굽에서 구원한 사건은 할례와 동일한 근거 위에 서 있는 것이다. 그 구원의 역사 역시 스스로 이스라엘 자손임을 보여주는 자들에게는 유익하다. 하나님이 그들의 하나님으로 스스로를 나타내시기 때문이다. 그러나 부패한 자들에게는 그 구원 사건이 지나간 과거의 한 평범한 사건이 되어 버리는 것이다. 그들에게 그 구원 사건은 이미 완전히 지나간 것에 불과하며 다시 재개된다는 보장이 전혀 없는 것이다. 선지자는 앞의 5:14에서도 그랬던 것처럼("너희는 살기 위하여 선을 구하고 악을 구하지 말지어다 만군의 하나님 여호와께서 너희의 말과 같이 너희와 함께 하시리라") 여기서도 그와 같은 그릇된 사고를 감지하고 있는 것이다. 그는 그들에게 언약 관계란 상호 관계요, 그 언약을 깨뜨리는 쪽은 아무 것을 요구할 수도, 소망을 가질 것도 없음을 상기시켜주고 있는 것이다.

'너희는 내게 구스 족속 같지 아니하냐?' 이는 그들이 하나님으로부터 소외되었음을 분명히 보여준다. 이스라엘 자손들은—이를 명시한 것은 그들의 겉모양과 속의 진실된 상태와 큰 모순이 있음을 극명하게 보여주기 위해서 의도적으로 그렇게 한 것이다—너무도 부패하여 구스 족속이나 마찬가지로 하나님에게서 멀리 떠난 상태가 되어 버렸다. '너희는 내게 구스 족속 같지 아니하냐?' 란 결국 '너희는 나와 구스 족속 이상의 관계를 맺고 있지 않다' 는 의미이다. 그러나 하필 구스 백성을 하나님에게서 멀리 떠난 백성의 전형으로 삼고 있는 이유는 무엇인가? 그들이 함의 자손이라는 점보다는 그들의 피부색이 검다는 사실을 더 염두에 둘 필요가 있을 것이다. 즉, 그들의 검은 피부색이 그들의 영적 상태를 나타내는 하나의 이미지가 되고 있는 것이다. 그리하여 렘 13:23에서는 "구스인이 그 피부를, 표범이 그 반점을 변할 수 있느뇨? 할 수 있을진대 악에 익숙한 너희도 선을 행할 수 있으리라" 라고 말씀하는 것을 보게 된다.

이 첫 부분을 올바로 해석하는 것이 그 다음 부분을 이해하는 열쇠가 되는 것이다. 그 의미는 다음과 같다: '오로지 언약 백성에게만 애굽에서 구원한 사건이 은혜로운 보증이 된다. 그러나 이제 너희는 언약 백성이 아니므로 결국 애굽에서 구원한 사건은 마치 블레셋 사람들을 그 전의 거처인 갑돌에서 이끌어 내서 현재의 거처로 옮긴 것이나 아람 사람들을 길에서 올라오게 한 것이나 마찬가지이다. 그들의 경우에는 아무도 그것을 하나님의 은혜의 보증으로 보지도 않을 뿐더러 모든 위험에서 보호해 주며 특히 새로이 포로로 잡혀가는 일이 없도록 확신을 주는 일로 볼 수가 없는 것이다.' 갑돌이나 길과 관련된 지리적인 문제를 다루는 일은 본 논의와는 매우 동떨어진 일이므로 생략한다. 한 가지만 말한다면, 갑돌은 그레데라는 것이 최근 인정받고 있는 견해인데, 이는 옛 번역자들의 견해와는 다른 것이다. 그들은 갑돌을 갑바도기아로 보았다. 그리고 그레데로 보는 견해는 창 10:14과도 모순을 일으키는데 이에 대해서는 세밀한 검토가 필요하다. 그러나 그런 검토는 다른 곳에서 별도로 진행하는 것이 더 적절할 것이다.

861. 8절. "보라 주 여호와 내가 범죄한 나라에 주목하여 지면에서 멸하리라 그러나 야곱의 집은 온전히 멸하지는 아니하리라 이는 여호와의 말씀이니라." 범죄한 나라, 곧 유다 왕국과 이스라엘 왕국을 하나로 간주하고 있다. 이 범죄한 나라도 다른 나라들과 못지 않게 하나님의 공의의 심판의 대상이 된다. '너희는 눈이 멀어서 그렇게 볼지도 모르나, 거룩하신 하나님은 절대로 너희에게 죄를 지어도 된다는 허가증을 주신 일이 없다.' 이스라엘과 다른 나라들 간에 차이점이 있다면, 다음과 같은 점을 들 수 있다. 즉, 이스라엘의 경우 다른 나라들처럼 나라는 망할지라도 그 백성은 멸절되지 않는다는 점이다. 다른 나라들의 경우는 그렇지 않지만, 하나님의 백성 가운데는 언제나 거룩한 씨앗, 즉 ἐκλογή(택한 자)가 남아 있으며, 여호와께서는 그들을 보호하시며 그들을 통해서 그의 나라를 보존시키시는 것이다. 여호와께서 백성 가운데 범죄한 자들을 끊어버리시는 것이나, 그의 거룩한 씨앗을 보존하시는 것은 모두 그의 본성의 요구에 따라서 하시는 것이다. 이 첫 부분은 신 6:15와 문자적으로 매우 흡사하다: "너희 중에 계신 너희 하나님 여호와는 질투하시는 하나님이신즉, 너희 하나님 여호와께서 네게 진노하사 너를 지면에서 멸절시키실까 두려워 하노라." 선지자는 여기서 새로운 것을 말씀하는 것이 아니다. 그는 다만 거룩한 율법 제정자의 경고를 다시 반복하고 있을 뿐이다. '야곱의 집은 온전히 멸하지는 아니하리라'에서는 부정사형을 써서 대조적인 면을 더욱 강조하고 있다. 즉, '야곱의 집은 나라처럼 멸하지

는 않을 것이요 다만 체질하여 거기에 속한 죄인들을 제거할 따름이다' 라는
의미가 들어 있는데, 이런 대조적인 면은 9절에서 분명히 드러난다.

862. 9절. "내가 명령하여 이스라엘 족속을 만국 중에 체질하기를 곡식
을 체질함 같이 하려니와 그 한 알갱이도 땅에 떨어지지 아니하리라." 곡식
을 체질하는 것은 곡식을 까부르는 것과 비슷한 역할을 한다. 즉, 곡식을 격
렬하게 흔들고 쳐서 깨끗하게 하는 것이다. 이런 체질하는 기구는 일종의 부
채와도 같은데 사 30:24에서 까부르는 키와 함께 언급되고 있다. 또한 눅
22:31, 32에도 나타나는데, 거기서 συνιάζειν은 부채로 바람을 불어 흩날리
게 한다는 의미이다. 심지어 칠십인역도 이 낱말을 보통의 체질로 이해하지
않고 까부르는 키와 비슷한 역할을 하는 기구로 이해하였다. 렘 51:2을 참조
하라: "내가 타국인을 바벨론에 보내어 키질하여 그 땅을 비게 하리니 재앙
의 날에 그를 에워 치리로다." 그리고 렘 15:7; 마 3:12도 함께 보라. 여러
나라들은 일종의 영적인 체질하는 기구로서 정결케 하는 수단이다. 여호와께
서 그 나라들을 도구로 사용하셔서 불경건한 자들을 끊어 내치시는 것이다.
여호와께서 그 이방 나라들을 그의 비밀한 심판을 시행하는 도구로 사용하셔
서 그들을 멸하게 하실 것이다.

10절에서는 그 심판이 미치지 않는 것이 아무 것도 없음을 말씀하고 있
다. 불경건한 자들은 체질하여 떨어지는 겨와 같이 바람이 부는 대로 밀려
다니나, 경건한 자들은 그와는 정반대의 입장에 있어서, 여호와의 알곡 속에
들어 있어 절대로 땅에 떨어지는 법이 없는 것이다. 이 구절에 대한 그릇된
해석은 성경의 비유적 표현들을 다루는 데서 자유를 얻지 못하기 때문에 나
타나는 것이다. 그러한 부자유스러운 원칙을 끝까지 고수하느라 본문의 바른
뜻을 왜곡시키게 되는데, 그런 원칙은 오늘날의 시인들조차도 인정할 수가
없을 것이다. 그리하여 그런 그릇된 해석의 원칙에 입각하여 여기의 곡식을
알곡의 뜻으로 보아서 가라지와 대조를 이루는 뜻으로 이해하는 것이다.

863. 10절. "내 백성 중에서 말하기를 화가 우리에게 미치지 아니하며
임하지 아니하리라 하는 모든 죄인은 칼에 죽으리라." 앞 절에서 경고를 다

소 누그러뜨린 것이 거기에 해당되지 않는 자들에게 잘못 와전되어 그들을 안도케 하는 역할을 하지 못하도록 여기서 다시 한번 그 경고의 심각성과 철저함을 강조하여 제시하고 있다.

864. 11절. "그 날에 내가 다윗의 무너진 천막을 일으키고 그 틈을 막으며 그 퇴락한 것을 일으키고 옛적과 같이 세우고." '그 날에'는 하나님의 심판이 임하여 이스라엘에서 그 일을 마쳤을 때를 가리킨다. 야고보는 행 15:15에서 이를 μετὰ ταῦτα로 번역함으로써 그 의미를 충실히 드러내 주고 있다. 천막이라는 표현 자체만으로도 다윗의 집이 몰락한 상태에 있음을 시사해 준다. 선지자는 다윗 가문의 그 찬란한 궁궐이 다 낡아빠졌고 구멍이 숭숭 뚫린 보잘 것 없는 천막으로 변해 있는 모습을 보고 있는 것이다. ― 선지자는 앞 부분에서 다윗의 집이 몰락해 있다는 사실을 명확하게 언급하지 않고 다만 그 사실을 전제로 말씀을 전개할 뿐인 것처럼 보인다. 그러나 사실은 그렇지 않다. 앞에 나타나는 모든 경고는 다윗의 집의 몰락에 관계된 것이다. 나라가 재난을 당하면 왕의 가문이 재난을 당하는 것은 당연한 일이 아니겠는가? 나라의 재난과 왕의 가문의 재난이 밀접하게 연관되어 있다는 사실을 선지자 자신이 본문에서 지적하고 있는 것이다.

본문의 약속의 기초는 삼하 7장에 나타나는 다윗에게 한 약속이다. 특히 16절을 보라: "네 집과 네 나라가 네 앞에서 영원히 보전되고 네 위가 영원히 견고하리라." 다윗의 왕권은 나라가 두 개로 나누어질 때에 큰 타격을 받았고, 그런 상태가 선지자 당시에도 계속되고 있었다. 게다가 미래에는 그의 왕권과 그 백성들이 더 큰 타격을 받아 더 처참한 상태로 가라앉을 것이었다. 그러나, 하나님의 모든 약속은 반드시 이루어진다. 하나님의 심판들은 그의 긍휼하심을 가로막고 닫아 버리는 것이 아니라 오히려 그것을 위해서 길을 열어 주는 것이다. 선지자는 여기서 하나님이 약속하신 구원이 오로지 다윗 지파를 통해서 백성들에게 베풀어질 것임을 분명히 선포하고 있다. 그렇지 않으면 다윗의 천막을 어떻게 두 왕국과 거기에 속한 백성들과 동일한 것으로 볼 수가 있었겠는가? 그 천막을 일으킬 자에 대해서는 선지자가 구체적으로 명시하지 않는다. 그의 주 목적은 호세아의 경우와 마찬가지로 이스

라엘 집을 향하여 그들이 유다와 재결합하여 다윗의 양 무리 속에 들어가야
만 구원이 그들에게 임하리라는 사실을 주지시켜 주는데 있었다. 이런 사실
이 확실히 전달되면, 그 구원자가 누구냐 하는 사실에 대해서는 의심의 여지
가 없어지는 것이다. 다윗에게 주신 약속이 메시야를 통해서 완전히 성취될
것이라는 것은 그 당시에 이미 전반적으로 알고 있는 사실이었기 때문이다.
고대의 유대인들은 한결같이 이 구절을 메시야를 가리키는 것으로 인정했다.

865. 12절. "저희로 에돔의 남은 자와 내 이름으로 일컫는 만국을 기업
으로 얻게 하리라 이는 이를 행하시는 여호와의 말씀이니라." 앞 절에서 다
윗의 천막을 언급했는데, 여기서는 다윗 시대의 일에 대한 분명한 암시가 나
타나고 있다. 이는 에돔을 언급한 사실에서 드러난다. 그들은 다윗이 통치하
는 신정국가에 복속되었었다. 그 후 그들은 다윗의 천막이 무너지는 것을 기
회로 삼아 자유를 되찾았다. 그런데 여기서는 다윗의 천막과 신정국가의 영
광이 회복될 때에 에돔뿐 아니라 열방의 나머지 족속들이 모두 거기에 복속
될 것이라고 한다. 다윗의 천막이 회복되는 것은 신정국가의 영광이 회복되
는 것을 예표하는 것으로서, 이 두 가지는 모두 교회를 향한 하나님의 보호
하심과 그의 나라를 향한 보살피심을 근거로 이루어지는 것인데, 이 점을 나
타내기 위해서 '저희로 … 얻게 하리라' 라는 동사를 택한 것이다. 이 동사는
그 두 가지 사건이 서로 일치하는 사실만을 나타내는 것이지, 그 사실을 이
루는 방식까지도 나타내는 것은 아니다(방식은 두 사건이 각기 다르다).

선지자는 에돔의 남은 자에 대해서만 말씀하고 있는데, 이는 1장의 경
고를 근거로 하는 것이다. 거기서 예언한 그 심판 기간 동안 보존함을 받은
자들만이 다윗 왕국의 통치 아래에 들어올 것이며 그 모든 축복을 풍성히 누
릴 것이다.

'내 이름으로 일컫는' 이란 표현은 이 통치의 본질이 여호와의 영광을 드
높이는 것임을 나타내 준다. 하나님의 이름은 결코 헛된 칭호가 아니며 그
이름을 언급하는 것도 변덕스러운 일도 아니다. 여호와의 이름을 누구에게
붙여서 일컫는다는 것은 여호와께서 그 사람 안에 또한 그와 함께 임재해 계
시다는 것을 외적으로 드러내 주는 것이다. — 그들이 하나님께 거룩하게 바

쳐진 자들로서 마치 현재의 이스라엘처럼 그의 거룩한 백성에 속하는 것으로
인정받으며 그렇게 대우 받을 것이라는 말씀이다. 창 48:6에서는 이 표현이
좀더 낮은 의미로 사용되고 있다: '그 산업은 그 형의 명의 하에서 함께 하
리라'는 곧 '그들이 그 형제들에게 합쳐져서 아무도 그 형제들과 분리되어
존재하지 않을 것이라'와 같은 뜻이다. 이 표현이 이스라엘 백성에 대해서
좀더 높은 의미로 사용된 예는 신 28:9, 10에서 볼 수 있다: "네가 네 하나
님 여호와의 명령을 지켜 그 길로 행하면 여호와께서 네게 맹세하신 대로 너
를 세워 자기의 성민이 되게 하시리니 너를 여호와의 이름으로 일컬음을 세
계 만민이 보고 너를 두려워하리라."

　　여기서 이스라엘이 하나님의 이름으로 일컬음을 받는다는 것은 곧 '여호
와의 거룩하심으로 속된 세상에서 분리된 여호와의 거룩한 백성이 된다'는
것을 뜻한다. 이 표현은 다른 곳에 나타나는 '내가 너희 가운데, 혹은 네 안
에 있도다'라는 말씀과 동일한 의미이다. 여호와께서 백성 가운데 있으며 그
백성이 여호와 안에 있다는 사실이 외형적인 모습으로 나타난 것이다. 렘
14:9: "여호와여 주는 오히려 우리 중에 계시고 우리는 주의 이름으로 일컬
음을 받는 자이오니." 사 63:19: "우리는 주의 다스림을 받지 못하는 자 같
으며 주의 이름으로 칭함을 받지 못하는 자 같이 되었나이다." ― 이 표현은
또한 성전에 대해서도 사용되고 있다. 렘 7:10, 11("내 이름으로 일컬음을
받는 이 집에 들어와서 내 앞에 서서 말하기를 우리가 구원을 얻었나이다 하
느냐? 이는 이 모든 가증한 일을 행하려 함이로다. 내 이름으로 일컬음을 받
는 이 집이 너희 눈에는 도적의 굴혈로 보이느냐? 보라 나 곧 내가 그것을
보았노라 여호와의 말이니라")을 보라.

　　백성들의 범죄가 대단히 큰 것은 성전이 마치 벧엘의 단처럼 백성들이
그저 하나님의 집이라는 이름을 붙여놓았기 때문이 아니라, 그 성전이 정말
로 하나님의 집이었기 때문이다. 하나님은 장차 그리스도 안에 거하시기에
앞서서 그 곳에 은혜로이 강림하셔서 거기에 정말로 임재해 계셨던 것이다.
신 12:5을 보라: "오직 너희 하나님 여호와께서 자기 이름을 두시려고 너희
모든 지파 중에서 택하신 곳인 그 거하실 곳으로 찾아 나아가서." 마지막으
로 이 표현은 하나님께서 특별한 의미에서 자기 것으로, 자기의 대리자로,

그의 말씀을 전하는 자로, 그의 계시의 전달자로 만드신 특정한 사람들에 대해서도 사용된다. 렘 15:16("만군의 하나님 여호와여 나는 주의 이름으로 일컬음을 받는 자라 내가 주의 말씀을 얻어 먹었사오니 주의 말씀은 내게 기쁨과 내 마음의 즐거움이오나")은 곧, '전능하신 주여 내가 주의 사자와 대리자가 되었나이다' 라는 의미이다.

"이는 이를 행하시는 여호와의 말씀이니라"는 약속하시는 하나님이 그 약속을 시행하시는 하나님과 동일한 분이심을 강조함으로써 그 약속(현재는 믿을 수 없을 것처럼 보이는)에 대한 믿음을 강화시켜주는 역할을 한다. 렘 33:2을 보라: "일을 행하는 여호와, 그것을 지어 성취하는 여호와, 그 이름을 여호와라 하는 자가 이같이 이르노라."

본문과 관련되어 일어난 한 가지 중요한 역사적 사건이 있는데, 그 사건은 아마도 이 본문을 잘못 이해하여 일어난 것임이 분명할 것이다. 힐카누스(Hyrcanus)는 이두매 사람들을 정복하고 난 후 그들에게 강제로 할례를 베풀어서 그들을 신정국가에 병합시켰고, 그리하여 그들의 민족적 존재와 이름은 사라지고 말았다(요세푸스 13. 9. 1). 이런 일련의 과정은 참으로 놀라운 것으로서—다윗은 이두매 사람들이나 기타 족속들을 정복했을 때에 그들에게 그렇게 할 생각은 절대로 하지 않았었다—마땅히 해명을 요하는 일이었으며, 이에 대해서 그는 본문을 근거로 삼아서 자신의 조치들을 해명했다. 힐카누스는 이 예언을 사실로 만들기를 바랐다. 그러나 그의 생각은 잘못된 것이었다.

그는 다음과 같은 사실들을 생각치 못했던 것이다: (1) 이두매 사람들(에돔)을 하나님 나라에 받아들이는 일이 여기서는 다윗의 천막을 다시 세우는 일과 연관되어 있으며, 따라서 그 일은 오로지 다윗 가문에 속한 왕만이 행할 수 있는 일이라는 것, (2) 여기의 말씀은 사람이 자기 기분에 따라서 아무렇게나 사람들을 하나님 나라에 받아들이는 그런 것에 대한 것이 아니라, 내적인 의미에서 하나님 나라에 받아들이는 것을 의미하는 것이며 그런 일은 오로지 하나님 자신만이 하실 수 있는 일이라는 것.

힐카누스가 그렇게 쉽게 그런 오해에 빠지고도 남았으리라는 것은 그로티우스의 경우에서 분명히 알 수 있다. 그는 이 예언의 참된 성취를 눈 앞에 보면서도, 그저 겉으로 그 예언의 성취인 것처럼 보이는 역사적 사건에 주목하고 거기서 그쳐 버린 것이다. 이와 비슷하게 구약 예언들을 오해함으로써 일어난 중요한 역사적 사건들을 들자면, 예컨대, 요세푸스가 명확히 증언하듯이 애굽인들의 성전을 지은 일이나, 앞으로 살펴보게 되겠지만 헤롯 성전을 지은 일 등을 들 수 있을 것이다.

866. 이제는 행 15:16, 17에서 본문을 인용하고 있는 문제에 대해서 살펴보기로 하자. 올스하우젠(Olshausen)은 대부분의 해석자들이 간과해 버리고 넘어가지만 여기에 난제가 있다고 주장한다. 그것은 이 인용문이 사도행전에서 서술하는 당시의 문제와 과연 어떻게 연관되는지를 알 수가 없다는 점이다. 이방인이 하나님 나라에 받아들여져야 한다는 것은 양쪽 모두의 주장이었다. 다만 문제는 그들을 어떤 식으로 받아들이느냐 하는 것이었다. 곧, 할례를 한 다음 받아들여야 하느냐, 아니면 할례 없이 받아들이느냐 하는 것이 문제였는데, 현재의 예언은 그 문제에 대해 아무런 교훈도 주지 않는다는 것이다. 그러나 이러한 난제는 다음과 같은 견해(오늘날 널리 퍼져 있으나 그릇된 견해이다)에 근거하기 때문에 생기는 것이다. 곧, 야고보가 서로 전혀 관계가 없는 두 가지 근거를 제시하고 있다는 것인데, 먼저 14절에서는 할례 없는 이방인에게 성령을 주심으로써 나타난 하나님의 선언을 제시하며, 이어서 16, 17절에서는 구약 성경의 증언을 제시하고 있는 것이다.

그러나 사실은 오히려 이 두 가지가 서로 동떨어진 근거가 아니라 하나의 근거라는데 있다. 마음을 감찰하시는 하나님이 이방인들에게 성령을 부어 주셔서 그들과 이스라엘 사이에 구분을 없게 하셨다는 그 증거가 없었다면, 선지자의 선포가 아무런 의미가 없었을 것이다. 그러나 그 증거가 함께 제시되기 때문에, 선지자의 선포가 의미를 지니게 된 것이다. 그리고 바리새적인 정서를 가진 사람들이 요구하는 그 할례의 조건에 대해서 하나님이 침묵하신다는 것이 의미를 지니게 되는 것이다. 시므온은 하나님께서 처음 이방인 가운데서 백성을 그의 이름으로 이끌어내실 때에 어떻게 하셨는지를 주장했다. 심지어 구약의 구절도 이방인을 불러들인 사실은 그렇게 강하게 선포하면서도 그 이외에 그들을 불러들인 다른 방법에 대해서는 전혀 아는 바가 없는 것이다.

867. 사도는 12절을 인용하는 것으로 만족하지 않는다. 그는 11절을 그 앞에 인용하여 12절에 나타난 선언이 바로 그 때를 가리키는 것이라는 증거를 제시하는 것이다. 이미 그리스도의 사건이 일어났으므로, 이방인의 회심이 즉시 뒤따라 일어난다는 것이다. 그러나 11절에 관해서는 그 주요 사상만이 중요했기 때문에, 본문을 약간 생략하여 인용하고 있다. 칠십인역을 따라서 인용했음이 분명하다.

868. 12절의 인용은 칠십인역과 문자적으로 거의 일치한다. 칠십인역은 여기서 히브리어 본문과 중요한 점에서 차이를 보이는데, 여기 사도행전의 인용문은 칠십인역을 따르고 있다. 히브리어 본문에는 "저희로 에돔의 남은 자 … 를 기업으로 얻게 하리라"로 되어 있는데, 칠십인역은 "그 남은 사람들 … 로 나를 찾게 하려 함이라"로 번역하고 있다(누가는 '주를 찾게 하려 함이라'로 인용하고 있는데, 이는 알렉산드리아 사본〔Cod. Alex.〕에서도 볼 수 있다. 그러므로 누가가 알렉산드리아 사본을 취했을 것으로도 볼 수 있다).

869. 그러나 히브리어 본문이 야고보의 목적에 전혀 어울리지 않는 것으로 보인다는 올스하우젠의 주장은 주목할 필요가 있다. 야고보는 아마도 그 당시에 회중 앞에서 헬라어로 말을 했을 것이다.

870. 그러나 과연 그런지는 미결 상태로 놓아두기로 하자. 그 문제는 다른 근거들을 통해서도 논증을 할 수 있을 것이다. 그러나 올스하우젠의 견해를 따르는 것은 절대로 아니다. 히브리어 본문을 취하더라도 이 본문은 당시의 상황에 아주 잘 맞아 떨어지는 것이다. 그 근본 사상에 관한 한 그것은 완벽하게 어울리는 것이다. 받아들인다는 것은 아모스서의 의미로는 찾는다는 것을 근거로 한다. 다스림을 받을 자들이 여호와를 찾지 않는다면, 어떻게 여호와의 백성이 그들을 영적으로 소유하고 영적으로 다스리는 일이 있을

수가 있겠는가? 사 42:4("섬들이 그 교훈을 앙망하리라")을 보라.

아모스가 에돔을 언급한 것은 전체를 설명하기 위하여 개별적인 실례를 들은 것에 불과하다. 이두매 사람들은 전에 언약 백성들을 향해서 특별히 과격하게 증오를 퍼부었었던 백성 가운데 하나로서 거명되고 있다. 여기서 그렇게 증오했던 백성이 겸손하게 복종하게 된다는 사실은 그야말로 그 일이 전능하신 하나님이 하신 일이요 그 백성을 다스리시는 하나님의 사랑의 역사라는 것을 더욱 더 확실하게 보여주는 것이다. 이 사실들은 바로 뒤의 '만국'이라는 표현에서 분명히 드러나고 있다. 알렉산드리아 역본은 구체적인 언급을 전체적인 언급으로 바꾼 것밖에 아무 것도 변화시킨 것이 없다. 구체적으로 거명된 에돔은 이미 전체 속에 포함되어 있으며, 아모스도 다만 전체의 한 부분으로서 에돔을 거명하는 것이다.

871. 그러나, 야고보나 누가가 과연 알렉산드리아 역본을 취해서 인용했든지 그렇지 않든지, 이 구절은 예컨대 마이어와 슈티어(Stier) 등이 성경 번역을 개선하기 위해서 노력하면서 엉뚱한 일들을 저질렀음을 보여주는 여러 가지 실례 가운데 하나이다. 주님과 사도들은, 번역본이 원문과 문자적으로만 다를 뿐 근본 사상은 그대로 전달될 경우 주저하지 않고 그 당시에 사용되고 있던 번역본을 취했던 것이다. 이 원리를 적용한다면, 루터의 번역에 대해서 제기된 그 엄청난 불평과 비난들이 일거에 녹아버릴 것이 아니겠는가!

872. 13절. "여호와께서 가라사대 보라 날이 이를지라 그 때에 밭가는 자가 곡식 베는 자의 뒤를 이으며 포도를 밟는 자가 씨 뿌리는 자의 뒤를 이으며 산들은 단 포도주를 흘리며 작은 산들은 녹으리라." 근본 사상은 '여호와께서 계시는 곳에는 그의 은사도 충만히 있다'는 것이다. 여기의 상징적인 표현들은 레 26:3-5에서 취한 것이다: "너희가 나의 규례와 계명을 준행하면 내가 너희 비를 그 시후에 주리니 땅은 그 산물을 내고 밭의 수목은 열매를 맺을지라 너희의 타작은 포도 딸 때까지 미치며 너희의 포도 따는 것은 파종할 때까지 미치리니 너희가 음식을 배불리 먹고 너희 땅에 안전히 거하리

라." 여호와께서 그의 교회를 그의 심판들로 정화시키신 다음에는 그가 그의 종 모세를 통하여 약속하신 그 축복의 즐거운 때가 올 것이다. 후반부가 욜 3:18("그 날에 산들이 단 포도주를 떨어뜨릴 것이며 작은 산들이 젖을 흘릴 것이며")과 일치하는 것은 우연이 아니다(요엘서 서론을 보라). 이 구절과 비교해 보면, 산들이 녹는다는 것은 곧 그것이 젖이 흐르는 시내가 되리라는 뜻이다. 포도주와 꿀은 모세오경(출 3:5)에서는 약속한 땅을 지칭하는 표현인데, 거기서는 약속한 땅을 젖과 꿀이 흐르는 땅으로 묘사하고 있다.

873. 14절. "내가 내 백성 이스라엘의 사로잡힌 것을 돌이키리니 저희가 황무한 성읍을 건축하고 거하며 포도원들을 심고 그 포도주를 마시며 과원들을 만들고 그 과실을 먹으리라." 여기서 '사로잡힌 것을 돌이키리니'는 언제나 그렇듯이 온전한 회복(restitutio in integrum)을 뜻한다. 사로잡힌 것은 환난을 나타내는 비유적 표현이다.

15절. "내가 저희를 그 본토에 심으리니 저희가 나의 준 땅에서 다시 뽑히지 아니하리라 이는 네 하나님 여호와의 말씀이니라." 793을 참조하라.

선지자 미가

예비적 고찰

874. 서문(1:1)에 따르면, 미가는 요담, 아하스, 그리고 히스기야 시대에 예언 활동을 했다. 그러나 그렇다고 해서 그의 예언들을 여러 부분들로 구분해서 그 각 부분을 그 왕들 각각의 시대에 끼워 맞출 필요는 없다. 그의 예언은 오히려 그 전체로 하나를 이룬다. 미가는 그의 선지자 활동의 마지막인 히스기야의 시대에 가서 그 때까지 하나님께서 그에게 계시하신 내용들 가운데 모든 시대에 다 중요한 것들을 기록하였다. 그 때 그 때마다 그에게 주어진 별개의 예언들을 모두 하나의 문집으로 모아서, 그는 우연히 일어난 것이나 순전히 그 당시나 그 지역에서만 해당되는 내용은 모두 없애고 핵심적인 골자를 우리에게 전해 주고 있는 것이다. 영감을 받은 성경 저자의 경우, 그런 핵심적인 골자 가운데서 빠진 것이 없는 법이다.

제1, 2장

875. 선지자는 다음과 같은 말씀으로 시작하고 있다: "백성들아 너희는 다 들을지어다 땅과 거기 있는 모든 것들아 자세히 들을지어다 주 여호와께서 너희에게 대하여 증거하시되 곧 주께서 성전에서 그리하실 것이니라 여호와께서 그 처소에서 나오시고 강림하사 땅의 높은 곳을 밟으실 것이라 그 아래서 산들이 녹고 골짜기들이 갈라지기를 불 앞의 밀 같고 비탈로 쏟아지는 물 같을 것이니 이는 다 야곱의 허물을 인함이요 이스라엘 족속의 죄를 인함이라 야곱의 허물이 무엇이뇨 사마리아가 아니뇨 유다의 산당이 무엇이뇨 예루살렘이 아니뇨"(2-5절).

876. 이 위엄이 가득한 서언은 여러 가지로 잘못 이해되어 왔다. 우선, 2절의 '백성들'을 이스라엘 지파들로 잘못 이해했다. 그리고 '백성들'을 온 땅의 족속으로 올바로 이해한 사람들도 그들을 그저 증인으로만 이해하는 실수를 범했다. 곧, "주 여호와께서 너희에게 대하여 증거하시되"라는 말씀에서 나타나듯이 여호와께서 그 백성들을 향하여 말씀하시는 것인데, 그들은 여호와께서 배은망덕한 그의 백성들에게 말씀하시는 것으로 오해한 것이다. 그리고 그 다음에는 하나님의 증언하시는 방법에 대한 오해가 공통적으로 나타난다. 흔히들 그 증언이 결국 그 다음에 계속 이어지는 선지자의 권고와 교훈, 경고를 통해서 이루어진다고 보는 것이다. 그러나 그와는 정반대로, 말 3:5의 증언의 경우와 똑같이 여기의 여호와의 증언의 경우도 그 백성이 범죄했다는 사실에 대한 증거를 형벌을 통해서(교훈이나 경고가 아니라) 실질적으로 제시하고 있다는 것이 3절에서 나타난다. 하나님의 심판이 3, 4절에 묘사되고 있는 것이다. ― '주께서 성전에서 그리하실 것이니라'는 표현

이 '여호와께서 그 처소에서 나오시고 강림하사'와 병행을 이루는 것을 볼 때에 성전은 하늘의 성전으로 이해하여야 마땅할 것이다.

877. 그러므로 2-4절은 위엄이 가득한 하나님의 현현(theophany)을 묘사하는 것이다. 여호와께서는 유다만을 부분적으로 심판하시는 것이 아니라 온 세상을 심판하시기 위해서 강림하시며(선지자는 여호와께서 이미 그의 영광된 하늘의 처소를 떠나셔서 지상으로 다가 오시는 것을 보며, 그의 권능의 표적들이 심판의 전조로써 뒤따라 일어나는 것을 보고 있다), 온 세상의 족속들은 심판주이신 여호와 앞에 모두 모여서 조용히 그의 의로운 선고가 법적으로 선포되기를 기다리는 것이다.

878. 그러나 "이는 다 야곱의 허물을 인함이요 이스라엘 족속의 죄를 인함이라"라는 말씀 가운데서 갑자기 심판이 이스라엘에게로 옮겨가며 그리하여 선지자가 마치 이스라엘이 이 말씀을 받는 대상인 것처럼 말씀하고 있는 상황을 과연 어떻게 설명할 수 있는가? 유일한 바른 해결책은, 그 두 가지 심판이 시간과 공간과 기타 부대적인 여러 상황으로 분리된다 하더라도 그 본질과 근본 사상에 있어서는 하나의 심판이기 때문에 이스라엘에 대한 부분적인 심판에서 이미 세상이 심판을 받고 있는 것이라고 보는 것이다. 신정국가에 임한 모든 심판은 최후의 보편적인 심판을 예시하는 사건을 통한 하나의 예언인 것이다. 특정한 한 백성에게 제한시키고 있는 것은 그저 우연일 뿐이며 그럴 조건들이 있기 때문이다. 곧, 하나님의 공의의 심판은 오로지 그의 백성들만이 깨달을 수가 있기 때문에 그들에게 심판하고 있는 것이다. 그러나 주검이 온 세상에 확대되면, 그 즉시 독수리들이 온 세상에 모여들게 되는 것이다. 그러나 하나님의 심판들이 이처럼 본질적으로 하나이기 때문에, 선지자들은 하나님의 그 무서운 위엄을 극대화시키기 위하여 그 이전에 언약 백성에게 임한 심판을 최후의 보편적인 심판의 형태로 묘사하는 경우가 자주 있다.

이스라엘을 심판하시는 자가 온 세상의 심판주이시라는 사상을 표현하기 위해서 선지자들은 그가 실제로는 이스라엘을 심판하시기 위해서 나타나

시는데도 그가 온 세상을 심판하시기 위해서 나타나시는 것으로 묘사하기도
한다. 미가 선지자 당시의 예로서 우리는 이사야 2-4장을 들 수가 있을 것이
다. 2장에서는(6-9절에서 언약 백성의 도덕적인 타락에 대해서 몇 가지 강한
어조로 책망한 후) 온 땅에 대한 최후의 심판이 주제가 되고 있는 것이 분명
하다. 그 심판이 임하면, 모든 피조물들의 헛됨과 현재 세상의 질서 속에 감
추어진 창조주의 영광이 가장 분명하게 드러나게 되며 지금 그것들에 대해서
눈을 감고 있는 자들도 그것을 인정하게 될 것이다. 표현 전체의 엄숙함이나
온 땅에 대한 분명한 언급(예컨대, 2:19에서 높은 땅이 낮아지리라는 표현에
서 나타난다) 등이 분명히 증거하듯이, 거기의 묘사는 유다만을 지칭하는 것
이 아니라 온 세상 전체를 다 포괄하여 지칭하는 것이다.

그러나 3:1 이하에서 선지자는 갑자기 유다에 대한 전형적인 심판으로
주제를 옮아간다. 그러나 서두에 כִּי(왜냐하면)가 나타나는 것을 볼 때에 그것
이 전혀 새로운 주제가 아니라 그 앞에서 다룬 것과 본질적으로 동일한 것이
라는 사실이 드러난다. 이러한 현상은 예수님의 예언에서도 비슷하게 나타난
다. 그는 예루살렘의 멸망 사건을 말씀하시면서 그것을 세상에 대한 심판과
하나로 연결시켜서 말씀하시는 것이다. 이처럼 세상에 대한 심판이 언약 백
성의 저급한 심판들과 밀접하게 연관되는 것은 비단 예언에서만 나타나는 것
이 아니다. 시 82:8에서도 언약 백성 가운데 불의한 자들이 가득하다는 사실
을 묘사한 후에 여호와께서는 그들만이 아니라 온 땅을 심판의 자리로 소환
시키시는 것이다.

879. 그러므로 선지자는 5절에서 언약 백성에게만 특별히 해당되는 하
나님의 공의에 대한 일반적인 묘사에서 주제를 바꾸어 하나님의 심판이 임할
가장 두드러진 지점들, 즉 사마리아와 예루살렘이라는 두 주요 도시를 거명
하며, 거기서부터 여호와를 향한 배도가 그 땅 전체로 퍼져나간 것으로 말씀
하고 있다. 그가 예루살렘보다도 먼저 사마리아를 언급하고 그 다음 6, 7절
에서 앗수르에 의해서 사마리아에 심판이 일어나는 상황을 묘사하는 이유는
여호와에 대한 배도(背道)가 그곳에서 가장 먼저 일어났으며 따라서 그곳에
대한 형벌이 가장 먼저 이루어져야 하기 때문이다. 형벌은 배도의 결과로서

일어난 것으로서 대부분의 해석자들은 제롬의 예를 따라서 형벌만을 대단히 강조해왔다. 동시에, 선지자는 먼저 사마리아에 대한 논의를 끝낸 다음, 자신이 소명을 받은 주요 대상인 유다와 예루살렘을 다루기를 원했다.

880. 미가는 8절에서 다음과 같은 말씀으로 내용을 전환시키고 있다: "이러므로 내가 애통하며 애곡하고 벌거벗은 몸으로 행하며 들개 같이 애곡하고 타조 같이 애통하리니." 일반적으로 선지자가 여기서 자기 자신의 심정을 말씀하는 것으로 생각한다. 그러나 올바른 견해는 선지자가 내적인 이상 가운데서 하나님의 심판이 사마리아에서 그치지 않고 마치 크나큰 격류처럼 유다와 예루살렘에까지 쏟아 부어지는 광경을 보면서 갑자기 자기 자신의 의식을 고난 당하는 그 백성의 처지로 몰입시키고 있다고 보는 것이다. 따라서 이 부분은 미완성의 상징적 행동에 속하는 것으로(사 20:3, 4에 나타나는 완성된 상징적 행동과 비슷하다) 오로지 예언의 본질에 대한 우리의 견해를 근거로 할 때에야 비로소 비 부분에 대한 해명이 가능한 것이다. 그 견해에 따르면, 예언은 본질적으로 극적인 성격과 불가분리의 관계에 있으며, 이상에 나타나 있는 것에 대한 단순한 묘사에서부터 선지자 자신의 행동에로 전환하는 것이 매우 쉬운 것이다.

881. 9절 이하에서 선지자는 상징적 행동에서 다시 조용한 묘사로 전환하고 있다. 그는 "그것이 유다까지도 이르고 내 백성의 성문 곧 예루살렘에도 미쳤음이라"라는 말씀을 통해서 자신의 예언의 주제를 제시하고 있다. 그는 개별적인 사례를 구체적으로 제시함으로써 그 사상을 생생하게 전달하려고 애쓰고 있다. 초반부에서 사울과 요나단을 위하여 다윗이 슬퍼하며 지은 애가(삼하 1:20)를 넌지시 암시하는 표현을 사용한다면, 선지자는 원수들의 군대가 예루살렘을 공격하며 머문 곳들을 거명하여 묘사하고, 이어서 온 땅으로 퍼져 나가서 그 거민들이 포로로 끌려가는 모습을 그리고 있다. 그러나 그는 언제나 그 백성들이 당하는 고난과 연관이 되는 이름을 가진 지명들을 택하여 언급한다. 그리하여 이 단락 전체를 통해서 언어의 유희가 이루어지고 있다.

882. 아직 남은 문제는 1장에 나타난 경고가 유다에게서 성취되는 것으로 볼 경우, 과연 어떤 사건으로 성취되느냐 하는 것이다. 테오도렛과 시릴, 타노프(Tarnov), 마크, 얍 등은 앗수르 침공 사건으로 보며, 제롬 이후 미카엘리스 등은 갈대아 사람들에게 포로로 끌려가는 사건으로 본다.

883. 앗수르 침공 사건은 이 경고의 대상으로 보기에는 적절치 못하다. 이 문제를 순전히 인간적인 관점에서만 본다 하더라도 앗수르 침공 사건은 해당될 수가 없다. 앗수르 사람들에 대한 선지자들의 예언들은 그 시초부터 아주 고무적이다. 앗수르인들은 사실 그의 백성을 교정시키기 위한 하나님의 채찍이지만, 그들로 인해서 하나님의 백성들이 완전히 망하는 것은 결코 아니었다. 하나님의 직접적인 간섭으로 인하여 그들의 예루살렘 함락 계획은 좌절되고 말 것이었다. 그러므로 이사야서에 계속 나타나는 말씀처럼, 호 1:7에서는 앗수르인들로 말미암아 이스라엘이 전복될 것을 선언한 다음 "그러나 내가 유다 족속을 긍휼히 여겨 저희 하나님 여호와로 구원하겠고"라고 말씀하는 것이다. 미가 선지자만 하더라도 그의 영적인 눈은 앗수르 사람들을 주목하지 않았다는 사실에서도 간접적인 증거를 찾을 수가 있다. 3-5장의 예언에서 그는 유다에 임할 심판을 여기와 거의 같은 방식으로 묘사하는데, 거기서 앗수르 사람들에 대한 언급은 전혀 하지 않은 채로 그냥 지나간다. 4:10에서는 오히려 바벨론이 유다가 포로로 끌려갈 곳으로 언급되고 있다.

884. 그러나, 선지자들의 경고와 약속들을 대할 때에는 언제나 그렇지만, 여기서도 특정한 어느 한 가지 역사적 사건에 관심을 기울이다가 그 저변에 깔려 있는 근본 사상을 놓치는 우를 범해서는 안된다. 이 점을 올바로 이해하면, 예언이 어느 특정한 역사적 사건을 지칭할 수는 있지만, 그 사건에서 그 예언의 의미가 완전히 종결되어 버리는 것이 결코 아니라는 점을 분명히 인식하게 된다. 현재의 예언의 경우 그것이 갈대아 사람들로 말미암은 멸망을 주로 가리킨다고 해서, 그 전의 아람이나 앗수르의 침공 사건이나, 그 이후의 로마 사람들로 인한 파괴 사건을 완전히 옆으로 제외시켜 놓아서는 절대로 안되는 것이다. 그 사건들에 대해서도 동일한 보응의 법칙이 똑같

이 실현된 것이다. 예언들을 그 근본 사상과 분리시켜서 과거의 역사에서 이미 죽어버린 것으로 잘못 이해한(그리하여 마치 점술사들의 예언처럼 취급한) 과거 시대의 경향에 대한 반작용으로 이번에는 역사적 근거들을 완전히 도외시하는 반대쪽 극단의 경향이 생겨났다. 이 두 가지 양 극단은 반드시 무수한 억지 주장들을 수반하기 마련인데, 이 두 가지 극단적인 경향을 함께 종합시키기만 하면 그러한 억지 주장들을 피할 수가 있다.

885. 지금까지 그저 개괄적인 언어로 임박한 하나님의 심판을 묘사한 선지자는 이제 2장에서는 특정한 죄악들을 책망하기 시작한다. 그러나 이 죄악들은 주로 그 백성들의 패역한 상태와 거기에 따르는 형벌에 대한 지표로 이해할 수 있을 것이다. 여기서 선지자가 특별히 염두에 두는 것은(그러므로 이 예언을 기록할 당시 백성들의 부패를 극명하게 보여준 죄악들은) 바로 불의한 행동과 높은 자들의 압제 행위이다. 그 죄악에 대한 여기의 묘사는 사 5:8 이하와 아주 놀라울 정도로 유사하다.

선지자는 죄악을 묘사하는 도중에 잠시 다른 말씀을 하는데, 그것은 단지 거짓 선지자들의 푸념을 반박하기 위해서 그렇게 한 것일 뿐이다. 거짓 선지자들은 그의 말씀이 너무 가혹하며 긍휼하신 하나님은 찾아볼 수 없다고 비난했던 것이다. 그러나 선지자는 그와 같은 가혹함이야말로 진정한 부드러움이라고 답변한다. 왜냐하면 그것만이 임박한 심판을 피할 수 있게 해줄 수 있기 때문이다. 그는 말하기를, 그의 하나님이 오래 참으실 줄 모르시기 때문에, 혹은 긍휼하심이 없으셔서 형벌을 내리시는 것이 아니라, 여호와의 심판을 스스로 자초한 그 범죄자들의 죄악 때문에 형벌을 내리시는 것이라고 한다.

886. 예언은 12, 13절의 약속과 함께 끝을 맺는다. 그 약속을 그 앞에 묘사된 경고와 강하게 대조시키기 위하여 그 약속을 전혀 별도로 도입시킨다. 그러나 그 도입부는 아주 간결하다. 그 다음에 이어지는 강화보다도 더 간결하며 그 내용에 있어서도 세세한 묘사가 훨씬 덜하다. 선지자는 먼저 죄인들에게 공포를 주어서 그들의 헛된 안정감을 제거시키며, 그리하여 캄캄한

가운데서 아주 희미한 소망의 불빛을 보듯이, 그렇게 회복에 대한 약속을 말씀하는 것이다. "야곱아 내가 정녕히 너희 무리를 다 모으며 내가 정녕히 이스라엘의 남은 자를 모으고 그들을 한 처소에 두기를 보스라 양떼 같게 하며 초장의 양떼 같게 하리니 그들의 인수가 많으므로 소리가 크게 들릴 것이며 길을 여는 자가 그들의 앞서 올라가고 그들은 달려서 성문에 이르러서는 그리로 좇아 나갈 것이며 그들의 왕이 앞서 행하며 여호와께서 선두로 행하시리라."

887. 여기서 사용된 표현들 거의 전부가 애굽에서 구원한 사건에서 빌려온 것이라는 사실을 알게 되면, 여기의 묘사를 한결 밝히 볼 수 있을 것이다. 이스라엘은 애굽에서 압제와 환난을 받으면서도 십자가 밑에 감추어진 여호와의 축복으로 말미암아 숫자가 계속 증가하였다. 출 1:12을 보라. 구속의 때가 오자, 오랜 동안 숨어 계셨던 여호와께서 다시 그들의 하나님으로서 자신을 나타내셨다.

먼저, 여호와께서는 백성들을 모으셨다. 그 다음 여호와께서는 낮에는 구름 기둥 가운데서, 그리고 밤에는 불 기둥으로 그들에 앞서서 행진하였다. 그는 압제자의 집인 애굽에서 그들을 인도하여 내셨다. 여기서도 마찬가지이다. 숫자가 늘어나는 것과 그들을 모으는 일이 12절에서 묘사되고 있으며, 13절에서는 구원이 묘사되는 것이다.

거기서와 마찬가지로 여기서도 이스라엘의 환난이 압제의 집에서 거주하는 것으로 묘사되며, 구원이 여호와께서 감옥의 벽을 무너뜨리시고 옥문을 여시는 것으로 묘사되고 있다. 출애굽 사건은 나중의 구원 사건들보다도 예표적 의미에 있어서 근거가 더 깊으며, 나중에 있을 모든 구원 사건들에 대한 행동을 통한 예언(acted prediction)이며, 동시에 그 자체 속에 나중의 구원 사건들의 원리를 씨앗의 상태로 보유하고 있으며, 또한 그 사건들의 보증이 되기도 하는데, 여기서 그 출애굽 사건에 의존함으로써, 미가 선지자는 그와 동시대 선지자들인 호세아 및 이사야와 조화를 시도하고 있는 것이다. 호 2:1, 2; 사 11:11 이하를 참조하라. 이처럼 예표적인 구원 사건을 빌려서 묘사하는 것을 볼 때에, 여기서 묘사에 담겨진 근본 사상과 그 사상을 덮고 있는 장식물이 서로 분리되는 것이 분명히 드러난다.

888. 12절. 야곱과 이스라엘은 이스라엘 백성 전체를 지칭한다. 본 절에 나타난 약속은 5절의 경고와 밀접한 관련을 맺고 있다. 온 이스라엘이 그들의 죄로 말미암아 멸망에 내어준 바 되며, 온 이스라엘이 하나님의 긍휼하심으로 구원을 받는다. 이렇게 보는 것이 옳다는 것은 호세아와 이사야서(여기서는 이스라엘 전체가 유다와 이스라엘의 두 부분으로 나뉘어져서 지목되고 있다)의 병행 구절들과 비교해 보면 확인할 수 있다. 미가는 여기서 이런 구분을 인지하지 않은 채로 남겨 두고 있다. 왜냐하면 눈에 보이는 구분은 눈에 보이지 않는 그들의 연합성(unity)으로 인해서 이미 눌려 버린 상태에 있으며, 미래에는 한 목자의 보호하심을 받는 한 양떼 밖에는 없게 되어 구분이 완전히 사라져 버릴 것이기 때문이다.

이스라엘의 남은 자(이는 '야곱아 내가 정녕히 너희를'과 상응하는 표현이다)는 그 약속이 실현됨으로써 그 경고가 폐하여지는 것이 아니며, 오히려 그 약속의 실현이 그 경고의 성취를 기반으로 이루어지는 것임을 보여준다. 너희 무리를 다 모으리라고 했는데, 이는 하나님의 심판으로 정결케 된 하나님의 교회를 가리킨다. 하나님의 긍휼하심은 그 자체로서는 아무런 제한이 없으며 지금 그 대상이 되어 있는 것들도 그 때에 가면 모두 제거될 것이다.

'그들을 한 처소에 두기를 … '은 동시에, 흩어진 양떼들을 사방에서 모아서 그 양떼의 수를 놀랍게 늘리시는 그 위대하신 목자의 신실하심을 보여준다. 보스라는 다메섹으로부터 나흘 거리에 있는 아우라니티스(Auranitis)의 이두매인들의 수도의 이름으로 여겨진다. 이 도시에 풀이 많았다는 사실은 사 34:6에 잘 나타나며, 그 위치로도 잘 설명될 수 있을 것이다. 특히 그 인근에 광활한 아라비아 평원이 시작된다. 그 평원은 한쪽으로는 아라비아의 심장부의 드쇼프(Dschof)까지 계속 이어지며, 북쪽으로는 엘 하마드(El Hamad)라는 이름으로 바그다드(Bagdad)까지 이어진다. 그 길이와 넓이는 모두 8일 거리로 알려져 있다. 그 평원에는 꽃들이 풍성한 것이다.

'모으며'는 '흩으며'와 대조를 이루며, 무리는 여기서 모으는 일의 결과로 나타나는 것으로 볼 수 있다. 보스라의 양떼들은 단순히 숫자가 많을 뿐 아니라 동시에 함께 운집해 있다는 점을 생각해야 할 것이다. — 마지막의 '소리가 크게 들릴 것이며'는 수많은 무리가 함께 모여 있을 때에 일어나는 소란스런 상태를 회화적으로 묘사하는 것이다.

889. 13절. 이 절은 하나님의 백성들이 감옥에 갇혀 있다가 하나님의 권능의 손으로 구원받는 모습으로 설명할 수 있을 것이다. 길을 여는 자는 바로 하나님이 일으키신 dux et antesignanus(지도자 겸 대장)으로 이해할 수 있다. 하나님의 구원의 역사는 반드시 그런 지도자를 예비하시고 일으키시는 것으로 시작된다. 모세나 스룹바벨은 저급한 구원 사건의 지도자들로서 마지막 가장 위대한 구원 사건의 지도자가 되시는 그리스도를 예표하는 자들이다. 그들이 '앞서 올라가고, 좇아 나갈 것이며, 행하시리라'는 세 동사는 그들의 행진에 전혀 인간적인 방해가 없을 것을 생생하게 묘사해 준다.

마지막 낱말들은 그 원정의 최고의 지도자의 모습을 보여준다. 출애굽 당시 모세 이외에도, 하나님의 임재의 가시적인 상징물이 무리들에 앞서서 나아갔었다. 과거에 아브라함의 종이 메소포타미아를 여행할 때에 그랬던 것처럼(창 24:7), 바벨론에서 돌아올 때에도 여호와의 사자가 앞서 가시는 것이 믿음의 눈으로 볼 수 있었다. 최후의 가장 고귀한 구원 역사에서 앞서 가시는 분은 왕이시요 동시에 백성의 하나님이신 것이다.

890. 이 약속에 대한 예언이 그 자체에 아무런 제한 사항도 내포하지 않고 있으므로, 우리는 이 예언이 언약 백성에게 주어진 모든 번영을 다 포괄하는 것으로 보아도 무방할 것이다. 그리고 이 예언이 과거나 미래나 모든 하나님의 백성들의 축복과 번영을 통해서 계속적으로 성취되고 있다고 볼 수 있을 것이다. 그 근본적인 사상은 그의 백성을 향한 하나님의 긍휼하심인데, 이것이 나타나는 정도만큼 그 약속이 성취되고 있는 것이다.

이를 어느 하나의 사건에 대한 것으로 제한시키는 일은 받아들일 수가 없다. 그리고 무엇보다도 이를 특별히 이스라엘의 포로들을 구원시키는 일에 대한 것으로 제한시키기도 하지만, 그 구원 사건은 단지 이 약속의 성취를 미리 보여주는 희미한 전조에 불과한 것이다. 가장 진실에 가까운 것은 이 약속을 그리스도에게만 관련시키는 견해이다. 그러나 여기서도 그리스도께서 육체로 오셨을 때에 이스라엘의 첫열매가 회심했는데, 그 일로 하나님께서 그의 백성을 다루시는 일이 끝나는 것이 아님을 알아야 하는 것이다.

3:1-4:8

891. 여기의(3장) 예언은 새로운 책망과 경고로 시작하고 있다. 먼저 1-4절에서는 탐욕스럽고 잔인한 위정자들에 대해서, 5-7절에서는 거짓 선지자들에 대해서 책망과 경고를 행한다. 선지자는 지나가면서 그들의 위선적이고 연약하며 이기적인 성격을 자신이 대표하는 참 선지자의 성격과 대조시킨다. 참 선지자들은 여호와의 영으로 항상 새로워지며, 진리와 공의를 위해서만 봉사하며, 거짓 선지자들에 이끌려 곁길로 나아가는 백성의 죄악을 선포한다(8절). 선지자는 9-12절에서 책망을 계속한다. 하나님으로부터 세움을 받은 신정국가의 세 종류의 지도자들, 곧 두령과 제사장과 선지자들은 너무도 부패하여 하나님의 영광은 안중에 없고, 오로지 자기들의 이익만을 모든 것으로 삼으며, 하나님이 그 백성에게 주신 약속들이 이러한 내적인 배도의 상태 속에서 그 약속과 함께 따라오는 조건들에 대해서는 관심도 없이 스스로 위선으로 기만하는 가운데 그들의 그릇된 안정감을 강화시키는 역할을 하고 있었다.

그러나 하나님은 너무도 두렵게도 그들의 배도로 인하여 그들을 징벌하시며 그들을 이러한 안정에서부터 내어쫓으실 것이다. 내적으로 부패한 신정국가는 외적으로도 마찬가지로 부패하기 마련인 것이다. 시온은 보통 밭을 가는 곳이 되어 버리고, 하나님의 성 예루살렘은 쓰레기와 폐허 속으로 가라앉을 것이다. 성전이 있는 산은 다시 하나님의 좌소가 있기 이전의 상태로, 즉 수풀이 우거진 언덕의 상태로 되돌아갈 것이며, 그리하여 가까운 산들과 비교할 때에 저 멀리 희미하게 존재하게 될 것이다.

892. 그러나, 하나님의 신실하심은 언약 백성들의 불신앙에도 불구하고

그대로 서 있다. 그러므로 선지자는 갑자기 경고에서 약속으로 전환하고 있는 것이다.

893. 그 약속의 첫부분과 그 전의 경고와의 정확한 관계에 대해서는 이미(888에서) 지적한 바 있다. 4:1-3의 실례에 대해서는 266 이하를 보라. 여기서 논의할 것은 다만 "이는 율법이 시온에서부터 나올 것이요 여호와의 말씀이 예루살렘에서부터 나올 것임이라"라는 말씀에 대해서 비트링가의 견해에 동의한다는 사실이다. 그는 여기서 교훈이 시온에서부터 마치 시내처럼 흘러 나오는 것을 말씀하는 것이 아니라, 왕이 그의 궁전에서 명령을 발하는 것을 말씀하는 것이라고 한다. 그는 말하기를, 시온은 참되신 하나님의 거처 하시는 곳으로서 거기로부터 온 땅에 그의 명령을 보내신다고 보는 것은 '시온이 밭같이 갊을 당하고'와 가장 적절한 대조를 이룰 뿐만 아니라 동시에 열방들이 여호와의 산으로 흘러 온다는 것에 대해서도 가장 적절한 기초가 된다고 한다. 그러나 이에 대해서 우리는 시온산이 비슷한 상태로 통치의 좌소로 나타나는 7, 8절과 비교할 수 있을 것이다.

894. 4-7절에서는 축복이 묘사되고 있는데, 그 혁명적인 놀라운 일들이 언약 백성 전체에 확산되는 것이다. 4절에 대해서는 519를 참조하라. 6, 7절에 대해서는 위의 888을 참조하라. 여기서는 다만 우리가 보기에 해석자들이 한결같이 오해하는 5절에 대해서만 설명하는 것으로 족할 것이다: "만민이 각각 자기의 신의 이름을 빙자하여 행하되 오직 우리는 우리 하나님 여호와의 이름을 빙자하여 영원히 행하리로다." 여기서 바른 해석을 하지 못하고 있다는 사실은 성경에 나타난 신의 이름에 대해 깊은 의미의 오해가 있다는 점으로 잘 설명할 수 있을 것이다. 이것은 단순히 신의 음성만이 아니다. 그것은 말하자면 그의 존재를 복사한 것(transcript of His being)과도 같다. 곧 외적으로 자신을 전하고 알리는 그런 상태의 그의 존재를 뜻한다. 따라서 '여호와의 이름을 빙자하여 행한다'는 것은 이 이름이 스스로 나타내 주는 그 모든 고귀하고 풍성한 것들의 한 몫을 누린다는 의미이다. 그러므로 이 절 전체의 의미는 다음과 같다: '신정국가가 그 깊고 깊은 쇠락의 늪에서

세상의 모든 나라들 위로 최고의 높이로 올라갈 것이요 그 나라의 백성은 기쁨으로 거기에 참여할 것이라―이는 놀라운 일이 아니요 전혀 자연스러운 일이다. 모든 백성의 운명은 각기 자기들의 신의 본성에 따라서 좌우될 것이다. 그렇다면 어째서 다른 모든 나라들이 낮아지지 않는단 말인가? 그들의 신은 우상들이 아닌가? 그러나 이스라엘은 반대로 높이 올라서 영원한 번영을 누리게 될 것이다. 그들의 하나님이야말로 유일한 참되신 하나님이시기 때문이다.'

7절의 마지막 말씀("나 여호와가 시온산에서 이제부터 영원까지 그들을 치리하리라")에 대해서 칼빈은 다음과 같이 잘 설명해 주고 있다: "과거에 다윗과 요시아와 히스기야 등의 손을 통해서 그 백성을 다스리신 분이 바로 하나님이셨지만, 그 때에는 말하자면 그림자가 드리워져 있어서 하나님이 희미하게 통치하셨을 뿐이었다. 그러므로 선지자는 그런 그림자와 같은 나라와, 메시야의 강림으로 그가 공적으로 세우실 새로운 나라의 차이를 여기서 말씀하고 있는 것이다. 그리고 그 말씀은 다윗의 참된 자손이요 동시에 여호와이신―하나님이 육체로 나타나신―그리스도에게서 진정으로 성취된 것이다." 다만 여기서 살펴볼 것은 이 약속은 그 영광의 나라가 세워질 때에 비로소 최종적으로 성취될 것이라는 사실이다(마 19:28을 보라).

895. 지금까지 선지자는 새로운 나라가 오직 하나님의 나라로서 세워진다는 사실만을 묘사했었고, 하나님의 긍휼하심이 교회에 부어지는 통로에 대해서는, 즉 교회 안에서 하나님을 대리하실 그 중보자에 대해서는, 아무런 언급도 하지 않았다. 그러므로 선지자의 묘사는 아직 불완전하다. 아직도 다윗에게 주어진 약속과의 연관성이 나타나지 않는 것이다. 다윗을 비롯해서 다른 거룩한 시인들과 선지자들이 다윗 지파의 영원한 통치에 대해서 그렇게도 찬양했고, 또한 다윗의 자손 가운데 한 분을 통해서 하나님의 사랑이 전달될 것이며 그것이 하나님의 능력과 존재의 가장 완전한 현현의 기초가 될 것이라고 했는데, 아직 그 부분과의 연관성이 나타나지 않다. 그러나 8절에 가서 그러한 연관성이 나타나고 있다: "너 양떼의 망대요 딸 시온의 산이여, 이전 권능 곧 딸 예루살렘의 나라가 네게로 돌아오리라." 해석자들은 양떼의

망대와 딸 시온의 산이란 곧 다윗의 자손을 뜻한다는데 모두 동의한다. 그러나 여기의 표현을 사용한 근거에 대해서는 서로 의견의 차이가 심하다.

896. 우리는 우리의 해석을 세워나가기로 하자. 예루살렘은 서로 마주보는 두 산, 아크라(Akra)와 시온 위에 세워졌다. 시온 위에 세워진 성에 대해서 요세푸스는 아주 높고 매우 가파르다고 묘사하고 있다(예컨대, 6.40). 그는 그렇게 가파르게 높이 솟아 있는 성 위에 있는 성의 망대들을 바라보자면 마치 바다에서 알렉산드리아의 등대를 바라보는 것과도 같다고 했다. 이 높고 가파르게 솟아 있는 윗 성 안에 왕의 성이 있는데, 이를 왕의 윗 궁이라고 불렀다. 그 위치가 탁월한 안전을 보장해 주었다. 이는 다윗이 예루살렘에 사는 여부스인들을 함락시키려 했을 때에 그들이 조롱한 말에서도 잘 나타난다. 그들은 절름발이나 소경들만 있어도 능히 방어할 수 있다고 생각한 것이다(삼하 5:7-10).

897. 다윗이 이미 그의 거처로 정한 이 왕의 성(삼하 5:9, "다윗이 그 산성에 거하여 다윗성이라 이름하고 밀로에서부터 안으로 성을 둘러 쌓으니라"을 보라)보다 훨씬 위에 망대가 솟아 올라 있어서 그 위용을 자랑하고 있었다. 그 망대는 성경에 자주 언급된다. 주요 구절은 느 3:25이다: "성 굽이 맞은편과 왕의 윗궁에서 내어민 망대 맞은편 곧 시위청에서 가까운 부분을 중수하였고." 26절에서도 그 망대가 왕궁보다 훨씬 높이 솟아 있었음을 말씀하고 있다('내어민 망대'). '시위청'에 대해서는 렘 32:2("선지자 예레미야는 유다 왕의 궁중에 있는 시위대 뜰에 갇혔으니")에서 정보를 얻을 수 있다. 이에 따르면, 선지자가 갇혀 있었던 구덩이가 시위청 뜰에 있었음을 알 수 있다. 따라서, 시위청은 동방의 관습에 따라서 시온의 왕의 궁의 한 부분이었고 바로 시위청 위에 망대가 솟아 있었던 것이다.

또하나의 구절은 아 4:4이다: "네 목은 군기를 두려고 건축한 다윗의 망대 곧 일천 방패, 용사의 모든 방패가 달린 망대 같고." '용사의 모든 방패가 달린 망대'는 용사의 수에 등록된 모든 자들의 무기들을 그 망대에 걸어 놓아서 그들이 용사에 속해 있다는 외적인 표적과 증거로 삼았음을 알 수 있다. 여기 나타난 묘사는 느헤미야가 다윗의 망대로 묘사하는 내용과 분명히 일치하며, 따라서 느헤미야가 묘사한 것이 시온의 다윗 성이 아니라 소위 솔로몬이 지었다고 주장하는 아랫 성의 망대를 뜻하는 것이라는 르 클레르의 주장이 그릇된 것임을 분명히 보여준다. 느헤미야의 본문에서도 분명히 그 성을 윗 성이라고 명시하고 있으므로 그의 주장이 그릇되다는 것은 명약관화한 일이다.

898. 그런데 미가는 이 망대를 다윗 가문의 상징으로 여기고 있는데, 그것이 그의 목적에 얼마나 어울리며 얼마나 자연스러운지는 굳이 상세하게 증거를 댈 필요조차 없다. 다윗의 후손이 다시 왕의 가문으로서의 위엄을 되찾게 되면 그 궁의 가장 높은 부분이 바로 그 통치의 좌소가 될 것이다. 망대가 높이 솟아 있는 것은 바로 왕권의 지고함(fastigium regium)을 상징한다. 그 망대는 성의 나머지 부분을 내려보며 명령을 하며, 그 나머지 부분은 망대를 놀라움으로 올려다 보는 그런 관계에 있는데, 이는 바로 왕과 신하들의 관계를 상징하는 것이다.

899. 미가는 이 망대를 '양떼의 망대'라고 부른다. 그렇게 부르는 주요 근거는 그 앞의 6, 7절에서 찾을 수 있다. 2:12, 13에서와 마찬가지로 거기서도 미가는 언약 백성을, 흩어지고 쫓겨났던 상태에서 불러 모아서 모든 원수의 공격에서 보호해 주어야 할 양떼로 묘사했었다. 그렇다면 거기서 시작된 상징적인 묘사법을 연장시켜서, 여호와의 인도하심 아래에서 그들을 모아들이는 일을 감당할 그 후손을 상징하는 망대를 '양떼의 망대'로 부르는 것보다 더 자연스러운 것이 어디 있겠는가? 동방에서 사람들은 맹수들이 양떼를 잡아먹으려고 오거나 약탈자들이 오는 것을 양떼의 망대들에서 살피며, 또한 성(城)도 없고 마을도 없는 지역에서는 위험이 발생하면 양떼들을 몰고 그 망대 안으로 들어간다. 미가는 그런 것을 그의 눈으로 직접 보았다. 웃시야와 요담은 실제로 가축들을 보호하고 피신시킬 수 있도록 수풀 속에와 풀밭에 성과 망대들을 세웠다(대하 26:10, 27:4).
'양떼의 망대'라는 명칭을 쓴 데에는 이런 이유 이외에도 또다른 부수적인 이유가 있었다. 창 35:21에서는 야곱이 에델 망대('양떼의 망대') 가까이에 장막을 쳤다는 언급이 나타난다. 만일 미가서의 다른 곳에 모세오경에 속한 구절들을 언급하는 분명한 예들이 나타난다는 사실과, 미가서의 예언의 분량에 비해서 그런 언급이 매우 많으며, 더욱이 5:2의 '베들레헴 에브라다'라는 명칭이 창세기의 '에델 망대' 바로 옆의 구절(창 35:19)에서 취한 것이라는 사실을 볼 때에, 미가서의 '양떼의 망대'라는 표현을 창세기의 그것과 연결짓지 않는 해석은 잘못될 소지가 높다고 주장한다고 해도 그것이 사소한 것에 너무 집착하는 것이 될 수는 없을 것이다.

야곱과, 그가 문자 그대로 양떼들을 보호하기 위해서 세운 망대가 선지자가 염두에 두고 있는 그 영적 관계의 예표와 기초가 되어서는 안된다는 이유가 어디에 있는가? 여기서 간과해서는 안될 것은 우리가 추정하고 있는 주요 근거와 부수적인 근거가 서로 연관되는 것이며, 또한 주요 근거는 일반적인 원리요, 부수적인 근거는 구체적인 원리로 서로 관계를 맺고 있다는 사실이다. 선지자가 특별히 야곱이 세운 양떼의 망대를 염두에 두고 있었다고 보는 것은 그 야곱의 망대가 다른 망대들 전체가 지니는 성격을 지니고 있다는 점에 근거하는 것이다. 비교점이 변경된 것이 아니라, 이미지가 더욱 구체적으로 나타난 것이며, 그로 말미암아 더욱 생생하고 인상이 깊게 된 것이다. 족장들의 양을 치는 생활 모습을 되돌아 보는 것이 그런 생활 양식에서 빌려온 이미지를 자주 사용하는 하나의 근거가 되는 것이다. 그러나 본문에서 '양떼의 망대'라는 이미지는 훨씬 더 본문의 문맥에 잘 어울린다. 왕의 가문의 창건자인 다윗이 백성의 목자로 세움을 받기 전에 오랫동안 양떼들의 목자 역할을 했고, 그리하여 그의 미래의 위치를 스스로 예표했었기 때문이다(참조. 삼하 5:2, 7:7).

900. '딸 시온의 산'에 대해서도 그렇게 어렵지 않게 설명할 수가 있다. '딸 시온'이란 시온 그 자체를 의인화시켜서 처녀로 묘사하는 표현이다. 그러므로 그 딸의 산이란 아크라와 모리아가 평지로 변하기 전의 좁은 의미에서의 시온산을 말하는 것이 아니고 무엇이겠는가? 이렇게 본다면, '양떼의 망대'란 특별한 명칭이요, '딸 시온의 산'이란 일반적인 명칭임을 알 수 있

을 것이다. 더 나아가서 이 명칭들은 마지막 낱말들과도 더 잘 어울리게 되며(딸 시온에게 명령을 내리는 산은 딸 예루살렘을 통치하는 산과 물질적으로, 도덕적으로 동일한 것이다), 마지막으로 3:12과도 아주 적절한 대구를 형성하게 되는 것이다.

901. '네게로'는 여기서 강조형으로 나타나는데, 이는 움직이는 물체가 실제로 그 목표에 다다르는 것을 시사한다. 통치의 권능이 실제로 그 목표에 다다르지 못하도록 막는 모든 장애 요소들을 지적하며, 그것들은 하나님이 전능하시므로 완전히 제거될 것임을 말씀하는 것이다. '돌아오리라'의 주어가 무엇인지 불확실하다. "주어가 불확실하다는 것이 오히려 특별한 활력을 준다. 주어의 명확한 관념을 생략함으로써 말하자면 독자들로 하여금 가능한 모든 것(즉, 영광스러운 것을 나타내는 모든 것)을 주어로 삽입하여 이해하도록 기회를 주는 것이다"(헤버닉).

902. '이전 권능', 혹은 "고대의 권능"은 다윗과 솔로몬 시대의 신정국가의 황금기를 가리킨다. 그러나 동시에 이는 다윗 왕가에게서 그런 찬란한 왕권이 완전히 사라졌던 때가 있음을 시사하는 것이기도 하다. 선지자는 이미 첫번째 강화에서 그런 때를 예언했었다. 곧 유다 백성이 포로로 끌려갈 때가 바로 그 때이며, 그 때에는 3:12에서 말씀하듯이 다윗의 왕권의 좌소인 시온이 밭처럼 갊을 당하리라고 분명히 말씀한다. 이 예언은 9절에서 다시 나타나는데 거기서는 왕에 대해서 분명히 언급하며, 또한 그 예언과 대조적으로 5:2에서는 다윗의 왕권이 회복될 것을 예언하고 있다.

903. 본절의 마지막 낱말들을 여러 해석자들(칼빈, 미카엘리스, 로젠뮐러)은 regnum, inquam, erit filiae Hierosolym으로 번역하여 여기 '예루살렘'을 '나라'(통치)의 목적어가 아니라 주격으로 본다. 그러나 이 해석은 문법적으로 보더라도 합당치 않다. 우리는 이 낱말들이 그 앞의 낱말들과 연관되어 있음을 주지하여야 한다. 딸 예루살렘에 대한 통치는 딸 시온 자신에게가 아니라 '딸 시온을 다스리는 그 산'으로 오는 것이다. 여기서 선지자

가 신정국가를 예루살렘으로 묘사하는 것은 시온과 왕의 성이 예루살렘과 맺고 있는 관계에 근거하는 것인데, 그 관계는 다윗의 양떼와 신정국가 간의 관계를 상징하는 것이다.

4:9-14

904. 선지자는 3장 마지막에서 극심한 심판들을 선언했었고, 4장 초두에서는 영광스러운 약속을 제시했었다. 그런데 여기서 선지자는 그 두 가지를 한데 합치며, 5장에 가서는 그 영광스러운 약속이 스스로 다시 드러나도록 하고 있다. 이처럼 번영에 대한 예언 속에 심판에 대한 말씀을 뒤섞어 놓은 것은 신자들로 하여금 안일한 희망에 빠지지 않도록 보호하기 위함이었다. 안일한 희망에 빠지면, 사람들은 예상한 결과가 나타나지 않을 때에 더 큰 실망과 낙심 속에 빠져들게 마련인 것이다. 동시에 여기서 선지자는 간접적으로 위로를 제시한다. 곧 미래를 예언하는 자가 그 미래를 통제하고 있다는 사실을 말씀하는 것이다. 십자가 아래에서 우리가 실망 가운데 빠지는 가장 큰 원인은 그 십자가가 과연 하나님에게서 온 것이냐 하는데 대한 의심 때문인 것이다.

이 부분에 언급되고 있는 고난에 대한 예언은 그 전의 그런 예언과는 근본적으로 다르다. 경고의 의미가 아니라 위로의 의미를 지닌 것이기 때문이다. 그러므로 그 예언은 대상이 다르다. 경고는 주로 불경건한 자들을 향한 것이지만, 그 앞의 약속과 마찬가지로 신정국가의 참된 경건한 백성들을 향한 것이며, 그들에게 다가올 여러 가지 시험(불경건한 자들과 외적으로 연관되어 있으므로 그런 시험들이 올 수밖에 없다) 가운데서 그들을 강건케 세우고자 하는 목적을 지닌 것이다.

905. 그것은 삼중적인 환난으로서 구원과 연결되어 있다. 선지자는 그 환난을 내적인 이상 가운데서 보고서 그 본 내용을 그대로 묘사하고 있는 것이다. 그 삼중적인 환난은 세 차례의 '이제'에서 잘 나타나는데(9, 11,

5:1), 그 '이제'가 나타날 때마다 선지자는 이상 가운데서 새로운 장면으로 넘어가는 것이다. 이 점은 그 환난들이 서로 성격이 다르다는데서도 드러난다. 9-10에 선언된 내용(바벨론으로 끌려 가는 일)에서는 오로지 여호와의 손이 그의 백성을 구원하시는 것으로 나타난다. 그러나 11-13절에 묘사된 압제의 상황에서는 이스라엘에게 전쟁의 용맹함을 주어서 그의 팔로 승리를 얻게 한다. 그리하여 시온을 함락시키려는 원수들의 계획이 수포로 돌아간다. 5:1에서는 시온이 원수들에게 새로이 압박을 당하여 그들에게 포로로 잡히는데, 그 때에 2절에 언급한 대로 메시야를 통해서 그들을 구원하는 역사가 이루어지는 것으로 묘사되는 것이다.

906. 9절. "이제 네가 어찌하여 부르짖느냐 너희 중에 왕이 없어졌고 네 모사가 죽었으므로 네가 해산하는 여인처럼 고통함이냐." 선지자는 영으로 시온이 고뇌와 애통 가운데 와해되어 있는 모습을 본다. 그런 시온을 향해 동정하는 마음으로 그는 시온이 애곡하는 원인이 무엇인지, 왕을 잃어버렸는지를 묻고서 스스로 그 질문에 대해 긍정적으로 대답한다. 그런 고뇌가 있게 된 원인은 한 가지밖에는 없기 때문이다. 시온이 왕을 잃어버리고 슬퍼하는 모습을 완전히 이해하려면, 그 눈에 보이는 우두머리가 눈에 보이지 않는 왕의 대리자요 그의 사랑을 전달해 주는 매개체가 된다는 사실을 알아야만 한다. 그러므로 눈에 보이는 우두머리가 사라졌다는 것은 곧 하나님의 진노하심의 표징이며, 번영에 대한 소망이 완전히 사라졌음을 뜻하는 것이다. 여기서는 왕을 잃은 것을 관념적으로만 묘사하고 있지만, 실제로 그 일이 일어났을 때에 얼마나 그 슬픔이 큰가 하는 것은 애 4:20에서 잘 볼 수 있다: "우리의 콧김 곧 여호와의 기름 부으신 자가 저희 함정에 빠졌음이여 우리가 저를 가리키며 전에 이르기를 우리가 저의 그늘 아래서 열국 중에 살겠다 하던 자로다."

즉 4장에서는 정치적 지도자가 영적인 지도자와 버금가는 하나님의 은혜의 가장 큰 선물로 나타나고 있다. 포로기 이전 시대에서와 마찬가지로 그 이후로도 그 두 지도자들이 여호와께서 교회에 그의 은혜로운 은사들을 베풀어 주시는 매개체가 될 것이라고 한 것이다. 여기서 기억해야 할 것은 미래에 대한 모든 약속들이 그 왕국과 연관되어 있다는 점이다. 그러므로 그 왕국이 와해된다는 것은 더 나은 미래에 대한 모든 전망이 송두리째 사라지는 것으로 여겨졌던 것이다.

907. 10절. "딸 시온이여 해산하는 여인처럼 애써 구로하여 낳을지어다 이제 네가 성읍에서 나가서 들에 거하며 또 바벨론까지 이르러 거기 구원을 얻으리니 여호와께서 거기서 너를 너의 원수들의 손에서 속량하여 내시리라." 여기 나타나는 명령법은 그저 용기를 주기 위한 것이 아니라, 그들이 당하게 될 고난이 극심할 것을 선언하는 것으로서 그 고난을 수납하라는 권고의 형식을 취하고 있는 것이다. '애써 구로하여 낳을지어다'는, 즉 "너는 해산하기 전에 오는 슬픔을 참아야 할 뿐 아니라 고통 가운데 가장 극심한 그 해산의 고통 자체까지도 견뎌야 한다"는 의미를 담고 있다. 아이를 낳기 전의 고통이란 그 거룩한 성과 그 땅에서 쫓겨난 것(가인이 에덴에서 쫓겨난 경우와 같이 그것은 하나님의 임재에서 내어쫓김을 당한 것과 마찬가지다)을 의미한다. '낳을지어다'는 해산하는 고통을 아주 강조하여 가리킨다. 그 고통은 마치 전 존재가 와해되는 것과도 같으며, 조각조각으로 격렬하게 잘리워 나가는 것과도 같은 것이다. ─ '들에 거한다'는 것은 예루살렘을 떠난 때로부터 바벨론에 도착하기까지의 과정을 가리킨다. 포로들은 노천(露天)에서 온갖 날씨에 피해를 다 보면서 바벨론을 향해서 끌려가는 것이다. '이르러'는 '거기'가 두번 나타나는 것과 마찬가지로 강조의 의미를 지닌다. 하나님의 심판은 끊임없이 그 목표를 향해 나아가며, 하나님의 긍휼하심은 원수에게 영원히 포기해 버린 듯한 그 백성을 그들에게서 빼앗아 오는 것이다.

908. 11절. "이제 많은 이방이 모여서 너를 쳐 이르기를 시온이 더럽게 되며 그것을 우리 눈으로 바라보기를 원하노라 하거니와." 유일하신 참 하나님의 유일한 백성이라 주장하는 이스라엘은 이방 사람이 볼 때에는 눈에 가시와도 같은 존재였다. 그들은 여기서 그 성을 함락시키고 거기서 상상에만 있는 그 거룩함을 빼앗아 옴으로써 이스라엘의 그러한 주장이 허구라는 사실을 증명하리라는 열정을 불태우고 있다. 그들이 보기에 그 성을 함락시키는

일과 그곳을 더럽히는 일은 필수적으로 서로 연관된 것일 수밖에 없었다. 이 절과 반대되는 내용이 7:10에 나타나 있다: "나의 대적이 이것을 보고 부끄러워 하리니 그는 전에 내게 말하기를 네 하나님 여호와가 어디 있느냐 하던 자라 그가 거리의 진흙같이 밟히리니 그것을 내가 목도하리로다." — '네 하나님 여호와가 어디 있느냐'는 본문의 '시온이 더럽게 되며'(문자적으로는 '시온을 더럽게 하라'이다—역자주)와 본질적으로 일치한다. 이 예언이 지칭하는 역사적 사건은 칼빈이 다음과 같이 올바로 드러내 준 바 있다: "바벨론의 포로 상태에서 그 백성이 해방을 얻은 후에도 그 약속한 왕국이 즉시 오는 것은 아니다. 그 왕국이 임하기 전에 그 이웃의 나라들이 함께 모여서 예루살렘의 더럽혀진 것을 보고 즐거워하는 때가 있을 것이다. 이 일은 안티오쿠스 에피파네스의 치세 때에 이루어진다."

미가 선지자는 여기서 그저 넌지시 암시만 해주지만, 그 첫번째 재난에서 구원받은 사건이 이미 일어난 후의 시대에 살았던 스가랴는 9-11장에서 그 원수들의 이름을 직접 언급하여 말씀하고 있으므로 그것과 비교하면 여기의 예언이 과연 무엇을 가리키는지에 대해서 오해할 수가 없는 것이다(여기서 첫번째 재난인 바벨론 포로에서 귀환한 후에 원수들의 크나큰 압제가 또다시 있을 것을 묘사하면서 그것이 그 백성들 자신들의 신정적인 용기로 제거될 것을 말씀하며, 이 두번째의 재난이 있은 후에 다시 세번째의 재난이 있을 것을 5:1에서 말씀하는데 이것은 마카베오 시대에 있을 재난을 말씀하는 것으로밖에는 달리 생각할 수가 없는 것이다).

909. 12절. "그들이 여호와의 뜻을 알지 못하며 그 모략을 깨닫지 못한 것이라 여호와께서 곡식단을 타작마당에 모음 같이 그들을 모으셨나니." '여호와의 뜻'이란 시온이 임한 고난이 끝날 때에 그 고난이 그 원수들에게 옮겨가서, 그들이 시온을 함락시킬 것을 자신하고 있을 바로 그 때에 그들이 시온에게 멸망 당하게 될 것을 뜻한다. '이는'(한글 개역 성경에는 나타나 있지 않으나 원문에는 ' … 그 모략을 깨닫지 못한 것이라. 이는 여호와께서 곡식단을 … '로 되어 있다—역자주)은 그들이 여호와의 길을 알지 못하는 이유를 설명해 준다. 그들이 그것을 알았다면 그런 소망을 표현하지 않았을

것이다. 여호와께서 멸망시킬 대상이 바로 그들 자신이었기 때문이다. ― '곡식단'은 집합적인 의미로 볼 필요가 없다. 그렇게 보면 오히려 이 이미지의 의미가 약화된다. 여기서 그 이미지를 쓴 것은 형벌의 때가 무르익었음을 나타내기 위한 것이 아니라(욜 4:13에서는 그런 목적으로 쓰인다) 그 형벌을 가하기 쉽도록 편리한 상태에 있음을 나타내기 위한 것이기 때문이다.

칼빈은 이에 대해서 다음과 같이 설명한다: "곡식단이 무엇인가? 그것은 밀의 작은 부분이다. 밀알이 삼백개 혹은 일천개 정도 붙어 있는 단이다. 아무리 크다 해도 한 사람이 팔로 안고서 가지고 갈 수 있는 분량밖에는 안된다. 그러면 무슨 목적으로 곡식을 한데 묶어서 단으로 만드는가? 타작 마당에서 타작하기 쉽도록 하기 위한 것이 아닌가? 원수들이 사방에서 모여오지만 그들은 타작 마당에서 타작될 운명에 있는 한낱 곡식단에 지나지 않는 것이다. 그러므로 우리의 원수들이 무수한 숫자로 큰 힘으로 가지고 몰려들 때마다 우리는 선지자가 여기서 말씀하는 이러한 하나님의 비밀한 목적을 상기하는 법을 배우도록 하자."

참으로 옳은 해석이다. 여기서 언급하고 있는 하나님의 목적은 하나님이 그의 교회와 가지시는 일반적인 관계의 한 가지 결과이므로, 그와 유사한 상황에서는 언제나 반복되는 것이다. 교회를 징계하시지만, 그러나 완전히 파멸하도록 포기하시지는 않는 것이다. 그의 심판들은 그와 동시에 언제나 그의 축복의 선구자인 것이다.

910. 13절. "딸 시온이여 일어나서 칠지어다 내가 네 뿔을 철 같게 하며 네 굽을 놋 같게 하리니 네가 여러 백성을 쳐서 깨뜨릴 것이라 내가 그들의 탈취물을 구별하여 여호와께 드리며 그들의 재물을 온 땅의 대주재께 돌리리라." 여기의 이미지는 동방의 타작하는 양식에서 취한 것이다. 엄밀히 말하자면, 여기서는 타작하는 소들의 한 가지 역할, 즉 발굽으로 밟아서 깨뜨리는 역할만을 취한 것이다. 그러나 선지자는 그런 상황을 더욱 확대시켜서 그 타작에 쓰는 소들이 사나와서 발굽으로 밟을 뿐 아니라 뿔로 찌르기까지 하는 모습을 상정하고 있다. 이와 관련해서 왕상 22:11을 살펴볼 필요가 있을 것이다. 거기서 거짓 선지자 시드기야는 철로 뿔을 만들어 내어 보이면

서 그런 상징적인 행동의 의미를 다음과 같이 말한다: "여호와의 말씀이 왕이 이것들로 아람 사람을 찔러 진멸하리라 하셨다."

처음 시초에 여호와께서 몸소 곡식단들을 타작 마당에 모으시듯이, 선지자는 마지막에도 승리가 하나님의 역사로 말미암아 이루어지는 것임을 보여 주고 있다. 참되신 하나님이시며 온 땅의 주재가 되시는 여호와께서 몸소 과거에 그들에게 베푸셨던 좋은 것 가운데 일부분을 요구하심으로써(옛날 애굽에서도 그러셨듯이) 그들이 여호와와 맺고 있는 참된 관계가 어떤 것인지를 그의 배도한 백성들에게 상기시키시는 것이다. 여기서 일인칭 대명사 대신 보통 명사를 사용하고 있는 것이 바로 이러한 사상을 나타내기 위함인데(말하자면, '참된 하나님이요, 온 땅의 대주재인 나에게'), 여기서 과거의 해석자들이나 오늘날의 몇몇 해석자들의 견해대로 일인칭을 이인칭으로 바꾸게 되면, 그 사상 자체가 완전히 깨어져 버린다.

성전에 드려진 것이 그저 거룩하게 구별된 제물만이었다고 생각해서는 절대로 안된다. 언약 백성들이 갖고 있는 좋은 것들이나 혹은 그것들을 드리는 그 백성들 자신이 강화의 주제가 될 경우에만 이런 해석이 성립한다. 만일 그럴 경우라면, 드려진 제물들을 여호와께만 드려진 그의 특별한 분깃으로서 완전히 멸하였기 때문에 사람으로서는 영원히 사용할 수가 없는 것으로 이해할 수가 있게 된다. 레 27:28을 보라: "오직 여호와께 아주 바친 그 물건은 사람이든지 생축이든지 기업의 밭이든지 팔지도 못하고 속하지도 못하나니 바친 것은 다 여호와께 지극히 거룩함이며 아주 바친 그 사람은 다시 속하지 못하나니 반드시 죽일지니라."

그러나 여기서는 여호와께서 거룩히 구별하시는 것이 언약 백성이 아니라 이방에 속한 자들의 재물이며, 거룩히 구별하여 드렸으므로 사람이 소유할 수 없는 것으로 간주되는 것이 오로지 이방 백성들이다. 반대로 하나님의 백성은 그의 유업에 참여하는 자들로 간주되고 있는 것이다. 하나님과 그의 백성이 좋은 것을 함께 나눈다는 사상은 다른 곳에서도 두드러지게 드러난다. 욜 3:5에서는 베니게와 블레셋 사람들에 대하여 심판을 선포하면서 말씀하기를, "너희가 내 은과 금을 취하고 나의 진기한 보물을 너희 신궁으로 가져갔으며"라고 한다.

— 본 절의 근본적인 사상은(여기서는 이 특정한 경우와 관련해서만 표현되고 있다) 여호와의 교회가 세상에 대하여 승리를 얻는다는 것이다.

제5장

911. 5:1. "딸 군대여 너는 떼를 모을지어다 그들이 우리를 에워쌌으니 막대기로 이스라엘 재판자의 뺨을 치리로다." 선지자에게 새로운 장면이 나타난다. 앞 절에서 승리를 얻었던 시온이 여기서는 힘이 없이 성벽 속에 갇혀 있는 것으로 나타나는 것이다. 시온은 빼앗겼고, 백성의 지도자들은 치욕을 당하였다. '딸 군대'라는 호칭은 의도적인 말재주이며 딸 시온을 암시하는 것으로서 앞에서 시온에 대해 묘사한 내용, 곧 용맹스럽고 승리를 거두는 전쟁의 영웅으로서의 시온의 모습을 상기시켜 주는 것이다. 전의 사기 충천했던 원정과는 대조적으로 여기서는 서로 완전히 침체한 상태에 빠져 있는데, 그것은 불안과 유약함과 원수들의 압제 때문에 그렇게 된 것이다. 이 점은 '그들이 우리를 에워쌌으니'라는 말에서 잘 드러난다. 유스티(Justi)는 이를 다음과 같이 적절히 풀어서 번역하고 있다: "다른 사람들을 압박하는데 익숙한 너희가 어째서 그렇게 서로 억눌려 있느냐?"

선지자는 여기서 '너희를 에워쌌으니'라고 하지 않고 '우리를 에워쌌으니'라고 표현하고 있는데, 선지자는 감정이 격해져서 자기 자신을 극심하게 고난 당하는 그 백성들과 한 부류에 속한 것으로 인식하여 말씀하고 있는 것이다. 이스라엘의 재판자를 그렇게 치욕스럽게 대한다는 것은 이미 선지자의 내적인 이상에서 나타났듯이 그 성이 함락되었음을 말해 준다. 이스라엘의 재판자는 선지자가 5:2의 이스라엘을 다스릴 자, 곧 신정국가의 지도자들의 대표자와 대조시키기 위해서 설정해 놓은 이상적인 인물이다. 사 3:12에서는 신정국가의 부패한 지도자들이 모두 한 아이로 묘사되고 있는 것을 보게 된다. 이 경우에는 관례적으로 집합적인 의미를 지니는 명칭이 아주 나쁜 의미로 소개되고 있는 것이다. 여기서 한 가지 살펴보아야 할 것은 본문의 강화가 이스라엘 왕에 관한 것이 아니라 재판자(사사, judge)에 대한 것이라는 사실인데, 이는 아마도 사울 이전 사사들이 이스라엘을 다스리던 시대를 가리키는 것인 듯하다. 현재 끊어진 상태에 있는 왕의 통치는 메시야를 통해서 처음으로 회복될 것이다.

여기서 백성을 가리켜서 이스라엘이라는 nomen dignitat(위엄 있는 칭호)를 사용한 것은 의도적으로 그렇게 한 것이다. 그것은 그 행동의 비열함을 크게 강조하는 것은 물론 백성들이 자기들의 운명에 대해 갖고 있는 생각과 현실이 크게 대조를 이룬다는 것을 강조한다. 이스라엘은 그 자신의 죄로 인하여 내적으로 더럽혀졌으므로 이제 외적으로도 의로운 심판으로 더럽혀질 것이다. — 이 재난에 대한 예언이 과연 어떤 역사적 사건을 지칭하는지에 대해서는, 로마 사람들의 침공 사건으로 밖에는 생각할 수가 없다. 여기서 그저 개괄적으로 그리는 백성의 재난들 가운데 이미 앞에서 지칭한 것들을 제외하면 이 사건밖에는 남지 않는다. 바벨론 포로의 귀환 후에도 두번째 심판이 일어나 국가의 독립성을 빼앗기리라는 것은 미가와 동시대 선지자인 이사야도 선언하고 있다(6장).

그러나 포로 후 시대에 살았던 선지자들은 훨씬 더 명확하게 이 심판을 묘사하고 있다. 그들에게는 이미 그 심판이 바로 눈 앞에 다가와 있었던 것이다. 이 예언을 로마 사람들의 침략 사건으로 보는 유일한 타당한 근거는 그 사건이 메시야가 나타나는 시기보다 늦게 이루어진다는 점이다. 또한 메시야의 강림이, 고난을 말하는 5:1의 번영의 예언의 대상을 구성한다는 점이다. 그러나 이 근거는 다음과 같은 점들로 볼 때에 합당치 않다.

(1) 선지자가 그 원수들을 통해서 언약 백성에게 임한 그 환난을, 그 극심한 상태에 따라서 예루살렘 성의 포위와 함락 사건을 지칭하는 것으로 제시한 것은 사실이지만, 그렇다고 해서 그가 시초부터 그 사건의 범위 전체를 다 염두에 둔 것은 아니다. 로마 사람들이 유다를 침공하기 시작한 시기는 그리스도의 강림 이전이었다. 유대 백성들은 그리스도 이전에 이미 폼페이(Pompey)에게 항복했었던 것이다.

(2) 그러나 이것만으로는 충분치 않다. 만일 페르슈이어(Verschuir)의 견해를 따라서 폼페이의 정복 사건에서 그쳐버리면, 이 예언이 그 사건으로

다 성취되는 것이 아니라는 느낌을 지울 수가 없게 될 것이다. 그러나 만일 5장에 나타난 번영의 예언이, 그 내용에서 분명히 드러나며 모든 메시야 예언과 비교해 보아도 잘 나타나는 바와 같이, 그리스도의 초림의 짧은 시기만을 가리키는 것이 아니라는 점을 생각하기만 한다면, 이 재난의 예언이 로마 사람들에 의한 예루살렘의 멸망과 그로 인한 모든 극심한 환난의 상태를 지칭하는 것으로 보아도 무방할 것이다. 이것은 오히려 나무의 씨앗과도 같은 것으로 보아야 한다. 거기서 나무가 일어나서 하늘의 온갖 새들이 거기에 깃들이게 되는 것이다. 그러므로 심판이나 번영이나 마지막 때에 그 찬란한 영광의 상태로 완성되기까지 계속되는 것이다.

5:2

912. "베들레헴 에브라다야 너는 유다 족속 중에 작을지라도 이스라엘을 다스릴 자가 네게서 내게로 나올 것이라 그의 근본은 상고에 태초에니라." 선지자는 베들레헴을 앞 절에서 묘사된 바대로 비참한 상태에 있다가 하나님의 전능하신 역사로 놀랍게 회복된(이는 온 백성들에게도 마찬가지 결과가 있으리라는 하나의 보증이기도 하다) 유대 백성들을 예표하는 것으로 보고 있다. — 바키네(Bachiene)에 따르면 베들레헴과 에브라다를 서로 구분하여, 베들레헴은 그 성(城)만을 가리키며 후자는 그 주변 지역까지를 포함하는 것으로 이해하여야 한다고 한다. 이렇게 본다면, 베들레헴 에브라다는 즉 에브라다에 위치한 베들레헴을 뜻하게 된다. 그러나 창 35:19에서 에브라다는 베들레헴과 정확히 일치하는 것으로 나타난다는 점을 고려하고, 여기서 선지자가 이 장의 내용을 말씀하기에 앞서서 베들레헴 인근에서 있었던 과거의 사건들을 미래를 보여주는 하나의 예표로 보고 있다는 사실을 고려하며, 또한 2절에서 선지자가 장차 있을 새로운 탄생을 그 바로 인근에서 있었던 과거의 한 탄생과 똑같은 용어를 사용하여 그것과 병행시키고 있다는 사실을 생각하면, 우리는 앞에서 언급한 대로 그 두 지명을 서로 구분하는 것이 근거가 있는 것인지 그렇지 않은지에 대해서 결정을 내리지 않고서도, 여기서 베들레헴과 에브라다를 모두 성을 가리키는 것으로 이해할 수밖에 없게

된다.

이 두 지명을 함께 언급한 이유에 대해서는 보통 수 19:15에 나타나는 스불론 지파의 또다른 베들레헴과 구분하기 위함이었다고만 생각한다. 그러나 만일 그렇다면 베들레헴 에브라다보다는 차라리 베들레헴 유다라고 칭하는 것이 더 어울렸을 것이다. 선지자가 용어를 선택함에 있어서 창세기의 그 구절에서 도움을 받았을 것이라는데는 의심의 여지가 없는 것이다. 그러나 그는 동시에 이 두 지명의 말 뜻에 큰 의미를 두었을 것이라는 것도 매우 개연성이 높다. 즉, 떡집(bread-house)과 열매의 밭(fruit-field)이라는 의미를 그 지명과 연관지었을 것이라는 것이다. 그 이름을 통해서 저급한 면에서의 축복이 표현된 그 곳은 장차 더 높은 의미에서 축복을 받고 열매를 맺게 될 것이다.

베들레헴을 남성으로 취급한 것은 선지자가 그 성을 이상적인 대표의 이미지로 바라본다(물론 나중에는 그 이미지를 계속 고수하지는 않는다)는 상황으로 설명할 수 있을 것이다(슥 9:8 주해를 보라). 그런 식의 의인화 용법이 사용될 경우에는 그 구체적인 성(性)은 무시된다. 베들레헴이 아주 작은 성이라는 사실은 여호수아서에 열거된 유다 지파의 성읍 목록에도 나타나지 않는다는 점에서 잘 볼 수 있다. 그리하여 알렉산드리아 사본은 수 15:60에 원문에 빠져 있는 여러 성과 함께 베들레헴을 삽입시켰는데, 이는 베들레헴이 외적으로 중요했기 때문이 아니라, 과거 시대의 사건(창 35장을 보라)을 회상함으로써, 그곳이 다윗의 탄생지라는 사실 때문에, 그리고 본문의 예언으로 인해서, 그 곳에 대해 지대한 관심을 가지게 되었기 때문일 것이다. 유대인들이 히브리어 본문에서 베들레헴의 이름을 삭제한 것이 그리스도가 유다 지파에서 나오지 않은 것으로 보이도록 하기 위함이었다는 제롬의 주장은 를랑(Reland)이 완벽하게 반박한 바 있다.

바벨론 포로기 이후 유다 지파가 소유한 성읍들 가운데도 베들레헴은 나타나지 않는다. 베들레헴은 신약에서는 그저 마을(κώμη, 요 7:42, 한글 개역은 '촌'으로 번역하고 있다—역자주)로만 언급될 뿐이다. 요세푸스는 몇 차례 그곳을 성읍이라고 칭하기도 하지만, 다른 곳에서는 κώμη로 칭한다(유대고대사 5.2.8). '일천'('너는 유다 족속 중에 작을지라도'는 문자적으로는

'너는 너무 작아서 유다의 수천 가운데도 속하지 못하나' 의 뜻이다—역자주) 이란 족속(gens)을 뜻한다. 왜냐하면 그것은 일천 명으로 구성되어 있는 것이 보통이기 때문이다. 베들레헴처럼 거민이 적은 곳은 독자적인 족속을 구성하는 영예를 누리지 못했고, 몇 개의 다른 족속에 포함될 뿐이었다. 이에 대해서는 이 정도로 만족할 수밖에 없다. 왜냐하면 유다의 수천이 언급되는 다른 구절들을 근거로 베들레헴과 에브라다로 나눈 그 구분의 본질이나, 그 기원이나, 그리고 다른 곳에 나타나는 그 지명과의 관계에 대해서나 무언가를 찾으려는 노력을 했으나 별로 성공을 거두지 못했기 때문이다. 그 문제는 본문에서는 그리 중요한 것이 아니다. 이 부분의 의미는 다음과 같다: "베들레헴은 언약 백성의 성읍들 가운데 매우 낮은 부류에 속하며 다른 탁월한 성읍들 가운데 끼지 못하며, 그 성읍들은 자랑스러운듯이 베들레헴을 내려다 본다."

'나올 것이라' 가 자손을 낳는다는 의미로 사용될 수 있다는 사실은 자명하다. 예컨대, 왕하 20:18에서도 '나오다' 와 '낳다' 가 서로 혼용되고 있는 것을 보게 된다. '나올 것이라' 의 확실한 주어가 빠져 있다. 그 다음에 이어지는 내용에서 간접적으로 암시되어 있는 것을 여기에 덧붙여서 이해하는 것이 가장 좋다. 여기의 구문은 매우 이례적인 것으로서 베들레헴의 신적인 위대함이 그 자연적인 미천함과 대조를 이룬다는 사실을 주목하게 하려는 노력에서 비롯된 것이다. 낱말들이나 그 위치를 통해서 그런 대조적인 면을 크게 강조하고 있음을 보게 되는 것이다.

> "너는 너무 작아서 유다의 수천 가운데도 끼지 못하나,
> 네게서 내게로 나와서 이스라엘을 다스리는 자가 되리라."

너무도 작아서 몸의 독립적인 지체가 되지도 못하는 그 곳에서 그 우두머리가 나온다. 탁월한(κατ ἐξοχήν) '이스라엘의 그 다스리는 자' 라는 표현이 올 것으로 기대되는 그 곳에 '이스라엘의 한 다스리는 자' 가 나타나고 있다. 그러나 만일 선지자가 전자의 표현을 썼다면, 그러한 대조적인 면이 덜 두드러지게 되었을 것이며, 또한 앞 절에서 위엄을 상실한 것으로 묘사되

는 이스라엘 재판자와의 대조 역시 덜 두드러졌을 것이다. 선지자는 다스리는 자의 범주에 속하는 구체적인 인물보다는 오히려 다스리는 자라는 범주 전체를 부각시키며, 통치의 구체적인 종류와 사례보다는 일반적인 통치의 관념에 더욱 관심을 기울리고 있는 것이다. 만일 본문의 말씀이 온 이스라엘을 다스리는 한 인물이 장차 베들레헴에서 날 것이라는 의미밖에는 없다면, 그리고 미가 이후의 시대에 메시야 말고 또 한 다스리는 자가 베들레헴에서 나와서 온 이스라엘을 통치했다면, 그 두 사이에 누구가 본문의 예언에 해당하는 자인지를 결정하기가 매우 어려워질 것이다.

'내게로'에 대해서 몇몇 사람들은 '선지자 미가에게로'를 뜻하는 것으로 본다. 그러나 신적인 위대함과 인간적인 비천함이 대조를 이루고 있는 점으로 볼 때에 이를 '하나님에게로'의 뜻으로 보는 것이 옳다. '내게로'가 얼마나 강조되고 있으며 또한 하나님이 비천한 것을 얼마나 높이실 수 있는지는 신자들이 다윗이라는 예표를 통해서 이미 확실히 본 바 있다. 그러므로 선지자가 여기서 현실적으로 불가능해 보이는 그 약속에 대한 믿음을 강화시키려는 의도로 이 예표를 간접적으로 암시하고 있다는 것에 의심의 여지가 없다. 다윗은 비천한 베들레헴에서 나왔으며, 형제들 가운데 가장 어렸으며, 힘도, 명성도 없었던 것이다. '내게로'를 더욱 분명히 하기 위해서 하나님은 다윗을 택하시는 상황을 그의 인간적인 연약함이 가장 놀랍게 드러나도록 그렇게 만드셨다. 양떼들을 지키는 목자였던 그를 일으켜 백성의 목자로 만드신 분은 바로 하나님이셨던 것이다.

913. 후반부의 말씀은 메시야의 인간적인 비천한 출신과 대조를 이루는 그의 신적 위대함을 극대화시켜주는 것으로서, 베들레헴의 그 비슷한 대조적인 성격과 연관되어 있다. 여기서도 선지자는 그 대조적 성격을 낱말로도 분명히 표현하고 있으므로, 시대를 막론하고 모든 해석자들이 거기에서 강한 인상을 받을 수밖에 없었던 것이다. 그리하여 예컨대, 크리소스톰은 다음과 같이 말하고 있다: "이 선지자는 그의 신성과 그의 인성을 함께 보여 준다. 왜냐하면 그는 '그의 근본은 상고에 태초에니라'라고 말씀함으로써 그가 세상보다 먼저 존재한다는 사실을 분명히 하는 한편, 또한 '내 백성 이스라엘

을 다스릴 한 다스리는 자가 나올 것이라' 라고 함으로써 그가 육체적으로 탄생하는 것을 말씀하고 있기 때문이다."

우리는 '또한 그의 나오는 곳은 상고의 때로부터요, 영원의 날들로부터임이라' 라는 부분을 '그가 나오는 곳은 상고의 시대요, 영원의 날들이라' 로 번역할 수 있는데, 이는 시 19:7과 왕상 10:28의 두 구절의 경우와 같이 서로 상응하는 것들을 더욱 분명히 하고자 할 때에는 ' … 로부터' 를 생략해도 무방하기 때문이다. 오로지 이 해석만이 복수형이 사용된 사실에 대하여 만족스럽게 해명해 준다. '상고의 때로부터, 영원의 날들로부터'에는 점층법이 내포되어 있다. 먼저 메시야가 베들레헴에서 육신적으로 나기 전에 그의 존재를 말씀하며, 그리고 나서 그의 영원성을 모든 시간과 대조시켜서 언급하고 있는 것이다. 이 사실은 이스라엘에게 큰 위로를 주지 않을 수 없었다. 장차 그들을 그 비참한 상태에서 구원해 주실 그 분이 그 비참한 상태가 계속되는 동안에도 이미 존재하실 뿐 아니라, 그 이전에도, 그리고 영원토록 존재하신다는 것이다.

마 2:6의 인용

914. 파울루스를 비롯한 몇몇 해석자들은 마태복음에 나타나는 미가의 해석은 산헤드린의 해석이지 마태복음 기자의 해석이 아니라고 주장하면서, 마태복음 기자는 그저 사람들이 말하고 행한 것을 기록했을 따름이라고 했다. 그러나 이 주장은 마태가 예수님의 초기의 생애를 묘사해가는 과정을 잘 살펴보면 즉시 무너지고 만다. 마태는 누가처럼 독자들에게 역사적인 정보를 제시하는데 주안점을 두지 않았다. 그는 역사적인 사실은 독자들이 이미 잘 알고 있는 것으로 간주하였고, 다만 그것이 구약의 예언을 확증하는데 도움을 줄 때에만 그런 정보를 중요하게 여겼던 것이다. 그러므로 그는 자신의 계획에 도움이 될 경우에만 역사적 정황을 언급한다. 그리하여 그리스도가 구약의 예언에 따라서 과연 아브라함과 다윗에게서 비롯되어 나왔음을 보여주려는 목적으로 계보를 싣는다. 그러므로 1:18-21에 언급된 모든 내용은 오로지 22절의 메시야의 동정녀 탄생에 대한 이사야의 예언의 인용을 예비시

켜주는 역할을 할 뿐이다. 그리하여 그 모든 내용이 22절에서 '이 모든 일의 된 것은'이라는 말로 끝맺음을 하고 있는 것이다.

'모든'이라는 표현은 그 앞의 모든 내용이 그 절의 예언을 지목하기 위해서 인용한 것임을 보여준다. 올스하우젠은 여기의 '모든'이 개개의 내용을 일일이 다 가리키는 것이 아니라 그저 전체적으로 그렇다는 것(totality)을 뜻한다는 이상스런 주장을 펼치는데, 이는 그가 이사야의 예언에 대한 자신의 견해로 인해서 본문에 대한 해석에서 당혹감을 느낀 때문이라고 설명할 수밖에는 없다. 그의 주장에 따르면, 이사야서에서 예언한 내용과 마태복음에서 그 성취로 묘사되고 있는 그 사건은 아무리 큰 노력을 기울여도 그저 겉으로만 서로 일치하는 것처럼 보일 뿐, 실제로는 전혀 일치점을 찾을 수가 없다는 것이다.

그러나 거기의 사건 기록은 그 모든 특징들이 그 다음에 인용할 이사야서의 예언과 너무나도 분명히 일치하는 것을 보게 된다. 마태는 그리스도께서 순결하고 흠없는 동정녀에게서 탄생하셨음을 강조하여 두드러지게 나타낼 뿐 아니라, 25절에서는 예수가 탄생하기 전 마리아가 요셉과 동거하지 않았음을 크게 강조하여 덧붙이고 있는 것이다. 동정녀가 임마누엘을 잉태할 뿐 아니라 동정녀로서 임마누엘을 해산하여야 했기 때문이다. '이름을 예수라 하라'는 '그 이름은 임마누엘이라 하리라'와 정확히 상응하는 것이다. 임마누엘이라는 말의 뜻을 마태는 '하나님이 우리와 함께 계시다'라고 설명하는데, 여기에 목적이 없을 수가 없다. 그에게는 예수라는 이름이 '하나님의 구원'으로서 그것과 동일한 의미로 받아들여진 것이다.

2:1-12은 나중에 다시 다루기로 하고 여기서는 일단 그냥 넘어가기로 한다. 13절에서는 애굽으로 도피한 기사를 기록하면서 그것을 호 11:1과 연관짓는다. 그 구절은 일차적으로 이스라엘을 지칭하는 것이다. 그러나 하나님의 아들이라는 호칭에서도 드러나듯이 호세아는 여기서 이스라엘의 자연적인 상태가 아니라 오로지 그의 신적인 목적과 선택을 염두에 두고 논의하고 있다. 이스라엘은 오류가 난무하는 가운데서 하나님의 진리를 보존하며, 하나님의 권능의 역사를 이방 가운데서 선포하며, 그의 사신과 사자가 되도록 부르심을 받았다. 이런 점에서 이스라엘은 메시야의 예표였다. 메시야는 영

적인 의미에서의 이스라엘이었다. 이러한 관계를 고려하지 않으면 이사야의 후반부에 나타나는 관련 내용들을 도무지 해명할 수가 없다.

심지어 49:3에서는 메시야를 가리켜 직접 이스라엘이라고 부르기까지 하는 것이다. 그러므로 이스라엘과 메시야 사이에 그처럼 예표(type)와 원형(antitype)의 관계가 있다면, 그리고 그 관계가 우연히 그렇게 생긴 것이 아니라 하나님의 계획에 의한 것이라면, 이스라엘 자손이 애굽에 거한 것과 그리스도가 애굽에 거한 것 역시 서로 관계가 있게 되는 것이다. 이러한 추론은 그 두 사건들이 서로 놀랍게 일치한다는 사실에 근거하는 것으로서, 이처럼 예표의 역할을 하는 인물들과 그 원형과의 관계는 하나님의 섭리에 따라서 그 예표적인 인물들이 그 원형에 대한 사실상의 예언이 되는 그런 관계에 있게 되는 것이다.

그러나 여기에 나타나는 이러한 일치점을 그저 똑같이 애굽에 내려가 살았다는 것에서만 찾아서는 안된다. 그런 겉으로 보이는 일치점을 근거로 더 깊은 내적인 일치점을 보아야 하는 것이다. 이스라엘이 애굽으로 내려간 것은 그 자신이 그렇게 선택한 것이 아니었고 놀라운 하나님의 섭리에 의해서 인도함을 받아서 내려간 것이다. 그리하여 이스라엘은 그 땅에서 그를 위협하던 멸망을 피할 수 있었다. 거기서 이스라엘은 스스로 준비했고, 준비가 마쳐지자 미리 행하신 하나님의 약속에 따라서 그 땅으로 다시 돌아가서 거기서 그것을 드러내었다. 그 때에 하나님은 메시야를 예표하는 이스라엘의 존재와 관련하여 그의 나라를 보존하시기 위해서 그 방법을 택하셔서 섭리하셨는데, 이제 그 나라의 미래의 머리가 되실 그 인물에게도 동일한 방법으로 섭리하셨다. 애굽은 그에게 위험이 지나기까지 피난처를 제공한 것이다.

그 다음 16-19절에서는 베들레헴의 아이들을 살해한 사건을 렘 31:15과 관련시킨다. 우리는 그것을 그저 직유법 같은 것으로 보아 치워서는 안된다. 예레미야서의 본문에서는 이스라엘의 어머니가 그 자녀의 죽음에 대하여 애곡한다. 여호와께서 나타나셔서 그 어머니를 위로한다. 장차 그녀의 슬픔이 기쁨으로 바뀔 것이며 여호와께서 그 아들들에게 베푸시는 번영을 보게 될 것이라고 하시는 것이다. 따라서 그 구절의 골자는 이스라엘이 죄를 범함으로써 스스로 초래한 심판과 하나님의 긍휼하심으로 그들에게 베풀어지는 축복 사이의 대조에 있다. 그런데 그러한 동일한 대조가 마태복음의 본문에서도 볼 수 있는 것이다.

갈대아 사람들의 폭정이 있었듯이 여기서는 헤롯의 폭정이 있는데, 그것은 언약 백성들의 죄로 말미암은 합당한 형벌이다. 헤롯은 이방 땅에서 출생한 자로서 느부갓네살처럼 여호와의 손으로 사용함을 받는 교정의 막대기였다. 하나님의 허락 하에서 헤롯은 구원자가 탄생한 바로 그 곳에서 잔인한 행위를 저질렀는데, 이는 언약 백성들이 그 죄악으로 인해서 형벌을 받아 마땅하다는 것을 기억하게 하기 위함이었다. 그 사건은 동시에 임박한 더욱 포괄적인 심판을 예언해 주는 것으로서, 메시야를 보내시는 역사를 순전히 하나님의 긍휼하심의 역사로 보도록 하는 것이었다. 그러한 하나님의 긍휼하심은 오로지 메시야의 강림을 그러한 하나님의 긍휼하심으로 보는 자들만 누릴 것이었다.

그러므로 선지자가 일차적으로 근거로 제시하는 구약의 사건, 즉 포로로 잡혀갔다가 다시 구원받는 사건은 신약의 그 사건들—베들레헴의 아이들을 살해한 사건이 예표적 관계를 갖는다는 점을 간과해서는 안된다—에 대한 예언이었던 것으로 보인다. 그러므로 구약의 그 사건과 신약의 그 사건은 동일하신 하나님의 동일한 원리에 따라 이루어지는 것이며, 따라서 구약의 그 사건을 직접적으로 가리키는 선언은 동시에 신약의 사건에 대한 예언으로 간주할 수도 있는 것이다.

19, 20절은 그 핵심이 출 4:19과 연관된 것인데, 거기서 여호와께서는 모세에게 돌아가라고 교훈하신 후에 말씀하시기를, "네 생명을 찾던 자가 다 죽었느니라"고 하신다. 거기서 여호와께서 모세에게 말씀하신 것과 여기서 요셉에게 말씀하신 것은 동일한 근거에서 나온 것이다. 모세는 구약 시대의 모든 하나님의 종들이 다 그렇듯이, 그리스도의 예표이다. 하나님 나라의 선을 위하여 행해지는 하나님의 섭리에는 동일한 원리가 있으며 모든 사건들에는 동일한 방향이 있다. 모세는 임박한 위험을 먼 곳으로 도망함으로써 피하며, 그가 사명을 감당해야 할 때가 오자 그의 사명지로 돌아갈 문이 그에게 열린다. 그리스도의 경우도 마찬가지인 것이다.

21-23절에서는 '나사렛 사람이라 칭하리라'는 예언이 핵심으로 주어진

다. 요셉은 본래 유대에 정착하려고 했었으나 갈릴리로 가라는 하나님의 경고를 받아 갈릴리로 갔다는 구체적인 정황을 특별히 언급한 것은 하나님이 그 예언을 의도적으로 성취시키셨음을 분명히 나타내기 위함이었다.

915. 이러한 묘사들에서 분명히 나타나는 것은 마태복음 1, 2장의 목표가 절대로 역사적인 사실을 제시하는데 있는 것이 아니라 교리적인 사실을 제시하는데 있었다는 사실이다. 그러므로 2:1-12에 대해서도 동일한 원리를 적용시켜 살펴보면, 이 부분 역시 구약의 예언을 그 핵심으로 두고 있는 것을 알 수 있다. 여기서 가장 먼저 미가의 예언을 생각해야 한다는 것은, 1절에서 그리스도가 탄생한 곳으로 베들레헴이 언급되고 있다는 사실에서 드러난다. 마태복음 기자가, 독자들 모두가 그저 별 의미없는 역사적 정황으로 알고 있는 내용은 언급하지 않는다는 사실은, 그가 예수의 부모들이 본래 나사렛에 거주했다는 사실에 대해서 완전히 침묵하고 있다는 점에서 잘 드러난다. 그 점은 구약의 예언과 아무런 관계가 없기 때문이었다. 또한 예수의 탄생 기사에서 처음으로 베들레헴이 그 부모의 거주지로 언급된다는 사실에서도 앞에서 언급한 일들이 다른 곳에서 일어난 일들임을 암시해 주는 것이다. 그가 예수님의 가족이 애굽에서 돌아온 후 나사렛에 거주했다는 사실을 언급하고 있는 것은 다만 그것을 예언과 연관짓고자 하는 목적으로 그렇게 한 것이다.

여기에 한 가지 덧붙일 것은, 1-6절에서 헤롯의 질문에 대해 산헤드린이 제시한 답변을 언급하고 있는 것이 마태의 분명한 목표를 생각할 때에 결코 목적이 없는 것이 아니었다는 사실이다. 만일 율법사들의 답변이 진리와 완전히 일치하는 것으로 보지 않았다면, 마태는 거기서 구약의 예언을 구체적으로 인용하지 않았을 것이다. 마태가 구약 예언을 얼마나 중시했으며, 그리고 동시에 20, 23절에서 드러나는 대로 구약에 익숙한 독자들에게 단순히 암시만을 주는 경우도 자주 나타난다는 것을 알기 위해서는, 1-12절에 나타나는 두번째의 구약 본문과의 연관을 살펴보아야 할 것이다. 그가 지목하는 구절들은 시 72:10("스바와 시바 왕들이 예물을 드리리로다")과 사 60:6("스바의 사람들은 다 금과 유향을 가지고 와서 여호와의 찬송을 전파할 것이며")이다. 이 구절들의 묘사는 비유적 성격을 띤다. 동방에서 예물은 존경 (reverence)을 나타내는 표지이다. 그 근저에 자리잡고 있는 사상은 다음과 같다: 즉, 이 땅에서 가장 멀리 있고 가장 부유하며 가장 권세 있는 나라들이 메시야를 존경하며 그에게 그들의 모든 것을 바칠 것이라는 것이다.

그런데 거기서 비유적인 묘사로 예언되어 있는 것이, 동방박사들이 그 이미지를 구체화시켜서 상징적인 행동을 함으로써 성취되기 시작한 것이다. 새로 탄생한 아기 예수께 드린 황금과 유향과 몰약은 그들이 그에게 드린 존경을 상징하는 것이다. 이 예물들을 마태가 분명히 언급한 것은 그것들이 구약의 본문에 나타나기 때문이었다. 이 사건이 한편으로는 구약의 예언의 성취의 시작이었듯이, 다른 편으로는 사건을 통한 예언이기도 했다. 즉, 미래에 있을 더 크고 더 적절한 성취를 보여주는 하나의 예표였던 것이다. 마태는 이 동방박사들을 장차 메시야에게 경배하게 될 이방의 모든 나라들의 무리 전체를 대표하며 예표하는 자들로 보았던 것이다. 하나님께서 목자들을 택하셔서 유대 백성들의 대표로 보내어 새로 탄생한 왕께 경배하게 하셨듯이, 동방박사들은 사실상 이방 세계의 사신들로서 그에게 경배하기 위해서 온 것이다.

916. 그러나 만일 마태복음 기자가 제시하는 예언에 대한 견해가 2:1-6에 나타나 있는 산헤드린의 예언에 대한 견해와 마찬가지로 전반적으로 그 기자 자신의 것이라는 것이 분명하다면, 그 예언에 대한 인용 역시 그 구체적인 내용에 이르기까지 그의 인정을 받은 것이라는 것도 함께 분명해진다. 그렇다면, 구약 예언의 본문에서 이탈하는 현상을 정당화시키는(그런 현상이 정말로 나타난다면) 제롬의 견해("서기관들과 제사장들의 멸시를 선포하기를 원하였던 마태가 그들에 대해서 언급한 대로 그렇게 행할 수 있었다고 나는 생각한다.")나 파울루스의 견해는 성립할 수가 없게 된다. 과연 그런지를 분명히 하기 위해서 이 구절의 인용문을 원문과 면밀히 검토할 필요가 있을 것이다.

Καὶ σὺ Βηθλεέμ, γῆ Ἰούδα, οὐδαμῶς ἐλαχίστη εἶ ἐν τοῖς ἡγεμόσιν Ἰούδα ἐκ σοῦ γὰρ ἐξελεύσεται ἡγούμενος, ὅστις ποιμανεῖ τὸν γαόν μου, τὸν Ἰσραήλ. 원문의 에브라다를 유대 땅으로 취하고 있는 것이 가장 먼저 눈에 띈다. 이런 이탈 현상은 에브라다라는 지명이 마태 복음 기자의 시대에는 전혀 알려져 있지 않았던 상황에 기인하는 것임이 분명하다. 그리하여 그는 구약의 다른 구절들에 나타나는 다른 이름으로 대체시킨 것이다. '유대 땅'의 문법적인 해석에 대해서는, 지리적 명칭이나 기타 유사한 명칭에서 간결한 형태의 표현법이 사용되며 심지어 구약에서도 그런 예가 나타나므로, 그것은 곧 '유대 땅에 위치한 베들레헴'을 뜻한다. 마태복음 기자는 여기서 히브리어 원문도, 알렉산드리아 역본도 따르지 않는다. 알렉산드리아 역본에는 Καὶ σὺ βηθλεέμ οἰκος Ἐφραθά로 되어 있다. (바티칸 사본에서 정관사가 빠진 것이다.) 이 역본의 번역자는 에브라다를 대상 2:19, 50; 4:4에 나타나는 갈렙의 아내의 이름(아드리코미우스 등도 여기서 장소의 이름을 이끌어낸다)으로 여겼으며, 거기에 οἰκος를 덧붙임으로써 거기의 소유격을 통해서 표현된 의존 관계를 좀더 구체적으로 지정하고 있음이 분명하다.

선지자는 베들레헴을 '작다'고 했는데 마태복음 기자는 '절대로 작지 않다'고 하는데서 모순점이 나타나는 것으로 보이는 점에 대해서는 고대와 현대의 해석자들이 이미 충분히 해명한 바 있으므로 거기에 대해서 재론할 필요는 없다. 다만, 파울루스의 주장에 대해서만 한 마디 말하자면, 그는 산헤드린의 회원들이 평서문을 의문문으로 이해했다고 보는데(즉, "네가 그렇게 작으냐?"), 이는 인용한 구절에서 확인되지 않으며 오직 서방계 사본의 라틴어 역본에서만 발견된다. 그러나 서방계 사본의 근본이 되는 사본(the ground-text)에서는 그 인용문이 히브리어 원문과 문자적으로 일치하는 것이다. 여기 나타나는 이탈 현상은 오로지 그 의미를 더 분명하고 명확하게 드러내려는 노력에 기인한다. 이 사실은 칼데니우스 역본과 비교하면 확실히 알 수 있다. 칼데니우스 역본은 이 부분을 아주 자유롭게 풀어서 번역하고 있다: "너 베들레헴 에브라다는 곧 숫자에 낄 수 있게 될 것이라."

칼빈은 여기의 이탈 현상에 대해서 다음과 같이 적절히 논평하고 있다: "항상 독자들이 주목하는 것은, 복음서 기자들이 성경 구절들을 어떤 목적에서 끌어오는가이다. 철저히 단어들 안에 고집하지 않고, 성경은 결코 독자에

의해서 다른 의미로 전환되지 않는다는 사실에 만족한다는 점이다. ˮ

미가는 베들레헴을 그것을 대표하는 사람으로 묘사하는데, 마태복음에서는 인용문 서두에서 남성형 형용사를 사용하지 않고 여성형 형용사(ἐλαχίστη)를 사용함으로써 그런 묘사법을 무시하고 있다. 그러나 반면에 בְאַלְפֵי를 ἐν τοῖς ἡγεμόσι로 번역함으로써 다시 그런 묘사법으로 돌아가는 듯이 보인다.

올바른 견해는 미가의 예언에서나 마태의 인용문에서나 모두 비유적 묘사법이 일관성 있게 사용되지 않는다고 보는 것인 듯하다. 미가는 베들레헴을 의인화하는 것으로 시작하지만, שָׂרֵי אַלְפֵי 라고 해야 할 것을 אַלְפֵי 라고 함으로써 일관성을 깨뜨렸다. 또한 마태는 처음에는 베들레헴을 한 성읍으로 소개하고서 뒤에 가서는 지파들 대신 ἡγεμόνες을 사용함으로써 그것을 의인화하는 것이다. 이에 대해서는 뒤에 이어지는 ἡγούμενος와 관련한 한 가지 특별한 이유가 있다. 베들레헴은 외형적으로는 작으나 더 높은 관점에서 보면 결코 유다의 지도자들 중에 작지 않다. 왜냐하면 온 나라의 위대한 지도자가 거기서 나올 것이기 때문이다. 이 분명한 사실을 반드시 염두에 두었을 것이다. 왜냐하면 이것과 아주 의미가 유사한 또하나의 대조가 미가서에 나타나기 때문이다(912를 보라). 이 사실은 동시에 마태복음이 본래 아람어 방언으로 기록되었다는 애석한 가설(이는 구약을 인용하는 부분에서 그약 본문을 자유로이 활용하는 현상이 나타나는 것으로 볼 때에 개연성이 희박하다)을 반박하는 하나의 증거가 되기도 한다. 의인화 용법이 이처럼 시종일관 나타나지 않는다는 사실은 마지막으로 다음과 같은 논증에 의해서 더 쉽게 해명될 수 있다. 즉, 이것은 그저 이상적인 것일 뿐이며 사람과 성읍이 본질상 서로 다르지 않다는 것이 그것이다. 슥 9:7, 8을 보라.

미가서의 마지막 말씀, 즉 '그의 근본은 상고에 태초에니라' 는 마태복음에서는 생략되어 있는데, 이는 그 말씀은 마태복음의 목적상 인용할 필요가 없었기 때문이다. 메시야가 베들레헴에서 탄생한다는 사실을 구약의 예언을 통해서 입증하는 것이 마태의 유일한 목적이었던 것이다. 한편, 미가서의 בְיִשְׂרָאֵל을 ὅστις ποιμανεῖ τὸν λαόν μου, τὸν Ἰσραήλ로 풀어서 취하고 있다. 이 말씀들은 삼하 5:2와 관련된 것인데, 거기서는 다윗에 대해서, "여호와께서도 왕에게 말씀하시기를 네가 내 백성 이스라엘의 목자가 되며 이스라엘의 주권자가 되리라 하셨나이다"라고 말씀한다. 이 사실은 베들레헴에서 탄생한 첫번째 다윗이 거기서 탄생한 두번째 다윗, 즉 메시야를 예표하는 관계에 있음을 시사하는 것이다.

917. 예언과 그 성취의 상호 관계에 대해서 우리는 여기서 일반적인 사항을 한 가지 더 논의할 필요가 있다. 그것은 곧 구약의 예언들의 성취가 신약의 사건들의 일관성 있는 목적이었으나 그것이 유일한 목적은 아니었으며, 오히려 예언과의 관련성을 떠나서도 각 사건은 나름대로 의미가 있으며 예언과 역사가 똑같이 그 의미에 지배를 받는다는 것이다. 이 점은 우리가 이미 살펴본 바 있다(슥 9:9와 관련하여). 이 사실이 바로 현재의 본문의 경우로 확증된다. 그리스도께서 베들레헴에 탄생한 사실은 한편으로는 구약 예언의 신적 기원을 입증해 주며, 또 한편으로는 예수가 그리스도였다는 사실을 입증해 준다. 그러나 구약과의 관련성을 떠나서 이 본문이 갖는 주요 목표는 그리스도께서 다윗의 후손이라는 사실을 외적으로 드러내 보여주는데 있다. 그리스도 당시 유대인들은 이미 이 사실을 알고 있었다. 이 사실은 요 7:42에서 Κώμη, ὅπου ἦν Δαβίδ라고 덧붙이고 있는 점에서 잘 드러난다.

다윗 가문의 두 거처인 베들레헴과 예루살렘 가운데 베들레헴을 택한 것은 그 외형적인 비천함 때문인데, 그것은 메시야가 처음에 비천한 상태에 있음을 나타내기에 아주 적절했던 것이다. 이러한 상황은 선지자가 분명히 언급하고 있는데, 이는 다윗의 가문이 그 비천한 상태에 있을 동안 그곳에 거했었기 때문이다. 그러나 반면에 예루살렘은 다윗의 가문이 왕의 상태에 있을 때에 속하는 것이다. 그러나 메시야는 잘려진 이새의 줄기에서 난 싹으로서 다윗의 무너진 장막에서 탄생하게 되어 있었다. 선지자가 이 점도 염두에 두고 있었다는 사실은 3:12과 4:10을 비교하면 분명히 나타날 것이다. 어쨌든 그는 메시야가 나타날 때에 다윗의 가문이 완전히 무너진 상태에 있다는 것을 생각했던 것이다.

5:3-6

918. 3절. "그러므로 임산한 여인이 해산하기까지 그들을 붙여 두시겠고 그 후에는 그 형제 남은자가 이스라엘 자손에게로 돌아오리니." 여기서는 메시야가 언약 백성들에게 베풀 것에 대한 묘사가 시작되며, 이 장 전체에서 그것에 대한 묘사가 계속된다. 그러므로는 5:1과 5:2이 서로 밀접하게 연관을 맺고 있음을 보여준다. 미카엘리스는 이에 대해서 다음과 같이 주장한다: "죄들로 말미암아 시온이 그 전에 타락하고, 마지막에 베들레헴에 그리스도께서 태어남으로 회복할 것이라는 이것이 하나님의 작정이기 때문이다."

'임산한 여인이 해산하기까지'는 다음과 같은 이유에서 메시야의 어머니로 이해하여야 한다: (1) 만일 이스라엘이라는 교회를 지칭하는 것이라면, 여기에 정관사가 있어야 한다. (2) 의인화의 용법은 일관성있게 진행되지 않는 경우가 자주 있다. 그러나 여기서는 같은 문장에서 이스라엘 자손이 복수형으로 나타나며('그들을 붙여 두시겠고'), 또한 그 뒤에 이어지는 내용 가운데서 이스라엘 자손들을 분명히 의인화하여 표현한 흔적을 찾기가 어렵다는 사실로 볼 때에 소위 그 의인화 용법이 완전히 깨어져 버린 것으로 나타나며, 반드시 필요할 경우에만 의인화 용법을 상정할 수가 있게 되는 것이다. (3) 이것이 만일 이스라엘이라는 교회를 가리키는 것이라면, 메시야가 그런 큰 변화에 대해서 어떤 관련을 맺고 있느냐 하는 것에 대해서 한 마디도 언급하지 않는 것이 되고 만다. 1절에서와 3-5절에서는 이스라엘이라는 교회에 대해서 말씀하는데 어째서 2절에서는 갑자기 메시야를 묘사하고 있단 말인가? (4) 게다가 선지자는 베들레헴에서 나올 자를 염두에 두고 있다. 이점은 창 35장에 대한 언급에서 이미 지적한 바 있다. 베들레헴은 이미 고대로부터 거기서 한 인물이 탄생하여 장차 무한히 중요한 곳으로 존귀함을 받을 성읍으로 이미 구분되어 있었다. (5) 또한 사 7:14과 비교할 필요가 있다. 거기서도 비슷하게 메시야의 어머니에 대해서 언급하고 있는 것이다.

메시야의 형제들이란 그의 육신의 형제들로서 구약의 언약 백성에 속하는 자들만을 가리킨다고 볼 수 있을 것이다. 이 표현을 이방인들을 가리키는 것으로 볼 수는 없다. 왜냐하면 구약에서 그런 유례가 없기 때문이다. 대조적인 상황 묘사에서 나타나듯이, 여기의 이스라엘은 위엄을 나타내는 이름으로 취하여야 한다. 이스라엘 자손은 신정국가의 참된 백성들을 가리킨다. 이들에게로 다른 자들이, 즉 메시야의 형제와 마찬가지로 야곱의 자손들이 돌아온다는 것은 그들이 전에 그들에게서 떠나 있었으며, 참된 여호와의 교회와 그 머리에게서 소외된 상태에 있었음을 시사한다. 따라서 메시야는 여기서 스스로 머리가 되어 자기 아래에 모든 자들을 연합시킴으로써 언약 백성 가운데서 모든 불화와 소외를 제거하는 자로 나타나고 있는 것이다. 이는 메시야에 대한 묘사에서 늘상 나타나는 것으로서 호 1:11과 사 11장에서 유다와 이스라엘 사이의 반목이 제거될 것임을 예언함으로써 그 개별적인 실례를 보여주고 있는 것이다. 다른 해석들에 대해서는 그냥 지나치기로 한다. 그것들이 서로를 반박해 주기 때문이다.

919. 4절. "그가 여호와의 능력과 그 하나님 여호와의 이름의 위엄을 의지하고 서서 그 떼에게 먹여서 그들로 안연히 거하게 할 것이라 이제 그가 창대하여 땅 끝까지 미치리라." 여기서 '서있다'는 것은 남아 있다는 의미가 아니라, 단지 목자의 습관을 회화적으로 묘사하는 것에 불과하다. 사 61:5을 보라: "외인은 서서 너희 양떼를 칠 것이요." 목자가 지팡이를 의지하고 서서 양떼들을 바라보고 있는 모습을 그리고 있는 것이다. '여호와의 이름의 위엄'과 '그 떼에게 먹여서'와의 관계에 대해서는 칼빈의 설명보다 나은 것이 없을 것 같다: "그들을 위해서, 즉 양떼를 위해서 그리스도께서 어떤 종류의 것을 감당하였는지를 양육하는 말씀이 표현하고 있다. 강포로 그들을 압제하는 무서운 폭군과 같이 그가 교회를 지배하지 않고, 그는 소원을 가지고 온화함으로 그의 양들을 인도하시는 목자이시다. 그러나 선지자가 덧붙이기를, 우리가 사망으로부터 적들에 의해서 둘러 싸여 있기 때문에, 덕들 즉 오직 하나님의 능력 안에 있는 것으로 목양하고, 교회가 대적들에 대해서 방어하고 보호할 필요가 있는 곳에, 그리스도 안의 보호 아래 있을 것이다. 그러므로 하나님의 덕들 안에 있는 것보다 그리스도로 말미암아 구원받기를 소원하는 것이 없음을 우리는 배운다."

그 위대한 왕이 하나님과 밀접하게 연합되어 있어서 하나님의 권능과 위엄의 모든 충만한 것이 그에게 속하게 되는 것이다. 그런 일은 지상의 왕의 경우에는 절대로 나타날 수가 없다. 지상의 왕도 여호와 안에서 힘을 갖는다. 삼상 2:10("여호와께서 … 자기 왕에게 힘을 주시며 자기의 기름 부음을 받은 자의 뿔을 높이시리로다")을 보라. 그러나 하나님의 충만한 능력과 위엄 전체는 결코 그의 소유가 될 수 없는 것이다. 여기 여호와의 이름도 강조되어 있다.

'거하게 할 것이라'도 흩어져서 불안한 가운데 지내는 것과 대조를 이루고 있는데, 여기에 구태여 '안전하게'를 덧붙일 필요가 없다. 여호와의 교회가 현재에 안전한 가운데 휴식을 취하고 있는 근거는 그 교회의 머리인 메시야가 이제 그의 다스림을 팔레스타인이라는 좁은 영역에서 온 세상 전체를 향하여 확대시킨 사실에 있는 것이다(4:3을 참조하라).

920. 5절. "이 사람은 우리의 평강이 될 것이라 앗수르 사람이 우리 땅에 들어와서 우리 궁들을 밟을 때에는 우리가 일곱 목자와 여덟 군왕을 일으켜 그를 치리니." 6절. "그들이 칼로 앗수르 땅을 황무케 하며 니므롯 땅의 어구를 황무케 하리라 앗수르 사람이 우리 땅에 들어와서 우리 지경을 밟을 때에는 그가 우리를 그에게서 건져 내리라." — 이 사람(바로 앞에서 그의 영광을 묘사한 그 사람)이 평강이 된다고 한다. 그는 그가 나타나기 전 환난의 때에 그렇게도 부족해서 고통을 당하던 그것을 우리에게 공급해 주는 것이다. 이 구절과 관련된 것으로서 엡 2:14($\alpha\dot{\upsilon}\tau\acute{o}\varsigma$ $\dot{\epsilon}\sigma\tau\iota\nu$ $\dot{\eta}$ $\epsilon\dot{\iota}\rho\acute{\eta}\nu\eta$ $\dot{\eta}\mu\tilde{\omega}\nu$)을 들 수 있다. 또한 삿 6:24을 보라: "기드온이 여호와를 위하여 거기서 단을 쌓고 이름을 여호와 살롬(평강)이라 하였더라." 6절 마지막까지 이어지는 내용은 '이 사람은 우리의 평강이 될 것이라'라는 말씀의 실례를 계속 열거하는 것이다. 앗수르 사람은 선지자의 당시 언약 백성의 가장 위험한 원수로서, 여기서 언약 백성의 원수들의 하나의 예표로서 언급되고 있다는 사실은 모든 해석자들이 다 동의하고 있다. 심지어 바우어도 "또하나의 앗수르가 … 할 때에"라고 번역함으로써 버질(Virgil)의 한 구절과 연관짓고 있다. 그러나 이것으로는 충분치가 않다. 그 의미는 절대로 다음과 같은 것이 될 수 없다: "언약 백성은 원수의 공격을 받을 때마다 가장 강력하게 저항할 것이며,

용감한 지도자들과 그 휘하의 무리들이 그 공격에 대응하여 그 원수의 땅에까지 쳐들어갈 것이다.”이런 이해는 메시야 왕국을 평강의 왕국으로 제시하는 영원한 묘사와 정반대되는 것이다. 4:3을 보라. 거기서는 그 때에 모든 전쟁과 싸움이 그칠 것이라고 한다. 또한 이런 이해는 4:9 이하의 묘사와도 심각한 모순을 일으킨다. 거기서는 하나님이 그 때에 언약 백성에게서 스스로 방어할 수 있는 모든 수단들을 제거하시고, 그들에게 직접적인 도움을 주셔서 그들을 강력하게 보호하실 것이라고 한다. 그러므로 우리는 메시야의 능력과 보호를 통한 하나님 나라의 완전한 안정이라는 근본적인 사상과, 신정국가의 기존 관계에서 취한 외형적인 표현들을 반드시 구분해야 하는 것이다. 메시야는 그의 백성을 위하여 수많은 백성의 지도자들—구약에서 하나님이 그의 백성을 구원하시는 가장 비근한 수단이 되는—과 똑같은 역할을 수행할 것이다.

921. 이 장의 나머지 부분에 대해서는 그 내용을 그저 간단히 살피는 것으로 만족해야 할 것이다. 여호와의 교회는 그 때에 풍성한 복을 받으며(7절), 그들의 모든 원수들에게 무서운 존재가 될 것이다(8, 9절). 그러나 교회가 호전적인 에너지로 충만해 있기 때문이 아니라 여호와의 직접적인 보호의 활동으로 그렇게 되는 것이다. 여호와께서는 외형적인 방어의 수단들을 완전히 제거하시고서 교회가 그들 자신의 힘을 의지하는 죄악된 시험에 빠지지 않도록 하신다. 과거에 교회는 사실 그런 죄악에 자주 빠졌었다(사 30:16; 31:1; 호 1:7; 14:4). 그리고 동시에 여호와께서는 교회가 내적으로 죄악에 빠져서 더러워졌을 때에 교회와 자신 사이를 가로막았던 과거의 모든 장벽을 제거하시며, 교회를 능력적으로 보호하시며, 또한 교회의 목적과 여호와 자신의 목적 사이의 모든 이질적인 부분이 제거되었으므로 그 원수들을 극렬하게 징벌하시는 것이다.

선지자 학개

예비적 고찰

922. 이 선지자가 활동한 당시의 상황은 스가랴 당시의 상황과 전적으로 일치한다. 그러므로 이에 대해서는 490을 참조해도 무방할 것이다. 학개의 예언들은 전부 성전 재건을 촉구하는 것을 목표로 하고 있다. 첫번째 강화인 1장에서 그는 징계를 베푸는 것으로 시작한다. 그는, 하나님에 대해 완전히 잊어버리고 그에 대해 무관심하는 자세가 만연되어 있는 것을 극렬하게 꾸짖으며, 그런 태도가 어떻게 징벌을 받을 것인지를 보여준다. 하나님은 의롭게 보응하시는 분이시므로 하나님 자신의 것을 하나님에게서 빼앗아 간 자들에게서 그 자신의 것을 반드시 도로 찾으시는 분이시기 때문이다. 이 강화는 그 목적을 이루었다. 학개 선지자가 그 말씀을 전한지 24일 만에 다리오 왕 제2년 6월 24일에 스룹바벨과 대제사장 여호수아의 지도 하에 성전 재건 공사가 활기차게 재개된 것이다.

923. 그러나 곧 선지자가 대중 앞에 나서야 할 새로운 상황이 일어난다. 성전 재건 사역이 상당히 진척되어가는 과정에서, 새로운 성전을 과거의 성전과 비교하게 되고 그리하여 백성들 가운데 큰 애곡이 일어나게 된 것이다. 성전 기초를 놓을 때에 기쁨의 외침과 함께 특히 제일 성전의 영광을 보았던 나이 많은 백성들 가운데서는 큰 울음 소리가 뒤섞여 나타났다. 스 3:12을 보라. 하나님의 약속과 눈 앞에 나타난 현실이 서로 큰 모순을 일으키는 것처럼 보였다. 과거의 성전은 얼마나 찬란했었는데, 지금의 성전은 얼마나 초라한가!

새 성전은 이사야(특히 60장을 보라), 예레미야, 에스겔에 의하면 과거의 성전과는 비교할 수 없을 만큼 영광스러울 것이라고 했다. 그런데 지금

눈 앞에 보이는 성전의 모습은 과연 어떠한가? 그들이 보기에는 절말로 보잘 것 없었던 것이다(2:3을 보라). 신자들 사이에 실망의 마음이 일어나기 시작했다. 이 성전이 과연 하나님이 약속하신 그 성전인가? 하나님 자신이 우리가 이처럼 비참한 상황에 처해 있으니 하나님께서 몸소 우리에게 이 열매도 없는 일을 중지하라고 하신 것이 아닌가? 성전을 짓는 것보다 차라리 오두막을 지어 드리는 편이 하나님께 어울리지 않겠는가?

하나님은 그 백성들의 죄 때문에 그들을 완전히 버리셨을지도 모르며, 그가 조건적으로 행하신 그 약속을 거두어들이시고 나중에 우리보다도 더 가치있는 세대가 올 때에 그 약속을 성취하실 것인지도 모른다. 우리는 아직 하나님의 진노 속에서 한숨을 쉬고 있으며, 겉으로는 가나안에 와 있으나 실제로는 아직 바벨론에 있으니, 그런 약속이 우리에게 성취되기가 어렵지 않은가? 어쨌든, 우리의 상황으로 볼 때에 하나님은 우리를 그런 위대하고 거룩한 일에 합당하지 않다고 선언하시는 것이다.

924. 이러한 상태에서 백성들에게는 위로가 필요했고, 학개는 그 일을 위하여 하나님의 부르심을 받았다. 그는 7월 21일에 2:1-9의 강화를 백성들에게 전함으로써 그 사명을 완수했다.

925. 그는 여호와의 언약이 영원하며 모든 번영을 보증하는 것으로서 그것을 실행에 옮기지 못하면 하나님을 거짓말쟁이로 만드는 것임을 지적하면서 백성들과 그 지도자들에게 용기를 가질 것을 권면한다. 그리고 영원토록 하나님의 교회에 거해온 하나님의 신이 연약한 자에게 힘을 주며 쓰러진 자들에게 구원을 주는 그치지 않는 샘이 되므로, 의기소침한 것은 어리석은 일이라는 사실을 강조한다. 하나님의 신이 잠시 억제되었으나 반드시 장차 더욱 풍성하게 부어질 것이기 때문이다.

926. 실망을 주는 모든 상황에서 닫혀 있던 위로의 샘을 다시 열어놓은 다음 선지자는 당시에 백성을 실망시키고 하나님과 그의 사랑에 대한 불신으로 가득 채웠었던 그런 성전의 보잘 것 없는 겉 모양에 대해서 주의를 환기

시킨다. 새 성전의 초라함에 실망해서는 안된다고 말씀한다. 이방 사람들이 모든 부귀와 예물들을 가지고 올 것이라는 옛 선지자들의 찬란한 약속들의 성취를 불가능한 것으로 만들어 버리는 눈에 보이는 여러 가지 장애 요소를 하나님이 몸소 제거하실 것이라는 것이다. 전능하신 하나님께서 이 땅의 강력한 나라들을 흔드심으로써 그들로 하여금 스스로 교만하여 하나님 자신의 것을 잊도록 만든 그 막강한 힘을 완전히 빼앗으실 것이다(6, 7절). 그러므로 이방인은 겸손하게 그들의 모든 보화를 갖고서 하나님께로 나아와 그를 경배할 것이요 그의 성전은 이제 더 높은 영광의 자리로 높이 올라갈 것이다(7절). 하나님이 이 땅의 모든 좋은 것들의 소유자이시므로 그 일은 반드시 일어나고야 말 것이다(8절). — 그 영광은 너무도 위대하여 과거의 성전의 영광을 능가하고도 남을 것이며, 그곳에 여호와의 백성을 위하여 평강이 있을 것이다(9절).

2:6-9

927. 6절. "나 만군의 여호와가 말하노라 조금 있으면 내가 하늘과 땅과 바다와 육지를 진동시킬 것이요." '조금 있으면'에서 나타나는 바 짧은 시간 간격이 어떻게 여기에 들어 맞는가? 이 구절을 바르게 해석하면 모든 난제가 사라진다. 바른 해석은, 곧 진동시킨다는 것을 이방인의 권력을 깨뜨려서 그들의 교만을 낮추며, 그리하여 그들로 하여금 구원을 받을 차비를 갖추도록 해주는 큰 정치적 격동들을 가리키는 것으로 보는 것이다. 이러한 격동은 아주 가까운 장래에 시작되는 것이다. 도끼가 이미 페르시아 왕국의 뿌리에 놓였다. 나중에 분명히 드러난 페르시아 왕국의 멸망은 그보다 훨씬 전에 있었던 붕괴 과정(이것은 겉으로 드러나지 않았다)이 현실화된 것에 불과했건 것이다.

928. 선지자가 여기서 이방인들이 온갖 보화와 예물을 가지고 몰려 들어와서 신정국가가 영광을 얻으리라고만 선언했었다면, 사람들은 그의 예언을 거의 납득하지 못했을 것이다. 현실적인 대조가 너무도 크기 때문이다. 한쪽에서는 가련하고 비참하고 멸시 당한 이스라엘이 이방의 군주에게 겨우 겨우 어렵게 허락을 얻어서 찬란한 성전 대신 초라한 장막을 그 하나님을 위해 짓느라고 애를 쓰고 있다. 그런데 다른 편에서는 권력이 한참 정상에 올라서 그 세력을 자랑하며, 그 우상들의 능력을 내세우는 이방인들이 이스라엘과 그들의 하나님 따위는 쳐다볼 생각도 하지 않는다. 이처럼 엄청난 대조는, 하늘의 하나님께서 초자연적인 방법으로 그 부강한 권력을 멸망케 하고, 그 천하고 비참한 자들을 티끌에서 높이 올려 세우셔야만 비로소 조화를 이룰 수가 있다. 선지자는 그 백성에게 그러한 일이 예비적으로 이루어질 것을

지적하고 있는 것이다. 하나님께서 이방인들의 힘을 진동시키시며 그들의 교만을 여지없이 낮추시리라는 것이다.

929. 그러나 선지자는 하나님께서 인간의 힘을 격렬하게 파괴시키실 것만을 말씀하는 것은 아니다. 그는 또한 그렇게 파멸된 자들 사이에 생겨날 도덕적인 결과에 대해서도 말씀한다. 곧, 흔들림을 당한 이방인들이 자유로이 와서 스스로를 정결케 하며 그들의 모든 것을 여호와께 드린다고 하는 것이다. 진동시키는 역사는 바로 이런 결과를 얻기 위함이며, 이것이야말로 여호와께서 세상을 통치하시면서 추구하시는 최고의 목표인 것이다.

930. 그러면 이러한 수단들이 이 목표를 이루는데 어느 정도나 어울리는가? 이 질문은 고난의 경륜에 대한 성경 전체의 포괄적인 견해를 근거로 답변해야 마땅할 것이다. 이를 답변함으로써 우리는 다음과 같은 것을 배우게 된다. 곧, 인간 본성이 부패함으로 말미암아 이 세상의 선한 것들을 소유하는 데에 그것들을 악용할 위험이, 그것들에게 마음을 다 쏟고 그것들을 의지하고 교만하여 하나님을 멸시할 위험이 함께 따라붙게 되었으며, 이러한 위험은 오로지 하나님께서 이 선한 것들을 거두어가심으로써만 피할 수가 있다는 사실이다. 이는 심지어 성경의 언어에서도 확실히 나타나고 있다. 개인이 반드시 환난을 통해야 하나님 나라에 들어갈 수 있듯이, 눈물로 씨를 뿌리는 자가 기쁨으로 수확의 단을 거두듯이, 나라의 경우도 마찬가지다. 이스라엘이 아름답게 여호와께로 나아가기 위해서 얼마나 그 나라가 계속적으로 흔들렸느냐 하는 것은 선지자들과 이스라엘 역사가들이 매 페이지마다 거듭 거듭 보여주고 있다. "저희가 고난을 받을 때에 나를 간절히 구하리라"(호 5:15). 이것이 그들 모두를 관통하는 핵심이 된다.

하나님께서는 이스라엘을 치시기 전에는 절대로 그를 그에게로 돌이키지 않으시며, 그를 치유하시지 않으신다. 인간에게 닥치는 고난의 본질에 대한 이러한 근본적인 견해가 하나님이 이방인들을 대하시는데 적용되는 경우를 우리는 이사야서에서(물론 다른 곳에서도 어디서나 그 흔적이 나타나지만) 가장 분명하고도 완전하게 볼 수 있다.

931. 그러면, 현재의 본문에 일반적인 형태로 표현되어 있는 그 사상이 역사와 어떤 관계에 있는가? 여기서 진동시키는 역사를 고려할 때에는 반드시 이방인들이 여호와께로 나아오는 일이 그 결과로 연관된다는 것이 분명히 드러난다. 우리는 그 예언이 그리스도의 초림으로 그 완성에 도달했다고 생각해서는 절대로 안된다. 그 성취는 오히려 점진적인 것으로서 지상의 하나님 나라와 지상의 권세와의 대치 상태가 계속되는 한 계속 이루어져 가는 것이다. 그리하여 결국 영광의 나라가 세워질 때까지 그 성취가 계속되는 것이다.

932. 그렇다면 그리스도의 초림 이전의 시대에는 그 사상이 어떻게 실현되었는가? 여기서 우리는 이방이 진동하는 역사가 줄줄이 이어지는 것을 볼 수 있다. 페르시아의 권력이 어떻게 약화되어 갔느냐 하는 것은 다리오의 후계자인 크세르크세스가 헬라인들과 벌인 전쟁에서조차 분명하게 드러난다. 그 당시에도 충분히 예상할 수 있었던 대로 때가 곧 이르러서 페르시아는 곧바로 알렉산더에게 급작스럽게 정복 당하고 말았다. 알렉산더의 권력도 겉으로는 영원히 갈 것 같았으나 곧 덧없는 것들이 당하는 운명을 그대로 당하고 말았다. 리비(Livy)는 이렇게 말한다: "알렉산더 사망 이후부터 여러 왕국들이 나뉘어졌고, 찢겨진 권력들을 그 아들들로부터 떼어내는 자가 누구든지, 그의 경우 번영의 절정으로부터 종국까지 150년이 걸렸다." 알렉산더의 정권에서 파생된 가장 막강한 두 왕국들, 곧 수리아와 애굽도 서로 파괴되고 말았고, 로마인들이 이제 세상의 대권을 쥐게 된다. 그러나 그들이 세계의 정상에 이르른 것으로 보이는 바로 그 때에 그들의 몰락이 이미 훨씬 앞서서 진행되고 있었다.

933. 그리스도께서 이 나라들 가운데 하나가 그 신성함과 그 젊은 용맹성이 한참 고조되어 있을 때에 나타나셨었다고 가정해 보자. 그러면 그는 그들이 여호와께로 나아오는 것을 보셨을까? 승리에 도취되어 있던 페르시아나 헬라나 고대의 철강이었던 로마나 모두 그렇게 하지 않았다. 그러나 그렇게 해서 허무와 이 땅에 속한 모든 것이 망하는 것이라는 느낌이, 파괴되지 않

는 하늘의 축복을 얻고자 하는 갈망이, 든든하며 움직이지 않는 하늘의 나라에 대한 갈망이 열방들 가운데 크게 일깨워졌었던 것이다. 그러한 갈망이 얼마나 강했느냐 하는 것은—물론 이방이 돌아온다는 약속이 이제 미약하게 성취되기 시작한 것에 불과하지만—그들이 그 나라 자체를 그 불완전한 형태로나마 추구했고, 거기에 받아들여지기 위해서 스스로 고난을 당하기도 했고, 그 나라에 기대기도 했다는 사실에서 잘 볼 수 있을 것이다.

934. 이제는 신약 히 12:26 이하에서 이 구절을 인용하고 있는 것을 살펴보기로 하자. 히브리서 기자는 25절에서 독자들에게 그리스도 안에서 나타난 하나님의 더 완전한 계시를 거부함으로써, 구약에 나타난 하나님의 계시를 무시했다가 형벌을 당한 자들보다도 훨씬 쓰라린 형벌을 당하는 일이 있어서는 안된다고 권면한다. 26절에서는 전자의 형벌이 더 엄한 것이라는 사실을 말씀한다. 즉, 옛 언약이 세워져 있는 동안에는 비교적 작은 진동이 일어났으나(하나님이 피조 세계에 대하여 주권을 가지고 계시며 그것들을 멸하는 권세가 있으시다는 증표로서 시내산이 진동했었다), 새 언약의 시대에는 그보다 무한히 더 큰 진동이 일어나서 온 땅은 물론 하늘까지도 그 영향을 받게 될 것임을 말씀하는 것이다. 학개 선지자의 예언에서 말씀하는 이 진동이 무엇을 뜻하는지를 히브리서 기자는 학개 선지자의 예언을 그 예언이 지칭하는 그 때의 시초에 하나님이 말씀하시는 것으로 묘사하면서(10:5의 비슷한 경우를 보라), 27절에서 다음과 같이 선포하고 있다: "이 또 한번이라 하심은 진동치 아니하는 것을 영존케 하기 위하여 진동할 것들 곧 만든 것들의 변동될 것을 나타내심이라."

칼빈은 이 구절의 말씀이 나타내는 진리를 바로 간파하기는 하지만("사도는 '단번에'라는 말을 고집하지 않는다. 다만 하늘과 땅의 격동으로부터 그리스도의 재림시에 모든 세상의 상태가 변하여야 한다는 사실을 파악하는 것이다."), 거의 모든 사람들이 여기의 전체적인 강조점이 '또 한번'에 있는 것으로 본다는 정황 때문에 여러 가지 그릇된 해석을 내리고 있다. 그러나 히브리서 기자는 그 '또 한번'이라는 말에 대해서는 더 이상 관심을 두지 않고, 그저 그 다음의 σείω οὐ μόνον등에 대해서만 설명하고 있는 것이다.

이와 비슷하게 ἵνα 역시 대개 목적이 아니라 그저 결과만을 의미하는 것으로(ecbatic) 잘못 이해한다. 즉, '움직이지 않는 것을 그대로 서 있게 하기 위하여'가 아니라 ' … 변동됨으로써 그 결과로 움직이지 않는 것이 그대로 서 있게 되었다'는 식으로 이해하는 것이다. 움직이지 않는 것으로 하여금 그대로 서 있도록 하는 것이 바로 움직이는 것을 변동시키는 목적이다. 그러므로 움직이지 않는 것이 그대로 서 있는 것은 움직이는 것이 서 있는 것과는 서로 도저히 양립할 수 없는 모순이 되는 것이다.

이 점들을 고려하면, 히브리서가 이 예언의 근본적인 사상으로 이해한 것과 우리가 발견한 이 예언의 근본 사상이 서로 완벽하게 일치한다는 것이 곧바로 나타난다. 창조된 모든 것은 그것이 하나님 나라를 대적하여 서 있는 한, 하나님 나라가 영원히 그대로 서 있도록 하기 위하여 반드시 진동되어 조각조각으로 깨어질 것이다. 그렇다면, 히브리서 기자가 28절에서 추정하는 βασιλεία ἀσάλευτος가 얼마나 위대하며 영광스러울 것인가! 하나님이 그 나라에 받아들이시는 그 사람들이 그의 사랑을 계속 받아서 하나님이 기뻐하시는 태도로 행하려고 얼마나 진지하게 노력하며 애를 쓰는가! 그들이 얼마나 두려움으로 그들의 행동을 제어해 갈 것인가! 그들의 하나님은—그들에게 베푸신 긍휼은 과거에 베푸신 것보다도 훨씬 능가하는 것이므로—구약의 하나님(신 4:24)을 무한히 넘어서시는 그야말로 소멸하는 불이시기 때문이다.

히브리서 기자는 저급한 성취에서는 그저 이미지에 불과한 하늘과 땅을 진동시키신다는 관념이 가장 높고 최종적인 성취에서 문자적으로 이루어진다는 사실을 잘 간파하고 있었다. 하나님 나라의 유익을 위해서 이 세상 나라들을 진동시키시는 것이나, 마지막 날에 죄와 악으로 가득해서 영광된 하나님 나라의 좌소로 적절치 못한 세상 그 자체를 멸절시키시는 것(사라져가는 모양을 나타낸 표현이다)이나 모두 동일한 하나님의 역사이다. 그러므로 이 예언과 그 인용문은 모두 새 하늘과 새 땅의 창조를 예언한 구절들과 밀접하게 연결되어 있는 것이다(사 65:17; 66:22).

그 구절들은 이방 나라들을 진동시키는 역사 가운데서 그 성취의 전조와 시작을 이미 보았고, 또한 지금도 보고 있는 것이다. 이러한 변혁은 마지막 때에 일어날 그 위대한 변혁의 시작과 씨앗이기 때문이다. 이런 사실들을 고려할 때에 우리는 또한 학개의 구절과 히브리서의 구절이 이사야서의 구절과 벧후 3:10 이하와 거의 일치하는 현상을 잘 해명할 수 있게 된다. 그러한 밀접한 연관성은 지금까지 히브리서의 해석자들이 충분히 깨닫지 못했고 또한 그것을 이용하지도 못했다.

935. 7절. "또한 만국을 진동시킬 것이며 만국의 보배가 이르리니 내가 영광으로 이 전에 충만케 하리라 만군의 여호와의 말이니라." 우리는 여기서 메시야라는 인물 그 자체를 말씀하는 것이 아니라는 견해를 취한다. 과거의 해석자들은 오로지 그 형식에 있어서만 오류를 범하고 있다. 이 구절의 핵심은 역시 메시야에 관한 것이기 때문이다. '만국의 보배'(문자적으로는 '모든 이방의 아름다움'이다—역자주)라는 표현[이를 '만국의 열망'으로 볼 수는 없다. 물론 어원적으로는 그런 뜻으로 볼 수도 있겠으나, 그런 뜻으로 사용되는 예가 한번도 나타나지 않는다]에 대해서 우리는 그저 '무엇이든 이방 사람들 가운데 있는 값 있는 모든 좋은 것들과 아름다운 것들'을 가리키는 것으로 이해한다.

936. 본 절의 마지막 말씀 '내가 영광으로 이 전에 충만케 하리라'에 대해서 과거의 해석자들은 거의 메시야의 나타나심으로 말미암아 성전이 영화롭게 될 것을 가리키는 것으로 보았으며, 아버바넬과 하세우스(Hasaeus)는 출 40:34, 35; 대하 5:13, 14; 왕상 8:10, 11; 겔 43:4 등 거의 똑같은 낱말들을 사용하여 하나님이 성막과 솔로몬 성전과 새로운 영적 성전에 거하시는 것을 말씀하는 구절들에 호소하면서 이를 성령의 거주하심을 가리키는 것으로 보았다.

937. 그런데 그 구절들이 여기 나타나는 것과 거의 동일한 낱말들을 사용하고 있다는 것이 전적으로 우연히 일어난 것이라고 생각할 수는 없을 것이다. 그러나 위의 해석자들이 생각하는 것보다는 훨씬 연관성이 적다는 것으로 알아야 한다. 그 구절들과 본문 사이의 가장 근본적인 차이는 그 구절들은 구체적인 영광, 곧 하나님의 영광과 그의 위엄의 현현을 말씀하는 반면

에 여기서는 그저 일반적인 영광(정관사도, 접미어도 없다)만을 말씀한다는
사실이다. 그렇기 때문에 이 영광이 무엇인지를 결정하기 위해서는 이 절의
앞부분에 나타난 내용을 살펴야 할 것이다. 여호와의 전에 영광이 가득해지
는 것은 만국의 보배가 그리로 오는 것으로 인해서 생기는 일이다.

이는 사 60:13과 정확히 일치한다: "레바논의 영광 곧 잣나무와 소나무
와 황양목이 함께 네게 이르러 내 거룩한 곳을 아름답게 할 것이며 내가 나
의 발 둘 곳을 영화롭게 할 것이라." 또한 "은도 내 것이요 금도 내 것이니
라"라고 한 8절의 말씀도 동일한 것을 가리킨다. 그리고 마찬가지로 9절에서
도 두번째 성전이 첫번째 성전보다 영광이 더 크리라고 말씀하는데, 3절과
비교하면 첫번째 성전에 있는 영광이 두번째 성전에는 없었던 것으로 나타나
지만, 거기서 말하는 그런 영광을 뜻하는 것이 아님을 알 수 있다.

그러나 그렇다고 해서 위의 여러 해석자들이 호소하는 그 구절들과 갖는
중요한 연관성을 전혀 무시하는 것은 아니다. 그 때에 강림하셔서 성전을 최
고의 장식물로 장식하시고 그의 존귀하심을 함께 나누어 주셨던 그 동일하신
하나님이 만국의 보배들이 그리로 와서 장식할 때에 영광으로 그곳을 가득
채우실 것이다. 그리고 이처럼 새로운 영광을 주신다는 사실은 과거의 성전
의 영광을 다시 베풀어 주시며, 그보다 훨씬 놀랍게 베풀어주신다는 사실을
전제로 하는 것이다. 어떻게 해서 이방이 보배를 가지고 오겠는가? 하나님이
그의 백성 가운데 거하심을 깨달았기 때문이 아니고 무엇이겠는가!

938. 여기서 한 가지 반대 의견을 살펴보아야 하겠다. 그것은 우리의
견해에 대하여 칼데니우스(Chaldenius)가 과거의 해석자들 대부분과 함께
제기하는 것이다: "하늘과 땅, 모든 인류의 소요가 최대로 약속하는 것이 무
엇이고, 그리고 실로 마지막에 일어나는 것이 무엇인가? 예루살렘 성전이 열
방의 금으로 채워질 것이다. 성전의 금과 은으로 장식된 장식들을 하늘의 격
동과 생각으로 연결할 수 있는 사람은 금과 은의 찬란함으로 더욱 더 강하게
매혹되어야 한다."

이에 대한 가장 확실한 답변은 이것이다: "그런 일을 예언한 것이 분명
한 이사야가 그 고상한 말씀 가운데서 그렇게 하는 것이 어울리는 일이었는

가? 그렇다면 어째서 학개는 그렇게 못한단 말인가?" 그러나 형식과 본질, 껍데기와 알맹이를 서로 어떻게 분리하느냐 하는 것만을 이해하게 되면 참되고 완전한 해결책이 즉시 나타난다. 신자들이 새로운 성전의 기초가 세워지는 것을 바라보면서 그렇게 한숨을 쉬게 된 가장 깊은 원인이 어디에 있었는가? 그 아름다운 건축물이 취향에 맞지 않아서가 아니었다. 오히려 그들은 새로운 성전과 과거의 성전의 관계를 하나님과 그들 자신의 현 관계를 반영하는 것으로 본 것이다. 그들은 그것을 하나님의 은혜가 그들에게서 떠났다는 선언으로 보았으며, 그 은혜가 다시 돌아오지 않으리라는 것을 예언해 주는 사건으로 여겼던 것이다. 그러므로, 그들이 성전의 외적인 모습에 대해 고뇌한 것은 오로지 그 외적인 모습이 그들의 내적인 현실을 그대로 반영하는 것으로 보았기 때문이었다.

그러나 그런 외양이 그들에게 고뇌를 가져다 주었으나, 실상 그것은 위로를 가져다 주는 것이었다. 하나님께서 그 성전이 영광을 얻게 되리라는 예언을 해 주심으로써 그들에게 하나님이 그의 백성을 거부하신 것이 아니라는 확신을 심어주셨으며, 그리하여 그 성전 건물에 대해서 용기를 가지게 하셨다. 하나님의 모든 약속은 언제나 예와 아멘이며, 하나님 나라가 현재는 멸시를 당하고 있으나 장차 때가 이르게 되면 세상의 모든 나라의 영광을 훨씬 능가하고도 남음이 있을 것이라는 확신을 주신 것이다. 진리의 형식만을 바꾸는 하나님의 참된 적응(accommodation)이 있으며, 동시에 본질까지도 완전히 왜곡시키는 거짓된 적응이 있다. 낙원에서부터 그리스도에 이르기까지 나타난 하나님의 모든 활동과 말씀 속에서 이런 하나님의 참된 적응이 이어지고 있다.

주님께서 제자들에게 주님을 위하여 이 땅에서 잃은 것을 백배나 갚아주리라고 말씀하신 것이 그런 참된 적응이 아니고 무엇인가? 제자들이 열 두 보좌에 앉아서 이스라엘의 열 두 지파를 다스릴 것이라고 예언하셔서 그들에게 용기를 주신 것도, 그런 적응이 아니고 무엇인가? 제자들이 주님의 오른편과 왼편에 앉는 그런 일이 실제로 있는 것으로 생각하는 것을 주께서는 그대로 허용하시고, 그들이 생각하는 그런 형식(그들의 교육 정도와 영적 상태에 따라서 근본 사상을 이해하는 형식, 즉 주님의 보좌의 오른편과 왼편이라는 이미지)을 교정하지 않으셨고, 다만 그 근본 사상과 연관되는 그들의 죄악된 동기와 생각만을 교정해 주시지 않았는가? 제자들이 잘못되게 물질적인 하늘을 연상하여 그렇게 이해할 소지가 많음에도 불구하고, 주께서는 그들에게 하늘에 계신 하나님께 기도하는 법을 가르쳐 주시지 않았는가?

주께서 친히 계시하신 모든 것에서 그러한 적응이 나타나며, 또한 사도들을 통해서 죽음 이후의 상태와 영광의 나라에 관하여 계시하신 내용에도 그런 적응이 나타난다. 주께서는 그 낙원의 상태에 대해서 우리가 이해할 수 있는 그런 형식으로 묘사하신 것이다. 그처럼 우리에게 맞도록 적응된 형식을 취하지 않고 본래의 상태 그대로 전달하셨다면, 우리는 도무지 이해할 수가 없었을 것이며, 그렇다면 그 근본 사상도 우리에게 감추어졌을 것이 아닌가? 이러한 예는 구약 백성들의 경우에도 더욱 잘 드러난다. 구약의 경건한 자들이 은혜의 나라와 갖는 관계는 마치 우리가 영광의 나라와 갖는 관계와 똑같은 것이었다. 율법에 대한 것이 여기서 예언에도 그대로 적용된다. 율법의 일점 일획이 땅에 떨어지는 것보다도 하늘과 땅이 먼저 사라질 것이라는 말씀도 충분히 할 수가 있다(마 5:18; 24:35을 보라).

그러나 율법에 있어서나 예언에 있어서나 영원한 것, 즉 하나님의 본성에 뿌리를 박고 있는 것은 문자가 아니라 영이다. 영은 문자와 분리되어 있는 것이 아니라 문자 속에 내재되어 있는 것이다. 이러한 적응을 우리도 모방할 필요가 있다. 그런 적응을 모방하지 않으면, 예컨대 아이들에게 하늘에 대해서 전혀 이야기할 수가 없어지고 만다. 그러나 아이들이 이해할 수 있는 그런 방식으로 하늘에 대해서 이야기하는 것이 마땅하지 않은가? 그처럼 아이들 같은 그런 형식의 관념이지만, 아이들에게는 그것이 참된 관념인 것이다. 아이는 오로지 그런 형식을 통해서만 그 관념을 이해할 수 있기 때문이다. 그 이외의 다른 방식을 아무리 써도 그것은 그 본질적인 관념에 대해서 그릇 이해하도록 만들 뿐인 것이다.

939. 이제 이 예언의 성취에 대해서 어떻게 이해하여야 할 것인지가 쉽게 드러나게 된다. 본문에 나타난 겉 모양과 이미지에서도 벌써 그 성취의 전조를 희미하게나마 볼 수 있다. 옛 언약이 계속 유효하던 때에 이방인 회

심자들이 이스라엘의 하나님을 향한 진실한 사랑으로 성전에 바친 모든 좋은 것들이 거기에 속한다. 이는 마치 여호와께서 그 백성들에게 베푸시는 모든 겉으로 드러난 도움 가운데서 하나님의 약속(마 19:29)이 실현되는 것과도 같다.

그러나 몇몇 해석자들이 문자에 치중하여 마카베오 시대와 헤롯 시대에 성전을 장식하는 일이 일어남으로써 이 예언이 성취된다고 보지만, 우리는 그런 일을 성취에 속하는 것으로 보아서는 안된다. 여기서 성전을 영화롭게 하는 일은, 이방인들이 하나님의 외적 내적 역사로 말미암아 각성하고 회개하여 믿음을 갖고서 그들이 성전에 보배를 가져옴으로써 이루어지는 것이므로, 마카베오 시대에 있었던 그 사건은 여기에 해당되지 않는다. 또한 헤롯 시대의 사건도 여기에 해당되지 않는다. 물론 헤롯은 이방 사람이었지만, 그가 성전에 대해 가졌던 열정은 믿음과 사랑에서 나온 것이 아니었던 것이다. 그 사건에 대한 칼빈의 논평은 전적으로 옳다: "그들이 그리스도를 소망하기를 중지하도록 하는 악한 영을 스스로에게 맞서게하는 유혹자는 마귀이다."

그의 논평에서 한 걸음만 더 나아가면 된다. 즉, 사단만이 그러한 의식적인 목적을 가졌던 것이 아니라 그의 도구였던 헤롯 또한 그런 목적을 가졌었다. 두번째 성전이 그 영광에 있어서 첫번째 성전보다 훨씬 뒤진 것이나, 그 예언의 문자적 성취가 그렇게도 희귀하고 작고, 포로기 이후 시대로부터 그리스도의 시대에 이르기까지 그 백성들의 전반적인 상태가 그렇게 열악하고 비천한 상태였던 것은 결코 우연이 아니었다.

마찬가지로 하나님께서 그의 지혜롭고 거룩한 목적에 따라서 마 19:29의 약속의 문자적 성취를 그렇게 희귀하게 만드신 것도 결코 우연이라 할 수 없다. 칼빈은 다음과 같이 말한다: "언제나 성전은 빛났었고 전에 있었던 대로 역시 왕의 외형들도 있었을지라도, 그들의 외적인 유랑생활에 유대인들은 안식하였었다. 그와 같이 그리스도는 멸시받았었다. 하물며 하나님의 영적인 은혜도 없었다."

그 예언이 저급하게나마 백성들에게 성취되지 않은 것은 그들이 '금과 은'에 이끌려서 현재에 만족하고 그 완전한 성취를 갈망하지 않게 되는 일이 없도록 하기 위함이었다. 이런 갈망이 헤롯에게는 너무도 강했던 것 같다.

그는 하늘 나라가 그의 지상적인 정권을 침투하여 들어올까봐 염려했다. 그가 성전을 지은 것은 그가 베들레헴의 남자 아이들을 살해한 것과 똑같은 원리 위에서 행한 일이었다. 그는 하나님 나라가 오는 것을 방해하기를 원했다. 그는 그 기다리고 기다리는 마지막 때를 현재로 옮겨 놓기를 원했던 것이다. 요세푸스는 심지어 본문의 예언을 특별히 언급하는 가운데 이러한 혜롯의 목적을 분명히 기록하고 있다(b. 15, c. 11). 요세푸스의 기사는 예컨대, 두번째 성전의 높이가 첫번째 성전과 같았다고 하는 혜롯의 강화의 추측에 대해서도 설명하고 있다.

학개는 두번째 성전의 영광이 첫번째 성전의 영광보다도 훨씬 크리라고 예언했었기 때문에, 그가 그렇게 추정했다는 것이다. 요세푸스 15. 11. 1을 참조하라: "우리 조상들이 바벨론으로부터 귀환하여, 거룩한 하나님께 지어 바친 이 성전은 솔로몬의 성전보다 높이가 60규빗 모자란다. 바로 솔로몬의 성전이 지금 것보다 더 크다는 말이다." 또한 다음 기록도 참조하라:"나는 하나님의 뜻에 의해 지금 지배자로 여기 존재하고 있고, 평화의 시대도 오랜 동안 계속되었으며, 부와 많은 양의 세입도 비축되어 있다. 또한 세계의 지배자들인 로마의 주요한 인물들도 나의 충실한 친구들이다." 여기서 본문의 예언을 지칭하고 있는 것은 너무도 분명하다. 혜롯은 성전을 영화롭게 하는 모든 조건들이 실제로 물질적으로 존재한 것임을 입증하려고 노력했다. 그에게 있어서 '모든 사람들 중에서 힘이 강한 로마인들'은 성전 건축을 촉진케 하는 '모든 이방들'과 같은 것이었다. 그는 하나님의 부르심을 받아 통치의 자리에 올랐으며, 또한 금과 은이 충분히 있었다. 또한 '내가 이곳에 평강을 주리라' 한 말씀이 이제 성취되었다. 그가 '나중 영광이 이전 영광보다 크리라' 라는 말씀을 이루기 위해서 모든 수단을 다 동원했다는 사실은 다음의 기록에서 잘 나타난다: "혜롯은 그보다 앞선 어떤 사람보다도 경비를 많이 들여 성전을 건축하였다"(15. 11. 3). 가짜로 이적을 일으켜서 그 일이 하나님의 특별한 인도하심을 받고 있음을 선포하기까지 했다. 많은 사람들이—이들은 잃어버려진 것이 아니라 그들의 믿음에 대한 시험에 넘어간 것이다—실제로 거기에 속아 넘어가서 그의 정권이 하나님을 불쾌하게 하는 가장 큰 증거가 되는 바로 그 사람—하나님이 이스라엘의 강퍅한 마음을 산산조각 나도록 깨뜨리는데 사용하신 망치와도 같은 존재이다─을 하나님의 긍휼하심의 도구로 여겼던 것이다. 그러나 신자들은 예전과 같이 이스라엘에 위로가 있기를 계속해서 기다렸다. 그들은 겉으로 성취처럼 보이는 외형적인 사건 대신에 이방인의 충만한 수가 하나님 나라에 들어와서 그로 말미암아 충만한 영광이 드러나게 될 그 참된 성취를 마음에 두었던 것이다.

940. '하나님의 집'을 교회로 이해하던 교부 시대가 아니라 그보다 나중 시대에, 사람들이 유대인과 논쟁을 벌일 때에 본문의 예언이 큰 비중을 차지했었다. 그 논쟁의 주요 근거는 다음과 같다. 즉, 두번째 성전이 존재하는 동안에 이방인의 열망인 메시야가 나타나게 되어 있었는데, 그 두번째 성전이 이미 파괴된지 오래 되었는데 아직도 메시야를 기다리고 있으니 그런 이스라엘의 소망이 얼마나 헛된가 하는 것이었다. 이런 논지에 대하여 단 한 가지 의혹, 곧 헤롯이 그 두번째 성전을 재건한 사실이 있었던 것 같다. 어떤 이들은 이런 의혹을 잘못된 방법으로 제거하려 했다. 즉, 헤롯의 성전 재건이 전체적인 것이 아니었다고 가정하는데, 이는 요세푸스의 명백한 기록과 모순된 것이다.

한편, 에르네스티(J. A. Ernesti)는 이러한 난제를 제거하는 올바른 과정을 취했다. 그는 de Templo Herodis M.(헤롯 성전에 관하여)이라는 논고에서 이를 입증하려 했고, 그 일에 성공을 거두었다: "1. 옛것들이 파괴되었으므로 그 기초로부터 전 헤롯성전을 재건하였다는 것. 2. 언행의 역사적 관습으로부터 전 시민적인 그 성전은 그럼에도 불구하고 두번째 성전이었고 정당히 칭하여졌다." 그가 제시한 근거에 한 가지 덧붙일 것이 있다면, 이미 언급한 바 있는 헤롯의 계획 자체가 반드시 그의 성전과 스룹바벨 성전을 동일시할 것을 요구했다는 사실이다. 그가 스룹바벨 성전을 완전히 무너뜨리고 한번에 일부분씩 성전을 완전히 새로 지었던 것은 바로 그런 이유 때문이었음이 분명하다. 더욱이 새로운 건축물을 세웠다는 의미에서가 아니라 종교적 의미에서 볼 때에, 그 새 성전이라는 이름은 오로지 신정국가의 역사 가운데 새 시대가 시작되는 시기와 같은 때에 세워진 성전에만 붙일 수 있는 것이며, 그래야만 그 새 시대를 외형적으로 그 새 성전의 시대로 지칭할 수 있게 되는 것이었다.

941. 그러나 우리의 해석을 따르면, 이런 옛날의 논증 방법은 그 힘을 완전히 잃어버리고 마는 것 같다. 메시야라는 인물을 지칭하는 것도 사라진다. 성전도 이제는 하나의 건축물로서가 아니라 하나님 나라의 좌소로서 그 나라를 지칭하는 것으로 고려된다. 그러나 자세히 검토해 보면, 옛날의 논증은 그저 새로이 적용하기만 하면 그 힘이 다시 회복되는 것으로 나타난다. 우리는 그저 두번째 성전이 파괴된 것을 외형적인 파괴로서가 아니라 있는 그대로, 즉 하나님 나라가 유대인에게서 사라졌다는 하나님 편에서의 선언으로 이해하고, 더 나아가서 이 선언이 지난 열 여덟 세기 동안 유대인들의 운명 속에서 계속해서 나타났다는 사실을 생각하기만 하면 된다.

그렇게 되면 우리는, 하나님 나라가 지속되는 것과 또한 학개의 약속들이 성취되는 것을 오로지 성전을 통해서만 볼 수 있다면, 학개는 광신자가 될 뿐 아니라 그를 참되신 하나님의 선지자로 알고 있는 모든 자들은 그 성취를 어쩔 수 없이 다른 데서 찾으려 할 것이라는 확신을 얻게 될 것이다. 만일 두번째 성전(=성전이 두번째로 나타내는 하나님 나라)이 영광을 입도록 되어 있었다면, 우리는 이러한 영광이 방해를 받아서 하나님의 모든 찬란한 현현들이 중지되었을 것이라고 생각할 수가 없다. 왜냐하면 두번째 성전이 있는 동안 신실함과 가혹함과 함께 사랑과 긍휼하심이 여러 가지 다양한 표현을 통해서 나타났으므로 하나님의 언약(이는 일정 기간 지속되는 것으로 그것이 갱신되면 그 이전의 시대가 끝나는 것을 의미했다)이 여기서 별로 고려되고 있지 않기 때문이다.

만일 두번째 성전이 영광을 입도록 되어 있었다면, 그 성전이 파괴되었다고 해서 그것이 선지자의 신빙성을 삭감시키는 것이 아니며, 오히려 그 파괴로 인해서 영광스럽게 개선되었다고 보게 될 것이다. 그것은 곡식의 씨앗이 땅에서 썩어 사라져서 많은 열매를 맺는 것과도 같은 이치인 것이다. 그러나 여기서 너희가 보듯이 파괴가 나타나는데, 이것은 그저 파괴일 뿐 다른 의미가 있는 것이 아니다! 〔라고 유대인에게 말할 수 있을 것이다.〕 아직도 선지자의 약속의 마지막 성취를 기다릴 이유가 있다면, 그것이 현세에 성취되지 않고 그냥 종말이 올 수는 없을 것이다. 심지어 선지자 자신도 그의 약속이 "조금 있으면" 성취될 것으로 말씀하지 않았는가? 그러나 그렇다면 하나님이 다시 한번 하나님이 되시기 위해서 지난 열 여덟 세기 동안 하나님이 아닌 상태로 계셨던 것이 되어 버린다! 절대적으로 미래에 이루어질 것에 대해서 소망을 두는 자는 바보가 되고 만다. 그는 공연히 헛된 데 열심을 기울이는 것밖에 아무 것도 아니다.

여호와께서 날마다 우리와 함께 계시거나 아니면 그가 다시 오시지 않거나 둘 중에 하나다. 현재에 여호와의 선하심과 은혜로우심을 맛보지 않는 자는 미래에도 맛볼 수가 없다. 미래에 완전히 새로 시작하는 것은 없다. 오로지 완성만이 있을 뿐이다. 이는 마치 하나님이 미래에 비로소 처음으로 하나님이 되시는 것이 아니라 이미 현재에 하나님이신 것과 마찬가지로 분명한 사실이다. 그리스도께서 나타나시기 전에 이스라엘의 위로를 기다리던 이스라엘의 신자들이 그 당시에 그 위로를 이미 경험하지 못했다면 오늘날의 유대인들과 마찬가지로 매우 어리석은 자들이었을 것이다. 오늘날의 유대인들의 불신앙은 과거부터 무의식 가운데 존재해오던 것이 겉으로 드러난 것일 뿐이다.

사람이 스스로 절대적으로 미래에 있는 것에 대해 소망을 갖는 것으로 생각할 수도 있으며, 또한 장차 처음으로 하나님이심을 나타내 보이실 그런 하나님을 믿는다고 스스로 환상에 빠질 수도 있을 것이며, 그것도 그 상상의 신앙과 소망을 위해서 순교자가 될 정도로 열렬히 믿을 수도 있을 것이다. 그러나 이 모든 것들에 대해서 그는 아직 진정으로 소망하고 믿는 것이 아니다. 왜냐하면, 참된 소망과 참된 믿음이란 히 11:1의 말씀대로 '바라는 것들의 실상'이며, 따라서 그것은 미래를 위한 필수적인 기초로서 상대적으로 현재성을 취하는 것이기 때문이다. 하나님이 하나님이 되시기를 오래 연기하시면 하실수록, 이러한 상상은 점점 사라져 가고 만다.

무신론이 바로 현대의 유대교가 급속히 진행해 나아가고 있는 목표이다. 우상숭배를 혐오하는 것을 포함하여 원리적인 면에서 오늘날의 유대교의 모습과 동일한 그 옛날 유대의 신앙적 갱신이란 도저히 생각할 수가 없는 것이다. 왜냐하면 그것은 현재에 권능과 선하심의 증거를 전혀 주지 않는 그런 하나님을 섬기는 것이기 때문이다. 기독교와 무신론이 그들 사이에서 전리품을 나누어 가지게 될 것이다.

942. 8절. "은도 내 것이요 금도 내 것이니라 만군의 여호와의 말이니라." '내 것이니라' 라는 말은 그 앞과 뒤에 나타나는 '내 것일 것이라'의 근거가 된다.

943. 9절. "이 전의 나중 영광이 이전 영광보다 크리라 만군의 여호와의 말이니라 내가 이곳에 평강을 주리라 만군의 여호와의 말이니라." 이 곳은 예루살렘이다. 예루살렘이 하나님 나라의 좌소요 중심으로 남아있는 한 여기의 약속은 예루살렘에 속하는 것이다. 대부분의 기독교인 해석자들의 견해대로 여기의 평강을 영적 평강으로 이해하는 것은, 마치 비트링가 등의 견해대로 8절의 은과 금을(이사야서에 나타나는 표현과 마찬가지로) 영적 보배의 뜻으로만 보는 것과 마찬가지로 똑같이 임의적인 해석일 수밖에 없다. 일차적으로 외적인 평강을 뜻한다는 사실은 병행 구절인 사 60:18에서도 분명히 드러난다: "다시는 강포한 일이 네 땅에 들리지 않을 것이요 황폐와 파멸이 네 경내에 다시 없을 것이며 네가 네 성벽을 구원이라, 네 성문을 찬송이라 칭할 것이라." 그러나 그 약속을 그 사상에까지 추적해 들어가면, 해석자들이 그릇되게 그 말씀(즉, pax spiritualis 또는 quaevis benedicto et prosperitas)에 덧붙인 그 내용이 이미 그 말씀의 충만한 의미 속에 내포되어 있다는 것이 드러나게 된다.

— 그러나, 여기서 한 가지 말할 수 있는 것은 평강을 메시야 시대의 특징적인 표지로 이해하는 모든 사람들과 함께 이 예언이, 의에 거하는 바 새 땅, 즉 그 영광의 나라를 그 최종적이고 문자적인 성취로서 바라보며 기다리고 있다는 사실이다.

선지자 말라기

예비적 고찰

944. 비트링가가 그의 논지를 전개하는데 사용하는 근거는 일반적인 호응을 얻고 있다: "느헤미야가 페르시아의 다른 곳에서 가나안으로 옮긴 그 때 쯤에, 그 일이 아닥사스다 왕 32년 후에 일어날 것이라는 이 예언이 선포되었다"(p. 360). 한 가지 의혹의 여지가 있다면, 말라기가 활동을 시작한 때가 느헤미야가 두번째로 예루살렘에 온 것을 계기로 일어난 개혁과 비교하여 그보다 약간 전이었는가, 그보다 약간 후였는가, 아니면 그 시기와 정확히 일치하는가 하는 문제다. 마지막의 대안이 가장 설득력이 있다. 그 이전의 시기로 보는 견해는 잘 어울리지 않는다. 왜냐하면 당시에 만연하고 있던 악습이 아직 전혀 깨어지지 않는 것으로 나타나는데, 이는 하나님이 일정 기간 동안 그 백성을 그냥 그대로 내버려 두셨다는 것을 전제로 하기 때문이다. 더 나아가서 1:8에서는 민간의 문제를 관할하는 지도자가 백성 가운데 있는 것으로 언급하고 있는 것을 보게 된다.

또한 그 이후의 시기로 보는 것도 합당치 않다. 왜냐하면 느헤미야의 개혁의 조치가 그 사안의 본질로 보거나 그의 공식적인 기록을 볼 때에 전혀 효과가 없었던 것으로 볼 수가 없기 때문이다. 그러므로, 말라기의 활동은 아마도 느헤미야의 활동과 같은 시기에 있었던 것으로서, 그 두 사람의 활동은 마치 학개와 스가랴의 활동과 여호수아와 스룹바벨의 활동과의 관계와 똑같은 관계에 있었을 것이다. 주로 외적인 면에 치중한 느헤미야의 개혁 활동과 동시에 말라기의 활동은 주로 내적인 면에 치중하여 진행되었다. 느헤미야는 도비야의 모든 가구를 그 방 바깥으로 내어던졌다(느 13:8). 그는 안식일을 범하는 자들에게 경고하기를, "너희가 어찌하여 성 밑에서 자느냐? 다시 이같이 하면 내가 잡으리라"라고 한다(느 13:21). 그는 이방인 여자를 아내로 취한 자들을 때리고 머리털을 뽑기도 했다(느 13:25).

반대로 말라기는 하나님의 말씀으로 징계한다. 그는 하나님의 징벌이 이미 백성들 가운데서 시작되었으므로 기존의 그 부패의 씨앗이 자라감에 따라서 그 징벌이 더욱 더 분명하고도 심해질 것임을 강하게 지적한다. 그런 내적이며 외적인 개혁의 역사는 이스라엘 역사 전체에서 끊임없이 일어났다. 예컨대, 이사야와 히스기야왕의 개혁이나, 예레미야와 요시야왕의 개혁을 생각해 보라. 그저 외형적인 개혁만 있었던 예는 전혀 찾아볼 수가 없는 것이다.

〔헹스텐베르크 박사는 이어서 말라기(='나의 사자')가 한 개인의 이름이 아니라 직분의 명칭이라는 비트링가의 견해를 변호한다. 그는 그 근거로서 그 예언에는 의미가 같은 강화—위로와 약속을 주는 강화가 아니라 경고와 위협의 성격을 지닌—밖에는 없다는 사실을 제시한다. 그러나 그런 현상은 "희미하고 노쇠한 정신"의 표시(아이히호른과 데 베테의 주장처럼)가 아니라, 선지자가 싸워야 했던 스스로 의롭다고 생각하는 태도가 구체적으로 드러나 있는데서 연유한 것이라고 한다. 그 다음 그는 일반적인 논지를 재검토하고 그 연관성을 추적한다.〕

2:17-3:6

945. 17절. "너희가 말로 여호와를 괴로우시게 하고도 이르기를 우리가 어떻게 여호와를 괴로우시게 하였나 하는도다 이는 너희가 말하기를 모든 행악하는 자는 여호와의 눈에 선히 보이며 그에게 기쁨이 된다 하며 또 말하기를 공의의 하나님이 어디 계시냐 함이니라." 여기서 말로 하나님을 괴롭게 하는 것으로 묘사되고 있는 자들은 참된 경건한 자들을 제외한 백성의 무리들이다. 그러면서도 그들은 마음 속으로 원치 않으면서도 희생 제물과 금식과 언약의 사자가 나타나기를 기다림으로써 여호와께 경의를 표하고 있다. '여호와를 괴로우시게 하고'라는 표현은 그 범죄가 얼마나 큰지를 잘 보여준다. 말하자면 그 백성의 연약함을 견디시는 하나님의 오래 참으심으로도 이제 더 이상 견디지 못하셔서 이제 그의 형벌의 공의를 드러내실 수밖에 없는 상태가 되어 버렸으니 그 백성의 말이 얼마나 불경스러운가? '우리가 어떻게 여호와를 괴로우시게 하였나?'라는 문구에 대해서 칼빈은 다음과 같이 적절히 논평하고 있다. "그들이 이런 질문을 하는 것은 의심이 있어서가 아니라 그들이 목이 곧아서 그런 강퍅한 자세로 선지자의 책망을 부인하며 무시하고 조롱하고 있는 것이다."

'모든 행악하는 자는 여호와의 눈에 선히 보이며.' '행악하는 자'는 이방인을 뜻하는 것으로 이해해왔다. 외식의 본질이 그렇듯이, 투덜거리는 자들은 자기들 스스로 범하지 않은 죄에 대해서만 그것을 죄로 인정하는 법이다. 지극히 무서운 형벌이 내려서 자기 자신들이 해를 받을 경우에도, 죄로 분명히 드러나는 그런 것만을 죄로 인정하는 것이다. 말라기가 대적하고 있는 원수들과 그 이전의 선지자들에게서 자주 언급되는 하나님을 공공연히 멸시하는 자들 사이에 차이가 있음을 여기서 볼 수 있다. 후자는 하나님의 존재를 부인하거나 최소한 그의 전능하심을 부인하면서 하나님을 조롱하며 멸시한다. 그러나 전자의 경우는 그들이 그의 전능하심을 완전히 인정할 수밖에 없는 바로 그 이유 때문에 자기들이 그의 공의하심을 부인해야만 한다고 믿는다. 만일 그 어떤 외형적인 것이라도 하나님이 기뻐하지 않으시며, 또한 자기들이 보기에는 자기들이 하나님을 향하여 의무를 다 이행했다면, 그들은 하나님의 공의에 대해서 갈피를 잡지 못하게 될 것이기 때문이다. 그리하여 그들은 불평한다. 그들의 만족되지 않은 기대의 본질이 어떤 것인가에 대해서는 그 다음 절에서 더욱 분명히 배우게 된다. 거기에 따르면 그들은 언약의 사자를 기대하고 있었던 것이다. 그들은 과거에 하나님이 그 열조들을 애굽에서 인도해 내시고 애굽을 징벌하셨듯이, 그가 바벨론 포로들의 귀환 직후에 다시 나타나셔서 모든 이방을 심판하시고 이스라엘 전체에게 축복을 베푸실 것을 소망하고 있었던 것이다.

'그에게 기쁨이 된다'는 앞의 1:10을 지칭하는 것 같다. 거기서 여호와께서는 그들을 향하여 '내가 너희를 기뻐하지 아니하리라'라고 선언하셨다. 이에 대해서 그들은 말하자면, '과연 옳소이다. 주께서는 의로운 우리를 기뻐하지 아니하시고, 행악하는 자들을 기뻐하시나이다'라고 답변하고 있는 것이다.

'공의의 하나님이 어디 계시냐?'라는 질문은 즉, 다음과 같은 뜻이다: '그렇지 않다면, 하나님이 불경건한 자들을 기뻐하지 않으신다면, 공의로운 하나님이 자신을 드러내신 행위가 과연 어떤 것인지를 내게 보여 보아라. 이 방인들이 번영하며 이스라엘이 환난을 당하는 것이 여호와의 공의하심과 정반대되는 것이 아니고 무엇인가?' 여기서 백성들의 잘못은 '공의의 하나님이 어디 계시냐?'라는 질문에 대해서 오로지 아무데도 안계신다는 답변밖에는 할 수 없을 것으로 확신하고 있다는 점에 있다. 다른 곳에는 안계실지라도—그 대답은 진실에 아주 가깝다—하나님은 여전히 자신을 드러내 보이신다. 심지어 너희가 현재 당하는 환난 가운데서도 자신을 드러내 보이시는 것이다. 그 환난이 너희의 도덕적 상태에 합당한 것이 아니냐? 이래도 너희가 분명히 깨닫지 못한다면, 하나님은 장차 너희가 다시는 '공의의 하나님이 어디 계시냐?'라고 물을 수 없도록 그렇게 자신을 드러내 보이실 것이다.

946. 3:1을 다루기 전에 앞에서 그냥 스치고 지나쳐 버린 사 40:3-5을 거론할 필요가 있을 것이다. 왜냐하면 감히 하나님의 공의에 대해 의문을 제기한 그 사람들에게 말라기가 제시한 답변이 바로 그 구절에 근거한 것이기 때문이다.

947. 사 40장3절 "외치는 자의 소리여 가로되 너희는 광야에서 여호와의 길을 예비하라 사막에서 우리 하나님의 대로를 평탄케 하라." 4절 "골짜기마다 돋우워지며 산마다, 작은 산마다 낮아지며 고르지 않은 곳이 평탄케 되며 험한 곳이 평지가 될 것이요." 5절. "여호와의 영광이 나타나고 모든 육체가 그것을 함께 보리라 대저 여호와의 입이 말씀하셨느니라." 3절과 4절에는 광야에 여호와를 위하여 길을 만듦으로써 여호와의 오심에 앞서 그것을 예비하는 모습이 나타난다. 5절은 여호와께서 구원과 영광과 함께 나타나시는 모습 그 자체를 묘사한다. 그 말씀은 아주 갑자기 이루어진다. 그러므로 여기에 '들어라! 무엇을 들으라고? 외치는 자의 소리여 … '라는 식으로 덧붙여서 이를 이해하여야 한다. '광야에서'를 그 앞이나 그 후의 말씀과 연결시켜 이해하는 것이 어울리지 않는 이유가 많으므로, 차라리 그 말이 중간에 독자적으로 서서 그 앞과 후의 말씀과 동시에 연결되는 것으로 보는 것이 나을 것이다. 외치는 자의 소리는 언약 백성에게서 나오는 것이다.

948. 하나님의 종들과 사자들로 구성된 찬양대 전체는 1절에서 하나님의 명령을 받은 바로 그들이다. 선지자는 사실상 이 찬양대에 매우 중요한 위치를 부여한다. 그러나 선지자는 아직 그들을 전면에 드러내지는 않는다. 1, 3, 6절에서(9절에서도 마찬가지이다) 그는 다만 여호와의 사자라는 한 이상적인 인물(말 3:1과 비교하라)을 다루며, 그의 선포에 실제적인 사람들을 참여시키는 것이다(그 이상이 그들에게서 실현되는 한에서만). 언약 백성 가운데 하나님께로부터 하나님의 영을 은사로 받은 자들이 그의 사자들로 지명되어 언약 백성에게 말씀하는 것이다. 이스라엘의 하나님에 대하여 말씀하면서 '우리 하나님'이라는 표현을 사용하고 있다는 점이 이 사실을 분명히 보여준다.

949. '길을 예비하라'는 여호와의 나타나심을 방해할 수 있는 모든 것을 제거하는 것을 의미한다. 그러나 이 일에 백성들 자신이 참여하라고 권고를 받고 있다는 사실로 볼 때에 이 일은 더욱 명확한 것이라는 것을 알 수 있다. 구원이 나타날 수 있도록 하기 위한 모든 외적인 준비는 여호와께 속한 일이다. 백성들은 다만 내적인 장애물들만 제거하면 되는 것이다. 곧, 여호와의 도우심을 받아 진정으로 회개하여 스스로 여호와께로 돌이키는 것이다. 말라기는 어떤 외적인 것이 아니라 바로 이러한 내적인 장애물의 제거를 염두에 두고 있는 것이다. 주님과 세례 요한과 복음서 기자들이 바로 이것을 여기서 찾은 것이다.

950. '광야'의 의미도 분명히 드러난다. 그 백성들은 자신들이 영적으로 육신적으로 비참한 상태에 있음을 알고 있다. 육신적인 비참은 다만 영적인 비참의 반영일 뿐이다. 여호와께서는 바로 이런 상태에서(이 상태를 광야라는 이미지로 묘사한다. 그들 자신이 과거에 실제로 광야에서 그와 비슷한 상태에 처했던 적이 있기 때문이다. 하나님께서 그런 열악한 외적인 거주 조건을 택하신 것은 그들의 열악한 영적인 상태를 보여주는 진정한 상징으로 그렇게 하신 것으로서 결코 우연이 아닌 것이다) 그들을 구원하실 것이다. 그런 그 구원이 일어나기 위해서는 그들이 먼저 그들 자신의 몫을 이행해야만 하는 것이다. 그 백성들 자신이 먼저 광야의 길을 예비하지 않는 한 여호와께서는 광야의 길을 예비해 주시지 않는다. 바로 그들로 하여금 그 길을 예비하도록 하기 위해서 하나님께서는 그의 종들을 통해서 그렇게 하라고 권고하시는 것이다.

951. 또한 3-5절과 1-2절과의 관계도 분명하다. 1, 2절에서는 여호와께서 백성들에게 긍휼하심을 보여주시고 그들에게 그의 충만한 구원을 베푸시기로 작정하셨음을 그들에게 선포하고 있다. 그리고 이러한 약속과 함께 그 구원의 과정을 억제할 수 있는 모든 것들을 버리라는 백성을 향한 권고가 이어진다. 요한은 '회개하라 천국이 가까왔느니라'라고 말씀한다: 선지자는 말하자면, 이 순서를 바꾸어—그러나 의미는 여전히 동일하다—'천국이 가까왔

으니〔여호와의 구원이 이르렀다는 선포〕이제 회개하라'〔길을 예비하라는 권면〕—역자주)라고 하는 것이다. 회개하라는 권면은 반드시 하나님의 긍휼하심을 전제로 하는 것이다. 그리고 구원에 대한 약속에서는 반드시 회개의 권면이 일어나는 것이다. 언약 백성에게 순전히 외형적인 구원이란 없기 때문이다. 이와 전적으로 일치하는 말씀은 렘 31:21, 22에서 볼 수 있다. 배도한 이스라엘을 향하여 그 합법적인 주께로 돌아오라고 권면하고 있다. 주께서는 새로운 질서를 예비하고 계시며, 부정함으로 인하여 거부되었었던 그 백성을 다시금 그와 교제를 나누는 상태로 받아들이시려 하시는 것이다.

952. 5절의 경우에는 그 마지막 말씀이 무엇을 뜻하는지에 대해서 다양한 해석이 제기되었다. — '보다'라는 낱말은 이사야의 글에서 칠십인역이 이해하는 그런 의미로 자주 나타나며, 때로는 사 52:10의 경우("모든 땅 끝까지도 우리 하나님의 구원을 보았도다")처럼 목적어가 명확히 표현되는 상태로 나타나기도 한다. 그리고 때로는 그 앞의 문맥에서 목적어를 끌어와서 붙여야 하는 경우도 있다(참조. 사 52:14). 그러나 본문의 '보다'의 경우 '여호와의 영광'을 그 목적어로 보아야 마땅할 것이다. 왜냐하면 '보리라'가 '나타나리라'라는 뜻이라는 것이 너무도 분명하기 때문이다. 여호와의 영광이 드러나므로 이제 모든 육체가 그 찬란한 광경을 보게 되는 것이다. — '대저 여호와의 입이 말씀하셨느니라'라는 표현은 선지자의 예언이 도저히 신빙성이 없어 보일 경우 그 예언의 확실성을 확인하기 위해서 사용되는 것으로서 이사야서에서 늘상 나타난다. 그 예언은 반드시 성취될 것이다. 그것은 근시안적인 연약한 인간의 약속이 아니라 무한히 지혜로우시며 전능하신 하나님이 하신 약속이기 때문에 반드시 이루어질 것이라는 말씀이다. 1:20; 34:16; 58:14 등을 보라. ("예언은 언제든지 사람의 뜻으로 낸 것이 아니요 오직 성령의 감동하심을 입은 사람들이 하나님께 받아 말한 것임이니라" 벧후 1:21.)

953. 그러나 '여호와의 영광이 나타나고'는 어떻게 이해하여야 하는가? 이 표현은 출 16:10에 근거하고 있음이 분명하다: "아론이 이스라엘 자손의

온 회중에게 말하매 그들이 광야를 바라보니 여호와의 영광이 구름 속에 나타나더라." 여호와의 탁월한 존재인 여호와의 영광은 불이라는 상징으로 스스로를 알리는 것으로서 보통 구름에 가리워져 있었다. 이스라엘은 아직 그 영광이 나타나서 신적인 것과 직접적인 교제를 나눌 수 있을 만큼 성숙해 있지 못하였기 때문이었다—심지어 그들의 지도자 모세조차도 그가 하나님을 직접 보게 해달라고 구했을 때에 하나님의 얼굴을 도저히 견디지 못할 것이라고 말씀하셨다. 그러나 의심하고 불평하는 백성들에게 하나님이 그들 가운데 계신다는 것을 믿도록 하는 일이 중요할 경우에는, 그 영광이 보통 가리워 있는 상태보다는 더욱 강하게 나타났다. 선지자는 백성들이 먼저 길을 예비하여 광야에서 행진해 나오는 일이 새롭게 일어날 때에는 바로 그 가리우는 것이 완전히 사라질 것이라고 선언하고 있는 것이다. 하나님께서 자신을 훨씬 더 분명하고 영광스럽게 계시하심으로써, 그 백성이 하나님을 훨씬 분명하게 바라보며, 훨씬 더 내적으로 참되게 그와 함께 교제를 나누며, 그의 모든 은사와 축복들을 충만히 누리면서 하나님을 소유하게 되는 그런 새로운 시기가 도래한다는 것이다.

954. 이 예언이 본질적으로 메시야에 관한 것이라는 사실은 재삼 거론할 필요가 없다. 포로 상태에서 그 백성을 이끌어 나오는 사건은 이 예언의 적절한 성취의 전조요 예비적인 사건일 뿐이었다. 여호와의 영광이 얼마나 강하게 나타나는가 하는 것은 그 길이 얼마나 분명하게 예비되는가에 달려 있는 문제였다. 여호와의 영광이 완전히 나타나는 것은 그리스도 안에서 일어났다. 그러나 오로지 길을 예비한 자만이 그것을 바라보았다. 마음이 정결한 자만이 하나님을 볼 수 있기 때문이다. 이제 다시 말라기로 돌아가기로 하자.

955. 3:1. "만군의 여호와가 이르노라 보라 내가 내 사자를 보내리니 그가 내 앞에서 길을 예비할 것이요 또 너희의 구하는 바 주가 홀연히 그 전에 임하리니 곧 너희의 사모하는 바 언약의 사자가 임할 것이라." 이사야서의 내용을 다룬 것은 절대로 실수로 그렇게 한 것이 아니다. 특히 여기의

'그가 내 앞에서 길을 예비할 것이요'는 이사야서의 '너희는 … 길을 예비하라'와 연관되는 것이 분명하기 때문이다. 이처럼 표현상으로 일치한다는 사실이 우리의 주목을 일깨우고 있는데, 우리는 표현상의 일치뿐 아니라 본질적인 내용상의 일치도 이 절 전체에 걸쳐서 나타난다는 것을 알게 된다. 여기서 여호와의 사자는 여호와 앞에서 길을 평탄케 한다. 이사야서에서는 여호와의 종들이 백성들을 향하여 길을 예비하라고 외친다. 그러나 실질적인 차이는 없다. 여기서 말씀하는 예비하는 일이 도덕적인 의미에서의 예비 작업을 가리키는 것이 분명하기 때문이다. 여호와의 사자가 길을 예비한다는 것은 사람들로 하여금 스스로 그 길을 준비하도록 권고하는 것이나, '너희는 길을 예비하라' 라고 끊임없이 외쳐 고하는 것이 아니고 무엇이겠는가?

이사야서에서는 길을 예비하는 일이 이루어진 후에 여호와의 영광이 나타났는데, 여기서는 길을 예비한 후에 여호와께서 그의 성전에 임하신다고 한다. 이러한 유사성은 우연이 아니라 계획에 따라서 그렇게 된 것이다. 모든 예언들 가운데 이사야서 후반부야말로 이스라엘 사람들에게 가장 큰 마음의 불편을 가져다 준 예언들이었다. 이 예언들에서는 구원이 가장 매혹적으로 제시되며, 경고는 뒷 배경 속에 가리워져 있었다. 그 전체가 이스라엘 중 일부 믿는 자들에게 위로를 주고자 하는 목적을 지니고 있었던 것이다. 그러므로 이스라엘은 환난 가운데서 주로 이 예언들에 소망을 두었으며, 포로기 이후에도 그 소망이 이루어지지 않자 이스라엘은 주로 이 예언을 근거로 하나님의 언약적 신실하심과 그의 의에 대해서 의심하고 불평했던 것이다.

그러므로, 말라기는 여기서 여호와께서 그 영광스러운 것들을 약속하신 것이 현재 그런 모습을 하고 있는 그들을 향하여 하신 것이 아니라는 사실을 보여줌으로써 그들의 불평이 부당한 것임을 입증하고 있다. 하나님의 영광이 나타나기에 앞서서 '길을 예비하는 일'이 반드시 먼저 있어야만 했던 것이다. 그러므로 선지자의 말씀은 결국 다음과 같은 의미이다: '분별 없는 열심만 가지고 여호와의 약속이 이루어지지 않는다고 불평하는 너희들아, 생각을 좀 해 보아라. 하나님 자신의 말씀에도 회개가 먼저 있은 후에야 비로소 긍휼을 베푸신다고 하지 않았느냐? 너희를 회개하게 하시기 위해서 주께서는 너희에게 회개의 수단을 주고 계시며 또한 앞으로도 주실 것이다. 그리고 난 후에 주께서 홀연히 나타나셔서 자신이 공의의 하나님이심을 드러내 보이실 것이다. 단순히 경건한 자들에게 축복을 주시는 것으로 그치지 않으시고 너희들, 언약 백성 가운데 불경건한 자들에게 징벌을 내리실 것이다.'

여기서 '내 사자'가 과연 누구를 가리키느냐 하는 문제가 일어난다. — 먼저 우리는 킴치와 야르키의 주장에 반대하며, 여기서 하늘의 사자가 아니라 지상의 하나님의 사자를 지칭한다는 증거를 제시하는 일부터 시작하여야 하겠다. 그 주요 증거들은 다음과 같다: (1) 이사야의 증거. 길을 예비하라고 외치는 소리가 언약 백성에게서 나온다는 사실은 앞에서 이미 살펴본 바 있다. (2) 4:5의 병행 구절의 증거. 여기서 '내 사자'라고 이름하는 그 인물이 거기서는 '선지 엘리야'로 나타나며, 여기의 '길을 예비하라'는 말씀이 거기서는 경건한 아비들의 성향이 회복되는 것으로 표현된다. (3) '내 사자'와 '언약의 사자'가 서로 분명히 대조를 이룬다는 것. 하늘의 사자를 생각한다면, 당연히 '여호와의 천사'를 상정할 수밖에는 없을 것이다. '내 사자(천사)'를 '한 천사'로 바꾸어 이해할 수가 없다는 것이 자명하기 때문이다. 그러나 '내 사자'는 '여호와의 천사'와는 분명히 다른 존재다. 여호와의 천사는 여호와를 따라서 성전에 임하시는 분이기 때문이다.

킴치의 해석은 근본적인 면에서는 어느 정도 진리를 내포하고 있다. 출 23:20과의 연관성은 결코 우연이라 할 수가 없기 때문이다. 그러나 그러한 연관성은 그가 생각하는 것보다는 덜하다. 왜냐하면 여기서는 '길을 예비하는 일'을 다루는 반면에 거기서는 '광야를 통과하는 여정'을 다루기 때문이다. 물론 하늘의 사자와 지상의 사자라는 인물의 차이는 있으나 주제는 근본적으로 동일하다는 사실을 주목해야 할 것이다. 하늘의 사자든 지상의 사자든 모두가 동일한 하나님의 언약적 신실하심과 택한 백성을 향한 동일한 그의 사랑에서 나온 것이다. 하나님께서는 과거에 자연의 광야로 그 백성을 인도하시기 위해서 그의 사자를 보내셨으므로, 이제도 영적 광야를 통과하도록 길을 예비하시기 위해서 그의 사자를 보내셔서 마땅한 것이다. 결국 과거의 하나님의 그러한 역사는 현재의 역사에 대한 예언과도 같은 것이다. 그러나 동시에 과거에 있었던 유사한 하나님의 역사와 연관지음으로써, 그 때에나 지금이나 하나님의 긍휼하심을 악용한데 대한 책임에 대해서 주의를 일깨우게 된다. 신적인 사자를 보내는 일에는 반드시 그 결과가 있다. 축복을 가져 오든지, 아니면 더 무거운 징벌을 가져오든지 둘 중의 하나다.

만일 그 하나님의 사자가 지상적인 인물이라는 것이 분명하다면, 이제 그 인물이 '세례 요한'을 가리킨다는 해석이 널리 퍼져 있는데, 과연 그 해석이 옳으냐 하는 문제가 제기된다. 그러나 이 문제는 이 해석이 전달되는 과정에서 취하는 형식에만 관계된 것일 수밖에 없다. 그 형식에 의하면 '내 사자'는 다른 어느 누구도 아닌 요한이라는 역사적 인물이라고 한다. 이 해석은 그 본질에 있어서 완전히 옳다. 심지어 '내 사자'를 이상적인 인물로, 구원이 나타나도록 길을 예비하며 다가오는 긍휼하심을 위하여 문을 열어주는 역할을 하는 하나님의 사자들의 총체로 볼 수 있는 합당한 근거가 나타난다 해도, 이 해석은 옳은 것이다. 왜냐하면 사자라는 관념 자체가 주로 요한에게 집중되기 때문이다. 하나님께서 그에게 계시를 주셨으므로 그를 보내셔야만 했고, 또한 그를 보내셔야 했기 때문에 그에게 계시를 주셨으므로, 요한이야말로 가장 적절한 의미에서 '내 사자'인 것이다. 그러나 이 예언이 요한에게서만 성취되는 것은 아니다. 요한의 나타남은 다만 그 성취의 정점(頂點)일 뿐이다.

오히려 이 예언은 말라기 선지자 때로부터 하나님께서 그 백성들을 회개로 이끌도록 사용하신 모든 자들을 전부 포괄하는 것이라고 보아야 한다. 이는 다음의 근거들에게서 분명히 드러난다.

(1) 이사야서와 비교해 보면 그렇게 보는 것이 합당하다는 사실을 알 수 있다. 광야에서 외치는 소리가 하나님의 종들 전체의 것이라는 사실은 이미 살펴본 바 있다. 40:1에서 하나님께서 그들(복수)을 향해서 말씀하신다는 사실이 이를 분명히 보여준다("너희는 위로하라 … ").

(2) '보라'와 '홀연히'라는 표현들을 볼 때에, 이 예언이 이루기까지 약 오백 여년 동안 완전히 공백 상태로 있었다는 식의 생각이 거의 어울리지 않는다.

(3) 선지자는 이 구절에서 말라기('내 사자')라는 이름을 취함으로써 그 자신의 사역을 여기에 나타난 그 예언의 하나의 성취로 여기고 있음을 시사한 것이다. 그러나 그는 그 예언이 오로지 자신에게서 완전히 성취되었다고

는 절대로 생각하지 않았다. 이 점은 특히 4:5에서 잘 나타난다.

(4) 이 부분에서 예언되고 있는 언약 백성에게 임할 심판을 말라기서의 나머지 부분 전체에 나타나는 경고와 분리시켜서는 안된다. 그러나 나머지 부분의 경고는 가장 가까운 미래에(아니 심지어 현재에까지) 속하는 것으로서 이 부분의 심판 예언의 시초에 해당하는 것이다. 이는 예컨대, 2:1, 2에서 나타난다: "너희 제사장들아 이제 너희에게 이같이 명령하노라 만군의 여호와가 이르노라 너희가 만일 듣지 아니하며 마음에 두지 아니하여 내 이름을 영화롭게 하지 아니하면 내가 너희에게 저주를 내려 너희의 복을 저주하리라 내가 이미 저주하였나니 이는 너희가 그것을 마음에 두지 아니하였음이니라." ('너희가 만일 듣지 아니하면'을 주의깊게 살펴보아야 한다. 하나님의 사자를 통하여 예비하는 일이 여기서도 여호와의 나타나심에 앞서서 일어나는 것이다.) 또한 3:9에서도 "너희 곧 온 나라가 나의 것을 도적질하였으므로 너희가 저주를 받았느니라"라고 하며, 10절에서는 그로 인하여 하늘의 창이 이미 닫혔고 축복이 이미 거두어진 상태에 있음을 보게 된다. 그러므로, 만일 다른 곳에 나타나는 선지자의 견해에 따라서 심판을 위한 여호와의 나타나심(그리고 축복을 위한 나타나심도 마찬가지로)이 그 당시에 시작하여 온 시대 전체에 걸쳐서 이루어 진다면, 여호와께서 마지막의 가장 완전한 나타나심만을 염두에 두시고 그 이전의 나머지 모든 나타나심은 거기서 제외하신다는 식의 생각은 도저히 할 수가 없을 것이다. 현 시대에 나타나심이 없다면, 마지막의 나타나심도 있을 수가 없는 것이다. 그러나 만일 여기서 예언하고 있는 하나님의 나타나심이 오로지 메시야 시대에 완성되는 것이라면 그 사자를 보내시는 것도 마찬가지일 것이다. 왜냐하면 사자를 보내시는 일이 그의 나타나심보다 앞서서 일어나기 때문이다.

(5) 여기서 지나쳐서는 안될 것은 2:7, 8의 말씀이다: "대저 제사장의 입술은 지식을 지켜야 하겠고 사람들이 그 입에서 율법을 구하게 되어야 할 것이니 제사장은 만군의 여호와의 사자가 됨이어늘 너희는 정도에서 떠나 많은 사람으로 율법에 거치게 하도다 나 만군의 여호와가 이르노니 너희가 레위의 언약을 파하였느니라." 여호와의 일상적인 사자들인 제사장들이 그 의무를 이행하지 않았기 때문에, 여호와께서는 그의 특별한 사자를 보내신다는

것이다. 그 사자는 제사장들이 이행하지 않은 그 일을 행한다. 그는 많은 사람들을 악행에서 돌이키게 한다. 2:6을 이 절 및 4:6과 비교하라. 하나님의 하늘의 사자는 언약의 관계에 따라서, 그리고 지상의 사자의 회개하라는 부름에 어떻게 반응했느냐에 따라서 축복이나 형벌을 베푸시키 위해서 나타나시는 것이다. 이제 하나님의 사자로서의 제사장 계급이 하나의 이상적인 인물이라면, 그들이 무시한 그 의무를 이행하는 하나님의 그 특별한 사자 역시 이상적인 인물로 보아야 할 것이다. 선지자는 제사장과 대조적인 위치에 있는 것이다. 이렇게 볼 때에 이 약속은 요엘서에 나타나는 바 의의 교사를 보내시리라는 약속과 동일한 사상을 지니고 있는 것이다(826을 보라).

이 예언은 메시야 시대에 요한을 통해서 뿐 아니라 그리스도의 초기의 활동을 통해서도, 그리고 사도들을 통해서도 성취되었다. 그리스도의 초기의 활동과 사도들의 활동은 하나님 나라가 가까왔다는 사실을 지적함으로써 그 나라를 위하여 길을 예비하는 것이었고, 그런 점에서 요한의 사역의 보충이었다고 볼 수 있는 것이다. 그러나 요한이 이 예언의 적절한 목표였다고 보는 것이 바를 것이다. 왜냐하면 이 예언의 사상 그 자체가 상대적인 의미에서가 아니라 절대적인 의미로 그에게 나타나 있기 때문이다. 그는 주의 길을 예비하는 자였고, 그 이상도 그 이하도 아니었다. 그러므로 그리스도의 사역 가운데 요한의 사역과 같은 성격을 가진 부분이 무엇이든 그것은 요한의 사역과 같은 수준으로 볼 수 있으며, 또한 그리스도에게서만 나타나는 그의 고유한 사역은 여호와와 그 언약의 사자가 그의 성전에 임하시리라는 두번째 약속에 속하는 것이다.

신적인 사자를 가리켜서 '언약의 사자'라고 칭하는데, 이는 그가 언약을 근거로 한 사자이기 때문이며, 또한 축복을 위한 것이든 형벌을 위한 것이든 그의 모든 활동이 언약의 결과이기 때문이다. 두 사람의 지상적인 사자들도 그런 이름으로 불리웠다고 볼 수 있다. 그러나 여기서 선지자는 하늘의 사자를 지칭하고 있는데, 거기에는 특별한 이유가 있다. 곧, 하나님께 불평하는 자들이 언약에 호소하면서 그의 나타나심을 고대해왔기 때문이다. 그 언약은 하나의 개별적인 행동을 가리키는 것이 아니라 하나님이 이스라엘과 가지시는 언약의 관계를 뜻하는데, 이는 온 시대를 통하여 이어지는 것이다. 백성의 편에서, 특히 제사장들이 이 언약을 범하였다는 것이 그 앞의 강화들의 주제였다(2:10, 11). 하나님의 편에서 이 언약을 범하였다는 것은 백성들의 주요 불평이었다. 언약의 사자의 나타남은 백성들의 이런 불평의 부당성을 드러내며, 또한 언약을 무시하는 자들을 형벌함으로써 언약의 현실성을 보여주기 위함이었다.

그러나 형벌만이 있다는 것은 언약 백성들로서는 도저히 생각할 수 없는 것이었다. 형벌 뒤에 반드시 축복이 뒤따르는 것이다. 아니, 다른 각도에서 생각하면 형벌 그 자체도 축복이었다. 왜냐하면 형벌은 불경건한 자들을 제거함으로써 하나님의 긍휼하심이 정결케 된 하나님의 백성에게 베풀어지는 과정이기 때문이다. 언약의 사자가 축복을 베푸신다는 것은 4, 6절에서 분명히 나타난다. 또한 나중의 17절, 3장1절, 3절에서도 드러난다. 거기서는 하나님의 긍휼하심과 그의 의로우심이 그의 나타나심 속에서 동시에 보이는 것으로 말씀하고 있다. 형벌이 그의 유일한 목적인 것처럼 보이는 것은, 그의 사명이 선지자가 직접 상대했던 그 사람들에게 형벌을 가져다 주는 것이었기 때문이다.

이제 결과를 정리해보기로 하자. 되어지는 일들을 볼 때에 하나님은 의로우신 분이 아니시라는 백성들의 불평에 대해서, 선지자는 하나님께서 곧 그러한 모순 거리를 제거하실 것이라고 대답한다. 하나님께서는 지금 임재해 계시지 않는 것처럼 보이는데, 그는 먼저 한 '지상적인 사자'를 보내셔서 자신의 언약적 신실하심을 드러내신 다음 몸소 '그의 하늘의 사자'로 나타나실 것이다. 이 예언이 바로 그 안에서 '여호와의 천사 혹은 사자', 로고스(λόγος)가 육신을 입으신 그리스도의 나타나심으로 최종적으로 성취된다는 것은 더 이상 논의할 필요조차 없는 사실이다. 이와 비슷하게, 이러한 최종적인 성취는 그가 육신의 몸을 입으시고 비천에 처하신 상태에서도, 또한 그의 영광을 입으신 상태에서도 찾아서는 안된다. 왜냐하면 그 두 상태는 분리할 수 없는 전체에 함께 속하기 때문이다. 그리스도의 비천한 상태의 나타나심은 그 자체 속에 그가 이루셨고 이루시는 모든 것들을 씨앗의 상태로 포함하고 있다. 그가 승귀의 상태에서 베푸실 축복이나 형벌이 마치 씨앗과도 같이 그의 육신의 모든 활동 속에 포함되어 있는 것이다.

한 가지 더 주목할 것은, '만군의 여호와가 이르노라 보라 … 임할 것이라'라는 강한 말씀이 반복되고 있는 것은 2:17에서 나타나듯이 그가 오실 것에 대해 의심과 공공연한 부인이 만연되어 있었기 때문으로 보아야 한다.

956. 2절. "그의 임하는 날을 누가 능히 당하며 그의 나타나는 때에 누가 능히 서리요 그는 금을 연단하는 자의 불과 표백하는 자의 잿물과 같을 것이라."—'누가 능히 당하며 … 누가 능히 서리요?'라는 질문에 대한 답변은 '적은 숫자'가 아니고 '아무도 없다'이다. 이는 사 53:1의 경우와 마찬가지이다. 선지자는 사실상 불경건한 자들을 향하여 말씀한다. 선지자는 그들의 양심에 호소하면서, 그들의 도덕적 상태와 여호와의 오심을 고대하는 것 사이에 서로 엄청난 괴리가 있음을 보여주고자 노력한다. 그들의 기대와는 정반대로 여호와의 오심은 그들의 멸망밖에는 아무 것도 아닌 것이다. 암 5:18이 이와 병행을 이룬다. 다만 거기서는 여호와의 날을 조롱하는 마음으로 기다리며 공공연히 악행을 일삼는 자들에게 주는 말씀이라는 점이 차이가 있다. "화 있을진저 여호와의 날을 사모하는 자여, 너희가 어찌하여 여호와의 날을 사모하느뇨? 그 날은 어둠이요 빛이 아니라."

'그 임하는 날을 누가 능히 당하며'가 욜 2:11("여호와의 날이 크고 심히 두렵도다, 당할 자가 누구이랴?")과 아주 흡사하다는 사실을 우연으로만 볼 수는 없다. 4:5의 표현도 요엘서의 이 구절과 문자적으로 유사하기 때문이다. 선지자는 여기서 수 세기 전에 여호와의 날을 언약 백성 자신의 파멸의 날로 규정했던(외식하는 자들은 이방인들만이 하나님의 공의의 형벌을 받게 되리라고 생각했는데도) 그 열렬한 선배 아모스 선지자의 권위로 자신의 말씀을 뒷받침하고 있는데, 이는 1절에서 행한 그의 행동과 전적으로 일치하는 것이다.

'선다'는 것은 죄를 범한 자들이 그들에게 올 무서운 형벌을 기다리는 초조함으로 가라앉는 것과 아주 대조적인 행동이다. 다음의 구절들에서도 서는 행동에 대한 언급이 나타나고 있다: 엡 6:13("이는 악한 날에 너희가 능히 대적하고 모든 일을 행한 후에 서기 위함이라"), 눅 21:36("이러므로 너희는 장차 올 이 모든 일을 능히 피하고 인자 앞에 서도록 항상 기도하며 깨어 있으라"), 계 6:16, 17("산과 바위에게 이르되 우리 위에 떨어져 보좌에 앉으신 이의 낯에서와 어린 양의 진노에서 우리를 가리우라 그들의 진노의 큰 날이 이르렀으니 누가 능히 서리요 하더라"). 이 구절들이 말라기서의 구절과 갖는 관계는 말라기서가 요엘서의 구절과 갖는 관계와 똑같다. 이 구절들의 내용은 그저 무의식적인 기억이 아니라 거의 인용과도 같은 것으로서 주님과 그 사도들이 이 예언을 어떻게 이해했는지를 잘 보여준다.

본 절의 후반부에 나타나는 불과 잿물이라는 이미지는 이중적인 역할을 가리킨다. 불순물과 찌꺼기에 대해서는 태우고 없애며, 금속과 옷감에 대해서는 정결케 하는 것이다. 여기서는 전자의 의미가 주류를 이룬다. 그러나 동시에 선지자는 다음 절에서는 후자의 의미에 대해서도 염두에 둔다. 사 1:25을 보라. 거기서는 정결케 하는 것이 경고가 아니라 하나의 약속으로 나타나고 있다: "너의 찌끼를 온전히 청결하여 버리며 너의 혼잡물을 다 제하여 버리고."

957. 3절. "그가 은을 연단하여 깨끗케 하는 자 같이 앉아서 레위 자손을 깨끗케 하되 금, 은 같이 그들을 연단하리니 그들이 의로운 제물을 나 여호와께 드릴 것이라." 앞 절에서는 여호와께서 불로 묘사되었는데, 여기서는 제련하는 자로 묘사되고 있다. 언약 백성은 이방인들과는 달리 온갖 찌꺼기들이 뒤섞여 있는 가운데서도 여전히 그 속에 귀한 금속을 보유하고 있으며 따라서 정결케 하는 대상물이 될 수 있다는 이점을 가졌다. 겔 22:18("이스라엘 족속이 모두 내게 찌끼가 되었나니") 등의 구절은 상대적인 의미로 이해하여야 한다. 거기서도 전후 관계로 볼 때에 정결케 하는 자의 이미지가 충만히 수행되는 것을 볼 수 있다. 그 때에 여호와께서는 언약 때문에라도 그들을 정결케 하셔야만 했던 것이다.

언약 백성 전체에 대해 묘사한 내용은—그 외곽에 있는 수많은 무리들은 그저 찌꺼기일 뿐이다—개개인 신자에게도 그대로 적용된다. 정결케 하는 대상으로서 레위 자손을 특별히 언급하고 있는 것은 이미 앞에서 지적한 바와 같이 그들이 말라기 선지자의 예언 전체를 통틀어서 주요 표적이 되고 있다는 사실로써 설명할 수 있을 것이다. 그들은 2:8에 의하면 많은 사람들을 율법에 걸려 넘어지게 했던 자들로서 현재에 만연되어 있는 그 부패한 상태를 만들어 놓은 장본인들이었다. 또한 그들은 2:17에서 인용한 것과 같은 식의 불평을 일삼는 자들의 우두머리들이었다. 선지자는 지금 그들의 불평에 대해서 대답하고 있는 것이다. 1:13을 보라. היתה ליהוה는 그 악센트로 볼 때에 그 다음의 내용과 분리해서 읽어야 할 것이다: "그들이 여호와의 것이 되리라." "이제 그들이 과거에 그들이 그렇게 부끄럽게 내어버렸었고 또한 그들을 배척했던 바로 그 분에게 진실로 다시 속하게 된 것이다."

"그들은 여호와께 의의 헌물로 드리는 자들이었다"는 얀의 설명은 선지자가 누구를 뜻하는지를 결정해 주지 않기 때문에 제사장이 논의 대상이 될 수 없다는 것인데, 이는 순전히 제사장에 대한 언급을 애써 제거해 버리고자 하는 동기에서 나온 것이라고 밖에는 설명할 수가 없다. 그의 견해가 잘못되었다는 것은 행 6:7("허다한 제사장의 무리도 이 도에 복종하니라") 등의 구절들에서 드러나며, 또한 여호와께서 그 앞에서 레위 자손들에 관하여 행하신 일을 파괴하는 것으로서가 아니라 깨끗케 하는 것으로 묘사하고 있다는 사실도 그의 주장을 반박해 준다. 그리하려 그들은 이제 용광로에서 (제련된) 은과 금이 되어 나온다. 상징적인 표현을 제거하면, 그들은 이제 여호와의 종들이 되어 의의 예물들을 드린다. 뒤의 말씀은 1:7의 '더러운 떡을 나의 단에 드리고'를 염두에 둔 것이다. 당시의 그 더러운 제사장들의 떡에 대해서 선지자는 이미 11절에서 장차 이방인들이 드릴 깨끗한 제물을 드릴 것을 말씀한 바 있는데, 여기서는 깨끗하게 된 제사장이 의로운 제물을 드릴 것이라고 말씀하여 과거의 그들의 악행과 대조시키고 있다. 외형적인 희생 제물만으로는 하나님을 기쁘시게 할 수가 없다. 그것들은 시체와도 같고 가증한 물건에 불과한 것이다. 생명을 주는 정신(animating spirit)이 먼저 있어야 한다. 그런 후에야 비로소 그것을 상징하는 제물이 하나님이 기뻐하시는 것이 되는 것이다.

여기의 '드릴 것이라'에 대해서 과거의 해석자들(이 표현을 미사를 통한 희생 제사의 필요성을 가르치는 것으로 보는 몇몇 가톨릭 해석자들은 제외하고)은 대부분 신약의 영적인 제사를 뜻하는 것으로 이해하였다. 영적 제사에 대해서는 벧전 2:5("예수 그리스도로 말미암아 하나님이 기쁘게 받으실 신령한 제사를 드릴 거룩한 제사장이 될지니라"), 롬 12:1; 히 13:15, 16 등을 보라. 그러나, 선지자는(구약의 형식 속에 들어 있는 불변하는 내용을 표현하기를 원하여) 그것이 무엇을 뜻하는지를 결정하지 않은 채로 남겨 두고 있다고 보는 것이 더 정확할 것이다. 그 문제에 대한 결정—그 내용이 되는 바 여호와를 향한 헌신이 언제나 이 형식을 취하는지 그렇지 않은지에 대한 결정—은 그의 목적이 아니었다. 그러므로 그 문제는 다른 구절들을 근거로 결정해야 하는 것이다. 이 예언이 그 최종적으로 가리키는 바를 제외하고는 메시야에 관한 것이 아니라는 사실을 생각하면 이러한 견해가 훨씬 더 근거가 확실해진다. 이 예언은 반드시 형식을 통해서만 내용이 표현되었던 구약 시대에도 얼마든지 예비적인 의미에서 성취되었을 것이다.

마지막으로, 선지자가 그 내용이 구약의 형식을 통해서 영구히 이어질 것으로 여기지 않았다는 사실은 1:11에서 분명히 드러난다. 거기서는 '해 뜨는 곳에서부터 해 지는 곳까지 … 각처에서' 깨끗한 제물을 여호와께 드릴 것이라고 말씀하고 있는데, 이는 형식이 완전히 바뀌어서 하나님을 섬기는 일에 대한 철저한 규례들이 폐하였으며, 레위 지파의 예배 형식 자체가 완전히 폐하여졌음을 전제로 하는 것이다. 그 땅에 저주가 임하였다면, 성전도 더럽혀지고 파괴된 것이며, 따라서 제물을 드릴 수 있는 가능성도 완전히 사라져 버린 것이다. 여기서나 1:11에서나, 회심한 이방 사람들과 회심한 이스라엘과 관련해서 오로지 피 없는 제사만을 거론하는 것은(피 있는 제물에 대해서는 특별히 징계가 있을 것을 말씀하면서) 우연으로 볼 수가 없다. 제물의 경우, opus operatum(事交性, 행해진 성례는 받는 자의 신앙과 관계없이 효력을 일으킨다는 뜻)의 사상은 거기에 개재되어 있지 않다고 보는 것이 좋을 것이다. 외형적인 것은 오히려 내용을 덮고 있는 하나의 형식만으로 이해하는 것이 훨씬 더 쉬운 것이다.

958. 4절. "그 때에 유다와 예루살렘의 헌물이 옛날과 고대와 같이 나 여호와께 기쁨이 되려니와." 제사장 계급이(그리고 그들을 따라서 백성이) 과거의 정직을 회복하면, 여호와의 옛날의 긍휼하심도 다시 회복된다. 선지자가 옛날의 긍휼하심을 중요시하는 데에는 이유가 없지 않다. 미래는 언약

백성에게 절대적으로 새로운 것을 가져다 주는 것이 아니다. 혁명이란 하나의 회복(ἀποκατάστασις)이며, 약속이란 이미 과거에 존재했던 것에 대한 보장인 것이다. 옛날의 일이 하나님의 본성에서 나온 것이라면, 그 조건이 미래에 다시 충족되게 되면 반드시 그 때의 일이 똑같은 방식으로 나타나야 마땅한 것이다. 선지자는 어쩌면 특별히 다윗의 시대를 염두에 두고 있었던 것 같다. 그리고 족장들의 시대와 광야에서 지내던 첫 해의 일(렘 2:2을 보라)을 염두에 두고 있었을 가능성도 있다. 현재의 비참한 처지에 대한 느낌으로 인해서 그 과거의 시대가 실제보다 훨씬 멀리 나타나 보이며, 마치 시간의 범위 저 너머에 있는 것 같은 느낌을 받게 된다. 그러나 그들이 괴로움 가운데서 가장 절대적인 과거로 여기고 있는 그 때의 일들이 장차 다시금 현재가 될 것이다.

959. 5절. "내가 심판하러 너희에게 임할 것이라 술수하는 자에게와 거짓 맹세하는 자에게와 품군의 삯에 대하여 억울케 하며 과부와 고아를 압제하며 나그네를 억울케 하며 나를 경외치 아니하는 자들에게 속히 증거하리라 만군의 여호와가 말하였느니라." 옛날과 같은 좋은 때가 오도록 하시는 하나님의 방법은, 심판이 자기들에게 임하지 않을 것으로 믿고서 여호와의 나타나심을 그렇게 고대하면서 그가 나타나심이 연기된다고 불평하는 사람들에게 심판이 임하게 하시는 것이다. 여기서 말씀하는 심판은 순전히 미래에 이루어질 그런 심판이 아니라, 이미 현재부터 시작되고 있는 것으로서 죄악이 정점에 이르기까지 그것과 보조를 맞추어 끊임없이 계속 진행되는 그런 심판이다. 그 심판이 어떻게 해서 이미 현재에 시작되고 있느냐 하는 것은 특별히 9절의 '너희가 저주를 받았느니라' 라는 말씀에서 잘 나타난다. '속히, 빨리'는 투덜대는 자들이 불평하는 바 하나님의 나타나심이 지연되는 것과 분명한 대조를 이룬다.

이 말씀은 2:17을 지칭하는 것임이 분명하며 투덜대는 모든 자들, 즉 불경건한 무리 전체를 향하여 하는 것이다. 술수하는 자, 거짓 맹세하는 자 등을 대적하는 하나님의 증거는 몇 사람들이 잘못 생각하듯이 그의 사자를 통해서 말로 하는 것(verbal)이 아니라, 사건을 통해서 행동으로 하는 것

(actual)이다. 그들의 형벌을 보류시킨 것이 그들의 죄를 증명해 준다. 그들은 자기들의 죄악을 조심스럽게 숨기고서, 그 사악함으로 하나님께 그들에 대한 심판을 재촉하는 데까지 나아가는 것이다. 여기서 구체적으로 언급되고 있는 범죄들은 모두가 율법에서 강력하게 경고한 것들이요, 선지자는 율법의 말씀을 근거로 그런 범죄들을 의도적으로 거론하고 있는 것이다. 그 범죄들은 마지막에 나타난 대로 '나를 경외치 아니하는' 한 가지 근원에 뿌리를 박고 있는 것이다.

술수(magic)는 율법에서 금한 것으로서 그것을 어기면 사형에 처하도록 되어 있었다. 출 22:17; 신 18:13을 보라. 포로기 이후 시대에 그런 행위가 유대인들 사이에 얼마나 크게 만연되어 있었는지는 행 8:9; 13:6("바보에 이르러 ⋯ 유대인 거짓 선지자 박수를 만나니") 등의 구절에서 분명히 드러난다.

음행의 범주에 속하는 범죄에 대해서는 이미 2:10-16에서 거론한 바 있다. 선지자는 거기서 이방 여인들과의 관계나 쉽게 이혼을 하는 풍토들에 대해서 책망하였다. 이처럼 아주 교묘한 형태의 음행이 만연되어 있는 곳에는, 더 난잡한 종류의 음행은 말할 것도 없이 더 보편적으로 퍼져 있는 법이다.

'거짓 맹세 하는 자' 등은 레 19:12을 보라: "너희는 내 이름으로 거짓 맹세함으로 네 하나님의 이름을 욕되게 하지 말라." 하나님의 이름으로 맹세한다는 것은 곧, 그 사람 자신이 하나님의 이름 속에 들어가 있는 것이요, 그 이름과 합하여 하나가 된 것을 의미한다. 그렇게 맹세하고서 그 맹세를 깨뜨리는 자는 누구든지 자신이 거짓말을 한 것일 뿐 아니라 하나님을 거짓말하는 자로 만드는 것이다. 십계명에서 말씀한 바와 같이, 그는 하나님의 이름을 아무 것도 아닌 것에게로 이끌고 가며 그 자신의 힘으로 극단적인 것들 가운데서도 가장 큰 극단인 하나님과 아무 것도 아닌 것을 서로 합쳐 놓는 악행을 범하는 것이다. 성경에 가득차 있는 이러한 양식의 사고에 따르면, 하나님의 이름이 갖는 강한 의미를 고려하지 않기 때문에 보통 실수를 범하지만, 하나님의 이름을 빙자한 위증(perjury)이야말로 외식의 가장 극단적인 표현이다. 위증의 근본적인 특징은, 하나님의 이름을 거룩히 여기라는 계명을 어기고 그 이름을 아무 것도 아닌 것에다 붙이며, 또한 아무 것도 아닌 것을 하나님의 이름과 연결시켜서 그 아무 것도 아닌 것 자체를 거룩한 것으로 만들고, 그리하여 그것이 이 세상에서 더욱 거룩한 것으로 보이도록 만드는 것이다.

'압제하며'는 신 24:14과 연관된다. '나그네를 억울케 하며'는 신 27:19; 24:17의 "너는 객이나 고아의 송사를 억울하게 말며 과부의 옷을 전집하지 말라"와 연관된다(19절에서 이 세 부류가 함께 언급되고 있다). 율법은 이스라엘에 임시로 거주하는 나그네에 대해서 지극히 부드러운 사랑을 베푼다. 율법의 표현은 사실상 매우 개괄적인 것으로서 할례를 받고 언약 백성에 병합된 자들이나 그렇지 않는 자들을 다 함께 포괄하는 것이다. 이 사실은 구약의 종교가 "인류의 증오"라는 비난이 근거가 없는 것이라는 것과, 자기 민족에 대해서 특별한 사랑을 명령한다고 해서 그것이 보편적인 인류애를 배제하는 것이 아니라 오히려 자기 민족에 대한 특별한 사랑이 보편적인 인류애의 기초를 놓는 것이라는 사실을 보여주는 확실한 증거가 된다. 그리하여 출 23:9에서는 다음과 같이 말씀하고 있다: "너는 이방 나그네를 압제하지 말라 너희가 애굽 땅에서 나그네 되었었은즉 나그네의 정경을 아느니라."

'나를 경외치 아니하는 자들'은 다른 모든 범죄들의 근원이 되는 것으로 사실상 맨 앞에 있는 것이 적절하다. 그러나 선지자는 이 말씀을 맨 나중에 언급하고 있는데, 이는 그가 외식을 다루고 있기 때문이다. 외식하는 자들의 경우는 그 열매의 악한 것을 보아서 그 나무의 악한 것을 증명할 수 있기 때문이다.

960. 6절. "나 여호와는 변역지 아니하나니 그러므로 야곱의 자손들아 너희가 소멸되지 아니하느니라." '이는'(한글 개역 성경에는 번역되어 있지 않으나, 원문에는 본절 맨 앞에 '이는'(for)이 붙어 있다—역자주)에 대해서 다른 의미를 부여하려는 시도들이 있으나, 그것들은 모두 하나님의 백성에게 임할 심판이 모두 동시에 긍휼하심이라는 사실을 간과한데서 나온 것들이다.

'나 여호와'—여호와라는 이름(동사의 미래형이며 יהוה의 옛형으로서 '그가 존재한다', 혹은 '존재하는 자'라는 뜻이다)은 피조된 모든 것들과 대조를 이루는(이것들의 존재는 상대적으로 언제나 무존재일 뿐이다) 순수한 존재로서의 하나님을 지칭한다. 그 존재(existence)의 순수성에서부터 존재(being)의 불변성이 일어난다. 하나님이 존재하시기 때문에, 존재하시는 그가 영원토록 동일하신 것이다. 그리고 존재의 불변성에서부터 그 존재가 갖는 의지의 불변성이 결과적으로 나타난다. 그러므로 하나님이 이스라엘과 언약을 맺으셨고 그들을 그의 택하신 자로 인치셨는데도, 하나님이 이스라엘로 하여금 멸망에 빠지게 내버려 두신다면, 그 하나님은 더 이상 여호와가 아니요 그러므로 참되신 하나님이 아니신 것이다. 그리고 하나님이 존재하시며, 존재자요 불변자로, 곧 여호와로 남아 계시기 때문에, 지금 언약 백성들에게 심판을 내리시며, 또한 그들을 파멸에서 보호하시는 것이다.

　　마지막으로, '나는 변역지 아니하나니'가 여호와와 연결되는 것과 똑같이 '소멸되지 아니하느니라,' 또는 '끝까지 이르지 아니하느니라'가 '야곱의 자손들'과 연결된다. 그러므로 그 의미를 다음과 같이 표현할 수 있을 것이다: '이는 나는 여호와요 너희는 야곱의 자손들이기 때문이니라.' 야곱의 자손들은 동시에 이스라엘 자손들이다. 그러나 이스라엘은 하나님께서 몸소 엄숙하게 족장에게 이름으로 주셨고, 또한 그 자손들에게 주신(창 32:29) 그 의미에 따르면 하나님과 싸운 자(God's wrestler)라는 뜻이다. 그것은 곧 기도와 간구로 하나님을 이긴 자라는 뜻이요, 축복을 받기 전에는 그를 놓아 주지 않은 자라는 뜻이며, 모든 방해거리와 유혹을 물리치고 그의 길을 추구한 자라는 뜻이다.

　　하나님과의 싸움에는 또한 사람들과의 싸움이 암시되어 있다. 사람들이 하나님의 도구가 되어 상처를 내고 파괴하는 것이다. 일단 온 교회가 이 승리를 얻어서 그의 택함을 확실하게 만들어 놓은 다음에는, 하나님이 여호와이신 것처럼 똑같이 이스라엘이 이스라엘로 확실히 남게 되는 것이다. 이스라엘 자손이라는 이름과 겉모양만 가지고 있는 개인들은, 신 32:10에서 나타나듯이 믿음이 없는 자손들이요, 그 백성에게서 끊쳐진 심령들이다. 그들이 언약을 파괴시켰으므로 하나님의 심판에 의해서 그들이 파괴될 수 있을 뿐 아니라 파괴되어야 마땅하다. 그러나 그 백성 전체는 절대로 멸망할 수가 없는 것이다.

3:13-4:6

961. 13절. "여호와가 이르노라 너희가 완악한 말로 나를 대적하고도 이르기를 우리가 무슨 말로 주를 대적하였나이까 하는도다."

962. 14절. "이는 너희가 말하기를 하나님을 섬기는 것이 헛되니 만군의 여호와 앞에 그 명령을 지키며 슬프게 행하는 것이 무엇이 유익하리요." '슬프게 행하는 것'이란 금식하는 외형적인 습관을 뜻한다. 검은 색은 슬픔과 애도의 색깔이다. 시 35:14; 39:7; 42:10; 전 9:8을 보라. 동시에 애도와 슬픔을 나타낼 때 입는 옷은 매우 거친 것으로서, 그것을 맨 몸에 입는다는 것 자체가 일종의 고통이었다. 사람이 자신을 거칠게 대하면, 그는 그런 행동을 통해서 자신이 죄인이며 모든 형벌을 받아 마땅하다는 사실을 선언하는 것이 되었다. 여기서 말씀하는 것은 특히 자발적인 금식에 대한 것인데, 그런 행동을 통해서 백성 전체나 혹은 개인이나 스스로 공적을 쌓았다고 생각하기가 쉬웠다. 금식을 통해서 스스로 괴롭게 하는 행위는 심지어 율법에서도 언급하고 있다(민 30:13을 보라). 율법은 속죄일 절기와 관련하여서만 금식을 분명하게 명령하고 있다(레 16:29, 31). 그러나 자발적인 금식도 간접적으로 명령하고 있는 것이다. 율법은 죄를 회개할 것을 요구하며 금식을 회개의 구체적인 한 표현으로 여겼으며, 외형적인 표현이 없이는 그것이 나타내고자 하는 내용을 거의 생각할 수가 없게 되므로, 회개를 요구하면서 동시에 금식도 함께 명했던 것이다.

금식은 여호와의 면전에서 행해지는 것으로 규정되었다. 왜냐하면 금식은 여호와를 위해서 행하는 것이기 때문이다. 그리고 바로 이런 이유 때문에 사람들은 금식을 통해서 아무 것도 얻지 못한다는 것이 너무도 부당하다고 생각하는 것이다. — 본 절 전체의 의미와 관련해서, 부패한 백성의 마음의 표현을 '무엇이 유익하리요'에서 찾아서는 안된다. 그런 일을 그만두라고 하는 요구는 하나님이 절대적으로 멀리 떨어져 계셔서 이 세상의 일에 전혀 관여하지 않는 분으로 여기는 오늘날의 철학자들에게는 어울릴지 몰라도, 성경에는 어울리지 않는다. 성경이 하나님의 전능하심과 의와 사랑이 미래에 나타날 것을 기대하는 것은 오직 그것들이 현재에 이미 나타나고 있기 때문인 것이다. 사도 바울은 딤전 4:8에서 말씀하기를, "육체의 연습은 약간의 유익이 있으나 경건은 범사에 유익하니 금생과 내생에 약속이 있느니라"라고 한다. 그런데 이 약속이 현실과 모순을 일으키는 것으로 보일 때에 참된 신자도 불평을 하는 것을 보는데, 그 때에 그 불평은 겉으로 보면 본문에 나타나 있는 것과 거의 유사하면서도, 본문의 불평만큼 죄된 것은 아니다. 예컨대, 시 73:13을 보라: "내가 내 마음을 정히 하며 내 손을 씻어 무죄하다 한 것이 실로 헛되도다." 본문의 불평의 죄성은 오히려 그들의 행위가 전적으로 겉으로만 행한 것이어서 앞의 책망을 받아 마땅할 만큼 초라한 행위인데도 그것이 하나님을 정말로 섬기는 행위라고 스스로 생각한다는 사실에 있다. 그들의 금식은 사실상 영혼이 없는 육체나 영혼이 없는 시체와도 같으며 공허한 형식에 지나지 않는데도, 그들은 그것이 참된 금식이라고 여겼던 것이다.

963. 15절. "지금 우리는 교만한 자가 복되다 하며 악을 행하는 자가 창성하며 하나님을 시험하는 자가 화를 면한다 하노라 함이니라." 이 구절은 12절과 분명한 연관을 갖고 있다. 이러한 연관성을 고려하면 여기의 교만한 자가 이방인을 가리킨다 것을 알 수 있다. 창성해진다는 것은 곧, "성장함을 입는 것"을 뜻한다. 렘 12:16, 17; 출 1:21("산파는 하나님을 경외하였으므로 하나님이 그들의 집을 왕성케 하신지라")을 보라. 본문은 불평하는 자들의 불평하는 내용으로서 다음과 같은 뜻이라 하겠다: '과거에는 공의의 하나님으로서 그를 경외하는 자들의 집을 창성케 하셨는데, 이제는 그 교만하여 하나님을 멸시하는 자들의 집을 창성케 하시니, 어떻게 그런 하나님이 아직도 하나님이란 말인가?'

‘교만한 자’ 는 ‘하나님을 시험하는 자’ 와 직접적인 대조를 이룬다. 선지자는 10절에서 그 백성들에게 참된 의를 행하여 하나님이 과연 공의의 하나님으로서 축복을 베푸시는지 그렇지 않은지를 몸소 증명해 보라고 권면했었다. 그런데 불평하는 자들은 “우리가 그런 시험을 할 필요가 어디 있는가?” 라고 반문한다. 이방인들이 이미 그것을 확실히 보여주었다. 말하자면, 그들은 스스로 범죄를 계속함으로써 하나님께 자기들을 심판해 달라고 부지런히 요청했었던 것이다. 그런데, 하나님이 그 시험에서 떨어지시면, 즉 그들을 형벌하셔서 그의 공의를 나타내 보이지 않으신다면, 우리가 어떻게 감히 하나님이 우리에게 축복을 베풀어주셔서 자신이 공의의 하나님이심을 드러내 보이시리라고 소망할 수가 있겠는가?

964. 16절. “그 때에 여호와를 경외하는 자들이 피차에 말하매 여호와께서 그것을 분명히 들으시고 여호와를 경외하는 자와 그 이름을 존중히 생각하는 자를 위하여 여호와 앞에 있는 기념책에 기록하셨느니라.” 스스로 경건하다고 생각하는 불경건한 무리들(9절의 ‘온 나라’ 를 보라)이 하나님을 향하여 퍼붓는 불평과 대조적으로 여기서는 하나님을 경외하는 참된 경건한 남은 자들의 말이 언급되고 있다. 그 때에는 불경건한 무리들이 불평을 하자 경건한 자들이 그것에 반대하여 서로 말하게 되었음을 보여준다. 그러므로 그들이 서로 말한 내용이 무엇이었는지를 충분히 짐작할 수 있다. 그들의 말은 선지자 자신이 한 말씀과 똑같았을 것이므로 그 내용을 인용할 필요가 없었을 것이다. 그들의 말은 유대 국가의 최후가 가까와 오는 시대에 하나님을 불평하는 태도가 극에 달하였을 때에 베드로가 매우 유사한 상태에서 믿음이 약한 유대인 출신의 그리스도인들에게 한 말씀과 거의 같다고 할 수 있다. (이러한 사실을 인식해야만 비로소 베드로후서나 히브리서 등을 올바로 해석할 수 있게 된다. 베드로후서와 히브리서에는 회심한 유대인을 향하여 일반 유대인들이 가졌던 태도와 그들의 영향이 암시되고 있는 것이 분명한데, 이는 오늘날의 시대에 혁명주의적인 사고가 여러 그리스도인들에게 영향을 주고 있는 것과 아주 유사하다 할 수 있다. 예컨대 아베 라메네즈〔Abbe Lamennais〕 같은 사람이 베드로 당시에 신자들을 미혹하던 자들과 같은 부

류에 해당할 것이다.)

벤후 3:9("주의 약속은 어떤 이의 더디다고 생각하는 것 같이 더딘 것이 아니라 오직 너희를 대하여 오래 참으사 아무도 멸망치 않고 다 회개하기에 이르기를 원하시느니라"), 3:15("또 우리 주의 오래 참으심이 구원이 될 줄로 여기라"), 3:17("그러므로 사랑하는 자들아 너희가 이것을 미리 알았은즉 무법한 자들의 미혹에 이끌려 너희 굳센 데서 떨어질까 삼가라") 등을 보라. 이처럼 경건한 자들의 말의 내용이 무엇이었는지를 충분히 알 수가 있기 때문에, 미카엘리스나 바우어 등과 같이 본문의 언어를 전혀 엉뚱하게 해석하여 선지자가 여기서 그들의 말을 문자 그대로 인용하고 있는 것으로 보는 것은 전혀 근거가 없다. 본문은 경건한 자들을 향한 역사의 형태로 된 교훈인 것이다. 선지자는 그들이 행한 일을 묘사하면서 동시에 그들이 해야 할 일이 무엇인지를 보여주고 있으며, 이는 그저 권면의 형식으로 말씀하는 것보다도 훨씬 더 강한 인상을 주었다.

선지자는 여기서, 그들이 해야 할 일은 믿음의 본질을 그대로 드러내는 일이므로 그것을 말로 권면한다는 것은 불필요하며, 누구든 그렇게 하지 못하면 신자일 수가 없다는 것을 보여주는 것이다. 권면과 마찬가지로 약속 또한 역사의 옷을 입는다. 여호와 앞에 놓인 기념책에 기록한다는 이미지는 아마도 페르시아인들의 관습에서 빌려온 것으로 보이는데, 그들은 왕에게 특별히 봉사한 자들의 이름들을 그들이 행한 일과 함께 책에 기록해 두어서 적절한 시기에 그들에게 상을 베풀 수 있도록 하는 관습이 있었다. 에 6:1을 보라.

965. 17절. "만군의 여호와가 이르노라 내가 나의 정한 날에 그들로 나의 특별한 소유를 삼을 것이요 또 사람이 자기를 섬기는 아들을 아낌 같이 내가 그들을 아끼리니." 여기서는 그 기념책이 기록되는 근거를 말씀하고 있다. 그저 보통의 소유가 아니라 다른 모든 소유물과 완전히 구별되는 그런 특별하고 고귀한 소유물을 말씀한다. 전 2:8을 보라: "은금과 왕들의 보배와 여러 도의 보배를 쌓고." 여기의 표현은 이 낱말이 이스라엘 백성을 이방 사람들과 대조시키는 말로 나타나는 모세오경의 여러 구절들과 분명한 관련이

있다(출 19:5; 신 7:6; 26:18). 과거에 시내산에서 하나님이 이스라엘을 열국에서 빼내어 자신의 특별한 소유로 삼으셨듯이, 이제는 속된 이스라엘 백성 전체 가운데서 참 이스라엘을 빼내어 자신의 특별한 소유로 삼으신다. 아니면, 언제나 그의 소유였던 자들로 하여금 그의 소유로 드러나도록 하신다.

역사 전체를 통틀어서 계속 일어나는 예비적인 까부름의 역사 후에, 마지막에 극심한 까부름의 역사가 일어날 것이며, 그 때에 마음에 할례를 받지 않은 자들이 육체의 할례를 받지 않은 자들과 같은 처지가 될 것이다. 이러한 크나큰 분리의 역사는 그리스도의 나타나실 때에 처음으로 일어났다. ─ 이러한 설명을 따르면, 여기서도 불평하는 자들의 불평을 염두에 두고 있음이 분명히 나타난다. 하나님이 그들을 "소유"로 삼지 않았다는 것이 그들의 불평이었다. 이에 대해서 선지자는 "하나님이 장차 소유를 삼으실 것이다; 그러나 너희에게는 참 안됐지만 어리석게도 자기 스스로 하나님의 소유라고 생각하는 자들이 아니라 하나님을 참으로 경외하는 자들을 소유로 삼으실 것이다"라고 말씀하는 것이다. 5절에 나타나는 말씀도 이와 아주 비슷한 관련을 맺고 있다: "너희는 '공의의 하나님이 어디 계시냐?'라고 불평하는데, 하나님은 이미 오고 계신다. 그러나 너희를 심판하심으로써 그의 공의하심을 드러내 보이실 것이다."

'아끼리니'는 아버지의 부드러운 사랑을 보여주는 표현으로서 그 자녀가 아닌 자들을 아끼지 않는 것과 대조를 이루는 것으로 설명할 수 있을 것이다. ─ '자기를 섬기는'이란 표현은 특별히 강조의 의미를 지닌다. 아버지의 사랑이 스스로 강하게 나타나는 것이라면, 아들의 편에서도 그저 자손으로서 갖는 그런 정도의 사랑을 넘어서는 그 무엇이 나타나기 마련이다. 그저 자손으로서 갖는 사랑은 아버지와 아들 간의 관계를 형성하는 첫번째 근거에 지나지 않는다. 아들은 스스로 자유로운 의지로 정말로 아들답게 되어야 하는 것이다. 이스라엘과 하나님의 관계도 마찬가지이다. 할례를 통해서 하나님의 권속이 된 것은 아들이 육체적으로 아버지의 자손이 된 것과 마찬가지일 뿐이다. 선지자는 그 백성을 향하여, 그들이 이처럼 권속이 되었으나 그것이 그저 겉모양 뿐이라면, 절대로 하나님께서 아버지로서 따뜻한 사랑을 베풀어 주시기를 요구할 수가 없으며, 오히려 그들의 책임만 가중되며 결국 아낌을 받지 못하는 그런 대우를 받을 수밖에 없음을 상기시켜주고 있는 것이다.

966. 18절. "그 때에 너희가 돌아와서 의인과 악인이며 하나님을 섬기는 자와 섬기지 아니하는 자를 분별하리라." 하나님이 의인과 악인을 서로 구분하지 않으신다는 당시의 불평하는 자들의 흔한 불평과 분명한 관련을 맺고 있다는 점을 고려할 때에, 본문의 말씀이 외식하는 자들을 향하여 주어진 것임을 알 수 있다. '너희의 불평이 근거가 없는 것임을 참으로 뼈아프게 체험하게 될 것이다.' '너희가 돌아와서'는 과거에 있었던 분리의 역사들을 지칭한다. 예컨대, 애굽에서도 그런 분리의 역사가 있었다(출 11:7을 보라: "여호와가 애굽 사람과 이스라엘 사이에 구별하는 줄을 너희가 알리라"). 외식하는 자들은 그런 분리의 역사에 호소하면서 이제 그런 구분의 흔적이 전혀 없으니 하나님이 하나님일 수가 없다고 불평하는 것이다. 완성의 면에서 보면, 이러한 분리의 역사는 아직 미래에 속하여 있다(마 25:31 이하에서 묘사하는 내용도 동일한 사상에 근거하고 있는 것으로 이것과 정확히 일치한다). 그러나 하나님이 장차 존재하실 분이 아니라, 이미 영원 전부터 공의의 하나님으로서 시대를 초월하여 분명히 존재하고 계신 것처럼, 알곡과 가라지를 분리하여 알곡은 곳간에 들이고 가라지는 불에 태우는 일이 역사 속에서 계속해서 이어지는 것이다.

967. 4:1. "만군의 여호와가 이르노라 보라 극렬한 풀무불 같은 날이 이르리니 교만한 자와 악을 행하는 자는 다 초개 같을 것이라 그 이르는 날이 그들을 살라 그 뿌리와 가지를 남기지 아니할 것이로되." 앞 절에서는 의인과 불경건한 자들 사이에 크나큰 분리의 역사가 있을 것을 예언했다. 여기서는 이러한 분리의 역사가 불경건한 자들에게 초래할 파멸을 묘사하며, 2, 3절에서는 경건한 자들에게 베풀어질 축복을 묘사한다.

'날이 이르리니'라고 했다고 해서, 우리는 여기서 이 예언이 발설된 때로부터 로마 제국의 멸망에 이르기까지의 기간 동안의 놀라운 성취나, 전 역사를 통틀어서 특정한 개인들의 생애에 하나님의 의가 나타나는 일을 포함해서 눈으로는 볼 수 없는 성취(이는 믿음의 눈으로만 깨달을 수 있다)를 이 예언의 성취에서 제외시켜서는 안될 것이다. 뿐만 아니라 예루살렘의 멸망에서부터 마지막 심판까지의 전 기간을 제외시켜서도 안된다. 만일 이 기간들을 제외시키게 되면, 인류의 전 역사 가운데 하나님이 역사하시는 기간은 그 처음 기간과 마지막 기간뿐이요 나머지는 그냥 공백 상태로 있는 것으로 보는 것과 다를 바 없게 되어버리고 만다. 거짓 씨, 곧 그의 교회의 죽은 신자들에 대한 하나님의 심판이 여기에 묘사되고 있다. 그 교회는 시대를 막론하고 하나의 교회요 동일한 교회다. 그러므로 이 예언은 절대로 신약 시대에 끝나는 것으로 보아서는 안되며 그 성취는 그 심판의 대상인 교회가 처음 시작될 때부터 함께 시작된 것으로 보아야 하며, 시대 시대마다 심판이 함께 병행되는 것으로 보아야 마땅하다. 마지막 때에 가서 가장 두드러지게 성취될 뿐이다.

'보라'는 그것을 현재의 일로 보아서 그것에 주목할 것을 요청한다. 풀무불은 다음 절의 의로운 해와 대조를 이룬다. '극렬한'은 불의 강도를 강조해 준다. 풀무에서 타는 불은 노천에서 타는 불보다는 훨씬 더 강하다. '교만한 자와 악을 행하는 자'는 3:15과 연결된다. 너희가 교만하며 악을 행하는 자라고 지명하는 자들이 아니라, 정말로 교만하고 악을 행하는 자들이 다 초개 같을 것이라는 것이다. 뿌리와 가지를 병렬시키는 예는 욥 18:16에서도 나타난다: "아래서는 그 뿌리가 마르고 위에서는 그 가지가 찍힐 것이며."

968. 2절. "내 이름을 경외하는 너희에게는 의로운 해가 떠올라서 치료하는 광선을 발하리니 너희가 나가서 외양간에서 나온 송아지 같이 뛰리라." 의로운 해(문자적으로는 '의의 해'이다—역자주)란 일종의 복합 명사라 할 수 있다. 해는 바로 의다. 이는 자연의 해에 비유한 것이다. 왜냐하면 지금은 희미하지만, 그 때에는 다시 밝히 비추일 것이기 때문이다. 그러나 동시에 비참한 자들에게 풍성한 위로를 줄 것이기 때문이기도 하다. 의는 주관적인 의가 아니라 하나님이 부여하신 의로서 반드시 번영을 동반하는 그런 의를 가리킨다. 아니면, 그 의를 번영 그 자체로 볼 수도 있다. 저스틴 이후로 교부들은 '의로운 해'를 그리스도로 이해해왔다. 이 해석은 대체로 바른 근

거 위에 서 있다고 할 수 있다. 그는 경건한 자들에게 의를 베푸실 분이요, 그의 나타나실 때에 의로운 해가 그들 위에 떠오르는 그 분이요, 3:1에 의하면 이 약속과 경고를 실현시키실 하늘의 언약의 사자요 로고스이시기 때문이다.

그러나 이 해석을 보류할 수밖에 없는 두 가지 이유가 있다. (1) 이 주장은 그리스도라는 인물이 여기서 분명히 언급되고 있는 것으로 본다. 곧 의의 해가 바로 그 분이라고 보는 것이다. 그러나 여기서는 의를 해로 묘사하고 있다. 그러나 이러한 차이점은 그저 형식상의 차이일 뿐이다. 의로운 해로 하여금 떠오르도록 하시는 분이 또한 스스로 해로 불리실 수도 있기 때문이다. 이는 평강의 주인이신 분(미 3:5)이 스스로 평강으로 불리시는 것과 마찬가지이다.

(2) 이 주장은 의를 죄의 용서로 이해한다(최소한 그것이 주된 의미라고 본다). 예컨대 루터는 의로운 해를 다음과 같이 설명하고 있다: 〔의로운 해는〕 "곧 사람들을 의롭다 하시는 의로 말미암아 찬란한 광채를 얻는데, 그 의란 곧 죄에서 구원하는 것이다." 이러한 차이는 앞의 것보다는 훨씬 본질적인 차이이다. 불평하는 자들은 하나님이 의인이나 악인이나 그의 행위에 따라서 갚아주시기를 바랐었으므로, 여기의 선지자의 예언은 이 의로운 심판을 경건한 자들에게 상급을 주고 악인들에게 형벌을 주시는 데에만 한정되고 있다. 그러므로 여기서 죄의 용서라는 주제는(물론 하나님이 사자를 보내셔서 그 앞에 길을 예비하도록 하신 일에 그 주제가 포함되어 있기는 하지만) 최소한 여기서는 선지자의 목적이라 할 수가 없는 것이다. 그 사자의 사역에 따르는 자들은 누구든지 죄의 용서를 받는다. 그러나 누구든지 그렇지 못한 자는 하나님의 진노가 그 위에 머물러 있는 것이다. 여호와께서 몸소 오신 다음에는 그와의 관계에 새로운 변화는 있을 수 없다. 기존의 관계가 그래도 드러날 뿐이다. 그러므로 이 구절은 시 112:4 등의 구절과 병행을 이룬다고 할 수 있다: "정직한 자에게는 흑암중에 빛이 일어나나니."

새벽에 날개가 있는 것으로 묘사하듯이(시 139:9) 여기서는 해에 날개('광선'은 문자적으로는 '날개'이다—역자주)가 있는 것으로 묘사되고 있다. 104:3에서는 바람에 날개가 있다고 한다. 새벽과 바람에 날개가 있다는 것은 그것의 신속성을 묘사하는 것이다. 주피터 신 자신이 날개 달린 태양의 이미지로서 안토니의 기둥들(Antonine pillars) 위에 있는 것으로 묘사되고 있는 것을 본다. 여기의 날개라는 표현은 해가 속히 치료를 발하게 하는 수단으로 이해하든지, 아니면 해가 그 목표물에 보호와 따뜻함을 전달하는 수단으로 이해할 수 있을 것이다. 시 91:4을 참조하라.

'치료'는 자연의 태양이 지니는 치료하며, 생기를 주며, 활기를 주는 능력을 염두에 둔 표현이다. 겨울이 닥쳐서, 혹은 환난의 밤이 닥쳐서 의인은 그로 인하여 연약해졌고, 비참한 상태에 있었는데, 의로운 해가 떠올라서 그들의 그 모든 악조건들을 제거해 주는 것이다. '나가서'라는 표현은 의로운 해가 떠오르기 전에는 옥에 갇혀 있는 것과 같은 상태에 있었음을 시사해 준다. 이제 그들은 밝은 빛의 비추임을 받아서 축축한 감옥에서 나와서 자유로운 평원으로 인도함을 받는 것이다.

969. 3절. "또 너희가 악인을 밟을 것이니 그들이 나의 정한 날에 너희 발바닥 밑에 재와 같으리라 만군의 여호와의 말이니라."'재'라는 이미지는 2절에 나타난 불의 이미지와 연결된다. 악인의 번영으로 인하여 일어나는 시험은 여호와께서 정하신 날을 지적함으로써 이길 수 있다. 그 날이 오면 모든 것이 변할 것이다.

970. 4절. "너희는 내가 호렙에서 온 이스라엘을 위하여 내 종 모세에게 명한 법 곧 율례와 법도를 기억하라." 칠십인역은 본절을 말라기서 맨 마지막 부분에 놓아서 이 절에 큰 중요성을 부여하고 있으며, 맛소라 본문의 경우는 ㅣ 때문에 과거의 해석자들이 잘못 이해하여 여기에 '임시로'(provisionally)라는 말을 덧붙여서 해석하였다. 그러나 '임시로'라는 말을 붙인 것에는 전혀 아무런 근거가 없다. 엘리야가 새 것을 가져오는 것이 아니기 때문이다. 그는 옛 것에 생명을 다시 부여할 뿐이다. 언약의 천사는 율법을 가르치며 제정하는 자로서가 아니라 심판하는 자로서 나타나시는 것이다. 또한 그런 말을 붙여서 이해하여야만 할 정황이 있는 것도 아니다.

율법—지금까지 간과되어 온—이 여기서 논의의 대상이 되고 있는데, 이는 그 본질상 하나님의 거룩하심의 복사판으로 논의되고 있다. 마 5:17을 보라. 이러한 속성에 있어서 율법은 하나님과 똑같이 영원하며 그 일점 일획이라도 땅에 떨어지지 않는다. 오로지 이러한 관점에서만 이 선언과 그 전후의 내용과의 연관성을 올바로 볼 수가 있다. 선지자는 심판을 예언했었다. 그런데 그는 여기서 다시 그 근거로 되돌아가며, 그리하여 동시에 온 백성과 각 개인이 어떻게 그 심판을 피할 수 있는지를 보여준다. 하나님의 율법과 그의 백성은 서로 불가분리의 관계에 있는 것이다. 만일 율법이 그 백성 가운데서 시행되지 않으면, 율법이 그 백성에 대해서 시행된다. 율법은 하나님의 이름과 마찬가지로 거룩하며, 하나님의 백성은 그 거룩한 율법을 시행함으로써 반드시 하나님의 이름과 그의 존재를 지닌 자들로서 하나님을 대변하여야 마땅한 것이다.

그러나 율법을 그 백성에 대하여—즉, 그 백성을 대적하여—시행하시기 전에, 그가 저주로 그 땅을 치시기 전에, 하나님은 반드시 그 백성들 가운데서 그 율법이 시행되도록 하신다. 그렇게 하시는 것은 결코 우연이 아니라 '가운데서'(in)와 '에 대하여'(upon)를 요구하는 그 백성과의 관계의 필연성 때문인 것이다. '이름이 거룩히 여김을 받으시오며'라는 기도는 동시에 약속이다. 하나님은 자신이 주시지 않을 것은 결코 요구하지 않으신다. 그 백성이 하나님의 백성일 뿐 아니라, 하나님이 또한 그들의 하나님이신 것이다. 그는 선지 엘리야를 보내신다.

'내 종 모세에게 명한 법'이란 표현은 율법에서 인간적인 모든 것을 분리해 냄으로써 그것을 지켜야만 하는 당위성을 더욱 증진시키는 역할을 해준다. 모세는 도구일 뿐이다. 율법을 제정하신 분은 바로 하나님이시다. 그러므로 그가 제정하신 율법은 호렙에서 처음 율법을 받은 세대뿐만 아니라, '온 이스라엘을 위하여'라는 표현에서도 나타나듯이 모든 세대가 다 지켜야 하는 것이다. 선지자는 특히 신명기 4장을 염두에 두고 있는 듯하다. 거기서는 율법에 대하여 충성을 다할 것을 생생하게 가르쳐 준다.

1, 8절에서는 여기서와 똑같이 율례와 법도를 병행시켜 언급하며, 15절에서는 호렙이 언급되고 있다. 특히 5절("내가 나의 하나님 여호와의 명하신 대로 규례와 법도를 너희에게 가르쳤나니"), 14절("그 때에 여호와께서 내게

명하사 너희에게 규례와 법도를 교훈하게 하셨나니 이는 너희로 건너가서 얻을 땅에서 행하게 하려 하심이니라")을 참조하라. 후에 모압 평지에서 주어진 율법도 '호렙에서' 라는 표현 속에 포함된다. 그 율법들은 호렙에서 주어진 율법이 확장되고 전개된 것일 뿐이기 때문이다. 근본 골격은 시내산에서 완전히 주어졌다.

'기억하라' 라는 권고는 3:7의 "너희 열조의 날로부터 너희가 나의 규례를 떠나 지키지 아니하였도다"라는 말씀과 연결된다. 선지자가 아무 이유도 없이 권고하는 것이 아니다. 그는 미래의 배도를 예견하고 그것에 대해서 경고하는 것이 아니다. 도끼가 이미 나무 뿌리에 놓여 있는 것이다. 여호와께서 망각의 잠 속에 빠져 있는 그 백성을 그의 의로운 우레로 흔들어 깨우시기 전에, 이스라엘로 하여금 스스로 율법을 기억하게 하라!

971. 5절. "보라 여호와의 크고 두려운 날이 이르기 전에 내가 선지 엘리야를 너희에게 보내리니." 선지 엘리야는 여호와께서 그의 앞에 보내실 사자와 동일 인물이다(3:1). 앞에서 살펴본 바와 같이 이 사자가 이상적인 사자요, 인격화된 회개의 선포자라면, 그것이 여기의 엘리야에게도 그대로 적용될 것이다. 이 두 가지 경우 모두 담겨 있는 사상은 동일하다. 하나님은 형벌과 축복을 통해서 스스로 언약의 하나님으로서 자신을 드러내시기 전에, 저주의 자식들에게 축복의 자식들이 될 수 있는 수단을 제공하심으로써 스스로 언약의 하나님이심을 드러내시는 것이다. 하나님의 영의 능력을 하나님의 종들을 보내는 일과 분리해서 이해해서는 안된다는 것은 자명한 일이다. 만일 그 둘을 분리해서 보게 되면, 하나님의 종들을 주시는 일이 우스꽝스러운 일이 되고 만다. 그것을 특별히 지적할 필요는 없었다. 왜냐하면 성령의 능력이 외형적인 선포에 언제나 수반되기 때문이다. 그러므로 어느 시대든 긍휼하심이 외적으로 베풀어진(종들을 보내심으로써) 그 정도만큼 은혜가 내적으로 베풀어졌다(성령의 능력이 나타남으로써)고 추정해도 무방할 것이다.

여기서 검토해 보아야 할 것은 다만 이 구절에서 사자를 지칭하여 엘리야라고 한 이유가 어디에 있느냐 하는 문제이다. 이렇게 지칭한 근거는 선지자 자신이 그 사자와, 그리고 엘리야에게 여호와 앞에서 길을 예비하며 아비의 마음을 자녀에게로, 자녀의 마음을 아비에게로 다시 돌이키게 하는 그런 직분과 목표를 부여하고 있다는 사실에서 찾아야 할 것이다. 그러므로, 그 사자는 하나님으로 말미암아 일으켜 세움을 받은 한 개혁자로서, 그의 전임 자들 가운데 영과 능력이 탁월했던 사람의 이름으로 지칭되고 있는 것이다. 그는 매우 부패한 시대를 살았던 사람으로서 그를 배척한 일이 있은 후 여호 와의 두려운 날이 임하여, 먼저 앗수르 사람들에 의해서 심판을 받았고 뒤이 어 이스라엘이 포로로 잡혀 갔으며 그 땅이 저주로 내리침을 받았고 거룩한 땅으로서의 자격을 상실하게 되었다. 이런 모든 관련성들이 엘리야라는 이름 으로 생생하게 드러난다. 그의 이름을 들으면, 그 백성들은 그들의 수준을 부패했던 엘리야 당시의 세대와 동등하게 놓게 되고, 그렇게 되면 그들은 스 스로 의롭다고 여기는 꿈과 같은 상태에서 일깨움을 받을 것이었다. 그렇게 되면 미래에 있을 여호와의 강림하심이 그 선지가 미리 옴으로써 든든하게 준비될 수 있는 것이었다.

구체적으로 엘리야를 언급한 이유가 무엇이었는가 하는 것은, 역사서를 살펴서 엘리야가 북왕국 이스라엘의 선지자 계급의 우두머리였다는 증거를 보게 되면 더욱 분명해진다. 아니, 어떤 면에서 엘리야는 당시 그 왕국의 유 일한 선지자였다. 왜냐하면 그의 후계자들은 엘리야를 매개로 하여 하나님의 영을 소유했었기 때문이다. 그렇기 때문에 엘리사의 행적이 엘리야의 행적과 매우 유사한 것이다. 이는 이삭과 아브라함, 여호수아와 모세의 관계에서도 그대로 드러나는 원리인 것이다. 대하 21:12에서는 "선지자 엘리야가 여호 람에게 글을 보내어"라고 기술하는데, 이 당시는 엘리야 개인은 이미 오래 전에 세상을 떠난 후였다. 왕상 19:15, 16에서는 "여호와께서 저에게 이르 시되 너는 네 길을 돌이켜 광야로 말미암아 다메섹에 가서 이르거든 하사엘 에게 기름을 부어 아람 왕이 되게 하고 너는 또 님시의 아들 예후에게 기름 을 부어 이스라엘 왕이 되게 하고 또 아벨므홀라 사밧의 아들 엘리사에게 기 름을 부어 너를 대신하여 선지자가 되게 하라"라고 한다. 그러나 엘리사를 선지자로 세우는 일을 제외하고 나머지 두 일은 실제로 엘리야가 행한 것이 아니다. 하사엘을 세워 아람 왕이 되게 하는 일은 엘리사가 행했으며(왕하 8:13), 예후를 세워 이스라엘 왕이 되게 하는 일은 엘리사의 한 생도가 했다

(왕하 9:11-13).

엘리사는 그의 스승만큼 하나님과의 관계가 깊지 못하다는 사실을 솔직히 고백하면서 스승의 장자로서 마땅히 받을 영적 유산을 받게 되기를 소원했다(왕하 2:9). 그리하여 그는 다른 선지자들을 영적 아들들로서, 엘리사의 상속자들로 여기고 있는 것이다. 이는 칠십인의 장로들이 모세의 영을 받아서 그 대신 사역을 감당하는 관계에 있었던 것과 동일한 것이다. 왕하 2:5에 의하면, 여리고의 선지자의 생도들은 "엘리야의 영(엘리야에게 임한 하나님의 영을 뜻한다)이 엘리사에게 임했다"고 했다. 엘리야의 사역이 엘리사로 말미암아 계속된다는 하나의 외적인 표시로써, 엘리사는 엘리야의 겉옷을 받는다.

이러한 관계는 성경의 범주를 떠나서도 얼마든지 지적할 수가 있다. 예컨대, 요나스(Jonas)와 부겐하겐(Bugenhagen) 등이 루터의 사역을 계승했으며, 종교개혁자들에 의해서 세워진 교회가 후대의 개혁자들에 의해서 계승되었다. "사람의 종이 되지 말라"는 교훈은 악용되는 수가 많지만 이런 관계에는 적용할 수가 없다. 인간적인 모든 것이 다 그렇듯이 물론 여기에도 죄가 끼어들 소지가 얼마든지 있으나, 그럼에도 불구하고 이런 관계는 하나님이 그렇게 정하신 것이다. 그러나 이것을 밝히는 것이 우리의 목적은 아니다. 우리는 다만, 만일 과거 시대의 엘리야를 하나의 개별적인 역사적 인물로 생각하지 말아야 하며, 또한 이스라엘에 두려운 날이 이르기까지 선지자를 통해서 실현된 모든 것을 엘리야가 행한 일로 인식하여야 한다는 그런 견해를 취한다면, 여기 미래에 올 엘리야를 또 하나의 역사적 인물로서보다는 실체와 함께 존재하는 관념을 의인화시킨 것으로 이해할 근거가 더 높아진다는 사실에 주의를 환기시키고자 하는 것뿐이다.

선지자가 '여호와의 크고 두려운 날이 이르기 전에'라는 말을 의도적으로 요엘서에서(2:31) 취했다는 사실은 이미 언급한 바 있다. 선지자는 요엘의 그 날, 곧 하나님 나라의 원수들에게 심판이 행해질 그 날을 열망했다. 회개를 선포하는 자가 올 것을 선언함으로써, 그들이 자신들을 하나님 나라의 일원들로 간주하는 것이 얼마나 부당한가를 보여주며, 그 다음 절에서 만일 그 회개를 선포하는 자의 선포에 대해서 아무런 반응이 없으면 그 큰 날을 학수고대하는 자들에게와 스스로 하나님 나라를 지지한다고 하면서도 실상은 그 나라의 원수들인 자들에게 그 날은 두려운 날이 될 것임을 명확하게 선포한다. 마지막으로, 여호와의 날에 대해서 1절에서 논의한 내용이 여기서도 그대로 적용된다.

972. 이 절의 해석과 관련하여, 유대인들은 이 구절에 의지하여 메시야가 오기 전에 엘리야가 다시 나타날 것으로 이해했다는 것은 잘 알려진 사실이다. 기독교인들 가운데서도 엘리야라는 인물에 대한 논의는 매우 오래 전부터 있어 왔고, 어느 시기에는 널리 퍼지기도 했다. 그들은 이 예언이 세례 요한에게서와 이스라엘을 심판한 사실에서 불완전하게 성취되었다고 여겼다. 그리하여 그들은 세상에 심판이 임하기 전에 엘리야가 인격적으로 나타남으로써 이 예언이 완전하게 성취될 것이라고 믿었다. 그리하여 「트리포와의 대화」의 저자는 트리포(Trypho)를 향하여 "크고 놀라운 주님의 날이 이르기 전에"라고 강권하고 있다. 그는 이것이야말로 "그리스도의 재림"이며, 그 전에 엘리야가 올 것이라고 주장한다. 그는 계속 주장하기를, 그리스도께서도 엘리야가 오는 것을 미래로 지정함으로써(마 17:11을 참조하라) 그 사실을 말씀했다고 한다. 그리고 요한에게서 이 예언이 성취되기 시작했다는 견해의 정당성에 대해서 그는 다음과 같이 선언하고 있다: "하나님의 사람 엘리야에게 역사하였던 예언의 영이 역시 요한 안에 역사한다는 것."

크리소스톰, 테오필락트(Theophylact), 터툴리안, 제롬, 어거스틴, 오리겐, 시릴, 테오도렛 등도 여기에 동의한다. 마지막 심판 전에 엘리야가 올 것으로 기대하는 것은 심지어 이슬람교도들에게까지 전해진 것으로서(Herbelot, s. v. Ilia를 보라), 유대인들보다는 기독교 교회에서 더 지지를 받아왔다. 가톨릭 교회의 해석자들은 교부들의 견해를 그대로 따른다. 벨라미네(Bellarmine)는 말하기를, 반대 견해는 "이단들 혹은 이단들에 가까운 오류"(De Rom. Pontif. lib. iii. c. 6.)라고 한다. 반대로 복음주의 교회의 해석자들은 이구동성으로 이 견해를 배격하며, 이 예언이 세례 요한만을 지칭한다고 주장한다. 그러나 올스하우젠은 최근 위에서 언급한 이전의 해석의 정당성을 입증하고자 노력했다.

973. 6절. "그가 아비의 마음을 자녀에게로 돌이키게 하고 자녀들의 마음을 그들의 아비에게로 돌이키게 하리라 돌이키지 아니하면 두렵건대 내가 와서 저주로 그 땅을 칠까 하노라 하시니라." 이에 대한 바른 해석은 신약성경에서 찾아볼 수 있다. 그리고 교부들 가운데서는 어거스틴에게서 나타나는데, 그는 칠십인역이 이 구절을 잘못 번역했다고 분명히 주장한다. '아비'란 경건한 선조들, 족장들이며, 특히 다윗과 그의 시대에 살았던 경건한 세대를 가리킨다. 경건한 아비들과 불경건한 아들들의 마음이 서로 갈라진 상태에 있다. 서로 하나로 연합되어 있는 결속이나 하나님을 향한 공통적인 사랑이 없다. 아비들은 그 자녀들을 수치스럽게 생각하며(사 29:22을 보라), 자녀들은 그 아비들을 부끄럽게 여긴다. 그런데, 이 둘 사이의 큰 간격을 선지 엘리야가 메꾸어 준다. 그는 자녀들을 하나님께로 다시 이끌며, 그리하여 하나님 안에서 아비와 자녀가 함께 연합된다. 만일 경건한 아비들이 없다면, 하나님이 과거에 아비들에게 그를 경외하는 마음을 주셔서 자신이 언약의 하나님이심을 드러내지 않으셨다면, 장차 아들들의 마음을 변화시킨다는 것도 그저 공상에 지나지 않을 것이다.

하나님 나라에 대한 소망은 지금까지 있어온 일에 근거를 두는 것이다. 이것은 지금까지 있어온 일이 단순히 반복될 가능성이 있다는 것뿐 아니라 그것이 반드시 반복되어야 한다는 필연성을 보증하는 것이다. 만일 과거의 순결성(2:5, 6을 보라)에, 그 순결성이 다시 현실이 될 수 있으며 또한 반드시 되어야 한다는 보증이 없다면, 부패한 제사장을 향한 선지자의 말씀은 모두가 헛된 것이 되고 말 것이다. 그러나 여기서 생각해야 할 것은, 엘리야의 외적인 사역은 그것에 수반되는 하나님의 영의 내적인 사역과 분리시켜서는 안되며, 또한 '돌이키게 하며'는 그의 사역의 결과로 그런 일이 있을 것이라는 뜻이 아니라, 하나님이 그렇게 정하셨으므로 반드시 그러한 효과를 이루어낼 것임을 뜻한다. 선지자는 백성의 대다수가 모든 사람들에게 주신 하나님의 선물을 얼마나 멸시하고 있으며, 그로 인하여 그들 스스로 얼마나 심판을 자초하고 있는지를 잘 알고 있었다. 이 사실은 앞의 문맥에서 심판이 무조건적으로 선언되고 있다는 점에서 잘 드러난다.

974. "내가 와서 저주로 그 땅을 칠까 하노라." 즉, '내가 그 땅을 침으로써 그 땅을 저주로 만들까 하노라' 라는 뜻이다. 저주란 저주 받은 물건, 혹은 하나님께 바친 물건, 곧 죄에 대한 형벌로 멸망시키도록 되어 있는 것을 뜻한다. 사람이 생각할 수 있는 모든 무시무시한 것이 이 '헤렘'(חרם)이라는 한 단어 속에 들어 있는 것이다. 선지자는 여기서 가나안 사람들의 저주를 말씀하는 모세오경의 구절들을 가리키는 것이 분명하다. 이스라엘의 미래의 운명을 말씀해 주는 사건을 통한 예언이 이미 모세오경 자체 속에 표현되어 있는 것이다. 거룩하신 하나님의 거룩한 백성으로서 이스라엘은 가나안을 소유로 얻었다. 그는 거룩한 것과 헤렘, 둘 중에서 하나를 택하여야 했다. 이스라엘이 가나안과 똑같이 되어버리면, 그 운명도 가나안과 똑같이 되어버리는 것이다. 레 16:24-28; 신 12:29, 63, 64 참조하라.

선지자 예레미야

예비적 고찰

975. 말라기에서 여호와께서는 그의 사자를 보내심으로, 하나님 자신이 성전에 임하셔서 심판하시고 징벌하시기 전에 그의 앞에서 길을 예비하도록 하실 것을 약속하셨다(3:1; 4:5, 6). 하나님은 그의 크고 두려운 날이 오기 전에, 그가 저주로 그 땅을 치시기 전에, 제2의 엘리야를 보내셔서 아비들의 마음을 자녀들에게로, 자녀들의 마음을 아비에게로 돌이키게 하실 것이다. 이 예언이 말씀으로 발설되기 전에, 사실상 예레미야의 때에 이미 그 예언이 행동으로 전해졌다. 그는 예루살렘 패망이 일어나기 전 41년이라는 오랜 기간 동안 여호와의 심판을 선언했다. 그는 타오르는 열정과 사랑으로 하나님의 백성들에게 회개할 것을 선포했으며, 예루살렘이 패망한 후에도 남은 소수의 무리들을 좇아가서, 그들이 스스로 완고하여 회개치 않음으로써 자초한 여호와의 새 날이 오기 전에 그들을 지키려고 노력했던 것이다.

이처럼 예레미야는 세례 요한이나 그리스도를 예표하는 관계에 있기 때문에(유대인의 전승에 의하면, 물론 난삽하고 조잡한 방식의 이해이기는 하나, 예레미야가 마지막 날에 이 땅에 다시 나타날 것으로 예상하고 있다) 그의 사역과 그의 예언에 대한 연구는 특별한 매력을 지닌다. 더구나 요한과 그리스도께서 회개를 전하신 것과 연관지어 볼 때에, 예레미야의 사역이 과거에 있다가 죽어버린 것이 아니라, 현재와 미래에 다시 살아서 움직이는 것을 느끼게 되는 것이다.

976. 예레미야는 요시야왕 제13년, 젊은 나이에 선지자로 부르심을 받았다. 그가 부르심을 받은 시기는 요시야왕이 16세 되던 해, 즉 그의 즉위 제8년에, 여호와를 구하기 시작하며 개혁을 일으킨지 1년 후가 된다. 요시야

는 악하고 음란한 세대 가운데서 선왕들과는 달리 마음과 영혼과 능력을 다 동원하여 여호와를 좇은 왕으로서(왕하 23:25), 그런 왕이 존재했다는 것은 자연적인 논리로서는 도저히 생각할 수 없는 놀라운 일이라 아니할 수 없다. 이는 마치 멜기세덱이 아비도 혈통도 없이, 죄가 가득하여 멸망될 날을 향해 치닫고 있던 가나안 사람들의 한 가운데 우뚝 서 있었다는 사실이 도저히 자연적인 논리로 설명할 수 없는 놀라운 일이었던 사실과 마찬가지이다. 요시야의 존재는 예레미야의 존재와 그 뿌리가 서로 동일하다. 멸망을 재촉하고 있는 그 백성의 구원을 위하여 왕직과 선지자직이 그리스도 안에서 연합을 이룬다는 사실과, 하나님의 언약적 신실하심과 배도한 자녀들을 회개하도록 인도하시는 하나님의 오래 참으심을 고려하면 이 사실이 더욱 분명해 진다. 그러나 이 두 사람의 열심으로도(또한 예컨대, 여선지 훌다와 선지자 스바냐 등 주위에서 이들의 노력을 함께 지원하는 사람들이 있었음에도 불구하고), 백성들 가운데 만연되어 있는 부패의 거대한 물줄기를 막을 수가 없었고, 따라서 그로 인한 하나님의 심판도 막지를 못했다.

부패가 이미 백성들 가운데 뿌리깊게 자리잡고 있는 상태에 있었으므로, 개개인들만이 마치 불 가운데서 타다 남은 나뭇 조각을 건져내듯이 그런 식으로 구원받을 수밖에는 없었던 것이다. 그러한 부패상은 므낫세왕의 오랜 통치 기간 동안에 급속도로 퍼져 나간 것이다(왕하 23:26, 27; 24:3, 4). 므낫세의 성격은 그 시대에 만연된 세태를 그대로 반영한 것이며, 그는 백성들 가운데 그런 부패를 만들어낸 장본인이라기보다는 오히려 그 부패상을 대변하는 대표격에 지나지 않는다. 므낫세는 만년에 회심하여 조그마한 열매를 일구어 냈지만, 그것마저도 불경건한 그의 아들 아몬의 짧은 통치 기간 동안 완전히 소멸되고 말았다. 므낫세의 영향력은 전면적이거나 지속적이지를 못했다. 그리하여 열왕기서 저자는 그의 개혁에 대해서 아무런 언급도 하지 않고 그냥 지나쳐 버렸다. 외적인 우상 숭배 행위조차도 근절시키지 못한 아주 미약하기 짝이 없는 그런 개혁일 뿐이었다.

이것이 얼마나 불완전했는지는 개혁이 있은 후에 행한 예레미야의 예언에서 나타난다. 심지어 개혁이 효과를 발휘한 곳에서 조차도 생명의 근원이신 여호와께로 돌아가고자 하는 감정이나 소원이 완전히 허사로 돌아가 버리고, 곧바로 다른 형태의 부패가 일어났던 것이다. 예레미야는 참으로 서글픈 마음으로, 마치 아침 이슬처럼 곧바로 말라 없어지는 의로움밖에는 없는 그 백성들을 향하여 다음과 같이 호소하고 있다: "네가 이제부터는 내게 부르짖기를 나의 아버지여 아버지는 나의 소시의 애호자시오니 노를 한없이 계속하시겠으며 끝까지 두시겠나이까 하지 않겠느냐? 보라 네가 이같이 말하여도 악을 행하여 네 욕심을 이루었느니라"(3:4, 5).

어리석게도 우상 숭배에 끌리는 병이 고쳐지지 않았으며, 거기서 벗어나고난 다음에는 또 다른 형태의 어리석은, 스스로 의롭다는 사상과 하나님이 자기들을 택하셨다는 사고에 빠져서 그저 하나님께 희생 제사를 드리면 할 일을 다한 것이라는 그런 식의 태도가 만연되었던 것이다. 그리하여 선지자는 그 백성들에게 "너희는 이것이 여호와의 전이라, 여호와의 전이라, 여호와의 전이라 하는 거짓말을 믿지 말라"(7:4)라고 외칠 수밖에 없었다. 백성들은 여호와께서 그들 가운데 영원토록 거하시기 때문에 그들은 무너질 수 없다고 믿고 있었던 것이다. 예레미야의 다음 말씀도 백성의 그런 부패상을 잘 보여준다: "그러나 너는 말하기를 나는 무죄하니 그 진노가 참으로 내게서 떠났다 하거니와 보라 네 말이 나는 죄를 범치 아니하였다 함을 인하여 내가 너를 심판하리라"(2:35); "시바에서 유향과 원방에서 향품을 내게로 가져옴은 어찜이뇨? 나는 그들의 번제를 받지 아니하며 그들의 희생을 달게 여기지 않노라"(6:20).

요시야의 통치 말기가 되자 하나님의 심판이 유다를 향하여 가까이 다가오기 시작했다. 앗수르 인들의 세력이 갈대아 인들에게 완전히 넘어가서, 그 야만적이고 패기가 넘치는 세력이 유다를 패망케 하려고 위협을 가해 왔다. 더욱이 갈대아인들은 앗수르에게서 여러 가지를 물려 받았는데, 그 중 유다를 중요시하는 애굽을 향한 적개심도 물려 받았기 때문에 사태는 더욱 심각해졌다. 이러한 두 강대국의 싸움에 개입되어 있는 백성들이 보기에는 갈대아인이 결정적인 승리를 거둘 것으로 보였다. 선지자들 대부분이 그렇게 예언했으며, 특히 예레미야는 북에서부터 재난이 임할 것을 선포하기 위해서 부르심을 받았던 것이다. 그러나 최초의 심각한 피해는 애굽에게서 왔다. 애굽의 바로 느고와의 싸움에서 요시야왕이 쓰러진 것이다. 그의 죽음으로 백성들은 자기들의 죄를 깨닫고 근심과 걱정으로 장차 올 일들을 예상하게 되었다. 그들은 자기들이 이제 은혜와 진노의 갈림길에 서 있다고 추측했고, 이러한 그들의 추측은 얼마 후 쓰라린 현실로 다가왔다.

여호야긴 또는 샬룸이 통치를 시작한지 얼마 되지 않아서 애굽 사람들에 의해서 붙잡혀 가고난 후, 여호야김이 왕위에 올라서 요시야 때에 하나님이 허락하신 긍휼하심도 무시하고 그 아버지 요시야의 모든 개혁을 무위로 돌려 버렸다. 그보다 충격적인 대조는 거의 생각할 수 없을 것이다(22장에 나타난 묘사를 보라). 여호야김은 그의 통치 기간 동안 내내 하나님에 대한 사랑도, 심지어 하나님에 대한 두려움도 없이 마구 행했다.그는 피에 굶주린 폭군이었고, 진리에 대한 성난 원수였다. 그가 통치를 시작할 무렵에는 요시야의 영향력이 그대로 약간은 남아 있었다. 제사장들과 거짓 선지자들이 시대의 정세에 나타나는 증표를 감지하고서 예레미야에 대하여 오래 참아온 분노를 터뜨렸다. 예레미야가 그들의 양심을 찌르는 것이 싫었던 것이다. 그들은 그를 죽여야 한다고 힐난했다. 예레미야는 예루살렘과 성전이 함락될 것을 예언했기 때문이다. 그러나 백성의 지도자들은 그를 놓아주었다(26장을 보라).

그러나 얼마 지나지 않아서 이러한 양심의 활동은 사라지고 만다. 왕이 중심이 되어서, 요시야왕 때에는 숨어 있던 온갖 불경건한 자들이 그의 주위로 다 모여 들었다. 그들은 이내 하나의 세력을 형성했고, 하나의 물줄기를 형성하여 온 땅을 가득 채웠다. 그럴수록 요시야 시대에 세워 놓았던 둑이 점점 약화되어 갔던 것이다. 선지자 우리야가 진리를 위한 첫 희생자가 되었다. 여호야김왕은 진리의 사자들을 없애면 진리 그 자체도 없앨 수 있는 것으로 상상했다. 왕은 우리야가 머나먼 애굽에서나마 살아 있다는 것이 견딜 수가 없었다. 그리하여 그는 우리야를 애굽에서 데려와서 죽였던 것이다. 예레미야는 여로보암의 통치 11년 동안 언제나 왕이 살해 당할 것을 경고하고 백성의 멸망을 외침으로써 항상 죽음의 위협을 받았으나 그 때마다 거기서 늘 피했는데, 이는 참으로 이적적인 일로서 여호와께서 그를 부르실 때에 그에게 주신 약속을 그대로 이루셨음을 보여주는 놀라운 증거라 아니할 수 없다: "그들이 너를 치나 이기지 못하리니 이는 내가 너와 함께 하여 너를 구원할 것임이니라. 여호와의 말이니라"(1:19).

여호야김왕 때에 하나님의 형벌의 약속은 그 완전한 성취를 향하여 몇 발자국 더 진전되었다. 그의 통치 제4년, 유브라데강 갈그미스에서 애굽 왕국의 세력이 완전히 꺾인 후 예루살렘이 처음으로 갈대아인에게 함락 당하였다. 그러나 이 때에 갈대아인은 상당한 관용 정책을 실시했다. 하나님께서는 단번에 극렬한 심판을 내리시지 않고 점진적으로 임하게 하심으로써 그들의 죄를 백일 하에 드러내시고 그들에게 회개할 기회를 주셨던 것이다. 그러나 범죄가 극에 달하면 완전히 정신을 잃는다는 사실이 이 때에 분명히 드러났다. 멸망의 깊은 구렁텅이가 가까이 다가올수록 왕과 백성은 더욱 더 그리로 달려 나아간 것이다. 물론, 선지자의 경고가 그대로 이루어지기 시작하자 백성들이 약간은 이성을 되찾기는 했다. 그들은 갈대아인들이 최초로 예루살렘을 함락한 날을 기념하여 금식과 회개의 날을 정하기도 했다.

그러나 그런 덧없는 감상으로 죄의 진행을 막을 수는 없었다. 그들은 이내 그 전보다도 훨씬 더 악해졌고, 하나님의 심판도 곧바로 새로운 전환을 맞게 되었다. 갈대아인들에게 비교적 가볍게 의존하고 있는 기존의 상태에 조용히 굴복하는 것이 좋다는 정치적인 지혜도 이미 왕에게 진언된 상태였다. 왕의 힘만으로는 갈대아인의 권세를 도저히 물리칠 수 없다는 것이 분명했다. 그리고 편견이 없는 방관자의 입장에서 보기에도 애굽 사람들은 아무런 도움도 줄 수 없으며, 만일 그들이 도와줄 수가 있다 해도 그것은 갈대아인에서 애굽 사람들로 통치자를 바꾸는 것밖에는 아무 것도 아니라는 것이 분명했다. 이러한 정치적인 근거들이 분명히 드러났음에도 불구하고 그런 요인은 여호야김에게 아무런 영향도 주지 못했고, 이는 명철한 자에게서 명철을 빼앗아가시는 하나님의 계획에 따른 것이었다. 그는 마음이 완악하여 예레미야가 그렇게 간곡히 전하는 신앙적 동기들을 무시해 버린 것이다.

멜란히톤(Melanchthon)은, 사무엘이나 엘리야나 이사야 등 다른 선지자들은 하나님의 도우심에 대한 약속을 받고서, 원수들의 침략을 힘을 다하여 저지하라고 권면하며 심지어 자기들도 그 구원의 역사의 도구로 협력했는데, 예레미야는 그들과 달리 무조건 원수들에게 굴복하라고 계속해서 외쳤다는 사실이 아주 놀랍다고 했다. 그러나 이러한 차이는 사람이 다르기 때문이 아니라 일이 다르기 때문에 생긴 것이다. 결국 갈대아인에 의한 칠십년 동안의 포로 상태가 유다 백성들에게 돌이킬 수 없는 사실로 정해진 것이다. 그러한 하나님의 작정이 얼마나 확고하며 분명했는지는 심지어 그 년수까지 언급하고 있는 데서 잘 드러난다. 다른 곳에서는 언약 백성의 운명에 대해서 그렇게 구체적으로 언급한 예가 없는 것이다. 그들은 다른 어느 때보다도 완전하게 이방의 사상의 내적인 능력을 이기지 못하고 스스로 포기하고 말았다.

그러므로 이제는 하나님의 공의의 필연성에 따라서 그들 자신이 이방의 외적인 능력에 내어버려져서 형벌을 받고, 그로써 개혁되어야 할 처지가 된 것이다. 하나님께서는 자신의 작정을 변경시키실 수가 없으셨다. 왜냐하면 그것은 그의 본성에 근거한 것이기 때문이었다. 그러므로, 모세나 사무엘 등 아무리 위대한 간언자가 그를 가로막는다 할지라도, 이제는 결코 돌이킬 수가 없었다(렘 15:1 이하). 간구는 오로지 하나님의 이름으로 행해질 때만 효능을 발휘할 수가 있는 것이기 때문이다. 이제 그런 상태에서 갈대아인들을 대적하여 모반을 일으킨다는 것이 얼마나 어리석은 일이었겠는가? 근본적인 원인은 가만히 내버려둔 채, 그로 인하여 생기는 결과만을 막으려고 하니, 샘이 계속 솟아나는데도 그것은 내버려두고 흐르는 물만을 막고 있는 것과 다를 바가 무엇인가!

유다와 갈대아인과의 입장이 완전히 뒤바뀌었다 해도 사정은 마찬가지였을 것이다. 여호와께서 사람들을 팔아버리실 때에는 한 사람이 천명을 쫓아가는 동안 두 사람이 만명을 도망시키는 일이 일어나는 법이기 때문이다(신 32:30). 그런데도, 백성의 목자인 여호야김은 어리석게 되어 여호와의 뜻에 따라서 아무 것도 구하지 않았고, 결국 그는 지혜롭게 행동할 능력을 잃어버렸고, 백성은 완전히 흩어지고 만 것이다(렘 10:21). 여호야김은 갈대아인을 대적하여 모반을 일으켰고 수년 동안은 자신이 지혜롭게 처신했다는 헛된 망상을 누릴 수 있었다. 느부갓네살은 유다의 문제보다도 시급하고 중요한 문제를 먼저 해결해야 했기 때문이다. 그러나 얼마 후 느부갓네살은 예루살렘을 침공하여 여호야긴의 통치는 물론 그의 목숨까지도 빼앗아갔다(렘 22:12; 왕하 24:2).

그러나 하나님의 오래 참으심은(그리고 여호와의 도구인 갈대아인의 인내도) 아직 남아 있었다. 여호야긴이 그의 아버지의 왕좌에 올랐던 것이다. 그러나 이 젊은 왕도 3개월 동안의 짧은 통치 기간 동안 그 마음의 사악함과 하나님을 배역하는 자신의 상태를 유감없이 드러냈다. 결국 그의 충성심에 대해 회의가 생기게 되었고, 갈대아인의 군대가 다시 예루살렘을 쳐들어와서 왕을 사로잡고 그와 함께 수많은 무리들을 함께 끌어간다. 이것이 제 일차 바벨론 포로 사건이었다. 하나님의 섭리로 말미암아, 그 때에 잡혀간 사람들 가운데 유대 민족의 꽃이 있었다. 겉으로 보기에는 크나큰 재난이었으나 그들에게는 축복이었던 것이다. 그들은 하나님의 진노의 광풍이 곧 몰아칠 그 땅으로부터 이끌려서 갈대아인의 땅으로 보냄을 받아, 거기서 하나님의 나라를 새로운 형태로 키워나간 것이다. 이제 그 땅에 남아 있는 불경건한 백성들에 대한 하나님의 심판의 과정을 억제할 방법이 전혀 없었다. 그들은 마치 썩은 무화과 열매와도 같아서 도저히 먹지 못하고 버릴 수밖에 없는 처지가 되고 만 것이다. 그리하여 여호와께서는 그들을 세상 모든 나라 중에 흩어서 그들로 하여금 치욕을 당하게 하고 말거리가 되게 하며 조롱을 받게 할 것이라고 경고하셨다(렘 24:9).

그러나 여호와께서는 이러한 경고를 시행하시고 그 땅을 쳐서 저주가 되기 하시기까지 아직도 더 기다리셨다. 갈대아인들은 여호야긴의 삼촌이며 요시야의 아들인 맛다니야 혹은 시드기야를 왕으로 세웠는데, 그 역시 최소한 부분적으로만이라도 악행을 제거할 수 있는 기회를 얻었다. 그러나 그도 마찬가지로 하나님을 경외하는 것이 명철의 근본이라는 사실을 뼈저리게 체험하고 말았다. 최근에 와서 그에게 죄가 없다는 주장이 가끔 일어나고 있다. 허약한 것밖에는 그의 잘못이 없다는 것이다. 그가 부패한 자들의 도구가 된 것도 모두 그 허약함 때문이었다고 보는 것이다. 그러나 성경은 시드기야에 대해서 전혀 달리 판단을 내리고 있으며, 또한 그의 성격을 깊이 살펴보면 그런 성경의 판단이 올바르다는 사실을 알게 된다. 미카엘리스처럼 그저 그가 여호야긴보다는 나은 상태였다는 정도는 말할 수 있을 것이다.

그러나 더 자세히 살펴보면, 시드기야도 사실상 여호야긴보다 나을 것이 없다는 사실이 드러난다. 왜냐하면 더 나으냐 더 못하냐 하는 것은 은혜를 근거로 판단할 것이 아니라 본성을 가지고 판단해야 할 문제이기 때문이다. 부패의 상태 자체가 연약함으로 나타나느냐, 아니면 진리에 대한 패역하고 강한 반대로 나타나느냐 하는 것은 단순히 우발적인 것으로서 육체적 정신적 상태의 다양성에 따라서 달라지며, 특히 신경 조직이 강하냐 약하냐에 달려 있는 문제인 것이다. 시드기야가 하나님의 진리와 그 진리의 사자들을 완전히 거부한 것은 아니었다는 사실은 그 자신의 공적이 아니다. 무엇이든 그에게 강력하게 다가오는 것은 전혀 거부하지 못하는 그의 유약한 심성에 하나님의 진리가 강제로 역사했기 때문에 나타난 현상일 뿐이다. 여호야김과 같은 그런 성격의 소유자에게서는 하나님을 두려워하는 만큼 결단이 부드러워진다. 왜냐하면 그런 결단은 어느 정도의 내적인 움직임이 없이는 결코 일어나지 않는 법이기 때문이다.

시드기야는 거짓 선지자들과 나라의 지도자들의 진언에 따라서 이웃 나라들의 진언을 믿었고, 그 스스로도 경박하고 들떠 있는 그런 상태에 사로잡힌 나머지 온 백성들을 선동하여 도저히 막을 수 없는 폭력을 유발시켜 그들을 멸망의 밑바닥에까지 이끌고 들어갔으며, 그 스스로 전에 갈대아인 앞에서 맹세한 것을 깨뜨렸으며, 결국 그로 말미암아 예루살렘은 완강한 저항 끝에 다시 함락되고 무너져버린 것이다. 그러나 아직도 하나님의 오래 참으심이 완전히 거두어진 것은 아니었다. 정복자들은 비교적 적은 숫자의 거민을 그 땅에 남겨 두었다. 하나님께서는 그의 긍휼하심으로 그들에게 탁월한 정치적 지도자인 그달랴를 주셨고, 영적인 지도자로 예레미야를 주신 것이다. 예레미야는 갈대아인들의 찬란한 약속을 따르기보다는 전쟁의 연기가 채 가시지 않은 폐허 위에 남아 있기를 소원했으며, 나이가 많아 늙었고 슬픔에 사로 잡혀 있는 상태였지만, 그의 소명을 이루기 위하여 마지막까지 남기를 택하였다. 그러나 백성들은 마치 하나님의 진노의 마지막 한 방울까지 남김 없이 다 받기로 작정한 사람들처럼 악행을 계속했다. 도망하면 저주를 받고 남아 있으면 축복을 받는다는 여호와의 말씀이 선지자를 통해서 누누이 선포되었음에도 불구하고, 백성들은 그달랴를 죽이고 말았고, 그를 살해하는 일에 가담하지 않은 자들은 애굽으로 도망하고 만 것이다.

977. 그런 상황에서 선지자가 어떻게 고난을 받았을지는 구태여 당시의 역사를 구체적으로 살펴보지 않더라도 쉽게 짐작할 수 있을 것이다. 만일 개인적으로 아무런 공격이나 수모를 당하지 않았다 하더라도, 그의 신실한 경고의 말씀에도 불구하고 모든 사람들이 계속 더 부패하여 스스로 그 밑바닥을 향하여 달음질치는 모습을 보고 있는 것이 너무나도 괴로운 일이었을 것이다. 그의 사역 전체가, 최소한 백성의 대다수에 대해서만큼은, 허사로 돌아가고 만 것이다. 요시야왕 때에도 그는 다음과 같이 말씀하고 있다: "어찌하면 내가 광야에서 나그네의 유할 곳을 얻을꼬? 그렇게 되면 내 백성은 떠나가리니 그들은 다 행음하는 자요 패역한 자의 무리가 됨이로다"(9:2). 그러나 그가 개인적인 공격을 당하지 않았을 리가 없다. 조롱과 미움, 중상과 모욕, 모략과 저주, 옥에 갇힘 등 온갖 고난을 다 받았다. 성격이나 기질상 그런 일을 잘 견디는 사람도 그런 일은 감당하기 어려웠을 것인데, 더구나 그와 같은 성격으로서는 참으로 견디기 어려웠을 것이다.

'마음이 부드러울수록 고뇌는 더 깊다.' 그는 제2의 엘리야가 아니었다. 그는 부드러운 기질의 소유자였고, 감성이 아주 풍부해서 눈물도 잘 흘리는 그런 사람이었다. 모든 사람들과 평화와 사랑 가운데서 기쁘게 살았을 그가 진리를 섬기기 위해 나섰을 때에는 제2의 이스마엘이 되어야 했다. 그의 손으로 모든 사람들을 치고, 모든 사람들의 손이 그를 치는 그런 서글픈 관계가 되어버린 것이다. 그 백성들을 그렇게 따뜻하게 사랑한 그가 자신의 사랑이 잘못 전달되는 것을 보며, 그 백성으로부터 배반자라는 오명을 들어야 했던 것이다. 이런 모든 상황이 그에게는 크나큰 갈등을 일으켰다. 그는 12장과 20장에서 특히 그러한 갈등의 상태를 거듭거듭 보여주고 있다. 그런 갈등에서 승리하여야만 여호와께서 영광을 받으시는데, 그 승리는 오로지 여호와만이 주실 수 있는 것이다.

978. 그의 내적인 위로와 놀라운 구원의 역사와, 그리고 그 자신을 통해서 선포된 예언이 성취되는 것을 몸소 보았다는 사실과 함께, 그를 유지시켜 주었던 것은, 곧 여호와께서 그로 하여금 미래의 구원을 심판과 마찬가지로 뚜렷하게 목도하게 하셔서 그 심판이 그저 잠정적으로 일어나는 것임을

깨닫게 되고, 그리하여 현실적으로 도저히 믿을 수가 없는 그런 상황 속에서도 미래에 최종적인 하나님의 구원이 있을 것이라는 확실한 소망을 잃지 않게 해 주셨다는 사실이다. 이러한 소망이야말로 그의 생애 전체의 중심이 되었던 것이다. 오랜 기간 동안 그는 그런 소망을 표현하기를 자제하였다. 왜냐하면 그는 안전을 추구하는 상스러운 죄인들을 대하고 있었기 때문이었다. 그들은 소망의 메시지가 아니라, 율법과 심판의 메시지를 통해서 정신을 차려야 했다. 그러나 그 심판의 메시지에서조차도 짙은 구름 사이로 햇빛이 간간이 새어나오는 것을 보게 된다.

마지막으로, 완전한 멸망이 이미 문 앞에 와 있고, 이제 여호와께서 몸소 행동으로 백성을 치고 깨뜨리시기 시작하셔서 이제 그 목적을 위한 그의 사명이 다하게 되었을 때에, 그는 마음의 소원에 따라서 그의 소명의 후반부를, 즉 세우고 심는 사명을 감당하게 된다(1장을 보라). 그의 마음이 이 사명에 대한 것으로 가득 차 있었다는 사실은 그가 입술로 발설하는 언어에서 잘 드러난다. 칼빈은 다음과 같은 말로써 선지자의 소명 전체를 잘 보여준다: "궁극적인 열망을 백성들에게 예언하기 위해서, 그 다음으로 미래 구원에 대해 준비하도록, 그럼에도 불구하고 70년 유배생활에 들어가도록 예레미야가 하나님으로부터 보냄을 받았다고 나는 단순하게 말한다." 이 구속이 단순히 이스라엘만을 위해서가 아니라 이방인들도 함께 나누도록 정해졌다는 사실은 이스라엘을 향한 예언들 속에서만 우발적으로 나타나는 것이 아니라, 열방을 징계하는 예언들에서도 두드러지게 나타나는 것이다. 예컨대, 46:26의 애굽에 대한 예언이나, 48:47의 모압에 대한 예언, 49:6의 암몬에 대한 예언 등을 보라.

979. 예레미야의 문체에 대해서 쿠네우스(Cunaeus)는 다음과 같이 적절히 논평해 주고 있다: ""예레미야의 모든 위엄이 말들을 무시함 가운데 드러났다. 그리고 그처럼 단순한 화법이 그에게 적합하다.""(De Rep. Hebr. lib. 3, c. 7). 이러한 선지자의 겸손한 말씨(humilitas dictionis)의 근거에 대한 제롬의 논의는 아주 피상적이라 할 수밖에 없다. 그는 동시에 그가 아나돗이라는 작은 마을에서 출생한데서 위엄 안에서 가장 깊은 의미를 거론하

고 있다. 만일 그의 문체가 다르다면, 그것은 부자연스러울 것이다. 예레미야의 말씨는 엘리야의 의복과 가죽 띠에 비할 수 있을 것이다. 그는 괴로움을 당하여 마음이 슬픈 자였고, 언제나 눈물이 마르지 않는 사람이었다. 그러므로 그는 태도에 있어서나 말에 있어서 미사여구나 아름다움을 추구할 수가 없었던 것이다.

3:14-17

980. 3:14. "나 여호와가 말하노라 배역한 자식들아 돌아오라 나는 너희 남편임이니라 내가 너희를 성읍에서 하나와 족속 중에서 둘을 택하여 시온으로 데려오겠고." 여기서 문제는 이 말씀이 누구에게 주는 말씀이냐 하는 것이다. 대개의 해석자들(아버바넬, 칼빈 등)이 생각하듯이 이스라엘에게 주는 말씀인지, 아니면 다른 해석자들의 견해와 같이 유다를 향하여 주는 말씀인지가 문제가 된다. 무조건 전자의 견해를 취하는 것이 옳다. 여기의 말씀과 정확히 일치하는 '배역한 자식들아 돌아오라'가 21, 22절에서는 이스라엘을 향하여 선포되고 있다. 그 앞의 문맥에서는 배역한 이스라엘이 계속해서 언급되고 있는 반면에(6, 8, 11절), 유다는 행음하는 자로 나타나고 있다 (8, 11절). 어느 정도 범죄했느냐 하는 것은 어느 정도나 은혜를 받았느냐에 따라 비례한다. 여호와와 유다의 관계가 더 가까왔으므로, 그들의 배도는 더 큰 형벌을 받아 마땅한 것이다. 더 나아가서 유다의 번영에 대한 예언이 그보다 먼저 있을 심판에 대한 경고도 없이 여기서 매우 비중있게 나타난다고 보는 것은 결코 적절치 않다.

14-17절에 나타나는 번영에 대한 예언이 이스라엘에 관한 것이라는 사실은 18절에서 분명히 드러난다: "그 때에 유다 족속이 이스라엘 족속과 동행하여 북에서부터 나와서 내가 너희 열조에게 기업으로 준 땅에 함께 이르리라." 여기서 유다의 회복은 먼저 언급되어 있음에도 불구하고 부차적인 문제로 취급되고 있다. 선지자는 19절에서 곧바로 다시 이스라엘에 대해서 말씀한다. 이는 20절의 '이스라엘 족속'과 21절의 '이스라엘 자손'에서 이스라엘을 좁은 의미로 이해하여야 한다는 것이 18절에서 유다 족속과 4:3의 유다와 예루살렘 사람이 대조적으로 나타나고 있다는 사실에서 분명히 드러난

다.

　　마지막으로, 16, 17절의 내용은 그 해석에서 잘 나타나듯이, 이 부분의 말씀을 북왕국 이스라엘 사람에 대한 것으로 보아야만 의미가 통한다. בכם כי אנכי בעלתי라는 문구에 대해서는 라틴어 불가타역(quia ego vir vester)보다도 루터나 칼빈, 슈미트 등의 해석을 취한다: "내가 너희를 나와 정혼시키리라"(I will betroth you to me). 슐텐스(Schultens)처럼 이 절 전체를 하나의 경고로 이해하는 사람들도 있으나 문맥상 그렇게 볼 수는 없다. 그 앞의 내용과 그 다음에 이어지는 내용은 불쌍한 이스라엘을 향하여 따뜻한 사랑을 나타내 보이고 있다. 그들은 경고의 말씀을 통해서 두려워 떨림을 당하는 것(아직 하나님의 진노의 잔을 마시지 않은 유다의 경우처럼)이 아니라, '수고하고 무거운 짐 진 자들아 내게로 오라 내가 너희를 쉬게 하리라'라는 하나님의 따뜻한 부르심을 받고 있는 것이다.

　　그러나 킴치의 견해를 따라서 이 부분을 '내가 〔과거에는〕 너희를 정말로 거절했었으나, 〔이제는〕 너희를 모으리라'의 의미로 설명하는 자들도 난제를 안고 있기는 마찬가지이다. 선지자가 과연 그런 뜻을 말씀하려 했다면 어째서 그러한 대조적인 의미를 드러내는 가장 핵심이 되는 낱말들('과거에는'과 '이제는')을 생략했는지, 그 점을 도저히 납득할 수가 없기 때문이다. 혼인하는 것과 취하는 것은 여기서 똑같은 의미로 쓰이고 있다. 모두 다 여호와께로 돌아오는 근거로 쓰이고 있는 것이다. 여기서 한 가지 덧붙일 것은, 우리의 해석을 취할 경우 본 절이 12절과 멋지게 병행을 이루게 된다는 사실이다: "배역한 이스라엘아 돌아오라 나의 노한 얼굴을 너희에게로 향하지 아니하리라 나는 긍휼이 있는 자라 노를 한 없이 품지 아니하느니라 여호와의 말이니라."

　　이스라엘의 오만 방자함이 깨어지나, 절망감 때문에 여호와께로 돌아오지 못하고 있다. 그러므로 여호와께서는 계속해서 그의 초청의 말씀을 거듭하시며, 자신이 긍휼을 베풀기를 기뻐하시며 그를 버린 자들을 사랑하기를 즐겨하신다는 사실을 새롭게 강조하신다. 우리의 해석과 전적으로 일치하는 내용을 3:1에서 볼 수 있다: "세상에서 말하기를 가령 사람이 그 아내를 버리므로 그가 떠나 타인의 아내가 된다 하자, 본부가 그를 다시 받겠느냐? 그리하면 그 땅이 크게 더러워지지 않겠느냐? 하느니라. 나 여호와가 말하노라. 네가 많은 무리와 행음하고도 내게로 돌아오려느냐?" 8절에서도 이스라엘을 내어 버린 사실을 이혼 증서의 이미지를 빌려서 표현하고 있다: "내게 배역한 이스라엘이 간음을 행하였으므로 내가 그를 내어쫓고 이혼서까지 주었으되." 그러므로 그들을 다시 받아들이는 일을 새로운 혼인의 이미지로 표현하는 것보다 더 자연스러운 것이 어디에 있겠는가? 특히 앞 절에서 이스라엘의 배역함을 간음과 매춘으로 간주했으니 더욱 자연스럽지 않은가?

"내가 너희를 … 데려오겠고." 언약은 백성 전체와 맺어진 것이므로, 개개인은 자신이 회개해도 아무런 소용이 없을 것으로 생각할 수 있을 것이다. 그러나 하나님께서는 그들에게 말씀하시기를 온 성읍 전체에서 한 사람이 그에게 돌아오든, 온 지파 전체에서 두 사람이 돌아오든 그들을 영접하여 다시 시온으로 데려가실 것이라고 한다. 약속에 제한이 있는 것처럼 보이지만, 실제로는 그 약속이 확장되고 있는 것이다. 그러니 이스라엘을 향한 하나님의 사랑과 긍휼하심이 얼마나 큰가! 심지어 이스라엘이라는 소돔에서 단 한 사람 롯과 같은 의인만이 구원받았다고 해도, 만일 여호수아와 갈렙만이 이스라엘 백성에게 임한 형벌을 피하고 가나안 땅에 들어갔다고 해도, 회개하는 심령이 누구나 즉시 은혜로우신 하나님을 만난다면, 하나님의 약속의 범위가 얼마나 넓으며, 롬 11:29의 말씀이 얼마나 진리인가를 알고도 남음이 있다: "하나님의 은사와 부르심에는 후회하심이 없느니라." 그러므로 이 구절은 이스라엘의 전반적인 회복을 약속하는 다른 구절들과 결코 모순을 일으키는 것이 아니다. 오히려 그와 반대로, 여기서 '택한 자'가 '얻을 것'(롬 11:7)을 예언하고 있는 것은 더 포괄적이고 일반적인 긍휼하심에 대한 보증이 되는 것이다.

성취에 관해서는, 이 예언은 그 핵심에 있어서 모든 시대에 다 해당된다. 이 예언의 성취는 고레스 시대에 열 지파에 속했던 수많은 사람들이 이스라엘의 하나님을 향한 참된 사랑으로 말미암아 귀환하는 유다 백성들에게 스스로 합류하여 하나님으로 말미암아 다시 감람나무에 접붙인 바 된 것으로 시작되었다. 그리고 그 후 시대에, 특히 마카베오 시대에 그런 일이 계속 일어남으로써 그 성취가 계속되었으며, 그리스도의 때에 하나님의 축복이 온

'열 두 지파'에게 부어짐으로써(행 26:7) 그 성취의 완성이 예비되었다. 우리는 "내가 너희를 … 시온으로 데려오겠고"와 18절의 "그 때에 유다 족속이 이스라엘 족속과 동행하여 북에서부터 나와서 내가 너희 열조에게 기업으로 준 땅에 함께 이르리라"라는 말씀이 이러한 미미한 시작에만 적용되는 것으로 보아서는 절대로 안될 것이다. 여기서는 핵심적인 사상이 구약 시대에 실현되는 그런 형태로 표현되고 있을 따름인 것이다. 시온과 거룩한 땅은 당시 하나님 나라의 좌소였고, 따라서 이스라엘의 귀환은 유다의 귀환과 불가분리의 관계에 있었던 것이다. 이스라엘 사람들 가운데 참되신 하나님께로 회심한 자들은 완전히 유대로 귀화했거나, 아니면 최소한 그들의 제물을 드렸다. 그러나 시온과 거룩한 땅을 하나님 나라의 좌소로서만 생각하게 되면, 바로 그 때문에, 그 예언의 성취 과정이 중단없이 계속 나타나게 되며, 심지어 북쪽이 시온과 거룩한 땅이 될 때에도 그 예언은 성취되는 것이다.

여기서 '둘'을 한 가문에서 취하고, 하나를 한 성읍에서 취한다는 언급을 볼 때에, 여기의 가문이 여러 성읍들을 포괄하는 큰 가문을 뜻하는 것으로 보게 된다. 성읍과 가문이 연결되어 있다는 사실은 그 성읍들이 포로로 잡혀가 살고 있는 그 땅의 성읍이 아니라 이스라엘 땅의 성읍임을 시사한다.

981. 15절. "내가 또 내 마음에 합하는 목자를 너희에게 주리니 그들이 지식과 명철로 너희를 양육하리라." 여기서 목자(복수형)란 과연 누구를 가리키는가? 칼빈은 그들을 특별히 선지자들과 제사장들로 본다. 이와 비슷하게 비트링가(Obss. lib. vi. p.417)도 저급한 의미에서는 에스라를 비롯한 당시의 학식 있는 자들을 뜻하며, 높은 의미에서는 그리스도를 지칭한다고 주장한다. 교부들 가운데서 제롬도 이에 동의한다: "그리고 많은 확신을 유대의식들에서가 아니라 학문과 교리에 있어서 저울질하였던 그들은 사도들과 속사도들이다." 다른 이들은 각종 지도자들을 가리키는 것으로 본다 베네마(Venema)는 다음과 같이 주장한다: "목사들은 인도자들이요 안내자들이며 가르치는 자들이다." 마지막으로 또 다른 사람들은 이것이 통치자들만을 가리킨다고 본다. 킴치("왕 메시야와 함께 있는 이스라엘의 통치자들"), 그로티우스, 르 클레르 등이 이를 주장한다.

다음과 같은 이유로 볼 때에 우리는 마지막의 견해를 무조건적으로 취한다. (1) '목자'와 '먹인다'는 이미지는 때로는 넓은 의미로도 나타나지만, 보통의 경우는 구체적으로 통치자의 활동을 지칭한다. 삼하 5:2에서는 다윗을 지칭하며(미 5:3을 보라); 예레미야에서도 2:8에 그런 용례가 나타나고 있다: "제사장들은 여호와께서 어디 계시냐 하지 아니하며 법 잡은 자들은 나를 알지 못하며 관리들(문자적으로는 '목자들'이다—역자주)도 나를 항거하며 선지자들은 바알의 이름으로 예언하고 무익한 것을 좇았느니라." 또한 26절을 함께 보라("그 왕들과 족장들과 제사장들과 선지자들이 수치를 당하였느니라"). (2) '내 마음에 합하는'이란 문구는 삼상 13:14을 염두에 둔 표현임이 분명한데 거기의 말씀은 다윗을 지칭하여 한 것이다: "여호와께서 그 마음에 맞는 사람을 구하여 그 백성의 지도자를 삼으셨느니라." (3) 23:4의 병행 구절과 비교하면 모든 의혹이 말끔히 사라진다: "내가 그들을 기르는 목자들을 그들 위에 세우리니 그들이 다시는 두려워 하거나 놀라거나 축이 나지 아니하리라." 여기의 목자가 오직 통치자들을 뜻한다는 것은 22장에 언급된 현재의 악한 통치자들과 대조를 이룬다는 사실에서도 나타나며, 5절과의 연관성에서도 드러난다. 거기서는 일반적인 표현이 더욱 분명해져서 그 앞의 약속의 성취가 메시야에게 집중되고 있다: "나 여호와가 말하노라 보라 때가 이르리니 내가 다윗에게 한 의로운 가지를 일으킬 것이라. 그가 왕이 되어 지혜롭게 행하시며 세상에서 공평과 정의를 행할 것이며."

이 병행 구절은 본문의 예언이 최종적으로 메시야를 지칭한다는 사실을 보여준다는 점에서도 대단히 중요하다. 열 지파의 왕국은 여호와께로부터 배역한 죄에 대해서 악한 왕들로써 징벌을 받았다. 이스라엘 열왕의 긴 목록에는 여호사밧이나 히스기야나 요시야왕 같은 왕은 단 하나도 없다. 이는 지극히 자연스러운 일이다. 이스라엘 왕국의 근본이 반역에 있었기 때문이다. 그러던 이스라엘이 이제 다시 신정국가에 모든 하나님의 축복을 부어주는 그 가족에 다시 들어가게 될 것이다. 특히 다윗의 고귀한 자손 메시야 안에서 가장 풍성한 복락을 누리게 될 것이라고 한다.

'내 마음에 합하는'은 이스라엘 왕국의 첫 역사를 지칭하는 호 8:4의 "저희가 왕들을 세웠으나 내게서 말미암지 아니하였고"의 표현과 대구를 이룬다. 과거에 반역도들은 자기들의 탐욕에 따라서 왕을 택하여 세웠으나, 이제 그들은 하나님이 택하시는 왕을 세우며, 과거의 왕들은 저주의 도구가 되었었으나 이제 세움을 받는 그 왕들은 축복의 도구가 될 것이다. 왕의 통찰과 지혜의 근원은 여호와와의 살아있는 교통이다. 곧, 하나님의 마음에 합하는 것과 그의 뜻을 좇아 행하는 것이다. 이스라엘의 과거의 지도자들의 경우 여호와를 배역한 결과는 그들의 어리석은 통치였다. 그들의 어리석은 통치로 말미암아 그 백성들은 멸망에 빠졌던 것이다. 그러나 하나님의 종들은 지혜롭게 행한다. 그들에게는 하나님의 안목이 있기 때문이다. 그리고 누구든지 지혜롭게 행하는 자들은 그 자신과 더불어 그의 백성들에게 번영을 가져온다. 그러므로 그의 백성을 향한 하나님의 가장 큰 긍휼의 증거는 바로 하나님께서 그의 종들을 백성에게 왕으로 주시는데서 나타나는 것이다.

982. 16절. "나 여호와가 말하노라 너희가 이 땅에서 번성하여 많아질 때에는 사람 사람이 여호와의 언약궤를 다시는 말하지 아니할 것이요 생각지 아니할 것이요 기억지 아니할 것이요 찾지 아니할 것이요 만들지 아니할 것이며."―'너희가 이 땅에서 번성하여 많아질 때에는'은 창 1:18을 암시한다. 하나님의 일반 섭리가 만물을 결실케 하듯이, 하나님의 특별 섭리는 심판으로 말미암아 피폐해진 그의 교회를 결실케 한다. 그리하여 족장들에게 주신 약속이 이로써 성취된다. 792의 상세한 논의를 참조하라. 이로 볼 때에 하나님의 미래의 역사하심은 그의 과거의 역사와 유사하다. 출 1:12을 참조하라.

'언약궤'는 하나의 감탄사로 이해하여야 한다. 즉, '우리가 그렇게 바라고 기다리던 바로 그것이다.' 마음이 그 대상물로 가득차 있기 때문에 그저 그것만을 언급해도 충분히 그 의미를 감지하고도 남음이 있는 것이다. '다시는 만들지 아니할 것이며'는 언약궤가 존재하지 않는 시대, 성전이 파괴된 상태로 있는 때가 올 것을 전제로 하는데, 이 때에 대해서 선지자는 그렇게도 강조하여 계속 예언하고 있다. 하나님은 잃어버린 것을 너무도 풍성하게 갚아주셔서 사람들이 더 이상 그것을 바라지 않게 될 것이며, 욕심에 사로잡혀 자기들 손으로 그것들을 만들어내려고 애를 쓰지도 않을 것이다.

여기서 제기되는 중요한 의문은, 여기서 언약궤를 언급하고 있는 것은 무슨 관계에서인가 하는 것이다. 그 해답은 17절에서 나타난다. 언약궤가 기억도 하지 않게 되는 이유는 예루살렘이 이제 완전한 의미에서 여호와의 보좌가 되었기 때문이다. 그러므로 언약궤는 자연히 불완전한 의미에서 하나님의 보좌로 여겨지는 것이다. 이것이 그렇다는 사실은 쉽게 증명될 수 있으나, 과연 어떻게 해서 그렇게 되느냐 하는 문제에 대해서는 의견의 차이가 많다. 현재에 주로 받아들여지고 있는 견해는 하나님이 언약의 하나님으로서 자신을 언약궤 위의 그룹 위에서 구름이라는 가시적인 상징물로써 계속해서 나타내 보이셨다는 것이다. 이 견해에 대한 최초의 근거 있는 반대 견해는 비트링가에 의해서 제시되었다: "이는 아마 일이 정지될 수 없었기 때문이다. 솔로몬의 성전에서나 지성소 안에 매일 법궤 위에 구름이 있었으나 법궤는 신적 임재의 상징이었다. 그리고 그룹들 사이에 있는 한 장소에 징후가 현존하였고 말하였다. 이는 그의 뜻의 계시로 말미암아 하나님은 스스로 이스라엘에게 세속적인 현존을 증명하였기 때문이다"(Obss. s. t. i. p. 169). 그러나 이처럼 하나님이 언약궤 위에서 불가시적으로 임재하셨다고 보는 비트링가의 견해는 따뜻한 반대를 받고 있다. 제2판의 각주에서는 그 자신도 그 점에 대해서는 약간 주저하고 있음이 나타나고 있다.

이보다 훨씬 단정적인 견해로서 옳든지 그르든지 끝까지 밀고 나가겠다는 결연한 의지를 보여주는 견해는 에르네스티(Ernesti)의 제자인 탈레만(Thalemann)이 그 후에 *Dissertatio de Nube super Arcam Foederis*, Leipz. 1756에서 전개하였다. 그럼에도 불구하고 그는 언약궤라는 물건 자체를 부정하는 것이 아니며 다만 그 표증에 대해서만 문제를 삼는 것이라고 설명했다. 그의 견해는 헤르본(Herbon)의 라우 교수(Joh. Eberh. Rau, Prof.)의 책 *Ravius de Nube super Arcam Roederis*, Utrecht 1760에 의해서 논리 정연하게 반박되고 있다.

문제는 매우 간단한데 있다. 양쪽 모두가 부분적으로 옳고 부분적으로 그르며, 진리는 그 사이에 있는 것이다. 대제사장이 일년에 한번 지성소에 들어갈 때에 눈에 보이지 않는 하나님의 임재가 구름이라는 상징물 속에 구체화되었다(마치 광야를 지나는 여정에서나 성막과 성전을 봉헌할 때에 그랬듯이)는 사실은 주요 구절인 레 16:2에서 분명히 드러나므로 반대의 여지가 없다. 거기서 아론은 행사 때마다 지성소에 들어가지 말고 일년에 한번씩만 거기에 들어가라는 권고를 받는다. "이는 내가 구름 가운데서 속죄소 위에 나타남이니라." 대제사장이 지성소에 들어갈 때에 하나님께서 가시적으로 자신을 나타내 보이시는 장소는 그에게 지극히 거룩한 장소가 분명하다.

반면에, 보통 때에도 지성소에 늘상 임재해 계시다고 가정하는데 대해서는, 그러면 그의 임재가 가령 블레셋 사람도 볼 수 있는 그런 식으로 임재하신 것이냐 하는 의문이 생기는데, 이에 대해서는 전혀 증거가 없다. 라우 교수가 인용하고 있는 것은 다만 하나님의 불가시적인 임재에만 관련된 것으로서 그가 한 것처럼(p. 35) 그야말로 상상에 의해서만 파악될 수 있는 그런 수준의 임재로 볼 수는 없다. 그러면 신자들의 마음 속에 계시는 하나님의 임재나 성찬 때의 임재에 대해서는 달리 어떻게 이해할 수 있겠는가(사 66:2)? 사실 에스겔은 여호와의 영광이 성전 밖으로 올라가는 그룹 위에 있는 것을 보았다(11:22). 그러나, 이상 가운데 나타나는 것은 본질상 불가시적인 것이라 하더라도 가시적으로 표현될 수밖에 없으므로, 이상 가운데서 가시적으로 나타난다고 해서 그것이 본질적으로도 가시성을 띠는 것이라고 어떻게 단정할 수 있겠는가?

그러나 앞에서 이미 언급했듯이, 이 논쟁의 초점은 하나님이 언약궤 위에 임재하셨다는 것의 사실성 여부가 아니라 어떻게 임재하셨는가 하는 것이다. 넓은 의미에서 언약궤 위에 그룹들이 있었고 그 위에 여호와의 영광이 좌정하고 있었다는 것은 모두가 인정하는 사실이다. 여호와의 영광이 항상 언약궤 위에 실제로 임재하고 있었다는 것은(물론 특별한 경우들에만 그것을 실제로 목격할 수 있었지만) 무수한 구절들에서 거듭거듭 나타나고 있는 사실이다(예컨대, 레 16:2; 9:24). 하나님이 그룹 위에 좌정하시는 것으로 말씀하는 구절들도 그 점을 밝히 보여주고 있다(대상 14:6; 시 80:2; 삼상 4:4; 삼하 6:2; 시 99:1; 왕하 19:15). 언약궤를 엄밀한 의미에서 하나님의 발등상이라고 지칭하는 것도 바로 이런 의미이다. 다윗은 말하기를, "나의 백성들아 내 말을 들으라 나는 여호와의 언약궤 곧 우리 하나님의 발등상을 봉안할 전 건축할 마음이 있어서 건축할 재료를 준비하였으나"(대상 28:2). 괴로움이나 번영에 대한 감사가 있을 때에 언제나 언약궤 앞에, 혹은 언약궤를 향하여 간구하는 이유가 이로써 해명되는 것이다.

여호수아는 아이성 싸움에서 패한 후에 옷을 찢고서 이스라엘의 장로들과 함께 여호와의 궤 앞에서 땅에 머리를 조아리고 저녁 때까지 머리에 티끌을 무릅쓰고 있었다. 그 때에 여호수아는 말하기를, "슬프도소이다 주 여호와여 어찌하여 이 백성을 인도하여 요단을 건너게 하시고 우리를 아모리 사람의 손에 붙여 멸망시키려 하셨나이까?"라고 하였다(수 7:5 이하). 솔로몬은 기브아에서 여호와께서 나타나셔서 약속을 주신 다음 여호와의 언약궤 앞으로 나아가서 번제와 수은제를 드렸다(왕상 3:15). 삼하 15:32에서는 다윗이 슬픔이 가득하여 감람산으로 올라가서 사람들이 늘 하나님께 경배하는 곳에(한글 개역 성경은 '하나님을 경배하는 마루턱'으로 번역하였다—역자주) 이르렀을 때에 거기서 후새를 만났다고 기록하고 있다. 따라서, 감람산 정상에 올라가서 처음으로(혹은 마지막으로) 성전의 전경이 보이면 그곳에 거하시는 이스라엘의 하나님 앞에서 몸을 숙여 경배하는 관습이 있었음을 볼 수 있다.

하나님이 시온이나 예루살렘 성전에, 혹은 이스라엘 가운데 거하신다고 말씀할 때에는 모두가 언약궤를 지칭하는 것이다. 출 29:45, "내가 이스라엘 자손 중에 거하여 그들의 하나님이 되리니"(예컨대, 시 9:12; 132:13, 14 등을 참조하라). 왕상 6:12, 13에서 하나님은 솔로몬에게 약속하시기를 그가 하나님의 계명을 지켜 그대로 행하며 하나님의 법도를 따르면 하나님이 이스라엘 자손 가운데 거하실 것이라고 하시는데, 후에 하나님께서 그 성소에 들어가심으로써 이 약속을 이루신다. 그런데, 이스라엘에서 언약궤를 매우 귀하게 대하였다는 사실이 이와 밀접하게 연결되어 있다. 언약궤는 그 백성의 가장 고귀한 보배였으며 그들의 존재의 중심점이었던 것이다. 그러므로 언약궤는 하나님의 영광이 거하는 곳이요 하나님이 가장 영화롭게 자신을 나타내셔서 스스로 이스라엘의 영광이라는 이름으로 불리는 곳이었다(시 26:8; 삼상 4:21-22; 시 78:61을 참조하라).

대제사장 엘리는 모든 슬픈 소식들을—이스라엘의 패전과 그 아들들의 전사 등—참고 들었다. 그러나 도망해온 병사가 언약궤에 대한 소식을 전할 때에 그는 죽고 만다: "하나님의 궤는 빼앗겼나이다. 하나님의 궤를 말할 때에 엘리가 자기 의자에서 자빠져 문 곁에서 목이 부러져 죽었으니 나이 많고 비둔한 연고라. 그가 이스라엘 사사가 된지 사십년이었더라. 그의 며느리 비느하스의 아내가 잉태하여 산기가 가까웠더니 하나님의 궤 빼앗긴 것과 그 시부와 남편의 죽은 소문을 듣고 갑자기 아파서 몸을 구푸려 해산하고 죽어 갈 때에 곁에 섰던 여인들이 그에게 이르되 두려워 말라 네가 아들을 낳았다 하되 그가 대답지도 아니하며 관념치도 아니하고 이르기를 영광이 이스라엘 에서 떠났다 하고 아이 이름을 이가봇이라 하였으니 하나님의 궤가 빼앗겼고 그 시부와 남편이 죽었음을 인함이며 또 이르기를 하나님의 궤를 빼앗겼으므 로 영광이 이스라엘에서 떠났다 하였더라"(삼상 4:17-22).

그런데, 이런 경우 하나님이 언약궤 위에 거하셨다는 것은 어떻게 이해 하여야 하는가? 온 하늘과 온 하늘들의 하늘이라도 용납지 못하며(왕상 8:27), 하늘이 그 보좌요 땅이 그 발등상인(사 66:1) 지극히 높으신 하나님 이 인간의 손으로 만든 성전에 거하신단 말인가?

이에 대한 올바른 견해는 다음과 같다: 이스라엘과 하나님과의 모든 관 계의 핵심과 골자는 곧 천지의 하나님이 이스라엘의 하나님이 되셨다는데 있 으며, 천지의 창조주 하나님이 언약의 하나님이 되셨고, 그의 축복과 저주의 일반 섭리가 특별 섭리가 되었다는데 있다. 이러한 관계를 그 백성들이 깨달 을 수 있도록 하고 그러한 관계를 사랑하고 두려워할 대상으로 여기게 하기 위해서, 하나님은 그들에게 그의 성소 안에 "현존하는 신현"을 주셨다(우주 조차도 용납치 못할 그 하나님이 마리아의 복 중에 거하신 그의 강림의 예표 요 동시에 전조로써). 단순히 상징적인 표현으로서가 아니라 관념의 구체화 로서 그 이름을 주심으로써 누구든지 이스라엘의 하나님을 구하는 자는 오직 성전에서만, 그리고 언약궤 위에서만 그를 찾을 수 있도록 하신 것이다. 하 나님이 그의 보좌를 거기에 두셨다는 사실은 이러한 신성의 진정한 임재와 이방인이 멋대로 상상하는 자기들 신의 임재와의 차이를 잘 보여준다. 그렇 다고 해서 이스라엘을 편애하여서 죄를 지어도 괜찮도록 하신 것이 아니다. 하나님이 이스라엘 가운데 거하시는 것은 그의 언약과 그의 거룩한 율법에 근거한 것이다. 하나님의 언약이 준수되느냐에 따라서, 그리고 율법이 시행 되느냐에 따라서 여호와의 거하심은 풍성한 축복으로도, 극심한 징벌로도 나타날 수 있었다. 만일 언약이 완전히 깨어져 버리면, 하나님은 그의 거하심을 거두어가시며, 그렇게 되면 저주만이 남게 된다. 그 저주는 하나님이 절대로 거하신 적이 없는 사람들에게 임한 것보다도 훨씬 더 큰 것이었다. 하나님은 그 큰 저주로써 과거의 그의 사랑이 얼마나 컸는지를 보여주시는 것이다.

과거 구약 시대의 경륜이 그러했다면, 그 경륜이 폐하였을 때에 폐하여지지 않고 남은 것은 무엇이었는가? 그 구약 시대의 경륜이 이미지와 그림자에 속하는 것이라면, 그 실체로 나타나는 새로운 경륜은 얼마나 굉장하겠는가! 구약 시대의 모든 거룩한 것이 얼마나 언약궤에 의존했는지는 그 언약궤가 다른 무엇보다도 먼저 만들어졌다는 바로 그 사실에서 잘 드러난다. 언약궤가 없이는 성전도 있을 수 없었다. 성전이 처음 성전이 된 것은 바로 언약궤 때문이었다. 왜냐하면 솔로몬의 말에 따르면, '여호와의 궤가 이른 곳은 다 거룩함'이기 때문이다(대하 8:11).

언약궤가 없이는 제사장직도 없다. 여호와께서 계시지 않는데 그들이 누구를 섬기겠는가? 성전과 제사장직이 없이는 희생 제사도 없다. 그러므로, 우리는 여기서 하나님 나라의 그 이전의 형태가 완전히 사라져 없어질 것에 대해 예언하고 있음을 보게 된다. 그러나 그렇게 완전히 사라져 없어지는 것은 동시에 그 핵심을 최고로 완성시키는 것이다. 그 사라져 없어지는 것은 마치 곡식의 씨앗이 열매를 내기 위해서 죽는 것과도 같으며, 썩을 것으로 심어진 육체가 죽어서 썩지 않을 것으로 다시 사는 것과도 같다.

여기서 한 가지 의문이 제기된다. 곧, 이 예언이 두번째 성전 시대에 언약궤가 존재하지 않았던 상황과는 어떤 관계를 갖는가 하는 것이다. 언약궤가 실제로 존재하지 않았다는 것은 의심의 여지가 없다. 그 이유가 어디에 있었는지를 알기 위해서는 언약궤의 경우와 유사한 다른 현상들, 즉 우림과 둠밈이 사라진 것이나, 바벨론 포로의 귀환 후 얼마 지나지 않아서 선지자직이 종결된 사실 등을 무시해서는 안된다. 그 모든 일은 그 백성으로 하여금 그들의 상태가 잠정적인 것에 지나지 않는다는 사실을 깨닫게 하기 위함이었다. 미래의 무한히 큰 영광을 더욱 더 소망하도록 하기 위해서, 신정정치는 이전의 영광의 수준 아래로 가라앉아야 마땅했던 것이다. 그 이유를 알았으니, 이제는 언약궤가 없었다는 사실과 현재의 예언이 무슨 관계가 있는지를 결정하기도 쉬워진다. 그것은 이 예언의 성취의 시작이었다. 하나님 나라에 있어서는 갱신이 없는 폐기란 없다. 옛 것이 사라지는 것은 새로운 것이 곧 생겨난다는 하나의 보증인 것이다.

다른 면에서 보면, 언약궤가 없다는 사실은 또한 사건을 통하여 전해진 하나의 슬픈 예언이었다. 그것은, 핵심은 포용하지 않으면서 형식에만 집착하며 따라서 그 영광스러운 발전 과정에 참여할 수 없는 자들을 향하여 주는 선언이었다. 즉 그들이 그렇게 집착했던 그 형식이 그 존재 전체와 함께 깨어져 버릴 때가 다가오고 있다는 선언이었다. 언약 백성이 누렸던 그 크나큰 특권인 '영광'(롬 9:4)이 사라졌으니, 별 의미가 없는 하찮은 주변의 것들이 잇따라 사라지지 않겠는가? 여기서 언약궤가 새로이 갱신되지 않고 있다는 사실은 갈대아인들을 통한 멸망과 로마인들을 통한 멸망이 시작과 완성으로 서로 연결되어 있음을 보여준다. 이는 포로 상태에서 귀환한 바로 그 사건에서부터 하나님의 위대한 구원 계획의 실현이 예비되기 시작된 것과도 같다. 과거에 하나님의 영광이 거했던 그곳이 텅 비어 있다는 사실은 미래에 그곳이 충만해질 것이라는 사실을 분명히 예언하는 것이었다(가장 완전한 "진공의 공포"는 언약의 하나님께 속한 것이기 때문이다).

마지막으로, 이 구절이 이스라엘에게 주는 특별한 의미가 무엇인가 하는 문제가 남아 있다. 앞 절에서는 이스라엘이 다윗의 양무리에서 떨어져 나감으로써 잃어버렸던 그 축복들을 그들에게 새롭게 베풀어주시겠다고 약속했었다. 다윗의 가문은 그의 의로운 가지에게서 그 완성에 이를 것이었다. 이 목자를 예표했던 그의 선조 다윗은 불완전한 의미에서 하나님의 마음에 합한 사람이었으나, 이 목자는 완전한 의미에서 하나님의 마음에 합한 자로서 지혜와 명철로 그들을 먹일 것이다. 그런데 여기서는 보상을 약속하고 있다. 그러나 이스라엘 중의 신자들은 이를 큰 손실로 여겼다. 언약궤에 대한 여호와의 계시는 자석과도 같아서 그들로 하여금 예루살렘에 대해 애착을 갖게 했다. 수많은 사람들이 땅의 모든 소유를 희생시켜서 유대 땅에 거주했으며, 어떤 이들은 언제나 자기들의 먼 거처에서 그 영적 고향으로 먼거리를 여행하여 와서 '원시부터 높이 계시는 영광의 보좌'(렘 17:12)로 나아왔다. 이스라엘 열왕들이 아무리 노력해도 이러한 꺼질줄 모르는 갈망을 막을 수는 없었다. '이스라엘의 영광'이 찬란히 드러나는 일이 새로이 일어날 때마다 그 곳을 향한 열심이 새로이 타올랐던 것이다. 그러나 여기서는 또한 신자들이 고통 가운데서 빼앗겼던 그 크나큰 축복들이, 돌아오는 자들(과거의 불완전한 귀환이 아니라, 영광스럽게 완성된 상태의 귀환을 가리킨다)에게 다시 회복될 것을 말씀하고 있다. 이제 모든 백성이 영적인 안목을 가지고서 과거의 축복들의 가치를 깨닫게 된다. 그러나 그 과거의 형태의 축복들은 아무 것도 아니다. 왜냐하면 새롭고 무한히 영광스러운 형태의 축복들이 그들의 관심을 사로잡기 때문이다.

983. 17절. "그 때에 예루살렘이 여호와의 보좌라 일컬음이 되며 열방이 그리로 모이리니 곧 여호와의 이름으로 인하여 예루살렘에 모이고 다시는 그들의 악한 마음의 강팍한 대로 행치 아니할 것이며." 본문의 강조점은 여러 해석자들이 추정하는 것처럼 예루살렘에 있는 것이 아니라 '여호와의 보좌'에 있다. 본문에 나타나는 대조를 볼 때에 이는 '여호와의 진정한 보좌'에 가깝다고 볼 수 있다. 사 66:1도 이와 비슷하게 그룹 위에 하나님의 보좌가 있으며 언약궤가 그 발등상이라고 자랑하는 자들을 향하여, "하늘은 나의 보좌요 땅은 나의 발등상이니"라고 말씀하고 있다. 언약궤를 발등상으로, 언약궤의 그룹 위를 여호와의 보좌로 언급하는 본문들을 참조하라. 그리고 사 60:13; 겔 1:26을 참조하라.

언약 백성들이 누리는 최고의 특권은, 그들이 세상과 비교할 때에 최고로 유리한 점은 곧 하나님이 그들 가운데 계신다는 것이었다. 그런데, 바로 그것을 가장 완전하게 경험하게 되고, 그리하여 관념과 현실이 그대로 일치하게 될 것이라고 한다. 이는 그 핵심에 있어서 겔 43장과 완전히 일치한다. 거기서는 성전이 파괴될 때에 사라졌던 쉐키나가 더 새롭고 더 영광스러운 형태로 새 성전에, 하나님 나라에 다시 돌아오는 것이 묘사되고 있다. 2절: "이스라엘 하나님의 영광이 동편에서부터 오는데 하나님의 음성이 많은 물소리 같고 땅은 그 영광으로 인하여 빛나니." 7절: "내게 이르시되 인자야 이는 내 보좌의 처소, 내 발을 두는 처소, 내가 이스라엘 족속 가운데 영원히 거할 곳이라 이스라엘 족속 곧 그들과 그 왕들이 음란히 행하며 그 죽은 왕들의 시체로 다시는 내 거룩한 이름을 더럽히지 아니하리라." 슥 2:10: "노래하고 기뻐하라 이는 내가 임하여 네 가운데 거할 것임이니라"(이는 출 29:45을 암시해 준다: "내가 이스라엘 자손 중에 거하여 그들의 하나님이 되리니"). 선지자는 이 약속의 완전한 성취는 미래를 위하여 예비되어 있다고 한다. 그러나 만일 하나님이 과거에 줄곧 언약궤 위에 거하심으로써 이를 실현시키지 않으셨다면, 그러한 미래의 성취는 있을 수가 없는 것이다.

이 약속이 성취된 이후의 상태에 대해 조사해 보면, 요 1:14을 당장 들 수 있다: "말씀이 육신이 되어 우리 가운데 거하시매 우리가 그 영광을 보니 아버지의 독생자의 영광이요 은혜와 진리가 충만하더라." 여기서는 과거 하나님이 성전에 거하시던 사실을 암시하는 것이 분명하다. 로고스의 성육신을 그 약속의 최고의 실현으로 말씀하고 있는 것이다. 충만한 신성이 몸으로 ($\sigma\omega\mu\alpha\tau\iota\kappa\hat{\omega}_S$) 거하시는 그리스도 안에 하나님이 인격적으로 나타나시는 것과 그가 그리스도의 영으로 말미암아 그의 백성 가운데 거하시는 것을 서로 분리시켜서는 안된다. 후자를 시냇물에 비하면 전자는 그 근원과 같은 것이다. 바로 그 생수의 시냇물이 그리스도의 몸에서 흘러 나오는 것이다. 이 두 가지가 사람들 가운데 있는 하나님의 참된 장막을 구성하며, 새롭고 참된 언약궤가 되는 것이다. 왜냐하면 옛 것은 '장래 일의 그림자이나 몸은 그리스도의 것'이기 때문이다(골 2:17). 계 21:22("성 안에 성전을 내가 보지 못하였으니 이는 주 하나님 곧 전능하신 이와 및 어린 양이 그 성전이심이라"), 11:19("이에 하늘에 있는 하나님의 성전이 열리니 성전 안에 하나님의 언약궤가 보이며")을 참조하라.

언약궤의 예표적 의미는 히 9:4, 5에서 뚜렷하게 드러나며, 또한 4:16에서는 그 언약궤가 무엇을 지칭하는지를 잘 보여준다: "우리가 … 은혜의 보좌 앞에 담대히 나아갈 것이니라." 곧, 그리스도를 진정한 속죄소요, 진정한 언약궤로 말씀하는 것이다. 과거에 하나님의 백성 가운데 하나님을 찾는 자는 오직 언약궤 위에서만 하나님을 만날 수 있었듯이, 이제 우리는 그리스도를 통해서 기쁨과 하나님께 담대히 나아감을 얻는 것이다(엡 3:12). 그리고, 오로지 그리스도의 이름으로만, 즉 그리스도와의 살아있는 연합 가운데서 제시될 때에만 우리의 기도가 받아들여지는 것이다(요 16:23).

신정정치의 이상이 이처럼 최고로 실현된 결과로서 동시에 이스라엘이 여호와의 교회와 재결합함으로써 기대했던 그 축복의 충만한 것이 실현되었음을 보여주는 증표로써, 이방인들이 거기에 모여든다. 이러한 하나님의 완전한 임재는 이미 과거에 하나님이 그 백성 가운데 임재하심을 보여주었던 불완전한 의미의 현현들에서도 그 예표와 전조로써 나타난 바 있다. 예컨대, 수 9:9을 보라: "그들이〔기브온 사람들이〕 여호수아에게 대답하되 종들은 당신의 하나님 여호와의 이름을 인하여 심히 먼 지방에서 왔사오니 이는 우리가 그의 명성과 그가 애굽에서 행하신 모든 일을 들으며 또 그가 요단 동편에 있는 아모리 사람의 두 왕 곧 헤스본 왕 시혼과 아스다롯에 있는 바산 왕 옥에게 행하신 모든 일을 들었음이니이다."

이와 아주 비슷하게 슥 2:11에서도 예루살렘에 여호와께서 거하심으로 오는 결과를 말씀하고 있다: "그 날에 많은 나라가 여호와께 속하여 내 백성이 될 것이요 나는 네 가운데 거하리라." לשם יהוה לירושלים은 문자적으로 번역하면, "여호와의 이름이 예루살렘에 (속하는 것으로) 인하여," 즉, "여호와의 이름이 예루살렘에 속하기 때문에, 곧 여호와가 거기의 본토박이이시기 때문에"라는 뜻이다. 여호와께서 그의 불가시적인 존재를 알리시고 자신을 드러내 보이신다는 의미에서, 여호와의 이름은 여호와 자신을 뜻한다. 이름은 존재와 그 존재를 알리는 것 사이를 연결하는 다리와도 같은 것이다. 이름이 없는 하나님 = θεὸς ἄγνωστος, 행 17:23. 여기에는 신 12:5에 대한 암시가 나타난다: "오직 너희 하나님 여호와께서 자기 이름을 두시려고 너희 모든 지파 중에서 택하신 곳인 그 거하실 곳으로 찾아 나아가서." 과거에는 하나님이 그의 이름을 불완전하게만 두셨으므로, 오직 이스라엘만이 모였으나 이제는 모든 이방이 다 모일 것이다.

'다시는 그들의 악한 마음의 강퍅한 대로 행치 아니할 것이며'는 이방 사람이 아니라 이스라엘이나 혹은 예루살렘의 거민 전체를 지칭하는 것으로 보아야 한다. 그들 이외에 신정국가의 백성들이 별도로 있는 것이 아니라, 신정국가의 백성들 속에 그들이 포함되는 것이다.

23:1-8

984. 이 단락은 22장과 23:9-40을 포함하는 더 큰 문단에 속하는 한 부분이다. 22장에서 선지자는 유다의 왕들에게 경고한다. 먼저, 만일 그들이 지금까지의 불경건한 태도를 계속 견지할 경우 신 29:23 이하의 경고대로 그들과 그 백성들에게 여호와의 심판들이 임한다는 사실을 그저 개략적으로 선언한다(22:1-9). 그 다음, 선지자는 더욱 강한 인상을 심어주기 위해서 개략적인 경고를 실례를 들어서 선포한다. 즉, 하나님의 보응하시는 공의가 배도한 왕들 개개인의 생애에 어떻게 나타나는가를 보여주는 것이다. 첫째로 요시야의 아들로서 그의 왕위를 계승한 여호아하스는 바로 느고에 의해서 왕위에서 쫓겨나서 애굽으로 끌려갔다고 한다(10-12절).

선지자는 그의 정식 이름인 여호아하스 대신 살룸이라고 부르는데, 여기에 나타나는 그에 관한 선언은 살룸(보응받음)이라는 이름의 주석과도 같은 역할을 한다(여호와께서 그의 행위에 따라서 보응하셨다). 그의 아버지 요시야는 비록 애굽 사람들과의 싸움에서 전사했지만 그 아들에 비하면 행복한 사람이었다. 왜냐하면 그 아들 살룸은 이방 땅에서 살고 끝내 고국으로 돌아오지 못하고 거기서 죽기 때문이다.

그 다음에는 여호야김에 대한 선언이 이어진다(13-19절). 그는 백성들이 그에게 맡겨준 모든 것을 그의 권한으로 다 파괴시켜버리는 폭군이다. 그러므로 그의 찬란한 이름과 그의 비참한 운명이 암울하게 대조를 이룬다. 여호와께서는 그를 일으키시기는 커녕 그를 가장 낮은 밑바닥으로 떨어뜨리신다. 심지어 그는 명예로운 장례도 누리지 못한다. 그가 죽을 때에 우는 사람도 없고 애통하는 사람도 없다. 그의 시체는 그가 자기의 것으로 만들려 했던 그 위대한 왕의 성읍 예루살렘 성문 바깥에 던져져서 사람들의 발에 밟히는 운명을 당한다.

그 다음에는 다른 주제로 이탈한 내용이 이어진다(20-23절). 여기서는 배역한 유다에게 말씀이 주어진다. 그 왕들에게 임할 심판들은 그 백성들도 다 함께 당한다. 그들은 여호와의 긍휼하심으로 전에 높은 자리에 올라가 있었으나, 그들이 악을 행하여 하나님의 진노를 자초하여 그 결과로 거기로부터 떨어진다.

그 다음 여호야긴에 대한 말씀이 이어진다(24-30절). 그의 이름은 '여호와께서 세우실 것이라'라는 뜻인데, 거기서 '… 것이라'가 그에게 너무 뼈아픈 상처를 준다. 여호와께서는 그를 거부하실 것이며, 그를 무가치한 도구로서 내어버리실 것이기 때문이다. 그는 그 어미와 함께 그의 따뜻한 고국에서 끌려가서 거기서 죽음을 맞을 것이다. 어느 누구도 그 아들이 다윗의 왕위에 오르지 못할 것이므로 아들을 낳는 자는 헛되이 아들을 낳은 것이 되며 결국 무자한 자와 같이 취급을 받게 될 것이라는 여호와의 작정은 결코 다시 돌이킬 수가 없다.

985. 23장 서두에서는(1, 2절) 22장의 내용의 핵심을 한 문장으로 요약하여 말씀한다: "내 목장의 양무리를 멸하며 흩는 목자에게 화 있으리라! 내가 너희의 악행을 인하여 너희에게 보응하리라!" 그 다음 3-8절에서는 흩어진 가련한 양떼들에게 번영이 있을 것을 예언한다. 여호와께서 지금까지 백성들의 목자들로서 악행을 일삼아 온 자들에게 심판하시는 것은 여호와 자신이 최고의 목자이기 때문인데(또는 그의 언약적 신실하심 때문인데), 그와 똑같은 이유로 여호와께서는 그 백성들을 사랑으로 영접하시고 흩어진 상태에서 다시 모으시며, 악한 목자들 대신 선한 목자를 주실 것이다. 곧, 오래 전에 약속하셨고 사람들이 기다려온 위대한 다윗의 자손을, 의로운 왕으로서 그 땅에 공의와 의를 펼치시며 그리하여 여호와께로부터 그 땅을 위하여 의와 번영을 받으실 바로 그 분을 주실 것이라고 한다. 그 미래의 긍휼하심이 너무도 커서, 과거 애굽에서 구원하신 그 놀라운 긍휼이 완전히 무색하게 될 것이다.

986. 이 예언 전체가 여호야김의 통치 기간에 이루어졌다는 것은 의심의 여지가 없다. — 열왕기서에서 여호아하스라는 이름으로 언급된 그 왕이 여기서는 살룸으로 불리며, 열왕기서에서는 여호야긴으로 불리는 왕이 여기서는 여고니야(그리고 줄여서 고니야)로 불린다는 것이 매우 특이하다. 경건한 왕 요시야는 유다에게 재난이 점점 더 다가오고 있는 상황을 보고서 그의 아들들에게 번영을 뜻하는 이름들을 지어주었다. 그 이름들은 요시야의 소원대로 정말로 예언이 되었다. 만일 그 이름들을 지닌 아들들이 여호와께 배도하여 그 이름들이 지니는 뜻들을 헛되게 만들고 그리하여 소원과 현실 사이에 그렇게 엄청난 대조가 생기게 하지 않았던들, 그 이름들이 지닌 뜻이 그대로 이루어졌을 것이다. 여호아하스가 맨 먼저 거론되는데, 그 이름에 따르면 여호와께서 그를 붙잡으셔야 하는데, 그는 애굽으로 끌려가고 말았다. 그리하여 선지자는 그의 이름을 살룸, 즉 보응을 받은 자로 부른다. 여호와께서는 그의 악행에 대해 보응하신 것이다.

여호야김과 여호야긴이라는 이름의 경우는 먼저 그것들이 다윗에게 한 약속과 관계가 있다는 점이 드러난다. 삼하 7:12에서는 말씀하기를, "내게 네 몸에서 날 자식을 네 뒤에 세워('바하키모티') 그 나라를 견고케 하리라('바하키노티')"라고 했다. 그 두 이름들의 어근들이 이 구절 속에 내포되어 있음을 보게 된다. 심지어 그의 전 이름인 엘리아김도 그의 아버지 요시야가 이 약속을 염두에 두고서 그에게 준 것 같다. 그러나 바로가 그의 이름을 바꾸려 하자 그는 그렇게 바꾸기로 결심하였다. 바꾼 이름이 다윗의 약속에 더 가깝기 때문이기도 했을 것이다. 그 약속에는 엘이 아니라 이스라엘의 하나님 여호와가 그 약속의 주체로서 분명히 명시되고 있기 때문이었다. 여호야김의 성격 전체로 볼 때에 우리는 이 두 차례의 이름 짓는 일이 진정한 경건에서 비롯된 것이라고 생각할 수가 없다. 선지자들의 책망에 대한 하나의 반발로써 그렇게 이름을 지었을 것으로 보는 것이 가장 자연스러울 것이다.

선지자들의 선언의 핵심은 북에서부터 올 재난이 임박했으며, 다윗의 가문이 몰락한다는 것이었다. 다윗에게 주신 약속은 반드시 성취될 것이다. 그러나 그 전에 깊은 수욕을 당한 후에 메시야에게서 성취될 것이었다. 여호야김은 이러한 경고들에 반박하여 미래에 올 번영을 앞당겨 현재로 옮겨다 놓기로 했다. 그의 이름과 그 아들의 이름을 통해서 그는 선지자들의 예언에 대해 대항한 것이다. 그의 그러한 반발은 또 다시 반발을 불러 일으켰고, 그것이 바로 현재의 예언으로 표현되고 있는 것이다. 선지자는 먼저 거짓된 해석을 무너뜨린다. 여호야김은 여호야김이 아니며 여호야긴은 여호야긴이 아니라는 것이다(22장). 그리고 이어서 선지자는 올바른 해석을 제시한다. 곧 참된 여호야김은 바로 메시야라는 것이다(23:5).

여호야김에 대해서 선지자는 실제로 그와 대조를 이루는 인물을 제시하는 것으로 만족한다. 그리고 그 현재의 왕 여호야김에게 정말로 알맞는 이름을 제시하는 일은 그냥 지나쳐 버린다. 그러나 여호야긴에 대해서는 사정이 다르다. 여고니야로 먼저 이름을 바꾼 것은 그 자체가 목적이 아니었다. 그 두 이름은 의미가 서로 정확히 일치하기 때문이다. 두번째 고니야로 바꾼 것이 의미가 있었다. 선지자는 먼저 히브리어 자음을 제거함으로써 그 이름에 담긴 소망의 의미를 잘라 버리고, 그리하여 미래를 현실로 만들려 한 것이다. 곧, 여고니야에서 여를 빼는 것은 곧 '하나님이 세우실 것이라'를 '하나님이 세우신다'로 만드는 것이다.

987. 1절. "나 여호와가 말하노라 내 목장의 양무리를 멸하며 흩는 목자에게 화 있으리라." 여기서 말씀하는 악한 목자들은 바로 왕들이다. 이 절을 22장과 연관지어 보면, 이에 대한 의문이 완전히 사라질 것이다. 목자들이 보통 통치자들을 가리킨다는 사실은 3:15에 대한 해석에서 살펴본 바 있다. 이러한 용례는 과거 다윗의 관계를 예표적으로 이해하는 데 뿌리를 둔 것이라는 사실은 시 78:70, 71에서 나타난다: "또 그 종 다윗을 택하시되 양의 우리에서 취하시며 젖 양을 지키는 중에서 저희를 이끄사 그 백성인 야곱, 그 기업인 이스라엘을 기르게 하셨더니." 겔 34:23, 24을 보라: "내가 한 목자를 그들의 위에 세워 먹이게 하리니 그는 내 종 다윗이라 그가 그들을 먹이고 그들의 목자가 될지라. 나 여호와는 그들의 하나님이 되고 내 종 다윗은 그들 중에 왕이 되리라."

'멸하며 흩는다'는 것은 무슨 의미인가? 이는 부분적으로는 앞 장 2절과 13절 이하에서 나타나며, 부분적으로는 본 장 3절에서 나타난다. 앞의 구절들에서는 그것이 왕들의 포악한 행위와 압제와 횡포를 가리킨다. 뒤의 구절에서는 그것이 주로 왕들의 가장 무거운 죄악들을 가리키는 것으로 나타난다. 불경건에 근거한 어리석은 정치적 계획들은 차치하고라도 이런 모든 악행들로 말미암아 결국 백성들이 포로로 잡혀 가게 된다. 10:21을 보라. 불경건한 자세가 소극적으로 적극적으로 작용하여 부도덕을 만들어 내고, 그리하여 하나님의 강력한 심판을 자초하고 만 것이다. 이상과 현실 사이의 차이가 화의 근원이 되며, 그들이 멸하며 흩는 양떼들이 하나님의 양떼라는 사실이 사안의 심각성을 더욱 두드러지게 보여 준다.

이 부분의 말씀이 오로지 통치자들의 죄에 대해서만 다루고, 일반 백성들의 죄에 대해서는 침묵을 지키고 있다는 점이 아주 놀랍다. 깊이 따지고 보면 통치자들의 죄와 백성들의 죄는 서로 뗄 수 없는 것이다. 악한 통치자들은 백성들의 상태에서 일어나는 것이요 동시에 그 백성들의 불경건성에 대한 징벌로써 하나님으로부터 보냄을 받는 것이기 때문이다. 그러나, 선지자가 여기서 백성들이 아니라 왕들에 대해서만 다루고 있다는 사실을 생각하면 문제는 쉽게 해명될 수 있다. 왕들의 사악함이 백성들의 사악함에 연유한다고 해서 그들에게 죄가 없는 것이 아니다. 왜냐하면 백성들이 악하다고 해서 반드시 왕도 악하게 되는 것은 아니기 때문이다. 이는 요시야의 예에서 잘 드러난다. 그는 하나님의 은혜로 말미암아 그런 관례를 깨뜨렸다.

또한 그들이 잘못을 교정시키는 막대기가 되어 하나님의 손에 사용함을 받는다는 사실도 그들의 악행을 정당화시켜주지는 못한다. 사실 선지자 자신도 그들이 하나님의 도구로 사용함을 받는다는 것을 암시해 주고 있다. 2절에서 '너희가 … 몰아냈다'고 말씀한 다음 3절에 가서는 '내가 … 몰아냈다'고 말씀하고 있는 것이다. 그들은 자기들의 소명을 따라서 임무를 다했을 뿐이었다. 하나님의 목적을 시행하는 것은 오로지 하나님 자신의 책임이었다. 이러한 식의 논리를 따라서 백성들은 무죄한데, 왕들이 악행으로 죄를 지었다는 식으로 보면, 여기의 '내 양 무리'를 완전히 잘못 이해하는 것이라 할 수밖에 없다. 백성들의 도덕적 상태는 왕들과는 전혀 상관 없는 일이다. 그들은 그저 하나님과 그 백성 사이의 언약을 살피면 그만이었다. 그것이야말로 그들의 의무였다. 그들의 임무는 이방의 왕들의 임무보다도 훨씬 더 중차 대한 것이었다. 엘로힘보다도 여호와가 더욱 영광을 받으시기 때문이다. 어떤 점에서 백성들의 도덕적 상태는 하나님께서도 관여치 않으신다. 그 상태가 아무리 악할지라도 그는 그의 언약을 지키신다. 그 양 무리가 외적으로 흩어져 있는 상태라 할지라도, 좀더 깊이 생각해보면, 그것은 바로 양 무리를 모으시는 하나님의 역사인 것이다.

988. 2절. "그러므로 이스라엘 하나님 나 여호와가 내 백성을 기르는 목자에게 이같이 말하노라 너희가 내 양무리를 흩으며 그것을 몰아내고 돌아보지 아니하였도다 보라 내가 너희의 악행을 인하여 너희에게 보응하리라 여호와의 말이니라." 하나님을 가리켜 '이스라엘 하나님 여호와'라고 칭하고 있는데, 이는 앞으로 표현될 내용을 암시하는 것이다. 하나님이 바로 그런 분이시기 때문에 왕의 범죄가 동시에 신성모독이 된다. 그들은 하나님을 더럽힌 것이다. 그냥 목자라고 하는 것보다도 '내 백성을 기르는'이라는 표현을 덧붙임으로써 그런 사상을 더욱 분명하게 드러내며, 그들의 현 상태의 악함을 더욱 충격적으로 나타내고 있는 것이다. '몰아내고'는 미래형을 와우 연계형과 함께 취하며, 따라서 몰아내는 일이 흩는 일의 결과임을 시사해준다. 목자 없는 양떼들은 먼저 흩어지고, 그 다음에는 양들이 각기 광야에서 방황하게 되는 것이다.

'돌아보지 아니하였도다'는 얼핏 보기에는 이미 강한 책망을 했기 때문에 다소 약하게 책망하는 것으로 보인다. 그러나 그들이 마땅히 해야 할 일을 하지 않았다는 사실을 고려하면 그들이 행한 일이 얼마나 어처구니 없는 것이었는가를 알고도 남음이 있다. 이는 그들의 책무를 거론하는 것으로서 겉으로는 미약한 책망처럼 보이지만, 지극히 예리한 책망인 것이다. 돌아보는 일은 목자의 행동들 하나 하나의 근거가 되는 것이다. 그러므로 '너희가 그들을 돌아보지 아니하였도다'라는 말씀 속에는 겔 34:4에서 말씀하는 모든 내용이 다 포함되어 있는 것이다: "너희가 그 연약한 자를 강하게 아니하며 병든 자를 고치지 아니하며 상한 자를 싸매어 주지 아니하며 쫓긴 자를 돌아오게 아니하며 잃어버린 자를 찾지 아니하고 다만 강포로 그것들을 다스렸도다."

'너희의 악행'이라는 표현은 신 28:20을 암시한다: "네가 악을 행하며 그를 잊으므로 네 손으로 하는 모든 일에 여호와께서 저주와 공구와 견책을 내리사 망하며 속히 파멸케 하실 것이며." 모세오경 가운데 가장 잘 알려져 있는 부분에 나타나는 무시무시한 경고의 말씀을 희미하게나마 암시함으로써, 거기서 분명히 말씀하고 있는 모든 일이 그대로 이루어질 것임을 충분히 경고하고 있는 것이다.

989. 3절. "내가 내 양무리의 남은 자를 그 몰려갔던 모든 지방에서 모아 내어 다시 그 우리로 돌아오게 하리니 그들의 생육이 번성할 것이며." 몇몇 해석자들은 본문의 정신은 무시하고 무작정 문자에만 치중한 나머지, 선지자가 여기서 포로의 문자적인 귀환만을(어쩌면 마카베오 시대의 축복도) 염두에 두고 있는 것으로 보았다. 그러나 문맥으로 볼 때에 오히려 그 반대라는 것이 쉽게 드러난다. 모아 내는 일과 다시 돌아오게 하는 일이 서로 밀접하게 연관되어 있다는 것이 4절의 선한 목자를 세우는 일에서 나타난다. 그리고 5절에 따르면 다윗의 의로운 싹, 곧 메시야를 세우는데서 그 약속의 핵심이 이루어지는 것이다. 그리고 7, 8절과 비교하면, 이 약속에 나타나는 일들이 하나씩 하나씩 이루어진다는 식으로 생각해서도 안된다는 것을 알 수 있다.

7, 8절은 '그러므로'로 시작하는데 이는 그 앞의 약속들 전체를 가리키는 것으로서, 버려져 있는 상태에서 다시 돌아오게 하는 것과 메시야를 세우는 것 등을 서로 분리시켜서 이해해서는 안된다는 것을 보여준다. 그리고 7, 8절의 내용도 똑같은 것을 보여준다. 그 일이 과거 애굽에서부터 구원한 사건을 훨씬 능가하며 그 사건을 잊어버리게 할만큼 놀라운 일이라고 했는데, 이것이 얼마나 문자적인 포로의 귀환 사건에 잘 어울리겠는가?

가나안이 이스라엘에게 가치가 있는 근거는 그것이 저급한 의미에서 그들의 고향이라는데 있는 것이 아니라 그 땅이 하나님의 땅이요 하나님의 존귀가 거하는 곳이라는데 있다는 사실을 고려하면, 이것이 그리스도를 동시에 지칭한다는 것이 타당성을 얻게 된다. 그러므로, 반드시 하나님 자신이 그 땅의 하나님이심을 보여주셔야만 비로소 문자적인 포로의 귀환이 언약 백성에게 가치있는 일이 된다. 그리스도 이전에는 매우 불완전한 의미에서 그런 일이 있었기 때문에, 그런 문자적인 귀환 사건도 매우 저급한 의미에서만 중요성이 인정되었던 것이다. 그러므로, 그리스도께서 모아 내시고 돌아오게 하시는 그 일이 이 약속에 내포되어 있는 것으로 보아야 하는 것이다. 하나님이 계시는 그곳이 바로 가나안이기 때문이다.

옛 우리냐 새 우리냐 하는 것은 거의 문제가 되지 않는다. 선한 목자가 양 가운데 있기만 하면 된다. 일반적으로 볼 때에, 그런 외형적인 것들에 대한 논의는 예언의 영역 밖의 문제이다. 예언은 본질에 관심을 가지며, 그 본질을 표현하는 형식은 역사에서 나타나는 것이다. 이처럼 문자에만 집착하는 그릇된 태도가 얼마나 어리석은 것인가.

세상적으로 보호를 받느냐 세상적으로 압제를 당하느냐 하는 것은 언약 백성에게는 별 차이가 없는 문제였다. 그들의 고뇌는 이방 사람이(그 이방 사람이 누구든지간에) 그들을 다스린다는 것이었다. 그러므로, 하나님의 사랑으로 말미암아 그 고뇌의 참된 가치가 오로지 그것이 과거의 극심한 폭정 대신 미래에 더 위대하고 부드러운 통치를 받으리라는 하나의 예언이요 보증이라는데 있었지만, 그럼에도 불구하고 이 고뇌는 언제나 상존할 수밖에 없었다(느 9:36, 37을 보라).

모아 낸다는 약속이 오직 남은 자에게만 주어진 것이라는 사실(사 10:22; 롬 9:27을 보라)은 의롭다 하심과 긍휼하심이 함께 병행된다는 것을 시사해 준다. 그리스도와 사도 시대에 '택한 자'가 적었던 사실과 대조적으로, 성경은 이스라엘의 대대적인 회심에 대한 소망을 말씀하고 있는데, 이것을 엄밀한 의미에서 이스라엘 전부가 회심할 것을 의미하는 것으로 잘못 이해해서는 안된다. 이스라엘 전부가 회심한다는 것은 하나님과 인간 본성의 자유와의 관계로 볼 때에 불가능한 일일 뿐이다. 그런 사고는 결국 보편구원론으로 귀결되고 만다. 왜냐하면 하나님이 모든 사람들이 도움을 받기를 원하신다는 것이 확실한 사실로 보게 되면, 이스라엘 민족에 속한 모든 사람들이 그 혜택을 받을 수 있다면, 세상의 모든 민족에 속한 모든 사람들이 다 그 혜택을 누리지 못할 것이 없기 때문이다. 그러나 성경에서는 이를 지지하는 표현이 전혀 없다.

다만 바울 서신에서 πᾶς가 나타나는데, 이는 적은 수의 '택한 자'와 대조시킴으로써 설명되어야 마땅하다. 또한 보편 구원론을 반대하는 구절들이 수없이 많다. 즉, 예언서의 모든 구절들이 구원은 이스라엘의 남은 자에게만 약속된 것으로 말씀한다. 그리고 하나님의 말씀 이외에도, 영적인 일들을 보여주는 놀라운 예표들인 하나님의 활동도 마찬가지로 보편구원론을 반대한다. 애굽에서 구원한 사건에 있어서도 수많은 무리들이 광야에서 죽었고 오로지 남은 자만이 가나안에 들어갔다. 그리고 바벨론 포로에서 귀환할 당시에도 수많은 사람들이 고향으로 돌아가서 여호와를 즐거워하는 일보다는 죄악된 세상적 즐거움을 택했던 것이다.

990. 4절. "내가 그들을 기르는 목자들을 그들 위에 세우리니 그들이 다시는 두려워 하거나 놀라거나 축이 나지 아니하리라 여호와의 말이니라." 이것이 삼하 7:12과 여호야김이라는 이름을 암시하는 것이 분명하다. 986을 참조하라. 이러한 사실은 또한 이 예언이 여호야김 통치 때에 행해졌음을 보여준다. 그 당시에는 모든 사람들이 이 말씀의 뜻을 쉽게 이해할 수 있었고, 그저 슬쩍 암시만 주는 것으로도 충분했다. 선지자는 백성의 배역함과 하나님의 언약적 신실하심과의 대조적 성격뿐 아니라, 다윗 가문의 배역함과 그럼에도 불구하고 다윗에게 행하신 약속을 신실히 이행하시는 하나님의 신실하심의 대조적인 사실을 염두에 두고 있음이 분명하다. 그 배역한 백성들은 스스로 그 약속을 자기의 것으로 여겨서 번영이 올 것을 기대하다가 모두 멸망하고 만다. 그러나 하나님의 긍휼하심은 그 양떼들을 떠날 수가 없다. 하나님이 여호와이시기 때문에 참된 여호야김과 여호야긴이 반드시 그 양떼들 위에 세움을 입을 것이다.

그러므로, 그로티우스는 여기의 목자들을 에스라와 느헤미야로 보며, 또한 마카베오로 보는 사람도 있으나, 그들을 가리키는 것이라고 보기가 어렵다. 오히려 스룹바벨은 그들보다 가능성이 높다. 그는 실제로 다윗에게 한 약속과 관련하여 세움을 입기 때문이다. 그러나 그 역시 그 약속의 참된 성취의 하나의 미약한 예표요 전조에 불과하다. 참된 성취는 그리스도를 통해서 이루어지는 것이다. 만일 여기의 목자가 복수형이라는 사실을 문제 삼는다면, 이 절을 5절과 연관지어서 보아야 할 것이다: "먼저 내가 목자들을 세울 것이며, 그 다음은 메시야를 세울 것이라." 오히려 미카엘리스의 견해에 동의하여 "특별히 한 분 메시야를"이라고 덧붙여야 할 것이다.

예레미야의 예언에서는 번영의 정도가 점진적이라는 것은 찾아볼 수 없다. 어느 곳에서나 전체가 완성된 형태로 나타나며, 이상의 전체 범위가 완전히 드러나는 것이다. 그러나 복수형에 대해서 지나치게 강조점을 두어야 한다는 근거는 일체 없다. 복수형은 그런 유에 속하는 모든 것을 총칭하는 의미로 사용될 수 있는 것이다. 그렇게 이해하는 것이 여기서는 아주 자연스럽게 어울린다. 왜냐하면 악한 유의 목자들과 선한 유의 목자들이 서로 대조되고 있는데, 그 목자들이 일련의 개개인들로 구성되어 있기 때문이다. 선지자는 여기서 비로소 처음으로 악한 목자들의 목양 활동에 대하여 선한 목양 활동을 제시하며, 4절에 가서는 더욱 구체적으로 그 선한 목자들을 대표하며 그 선한 목자의 본질을 완전히 실현시킬 한 개별적인 목자를 제시한다. 이렇게 이해하는 것이 옳다는 것은 33:15과 비교해도 곧바로 드러난다. 거기서는 다윗의 자손 메시야만을 말씀한다는 점―이는 매우 자연스러운 것이다. 왜냐하면 거기서는 악한 목자들과 대조시키는 것이 없기 때문이다―만 다를 뿐 그 나머지는 본문과 정확히 일치하는 것이다.

'그들을 기르는'이라는 표현은 2절의 '내 백성을 기르는'과 대조를 이룬다. 2절의 목자들은 백성을 길러야 함에도 불구하고 자기 자신들을 먹여 길렀으나, 여기의 목자들은 실제로 그들을 기른다. 전자는 이름만 목자이지 실제로는 늑대들이지만, 후자는 명실공히 목자들이다. '그들이 다시는 두려워하거나 놀라거나 축이 나지 아니하리라'는 겔 34:8에서 잘 설명해 주고 있다: "내 양의 무리가 노략거리가 되고 모든 들짐승들의 밥이 된 것은 목자가 없음이라 내 목자들이 내 양을 찾지 아니하고 자기만 먹이고 내 양의 무리를 먹이지 아니하였도다."

991. 5절. "나 여호와가 말하노라 보라 때가 이르리니 내가 다윗에게 한 의로운 가지를 일으킬 것이라 그가 왕이 되어 지혜롭게 행사하며 세상에서 공평과 정의를 행할 것이며." '보라 때가 이르리니'라는 표현은 예레미야

서에서 계속 나타나는 용례로 볼 때에, 그 앞의 사건들에 비해서 시간적으로 미래에 있는 어떤 사실을 가리키는 것이 아니라, 이제 선포할 그 사실의 놀랍고 위대함에 대해서 주의를 일깨우는 역할을 하는 것이다. 동시에 이는 소망과 나타난 현실과의 사이에 대조가 있음을 암시하는 것이다. 현재는 참으로 소망이 없어 보인다. 그러나 여전히 때가 온다는 것이다.

사 53:11에서는 하나님의 종이 대제사장이요 동시에 속죄 제물로 묘사되고 있는데, 거기서는 그의 의로움이 의롭다 하심의 본질적인 조건으로 나타나고 있다. 그런데 여기서는 그가 왕으로서만 나타나며 그의 의로움이 그 땅에 공평과 정의를 널리 퍼뜨리는 원인으로서 묘사되고 있다. "내가 다윗에게 한 의로운 가지를 일으킬 것이라"라는 표현은 33:15과 마찬가지로 '다윗에게 속한(of David) 한 의로운 가지를 일으킨다'는 의미로 이해해서는 안된다. 오히려, 다윗은 의로운 가지를 일으키는 그 행위를 받는 사람으로 지목되고 있는 것이다. 곧, 그를 위하여(on his account) 그 행위가 행해진다는 의미이다. 하나님은 그에게 그의 민족을 영원히 다스리게 할 것을 약속하셨었다. 그러므로 아무리 그 민족이 하나님을 거스려 행한다 할지라도, 그들이 아무리 다윗의 의로운 가지의 다스림을 받을 가치가 없이 되어 버린다 할지라도, 하나님께서는 다윗을 위하여 그 가지를 일으키셔야 하는 것이다.

'왕'이라는 낱말을 가볍게 보아서는 안된다. '다스릴 것이며'(한글 개역성경에서는 '그가 왕이 되어'로 번역하고 있으나, 문자적으로는 '그가 왕으로서 다스릴 것이며'이다—역자주)를 별도로 떼어 놓고 보면, 그것은 그저 정치적인 통치보다는 다른 형태의 다스림을 지칭하지만(예컨대, 스룹바벨의 통치와 같은), 여기서는 '왕'이 함께 언급됨으로써 그 다스림이 완전한 의미의 다스림인 것을 보여 준다. 이렇게 보는 것은 지극히 당연하다. 왜냐하면 다윗 가문이 가장 낮은 데까지 떨어질 것이라는 22장의 예언이 이제 가까이 오고 있으므로, 본문의 예언은 다시금 다윗의 가문이 완전한 번영으로 올라설 것이라는 소망을 불어넣어주기 때문이다. 그러므로 이런 일들을 지나면서 오로지 믿을 수 있는 것이 말씀밖에는 없었으므로 아무도 곡해하거나 잘못 해석하지 않도록 그 말씀이 할 수 있는 한 명확해야만 했던 것이다.

'지혜롭게 행사하며'('번창할 것이며'의 의미가 아니다). 이 절 전체는 그 왕의 은사들을 말씀하며, 그리고 그 다음 절들은 이 은사들로 말미암아 백성들에게 베풀어지는 번영을 말씀한다. 뿐만 아니라 여기 나타나는 상황은 과거의 목자들의 어리석음과 분명한 대조를 이루고 있다. 그들은 불경건하여 어리석게 행동했고, 결국 22장에서 나타나는 대로 그것이 그들과 백성들이 망하게 되는 원인이 되는 것이다. 10:21을 참조하라: "목자들은 우준하여 여호와를 찾지 아니하므로 형통치 못하여 그 모든 양떼는 흩어졌도다." 지혜롭게 행한다는 것이 본문에서 그런 의미라면, 다윗이 지혜롭게 행하였음을 말씀하는 구절에서도 동일한 의미일 것이다(3장을 참조하라).

다윗의 통치가 그의 의로운 가지를 통해서 더욱 찬란하게 부활될 것이라는 말씀을 할 때에 선지자가 사무엘서의 묘사를 염두에 두었다는 것은, 그 나머지 부분에서도 사무엘서의 그 부분에 근거한 표현들을 사용하고 있다는 사실에서 분명히 드러난다. "그가 왕이 되어 … 그 땅에서 공평과 정의를 행할 것이며"는 삼하 8:15의 "다윗이 온 이스라엘을 다스려 모든 백성에게 공과 의를 행할새"과 연결된다. 그리고 6절 서두의 뼈대는 사무엘서의 같은 장 14절을 근거로 이루어져 있다: "다윗이 어디를 가든지 여호와께서 이기게 하셨더라."

의로운 자를 세우시는 것이 정의를 가득하게 하시는 수단이 된다. 의무적인 공의의 다스림은 반드시 자발적인 공의의 다스림으로 이어진다. 왜냐하면 하나님이 사람들에게서(upon men) 자신을 거룩하게 하시는 수단으로 사용하시는 심판은 동시에 하나님이 그들 안에서(in them) 자신을 거룩하게 하시는 수단이 되기 때문이다. 공평과 정의를 창조해 내는 그 왕의 위대한 소명은 바로 하나님의 형상을 지닌 자로서 갖는 그의 위엄을 근거로 하는 것이다. 여기서 한 가지 더 살펴 보아야 할 것은 내용의 순서이다: '그 왕은 의로우며 그의 의로움이 그에게서부터 그의 신복들에게까지 확대된다'라는 내용 다음에 여호와의 구원과 의로우심에 대한 내용이 이어지는 것이다.

992. 6절. "그의 날에 유다는 구원을 얻겠고 이스라엘은 평안히 거할 것이며 그 이름은 여호와 우리의 의라 일컬음을 받으리라." 이 절의 서두가 다윗을 염두에 둔 것이라는 사실은 이미 살펴본 바 있다. 여기서 예레미야가

몇 단어로 말씀하고 있는 내용은 스가랴에 의해서 더욱 간결하게 표현되고 있다. 그는 다윗의 가지에 대해 말씀하면서 그가 공의로우며 구원을 베풀 것이라고 말씀한다(9:9). 여기의 이스라엘은 좁은 의미로 보든지, 아니면 가장 넓은 의미로 보아야 한다. 즉, 열 지파만을 가리키든지, 유다와 열 지파를 다 합친 것으로 보든지 둘 중의 하나이다. 열 지파가 미래의 번영에 참여한다는 것은 예레미야서에서 늘 나타나는 주제로서 그의 메시야 예언에서 언제나 등장한다. 이스라엘에 대한 그의 소망이 이처럼 살아있다는 것은 그의 신앙이 살아있는 큰 증거라 하겠다. 이스라엘에 관해서는 유다의 경우보다는 소망을 가질 가시적인 근거가 현저히 적기 때문이다. 본문은 신 33:27, 28을 암시해 준다: "그가 네 앞에서 대적을 쫓으시며 멸하라 하시리라. 이스라엘이 안전히 거하며 야곱의 샘은 곡식과 새 포도주의 땅에 홀로 있나니 곧 그의 하늘이 이슬을 내리는 곳에로다." 다윗의 치세 때에 원칙적으로 이루어진(삼하 8:6, 14) 언약 백성의 이러한 영광스러운 결말이 메시야의 통치 때에 현저히 드러나 그 이상과 현실이 완전히 일치하게 될 것이다. 그 때에는 언약 백성이 온전한 위엄으로 나타날 것이다.

이제 우리는 '여호와 지드케누'(우리의 의)라는 문구를 다룰 차례가 되었다. 이 낱말에 대한 해석은 참으로 다양하다. 유대인 해석자들 가운데는 이것을 메시야의 이름으로 보는 이들도 있다. 그러나 그렇다고 해서 여호와가 그의 이름이 되고 그 다음에 우리의 '의'와 동격을 이루는 그런 식이 아니라, 오히려 여호와 지드케누를 전체 문장을 축약시킨 것으로 이해하는 것이다. 그들은(33:16 이외에), 모세가 단을 쌓고 그것을 가리켜 여호와 닛시(내 깃발)라고 부르는 출 17:15이나, 야곱이 단을 쌓고 그것을 가리켜 엘 엘로헤 이스라엘이라고 부르는 창 33:20 등의 구절에서 근거를 찾으려 한다. 옛날의 기독교 해석자들(라틴어 불가타 역본은 이를 dominus justus noster로 번역하여 다른 해석의 가능성을 완전히 배제시켜 버린다)은 반대로, 여기서 메시야가 여호와로 불리고 있으므로 그는 진정 하나님이심이 분명하다고 주장한다. 가끔씩 교리적 편견에 빠질까 지나치게 두려워해서 오히려 그 때문에 실수를 범하기도 했던 칼빈마저도, 오히려 여기서는 그들의 해석을 그대로 취하고 있다. 그는 여기의 의를 그리스도의 공로로 말미암은 칭의(고전 1:30)로 이해했다.

이 해석에 대해서 우리는 다음의 몇 가지 논평을 덧붙이고자 한다. (1) 이 해석의 가장 두드러진 결점은 선지자가 여기서 메시야와 그의 시대의 본질을 이름의 형식을 빌려서 표현하고 있다는 점을 고려하지 않는다는 사실이다. 만일 이 낱말들을 '이 분이 메시야 우리의 의라'는 뜻으로 읽는다면, 여기의 여호와를 메시야 개인을 가리키는 호칭으로 보는 것이 분명히 옳을 것이다. 그러나 반대로, 이름의 경우는 전체 문장에서 주요 낱말들만을 선택해서 이름으로 만들고, 그 나머지는 독자들이나 듣는 자들이 채워 넣어서 이해하도록 하는 것이 늘상 있는 일이요 또한 자연스러운 일이다. 이름을 보통 축약해서 부르는데서 나타나듯이(한 단어로 된 이름도 축약해서 부르는 경우가 많다), 이름을 지을 때에는 반드시 간결한 것을 찾기 마련인 것이다.

이것이 이름이라는 증거는 나타나지 않는다. 예를 들어서 킴치가 인용한 두 구절들을 보자. '여호와 나의 깃발'은 '이 단이 나의 깃발이신 여호와께 바쳐진 것이라'는 의미이다. '엘 엘로헤 이스라엘'은 '이 단은 이스라엘의 하나님 전능자에게 속한 것이라'는 의미이다. 다른 예들도 얼마든지 인용할 수 있다. 여호수아, 곧 '여호와의 구원'은 '여호와께서 내게 구원을 베푸실 것이다'를 의미하며, 여호람은 높이 계신 여호와로서 '나는 이스라엘의 높으신 하나님께 거룩히 구별되었다'는 의미이다. 그러나 이외 가장 유사한 것은 시드기야, 곧 '여호와의 의'라는 이름인데, 이는 '여호와께서 그의 통치를 통해서 그 백성에게 의를 베푸실 것이다'라는 의미이다.

이 이름은 현재의 예언과 직접적인 관련을 맺고 있는 듯하다. 전에 엘리야김이 그의 이름을 여호야김으로 바꾸어서 자신을 삼하 7장의 예언을 성취시킬 인물로 나타냈듯이, 맛다니야는 느부갓네살로 말미암아(그는 자신의 통치의 한 표징으로써 자신의 봉신의 이름을 아무 것으로든 새로 바꾸는 것에만 관심이 있었고, 그 새 이름을 정하는 일은 그 이름을 소유하는 자에게 맡겨두다) 그의 이름을 시드기야로 바꾸게 함으로써 아주 싼 값을 치르고서 자신을 예레미야가 예언했고 백성들이 고대하는 그 '여호와 지드케누'로 만들 생각을 했던 것이다.

(2) 지금까지의 논지에서 입증되는 것은 오로지 '여호와 지드케누'를

'여호와께서 우리의 의가 되시게 할 자'라는 의미로 설명하는 것이 반대의 여지가 없다는 점 뿐이다. 그러나 33:15, 16의 병행 구절들과 비교하면, 이를 지지할만한 적극적인 논지가 생겨난다: "그 날 그 때에 내가 다윗에게 한 의로운 가지가 나게 하리니 그가 이 땅에 공평과 정의를 실행할 것이라. 그 날에 유다가 구원을 얻겠고 예루살렘이 안전히 거할 것이며 그 성은 여호와 우리의 의라 일컬음을 입으리라." 여기서 '여호와 지드케누'는 메시야의 이름이 아니라 메시야 시대의 예루살렘에게 주어지는 이름으로 나타난다. 이 아주 곤욕스러운 논지를 무시하려는 시도들이 있어왔으나 모두가 허사로 돌아갔고, 결국 그것을 무시한다는 것이 불가능하다는 것을 보여주었을 뿐이다.

(3) 옛날의 그 해석에서 지드케누를 죄의 용서와 관련지은 것은 그 낱말을 전적으로 잘못 이해한 것이다. 죄의 용서를 메시야 시대의 중요한 축복으로 찬양하는 경우가 자주 있는데, 여기서는 그것을 의도하고 있는 것이 아니다. 문맥에 따르면, 여기의 말씀은 개인의 의(다른 각도에서 보면 번영)에 관한 것이다. 말 4:2에 대한 해석을 참조하라(968). 죄의 용서는 앞의 의미에서의 의를 전제로 하지만 또한 삶의 의(righteousness of life)도 전제로 한다. 의는 여기서 번영과 병행을 이룬다. 그 순서는 다음과 같다: '왕의 의와 신하들의 의가 먼저 있고, 그 다음으로 하나님께로서 오는 상급으로서의 번영과 의가 온다.' 게다가 이전의 시대와의 대조가 나타난다. 그 때에는 왕들의 불의와 더불어 백성들의 불의가 일어났고, 그리고 이로써 그 땅의 번영이 빼앗기며, 하나님의 심판으로 말미암아 내려 침을 당했던 것이다. 예레미야가 '여호와 지드케누'라는 이름을 통해서 함축적으로 나타내는 바를 에스겔은 34:25-31의 병행 구절에서 상세히 묘사하고 있다. 곧, 여호와께서 그들과 화평의 언약을 세우시며, 그들에게 풍성한 축복이 베풀어지며, 여호와께서 그들의 멍에를 꺾으시며, 그들을 노예 상태에서 해방시키시며, 그들이 이방의 노략거리가 되지 않는다고 한다.

그러나 또 한 가지 반드시 덧붙여야 할 것은, 옛날의 그 해석의 중대한 잘못은 바로 그 낱말에 내포되어 있지 않는(그 낱말이 속한 주제에는 내포되어 있으나) 그런 의미를 억지로 그 낱말에서 이끌어 내는데 있다는 점에 있다는 사실이다. 오로지 다윗의 가지요 동시에 여호와의 가지인 그 분만이 여기 주어진 약속의 모든 의미를 완전히 실현시킬 수 있다. 완전한 의미에서 볼 때에 여자에게서 난 자 중 누구도 의롭다고 할 수 없다. 왕의 개인의 의에 결점이 있다면, 공평과 정의를 이루는데 있어서도 똑같은 결점이 나타날 것이요, 그렇게 되면 번영과 의가 위로부터 완전하게 베풀어지지 못하는 것이다. 과거의 모든 왕들 가운데 의롭다라는 술어를 붙이기에 가장 합당한 왕은 바로 다윗이었다. 그러나 그에게 적용되는 그 의로움이 얼마나 불완전한 의로움인지 모른다! 이러한 불완전함으로 인해서 나라가 당한 고난은 예컨대 백성을 계수한 사건에서 잘 나타난다. 이처럼 공평과 정의를 이루는 의지가 불완전했을 뿐 아니라, 능력이 불완전했고, 게다가 지식에 한계가 있었다. 다윗은 열심을 다했으나 결국 그 완전한 의로움의 이상을 이루지 못했다. 그러므로 그 이상은 오로지 참된 왕으로서 다스리시며 참으로 지혜로우신 그 분만이 이루실 수가 있는 것이다.

그리스도의 세 가지 직분, 곧 선지자직과 제사장직과 왕직은 그의 신성을 전제로 하는 것이다. 그 약속은 지금까지 노력했으나 아무도 이루지 못했고, 오로지 신성을 지니신 분(the Divine)이 이 땅에 임하심으로써만 그 찬란한 약속들이 성취될 수 있는 것이다. 예레미야는 이러한 사실을 분명히 깨닫고 있었음이 분명하다. 그는 깊은 감성으로 '모든 육체는 풀과 같다'고 느꼈으며, 또한 언제나 가시 나무에서 포도를 얻으려고 애쓰는 펠라기우스주의(Pelagianism)를 치료할 수 있는 가장 적절한 시기에 살았던 것이다. 그런데, 여기서 예레미야가 메시야의 신성에 관한 과거의 선지자들의 분명한 선언들을 잘 알고 있었던 것으로 볼 경우, 그가 그 선언들을 알고 있으면서도 그 내용을 분명히 언급하지 않은 이유는, 오로지 여기서는 그 선언들이 어디서 나타나느냐가 아니라 다만 그 선언들이 있었다는 사실만을 다루기 때문에 그 선언들을 구체적으로 언급하는 것이 적절치 못했다는 사실을 통해서만 해명할 수밖에 없을 것이다.

993. 7절. "그러므로 나 여호와가 말하노라 보라 날이 이르리니 그들이 다시는 이스라엘 자손을 애굽 땅에서 인도하여 내신 여호와의 사심으로 맹세

하지 아니하고." 8절. "이스라엘 집 자손을 북방 땅 그 모든 쫓겨났던 나라에서 인도하여 내신 여호와의 사심으로 맹세할 것이며 그들이 자기 땅에 거하리라 하시니라." 이 부분의 의미는 곧, 미래의 번영은 과거의 가장 큰 번영을 훨씬 능가할 것이라는 것이다. 여기의 내용이 거의 문자 그대로 나타나는 16:14, 15 이외에, 3:16을 참조하라. 거기서는 동일한 의미로 언약궤가 미래에 잊혀질 것으로 묘사되고 있다. 그리고 사 43:18, 19; 65:17을 보라.

여호와의 사심은 감정이 북받쳐 올라서 갑작스럽게 튀어나오는 표현으로서 '여호와께서 살아계시는 것만큼 확실하게'라는 맹세의 엄숙함에 비추어 볼 때에는 아주 자연스러운 것이다. 하나님을 증인으로 혹은 재판장으로 보고 그에게 호소할 때에 하나님을 살아 계시는 것으로 말씀하는 것은 지극히 자연스러운 일이다. 또한 하나님이 자신에 관해서 주신 가장 큰 생명의 표징을 지칭한다는 것도 마찬가지로 자연스러운 일이다. 그런데 구약 시대에는 애굽에서 구원한 사건이 그것이었다. 그러나 미래에는 그보다 더 큰 일이 그 자리를 차지할 것이다. 따라서 그런 맹세의 형식은 아주 일반적인 것이다. 애굽에서 구원한 일이 긍휼을 보여주는 사건으로서가 아니라 생명을 드러내 보여주는 사건으로 인식되는 것이다.

31:31-40

994. 30장과 31장은 이스라엘의 구원을 노래한 찬양으로 보아 마땅할 것이다. 이 두 장은 동일한 주제로 뿐 아니라 형식적인 통일성으로도 하나의 단락으로 묶어진다. 그러므로 베네마(Venema)나 로젠뮐러처럼 이 두 장을 서로 다른 시기에 작성된 여러 가지 단편들을 한데 엮어 놓은 것으로 본다고 해서 그리 놀랄 이유가 없다. 선지자는 30장에서 이스라엘 전체에 대하여 번영을 약속함으로 시작한다. 여기서 선지자는 두 나라로 나뉘어진 그 백성들 모두가 여호와의 땅에서 멀리 떨어져서 유배 상태에 있는 것을 보지만 그러한 압제의 종말은 아직 오지 않은 상태였다. 고뇌가 더욱 크게 일어날 것이다. 그러나 과거 애굽에서 그랬던 것처럼 이것조차도 번영의 한 전조다. 이것은 더 나은 미래를 위한 예비 단계인 것이다.

선지자는 그 미래의 영광에 대해서 상세히 묘사한 다음, 22절에서 간결하면서도 무한히 깊고 모든 것을 포괄하는 말씀을 다음과 같이 던지고 있다: "너희는 내 백성이 되겠고 나는 너희 하나님이 되리라." 23, 24절에서는 겉모양만 이스라엘 사람인 자들을 향하여 경고를 발하고 있는데, 참된 이스라엘에 대한 약속이 이 경고의 말씀으로 엄숙하게 끝을 맺고 있다. 이는 이사야서의 '악인에게는 평강이 없느니라' 와 비슷하다 하겠다. 그들이 어리석은 망상에 사로잡혀서 그 약속을 자기들에게 해당하는 것으로 잘못 생각하도록 하지 말아야 했던 것이다. 경건한 자, 곧 아하릿 하야밈을 고대하는 자들에게 최고의 축복이 임하는 그 때는 악인에게는 가장 무거운 저주가 임하는 때인 것이다. 긍휼하심의 현현(顯現)이 절정을 이루는 것과 함께 반드시 공의의 현현이 따라서 이루어지는 것이다. "보라 여호와의 노가 발하여 폭풍과 회리바람처럼 악인의 머리를 칠 것이라 나 여호와의 진노는 내 마음의 뜻한 바를 행하여 이루기까지는 쉬지 아니하나니 너희가 말일에 그것을 깨달으리라."

예레미야는 포로 이전에 이미 경고의 예언을 하는 중에 동일한 말씀을 한 바 있다(23:19, 20). 이처럼 동일한 말씀을 반복함으로써 선지자는 그 경고가 포로로 끌려가는 일로써 종결된 것이 아니며, 또한 그 포로 사건을 나라의 죄에 대한 절대적이고도 최종적인 회개로 여겨서도 안되며, 그 당시의 악이 다시 존재하면 하나님이 여호와이신 만큼 확실하게 그 때마다 그의 말씀이 계속 다시 이루어진다는 사실을 지적하는 것이다.

995. 위로의 말씀이 구체적일수록, 그것에 대한 인상은 더욱 커지며 마음에 더 깊이 와 닿는다. 그러므로 선지자는 30장에서 이스라엘 전체에 대하여 번영을 약속하고 난 후, 31장에서는 둘로 나뉘어진 왕국 각각에 대하여 좀더 구체적으로 번영을 약속하고 있다. 그는 좁은 의미에서의 이스라엘, 곧 열 지파에 대한 말씀으로 시작하며(31:1-22), 유다에 대한 예언은 그 뒤로 연기시킨다. 왜냐하면 표면상으로는 그들이야말로 가장 돌이킬 수 없도록 잃어버린 자들이요 여호와께 영원토록 거부 당한 자들인 것처럼 보이기 때문이다. 이 부분이 본래 이스라엘의 번영에 대한 예언으로서 별도로 행해진 것이라는 견해는 합당치 않다. 왜냐하면 31:1이 앞 장 22절과 아주 밀접하게 연관되어 있으며, 그 다음의 23, 24절은 부수적인 예언으로서 그 약속에 해당되지 않는 자들에 대한 말씀이기 때문이다.

앞 장 22절에서는 '너희는 내 백성이 되겠고 나는 너희 하나님이 되리라'라고 했는데, 1절에서는 순서를 뒤바꾸어서, "나 여호와가 말하노라 그 때에 내가 이스라엘 모든 가족의 하나님이 되고 그들은 내 백성이 되리라"고 말씀하고 있다. 이스라엘에 대한 약속에 이어서 유다에 대한 약속이 이어진다(23-26절). 그 약속은 26절로 끝을 맺는데, 사람들이 그 끝의 말씀을 아주 다양하게 오해하고 있다: "내가 깨어보니 내 잠이 달았더라." 현재는 선지자에게서 완전히 사라졌다. 그는 마치 잠들어 있는 사람처럼 그 인상들을 받아들이지 못한다. 그러다가 그는 잠시 그 단 꿈에서 깨어난다. 꿈이 대개 그렇듯이, 그 꿈도 아주 근거가 없지는 않다. 그는 주위를 둘러 본다. 모든 것이

시끄럽고 황폐해 있으며 차갑다. 지친 심령을 달래줄 위안 거리는 어디에도 없다. 그는, '아아, 꿈이 참 달았는데!'라고 소리친다. 그러자 곧 여호와의 손이 다시 그를 잡아서 그를 현재의 상태에서 사라지게 하시는 것이다.

996. 이스라엘과 유다 각각에 대해 별도의 특별한 번영을 약속하신 것이 아니다. 그것은 하나의 번영이며, 두 나라는 한 형제로 연합하여 한 언약 백성이 되었으므로 모두가 그 하나의 번영에 참여하는 것이다. 그러므로 27-40절에서는 다시 전체의 언약 백성을 다루는 내용으로 되돌아감으로써, 언약 백성 전체로 시작하여 언약 백성 전체와 함께 끝을 맺으며, 또한 이 약속들의 핵심이라 할 수 있는 말씀이 33절에서 다시 반복되어 나타나고 있는 것이다: "나는 그들의 하나님이 되고 그들은 내 백성이 될 것이라."

997. 이 두 장 전체의 묘사는 메시야적이다. 베네마는 이 전체를 여러 개의 작은 단락으로 구분하여 한 부분은 포로의 귀환만을 가리키며, 또 한 부분은 마카베오를 지칭하며(그는 마카베오를 일종의 구세주로 격상시킨다), 또 한 부분은 그리스도와 그의 왕국을 가리킨다는 식의 논지를 전개하는데, 이러한 그의 주장이 철저히 배격되어야 마땅하다는 사실은 이미 여러 차례 지적한 내용에서 충분히 드러나고 있다. 그러므로 이 부분을 전체로 보고 해석을 진행시키는 것이 여기서 합당한 것이다.

998. 다만 31:22의 경우는 먼저 간략하게 해명할 필요가 있을 것이다. 왜냐하면 과거에 수많은 주석가들이 이 구절이 메시야 개인을 지칭하는 것으로 해석해왔기 때문이다. "패역한 딸아 네가 어느 때까지 방황하겠느냐? 여호와가 새 일을 세상에 창조하였나니 곧 여자가 남자를 안으리라." 과거 시대의 해석자들은 대개 이 절의 마지막 부분을 그리스도께서 동정녀에게서 탄생할 것을 말씀하는 것으로 해석했다. 그러나 굳이 다른 증거를 들지 않더라도, 여기서 여자가 동정녀요 남자가 하나님의 아들이라는 증거가 본문에 나타나지 않는다(사실 그 증거가 가장 중요하다)는 사실로 볼 때에, 그 해석은 받아들일 수가 없다. 또한 최근의 해석자들(로젠밀러 등)은 그 대신 "여자가

남자를 보호할 것이라, 곧 그를 위하여 '변경 파수꾼의 직책'의 역할을 할 것이다"라고 해석하는데, 이 해석 역시 과거의 해석보다 나을 것이 전혀 없다. 이에 대한 바른 견해는 다음과 같다: 선지자는 모든 동기 가운데서 가장 효력이 있는 동기를 근거로 하여(즉, 여호와께서 그녀에게 돌아오실 것이며 진노의 때가 이제 끝이 났으며, 따라서 그녀는 여호와께로 돌아가서 활짝 벌린 그의 사랑의 팔에 안기기만 하면 된다는 것을 근거로 하여), 여호와께 돌아가라고 권면하고 있다.

긍휼하심에 대한 소망이 없이는 회심도 없다. 사람의 악하고 실망한 마음이 하나님의 사랑으로 말미암아 그에게로 나아가도록 이끌림을 받아야 하는 것이다. 선지자는 만물의 새로운 상태를 아주 아름다운 표현을 써서 나타내고 있다. nomina sexus(성을 지칭하는 명칭)은 여기서 아주 적절하다. 심지어 정관사를 생략한 것도 의도적인 것이다. 그러한 관계를 그 보편성 가운데서 묘사하며 그리하여 그 핵심을 계속해서 보도록 해 주고 있다: '여자가 남자를 둘러쌀 것이다(encompass). 강한 자가 다시 연약한 자를 취하며 그 보호와 그 애정어린 보살핌을 받아 친밀한 교제 속으로 들어갈 것이다. 오 이스라엘이여, 너는 지금까지 남자가 없는 여자는 온갖 바람에 흔들리는 갈대에 불과하다는 것을 충분히 체험한 여자이니라. 남자는 여호와이니라. 네가 아직도 네 스스로 홀로 서기를 고집하고 의존하고 무조건적으로 복종하는 그 달콤한 관계로 돌아가기를 원치 않으니 얼마나 어리석은 일이냐? 그리로 돌아가는 것만이 자연스러우며, 그것만이 번영의 근원이 되느니라!' 여기서 분명한 것은, 우리의 이러한 해석에 따라서 보더라도 이 예언의 메시야적 성격이 그대로 남아 있다는 사실이다.

999. 31-40절의 내용은 다음과 같다. 여호와께서는 그의 과거의 은총을 멸시한 자들을 완전히 거부하심으로 징벌하시지 않으시며, 오히려 이중적인 긍휼을 통해서 그와 그 백성 사이의 결속을 새롭게 하시며 그 결속을 영원토록 깨어지지 않도록 만드실 것이다. 이 일의 근거는 죄의 용서에 있다. 죄의 용서로 말미암아 성령을 더욱 풍성히 부어주시는 역사가 일어나는 것이다. 그리고 율법이 외형적인 문자로 나타나지 않고, 마음에 기록되기 때문에 이

스라엘은 그의 목표에 도달하게 된다. 곧 그가 진정으로 하나님의 백성이 되며, 하나님은 진정으로 그의 하나님이 되시는 것이다.

31-34절. 든든하게 택하심을 받았다는 그런 증거가 있음에도 불구하고, 자기들의 죄악을 의식하며 하나님의 심판 아래에서 신음하고 있는 그 백성으로서는 그 증거들이 도저히 믿어지지가 않는다. 그리하여 하나님은 이러한 택하심이 여전히 계속되며 영원토록 든든히 유지될 것이라는 사실이 자신이 하나님이신 것만큼 확실하다는 것을 가장 분명한 어조로 강조하신다.

35-40절. 재 속에 묻혀 있던 하나님의 도성이 영광스럽게 일어날 것이다. 과거에는 가증한 것이 이 거룩한 성에 강제로 침입했으나, 이제 그 성은 거룩하지 않은 모든 것에 이르기까지 그 경계를 넓히게 될 것이다. 그리고 여호와께서는 그 성 안에서 거룩히 여김을 받으실 것이요 또한 그 성 위에서 자신을 거룩하게 하실 것이며, 더 이상 멸망이 없을 것이다.

1000. 31절. "나 여호와가 말하노라 보라 날이 이르리니 내가 이스라엘 집과 유다 집에 새 언약을 세우리라." 32절. "나 여호와가 말하노라 이 언약은 내가 그들의 열조의 손을 잡고 애굽 땅에서 인도하여 내던 날에 세운 것과 같지 아니할 것은 내가 그들의 남편이 되었어도 그들이 내 언약을 파하였음이니라." 여기서 언약을 세운다는 것을 시내산에서 언약을 세운 것처럼 공식적인 계약을 맺는다는 뜻으로 보아서는 안된다. 32절에 의하면 옛 언약은 여호와께서 이스라엘을 애굽 땅에서 구해 내시던 날에 세운 것이다. 그러나 그 때에는 아직 적절한 언약의 조건들이 없었다. 대부분의 해석자들은 32절의 날을 시내산에 머물던 때를 가리키는 것으로 추정하나, 이것은 임의적인 것일 뿐이다. 그 표현은 보통 애굽에서 구원받는 그 날을 지칭하며(출 12:51 이하) 또한 해마다 돌아오는 유월절이 바로 그 날에 해당하므로, 여기의 날도 바로 그 날을 가리키는 것으로 보아야 마땅할 것이다.

또한 새 언약과 관련해서 의무 조건(obligation)에 대한 언급이 없다. 언약을 통해서 베풀어질 은총이 언급되지만, 오로지 그것밖에는 언급되지 않는 것이다. 여기 사용된 낱말은 오로지 언약을 맺는다는 뜻밖에 다른 의미가 없다. 여기서 한 가지 의문이 제기되는데, 두 당사자 간에 약정을 맺은 것이 없고 상호 간에 합의한 내용도 없을 경우에도 언약을 세웠다고 말할 수가 있느냐 하는 것이다. 그러나 여기서는, 언약의 골자가 그 외형적인 계약 행위보다 앞서서 이루어졌으며, 또한 그것이 근본 토대가 되고 있는 것이 분명하다. 언약을 맺는 행위가 관계를 만들어 주는 것이 아니다. 다만 언약을 맺음으로써 이미 존재라는 것을 엄숙히 인정하는 것일 뿐이다. 심지어 인간 관계에 늘상 일어나는 모든 계약에 있어서도 그 계약의 핵심적인 내용이 언제나 그 계약 행위에 앞서서 존재하는 것이 당연하며, 만일 그렇지 않다면 그것은 아주 부자연스러운 일이다.

하물며 하나님의 일에 있어서야 오죽 더하겠는가? 하나님이 그 의무 사항을 표현하셨든 하지 않으셨든, 받는 사람이 겉으로 그것을 인정했든 하지 않았든, 하나님이 베푸시는 은총 하나 하나가 그 시혜자에게 의무를 부과하는 것이다. 이 사실은 본문의 경우에서 아주 적절히 드러난다. 시내산에서 율법을 주실 때에 하나님의 계명들이 구속력을 발휘하는 것은 바로 하나님이 이스라엘을 애굽에서, 종살이 하던 집에서 이끌어내셨다는 사실에 근거한 것이다. 그러므로 시내산 언약은 이스라엘이 애굽에서 구원받았을 바로 그 때부터 그 핵심이 존재한 셈이 되는 것이다. 시내산에서 엄숙히 확인하지 않았더라도 만일 하나님께로부터 배도하는 일이 있다면, 그것은 언약을 깨뜨리는 행위가 되었다. 이는 출애굽 때로부터 율법을 주시기까지의 기간에도 실제로 적용되었다. 그리고 그 백성이 하나님과 언약을 맺을 의도가 있다 하더라도 만일 하나님의 엄숙한 요구에 '아니요'라고 하며 거부한다면, 그것도 언약을 깨뜨리는 행위였다. 새 언약의 경우에 정말로 어떤 엄숙한 외형적인 의무 사항을 조인함으로써 명문화시키는 일이 없다는 사실을 보면, 이 점을 더 분명히 알 수 있다. 그런데도 불구하고 이것이 지극히 엄밀한 의미에서 언약이라 할 수 있다면, 외형적인 의무 조항 같은 것이 여기에 없다 하더라도 그것은 구약에 있어서 부차적인 문제에 지나지 않는 것이다.

이제 우리는 여기 나타나는 옛 언약과 새 언약이 어떤 의미에서 서로 대조를 이루는가를 결정할 수 있게 되었다. 여기서 새 언약이라 하는 것이 하나님의 율법이 새롭고 더욱 완전하게 계시된다는 의미일 수는 없다. 왜냐하면 그 점은 두 경륜 모두에게 다 공통적인 것이기 때문이다. 신약에서도 그것은 일점 일획이라도 덧붙일 수가 없다. 하나님의 율법은 그의 본성에 근거하는 것으로서 영원토록 변치 않는 것이다(말 3:22을 참조하라). 율법이 계시된 것은 출애굽할 당시가 아니라 시내산에서였다. 또한 여기의 새 언약이 그 전에는 없던 어떤 전혀 새로운 관계를 형성시킨다고 할 수도 없다. 이스라엘과의 언약은 영구한 것이므로, 만일 전혀 새로운 시작이 일어날 수 있다면, 여호와는 여호와이실 수가 없을 것이다.

롬 15:8에서 사도 바울은 다음과 같이 말씀한다: "내가 말하노니 그리스도께서 하나님의 진실하심을 위하여 할례의 수종자가 되셨으니 이는 조상들에게 주신 약속들을 견고케 하시고 이방인으로 그 긍휼하심을 인하여 하나님께 영광을 돌리게 하려 하심이라." 그러므로, 그리스도를 그의 은사와 축복과 함께 보내셔서 새 언약을 세우신 일은 바로 하나님의 언약적 신실하심의 결과인 것이다. 그러므로 만일 본문의 말씀의 주제가 옛 언약과 새 언약이 서로 대조를 이룬다는 점이라면, 옛 언약이란 하나님과 이스라엘의 관계 그 자체와 그 범주에 해당하는 모든 것을 지칭하는 것이 아니라, 오히려 그 관계가 과거에 나타났던 양식들, 곧 여호와께서 선지자의 시대까지 자신을 이스라엘의 하나님으로 알리신 바로 그 형식들을 지칭하는 것이다. 이러한 과거의 더 불완전한 형태에 견주어서 좀더 완전한 미래의 형식을 대비시키면서 그것을 가리켜 새 언약이라고 이름하는 것이다. 새 언약이 형식에 있어서는 옛 것을 대체시키지만(히 8:13, "새 언약이라 말씀하셨으매 첫 것은 낡아지게 하신 것이니 낡아지고 쇠하는 것은 없어져가는 것이니라"), 그 본질에 있어서는 옛 언약을 더 고상하게 실현하는 것이다.

그런데, 만일 옛 언약이 이스라엘과의 언약의 과거의 형식이며, 새 언약이 그 동일한 언약의 미래의 형식이라면, 이 두 형식이 서로 다른 점이 많은데, 그 많은 것들 가운데 선지자는 과연 무엇을 염두에 두었겠느냐 하는 의문이 생길 수 있을 것이다. 이에 대한 해답은 선지자가 새 언약에 대해서 말씀하는 내용에서 나타난다. 새 언약이 옛 언약과 같지 않기 때문에, 옛 언약에 부족한 점들이 많듯이 그만큼 새 언약에는 유리한 점이 많아야 마땅하다. 그 유리한 점이란 먼저 죄의 용서와, 그 다음 율법을 마음에 새기는 것 등인데 이 유리한 점들이 모두 순전히 내적인 것만은 아니다. 이렇게 본다면, 옛 언약의 축복들은 주로 외적인 방면으로 나타났다고 볼 수 있으며(그렇다고 해서 내적인 축복들이 전혀 없었던 것은 결코 아니다. 앞으로 살펴보겠지만 옛 언약과 새 언약의 차이는 이런 점에서 상대적인 차이요 절대적인 차이는 아니다), 이 사실은 옛 언약을 좀더 구체적으로 애굽에서 나올 때에 세운 것으로 지칭하는 데서 분명히 나타난다. 그 때의 언약은 나중에 시내산에서 세운 것과 아주 흡사하며 구원과 축복을 포괄하는 것으로서 그것을 보증해 주는 것이 바로 그 언약을 근거로 한 유월절이었던 것이다.

예레미야는 지금까지 지나온 모든 일들을 통해서 그 언약이 그 목표를 이룰 수 없음을 체험한 바 있다. 그의 시대에 백성들의 죄악성이 무서운 질병으로 퍼져있어서, 인간적인 안목으로 볼 때에 외적인 축복들로도, 압제에서 외적으로 구원한다 해도 그 백성들의 상태를 고쳐줄 수 있는 것이 거의 없는 것으로 보였고, 선지자는 이미 그것을 깊이 깊이 느꼈을 것임에 틀림이 없다. 하나님의 긍휼이 역사한 다음 즉시 더욱 극심한 징벌이 따라올 수밖에 없었던 것이다. 외적인 번영이 참으로 영구하게 베풀어지기 위해서는 내적인 조건을 만드는 일이 선행되어야 한다. 그것이 없이는 외적인 번영은 한낱 웃음거리밖에는 안된다. 그러므로 백성의 내적인 조건을 구비시키는 것이 선지자가 열심을 기울인 최상의 목표였던 것이다. 그는 여기서 그것이야말로 미래에 있을 최고의 선(善)임을 지적하고 있다. 3:14에서 우리는 이미 בָּעַל이 בְּ와 함께 결합하면 '스스로 혼인하다'의 의미를 갖는다는 것을 살펴본 바 있는데, 그 의미가 여기서도 완전히 들어맞는다. 그렇다면 옛 언약을 폐하는 근거가 여기서 제시되고 있다고 주장할 사람이 어디 있겠는가? 히브리서 저자가 보여주었듯이 이 사실은 이미 충분히 입증되었다.

새 언약에 대한 선언 그 자체 속에 옛 언약으로 불충분하다는 것이 선언되어 있음을 보게 되는 것이다: "저 첫 언약이 무흠하였더면 둘째 것을 요구할 일이 없었으려니와"(히 8:7). 과연 어떤 점에서 옛 언약이 불충분했으며(그 언약은 인간의 죄성과 마음의 강퍅함에 근거한 것인데, 주로 외형적인 성격을 띤 축복으로는 그런 죄성과 강퍅함이 제거되지 않는 법이다), 어째서 '더 좋은 약속으로 세우신'(히 8:6) 그런 더 좋은 언약이 필요했는가 하는 것은 33, 34절에서 옛 언약과 대조하여 새 언약에 대하여 서술하고 있는 내용에서 충분히 드러나고 있다. 오히려 여기서는 하나님의 무한하신 사랑과 그의 언약적 신실하심의 위대성을 지칭하고 있다고 보여진다. 이렇게 보는 것이 문맥상 가장 적절할 것이다. '나'와 '그들'이 서로 매우 강한 대조를 이루고 있다. 그들은 사악한 배은망덕에 빠져서 옛 언약을 깨뜨렸으며, 그들에게 베풀어진 긍휼하심을 통해서 부과된 의무들을 저버렸다. 그리하여 하나님은 이제 그의 편에서 옛 언약을 무효화시키시고 과거에 베푸셨던 그 사랑을 영원히 거두어 가실지도 모른다. 그러나, 하나님은 그렇게 하지 않으시고 그 대신 새 언약을 마련하시며, 더 큰 사랑을 베푸신다. 그는 배역한 이스라엘과 새로이 혼인을 맺으시고, 그리하여 사랑의 결속을 더욱 든든하게 하시며 다시는 나눌 수 없도록 하시는 것이다.

1001. 33절. "나 여호와가 말하노라 그러나 그날 후에 내가 이스라엘 집에 세울 언약은 이러하니 곧 내가 나의 법을 그들의 속에 두며 그 마음에 기록하여 나는 그들의 하나님이 되고 그들은 내 백성이 될 것이라." '이는'('for,' 한글 개역 성경에는 번역되어 있지 않다—역자주)이 여기에 오는 것은 아주 적절하다. '이 언약은 … 같지 아니할 것은'이라는 32절의 표현은 새 언약의 본질에 대한 적극적인 정의(定意)에 근거하고 있는 것이다. 이 언약이 이렇기 때문에 옛 언약과 같지 아니할 것이다. '그 날(these days)'이라는 표현은 현재를 지칭하며, 그날 후에는 미래를 가리킨다. 선지자가 그렇게 끊임없이 강조점을 두어 미래를 지적하고 있는 것은 불신자와 연약한 신자가 보기에는 언약 백성의 역사가 현재로써 끝이 나는 것처럼 여겨지며, 그들에게 미래란 없는 것처럼 여겨지기 때문이었다. 새 언약 안에서, 그리고 새 언약을 통해서 그들에게 베풀어질 축복들을 열거하고 있는 것과 관련해서 베네마는 다음과 같이 적절하게 논평해 주고 있다: "은사들은 기본적인 은사 혹은 근원적 은사, 귀결적인 선들 혹은 파생적인 은사들로 구별되고 있다." 34절의 두번째 '이는'이 이처럼 축복을 베푸는 근거를 제시해 준다: '이는 … 내가 그들의 죄악을 사하고 다시는 그 죄를 기억지 아니함이니라.'

여러 해석자들은 여기의 תּוֹרָה(한글 개역 성경은 '법'으로 번역하고 있다—역자주)를 교의 혹은 가르침(doctrine)의 의미로 본다. 그러나 이 해석은 본문의 의미를 파괴하는 것으로 전적으로 거부해야 마땅하다. תורה는 한 번도 교의나 가르침의 의미로 쓰이는 일이 없으며, 언제나 율법을 의미한다. 그리고 여기서도 오로지 하나님의 율법(이는 그의 영원한 존재의 영원한 표현이며 따라서 구약과 신약에 모두 공통적으로 적용된다)을 말씀하며 결코 새로운 어떤 법을 지칭하는 것일 수가 없다. 이는 여기의 '그들의 속에 두며 그 마음에 기록한다'는 것이 시내산에서 율법을 외적으로 주셨고, 또한 돌비에 기록했던 것에 대응하는 것이라는 데서 분명히 드러난다. 율법은 어디까지나 동일하며, 다만 하나님이 사람에 대해서 가지시는 관계가 다를 뿐이다.

본문에서 우리는 구약 시대의 율법이 단지 외적인 것으로 죽은 의문일 뿐이라는 사고가 잘못된 것이라는 점을 쉽게 유추해서 확인할 수가 있을 것이다. 이에 대해서 부데우스(Budeus)는, 여기서 말씀하는 바는 오로지 상대적인 차이와 대조적 성격에 대한 것뿐이라고 주장하며 다음과 같이 말하고 있다: "구약의 신자들에게도 허용되고 접하게 될지라도, 하나님은 이런 은택들의 더 풍부한 양과 단계를 약속하고 있다."

칼빈은, 구약 시대에 중생이 일어나지 않았다는 생각은 어리석은 것이라고 했다: "율법 아래서 드물고 희미한 은혜가 있었으나, 그러나 복음 안에서 성령의 부어진 은사들이 있었고, 하나님은 그의 교회에게 아주 더 자유롭게 인도하셨음을 우리는 잘 알고 있다." 순전히 외형적이기만한 율법을 주셨다는 개념은 도저히 생각할 수조차 없다. 만일 그렇다면, 하나님은 이스라엘을 위해서 예수님을 배반한 유다에게 행하신 것밖에 아무 것도 하지 않으신 것이 되고 만다. 즉, 회개할 능력은 전혀 주시지 않고 그들의 양심에 그의 거룩하신 율법을 선포하기만 하시고 그치신 것이 되고 마는 것이다.

일이 그런 식으로 진행된 것으로 보는 일은 오직 '새롭게 되어 회개함'이 주관적으로 불가능할 경우에만 가능한 것이다. 그 이외에도 하나님의 외적인 계시는 반드시 인간 본성의 구조에 따라서 내적인 계시를 동반한다. 왜냐하면 하나님이 인간의 본성을 아시면서도 축복 비슷한 것만을 주셔서 우리를 놀리리라는 생각은 도무지 할 수가 없기 때문이다. 그러므로 애굽에서 구원받은 외적인 사실을 알게 되면 바로 그와 동시에 하나님께서 또한 이스라엘의 마음에 강력하게 역사하셨음을 알게 되는 것이다. 시내산에서 율법이 하나님의 손가락으로 돌비에 기록되었다는 사실이 확실해지자마자, 그 율법이 이스라엘의 마음에도 기록되었음이 확실해지는 것이다. 그러나 이러한 사실은 역사를 통해서도 확인된다.

율법에서 할례는 외적으로 받은 은총의 보증이요 인침으로 지칭될 뿐 아니라, 마음의 할례를 받았다는 것(사람으로 하여금 그 근본에서 떨어지게 만든 죄를 제거함으로써 마음과 영혼과 힘을 다하여 하나님을 사랑할 수 있도록 하는 것, 신 30:6)의 보증이요 인침으로 지칭되는 것이다. 하나님은 외적인 할례에서 마음의 할례를 요구하시며 동시에 약속하셨는데, 이 마음의 할례는 마음에 율법을 새기는 것과 본질상 다를 바가 없다. 더 나아가서, 만일 여호와께서 이스라엘을 위해 제정하신 율법이 그저 외형적인 문자에 불과하다면, 성경에서(예컨대, 시 19편 등) 그 율법을 그렇게 찬양하며 높이고 있다는 사실을 어떻게 설명할 수 있겠는가?

사실, 율법과 그 율법을 가리켜 '마음을 즐겁게 하며,' '눈을 밝게 하며,' '영혼을 소성케 하며,' '꿀보다 꿀송이보다 달다'고 말할 수 있는 그 사람 사이에는 다리가 이미 형성되어 있는 것이다. 이 율법은 진노를 이루는 율법이 아니다. 그것은 성령과 연결을 갖고 있는 율법인 것이다. 구약 시대에도 새로운 마음이 창조되었으며(시 51:12를 참조하라), 이스라엘의 교사가 이러한 창조의 본질을 알지 못하여 가장 큰 부끄러움을 당하기도 했다(요 3:10). 여기서 미래에 대하여 약속하고 있는 바를 옛 언약에 속한 한 경건한 사람은 시 40:8에서 똑같은 표현을 써서 자신에게 이미 베풀어진 것으로, 또한 자신의 현재의 영적 상태로 말씀하고 있다: "내가 주의 뜻 행하기를 즐기오니 주의 법이 나의 심중에 있나이다." 여기서 말씀하는 율법은, 외형적인 의문에 씌어져 있으며 돌비에 기록된 율법과 완전히 대조를 보이는 것이다: 잠 3:1-3("내 아들아 나의 법을 잊어버리지 말고 네 마음으로 나의 명령을 지키라 … 인자와 진리로 네게서 떠나지 않게 하고 그것을 네 목에 매며 네 마음판에 새기라"), 7:3("이것〔율법〕을 네 손가락에 매며 이것을 네 마음판에 새기라") 등을 참조하라.

그러나, 옛 언약과 새 언약의 차이가 상대적인 것인데, 여기서는 그 차이가 절대적인 것처럼 나타나고 있다는 사실은 어떻게 설명해야 옳은가? 정도의 차이밖에는 없는데, 그것을 본질적인 차이처럼 묘사하고 있지 않은가? 율법은 모세로 말미암아 주신 것이요 은혜와 진리는 그리스도로 말미암아 온 것이라고 말씀하는 요 1:17과 같은 구절에서도 거의 비슷한 사실이 진술되고 있으며, 이를 오해하여 여러 가지 그릇된 견해들이 나오는 것을 보게 된다. 구약의 은총도 그 자체로만 보면 대단히 중요하고 가치있는 것이지만, 그보다 무한히 더 중요하며 더 풍성한 신약의 축복과 비교하면 그것이 너무도 작아서 거의 시야에서 사라져 버릴 정도가 되어 버리는 것이다. 예레미야가 3:16에서 구약의 가장 중요한 성물인 언약궤가 미래에는 완전히 잊혀져 버릴 것이라고 말씀하는 것이나, 23:7, 8에서 미래에 애굽에서 구원해 내신 일이 언급할 가치가 없어질 것이라고 말씀하는 것이나 모두 이것과 거의 동일한 경우인 것이다.

마지막으로, 본문과 병행을 이루는 구절은 성령을 부으실 것을 말씀하는 욜 3:1, 2에서도 찾을 수 있다. 거기서 말씀한 바가 본문의 경우에도 그대로 적용된다. 거기서는 그 약속의 상대적인 성격이 본문의 경우보다는 훨씬 더 두드러지게 나타난다. 신약 시대에는 구약 시대와 관련지을 때에 절대적으로 새로 시작하는 것은 아무 데도 없다, 다만 완성이 있을 뿐이다. 그러므로 성령을 부어주시는 일에 관해서도 요엘은 다만 구약 시대에 아주 희귀하게 나타나는 그 일이 장차는 풍성하게 이루어질 것이며, 적은 데서 많은 데로 전진할 것을 말씀하고 있을 뿐이다.

여기서 또 한번 구약에 나타난 메시야 왕국의 본질이 그것에 대해 세속적인 유대인이나 혁명주의자들이 미래에 대해서 가지고 있던 관념—이는 탈무드의 한 구절에서 아주 적나라하게 드러난다: "오직 열국들의 예속 이외에 메시야의 날들과 이 세상 사이에 구별이 없다."(Talmud, Massechet Sanhedrin f. 191)—과 얼마나 큰 차이가 있느냐 하는 것은 본문에 대한 유대인 해석자들의 해석에서 잘 드러난다. 그들은 본문이 단순히 외형적인 변화가 아니라 순전히 도덕적인 혁명을 예언하고 있다고 볼 수밖에 없었다. 그러나 그처럼 선입견을 갖고서 본문을 대할 때에, 그것은 그 주제 자체에서 가장 강력한 모순을 노정하고 만다.

'나는 그들의 하나님이 되고 그들은 내 백성이 될 것이라'가 '내가 나의 법을 그들의 속에 두며 그 마음에 기록하여'에 이어지는 것은 그만한 이유가 있다. 율법은 하나님의 존재의 복사판(copy)이요, 사람이 하나님의 본성에 참예할 수 있는 것은 오직 그 마음 속에 율법을 새겨놓을 때에만 가능한 것이다. 그러나 어떻게 그의 권속이 아닌 자들에게〔하나님이 그들의 하나님이 아니시요, 그들도 하나님의 백성이 아닌데!〕하나님이 그의 은총과 축복은 물론 그 자신까지 완전히 그리고 무조건적으로 주실 수가 있겠는가?

마지막으로, 이 약속의 상대적인 성격이 여기서 분명히 드러난다. 하나님은 과거에 아브라함에게 이미 자신이 그와 그의 자손에게 하나님이 되시리라고 약속하셨었다. 그리고 그 후에 이스라엘 백성에게 이 약속을 되풀이하셨다(레 26:12; 출 29:45). 다윗은 이 약속이 당시에 성취되었음을 의식하고서 시 33:12에서 다음과 같이 외친다: "여호와로 자기 하나님을 삼은 나라 곧 하나님의 기업으로 빼신 바 된 백성은 복이 있도다." 그러므로 여기서도 절대적으로 새로운 것이 아무 것도 없다. 만일 그 약속이 절대적으로 새로운 약속이었다면, 구약 시대의 하나님의 나라 전체가 그저 겉모양뿐이며 망상이 되고 말 것이다. 그러나, 율법을 마음에 새겨서 사람이 하나님의 율법을 지닌 존재가 되는 정도가 작은 만큼, 그 결과가 일어나는 정도도 적을 수밖에 없다. 그러므로 하나님이 아브라함과 이스라엘을 향하여 주신 약속의 완전한 성취는(선지자는 여기서 바로 이것에 대해 말씀하고 있다) 미래에서나 볼 수 있는 것이다.

1002. 34절. "그들이 다시는 각기 이웃과 형제를 가리켜 이르기를 너는 여호와를 알라 하지 아니하리니 이는 작은 자로부터 큰 자까지 다 나를 앎이니라 내가 그들의 죄악을 사하고 다시는 그 죄를 기억지 아니하리라 여호와의 말이니라." 본 절의 전반부는 옛부터 해석자들에게 큰 난제 거리가 되어 왔다. 모든 사람이 하나님께 배울 것이므로 신적인 일에 대한 인간들끼리의 가르침이 사라질 것이라는 뜻으로 보는 주장은 얼핏 보기에도 광신적인 주장이라 할 수밖에 없다. 그러나 이 부분에 대한 이해는 결코 어렵지 않다. 여기서 인간들끼리의 교훈이 사라진다는 것은 오로지 그것이 하나님에 관한 신적인 교훈과 반대될 경우에만 해당된다. 따라서 여기의 강화는 순전히 인간

적이기만 한 교훈, 즉 계속 배우지만 진리의 지식에 도무지 이를 수가 없는 그러한 신앙에 관한 인간의 가르침과 제도에 대해서 말씀하는 것이라는 사실을 고려하기만 하면 문제는 쉽게 해결되는 것이다. 그런 식으로 인간의 권위에 의존하게 되면, 신앙의 본질은 완전히 파괴되고 만다. 심지어 참되신 하나님도 하나님 자신을 통해서 알지 않으면, 그가 사람의 마음 속에 스스로 거하지 않으시면, 그 사람에게는 우상이 되어 버리고 만다. 그렇게 되면 하나님은 죄와의 싸움에서 힘을 발휘하지도 못하며 또한 환난 가운데서 위로를 주지도 못하는 한낱 생각 밖에는 아무 것도 아닌 존재가 되어 버리는 것이다. 구약 시대에도 그런 상태가 매우 자주 나타나고 있다. 대중들은 그저 하나님에 대한 간접적인(mediate) 지식밖에는 없었던 것이다.

그런데, 새 언약 아래에서는 성령의 은사가 더욱 풍성하게 베풀어지며, 더 많은 숫자가 거기에 참여할 것이다. 그 새 언약 아래서는 하나님의 가르침과 사람의 가르침 사이의 대조가 사라지게 된다. 교사들은 자기 자신의 권위로 가르치지 않고 하나님의 종들로서 또한 하나님의 도구로서 가르치게 된다. 그들이 가르치는 것이 아니요, 그들 안에 거하시는 성령께서 가르치는 것이다. 제자들은 사람들을 통해서 말씀을 들으나, 그 말씀을 사람의 말이 아니라 하나님의 말씀으로 듣는 것이다.

그들의 제한된 인간적인 이성을 만족시켜주기 때문에 그 말씀을 듣는 것이 아니라, 성령께서 자신이 진리이심을 입증하시기 때문에 그 말씀을 받아들이는 것이다. 어떻게 해서 이러한 대조가 사라지고 높은 의미의 연합을 이루는가 하는 것은 여러 구절들에서 나타나지만, 특히 고후 3:3에서 잘 드러난다: "너희는 우리로 말미암아 나타난 그리스도의 편지니 이는 먹으로 쓴 것이 아니요 오직 살아 계신 하나님의 영으로 한 것이라." 그들은 사도의 사역으로 말미암은 θεοδίδακτοι(하나님께 가르침을 받은 자들)이다. 사도는 그 사역을 감당함에 있어서 하나님과 다를 바 없으며 다만 하나님의 권능을 시행하는 자로 역할을 다한 것이다. 하나님에 관한 일들에 있어서 진리는 먼저 개인 속에 존재함으로써 그 개인에게 진리가 되는데, 이는 오직 그가 하나님의 영으로 말미암아 하나님과 연합함으로써만 가능하다. 그러므로 존재와 생명과 정말로 살아 있는 지식은 모든 존재와 생명의 근원이신 그분에게서만 나오는 것이다. 그러나 성령께서 지식을 주셔서 결국 그 지식이 그 속에 존재할 때에는 하나님께서 그의 은총을 베풀어 주신 그 사람들이 그 지식을 완전에로 이끌어 갈 수 있으며 또한 그렇게 이끌어 가야만 하는 것이다. 즉, 그 지식을 발전시키고 완성시켜야 하는 것이다.

마지막으로, 이 약속 또한 상대적으로 이해하여야 한다. 구약의 경건한 자들은 모두가 θεοδίδακτοι였으며, 신약 시대에는 진리와 관계는 맺고 있으나 자기들의 잘못으로 인해서 그 진리에 대해서 완전히 또는 주로 간접적인 지식만을 갖고 있는 사람들의 숫자가 무수히 많은 것이다.

본 절의 마지막 부분에서 근본적인 축복이 약속되고 있다는 것은 이미 살펴본 바 있다. 그러나 '이는'이 바로 인접한 문맥에 걸리는 것이든 그 앞의 모든 내용에 걸리는 것이든 결국 의미는 똑같다. 왜냐하면 바로 그 앞에 인접해 있는 내용이 그 앞의 모든 내용을 포괄하기 때문이다. 여기서는 동일한 것을 다른 관계에 따라서 묘사하고 있을 뿐이다. 결국 모든 내용이 성령을 더욱 풍성히 부어주실 것을 가르치는 것이다. 성령을 부어주시는 일은 반드시 죄의 용서를 기반으로 해서 이루어진다. 사람들을 그 하나님으로부터 멀어지게 만든 죄들이 제거되어야 하며, 그 때에야 비로소 그들을 하나님의 참된 백성으로 만들어주고 또한 그들 속에서 하나님의 이름이 거룩히 여김을 받도록 하는 내적인 수단이 그 백성에게 베풀어지는 것이다.

또한, 여기서도 구약과 신약 사이의 차이가 다만 상대적인 것일 뿐이라는 점이 분명히 드러나고 있다. 죄의 용서를 받지 않은 언약 백성이란 도저히 있을 수가 없다. 죄의 용서는 언약의 절기인 유월절에 필수적인 요소이다. 죄의 용서가 없이는 하나님이 정하신 속죄 제물도 거짓이 되고 만다. 그것이 없이는 하나님이 자신을 가리켜 언약의 하나님이라고 말씀하신 것이나 자신이 은혜로우시고 긍휼이 풍성하시다고 말씀하신 것이 모두 사실이 아닌 것이 되고 만다. 죄의 용서를 의식하는 것이야말로 시편 기자들에게서 볼 수 있는 그들의 마음의 상태의 근거인 것이다. 그러므로 여기서 나타나는 차이는 다만 정도의 차이일 뿐이다.

언약 백성들의 죄는 당시의 신자들이 보기에 너무나 커서 도저히 용서받을 수 없을 것으로 여겨질 정도였다. 그들이 생각하기에 이 백성은 하나님의 임재에서 멀리 떠나 있어서 놋 땅에서 슬픈 존재를 마감할 것으로 보였고, 절대로 Καιροὶ ἀναψύξεως('유쾌하게 되는 날' 행 3:19—역자주)가 돌아올 가망이 없어 보였다. 이러한 상태에서 선지자는 여호와의 이름으로 그 날이 돌아올 뿐만 아니라 그들이 충만하고 완전한 의미에서 가장 먼저 올 것이라고 선포하는 것이다. 너희가 죄의 용서의 결국을 보고 있다고 믿는 바로 그것은 사실상 죄의 용서의 시작인 것이다. 죄가 가득찬 속에는 은혜도 더 풍성할 것이다. 그러니, 실망해서 하나님의 긍휼하심이 나아가는 길에 장애가 되지만 말아라! 너희 하나님은 그저 '네가 … 할지니라'라고 명령만 하시고 그냥 가만히 계시는 것이 아니다. 그는 참으로 은혜로우시고 긍휼이 풍성하신 하나님이시므로, 분명히 그 자신이 먼저 심으시고 후에 수확을 거두어 들이실 것이다.

1003. 35절. "나 여호와는 해를 낮의 빛으로 주었고 달과 별들을 밤의 빛으로 규정하였고 바다를 격동시켜 그 파도로 소리치게 하나니 내 이름은 만군의 여호와니라 내가 말하노라." 36절. "이 규정이 내 앞에서 폐할진대 이스라엘 자손도 내 앞에서 폐함을 입어 영영히 나라가 되지 못하리라." 35절은 하나님의 전능하심을 묘사하며, 그 분이 사람이 아니라 과연 하나님이심을 천명함으로써 36절에서 전개할 말씀의 근거를 마련해 주고 있다. 거기서는 사람들은 모두가 거짓말쟁이들이지만 하나님은 거짓말하지 않으시며 그의 언약과 그의 약속들에 대하여 절대로 후회하실 수가 없으심을 말씀함으로써 절망에 빠져가고 있는 언약 백성에게 충만한 위로를 준다. 35절에는 심지어 법칙들('laws,' 한글 개역 성경에는 '규정하였고'로 번역하고 있다—역자주)도 언급되고 있다. 즉, 해와 달이 영원하며 거스릴 수 없는 법칙에 따라서 날마다 정해진 시각에 나타나야 하며, 수백 수천 년 동안을 그렇게 반복한다는 사실이 하나님의 전능하심을 더욱 더 강하게 입증해 주며, 또한 그의 우주적 다스림이 다른 어떠한 영향력에 방해를 받지 않는다는 사실을 분명히 보여주는 것이다.

자연 세계가 입증해 주듯이 하나님의 전능하심은 그가 순수한 자존자('I am'으로서 여호와의 이름의 뜻이다. 말 3:6을 보라)시라는 사실의 결과이며, 또한 하나님이 바로 그런 분이시기 때문에 무조건적으로 표현된 그의 작정도 절대로 변함이 없는 것이다. 하나님이 이스라엘을 영원히 버리셨다고 믿는 것은 그를 모욕하는 것이요 그를 우상으로, 하나의 피조물로 만드는 행위인 것이다.

36절에서 하나님의 긍휼하심의 경륜이 불변하다는 사실을 하나님이 자연의 질서를 유지하심의 불변함과 같은 수준으로 말씀하는데, 이는 그 백성들의 연약함을 생각한 것이다. 눈에 보이는 모든 것 가운데 가장 확실히 서 있는 것을 들어서 그들을 택하신 것이 변하지 않고 계속된다는 보증으로 삼고 있다. 그러므로 날마다 해와 달이 뜬다는 그 사실이 그들의 선택에 관해서 확신을 주는 것이다. 그러나 그 자체만을 볼 때에는 은혜의 다스림이 변치 않고 계속된다는 사실은 자연의 과정이 변치 않고 계속된다는 사실보다도 훨씬 더 위대한 것이다. 시 102:26-28("천지는 없어지려니와 주는 영존하시겠고 그것들은 다 옷 같이 낡으리니 의복 같이 바꾸시면 바뀌려니와 주는 여상하시고 주의 년대는 무궁하리이다")을 보라.

여기서 עַם가 사용되지 않고 גּוֹי가 사용되는 이유는 33:24에서 나타난다: "그들이 내 백성(עַם)을 멸시하여 자기들 앞에서 나라(גּוֹי)로 인정치 아니하도다." 언약 백성들은 절망 가운데서 현재 사라진 상태에 있는 그들의 나라로서의 존재가 영원히 회복되지 않을 것으로 생각하였다. 그러나 나라로서의 존재가 회복된다면, 그들의 언약 백성으로서의 존재로 똑같이 회복될 것이다. 그들이 언약 백성이 아닌 상태가 된 결과로 그들이 한 나라로서도 존재하지 못하게 되었듯이, 그들이 언약 백성의 지위를 회복하게 되면 다시 나라가 되는 것이다.

1004. 37절. "나 여호와가 이같이 말하노라 위로 하늘을 측량할 수 있으며 아래로 땅의 기초를 탐지할 수 있다면 내가 이스라엘 자손의 행한 모든 일을 인하여 그들을 다 버리리라 여호와의 말이니라." 선지자가 '여호와의 말이니라'를 자주 반복하는 것은 이유가 없는 것이 아니다. 하나님의 말씀이야말로 이스라엘로서는 유일한 소망의 근거였다. 하나님의 말씀을 떠나서는 오로지 절망 밖에는 없을 것이다. 하늘을 측량하는 일이나 땅의 깊이를 탐지

하는 일이 여기서는 하나의 불가능한 일로서 제시되고 있다. '이스라엘 자손'(문자적으로는 '이스라엘의 모든 씨,' 'the whole seed of Israel'이다—역자주)이라는 표현은 이 약속들에 의지해서 위로를 삼고 있는 외식하는 자들에게서 그 모든 위로를 제거하는 것이다. 이스라엘의 모든 씨를 벌하셔서 그 속에 포함된 신자들로 하여금 불신자들과 함께 멸망에 빠지게 하는 것이나, 신자나 불신자나 상관없이 이스라엘의 모든 씨를 다 구원하는 것이나, 모두 하나님의 본성에 맞지 않는 일이다. 약속과 경고에는 언제나 남은 자에 대한 여지가 남겨져 있는 법이다. 언약은 다만 전체가 다 멸망에 빠지지는 않을 것이라는 사실을 보증할 뿐이며, 따라서 개개인의 경우에는 얼마든지 멸망에 빠질 가능성이 남아 있는 것이다. '이스라엘 자손의 행한 모든 일을 인하여'라는 표현을 덧붙인 것은 의도적이었다. 왜냐하면 그 백성의 죄가 크다는 사실이 현재 신자들이 경험하고 있는 하나님의 긍휼하심에 대한 절망감의 주요 요인이기 때문이다.

1005. 38절. "나 여호와가 말하노라 보라 날이 이르리니 이 성을 하나넬 망대에서부터 모퉁이 문까지 여호와를 위하여 건축할 것이라." 39절. "측량줄이 곧게 가렙('문둥병자의')산에 이르고 고아('사형터') 방면으로 돌아." 40절. "시체와 재의 골짜기와 기드론 시내에 이르는 데까지와 동편 말문 모퉁이에 이르기까지의 모든 밭에 이르리니, (이 모든 것이) 다 여호와의 성지가 되고 영영히 다시는 뽑히거나 전복되지 아니하리라." 이 예언은 두 가지 사건을 포괄한다. 첫째는 하나님 나라의 회복인데, 그것이 옛 언약 아래서 그 나라의 좌소요 중심의 역할을 한 예루살렘이 회복되는 이미지로 묘사된다.

그리고 둘째는 하나님 나라가 영광을 얻는 것인데, 지금까지 하나님 나라는 스스로를 방어하는데 급급했었고, 가끔씩 원수가 그 중심에까지 침입해 들어오는 것을 막지 못하는 경우도 있었으나, 이제는 그 나라의 권세가 커져서 어둠의 나라를 무찌르며 그 나라를 자기에게 복속시키는 것으로 묘사되고 있는 것이다. 선지자는 그런 사상을 지각할 수 있는 형태로 옷을 입혀서 표현한다. 즉, 거룩한 성 예루살렘 주위를 불결한 곳들이 둘러싸고 있는 것으로 묘사하며 그곳들이 그 성의 경내에 포함되어서 여호와의 성소가 되는 것으로 묘사하는 것이다. 과거에 세상이 하나님 나라에 대해 승리를 거둔 사실이 가증한 죄와 우상 숭배가 성전에까지 들어온 사실을 통해서 구체적으로 표현되었다. 7:11을 참조하라: "내 이름으로 일컬음을 받는 이 집이 너희 눈에는 도적의 굴혈로 보이느냐? 보라 나 곧 내가 그것을 보았노라. 여호와의 말이니라."

하나님 나라에 대한 세상의 승리를 거룩한 곳들이 더럽혀지는 것으로 표현했듯이, 이제 하나님 나라의 승리를 과거에 불결했던 곳들이 거룩하게 된다는 이미지를 통해서 표현하고 있는 것이다. 이러한 위대한 변화가 이루어지는 수단에 대해서는 현재 완전히 무기력한 상태에 있는 하나님 나라가 전에는 한번도 갖지 못했던 그런 능력을 얻고, 종의 위치에서 이제는 주인이 되는데, 이것에 대해서 선지자는 지적할 필요가 없었다. 32-34절에서 이미 지적한 바 있기 때문이다. 그 차이는 새 언약이 옛 언약과 같지 않아서 죄와 세상을 이길 수 있는 적절한 무기, 즉 성령을 부어주시는 것을 함께 가져 온다는 사실에 있는 것이다.

새 예루살렘의 경계에 대한 사항이 여기 나타나고 있는데 이에 대해서 한 가지 개괄적으로 살펴볼 것이 있다. 그리고 이것은 의심이 가는 구체적인 장소들을 결정하는데 도움을 줄 것이다. 선지자는 양문 가까이 성의 동편에 위치하는 하나넬 망대에서부터 시작한다. 645를 참조하라. 그리고 거기서부터 그는 북쪽과 서쪽이 만나는 각에 위치하는 모퉁이 문으로 나아가며 이로써 성의 북면을 다 다룬 셈이다. 그리고 선지자는 말문에서 끝을 맺는다. 선지자는 이 문이 동편을 향해 있다고 분명히 언급하므로, 결국 선지자는 처음 시작한 곳으로 다시 돌아온 것이라 하겠다. 이렇게 해서 우리는 그 사이에 언급된 다소 의심이 가는 장소들에 대해서 살펴볼 수 있는 든든한 기초를 마련한 셈이다.

예루살렘 경계를 이루는 처음 두 지점, 즉 하나넬 망대와 모퉁이 문 사이에는 다른 특기할만한 장소의 이름이 나타나지 않는다. 그 이유는 그 성의 북쪽에는 불결한 장소가 전혀 없었기 때문이다. 앞에서 살펴본 대로, 다른 구절에서는 전혀 나타나지 않는 가렙 산과 고아는 성의 서쪽에 위치하는 장소였음이 분명하다. 가렙은 북서쪽에, 고아는 남서쪽에 위치했을 것으로 보인다. 가렙은 문둥병자들이란 뜻이며, 따라서 문둥병자들의 산이란 오로지 문둥병자들이 거주하던 산이란 뜻이다. 출애굽 제2년에도 이 문둥병자들은 진 바깥에 있어야 했으며(민 5:3) 이 법은 철저히 시행되어서, 심지어 모세의 누이조차도 진 밖으로 쫓겨날 정도였다. 가나안 땅에 들어온 후에는 문둥병자들을 진 밖에 두는 것에서 성 밖에 두는 것으로 규정되었다(레 13:46). 심지어 웃시야도 이 법을 피하지 못하고 성밖에 있는 벳 코프싯(Beth Chofschit, 왕하 15:5, 한글 개역 성경은 이를 '별궁'으로 번역한다—역자 주)에 거했다. 심지어 이스라엘 왕국에서조차도 모세의 이 규례를 철저히 시행했다. (이는 북왕국 이스라엘의 종교적 상태와 모세의 율법에 대한 그들의 자세에 대한 최근의 견해들이 그릇된 것임을 보여주는 증거가 된다.) 그리하여 심지어 사마리아가 포위되었을 때에도, 문둥병자들은 성문 앞 그들 앞에 배정된 위치를 벗어날 수가 없었을 정도였다. 왕하 7:8을 참조하라.

본문을 좀더 깊이 조사하기 위해서는 이 율법의 규례의 근거를 살펴볼 필요가 있다. 이에 대한 우리의 견해는 다음과 같다: 문둥병은 죄를 몸에 복사시킨 것(bodily copy of sin)과 같다. 그러므로 문둥병자에게 일어난 현상은 죄인에게 일어나야 하는 것이다. 문둥병자 한 사람 한 사람은 경계를 주는 하나의 설교요, 사람이 이 세상에서 흠이 없도록 스스로를 지켜야 한다는 확실한 교훈이었다. 그러므로 진과 거룩한 성에서 문둥병자들을 내어쫓은 일은 요한이 계 21:27에서 명확한 말씀으로 가르친 내용과("무엇이든지 속된 것이나 가증한 일 또는 거짓말 하는 자는 결코 그리로 들어오지 못하되") 또한 사도 바울이 엡 5:5에서("너희도 이것을 정녕히 알거니와 음행하는 자나 더러운 자나 탐하는 자 곧 우상 숭배자는 다 그리스도와 하나님 나라에서 기업을 얻지 못하리니") 가르친 바를 상징을 통해서 가르치는 역할을 했던 것이다. 그러므로 이제 선지자가 문둥병자의 산을 거룩한 성의 경내에 포함시킨 의미가 분명히 드러났다. 곧, 지금까지 불결하던 것이 정결하게 되며 그리하여 하나님 나라가 죄인들에게 공격을 가하고 있는 것이다. 지금까지는 죄인들이 하나님 나라를 공격했으나 이제 사정이 뒤바뀐 것이다.

문둥병을 이러한 안목으로 바라보아야만 어떻게 해서 이 질병이 신정정치에서 죄에 대한 형벌로서 보편적으로 나타나고 있는지를 설명할 수 있게 된다. 하나님 앞에서 죄를 지은 죄인은 강제로 죄의 이미지를 지님으로써 사람의 눈 앞에도 죄인으로 나타난다. 하나님은 대개의 경우 상징과 실체가 서로 완전히 일치하도록 하셨다. 그러나 하나님께서 그의 지혜롭고 거룩한 목적으로 비교적 무죄한 사람들(완전한 의미에서 무죄한 사람은 우리의 질병을 지신 그리스도 이외에는 아무도 없다)에게 죄의 이미지를 지니게 하시는 예외적인 경우도 있기는 하다. 예컨대, 스스로 의롭다고 여길 위험에 처한 사람들의 경우이다. 신정적 형벌로서의 문둥병은 특히 은밀하게 죄를 범했거나 자기의 죄를 선한 겉모양으로 감추어서 사람의 눈에 띄지 않도록 한 사람들에게 나타났다. 예를 들면 미리암이나 웃시야나 게하시의 경우가 이에 속할 것이다.

이와 관련해서 고아가 불결한 장소들의 중간에 나타나는데, 이곳도 마찬가지로 불결한 한 장소를 가리키는 것 이외에 다른 뜻일 가능성이 없다. 그리고 이렇게 보는 것은 매우 자연스럽다. 그 이름에서조차 그 불결한 관념이 표현되고 있는 것이다. 고아는 '숨을 거두는 산'을 뜻하는데, 이는 범죄자들이 사형을 당한 곳을 지칭하는 이름으로 아주 알맞는 이름이다. 심지어 비트링가조차도 사 30:33을 주석하면서 고아(גיא הנשמות)는 어쩌면 골고다와 동일한 장소일 수도 있다는 추측을 하기도 한다. 그러나 복음서 기자가 골고다를 κρανίου τόπος(해골이라 불리는 곳)으로 설명하기 때문에, 그 추측을 다시 취소한다. 그러나 이러한 근거만으로는 아직 결정적이라 할 수 없다. 그 장소의 이름은 아람어 방언이 주로 사용되면서 새로운 어원을 갖게 되었기가 쉽기 때문이다. 이는 교부들이 πάσχα를 πάσχειν 등에서 파생한 것으로 보는 것과 마찬가지일 것이다. '해골의 곳'이라는 명칭이 다소 이상하게 들린다는 것은 이미 여러 사람들이 관찰한 바다. 왜냐하면 해골은 사형장에 남아 있지 않기 때문이다. "해골" "해골의 곳"이라는 표현도 매우 의아하게 보인이며, 더욱이 L 사본에 이 낱말이 빠져 있는 점이 두드러진다. 지금까지 쉽게 설명해 지워버린 모든 사실은 만일 새로운 의미가 기존의 의미와 본질상 일치할 경우, 그저 그 낱말과 잘 부합되는 것밖에는 없는 것이다. 고아와 골고다가 동일한 곳이라는 주장은 최소한 그 위치에서 만큼은 이의를 달 수가 없다. 골고다가 불결한 장소로서 예루살렘 성 바깥에 있었다는 것은 분명하다. 심지어 히 13:12에서도 이 점이 드러나고 있다. 골고다가 고아의 경우처럼 성의 서쪽에 있었다는 것은 오로지 전승을 통해서만 입증될 뿐이다 (Bachiene II. 1. 134, Hamelsveld II. p. 155를 참조하라).

이제 우리는 '시체'와 '재'의 골짜기에 이르렀다. 이곳이 아마도 바로 힌놈의 골짜기일 가능성이 높다는 것은 그 위치에서도 나타난다. 성의 북쪽과 서쪽은 이미 지나왔으므로, 이제 남은 것은 성의 남쪽과 동쪽 뿐이다. 그러나 힌놈의 골짜기는 예루살렘의 남쪽 또는 동남쪽에 위치하였다 (Hamelsveld II. p.172, Bachiene II. 1, p.313을 참조하라). '시체와 재의 골짜기'는 여기서 '기드론 시내에 … 이르기까지의 모든 밭'과 직접 연결되고 있으므로 이 골짜기는 기드론 골짜기의 일부로 볼 수 있다. 그런데 힌놈의 골짜기는 기드론 골짜기에서 남쪽 혹은 동남쪽으로 연결되어 동쪽으로 나아갔다. 그러나 이와 관련해서 힌놈의 골짜기를 직접 거명하지 않았다는 점이 의아스럽다. 예루살렘 인근의 불결한 곳 가운데서 이곳이 가장 불결한 곳이었다.

그러므로 선지자는 7:32과 19:4에서 불결한 자들에게 가장 극심한 형벌로서 그들이 바로 가장 불결한 곳인 힌놈의 골짜기에 묻힐 것이라고 선포하고 있다. 거룩한 성과 가장 완벽한 대조를 이루는 지옥의 이미지가 거룩한 성의 경내에 포함된다는 사실만큼 하나님 나라가 세상에 대하여 얻은 크나큰 승리를 잘 보여주는 것은 없다. 의심의 여지가 있는 부분은 다만 그 명칭을 사용한 근거에 관한 것 뿐이다. פֶגֶר, 혹은 פְגָרִים은 시체 이외에 다른 뜻으로 사용된 예가 없다. 이는 본래 동물들의 시체만을 지칭했는데, 점차 그 의미가 범죄하여 하나님의 심판을 받아 넘어지고 그 심판으로 말미암아 멸망에 이른 자들의 시체에까지 전이되었다. 그런 사람들은 그들의 죄로 인하여 짐승들과 같이 되어버렸으며(시 49:21을 보라), 또한 죽어서도 짐승처럼 되어버린 것이다. 이 낱말의 의미를 이렇게 정리하고 보면, 이 골짜기가 그 성의 공중 소각장으로 사용되었기 때문에 그런 이름을 갖게 되었다고 하는 베네마의 견해가 잘못된 것이라는 사실이 분명히 드러난다.

그러나 여러 가지 해석의 여지는 아직 남아 있다. פְגָרִים을 동물들의 시체들로 이해하고, 힌놈의 골짜기를 그 성에서 나오는 시체를 내다 버린 장소로 이해할 수도 있을 것이다. 힌놈의 골짜기라는 명칭이 요시야 왕이 그 곳을 더럽히고 난 후(왕하 23:10) 붙여졌다는 것이 보통 인정받고 있는 가정인데, 아주 개연성이 높다. 그러나 그 골짜기가 그 이전 시대에도 그런 목적으로 이용되었다는 분명한 증거가 없지 않다.

사 30:33에서는 앗수르에 대해서 이렇게 말씀한다: "대저 도벳은 이미 설립되었고 또 왕을 위하여 예비된 것이라 깊고 넓게 하였고 거기 불과 많은 나무가 있은즉 여호와의 호흡이 유황 개천 같아서 이를 사르시리라." 이 구절은 어느 누구도 그 순수성을 의심하지 않는 예언 가운데 나타나는 것으로서, 그 당시에 힌놈의 골짜기 혹은 도벳(이는 본래 그 골짜기의 일부를 지칭하지만, 전체를 지칭하는 경우도 있다)이 나무 더미로 불을 계속 지펴서 짐승들의 시체를 태우는 목적으로 사용되었음을 전제로 하고 있는 것이다. 하나님을 대적하여 반역을 일으킨 앗수르인들의 시체를 위하여 그런 짐승의 시체와 새들의 시체를 태우는 곳이 이미 예비되었다는 말씀이다. 도벳이라는 이름(=혐오스러움, 가증스러움)이 존재한다는 사실 자체도 그 곳이 불결한 목적으로 쓰였음을 암시해 준다.

두번째 구절은 사 66:24이다: "그들이 나가서 내게 패역한 자들의 시체들을 볼 것이라 그 벌레가 죽지 아니하며 그 불이 꺼지지 아니하여 모든 혈육에게 가증함이 되리라." 이 구절의 뜻은, "예루살렘 성 바깥에 전에 짐승들의 시체를 두었던 곳이 있는데, 이제 거기에 패역한 자들의 시체들이 놓여 있다. 짐승의 시체들과 마찬가지로 그들의 시체도 벌레와 불의 먹이가 될 것이라"는 것이다. 우상숭배자들이 그런 아주 불결한 곳을 택했어야 마땅하다는 비트링가의 반론도 매우 일리가 있는 것이 사실이다.

그러나 그런 추정을 근거로 한 논리로는 적극적인 증언이 무효화되지가 않는다. 그리고 여기서는 반박의 논리를 제시하는 것이 본 주제와 동떨어진 일이므로 길게 그 문제를 다룰 수는 없지만, 그런 추정적인 논리도 쉽게 반박할 수가 있다. 그러나 예레미야는 여기서 그가 7:31과 19:4 이하에서 선포한 내용을 염두에 두고 있다고 볼 수도 있다. 그렇게 본다면, 여기의 פגרים 은 '멸망에 내어버려진 범죄자들의 시체들'을 의미하며, 따라서 동물의 시체를 묻는 곳에 그들의 시체들이 묻혀진 것으로 이해할 수도 있을 것이다. 그러나 여전히 이런 식으로 관련짓는 것은 너무나 멀다. 그러므로 시체가 있는 곳이라는 도벳의 특수한 성격이 본문과 그 앞의 구절들이 공통적인 근거가 되었다고 말하는 것이 더 정확할 것이다.

마지막으로, 여기의 '시체와 재의 골짜기'가 실제로 힌놈의 골짜기를 의미한다는 것은 이미 앞에서 제시한 근거만이 아니라 문법적인 근거에서도 드러난다. הָעֵמֶק에 정관사가 붙어 있기 때문에 이 낱말을 연계형으로 이해하여 그 다음에 이어지는 낱말과 연결되는 것으로 보는 것이 불가능해진다. 그러므로 이 낱말은 '시체와 재가 있는 그 골짜기'로 번역해야 한다. 곧, 그 곳을 가리켜 먼저 '그 골짜기'라고만 이야기하고, 뒤에 가서 더 구체적으로 언급한 것이다. 그러나 렘 2:23의 힌놈의 골짜기는 그 골짜기라고 불리며 힌놈의 골짜기로 인도하는 문은 골짜기 문이라 불린다(느 2:13, 15: 596을 참조하라).

레 6:3, 4은 "(제사장은 번제를 드린 후에) 그 옷을 벗고 다른 옷을 입고 그 재를 진 바깥 정결한 곳으로 가져갈 것이요"라고 말씀한다. 이로 볼 때에, 희생 제물의 재는 상대적으로 불결한 것으로 간주되었음을 알 수 있다. 제사장은 그의 거룩한 의복을 벗고 평복으로 갈아 입은 후 그 재를 진 바깥으로(후에는 성전 바깥으로) 가지고 갔던 것이다. 그러므로 그 재는 희생 제물 그 자체와는 대조적으로 불결한 잔재로 간주되었다. 사람이 하나님과 관계를 맺은 상태에서 행하는 모든 일에 죄된 더러움이 끼어 있으므로 아무리 훌륭한 사역이라 할지라도, 아무리 마음이 숭고하게 성숙해 있다 할지라도, 그런 죄악된 요소에서 완전히 벗어나 있는 사람은 아무도 없는 것이다. 이제 재가 버리워지는 그 곳이 거룩한 성의 경내에 들어오고, 그리하여 희생 제물이 드려지는 곳과 마찬가지로 신성하게 된다면, 그것은 성령이 더욱 풍성하게 역사하여 불결한 것이 거룩한 것으로 말미암아, 이 땅의 것이 신적인 것으로 말미암아 완전히 압도되는 그런 상황을 뜻하는 것이 아니고 무엇이겠는가?

스가랴가 장차 여호와께서 과거에는 대제사장들만이 지녔던 성결의 상징으로 말(馬)들을 장식하실 것을 말씀하는 것도 이와 아주 유사하다. 그러므로 655에서 상세히 검토한 내용이 여기에도 그대로 적용된다. 여기 주어진 해석을 반대하는 논거는 오직 한 가지뿐이다. 곧, 율법에 의하면 희생 제물을 태운 재는 정결한 곳에 두도록 되어 있었기 때문에(비록 그 재가 불결한 것이기는 하지만 그것이 가장 순결하고 거룩한 것과 관련을 맺었기 때문에 다른 보통의 불결한 것들과 섞이게 해서는 안되었던 것이다), 힌놈의 골짜기에 그 재를 버렸다는 것은 생각할 수가 없다는 것이다. 그러나 이에 대해서 우리는 이 골짜기 전체가 다 불결한 것은 아니었으며 오직 그 가운데 도벳이라는 곳만이 불결했다는 사실을 답변으로 제시할 수 있을 것이다. 그리고 그 골짜기 전체를 불결한 것으로 칭하는 것은 그 가운데 한 곳이 불결한 곳 가운데서도 가장 불결한 곳이었기 때문이다. 7:31, 32, 35; 왕하 23:10을 참조하라.

기드론 시내에 이르는 세레못이란 왕하 23장에 언급된 기드론의 밭과 동일한 것이라는 데에는 의심의 여지가 없다. 세레못(Sheremoth)이란 아마도 '잘려나간 곳', '제외된 곳'(거룩한 성으로부터)이란 의미일 것이다. 여기서 우리는 현재의 본질과 미래의 목표 사이에 아주 놀라운 대조가 있는 것을 보게 된다. 지금은 거룩한 성에서 완전히 잘려 나간 상태에 있는 그곳이 그 때에는 성지(קדשׁ, 聖地)가 될 것이라는 것이다. 그 나머지에 대해서는 기드론의 밭들이 불결했다는 사실이 왕하 23장에서 나타난다. 요시야 왕 때에 우상 숭배의 온갖 가증스러운 것들을 그곳에 가져가서 거기서 불에 태웠다(4절). 요시야는 바알과 아세라를 위해서 만들어 놓고 사용하던 모든 기명들을 성전에서 끄집어 내어, "예루살렘 바깥 기드론 시내로 가져다가 거기서 불사르고 빻아서 가루로 만들어 그 가루를 평민의 묘지에 뿌렸다"(6절).

여기서 평민의 묘지(여기서 평민이란, 지위의 고하를 막론하고 우상 숭배로 자신을 더럽힌 모든 사람들을 가리킨다. 대하 34:4을 참조하라: "아세라 목상들과 아로새긴 우상들과 부어 만든 우상들을 빻아 가루를 만들어 거기 제사하던 자들의 무덤에 뿌리고")란 말에서 우리는 이 밭들이 불결하게 된 원인을 추측할 수가 있다. 그 무덤들은 몰록을 섬기던 자들을 묻은 곳들로서(그들은 자기들이 섬기던 우상 곁에 묻히기를 기뻐했을 것이다) 도벳의 인근에 있었다. 이 점은 우상에게 드려진 희생 제물들이 대부분 죽은 자들에

게 드려진 제물들이었다는 사실로도 쉽게 잘 설명할 수 있다. קֹדֶשׁ לַיהוה ('여
호와의 성지')란 본 절에 언급된 모든 곳을 통틀어 지칭하는 것이다. 본 절
의 마지막 낱말들에 대해서는 645를 참조하라.

33:14-26

1006. 그 멸망이 아직 일어나지 않았으나 이미 그런 조짐이 확실히 보이는 때에, 예레미야가 시위대 뜰에 갇혀 있을 당시에 32장의 예언 이외에 그에게 또 하나의 계시가 임하는데, 바로 현재의 부분이 그 핵심적인 내용을 이룬다. 여기서 한 가지 이상스러운 점은 하나님께서 여기서 선지자가 하나님께 구하면 그가 더 크고 비밀한 일들에 대한 계시를 주실 것이라고 약속하고 계신데, 막상 그 다음에 나타나는 계시의 내용에는 그 자체로 독특하며 중요한 것이 거의 없다는 사실이다. 그러나, 다음의 사실들을 살펴보면 그것에 대해서는 쉽게 해명할 수가 있다: 성경은 시종일관 죽은 지식을 무지식(無知識)으로 간주한다는 것; 선지자에게 회복에 대한 소망이 있는 동시에 그 소망을 어둡게 만들고 사라지게 만드는 자연인 속에서 활동하는 원수가 또한 선지자에게 있었다는 것; 그러므로 회복에 대한 약속은 언제나 새로웠으며, 하나님의 말씀은 영원토록 위대하고 높이 칭송할만한 것이라는 것.

그 계시의 전반부에서는 멸망을 도무지 피하지 못할 사실로서 제시하며, 그리하여 모든 인간적인 소망이 끊어졌음을 말씀한 후에, 개괄적인 표현을 써서 회복에 대해서 묘사하고 있다. 그리고 후반부에서는 여호와께서 신자들의 두 가지 특별한 고뇌를 처리해 주신다. 다윗의 후손들이 철저하게 낮아지며 그들의 과거의 영광의 모든 흔적이 사라져버릴 때가 가까이 오고 있다. 그와 함께 백성들의 소망도 무덤 속으로 들어가버린 듯하다. 하나님 스스로 이 민족을 모든 긍휼하심을 베푸시는 매개체로 지정하셨었고, 하나님께서 몸소 왕으로서 그의 긍휼하심을 그 백성에게 보여주시겠다고 약속하셨었다.

그런데, 지금 그 매개체 자체가 완전히 파괴되어 버리면, 도대체 그 긍휼하심이 어떻게 임할 수가 있겠는가? 성전은 이제 백성들의 죄로 말미암아 강도들의 굴혈이 되어 버렸고, 그리하여 파괴될 운명에 처해 있다. 그러나 성전의 존재는 레위 제사장직의 존재와 직결되는 것이었다. 그리고 레위 제사장직이 사라져 버리면, 율법에서 레위 제사장직을 매개로 해서 이루어지는 것으로 규정되어 있는 죄의 용서는 과연 어디서 찾는단 말인가? 이제 여호와께서는 그것들이 없어짐으로써 새로운 존재가 있게 되는 것이며, 죽음에서 생명이 일어날 것이라고 설명하심으로써 이런 근심과 걱정거리를 해결해 주시는 것이다.

1007. 14절. "나 여호와가 말하노라 보라 내가 이스라엘 집과 유다 집에 대하여 이른 선한 말을 성취할 날이 이르리라." 선한 말이란, 지금까지 이스라엘에게 성취된 악한 말, 즉 경고들과 반대되는 것으로서 하나님이 이스라엘을 향해서 베푸신 긍휼하심의 모든 표현들을 지칭하는 것으로 이해할 수 있을 것이다(왕상 8:56을 참조하라). 신 28장에서는 선한 말과 악한 말이 함께 나타난다. 선한 말은 1-15절에서 나타난다. 먼저 축복이 오고, 다음에 저주가 오는 것이다. 여기의 이 선한 말의 골자는 다윗에게 한 약속으로서 그의 의로운 가지(또는 싹)를 통해서 이스라엘에 하신 모든 약속들이 최종적으로 성취된다는 내용이다. 그러나 여기의 '선한 말'이 특별히 다윗에게 하신 약속을 가리키는 것으로서 선지자 자신이 23:5, 6에서 다시 반복하고 있는 그 말씀이라고 볼 수도 있을 것이다. 이 후자의 가정을 취하는 것이 더 낫다. 왜냐하면 다윗에게 하신 그 약속이 15, 16절에서 다시 인용되며, 17절이 그 약속의 근거를 말씀하고 있기 때문이다.

1008. 15, 16절. "그 날 그 때에 내가 다윗에게 한 의로운 가지가 나게 하리니 그가 이 땅에 공평과 정의를 실행할 것이라. 그 날에 유다가 구원을 얻겠고 예루살렘이 안전히 거할 것이며 그 성은 여호와 우리의 의라 일컬음을 입으리라." 다윗에게 하신 약속이 여기서 의도적으로 형태를 약간 바꾸어 반복되고 있는데, 이는 의도적인 것으로서 지금 현재 멸망이 코 앞으로 다가와 있고 다윗 가문이 가장 큰 굴욕을 당할 때가 가까이 와 있는 상태에서도 그 약속이 아직 살아 있으며 그 능력을 보유하고 있음을 보여주기 위한 것이

다. 여기서 הַתִּקְוָה 대신 그보다 더 적절한 צְמַח 로 대체시키고 있는 것은 이 약속이 여호야김을 지칭할 가능성이 사라졌기 때문이다. 거기서는 이스라엘 이라고 한 것을 여기서 예루살렘으로 대체시키고 있는 것은, 여기서 신자들이 크게 걱정하고 있는 문제가, 예루살렘이 어떻게 4절 이하에 묘사되어 있는 멸망의 상태에서 회복될 수 있느냐 하는 것이기 때문이다. 그와 유사한 이유에서 선지자는 예루살렘을 가리켜 앞의 본문에서 다윗의 싹에 준 것과 똑같은 이름으로 지칭하고 있다. 예루살렘이 지금은 아직 하나님의 진노 아래에서 한숨을 쉬고 있지만, 미래의 때에는 여호와께로 말미암아 의로움을 입을 것이라는 것이다

1009. 17절. "나 여호와가 이같이 말하노라 이스라엘 집 위에 앉을 사람이 다윗에게 영영히 끊어지지 아니할 것이며." 앞의 내용과 이 구절의 내용과의 연결에 대해서는 칼빈이 다음과 같이 아주 적절하게 설명해 주고 있다: "교회의 재건에 대한 예언이 주장되었다. 그가 지금 그 교리를 확증하고 있다. 이는 제사직을 가진 영원한 한 왕이 될 것을 선포하고 있기 때문이다. 그러나 백성들의 구원은 이런 두 부분들로 포괄되어 있다. 이는 왕없이도 그들은 만취되고 망친 육체와 같았기 때문이다. 제사장 없이는 찢김만이 있다. 이는 제사장이 하나님과 인간 사이의 중보자와 같기 때문이다. 그리고 왕은 하나님의 사람을 대표하고 있다."

'끊어지지 아니할 것이며' 라는 표현은 다윗에게 주신 약속을 그대로 반복한 것인데, 이는 다윗 자신이 운명하기 직전에 솔로몬에게 인용해서 말씀한 것(왕상 2:4)과 그 후에 솔로몬이 두번 인용한(왕상 8:25; 9:5) 그 형태를 그대로 취한 것이다. לֹא יִכָּרֵת ('끊어지지 아니할 것이며')이 중간에 전혀 끊기지 않고 왕위가 완전히 계속 이어지는 것을 가리키는 것은 아니며, 다만 왕조가 완전히 사라진다는 개념과 반대되는 상황을 뜻하는 것일 뿐이라는 사실은 그 근본이 되는 약속에서 나타난다. 곧, 하나님께서 자신을 위해서 다윗의 자손들 가운데 배역한 개개인들에게 징벌을 예비해 놓고 계시다는 것과, 예레미야서에서는 그 왕조가 완전히 낮아질 것을 거듭거듭 예언하고 있다는 사실에서 분명히 드러나는 것이다.

1010. 18절. "내 앞에서 번제를 드리며 소제를 사르며 다른 제를 항상 드릴 레위 사람 제사장들도 끊어지지 아니하리라 하시니라." 이 말씀들을 올바로 이해하기 위해서는 그 당시의 상황으로 되돌아 갈 필요가 있다. 여기서 위로의 말씀이 나타나는 것은 그 당시 신자들이 고뇌 가운데 있었기 때문이다. 선지자는 여기서 자기들의 대권을 상실한 것에 대해서 슬퍼하고 있는 레위 지파에 속한 사람들에 관해서 말씀하는 것이 아니다. 만일 그러했다면, 그 문자를 철저히 지켰어야 마땅하다. 왜냐하면 그래야만 그 약속이 그런 실망한 상태에 빠진 그들에게 위로를 줄 수가 있기 때문이다. 오히려 여기서 말씀하는 위로는 지금까지 레위 지파를 매개로 해서 존재했던 하나님과의 관계가 깨어져 버린 사실에 대해서 슬퍼하는 모든 신자들을 위한 것이다. 그 관계가 계속되기만 한다면, 지금까지 그래왔듯이 그 관계가 레위 지파를 통해서 실현되느냐 하는 문제는 그들에게 별로 문제가 되지 않는다. 신자들의 고뇌가 그랬듯이, 그 고뇌에 대한 위로 역시 오로지 본질에 관한 것이었다. 이스라엘이 지금부터라도 그들과 화목을 이루신 하나님께 자유로이 나아가는 특권을 누릴 것이라는 것이 근본 사상이다.

이 근본 사상은 세 가지로 성취되는 것을 볼 수 있다. (1) 바벨론 포로의 귀환 이후의 시대에는, 여기서 표현된 그런 형식으로 위로를 누렸다. 하나님이 성전 재건을 허락하시고 진행시키셨다는 사실은 그야말로 레위 지파의 제사장직을 다시 그 중보의 직분에 복귀시킨다는 사실적인 선언이었던 것이다. (2) 레위 지파의 제사장직의 관념은 그리스도에게서 가장 충만하게 이루어졌다. 그는 대제사장과 중보자로서 하나님의 백성들의 죄를 지시고 그 범죄자들을 위하여 간구하셨다. 마치 곡식의 씨앗이 사라지고 나무가 생겨나듯이, 레위 지파의 제사장직이 그 분 안에서 폐한 것이다. (3) 그리스도를 통해서 신자들 스스로가 제사장들이 되었고, 그리하여 아버지께 자유로이 나아감을 얻었다.

이처럼 사상이 그 형식과 별개라는 우리의 견해가 옳다는 것은 다음의 근거들을 통해서 잘 볼 수 있다: (1) 선지자는 새 언약의 영광이 옛 언약의 영광을 훨씬 능가하며, 또한 그 사실을 사전에 미리 예상할 수도 있다는 생각에 완전히 사로잡혀 있었으므로, 제사장직에 관한 한 지금까지 시행되어온 그 천박한 형식이 영구히 지속되리라고 예상하지는 않았을 것이다. 선지자가 보기에 영구한 것은 오로지 그 본질뿐인 것이다. 이를 31:31 이하와 비교해 보면 이 점을 금방 알 수 있다. 그러나 특별히 제사장직과 관련해서는 3:16을 검토해야만 한다. 거기서는 과거에 위엄을 지녔던 언약궤가 폐기될 것이라는 사실이 가장 강하고도 인상적인 언어로 선언되고 있다. 성전과 레위 지파의 제사장직과 그 모든 성전의 예배가 언약궤와 정말로 밀접하고도 도저히 뗄 수 없는 그런 관계에 있으며, 따라서 언약궤가 폐기됨으로써 그 모든 것들이 함께 폐기된다는 사실을 이미 살펴본 바 있다.

(2) 22절이 이와 관련해서 도저히 부정할 수 없는 결정적인 증거를 제시해 준다. 22절은 선지자 자신의 설명으로서 그의 말씀을 어떻게 이해해야 하는지를 보여주는 것이다. 그런데 여기서 아브라함의 모든 자손들을 레위인으로 바꾸는 일이 본 절에 나타난 레위 지파를 영원히 받아들인다는 약속의 핵심적인 부분으로 약속되고 있는 것이다. 이러한 사실은 본 절에서도 레위 사람들을 레위의 혈연적 후손들로 이해해서는 안되며 오직 그들의 소명과 목적과 연관지어서 이해해야 한다는 것을 보여준다.

(3) 스가랴는 예레미야서의 해석자 가운데 가장 오래되었고 가장 믿을 만한 해석자로 인정받아야 마땅하다. 그 역시 예레미야가 여기서 다루고 있는 동일한 걱정거리들을 줄여주기 위해서 진지한 노력을 기울였다. 그런데 스가랴의 경우 예레미야가 다루는 세 가지 문제점 가운데 두 가지가 서로 분리된 것으로 나타나면서도, 그것들이 하나로 묶어진다는 사실이 동시에 두드러지게 드러나는 것이다. 3장에서 하나님은, 백성들의 죄악이 크지만 그 자신이 지금까지 그랬던 것처럼 대제사장의 직분이 계속되도록 남겨두며 그의 중보의 사역을 받아들이실 뿐만 아니라 미래의 어느 시기에 참된 대제사장을 보내셔서 완전하고도 영구한 속죄를 이루도록 하실 것이라고 말씀하심으로써 백성들에게 확신을 주신다(505를 참조하라). 그리고 8절에서는 대제사장 및 제사장 직분을 가진 그의 동료들이 그리스도의 예표로 지칭되는데, 이는 그가 하나님의 긍휼하심에 대해서 절망감을 가진 백성들을 부끄럽게 하시는 동시에 그 제사장들이 불완전하게 시행했던 속죄와 화목의 사역을 완전히 이루실 것이기 때문이다. 4장에서는 제사장 계급이 왕 계급과 함께 기름의 두 자

녀로, 즉 여호와께 기름부음을 받은 두 사람으로 지목되는데, 거기서 여호와의 기름 부음은 언제나 남아 있을 것으로 말씀한다(522를 참조하라). 이 부분에서도 그림자만이 레위 지파의 대제사장에게 속하는 것이요, 몸은 그리스도에게 속한다는 사실이 6:13에서 분명히 나타난다(538을 참조하라). 거기서는 메시야가 동시에 참된 대제사장이요 참된 왕으로 나타나는 것이다.

(4) 그 이외에도 대제사장직이라는 관념을 구약 시대에 그 관념이 지녔던 그 특수한 형식과 분리해서 다루는 분명한 예는 다른 곳에서도 나타난다. 그 가운데 사 61:6에서는 온 이스라엘에 관해서 말씀하기를, "오직 너희는 여호와의 제사장이라 일컬음을 얻을 것이라 사람들이 너희를 우리 하나님의 봉사자라 할 것이며"라고 한다. 여기서 온 이스라엘이 레위 지파로 바뀔 것을 선언하고 있다. 그러나 거기서 일반적인 의미의 제사장들을 말씀하는 것으로 볼 수 없고, 예레미야서에서 말씀하는 레위 지파의 제사장들을 말씀하는 것이라는 사실은 같은 이사야 66:21에서 잘 드러난다: "나는 그 중에서 택하여 제사장과 레위인을 삼으리라 여호와의 말이니라." 여기서 '그 중에서'는 '형제들 중에서'를 뜻하는데, 이를 비트링가와 게제니우스의 견해처럼 이방인으로 이해하든, 아니면 포로 상태에 있는 이스라엘 사람으로 보든, 우리의 목적에서 볼 때에는 별 차이가 없다. 왜냐하면 이를 포로 상태에 있는 이스라엘 사람으로 가정한다 하더라도, 그들이 실제로 레위 자손이 아닌 자들로서 레위 제사장들로 받아들여지는데 전혀 문제가 없기 때문이다. 그렇지 않으면 그들을 제사장으로 삼는 것도 없고 특별한 하나님의 사랑도 없을 것이다.

이렇게 해서 레위 지파의 제사장직과 관련한 약속의 의미를 분명히 했으므로, 이제는 다윗 자손과 관련된 약속의 경우도 그 진의를 어렵지 않게 이해할 수 있을 것이다. 그 약속 역시 다음 세 가지로 성취되었다.

(1) 바벨론 포로기 직후에는 다윗의 한 가지인 스룹바벨이 하나님께서 왕으로서 그 백성들에게 베푸시는 사랑과 은혜를 전달해주는 중보자의 역할을 했다. 어떤 의미에서는 그보다 후 시대에 하나님이 왕으로서 다윗의 자손이 아닌 민간 지도자들을 통해서 그 백성들에게 베푸신 은혜와 사랑도 이 범주에 포함시킬 수 있을 것이다. 왜냐하면 통치권이 다윗의 자손에게 영구히

주어졌기 때문에, 이 은혜는 다윗의 자손의 대리인들을 통해서 주어진 것으로서 다윗의 자손을 통해서 주어지는 은혜에 접붙여진 것으로 볼 수 있기 때문이다. 이는 마치 제사장이 아니었던 사무엘의 제사장직을 통해서 백성들에게 베풀어진 축복이 레위 지파와 관련한 약속에 포함되는 것으로 볼 수 있는 것과 마찬가지이다. 하나님이 그 지도자들을 통해서 베푸신 것은 오직 다윗 지파를 위해서 그렇게 하신 것이요, 그 지도자들이 다윗의 왕적 축복을 전달해주는 영구한 통로로 지명된 것뿐이다.

다윗 왕국이 종말을 고했다면 그는 이 지도자들에게 번영을 베풀어줄 수도 없었을 것이고 또한 그 지도자들을 통해서 백성들에게도 번영을 줄 수 없었을 것이다. 이러한 사실은 다윗 자손 가운데서 그 위대한 영웅이 나와서 다스리는 그 이후의 때와 비교하면 잘 볼 수 있다. 그 때에는 다윗의 자손이 다시 영원토록 다스린다는 묘사가 전혀 없기 때문에 다른 통치자들을 길러내시는데서 나타나는 하나님의 사랑의 흔적이 완전히 사라져 버린 것이다. 그러나 본문에서는 엄밀한 의미에서 거기에 속하지 않는 것을 구분하는 것이 적절치 못하다. 왜냐하면 다윗에게 하신 약속은 여기서는 다윗과 그 가문에 대한 것이 아니라 오로지 백성에 관한 것으로 보아야 마땅하기 때문이다. 또 한 가지 이유는, 왕을 통해서 다스리시는 하나님의 긍휼하심의 표현이 여기서 핵심을 이루는 반면에, 다윗 지파는 그러한 왕적 긍휼하심의 매개로서만 고려되고 있을 뿐이기 때문이다.

(2) 그 약속은 그리스도 안에서 성취되었으며, 선지자가 주로 이 사실을 염두에 두고 있다는 것이 15, 16절에서 나타난다. 또한 이 두 가지가 서로 합쳐졌다는 사실은 슥 4장에서 볼 수 있다.

(3) 그 약속은 그리스도를 통하여 아브라함의 순수한 후손들 전체를 왕적 위엄의 자리에까지 높이는 데서 성취되었다. 이스라엘에 왕이 없으므로 생긴 무기력함과, 모든 이스라엘이 왕이라는 사실이 주는 위로 사이의 엄청난 대조가 22절에서 분명히 나타난다.

여기서 한 가지 덧붙일 것은, 흔히 그렇게 하듯이 '제사장들과 레위인들'로 번역해서는 안되며 '레위 사람 제사장들'로 번역해야 한다는 사실이다. 레위 사람이라는 형용사를 덧붙이고 있는 것은 여기의 말씀이 다른 부적절한 의미의 제사장들에 대한 것일 수도 있다는 생각을 없애기 위함이다. 그러므로 이것은 23:5의 '그가 왕으로 다스리며'와 같은 역할을 한다.

제사에 대해서는, 과거의 해석자들처럼 여기서 영적 제사를 말씀하고 있다고 볼 수는 없다. 바른 견해는 오히려, 선지자가 그 제사의 본질을 지금까지 그것이 취해온 그런 형식을 빌려서 표현하고 있다고 보는 것이다. 그 형식은 이제 곧 일시 사라질 것인데, 선지자는 여기서 본질에 대해서만 다루고 있기 때문에 그 본질이 미래에 다시 동일한 형식을 취하고 나타날 것인지, 그 본질이 영구히 있을 것인지에 대해서는 아무 것도 말씀하지 않는다. 역사는 본질이 영구히 있는 것임을 보여주며, 동시에 그 형식이 사라지는 것을 보여준다. 그리고 3:16에서는 선지자가 질문을 받고서 그것이 사라진다는 것을 분명히 말씀하고 있다. 마지막으로 구약 시대라 할지라도 그들이 희생 제사에서 본질과 형식이 서로 구분되며 형식은 그저 잠정적인 것에 불과하다는 사실을 얼마나 잘 알고 있었느냐 하는 것은 호 14:2 등의 구절에서 나타난다: "너는 말씀을 가지고 여호와께로 돌아와서 아뢰기를 모든 불의를 제하시고 선한 바를 받으소서 우리가 입술로 수송아지를 대신하여 드리리이다." 감사의 제물의 본질이 감사라는 것이 여기서 나타난다. 입술로 감사하는 것밖에는 없는데도 감사의 제물인 수송아지가 거기에 정말로 있는 것으로 간주되는 것이다. 외형적인 제사는 다만 하나님의 은사를 표현하는 도구에 지나지 않는 것이다. 시 50:14에서도 외형적인 제사와 대조를 이루어서 "감사로 하나님께 제사를 드리라"고 말씀한다. 말 1:11 등을 참조하라.

1011. 19, 20절 "여호와의 말씀이 예레미야에게 임하니라 가라사대 나 여호와가 이같이 말하노라 너희가 능히 낮에 대한 나의 약정과 밤에 대한 나의 약정을 파하여 주야로 그 때를 잃게할 수 있을진대," 21절. "내종 다윗에게 세운 나의 언약도 파하여 그로 그 위에 앉아 다스릴 아들이 없게 할 수 있겠으며 내가 나를 섬기는 레위인 제사장에게 세운 언약도 파할 수 있으리라." 여기에 나타난 사상은 31:34 이하에서 이미 설명된 바 있다. 낮과 밤은 '나의 약정'(문자적으로는 '나의 언약' 이다—역자주)과 동격을 이룬다. 여기서 말씀하고자 하는 주제는 영원히 정기적으로 계속 서로 뒤바뀌는 낮과 밤

이 언약이라는 것이다. 여기의 언약은 견고한 질서의 의미도 아니요 그렇다고 해서 낮과 밤을 상대로 맺은 것이라는 뜻도 아니다. 오히려 이것은 언약의 축복들이다. 하나님은 그 축복들은 물론 그것들과 연관된 모든 것을 베푸시며 낮에는 태양으로 비추이게 하시며 밤에는 달로 비추이게 하시는데, 이 모든 것들을 통해서 사람과 언약을 맺으시는 것이다. 이는 앞의 31:32에서도 이미 살펴본 바 있다. 하나님은 자연의 운행 과정이 끊임없이 이어지도록 보호하심으로써 사람들로 하여금 도덕적 질서를 간단없이 지키도록 그들에게 의무를 지우시는 것이다.

이 사실은 홍수 이후 자연의 언약이 맺어지는 데서 드러나며, 또한 그 언약이 확실하게 다시 세워지는 데서도 드러난다. 창 9:9("내가 내 언약을 너희와 너희 후손과 너희와 함께한 새와 육축과 땅의 모든 생물에게 세우리니"), 8:22("땅이 있을 동안에는 심음과 거둠과 추위와 더위와 여름과 겨울과 낮과 밤이 쉬지 아니하리라")을 참조하라. 그러므로 이런 언약의 약속과 함께 언약의 율례가 연관되며, 언약으로 말미암아 부과되는 의무가 함께 생기는 것이다. 이 은혜의 언약은 이스라엘에게만 특별하게 맺어진 것으로서, 모든 사람들에게 공통적인 이 자연의 언약과 마찬가지의 성격을 지닌다. 자연의 언약도 노아 때에 처음 맺어진 것이 아니라 다만 새로 갱신되었을 뿐이다. 은혜의 언약이 폐기될 수 있다고 주장하는 것은 하늘의 해와 달이 떨어지기를 바라는 것과 다를 바가 없는 것이다. 이 두 언약의 주인은 바로 유일하시고 언제나 동일하신 하나님이신 것이다.

1012. 22절. "하늘의 만상은 셀 수 없으며 바다의 모래는 측량할 수 없나니 내가 그와 같이 내 종 다윗의 자손과 나를 섬기는 레위인을 번성케 하리라 하시니라." 이 구절을 다윗의 혈족이 문자적으로 번성케 될 것을 말씀하는 것으로 볼 수 있는 가능성은 전혀 없다. 그리고 이것이 문자적인 번성을 뜻하는 것이 아니라 할지라도, 여전히 이것이 레위인이 번성한다는 것과 마찬가지로 본질상 약속이 아니라 경고의 의미를 지닐 수도 있을 것이다. 그러나 아무튼 여기의 위로는 환난과는 전혀 상관이 없다. 왜냐하면 이것은 다윗의 후손과 레위인의 숫자를 가리키는 것이 아니라, 하나님이 그들을 긍휼

히 여기셔서 받아들이시고, 또한 그들과 함께 그 백성을 받아들이실 것을 가리키는 것이며, 또한 그것은 실제로 숫자와는 아무런 관계가 없기 때문이다. 그러나 여기에 한 가지 근거를 덧붙일 필요가 있다. 아브라함에게 주신 약속(창 15:5; 22:7)과의 문자적인 연관성이 뚜렷이 나타난다는 점이 그것이다. 만일 본문의 내용들이 본래 모든 이스라엘에 속하는 것인데 그것이 여기서 반대로 다윗의 자손과 레위인에게 전이되고 있는 것이라면, 모든 이스라엘이 다윗의 자손과 레위 지파로 인정되고 있는 것임을 충분히 감지할 수 있다.

그렇다고 해서 놀랄 필요는 없다. 이런 사상은 율법 그 자체에 기반을 두고 있는 것이기 때문이다. 여기서는 다만, 언약 백성의 목표가 이미 율법에 자리잡고 있는데 그것이 지금까지는 매우 불완전하게만 실현되었으나 미래의 어느 시기에는 그것이 완전하게 실현될 것이라고 선언하는 것뿐이다. 출 19:9에서 하나님은 이스라엘에 대해서 "너희가 내게 대하여 제사장 나라가 되리라"고 말씀하신다. 그러므로 먼저 나라가 된다는 것이다. 나라의 본질은 신적인 권력 이외에 다른 권력의 복종을 받지 않는다는데 있다. 이는 언약 백성이 악한 의도를 가지고서 세상에 스스로 도덕적으로 예속됨으로써 세상의 다스림을 받지 않는 한 그들에게 언제나 적용되어왔다. 언제나 외형적인 압제의 상태는 내적인 상태가 그렇다는 것을 반영하는 것에 지나지 않았으며, 갑자기 언약 백성에게 그런 상황이 미치는 경우는 한번도 없었고, 오로지 그들이 세상과 똑같아질 때에만 그들에게 그런 상황이 엄습했던 것을 보게 된다.

그리고 이러한 부자연스러운 상황이 일어날 경우에도 자기들이 얼마나 큰 사랑을 받아 구속을 받았었는지를 의식하는 개개인들은 스스로 세상의 굴레에서 내적인 자유를 지켰으며, 그리하여 이러한 제사장 나라로서의 높은 위엄을 잃지 않았다. 비록 쇠고랑과 줄에 묶인 상태에 있지만, 그럼에도 불구하고 이러한 높은 관계에서 볼 때에 그들은 여전히 자유를 누린 것이다. 세상과 죄와 죽음과 지옥이 그들에 대해서 유리한 고지를 차지할 수가 없었다. 겉으로는 아무리 찬란한 승리의 모습이 있지만 이 원수들은 실질적으로 그들에게 정복을 당한 것이며, 그들의 외형적인 압제의 모습은 더 깊이 생각해 보면 그들이 사태를 장악하고 있다는 하나의 표지였다. 왜냐하면 만군의 여호와의 율법이 그들의 내부에 있었기 때문이다. 그 율법이야말로 그들의 존재의 살아있는 원리였고, 또한 이 율법에 따라서 온 세상이 다스림을 받는 것이었기 때문이다. 또한 이 율법에 따라서 그 백성들의 압제가 일어난 것이기 때문이다. 그러므로 그들은 하나님의 대리 통치자들(co-regents)이었고, 그런 자격으로 그들을 압제하는 자들 위에 군림했던 것이다.

이 왕국에 속한 모든 개개인들은 모두가 왕들이요 동시에 모두가 제사장들이다. 그러므로 후기에 제정된 레위 지파의 제사장직은 고대의 다른 백성들 가운데서 역사한 제사장직과 동일한 의미일 수가 없었다. 고대에는 제사장들과 백성들이 절대적으로 또한 직접적으로 서로 대립하는 위치에 서 있었으며 제사장들만이 하나님과 직접적인 관계를 갖는 위치에 있었던 것이다. 그러므로, 제사장들은—어떤 면에서 보면 제사장이지만 다른 면에서는 그리스도의 예표요 그림자들이다—다만 그들에게 전가된 권리만을 소유했으며, 그들은 백성의 대표자들이었고, 그러므로 미래의 어느 시기에 그들의 중보 사역이 완전히 사라질 것이라는 선언이 나타난 것이다. 그리고, 그 백성들이 이러한 사실을 영원토록—심지어 레위 지파의 제사장직이 세워진 후에도—생생하게 기억하도록 하기 위해서, 또한 백성들 스스로가 자신들이 제사장의 위엄을 지녔다는 것을 알도록 하기 위해서, 그들은 그러한 제사장적 기능(sacerdotal function)을 유지했으며—그 기능이 다른 나머지 모든 기능들의 뿌리와 기초가 되었다—또한 다른 모든 제사들의 핵심을 이루는 제사, 곧 유월절 어린 양을 죽여 언약의 희생 제물로 드리는 그 제사(다른 모든 제사들은 오로지 이 제사를 완성시키는 역할밖에 하지 못한다)를 드렸던 것이다. 심지어 옛 언약 하에서도 유월절 제사의 이러한 의미를 올바로 깨달았다는 사실은 필로(Philo)에게서 나타난다: "유월절에 평민들은 그저 희생 제물들을 제단에 가져다 놓고 제사장들이 그 제물들을 드리게 하는 것으로 그치지 않고, 율법의 규례에 따라서 온 백성이 제사장의 기능을 다했다. 왜냐하면 각자가 자기의 부분에 대해서 제사를 드리는 것이었기 때문이다"(*De Vita Mos.* p.686, Frfr.).

그러므로 우리는 여기서 실망하여 슬퍼하는 언약 백성들을 위하여 제시되는 위로가 그 높은 목적을 다하고 있는 것을 보게 된다. 그들은 그들의 왕과 제사장들을 다시 돌려 받기만 하는 것이 아니라, 그들 자신이 완전히 왕족으로 제사장족으로 변화하게 되는 것이다. 본질로 보면, 이것은 아브라함에게 주신 약속에도 벌써 포함되어 있었다(이 점을 간과해서는 안된다). 아브라함에게 주신 약속이 그의 무수한 육신적인 후손들에게 주어진 것이 아니라 오로지 하나님의 아들인 동시에 아브라함의 자손인 자들, 따라서 왕족이요 제사장족인 자들에게 주어진 것이라는 사실은 앞에서 이미 지적한 바 있다(792를 보라).

이제 이 약속의 성취를 찾자면, 가장 먼저 살펴야 할 구절은 바로 벧전 2:9의 "오직 너희는 택하신 족속이요 왕같은 제사장들이요 거룩한 나라요" 등이다. 여기서는 출애굽기의 그 구절(19:6)이 하나의 예언으로 나타나며, 그 예언이 그 때에 처음 비로소 성취된 것으로 말씀한다. 이스라엘은 이제 그 목적이었던 바대로 왕 같은 제사장, 곧 제사장인 동시에 왕의 본질과 왕의 존재를 소유한 자들이 되었다. 현재에는 그것이 씨앗의 상태로 존재하나, 장차 그것이 완성될 것이다. 계 5:10을 보라: "저희로 우리 하나님 앞에서 나라와 제사장을 삼으셨으니 저희가 땅에서 왕 노릇 하리로다 하더라." 신자들은 그들의 죄가 제거되고 나면 하나님에게 아주 자유로이 나아가게 될 것이다. 하나님의 뜻이 그들의 뜻이 될 때에, 그리고 동시에 온 세상에 대한 하나님의 통치가 눈에 드러나게 될 그 때에, 그들은 하나님과 함께 무조건적으로 다스리게 될 것이다. 이러한 그들의 위엄이 바로 그리스도에게 뿌리를 둔 것이라는 사실은 계 1:5, 9에서 나타난다.

1013. 23절. "여호와의 말씀이 예레미야에게 임하니라 가라사대." 24절. "이 백성이 말하기를 여호와께서 그 택하신 두 족속을 버리셨다 한 것을 네가 생각지 아니하느냐 그들이 내 백성을 멸시하여 자기들 앞에서 나라로 인정치 아니하도다." 최근의 해석자들은 이 백성을 이스라엘 사람들이 아니라 이방인들, 즉 애굽인들이나 갈대아인들로 이해해야 한다고 주장하는데, 어떻게 그렇게 생각할 수가 있는지에 대해서는 거의 생각할 필요가 없다. 선지자는 여기서(이 단락의 나머지 부분 전체와 이 장들에서 언제나 그랬지만) 전적으로 이스라엘 사람들에 대해서 말씀하는데, 믿는 자들이 거의 모두 다

그 부류에 포함된다. 이들은 이스라엘이 넘어지는 것을 보았기 때문에 이스라엘의 미래의 번영에 대해서 절망한 상태에 있었고, 대부분 그것을 구실로 삼아서 절망에 빠져 있는 자기들의 상태를 정당화하고 있었다. 이스라엘이 하나님께 너무나 많은 죄를 지었으므로 하나님은 그들에 대한 모든 의무에서 해방되셨고, 결코 다시는 그들에게 은혜를 베푸실 수가 없다고 여기고 있었던 것이다.

그들에게 선지자는 그런 사고는 겉으로 보기에는 아무리 좋은 것 같아도 실상은 하나님을 욕되게 하는 것임을 보여준다. 절망은 언제나 하나님을 우상으로, 피조물로 격하시키는 행위이다. 믿음은 말씀을 통해서, 약속을 통해서 유지된다. 말씀은 가르치기를, 물론 우리에게 많은 죄가 있으나 하나님께는 그보다 더 큰 긍휼하심이 있다고 한다. 하나님이 언제나 하나님으로 계시는 것이나, 그의 백성이 언제나 그의 백성으로 남아 있는 것이나 모두 너무나도 확실한 것이다. 하나님이 그들을 채찍질하시는 것은 사실이나, 절대로 그들을 죽음에 내어 던지시지는 않으시는 것이다.

20절의 '파하다'를 살펴보기만 하면 여기의 '이 백성'이 경멸적인 뜻을 담고 있음을 알 수 있다. 선지자는 그런 언어를 사용하는 자들은 그렇게 해서 하나님의 백성의 수에 끼지 못하게 된다는 것을 암시하고 있는 것이다. 두 족속이란 유다와 이스라엘이다. 이들에 대한 본질적인 내용은 앞에서도 이미 말씀한 바 있다. 선지자는 레위 지파와 다윗 자손의 선택이나 거부에 대해서 다루었었는데, 그들의 선택이나 거부의 여부에 따라서 백성의 선택이나 거부가 결정되는 것으로 말씀했었다. 그러므로, 여기의 내용은 믿음이 연약하며 실망하기를 잘 하는 자들을 대하고 있으므로 그 형태만 달라졌을 뿐 동일한 내용을 반복하여 말씀하는 것이다.

'여호와께서 그 택하신 두 족속을 버리셨다'는 그 백성들의 말은 어떤 의미에서는 옳다고 할 수도 있으나, 화자(話者)의 입장에서 볼 때에는 옳은 말이 아니다. 그들은, 여호와께서 선택하셨다고 했으나 그처럼 버리신 상태가 영원히 갈 것이라고 생각했다. 그리하여 살아 계시고 변함이 없으신 여호와께서 더 이상 여호와이실 수가 없으며, 사람처럼 거짓말도 할 수 있고 후회도 할 수 있는 그런 존재로 전락해 버렸다는 식의 사고를 인정하는 것과 다를 바 없이 되어 버린 것이다. 그러나 하나님이 여호와이신 것이 확실하듯이, "하나님의 은사와 부르심에는 후회하심이 없느니라"(롬 11:29)도 그만큼 확실한 것이다. ― '내 백성'이라는 표현은 그들이 이스라엘을 멸시하는 것은 결국 하나님을 멸시하는 것이라는 사실을 암시해 준다. '내 백성'(my people)과 '나라'(a people) 사이의 대비에 대해서는 31:36을 참조하라.

1014. 25절. "나 여호와가 이같이 말하노라 나의 주야의 약정이 서지 아니할 수 있다든지 천지의 규례가 정한 대로 되지 아니할 수 있다 할진대." 20절을 참조하라. '주야의 약정'이란 낮과 밤이 계속적으로 규칙적으로 바뀌는 일과 관련된 언약을 뜻한다. 천지의 규례는 자연의 모든 과정―특히 해, 달, 별과 땅 사이의 관계, 31:35을 참조하라―을 지칭한다. 그러한 규례는 하나님이 정하신 것이요 따라서 계속 지속되는 것이다.

1015. 26절. "내가 야곱과 내 종 다윗의 자손을 버려서 다시는 다윗의 자손 중에서 아브라함과 이삭과 야곱의 자손을 다스릴 자를 택하지 아니하리라 내가 그 포로된 자로 돌아오게 하고 그를 긍휼히 여기리라." 야곱의 자손과 다윗의 자손을 버리는 일은 서로 뗄 수 없도록 연관되어 있다. 왜냐하면 다윗에게 주신 약속으로 말미암아 그 나라가 영원토록 그의 자손들과 연관을 맺게 되었으므로 다윗이 더 이상 하나님의 종이 아니면 이스라엘 역시 더 이상 하나님의 백성이 아니며, 일반적으로 말해서 더 이상 백성이 아니기 때문이다. '다스릴 자들'이라는 복수형을 사용한 것은, 여기서 강조하고 있는 것은 그 숫자가 아니라 다만 사실이라는 상황으로 인한 것으로 볼 수 있다. 23:4과 또한 18절의 해석을 참조하라.

선지자가 여기서 주로 메시야를 통해서 다윗의 통치가 부활될 것을 염두에 두고 있다는 데에는 의심의 여지가 없다. 여기서 세 족장의 이름을 언급함으로써 그들에게 주신 모든 약속들을 상기하도록 해 준다. 포로된 자들이 돌아온다는 것은 바벨론 포로의 귀환을 가리키는 것이 아니라, 언제나 그렇듯이 온전한 회복(restitutio in integrum)을 가리킨다. 포로의 상태는 비참한 상태를 나타내는 하나의 이미지이기 때문이다.

선지자 에스겔

예비적 고찰

1016. 에스겔이 등장하는 역사적 정황에 대해서는 예레미야의 서론 부분에서 이미 충분히 다루었다. 에스겔은 예레미야와 동시대 인물로서 그보다 나이가 어렸다. 그는 여호야긴 왕 때에 있었던 제 일차 포로 사건 때에 유배지로 끌려가서 그발에 거주하게 되었고 예루살렘이 패망하기 7년 전에 거기서 포로들 가운데서 선지자로서 활동을 시작한다. 예레미야와의 이러한 시간적 관계 이외에 다른 면에서도 그와의 관계가 드러난다. 그는 시종일관 예레미야를 모방하고 있으며, 그 점으로 인해서 후대에 그가 예레미야의 대필자(amanuensis)였다는 말이 있게 된 것 같다. 그러나 에스겔의 지극히 개인적이고 독창적인 성격에서 분명히 나타나듯이, 그가 이처럼 예레미야를 의존하고 있는 것은 그가 자의로 그렇게 한 것일 뿐이다.

1017. 에스겔의 활동의 영역은 대단히 중요한 것이었다. 그는 대체로 예레미야보다 더 나은 토양에서 활동했다. 하나님의 인도하심으로 말미암아, 유다 민족 가운데 더 나은 부류가 포로로 끌려갔다. 인간적인 원인을 살펴보면 그 정황은 다음과 같이 설명할 수 있을 것이다: 선지자들의 예언들을 멸시한 불경건한 자들은 그들의 고향 땅에 남아 있을 수 있도록 허락을 받기 위해서 온갖 노력을 다 기울였다. 한편 하나님을 경외하는 자들은 그 성이 망하는 것이 그것이 다시 회복될 필수적인 조건이므로 그런 상황을 피할 수가 없다는 것을 깨닫고서 선지자들의 첫 권고를 기쁘게 받아들였고, 즐겨 죽음을 맞았다(죽음은 생명으로 인도하는 유일한 문이었다). 포로로 끌려 간 자들과 뒤에 남은 자들과의 이러한 관계는 특히 예레미야 24장에서 드러난다.

그러나 이런 식으로 구분하는 것은 다만 상대적인 구분일 뿐이었다. 에스겔이 그들 앞에서 두려워하지 않고 떨지 않게 되도록 하나님이 그의 이마를 돌보다 단단하게 다이아몬드처럼 만드셔야 했던 것이다. 왜냐하면 그들은 불순종한 백성이었기 때문이다(3:9). 수많은 불경건한 자들이 자기들의 뜻과는 상관 없이 포로로 끌려와 있었고, 경건한 자들은 입이 불결한 백성 가운데 거했으며, 불의가 판을 쳐서 그들의 사랑조차도 식어져 있는 상태에 있었다. 여러 가지 유혹이 약한 자들을 괴롭혔고, 하나님 나라에 대한 소망을 완전히 버리도록 위협했다. 그들은 한 순간에 이방 세계의 한가운데에 처해 있었고, 그리하여 그 시대의 우상 숭배의 정신이 무서운 파괴력을 가지고 그들을 공격해 오고 있었다. 그렇게 오랫동안 예언되어온 유다에 대한 심판은 연기되었고 시드기야의 왕국이 확실해지는 것 같았다. 애굽의 세력과의 제휴가 이루어짐으로써 완전한 회복에 대한 소망이 생기게 되었다. 백성을 속이는 예루살렘의 사람들은 포로들에 대해서도 고삐를 늦추지 않았고, 그들에게서도 적극적인 도움을 받았다.

그리하여 인간의 노력을 통해서 인간적인 소망이 꽃을 피우게 되었다. 포로들은 얼마 지나지 않아서 고향 땅에 돌아갈 수 있는 길이 열릴 것으로 생각했으며, 이러한 생각은 즉시 그런 목적을 위해서 적극적으로 협력하는 일로 이어졌다. 그러나 그들은 인간적인 구원의 방법들에 열심을 내느라 하나님의 방법을 진지하게 추구할 수가 없었다. 하나님의 구원 방법은 회개를 통해서 그들을 인도하여 내는 것이었다. 그들이 진정으로 할 일은 여호와께로 돌아가는 것이었다. 그렇게 되면 고향 땅으로 돌아갈 수가 있었다. 그 땅은 여호와의 땅이었기 때문이다. 심지어 그런 더러운 일에서 자신을 순결하게 지키던 사람들도 이러한 상황으로 인해서 흔들리고 있었으며, 따라서 그들의 믿음을 강화시킬 필요가 있었다. 하나님이 그들을 완전히 잊으셨다는 생각이 아주 그럴듯하게 보였다. 그들은 성소에서 잘려져 나온 상태에 있었으며, 이방 땅으로 끌려왔다. 거룩한 땅과 성전을 지키고 있는 그들의 형제들은 교만한 자세로 그들을 경멸했다. 그들은 그 땅과 성전을 보유하고 있는 것이 그들이 옳다는 증거라고 여겼던 것이다. 그리하여 이제 그들은 절망에 가까운 상태에 있었다.

바로 이러한 때에 여호와께서는 예레미야를 통해서, 에스겔을 그들의 한 가운데에 등장시키셔서 나팔 소리처럼 목소리를 높여 이스라엘의 악행을 드러내게 하심으로써, 포로로 잡혀 있는 자들에게 그의 선하신 말씀을 이루기 시작하시는 것이다. 그의 말씀은 마치 타작기와 같아서 이런 모든 달콤한 소망과 목적을 다 날려 버리고, 그들을 티끌 속에 가라앉혔다. 그러나 그의 이러한 역사로 인해서, 여호와께서 아직도 그의 백성 가운데 계시며 그 스스로 여호와의 성전이시며, 예루살렘에 아직 서 있는 그 눈에 보이는 성전은 그의 앞에서 무(無)로 사라져 버릴 것이라는 사실에 대한 확실한 증거가 나타나게 되었다. 그는 영적 삼손으로서 강한 팔로 우상들의 성전의 기둥을 붙잡고 땅으로 밀어 넘어뜨렸다. 그리하여 그는 정력적인 거인으로서, 폭력적이고 거대하며 음울한 형태로 자신의 모습을 드러내기를 좋아하는 그 시대의 바벨론의 정신을 맞아 싸우는데 아주 효과적인 역할을 했다. 그는 홀로 서 있었지만 수백명의 선지자들의 생도들과 맞먹는 역할을 감당했던 것이다. 그의 영향력이 어느 정도였느냐 하는 것은 포로들 가운데 늙은이들이 그를 통하여 전해지는 여호와의 말씀을 듣기 위해서 그의 집으로 계속 모였다는 사실에서 잘 나타난다. 이는 포로지에서 그의 영적 권위가 공적으로 인정되고 있다는 하나의 증표라 할 수 있다.

11:14-21

1018. 이 부분은 8-11장의 더 큰 단락에 속한다. 여호야긴이 포로로 잡혀간지 6년째 되던 해에(이는 예루살렘이 멸망되기 6년 전이다) 포로지의 장로들이 여호와께서 선지자를 통해서 전하시는 말씀을 듣기 위해서 그의 앞에 모였다. 그들이 무엇을 듣기를 원했으며 그들이 원했던 주제가 무엇이었는지는 예언 그 자체에서, 특히 11장부터 나타나는 내용에서 배울 수 있다. 그들이 예상하던 것만큼 예루살렘성의 패망을 통해서 하나님의 의로우심이 드러나는 일이 속히 이루어지지 않았으므로, 그들은 그들이 포로로 끌려온 일에 대해서 의심이 일기 시작했으며, 더욱이 예루살렘에 남아 있는 자들이 성전을 보유하고 있다는 생각에 우쭐해져서 그들을 경멸하는 상황이었으므로 그런 의심이 더욱 커지고 있는 상태였다. 이제 선지자는 영적으로 예루살렘으로 옮아간다. 거기서 처음으로 그는 그들의 죄악이 참으로 크며 또한 계속 악화되고 있는 상황을 개괄적으로 알게 된다. 그 때에 그는 성전 내부와 성전 앞에서 벌어지는 일과(암 9:1에 대한 내용을 참조하라), 성전에서 직분을 받은 자들과 백성들 전체(in corpore)의 지도자들, 곧 70명의 장로와 25명의 귀인들의 행동들에 주로 집중한 것으로 보인다. 그 때에 장로들은 성전의 북쪽 문에, 귀인들은 동쪽 문에 서 있었다. 그들은 거기서 여호와가 아니라 자기들의 우상들에게 간구하고 있었던 것이다.

이는 포로지의 지도자들이 여호와와 그의 종을 찾고 있는 것과 얼마나 대조적인지 모른다. 본질과 현실이 얼마나 차이가 나느냐 하는 것이 70인 중의 한 사람의 이름과 그의 행실과의 관계에서 잘 나타나고 있다. 그 사람은 70인 가운데 핵심적인 위치에 있는 사람으로 여겨지는데, 그의 이름은 야아사냐로서 '여호와께서 들으신다'는 뜻이다. 이 사람 '여호와께서 들으신다'

는 그의 동료에게 말하기를 "여호와께서 우리를 보지 아니하시며 이 땅을 버리셨다"고 말한다(8:12).

그들의 죄악을 드러낸 후 9:1 이하에서는 그들을 향한 심판이 묘사되고 있다. 사실 그들의 죄악에서 이미 심판의 확실성이 분명히 세워진 것이다. 그 심판은 죄의 순서를 정확히 따르고 있다. 선지자는 언약궤 위에 좌정하신 여호와께로부터 여호와의 사자를 비롯하여 보수하는 천사들이 보내심을 받아 (이는 심판이 신정적 성격을 지닌다는 하나의 표징이다) 북쪽 문 앞에 있는 70인의 장로들에게 일을 시작하는 것을 바라본다. 천사들은 거기서 나아가서 그 성에서 살육을 행한다. 그리고 마지막으로 여호와의 영광이 지성소에서 떠나서 감람산 쪽으로 나 있는 동편 문으로 들어가며, 거기서 25인을 심판하며, 그리고는 더럽혀진 예루살렘에서 완전히 떠나는 것이었다.

이미 도끼가 나무뿌리에 놓여 있는데도, 그들의 무분별한 말소리가 들려온다. 곧, "집 건축할 때가 가깝지 않으니, 우리가 집을 짓자, 그것은 가마이며 우리는 고기이다"라는 말이다(11:2). 그러므로 그들은 멸망을 통해서 다시 세움을 입으리라는 선지자들의 말씀들을 조롱하고 있는 것이다: '일단 파괴된 것은 쉽게 다시 세울 수가 없다. 그러니 그런 광신적인 소망에 속아서 고통을 당하지 말고 우리에게 있는 것을 붙잡자. 사람도 하나님도 그 누구도 예루살렘을 소유하고 있는 이 상태에서 우리를 쫓아낼 수가 없을 것이다. 예루살렘과 우리는 뗄래야 뗄 수가 없는 것이다.'

선지자는 이러한 불경한 자들을 말씀으로 치라는 명령을 받는다. 그리고 그가 아직 말씀을 끝맺지도 않았는데 그 말씀이 행동으로 나타난다(물론 이상 가운데서 나타난 것이다). 하나님의 심판이 시작되고, 브나야의 아들 블라댜가 여호와께 맞아 죽어 넘어지는 것이다. 죄의 경우와 마찬가지로 심판에 있어서도 선지자는 그 본질을 이름으로 나타나게 한다. '여호와께서 들으신다'는 하나님이 듣지 않으신다고 말함으로써 본질과 행실로 나타난 현실과의 대조를 여실히 드러낸다. 브나야('여호와께서 세우신다')의 아들 블라댜('하나님이 구원하신다')는 구원받지 못하고 죽어 버린다. 여기서도 마찬가지로 본질과 현실 사이의 괴리가 확실히 드러나고 있다. 선지자는 이러한 대조적인 상황을 잘 인식하고서 브나야의 아들 블라댜의 죽음을 한 개인의 죽음이 아니라 백성 전체의 하나의 예표로써의 죽음으로 보는 것이다. 선지자는 연민의 마음으로 가득차서 엎드리어 크게 부르짖는다: "오호라 주 여호와여 이스라엘의 남은 자를 다 멸절하고자 하시나이까(11:13)? 블라댜라는 이름이 이제부터 거짓입니까?"

1019. 여기서 우리가 다루고자 하는 본문이 이어진다. 여호와께서는 대답하시기를, 예루살렘의 주를 놀리는 교만한 죄인들에게 은혜를 베풀지 않으실 것이라고 하신다. 이들은 비록 이스라엘에 속해있다고 해도 이스라엘이 아니다. 이미 이스라엘에서 그 영혼이 제거되었으니, 이제 겉으로도 그렇게 되는 것이 마땅하다는 것이다. 선지자의 간구와 그의 중보적 직분의 대상은 포로지에 있는 이들이어야만 했다. 왜냐하면 그들만이 하나님의 자녀들이기 때문이다. 그들만이 그의 형제들이요 유일한 참된 이스라엘인 것이다. 예루살렘의 겉모양뿐인 이스라엘이 스스로 착각에 빠져서 공연히 교만하게 그들을 멸시했던 것이다. 여호와께서는 참된 사랑으로 그 자신의 백성들을 자기에게 받아들이실 것이다. 포로들이 짧게나마 이방의 땅에 거주해 있는 동안 벌써 하나님이 그들의 성소가 되셨으므로, 다른 사람들이 껍데기만 가지고서 소유했다고 스스로 생각하는 그 모든 축복들을 진정으로 그들에게 베풀어주실 것이다. 그리고 마침내 그들을 다시 고향 땅으로 귀환시키시고 그들에게 그의 영의 은사들을 베풀어 주시며, 그들을 완전한 의미에서 그의 백성으로 만드실 것이다. 그러나 그들 가운데 외식하는 자들과 배역한 자들에게는 화가 있으리라!

1020. 선지자는 이제 여호와의 영광이 예루살렘에서 완전히 떠나는 것을 본다. 여호와께서 그의 유일한 일, 즉 언약의 하나님으로서 그곳에서 행하셔야 할 심판을 마치셨기 때문이다. 이상이 이제 끝이 났고, 선지자는 그 이상의 내용을 포로지의 우두머리들에게 전달한다.

1021. 14절. "여호와의 말씀이 내게 임하여 가라사대," 15절. "인자야 예루살렘 거민이 너의 형제 곧 너의 형제와 친속과 이스라엘 온 족속을 향하

여 이르기를 너희는 여호와에게서 멀리 떠나라 이 땅은 우리에게 주어 기업이 되게 하신 것이라 하였나니."—'너의 형제'를 반복함으로써 형제라는 관념을 강조하며 겉모양 뿐인 형제 관계와의 대조를 보여준다. 선지자는 그들이 마치 정말로 형제들이었던 것처럼 그들에 대해서 깊은 관심을 보였었다. 그러나 그들은 그저 육체를 따라서 보는 형제이었을 뿐이다. 그들은 그와 함께 한 하나님을 아버지로 둔 것도 아니요, 그와 함께 진정한 의미에서 아브라함을 조상으로 둔 것도 아니다. 이는 마치 이스마엘과 그두라를 아브라함의 자손이라 부를 수 없는 것과 마찬가지 이치이다. 선지자는 여기서 친 형제나 가장 가까운 친척에게만 해당되는 모세의 무를 권리(Mosaic right of redemption)를 암시하고 있다. 오직 형제만이 자연적인 지원자요, 구원자요, 보수하는 자였다. 어느 누구도 전혀 관계없는 낯선 사람의 고엘이 될 수는 없었다. 레 25:25을 참조하라.

선지자는 그의 진정한 형제가 아닌 자들을 위해 책임을 다함으로써, 낯선 자에 대해서 고엘이 되어주는 것과 같은 그런 전례없는 일에 연루된 것이다. 고엘에게는 의무만이 아니라 권리도 있었다. 곧, 형제의 보수하는 자로서 '그의 유산을 자신에게 보증하는 자들'의 권리를 갖는 것이다. 마지막으로, 이 낱말에 접미어가 붙어 있다는 사실은 이것이 중복된 관념임을 보여준다. 즉, 네가 무를 사람들, 네가 무를 권리와 의무를 가진 그 사람들의 의미가 여기에 있는 것이다.

형제들이 이스라엘 온 족속이라는 사실을 여호와께서는 13절과의 대조를 통해서 확인시켜 주신다. 거기서는 예루살렘의 거민을 가리켜 이스라엘로 말씀한다. '멀리 떠나라'라는 명령형은 그 완전한 의미대로 취하여야 한다. 외식하는 자들은 마치 그 땅에 거주하는 것이 여호와께 가까이 있다는 증거가 되기라도 하는 것처럼 여호와의 땅에서 떠나 있는 것을 실제로 여호와께로부터 멀리 떠나 있음을 선포하는 것으로 간주하였다. 이런 사고를 갖고서 그들은 형제들에게 부르짖었다: "너희는 여호와에게서 멀리 떠나라 이 땅은 우리에게 주어 기업이 되게 하신 것이라." 그들은 그 땅에서 떠나 있는 그 부패한 백성들이 어떻게 아직도 여호와께 기업을 주장하며, 더구나 여호와의 땅의 기업을 요구할 수가 있는가 하는 생각에 사로잡혀서 그것으로 인해서

열을 내는 것이다. 그들은 그들의 형제들과 이스라엘 족속을 대적하여 이러한 태도를 보임으로써 자기들 스스로 진정한 의미에서 이스라엘 족속에 속하는 형제들이 아니라는 사실을 증명해 보인 것이다.

1022. 16절. "그런즉 너는 말하기를 주 여호와의 말씀에 내가 비록 그들을 멀리 이방인 가운데로 쫓고 열방에 흩었으나 그들이 이른 열방에서 내가 잠간 그들에게 성소가 되리라 하셨다 하고."—'그런즉'은 예루살렘 거민의 경멸적인 언사를 지칭하며, 17절의 '그러므로'(한글 개역 성경에는 번역되어 있지 않다—역자주)가 이것과 연결된다. 여기서는 여호와께로부터 멀리 떨어져 있는 문제에 관한 그들의 주장을 반박하고 있다. 그리고 거기서는 여호와의 땅에서 흩어진 문제에 관한 것을 반박한다. 전자에 대한 반대는 이미 존재하고 있고, 후자의 경우는 곧 나타날 것이다. כִּי는 중간에 연결되는 사상을 붙여서 이해하여야 한다는 사실을 보여준다. 곧, '〔어떤 점에서 그들의 말은 옳다. 그들이 전혀 아무런 이유도 없이 그렇게 말하는 것은 아니다〕 왜냐하면 … ' 본질에 관한 한 우리는 그들의 말에 완전히 동의할 것이다. 그러나 그 사실은 인정하지만, 그 사실에 근거한 결론은 받아들일 수가 없다. 그들은 '자, 그러므로 여호와께서 그들에게서 멀리 떠나 계시다'라고 생각하는데, 여호와께서는 '자, 그러므로 내가 그들에게 성소이니라, 혹은 성소가 되었느니라'라고 말씀하시는 것이다. 겉으로는 멀리 떨어져 있지만, 본질적으로 볼 때에는 바로 그것이 여호와께 가까이 가는 수단이 되고 있는 것이다. 그들은 과연 여호와의 성전을 잃어버렸다. 그러나 여호와께서 몸소 그들의 성전이 되어주신 것이다.

이 말씀을 통해서 선지자는 성전을 소유했으니 하나님도 소유하고 있다고 생각하는 예루살렘의 거민들의 승리감을 없앨 뿐 아니라, 성전을 잃었으니 하나님도 잃은 것이라고 생각하는 포로들의 고뇌도 함께 없애주는 것이다. 성전이 성전이 되게 하는 것은 바로 하나님의 임재하심이다. 하나님의 임재하심이 있으면 그곳이 바로 성소가 된다. 그리고 그 임재하심이 없는 곳에는 성전도 없고 나무와 돌 더미밖에는 없는 것이다. 선지자가 여호와의 영광이 예루살렘 성전에서 떠나는 장면을 봄으로써 이러한 선언이 완전해진다.

여기서 우리는 장차 온갖 가지와 잎사귀와 꽃들이 만발한 완전한 나무(40-48장, 이는 하나님 나라가 새로운 형태로 영광스럽게 완성되는 것을 묘사한다)로 자라나게 될 씨앗을 보고 있는 것이다.

사 8:14와 시편의 여러 구절들에서는 여호와께서 몸소 이스라엘의 참된 성소로 지칭되고 있는데, 이는 성전에 대한 영적인 이해가 얼마나 일반적이었는지를 잘 보여준다. 그러한 영적인 이해에 있어서는 껍데기는 무시되고 오직 그 알맹이, 즉 여호와의 긍휼에 가득찬 임재하심에 대해서만 관심을 가졌던 것이다. 여호와께서 포로들 가운데서 실제로 그 백성의 성소가 되셨다면, 포로 상태로 거하는 기간이 짧을 것이라는 것이 분명해진다. 왜냐하면 그 당시에는 가나안이 아직 언약의 땅이었기 때문이다. 여호와께서 이 땅의 경계를 벗어나서 그의 백성들에게 임재해 계신다는 것은 오로지 일시적인 일일 수밖에 없는 것이다. '그 땅에 흩었으나'(한글 개역 성경에는 '열방에 흩었으나'로 번역되어 있다—역자주)라는 어구는 여호와께서 미래의 어느 시기에 다시 그 본래의 장소, 곧 약속의 땅에서 그 백성의 성소가 되실 것임을 암시해 주며, 그렇게 해서 17절 이하의 내용을 예비시켜준다.

그러나 여호와께서 무엇을 통해서 자신이 포로 상태에 있는 백성의 성소가 되심을 보여 주시는가? 일차적으로는 선지자 자신을 보내심으로써 보여주신다. 여호와께서 그들에게 회개와 구원의 선포자를, 그것도 그렇게 풍성한 은사를 지닌 사람을 주셨다는 것 자체가 그의 긍휼하심이 그 백성에서 떠나지 않았다는 증표가 되는 것이다. 선지자는 저급한 의미에서 하나님의 성전이었다(최고의 의미에서는 구속주이신 그리스도께서 하나님의 성전이다). 왜냐하면 그에게는 성전이 성전 되게 하는 것, 바로 여호와의 임재하심이 있었기 때문이다. 뿐만 아니라, 여호와께서는 다른 여러 가지 방식으로도 자신이 그 백성의 성소이심을 보여주셨다: 겉으로 드러나게 도움을 주심으로써, 그들의 환난을 줄여주심으로써(포로 상태에서도 그들은 민족적 독립성을 완전히 잃어버리지 않았으며 포로지에서도 장로들이 있었다), 내적인 위로를 주심으로써, 받을 만한 자들에게 은혜와 기도의 영을 부어주시고 그리하여 돌처럼 단단한 마음을 변화시키심으로써, 미래의 귀환을 위하여 여러 가지로 조치를 취하심으로써(포로로 잡혀 있는 전 기간동안 여호와의 섭리로 포로의 귀환이 이루어지는데 필요한 여러 가지 상황들이 이루어졌다. 모든 사건들이 — 다니엘이 높은 지위에 오른 것이나 바벨론의 쇠퇴나, 페르시아의 발흥 등—그 목적을 지향하도록 이루어졌다) 그 사실을 보여주신 것이다.

바벨론 포로의 상황이 현재의 〔유대인들의〕 포로 상태와 얼마나 다른가! 그 땅에 남아 있는 자들에게는 하나님의 임재하심의 증거가 하나도 없다. 그 백성들은 과거를 기념하고 미래를 꿈꾸는 마음으로 절기들을 지킬 뿐이다. 먼 과거와 먼 미래의 사이에 사하라 사막만큼이나 광활한 텅빈 공간이 있는 것이다. 그러나 더 깊이 생각해 보면 그야말로 깊으디 깊은 그러한 몰락에서는 그 어디서나 하나님의 사랑의 돌보심과 그들의 선택이 변함없이 지속되며 미래에 다시 영광을 얻게 되리라는 보증의 흔적들이 나타나는 것이다.

1023. 17절. "너는 또 말하기를 주 여호와의 말씀에 내가 너희를 만민 가운데 모으며 너희를 흩은 열방 가운데서 모아 내고 이스라엘 땅으로 너희에게 주리라 하셨다 하라."—'주 여호와'라는 표현은 그 약속을 하시는 분이 전능자시요 신실하신 하나님이심을 보여준다. '내가 … 모으며'는 이 축복이 그 앞의 축복의 계속이며 결과로서 그것과 연결되는 것임을 보여준다. 스룹바벨 당시에 그들이 다시 밟은 가나안은 완전한 의미에서 여호와의 땅이 아니었기 때문에 귀환의 약속이 그를 통해서 완전히 성취된 것이 아니라는 것이나, 그 약속에는 오히려 메시야적인 요소가 내포되어 있다는 사실은 이미 여러 곳에서 충분히 살펴본 바 있으므로 여기서 새삼스럽게 다시 재론할 필요가 없을 것이다. 선지자가 여기서는 그 당시 이미 포로지에 와 있는 자들에게만 귀환의 약속을 하며, 유다에 아직 남아 있는 자들에게는 멸망을 경고하는데, 이러한 대조적인 사실을 볼 때에, 이 말씀은 특정한 개인들에 대한 것이 아니라 전체의 대중을 상대로 한 것으로 이해하는 것이 자연스럽다. 그렇지 않으면 15절에서 포로들이 이스라엘 전체로 지칭되므로 예레미야조차도 '진정한 이스라엘인'이 아닌 것이 되어버린다.

1024. 18절. "그들이 그리로 가서 그 가운데 모든 미운 물건과 가증한 것을 제하여 버릴지라." 베네마는 다음과 같이 논평하고 있다: "돌아온 직후

그들은 시작하였으나, 오랜 마카베오 시대에 비로소 완수하였다. 그 때 언제든지 모든 땅에 흩어져 있는 우상들을 파괴하였고, 역시 사마리아인들과 이두매인들에게도 참된 종교를 전파하였다.” 그러나 ‘완수하였다’에 해당하는 것은 한 가지 밖에는 없다. 여호와의 땅을 더럽힌 것들을 외형적으로 제거하는 일에 대해서 선지자는 그 일이 마음으로 무조건적으로 여호와께 굴복한 결과로 이루어져야만 의미 있는 것으로 간주했다. 이 점은 다음에 이어지는 내용에서 여호와의 은총이 그것에 따라 좌우된다는 선지자의 태도에서 잘 볼 수 있다. 사단이 사단을 제하여 버리든, 아주 교묘한 형태의 우상 숭배가— 심지어 여호와조차도 우상으로 만들 수도 있다—더 노골적인 우상 숭배와 충돌을 일으키든지, 신앙적인 관점에서는 전혀 아무 문제도 아니기 때문에, 예언의 범주에서 벗어나 있는 것이다. 마치 의복의 모양을 다른 것으로 바꾸는 것이나 다를 바가 없는 것이다.

그러므로, 여기의 예언이 포로의 귀환 후나 마카베오 시대에 우상들을 외형적으로 제거한 일 등을 가리킬 수도 있으나, 오로지 하나님 자신이 그 모든 일의 중심이 되셨을 때에만 그렇게 볼 수가 있으며, 그럴 경우라 하더라도 그 때의 성취는 아주 작은 하나의 시작에 불과하다. 여기의 예언은 근본적으로 메시야를 지칭하는 것이다. 여기서 ‘완수하였다’에 대한 근거가 얼마나 희박한가 하는 것은 포로들의 귀환 때부터 그리스도에 이르기까지의 그 백성의 외형적인 상태에서도 분명히 나타난다. 만일 우상들이 그 형상들과 함께 그 땅에서 사라졌다면, 그 백성들이 하나님께 대하여 그가 그의 약속을 신실하게 지키지 않으셨다고 불평했다고 해도 그런 불평이 아주 정당한 것으로 받아들여졌을 것이다.

1025. 19절. “내가 그들에게 일치한 마음을 주고 그 속에 새 신을 주며 그 몸에서 굳은 마음을 제하고 부드러운 마음을 주어서.” 신 30:1 이하가 선지자의 이러한 약속의 기반이다. 거기서는 단순한 갱신(renewal)을 말씀하는데, 모세가 미리 보았던 그 상황이 이제 일어난 것이다. 여호와의 백성은 포로 상태에 있으므로 그의 종이 위로의 말씀으로 그들에게 다시 힘을 주고 있는 것이다. 특히 그곳의 5, 6절을 참조하라. 거기서는 외형적인 할례가 마

음의 할례를 표시하며 또한 그것의 보증이 되며, 그 마음의 할례는 곧 불결함을 제거하는 것을 의미한다. 그러므로 그것은 돌처럼 완악한 마음 대신 신선한 마음을 주시는 것과 동일한 것이다.

'내가 그들에게 일치한 마음을 주고'는 그 백성 모두가 일치하여 여호와를 의뢰할 것임을 보여준다. 전에는 개인적으로 여호와께로 돌아오는 것이 고작이었는데(렘 32:39; 슥 3:9; 행 4:32 등을 참조하라), 그런 상태와는 전혀 다른 상태가 올 것을 말씀하는 것이다. 부드러운 마음이란 굳은 마음과 대조를 이루는 것으로서 여기서는 하나님의 은혜에 대하여 부드럽고도 민감한 인상을 받는 그런 상태를 가리킨다. 사람의 마음이 하나님의 은혜로 말미암아 먼저 그렇게 된다는 사실은 그 본래의 상태가 어떤지를 지적해 준다. 하나님의 마음과 견주어 보면 인간의 마음은 본성적으로 돌처럼 굳어 있고 무감각하며 감수성이 없다. 하나님의 말씀과 그의 외형적인 경륜이 거기에 지나가도 아무런 흔적도 남지 않는다. 하나님의 외형적인 섭리가 그 마음을 깨뜨릴 수는 있겠지만, 그 마음을 완전히 정복할 수는 없다. 단단한 그 마음의 단편들이 아직도 남아 있으며, 그 단단한 정도가 더욱 강해진다. 오직 하나님의 신(영)만이 상한 마음과 부드러운 마음을 창조하실 수 있는 것이다. 렘 31:33은 이 본문과 문자적으로도 일치한다. 또한 렘 36:26을 참조하라.

1026. 20절. "내 율례를 좇으며 내 규례를 지켜 행하게 하리니 그들은 내 백성이 되고 나는 그들의 하나님이 되리라." 이 본문의 골격은 레 26:3 이하에서 볼 수 있다: "너희가 나의 규례와 계명을 준행하면"이라고 전제한 후 계속해서 그로 인하여 올 축복을 길게 열거한 후에 12절에서 "나는 너희 중에서 행하여 너희 하나님이 되고 너희는 나의 백성이 될 것이니라"라고 말씀한다. 렘 31:33을 참조하라. 언약 백성이 그들의 행실에 있어서 언약 백성답게 되는 것이나, 그리하여 하나님의 이름이 존귀하게 되며 그의 뜻이 그들 가운데 이루어지는 것은 오로지 하나님 자신이 행하시는 일이다. 이 일이 먼저 일어나고, 언약 백성의 목적이 실현되면, 다른 것이 반드시 따라오게 된다. 곧 그들이 하나님의 백성으로서 누리게 될 몫이 그들의 것이 되는 것이 그것이다. 그들에게서 존귀함을 받으시는 하나님이 계시며, 그는 그들에게

그의 모든 은사와 축복을 충만히 베풀어 주시는 것이다.

1027. 21절. "그러나 미운 것과 가증한 것을 마음으로 좇는 자는 내가 그 행위대로 그 머리에 갚으리라 나 주 여호와의 말이니라." 결론적으로, 자기들의 잘못으로 새 마음을 받지 않고 그리하여 하나님의 계명에 따라 행하지 않는 자들은 하나님의 사랑에서 완전히 제외될 것을 강조하고 있다. 새 언약의 백성 가운데도 순결하지 못한 찌꺼기들이 섞여 있다. 그들은 하나님의 공의하심의 새로운 대상이 된다. 우상들의 마음을 따라 행하는 자들은 하나님의 마음을 따라 행하는 자들과 대적하기 마련이다. 우상이 외형적으로 존재하느냐 하지 않느냐 하는 것은 아무런 문제가 되지 않는다. 우상들의 본질인 죄가 실제로 그들 가운데 있다는 것만으로 족한 것이다. 우상들은 과연 그 죄가 인격화된 것에 불과한 것이다.

17:22-24

　　1028. 에스겔서의 예언들은 연대적인 순서를 따라서 정리되어 있는데, 이 단락은 8-11장(여호야긴이 끌려간지 제6년 6월에 속한다)과 20장(제7년 5월) 사이의 중간에 끼어 있다. 그러므로 이 말씀은 대략 예루살렘 패망 5년 전에 선포된 것으로 볼 수 있다. 강력한 군주와 그 왕국들을 가지들이 가득 차 있는 높은 나무들로 묘사하는 것은 단 4:8, 9에서 나타나듯이 바벨론적인 이미지라 할 수 있다. 이 점은 또한 다니엘서의 그 본문이 겔 31:3 이하와 놀랍게 일치하고 있다는 점에서도 드러난다. 거기서는 앗수르가 가지가 아름답고 그 꼭대기가 구름에 닿은 레바논의 백향목으로 묘사되고 있는 것이다. 에스겔은 여기서도 그 이미지를 사용하고 있다. 다윗의 족속은 레바논의 높은 백향목이다. 그런데 느부갓네살이 그 꼭대기를 잘라내어 바벨론으로 가져가고(여호야긴을 비롯한 모든 왕족을 포로로 잡아간 것을 뜻한다) 예루살렘에는 잘 자라지 않는 포도나무 가지를 심는다(시드기야를 세운 일을 뜻한다). 그러나 전혀 자라지 않으므로 뿌리를 뽑아버린다.

　　그런데 이제 여호와께서 그 거대한 백향목에서 가느다란 가지를 취하여 그의 거룩한 산 시온산 꼭대기에 심으신다. 그 가지가 자라 온갖 새들에게 그늘이 되는 아름다운 백향목이 된다. 모든 나무들이 그 나무의 놀라운 성장을 보면서, 모든 나무들을 높이고 낮추시는 분이 여호와시라는 사실을 배우게 된다. 마 13:32은 주께서 이미지를 약간 수정하여 높은 백향목의 가느다란 가지 대신 겨자씨로 바꾸어 놓으시기는 하지만 이 본문을 해석하는 것으로 볼 수 있다: "이는 모든 씨보다 작은 것이로되 자란 후에는 나물보다 커서 나무가 되매 공중의 새들이 와서 그 가지에 깃들이느니라."

　　주께서 이처럼 수정하신 이유는 다음의 사실에서 찾을 수 있다: 주께서는 그의 목적에 따라서, 그가 육체로 오심으로써 시작된 새로운 하나님 나라의 발전에 대해서만(그 나라가 미미한 시작에서 영광스러운 완성에 이른다는 사실만) 드러내고자 계획하신 반면에, 선지자는 과거의 영광을 잃어버린 자들을 위로하는데 초점을 맞추고 있으며 따라서 단순히 비천한 상태에 있는 것만이 아니라 굴욕을 당하는 과정까지도 상징화하여 묘사하며, 또한 그러한 굴욕이 과거의 영광스러운 상태에서 그보다 무한히 더 큰 영광의 상태로 바뀌는 하나의 전환점일 뿐이라는 사실을 묘사하는 것이다.

1029. 22절. "나 주 여호와가 말하노라 내가 또 백향목 꼭대기에서 높은 가지를 취하여 심으리라 내가 그 높은 새 가지 끝에서 연한 가지를 꺾어 높고 빼어난 산에 심되."— '나'는 여기서 강조의 의미를 지니는 것으로 느부갓네살과 대조를 이룬다. 3, 4절에 의하면 그도 역시 가지를 꺾어다 심었다. 그는 악을 위해서 그렇게 했으나, 여호와께서는 선을 위해서 그 일을 하신다. 그는 연약한 인간으로서 여호와의 허락 하에서 그저 잠시동안 그 백성에게 굴욕을 주었을 뿐이지만, 여호와께서는 전능하신 하나님으로서 영구한 영광의 자리로 높이시는 것이다. 연한 가지는 다윗의 가문의 상징인 높은 백향목에서 취한 것이므로, 시초의 미미한 상태에 있는 하나님 나라를 가리키는 것으로 볼 수가 없고 오히려 다윗 족속의 한 싹을 의미하는 것으로 보아야 할 것이다. 더욱이 선지자가 그 이전의 다른 선지자들 특히 예레미야에게서 나타나는 비슷한 묘사들을 염두에 둔 것이 분명하기 때문에(렘 23:5을 참조하라) 그렇게 보는 것이 더욱 신빙성이 높다. 그러므로 여기서 백향목은, 다니엘서의 경우와 마찬가지로, 나라가 아니라 왕을 의미한다. 이는 3절의 느부갓네살의 행동과 대조를 이루는 점에서도 알 수 있으며, 또한 본 장 전체가 오로지 왕의 가문에 대해서만 다루고 있다는 점에서도 확인된다.

그러면, 높은 백향목에서 취하여 심어지고 나중에 그 자체가 높은 백향목이 되는 그 연한 가지는 과연 누구를 의미하는 것으로 보아야 할까? 그 가지는 다른 어느 누구도 아닌 다윗의 몰락한 가문에서 나오는 바로 그 메시야로 볼 수밖에 없다. 이 점은 에스겔서의 다른 병행 구절들이나 또한 다른 선지자들의 말씀과 연관지어 볼 때에 도무지 의심의 여지가 없다. 다만, 선지자가 여기서 메시야라는 개인 자체를 염두에 두었다기 보다는 그를 통해서 다윗 족속에 관한 이상이 완성된다는 사실에 주안점을 두었을 것이라고 볼 수는 있을 것이다. 그러므로 높은 영광의 자리로 회복되는 일의 아주 미미한 시작, 즉 다윗에게 한 약속이 스룹바벨에게서 미미하게나마 이루어진 일 등도(또한 어떤 의미에서는, 이스라엘에 민간 정부를 새로이 세우시고 이끌어 가시기 위해서 하나님이 행하신 모든 일들도) 이 예언에서 포괄하는 것으로 생각하여야 마땅할 것이다. 렘 33장을 참조하라.

본질에 있어서는, 차이는 크게 중요치 않다. 왜냐하면 선지자가 다윗의 족속 전체를 염두에 두고서 그 미미한 시작에서 영광스러운 완성에까지 발전되는 과정을 묘사하고는 있지만, 여전히 다윗의 족속을 위하여, 그리고 백성을 위하여 이 약속을 완전히 성취시킬 분은 메시야이시기 때문이다. 그 분이 메시야라는 것은 사실이 그럴 뿐 아니라, 선지자의 생각 속에서도 그 점을 인식하고 있었던 것이다. 더욱이 그 나라의 비천한 상태는 그 나라의 머리의 비천한 상태와 밀접하게 연관되어 있으므로 דַּל는 양쪽을 다 가리키는 것으로 보아야 할 것이다. — 여기서는 그 가지가 심어져서 후에 나무로 자라나 평지의 모든 나무를 다스릴 그 장소(이는 24절의 עֲצֵי הַשָּׂדֶה가 이를 시사한다)를 높고 빼어난 산이라고만 말씀하고 있다. 그러나 23절에서는 이 높고 빼어난 산을 좀더 구체적으로 묘사하고 있다.

1030. 23절. "이스라엘 높은 산에 심으리니 그 가지가 무성하고 열매를 맺어서 아름다운 백향목을 이룰 것이요 각양 새가 그 아래 깃들이며 그 가지 그늘에 거할지라."— '이스라엘의 높은 산'이 시온산을 가리키며 넓은 의미에서는 모리아산까지 포괄한다는 사실은 20:40에서 볼 수 있다: "이스라엘 온 족속이 그 땅에 있어서 내 거룩한 산 곧 이스라엘의 높은 산에서 다 나를 섬기리니." 여기서 거룩한 산이란 성전이 있는 산을 가리키는 것이 분명하다. 왜냐하면 거기서 백성들의 예물과 성물을 받으신다고 말씀하기 때문이다. 여기서나 병행 구절들에서나 '거룩한 산'이 '높은 산'과 병행을 이루고 있다는 사실은 여기서 '높은'을 어떤 의미로 취해야 할지를 보여준다. 그 산의 꼭대기는 가리워져 있어서 육안으로는 볼 수가 없으며, 다른 곳에서는(34:26) 그

저 '여호와의 산'이라고만 말씀한다. 그러나 영적인 눈으로는 꼭대기가 보이지 않는 그 산이 이 땅의 모든 산을 훨씬 능가하며 하늘에까지 이르는 것을 볼 수 있다. 이러한 묘사(사 2:2을 참조하라) 그 자체만으로도 그 거룩한 산이 하나의 산으로서가 아니라 하나님 나라의 좌소요 중심으로서 묘사되며 따라서 그 나라 자체를 지칭한다는 것을 알 수 있다. 시 2:6의 "내가 나의 왕을 내 거룩한 산 시온에 세웠다"라는 묘사도 이와 매우 유사하다. 그 가지를 심은 곳이 높은 곳이며, 또한 그 가지 자체도 자라서 높은 백향목이 된다. 미래의 왕의 영광은 그가 자리하는 그 나라의 영광을 기반으로 하며, 그 왕 자신도 거기서 자라나서 다시 그 나라를 영화롭게 하는 것이다. 열매와 그늘은 그 왕에 속한 모든 사람들이 그 왕에게서 받게 될 축복을 지칭한다. 31:6, 10과 비교하면 여기의 '각양 새'가 온 땅의 모든 나라들을 지칭한다는 것을 알 수 있다.

여기서 선지자의 목적은 오직 한 가지, 현재의 상태와 다윗의 족속과 하나님 나라가 아직도 더 굴욕을 당할 일이 임박해 오고 있는 상황에서 당연히 일어나는 의심과 좌절의 거치는 돌을 제거하고자 하는 것뿐이다. 그리하여 그는 오직 한 가지, 높이 올리우는 면만을 두드러지게 말씀하고 있다. 하나님 나라가 비슷한 상황에 처하여 우리에게 고통이 가득 찰 때에 이러한 선지자의 말씀은 우리에게도 큰 위로를 주는 것이다. 여기의 예언은 세상 나라들에 관한 다니엘의 예언의 씨앗과도 같은 것이라 하겠다. 그 나라의 본질을 더 정확히 제시하는 것이나 그 나라가 영적인 나라라는 사실—세상의 나라와 대조적으로—을 보여주는 것은 선지자의 범주를 벗어나는 것이었다. 그러나 그 묘사에서 우리는 다음과 같은 점을 이끌어 낼 수 있을 것이다: ἐκ τοῦ κόσμου('세상에 속하는')가 아닌 나라, 곧 세상적인 권력이나 무기가 아니라 오직 하나님의 놀라운 능력으로 그 머리와 함께 미미한 시작에서 영광스러운 완성으로 발전해 나아가는 나라는 세상적인 나라일 수가 없는 것이다. 그 나라의 다스림의 형태는 세상 왕들의 다스림과 같지 않고 오직 하나님이 세상을 다스리는 것과 같은 것이다.

1031. 24절. "들의 모든 나무가 나 여호와는 높은 나무를 낮추고 낮은

나무를 높이며 푸른 나무를 말리우고 마른 나무를 무성케 하는 줄 알리라 나 여호와는 말하고 이루느니라 하라.” 들의 나무들은 높고 빼어난 산의 백향목과 대조를 이루는 것으로 세상의 나라들과 그 왕들을 가리키는데, 이들이 함께 하나님 나라가 높이 영광을 받는 것을 보게 된다. 이러한 위대한 변혁으로 말미암아 그들은 지금까지 그들이 자기들이 위대하다고 생각하여 교만한 자세로 멸시해왔던 여호와께서 과연 온 땅의 왕이시요, 높아지는 일이나 낮아지는 일이 모두 그로 말미암아 이루어진다는 사실을 그들의 눈으로 직접 목격하게 된다. 과거형은 부정과거(aorist)로 이해하여야 한다. 여기의 진술은 전적으로 일반적이다.

'들의 모든 나무'는 그 낮은 나무가 높아지는 것만을 보고서 여호와의 역사에 대한 일반적 진리를 알게 되는 것—그래서 그 사실에서 유추하여 높은 나무를 낮추는 일도 여호와의 역사하심이라고 결론짓는 것—은 아니다. 그들은 여호와의 낮추시는 역사도 자기 자신들의 실례에서 놀랍게 체험을 하는 것이다. 사실상 하나님 나라가 세상을 다스리는 자리로 높아지는 일은 세상 나라들을 낮추는 일이 없이는 생각할 수가 없다. 그 낮추는 역사로 말미암아 세상 나라들의 왕들은 그 최고의 위엄의 자리를 잃어버리며, 그들의 허망한 자존심도 잃어버리는 것이다. 그들은 하나님과 그의 왕의 봉신(封臣)들이 된다. 그러나 사실 그것이야말로 그들에게 베풀어질 수 있는 최고의 영예로운 위치인 것이다.

마지막의 '나 여호와는 말하고 이루느니라'는 겉으로 보기에 그저 꿈만 같아 보이고 세상에서 가장 허무맹랑한 것 같이 여겨지는 그 일이 그 일을 약속하시는 그 분으로 말미암아 가장 위대한 현실이 된다는 것을 암시해 주고 있다. 약속을 주시는 분이 다름 아닌 하나님이시며, 그 하나님이 또한 이루시는 것이다.

21:25-27

1032. 21장은 선지자가 사로잡혀간지 제7년 제5월, 즉 예루살렘이 패망하기 약 5년 전에 행한 말씀 가운데 일부로서 여호와의 칼에 대한 예언이라고 말할 수 있을 것이다. 이 예언은 바벨론 왕에게 주는 것으로서 악을 행하는 자들에 대한 복수를 선언하는 것인데, 먼저는 예루살렘에 대하여 다루고, 이어서 여호와와 그의 백성들의 가장 극렬한 원수인 암몬 사람들에 대해서 말씀한다. 그들은 자기 자신들이 멸망을 당함으로써, 예루살렘 패망이 그들이 생각하듯이 여호와 하나님의 약함을 증거해 주는 것이 아니라 오히려 그 하나님의 전능하심을 증거해 주는 것임을 뼈저리게 체험할 것이다.

1033. 25절. "너 극악하여 중상을 당할 이스라엘 왕아 네 날이 이르렀나니 곧 죄악의 끝 때니라." 이는 당시의 왕 시드기야를 향한 말씀이다. 그러므로 26절에 이어지는 선언은 주로 그에 관한 것이며, 따라서 여기서 감정이 격하여 '여호와의 말씀을 들으라'를 빠뜨린 것으로 보아서 그것을 덧붙여서 이해하여야 할 것이다. חָלָל을 '찔림을 당한'이 아니라 '거룩하지 못한' '버림을 당한'의 뜻으로 설명하는 일이 근자에 많이 있는데(한글 개역 성경은 이를 '중상을 당한'으로 번역한다—역자주), 이것은 순전히 시드기야가 실제로 찔림을 당하지 않았다는 역사적인 상황에 근거한 것이다. 시드기야 대신 그의 아들이 그의 눈 앞에서 죽임을 당하고, 그는 끌려갔던 것이다. 그러나 이러한 난제는 별로 중요한 것이 아니다. 이 장 전체에서 하나님의 진노를 하나님이 드리우시는 칼의 이미지로 묘사하고 있기 때문이다. 여기서는 하나님이 징벌하시는 외형적인 방식에 대해서 말씀하는 것이 아니다. חָלָל이라는 말을 통해서 선언하는 것이 무엇이든, 그 말이 하나님이 실제로 칼로써

형벌을 내리신다는 것을 뜻하는 것은 아닌 것이다.

시드기야가 그 당시에 아직 칼에 찔리지 않은 상태였다는 또 다른 반론도 마찬가지로 거의 의미가 없다. 시드기야에 대한 형벌이 2년 동안 연기된 것은 여기서 논의 대상이 되지 않는다. 믿음의 눈으로 죄에 대한 형벌이 그 죄 자체와 함께 필수적으로 따라오는 것을 보기 때문이다. 형벌이 실제로 임하기 전에 죄인이 아직 번영을 누리고 있다 할지라도 그는 이미 피를 흘리고 쓰러져 있는 것과 마찬가지인 것이다. 에스겔은 구체적인 지위를 나타내는 왕(king) 대신 일반적인 통치자를 총칭하는 방백(prince)을 즐겨 사용하는데(한글 개역 성경은 이를 '왕'으로 번역한다—역자주), 여기에는 마땅한 이유가 있다. 그 방백의 날은 문맥상 그에게 심판이 임하여 그가 멸망을 당할 날을 의미한다.

עָוֹן קֵץ은 34절만이 아니라 35:5의 에돔에 대한 예언에도 나타난다: "네가 옛날부터 한을 품고 이스라엘 족속의 환난 때 곧 죄악의 끝 때에 칼의 권능에 그들을 붙였도다." עָוֹן을 데 베테의 주장처럼 '형벌'로 번역해서는 안된다는 것은 분명하다. 그것은 오로지 '죄악, 범죄'를 뜻하는 것이다. 한 가지 남은 문제는 קֵץ를 어떻게 이해해야 하느냐 하는 것 뿐이다. '마지막' 죄악이란 하나님의 형벌이 더 이상 지체할 수 없도록 가득 찬 죄악(이 경우 창 15:16의 "이는 아모리 족속의 죄악이 아직 관영치 아니함이니라"와 비교할 수 있을 것이다), 곧 죄악의 '절정'이란 뜻이거나, 아니면 '종말을 가져오는 죄악,' 곧 백성의 멸망을 초래하는 죄악(βδέλυγμα ἐρημώσεως가 결국 황폐를 초래하는 가증함을 뜻하는 것과 같다. 710을 참조하라)을 뜻하거나 둘 중의 하나일 것이다.

1034. 26절. "나 주 여호와가 말하노라 관을 제하며 면류관을 벗길찌라 그대로 두지 못하리니 낮은 자를 높이고 높은 자를 낮출 것이니라." 관이란 왕관을 뜻하는 것이 아니라(보통 그렇게 보지만), 오히려 대제사장의 관을 가리킨다. 그 낱말의 의미는 그저 일반적인 관을 다 포괄하지만, 대제사장의 관이 생긴 다음부터는 오로지 대제사장의 머리에 쓰는 관만을 지칭한다(출 28:4, 37, 39; 29:6; 39:31; 레 8:9; 16:4를 참조하라). 만일 여기의 관이

왕의 관을 가리킨다면, 왕이 머리에 쓰는 장식물이 이중으로(머리 장식과 면류관) 나타나고 있는 것이 된다. 그리고 얀의 주장을 따르면 이것이 큰 문제가 되지는 않는다. 그는 왕이 머리 장식 위에 면류관을 썼다는 것을 입증된 사실로 간주하기 때문이다. 그러나 머리 장식과 왕관이 서로 동일한 것이라고 보는 것이 옳다. 여기서 면류관과 함께 관을 머리에서 제거함으로써, 왕적인 위엄과 더불어 대제사장적인 위엄이 제거되었으며 그리하여 언약 백성들의 모든 특권이 함께 제거되었음을 선언하는데, 이것이 얼마나 적절한가 하는 것은 이 예언이 고통을 당하여 슬퍼하는 백성에게 이 두 가지 위엄의 회복을 동시에 선언하는 다른 예언들과 놀랍게 대조를 이루고 있다는 사실에서 잘 볼 수 있다. 슥 4, 6장, 렘 33장을 참조하라.

여기의 선언이 왕의 머리 장식을 말씀한다고 보는 유일한 근거는 30절에 왕에 대한 말씀이 나타나므로 본 절 이후의 말씀이 오로지 왕에 대한 말씀으로 보아야 한다는 것이다. 그러나 이것은 아무 것도 입증해 주지 못한다. 만일 그 왕을 백성의 대표로 본다면, 그에게는 머리 장식을 제거하는 것이 면류관을 제거하는 것이나 마찬가지의 의미를 지니게 된다. 그 두 가지가 아주 밀접하게 연관되기 때문이다. 머리 장식이 없는 면류관은 속은 텅 비어 있고 겉만 있는 것과 마찬가지이다. 대제사장의 중보 사역을 통해서 이루어지는 죄의 용서가 하나님께로서 오는 모든 왕적인 축복의 기반이 되는 것이다.

한 가지 지적할 것은, 여기서 다른 동사가 덧붙여지지 않고 부정사만 나타나고 있는데, 이는 강조의 의미를 지니는 간결한 표현으로서 행동 그 자체만을 강조하여 부각시키고자 할 때에 사용되는 용법이라는 사실이다. 여기서는 관과 면류관을 제거하는 자가 누구냐 하는 것에 대해서는 관심이 없다. 선지자가 여기서 염두에 두는 것은 오로지 관과 면류관을 제거한다는 사실 그 자체이다.

‘그대로 두지 못하리니’(문자적으로는 ‘이것은 이것이 아니로다,’ ‘this is not this’이다—역자주)에 대해서는 잘못 이해하는 경우가 잦은데, 이 어구는 그 다음에 이어지는 내용이 설명해 주고 있다: ‘낮은 자를 높이고 높은 자를 낮출 것이니라. 즉, 낮은 자로부터 높은 자에 이르기까지 모두의 상태가 바뀔 것이라는 의미이다. 이는 현재의 상태가 완전히 바뀌며 그 어느 것도 그대로 남아 있는 것이 없게 되는 상태, 즉 총체적인 변혁을 의미한다. 이러한 해석이 옳다는 사실은 사 24:1 이하의 병행 구절에서 확인된다. 32절에서 나타나듯이 사실 에스겔은 그 구절을 염두에 두고 있음이 분명하다. 거기의 2절은 여기서 말씀하는 모든 관계의 변혁을 개별적인 실례를 통해서 말씀해 준다. 곧, 일반 백성이 제사장과 같아지며, 종이 상전과, 여종과 가모(家母)와, 사는 자와 파는 자가, 채급하는 자와 채용하는 자가, 이자를 받는 자와 이자를 내는 자와 서로 마찬가지가 될 것이라는 것이다.

1035. 27절. "내가 엎드러뜨리고 엎드러뜨리고 엎드러뜨리려니와 이것도 다시 있지 못하리라 마땅히 얻을 자가 이르면 그에게 주리라." 여기서는 29, 30절의 עָוֹן(죄악)에 대해서 말씀하는 것임이 분명하다. 그 죄악들이 먼저 기존의 질서를 전복시켰으며, 이제는 하나님이 그것을 전복시키실 차례인 것이다. 여기 똑같은 동사를 세 차례나 반복하고 있는 것은 그 의미의 강렬함을 강조하는 역할을 한다. '이것도'에서 '도'(also)를 주목할 필요가 있다. 이는 여기의 '이것'이 바로 앞에서 언급한 엎드러뜨리는 일의 결과로 나타나는 상태를 뜻한다는 것을 보여준다. 즉, '이것도 영구한 것이 아니다; 엎드러뜨린 다음 다시 또 엎드러뜨리는 일이 이어진다'; 위대한 회복자요 평강의 왕이신 분이 나타나기까지, 아무 데도 안식할 곳이 없고 안정도 없고, 모든 것이 혼란의 상태에 있을 뿐이다.

'마땅히 얻을 자'라니, 무엇을 마땅히 얻는다는 뜻인가? 그러나, 여기서는 그 점에 대해서는 그 이상 구체적으로는 밝히지 않는다. 아마도 앞의 문맥에서 그것을 찾아야 할 것 같다. 앞의 문맥에서 찾는다면, 그것은 다름이 아닌 머리의 관과 면류관을 마땅히 얻을 것을 뜻하는 것으로 볼 수 있을 것이다. 곧, 전에 그것들을 소유하고 있던 자들이 그들의 불경건함으로 인하여 그 권리를 빼앗긴 상태에 있는 것이다. 이렇게 보면, 이 예언은 대제사장과 왕의 위엄이 메시야에게서 연합될 것(렘 33:18의 해석을 참조하라)에 대해서 말씀하는 스가랴 6장의 예언과 완전하게 병행을 이루는 것이 된다. 그렇게 되면 결국 스가랴가 에스겔의 예언을 단순히 다시 반복하여 선포하고 있는 것이라는 것을 의심할 여지가 훨씬 줄어들게 된다. 왜냐하면 스가랴는 표현 방법에 있어서까지 에스겔과 일치하며, 왕과 제사장의 위엄을 비슷하게 그들의 외형적인 표시인 머리 장식과 면류관의 이미지로 표현하고 있기 때문이다.

34:23-31

1036. 34장의 예언은 악한 목자에게 주는 것으로서, 33:22에 의하면 한 사람이 예루살렘에서 도망하여 포로지에 도착하여 갈대아인들의 예루살렘 함락에 대한 소식을 전해 주기 바로 전날 밤과 그 사람이 도착한 당일 아침 사이에 받은 계시에 속한다. 에스겔은 예언의 영을 통해서 그 사실을 먼저 알고 있었고, 그 일에 대해서 여호와의 말씀을 구했다. 그 일은 분명히 포로들에게 큰 영향을 주게 될 사건이며, 따라서 여호와께서 그렇게 하신 일에 대해 설명이 필요했던 것이다. 장로들을 비롯해서 많은 사람들이 선지자 앞에 모였고(33:31을 보라), 여호와의 손이 그에게 임했다. 선지자를 통하여 선포되는 하나님의 말씀은 이스라엘에 대한 그의 사랑과 긍휼, 그리고 그의 언약적 신실하심을 지적하는 것으로서 주로 위로를 담고 있었다. 예루살렘의 모든 일을 통해서 그의 의로우심이 크게 선포되었으므로, 그 일에 대해서는 그저 암시하는 것만으로 족했다. 이 점에 있어서 우리는 에스겔의 경우 예레미야와 전적으로 동일한 현상이 나타나는 것을 보게 된다. 멸망이 있기 전에는 두 선지자 모두 경고의 메시지가 지배적이고, 멸망 이후에는 약속의 메시지가 가득하다. 불행과 번영 모두 그것들이 직접 다가오기 전에는 인간의 지식만으로는 도무지 가늠할 수가 없는 것이다. 하나님에 대한 살아 있는 지식이 없었으므로, 멸망 전이나 후나 그들은 신뢰를 잃어버리고 똑같이 절망 가운데 빠져 있었다. 선지자는 그 때마다 겉으로 드러난 현실에 반하여 그 본질을 분명히 밝히려고 노력했던 것이다.

34장의 예언이 얼마나 예레미야 23장의 예언에 의존하는지는 그곳을 다룰 때에 이미 살펴본 바 있다. 이 예언은 이스라엘의 목자에 관한 예언이다. 악한 목자들에게는 멸망을 예언하며, 이스라엘의 잃어버린 목자에게는 여호와로 말미암은 구원을 선포한다. 여호와께서는 스스로 그들의 목자의 직분을 취하시고 그의 종 다윗을 통하여 그 직분을 시행하신다. 그리고 바로 이어서 악한 목자에 대한 징벌에 관한 전반부의 예언이 성취되는 기사가 이어지며, 이는 후반부의 예언도 성취될 것이라는 보증이 된다. 그 두 가지의 성취의 근원이 동일하게 여호와의 언약적 신실하심에 있기 때문이다.

1037. 23절. "내가 한 목자를 그들의 위에 세워 먹이게 하리니 그는 내 종 다윗이라 그가 그들을 먹이고 그들의 목자가 될지라." '한 목자'의 '한'은 과거에 이스라엘과 유다로 나라가 나뉜 사실을 시사한다. 얀은 여기의 אֶחָד가 전혀 있지도 않은 unicus, singularis('유일한')의 뜻이라는 것을 입증하기 위해서 안간 힘을 쓰는데, 이로써 그의 노력은 허사가 되고 만다. 그의 주장의 핵심이 옳은 것은 사실이다. 그는 다윗의 아주 탁월한 후손으로서 완전한 의미에서 하나님의 마음에 합한 사람이며 아버지의 나라를 완전하게 다시 받을 분이다. 다윗의 후손들에 대한 형벌로서 나라가 쇠퇴하였다. 그 나라가 하나님의 마음에 합하지 않게 되었기 때문이다. 그리고 다윗의 후계자들 가운데 지금까지 경건한 왕들이 많이 나왔지만 그들 가운데 아무도 갈라진 나라가 장차 다시 연합될 것이라고 한 약속(왕상 11:39을 참조하라)이 그들에게서 실현될 만큼 그 정도로 하나님의 마음에 합한 사람이 없었다. 그러므로 그 목자가 '하나'라는 말씀은 그 목자가 지닌 최고의 탁월성을 시사하며, 그를 통하여 여호와의 가장 완전한 긍휼하심이 그의 백성에게 베풀어질 것을 암시해 주고 있다. 과거에는 목자의 직분이 있음에도 불구하고 그 의무를 이행하지 않음으로써 그 백성에게 말로 다할 수 없는 그런 고통을 안겨 주었었으나, 이제는 그런 일이 사라질 것이다. 마지막으로, 이미 인용한 구절들 이외에도 렘 33:15, 16; 호 3:5을 참조하라.

1038. 24절. "나 여호와는 그들의 하나님이 되고 내 종 다윗은 그들 중에 왕이 되리라 나는 여호와의 말이니라." 다윗에게 한 약속이 다시 나타나고 있다. 그의 자손이 완전한 의미에서 하나님의 종이 될 것이며, 그리하여 과거에 하나님의 간접적인 통치와 그의 직접적인 통치 사이에 존재했던 그

고통스러운 구분이 완전히 사라질 것이다.

1039. 25절. "내가 또 그들과 화평의 언약을 세우고 악한 짐승을 그 땅에서 그치게 하리니 그들이 빈 들에 평안히 거하며 수풀 가운데서 잘찌라." 언약을 맺는 의미에 대해서는 이미 살펴본 바 있다. 렘 31:32의 설명을 참조하라. 그의 종을 통해서 하나님과의 화평이 이루어지고 난 후에 지금까지 그의 배역한 백성들에 대하여 공격해온 짐승들과의 화평이 뒤따라온다. 여기의 선지자의 묘사는 레 26장에 근거한 것이다. 6절을 참조하라: "내가 그 땅에 평화를 줄 것인즉 너희가 누우나 너희를 두렵게 할 자가 없을 것이며 내가 사나운 짐승을 그 땅에서 제할 것이요 칼이 너희 땅에 두루 행하지 아니할 것이며." 선지자는 전혀 새로운 것을 선포하는 것이 아니다. 그는 다만 신적 율법 제정자가 언약 백성의 관념에 필요한 것으로 이미 선포한 내용을 반복하고 있을 따름이다. 이 예언이 이스라엘에게서 불완전하게 성취되었을 뿐이라는 사실이 확실한 만큼 그 완전한 성취가 이후에 있을 것이라는 것도 확실하다. 호 2:20을 참조하라.

1040. 26절. "내가 그들에게 복을 내리며 내 산 사면 모든 곳도 복되게 하여 때를 따라 비를 내리되 복된 장마비를 내리리라." 산은 거룩한 산 시온을 가리킨다. 시온은 하나님의 백성들의 영적 거처(居處)였으므로 이것이 하나님의 백성 이스라엘을 지칭한다는 사실은 그 산이 그들과 함께 위치한다는 점에서 잘 나타난다. 따라서 그 산 '사면 모든 곳'은 하나님의 백성에 합류하는 이방인들을 뜻할 것이다. 여기서 '복을 내리며'의 '복'은 '복된 장마비'의 '복된'보다도 뜻이 훨씬 강하다(창 12:2를 참조하라). 이스라엘은 진정한 복이 될 것이다. 그 복을 가나안의 기후와 관련되는 장마비라는 개별적인 사례(다른 모든 자연적인 축복이 비에 달려 있다)를 통해서 묘사하고 있는데, 이 역시 레 26장에서 취한 것이다. 신 11:13, 14; 욜 2:23을 보라.

1041. 27절. "그리한즉 밭에 나무가 열매를 맺으며 땅이 그 소산을 내리니 그들이 그 땅에서 평안할지라 내가 그들의 멍에목을 꺾고 그들로 종을

삼은 자의 손에서 그들을 건져낸 후에 그들이 나를 여호와인줄 알겠고.”—
‘그리한즉 … 소산을 내리니’는 레 26:4에서 취한 것이고, ‘그들이 … 평안
할지라’는 6절에서 취한 것이며, ‘내가 … 꺾고’는 13절의 내용을 암시하고
있다: “나는 너희를 애굽 땅에서 인도하여 내어 그 종된 것을 면케 한 너희
하나님 여호와라 내가 너희 멍에 빗장목을 깨뜨리고 너희로 바로 서서 걷게
하였느니라.” 그 당시 이스라엘이 그들에게 나타난 역사를 통해서 하나님이
여호와이신 것을 알았듯이, 이제도 그들을 세상의 다스림에서 구속해내어 하
나님과 그의 기름 부음을 받은 자에게만 복속되는 그 놀라운 사건의 반복에
서 이를 새롭게 경험하게 될 것이다. 여기의 묘사는 하나님이 이스라엘을 구
속하시기 위해서 유일하시고 완전한 존재이신 여호와 이외에 다른 존재가 되
실 필요가 전혀 없었다는 사실을 암시해 준다.

1042. 28절. “그들이 다시는 이방의 노략거리가 되지 아니하며 땅의 짐
승의 삼킨 바 되지 아니하고 평안히 거하리니 놀랠 사람이 없으리라.” 이방
이 여호와의 백성보다 우위에 있게 되는 것은 오로지 그들이 그들의 죄악으
로 인하여 여호와의 백성으로서의 지위를 상실했을 경우에만 있는 일이다.
그러므로, 이제는 이스라엘에 대한 그들의 지배가 사라진다. 671을 참조하
라.

1043. 29절. “내가 그들을 위하여 유명한 종식할 땅(헹스텐베르크는 이
를 ‘한 이름을 위한 동산,’ ‘a plantation for a name’으로 번역한다—역
자주)을 일으키리니 그들이 다시는 그 땅에서 기근으로 멸망하지 아니할지며
다시는 열국의 수치를 받지 아니할지라.”—‘동산’은 창 2:8, 9의 ‘여호와 하
나님이 동방의 에덴에 동산을 창설하시고 그 지으신 사람을 거기 두시고 여
호와 하나님이 그 땅에서 보기에 아름답고 먹기에 좋은 나무가 나게 하시니’
를 암시한다. 또한 이를 죄에 대하여 심판을 선고하실 때에 하나님께서 행하
신 3:18, 19의 선언과 비교해 보라: “땅이 네게 가시덤불과 엉겅퀴를 낼 것
이라 너의 먹을 것은 밭의 채소인즉 네가 얼굴에 땀이 흘러야 식물을 먹고
필경은 흙으로 돌아가리니.” 아담과 하와의 타락의 역사는 계속해서 반복되

는 역사다. 최초의 죄는 모든 죄들의 기원과 그 전개 과정을 보여주며, 바로 그렇기 때문에 창세기 저자는 그 관계를 상세히 말씀하고 있는 것이다. 들의 성읍들이 심판을 당하기 전에, 그곳의 땅이 마치 하나님의 동산 에덴처럼 물이 넉넉했다고 말씀할 때에도(창 13:10), 그는 그 죄의 의미를 주목하고 있는 것이다. 그런데, 그 타락의 역사에 내포된 예언이 특별히 이스라엘에게서 실현되었다.

이스라엘을 위해서도 하나님은 에덴의 동산을 창설하셨었고, 거기에는 보기에도 좋고 먹기에도 좋은 나무들이 가득차 있었다. 하나님은 이스라엘에게 젖과 꿀이 흐르는 땅을 주셨고, 그로 말미암은 모든 축복들을 함께 주셨다. 그러나 이스라엘은 미혹하는 자의 목소리를 청종했고, 결국 그의 낙원은 사라졌다(그러나 영원히 사라진 것은 아니다). 하나님은 미래의 어느 때에 다시 이스라엘을 위하여 다시 에덴에 동산을 창설하시고 아름다운 나무들로 가득 채우실 것이다. 여호와께서 그의 백성을 위하여 예비하실 그 새로운 낙원 창설은 완전한 의미에서의 하나님의 축복을 지칭하며, 그 축복 가운데 열매 맺는 나무들의 축복이 있을 것인데, 이 역시 상징적인 것이다. 굶주림이 궁핍과 비참의 상태를 묘사하는 상징이었듯이, 문자적인 동산 창설은 영적인 동산 창설의 복사판이거나 하나의 모형인 것이다.

1044. 30절. "그들이 나 여호와 그들의 하나님이 그들과 함께 있는 줄을 알며 그들 곧 이스라엘 족속이 내 백성인 줄 알리라 나 주 여호와의 말이라." 이스라엘 족속은 강조의 의미를 띤다. 이스라엘은 참된 의미에서의 하나님의 백성, 언약 백성을 가리킨다. 11:15에 대해 다룬 부분을 참조하라.

1045. 31절. "내 양 곧 내 초장의 양 너희는 사람이요 나는 너희 하나님이라 나 주 여호와의 말이니라."— '너희는 사람이요'라는 표현은 하나님의 자기를 낮추심(condescension)이 얼마나 깊고 크신가를 주목하게 하며, 또한 사람은 흙에서 왔으니 다시 흙으로 돌아가며 따라서 하나님과 친밀한 연합을 이룬다는 것은 있을 수가 없다고 믿는 연약한 자들의 믿음을 강건하게 세워 준다.

36:22-32

1046. 36:16-38도 예루살렘 멸망의 소식이 전해지기 바로 전 날에 행한 말씀 가운데 일부이다. 이 단락의 내용에 대해서 베네마는 간결하고도 적절하게 정리해 준다: "백성의 부패로 파괴와 파멸을 요구할 뿐만 아니라, 해방이 되든 회복이 되든 유일한 하나님의 이름으로부터의 성화에 의해서 재언급됨과 더불어 그는 이유와 근거를 선포하고 있다." 전자는 17-21절의 서론 부분에서 나타나며, 두번째는 22-38절의 주요 단락에서 나타난다. 여기서는 33-38절은 제외했는데, 그 부분은 그저 반복되는 내용에 불과하기 때문이다.

1047. 22절. "그러므로 너는 이스라엘 족속에게 이르기를 주 여호와의 말씀에 이스라엘 족속아 내가 이렇게 행함은 너희를 위함이 아니요 너희가 들어간 그 열국에서 더럽힌 나의 거룩한 이름을 위함이라." 이 단락 전체를 올바로 이해하기 위해서는 구약 성경에 나타나는 거룩이라는 관념에 대한 통찰이 필요하다. 이에 대해서 현대의 해석자들 가운데 일시적인 충동에 따라 움직이는 현상이 지배적으로 일고 있다. 정해진 테두리를 지키며, 거기에 도덕적 거룩함과 위엄과 존귀함 등을 덧붙여 이해하는 자들이 있는가 하면, 도덕적 거룩함을 완전히 제외시키고 그 대신 낮아짐과 사랑을 거론하는 이들도 있다.

그러나 Ev. K. Z. vol. 7. p.573ff.의 논문이 이런 그릇된 견해들을 반박하고 올바른 견해를 세워준다. 하나님의 거룩하심이란 죄로부터 전적으로 자유로운 하나님의 본성과 죄에 대한 최고의 혐오, 그리고 그의 죄악된 피조물들 속에(in) 그의 성령을 거하게 하셔서 자신을 존귀하게 하시며, 그들이 이를 허용치 않을 때에는 그들에게(upon) 성령을 임하게 하심으로써 그들을 이끄시는 일 이외에 다른 것을 뜻하는 일이 절대로 없다. 거룩이란 순전히 도덕적인 속성일 수밖에 없다. 그렇지 않으면 '내가 거룩하니 너희도 거룩하라' 는 말씀이 아무런 의미도 없는 것이 되고 만다.

그러나 여기서 어떻게 하나님의 거룩하심이 이스라엘을 구속할 때에 드러나는 바로 그 하나님의 존재의 속성으로 묘사될 수 있는가? 얼핏 보기에 거기에는 거룩성이 아니라 은혜와 긍휼만이 나타나지 않는가? 이스라엘을 선택하신 것은 은혜와 긍휼하심의 역사였으나 하나님 나라를 세우시는 일반적인 역사에는 하나님의 거룩하심이 가장 본질적인 부분이 되었다. 일단 이스라엘을 선택하고 난 후에는 하나님의 거룩하심이 이스라엘과의 관계에서 본질적인 부분을 차지하였고, 그리하여 이스라엘의 거룩한 자라는 이름이 하나님의 주요한 호칭 가운데 하나가 되었다. 선택의 작정은 무조건적인 것이었다. 그러므로 만일 하나님이 그 백성을 영원토록 내어버리신다면 그 순간 그는 여호와가 아닌 존재가 되고 만다. 왜냐하면 여호와에게는 어떠한 변화도 없으며, 그 거룩한 자에게는 변함도 회전하는 그림자도 없으시기 때문이다 (약 1:17).

하나님은 사람이 아니셔서 거짓말하지 않으시며 인자가 아니셔서 후회치 아니하시기 때문에 그의 거룩하심이 그의 은혜로 베풀어지는 모든 약속을 은혜로 성취하도록 요구한다는 사실은 시 89: 36에서 잘 나타난다: "내가 나의 거룩함으로 한번 맹세하였은즉 다윗에게 거짓을 아니할 것이라. 그 후손이 장구하고 그 위는 해같이 내 앞에 항상 있으며." 그것은 또한 "나는 은혜 줄 자에게 은혜를 주고 긍휼히 여길 자에게 긍휼을 베푸느니라"라는 선언에서도 나타난다(출 33:19). 하나님께는 변덕도 거짓도 없으며, 그가 한번 뜻하신 바를 변경시키셔서 달리 뜻하신다면 그는 자기 자신이 아닌 것이 되고 마는 것이다. 심지어 이스라엘의 죄마저도 그것이 아무리 클지라도 하나님의 거룩하심에 호소하여 구속을 얻지 못하는 법이 없는 것이다. 전지하신 하나님은 몸소 무조건적으로 그들에게 약속을 주시기 전에 이미 그 모든 죄들을 알고 계셨기 때문이다. 모든 피조물의 하나님이신 그에게 그들의 죄악이 전혀 예기치 않은 상태에서 갑자기 일어난 것이 아니었다. 하나님은 죄인들을 멸망시키실 수도 있었고, 또한 그렇게 하셔야만 했다. 그는 거룩하신 분이셨기 때문이다.

그러나 온 이스라엘을 다 포기하실 수는 결코 없으셨다. 동시에 שארית를 남겨 두셔야만 했던 것이다. 죄가 크다는 사실은 다만 그 죄를 제거하고 정결케 하는 가장 효과적인 수단을 사용하도록 만드셨을 뿐이었다. 만일 그들을 거룩하게 만들지 않으신다면 그도 거룩하지 않게 되실 것이었다. 왜냐하면 하나님은 그의 약속을 성취시키시는데 자신의 역할을 감당하지 않으신 것이 되고 말며, 그 약속도 인간의 죄된 본성의 상태로 인해서 외형적인 것으로만 그쳐버렸을 것이기 때문이다. 만약 그렇게 하셨다면, 그는 결코 그의 긍휼하심의 대상을 원하실 수가 없으셨을 것이다. 소돔이 멸망한 것은 거기에 ἐκλογή('선택')가 없었기 때문이다. 그러나 이스라엘의 경우에는 여호와께서 엘로힘보다는 무한히 더 풍성하신 분으로 관계를 맺으시기 때문에, 그들은 그렇게 될 수가 없었던 것이다.

여기서 이스라엘의 구속이 그들의 모든 공적과는 전혀 관계 없으며 (.למענכם과 관련하여 신 9:6을 참조하라: "그러므로 네가 알 것은 네 하나님 여호와께서 네게 이 아름다운 땅을 기업으로 주신 것이 네 의로움을 인함이 아니니라") 오로지 하나님의 본성, 그의 거룩하심에 근거한 것이다. 이러한 사실은 한편으로는 그들의 모든 인간적인 주장들을 잠재우는 것으로 매우 굴욕적이지만, 다른 한편으로는 매우 위로를 주는 것이다. 얼핏 보면, 하나님이 여기서 이스라엘의 구속을 행하시는 근거가 매우 외형적인 데 있는 것처럼 보인다. 이방인들이 하나님의 깊으신 의도를 알지 못하고 그의 역사하심에 대하여 조롱하기 때문에 그것으로 인해서 그가 이스라엘을 멸하기로 하셨던 과거의 작정을 포기하시도록 자극을 받으신 것처럼 보이는 것이다.

그러나 우리는 겉으로 드러난 형식과 그 속에 담긴 사상을 구분할 줄 알아야 한다. 형식은 누구나 다 볼 수 있는 것이지만, 그 속에 담긴 사상은 아무나 깨달을 수가 없는 것이다. 이방인들의 결론은 겉으로 드러난 사실에만 의거한 것이다. 그들은 이스라엘이 여호와의 백성이라는 사실에 대해서는 의심치 않았다. 그들은 그 점을 입증해주는 과거의 사실들을 잘 알고 있었던 것이다. 심지어 그들은 하나님이 이스라엘에게 하신 놀라운 약속이나 그들에게 베푸신 든든한 맹세에 대해서도 잘 알고 있었다. 그런데 하나님이 즉시 그 백성들을 전적으로 거부하고 계시니, 그 순간에는 이 하나님의 거룩하심이 큰 문제가 되지 않으며(왜냐하면 그가 지키지도 못할 약속을 하셨든지, 자신이 행한 약속을 스스로 지키지 않든지 둘 중의 하나이기 때문에), 또한 그가 그들이 섬기는 우상들(그들의 죄악된 본성만을 드러내는)과 완전히 똑같아졌다는 생각이 어떻게 그들에게 일어나지 않겠는가? 그러므로, 만일 하나님이 그의 백성을 '영원히'("이들은 여호와의 백성이라도 여호와의 땅에서 영원히 떠난 자라"에 '영원히'를 붙여서 이해하여야 한다, 20절) 버리셨다는 이방인들의 추측이 옳다면, 그들의 결론도 거부할 수가 없게 된다. 여기서 '영원히'에 대해서 정면으로 반박하는 것만이 하나님의 행위를 정당화시킬 수 있는 길이 되는 것이다.

이방인들의 주장이 사실 그 자체에 근거할 때에만 비로소 논의 대상이 되며 또한 하나님의 본성은 적절한 근거를 갖고 있다고 보는 견해가 옳다는 것은 선지자가 염두에 두고 있는 모세오경의 구절들(출 32장, 민 14장, 그리고 신 9장)과 비교해 보면 바로 확인할 수 있다. 얼핏 보면, 이방인들의 생각처럼 이스라엘의 구속이 하나의 변덕스런 일로서 하나님의 본성과는 전혀 관계없이 이루어진 것으로 보인다. 하나님은 그 백성을 멸하시기로 확실히 정하신 것처럼 말씀하시고는 후에 모세의 간구를 들으시고서, 또한 이방인들의 질책을 막아야 한다는 외적인 요인을 생각하시고서, 죄인들을 심판하시는 것을 스스로 제한하시고 그리하여 그 백성에게 그들의 선택이 영원하다는 것을 확증해 주시기로 마음을 바꾸신 것처럼 보인다. 그러나 좀더 면밀히 살펴보면, 하나님은 어떤 분명한 목적으로 처음에는 그 일의 한 면만을(즉, 언약과 약속이 없을 경우에 그의 본성의 요구에 따라서 그가 행하셨을 그런 일을) 드러내 보이신 것을 알 수 있다.

그 목적이 위의 세 구절 모두에서 분명히 드러난다. 출 32:10("그런즉 나대로 하게 하라 내가 그들에게 진노하여 그들을 진멸하고 너로 큰 나라가 되게 하리라")을 참조하라. 마찬가지로 민 14:12; 신 9:14도 보라. 이스라엘이 하나님의 종으로서 당하는 시험 뒤에 모세가 하나님의 종으로서 당하는 시험이 뒤따른다. 곧 외적인 표증에서 보듯이 그는 40일 동안—성경에 나타나는 전형적인 시험 기간(신 9:9)—을 금식하는 것이다. 이 시험은 이스라엘이 넘어지는 상황으로 그 절정에 이른다. 그리하여 모세는 그 백성을 자신의 이기적인 관심사를 위해서 희생시키며 그들 대신 자기 자신을 그 자리에 놓을 만한 아주 그럴듯한 이유를 마련한 셈이다. 백성의 지도자로서 모든 일에 그들과 같이 시험을 받아야 마땅했던 것이다. 그렇기 때문에 하나님은 그의 존재의 한 면을 나타내신 것이다. 그는 마치 그의 종이 이기적인 입장에 섰듯이 그와 같은 입장에 계신 것처럼 자신을 묘사하신다. 그리고 그의 존재의 다른 면을 드러내는 일은 모세에게 맡겨주신다. 그런데 모세는 실제로 시험을 이기고 그 일을 해 냈다. 이를 보여주는 외적인 표증이, 그리고 하나님이 그 일에 대해서 인치셨다는 확증이, 바로 그의 얼굴에 빛난 광채로 나타난 것이다. 그런데, 모세가 이방인의 질책이 사실에 근거하는 한 그 정당성을 인정했다는 것이 그가 이 일을 행한 그 방법 속에서 드러나고 있다. 그는 그 일을 행하면서 사실이 적나라하게 드러나도록 했기 때문이다. 예컨대, 출 32:13을 보라: "주의 종 아브라함과 이삭과 이스라엘을 기억하소서 주께서 주를 가리켜 그들에게 맹세하여 이르시기를 내가 너희 자손을 하늘의 별처럼 많게 하고 … 하셨나이다." 그리고 신 9:27; 민 14:17 등을 함께 보라.

하나님의 이름이 여기서 그의 존재를 지칭한다는 사실은 재론의 여지가 거의 없다. 여기서 더럽혔다는 것은 행위를 가리키는 것이 아니라 그 행위의 결과를 가리키는 것이다. 이는 그 앞의 내용에서 드러난다. 그러나, 선지자는 의도적으로, 이스라엘이 언약 백성의 관념과 정반대되는 운명을 맞아서 그로 인하여 한 행동을 범했음을 말씀하고 있다. 그들은 이 책망의 죄책을 지고 있었던 것이다. 그들의 운명은 그들의 행실에 비추어볼 때에 합당한 것이며 그것의 자연스런 결과였으므로, 이러한 책망은 그들에게 깊은 모멸감을 주었을 것이다. 이방인이 아니라 그들이 거룩하신 하나님을 죄가 가득한 곳에 끌어 내렸던 것이다.

1048. 23절. "열국 가운데서 더럽힘을 받은 이름 곧 너희가 그들 중에서 더럽힌 나의 큰 이름을 내가 거룩하게 할지라 내가 그들의 목전에서 너희로 인하여 나의 거룩함을 나타내리니 열국 사람이 나를 여호와인줄 알리라

나 주 여호와의 말이니라." 스스로 거룩하신 하나님은 그의 백성에게 그의 거룩하심을 베풀어주심으로써 그 백성들 가운데서 거룩해 지신다. 흔히 잘못 오해하는 주님 가르치신 기도의 "이름이 거룩히 여김을 받으시오며"라는 어구를 해석하는데, 이와 같은 구절이 그 기초가 된다. 그 어구의 의미는 다름이 아니라, '하나님이 스스로 거룩하시듯이 세상에서도 거룩하옵소서'라는 뜻이다. 구체적으로 이스라엘 내에서 하나님이 어떤 면에서 거룩하게 되시는가 하는 것은 다음의 관계에서 볼 수 있다. 거룩함이란 죄로부터 자유로운 상태를 뜻하며, 또한 죄로 말미암아 생기는 악에서도 자유로운 것을 나타낸다. 이스라엘은 성령의 역사로 말미암아 용서함을 받음으로써 죄에서 먼저 자유를 얻으며, 그 다음에 그들을 거룩케 하는 일의 완성으로서 번영을 베풀어 주시는 일이 이어진다. 이렇게 해서 하나님의 이름이 거룩히 여김을 받는 것이다. 그의 백성 가운데 나타나는 하나님의 모습이 그 스스로 계시는 그의 모습을 밝히 증거해 주는 것이다. 이방인들은 이제 하나님이 거룩하시다는 것을 깨달으며, 또한 그가 여호와시라는 것도 깨닫게 된다. 그가 여호와시라는 사실의 유일한 구체적인 결과가 바로 그가 거룩하신 하나님이시라는 것이기 때문이다.

1049. 24절. "내가 너희를 열국 중에서 취하여 내고 열국 중에서 모아 데리고 고토에 들어가서." 25절. "맑은 물로 너희에게 뿌려서 너희로 정결케 하되 곧 너희 모든 더러운 것에서와 모든 우상을 섬김에서 너희를 정결케 할 것이며." 여기서 처음으로 하나님이 그의 백성들 가운데서 거룩해지시는 근거가 제시되고 있다. 그것은 곧 죄를 용서하고 제거하는 것인데, 이는 축복을 베풀기 전에 반드시 선행되어야 할 것들이다(참조. 렘 31:3, 4). 여기의 묘사는 모세의 정결 예법을 암시하며, 특히 그 가운데서도 부정한 것 가운데서 가장 부정한 것, 곧 시체를 접촉하여 얻은 부정을 제거할 때에 붉은 암염소의 재를 정결케하는 물에 뿌리게 되어 있었는데, 그 물을 암시하는 것이 분명하다(민 19:17-19; 시 51:9을 참조하라). 여기의 묘사가 그런 것을 지칭한다고 보는 것에 대해서 대개 다음과 같이 설명한다: '이런 유의 암시를 주는 사람은 육체적인 것을 영적인 것으로 바꾼다."

그러나 바른 견해는 '그는 율법 가운데 상징(a symbol)으로 나타나는 것을 상징(a figure)으로 사용하고 있다'고 보는 것이다. 정결 예법의 근거와 목적을 다른 원리를 근거로 결정하려는 사람들은 엄청난 모순에 빠지는 것이나 다를 바가 없다. 예를 들어서 미카엘리스의 M. R. (Pt. 4. 207 ff.)에서 그들에 관한 논의를 보기만 해도 분명히 알 수 있을 것이다. 부정함과 정결케 하는 예법의 상징적인 의미는 그것을 좀더 면밀히 검토해 보면 곧바로 완전히 확인할 수가 있다. 시종일관 우리는 외형적인 부정함이 영적인 부정함의 수준으로 처리되며, 그것을 정결케 하는 외적인 수단이 내적인 정결케 하는 수단의 수준으로 다루어지는 것을 본다. 예컨대, 민 19:20을 보라: "사람이 부정하고도 스스로 정결케 아니하면 여호와의 성소를 더럽힘이니 그러므로 총회 중에서 끊쳐질 것이니라 그는 정결케 하는 물로 뿌리움을 받지 아니하였은즉 부정하니라." 부정한 사람과 죄인이 완전히 똑같이 취급을 받고 있음을 보게 된다. 그 사람을 위해서 드리는 제사는 속죄제(sin-offerings)였으며, 제사장은 그를 위해서 여호와 앞에서 속죄하는 것이다(예컨대, 레 15:15을 참조하라).

이것과 관련하여 정치적인 목적이 있었다고 추정하는 사람들의 유일한 근거는 모세가 신앙을 그의 목적을 이루는 하나의 수단으로 이용했다는 가정이다. 미카엘리스는 전폭적으로 이 견해를 지지한다. "이스라엘 백성의 정치적인 군주가 되시기 위해서 내려오신 하나님은 그 일을 이루기 위한 보조 수단 가운데 가장 강력한 것인 신앙을 이용하신 것이다." 그러나, 만일 이런 주장이 옳다면 결국 모세가 하나님이 보내신 것이 아닌 것이 되고 말며, 미카엘리스는 이런 주장을 함으로써 모세가 하나님으로부터 보냄을 받지 않았음을 공공연히 선언하는 자들보다도 한술 더 떠서 그런 주장을 선전하는 것이다.

그러나, 이런 주장은 그에 대한 증거가 전혀 없다. 정치적인 목적에 대해서는 어디에서도 그 흔적도 찾을 수가 없는 것이다. 오히려 반대로, 율법의 상징적인 성격 전체를 고려할 때에 상징적인 의미로 보는 것이 훨씬 더 근거가 있다. 죄와 거룩함에 대해서, 그리고 그 결과로 나타나는 대속과 속죄의 필연성에 대해서 살아있는 의식을 일깨우고자 하는 것이 모세가 어디에서나 추구한 목표였으며, 또한 정결 예법이 추구한 목표였다. 외적인 부정함을 초래케 한 행동은 바로 죄를 초래케 하는 행동과 같은 것으로서, 상징적 언어에 친숙해 있는 구약 시대의 백성들은 외형적인 이미지를 통해서 더 쉽게 그 내용물을 바라보았던 것이다. 그러므로 그런 상징적 의미가 없다면, 그들이 행한 일들이 온통 우스꽝스러운 일들이 되고 말았을 것이다. 레위기에 매우 두드러지게 나타나는 가장 심각한 부정인 문둥병에 대해서는 이미 1005에서 지적한 바 있다. 그 밖에 또 한 가지의 부정인 시체로 인한 오염(이는 여기서도 암시되고 있다)에 대해서 다일링(Deyling)은 다음과 같이 적절히 언급하고 있다: "그로부터 사람이 하나님 앞에서 불의들과 죄들에 대한 얼마나 큰 혐오가 있는지를 판단할 수 있다." 육체적으로 죽어 있다는 것이야말로 죄와 허물 가운데 죽어 있는 상태(엡 2:1, 5; 골 2:13)를 나타내주는 가장 적절한 상징이다. 죄를 가리켜 히 9:14에서 '죽은 행실'이라고 지칭하는 것을 보게 된다.

이런 시각으로 보면, 율법적인 부정과 정결케 하는 것들의 의미가 완전히 드러나게 된다. 우리는 육체적인 것을 아무렇게나 멋대로 영적인 것으로 바꾸어 놓는 것이 아니라, 오히려 본래 영적인 것과 관련하여 제시된 내용을 해석하는 것이다. 에스겔은 여기서 전혀 새로운 어떤 것을 약속하는 것이 절대로 아니다. 다만 이미 율법 속에 들어 있는 약속을 다시 반복하며 그 완전한 성취를 선언하는 것뿐이다. גִּלּוּלִים은 본래 '더러운 것'들을 뜻하는데, 이것이 우상들을 지칭하는 것으로 쓰이고 있다. 그러나 우상들의 더럽고 부정하며 오염시키는 면을 부각시키는 표현이라 하겠다.

1050. 26절. "또 새 영을 너희 속에 두고 새 마음을 너희에게 주되 너희 육신에서 굳은 마음을 제하고 부드러운 마음을 줄 것이며." 11:19을 참조하라.

1051. 27절. "또 내 신을 너희 속에 두어 너희로 내 율례를 행하게 하리니 너희가 내 규례를 지켜 행할지라." 11:20을 참조하라.

1052. 28절. "내가 너희 열조에게 준 땅에 너희가 거하여 내 백성이 되고 나는 너희 하나님이 되리라." 11:20을 참조하라. '내 백성이 되고 …'는 여기서 그 결과, 즉 그들이 하나님의 백성으로 대우를 받게 될 것을 가리킨다.

1053. 29절. "내가 너희를 모든 더러운 데서 구원하고 곡식으로 풍성하게 하여 기근이 너희에게 임하지 아니하게 할 것이며." 30절. "또 나무의 실과와 밭의 소산을 풍성케 하여 너희로 다시는 기근의 욕을 열국에게 받지 않게 하리니." 34:27, 29을 참조하라.

1054. 31절. "그 때에 너희가 너희 악한 길과 너희 불선한 행위를 기억하고 너희 모든 죄악과 가증한 일을 인하여 스스로 밉게 보리라." 32절. "나 주 여호와가 말하노라 내가 이렇게 행함은 너희를 위함이 아닌 줄을 너희가 알리라 이스라엘 족속아 너희 행위를 인하여 부끄러워하고 한탄할지어다."

37:22-28

1055. 37장 역시 예루살렘 패망의 소식을 갖고 오는 그 사자가 도착하기 전 날 밤에 선지자에게 주어진 계시에 속하는 한 부분으로서, 그 백성의 소심함과 절망에 대응하고자 하는 한 가지 목적을 위한 것이다. 이 장에는 서로 밀접하게 연관된 두 가지 하나님의 말씀이 내포되어 있다. 전반부인 1-14절에서는 언약 백성으로서의 이스라엘의 회복과 후반부에서는 형제된 백성으로서의 이스라엘의 회복이 예언되고 있는 것이다. 전반부에 대해서는 그 내용이 죽은 자의 부활 교의와 어떤 관련이 있느냐 하는 문제가 제기된다. 선지자가 그 교의에서 그의 이미지를 빌려왔다는 것이나, 선지자뿐만이 아니라 일반 백성까지도 그 교의를 확실한 것으로 알고 있었다는 것이나, 모두 보편적으로 인정하는 사실이다. 그러나 우리는 여기서 멈추어서는 안된다. 그 이미지를 통해서 표현되는 그 관념이 먼저 그 이미지를 취하여 낸 그 부활의 역사가 일어남으로써 완전히 실현되며, 그러므로 그 이미지는 그것에서 나올 뿐 아니라 다시 그것에로 되돌아간다는 것을 인식해야 한다. 하나님이 하나님이신 것이 확실하듯이, 모든 부패가 동시에 하나의 기원인 것이 확실하듯이, 죽음이 생명으로 전환되는 것이라는 관념도 확실한 것이다. 이 관념이 성경의 분명한 말씀으로 뒷받침되는 것은 아니지만, 그럼에도 불구하고 이 관념은 복된 부활의 확실성의 유일한 근거가 되는 것이다.

이상에 대한 해석이 주어지는 12-14절에서, 회복과 관련해서 두 가지 행동이 나타난다. (1) 무덤을 열고 마른 뼈들이 함께 나오며 거기에 살과 피가 붙어서 그 뼈들이 완전한 시체로 변형되는 것으로 '가나안으로 다시 귀환하는 것'을 상징한다. (2) '하나님의 영으로 말미암아 이 시체들에게 생기를 주는 일'이 이어지는데, 그 앞의 행동은 이 일을 위한 하나의 준비일 뿐이며 그 자체로는 아무런 가치도 없고, 선지자의 선언의 대상도 되지 않는다. 이 두번째 행동은 저급한 생명을 하나의 수단으로 부여하는 것으로 상징되는데, 그것은 이상 가운데서(이상의 본질상 모든 것이 감각의 대상이 된다) 바람으로 그들에게 숨을 불어 넣는 것으로 나타난다.

여기서 바람은 저급한 생명의 원리의 자연적인 상징이며 모든 민족들도 그렇게 여기며, 고대 세계의 모든 언어에서도 그렇게 나타난다. 그리스도는 제자들에게 성령을 부어주시는 하나의 표징으로써 숨을 불어 넣으셨다. 그리고 오순절 날에는 "홀연히 하늘로부터 급하고 강한 바람 같은 소리가 있어"(행 2:2) 하는데, 이는 본문을 시사한다(요 3:8을 또한 참조하라). 이처럼 하나님의 영으로 말미암아 다시 생기를 불어넣는 일 다음에 여호와의 땅을 진정으로 소유하는 일이 이어지는데(14절의 "내가 또 너희를 너희 고토에 거하게 하리니"), 이는 12절의 '내가 너희로 이스라엘 땅으로 들어가게 하리라'와 구분해야 한다. 12절은 여호와의 축복과 은총들을 충만히 누리는 일을 가리키는 것으로서 하나님의 영으로 말미암아 생기를 얻은 그의 백성들에게 베풀어질 수 있는 것이다. '생기'(life)의 의미가 확실해졌으니 이제 그것에서부터 죽음의 의미도 확실히 유추해 낼 수 있다. 그 백성이 포로로 끌려가는 것이나 예루살렘과 성전의 파괴는 죽음이 아니라 다만 그 죽음, 즉 시체가 변화하여 부패하는 것의 표징에 불과하다. 시체는 이미 거기에 있었다. 하나님의 백성 이스라엘의 생명의 원리는 바로 하나님의 영이었다. 그 생명의 원리가 아직 일부 사람들에게는 남아 있었다.

그러나 여기서 선지자는 개인에 대해서는 관심이 없다. 그의 눈은 여호와의 교회 전체를 주목하고 있는 것이다. 여기서는 어디서나 영적 죽음이 그를 맞고 있다. 그러한 죽음의 상태가 어떻게 생명으로 전환되며, 어떻게 그 백성이 영적으로 새롭게 탄생하는가 하는 것은 전적으로 인간의 사고의 범주를 넘어서는 것이다(이는 인간적인 수단으로는 그것을 도무지 이룰 수가 없기 때문이다. 왜냐하면 돌 같은 마음이 자신의 능력으로 부드러운 마음으로 바뀐다는 것은 불가능하기 때문이다). 이러한 사실은 3절의 "인자야 이 뼈들이 능히 살겠느냐?"라는 여호와의 질문과 그 질문에 대한 선지자의 답변("주 여호와여 주께서 아시나이다")에서 잘 볼 수 있다. 하나님이 선지자를 통해서 생명을 약속하시기 전에, 선지자는 먼저 이 생명에 대해서 자신은 아무 것도 아는 것이 없으며, 그 일은 자연적인 과정의 한계를 완전히 넘어서는 일임을 분명하게 선언해야만 했던 것이다.

이러한 점들로 볼 때에, 여기의 전 내용은 메시야에 관한 것이라는 것이 드러난다. 그리스도 안에서만, 그의 중보 사역을 통해서 성령이 부어지는 그 일이 여기에 포함된 약속의 완전한 성취인 것이다. 그리고 이 약속의 성취는 계속해서 점진적으로 이루어지며, 하나님의 교회의 생명이 죽음에서 일어나는 곳이면 어디서든지 이 약속이 성취되는 것이며, 결국 마지막으로 죽음이 승리에 완전히 삼켜버린 바 될 때에 완전히 성취될 것이다.

1056. 후반부는 한 가지 상징적인 행동으로 시작된다. 그 행동이 선지자의 이상 가운데서 내적으로 이루어진 것이냐, 실제로 이루어진 것이냐 하는 문제는 별로 중요치 않으나, 주로 이상 가운데서 이루어지는 것이 주류를 이루는 에스겔의 예언들의 일반적인 경향으로 볼 때에 아마도 전자가 옳을 것이다. 선지자는 여호와를 대신해서 두개의 막대기를 취한다. 이 상징적 행동은 민 17:17, 18에서 취한 것으로서 거기 사용된 용어의 뜻으로 볼 때에, 상(床, 테이블)이 아니라 '막대기'로 보는 것이 옳다. 막대기 하나에는 유다와 그 동료의 이름을 쓴다. 이는 유다와 함께 연합된 이스라엘의 일부분, 베냐민, 레위, 시므온 등 시대 시대마다 열 지파의 왕국에서 유다 왕국으로 넘어온 자들을 뜻한다. 그리고 다른 막대기에는 에브라임과 나머지, 즉 한 나라의 주류를 이루는 그 지파에 연합된 자들의 이름을 기록한다. 그리고 나서 그는 이 막대기 둘을 함께 잡고서 손으로 단단히 누르는데, 이는 그 백성의 죄로 인하여 나뉘었던 그 나라가 다시 연합하는 일이 장차 하나님의 긍휼하심으로 일어날 것임을 상징한다.

22-28절에 나타나는 해석은 그 상징의 범위를 넘어 선다. 그러한 연합의 사실을 말씀하는 것으로 그치지 않고 동시에 거기에 부수적으로 수반되는 상황과 그 복된 결과들을 제시하며, 그러한 연합의 중보자요 축복을 베푸시는 주체가 되시는 그 위대한 왕 개인을 지적한다. 이는 매우 자연스러운 일이다. 왜냐하면 그러한 연합의 사실이 바로 이러한 연관 속에서 처음으로 진

정한 의미를 갖고서 나타나기 때문이다. 이처럼 하나의 형제 된 백성으로 연합되는 일은 그 백성들의 모든 조건이 새롭게 바뀌는 일의 일부요 하나의 결과로서만 논의되고 있는 것이다.

1057. 22절. "그 땅 이스라엘 모든 산에서 그들로 한 나라를 이루어서 한 임금이 모두 다스리게 하리니 그들이 다시는 두 민족이 되지 아니하며 두 나라로 나누이지 아니할지라." 34:23을 참조하라.

1058. 23절. "그들이 그 우상들과 가증한 물건과 그 모든 죄악으로 스스로 더럽히지 아니하리라 내가 그들을 그 범죄한 모든 처소에서 구원하여 정결케 한즉 그들은 내 백성이 되고 나는 그들의 하나님이 되리라." 그들의 처소에서 구원해 내는 일은 국지적인 일이 아니라 영적인 일이며, 또한 먼저 그 마음에서와 그 다음 주변에서 죄의 모든 흔적을 제거함으로써 이루어진다. 그러므로 그 땅이 여호와의 능력으로 말미암아 전혀 다른 땅으로, 곧 죄악된 땅에서 거룩한 땅으로 바뀌는 것이다. 이는 마치 과거에 그 백성의 죄악으로 인하여 거룩한 땅이 죄악된 땅으로 바뀌었던 것과 같다.

1059. 24절. "내 조상 다윗이 그들의 왕이 되리니 그들에게 다 한 목자가 있을 것이라 그들이 내 규례를 준행하고 내 율례를 지켜 행하며." 22절의 한 임금에 대한 약속이 여기서 더 구체적으로 드러난다. 그 임금은 다윗 족속에 속한 위대한 왕이며, 그리하여 다윗에게(그리고 그 안에서 하나님 나라에게) 주어졌던 그 영광스러운 모든 약속들이 재개되는 것이다.

1060. 25절. "내가 내 종 야곱에게 준 땅 곧 그 열조가 거하던 땅에 그들이 거하되 그들과 그 자자손손이 영원히 거기 거할 것이요 내 종 다윗이 영원히 그 왕이 되리라." 첫번째 לְעוֹלָם을 가장 엄밀한 의미로 취해야 한다는 것은 두번째 לְעוֹלָם에서 나타난다. 989를 참조하라.

1061. 26절. "내가 그들과 화평의 언약을 세워서 영원한 언약이 되게

하고 또 그들을 견고하고 번성케 하며 내 성소를 그 가운데 세워서 영원히 이르게 하리니.” ‘또 그들을 견고하고 번성케 하며’는, 아브라함에게 하신 약속을 암시한다: “내가 너로 큰 민족을 이루고 네게 복을 주어 네 이름을 창대케 하리라.” 선지자가 여기서 ‘성소’라고 할 때에 외형적인 건물을 상정한 것이 아니며, 오히려 그에게는 여호와께서 그의 백성 가운데 임재하신다는 것이 성소의 가장 근본적인 관념이었다는 사실이 11:16에서 드러난다.

1062. 27절. “내 처소가 그들의 가운데 있을 것이며 나는 그들의 하나님이 되고 그들은 내 백성이 되리라.” ‘그들의 가운데 있을 것이며’라는 표현을 볼 때에 여기의 מִשְׁכָּן를 외형적인 처소로 보아서는 안된다. 이는 출 25:8의 ‘내가 그들 중에 거할 성소(מִקְדָּשׁ)를 그들을 시켜 나를 위하여 짓되’라는 말씀을 암시한다(레 26:11을 참조하라). 선지자는 그 약속이 미래에 가서 완전히 성취될 것이라고 설명한다. 그 때에는 하나님이 처음으로 그 백성들 가운데 참으로 거하시며 하늘과 땅 사이의 구분이 사라지게 될 것이다. 그러므로 외형적인 성전이 무너졌다 해도 괴로워할 일이 아니다. 비트링가는 그 성취를 “성자와 성령으로 말미암아 백성의 사이에 있는 하나님의 임재”에서 적절히 찾는다. 요 1:14을 참조하라. 거기의 ἐσκηνωσεν ἐν ἡμῖν(‘우리 가운데 거하시매’)에서 말씀이 육신이 되는 것을 하나님의 참되신 성소(מִקְדָּשׁ)로 묘사하는데, 이는 선지자가 염두에 두고 있는 출애굽기의 동일한 구절을 상정하는 것이다. 고전 3:16; 6:19; 계 21:3 등에서는 그리스도의 영이 신자들에게 거하심으로 그들이 하나님의 성전으로 지칭되는 것을 볼 수 있다.

1063. 28절. “내 성소가 영원토록 그들의 가운데 있으리니 열국이 나를 이스라엘을 거룩케 하는 여호와인줄 알리라 하셨다 하라.”— ‘거룩케 하다’는 죄와 그 죄의 결과인 악에서 구원하는 것을 뜻한다. 여기서는 후자에 대해서 특별히 관심을 둔다. 왜냐하면 이방인에게는 그것만이 드러나기 때문이다. 그러나 전자도 동시에 필수적인 기초로서 전제하고 있는 것이다. 하나님과 그의 교회와의 대립 상태가 사라진다. 하나님이 가장 현실적으로 교회 가운

데 임재해 계시며, 그러므로 그 어떠한 악도 교회에 침투하지 못한다. 왜냐하면 교회와 하나님 사이의 대립과 차이가 사라졌으므로 하나님이 교회에서 더럽혀지는 일이 더 이상 없을 것이기 때문이다. 하나님이 그 스스로 거룩하심과 같이 그는 이스라엘 안에서도 거룩하시다(39:7을 참조하라).

여기서는 이스라엘을 거룩케 하시리라는 모세오경의 약속을 암시한다(레 20:8; 21:23; 22:31-33을 참조하라). 이 약속들은 지금까지는 매우 불완전한 의미에서만 성취되었을 뿐이다. 왜냐하면 이스라엘이 그들 자신의 허물로 인하여 하나님을 거룩케 하지 못했고, 그리하여 거룩한 백성으로 인정을 받지 못했기 때문이다. 이 두 가지가 서로 얼마나 밀접한 관련을 맺고 있는지는, 예컨대 레 22:32에서 나타난다. 그런데, 미래에 하나님 자신이 용서를 더욱 풍성히 베푸시며, 또한 성령을 더욱 풍성히 부어주심으로써 조건이 완전히 성취되도록 하시며, 그리하여 결과가 충만히 이루어지도록 하실 것이다. 그러므로, 그것은 최종적 성취가 이 죄악된 세상의 경계를 넘어서 있는 약속이다. 그러나 그 약속은 그 본질을 이루는 관념을 그 전체의 범주에 깊이 포괄하고 있으며, 또한 그 성취의 씨앗이 이미 완전히 존재하고 있어서 그것이 완전히 발전하여 결국 최종적으로 성취될 것이 확실한 것이다.

구약의 기독론

초판 발행 1997년 1월 25일
중쇄 발행 2008년 9월 25일

발행처 **크리스챤다이제스트**
발행인 박명곤
주소 경기도 고양시 일산동구 정발산동 1193-2
전화 070-7538-9864, 031-911-9864
팩스 031-911-9824
등록 제 98-75호
판권 ⓒ 크리스챤다이제스트 1997
총판 (주) 기독교출판유통
　　　전화 031-906-9191~4
　　　팩스 080-456-2580

· 값은 표지에 찍어 있습니다.

● 본사 도서목록은 생명의 말씀사 인터넷서점 (lifebook.co.kr)에서 출판사명을 "크리스챤다이제스트"로 검색하시면 됩니다.